V&R

Kommentar zu den Apostolischen Vätern

Herausgegeben von
N. Brox, G. Kretschmar und
K. Niederwimmer

Achter Band

1999
Vandenhoeck & Ruprecht
in Göttingen

Der Barnabasbrief

Übersetzt und erklärt
von
Ferdinand R. Prostmeier

1999
Vandenhoeck & Ruprecht
in Göttingen

Ergänzungsreihe zum
Kritisch-exegetischen Kommentar
über das Neue Testament
Band 8

Die Deutsche Bibliothek – CIP-Einheitsaufnahme

Kommentar zu den Apostolischen Vätern:
[Ergänzungsreihe zum Kritisch-exegetischen Kommentar
über das Neue Testament] /
hrsg. von N. Brox ... –
Göttingen: Vandenhoeck und Ruprecht
Bd. 8. Prostmeier, Ferdinand Rupert: Der Barnabasbrief. – 1999
Prostmeier, Ferdinand Rupert:
Der Barnabasbrief / übers. und erkl. von Ferdinand R. Prostmeier. –
Göttingen: Vandenhoeck und Ruprecht, 1999
(Kommentar zu den Apostolischen Vätern; Bd. 8)
Einheitssacht. des beigef. Werkes: Barnabae epistula
ISBN 3-525-51683-5

Satz: Dörlemann Satz, Lemförde
Druck und Bindung: Hubert & Co., Göttingen

Vorwort

„So finden sich eigentlich nur zu den radikalsten Aeußerungen des NT Anknüpfungen in Barn., und doch ist Barn. auch wieder konservativer als sie alle, insofern für ihn das ganze AT, auch der Pentateuch bleibend gültiges Lehrbuch ist, aus dem die Kirche die Geheimnisse des Werkes Christi und die Weisungen für das Leben ihrer Glieder entnimmt" (WINDISCH, Barnabasbrief 395). Hans Windisch hat hierin nicht nur die Eigentümlichkeit und Fremdartigkeit des Barnabasbriefs getroffen, sondern zugleich etwas von dem Reiz dieser frühchristlichen Schrift angesprochen, der sich freilich nicht sogleich erschließt.

An dieser Stelle gilt es, jenen Dank zu sagen, die es mir ermöglichten, dem Reiz dieser Schrift zu folgen: Herrn Prof. Dr. Norbert Brox, der mir anbot, in der Reihe ‚Kommentar zu den Apostolischen Vätern' die Übersetzung und Erklärung des Barnabasbriefs zu übernehmen, und der die Realisierung des Kommentars in die Wege leitete, sowie Herrn Prof. Dr. Georg Schmuttermayr, bei dessen Lehrstuhl ich seit 1989 wissenschaftlicher Mitarbeiter/Assistent bin und der dieses Habilitationsprojekt bereitwillig mitgetragen hat. Anlage und Durchführung des Kommentars sind auch Frucht dieser Verbindung zwischen Biblischer und Historischer Theologie.

Beide Gutachter gehören auch zu jenen, denen mein Dank dafür gilt, daß während der zurückliegenden Jahre der Barnabasbrief seine Attraktivität für mich nicht verloren hat. In bewährter Verbundenheit half Herr Prof. Dr. Horacio E. Lona, der zur selben Zeit die Bürden einer Kommentierung des ersten Clemensbriefs trug, daß das Wissen um die Vorzüge solcher Arbeit die Oberhand behielt. Dr. Franz Dünzl und Dr. Knut Wenzel danke ich für kritische Diskussionen zur Interpretation; Dr. Alfons Fürst, Dr. Josef Lößl und Dr. Bruno Steimer begleiteten mit manchen Hinweisen das Werden des Kommentars. Mit ihrer Ermutigung haben es alle gefördert.

An den Mühen des Korrekturlesens haben Kerstin Schulz, Thomas Bauer und Michael Reißer beachtlichen Anteil.

Ohne die große Bereitschaft meiner Frau Rita, Zeit und Geduld für das Projekt zu investieren, wäre es nicht zum Abschluß gekommen; unserer Tochter Rut ist es zu danken, daß der Kommentar nicht umfangreicher wurde.

Regensburg, den 6. Februar 1998   Ferdinand R. Prostmeier

Inhalt

2. Hauptteil

EINLEITUNG

§ 1 Die direkte Überlieferung

Der Barn ist vollständig nur in zwei griechischen Hss. überliefert, nämlich in den berühmten Codices *Sinaiticus* und *Hierosolymitanus 54*. Vier weitere Textzeugen – wozu auch eine lateinische Übersetzung und ein syrisches Fragment zählen – fehlen erhebliche Teile des Barn, oder sie enthalten überhaupt nur wenige Verse. Trotz ihrer Lücken und trotz der Übersetzung hat die eine oder andere Hs. Lesarten bewahrt, die z.B. jenen des aus dem 4. Jh. stammenden Codex Sinaiticus vorzuziehen sind. In vielen Fällen sind textkritische Entscheidungen jedoch keineswegs zwingend, sondern sie sind eine mögliche Wahl aus einer Palette gleichwertiger Lesarten. Die Feststellung der Validität einer Lesart ist im Fall des Barn von zwei Seiten erschwert: Erstens läßt der Forschungsstand über die Genese der Textzeugen des Barn trotz mitunter akribischer Untersuchungen insgesamt doch zu wünschen übrig. Zweitens ist die indirekte Überlieferung sehr spärlich und die Zeugnisse sind in ihrem textkritischen Wert nicht nur überaus unterschiedlich, sondern strittig. In der Alten Kirche rezipieren den Barn nur vier Autoren sicher. Auch seine sonstige Resonanz, etwa in alten Schriftenverzeichnissen, bezeugt zum einen die auffällige Unkenntnis dieser Schrift im Westen und zum anderen ihre baldige Separation aus dem Verband der neutestamentlichen Schriften und die Aufnahme als Vorlesebuch in eine Sammlung extra canonem in den östlichen Kirchenregionen. Daher nimmt es nicht wunder, daß bislang kein Konsens über eine durchgängig anwendbare Editionsregel gefunden wurde. Entsprechend variieren die in den Editionen dargebotenen kritischen Textkonstruktionen des Barn. Mit gutem Recht vertrauen einige Herausgeber einem der vier Hauptzeugen – dem Codex Sinaiticus, Hierosolymitanus 54, Vaticanus gr. 859 oder der lateinischen Übersetzung; nicht weniger berechtigt folgen andere nur von Fall zu Fall einem dieser vier.

Ein Kommentar kann und muß diese textkritische und editorische Frage nicht lösen. Er muß aber – und dies ist das Dilemma – dennoch eine Entscheidung fällen, welchen Text er auslegt, d.h. welche Textkonstruktion er zugrunde legt. Im Blick auf die Aufgabe eines Kommentars kann die Begründung der Option wohl nur so erfolgen, daß er den Befund möglichst genau darstellt und bespricht. Die folgende Darlegung der handschriftlichen Überlieferung des Barn (§ 1) und seiner frühen Resonanz in der Alten Kirche (§ 2) zielt also nicht auf die Gewinnung eines Grundtextes, der dem Original möglichst nahekommt, sondern ist davon geleitet, die inhaltlichen Aussagen vor dem Hintergrund der Textvarianten transparent zu halten.

1. Der Codex Sinaiticus (ℵ)

KODIKOLOGISCHE BESCHREIBUNG:[1] *Codex Sinaiticus*, ℵ (01), Pergamentmajuskel in scriptio continua mit nur spärlicher Interpunktion von drei[2] Kopisten im gleichen Zeitraum geschrieben; es lassen sich insgesamt – wenn auch nicht immer mit letzter Sicherheit – sieben spätere Korrektoren unterscheiden; im 4. Jh. vermutlich in Palästina oder Ägypten, und dann wohl in Alexandrien, entstanden;[3] 347 fol., 4 col. bzw. 2 col. in den kolometrisch geschriebenen poetischen Büchern des AT, inklusive Psalmen und Ijob, normalerweise 48 lin., 380 × 345 mm, Vollbibel mit Lücken, im Anhang Barn (fol. 334^r–340^v) und Herm *vis.* I 1,1 bis *mand.* IV 3,4–6 (fol. 341^r–347^v), seit 1933 in London, Brit. Libr. Add. 43725.[4]

EDITIONEN: Die Erstedition besorgte der Entdecker der Hs.: K. TISCHENDORF, Codex Sinaiticus Petropolitanus, St. Petersburg 1862, 4 Bde. Komplette, farbige Faksimiles, inklusive der in anderen Bibliotheken verwahrten Fragmente zu Gen, Num, 1 Chr, Neh, Tob, Jdt, Est, Jer, Klgl, Herm, veröffentlichten Helen und Kirsopp Lake.[5]

Der in seiner Hauptmasse am 4. Februar 1859 von Lobegott Friedrich Konstantin Tischendorf (1815–1874) im Katharinenkloster auf der Sinaïhalbinsel entdeckte Codex Sinaiticus[6] enthält den Barn auf fol. 334rb–340^{vc}.[7] Der Text des Barn beginnt nach der Offb, die auf

---

[1] Die Nomenklatur der kodiko- bzw. papyrologischen Beschreibung orientiert sich an: GARDTHAUSEN, Griechische Palaeographie. 2 Bde. Leipzig ²1911/13; KUNZE/RÜCKL, Bibliothekswesen 1,324f.; LÖFFLER, Handschriftenkunde 60–72.

[2] Tischendorf nahm insgesamt vier Schreiber an (vgl. TISCHENDORF, Bibelhandschrift 26). Mittlerweile konnte eines der Schriftbilder als Mischung aus dem 1. und 4. Kopisten erwiesen werden, so daß von drei Kopisten auszugehen ist; vgl. MILNE/SKEAT, Scribes 18–29.

[3] Vgl. MILNE/SKEAT, Scribes 60–69. KENYON, Text 31f.46–50, optiert für Alexandrien wegen der Ähnlichkeiten mit Schriftformen auf ägyptischen Papyri und koptischen Übersetzungen und wegen der textlichen Verwandtschaft mit dem ebenfalls aus Ägypten stammenden Cod. Vat. gr. 1209. Daß Athanasius 367 in seinem 39. Osterfestbrief den Barn nicht erwähnt (vgl. S. 57f.), ist kein Beweis gegen eine ägyptische Herkunft von ℵ, zumal der alexandrinische Bischof den Herm – wenn auch als auszuschließende Schrift – notiert. Ebensowenig zwingt das Athanasische Verzeichnis dazu, den ℵ ins 5. Jh. zu datieren, weil dieser – so GARDTHAUSEN, Griechische Palaeographie 2,131f. – jünger als der Cod. Vat. gr. 1209 sei und in der Schriftenfolge bereits mit jener im berühmten Brief des alexandrinischen Bischofs übereinkomme.

[4] Näheres vgl. THE TRUSTEES OF THE BRITISH MUSEUM, Manuscripts 207–211; MILNE/SKEAT, Scribes 1–112; GARDTHAUSEN, Griechische Palaeographie 2,127–134.

[5] LAKE/LAKE (Hg.), Codex Sinaiticvs Petropolitanvs. The New Testament, the Epistle of Barnabas and the Shepherd of Hermas. Oxford 1911; DIES., Codex Sinaiticvs Petropolitanvs et Friederico-Avgvstanvs Lipsiensis. The Old Testament ... Oxford 1922.

[6] Die Entdeckung der Hs. schildert Tischendorf kurz in seinem ,Vorworte zur Sinaitischen Bibelhandschrift, Leipzig 1862' und ausführlich in seinen Reisemitteilungen ,Aus dem heiligen Lande, Leipzig 1862'. Anläßlich des Erwerbs des Codex rollte das Britische Museum die Entdeckung Tischendorfs in einer eigenen Monographie (The Mount Sinai Manuscript of the Bibel. London 1934) neu auf. Über den Verbleib der Hs. vor dem 19. Jh. – im 7. Jh. vielleicht in Caesarea; davon ist GARDTHAUSEN, Griechische Palaeographie 2,131 überzeugt – vgl. THE TRUSTEES OF THE BRITISH MUSEUM, Manuscripts 210f., ferner die Einleitung von Kirsopp Lake zu den Facsimiles.

[7] Gegenüber den in den älteren Editionen des Barn (s. u.) genannten Foliierungen für den Barn im ℵ, nämlich fol. 135^r–141^r, die zumeist auf den Nummern in Tischendorfs editio princeps von 1862 beruhen, basiert die oben angegebene Foliierung (fol. 334rb–340^{vc}) auf der Beschreibung des ,gesamten' Codex

fol. 334^{ra}15–17 subskribiert ist, auf fol. 334^{rb}1 und endet auf fol. 340^{vc}23 mit der kunstvollen subscriptio ЄΠΙϹΤΟΛΗΒΑΡΝΑΒΑ;[8] die restlichen eineinhalb Spalten auf fol. 340^{v} sind unbeschrieben. Der Kopist des Barn[9] muß auch jener sein, der für 1 Chr, 1 Makk, Neh, Est, Spr, Koh, Hld, Weish, Sir, Ijob, Teile aus Num, 4 Makk, Ps und das ganze NT außer sieben Folia, die von der Hand des Schreibers ‚D' stammen,[10] verantwortlich ist. Er selbst – der sog. Schreiber ‚A' – oder ein Zeitgenosse, vielleicht einer der beiden anderen Schreiber, revidierte den Barn (ℵ¹) und die neutestamentlichen Schriften, letztere anhand anderer Vorlagen. Aus der Reihe der späteren Korrektoren ragt jener heraus, dessen Eingriffe, die wiederum nach anderen Vorlagen erfolgten, sich im gesamten Codex nachweisen lassen, auffälligerweise jedoch *nicht* im Barn und den zusätzlichen Blättern in 1 Chr. Tischendorf bezeichnete diesen ersten Korrektor mit C^{a} und datierte seine Tätigkeit auf das frühe 7. Jh.[11] Auch von den folgenden Korrektoren hat sich *nur* ℵ² (C^{c}) mit Barn befaßt.[12] Seine Eingriffe sind textlich jedoch nur selten von Bedeutung. Er führte vor allem formale Verbesserungen durch, z. B. Retuschen der Korrekturen von ℵ¹, Abschnittsnummern in Jes, gelegentliche Verbesserungen an anderen Stellen der griechischen Bibelübersetzung und am Anfang der Offb sowie Randnotizen. Bezüglich des Barn ist davon auszugehen, daß die Mehrzahl der Varianten in ℵ vom Kopisten selbst oder dem Revisor (ℵ¹) herrühren, nicht von einem der Korrektoren.[13] Auf Wertschätzung und kanonischen Rang des Barn in der Kirchenregion, aus der der ℵ stammt oder für die er erstellt wurde, scheint eine paläographische Beobachtung hinzuweisen. Der Barn zeigt eine Abweichung in den Lagenverhältnissen: der Kopist ‚A' hat für den Schluß der Offb und die Hauptmasse des Barn abweichend von seiner Praxis, Quaternien zu verwenden, eine neue Lage (N° 90) begonnen, auffälligerweise aber mit nur sechs statt der üblichen acht Blättern (fol. 334^{r}–338^{v}), also ein Ternio. Für den restlichen Part des Barn (fol. 339^{r}–340^{v}) benutzte er wiederum eine neue Lage, N° 91, diesmal mit nur zwei Blättern, also ein Binio. Stellt man dieser Eigentümlichkeit die Beobachtung zur Seite, daß der Kopist die restlichen eineinhalb Spalten der Versoseite der Lage N° 91² (fol. 340^{v}) unbeschrieben läßt und daß das dem Barn folgende Hermasfragment, das vom Kopisten ‚B' niedergeschrieben wurde, ebenfalls mit einem neuen Quaternio (N° 92; fol. 342^{r}–347^{v}) beginnt,[14] liegt eine Parallele zu jener

---

(griechische Bibelübersetzungen, neutestamentliche Schriften mit Barn und Herm) in „The British Museum Catalogue of Additions to the Manuscripts 1931–1935", 207f. Eine Konkordanz der Foliierungen bieten MILNE/SKEAT, Scribes 94–112.

[8] Vgl. die phototechnische Wiedergabe bei MILNE/SKEAT, Scribes (Plate 9).

[9] Vgl. MILNE/SKEAT, Scribes 22–29; TURNER, Hermas 404.

[10] Vgl. MILNE/SKEAT, Scribes 29. Bei den neutestamentlichen Schriften steht ℵ mit seinen zahlreichen Sonderlesarten hinter dem Cod. Vat. gr. 1209 (B 03) zurück; zusammen mit B und 𝔓^{75} repräsentiert ℵ den sog. alexandrinischen Text. Vgl. ALAND/ALAND, Text 117f.

[11] Vgl. TISCHENDORF, Bibelhandschrift 27; THE TRUSTEES OF THE BRITISH MUSEUM, Manuscripts 210; MILNE/SKEAT, Scribes 46; TURNER, Hermas 405f. Insofern die Korrekturen des 7. Jh. in Caesarea erfolgt sind, ist gegen Heers Annahme einer interdependenten Korrektur von G und ℵ (versio latina LXIII) kritisch einzuwenden, daß dem paläographischen Befund nach dort jedenfalls keine andere oder zumindest keine vom Text des Kopisten (ℵ*) und seines Revisors (ℵ¹) derart abweichende Hs. des Barn zur Verfügung stand, die Korrekturen in dem von ihm benannten Umfang ermöglicht oder gar veranlaßt hätte.

[12] Vgl. MILNE/SKEAT, Scribes 50.

[13] Daß eine Unterscheidung im Einzelfall oft schwierig oder gar unmöglich ist, betonen die Editoren des Barn unisono; zuletzt PRIGENT/KRAFT, Épître de Barnabé 67, die deshalb Verbesserungen oft unter dem Sigel S^{c} (ℵ^{c}) vereinen.

[14] Vgl. die Übersicht bei MILNE/SKEAT, Scribes 111.

charakteristischen Lagenabweichung vor, die die Evangelien von anderen neutestament-lichen Corpora abhebt. Diese zweifache Besonderheit ist im gesamten Codex ohne echte Parallele. Zwar enthielt die Hs. ursprünglich an drei weiteren Stellen unbeschriebene Blätter, so daß auch dort Quaternien geringeren Umfangs entstanden, aber diese markieren stets den Übergang zwischen verschiedenen Corpora (der Kopist ‚B' läßt am Ende der Prophetenbü-cher die Blätter 7 und 8 des Quaternio N° 58 unbeschrieben, worauf die vom Schreiber ‚D' stammenden Psalmen mit dem Quaternio N° 59 beginnen; zwischen Lk und Joh blieben das Quaternio N° 78[8] und nach Joh die Quaternien N° 80[7] und N° 80[8] unbeschrieben), nie je-doch geschieht dies innerhalb eines Werks, und in keinem Fall scheint hierfür ein Wechsel des Kopisten den Ausschlag gegeben zu haben (vgl. den Wechsel im Psalmenbuch auf Quaternio N° 62[3] zwischen Schreiber ‚D' [fol. 114[r]] und ‚A' [fol. 114[v]ff.] oder zweimal bei Mt u. ä.). Bei-des zusammen indiziert, daß sich der Schreiber dem Ende seiner Arbeit näherte und sich, weil er den Barn von einer andersformatigen Vorlage kopierte, über den Bedarf an Schreib-material für den Barn verschätzt hatte.[15] Dies bedeutet, daß der Barn nur in dieser Hs. mit den neutestamentlichen Schriften verbunden wurde, daß er es aber in der vom Kopisten für die biblischen Bücher benutzten Vorlage nicht war.

Hieraus folgt für den Barn dreierlei: 1. Aus der Plazierung des Barn im ℵ kann die Wert-schätzung dieser Schrift in jener Kirche des 4. Jh., aus der der Codex herrührt oder für die er gedacht war, ersehen, nicht aber auf ihren kanonischen Rang oder gar auf ihren „got-tesdienstlichen Gebrauch"[16] geschlossen werden. 2. Die von der Textkritik den neutesta-mentlichen Schriften des ℵ zugesprochene Textqualität[17] darf nicht allein deshalb auf den Barn extrapoliert werden, weil auch er aus der Hand des Kopisten ‚A' stammt. 3. Wegen der eigentümlichen Lagenverhältnisse ist es unwahrscheinlich, daß der Kopist bzw. der Revisor seine Korrekturen (ℵ[1]) im Barn anhand einer weiteren Vorlage vorgenommen hat. Der Co-dex Sinaiticus überliefert eine Rezension des Barn (ℵ bzw. ℵ[*], ℵ[1]), die auf nur *einer* Vorlage beruht; spätestens ab dem frühen 7. Jh. erfuhr diese Abschrift keine oder nur unerhebliche Veränderungen (ℵ[2]).

2. Der Codex Hierosolymitanus 54 (H)

KODIKOLOGISCHE BESCHREIBUNG: *Codex Hierosolymitanus* 54, H, Pergament-minuskel, 120 fol., 23 lin., 190 × 155 mm (Schriftraum: 144 ×100 mm), im 11. Jh. ver-mutlich in Palästina geschrieben; paläographisch bedeutsam sind die für eine Hs. des 11. Jh. ungewöhnlich vielen Kürzel sowie die Leerzeilen auf fol. 38[v]20–23 und 80[v]17–23, die die Hs. in drei Blöcke zu je fünf Quaternien gliedern (s. u.); von Phi-lotheos Bryennios 1873 in der „βιβλιοθήκη τοῦ ἁγίου τάφου" unter der Nr. 446 in

---

[15] Vgl. TURNER, Hermas 404f.; zu den Konsequenzen für den Überlieferungskontext des Herm vgl. ib. 405f.; BROX, Hermas 70f. Die von den älteren Herausgebern und Bearbeitern des Barn angestellte Vermutung, die in alten Kanonverzeichnissen stets mit ihm genannte und gleich klassifizierte ApcPe (diese Zuordnung von Barn und ApcPe war Harnack nicht aufgefallen) habe auf den zwischen Barn und Herm fehlenden sechs Blättern gestanden, lehnte bereits HARNACK, Geschichte 1,31, wegen des Um-fangs dieses Apokryphon ab. Im übrigen konnte diese These nur die Abweichung des Lagenumfangs für die Lage N° 91, nicht aber die Anomalie der Lage N° 90 erklären.

[16] Anders WENGST, SUC 2,106.

[17] Vgl. die Beschreibungen und Gewichtungen der Majuskel-Bibelhss. in ALAND/ALAND, Text 117f.

Konstantinopel[18] gefunden,[19] seit 1887 in der Bibliothek des griechischen Patriarchats zu Jerusalem unter der Signatur (ἁγίου τάφου) κῶδ. πατρ. 54.[20] Die Hs. umfaßt inklusive des Kolophons zehn Einzelstücke,[21] darunter an zweiter Stelle den Barn (fol. 39ʳ–51ᵛ).[22]

EDITIONEN: Nur zwei Jahre nach der Auffindung von H durch Philotheos Bryennios gab dieser 1875 beide Clemensbriefe zusammen mit einer kodikologischen Beschreibung von H heraus.[23] Eine Abschrift der Ignatianen erhielt Franz Xaver Funk für seine Ausgabe der Apostolischen Väter,[24] und die des Barn sandte Bryennios an Adolf Hilgenfeld, der sie für seine zweite Edition dieser Schrift neu kollationierte.[25] Die in diesem von Hilgenfeld benutz-

---

[18] Die Bezeichnung ‚Codex Constantinopolitanus‘ ist mißverständlich, weil unter dem gleichen Titel eine Minuskel-Hs. etwa gleichen Umfangs über ‚euklidische Geometrie‘ in den Katalogen geführt wird. Vgl. BRUINS, Codex Constantinopolitanus. Palatii Veteris N° 1. 3 Bde. Leiden 1964.

[19] Über die Auffindung des Codex und ihre Vorgeschichte informiert LIGHTFOOT, Apostolic Fathers I.1,121–129; über die vermutliche Herkunft (Palästina?) und über frühere Aufbewahrungsorte (im 18. Jh. in Jerusalem) handelt EHRHARD, Literaturbericht 43f., und ausführlich DERS., Patriarchal-Bibliothek 339–365; DERS., Bestand 465f.

[20] Näheres vgl. ΠΑΠΑΔΟΠΟΥΛΟΣ-ΚΕΡΑΜΕΟΣ, Ἱεροσολυμιτικὴ Βιβλιοθήκη κτλ., Ἐν Πετρουπόλει 1891, Nr. 54, (= Bd. 1,134–137); EHRHARD, Bestand 441–459; DERS., Patriarchal-Bibliothek 357f.

[21] Ps.-Chrys. synops. (fol. 1ʳ–38ᵛ), Barn (fol. 39ʳ–51ᵛ), 1 Clem (fol. 51ᵛ–70ʳ), 2 Clem (fol. 70ʳ–76ʳ), Onomastikon (fol. 76ʳ), Did (fol. 76ʳ–80ᵛ), Brief der Maria von Kassoboloi an Ignatius (fol. 81ʳ–82ʳ), zwölf Briefe des Ignatius in einer Langrezension (fol. 82ʳ–120ʳ), Kolophon (fol. 120ʳ), Genealogie des Erlösers (fol. 120ʳ–120ᵛ). Rechnet man zur recensio longior des Corpus Ignatianum mit seinen zwölf Briefen in der Reihenfolge Mar, Trall, Magn, Tar, Phil, Philad, Smyrn, Polyc, Ant, Her, Eph, Rom das Bittschreiben der Maria von Kassoboloi (Schrift N° 7) hinzu, dann überliefert H die vollständige Langrezension aus sieben interpolierten Ignatiusbriefen und sechs zum Korpus gehörige Pseudepigraphen. Zu den Ignatianischen Briefsammlungen und Rezensionen vgl. BARDENHEWER, Geschichte 1,150–155; LIGHTFOOT, Apostolic Fathers II.1,70–134. 233–430; PAULSEN, Ignatius 282; HARNACK, Geschichte 1,76; ZAHN, Ignatii et Polycarpi epistulae XVI; SCHOEDEL, Ignatius von Antiochien 40; PROSTMEIER, Ignatios. LThK³ 5 (1996) Sp. 407–409. Dem Korpus der Ps.-Ignatianen folgt auf fol. 120ʳ der für die Datierung von H so wichtige Kolophon (s.u.).

[22] Stimmige und übersetzte Inhaltsverzeichnisse der Hs. finden sich bei NIEDERWIMMER, Didache 33f., und SCHÖLLGEN, Didache 87. Im Inhaltsverzeichnis des Codex bei HARNACK, Die Lehre der zwölf Apostel 10f., fehlen im Titel der ersten Schrift die Worte „πατρὸς ἡμῶν", deren Umfang er zu Unrecht auf die fol. 1–32 eingrenzt, weshalb er die zweite Schrift, den Barn, mit fol. 33ʳ statt mit fol. 39ʳ beginnen läßt; vgl. auch GEBHARDT/HARNACK, Barnabae Epistula IX; LIGHTFOOT, Apostolic Fathers I.1,122. Diese falsche Folioangabe wird ab der ersten Ausgabe des Barn, die H berücksichtigt, HILGENFELD, Barnabae epistula, Lipsiae ²1877, XIII, selbst dann beibehalten, wenn zum Beleg auf die obengenannten kodikologischen Beschreibungen verwiesen wird. Vgl. AUDET, Didachè 24f. Ferner erwähnt Harnack die Did nur mit ihrem Kurztitel; zur ‚Titelfrage der Did‘ vgl. NIEDERWIMMER, Didache 81f.; STEIMER, Vertex Traditionis 20–27. Zwei Texte haben in Harnacks und Lightfoots Listen keinen Eingang gefunden: ein auf fol. 76ʳ notiertes Verzeichnis der hebräisch-aramäischen Titel der Schriften in der hebräischen Bibel, und zwar in griechischer Transliteration (Nr. 5), und eine auf fol. 120 befindliche Genealogie des Erlösers (Nr. 9); beides ist transkribiert wiedergegeben bei ΒΡΥΕΝΝΙΟΣ, Διδαχὴ τῶν δώδεκα ἀποστόλων, προλεγ. ρμζ΄–ρμθ΄ (= Proleg. 147–149) und zusätzlich mit Farbphotographien bei HARRIS, Three pages of the Bryennios Mss. Baltimore 1885.

[23] ΒΡΥΕΝΝΙΟΣ, Τοῦ ἐν ἁγίοις πατρός ἡμῶν Κλήμεντος ἐπισκόπου Ῥώμης αἱ δύο πρὸς Κορινθίους ἐπιστολαί. Ἐν Κωνσταντινουπόλει 1875.

[24] FUNK, Opera Patrum Apostolicorum, Tubingae 1878.

[25] HILGENFELD, Novum Testamentum extra canonem receptum, Fasc. 2: Barnabae epistula, Lipsiae ²1877 (SQS); vgl. auch Hilgenfelds Widmung: *viro reverendissimo Philotheo Bryennio Metropolitae Serensi Orientalis Ecclesiae splendido lumini gratissimus editor.* Hilgenfeld scheute sich nicht, seiner 2. Edition

ten Duplikat des Barn enthaltenen Fehler usw. greift der Entdecker des Codex 1883 anläßlich seiner Veröffentlichung des spektakulärsten Fundes in H, der Did, auf.[26] Im zweiten Teil der umfangreichen Prolegomena, die Bryennios seiner Ausgabe der Did voraussтellte, befaßt er sich mit H und notiert dann auf Grund neuerer Kollationen Berichtigungen und Zusätze zu jenen Editionen, die H berücksichtigt hatten. Einen Eindruck von der paläographischen Beschaffenheit der Hs.[27] vermitteln die in Faksimiles erschienenen Clemensbriefe,[28] die Did[29] und einige Folia, von denen fol. 51ᵛ den Schluß des Barn (ab 21,4 νομοθέται ἀγαθοί ...) und den Anfang des 1 Clem mit dessen inscriptio zeigt.[30]

Den Fund des Bryennios', mit dem nur 14 Jahre nach der „Wiederauffindung des Sinaitischen Bibelschatzes"[31] ein weiterer vollständiger griechischer Text des Barn (fol. 39ʳ1–51ᵛ10) verfügbar wurde, zeichnet neben der Entdeckung der Did dreierlei aus: 1. Er ist signiert und datiert; im Kolophon (fol. 120ʳ8) unterzeichnet der Schreiber Leon sein Werk und teilt mit, daß er es am 1. September 5508 ἀπὸ κτίσεως,[32] nach unserer Zeitrechnung also am Dienstag, dem 11. Juni 1056, beendet hat. 2. Gegenüber den Bedenken bezüglich des Textwerts von H wird insbesondere von der Didacheforschung regelmäßig und nicht ganz zu Unrecht angeführt, daß die Did auf fol. 80ᵛ16 mit ἐπάνω τῶν νεφελῶν τοῦ οὐρανοῦ (Did 16,8) endet und die restliche Zeile sowie die folgenden sieben Linien freigelassen wurden, um erst auf fol. 81ʳ mit dem Brief der Maria von Kassoboloi zu beginnen. Dies zeige, daß der Schreiber in der Einsicht, ihm liege der Schluß der Did nicht vor, absichtlich Platz reserviert hat, wohl in der Hoffnung, diesen vermeintlichen Schluß der Did aus einer anderen Vorlage einmal nachtragen zu können, und deutet darauf hin, „daß der Kopist mit einiger Überlegung an seine Ar-

---

zweimal Berichtigungen und Korrekturen folgen zu lassen: vgl. HILGENFELD, Anzeige 150; DERS., Nachträge 295f.

[26] ΒΡΥΕΝΝΙΟΣ, Διδαχὴ τῶν δώδεκα ἀποστόλων, προλεγ. ϙδ΄–ϙη΄ (= Proleg. 104–108). Diese Anmerkungen zu Lesarten des Barn in H fanden erst in neueren Editionen Berücksichtigung, wenngleich ihnen nicht immer entsprochen wird. So hält Wengst an der weder von ℵ noch H bezeugten Lesart ἐγκατασφραγισθῇ (4,8) fest.

[27] Der Umfang der paläographischen Untersuchung des konstantinopolitanischen Codex sowie die textkritische Evaluierung seiner Opera ist nicht vergleichbar mit dem Aufwand bei der akribischen Erforschung der biblischen Bücher des Codex Sinaiticus. Dies gilt in noch größerem Maß für den Textzeugen G (s.u.). In H hat selbstredend die Did die meiste Beachtung gefunden.

[28] LIGHTFOOT, Apostolic Fathers I.1,425–474.

[29] HARRIS, The teaching of the Apostles (Διδαχὴ τῶν Ἀποστόλων) newly edited, with facsimile text and a commentary, Cambridge 1887. Auch bei Harris stimmen die Inhaltsangabe und die Folionummern nicht mit der Hs. überein (11).

[30] Vgl. die phototechnische Wiedergabe von fol. 51ᵛ.76ʳ.120ʳ bei HARRIS, Three pages of the Bryennios Mss., Baltimore 1885; ΠΑΠΑΔΟΠΟΥΛΟΣ-ΚΕΡΑΜΕΟΣ, Ἱεροσολυμιτικὴ Βιβλιοθήκη κτλ., Ἐν Πετρουπόλει 1891, Nr. 54, (= Bd. 1,134–137). Die ‚Library of Congress‘, Washington D.C., (vgl. PRIGENT/KRAFT, Épître de Barnabé 50 Anm. 2) sowie die Universitätsbibliothek Regensburg besitzen den gesamten Codex auf Film; er wurde für den Kommentar eingesehen. Zur inscriptio des 1 Clem vgl. LONA, Clemensbrief 13f.111.

[31] TISCHENDORF, Bibelhandschrift 5.

[32] Vgl. H fol. 120ʳ8: „Ἐτελειώθ[η] μηνὶ Ἰουνίῳ εἰς τ[ὴν] ια΄ ἡ[μέρᾳ] γ. ἰνδ[ικτιῶνος] θ΄. ἔτους ,ϛφξδ‘ χειρὶ Λέον[τος] νοτ[α]ρ[ίου] καὶ ἀλείτ[ου]." Die eckigen Klammern kennzeichnen verderbte Textstellen bzw. unsichere Lesarten; insbesondere ist der Name Leon textkritisch nicht gesichert; vgl. die photomechanische Wiedergabe des Kolophons bei ΠΑΠΑΔΟΠΟΥΛΟΣ-ΚΕΡΑΜΕΟΣ, Ἱεροσολυμιτικὴ Βιβλιοθήκη κτλ., Ἐν Πετρουπόλει 1891, Nr. 54, (= Bd. 1,137); SCHAFF, The Oldest Church Manual 6, und die Farbphotographie bei HARRIS, Three pages of the Bryennios Mss. Baltimore 1885.

beit gegangen ist."[33] Solche unbeschriebene Linien am Blattende gliedern im ersten Werk der Hs., Ps.-Chrys. *synops.*, einerseits Kapitel (fol. 28ʳ23; 29ʳ19–23) und begegnen andererseits am Schluß des Opus (fol. 38ʳ20–23). Diese Freistelle am Schluß von Ps.-Chrys. *synops.* trifft nun ebenso wie jene am Ende der Did mit der letzten Rectoseite eines Quaternio zusammen: bei Ps.-Chrys. *synops.* Quaternio N° 5°, bei der Did Quaternio N° 10°. Es sei dahingestellt, ob diese Gliederung der Hs. in drei Blöcke zu je fünf Quaternien ihre Genese und den Umfang (vielleicht Ps.-Chrys. *synops.* und zwei prototypische Sammlungen mit Barn, 1/2 Clem und Did zum einen und den Ps.-Ignatianen zum anderen) oder gar den Zustand[34] ihrer Vorlage(n) signalisiert. Jedenfalls mahnt diese paläographische Beobachtung, die Leerzeilen am Schluß der Did nicht einzig als ‚kenntnisreiche und vorausschauende Maßnahme des Kopisten' zu deuten. Traut man dem Schreiber weniger Eigenmächtigkeit und Weitsicht zu, dann unterstreichen die Leerzeilen den Textwert von H um so mehr und es darf (begründeter) angenommen werden, daß der Notar Leon seine Abschrift planmäßig und mit Sorgfalt seinen (drei) Vorlagen entnommen hat. Zieht man in Betracht, daß die gleiche Akribie auf die Ausführung in Minuskeln selbst verwendet wurde, daß sich ferner nur eine Hand zu erkennen gibt und orthographische Mängel kaum zu registrieren sind, dann signalisiert der Kolophon[35] auch, daß der Codex in seinen Teilen und als Ganzer vollständig ist. Die Hs. enthält keine kanonischen Bücher, zugleich aber eine Reihe frühchristlicher Schriften, deren Ausschluß aus dem Kanon längere Zeit umstritten war[36] und die deshalb auch vereinzelt im

---

[33] NIEDERWIMMER, Didache 34. Unter den Editoren und Bearbeitern der Did herrscht heute Konsens, daß der letzte Satz der Did in H nicht das Ende der Schrift wiedergibt; hierfür mögen innere Gründe sprechen: „Der Leser erwartet eine Schilderung des Weltgerichts. Damit muß ursprünglich auch der Text der Did. geschlossen haben" (NIEDERWIMMER, Didache 268). Der Rekonstruktion des in H offenkundig fehlenden Schlusses aus den erweiterten Schlußpartien des Didachematerials in den ‚Constitutiones apostolorum' (CA) (zur CA vgl. STEIMER, Vertex Traditionis 117-133) und der nur noch als Kollation verfügbaren georgischen Übersetzung der Did (vgl. WENGST, SUC 2,90f.) wird jedoch vielfach mit Skepsis begegnet (vgl. NIEDERWIMMER, Didache 268f.; SCHÖLLGEN, Didache 81–93).

[34] Zu weit gegriffen ist aber, wenn AUDET, La Didachè 75ff., auf das Format der Did.-Vorlage (Minuskelhandschrift) und die Schriftart (Unziale) schließt.

[35] Abgesehen von Bryennios' griechischer Kapitelnumerierung werden neben dem Kolophon auch die Randnotizen zu den Fundorten der Zitate im Part mit dem Barn vom Schreiber Leon stammen. Im einzelnen notiert er den Fundort zu Jes 1,11–13 in Barn 2,5 (ὅτι οὐδενὸς χρῄζει ὁ δεσπότης Ἡσαίου), zu ApcAdam in Barn 2,10 (ψαλμ[ὸς] Ν´ καὶ ἐν ἀποκαλύψει Ἀδάμ), zu Dan 7,24 in Barn 4,4 (Δανιὴλ καὶ Ἔσδρας ἀπόκρυφος), zu Jes 33,18 in Barn 4,11 (Ἡσαίας λγ´), zu Jes 53,5 in Barn 5,2 (Ἡσαίας νγ´), zu Spr 1,17 in Barn 5,4 (παροιμιῶν), zu Gen 1,26 in Barn 5,5 (Γένεσις), Sach 13,6f. in Barn 5,12 (Ζαχαριου ιγ´), zu Ps 21(22),21; 118(119),120 in Barn 5,13 (ψαλ. κα´ und ψαλ. ριη´), zu Jes 50,6f. in Barn 5,14 (Ἡσαίου ν´) zu Ps 117(118),22 und 21(22),17 in Barn 6,4 (ψαλ. ριζ´ und ψαλ. κα´) und zu Jes 3,9f. in Barn 6,7 (Ἡσαί. γ´). Vergleichbares findet sich in H nur noch zum Zitat von Jes 53,1–12 in 1 Clem 16,3–16 (fol. 56ʳ18ff.). Die Marginalie zeigt insofern, daß Leon den Psalter in der Zählung der griechischen Bibelübersetzungen gekannt haben wird. Ungewiß ist indes, auf welchen Text er sich mit seiner Notiz fol. 39ᵛ20–23: „ψαλμ[ὸς] Ν´ καὶ ἐν ἀποκαλύψει Ἀδάμ" bezogen hat, denn die bezeichnete Schrift (ApcAdam) enthält weder eine vergleichbare Rede über das Opfer noch über den Wohlgeruch. Ob aufgrund dieser Marginalie mit JAMES, Notes on Apocrypha 409f., vermutet werden darf, daß eine (Mahn-)Rede über das Opfer bzw. über den Duft zur ApcAdam gehörte oder daß sie gar auf ein verlorenes Werk hinweist, das über die Sache unter dem Namen Adams handelte, ist hier nicht zu entscheiden. Zur Tradition vgl. S. 178–181 die Auslegung von Barn 2,10.

[36] Zur Kanongeschichte vgl. ZAHN, Geschichte 1,347-351; ALAND, Studien zur Überlieferung des Neuen Testaments und seines Textes 1-23; NTApo⁶ 1,1-61; PRIGENT/KRAFT, Épître de Barnabé 105f.

Anhang der großen Bibelhandschriften überliefert sind[37] oder die – wie im Fall der Did[38] – bislang nur dem Namen nach bekannt waren. Der konstantinopolitanische Codex ist eine fast vollständige Rezension patristischer Schriften apostolischer Zeit, eine Sammlung extra canonem vermutlich der letzten Dezennien des 4. Jh. (s. u.),[39] die das Gros der Apostolischen Väter enthält. Aus der Perspektive einer derartigen patristischen Sammlung wirkt die Überlieferung der nicht-neutestamentlichen Literatur der Ältesten Kirche in den großen Bibelhandschriften armselig fragmentarisch.[40]

3. Der Codex Vaticanus graecus 859 (v) und seine Deszendenten

a. Der Archetyp

Der Codex Vaticanus graecus 859, (v) – Pergamentminuskel, 288 fol., 320 x 240 mm, 2 col., 31 lin., 11. Jh.,[41] (fol. 2–27.263 Papier, 15. Jh.), olim Cod. Vat. gr. 795, z. T. rote Initiale – ist der Archetyp[42] von neun[43] griechischen Renaissancehandschriften, die den Textzeugen G der heutigen Editionen bilden, und war die Grundlage zu einer armenischen Übersetzung. Bei acht der griechischen Deszendenten ist ebenso wie im Cod. Vat. gr. 859 an Polyc 1,1–9,2 ohne Übergang Barn 5,7–21,9 angeschlossen;[44] ein weiterer Abkömmling ist verstümmelt und enthält nur noch

---

[37] Vgl. hierzu die Einleitungen zu den kritischen Editionen: FISCHER, SUC 1., Darmstadt [9]1986; WENGST, SUC 2., Darmstadt 1984; und die entsprechenden Ausgaben in den „Sources Chrétiennes".

[38] Die Identifizierung der Didache stilisierte die Entdeckung dieser byzantinischen Hs. binnen kurzem zu einer „Sensation ersten Ranges" – wie NIEDERWIMMER, Didache 33, resümiert – und initiierte eine vielverzweigte Forschungstätigkeit. Vgl. die Hinweise auf die ersten Arbeiten bei EHRHARD, Die vornicänische Litteratur 37–68; BARDENHEWER, Geschichte 1,83–86.

[39] Vgl. RORDORF/TUILIER, Didachè 102–106.

[40] Vgl. die Beschreibungen der Majuskel-Bibelhandschriften Sinaiticus (‭א‬ 01), Alexandrinus (A 02) und Vaticanus (B 03) in ALAND/ALAND, Text 117f.

[41] Zwar ist auch eine Datierung der Hauptmasse des Codex ins 12. Jh. denkbar, ihn jedoch ins 13. Jh. hinaufzurücken, ist wegen einer auf fol. 211[va]25–30 stehenden armenischen Übersetzernotiz ausgeschlossen (s. u.). Im 14. Jh. ist der Hs. das fol. 288 mit anonymen (christlichen) Sprichwörtern zugewachsen. Ein Jahrhundert später wurden vor diesem Schlußblatt 27 fol. mit zwei Viten und Meth. *creat.* eingefügt. Die buchbinderische Zusammenstellung des Codex ist für das Jahr 1550 bezeugt (vgl. DEVREESSE, Codices Vaticani graeci, III [Codices 604–866], 427.)

[42] Den Nachweis erbrachte FUNK, Descendenten 629–637, der, darin GEBHARDT/HARNACK, Barnabae Epistula, Lipsiae [1]1875 folgend, für die von ihm herangezogenen Codices das Sigel ,G' einführte. Funk, der seine Ausgabe der Ignatiusbriefe vorbereitete und hierfür u.a. eine Abschrift der Ignatianen aus H erhalten hatte, war bei den obengenannten griechischen Hss. primär am Corpus Ignatianum interessiert, weshalb er auch Hss. notierte, die den Textverband Polyc mit Barn nicht enthalten, z.B. „Codex Paris. Suppl. gr. 341" (vgl. ib. 633f.). Das allgemeine Ergebnis seiner Studien indes ist auch für die Textgeschichte des Polyc und Barn gültig, wenn auch nicht zwingend von einer linearen, sondern eher von einer verzweigten Deszendenz auszugehen ist. Vgl. LIGHTFOOT, Apostolic Fathers II.1,114 und seinen Hinweis: „But possibly a closer examination of other parts might show the relation is not quite so simple."

[43] Vgl. PROSTMEIER, Überlieferung 48–64.

[44] Zur handschriftlichen Überlieferung des griechischen Textes von 1/2 Polyc vgl. jetzt BAUER, Die Polykarpbriefe 13–15.

Barn ab 10,3. In der Vorlage ($\Psi^{1.2}$) des Archetypus, die wir zwar nicht mehr besitzen, die aber ein Text vom Typ des Papyrusfragmentes $\mathfrak{P}$ (s. u.) war und somit dem 3.–5. Jh. zuzurechnen ist, muß ein Quaternio[45] mit dem Schluß des Polyc und dem Anfang des Barn gefehlt haben. In ihr folgte somit auf den Polyc, der auf einer Versoseite unten mit τὸν ὑπὲρ ἡμῶν ἀποθανόντα καὶ δι' ἡμᾶς ὑπὸ (9,2) abbrach, unmittelbar der Barn, der in der Linie 1 der nächsten Rectoseite mit τὸν λαὸν τὸν κενὸν ἑτοιμάζων κτλ. (5,7) einsetzte.[46] Im Archetyp steht dieser Textverbund von Polyc 1,1–9,2 mit Barn 5,7–21,9 zwischen anderen Werken[47] auf fol. 195ʳᵃ–211ᵛᵇ. Er beginnt nach der inscriptio des Polyc (fol. 195ʳᵃ26–31) und einem Mäander auf fol. 195ʳᵇ2. Barn 5,7 setzt auf fol. 198ʳᵃ17 ein und reicht inklusive des für den Archetyp signifikanten Nachtrages[48] bis fol. 211ᵛᵃ23. Die Nahtstelle zwischen beiden Schrif-

---

[45] Obwohl aufgrund der lateinischen Zeugen beider Briefe von einer größeren Lücke auszugehen war, die auf einen mechanischen Defekt wie den eines Quaternienverlustes (vgl. Müller, Erklärung 20; Bardenhewer, Geschichte 1,96) hinwies, taxierte Vossius, Barnabæ Epistola 310, den verlorenen Text versehentlich auf nur etwa ein oder zwei Folien; Vossius' Bescheid *„unum & alterum forsan folium"* schlossen sich Gebhardt/Harnack, Barnabae Epistula X Anm. 1, und Heer, versio latina LXIV, an; offenkundig ohne Prüfung des Sachverhalts, denn bereits Barn 1,1–5,7a allein mußte mehr als nur diese zwei oder vier Seiten benötigt haben. Die Quaternienfolge ist insofern interessant, als vermutlich bei der Bindung zwischen fol. 195 (Quaternio N° 26 [κϛ´]) und fol. 196 (Quaternio N° 27 [κζ´]) *ein* (unbeschriebenes) Blatt herausgetrennt, während *ein weiteres* Leerblatt belassen wurde. Die Hs. scheint also in diesem Teil in zwei Etappen geschrieben zu sein, denn diese Unregelmäßigkeit hat keine Auswirkung auf den Text des Polyc.

[46] Über die Herkunft der Hs. (v) läßt sich nichts Präzises ausmachen. Stammt die Übersetzernotiz auf fol. 211ᵛᵃ25–30 aus der Hand des armenischen Erzbischofs *Nerses von Lambron* (1153–1198) und bezieht sich die Wendung des Memorandums „in der königlichen Stadt" auf Byzanz, dann war die Hs. Ende des 12. Jh. in einer der beiden großen Bibliotheken in Byzanz. Von dort könnte sie wohl frühestens in der Zeit, in der die Metropole von Kreuzfahrern erobert war (1204–1261), in den Westen gelangt sein (vgl. Kawerau, Ostkirchengeschichte [CSCO.Sub 441.64], 8; [CSCO.Sub 442.65], 90–97). Wahrscheinlicher indes ist, daß sie erst an der Wende zum 15. Jh. nach Italien gelangte, als der Westen die griechische Literatur für sich wiederentdeckte und sich zumal in Konstantinopel die Werke in Griechisch besorgte und sie bald schon im großen Stil zu sammeln und zu vervielfältigen begann, so daß binnen kurzem ein reger Handschriftenhandel zwischen der Stadt am Bosporus, den Bibliotheken Griechenlands (Athos) und den abendländischen Kulturzentren blühte; vgl. Sabbadini, Die Entdeckung der griechischen Kodizes 310–336. Für eine spätere Überbringung in den Okzident spricht auch, daß sich die Deszendenten der Hs. (v) dem 15. oder 16. Jh. entstammen. Trifft dies zu, bot sich dem Westen erst ab dem 15. Jh. die Chance, den Polyc und den Barn – wenn auch nur fragmentarisch – in Griechisch kennenzulernen.

[47] Neben einer Langrezension der Ignatianen enthält die Hs.: Dion.Ar. *c.h.*, *myst.*, *d.n.*, *e.h.*, *ep. 1–5*; ProtevJak; Germ.CP *or. 2*; Gr. Naz. *or. 38*; Ps.-Chrys. *nat. Chr. 1*; *annunt.*, *Laz 2*; Ps.-Amph. *v. Bas.*; Ps.-Eus.Al. *serm. 15*; Epiph. *hom. in diuini corporis sepulturam*; ferner eine zwischen dem 6. und 8. Jh. auf Zypern entstandene ‚Apokalypse des Johannes' (ApkJoh II.; vgl. NTApo⁵ 2,626f.). Aus dem 15. Jh. stammt ein Einschub von 27 fol. mit den Viten „Sancti Philippi Apostoli" (PG 115,188–197) und „Sancti Panteleemonis" (PG 115,448–477) und Ps.-Meth. *Apokalypsis*, in einer der Rezension I nahestehenden griechischen Version, die jedoch hinter dem Text dieser griechischen Rezension in den Hss. (t) und (n) zurücksteht; vgl. Lolos, Die Apokalypse des Ps.-Methodios 28f. Das fol. 288, das wiederum einem anderen Codex des 14. Jh. entstammt, enthält anonyme (christliche) Sprichwörter.

[48] Ἐπιστολὴ Βαρνάβα τοῦ ἀποστόλου συνεκδήμου Παύλου τοῦ ἁγίου ἀποστόλου. Da in allen bekannten Deszendenten der Hs. (v) sowohl die Randmarke zur Bruchstelle zwischen Polyc und Barn (fol. 198ʳᵃ) als auch dieser Nachtrag fehlt, kann diese subscriptio, die im offenen Widerspruch steht zur ins-

ten wurde von späterer Hand durch die Randnotiz „Hic incipit fragmentum epistolae S. Barnabae Apostoli" kenntlich gemacht.

Die genannte Randnotiz ist ein erstes Indiz dafür, daß das Fragment des Barn nicht bereits
vor der Entdeckung eines von G unabhängigen direkten Textzeugen erkannt worden ist. In
Schrift und Tinte gleicht diese Marginalie der Eingangsnotiz auf fol. 1ʳ „Commemoratio in
S.ᵗᵘᵐ Philippum et alia .795", die wahrscheinlich anläßlich der 1550 erfolgten Bindung zum
Codex notiert wurde – „.795" ist keine abgekürzte Jahreszahl, die die Notierung auf fol. 1ʳ
ans Ende des 18. Jh. datiert, sondern die alte Bibliothekssignatur des Cod. Vat. gr. 859. Diese
Katalogisierung ist der älteste Beleg dafür, daß der Westen Mitte des 16. Jh. den mit Polyc
verschmolzenen griechischen Text des Barn noch nicht erkannt hatte, es sei denn man
nimmt an, daß der Bibliothekar das Fragment des Barn unter „et alia" subsumiert hat. Doch
stehen dieser Möglichkeit und damit einer Frühdatierung der Marginalie auf fol. 198ʳᵃ zum
einen alte Bestandslisten der Vatikanischen Bibliothek entgegen, die den Textverbund unter
dem Namen Polyc verzeichnen, ohne auf den Barn hinzuweisen,[49] und zum anderen, daß
jener, der in der Hs. (v) die Bruchstelle zwischen beiden Opera registriert und das folgende
Stück positiv als Fragment des Barn identifiziert hat, auch der sein muß, der auf fol. 198ᵛᵃ18
den Schluß von Barn 5 angezeigt hat. Diese Diagnose konnte jedoch nicht anhand der von G
unabhängigen Fragmente des Polyc bei Euseb, *h.e.* III 36,13 oder Hss. der ins 8. Jh. zurück-
reichenden lateinischen Übersetzung des Polyc[50] erfolgt sein, sondern nur durch Benutzung
eines von G unabhängigen Textzeugen des Barn. Hierfür kommt nur die Hs. L (s. u.) in
Frage, die von Nicolas-Hugues Ménard OSB (1585–1644) in der Benediktinerabtei Corbie in
Amiens noch vor ihrer Überbringung nach St.-Germain-des-Prés (1638) entdeckt und für
seine Edition des Barn benutzt wurde.[51] Nachdem im Nachlaß des Gräzisten und Patrolo-
gen Francisco Torres SJ (um 1509–1548) durch seinen Ordensbruder Jacques Sirmond (1559–
1651) auch ein mit dem Polyc verschmolzenes griechisches Fragment des Barn gefunden[52]
und in einer Abschrift von Ménard für seine Ausgabe des Barn benutzt worden war, wußte
man um den signifikanten Defekt der griechischen Überlieferung des Polyc und Barn. Die
später als Archetyp des griechischen Textzeugen G erwiesene Hs. (v) ist zusammen mit den

---

criptio, nicht vom Kopisten selbst stammen; er hat sie vielmehr fein säuberlich aus der Vorlage übernommen. Deshalb darf angenommen werden, daß er diese Akkuratesse auch im vorausgehenden Textverbund hat walten lassen.

[49] Vgl. Initia operum sermonum tractatum & c. Quæ in Voluminib. M.sscc. Græcis Bibliotheca Vati-
can. Continentur Excerpta & exarata Laurentio Portio (1671) fol. 91ʳ; Index. Alphabeticus Codicum Manuscriptorum Bibliothecæ Ottobonianæ. Index a Maro Coster, scriptore latinæ linguæ, confectus (cfr.
Urb. lat. 1778) fol. 251ᵛ.

[50] Vgl. FISCHER, SUC I,III.244; LIGHTFOOT, Apostolic Fathers II.1,126–132.550f.

[51] Vgl. HEER, versio latina IXf. Die Prolegomena bzw. Auszüge aus denselben zu den Editionen des
Barn von COTELIER (1724), MÉNARD (1645), VOSSIUS (1646, ²1680), LE NOURRY (1703), GALLAND
(1765), LUMPER (1783) und HEFELE (1842) sind in PG 2,647–726 abgedruckt. Die Vorrede von HEFELE
(1847) zu seiner Ausgabe des Polyc ist in PG 1,996–1002 wiedergegeben.

[52] Die Geschichte der Wiederentdeckung des später mit ‚G' signierten griechischen Textzeugen ist zum
einen wegen ihrer Verknüpfung mit der Editionsgeschichte des Barn überaus komplex, zum anderen,
weil stets Fragen, die den Polyc und das in vier Hss. mitüberlieferte Corpus Ignatianum betreffen, mit-
zubedenken sind. Einen Einblick vermitteln DRESSEL, Patrum apostolicorum opera XIf.; HEER, versio
latina X–XII.XVII–XIX; HILGENFELD, Barnabae Epistula V–XIV; ZAHN, Ignatii et Polycarpi epistulae XLII–XLVI; vor allem aber sind die Prolegomena bei GEBHARDT/HARNACK, Barnabae Epistula
XIII–XXIV und die sorgfältige Zusammenstellung der Editionen ib. XLf. hervorzuheben.

Hss. (f t)[53] erstmals für die 1646 von Isaak Vossius (1618–1689) veranstaltete Edition des Barn explizit mit dem lateinischen Zeugen verglichen worden.[54] Ab diesem Zeitpunkt ist mit den Randnotizen auf fol. 198ra und 198va der Hs. (v) zu rechnen; ob sie von dem Leidener Bibliothekar stammen, sei dahingestellt.[55] Nachdem also durch den Defekt des Cod. Vat. gr. 859

---

[53] Vgl. DRESSEL, Patrum apostolicorum opera XII: „Itaque cum Menardi editio ex uno tantum Codice prodisset parum correcta, Epistolam Barnabae I. Vossius emendatiorem publici iuris fecit Amstelodami a. 1646, Florentino, Vaticano et Romano Theatinorum Codice usus." In seiner Anm. zu Barn 1,1 notierte MOESL, Die aechten Werke apostolischer Maenner 216: „Der Anfang dieses Briefes, bis Cap. 5. V. 13, fehlet in dem Griechischen. Die Uebersetzung hier ist aus der alten lateinischen Uebersetzung."

[54] Die griechisch-lateinische Ausgabe des Barn durch James Ussher (1580–1656), anglikanischer Erzbischof von Armagh und Primas von Irland, aus dem Jahr 1642 (durch Brand vor dem Erscheinen in der Hauptmasse vernichtet; vgl. GEBHARDT, The editio princeps of the epistle of Barnabas 604–606), die Ussher in der Inhaltsübersicht als Erstedition verzeichnet („Barnabæ Epistola Catholica, Græcè, unâ cum vetere Latinâ versione, nunc primùm edita"; vgl. die Faksimiles der wenigen erhaltenen Blätter der Ausgabe von Ussher bei J. H. BACKHOUSE, The editio princeps of the epistle of Barnabas by archbishop Ussher, Oxford 1883, hier: „Synopsis" N° V), sowie die Ausgabe von Nicolas-Hugues Ménard – 1638 fertiggestellt (fol. 7v der Ausgabe; Titelei und das Editoral d'Achérys sind ohne Seitenangaben), gedruckt im Dezember 1644 (fol. 2v der Ausgabe), publiziert posthum in Paris 1645 durch den Ordens- und Kirchenhistoriker Jean-Luc d'Achéry OSB (1609–1685) – basierten auf dem Lateiner (vgl. HEER, versio latina XVIIf.) und der Hs. (c), genauer auf Abschriften dieses griechischen Zeugen: Die Edition von Ussher bediente sich – wie schon Petrus Halloix für die Erstausgabe des Polyc von 1633 (vgl. ZAHN, Ignatii et Polycarpi epistulae XLIII; HILGENFELD, Barnabae Epistula 184) – des ‚Cod. Salmasius', einer über Vossius an ihn gelangten Kopie Claudius Salmasius' von jener Abschrift der Hs. (c), die Andreas Schott SJ (1553–1629) besaß (vgl. DRESSEL, Patrum apostolicorum opera XII: „Schottiani Codicis graeci et versionis veteris apographum a Claudio Salmasio accepit Isaacus Vossius, ab hoc Iac. Usserius"); Ménard hatte Sirmonds Abschrift aus dem sog. ‚Cod. Turrianus' zur Hand (vgl. das Vorwort von d'Achéry zu Ménards Edition fol. 4; HEFELE, Sendschreiben V–X). Aus dieser Vorbemerkung geht überdies hervor, daß er und – so d'Achérys Vermutung – auch Ménard über die Herkunft oder die Vorlage des ‚Cod. Turrianus' nichts wußten. D'Achéry schreibt: „Verum suppetias tandem attulit doctissimus Sirmondus Societatis Iesu presbyter: is quippe de apographo Greco, quod Romæ inter ms & schedas R. P. Thuriani eruditione, ac rerum multarum scientia clarissimi, repererat; libentissime accommodauit Menardo. Vnde autem exscripserit apographum Thurrianus? Res est nobis prorsus ignota." Ob Ménard neben dieser Kopie auch jene des Andreas Schott oder, wie MÜLLER, Erklärung 20f., meint, die Hss. (v o) herangezogen hat – worauf die mit den Hss. (v o f p) gegen (c) gleichlautenden Lesarten hinweisen (vgl. HILGENFELD, Barnabae Epistula VI–IX, sowie die Listen und die Beurteilung bei GEBHARDT/HARNACK, Barnabae Epistula XV–XXII) –, ist nicht sicher zu erweisen, weil es Emendationen sein könnten, die schon in den nicht mehr greifbaren Abschriften durch Schott bzw. Sirmond vorgelegen haben mögen. Als sicher darf angesehen werden, daß Ussher sowie Ménard nicht die Hss. (d r) benutzten, denn beide Codd. haben noch nicht die für (c) und die von ihr abhängigen Ersteditionen signifikante Lücke in Barn 8,1 ἐπὶ ζύλον bis τὸ κόκκινον; vgl. das Faksimile bei BACKHOUSE, The editio princeps 269, Zeile 19 sowie S. 28, Spalte a, lin. 4 der Pariser Erstedition (Η ΦΕΡΟΜΕΝΗ ΤΟΥ ΑΓΙΟΥ ΒΑΡΝΑΒΑ ΑΠΟΣΤΟΛΟΥ ΕΠΙΣΤΟΛΗ ΚΑΘΟΛΙΚΗ. Sancti Barnabæ Apostoli [vt fertvr] Epistola Catholica. Ab antiquis olim Ecclesiæ Patribus, sub eiusdem nomine laudata et vsurpata. Hanc primum et tenebris eruit, Notisque et Observationibus illustrauit R. P. domnus Hugo Menardus monachus Congregationis sancti Mauri in Gallia. Opvs posthvmvm, Parisiis M DC XLV). Daß Ussher und Ménard von einer Kopie der Hs. (c) abhängen, zeigt z.B. die verderbte Lesart ῥαχιήλ in 7,8 (USSHER, Barnabæ Epistola Catholica 268; MÉNARD, Sancti Barnabæ Apostoli 26 [Sp. a, lin. 8]. 136).

[55] Für die Deszendenz folgt daraus, daß die älteste erhaltene Abschrift aus der Hs. (v), der Cod. Vat. Ottob. gr. 348, Sigel (o), in dem wie in allen Abkömmlingen der Hs. (v) diese Randnotiz fehlt (vgl. PRIGENT/KRAFT, Épître de Barnabé 52), aufgrund der Eingangsnotiz nicht zwingend vor 1550 zu datieren ist. Da aber diese Renaissance-Hss. auch sonst keinerlei Kenntnis des Barn verraten, werden ihre Kopi-

spätestens ab dem 11. Jh. der Okzident den Barn aus den Augen verloren hatte, erlangte er Mitte des 17. Jh. wieder Kenntnis des Barn, und zwar in Gestalt zweier Fragmente: durch Ménards und Johann Cordes'[56] Abschriften der im *Cod. Petropolitanus Q. v. I. 39* (s.u.) lateinisch erhaltenen Kapitel 1–17 und mittels Kopien des im *Cod. Romanus Casanatensis 334* griechisch überlieferten, mit dem Polyc verschmolzenen Bruchstücks Barn 5,7–21,9 durch Schott und Salmasius zum einen und Torres und Sirmond zum anderen. Der Verlust dieser Kopien ist zu verschmerzen, weil wir sowohl deren gemeinsame Vorlage also auch die auf ihnen basierenden Erstdrucke besitzen.

Für die Textkritik erbrachten die paläographischen Untersuchungen von Funk ein doppeltes Ergebnis: 1. Alle griechischen Hss. des Barn mit dem signifikanten Defekt, daß in ihnen der Text erst ab Barn 5,7b enthalten und direkt an Polyc 1,1–9,2 angeschlossen ist, bilden „nur einen Textzeugen";[57] für ihn steht archetypisch die Hs. (v). 2. Insofern nicht alle Abkömmlinge direkt aus dem Cod. Vat. gr. 859 geflossen sind, lassen sich die Filiationen zu Familien zusammenfügen.[58] Die in neueren kritischen Editionen[59] durchgeführte Aufteilung auf drei Familien versucht, a. das Abstammungsverhältnis,[60] b. den Überlieferungskontext der Texttradition anzuzeigen – die vier[61] Codices der Familien G1 und G2 enthalten das Corpus Ignatianum in einer recensio longior mit 11 Briefen in derselben Reihenfolge[62] und führen es stets unmittelbar vor dem Textverbund Polyc mit Barn 5,7ff. –, und c. die Erfordernisse eines übersichtlichen textkritischen Apparats mit dem Wunsch abzugleichen, Deszendenten detailliert zu zitieren. Der Textwert von (v) erhielt durch die Auffindung eines Payprusfragments (𝔓) des 3.–5. Jh. eine deutliche Stütze gegenüber א und H. Insofern alle Renaissance-Hss. der drei Familien – direkt oder vermittelt – vom Cod. Vat. gr. 859 herrühren, repräsentiert dieser mittelalterliche Zeuge einen Text des Barn, wie er im 4. oder 3. Jh. verfügbar war. Der Textzeuge G steht somit auf einer Stufe mit den Codd. Sinaiticus (א) und Petropolitanus Q. v. I. 39 (L) (s.u.) sowie dem Papyrusfragment PSI 757 (𝔓).

---

sten den Hinweis auf die Bruchstelle noch nicht gelesen haben. Vermutlich deswegen und weil in diesen Abkömmlingen auch der Nachtrag des Archetyps zu Barn 21,9 (Ἐπιστολὴ Βαρνάβα κτλ.) und somit auch der letzte Hinweis auf den Barn fehlt, führen ihn kodikologische Beschreibungen der Deszendenten sogar dann unter dem Titel Polyc, wenn wie im Fall des Cod. Vat. gr. 1909 der Part mit dem Polyc fehlt (s.u.). Allein deshalb ist es fraglich, ob die Hs. (v) außer für (o) noch ein anderes Mal als Vorlage oder zur Revision für einen ihrer griechischen Deszendenten herangezogen wurde.

[56] Vgl. HEER, versio latina XVIII.

[57] FUNK, Descendenten 630; vgl. LIGHTFOOT, Apostolic Fathers II.1,115f.

[58] Vgl. HARNACK, Geschichte 1,58f.

[59] PRIGENT/KRAFT, Épître de Barnabé. SC 172. Paris 1971; SCORZA BARCELLONA, Epistola di Barnaba. Torino 1975. LINDEMANN/PAULSEN, Die Apostolischen Väter. Tübingen 1992, und WENGST, SUC 2. Darmstadt 1984, verzichten auf eine unterscheidende Kennzeichnung.

[60] Vgl. FUNK, Descendenten 629–637; PRIGENT/KRAFT, Épître de Barnabé 51f.

[61] Vgl. LIGHTFOOT, Apostolic Fathers II.1,111–114.546–550; PAULSEN, Ignatius 186–188; CAMELOT, Ignace d'Antioche 14f.

[62] Die Codices der Familien G1 und G2 enthalten das Korpus der Ps.-Ignatianen nach dem Schema des Cod. Vat. gr. 859, fol. 151ᵛ–195ʳ: Auf den unvollständigen IgnTrall folgen die Briefe Magn, Tars, Phil, Phld, Sm, Polyc, Ant, Her, Eph, Rom. Am Schluß von IgnRom, auf fol. 195ʳ des Archetyps, ist vermerkt, daß IgnTrall der zweite von insgesamt zwölf Ignatiusbriefen ist. Ob der Kopist an erster Stelle das Pseudepigraphon IgnMar (so HARNACK, Geschichte 1,78) gewähnt und ob er den Defekt des IgnTrall bemerkt hat, geht aus der Notiz nicht hervor.

b. Das Memorandum – Hinweis auf eine armenische Übersetzung des Barn

Die Hs. (v) enthält nach einem einzeiligen Mäander, der den für sie typischen Nachtrag beschließt, auf fol. 211^va25–30 eine zwar bekannte,[63] aber bislang nicht vollständig übersetzte sechszeilige armenische Notiz. Sie lautet:

> „Ich, *Nerses,* habe diesen *Brief* in armenische Sprache übersetzt, in der *königlichen Stadt,* zur Herrlichkeit Christi, unseres Gottes, des auf ewig Gepriesenen. Amen."[64]

Zur Frage der Identität des Nerses

Albert Rudolf Maximilian Dressel, der für seine Ausgabe der Apostolischen Väter den Cod. Vat. gr. 859 (und dessen Deszendenten) neu kollationierte, las in der ersten Linie des Memorandums den Namen Nerses und schloß, daß es sich um *Nerses Schnorhali [*Ներսէս Դ Շնորհալի*]* (1102–1173),[65] d.h. der Anmutige, der Begnadete (wegen seines Stiles), deshalb mitunter ‚Ghelazensis‘ genannt, handelt, der bisweilen auch als Nerses von Klah – nach seinem Patriarchalsitz Rhomkla in Kilikien – tituliert ist. Als Nerses VI. war er Katholikos der Armenier (1166–1173). Er gilt als einer der bedeutendsten Theologen Armeniens im Mittelalter; zu seiner reichen literarischen Hinterlassenschaft gehören auch Übersetzungsarbeiten. In der Armenischen Kirche ist Nerses indes ein häufiger Name; allein die bis 1328 reichende Chronik des *Mekhit'ar aus Ayrivank* nennt vier Katholikoi dieses Namens.[66] Die Lokalnotiz

---

[63] Vgl. DRESSEL, Patrum apostolicorum opera LVI. Jacques de Morgan hat den Nachtrag im Cod. Vat. gr. 859 zusammen mit dem Memorandum von fol. 211^v reproduziert und die armenische Notiz als „Autographe de Saint Nersès de Lampron" untertitelt (Histoire du Peuple Arménien depuis les temps les plus reculés de ses annales jusqu'à nos jours, Nancy u. a. 1919, 190). Zum Barn in der armenischen Kirche und Literaturgeschichte vgl. die von H. S. ANASJAN ebenfalls in Armenisch abgefaßte ‚Armenische Bibliographie‘ (2. Ս. Անասյան, Կան Մատենագիտությունն, Ե–ԺԲ, ԴԴ Հատոր Բ, Երևան, [Ձ. Ս. Տրֆձգը, Ֆչվջդրֆկ թմ կձձճմագ, Տհասֆլջ; Armjanskaja bibliografija 5.–13. Jh., Bd. 2., Eriwan] 1976, Sp. 1245f.). Anasjan, der die Übersetzernotiz am Ende der Hs. (v) in einer armenischen Transkription mitteilt und sie mit *Nerses von Lambron* in Zusammenhang bringt, weiß weder von einer noch existierenden armenischen Übersetzung des Polyc noch des Barn zu berichten.

[64] Die vom Übersetzer angewandte armenische ‚Rundschrift (boloragir)‘ war vom 12.–14. Jh. in Gebrauch. Vgl. JENSEN, Altarmenische Grammatik, 7, der nicht ganz zutreffend von ‚bologir‘ spricht. „Christus" (Քի = Քրիստոսի) und „Gott" (այ = Աստւծոյ) in Linie 28 sind als nomina sacra geschrieben.

հս ներաս թարգմանեցի	Es nerses t'argmanec'i	Ich Nerses habe übersetzt
ուղծս զայս ի Հայ բար	zt'owl't's zays i Hay bar	diesen Brief in armenische Sprache/
բառ ի թագաւորական	bar' i t'agaworakan	Dialekt in königlicher
քագար ի փառս Քիայ Մերոյ	k'al'ak', i p'ar's k'i ay. meroy	Stadt zur Herrlichkeit Christi unseres Gottes,
որ և աւրհնեալ յաւին	or ê awrhneal yawit	welcher auch ist gepriesen/gelobt/gesegnet für
եանս. ամէն։	eans, amên.	ewig. Amen.

Für die mühevolle Übersetzung des Memorandums danke ich Herrn Haroutioun Palanjian.

[65] Vgl. DRESSEL, Patrum apostolicorum opera LVI: „Nierses ille Ghelazensis, qui eum olim possidebat, in calce Epistolæ Barnabæ notulam sermone Armeniaco adscripsit. Qui cum anno 1173 obierit ..." Hieran orientiert sich die Datierung der Hs. bis heute: vgl. HILGENFELD, Barnabae Epistula XIV – dort leider falsche Seitenangabe; HEER, versio latina LXIV.LXXVIII; LIGHTFOOT, Apostolic Fathers II. 1,111–114; PRIGENT/KRAFT, Épître de Barnabé 51 Anm. 2. Zur Biographie von Nerses Schnorhali vgl. INGLISIAN, Literatur 192–194; THOROSSIAN, Littérature Arménienne 132–137.

[66] Vgl. BROSSET, Chronologique 13f. Da die buchbinderische Zusammenstellung des Cod. Vat. gr. 859 für das Jahr 1550 bezeugt ist (s.o.) und etwa zur gleichen Zeit der Schreiber des Cod. Vat. Ottob. gr. 348 die Langrezension und den Textverbund Polyc mit Barn direkt daraus kopiert hat, muß die armenische

des Memorandums „in der königlichen Stadt", d.h. in Byzanz,[67] spricht jedoch dagegen, daß Nerses Schnorhali die vorausgehende Passage aus dem Cod. Vat. gr. 859 übersetzt hat, denn seine Biographie weiß zwar von Reisen in den Nahen Osten, nicht aber von einer Reise an den Bosporus. Ein anderer armenischer Kirchenschriftsteller und Übersetzer gleichen Namens und Zeitgenosse des von Dressel vermuteten Kopisten, nämlich *Nerses von Lambron* *[Ներսէս Լամբրոնացի]* (1153–1198), seit 1176 Erzbischof von Tarsus, war regelmäßig für Leo II. (1187–1219), den späteren 1. König des kilikischen Armenien (seit 1198), in diplomatischer und kirchenpolitischer Mission in Byzanz.[68] Er beherrschte neben seiner Muttersprache Griechisch, Syrisch und Latein. Zu seinem beträchtlichen literarischen Nachlaß zählen u.a. 13 Übersetzungsschriften, deren Vorlagen bzw. Originale nicht selten die kaiserliche Bibliothek oder die Patriarchatsbibliothek in Byzanz besessen haben.[69] Sofern das Memorandum im Cod. Vat. gr. 859 fol. 211ᵛ aus der Hand von *Nerses von Lambron* stammt, kann die Übersetzung bloß z.Z. seines Katholikats (1175–1198) erfolgt sein, denn nur für diese zwei Dezennien sind seine byzantinischen Aufenthalte bezeugt. Zwar ist nicht auszuschließen, daß *Nerses von Lambron* in seinem letzten Lebensjahr eine Delegation seiner Kirche nach Rom begleitete und dort aus der Hs. (v) den Polyc cum Barn übersetzte, so daß die Titulatur „königliche Stadt" nicht Byzanz, sondern die Tiberstadt meint, aber das auffällige Schweigen im christlichen Westen über den Barn bis zu seiner Wiederentdeckung Mitte des 17. Jh. steht dieser Möglichkeit entgegen. Wie dem auch sei: Es steht fest, daß der Cod. Vat. gr. 859 als Grundlage einer armenischen Übersetzung diente, die wahrscheinlich Ende des 12. Jh. in Byzanz angefertigt wurde[70] und die somit als ältester Deszendent von (v) zu gelten hat. Ferner steht fest, daß die Hs. (v) zwar ab 1550 in der Vatikanischen Bibliothek bezeugt ist, aber vor dem 17. Jh. offensichtlich niemand im Westen in der Lage war, den Part ab dem Defekt des Polyc positiv als Fragment des Barn zu identifizieren.

Übersetzung vor diesem Zeitpunkt erfolgt sein, und auch die von der Übersetzernotiz behauptete Anwesenheit der Hs. in Byzanz ist dann nur zwischen der Entstehung des Archetypen und dem Jahr 1550 möglich. Aus historischen und biographischen Gründen kommen deshalb von den bei INGLISIAN, Literatur, 164f.172f.192–198.208, erwähnten Personen mit Namen Nerses nur Nerses Schnorhali und Nerses von Lambron in Betracht. Eine Liste aller bekannten Personen der armenischen Kirche mit Namen ,Nerses' für den durch den Schriftstil des Memorandums (boloragir) begrenzten Zeitraum (12.–14. Jh.) übermittelt in Armenisch H. ATŠRAHAN, Հ. ԱՆատոլյան, Հայոց Ա'պզ'ասոինյ'նեբի Բատաբան, Հատոբ Դ, Պբում [Haɫ ots Andznanoinneri Pararan, Beirut] 1972, 42–53.

[67] Vgl. PROSTMEIER, Überlieferung 48–64.

[68] Vgl. DER NERSESSIAN, The Armenians 46; DE MORGAN, Histoire du Peuple Arménien 190.

[69] Vgl. HUNGER, Geschichte der Textüberlieferung 66: „Neben der kaiserlichen Bibliothek läßt sich in Konstantinopel seit dem Anfang des 7. Jh. eine Patriarchatsbibliothek nachweisen, deren Stärke in einem vollständigen Exemplar der Synodalakten, in der exegetischen Literatur, seit dem Ende des 8. Jh. aber auch in der offiziellen Sammlung häretischer Schriften lag. Während die kaiserliche Bibliothek bei der Eroberung Konstantinopels durch Mehmed II. (1453) zu bestehen aufhörte, lebte die Patriarchatsbibliothek mit der orthodoxen Kirche auch unter der Türkenherrschaft weiter." Vgl. auch INGLISIAN, Literatur 195.

[70] Eine Stütze würde diese Lokalisierung und Datierung erfahren, ließe sich die Vermutung von HEER, versio latina LXXIX, bestätigen, daß der nur von G gebotene Zusatz in 5,9 εἰς μετάνοιαν, den auffälligerweise vor allem konstantinopolitanische Evangelienhandschriften für die gleichlautende Passage in Mt 9,13 bezeugen, eine antiochenische oder byzantinische Vorgeschichte des Textzeugen G indiziert.

Was hat Nerses übersetzt?

Aus dem Terminus „Brief" ist zu entnehmen, daß sich die Übersetzertätigkeit des Nerses nicht auf alle seinerzeit vorliegenden und nun mit weiteren zum Cod. Vat. gr. 859 zusammengebundenen Schriften erstreckt hat – auch die unmittelbar vorausgehenden Ignatianen stehen nicht im Blick –, sondern entweder auf den Textverbund Polyc cum Barn oder nur auf den Part mit dem Barn.

Für die erste Annahme spricht, daß die Hs. den Textverbund Polyc cum Barn als geschlossenes Corpus enthält, das von einem Anfangs- und Schlußmäander gerahmt und als Brief inskribiert ist und dessen Zuschrift (Polyc) ein epistularer Schlußgruß (Barn) entspricht. Ferner wird davon auszugehen sein, daß dem armenischen Übersetzer die von späterer Hand stammende Markierung der Bruchstelle zwischen Polyc und Barn noch nicht vorgelegen hat. Dem entgegen steht die für den Archetyp signifikante subscriptio, die den vorausgehenden Text eindeutig als Brief des Barnabas identifiziert, weshalb sich das Memorandum also nur auf den Barn beziehen könnte. Hinzu kommt, daß die armenische Kirche zwar den Barn kennt,[71] wiewohl er ihr verlorengegangen ist, nicht aber einen Polyc.[72] Die Annahme jedoch, Nerses habe bloß den Barn übersetzt, ist nur unter der nicht erhärtbaren Voraussetzung denkbar, daß die armenische Kirche des 12. Jh. den Barn bereits in einer Version kannte, die in Quantität (und Qualität) dem Cod. Vat. gr. 859 gleichkommt oder ihn übertrifft. Ebensowenig wie davon auszugehen ist, daß dem Übersetzer Vergleichsmaterial zur Diagnose der Textverschmelzung verfügbar war, darf ihm unterstellt werden, daß sich der Rezeption eines Schriftstücks einer so prominenten Gestalt der Alten Kirche, wie es der Bischof und Märtyrer Polykarp auch für die armenische Kirche ist,[73] ein kritisches Bewußtsein entgegengestellt haben könnte.

Solange wir keine armenische Übersetzung des Polyc und des Barn haben, wird man dazu neigen, das Memorandum auf den Textverbund zu beziehen. Im Blick auf die Bezeugung des Barn läßt sich vorläufig resümieren: Die armenische Kirche und der griechische Westen kennen den Polyc sowie den Barn in der Textverschmelzung des Cod. Vat. gr. 859. Die Armenier kennen den Polyc *zusammen* mit dem Barn spätestens seit dem 12. Jh. unter dem Titel Barn, der Westen kannte den Polyc *zusammen* mit dem Barn bis ins 17. Jh. unter dem Titel Polyc. Für die Textkritik des Polyc und des Barn ist der Verlust dieser aus dem Cod. Vat. gr. 859 geflossenen Übersetzung unerheblich, für unsere Kenntnis ihrer Textüberlieferung ist er indes überaus bedauerlich.

---

[71] Vgl. BROSSET, Chronologique 22.

[72] Vgl. aber PITRA, Analecta sacra spicilegio Solesmensi Bd. IV 4.281, der in der armenischen Version des *Martyrium Ignatii* 3,2f. auf zwei Passagen verweist, die an Polyc 9,2 und 13,2 erinnern, wobei Polyc 9,2 selbst wiederum Phil 2,16 und 1 Tim 4,10 rezipiert hat. Beide Sequenzen gewinnen aber an keiner Stelle jene Signifikanz, daß man berechtigt von einer Zitierung aus dem Polyc sprechen darf. Der armenische Text scheint, soweit dies anhand der lateinischen Übersetzung von Pitra zu beurteilen ist, vielmehr eine freiere armenische Wiedergabe des Martyrium Ignatii nach der Rezension des Cod. Bibl. Parisinus 1451, olim Cod. Colbertinus 460, (vgl. ZAHN, Ignatii et Polycarpi epistulae XLII–XLVIII.LVf.301–306) zu sein. Solange kein armenischer Text des Polyc gefunden wird oder er zumindest eindeutig bezeugt ist, wird man bei dem obigen Urteil bleiben müssen.

[73] Die armenische Kirche verehrt Polykarp als Heiligen; vgl. das hagiographische Register bei ASSFALG/MOLITOR, Armenische Handschriften 152; BROSSET, Chronologique 21.

c. Die griechischen Deszendenten[74]

α. *Familie* G1

KODIKOLOGISCHE BESCHREIBUNGEN: Die Handschriftenfamilie G1 besteht aus dem Archetyp, *Codex Vaticanus graecus 859*, und seinem ersten uns erhaltenen Deszendenten, dem *Codex Vaticanus Ottobonianus graecus 348*.

Codex Vaticanus Ottobonianus graecus 348, G1 (o), Papier, 84 fol., 240 x 144 mm, 19 lin., 15.–16. Jh. Der Überschrift[75] auf dem Vorblatt, die über Inhalt und Besitzer der Hs. Auskunft gibt, folgt auf fol. 2ʳ–62ᵛ eine Langrezension des Corpus Ignatianum (11 Briefe), woran sich auf fol. 63ʳ1–84ʳ1 der Textverbund Polyc mit Barn ἀκέφαλος anschließt, wobei Barn auf fol. 66ᵛ8 einsetzt. Nicht zuletzt die zahlreichen Kollationsvermerke an den Rändern weisen die Hs. als eine peinlich genaue Kopie aus dem Cod. Vat. gr. 859 aus, die dennoch beachtenswerte Differenzen bietet und in der seltene oder unklare Abkürzungen[76] verwendet sind.[77] Die Ränder enthalten Korrekturen, Scholien, Anmerkungen und Kommentare; die Titellinien sind mit roter Tinte geschrieben.[78] Alle Hss., die direkt oder mittelbar aus dem Cod. Vat. Ottob. gr. 348 geflossen sind, also die Hss. der Familien G2.3, zeigen die biblischen Parallelen durch Randmarkierungen an.

β. *Familie* G2

KODIKOLOGISCHE BESCHREIBUNGEN: Die Handschriftenfamilie G2 besteht aus dem *Florentinus Laurentianus plut. VII. Cod. XXI* und seinem Deszendenten, dem *Codex Parisinus Bibl. Nationale graecus 937*. Bei Abweichungen tendiert der Florentiner Codex zur Familie G1 (o), während sich sein Deszendent der Familie G3 angleicht.[79]

Codex Florentinus Laurentianus plut. VII Cod. XXI, G2 (f), Papier, 101 fol., 4° min., 22 lin., 15./16. Jh., olim ‚Florentinus Mediceus'.[80] Der Textverband des Polyc mit Barn steht auf fol. 56ᵛ1–75ʳ19, zwischen einer Langrezension der Ignatianen (11 Briefe) und Hipp. *consumm.*, *antichr.*, wobei Barn 5,7 nach dem Defekt des Polyc auf fol. 59ᵛ22 einsetzt. Die Hs. erweist

---

[74] Vgl. PROSTMEIER, Überlieferung 48–64.

[75] „Ignatii et Polycarpi, martyrum beatorum Epistolae Graecae. Ex codicibus Ioannis Angeli Ducis ab Altaemps." (Altaemps/Altemps = Hohenems in Vorarlberg). Die Hs. war zuvor im Besitz von Kardinal Ascanio Colonna († 1559). Vgl. DRESSEL, Patrum apostolicorum opera XII; GEBHARDT/HARNACK, Barnabae Epistula XII Anm. 3.

[76] Eine Übersicht gängiger Ligaturen und Abbreviaturen in griechischen, mittelalterlichen Minuskelhandschriften zeigen FAULMANN, Schrift 172–176, und GARDTHAUSEN, Griechische Palaeographie 2, Leipzig ²1913.

[77] Vgl. FUNK, Descendenten 631f.; VAN VELDHUIZEN, De Brief van Barnabas 4f. Der Charakterisierung von (o) als exaktem Duplikat von (v), die Funk insbesondere im Blick auf die Ignatianen formulierte und von Späteren (wenn auch nicht ganz zu Unrecht) auch Polyc cum Barn zugesprochen wurde, steht entgegen, daß sein Schreiber als erster den für (v) signifikanten Nachtrag zu Barn 21,9 (Ἐπιστολὴ Βαρνάβα κτλ.) und damit den letzten direkten Hinweis auf die Identität des vorausgehenden Textes weggelassen hat. Über sein Motiv kann man mutmaßen: War es Unachtsamkeit? Tilgte er, weil das Präskript des Polyc nicht zum barnabäischen Schluß paßt?

[78] Vgl. DRESSEL, Patrum apostolicorum opera LVI; FERON/BATTAGLINI, Codices 182.

[79] Vgl. PRIGENT/KRAFT, Épître de Barnabé 52.

[80] Die zweigliedrige alphanumerische Signatur „*plut*. VII. *Cod*. XXI" der Hs. (f) hatte MÜLLER, Erklärung 22, dazu verführt, zwei florentinische Hss. aufzulisten, nämlich „*Mediceus* 7 (L) aus dem eilften [sic] Jahrh., auf Pergament" und „*Mediceus* 21, auch Florentinus (F), aus dem fünfzehnten Jahrh., auf Papier". Folglich hatte Müller (zumindest) die Hs. (f) für seine Edition und seinen Kommentar nicht eingesehen.

sich als ein Abkömmling des Cod. Vat. Ottob. gr. 348. Abgesehen von den beiden Schriften Hippolyts stimmt die Florentiner Hs. mit (o) in den Details und ihrer ganzen Anlage auffällig überein, und geht dort, wo die Codd. der Familie G1 differieren, mit dem Cod. Vat. Ottob. gr. 348 zusammen. Die geringen Abweichungen zwischen der Hs. (o) und (f) sind regelmäßig Verbesserungen von Schreibfehlern, z. T. aber auch Konjekturen.[81]

Codex Parisinus Bibl. Nationale graecus 937, G2 (p), Papier, 120 fol., 240 x 173 mm, 22 lin., 16. Jh., olim ,Codex Colbertinus 4443'.[82] Der erste Teil des ,ziemlich nachlässig geschriebenen'[83] Manuskripts enthält die aus dem Cod. Florent. Laurentianus plut. VII Cod. XXI bekannten Schriften nach derselben Ordnung wie dort; der Textverbund Polyc mit Barn steht auf fol. 48r1–63v10, Barn 5,7 setzt nach dem Defekt des Polyc auf fol. 50v21 ein, und zwar mit dem für G singulären τὸν λαὸν τὸν καινόν statt κενόν. Im zweiten Teil der Hs. folgen kleinere Werke der Alexandriner Cyrill und Athanasius. Für Funk war klar, daß der erste Teil eine Kopie der Florentiner Hs. ist.[84]

γ. *Familie* G3

KODIKOLOGISCHE BESCHREIBUNGEN: Die Handschriftenfamilie G3 besteht aus sechs[85] Hss: *Neapolitanus Borbonicus Bibl. Nat. II. A. 17*, *Vaticanus (,,Theatinorum")Reginensis Pii II. graecus 11*, *Romanus Bibl. Casanatensis 334*, (olim G. v.14), *Andros Hagias 64* sowie *Vaticanus graecus 1655* und *1909*.

Codex Neapolitanus Borbonicus Bibl. Nat. 17 (II. A. 17), G3 (n), Papier, 561 fol., 328 × 225 mm, 15./16. Jh., olim ,Farnesianae Bibliothecae'. Er enthält neben Werken von Athanasius Alexandrinus (295–373), Anastasius Sinaita († kurz nach 700) und Methodius Olympus

---

[81] Näheres bei: A. M. BANDINI, Catalogus codicum manuscriptorum Bibliothecae Laurentinae Mediceae I. Lipsiae 1961, 269–270. Vgl. DRESSEL, Patrum apostolicorum opera LXII; FUNK, Descendenten 632f.; LIGHTFOOT, Apostolic Fathers II.1,113f.

[82] Kodikologisch beschrieben bei: Catal. MSS Bibl. Reg. II.,183.

[83] PRIGENT/KRAFT, Épître de Barnabé 52.

[84] Näheres bei: H. OMONT, Inventaire sommaire des Manuscrits grecs de la Bibliothèque nationale I. Paris 1886, 179–180. Vgl. FUNK, Descendenten 633.

[85] „Accepto ab Isaaco Vossio epistularum Polycarpi et Barnabae coniunctarum exemplo, quod ex Andreae Schotti apographo sua manu Claudius Salmasius descripserat, Usserius anno 1643 ibrum typis excudi curavit …" (GEBHARDT/HARNACK, Barnabae Epistula XXI). Diese Kopie der Abschrift des Andreas Schott, die über den Leidener Philologen Isaak Vossius an James Ussher gelangt und von diesem in seiner 1644 z. T. vernichteten editio princeps der Apostolischen Väter von 1642/44 benutzt worden sein soll, war Herausgebern und Auslegern seit dem 17. Jh. als ,Codex Salmasius' bekannt und mit dem Sigel (s) ausgezeichnet worden. Näheres vgl. EHRHARD, Literaturbericht 48. Gebhardt konnte zeigen, daß diese Abschrift(en) ebenso wie jenes von Ménard benutzte, von Sirmond aus dem sog. ,Codex Turrianus' angefertigte Duplikat auf den Cod. Romanus Bibl. Casanatensis 334, Sigel (c), zurückgeht bzw. zurückgehen. Vgl. GEBHARDT/HARNACK, Barnabae Epistula XV–XXII; GEBHARDT, The editio princeps of the epistle of Barnabas by archbishop Ussher 606. Sollte CUNNINGHAM, Barnabas III, recht behalten und die von Ussher zugrundegelegte Abschrift der Hs. (c) zusammen mit Usshers Edition 1644 ein Raub der Flammen geworden sein, wobei es sich nicht um Schotts Duplikat, sondern um den sagenhaften ,Cod. Salmasius' gehandelt haben muß (vgl. DRESSEL, Patrum apostolicorum opera XII), ist klar, daß Kraft (vgl. PRIGENT/KRAFT, Épître de Barnabé 52 Anm. 1, mit Verweis auf LIGHTFOOT, Apostolic Fathers II.3,319 und II.1,549) nur notieren konnte: „mais je n'ai pu savoir ni où, ni même si, il existait encore." Vgl. PROSTMEIER, Überlieferung 55–57.

(3. Jh.)[86] auf fol. 533^{v}1–546^{v}28 den Textverbund von Polyc cum Barn, wobei Barn 5,7 auf fol. 535^{v}28 einsetzt. Die Neapolitanische Hs. tendiert bisweilen mehr zu den beiden anderen Familien als zu den nächsten Verwandten ihrer Familie G3.[87]

Codex Vaticanus Reginensis Pii II. graecus 11, G3 (t), Papier, 406 fol., 331 × 221 mm, 29 lin., von geübter Hand im 15./16. Jh. geschrieben, olim ‚Codex Theatinorum S. Silvestri‘.[88] Er enthält neben den ‚*154 quaestiones et responsiones*‘ des Anastasius Sinaita auf fol. 234^{r}1–257^{r}16 den Textverbund Polyc mit Barn, wobei Barn auf fol. 236^{v}18 einsetzt. Hierauf folgt Methodius Olympus mit ‚*Apokalypsis*‘ (Rezension 1; vgl. CPG 1830a) und die von anderer Hand hinzugefügten, dem Caesarius Nazianzenus, einem Bruder des Kappadoziers Gregor, zugeschriebenen ‚*dialogi* 1–4‘.[89] Der Part mit dem Textverbund Polyc cum Barn weist einige Defekte auf: Bekannt sind die Leerseiten fol. 233^v, 237^v und 238^r. Von Editoren und Bearbeitern des Polyc und des Barn unbemerkt blieb bislang, daß die Quaternien 33 und 34 vor der Lagennumerierung oder bei der Bindung vertauscht worden sind,[90] so daß nun zwischen fol. 243 und 252 das Quaternio λγ′ (N° 33) mit dem Passus 3,5–11,16 aus Ps.-Meth. *Apokalypsis* eingesprengt ist und den Vers Barn 12,1 so teilt, daß er auf fol. 243^{v}29 mit καὶ πότε ταῦτα abbricht und auf fol. 252^{r}1 mit συντελεσθήσεται; λέγει κύριος fortfährt, und ferner, daß zwischen fol. 255 und 256 ein Blatt mit der Nr. 255a (= Quaternio 34^5) gezählt ist, das Barn 17,1 με τι τῶν ἀνηκόντων bis 19,10 ἐκζητήσεις καθ‘ ἑκάστην enthält.

---

[86] Die Hs. enthält 19 Werke von Ath. bzw. Ps.-Ath. (*gent., syn., ep. Jo. et Ant., ep. Pall., ep. Drac., inc. et c. Ar., pass., disp., Ar. 3, ep. encyc., ep. Serap. 1.2, ep. cath., ref., ep. Serap. 4, pass., ep. Marcell., virg., comm. essent.*); OPITZ, Athanasius 51f., zufolge ist die neapolitanische Hs. – zumindest was ihren athanasischen Part angeht – ein Abkömmling des Cod. Vat. gr. 401 aus dem 13. Jh. bzw. eine Abschrift aus dessen Vorlage. Auf das Corpus Athanasium folgen in der Hs. Anast.S. *qu. et resp. 1–154* (mit vier Erweiterungen bzw. Fragmenten) und Ps.-Meth. *Apokalypsis* in einer der Rezension I nahestehenden griechischen Version; vgl. LOLOS, Die Apokalypse des Ps.-Methodios 29.

[87] Die Hs. (n) weist eine Unregelmäßigkeit in der Foliierung auf; zwischen fol. 544 und 545 wird ein Blatt „544bis“ gezählt. Vgl. PROSTMEIER, Überlieferung 59 Anm. 10.

[88] Es handelt sich um einen von den alten Editoren genannten, aber verloren geglaubten (vgl. DRESSEL, Patrum apostolicorum opera LX; MÜLLER, Erklärung 21; GEBHARDT/HARNACK, Barnabae Epistula XI) ‚Codex Theatinus‘ aus der Klosterbibliothek St. Silvester auf dem Quirinal, aus dem Lucas Holsten († 1661) den Polyc mit Barn abgeschrieben und mit dem Cod. Vat. gr. 859 kollationiert hat. Diese von Holsten auf der 2. Seite mit „S. Polycarpi Episcopi et Martyris Epistola ad Philippenses. S. Barnabae Apostoli ἀκέφαλος. Ex Msto. bibliothecae S. Silvestri in Quirinali collata cum Msto. vetustiore Vatic. bibl.“ überschriebene Transkription führen die alten Editionen des Polyc sowie des Barn als ‚Codex Barbarinus 7‘ unter dem Sigel (b); vgl. DRESSEL, Patrum apostolicorum opera LX; HILGENFELD, Barnabae Epistula XVf. Von Pieralisi ehedem als „V.7“ katalogisiert, befindet sich die Hs. nun unter der Bezeichnung ‚Barbarinus graecus 511‘ in der Biblioteca Apostolica Vaticana, unter den Codd. Barbarini gr.; vgl. DE RICCI, Liste sommaire des manuscrits grecs 81–84.118; CANART/PERI, Sussidi bibliografici per i manoscritti greci 108.116; LIGHTFOOT, Apostolic Fathers II.1,75 spricht versehentlich von „Barbarinus graecus 501“. Diese Abschrift des Textverbunds, an die im übrigen das Korpus der Ps.-Ignatianen nach der Vorlage des Cod. Florent. Laurentianus plut. VII Cod. XXI angefügt ist, besitzt aus sich keinen textkritischen Wert (vgl. PRIGENT/KRAFT, Épître de Barnabé 52 Anm. 2), zumal deren Vorlage, der vermißt geglaubte ‚Codex Theatinus‘, noch existiert (s. o.), worauf bereits 1880 DUCHESNE, Bibliotheca Alexandrino-Vaticana 10, in ausdrücklicher Korrektur der Edition von GEBHARDT/HARNACK, Barnabae Epistula X, hinwies. Vgl. LIGHTFOOT, Apostolic Fathers II.1,548f.

[89] Näheres vgl. STEVENSON, Codices Manuscripti graeci 138–139.

[90] Vgl. PROSTMEIER, Überlieferung 59f. Anm. 11.

Codex Romanus Bibl. Casanatensis 334,[91] G3 (c), Papier, 370 fol., 8° 15./16. Jh., olim ‚Codex Casanatensis G. v.14‘.[92] Wechselnde Papierformate, Leerblätter, die Corpora voneinander trennen, und mehrere Kopistenhände weisen den Codex Casanatensis 334 als eine Sammlung von Einzelschriften und Fragmenten verschiedener Herkunft und unterschiedlichen Alters aus.[93] So hat ein Schreiber des 15. oder 16. Jh. aus dem ‚Cod. Florent. Laurentianus plut. LVII Cod. VII‘ (fol. 242ʳ–252ᵛ) Ignatiusbriefe in einer der ursprünglichen Form der Schriften nahestehenden Form kopiert.[94] Wie in der florentinischen Vorlage aus dem 11. Jh. fehlt in der Abschrift (fol. 218ʳ–245ʳ; Papierformat 219 × 167 mm) bei den Ignatianen der Römerbrief. An dieses Corpus sind die bereits in der Vorlage daran angeschlossenen, der recensio longior zugehörigen Briefe der Maria von Kassoboloi an Ignatius und des Reskripts an Maria sowie der unvollständige Brief an die Tarser angefügt. Sicher erst im 16. Jh. ist der Hs. wiederum von anderer Hand und auf einem anderen Papierformat (221 × 172 mm, 22 lin.) der Textverbund Polyc mit Barn (fol. 331ʳ1–353ᵛ4) zugewachsen, wobei Barn auf fol. 335ʳ7 einsetzt.[95] Vorlage für diesen Part war der ‚Codex Florentinus Laurentianus plut. VII. Cod. XXI‘.[96] Aus der inscriptio auf fol 330ᵛ1 „S. Polycarpi Smyrnorum Episcopi, et Martyris: Epistola ad Philippenses“ darf – sofern sie vom Kopisten stammt – geschlossen werden, daß er die Textverschmelzung nicht erkannt hat; stammt die Notiz nicht von ihm, vermochten sogar Spätere die Bruchstelle noch nicht zu diagnostizieren.

Codex Andros Hagias 64, G3 (a), Papier, 16. Jh. Er enthält neben anderen Werken die Schriften Ath. *disp.* und Anast.S. *hod.* und den Textverbund Polyc mit Barn, diesen aber nur bis Barn 19,2, wo er mit μισήσεις πᾶν ὃ οὐ abbricht. Vom letzten Blatt des Briefes existiert nur ein Bruchstück mit wenigen Buchstaben oder Worten aus der Passage 19,11.12; 21,8.9. Die fragmen-

---

[91] Das kodikologische Verzeichnis von Bancalari führt den Codex 334 (olim G. V.14) unmittelbar nach dem Codex 328 (olim G. V.14ᵃ) und direkt vor dem Codex 346 (olim G. V.8; antiquius AR. IV.9.I); eine Codexnummer 331 fehlt. Die in Editionen des Barn (und des Polyc) herangezogene Ziffer 331 als Neusignatur einer früher mit G. V.14 katalogisierten Hs. der ‚Bibliotheca Casanatensis‘ gibt das Folium an, auf dem innerhalb des früher mit G. V.14, jetzt mit 334 signierten Manuskripts der Textverbund Polyc mit Barn einsetzt. Da in allen anderen Fällen alphanumerische Angaben nach dem Codexnamen die Bibliotheksnummer der Hs. und nicht eines ihrer Blätter meinen, sollte die fragliche Hs. besser nicht mehr als ‚Codex Romanus Bibl. Casanatensis 331 (olim G. V.14)‘, sondern als ‚*Codex Romanus Bibl. Casanatensis 334* (olim G. V.14)‘ bezeichnet werden.

[92] Hilgenfeld, Barnabae Epistula XVI, notierte aus Dressel, Patrum apostolicorum opera LXI, versehentlich ‚Cod. Casanatensis G. V.114‘.

[93] Didym. *Man.*, Catenae in Lucam (CPG 4, C130ff.), Ps.-Ath. *qu. Ant. 1–137*, Corpus Ignatianum (Eph, Magn, Philad, Polyc, Smyrn, Trall; Maria ad Ignatium; Ps.-Ignatianen: Mar und Trall), Gr.Taum. *Eccl.*, Phot. *epistolae: liber 1, ep. 2, ep. 8* (fragmentarisch) und weitere Brieffragmente (PG 102,593–617.661–696), Sym.Styl.J. *de tribus orationis* (προσευχῆς) *modis* (PG 120,701–710), Cyr. *hom. div. 10*, Dor.Tyr. *disc. Dom.*, Polyc cum Barn conflata, Sophr.H. *or. 8, Capita IX a sacra Synodo damnata*.

[94] Vgl. Harnack, Geschichte 1,76; Zahn, Ignatii et Polycarpi epistulae XVI; Hagedorn, Der Hiobkommentar des Arianers Julian XXXIV–LVII; Schoedel, Ignatius von Antiochien 40; Prostmeier, Ignatios. LThK³ 5 (1996) Sp. 407–409.

[95] Die Auskunft von Cunningham, Barnabas V, „containing about half the epistle“ ist von der Forschung wiederholt in dem Sinn mißverstanden worden, als ob die Hs. auch das Ende des Barn nicht überliefern würde. Vgl. Lightfoot, Apostolic Fathers II.1,74f.548. Demzufolge hat Cunningham für seine Edition und seinen Kommentar (zumindest) die Hs. (c) nicht eingesehen. Offenkundig hat ebenso Lightfoot diesen Cod. für seine Übersetzung nicht in Augenschein genommen.

[96] Näheres bei Bancalari, Bibliothecae Casanatensis 174–176; vgl. Dressel, Patrum apostolicorum opera LXIf.; Funk, Descendenten 634f.

tarische Hs. ist jetzt im Besitz des Klosters Ζωόδοχος Πηγῆς in Andros.[97] Konstantin Pleziotes hat sie – oft sehr ungenau[98] – transkribiert und 1883 publiziert.[99] Deshalb und wegen der Vielzahl eigentümlicher Abkürzungen und Verbesserungen, die der Textverbund Polyc mit Barn erfahren hat, ist der Wert des Codex für die Textkritik eher gering anzusetzen.[100]

δ. *Codices Vaticani graeci 1655 et 1909*

Zwei griechische Renaissancehandschriften, die die ‚Biblioteca Apostolica Vaticana‘ besitzt und die den Barn bzw. den Textverbund Polyc mit Barn enthalten, sind in Editionen und Bearbeitungen beider Schriften[101] bislang unbeachtet geblieben. Eine der Hss. (Cod. Vat. gr. 1655) enthält den Textverbund Polyc mit Barn in der für den Textzeugen G typischen Weise mit Polyc bis zum Defekt in 9,2, woran sich nahtlos Barn ab 5,7ff. anschließt. In der anderen Hs. (Cod. Vat. gr. 1909) fehlt der Polyc, und das Fragment des Barn setzt erst mit 10,3 ein. Die Kollation erwies beide Hss. als mittelbare Deszendenten des Cod. Vat. gr. 859.[102] Ihre nächsten Verwandten sind die Hss. (c) und (t); sie sind deshalb der Familie G3 zuzurechnen. Für diese Zuweisung spricht auch, daß in ihnen der für G1 und G2 bezeichnende Überlieferungszusammenhang mit dem dem Textverbund Polyc mit Barn vorangestellten Corpus Ignatianum in der recensio longior fehlt. Der Cod. Vat. gr. 1655 tendiert zur Hs. (c) und wird deshalb mit dem Sigel (d) bezeichnet; der Cod. Vat. gr. 1909 neigt zur Hs. (t), weshalb für ihn nachfolgend das Sigel (r) benutzt ist. Für die kritische Textkonstruktion des Barn sind beide Hss. nicht höher einzuschätzen als die übrigen Hss. ihrer Familie.

Codex Vaticanus graecus 1655, G3 (d), Papier, 443 fol., 29 lin., 328 × 224 mm, 16. Jh., blauer Einband mit Holzdeckel Typ ‚Barbaro 1‘, Aufnahme in die Vatikanische Bibliothek 1616 (oder 1622). Die Hs. enthält nach (echten und zugeschriebenen) Werken[103] von Athanasius Alexandrinus, Eutherius Tyanensis, Theodotus Ancyranus, Zeno Imperator und Leontius Episcopus Cyprii und vor der Philocalia des Origenes auf fol. 299ᵛ1–311ʳ23 unter dem Titel des Polyc den Textverbund Polyc mit Barn mit derselben Nahtstelle wie der Cod. Vat. gr. 859, wobei Barn 5,7ff. auf fol. 301ᵛ7 einsetzt.[104]

---

[97] Näheres bei LAMPROS, Φιλολογικὸς Σύλλογος Παρνασσός 2,193 (N 64).

[98] Vgl. PRIGENT/KRAFT, Épître de Barnabé 52 Anm. 3.

[99] Vgl. Πληξιώτης, Ἐπιστολὴ ἁγίου Πολυκάρπου πρὸς Φιλιππησίους 209–226; vgl. VAN VELDHUIZEN, De Brief van Barnabas 7; LIGHTFOOT, Apostolic Fathers II.1,550f.

[100] Vgl. LIGHTFOOT, Apostolic Fathers II.1,549f.

[101] Vgl. PRIGENT/KRAFT, Épître de Barnabé 49–54; WENGST, SUC 1,105–107; SCORZA BARCELLONA, Epistola die Barnaba 73–75; BAUER, Die Polykarpbriefe 13–15.

[102] Vgl. PROSTMEIER, Überlieferung 50–57, sowie im Anhang des Kommentars S. 614ff. meine Kollationsliste zu den beiden Hss.

[103] Auf eine Lebensbeschreibung des Athanasius folgen unter seinem Namen die Werke *gent.*, *syn.*, *ep. Jo. et Ant.*, *ep. Pall.*, *ep. Drac.*, *Dion.*, *inc. et c. Ar.*, *pass.*, *disp.*, *ep encycl.*, *ep. Serap. I et II*, *ep. cath.*, *ref.*, *ep. Serap. IV*, *comm. essent.*, *haer.*, (Euther. *confut.*), *virg.* Hierauf folgen Theodotus von Cyrus mit *exp. symb.*, Zeno Imperator mit *henot.* und Leontius von Neapolis mit ‚*Contra Iudaeos orationes 5 (fragmenta)*; nach dem Textverband Polyc mit Barn folgt Or. *philoc.* Die Textkritik zu den Opera des Origenes und ihre editorische Betreuung scheint einen Cod. Vat. gr. 1655 nicht zu kennen; vgl. KOETSCHAU, Philokalia, Leipzig 1889; JUNOD, Origène. Philocalie 21–27, Paris 1976 (SC 226). Für Cod. Vat. gr. 1655 und sein Corpus Athanasium vgl. OPITZ, Athanasius 51f.

[104] Näheres bei: C. GIANNELLI, Codices Vaticani graeci, Bd. 7 (Codices 1485–1683), Città del Vaticano 1950, 383–385; P. CANART, Les *Vaticani graeci 1487–1962*. Notes et documents pour l'histoire d'un fonds de manuscrits de la Bibliothèque Vaticane, Città del Vaticano 1979.

Codex Vaticanus graecus 1909, G₃ (r), Papier, 246 fol., 317 × 220 mm, Kombination zweier einst selbständiger Hss., A (Schriftraum: 216 × 123 mm, später 226 × 123 mm; 27, später 28 lin.) und B (Schriftraum: 225 × 125 mm, später 225 × 130 mm, 29 lin.), 16. Jh.; der grüne Pergamenteinband stammt aus den Jahren 1626–1633. Diese Vatikanische Auftragsarbeit enthält in dem aus der Schreibstube des Andreas Darmarius (1540–1587?)[105] stammenden Band ‚A‘ nach Anastasius Sinaita *qu. et resp.* 1–154 (fol. 6ʳ–15ᵛ. 18ʳ–49ᵛ. 52ʳ–67ᵛ) und zwei Leerblättern (fol. 68 und 69) auf fol. 70ʳ1–75ᵛ14 ein Fragment des Barn und in dem von anderer Hand geschriebenem Band ‚B‘ Catenen zu Ijob und Mt.[106] Anders als beim Cod. Vat. gr. 859 und allen seinen Deszendenten, die die gleiche Textverschmelzung zwischen Polyc 9,2 und Barn 5,7 bezeugen, fehlt hier der Polyc, und der Barn setzt erst mitten in 10,3 mit „φησὶν ἀνθρώποις τοιούτοις" ein.[107] Die Hs. (r) ist im Teil A unvollständig. Zum einen muß sie in mehreren Etappen (Leerblätter, fehlender oder unstimmiger Reklamant) sowie in wechselndem Lagenumfang geschrieben worden sein. Zum anderen müssen – sofern die nun fehlenden Teile jemals fertiggestellt waren – spätestens bei der Bindung ganze Lagen ausgefallen sein, und dazu gehört, wie es scheint, auch ein Quaternio oder Quinio mit Polyc 1,1–9,2 und Barn 5,7–10,3. Beide Faktoren erklären den fragmentarischen Zustand der Abschrift des Barn.[108]

4. *Der Papyrus PSI 757 (𝔓)*

PAPYROLOGISCHE BESCHREIBUNG: *Papyrus PSI* 757b, 𝔓, Halbunziale auf Papyrus, 110 × 63 mm, 21 lin., vermutlich 3.–5. Jh.[109] Das Fragment enthält Barn 9,1–6, und zwar 9,1–3 auf der Verso- und 9,3–6 auf einer Rectoseite. Der Anfang bzw. das Ende der Linien ist verdorben oder fehlt, weshalb die Lesarten bisweilen zwar sehr unsicher, wegen des hohen Alters textkritisch aber dennoch von großem Interesse sind.[110]

EDITIONEN: Das transkribierte Fragment ist bei G. Vitelli mit den Konjekturen in der Ausgabe von Gebhardt/Harnack wiedergegeben. Vgl. auch R. A. KRAFT, An unnoticed Papyrus fragment of Barnabas, VigChr 21 (1967) 150–167, mit Photographien beider Seiten (ib. 152).

---

[105] Zur Person vgl. KERSTEN, Andreas Darmarios 406–419. In der Liste der dem epidauriotischen Kopisten und Handschriftenhändler zugewiesenen Codices bei VOGEL/GARDTHAUSEN, Die griechischen Schreiber des Mittelalters und der Renaissance 16–27, ist der Cod. Vat. gr. 1909 nicht erwähnt. Vgl. PROSTMEIER, Überlieferung 62f. Anm. 34.

[106] Catenae in Iob (Typus II) und Catenae in Matthaeum (Typus B1 = Catena prima Ps.–Petr. Laod.) (CPG 4, C51.C11).

[107] Näheres bei: P. CANART, Codices Vaticani graeci, Bd. 1: Codicum Enarrationes (Codices 1745–1962), Città del Vaticano 1970, 645–647; DERS., Les *Vaticani graeci 1487–1962*. Notes et documents pour l'histoire d'un fonds de manuscrits de la Bibliothèque Vaticane, Città del Vaticano 1979.

[108] Vgl. die Übersicht bei PROSTMEIER, Überlieferung 53.

[109] Zur Frühdatierung vgl. PRIGENT/KRAFT, Épître de Barnabé 53 Anm. 3.

[110] Näheres bei: G. VITELLI, Pubblicazioni della Società Italiana (PSI) per la ricerca dei papiri greci e latini in Egitto. Papiri greci e latini Vol. 7 (N 731–870). Firenze 1925, 40–43; R. A. KRAFT, An unnoticed Papyrus fragment of Barnabas. VigChr 21 (1967) 150–167; K. ALAND/H.-U. ROSENBAUM (Hg.), Repertorium der griechischen christlichen Papyri. 2: Kirchenväter-Papyri. PTS 42. Berlin, New York 1995, 17–19.

5. Der Codex Petropolitanus Q. v. I. 39 (L)

KODIKOLOGISCHE BESCHREIBUNG: *Codex Petropolitanus Bibl. Publ. Q. v. I.* 39
(olim ‚Codex Corbeiensis N 143 et N 240‘),[111] L, Pergamentminuskel, 24 fol.,
235 × 190 mm (Schriftraum: 165 × 147 mm), 21 lin., 9–10. Jh., vermutlich in Nord-
frankreich, in Corbie oder in Tours geschrieben. Die lateinische Hs. umfaßte vor
Abtrennung von nun mit Q. v. I. 38 signierten 69 fol. mit dem ‚Liber Filastri episcopi de heresibus‘ 93 fol. Der jetzt selbständige Band Q. v. I. 39 mit nur noch
24 fol. (ehedem die Folionummern 70ʳ–94ʳ) enthält zwischen Ps.-Tertullian, *de cibis
iudaicis* (fol. 1ʳ–8ʳ) und dem Jak (fol. 20ʳ–24ʳ)[112] auf fol. 8ʳ6–20ʳ7 eine lateinische
Übersetzung von Barn 1,1–17,2. Der Kopist hat seine verhältnismäßig gute Vorlage,
die in den nichtbiblischen Teilen ins 3. oder 2. Jh. zurückreicht,[113] „ohne viel auf den
Sinn und die sprachliche Korrektheit zu achten, sehr buchstäblich abgeschrieben,
wobei er einige Fehler, die ihm unterliefen, gleich korrigierte."[114] Er und ein Zweiter haben, ohne auf eine andere Vorlage zurückzugreifen, die Abschrift nochmalig
redigiert und „eine Hand des 17.–18. Jh. hat am Rand die Bibelstellen nachgewiesen."[115] L bietet in der mit ℵ, H und G vergleichbaren Passage stets den kürzesten
Text. Bisweilen fehlen Versteile oder ganze Verse. Da L an diesen Stellen mitunter
durch ein Zitat bei Clem. ein weiterer, und zwar sehr alter, wenn auch indirekter,
Textzeuge entgegensteht und die Lücken in der Regel auch inhaltlich nicht unerheblich sind, werden sie als Tilgungen einzustufen sein. Die lectio brevior des Lateiners ist *nicht* von vornherein lectio potior.

EDITIONEN: J. M. HEER, Die versio latina des Barnabasbriefes und ihr Verhältnis zur
altlateinischen Bibel, Freiburg i. Br. 1908; auf Seite 2 findet sich eine Photographie von fol. 8ʳ
(77ʳ) mit Barn 1,1–5; ein Faksimile von fol. 20ʳ mit Barn 17 und Jak 1,1ff. ist enthalten bei A.
STAERK, Les manuscrits latins du Vᵉ au XVIIIᵉ siècle conservés à la bibliothèque impériale
de Saint-Pétersbourg, Bd. 2. Saint-Pétersbourg 1910 (Neudr. Hildesheim 1976), LIX.

6. Der Codex Cantabrigiensis Univ. Add. 2023 (sy)

KODIKOLOGISCHE BESCHREIBUNG: *Codex Cantabrigiensis Univ. Add.* 2023, sy,
Papier, 317 fol., 244 × 168 mm, 18–25 lin., von zwei Kopisten in jakobitischem Syrisch geschrieben, 13. Jh. Der Codex, aus dem einige Folia verloren sind, ist eine in
35 Bücher gegliederte Sammlung von kirchlichen Canones bzw. von Exzerpten sol-

---

[111] HEER, versio latina I, betitelte die Hs. mit „Codex unicus Petropolitanus Q. v. I. 39 olim Corbeiensis"; die Benennung mit ‚Corbeiensis Q. v. I. 39‘ (vgl. PRIGENT/KRAFT, Épître de Barnabé 53.68)
verknüpft die vermeintliche Herkunft der Hs. aus dem Kloster Corbie mit ihrer jetzigen Signatur in der
St. Petersburger Bibliothek.

[112] Die Handschriftenliste des Novum Testamentum Graece führt den Codex unter dem Sigel ‚ff 65‘;
eine Transkription des Jak findet sich in STAERK, Les manuscrits latins 1,132–134.

[113] Zur Datierungsfrage der (griechischen) Vorlage (Λ) des ‚Codex Petropolitanus Q. v. I. 39‘ vgl.
HEER, versio latina XL–LIX; BARDY, La question des langues dans l'Église ancienne 1,107.

[114] HEER, versio latina XVI.

[115] HEER, versio latina XVI. Näheres zur Hs. vgl. ib. X–XIX; DERS., Der lateinische Barnabasbrief
215–245; STAERK, Les manuscrits latins 1,132–134.223–224.

cher Ordnungen und von Fragmenten jakobitisch-syrischer Übersetzungen biblischer und patristischer Schriften. Das Bruchstück aus dem Barn mit den Vv
19,1–2.8 und 20,1 ist auf fol. 61ᵛ als achtes Dokument eingeordnet und umfaßt 49
Worte.[116] Die in diesem jakobitischen Fragment dokumentierte Übersetzungstech-
nik datiert dessen (syrische) Vorlage spätestens an die Wende zum 6. Jh. Die inscriptio (ܒ ܪ̈ܬܐ ܐܒܘܪܒ) identifiziert das Bruchstück „aus dem *Brief* des Barnabas"; sie kann vom Exzerptor, Übersetzer oder gar vom Schreiber stammen.
Das Lexem ܪ̈ܬܐ setzt voraus, daß der Urheber der syrischen inscriptio mehr
vom Barn kannte, als nur den Part mit der due viae Tradition: entweder die (griechische) inscriptio, und somit den ganzen Barn, oder eine (griechische) subscriptio, und somit zumindest die Kapitel 18–21. Da es jedoch nicht auszuschließen ist,
daß das syrische Stück nur ein griechisches Exzerpt aus Barn 18–20 inklusive Quellenangabe übersetzt, ist textgeschichtlich nicht zu bestimmen, ob das Fragment
überhaupt von einer syrischen Übersetzung des Barn zeugt.[117] Weil diese syrische
Version der genannten Verse – bei aller Unwägbarkeit freierer Übersetzung – eine
Bekanntschaft mit dem ℵ, H und G eher ausschließt, ist das Bruchstück in den

---

[116] VÖÖBUS, Syrische Kanonessammlungen (CSCO.Sub 317.38) 465–466, beschreibt die Hs. in der Sequenz mit dem Barn als „sehr buntes Mélange", als ein Gemisch aus Exzerpten usw., das „alles andere,
was man sonst in dieser Hinsicht in anderen Sammlungen finden kann", übertrifft. Seine grobe Fund-
ortangabe (fol. 48ᵛ–57ᵛ) des Stücks mit dem Auszug aus dem Barn ist trotz expliziten Bezugs auf die kodikologische Beschreibung und die Transkription bei WRIGHT, Catalogue of the syriac manuscripts
2,611f., unzutreffend.

[117] Unter Berufung auf den ‚Cod. Vat. syr. 133', eine arabisch überlieferte Rechtssammlung des
maronitischen Bischofs David (vgl. S. 59 Anm. 112), optiert BAUMSTARK, Der Barnabasbrief bei den
Syrern 238, dafür, in dem Bruchstück kein Zeugnis einer syrischen Gesamtübersetzung des Barn, sondern den Rest einer Sonderüberlieferung des barnabäischen Zwei-Wege-Traktats zu sehen. Im genannten Nomokanon ist unter der Überschrift „Diese sind die Kanones der Synode, die sich in Nizäa versammelte, Kanones des Basilios und des Gregorios" auf fol. 259ᵛ, col. 2, nach dem „Hermas dem
Hirten das Blatt des Barnabas, welches Lehre der Apostel genannt wird", aufgelistet, und zwar als *verbotene Schrift* (Text jetzt bei FAHED, Kitāb al-hudā 354f.; ein Auszug desselben bei GRAF, Nomokanon 225f.). Die Einschätzung der Did als verbotene Schrift ist durch die koptische Übersetzung des
Athanasischen 39. Osterfestbriefes bezeugt. Die Verwerfung der Did beruht auf ihrer von der syri-
schen Version der Didasc herrührenden Abweisung und Substitution durch eine sonst unbekannte
ⲆⲒⲆⲀⲤⲔⲀⲖⲒⲔⲎ (διδασκαλική), die nach Ansicht des koptischen Übersetzers nicht wie die Did/
Didasc das Dtn abwerte (ⲚⲚⲀⲠⲞⲤⲦⲞⲖⲞⲤ ⲈⲒϢⲀϪⲈ ⲀⲚ ⲈⲦⲈⲦⲞⲨⲬⲰ ⲘⲘⲞⲤ ⲈⲢⲞⲤ ϪⲈⲈⲤⲦⲐⲀⲈⲒⲞ
ⲘⲠⲆⲈⲨⲦⲈⲢⲞⲚⲞⲘⲒⲞⲚ' ⲀⲨⲰ ⲞⲚ ⲠⲠⲞⲒⲘⲎⲚ. Vgl. LEFORT, Lettres Festales et Pastorales [CSCO.
C 150] 19,35–20,2; eine deutsche Übersetzung jetzt bei NTApo⁶ 1,40: „… ich meine nicht die, von der
gesagt wird, daß sie das Dtn tadelt."). Angesichts dieser für die syrische und koptische Kirche belegten
Unsicherheit über die mit Did, Didasc bzw. ⲆⲒⲆⲀⲤⲔⲀⲖⲒⲔⲎ bezeichneten Schrift und des sonsti-
gen Schweigens über den Barn vermögen nur Mutige, die syrische Barn-Rezension, von der nur dieses
eine Bruchstück in der Universitätsbibliothek von Cambridge erhalten ist (Sy), in ihrem Umfang und
Überlieferungskontext einzig durch den Verweis auf vermeintlich Identifikation des Barn mit der Did/
Didasc im maronitischen Nomokanon zu evaluieren. Aus der Beobachtung Baumstarks ist eher zu
entnehmen, daß die Did (vgl. NIEDERWIMMER, Didache 16 Anm. 7) und der Barn in Ägypten und in
Syrien spätestens im 11. Jh. nur noch bruchstückhaft oder dem Namen nach bekannt waren; die Ver-
knüpfung des Barn-Fragments im ‚Cod. Cantabrigiensis Univ. Add. 2023' mit der Notierung im ‚Cod.
Vat. syr. 133' ist künstlich.

fraglichen Passagen als eigener Textzeuge[118] anzusehen, „der bei einem ausgezeichneten, sogar den *Sinaiticus* noch in den Schatten stellenden Grundcharakter bereits
ihm eigentümliche Verderbnisse"[119] aufweist.[120]

§ 2 Die indirekte Überlieferung

Die patristische Bezeugung des Barn setzt in der zweiten Hälfte des 2. Jh. ein.
Wahrscheinlich haben *Justin*, im Osten der Valentinianer *Marcus*, der aus Kleinasien
stammende *Irenaeus*, der Karthaginienser *Tertullian*[1] das Schriftstück gekannt.
Wenngleich die auffallenden Berührungen zwischen Werken dieser Theologen und
dem Barn kaum allein aus mündlicher Tradition oder aus der Benutzung einer gemeinsamen schriftlichen Quelle, allem voran die griechischen Bibelübersetzungen,
erklärbar sind,[2] geben sie sich doch nicht zweifelsfrei als Rezeptionen des Barn zu
erkennen. Wäre es möglich, größere Sicherheit zu gewinnen, hätte man zugleich
Belege für eine frühe und weitgespannte Verbreitung und Resonanz des Barn.

1. Die Rezeption durch Clemens Alexandrinus

Das älteste sichere Zeugnis für den Barn sind die Zitate daraus durch *Clemens
Alexandrinus* (Clem.). Er[3] zitiert nicht nur wiederholt aus dem Schriftstück, sondern er notiert vielfach auch, woraus er das Zitat nimmt, nämlich aus dem Brief des
Barnabas. Sein Vf. ist für ihn der aus Apg, 1 Kor und Gal bekannte[4] „Mitarbeiter
des Paulus" (*str.* II 20,116,3; V 10,63,1; *fr.* 70), und er bezeichnet ihn als „apostolischen Mann" (*str.* II 20,116,3) bzw. als „Apostel" (*str.* II 6,31,2; 7,35,5; vgl. Apg 14,14;
ferner Didym. *comm. in Zech.* 3,278 sowie das Anonymon Περὶ πατρὸς καὶ υἱοῦ
[TU 17,4. *fr.* 31,2]). Der Alexandriner zählt den Vf. zu den „Siebzig" (*str.* II 20,116,3;
Eus. *h.e.* II 1,4; Lk 10,1.17),[5] ohne ihm damit eine persönliche Verbindung mit dem

---

[118] Wengst scheint dieses Fragment nicht zu kennen oder für nicht beachtenswert zu halten, jedenfalls
erwähnt er es in seiner Edition (WENGST, SUC 2,105f.186–193) und seinen früheren Arbeiten zum Barn
nicht.

[119] BAUMSTARK, Der Barnabasbrief bei den Syrern 239f.

[120] Näheres zum Fragment und eine Transkription bei WRIGHT, Catalogue of the syriac manuscripts
2,600–628; BAUMSTARK, Der Barnabasbrief bei den Syrern 235–240.

[1] Tert. *Marc.* 3,7 (zu Barn 7,3–11); vgl. hierzu WENGST, SUC 2,199 Anm. 125. Zur gleichen Passage vgl.
auch Tert. *spec.* 30. Hieronymus, *de viris inlustribus* 5, war bereits aufgefallen, daß Tert. *de pud.* 20 fälschlich oder versehentlich ein Zitat aus dem Hebr dem Barn zuweist und ihn „receptior apud ecclesias ... illo
apocrypho Pastore" nennt (vgl. KÜMMEL, Einleitung 434).

[2] Vgl. die Verweise bei WINDISCH, Barnabasbrief 301.

[3] Zur Biographie des Alexandriners ist immer noch informativ ZAHN, Forschungen 156–176.

[4] Vgl. Apg 4,36.37; 9,27; 11,22.25.30; 12,25; 13,1–7.43; 14,1f.10–16; 15,2.12–22.25–36; 1 Kor 9,6; Gal 2,1f.

[5] Vgl. Clem. *str.* II 20,116,3: οὔ μοι δεῖ πλειόνων λόγων παραθεμένῳ μάρτυν τὸν ἀποστολικὸν
Βαρνάβαν (ὃ δὲ τῶν ἑβδομήκοντα ἦν καὶ συνεργὸς τοῦ Παύλου) κατὰ λέξιν ὧδέ πῶς λέγοντα.

historischen Jesus andichten zu wollen,[6] denn die Beifügung „apostolischer Mann"
(*str.* II 20,116,3) macht klar – und Euseb hat dies auch so verstanden[7] –, daß Clem.
den Vf. des Barn nicht als Primärzeugen, sondern als einen jener Tradenten ansieht, die die „Gnosis" nicht wie Jakobus, Johannes und Petrus direkt vom auferstandenen Kyrios erhielten, sondern die von diesen und Paulus direkt stammende
„wahre Lehre" „unversehrt bewahrten" (*str.* I 1,11,3).[8] Die in diesem Sinn gemeinte
Deutung der Verfasserschaft des Schreibens als eine „deuteroapostolische" spiegelt
sich auch in der Art wider, wie Clem. es zitiert. Sofern er nämlich Zitate als aus
dem Barn stammend kennzeichnet, tut er dies formal ebenso, wie er es mit biblischen Schriften macht: Er nennt den Namen (z.B. Judas,[9] Petrus, Paulus) dessen,
den er als Vf. der jeweiligen Schrift (Jud, 1 Petr, Röm, Gal usw.) ansieht, und zwar
in der Regel mit Artikel (ὁ Πέτρος[10]/ὁ Παῦλος[11]), dem das Verb φημί oder λέγω
in der 3. Pers. Sg. voraus- oder nachgestellt ist. Zu dieser Wendung können Erweiterungen hinzutreten, die entweder den vermeintlichen Vf. (ὁ θαυμάσιος Πέτρος[12]/ἀπόστολος[13]) oder das Zitat qualifizieren (ἐν τῇ ἐπιστολῇ[14]) oder aber das
Zitierte mit dem Kontext verklammern. Entsprechend variiert der syntaktische
Ort: Die Wendung kann ein Zitat einleiten (*str.* III 13,93,2), in ein Zitat eingeschoben sein (*str.* III 11,74,1; IV 7,47,4) oder es abschließen (*str.* III 18,110,1). Interessant
hierbei ist, daß der Alexandriner durch die Art, wie er den Barn – übrigens auch
den 1 Clem[15] – benutzt, diesen Text auf einer Linie mit den neutestamentlichen
Briefen sieht, aber auch mit den Büchern Jer und Ez, aus denen er in gleicher Weise
zitiert. Unabhängig davon, ob Clem. die inscriptio des Barn bereits kannte[16], ist

---

[6] Anders die Vermutung von HARNACK, Mission 58 Anm. 1.

[7] Vgl. Eus. *h.e.* II 1,4: Ἰακώβῳ τῷ δικαίῳ καὶ Ἰωάννῃ καὶ Πέτρῳ μετὰ τὴν ἀνάστασιν παρέδωκεν
τὴν γνῶσιν ὁ κύριος, οὗτοι τοῖς λοιποῖς ἀποστόλοις παρέδωκαν, οἱ δὲ λοιποὶ ἀπόστολοι τοῖς ἑβδομήκοντα, ὧν εἷς ἦν καὶ Βαρνάβας.

[8] Diese Differenzierung zwischen Personen, die mit dem historischen Jesus resp. mit dem auferstandenen Kyrios in Verbindung standen und Tradenten, die, ob ihrer Verbindung zu diesen Personen Authentizität verbürgen, scheint, wenn nicht typisch für Alexandrien, so doch bezeichnend für Clem. zu sein.
Jedenfalls weist die in den griechisch erhaltenen Teilen der ,Constitutiones ecclesiasticae apostolorum'
(CEAG) durchgeführte Scheidung zwischen Petrus und dem Kephas aus Gal 2,11 auf eine derartige Lokaltradition hin. Vgl. STEIMER, Vertex Traditionis 67–71, spez. 67 Anm. 43. Gleichzeitig ist hieraus zu
entnehmen, daß – zumindest für Clem. – die Apostolizität, d.h. die Normativität und Würde einer
Überlieferung nicht notwendig an der Verbindung des Autors mit der Gestalt des historischen Jesus haftete. Daß gleichwohl Petrus in der ägyptischen Kirche des 2. (und 3.) Jh. besonderes Ansehen genoß, mögen auch die beiden dort entstanden Petrusapokalypsen signalisieren. Vgl. NTApo[5] 2,562–578.633–643;
zur ägyptischen Petrustradition BERGER, Unfehlbare Offenbarung 261–326.

[9] Vgl. Clem. *paed.* III 4,41,4.

[10] Vgl. Clem. *paed.* I 6,44,1; III 8,74,1; 12,85,2; *str.* III 11,74,3; 18,110,1; IV 7,46,3; 7,47,4; 20,129,2.

[11] Vgl. Clem. *str.* I 1,3,3; 26,167,2; II 11,51,2; 22,136,3; III 11,74,1; 11,75,1; 13,93,2; 16,101,4.

[12] Vgl. Clem. *str.* III 11,74,3.

[13] Vgl. Clem. *str.* II 6,31,2; 7,35,5; IV 17,105,1.

[14] Vgl. Clem. *str.* III 18,110,1.

[15] Vgl. LONA, Clemensbrief 93–104.

[16] Zum Titel des Briefes und seinen Varianten vgl. CUNNINGHAM, Epistle of S. Barnabas 4; WENGST,
SUC 2,138; ferner S.130 ff.

festzuhalten: Seit Clem. wissen wir sicher, daß unser Text als ‚Brief des Barnabas'
bekannt ist und ihm im Übergang zum 3. Jh. die Argumentationskraft und die
Würde eines gewissermaßen „apostolischen Schreibens" zugebilligt wurde. Dies bestätigt eine Notiz Eusebs, derzufolge Clem., der den Barn im 8. Buch seiner Hypotyposen vor 2 Petr, ApcPe und evtl. vor der Offb ausgelegt haben soll,[17] ihn unter
die biblischen Schriften oder immerhin zu ihrem nächsten Umfeld rechnete.[18] Von
daher ist zu erklären, daß er in *str.* I 38,7f. als Quelle für die Erläuterung des aus
1 Clem 48,2f. zitierten Ps 117(118),19f. zwar auf den ‚Korintherbrief des Clemens'
verweist (1 Clem 48,4f.), sich aber in *str.* VI 64,3, wo er den Psalmvers nochmals zitiert, für dieselbe, etwas verkürzte Erläuterung auf den Barnabas(brief) beruft.[19]

Was aber zitiert Clem. aus dem Barn, wie wortgetreu sind seine Zitate und welchen Wert besitzen sie für die Textkritik des Barn? Die Forschung verweist hierzu
oft mit großer Zuversicht auf die Liste bei Harnack, die elf Zitate und acht „Anklänge" notiert.[20] Ein Vergleich dieser Tabelle mit den Notierungen der Zitate aus
dem Barn in Stählins griechischer Ausgabe zu Clemens Alexandrinus sowie in
seiner deutschen Übersetzung,[21] ferner mit den durch Windisch[22] und durch Pri-
gent/Kraft[23] verzeichneten Zitaten erbringt nur noch sechs Stellen (Barn 1,5; 2,2f.;
6,5.8–10; 10,9f.; 16,7–9), die unstrittig als Zitate des Barn im Œuvre des Clemens
Alexandrinus angesehen werden. Dieser Konsens sagt aber noch nichts über die Relevanz der Zitate und der übrigen Anklänge für die Textkritik des Barn aus, solange
das Verhältnis dieser Rezeptionen und Bezüge zur handschriftlichen Überlieferung
des Barn unklar ist, zumal die fraglichen Passagen z. T. mehrmals bei Clem. begegnen und ihnen vielfach die griechischen Bibelübersetzungen zugrundeliegen.

Barn 1,5; 2,2f.: Clem. verbindet in *str.* II 6,31,2,1f. Barn 1,5 mit 2,2f. zu einem Zitat, das seine
Behauptung, Glaube, Liebe und Gnosis bedingten sich gegenseitig, autorisiert, indem er sie
auf apostolische Paradosis gründet. Von den verschiedenen Aspekten, die Barn in 1,5 verwoben hat, greift Clem. den der Traditionsweitergabe und ihres Zwecks, der Zusammenfüh-
rung von Glaube und Gnosis, heraus. Clem. geht es um letzteres. Die Weglassung von V 5a
mit der Besinnung auf den Entschluß des Barn, das Empfangene den Lesern mitzuteilen,
und des ὅτι-Satzes mit der Deutung des Tradierens als apostolischen Dienst bedingt, daß der
in V 5a mit τοῦ μέρος τι μεταδοῦναι ἀφ' οὗ ἔλαβον umschriebene Aspekt des Mitteilens

---

[17] Vgl. ZAHN, Forschungen 130–156.
[18] Eus. *h.e.* VI 14,1: Ἐν δὲ ταῖς Ὑποτυπώσεσι ξυνελόντα εἰπεῖν πάσης τῆς ἐνδιαθήκου γραφῆς
ἐπιτετμημένας πεποίηται διηγήσεις, μηδὲ τὰς ἀντιλεγομένας παρελθών, τὴν Ἰούδα λέγω καὶ τὰς
λοιπὰς καθολικὰς ἐπιστολάς, τήν τε Βαρναβᾶ καὶ τὴν Πέτρου λεγομένην ἀποκάλυψιν (PG 2,649;
GCS 17,XII). „In den Hypotyposen gibt Clemens, um es kurz zu sagen, gedrängte Auslegungen der
ganzen Bibel, ohne die bestrittenen Schriften wie den Brief des Judas, die übrigen katholischen Briefe,
den Brief des Barnabas und die sogenannte Petrus-Apokalypse zu übergehen" (KRAFT, Eusebius 289);
vgl. WENGST, SUC 2,106; ZAHN, Forschungen 155.
[19] Vgl. auch S. 34 Anm. 1.
[20] Vgl. HARNACK, Geschichte 1,60; ferner die Liste von GALLAND, Bibliotheca veterum Patrum 1,113
(PG 2,647f.).
[21] Vgl. GCS 12.17.39.52; BKV[2.2] 20.
[22] Vgl. WINDISCH, Barnabasbrief 301.
[23] Vgl. PRIGENT/KRAFT, Épître de Barnabé 54 Anm. 2.

nun sprachlich in V 5c bzw. *str.* II 6,31,2,1f. nachgetragen werden mußte. Deshalb ersetzt Clem. μισθόν durch μέρος bzw. in einer Variante durch μέρους. Der Gen. suggeriert, passend zur folgenden Änderung von πέμπειν, eine sukzessive Zustellung des Barn – so auch die Übersetzungen von Stählin und von Overbeck[24]. Der Ersatz von πέμπειν durch den Aorist πέμψαι erklärt sich zum einen aus der Angleichung an ἐσπούδασα und zum anderen aus der Distanz zu der im Zitat schon als vergangen akzentuierten Abfassung und Zustellung des Schreibens. Als Grund für den Ersatz von βοηθοί durch das in den griechischen Bibelübersetzungen nicht und auch in der Profangräzität nicht gerade häufig gebrauchte συλλήπτορες läßt sich nur vermuten, daß für Clem. das Lexem βοηθός schon derart zur Bezeichnung Gottes als Helfer des Frommen festgelegt war, daß es, wie in Ps 117,6 (κύριος ἐμοὶ βοηθός) und im NT, nur im Sg. verwendet werden konnte.[25] Davon und von einer Umstellung in bezug auf Barn 2,3 abgesehen, stammt die Passage aus Barn und die Zitationsformel zeigt, daß der Alexandriner diese Aussagen als aus dem Barn zitiert ausweisen wollte.

Barn 2,5: Barn zitiert in 2,5 einen Passus der prophetischen Kultkritik aus Jes 1,11–13. Bis auf die Auslassung von καὶ ἡμέραν μεγάλην sind alle Varianten des Barn-Textes durch Lesarten der griechischen Bibelübersetzungen erhärtet. Mit dieser Lücke zitiert Barn den Halbvers aus Jes 1,13 nochmals in 15,8. Exakt diese Leerstelle kehrt in Textzeugen von *paed.* III 12,90,3f. wieder und auch der Schluß νηστείαν καὶ ἀργίαν von Jes 1,13 und die folgende Dublette (Jes 1,14) fehlt wie schon im Barn. Clem. zitiert Jes 1,11–13 also wörtlich aus Barn 2,5. Deshalb wird auch κριῶν, das H und L, nicht aber ℵ für Barn 2,5 führen, ursprünglich sein. Clem. bezeugt einen Barn-Text, den auch H überliefert und den z.T. ℵ und L kennen. Diese Bewertung wird durch eine L-Korrektur unterstützt, die die Schlußpassage aus Jes 1,13f. nachträgt und mit ‚et diem magnum non sustineo‘ die genannte Lücke füllt. L steht mit dieser Passage den griechischen Bibelübersetzungen näher, und H steht Clem. am nächsten, dazwischen ℵ. Clem. scheint Barn in der Form von H benutzt zu haben, eine Vorlage also, die das κριῶν *noch* enthält – die ἐάν-Variante geht auf das Konto der Korrektoren in den griechischen Bibelübersetzungen –, die die Umstellung πατεῖν τὴν αὐλήν μου zu πατεῖν μου τὴν αὐλήν *bereits* hatte und in der καὶ ἡμέραν μεγάλην *schon* fehlte. Gilt es als unwahrscheinlich, daß der Alexandriner Jes 1,11–13 einer sonst unbekannten griechischen Jesajaübersetzung entnommen hat, die die drei Verse in einer Version wie im Jesajazitat der H-Rezension von Barn 2,5 bot, spricht die Textentwicklung des Jes-Zitates gegenüber den griechischen Bibelübersetzungen dafür, daß Clem. es aus Barn 2,5 zitierte; folglich ist die Clem.-Stelle allein schon wegen ihres Alters textkritisch relevant.

Barn 2,7f.: In den Vergleichstafeln bislang nicht beachtet ist das wörtliche Zitat in *paed.* III 12,91,4 aus Barn 2,7f. Ein Vergleich mit Jer 7,22f. und Sach 7,10; 8,17 zeigt, daß Clem. nicht den alttestamentlichen Vorlagen, sondern Barn folgt.[26] In *paed.* III 12,91,4 fehlt das von allen Hss. des Barn überlieferte κακίαν in V 8. Entsprechend liest Clem. αὐτοῦ und nicht das von ℵ bezeugte ἑαυτοῦ und gibt der Aussage hierdurch eine prinzipielle Note: Dem Nächsten nichts (Böses) nachzutragen, ist von einem kasuellen zu einem dekretalen Gebot gewandelt. Während ℵ, H und Sach 8,17 ἀγαπᾶτε lesen, überliefert Clem. den Iussiv, worin ihn L mit *habet*, das Heer im Rekurs auf ℵ und H zu *amet* korrigiert, unterstützt. L ist also

---

[24] *str.* II 6,31,2,1: „Mit Recht also sagt der Apostel Barnabas: ‚Von dem Teile, den ich empfangen, habe ich mich bestrebt, euch allmählich zu senden, damit ihr mit dem Glauben auch die vollkommene Erkenntnis habt‘" (OVERBECK, Teppiche 261).

[25] βοηθοῖς in *paed.* III 11,58,1 spricht nicht gegen diese Deutung, weil explizit auf die regelhafte Zuordnung von Männern und Frauen im oikonomischen Lebensbereich abgehoben ist. Vgl. BÜCHSEL, βοηθέω κτλ., ThWNT 1 (1933) 627.

[26] Auf eine „dritte Textform" bei Just. *dial.* 22 weist WINDISCH, Barnabasbrief 312, hin.

nicht von Sach 8,17 beeinflußt, weshalb ihm an dieser Stelle mehr Vertrauen gebührt als bei
anderen Schriftzitaten. Die von Clem. und L bezeugte Lesart ἀγαπᾶτω verdient, obwohl
Clem. bis auf die obengenannte Eliminierung – daß alle Hss. des Barn κακίαν nachgetragen
haben ist unwahrscheinlich – Barn 2,7f. treu wiedergibt, dennoch nicht den Vorzug vor ἀγαπᾶτε, weil das Finitum mit gemeinsamen Bezug auf ἕκαστος sekundär an μνησικακείτω
angeglichen sein kann und somit ἀγαπᾶτε als lectio difficilior zu gelten hat.

   Barn 2,10 stammt einer Randnotiz auf fol. 39ᵛ20–23 von H zufolge aus „ψαλμ[ὸς] Nʹ καὶ
ἐν ἀποκαλύψει Ἀδάμ". Tatsächlich ähnelt die Sequenz über das gottgefällige Opfer dem
Vers in Ps 50(51),19; die Adamsapokalypse (ApcAdam) jedoch kennt weder eine vergleichbare Rede über das Opfer noch über den wohlriechenden Duft.[27] Entsprechend fehlt in L
der Abschnitt über die ὀσμή. Ein Vergleich zeigt, daß Barn den Ps 50(51),19 lückenhaft überliefert und daß H und L ϑεῷ durch κυρίῳ ersetzen. Wiederum fragmentarisch, nun aber mit
πνεῦμα συντετριμμένον statt καρδίαν συντετριμμένην und in der Lesart mit κυρίῳ findet
der Psalm Aufnahme in Clem. *paed.* III 12,90,4.[28] Weil Clem. auch die Passage über die ὀσμή
fast wörtlich bringt – er ersetzt κυρίῳ durch ϑεῷ; die Überlieferung verzeichnet keine Varianten – scheint es, daß er beides aus Barn nach einer Vorlage wie H zitiert. Dem steht aber
die Anlage und die Vergleichsstelle in *str.* II 18,79,1 entgegen. Die Verbindung der beiden
kultkritischen Sequenzen in Barn 2,10 ist in *paed.* III 12,90,4 durch zwei Themafragen wieder
aufgehoben bzw. wird von Clem. nicht bestätigt, so daß nicht notwendig von nur einer Vorlage für Clem., die eben diese Kombination enthielt, ausgegangen werden muß. Die Varia-
tionsbreite wird offensichtlich, nimmt man *str.* II 18,79,1 hinzu. Zwar kehrt hier die Opfer-
passage aus Barn 2,10 mit der Auslassung von πνεῦμα συντετριμμένον und der für Barn
signifikanten Wendung καρδίαν συντετριμμένην wieder, aber der vermeintlich aus der Apc-
Adam herrührende zweite Teil ist unvollständig und mit καί dem Thema Opfer subsumiert –
ζητοῦσα ist unschwer als Lesefehler von δοξάζουσα zu erklären. Da Clem. diese Sequenz
nahtlos an ein Sprichwort (vgl. Spr 16,7) und an zwei ausdrücklich gekennzeichnete Jesajazitate (1,11; 58,6) anschließt, scheint sich dem Alexandriner für sie nicht zwingend, jedenfalls
nicht mehr deutlich genug eine andere Herkunft aufgedrängt zu haben. Da nun ein Zeitgenosse des Alexandriners, Irenaeus von Lyon, dessen Kenntnisnahme des Barn nicht als gesichert gelten kann, die Zitatverbindung von Barn 2,10 in *haer.* IV 17,2 bringt,[29] ist mit Prigent/
Kraft eher davon auszugehen, daß sie in den Kirchen des 2. Jh. weit verbreitet war, wobei die
Randbemerkung in H zeigt, daß sie nicht an Barn 2,10, sondern an Ps 50(51),19 haftete. Richtig sehen Prigent/Kraft, daß die theologische Aussageabsicht, der Schöpfergott wollte einen
‚geistigen' Kult des Gottesgehorsams und des Lobpreises, die Überführung von Ps 50(51),19
in Zitatsequenzen bewirkte, wie sie in Barn 2,10 sowie bei Clem. und Iren. vorliegen. Die
Sachlage zeigt sich z.B. auch in 1 Clem 52,3f., wo der Teilrezeption von Ps 50(51),19 ein kultkritischer Paralleltext, nämlich Ps 49(50),14f., vorangestellt ist.[30] Ob dieses Theologumenon

---

[27] Ob aufgrund dieser Marginalie mit JAMES, Notes on Apocrypha 409f., vermutet werden darf, daß
eine (Mahn-)Rede über das Opfer bzw. über den Duft zur ApcAdam gehörte oder daß sie gar auf ein
verlorenes Werk hinweist, das über die Sache unter dem Namen Adams handelte, ist hier nicht zu entscheiden. Auf welchen Text sich der Schreiber Leon mit der Marginalnotiz (vgl. dazu S. 14ff. die kodikologische Beschreibung der Hs. H) indes bezogen hat, bleibt ein Rätsel.

[28] WINDISCH, Barnabasbrief 301, hat Barn 2,10b in seiner Liste der Zitate bei Clem. nicht bedacht, doch
notiert er z.St. (ib. 313): „Clemens nahm es [sic. das Zitat] sicher aus Barn., vermutlich auch Irenäus."

[29] „Quemadmodum alibi ait: ‚Sacrificium Deo cor contribulatum; odor suavitatis Deo cor clarificans
eum qui plasmavit' (FC 8/4,128)".

[30] Vgl. LONA, Clemensbrief 548.

notwendig in „collections de *Testimonia* antiritualistes"[31] seinen Niederschlag gefunden haben wird, ist an dieser Stelle nicht zu entscheiden, angesichts der oben gezeigten Varianten aber mit großen Hypotheken für die namhaft gemachten Schriften verbunden. Wenn Barn 2,10, ferner Clem. *paed.* III 12,90,4 und *str.* II 18,79,1 sowie Iren. *haer.* 4,17,2 als je eigene dokumentarische Interpretationen einer verbreiteten, aber nur schwer profilierbaren innerchristlichen Überzeugung anzusehen sind,[32] besitzen die Clem.-Stellen für Barn 2,10 keinen selbständigen textkritischen Wert, sondern bestätigen nur den theologischen Konsens in der Frage des gottgefälligen Opfers und die Kenntnis der dafür routinemäßig bemühten Texte.

Barn 3,1–5 und Clem. *paed.* III 12,90,1f.; 12,89,4f. gründen in Jes 58,4b–9(10a).[33] In dieser Trias ist der Prophetentext sicher der Primärtext der beiden frühchristlichen Werke. Die Frage ist, ob Clem. sein Material aus griechischen Übersetzungen von Tritojesaja oder von Barn hat. Daß eine sichere Gewichtung des Abhängigkeitsverhältnisses von seiten des Barn mit ihm eigenen textkritischen Fragen befrachtet ist, signalisiert der Umstand, daß die Ausgabe von Funk/Bihlmeyer sechsmal und die von Wengst allein in sieben Fällen einen anderen Text wählt als die Edition von Prigent/Kraft. In der Regel geben Funk/Bihlmeyer und Wengst א den Vorzug vor H, den Prigent/Kraft favorisieren; keine Ausgabe mißt Clem. soviel Gewicht bei, daß gegen die bevorzugte Hs. des Barn entschieden wird. Gegenüber dem Barn-Text sind die Texte der griechischen Bibelübersetzungen und der des Clem. ungleich stabiler; die Varianten der griechischen Bibelübersetzungen sind unwesentlich und die beiden Clem.-Varianten bieten Parallellesarten zu Barn 3,4 bzw. Jes 58,8. Die Klärung des Abhängigkeitsverhältnisses ist nicht zuletzt dadurch erschwert, daß Clem. die Versfolge Jes 58,4b–9 bzw. Barn 3,1–5 in zwei Sequenzen aufgliedert und in umgedrehter Reihenfolge wiedergibt und daß Barn und Clem. von den griechischen Bibelübersetzungen abweichen. Von der Umgruppierung und von einer Wortumstellung abgesehen weicht Clem. fünfzehnmal von den griechischen Bibelübersetzungen ab, wovon acht Lesarten nicht durch eine Lesart mindestens einer Hs. des Barn abgedeckt sind. Von diesen sind wiederum zwei seine beliebte Zitationsfloskel φημί, in einem dritten Fall handelt es sich um eine grammatische Variante (ὑπερόψει statt ὑπερόψῃ), und an zwei weiteren Stellen ist die Präfixergänzung bzw. -änderung durch ähnliche Lesarten des Barn vorgezeichnet; ἀπόλυε anstelle von ἀπόστελλε erklärt sich leicht als sprachliche Verbesserung und Angleichung an die beiden vorausgehenden Verben des gleichen Stammes. Diese Erklärung hat jedenfalls größere Wahrscheinlichkeit für sich, als daß Clem. nur an dieser Stelle, aber sonst nicht, die Übersetzung von Aquila benutzt hat, denn α′ ersetzt das ἐν ἀφέσει (σ′ scheidet wegen τεθλασμένους für τεθραυσμένους ohnedies aus). Die beiden signifikanten Abweichung des Clem. vom Barn 3,1–5 sind der fehlende ὡς-Satz aus Barn 3,1 bzw. Jes 58,4 sowie die nur durch eine Umstellung von Jes 58,5 geschiedene Lesart καὶ ἡμέραν ἄνθρωπον ταπεινοῦν, der in Barn 3,1 die Hss. א und L entgegenstehen; H scheint an Jes 58,5 korrigiert zu sein. Demgegenüber differiert Barn in seinen Lesarten 16mal von den griechischen Bibelübersetzungen. Nur drei dieser barnabäischen Varianten – das ἱνατί μοι in V 1, die Umstellung in Barn 3,3 und das ταχέως in V 4 – kehren bei Clem. nicht wieder; an anderen Stellen folgt Clem. seiner eigenen Jesajavorlage. Clem. steht also dem Barn näher als den griechischen Jesajaübersetzungen. Hierfür sprechen der eliminierte ὡς-Satz, seine geringeren Abweichungen von Barn als von den griechischen Bibelübersetzungen, und daß Clem. der Jesajatext in einer Rezension vorgelegen haben

---

[31] PRIGENT/KRAFT, Épître de Barnabé 86f. Anm. 1.

[32] Biblische und weitere patristische Vergleichstexte notiert WINDISCH, Barnabasbrief 313.

[33] Zu den Abweichungen zwischen Barn 3,1–5 und dem Jesajatext vgl. die detaillierte Liste der Varianten bei HATCH, Essays 184f.

muß, der nach νηστεύετε wie א und H das λέγει κύριος von Barn 3,1 schon enthielt, denn nur so ergibt das von Clem. vorausgestellte φησίν einen Sinn. Die Umgruppierung der Vorlage und die drei eindeutigen Abweichungen vom Barn sprechen aber auch dafür, daß Clem. den Jesajatext wohl nicht nur aus Barn kannte, sondern er muß ihm davon unabhängig in ähnlicher Weise verfügbar gewesen sein wie etwa Ps 50(51),19, auf den sich Clem. im Anschluß (*paed.* III 12,90,4; vgl. *str.* II 18,79,1) bezieht. Insofern ist *paed.* III 12,90,1f.; 12,89,4f. nur sehr eingeschränkt für die Textkritik am Barn verwendbar.

Barn 4,7f. nimmt Dtn 9,9–17 auf, und zwar z. T. wörtlich oder mit Umstellungen und bisweilen durch den Gebrauch von Synonymen, die im Fall des Ersatzes von χώνευμα (χωνεύματα α´) durch εἴδωλα eine theologische Gewichtung vornehmen. Die Kontrastierung zwischen den ‚steinernen Tafeln der διαθήκη am Sinaï bzw. Horeb‘ und der ‚ins Herz eingesiegelten διαθήκη Ἰησοῦ‘ kehrt zwar bei Clem. in *paed.* III 2,12 und 12,94,1 ähnlich wieder, ohne daß aber von Zitierung gesprochen werden könnte.

Barn 4,11: Clem. benennt Barn als seine Quelle für den Weheruf aus Jes 5,21a. Dieses Jesajazitat muß dem Alexandriner in einer Barn-Rezension vorgelegen haben, die H näher stand als א. Zwar steht bei Clem. *str.* II 7,35,5 an Stelle der für Jes 5,21a textkritisch gesicherten und von H für Barn 4,11 bezeugten Präposition ἐν, mit der die griechischen Bibelübersetzungen die hebräische Konstruktion mit ב nachbilden, ein παρά, da Clem. aber zu dem αὐτῶν des H im selben Halbvers keine Variante bietet, ist anzunehmen, daß ihm Jes 5,21 nur via Barn 4,11 bekannt war. Dafür spricht auch, daß Clem. wie schon Barn nur den ersten von vier Halbversen aus Jes 5,21 enthält. Für die Abhängigkeit des Clem. von Barn spricht ferner, daß Clem. auch die folgende Sequenz (Barn 4,11) rezipiert, und zwar wiederum in einer H näher als א und L stehenden Rezension. Der von H und Clem. überlieferte ἵνα-Satz, der erst durch die Hand eines Späteren in א erhalten ist und der in L fehlt, zeigt im Verband mit den Abweichungen des Clem. von H, daß Clem. einer H-Rezension folgt, daß aber der Barn-Text Ende des 2. Jh. keineswegs stabil genug war, um die Vorlage des Clem. mit jener von H. gleichsetzen zu können. Daß L diesen Finalsatz nicht kennt, läßt an der Hochschätzung seiner Textqualität in den außerbiblischen Passagen Zweifel aufkommen.

Barn 5,1.11: Clem. *paed.* II 8,63 enthält Anklänge an Barn 5,1.11. Zwar erinnern die Motive ‚Reinigung von Sünden‘ und ‚Vollmaß der Sünden für die Juden‘ in V 2 an Vorstellungen in den beiden Versen des Barn, aber ihre Benutzung seitens des Clem. ist wegen des andersartigen Kontextes und der fehlenden terminologischen Berührungen nicht erweisbar. Beide Motive und Themen sind Teil des Repertoires christlicher Theologen des 2. Jh.

Barn 6,5.8–10: Clem. zitiert Barn 6,5.8–10 in *str.* V 10,63,1–6 und Barn 6,10 nochmals gesondert in *str.* VI 8,65,2. Die Varianten in der Überlieferung des Clem.-Textes fallen nicht ins Gewicht, auch wenn sie nicht von Hss. des Barn gedeckt sind. Hierzu zählen im Abschnitt *str.* V 10,63,1–6, den Clem. ausdrücklich als aus dem Barn stammend kennzeichnet, folgende Abweichungen: zwei ausgelassene Artikel, ein fehlendes δέ in der Eingangsfrage von 6,9 sowie die vermutlich aus der Botenformel V 8 übernommene Hinzufügung des zweifachen ὁ θεός, das den schwörenden κύριος als Gott identifiziert und ihn mit dem Gott Abrahams, Isaaks und Jakobs gleichsetzt. Clem. bezeugt in dieser Passage einen Text, der mit א bzw. dessen Revisor und Korrektor übereinstimmt. Bis auf eine unwesentliche Differenz ist hierfür durchgehend H der zweite Zeuge. Da dieser Text oft noch von G gestützt wird, ist die Textkritik nicht genötigt, Barn 6 anhand der Zitate bei Clem. zu konstruieren.

Für die fragliche Interpunktion in Barn 6,10 aber – vor oder nach παραβολήν – könnte Clem. eine Entscheidungshilfe sein. Zwar enthält die Überlieferung des Verses bei Clem. keine Interpunktion, die die Zitationsformel vom Zitat abgrenzt, da aber Clem. in *str.* VI 8,65,2 diesen Halbvers nur mit einem δέ nach dem παραβολὴν κυρίου, aber ohne die Einleitungsformel bringt, ist man mit Prigent/Kraft berechtigt, 6,10 nicht als erweiterte Zitationseinleitung zu fassen, sondern παραβολήν κυρίου zum Zitat zu rechnen.

Barn 9,8: Die von Barn gefundene Deutung der drei griechischen Zahlzeichen für die ,318 abrahamitischen Sklaven' ist für Clem. ein Beispiel aus einer Fülle arithmetischer Zahlenspiele, die er in *str.* VI 11,84,1–85,4 anführt. Der textliche Bezug ist nicht deutlich genug, um von Zitation sprechen zu können. Wichtiger ist, daß Clem. die Passage über die 318 Sklaven schon als Allgemeingut apostrophiert. Dies ist um so auffälliger, als Barn seine Deutung mit sichtlichem Entdeckerstolz präsentiert hatte. Hätte Clem. die Stelle direkt dem Barn entnommen, könnte ihm dieser Zug nicht verborgen geblieben sein, so daß angesichts seiner sonstigen Zitationshinweise auch hier eine eindeutige Referenz auf seine Quelle erwartet werden müßte.[34] Insofern nun die sprachliche Eigenständigkeit gegenüber seinen sonstigen Anleihen einer direkten Abhängigkeit dieser Stelle vom Barn widerspricht, ist davon auszugehen, daß Clem. diese Deutung nicht in dem Sinn, wie Barn sie verstand, sondern schon als Zahlenspiel im Verband gleichartiger Varianten anderer Herkunft kennengelernt hat. Spektakuläre Teile des Barn scheinen also schon früh separat, wahrscheinlich im Kontext verwandter Stoffe, tradiert worden zu sein und ohne daß ihre Herkunft aus dem Barn notwendig angezeigt werden mußte.

Barn 10: Die Deutung jüdischer Speisegebote in Barn 10 hat bei Clem. eine vielfältige Wirkungsgeschichte. Der Alexandriner bezieht sich auf neun Verse des c. 10, und zwar auf die Vv 6f.11f. jeweils separat, und in Zusammenstellungen auf die Vv 3f. und die Vv 9f.1. Die Verse 10,9f.1 zitiert Clem. in dieser Reihenfolge in *str.* II 15,67,1–3. Wie in Barn 10,10 basiert auch bei Clem. die Anlage auf dem Dreizeiler von Ps 1,1. Barn zeigt dies mit der leicht mißverständlichen Aufforderung 10,10d an. Clem. streicht diese Zäsur und fügt stattdessen an das dritte Glied 10,1a als summarischen Schriftbeweis an. Ähnlich, aber ohne etwas auszulassen und auf das Einzelmotiv bezogen, verfährt er nach dem ersten Glied, wo er Motive aus 10,1b anfügt, und nach dem zweiten Glied, wo eine Sequenz aus 10,3 anklingt. Die Berechtigung zu beiden Einfügungen und zur Streichung gewinnt er durch die Verbindung von Barn 10,9 und 10,10 unter dem Titel ,τρία δόγματα'. Hierdurch konnte er alle Weisungen, die ab 10,1 unter dieser Kategorie als von Mose stammend aufgelistet sind, mit denen verknüpfen, die für David reklamiert sind. Entsprechend ergänzt er nun die triadische Anlage des Barn mit Anleihen aus 10,1 und 10,3, so daß aus der von Barn mit den καθώς-Sätzen, in denen Motive aus Barn 10,5.3.4 verarbeitet sind, erweiterten dreigliedrigen Gebotsreihe des Ps 1,1 eine dreifache Abfolge aus Mahnung, Vergleich und einer Schriftbegründung entsteht. Diese macht zum einen den Vergleich plausibel und zum andern weist sie die Mahnung als Auslegung des vom Vergleich anvisierten und nun als Schriftbegründung artikulierten Speisegebots aus. Die Ergänzungen zu den drei Dyaden in Barn 10,10 führen somit aus, was 10,9 als hermeneutischer Schlüssel dem V 10 vorangestellt wurde: Die Speisegebote sind ἐν πνεύματι gesprochen und können nur so recht verstanden werden. Clem. leistet also exakt das, was den Lesern des Barn ursprünglich selbst zukam. Auch in diesem Fall weichen die neueren Ausgaben des Barn voneinander ab. Prigent/Kraft bevorzugen die Lesart von H, wenn er mit א geht, es sei denn – ausgenommen das unsichere καί in V 10 – Clem. und ein zweiter Zeuge stehen dagegen.

---

[34] Freilich, wer will ausschließen, daß Clem. sich die ,Idee' aus Barn 9,8 gemerkt hat und sie bei Gelegenheit einsetzte, ohne „nachzuschlagen", ohne zu „zitieren" und ohne ihren Kontext zu beachten? Doch nach welcher Regel soll man mit dieser Möglichkeit rechnen? Der Kontext von *str.* VI 11,84,1–85,4 spricht in diesem Fall dafür, daß nicht erst Clemens Alexandrinus den Vers Barn 9,8 mit den Zahlenspielen verknüpft hat, sondern daß ihm eine solche Verbindung, zumindest neben seiner Barn-Rezension, fertig vorgelegen hat. Barn 10 ist anders gelagert (s.u.).

Funk/Bihlmeyer optieren an den fraglichen Stellen für die Lesart des א. Der Text von Ps 1,1 und von *str.* II 15,67,1–3 ist stabil; die Änderung des viermaligen οὔτε von 10,1 in οὐδέ ist als Verschreibung einzustufen, denn in *str.* V 8,51,2f. zitiert Clem. die Passage gekürzt nochmals, jedoch mit οὔτε; Korrekturen anhand von Ps 1,1 sind nicht überliefert. Der Clem.-Text steht dreimal der Handschriftengruppe G näher; in den Paralleltexten mit Ps 1,1 überliefert er die Lesart des Lateiners, der auffälligerweise hier nicht anhand griechischer Bibelübersetzungen korrigiert ist. Da Clem. die καθώς-Sätze ohne Varianten überliefert, ist anzunehmen, daß ihm die Umformulierungen von Ps 1,1b.c schon in seiner Barn-Rezension vorgelegen haben. Dieser Teil seiner Vorlage scheint – abgesehen von dem καί in 10,10a – der Lesart von L bzw. G nähergestanden zu haben als der des א bzw. H, die in den mit Ps 1,1 gleichlaufenden Sequenzen den griechischen Bibelübersetzungen folgen. Da Clem. an anderer Stelle weitgehend einer H-Rezension folgt, ist davon auszugehen, daß keiner der vier Hauptzeugen des Barn auf einer Vorlage beruht, die Clem. zur Verfügung stand. Anlage, Textvergleich und der abschließende Quellenverweis (ταῦτα μὲν ὁ Βαρνάβας), mit der Clem. die gesamte Sequenz *str.* II 15,67,1–3 auf Barn bezieht, zeigen an, daß für Clem. weder Ps 1,1 und die mosaischen Speisevorschriften in Lev 11,7.13f. und Dtn 14,8–13 als direkte Bezugsgrößen galten noch daß er sich zur sklavischen Wiedergabe seiner Barn-Vorlage verpflichtet sah, sondern daß er ihr Material für eigene Kompositionen entlehnte und – wie die formale Gestaltung seiner Rezeptionen aus Barn an anderen Stellen unterstreicht – sie mitunter akkurat zitierte. Deshalb und wegen der offensichtlich von den Vorlagen der Hauptzeugen abweichenden Barn-Rezension des Clem. wird die Textkritik auch dann von Zitation sprechen dürfen, wenn Clem. eine Lesart überliefert, die immerhin in die Textgeschichte eines anderen Textzeugen einzuordnen ist. Dies gelingt nicht immer ohne Blick auf den Kontext der Clem.-Stelle; so im Fall von *str.* V 8,52,1–3, wo Stichworte aus Barn 10,1 und ihre Deutung in 10,4 nachwirken und ein textkritisch relevanter Bezug nur zwischen Barn 10,4 und *str.* V 8,52,1 auszumachen ist. Obwohl Clem. eine Lesart überliefert, die kein anderer Zeuge führt, ist wegen des vorausgehenden Passus, der mit Zitaten aus Barn 10,1.3.9f. komponiert ist, davon auszugehen, daß Clem. entweder eine von den Hss. deutlich abweichende Vorlage wiedergibt oder freier zitiert als sonst gewohnt. Bietet der Kontext keinen Anhalt für die Rückbindung an eine Barn-Rezension, wie es das Beispiel Barn 10,3 und *paed.* III 11,75,3f. vorführen, ist eher davon auszugehen, daß Motiv und Thema dem Repertoire christlicher Theologen des 2. Jh. angehören. Die Variabilität der Barn-Rezeption durch Clem. illustriert die Aufnahme von Barn 10,1.11f. In *str.* V 8,51,2–52,1 zitiert er Barn 10,11f. wörtlich. Gerade diese Passage, für die die neueren Editionen des Barn den gleichen Text wählen und bei der auch für Clem. keine wichtigen Varianten zu beachten sind, zeigt, daß Clem. nicht einfach seine Vorlage wiederholt, sondern komponiert. Im Kontext der These, auch Philosophen äußerten sich in Sinnbildern, kommt er auf Mose zu sprechen. Das Thema steht in Barn 10,11: ᾽Αλλ᾽ εἶπεν Μωϋσῆς· „Φάγεσθε πᾶν διχηλοῦν καὶ μαρυκώμενον.“ Es beschäftigt Clem. noch zweimal, in *str.* VII 18,109,1–110,1 und *paed.* III 11,76,1f., ohne daß dort mehr als ein thematischer Bezug zu den Fragen ,wem soll man sich anschließen' und ,inwiefern sind Spalthufer und Wiederkäuer Sinnbild für Christen' vorzufinden ist. Bevor er sich dieser Fragen annimmt, zitiert er aus der Anfangspassage von 10,1 wiederum wörtlich das Gebot, weder Schwein noch Raubvögel zu essen, und legt dann mit eigenen Worten das Gebot, kein Schweinefleisch zu essen, aus. Die Erläuterung zu den Raubvögeln fügt er an das Zitat aus Barn über die Deutung des Gebotes, Spalthufer und Wiederkäuer zu essen, an, und zwar wiederum als ein Zitat von Barn 10,4. Er rahmt also sein Thema mit Zitaten und Auslegungen und kombiniert seine Vorlagen derart, daß sie sich als Sequenzen einer eigenen kleinen Komposition ausnehmen. Die Aufnahme von Barn 10,6f. in *paed.* II 10,83,4f. ist der Ausgangspunkt für zwei längere Abschnitte über den Sinn der Gebote, keinen Hasen und keine Hyäne zu essen (*paed.* II 10,84,1–88,3). Die Basis kann aus mehreren Gründen nicht Lev 11,4b–6 bzw. Dtn 14,7 gewesen sein: 1. In Barn und bei Clem. fehlt der triadische Aufbau von Lev 11,4b–6. 2. Von den drei in Lev 11,4b–6 bzw. Dtn 14,7 genannten verbotenen Tieren (κάμηλος, δασύπους, χοιρογρύλλιος) erwähnt Barn noch das zweite in diesem Sinn,[35] während bei Clem. die Termini δασύπους und χοιρογρύλλιος nirgends begegnen und das Kamel in anderem Zusammenhang gar als Beispiel für Geduld angeführt wird (*paed.* II 10,112,1; III 3,25,1f.). 3. Das Verbot, die Hyäne zu essen, kennen die griechischen Bibelübersetzungen nicht; ihre Erwähnung in Sir 13,18 und Jer 12,9 ist ohne Bezug zum Thema. 4. In *paed.* II 10,84,1 setzt Clem. mit einer Replik auf diese außerbiblische Speisevorschrift ein, bestätigt ihre Deutung, wie sie auch in Barn 10,7a vorgetragen ist, grenzt sich aber ausdrücklich von einer Erklärung ab, wie sie Barn 10,7c versucht. Spricht dies alles dafür, daß Clem. die dreigliedrige Doppelmahnung aus Gebot, Deutung und Erklärung in Barn 10,6f. benutzt hat, so sind doch die sprachlichen und strukturellen Abweichungen so offensichtlich, daß kein textkritischer Ertrag erwartet werden darf. Barn 10,6f. scheint für Clem. die Funktion zweier Stichwörter gehabt zu haben, die ihm Gelegenheit boten, moralische Anschauungen darzulegen und in der Tradition zu verankern.

Barn 11,4.9: Die beiden als Prophetenzitate eingeführten Verse stehen in Barn 11 im Dienst des Themas von Wasser und Kreuz. Clem. nimmt sie unabhängig voneinander in *str.* V 10,64,1f. und *str.* III 12,86,2 auf. Obwohl Clem. an beiden Stellen wörtlich bzw. mit einer unwesentlichen Wortumstellung aus Barn zitiert, tragen sie für die Textkritik des Barn kaum etwas aus, denn die handschriftliche Überlieferung kennt keine diskussionswürdigen Varianten. Aus zwei Gründen sind beide Stellen dennoch interessant: Sie zeigen zum einen, daß Clem. auch dann seiner Barn-Vorlage folgt, wenn er die betreffenden Aussagen als Propheten- bzw. Schriftworte identifiziert und sie losgelöst von ihrem Kontext verwendet, also ohne Anstoß zu erregen anhand griechischer Bibelübersetzungen hätte korrigieren können. Zum anderen zeigt dieser unvermittelte Gebrauch, daß Clem. Materialien theologischer Rede einem Fundus entnimmt, in dem theologische Akzentuierungen, wie sie z.B. im Barn durch die Kürzungen und den Personen- und Numeruswechsel im ἵνα-Satz von 11,4 bezeugt sind, schon zum Gegenstand der Paradosis erstarrt sind. Ob Clem. – und vielleicht schon Barn – dieses Traditionsgut in einer bestimmten literarischen Gestalt überliefert wurde, ist hier nicht zu entscheiden.

Barn 14,5: Sprachlich bietet *paed.* II 8,63,1–5 keinen Anhaltspunkt, der auf Barn 14,5 zurückwiese. Die Vorstellung aber, der κύριος sei zu einem doppelten Zweck ,erschienen', zum Heil und dazu, die Sünden derer vollzumachen, die nicht an ihn glauben, kennt auch Clem.: καὶ γὰρ πεπλήρωκεν τὸ πάθος τοῦ κυρίου ἡμᾶς μὲν εὐωδίας, Ἑβραίους δὲ ἁμαρτίας. Für die Textkritik des Barn trägt die Stelle nichts aus.

Barn 16,7–9 kehrt fast wörtlich in *str.* II 20,116,4–117,4 wieder. Clem. gliedert die Versfolge, indem er zwei Erklärungen einfügt und mit ihnen zum nächsten Zitat überleitet. Die sonst oft eine Zitation anzeigenden Verben λέγω und φημί sind hier keine Zitationsformeln, die vorgeben wollten, diese Erläuterungen seien ebenfalls Zitate, sondern sie beziehen die Deutungen explizit auf das vorausgehende Zitat. Daß Clem. diese Zitate für seine Zwecke einsetzt, zeigt auch der Wechsel des thematischen Kontexts. Das Thema von Clem. ist nicht die Frage, wie die an den Tempel geknüpfte jüdische Hoffnung auf die Gegenwart Gottes und wie die Ankündigung eines im Namen des Herrn errichteten Tempels angesichts der Zerstörung des Bauwerkes zu verstehen ist, sondern wie die Relation zwischen dämonischer Beeinflussung sündhaften Handelns und der Vergebung der Sünden zu denken ist. Von diesem Kontextwechsel

---

[35] Die Bedeutung der Lexeme δασύπους und χοιρογρύλλιος ist uneinheitlich; näheres hierüber. vgl. S. 395–397 die Auslegung zu Barn 10,6.

abgesehen bezeugt Clem., dessen Text keine nennenswerten Varianten kennt, einen stabilen Barn-Text, d.h. einen Text, den im wesentlichen auch die Hss. führen, wobei Clem. hier G am nächsten steht. Zwar sind drei der vier Lesarten nicht durch die handschriftliche Überlieferung des Barn gedeckt, aber sie besitzen in keinem Fall eine inhaltliche Relevanz.

Barn 19,4: Die Duae-Viae-Tradition ist die Folie für Barn 18–20 und Did 1–6. Insofern ist es kaum verwunderlich, daß Barn 19,4 eine Parallele zu Did 2,2f. enthält. Der breite Überlieferungsstrom dieser Mahnungen verbietet es, in *prot.* X 108,5,1; *paed.* II 10,89,1,1; III 10,89,1,1; *str.* III 4,36,5,1 Zitationen aus Barn 19,4 auszumachen, auch wenn *paed.* II 10,89,1 übereinstimmend die Trias „οὐ πορνεύσεις, οὐ μοιχεύσεις, οὐ παιδοφθορήσεις" bringt. Zum einen apostrophiert Clem. diese als mosaische Verbote, weswegen auch Ex 20,12–16 als Vorlage gedient haben könnte, zum anderen zeigt ein Vergleich der namhaft gemachten Texte, daß das Tötungsverbot jene Konstante ist, um die sich ähnliche Verbote, auch in unterschiedlicher Abfolge, scharen und so auch den zu Barn 19,4 nächstliegenden Text, *paed.* II 10,89,1,1, hervorgebracht haben konnten. Da Barn 19,4 zudem von seiten der handschriftlichen Überlieferung keine Probleme aufwirft, wird man auch deshalb nicht die Parallelen bei Clem. für die Textkritik des Barn heranziehen.

Barn 21,5.6.9: Aus dem Schlußkapitel des Barn zitiert Clem. in *str.* II 18,84,3 die Vv 5f., an die er die Adressatenanrede, die er aus dem Schlußgrußwunsch V 9b σώζεσθε ἀγάπης τέκνα καὶ εἰρήνης herausnimmt, als Titulation des ‚wahren Gnostikers' anfügt. Die fünf Abweichungen der Zitate bei Clem. gegenüber Lesarten des Barn sind bis auf eine unwesentlich; er fügt zwei καί ein, er ersetzt das δέ von V 6 durch ein οὖν, schreibt vor κύριος den Artikel und strukturiert das Zitat mit seiner beliebten Floskel φημί. Von diesen Hinzufügungen abgesehen, ist der textkritische Ertrag für den Barn auch deshalb gering, weil bis auf εὕρητε V 6 die gewählten Lesarten immer von mindestens zwei Hss. bezeugt sind. An dieser Stelle aber könnte Clem. den Ausschlag geben, denn er liest mit H εὕρητε, während ℵ, den Funk/Bihlmeyer präferieren, εὑρεθῆτε überliefert; G alteriert wohl aus 21,9 σωθῆτε. Der Text von H und Clem., den Prigent/Kraft favorisieren, ist zweifelsohne der schwierigere; zwar nicht philologisch, aber er ist theologisch problematischer als die Lesart des ℵ, denn gemäß H und Clem. benennt der Finalsatz in V 6 nicht das Ziel der im Vordersatz als für die Gegenwart geforderten Handlungen, sondern diese Vollzüge sind einzig eine Propädeutik zu dem Zweck, am Tag des Gerichts selbst „etwas" zu finden. Während hier die Erforschung und Befolgung der Gebote nur das Mittel zum Zweck ist, hält der ℵ am Eigenwert der unter der Aufforderung γίνεσθε gereihten Handlungen fest, indem er sie nicht in eine den Lesern anheimgestellte Zweck-Mittel-Relation positioniert, sondern durch den Wechsel der Modi (von Indikativ zu Konjunktiv), der Tempora (von Präsens zu Aorist) und der Genera verbi (von Aktiv zu Passiv) in ein Bedingungsverhältnis zu dem im ἵνα-Satz Angekündigten stellt. Die im Vordersatz für die Gegenwart geforderten Vollzüge sind somit nicht nur terminiert, sondern sie korrespondieren einem Ereignis, nämlich dem Gericht selbst. Insofern das Gericht als souveräner Akt Gottes mit der Vorstellung verbunden ist, daß er am Tag des Gerichts die Seinen ‚findet', ist die Relation in Barn 21,6 stimmig, wenn mit dem Lexem εὑρίσκω zum Ausdruck kommt, daß jene, die die im Vordersatz genannten Bedingungen erfüllt haben, am Gerichtstag (vom Herrn) ‚gefunden werden'. In dieser eschatologischen Perspektive und in dieser Korrelation innerhalb von V 6 gewinnt sein Finalsatz eine motivierende Funktion und die geforderten Vollzüge erlangen das Signet typisch christlicher Handlungen. Insofern und weil der von Prigent/Kraft reklamierte zweite Zeuge, Clem., ansonsten meist vom Text des H in Vv 5f. abweicht, wird man sich in Barn 21,6 gegen H und Clem. und für die vom ℵ übermittelte Lesart εὑρεθῆτε entscheiden müssen.

Ergebnisse

1. Clem. zitiert den Barn teils wörtlich, teils erinnern seine Themen und die Motive an bestimmte Passagen im Barn, ohne daß aber eine Abhängigkeit zweifelsfrei erweisbar ist; teils gründen Barn und Clem. in griechischen Bibelübersetzungen, ohne daß mit letzter Sicherheit entschieden werden kann, ob griechische Bibelübersetzungen oder der Barn der Primärtext der betreffenden Stelle bei Clem. war und ob der jeweils andere Text von Clem. zur Korrektur herangezogen wurde.

2. Clem. zitiert nicht immer einen ganzen Vers aus Barn, dafür rezipiert er denselben oder Teile desselben Verses mitunter mehrmals: viermal Barn 19,4; dreimal Barn 2,10; jeweils zweimal Barn 4,8; 10,1.3.4.11. Bisweilen folgt Clem. dem Wortlaut des Barn exakt, ein andermal sind nicht mehr als Anklänge an die betreffende Stelle im Barn auszumachen. Einen solchen Widerhall finden Barn 2,10; 4,8; 5,1.11; 9,8; 10,3.4.6f.11; 14,5; 19,4. Wörtlich aus dem Barn übernimmt Clem. die Verse 1,5; 2,2f.5.7f.10; 4,11; 6,5.8-10; 10,1.3.4.9-12; 11,4.9; 16,7-9; 21,5f.9. Eine Besonderheit ist Barn 3,1-5; denn Clem. scheinen sowohl Barn als auch Jes 58,4b-5.7b-8 vorgelegen zu haben.

3. Clem. zitiert zwar einzelne Verse oder Halbverse aus dem Barn wörtlich, nie aber rezipiert er eine ganze Versfolge, auch dann nicht, wenn längere Passagen vom Barn herrühren; nicht selten läßt er Verse nach eigenem Gusto aufeinanderfolgen. Von den 28 Zitaten bzw. von den Teilzitaten, die keinen ganzen Vers des Barn beinhalten, hat Clem. 17 in fünf kleine Kompositionen eingebunden. In der Reihenfolge, wie die Verse bei Clem. aufeinanderfolgen, sind dies: Barn 2,5.10 in *paed.* III 12,90,3f.; Barn 1,5; 2,2f. in *str.* II 6,31,2; Barn 10,9f.3.1 in *str.* II 15,67,1-3; Barn 10,1.11f.4 in *str.* V 8,52,1f.4-6; Barn 6,5.8-10 in *str.* V 10,63,1-6. Der Paralleltext zu Barn 3,1-5 und Jes 58,4b-5.7b-8 ist ebenfalls in die kleine Komposition *paed.* III 12,89,4-90,2 eingegangen, und zwar in der Versabfolge Barn 3,4f.1f. Auch dort, wo nur Anklänge an Barn auszumachen sind, liegen ähnliche Zusammenstellungen vor. Clem. *paed.* II 8,63 erinnert an Barn 5,1.11; 14,5; *paed.* III 11,75,3-76,2 erinnert an Barn 10,3f.11.

4. Für die Textkritik des Barn sind nur die 28 wörtlichen Aufnahmen und jene fünf Verse aus Barn 3, die Clem. parallel mit ihrem Primärtext Jes 58,4b-5.7b-8 vorgelegen haben, von Interesse. Der Vergleich mit der handschriftlichen Überlieferung des Barn zeigt, daß Clem. den Barn in einer Textform gekannt haben wird, die in den meisten Passagen der Vorlage des H am nächsten stand. In den sieben Rezeptionssequenzen, die unter der Regie einer auf H weisenden Vorlage stehen, ist der א fünfmal der zweite Zeuge. Die Verwendung von Barn 1,5 und 2,2 weist hingegen auf den Lateiner. Da aber Clem. in seiner umfangreichen Rezeption von Barn 10 eine Rezension bezeugt, die mehr Ähnlichkeit mit den Vorlagen von G und L gehabt haben muß als mit einer Vorlage von H und/oder א, und weil zudem die Texttradition, auf der das Zitat aus Barn 16,7-9 beruht, jener von G am nächsten steht, ist davon auszugehen, daß keiner der drei bzw. vier Hauptzeugen des Barn auf einer Rezension beruht, die auch bzw. schon Clem. zur Verfügung stand.

5. Das inhaltliche Spektrum der bei Clem. beobachteten Bezugnahmen auf Barn, die unterschiedliche Häufigkeit der Einzelrezeptionen, die wechselnde Nähe zum Text und die kompositorisch variantenreiche und transformierende Einverleibung des bei ihm vorgefundenen Materials fordert dazu auf, diese frühe alexandrinische Resonanz auf den Barn nicht allein unter text- und literarkritischer, sondern auch unter wirkungsgeschichtlicher Rücksicht zu untersuchen und bewerten. Diese weitet den Blick von den Details der Textgenese und der Herkunft von Einzeltexten auf die Partizipation des Rezipienten, also des Clem., an einer theologischen Literaturlandschaft, in der der Barn, seine Themen und Motive als Teil der Tradition bekannt waren, geschätzt, fraglos benutzt und transformiert wurden.

6. Aus dieser Perspektive ist festzuhalten: a. Clem. zitiert z. T. sehr frei, er ändert und kürzt seine Vorlagen, um seine Aussagen als von Schrift oder Tradition untermauert auszuweisen; nicht selten führt er hierzu den Barn formal ebenso an, wie er aus biblischen Schriften zitiert. b. Clem. entnimmt Schriftzitate auch dann wörtlich aus dem Barn, wenn ihm andere Lesarten der griechischen Bibelübersetzungen vorlagen. c. Clem. gliedert und signalisiert Zitationen, aber er ist nicht sklavisch seinen Vorlagen verpflichtet, sondern er kombiniert Stellen aus Barn mit anderen, schriftlichen oder mündlichen Quellen.

7. Aus all dem folgt zum einen, daß auch dann von einer Zitation aus dem Barn gesprochen werden darf, wenn Clem. eine Lesart überliefert, die immerhin in die Textgeschichte der verglichenen Hss. einzuordnen ist. Zum anderen darf, obwohl Clem. in den meisten Fällen einer H-Rezension des Barn folgt, daraus nicht der Grundsatz aufgestellt werden, daß in der konstantinopolitanischen Hs. stets der beste Text des Barn tradiert ist. Vielmehr ist von Fall zu Fall zu prüfen, welche Lesart sich aus einer anderen erklären läßt. Die Zitate bei Clem. sind aber wegen ihres Alters bei der constitutio textus immer heranzuziehen, jedoch verdienen diese Lesarten nicht schon deshalb den Vorzug vor der handschriftlichen Überlieferung des Barn, zumal ja auch die Werke des Clem. ihre Textgeschichte haben.

2. Spätere Bezeugungen in der Alten Kirche

Nach Clemens Alexandrinus werden nur noch *drei* Verse aus dem Barn explizit zitiert: Barn 5,9 kehrt in Auszügen bei Origenes wieder, in der zweiten Hälfte des 3. Jh. zitiert die anonyme Schrift Περὶ πατρὸς καὶ υἱοῦ aus Barn 5,4 bzw. 6,12 und Didymus v. Alexandrien zitiert ein Stück aus Barn 19,12. Hingegen sind die Parallelen bei Origenes zu Barn 18,1 und 19,6 nicht mit letzter Sicherheit als Zitationen zu erweisen.[36] Gleiches gilt für die Resonanz des Barn, insbesondere seiner Zwei-Wege-Lehre, in frühchristlichen Kirchenordnungen.

Im 3. Jh. führt Origenes in *Cels.* I 63 den Barn als ‚katholischen Brief‘ an, ein Prädikat, das er andernorts auch dem 1 Petr (Eus. *h.e.* VI 25,5), dem 1 Joh (*or.* 22;

---

[36] Vgl. GEBHARDT/HARNACK, Barnabae Epistula XLV–LVI; HARNACK, Geschichte 1,59–62.

comm. in Mt. 17,19) und dem Jud (*comm. in Rom.* VI) zuspricht, und zitiert darauf einen Teil aus Barn 5,9;[37] lateinisch überlieferte Bezugnahmen auf Barn 18,1 liegen in *princ.* III 2,4 vor,[38] Anklänge in *comm. in Rom.* I 24; *hom.* 35 *in Lc.* Das Schlußwort in *princ.* III 2,7 erinnert an Barn 19,6,[39] aber es könnte auch von Did 3,10 oder einfach aus der ‚Duae-Viae-Tradition' herrühren[40] oder auch allgemeiner einen Gedanken aus der weisheitlichen Überlieferung des Alten Testaments wiedergeben – etwa Koh 3,14; Sir 18,1–14; die Quellenangabe „scriptura divina" weist in diese Richtung.

Didymus v. Al. erwähnt den Barn fünfmal[41], und zwar in drei verschiedenen Zusammenhängen: a. In Verbindung mit dem Hirten des Hermas reklamiert er

---

[37] Γέγραπται δὴ ἐν τῇ Βαρνάβα καθολικῇ ἐπιστολῇ, ὅθεν ὁ Κέλσος λαβὼν τάχα εἶπεν εἶναι ἐπιρρήτους καὶ πονηροτάτους τοὺς ἀποστόλους, ὅτι ἐξελέξατο τοὺς ἰδίους ἀποστόλους Ἰησοῦς, ὄντας ὑπὲρ πᾶσαν ἀνομίαν ἀνομωτέρους (KOETSCHAU, Origenes Werke 1,115 [GCS 2]). „Nun steht in dem katholischen Brief des Barnabas, woher vermutlich Kelsos seine Behauptung entnommen hat, die Apostel seien ‚verrufene und ganz nichtwürdige' Menschen gewesen, folgendes geschrieben: ‚Jesus erwählte zu seinen Aposteln Leute, die an Gesetzlosigkeit alle ihre Mitmenschen übertrafen' (BKV[2.1] 52,88f.)". Dreierlei ist festzuhalten: 1. Das Prädikat ‚katholischer Brief' mag für Origenes nicht mehr besagt haben als die allgemeine Adressierung des Schriftstücks – dies jedenfalls wird man aus der gleichsinnigen Anwendung auf 1 Petr, 1 Joh und Jud zu schließen haben. In der Erwiderung auf Kelsos steht das Zitat aus Barn indes im Kontext solcher aus neutestamentlichen Schriften (Lk und Corpus Paulinum). Eine strikte Scheidung zwischen diesen Schriftstücken und dem Barn war offenbar noch nicht erfolgt, jedenfalls war sie für Origenes nicht erforderlich (vgl. RUWETT, Les Antilegomena dans les œuvres d'Origène 35–36) – diese bedenkenlose Verwendbarkeit (vermeintlich) ältester christlicher Literatur hebt sie zugleich von der ‚Schrift' als eine feste, gültige und zu sichernde Größe (vgl. Hexaplaprojekt) ab. 2. Die beiden kursiv gesetzten Sequenzen im obigen Zitat stimmen mit Barn 5,9 wörtlich überein, wobei aber Origenes τοὺς ἰδίους ἀποστόλους aus dem Vordersatz transponiert hat. Für die Textkritik trägt die Stelle wenig aus, zumal die Zeugen ℵ, H, G und L keine abweichenden Lesarten überliefern. 3. Wenn Origenes diesen Vers nicht einer Zitatensammlung entnommen hat, die vielleicht um das Logion Mk 2,17 par Mt 9,13; Lk 5,32 gruppiert war, sondern direkt aus dem Barn, dann ist auch seine Vermutung nicht grundweg abzulehnen, Kelsos könnte etwa 176–180 (vgl. HARNACK, Geschichte 1,314f.) seinen Vorwurf der mangelnden Integrität der Apostel aus dem Barn bezogen haben. Das Zitat bei Origenes wäre insofern ein Hinweis, daß der Barn zu jener Zeit, als Clem. ihn ausgiebig rezipiert hat, nicht nur von christlichen alexandrinischen Theologen gelesen wurde und ferner, daß unsere Schrift Mitte des 3. Jh. immerhin noch derart präsent war, daß man bei dem von Kelsos kolportierten Motiv nicht auf die genannten Synoptikertexte schloß, sondern eine Stelle aus dem Barn damit verband. Ein Jahrhundert später scheint diese Konnotation nicht mehr zwingend gewesen zu sein, wie Hier. *dial. adv. Pel.* III 2,14–16 zeigt.

[38] „Eadem quoque etiam Barnabas in epistola sua declarat, cum duas vias esse dicit, unam lucis, alteram tenebrarum, quibus etiam præesse certos quosque angelos dicit: viæ auidem lucis angelos dei, tenebrarum autem viæ angelos Satanæ." Vgl. GÖRGEMANNS/KARPP, De principiis 574f.; KOETSCHAU, Origenes Werke 5,251 (GCS 22).

[39] „Propterea docet nos scriptura divina omnia quæ accidunt nobis tamquam a deo illata suscipere, scientes quod sine deo nihil fit." Darum lehrt uns die heilige Schrift, alles was uns trifft als von Gott geschickt auf uns zu nehmen, in dem Wissen, daß nichts ohne Gott geschieht. Vgl. GÖRGEMANNS/KARPP, De principiis 574f.; KOETSCHAU, Origenes Werke 5,251 (GCS 22).

[40] Vgl. S. 106–111 „Das Verhältnis des Barnabasbriefs zum Zwei-Wege-Traktat"; ferner ZAHN, Geschichte 1,348 Anm. 2; NIEDERWIMMER, Didache 20.48–64.

[41] Auf die Resonanz in Werken dieses alexandrinischen Theologen hat zuerst BROX, Hermas 68, hingewiesen und nun CARLETON PAGET, Barnabas 253, unter exklusiver Rücksicht auf den Barn. Die Fundorte sind: *comm. in Zech.* 3,196; 4,312 mit Bezug auf Barn 18,1 (σατανᾶς) sowie Barn 4,10 und 20,1 (μέλας); *Ps.* 35–39 (Cod. 262,34) mit Bezug auf ὁ μέλας in Barn 4,10 (vgl. Barn 20,1a) sowie διάβολος in Herm passim (vgl. die Belege bei KRAFT, Clavis 101f.); *Ps.* 40–44,4 (Cod. 300,12f.) mit Bezug auf Barn 19,12.

den Barn als Autorität der Lehre „für die Teufelsbezeichnung ‚der Schwarze – ὁ
μέλας‘"[42]; Grundlage dafür ist Barn 4,10 (vgl. Barn 20,1a). b. Zwischen einem ver-
kürzten Zitat aus 1 Petr 1,14f. und Ps 33(34),12 bezieht sich Didymus auf die Leseranrede in Barn 1,1 als Beleg dafür, daß jene, die dem Evangelium gemäß glauben, im
Brief des Barnabas, der wie Paulus ein Apostel aus der Beschneidung war, als
‚Söhne und Töchter‘ intituliert werden.[43] Die Rahmung dieser Stelle und die Zuweisungen des Barn an den ‚Apostel neben Paulus‘ spricht sehr dafür, daß Didymus dem Barn tatsächlich jene besondere Wertschätzung entgegengebracht hat, die
der א nahelegt: Aufgrund der Personaltradition, die bei dem Namen Barnabas mitgehört wurde[44], besitzt dieses Schriftstück eine mit der ‚Schrift‘ und der ältesten
christlichen Literatur (1 Petr) gleichrangige argumentative Kraft. Im übrigen bestätigt der Alexandriner, daß die Titulierung der Leser als υἱοί und θυγατέρες, die
auch durch CEA proœm.[45] belegt ist und in EpAp 1 (E) eine Sachparallele besitzt,
in der ägyptische Kirche als gemeindebezogene, apostolische Anrede identifiziert
wurde. c. Signifikant ist schließlich die Passage in *Ps.* 40–44,4 (Cod. 300,12f.); sie
lautet: τοῦτο οὖν ἐν τῷ Βαρναβᾷ [κε]ῖται, ἐν τῇ κατ' αὐτ[ὸν ἐπιστ]ολῇ· „συν-
[αγαγὼν] ἐξομολόγησαι ἐπὶ ἁμαρτίαις σου". Dieses tatsächliche Bruchstück aus
Barn 19,12 (vgl. Barn 6,16)[46] und seine förmliche Einleitung durch Didymus als Zitat sowie die darauf folgende Sequenz aus Jak 5,16 belegen zusammen mit den Anspielungen auf Barn 4,10 und 20,1a, daß der Barn noch Ende des 4. Jh. bei alexandrinischen Theologen bekannt war und zumindest in bestimmten Kirchenkreisen
jene Wertschätzung besaß, die seine Überlieferung in א auch theologie- und kirchengeschichtlich plausibel erscheinen läßt.

Zuletzt kehrt bei Hieronymus (um 347–419/20) *zweimal* jene Sequenz aus
Barn 5,9 wieder, die schon Or. *Cels.* I 63 zitiert hatte. Bekannt ist die Stelle in *dial.
adv. Pel.* III 2,14–16, wo er Barn 5,9 versehentlich unter dem Namen Ignatius zitiert.[47] Bislang unbeachtet ist, daß diese Passage auch in *tract. de Ps.* XV 4,175–178
aufgenommen ist.[48] Gegenüber der erstgenannten Stelle zeichnet diese viererlei

---

[42] BROX, Hermas 68. Zu den von ihm registrierten Hauptfundorten (*comm. in Zech.* 3,196; 4,312) vgl.
noch *Ps.* 35–39 (Cod. 262,34).

[43] *comm. in Zech.* 3,278: καὶ Βαρναβᾶς γο[ῦν καὶ] αὐτὸς μετὰ Παύλου ἀπόστολος ταχθεὶς ἐπὶ τῆς
[ἀκρο]βυστίας, τοῖς κατὰ τὸ εὐαγγέλιον πιστοῖς ἐπιστ[ολὴν δ]ιαπεμ[ψ]άμενος, προσφωνεῖ αὐτὴν
ὡς υἱοῖς καὶ θυγάτρα[σ]ιν.

[44] Vgl. S. 130f.

[45] Vgl. S. 51–55.

[46] Näheres dazu vgl. S. 554 die Auslegung zu Barn 19,12b.

[47] „Ignatius, vir apostolicus et martyr, scribit audacter: Elegit Dominus Apostolos, qui super omnes
homines peccatores erant." Vgl. MORESCHINI, S. Hieronymi Presbyteri Opera. III. Opera Polemica 2
(CChr.SL 80) 99,14–16.

[48] „Legi in epistola Barnabæ (si cui tamen placet de ea recipere testimonium) quod elegerit Deus apostolos, *qui erant super omne peccatum* iniquiores." Vgl. MORIN, S. Hieronymi Presbyteri Opera. II.
Opera Homiletica 2 (CChr.SL 78 [series altera]) 369,175–178. Die von mir kursiv gesetzte Passage stimmt
wörtlich mit dem Text von Barn 5,9 in der Hs. L überein. Es ist aber zu gewagt, allein daraus zu schließen, Hieronymus habe den Barn bereits oder gar nur in einer lateinischen Übersetzung gekannt, etwa in
Gestalt des von HEER, versio latina LXXIXf., postulierten Prototypen Λ der Hs. L.

aus: Sie ist 1. mit einer Zitationsformel eingeleitet, die Hieronymus andernorts benützt, wenn er biblische Schriften anführt, und die persönliche Kenntnis des Werkes signalisieren will; sie ist 2. mit einer korrekten Herkunftsangabe versehen; sie referiert 3. (in Konsens mit Hieronymus' sonstiger Klassifizierung des Barn als Apokryphon) in einer Parenthese die Zweifel an der Kanonizität des Barn und zitiert 4. aus Barn 5,9 in einer dem griechischen Text des Barn näherstehenden Version als die freiere und somit in einem ,besseren Latein' abgefaßte Passage in seiner späten antipelagianischen Streitschrift. Zwar spricht dies alles dafür, daß Hieronymus den Vers 5,9 im Barn – griechisch oder bereits in einer lateinischen Übersetzung – selbst gelesen hat, aber ein Vergleich der beiden Zitate bei Hieronymus mit Barn 5,9 und *Cels.* I 63 zeigt eine größere Nähe von *tract. de Ps.* XV 4,175–178 zu der Version bei Origenes als zu Barn. Angesichts der großen Resonanz, die das Werk des Origenes im Œuvre des Hieronymus nicht nur durch die Übersetzung einiger seiner Schriften ins Lateinische, sondern mehr noch durch die Rezeption seiner Theologie, insbesondere der origeneischen Schriftauslegung, gewonnen hat, ist es sehr gut möglich, daß Hieronymus auch die an Barn 5,9 erinnernde Sequenz bei Origenes und nicht durch eigene Lektüre des Barn kennengelernt hat; Hieronymus kennt jedenfalls Origenes' Erwiderung an Kelsos.[49] Weil auf diesen Auszug aus Barn 5,9 neutestamentliche Beispiele folgen, die die allgemeine Aussage für einzelne Apostel illustrieren, muß auch – wie schon für *Cels.* I 63 erwogen – damit gerechnet werden, daß Hieronymus die an Barn 5,9 erinnernde Passage einer thematischen Zusammenstellung entnommen hat, die um das Logion Mk 2,17 par Mt 9,13; Lk 5,32 gruppiert war.

Die Unsicherheit über die direkte Quelle von *tract. de Ps.* XV 4,175–178 und *dial. adv. Pel.* III 2,14–16 sowie die Täuschung über den Autor des Zitats fügt sich zu dem unklaren Bild, das Hieronymus hinsichtlich seiner kanonischen Beurteilung des Barn bietet. Einerseits schließt ihn Hieronymus in *Comm. in Hiezech.* XIII 43,18–22 und *de viris inlustribus* VI als Apokryphon aus dem Kanon der neutestamentlichen Schriften aus,[50] andererseits folgen in seiner Schrift *liber de nominibus hebraicis*[51] auf Erklärungen hebräischer Worte in der Offb solche über hebräische Vokabeln im Barn, so daß der Eindruck entsteht, er zähle den Barn zu den

---

[49] *Epist.* 70,3: „Scripserunt contra nos Celsus atque Porphyrius priori Origenes, alteri Methodius, Eusebius et Appollinaris fortissime responderunt." Vgl. HILBERG, Sancti Eusebii Hieronymi Epistulæ. Opera I. Epistularum Pars 1, Epistulæ I–LXX (CSEL 54,703). Bezugnahmen auf Or. *Cels.* II 33 liegen vor *in Matth.* IV (vgl. ANTIN, S. Hieronymi Presbyteri Opera, I. Opera Exegetica 7 [CChr.SL 77] 273,1751–1755) und auf *Cels.* V 55 in *tract. de Ps.* CXXXII series altera (MORIN, S. Hieronymi Presbyteri Opera. II. Opera Homiletica 2 [CChr.SL 78] 281,142).

[50] „Barnabas Cyrius, qui et Ioseph Levites, cum Paulo gentium apostolus ordinatus, unam ad ædificationem ecclesiæ pertinentem Epistulam conposuit, quæ inter apocryphas scripturas legitur." Vgl. ANTIN, S. Hieronymi Presbyteri Opera, I. Opera Exegetica 4 (CChr.SL 75) 637,950–958; RICHARDSON, Hieronymus liber de viris inlustribus (TU 14,1) 11. Vgl. auch die Parenthese „si cui tamen placet de ea recipere testimonium" in *tractatus de Psalmo* XV 4,176.

[51] Vgl. ANTIN, S. Hieronymi Presbyteri Opera, I. Opera Exegetica 1 (CChr.SL 72) 59–161 (Barn: S. 161,8–10).

kanonischen Schriften.[52] Stammt diese Wörterliste von Hieronymus selbst, müßte ihm der Barn in einer Hs. wie dem א vorgelegen haben, wobei die Nennung von Satan anzeigt, daß diese Barn-Rezension bis Kapitel 21, mindestens aber bis 18,1 gereicht haben müßte. Mit Recht hält es Harnack aber für wahrscheinlicher, daß Hieronymus „seiner griechischen Vorlage, dem Onomasticon, (Origenes) wider eigenes Wissen folgte."[53] Der Widerspruch wäre also behoben, wenn Hieronymus das Namens- und Wörterverzeichnis des Origenes benutzt hat, sei es in einer Rezension, wie sie der Cod. Vindobonensis gr. CCCII enthält, in dem auf fol. 354ᵛ ein Onomastikon des Barn nach den Katholischen Briefen eingeordnet ist,[54] sei es in einer Überlieferung, in der die Namens- und Wörterliste aus dem Barn schon ans Ende des neutestamentlichen Onomastikon gerückt war.

Mag man auch dazu neigen, für diese Bezugnahmen eine Abhängigkeit von Origenes für die wahrscheinlichere Variante zu halten, so muß vor allem wegen *tract. de Ps.* XV 4,175–178 offen bleiben, ob Hieronymus den Barn nicht doch unabhängig von seiner Origeneslektüre kannte.

Aber auch bei einem positiven Bescheid ist der textkritische Ertrag denkbar gering, denn das Stück in *dial. adv. Pel.* III 2,14–16 ist eher eine freie Wiedergabe – eine sonst unbekannte Rezension des Barn als Vorlage für *dial. adv. Pel.* III 2,14–16 ist zuviel vermutet – und die mit der St. Petersburger Hs. (L) des Barn übereinstimmenden fünf Wörter in *tract. de Ps.* XV 4,175–178 können ebensogut eine wörtliche Übersetzung des Hieronymus aus *Cels.* I 63 wie aus einer griechischen Rezension des Barn oder ein direktes Zitat aus einem Prototypen von L sein. Letzteres wäre für die Geschichte und den Wert der Textzeugen[55] durchaus bedeutsam, ist jedoch solange spekulativ, bis eine Abhängigkeit von Origenes positiv ausgeschlossen ist. In diesem Sinne ist auch die Notiz in *de viris inlustribus* V zu werten, Tertullian habe den Hebr versehentlich unter dem Namen des Barnabasbriefes zitiert. Sie beweist streng genommen nur, daß Hieronymus den Hebr und Tert. *de pud.* 20 gekannt und ein Versehen bzw. eine Falschzuweisung Tertullians akribisch notiert hat.[56] Wie auch immer: Wegen der insgesamt sieben Bezugnahmen[57] steht außer Frage, daß Hieronymus von einem Barnabasbrief wußte und sich über des-

---

[52] Hieronymus erklärt die Worte: Abraam (Barn 6,8; 8,4; 9,7f.; 13,7), Adam (6,9), Amalec (12,9), David (10,10; 12,10f.), Eva (12,5), Ephraim (13,5), Manasse (13,5), Naum [sic! Nave] (12,8f.), Rebecca (13,2f.), Sabbatha (2,5; 15,1–3.8;), Sion (6,2), Sina (11,3; 14,2; 15,1), Satan (18,1). Vgl. hierzu GEBHARDT/HARNACK, Barnabae Epistula LI Anm. 17.

[53] HARNACK, Geschichte I,61.

[54] Vgl. WUTZ, Onomastica sacra I,33f.

[55] Vgl. S. 63ff. unter ‚§ 3 Geschichte und Wert der Textzeugen'.

[56] So auch *Epist.* 129,3: „illud nostris dicendum est, hanc epistulam, quae scribitur ad Hebraeos, non solum ab ecclesiis orientis sed ab omnibus retro ecclesiae Graeci sermonis scriptoribus quasi Pauli apostoli suscipi, licet plerique eam uel Barnabae uel Clementis arbitrentur, et nihil interesse, cuius sit, cum ecclesiastici uiri sit et cotidie ecclesiarum lectione celebretur." Vgl. HILBERG, Sancti Eusebii Hieronymi Epistulæ. Opera I. Epistularum Pars 3, Epistulæ CXXI–CLIV (CSEL 56,169).

[57] *dial. adv. Pel.* III 2,14–16 (CChr.SL 80, 99,14–16); *tract. de Ps.* XV series altera 4,175–178 (CChr.SL 78,369,175–178); *Comm. in Hiezech.* XIII 43,18–22 (CChr.SL 75,637,950–958); *de viris inlustribus* V 6 (TU 14,1); *Epist.* 129,3 (CSEL 56,169); *liber de nominibus hebraicis* (CChr.SL 72,161,8–10).

sen Ausschluß aus dem Kanon der neutestamentlichen Schriften sicher war; als Kronzeugen für die patristische Resonanz des Barn wird man Hieronymus daher nicht anführen dürfen.[58]

Mit Hinweis auf den Barn zitiert das anonyme Schreiben περὶ πατρὸς καὶ υἱοῦ[59] das Genesiszitat in Barn 5,4 bzw. 6,12. Einzelne „Hinweise empfehlen eine Datierung des Briefes in die 2. Hälfte des 3. Jhd. Damit ist eine Autorenschaft Serapions … ausgeschlossen."[60]

Ob Methodius in *symp.* 1,3 aus Barn 9,7 zitiert[61], ist ungewiß. Sehr unsicher ist, ob Barn 19,6 in Dorotheus Abbas *ep.* 1–8,[62] Barn 9,6 in Epiphanius *haer.* 30,33,[63] Barn 2,10 in Macarius Aegyptius *ep.* 11[64] und Barn 7,11 in *hom.* 27,20[65] benutzt ist und ob Gregor v. Nyssa *test.* von Barn 2.5.9.12 abhängt oder immerhin beeinflußt ist.[66]

Etwas komplexer ist die bereits angesprochene Verhältnisbestimmung zwischen dem Zwei-Wege-Traktat des Barn und frühchristlichen Kirchenordnungen, weil damit eine prinzipielle Klärung der Genese der Duae-Viae-Tradition und ihrer literarischen Gestalt verbunden ist. Während eine (direkte) wechselseitige Beeinflussung zwischen Did 1–6 und Barn 18–20 als ausgeschlossen gelten kann,[67] besteht über die literarische Beziehung zwischen dem Barn und den Anfang des 4. Jh. in Alexandrien[68] kompilierten ‚Constitutiones ecclesiasticae apostolorum' (CEA) sowie den etwa 60 Jahre später in Syrien zusammengestellten ‚Constitutiones apostolorum' (CA)[69] nur insoweit Konsens, daß – sofern eine literarische Kenntnis-

---

[58] Wenn auch nur als argumentum e silentio spricht schließlich gegen eine originäre Kenntnis des Barn seitens Hieronymus, daß er im ‚Brief an Dardanus' (*Epist.* 129), in dem er sich mit der Landverheißung an die Patriarchen Israels befaßt, nicht auf deren Auslegung in Barn 6,8–16 verweist, die mit seiner Deutung auf einer Linie liegt. Vgl. HILBERG, Sancti Eusebii Hieronymi Epistulæ. Opera I. Epistularum Pars 3, Epistulæ CXXI–CLIV (CSEL 56,169).

[59] Vgl. WOBBERMIN, Altchristliche liturgische Stücke 21–25.29f. (= *fr.* 31,2): ὁ γὰρ τιμιώτατος βαρνάβας ὁ ἀπόστολος, ἐπικληθεὶς υἱὸς παρακλήσεως, ἐν τῇ ἐπιστολῇ αὐτοῦ τῷ υἱῷ αὐτοῦ, φησίν, ἔλεγεν ποιήσωμεν ἄνθρωπον κατ᾽ εἰκόνα ἡμετέραν καὶ καθ᾽ ὁμοίωσιν.

[60] FITSCHEN, Serapion von Thmuis 98. Demgegenüber hatte Wobbermin für die Echtheit des Stücks und damit einer Abfassung kurz vor 358 optiert. Zur Verfasserfrage vgl. ferner WORDSWORTH, Serapion's Prayer Book 19.94; QUASTEN, Initiation 3,125.

[61] Ablehnend HARNACK, Geschichte 1,60; zurückhaltend WINDISCH, Barnabasbrief 301.347f.363.

[62] Vgl. WINDISCH, Barnabasbrief 399; PG 88,1840.

[63] Vgl. WINDISCH, Barnabasbrief 354.

[64] Vgl. WINDISCH, Barnabasbrief 313; PG 34,429.

[65] Vgl. WINDISCH, Barnabasbrief 347; PG 34,708.

[66] Vgl. WINDISCH, Barnabasbrief 302; PG 46,193–233.

[67] Vgl. S. 106–111 „Das Verhältnis des Barnabasbriefs zum Zwei-Wege-Traktat", ferner NIEDERWIMMER, Didache 48–64; WENGST, SUC 2,20–22.

[68] Vgl. HARNACK, Die Lehre der Zwölf Apostel 218–220; DERS., Geschichte 1,532.

[69] Die Einleitungsfragen zu den CEA und den CA (sowie zu den übrigen frühchristlichen Kirchenordnungen) sind maßgeblich behandelt bei STEIMER, Vertex Traditionis 60–66.117–133. Zu den Versionen und (kritischen) Editionen der CEA und CA vgl. ib. 371 und die CPG.

nahme anzunehmen ist[70] – Barn nur *ein*[71] Primärtext[72] in den in Frage kommenden Partien der CEA[73] und CA ist.

Bei dem im 4. Jh. anzunehmenden Bekanntheitsgrad dieser (dualen) ethischen Kataloge[74] ist mit einer stringenten Zuweisung der namhaft gemachten Texte beider Kirchenordnungen an eine Vorlage kaum zu rechnen. Für die CA jedenfalls will eine solche literarische Beziehung zum Barn nicht glücken,[75] und auch bei den

---

[70] Auf eine Verwandtschaft zwischen Barn und den CEA hat erstmals Johann Wilhelm Bickell (Geschichte des Kirchenrechts Bd. 1, 1843, 87) aufmerksam gemacht. Vgl. den Hinweis bei HARNACK, Geschichte 1,454. Neben ZAHN, Forschungen 313, und HARNACK, Geschichte 1,462f. Anm. 154, optieren für direkte Kenntnisnahme WINDISCH, Barnabasbrief 303.406, und WENGST, SUC 2,8.10 Anm. 23, der zwar für die CEA die „sichere Kenntnis des Barnabasbriefes", daneben jedoch die Benutzung einer schon dem Barn vorgelegenen ‚Zwei-Wege-Lehre' vermutet. Für NIEDERWIMMER, Didache 61, legt sich „die Annahme nahe, daß man die Traktat-Texte aller vier bzw. fünf Zeugen … auf eine gemeinsame Urform zurückführt …, die Barn. direkt ausgeschrieben hat, während die übrigen von einem davon derivierten Archetyp" bzw. Subarchetyp abhängig sind. Vgl. auch STEIMER, Vertex Traditionis 64. Niederwimmers Rekurs auf eine gemeinsame Quelle bedingt, daß die auffällige Übereinstimmung zwischen der Begrüßung in Barn 1,1 (χαίρετε υἱοὶ κτλ.) – insbesondere der Lesart von L (*Havete, filii et filiae, in nomine domini nostri Jesu Christi* …), die Niederwimmer jedoch nicht erwägt – und der Einleitung CEA proœm. (χαίρετε υἱοὶ καὶ θυγατέρες ἐν ὀνόματι κυρίου Ἰησοῦ Χριστοῦ) nur erklärt werden kann, wenn sie bereits Barn „aus seiner Vorlage übernommen, und … diesen Satz an den Anfang seines ganzen Werkes gerückt" (ib. 63) hat. Für die Texttheorie des Barn hat diese Annahme zur Konsequenz, daß Barn 2–16 als großangelegte Interpolation in eine – mindestens epistular präskribierte – Zwei-Wege-Lehre zu gelten hätte, wobei der Vf. die Leser mit 1,2–8 und 17,1f. über die Einsprengung, die wegen Niederwimmers Zuweisung von Barn 1,1 an die Zwei-Wege-Vorlagen nicht nur eine Vorschaltung ist, zu täuschen versucht. Nach GOODSPEED, Doctrina 232f., zufolge geht zwar CEA proœm. auf Barn 1,1 zurück, nicht jedoch die Parallelen in CEA 4,2; 12,1; 14.

[71] Dem Kompilator der CEA haben „fünf Urkunden aus dem kirchlichen Alterthum vorgelegen …, nämlich 1. der Barnabasbrief, 2. die Διδαχή, 3. ein altes, höchst eigenthümliches Apostelverzeichnis und 4. und 5. zwei vorkatholische kirchenrechtliche Aufsätze, die ich zur Kennzeichnung ‚κατάστασις τοῦ κλήρου' und ‚κατάστασις τῆς ἐκκλησίας' genannt habe." HARNACK, Die Quellen der sogenannten Apostolischen Kirchenordnung 1; vgl. DERS., Die Lehre der Zwölf Apostel 215–220, spez. 217 Anm. 38, sowie die Stemmata 237f.

[72] Allein schon an der Datierung der CEA bzw. der griechischen Version (CEAG) in das beginnende 4. Jh. scheitert die Annahme von SCHERMANN, Kirchenordnung 604, „daß der Kompilator und der Verfasser des Barnabasbriefes identisch ist oder daß der letztere von der vereinigten apostolischen Kirchenordnung geschöpft hat."

[73] Neben CEA proœm., das an Barn 1,1 erinnert, gehen CEA 4,2 mit Barn 19,2, CEA 12,1 mit Barn 19,9b.10a und die ‚Bartholomäus-Sätze' in CEA 14 mit Barn 21,2c–4.6a parallel. Vgl. die Synopsen bei NIEDERWIMMER, Didache 59f. Weitere Vergleichspassagen, die jedoch kaum mehr als die gemeinsame Partizipation des Barn und der CEA an der Duae-Viae-Tradition belegen, listen SCHERMANN, Kirchenordnung 110f., und WENGST, SUC 2,8, auf. Leider ist nicht überprüfbar, ob der lateinische Zeuge des Barn auch an all diesen Stellen ebenso wie in Barn 1,1 der CEA näher steht als die griechischen Rezensionen.

[74] Vgl. BERGER, Formgeschichte 121; STEIMER, Vertex Traditionis 196.

[75] WINDISCH, Barnabasbrief 406, findet Anklänge zu CA VII 1 (δύο ὁδοί εἰσιν) und VII 2 (πολὺ γὰρ τὸ διάφορον) in Barn 18,1 (Windisch versehentlich 18,2) sowie zu CA VII 18,1 in Barn 20,1 ἀφοβία bzw. ἀφοβία θεοῦ ℵc H G (Windisch versehentlich 19,1). Da sich beides indes auch in ‚[De] doctrina apostolorum' findet (vgl. die Synopse bei GOODSPEED, Doctrina 238–247; über seine Hypothese zur Zwei-Wege-Lehre, die Barn und Did als Filiationen der Doctr. bzw. ihrer griechischen Vorlage verstehen vgl. S. 106–111 „Das Verhältnis des Barnabasbriefs zum Zwei-Wege-Traktat") und den CA die Zwei-Wege-Lehre in der Did–Rezension zweifelsfrei näher steht als jene des Barn und im übrigen die protreptische Rubri-

CEA ist die Skepsis gegenüber einer derartigen Filiation berechtigt. Die Annahme, die Parallelpassagen in Barn und CEA seien einer von beiden benutzten Vorlage entliehen[76] und von Barn und dem CEA-Kompilator nur unterschiedlich bearbeitet worden, mag für die CEA 4.12.14 vertretbar sein. Der Verweis von Barn 1,1 und CEA procem. an eine gemeinsame Vorlage belastet diese – letztlich aber die Duae-Viae-Tradition selbst – mit der Hypothek, daß sie – trifft die Analyse von Barn 1,1–8 zu (s. u.)[77] – erstens ihre Zwei-Wege-Lehre nicht mit dem üblichen Rahmen, der dem eines Protreptikos entspricht,[78] sondern mit einer brieflichen Rahmung oder mindestens epistular präskribiert bereitgehalten hat, und zweitens einen abrupten Numeruswechsel zwischen Präskript (χαίρετε κτλ.) und der für die Zwei-Wege-Lehre typischen Rede in der 2. Pers. Sg.[79] enthielt. Beide Probleme werden auch nicht dadurch gemindert, daß man zwischen der Rezeption durch den Barn und jener in den CEA eine Genese der Vorlage des Zwei-Wege-Traktats annimmt. Diese mag zwar im Verbund mit der je speziellen Einbindung in die Werke die Differenzen en detail erklären, verlagert jedoch speziell das Problem der Herkunft von CEA procem. auf eine (sekundäre) Kontamination der unmittelbaren Duae-Viae-Vorlage der CEA durch den Barn.

Wird jedoch der Rezeptionsaspekt nicht von der Heuristik der Literarkritik begrenzt, sondern – von wirkungsgeschichtlichen Gesichtspunkten geleitet – für die Plausibilität literarischer Relationen und Genesen die Partizipation an einer geprägten Literaturlandschaft, wie man es der ägyptischen Kirche seit dem Ende des 2. Jh. wohl unterstellen darf, als ebenso relevant erachtet, dann ist auch in Betracht zu ziehen, daß die CEA mit großer Wahrscheinlichkeit jener Kirchenregion entstammen, in deren Metropole die Abfassung des Barn erfolgt sein wird und ihm noch im 4. Jh. besondere Wertschätzung zuteil wurde. Seine Resonanz z. B. bei Clem.,

---

kalnotiz CA VII 1f. per se zur Duae-Viae-Tradition gehört (vgl. die religionsgeschichtliche Untersuchung von BERGMANN, Zwei-Wege-Motiv 27–49; BERGER, Gattungen 1139–1141), kann Barn zur Erklärung der Zusätze ausscheiden, zumal das von Did nicht, jedoch von Barn überlieferte ἀφοβία eine zu schmale Basis ist, um eine literarische Abhängigkeit der CA vom Barn zu behaupten.

[76] Vgl. STEIMER, Vertex Traditionis 64; NIEDERWIMMER, Didache 59–61.

[77] Die Substitution des τοῦ ἀγαπήσαντος ἡμᾶς von Barn 1,1 durch das formalisiertere und präzisere christologische Bekenntnis Ἰησοῦ Χριστοῦ in CEA procem. ist eher erklärbar, als umgekehrt. Darüber hinaus eröffnet die Lesart von L (*Havete, filii et filiae, in nomine domini nostri Jesu Christi ...*) die Möglichkeit, daß der CEA-Kompilator die Begrüßung gar nicht verändert hat, sondern daß ihm die Substitution des τοῦ ἀγαπήσαντος ἡμᾶς von Barn 1,1 durch Ἰησοῦ Χριστοῦ in einer von א, H abweichenden, griechischen Barn-Rezension vorgelegen hat, die auch Grundlage der lateinischen Übersetzung des Barn war. Auch das spricht nicht gerade dafür, daß Barn seine Begrüßung schon in der Vorlage seines Zwei-Wege-Traktats vorgefunden hat. Im übrigen müßte Barn dann auch ἐν εἰρήνῃ zugefügt haben – oder war es auch in der Vorlage? Ist es nicht wahrscheinlicher, daß die CEA angesichts des demonstrativen χαίρετε dieses umständlich angefügte Präpositionalobjekt eliminiert haben? Oder enthielt die Quelle des Barn sowie der CEA nur χαίρετε υἱοὶ καὶ θυγατέρες ἐν ὀνόματι κυρίου? Ist es vorstellbar, daß die Tradenten und Rezensenten eines – vermutlich ehedem jüdischen – dualen ethischen Katalogs, d.h. der von Niederwimmer reklamierten Vorlage, darauf verzichteten, den demonstrativen Eingangsgruß zu christianisieren, während sie dies in der Hauptmasse durchaus taten?

[78] Vgl. BERGER, Gattungen 1139–1141.

[79] Vgl. STEIMER, Vertex Traditionis 198.210.

Origenes, in dem Anonymon Περὶ πατρὸς καὶ υἱοῦ und bei Didymus, seine Klassifizierung in alten Schriftenverzeichnissen und seine Aufnahme in den Anhang des ℵ signalisieren, daß die Kenntnis des Barn seitens des alexandrinischen CEA-Kompilators, wenn auch nicht literarisch zwingend erweisbar, so doch geschichtlich plausibel ist. Daß Athanasius den Barn in seinem Schriftenverzeichnis unerwähnt läßt (s. u.), steht dem aus zeitlichen und biographischen Gründen nicht notwendig entgegen.

Werden also die namhaft gemachten Passagen der CEA als Teil der Wirkungsgeschichte des Barn in dem Sinn verstanden, daß lineare, in einem Stemma abbildbare literarische Verhältnisse einen komplexen, selten stringent aufweisbaren Traditionskontext repräsentieren, der den geschichtlichen Rahmen für die Rezeption und Transformation des Überlieferungsgegenstands bildete, dann besteht, angesichts der von allen zugestandenen Berührungen zwischen Barn und CEA kein Anlaß, um mit Niederwimmer aus literarkritschen Erwägungen eine Kenntnis des Barn beim CEA-Kompilator als unnötig und nicht hilfreich auszuschließen. Ebenso liegt kein hinreichender Grund vor, in dieser Verlegenheit über die Herkunft von CEA proœm. Goodspeed zu folgen, und nur Barn 1,1 eine sichere Resonanz zuzugestehen, für alle anderen Passagen jedoch einen hypothetischen griechischen Archetyp ‚[De] doctrina apostolorum' verantwortlich zu machen.[80]

Niederwimmers Lösung hat zur Folge, daß *zwei*, zudem kaum verifizierbare Hypothesen bemüht werden müssen: erstens die Annahme einer parallel zur frühen Rezeption in Barn und Did erfolgten Genese der Zwei-Wege-Vorlage und zweitens eine (implizite) Annahme hinsichtlich ihrer literarischen Gestalt, daß also dieses Korpus ethischer Forderungen entweder vor der barnabäischen Rezeption wie Barn 1,1 präskribiert war oder in der Zeit, in welcher dieser Katalog neben dem Barn existierte, sich entwickelte, d.h. (weiter) christianisiert wurde, und im ausschließlichen Rekurs auf Barn 1,1 dessen universale Adresse antizipierte sowie der Paränese vorschaltete. Demgegenüber hat die Annahme, daß dem Kompilator der CEA, dem eine (vielleicht entwickeltere) Rezension der schon dem Barn (und der Did) bekannten Zwei-Wege-Lehre vorlag, auch der Barn bekannt war, den Vorzug, daß sie nur *eine* Hypothese bemühen muß, nämlich die Genese der Vorlage, und für die Berührungen zwischen CEA und Barn eben auf diesen und die Bearbeitung seitens des Kompilators der CEA verweisen kann.

Das summarische, anonyme und durch die Adresse und Botenformel Apostolizität prätendierende Präskript von Barn 1,1 sowie seine rhetorische Funktion im Rahmen der Legitimationsstruktur des Barn, die vielleicht auch Clem. zu seiner Hochschätzung des Barn wenn nicht veranlaßte, so doch darin bestätigte, wird sich – so wird man schließen dürfen – dem Kompilator der CEA als ideale Möglichkeit angeboten haben, im Proömium den im Titel seiner Kirchenordnung (κανόνες ἐκκλησιαστικοὶ τῶν ἁγίων ἀποστόλων)[81] erhobenen „Anspruch auf apostolische Verfasserschaft"[82] mit der Szenerie eines in Eintracht versammelten Apostelkollegiums[83] so zu verbinden, daß es in optimaler „Abstimmung von Prätention und literarisch-technischer Ausführung der Stilisierung"[84] als Autor auftritt. Trifft es zu, daß zwischen Barn und CEA ein geschichtlich plausibler Konnex besteht und die Begrü-

---

[80] Vgl. GOODSPEED, Doctrina 232f.; NIEDERWIMMER, Didache 49f.
[81] Vgl. STEIMER, Vertex Traditionis 61; BICKELL, Kirchenrecht 88 Anm. 2; 107.
[82] STEIMER, Vertex Traditionis 66.
[83] Vgl. STEIMER, Vertex Traditionis 69.
[84] STEIMER, Vertex Traditionis 66.

ßung in den CEA ein konstitutives Element ihrer umfassenden pseudapostolischen Ausführung ist, dann sind – wirkungsgeschichtlich – die CEA wie vor ihnen schon die Zitate bei Clem. eine wichtige hermeneutische Orientierung für die Auslegung von Barn 1.

Während das Verhältnis des Barn zu diesen beiden Sammelwerken, getragen von der Frage nach der Duae-Viae-Tradition, schon immer im Blick war, wurde sein Verhältnis zur Didascalia kaum berücksichtigt. Dabei erinnert im Grunde der erste Teil des Kapitels XXVI (DidascSyr 108–114) über die δευτέρωσις dieser syrischen Kirchenordnung aus dem Anfang des 3. Jh.[85] auffällig an Themen, mit denen einhundert Jahre zuvor auch Barn befaßt ist. Es lassen sich eine Reihe gemeinsamer Ideen und Schriftzitate,[86] bis hin zur Übereinstimmung in einzelnen Wendungen feststellen. Bekannt ist ein Zitat in DidascSyr 113: ܐܟܘܬܐܦ ܪܫܝ ܒܪܝܬܐܦ ... ܗܘܐ ܕܒܪ ܐܝܟ (CSCO.S 179,252,12f.). Es erinnert an Barn 6,13, wo der Ausspruch ἰδοὺ ποῖω τὰ ἔσχατα ὡς τὰ πρῶτα mit der obligaten Formel λέγει δὲ κύριος zwar als Prophetenzitat eingeführt wird, dessen Quelle jedoch nicht verifizierbar ist. Daß man in Syrien den Barn kannte, steht aufgrund des barnabäischen Fragments im Cod. Cantabrigiensis Univ. Add. 2023 (sy) außer Frage, wenngleich unklar ist, ob den syrischen Kirchen nur die Zwei-Wege-Lehre des Barn bekannt war oder das gesamte Werk. Doch auch dann, wenn der Vf. der Didasc den Barn gekannt hat, besteht weder eine Notwendigkeit, die Stelle als ein Zitat aus Barn zu klassifizieren, noch als Indiz für die Abhängigkeit des Barn und der Didasc von einer gemeinsamen, sonst aber unbekannten apokryphen Schrift zu werten.[87] Vielmehr belegt DidascSyr 113, daß allein durch Abwandlung und Kombination von Stellen wie Jes 43,19; Mt 19,30; Lk 13,30; Offb 21,5 zu Aussagen zu gelangen war, die auch Barn 6,13 bezeugt. Nimmt man zudem die freieren Entsprechungen, etwa die Ausführungen über den Sabbat (DidascSyr 113; DidascL 52–54; vgl. Barn 15),[88] in den Blick und stellt sie z.B. neben Aphrahat, *Unterweisungen* 13,[89] kann es keine Frage mehr sein, daß die mutmaßlichen Berührungen thematisch bedingt sind, jedoch

---

[85] Zu den Einleitungsfragen vgl. STEIMER, Vertex Traditionis 49–52.

[86] Gen 2,2f. in Barn 6,2f. und Didasc 136,4; Ex 20,7f. in Barn 14,4; 15,1.6 und Didasc 130,29; Dtn 5,12 in Barn 15,1; 19,5 und Didasc 130,29; Dtn 21,22f. in Barn 7,7 und Didasc 131,18; 135,1; 138,4; 142,8; Ps 90(91),4 in Barn 15,4 und Didasc 136,22; Jes 43,18f. in Barn 6,13 und Didasc 128,26 (Die Notierungen zur Didasc beziehen sich auf die Seiten und Zeilen in der Übersetzung von ACHELIS/FLEMMING, TU 10/2).

[87] VÖÖBUS, The Didascalia Apostolorum in Syriac [CSCO.S 180] 2,234 Anm. 123, zufolge ist der parallele Spruch in DidascSyr 113 (ܗܘܐ ܕܒܪ ܐܝܟ ܒܪܝܬܐܦ ܪܫܝ ܐܟܘܬܐܦ. ܐܟܘܬܐܦ ܪܫܝ ܒܪܝܬܐܦ) „a quotation taken from an extracanonical source; cf. λέγει δὲ κύριος. ἰδοὺ ποῖω τὰ ἔσχατα ὡς τὰ πρῶτα. *Ep. Barnabas* XVI,13 [sic: 6,13]; ἔσονται γὰρ τὰ ἔσχατα ὡς τὰ πρῶτα, HIPPOLYTUS, In Danielem IV,37, p. 284.“ Der lateinische Zeuge (DidascL) liest: „Nam id dictum est: Ecce facio prima sicut novissima et novissima sicut prima“ (vgl. FUNK, Didascalia 1,363 Anm. 15). ACHELIS/FLEMMING, Didaskalia 136 übersetzen: „Denn er hat gesagt: ‚Siehe, ich mache das Erste zum Letzten und das Letzte zum Ersten‘ (TU 10/2,136,28).

[88] Vgl. CONNOLLY, Didascalia 233 Anm. zu Z. 3: „We shall presently find some further coincidences with *Barnab*. XV in our author's treatment of the Sabbath.“ Connolly verweist auf Barn 15,3.4.5.9; 6,13.

[89] Aphrahat, *Darlegungen* 13,13 (FC 5/2): „Wir wollen den Sabbat Gottes halten, das heißt, was seinen Willen beruhigt, um in den Sabbat der Ruhe einzugehen, indem Himmel und Erde zur Ruhe kommen und alle Geschöpfe innehalten und Ruhe finden.“

nicht literarischer Art. Ebensowenig wie die CA ist die Didasc ein sicherer Zeuge
für den Barn. Die Didasc und den Barn verbindet das Problem, die Schrift für die
Kirche zu ‚retten' – eine Aufgabe, die, wie Aphrahat († nach 345) beweist, die syrischen Kirchen auch noch im 4. Jh. beschäftigte; daß sie dies anhand herausragender Themen und mit verwandten Argumenten zu bewerkstelligen versuchten, darf
nicht verwundern.

3. Nennung des Barnabasbriefs in „alten" Schriftenverzeichnissen

Alle übrigen patristischen Bezugnahmen auf den Barn befassen sich nur mit seinem Vf. oder der Stellung der Schrift zum entstehenden Kanon der biblischen
Schriften. In der griechischen und lateinischen Kirche verliert der Barn mit Beginn
des 4. Jh. jenen kanonischen Status, den ihm Clem., der ihn gleichwertig mit biblischen Schriften als Apostelbrief zitiert, und Origenes, der ihn Mitte des 3. Jh. als
‚Katholischen Brief' angeführt hat, faktisch zubilligten.

Euseb († 339) weist das Schriftstück unter Berufung auf Clem. dem aus der Apg
und paulinischen Briefen bekannten Barnabas zu und stellt diesen in die Reihe der
„Siebzig" (h.e. II. 1,4). Das Werk selbst aber rechnet er neben Weish, Hebr und Jud
unter die ἀντιλεγόμενα (h.e. VI 13,6; 14,1).[90] Auch in seinem Kanonverzeichnis
(h.e. III 25) gruppiert Euseb den Barn nach den allgemein anerkannten neutestamentlichen Schriften in die Klasse der Antilegomena ein, trennt ihn jedoch nochmals von den zwar gern gelesenen, aber nicht von allen anerkannten Schriften, und
stellt ihn unter die νόθα (h.e. III 25,4), zu denen er ActPl, Herm, ApcPe[91] „καὶ
πρὸς τούτοις ἡ φερομένη Βαρναβᾶ ἐπιστολή" rechnet, ferner die Did, die unter
Vorbehalt schon bei den Homologumena notierte Offb und das in Ägypten beheimatete und dort von hellenistischen Judenchristen geschätzte EvHebr.[92] Beide
Gruppen der Antilegomena, die eigentlichen und die in ihrer Authentizität bestrittenen νόθα, die „aber dennoch bei den meisten Kirchenmännern Beachtung finden" (h.e. III 25,6), hebt Euseb deutlich von häretischen Schriften ab (h.e. III
25,6f.).[93] Mit dieser Konzeption, in der sich noch einmal die Situation des 3. Jh. Ge-

---

[90] Eus. h.e. VI 13,6: „Κέχρηται δ' ἐν αὐτοῖς καὶ ταῖς ἀπὸ τῶν ἀντιλεγομένων γραφῶν μαρτυρίαις,
τῆς τε λεγομένης Σολομῶντος σοφίας καὶ τῆς Ἰησοῦ τοῦ Σιρὰχ καὶ τῆς πρὸς Ἑβραίους ἐπιστολῆς
τῆς τε Βαρνάβα καὶ Κλήμεντος Ἰούδα."

[91] Gemeint ist hier und im folgenden die äthiopisch und z. T. im griechischen Original erhaltene, aus
Ägypten stammende und durch Clem. erstmals bezeugte Petrusapokalypse (NTApo⁵ 2,562–578), nicht
die namensgleiche koptisch-gnostische Apokalypse des Petrus aus dem Nag Hammadi-Fund (NHC
VII,3; vgl. NTApo⁵ 2,633–643); zur ägyptischen Petrustradition vgl. BERGER, Unfehlbare Offenbarung
261–326.

[92] Dieses nach der ethnischen Zugehörigkeit des Adressatenkreises benannte, ursprünglich sehr um-
fangreiche Evangelium, wurde seit Hieronymus wiederholt fälschlich mit dem Nazaräer- und bisweilen
auch mit dem Ebionäerevangelium gleichgesetzt. Gemeint ist hier jedoch das nur noch fragmentarisch,
z. T. durch Zitate erhaltene Evangelium hellenistischer Judenchristen Ägyptens. Vgl. NTApo⁶ 1,142–147.

[93] Die Texte sind übersetzt bei NTApo⁶ 1,38f.

hör verschafft,[94] versucht Euseb Schriften, die nicht allgemeine Anerkennung vorweisen konnten oder deren Zugehörigkeit zum neutestamentlichen Kanon umstritten war, der Kirche als Lese- und Lehrbücher zu erhalten (*h.e.* III 3,5–7).[95] Der ℵ ist
ein Zeuge dieser Separations- und Konsolidierungsprozesse des beginnenden 4. Jh.

Durch Athanasius (295–373) wird die Sachlage eindeutig. „Athanasius und die
grossen griechischen Theologen der Folgezeit (auch die syrischen) schweigen über
den Brief, sowohl in ihren Kanonverzeichnissen wie sonst."[96] Euseb hatte den
Barn an den Rand des neutestamentlichen Kanons gerückt, Athanasius eliminiert
ihn auch aus dessen Umfeld, indem er ihn in seinem für die Kanongeschichte der
griechischen Kirche so bedeutsamen 39. Osterfestbrief[97] vom Jahr 367 unerwähnt
läßt.[98] Der in Vergessenheit geratene Barn bzw. seine kommentarlose Tilgung aus
dem Kreis der in der ägyptischen Kirche zugelassenen Schriften steht nur scheinbar der oben angenommenen Rezeption des Barn durch den Kompilator der CEA
entgegen. Zum einen ist die Zusammenstellung wohl noch vor dem Nizänum und
damit vor dem Beginn der wechsel- und oft leidvollen Karriere des Athanasius erfolgt, und zum anderen haben in den CEA mit Ausnahme von Barn 1,1 exakt jene
Passagen des Barn Wirkung gezeitigt, die nicht gerade das literarische und theologische Profil des Barn ausmachen, die aber ob ihrer Parallelität mit Did 1–6, die
Athanasius „noch in Ehren hält"[99], auch die Zustimmung des alexandrinischen
Bischofs hätten finden können. Nur wenn Athanasius den Barn, die CEA und einen von beiden abweichenden Zwei-Wege-Traktat gekannt hätte, was zumindest
für die CEA unwahrscheinlich scheint,[100] wäre die zeitliche Nähe und – sofern die
CEA aus Ägypten stammen – lokale Übereinstimmung bei gleichzeitigem Übergehen des Barn auffällig. Es kommt hinzu, daß der Barn vom Spektrum seiner
Themen und ihrer Behandlung für die theologischen Auseinandersetzungen, die
Athanasius mit den Arianern durchzustehen hatte, wenig austrägt und daß Athanasius seinen 39. Osterfestbrief schrieb, als er nach seiner fünften Verbannung
(366) seinen Bischofsstuhl einigermaßen sicher wußte und nun seiner auf die Einheit der Kirche gerichteten theologischen, antihäretischen und bibelbezogenen Ge-

---

[94] Vgl. NTApo[6] 1,24.

[95] Das in ℵ und H fehlende, für den Textzeugen G hingegen kennzeichnende, an 21,9 angefügte ἀμήν,
dem L überdies durch die Transponierung des letzten Satzes von 12,7 *(Habes interim de maiestate Christi,
quomodo omnia in illum et per illum facta sunt …)* vor die Schlußdoxologie von Barn 17 und dem abschließenden *amen* eine klangvolle Erweiterung verschafft, weist auf die einstige Verwendung des Barn
als Vorlesebuch und somit auf das kirchliche Ansehen des Barn hin, das der Barn befristet und vielleicht
regional begrenzt genossen hat. Das Lexem ἀμήν, das als Schlußwort in fast allen neutestamentlichen
Schriften (Mt, Mk, Lk, Joh, 2 Kor, Eph, Kol, 1/2 Thess, 1/2 Tim, Tit, Phlm, 1/2 Petr, 1/2 Joh, Offb) begegnet, stets aber nur in jüngeren Textzeugen, ist ein Indiz dafür, daß auch die Lesart ἀμήν in G (und L)
mit großer Wahrscheinlichkeit sekundär ist aber noch vor der Separation des Schriftstücks aus den Kanon, und damit dem Entzug der kirchlichen Anerkennung, ihren Weg in den Barn gefunden hat.

[96] Harnack, Geschichte 1,61.

[97] Text bei Preuschen, Analekta II[2], 45ff.; Zahn, Grundriß 81–92; NTApo[6] 1,39f.

[98] Baumstark, Rez.: A. Jacoby 462f.

[99] Harnack, Die Lehre der Zwölf Apostel 224; vgl. Zahn, Forschungen 278; NTApo[6] 1,40.

[100] Vgl. Harnack, Die Lehre der Zwölf Apostel 224.

samtkonzeption durch die Betonung der Exklusivität und Abgeschlossenheit des Kanons konsequent Ausdruck verleihen konnte. Die Begrenzung auf diese 27 Schriften des neutestamentlichen Kanons, zudem in der Abfolge des heutigen NT, haben dem Verzeichnis durch Athanasius größte Bedeutung für den Kanon des Westens (vgl. auch das ‚Decretum Gelasianum' und die Reihenfolge der neutestamentlichen Schriften im Cod. Vat. 1209) zuwachsen lassen. Welche Wirkung indes der Brief des alexandrinischen Bischofs seinerzeit über Ägypten hinaus erlangte, läßt sich nicht feststellen.[101] Sofern der Codex Sinaiticus ebenso wie der Codex Alexandrinus aus der mediterranen Metropole stammt und ℵ unter dem Episkopat des Athanasius oder seines Nachfolgers erstellt wurde (s.o), ist es auch fraglich, ob ein alexandrinischer Bischof in der zweiten Hälfte des 4. Jh. in der Position war, die (athanasische) Konzeption in der heimischen Kirche sofort durchzusetzen. Im Blick auf den Barn kann man wegen der Hss. H und G vermuten, daß dieser stillen Selektion und Separation ein Sammlungsprozeß korrespondierte, in dem marginalisierte Schriften zu Lehr- und Vorlesebuchsammlungen zusammengestellt wurden. Dieses neue Auffangbecken extra canonem mag mit Grund dafür sein, daß der Barn im *christlichen Osten* nur noch in fünf Kanonlisten genannt wird und zwar stets unter den bestrittenen, ausgeschlossenen oder verbotenen Schriften.

1. In dem griechisch-lateinischen ‚Codex Parisinus Bibl. Nat. graecus 107 et A' (olim ‚Codex Claromontanus') D 06, einem morgenländischen Manuskript aus dem 4. Jh.,[102] das das Corpus Paulinum enthält, ist zwischen Phlm und Hebr auf fol. 467ᵛ–468ᵛ ein ins Lateinische übersetztes, aus dem Orient „und zwar speciell aus dem näheren oder ferneren Umkreis der alexandrinischen Kirche"[103] stammendes Kanonverzeichnis eingefügt, in dem der Barn nach den Katholischen Briefen, vor Offb, Apg, Herm, ActPl und ApcPe plaziert und auf 850 „Verse" bemessen ist.[104] Mit Spiegelstrichen vor dem Barn und den letzten drei Schriften hat der Kopist angezeigt, daß nach seiner Meinung oder in der Übung der Kirchenregion, für die der Codex gedacht war, diese vier Schriften zwar nicht zu den scripturae sanctae gehören, aber bekannt sind und vielleicht auch gelesen werden. Da jedoch der Barn nur 850 „Verse" gegenüber 1360 Stichen in der Stichometrie des Nikephorus zählt und weil im Verzeichnis neben dem Phil und 1/2 Thess auch der Hebr fehlt, obwohl ihn die Hs. fast vollständig enthält, ist vermutet worden, mit Barn sei eigentlich der im Anschluß zweisprachig eingetragene Hebr gemeint. Weil die eigentümliche Bemessung „Verse" mit stichometrischen Angaben kaum vergleichbar ist und angesichts exorbitanter 1000 „Verse" für das Buch Ester, anderer Eigenheiten, Versehen und Fehler, wird man aber mit Zahn unter dem Titel ‚Barnabae epist.' unsere Schrift bezeichnet sehen.[105] „Immerhin zeigt die Einreihung des Barna-

---

[101] Vgl. NTApo⁶ 1,25.

[102] Vgl. OMONT, Inventaire sommaire des Manuscrits grecs de la Bibliothèque nationale 1. Paris 1886, 14; ALAND/ALAND, Text 119.

[103] ZAHN, Geschichte 2,171. Der Text ist übersetzt in NTApo⁶ 1,30; Schneemelcher vermutet im Anschluß an Jülicher einen abendländischen Ursprung des Verzeichnisses.

[104] Text bei ZAHN, Geschichte 2,158f; ferner COTELERIUS, Patres Apostolici 1,3ff. (PG 2,660)

[105] Vgl. ZAHN, Geschichte 2,164.169ff. Text bei ZAHN, Grundriß 81f., und PREUSCHEN, Analekta II²,41f. Allein schon die verschiedenen Bemessungsgrundlagen verwehren es, aus der Taxierung auf 850 Verse gegenüber 1360 Stichen auf ein ursprünglich kürzeres Dokument zu schließen. Vgl. dazu ANDRY, „Barnabae Epist. Ver. DCCCL" 233–238.

basbr. zwischen den katholischen Briefen und der Apokalypse, sowie die Anreihung der 3 nichtkanonischen Bücher am Schluß, daß der Katalog vor der Zeit des Athanasius entworfen ist. Er mag dem 3. oder dem Anfang des 4. Jahrhunderts angehören."[106]

2. In der griechischen Kirche des 7. Jh. gilt der Barn mit 24 anderen als apokryphe Schrift; das ,Verzeichnis der 60 kanonischen Bücher'[107] notiert ihn zwischen der Did und ActPl.

3. In der dem Patriarchen Nikephorus von Konstantinopel († 829) zugeschriebenen Stichometrie ist der Barn mit 1360 Stichen unter die vier neutestamentlichen Antilegomena gruppiert, nach der Offb, ApcPe und vor dem EvHebr.[108] Auch wenn Herkunft und Alter dieses Kanonverzeichnisses (vielleicht Jerusalem, kaum früher als 850) und seine redaktionelle Verbindung mit der vorausgehenden Chronographie nicht sicher sind,[109] dokumentiert die Eingruppierung des Barn unter die umstrittenen Schriften seine anhaltende und besondere Wertschätzung im christlichen Osten gegenüber den anderen Schriften der Apostolischen Väter (Did, 1/2 Clem, Corpus Ignatianum, Polyc, Herm), die mit den Acta (ActPl, ActPe, ActJ, ActThom) sowie EvThom als Apokrypha deklassiert werden. Barn scheint in einzelnen Regionen des christlichen Ostens noch für längere Zeit jene Wertschätzung genossen zu haben, die ihm etwa bei Euseb und durch den ℵ entgegengebracht wurde.

4. In einer anonymen, vom maronitischen Bischof (Muṭrān) David[110] im Jahr 1058/59 zusammengestellten und aus der syrischen Sprache in die arabische zwar übersetzten, aber syrisch geschriebenen (Karšūnī)[111] Rechtssammlung[112] wird unter dem Titel „Diese sind die

---

[106] ZAHN, Geschichte 2,172. KÜMMEL, Einleitung 438 optiert für das 3. Jh.

[107] Der Text ist übersetzt bei NTApo⁶ 1,34f.

[108] Καὶ ὅσαι τῆς νέας ἀντιλέγονται· ... Βαρνάβα ἐπιστολὴ στίχοι ατξ΄. Griechischer Text bei GEBHARDT/HARNACK, Barnabae Epistula LII Anm. 25; ZAHN, Geschichte 2,297–301; PREUSCHEN, Analekta II²,62ff.; eine Übersetzung bei NTApo⁶ 1,33. COTELERIUS, Patres Apostolici 1,3ff., notierte versehentlich 1306 Stiche (PG 2,660).

[109] Nach ZAHN, Geschichte 2,295–297, ist diese Auflistung, die in der Langrezension die Chronographie abschließt, „eine um 850 veranstaltete [Jerusalemer] Bearbeitung" derselben.

[110] Vgl. GRAF, Geschichte der christlichen arabischen Literatur 2,94–98.

[111] Nicht nur die Etymologie des Wortes Karšūnī ist unsicher, auch seine sprachwissenschaftliche Verwendung ist doppeldeutig. Zum einen bezeichnet Karšūnī die erweiterte, seit dem 10. Jh. von syrischen und mesopotamischen Christen – Nestorianern, Jakobiten und Maroniten, nie jedoch Melkiten – zur schriftlichen Wiedergabe arabischsprachiger Texte benutzte syrische Schrift (vgl. GRAF, Geschichte der christlichen arabischen Literatur 1,2; FAULMANN, Schrift 86f.; NESTLE, Syrische Grammatik 5; ASSFALG, Wörterbuch des christlichen Orients 160f.). Da das Arabische 28 Buchstaben statt den 22 der syrischen Alphabete besitzt, wurden zur Wiedergabe der fehlenden Buchstaben sechs syrische Zeichen zweimal benutzt und zur Unterscheidung super- oder sublinear punktiert (im Cod. Vat. syr. 133 mit roter Tinte). Unter Karšūnī wird zum anderen aber auch ein Mischalphabet verstanden, das im Zuge der nestorianischen Indienmission im 8. Jh. entstand, als die Nestorianer ihre 22 syrischen Konsonantenzeichen auf die dravidischen Sprachen anwendeten und um acht dem Mayalam entlehnte Zeichen vermehrten. Karšūnī bezeichnet in diesem Fall das ,Malabrisch-Syrisch' der Thomaschristen (vgl. JENSEN, Die Schrift in Vergangenheit und Gegenwart 300; Art. ,Karšūnī' BE 9,791; zum Ganzen vgl. TROUPEAU, Karšūnī 71f.). Bei dem Nomokanon des maronitischen Bischofs David, dem die syrisch-jakobitische Schrift der westlichen Syrer vertraut sein mußte, ist Karšūnī – wie auch Cod. Vat. syr. 133 zeigt – im erstgenannten Sinn zu verstehen.

[112] Der Text wird von drei Hss. vollständig überliefert, von denen die Karšūnī-Hs. Cod. Vat. syr. 133, Bombycin, fol. 295, 208 X 152 mm, 2 col., 20 lin., aus dem Jahr 1402 die älteste und mit großer Wahrscheinlichkeit der Archetyp von zwei weiteren Karšūnī-Hss. aus dem 16. Jh. ist; Teile daraus sind in einem koptischen Nomokanon enthalten. Der vollständige, auf Cod. Vat. syr. 133 basierende Text ist in arabischer Transkription von FAHED, Kitāb al-hudā ou Livre de la Direction. Code Maronite du Haut

Kanones der Synode, die sich in Nizäa versammelte, Kanones des Basilios und des Gregorios" auf fol. 259[vb]16 nach dem Herm „das Buch des Barnaba[s] (ܐܪܢܒܐ), welches Lehre der Apostel genannt wird", als verbotene Schrift aufgelistet.[113] Baumstark[114] und Graf deuten die Notierung ‚Blatt des Barnaba[s]' als Umschreibung für den Barn, wobei Graf zufolge „sichtlich eine Identität mit der Didache der Apostel angenommen"[115] wird. Unter Berufung auf diese (vermeintliche) Identität zwischen Barn und Did wollte Baumstark in der vom koptischen Übersetzer des 39. Athanasischen Osterfestbriefe offensichtlich nicht mehr gekannten Did,[116] die angeblich das Dtn abwertet und deshalb vom Übersetzer unter dem verderbten Titel διδασκαλική verworfen wurde, den im Schreiben des alexandrinischen Bischofs sonst nicht erwähnten Barn erkennen. Dem widerspricht u. a. die Hochachtung, mit der Barn das Dtn zitiert.

5. Der Armenier Mekhit'ar aus Ayrivank nimmt in seine bis 1328 reichende Chronik[117] ein vermutlich älteres Schriftenverzeichnis auf, in dem der Barn zweimal erwähnt ist, und zwar im Kanon 33. In dem dreigliedrigen Kanon, der in der französischen Übersetzung mit „Livres secrets des Juifs" überschrieben ist, wird der Barn nach den jüdischen Schriften des Kanon 33 in der zweiten Rubrik, die jene Schriften auflistet, die sich auf den ‚Neuen Bund' beziehen, nach einem apokryphen Kindheitsevangelium, EvThom, ApcPe, ActPl als einer der „épîtres catholiques"[118] vor Jud und Thomas[119] genannt. Ob mit Harnack[120] die gesonderte

---

Moyen Age. Traduction du Syriaque en Arabe par l'Evêque Maronite David l'an 1059, Aleppo 1935, in einer kritischen Ausgabe ediert. Paläographische und einleitungswissenschaftliche Fragen zum maronitischen Nomokanon sind dort in arabischer Sprache eingehend behandelt und die Ergebnisse in Französisch knapp resümiert. Die ausführliche Rezension dieser Ausgabe durch GRAF, Nomokanon 212–232, notiert die wichtigsten Daten über die Hss., gibt Literaturhinweise und enthält deutsche Übersetzungen, u. a. von fol. 259[v] mit der obengenannten Liste verbotener Schriften (S. 225f.). Vgl. BAUMSTARK, Geschichte der syrischen Literatur 342. Die kodikologischen Beschreibungen orientalischer Hss. in der Vatikanischen Bibliothek aus dem Jahr 1719 durch Assemani (1687–1768) führt den ‚Cod. Vat. syr. 133' unter der Signatur ‚Cod. Vat. arab. 76' (ASSEMANI, Bibliotheca Orientalis Clementino-Vaticana 1,629f.), die fragliche Passage ist jedoch von ihm übersehen worden.

[113] Zu diesen indizierten Schriften, die alle von einem Heiden namens Paulus gefälscht sein sollen, rechnet dieser syrische Kanon ferner die ApcPl, die ApcPe, „das zweite Buch des Judas", womit das von Iren. haer. I 31,1 und Epiph. haer. 38,1,5 erwähnte gnostische Judas-Evangelium gemeint sein wird (vgl. NT-Apo[6] 1,309f.) und „das Buch des Jakobus", worunter wohl das ProtevJak zu verstehen ist (vgl. ib. 334–349); alle anderen apokryphen Apostelschriften verwirft der Kanon schließlich summarisch mit der Wendung „die 15 Briefe" (vgl. GRAF, Nomokanon 226).

[114] Vgl. BAUMSTARK, Rez.: A. Jacoby 462f.; DERS., Der Barnabasbrief bei den Syrern 238.

[115] GRAF, Nomokanon 226.

[116] Vgl. S. 33 Anm. 117 und S. 57 Anm. 97; NIEDERWIMMER, Didache 16 Anm. 7; ZAHN, Grundriß 90 Anm. 3; dort auch eine Übersetzung der Ergänzung zur Notierung der Did in der koptischen Version des Athanasischen 39. Osterfestbriefes.

[117] Vgl. INGLISIAN, Die armenische Literatur 208; eine mit Anmerkungen versehene französische Übersetzung hat BROSSET, Histoire Chronologique par Mkhithar d'Aïrivank, in: Mémoires de l'académie impériale des sciences de St.-Pétersbourg 13,5 (1869) 1–110 vorgelegt.

[118] BROSSET, Chronologique 22.95f. Mekhit'ar kennt den aus der Apg und Gal bekannten Barnabas und rechnet ihn wie Clemens Alexandrinus und Euseb zu den 72 Jüngern (ib. 18f.), aber er bringt ihn nicht mit dem Barn in Verbindung.

[119] Einiges spricht dafür, daß mit „Thomas" die in orthodoxen Kreisen gern gelesenen und vielfach übersetzten ActThom gemeint sind (vgl. KLIJN, The Acts of Thomas 8ff., Bibliotheca hagiographica orientalis 260–265; NTApo[5] 2,289–303); LibThom oder ApcThom (NTApo[6] 1,192–198; NTApo[5] 2,675f.) kommen kaum in Frage, zumal keine expliziten Nennungen oder gar armenische Übersetzungen derselben bekannt sind.

Nennung ‚des hl. Clemens', womit wohl 1/2 Clem gemeint sind, unter dem Titel ‚katholische Briefe' eingruppiert werden darf, geht aus der Übersetzung nicht eindeutig hervor. ‚Des hl. Clemens' könnte auch die Quelle der folgenden Liste jener Bücher bezeichnen, die – so die dritte Rubrik des Kanon 33 – ‚zum Kanon der heiligen Schriften zuzulassen sind'.[121] Für diese Deutung spricht die analoge Verwendung von ‚Clemens' im Kanon 34,[122] in dem unter diesem Titel paulinische Briefe in einer von dem offenbar in der Brüdergemeinschaft des Klosters Ayrivank bekannten Corpus Paulinum[123] abweichenden Reihenfolge und Anzahl notiert sind. In diese dann dritte Rubrik des Kanon 33 gehört nun nach Meinung des Chronisten bzw. seines Gewährsmannes Johannes der Sarkawag († 1129)[124] neben „les Actes, les Canons des apôtres"[125] und diversen Apokryphen[126] der Barn.[127] Mag diese nochmalige Notierung auch ein Versehen sein, so zeigt schon die erste Erwähnung des Barn, daß ihm in der armenischen Kirche des 13. Jh. besondere Wertschätzung widerfahren ist[128] und daß diese Kirche das Prädikat ‚katholischer Brief' keineswegs für jene sieben Schriften reserviert hatte, die auch der westliche Kanon darunter versteht. Das Verzeichnis endet mit einer Notiz, der zufolge Mekhit'ar und ein Anané die Schriften des Kanon 33 selbst abgeschrieben haben. Will man dieser Anmerkung Glauben schenken, existierte im 14. Jh. eine armenische Übersetzung des Barn (s. zum Cod. Vat. gr. 859). Welcher Texttyp als Vorlage diente, ist aus der Chronologie nicht zu erheben,[129] aber der Umstand, daß Mekhit'ar zu dieser Zeit ein sicher

---

[120] Vgl. HARNACK, Geschichte 1,47.

[121] „De S. Clément: Quels livres doivent être admis (dans le canon des SS^es Ecritures)."

[122] Der Kanon 34 zählt zu den Schriften des NT: a. die vier Evangelien, und zwar Joh (in griechisch), Mt (in hebräisch!), Mk (in lateinisch), Lk (in syrisch), b. Apg, c. die kath. Briefe (Jak, 1/2 Petr, 1–3 Joh, Jud), d. Offb, e. zwei Listen von Paulusbriefen (s. u.), f. drei Bücher „de David le Philosophe". Das darauf folgende Verzeichnis der atl. Schriften enthält ebenfalls Apokrypha (z.B. JosAs). Auffällig ist, daß wie schon in Kanon 33 hier nochmal TestXII erwähnt wird.

[123] Beide Listen enthalten den gnostischen 3 Kor. Die Brüdergemeinschaft kannte 13 Paulusschriften (1/2 Thess, 1–3 Kor, Röm, Hebr, 1 Tim, Tit, Gal, Phlm, Kol, 2 Tim), die Clemensliste wußte von 15 (Röm, 1–3 Kor, Gal, Eph, Phil, Kol, 1/2 Thess, Hebr, 1/2 Tim, Tit, Phlm).

[124] Vgl. BROSSET, Chronologique 26. Zum Œuvre des armenischen Gelehrten aus dem 11. Jh. zählen neben theologischen, philosophischen und geschichtlichen Abhandlungen auch naturwissenschaftliche Arbeiten; seine ‚Ausführungen über den Kalender' konnten dem Chronisten Mkhit'ar ebenso vorgelegen haben wie sein verlorengegangenes, aber durch manche Zitate bekanntes Geschichtswerk. Vgl. INGLISIAN, Literatur 196; THOROSSIAN, Littérature Arménienne 131f.

[125] Es ist unklar, ob dieser Titel eine oder mehrere Schriften bezeichnet und welche. Sind summarisch diverse Apostelakten sowie Kirchenordnungen (vgl. STEIMER, Vertex Traditionis 5–9.87–94) notiert, oder ist nur an die CanAp oder gar an die Did allein gedacht?

[126] Dem Barn gehen voran: „Les Actes, les Canons des apôtres, Vision de Jean, L'Avis de la Mère de Dieu aux apôtres, Les livres de Denys (l'Aréopagite), La lettre de Timothée, Les livres de Criapos, Les Paroles de Juste, Le Prédicateur des orthodoxes" (BROSSET, Chronologique 22).

[127] Vgl. BROSSET, Chronologique 22.

[128] Die kanonische Würdigung mag zum einen eine Lesetradition reflektieren, zum anderen wird aber auch die Formulierung in Barn 12,10 „ἴδε πάλιν Ἰησοῦς, οὐχὶ υἱὸς ἀνθρώπου, ἀλλὰ υἱὸς τοῦ θεοῦ, τύπῳ δὲ ἐν σαρκὶ φανερωθείς" der monophysitischen Christologie der armenischen Kirche entgegengekommen sein.

[129] Es ist denkbar, daß Mekhit'ar und Anané eine armenische Version kopierten, die Nerses auf der Grundlage des Cod. Vat. gr. 859 angefertigt hat (s.o). Dagegen spricht freilich, daß Mekhit'ar zwar zwei ephesinische Patriarchen mit Namen Polykarp (BROSSET, Histoire Chronologique par Mekhithar d'Aïrivank 21) kennt, nichts jedoch auf deren Identifizierung mit dem Bischof von Smyrna hinweist, und daß der Polyc selbst im Kanon nirgends genannt wird. Nimmt man jedoch an, daß Nerses nur den Part mit dem Barn übersetzt hatte bzw. daß für ihn die in der subscriptio der Hs. (v) – und in H – enthaltene bar-

älteres Schriftenverzeichnis rezipiert, das den Barn enthalten hat, deutet darauf hin, daß die armenische Kirche den Barn in ihrer Sprache zuerst durch die Übersetzung des Nerses von Lambron kennengelernt hat und daß Mekhit'ar diese Übersetzung aus dem 12. Jh. vorgelegen hat.

„In der abendländischen Kirche ... ist von einem kanonischen Ansehen unseres Briefes nichts bekannt",[130] es sei denn, man wollte auf die westkirchliche Wirkungsgeschichte des 39. Osterfestbriefes des Athanasius – gewissermaßen als ein argumentum e silentio – oder darauf abheben, daß der Jak im ‚Codex Petropolitanus Q. v. I. 39' mit dem Barn überliefert ist. Diese lateinische Übersetzung, die von der Vulgata noch unbeinflußt, ein Werk aus der ersten Hälfte des 3. Jh. oder gar 2. Jh. zu sein scheint,[131] ist der einzig sichere Beleg für sein Bekanntsein im Okzident vor der Wiederentdeckung des Textzeugen G in der 1. Hälfte des 17. Jh. und dann vor allem durch die Auffindung von ℵ und H.[132]

4. Zusammenfassung

„Auf engen Raum beschränkt, kurz und dunkel ist die Geschichte des Briefes als biblische Schrift."[133] Wird der Barn, nachdem er an der Wende zum 4. Jh. an den Rand des neutestamentlichen Kanons gerückt ist, in ostkirchlichen Schriftenverzeichnissen aufgelistet, dann notieren ihn die Griechen stets zusammen mit der ApcPe und klassifizieren ihn wie diese;[134] ActPl, Herm, Did und das Corpus Ignatianum sind weitere Begleitschriften, die aber nicht regelmäßig oder nicht in der gleichen Klasse vermerkt werden.

Während diese Tradition für den westsyrischen Sprachraum noch bis zum 11. Jh. und für die armenische Kirche bis zum 14. Jh. belegt ist, zeigt die handschriftliche Überlieferung des Barn, daß im griechischen Osten der Überlieferungszusammenhang mit den Ignatianen, 1/2 Clem und der Did bereits in den Vordergrund rückt (H), während kurze Zeit später die griechischsprachige Überlieferung im Westen (G) durch ein Textverderbnis den Barn aus den Augen verliert.[135] Da sich, abgesehen von der bald in Vergessenheit geratenen lateinischen Übersetzung, keine Spuren des Barn in der Westkirche benennen lassen, ist davon auszugehen, daß der

---

nabäische Zuweisung ausschlaggebend war, hätten Mekhit'ar und Anané entweder einen fragmentarischen Barn oder den Textverbund Polyc cum Barn, diesen aber allein unter dem Namen des Barnabas, abgeschrieben und verzeichnet. Die Möglichkeit, daß Mekhit'ar eine Übersetzung von H kopiert hat, ist im Horizont der gesicherten Notiz über die Arbeit des Nerses solange ins Reich der Spekulation zu verweisen, bis eine armenische Übersetzung wiedergefunden wird, und sofern sich diese dann nicht auf die Hs. (v) zurückführen ließe.

[130] HARNACK, Geschichte 1,62.

[131] Belege bei HEER, versio latina XXVIII–LIX.

[132] WINDISCH, Barnabasbrief 302 mutmaßt: „Doch können auch Cyprian (s. zu 1,2), Novatian (s. zu 10), Ps.-Cyprian de pascha computus (s. zu 9,8f.) mit Barn. bekannt gewesen sein."

[133] ZAHN, Geschichte 1,350.

[134] Vgl. Anm. 91.

[135] Vgl. insbesondere die Marginalnotizen der Hs. G3 (c) und die Anmerkung zum Defekt des Polyc; näheres hierzu bei PROSTMEIER, Überlieferung 58f. Anm. 9.

Okzident, obwohl er von einem Brief des Barnabas wußte und einige Zitate aus ihm besaß, erstmals durch die Editionen von Ménard und Ussher den Text des Barn kennengelernt hat, aber auch dann bis zur Entdeckung des Codex Sinaiticus nur fragmentarisch in einer lateinischen Übersetzung (L) und durch Hss. des Textzeugen G.[136]

§ 3 Geschichte und Wert der Textzeugen

Die Textüberlieferung des Barn ruht auf sechs Textzeugen, vier griechischen – ℵ, H, G und 𝔓 – und zwei Übersetzungen – L und sy –, wobei uns die beiden Fragmente 𝔓 und sy nur wenige Verse übermitteln und G zu Beginn und L am Schluß[1] eine große Lücke aufweisen, so daß die vier Hauptzeugen nur für Barn 5,7–17,2 verglichen werden können. Die griechischen Hauptzeugen des Barn, also die Codices ℵ, H und G, besitzen für die altchristliche Literatur und, was den ℵ be-

---

[136] Eine Kuriosität ist die erst jüngst erfolgte (bewußte) Verwechslung des Barnabasbriefes mit einem gleichnamigen Evangelium (dt. Übers.: LINGES, Das Barnabasevangelium. Bonndorf im Schwarzwald 1994) bei antichristlichen, muslimischen Apologeten mit dem Ziel, die Herkunft dieses Werks vom Paulusbegleiter Barnabas zu beglaubigen (vgl. M. A. RAHIM, The Gospel of Barnabas, Karachi 1973). Die fragliche Schrift entstammt J. Slomp (Pseudo-Barnabas in the Context of Muslim-Christian Apologetics, [Al-Mushir] 16 [1974] 106–130, spez. 117; vgl. DERS., The Gospel in Dispute, Rome 1978) zufolge dem 14. Jh. und ist das Produkt eines spanischen Marranos, d.h. eines zum Christentum gezwungenen Juden, der später Muslim wurde und mit seinem Werk an der Inquisition Rache nehmen wollte. Dieses Evangelium ist also *nicht* mit der im Verzeichnis der 60 kanonischen Bücher und im Decretum Gelasianum aufgeführten Schrift identisch (vgl. NTApo[6] 1,31.35) – wenngleich auch diese Notierungen apologetisch okkupiert werden –, die unter diesem Titel selbst wiederum nur aufgrund einer Fehldeutung eines in den Acta Barnabae erwähnten Evangeliums des Barnabas in die beiden Listen eingedrungen ist. Diese (kirchenpolitisch motivierte) Episode in den Barnabasakten (vgl. PROSTMEIER, Acta Barnabae. LThK[3] 2 [1994] 17f.) über dieses Evangelium meint das kanonische Matthäusevangelium, das auf dem Leichnam des Barnabas gefunden worden sein soll (vgl. HARNACK, Geschichte 1,18). Die Attraktivität des Barnabasevangeliums für die antichristliche, muslimische Apologetik rührt daher, daß es Jesus selbst das Kommen Mohammeds verheißen läßt, mit dem die Offenbarung Gottes ihren krönenden Abschluß finden wird (vgl. M. A. RAHIM, Jesus. A Prophet of Islam, Karachi 1980). Da diese Evangelienschrift oft unter dem Titel ‚Ps.-Barnabas‘ in die Debatte eingeführt wird, sollte man christlicherseits besser darauf verzichten, mit diesem Zusatz die Falschzuschreibung des an sich anonymen Barnabasbriefs zu signalisieren.

[1] In der Forschung wurde die Frage nach der Geschichte der Rezensionen und ihrer textkritischen Qualität wegen des Abbruchs des Lateiners (17,2) exakt an jener Stelle, wo die Zwei-Wege-Lehre (Barn 18–20) einsetzt, wiederholt mit der Frage nach der Integrität verknüpft. Aber alle Teilungshypothesen, zumal jene, die die Kapitel 18–20 (und in der Folge auch Barn 21) als sekundäre Zugabe ausscheiden und deshalb L als ursprünglichste Rezension reklamieren wollten, dürfen als gescheitert gelten. Vgl. HARNACK, Geschichte 1,414 Anm. 1 („Es ist bei ihnen nichts herausgekommen, was auch nur einen Schimmer von Wahrscheinlichkeit hätte."); ferner ZAHN, Forschungen 312–315; WREDE, Rätsel 87; WENGST, Tradition 4–6; zum Ganzen vgl. S. 74–83 unter Punkt ‚1. Integrität, Aufbau und Gliederung‘.

trifft, auch für die Biblische Theologie eine herausragende[2] und z. T. einzigartige
Bedeutung.[3] Dennoch ist unsere Kenntnis ihres geschichtlichen Werdegangs überaus dürftig. Dies gilt im Grunde ebenso für die beiden Übersetzungen. In der
Hauptsache beruhen alle diesbezüglichen Annahmen auf Kollationen der Textzeugen und dem Vergleich der Schriftzitate mit alten Bibelübersetzungen.

Heer konnte so das hohe Alter von L in jenen Passagen wahrscheinlich machen,
die nicht von Späteren an alte Bibelübersetzungen angeglichen wurden. Dieser
‚treue Bestand‘[4] erhielt durch 𝔓 eine deutliche Stütze. Außerhalb der Bibelzitate,
Abbreviationen und Vereinfachungen, aber auch Tilgungen[5], scheint L den Blick
auf eine Barn-Rezension freizugeben, wie sie vielleicht schon im 2. oder 3. Jh. existierte. Was die frühen Stationen des Zeugen L von der griechischen Majuskel über
die römische Kapitale oder Unzialschrift, die (kaiserliche) Kursive bis zur lateinischen Minuskel[6] und die Abtrennung von Barn 18–21 angeht[7], kommen wir über
Mutmaßungen schwerlich hinaus. Hingegen hat Heer gute Gründe dafür beigebracht, daß die Übersetzung ins Lateinische in der ersten Hälfte des 3. Jh. vermutlich in Afrika erfolgt ist,[8] was dem auch sonst für die handschriftliche Überlieferung der biblischen Schriften und durch die patristische Literatur bezeugten
Umschwung von der Koine hin zur Landessprache entspräche.[9] Da der Westen,
obwohl er von einem Brief des Barnabas wußte, erst Mitte des 17. Jh., als Ménard
den Codex entdeckte, Kenntnis des Textes erlangte, muß sowohl die (lateinische)
Vorlage der Hs. – die wir nicht mehr besitzen – unerkannt geblieben als auch die
Hs. L schon bald nach ihrer Fertigstellung im 9. oder 10. Jh. wieder in Vergessenheit geraten sein.

Die Auffindung von L führte auf Umwegen zur Wiederentdeckung von G (s. o.).
Die Genese des für die Handschriftengruppe G archetypischen Cod. Vat. gr. 859 ist
kaum weniger verwickelt als die seiner noch nicht vollständig aufgefundenen Deszendenten.[10] Die Übereinstimmung der anderen Textzeugen gegen Lesarten des
Cod. Vat. gr. 859 legt eine Reihe von Korruptelen der Hs. (v) offen, die auf eine
wechselvolle Geschichte dieses Textzeugen hinweisen: In der Majuskelzeit bzw.
beim Übertrag in Minuskeln muß er ziemlich nachlässig kopiert worden sein, aber
doch von einem fähigen Gräzisten, der die so entstandenen sprachlichen Hürden
glättete. „Dann erlebte er eine durchgreifende gelehrte Korrektur, besonders in bi-

---

[2] Vgl. FUNK, Descendenten 629; ALAND/ALAND, Text 113–118.
[3] Vgl. EHRHARD, Bestand 455–457; NIEDERWIMMER, Didache 33.
[4] Vgl. HEER, versio latina LXXIV; DERS., Der lateinische Barnabasbrief 215–245.
[5] Vgl. S. 32.
[6] Vgl. die paläographischen Tabellen bei FAULMANN, Schrift 191–200, und GARDTHAUSEN, Griechische Palaeographie 2, Leipzig ²1913.
[7] MUILENBURG, Literary Relations 15f., weiß zwar Gründe für diese Separation von Barn 18–21 anzugeben, doch rät allein schon die kaum mit Sicherheit rekonstruierbare (paläographische) Vorgeschichte
der Hs. L zur Vorsicht.
[8] Vgl. HEER, versio latina XXIII–LIX; DERS., Der lateinische Barnabasbrief 243.
[9] Vgl. ALAND/ALAND, Text 61f.
[10] Vgl. HEER, versio latina LXXV–LXXXI; PROSTMEIER, Überlieferung 48–64, spez. 61 Anm. 22.

blischen und grammatischen Dingen. … Der letzte Schreiber … war Grieche, da auch die sinnlosen Varianten … keine sprachlichen Unmöglichkeiten enthalten."[11] Aufgrund des nur von G gebotenen Zusatzes in Barn 5,9 εἰς μετάνοιαν, den auffällig vor allem konstantinopolitanische Evangelienhandschriften für die gleichlautende Passage in Mt 9,13 bezeugen, vermutet Heer[12] eine antiochenische oder byzantinische Vorgeschichte des Textzeugen G. Die Hs. (v) scheint ebenso wie L mit 𝔓 verwandt zu sein, weshalb Heer, der 𝔓 noch nicht kannte, für L und G eine griechische Vorlage Λ postulierte. Dies signalisiert, daß in G eine alte Rezension des Barn bewahrt ist und daß 𝔓 eine frühe Etappe eines gemeinsamen oder nahe verwandten Weges mit den Hss. (v) und L bzw. deren Vorlagen bezeugt. Wegen der Textverschmelzung zwischen Polyc und Barn und der durch die Kollation wahrscheinlich gemachten mehrmaligen Überarbeitung hat G in der Regel hinter den Wert von ℵ und H zurückzutreten.

Trifft ferner Heers Folgerung aus dem Gleichklang der G-Rezension von Barn 5,9 mit Lesarten für Mt 9,13 in ostkirchlichen Evangelienhandschriften bezüglich der Herkunft von (v) zu, dann entstammt diese Rezension ebenso wie die der beiden griechischen Vollrezensionen des Barn, ℵ und H, dem griechischen Osten und damit Kirchenregionen, in denen dem Barn z. T. bis Anfang des 14. Jh.[13] eine besondere Wertschätzung entgegengebracht wurde. Trotz dieser vielleicht gemeinsamen lokalen Wurzel gehören G, ℵ und H nicht in einen Überlieferungszweig. Denn den Lesarten von G, 𝔓 und L stehen vielfach gemeinsame Varianten der Codd. ℵ und H entgegen, wobei deren Verwandtschaft weitaus signifikanter ist als jene von G, L und 𝔓. Mit größerer Berechtigung als den hypothetischen Prototyp Λ für G, L und 𝔓 postulierte deshalb Heer für ℵ und H eine gemeinsame Vorlage Ψ.[14] Das syrische Fragment, das Heer noch nicht kannte, wird ins Umfeld dieser Vollrezensionen zu plazieren sein.

Die in der Verwandtschaft von ℵ und H begründete Annahme, daß H eine Barn-Rezension bewahrt hat, die in die Zeit von ℵ zurückreicht und schon deshalb ebenso große Beachtung verdient wie der Codex Sinaiticus, wird von zwei Seiten gestützt: durch die indirekte Überlieferung des Barn in der Alten Kirche, insbesondere bei seinem ersten Zeugen Clemens Alexandrinus, und seine kanongeschicht-

---

[11] Vgl. HEER, versio latina LXXIX. Seit der Kollation der Hs. (v) durch Dressel, der in ihr das Werk eines gelehrten Schreibers, der zur Vermeidung von Itazismen nicht selten Vokale in Diphtonge änderte, sah (vgl. DRESSEL, Patrum apostolicorum opera LVI: „Codex est optimae notae, scribendi quidem ratio nostrorum Graecorum, idcirco ob itacismum vocales ac diphthongos haud raro permutans"), greifen Bearbeiter und Editoren zu dieser verkürzenden Charakterisierung; vgl. HILGENFELD, Barnabae Epistula XIV, und GEBHARDT/HARNACK, Barnabae Epistula XIII. Differenzierter hingegen ist das Urteil von HEER, versio latina LXXVI. Auffällig ist z. B. in der Hs. (v) die Anpassung der beiden Zitate in Barn 14,2f. an ihre sachlichen Dubletten in Barn 4,7f.

[12] Vgl. HEER, versio latina LXXIXf.

[13] Vgl. oben S. 46f. unter Punkt ‚2. Spätere Bezeugung in der Alten Kirche'.

[14] Vgl. HEER, versio latina LXXIVf. LXXXIII; PRIGENT/KRAFT, Épître de Barnabé 62: „Les textes des manuscrits S et H sont si semblables d'un bout à l'autre que les leçons sur lesquelles ils s'accordent possèdent la valeur critique d'un unique témoin, l'archétype de S H."

lichen Klassifizierungen im Verband mit dem Überlieferungskontext des Barn in den griechischen Hss.[15] Die Kollation der Zitate aus dem Barn bei Clemens Alexandrinus anhand der verschiedenen Textzeugen des Barn einerseits mit den Zeugen für die jeweilige Lesart bei Clemens Alexandrinus andererseits, und – sofern es sich um Schriftzitate handelt – auch mit den Lesarten der griechischen Bibelübersetzungen, ergab, daß der Alexandriner Ende des 2. Jh. eine Barn-Rezension benutzt haben muß, die zwar mit keiner unserer Hss. des Barn identisch ist, jedoch fast immer H und mit Einschränkung auch א am nächsten steht. Die Art, wie Clem. den Barn rezipiert, zeigt, daß er dem Schriftstück eine besondere Wertschätzung entgegengebracht hat. Unabhängig davon, ob Clem. die inscriptio bereits gelesen hat, hält das Schriftstück von sich aus mittels ihrer an den Gepflogenheiten prophetisch-apostolischer Mitteilung ausgerichteten Rahmung die formalen Signale dafür bereit, um vom Alexandriner als Offenbarungsschrift angesehen zu werden. Die entscheidenden Hinweise für diese Einstufung sind in der Begrüßung und Einleitung (c. 1) sowie im Schluß (c. 21) konzentriert. Sie sind als Kommentar des Vf. zu seiner Schrift zu interpretieren, mit dem er sein Werk als apostolische Paradosis ausweist und autorisiert. Indem nun Clem. dem Barn den Rang einer Offenbarungsschrift zubilligt, stellt er ihn in den Kreis der signifikanten und konstitutiven Dokumente des Christentums, womit gewiß eine besondere Schutz- und Publikationswürdigkeit einherging.[16]

Kanongeschichtlich läßt sich nachweisen, daß der Barn im griechischen Osten, nachdem er im 4. Jh. an den Rand neutestamentlicher Schriftenverzeichnisse gerückt war, regelmäßig mit der ApcPe und oft mit ActPl, Herm, Did und dem Corpus Ignatianum eingruppiert wird. Dieser Klassifizierung korrespondiert auffällig der Kontext der handschriftlichen Überlieferung des Barn in G und mehr noch in H. Beachtet man, daß im 4. Jh. die Clementinen bzw. der Barn und Herm jeweils noch im Anhang zweier großer Bibelhandschriften (Codex Alexandrinus bzw. Codex Sinaiticus) enthalten sind und demgegenüber H keine im heutigen Sinn kanonischen Schriften, dafür aber die Mehrzahl der in alten Schriftenverzeichnissen dem Barn beigestellten Schriften enthält, dann scheint H eine frühe Phase der Kanonentwicklung widerzuspiegeln, in der mit der Selektion und Separation von Schriften und der

---

[15] ALAND/ALAND, Text 57–81, spez. 58–63, weisen darauf hin, daß die Textkritik zu ihrem eigenen Schaden noch bis vor wenigen Jahren nicht oder zu wenig die Resultate der Alten Kirchengeschichte herangezogen hat, und zeigen, daß insbesondere die Beachtung der Kanongeschichte auch in ihrer regionalen Diversifikation die Genese der Textzeugen klarer sehen und damit oft manches textkritische Rätsel lösen läßt. Darüber hinaus ist zu bedenken, daß die Geschichte eines Textzeugen ein Ausschnitt der umfassenderen Wirkungsgeschichte des von ihm bewahrten Werkes ist. Denn die genetische Erklärung eines Textzeugen im Kontext kirchengeschichtlicher Daten bestimmt nicht nur seine Validität mit, sondern gewinnt für die Auslegung hermeneutische Relevanz, indem die Genese dem Ausleger Einblick in die – mitunter frühe – Geschichte der Auslegung seines Forschungsgegenstandes gewährt und hierdurch, zumal im Verband mit der indirekten Bezeugung des Schriftstücks, ein Segment des semantischen Potentials des Werkes offenlegt.

[16] Ebensolche Gründe hatte seinerzeit ZAHN, Forschungen 282, dafür angeführt, daß die Did „in der alexandrinischen Kirche von der Zeit vor Clemens bis zu der des Athanasius … im wesentlichen unverändert geblieben ist."

Konsolidierung der Auswahl hin zum neutestamentlichen Kanon Sammelbewegungen extra canonem mit dem Ziel eingesetzt haben mögen, ausgeschlossene Schriften nicht der Vergessenheit anheimzustellen, sondern sie z.B. als Vorlesebücher zu bewahren.[17] Der Cod. Hierosolymitanus 54 könnte eine Kollektion von zwei oder drei alten regional geprägten und geschichtlich motivierten Sammlungen[18] extra canonem sein. Hierauf deuten neben der Wertschätzung dieser Schriften im Osten paläographische Beobachtungen hin.[19] Geht man davon aus, daß die Langrezension der Ignatianen dem 4. Jh. zugehört und die Chrysostomus unterschobene biblische Synopse nicht wesentlich später verfaßt ist, dann darf man damit rechnen, daß sich durch die Abschrift des Notars Leon eine in einer frühen Sammlung tradierte Barn-Rezension erhalten hat, die uns zeitlich ins Umfeld von ℵ führt.[20]

Diese Annahme erfährt durch die Verwendung der Did in frühchristlichen Kirchenordnungen[21] sowie dadurch eine Stütze, daß der Kompilator einer dieser Ordnungen, der CA, anerkanntermaßen jener ist, der für die Langrezension des Corpus Ignatianum, wie es H – z.T. auch G – überliefert, die Verantwortung trägt.[22] Zeitgleich also und regional übereinstimmend mit der Selektion und Separation des Barn aus dem Kreis der kanonischen Schriften gehen literarischerseits sowohl Rezeptions- und Transformationsprozesse vonstatten als auch die Abfassung davon abhängiger (pseudepigraphischer) Schriften, die zusammen H – und mit Abstrichen auch G – als Dokument dieser Vorgänge[23] erscheinen lassen. Daß diese

---

[17] Vgl. NTApo[6] 1,7–27.40–45.47–49; Treu, Überlieferungs- und Editionsprobleme der Patristik 614–617; Aland, Das Problem des neutestamentlichen Kanons 11–17.

[18] Hierbei ist nicht an die hypothetische, „archaische Sammlung G" gedacht, die dem Kompilator der CA vorgelegen haben könnte (vgl. Steimer, Vertex Traditionis 326f.), sondern eben an jene frühen patristischen Schriften, die uns in H, G und im Anhang von ℵ überliefert bzw. in ostkirchlichen Schriftenverzeichnissen zusammen mit ihnen klassifiziert sind.

[19] Vgl. oben die Besprechung des Codex.

[20] So auch das Urteil von Rordorf/Tuillier, Didachè 105f.

[21] Während man für die vielleicht noch vor 250 in Syrien entstandene, ursprünglich griechische Didasc (vgl. Niederwimmer, Didache 28f.; Steimer, Vertex Traditionis 51) „eine Benutzung der Did. nur vermuten, aber nicht sicher nachweisen" (Niederwimmer, Didache 31) kann, hat der Kompilator der CA in VII 1,2–32,4 „den gesamten Text der Did. ... ausgeschrieben" (ib. 31). Diese „erweiterte und entstellte Ausgabe der Did" (ib.), berührt sich zeitlich nicht nur mit der nach demselben Prinzip erfolgten Rezeption und Einarbeitung der Didasc in CA I–VI, sondern mit der in derselben Kirchenregion erfolgten syrischen Übersetzung der Didasc (vgl. Steimer, Vertex Traditionis 51).

[22] In der Fachwelt herrscht weithin Konsens über die Identifizierung des Kompilators (des VII. Buches) der CA mit jenem Bearbeiter, der nach seiner Revision beider Kirchenordnungen und ihrer Edition in Gestalt der CA auch die Interpolationen in den ignatianischen Siebenerkorpus vornahm und jene sechs Pseudepigraphen verfaßte, die seit der zweiten Hälfte des 4. Jh. zusammen die griechische Langrezension der Ignatianen darstellen (vgl. Harnack, Die Lehre der Zwölf Apostel 246–265; Bardenhewer, Geschichte 1,150–155; Lightfoot, Apostolic Fathers II.1,70–134.233–430). Umstritten indes ist die theologische Richtung, der der Fälscher und Kompilator zugehört, und ob noch andere Schriften (z.B. ein arianischer Ijobkommentar) von seiner Hand stammen. Vgl. die Skizzen zur Forschungsgeschichte bei Steimer, Vertex Traditionis 122–129; zusammenfassend Schoedel, Ignatius von Antiochien 23–28.

[23] Die Unwägbarkeit, ob die mit den CEA und der Did verwandte Exzerptsammlung mit dem Titel ἐπιτομὴ ὅρων τῶν ἁγίων ἀποστόλων καθολικῆς παραδόσεως, die der Cod. Ottob. gr. 408 (208 x 186 mm, 190 fol., 14. Jh.) auf fol. 88ʳ–90ʳ überliefert, von den CEA und der Did der konstantinopolitanischen

Hss. weder eine eigenständige Didasc noch die CA überliefern, erklärt sich allein
schon aus dem Umfang beider Werke, ferner ihrer Intention und der Überschnei-
dung mit der Did und dem Zwei-Wege-Traktat des Barn. Ist die Abschrift des Notars Leon eine Verknüpfung von Hss., die – zumindest was die Did und das Corpus Ignatianum angeht – diese Schriften in einem Stadium ihrer Entwicklung
bewahrten, wie wir es durch die CA und vielleicht auch Didasc für das Ende des
4. Jh. annehmen dürfen, dann ist es angesichts der oben genannten paläographischen Hinweise und der kirchen-, insbesondere der kanongeschichtlichen Vorgänge nicht unwahrscheinlich, daß der Text des Barn in H im Verband mit anderen
Teilen der Hs. H schon früh in einer Sammlung extra canonem eine sichere Überlieferung erfahren hat. Wenn Niederwimmer vor einer Überbewertung von H
allein aufgrund der syrischen Rezeption der Did warnt, weil dem Kompilator des
7. Buches der CA wahrscheinlich eine Rezension der Did vorlag, die nicht mit der
in H übereinstimmt, sondern ein z. B. mit dem, die vorausgehenden Mahlgebete
imitierenden Myrongebet (CA VII 27) interpolierter[24] und somit späteren liturgischen Usancen gemäß entwickelterer Text der Did als jener in H war, dann bestätigt er indirekt, daß H eine alte Sammlung extra canonem bewahrt hat. Wenn
zudem Niederwimmer recht hat, daß diese Einfügung in die Did „in relativ früher
Zeit (um 200 oder früher?)"[25] erfolgt ist, dann konserviert H eine denkbar alte Rezension der Did. Jedenfalls hat es der Kompilator der CA und Ps.-Ignatius seinerzeit nicht für nötig empfunden oder vermocht, diese offensichtlich kürzere und
ältere Rezension der Did durch seine jüngere und längere zu verdrängen.

Zwar hebt beides den Wert des von H überlieferten Textes des Barn, dennoch
reichen diese Beobachtungen nicht hin, H in allen Belangen den Vorzug vor א und
den übrigen Zeugen zu geben. Gegen H spricht 1., daß der Text eine Transliteration
von einer in continuo gehaltenen Majuskel zur Minuskel durchgemacht hat, so daß
die von Heer gegen den Wert von G reklamierten Verderbnisse durch Umschrift-
fehler auch für H nicht auszuschließen sind, 2. seine häufigen Kürzel, die, zumal
wenn es sich um grammatische Varianten handelt, nicht immer eindeutig zu ent-

Hs. abhängt (vgl. HARNACK, Die Lehre der Zwölf Apostel 220f.) oder Primärtext der CEA war (vgl.
SCHERMANN, Kirchenordnung 407f.; DERS., Elfapostelmoral passim), oder ob – wohl zutreffender –
die CEA und die römische Hs. eine gemeinsame Vorlage benutzten (NIEDERWIMMER, Didache 62,
zufolge den Subarchetyp C2 der Zwei-Wege-Lehre, von WENGST, SUC 2,10, als ,Elfapostelmoral' tituliert), rät davon ab, im Cod. Ottob. gr. 408 einen Zeugen für die Konstanz der H-Rezension zu benennen. Vgl. zusammenfassend STEIMER, Vertex Traditionis 62 Anm. 14.
   [24] Die von Niederwimmer referierten sprachlichen und formalen Besonderheiten gegenüber den vorausgehenden Mahlgebeten sowie Unwägbarkeiten der Rückübersetzung des von verschiedenen Autoren
anhand des koptischen Fragments der Did (Br. Mus. Or. 9271) und von CA VII 27 rekonstruierten My-
rongebetes, das FUNK/BIHLMEYER, Die Apostolischen Väter, Tübingen 1924, XX, für einen echten,
WENGST, SUC 2,57–59, zumindest möglicherweise originären Text der Did halten, machen es wahrscheinlicher, dieses Stück als eine spätere Nachbildung anzusehen, die durchaus in der von Wengst benannten jüdischen sowie neutestamentlichen Tradition ruhen mag. Vgl. zusammenfassend NIEDERWIM-
MER, Didache 39–43.46f.205–209.
   [25] NIEDERWIMMER, Didache 209.

schlüsseln sind[26] und 3., daß der Text der in H überlieferten Schriften dort, wo er mit anderen Manuskripten dieser Opera verglichen werden kann, sehr verschiedene Entwicklungsstadien zu repräsentieren scheint. Während z. B. bezüglich der Clementinen Konsens besteht, daß sie der Cod. Alexandrinus treuer bewahrt hat,[27] gehen die Meinungen über den Text der Did und des Barn auseinander.[28]

Während die zeitliche Zuordnung der Lesarten von G, L und H ins 4., 3. oder gar 2. Jh. einzig durch Kollationen und Rekonstruktionen möglich ist und stets nur eine gewisse Wahrscheinlichkeit für sich beanspruchen darf, liegt uns in ℵ eine so frühe Rezension des Barn tatsächlich vor. Was jedoch die Qualität des von ℵ überlieferten Textes angeht, ist er wegen seines Alters nur scheinbar im Vorteil. Die eigentümlichen Lagenverhältnisse in ℵ im Part mit dem Barn sprechen dafür, daß der Barn erst in dieser Hs. mit den biblischen Schriften verbunden worden ist, und verbieten es, die herausragende Textqualität, die insbesondere dem aus der Hand des Schreibers A stammenden neutestamentlichen Corpus zugesprochen wird, auf den Barn auszudehnen. Gleichwohl darf aus dieser Verbindung auf eine besondere Wertschätzung des Barn (und des Herm) und wohl auch auf ein Bestreben geschlossen werden, solcher Art „firmierte" oder einfach gerne gelesene Schriften zu bewahren. Aus dem gleichen paläographischen Grund ist es unwahrscheinlich, daß der Kopist bzw. der Revisor seine Korrekturen im Barn anhand einer weiteren Vorlage vorgenommen hat. Der Codex Sinaiticus überliefert also eine Rezension des Barn, die auf nur einer einzelnen im 4. Jh. verfügbaren Textvariante basiert; spätestens ab dem frühen 7. Jh. erfuhr diese Rezension keine oder nur unerhebliche Veränderungen. Sind diese späteren Eingriffe in ℵ – wie Heer vermutet – anhand einer Rezension erfolgt, die sich schließlich zur Vorlage für die Hs. (v) entwickelte, so müßte wegen des einzigen neben der Revision (ℵ¹) nachweisbaren Eingriffs in ℵ eine Vorform der Hs. (v) im 7. Jh. in Caesarea vorgelegen haben und dort für ℵ² Grundlage und selbst auch Gegenstand einer gelehrten Korrektur gewesen sein. Heer et al.[29] wollen so hauptsächlich die Korrektur der Lücke in 14,8 bei G und ℵ

---

[26] HEER, versio latina LXXV, zufolge steht H unter dem Einfluß der LXX, und zwar in einer Weise, wie es für L und der lateinischen Bibel außer Frage steht. Dies läßt sich zumindest anhand der Zitate bei Clemens Alexandrinus nicht erhärten. Für die Textkritik wäre jedoch erst etwas gewonnen, wenn H mit einer LXX-Rezension (oder den Übersetzungen von Aquila, Symmachos oder Theodotion) positiv korreliert werden könnte. Eine signifikante Rezeption oder Korrektur der Schriftzitate in H ist indes nicht bewiesen, und soweit die mit den LXX parallellaufenden Zitate des Barn bei Clem. aussagekräftig sind, folgt der Alexandriner in der Mehrzahl der Fälle einer Barn-Rezension eines Schriftwortes, wenn LXX-Varianten von den Lesarten in den Textzeugen des Barn abweichen.

[27] Vgl. LIGHTFOOT, Apostolic Fathers I.1,123–129; FISCHER, SUC 1,21.

[28] PRIGENT/KRAFT, Épître de Barnabé 62, zufolge ist H weniger verderbt als ℵ, wogegen GEBHARDT/HARNACK, Barnabae Epistula IXf.XXXI–XXXVIII, und WENGST, SUC 2,105f., in H einen weiter entwickelten Text des Barn erkennen als in jenem des ℵ. Bezüglich des Textes der Did in H vgl. NIEDERWIMMER, Didache 35f.; SCHÖLLGEN, Didache 85–87.

[29] Vgl. HEER, versio latina LXXXf.; auf die größere Nähe von ℵ² zu 𝔓, G und L als zu ℵ und H weist auch Kraft (Épître de Barnabé 59f.) hin, ohne aber den genetischen Konsequenzen von Heer zu folgen. Könnte man die Resonanz von Barn 5,9 bei Hieronymus *tractatus de Psalmo* XV zweifelsfrei als Zitat aus

erklären. Dem steht freilich entgegen, daß die Differenzierung von ℵ¹ und ℵ² oft nicht gelingt, so daß im Blick auf die Qualifizierung der Lesarten der Annahme derartiger interdependenter Korrekturen der beiden nicht stammverwandten Textzeugen wenn überhaupt, so mit größter Vorsicht zu folgen ist.[30] Auf jeden Fall würde eine solche Korrumpierung den Wert beider Textzeugen mindern.

Die Textformen, die uns in den vier Hauptzeugen überliefert sind, scheinen also zeitlich fast parallel entstanden zu sein; sie alle reichen bis ins 4. Jh. zurück, jedoch mögen Prototypen schon im 2. und 3. Jh. existiert haben. Es kann deshalb kaum verwundern, daß seit der Edition von Hilgenfeld,[31] der als erster alle vier Hauptzeugen berücksichtigte,[32] zwar Konsens darüber herrscht, daß ℵ und H allein schon deshalb, weil sie den Barn vollständig enthalten, besonderes Gewicht besitzen, daß aber die Meinungen divergieren, was die Qualität des von diesen vier Zeugen überlieferten Textes und die Frage angeht, nach welcher Regel aus diesen ‚Rezensionen‘ ein Grundtext des Barn zu konstruieren ist. Entsprechend weichen auch die neueren Editionen[33] immer wieder voneinander ab.[34] Stimmen ℵ und H –

L bzw. aus seinem Prototypen ausweisen (vgl. S. 46ff. unter Punkt ‚2. Spätere Bezeugung in der Alten Kirche‘), würde Heers These eine deutliche Stütze gewinnen.

[30] Vgl. S. 12–14 die Besprechung des Codex ℵ.

[31] Vgl. HILGENFELD, Novum Testamentum extra canonem receptum. Fasc. 2: Barnabae epistula. (SQS) Lipsiae ²1877.

[32] Vgl. HILGENFELD, Anzeigen: Barnabae epistula, ed. A. Hilgenfeld (ZWTh), 21 (1878) 150.

[33] TH. KLAUSER, Doctrina Duodecim Apostolorum. Barnabae Epistula (FlorPatr 1), Bonnae 1940, 31–69; P. PRIGENT/R. A. KRAFT, Épître de Barnabé (SC 172), Paris 1971, 108–218; F. SCORZA BARCELLONA, Epistola di Barnaba (CorPat), Torino 1975, 78–125; K. WENGST, Didache (Apostellehre), Barnabasbrief, Zweiter Klemensbrief, Schrift an Diognet (SUC 2), Darmstadt 1984, 150–202; A. LINDEMANN/H. PAULSEN (Hg.), Die Apostolischen Väter. Griechisch-deutsche Parallelausgabe auf der Grundlage der Ausg. von Franz Xaver Funk, Karl Bihlmeyer und Molly Whittaker, Tübingen 1992, 38–74.244–252.

[34] Schon Bihlmeyer beschrieb das Spektrum der Editionen: „In der Wertung der verschiedenen Zeugen besteht bei den Herausgebern keine Uebereinstimmung. O. von Gebhardt legte S [ℵ] zugrunde; Hilgenfeld schrieb H eine höhere Autorität zu; Funk wog unter Bevorzugung von S von Fall zu Fall ab; Heer schenkte L ein höheres Vertrauen als seine Vorgänger, zumal wenn L von V gegenüber SH unterstützt wird“ (FUNK/BIHLMEYER, Die Apostolischen Väter XXIIIf.). Wohl unter dem Einfluß der Ausgabe von PRIGENT/KRAFT, Épître de Barnabé 61–63, betont D.-A. Koch in seiner Einführung zum Barn in der zweisprachigen Edition durch Lindemann/Paulsen 24f.: „Als wichtiger Zeuge hat sicher H zu gelten; S ist dagegen oft fehlerhaft, steht aber H nahe und zeigt, daß die Textform von H auf das 4. Jh. zurückgeht. Allerdings erfährt der Text von V durch Pap. PSI 757 eine deutliche Unterstützung, so daß letztlich an jeder Stelle einzeln zu entscheiden ist.“ WENGST, SUC 2,105f., favorisiert hingegen ℵ: „Im Blick auf den Wert der Textzeugen steht die große Bedeutung von S außer Frage. Mit ihm ist H verwandt. Demgegenüber erweckt L auf den ersten Blick wenig Vertrauen. Heer zufolge ist der Übersetzer bestrebt, ‚den Lesern einen möglichst durchsichtigen, leicht verständlichen und ihren in etwa veränderten Anschauungen entsprechenden Text zu bieten. Wo bereits der griechische Text dem entgegenkam, schloss er sich eng der Vorlage an, wo nicht, nahm er sich die Freiheit, zu vereinfachen, zu streichen und auch zu ändern‘. Doch es bleibt ‚ein gutes Mass treuer Übertragung übrig‘, so daß L ‚im treuen Bestand‘, also außerhalb der Bibelzitate, Abkürzungen und Vereinfachungen, hohe Bedeutung zukommt. Da V möglicherweise mit L verwandt ist, darf auch V gegenüber S und H nicht unterschätzt werden, zumal weiter zu beachten ist, daß P die größte Nähe zu V aufweist und daneben einige Übereinstimmungen mit L gegen alle anderen Zeugen hat. Das aber unterstreicht die vermutete Verwandtschaft zwischen V und L insofern, als damit

wie es oft der Fall ist – überein, wird ihnen im Grunde in allen neueren Editionen
der kritische Wert eines einzigen Textzeugen zugesprochen.[35] Einer von ℵ und H
bezeugten Lesart gebührt also mehr Vertrauen. Differieren jedoch ihre Lesarten,
entscheiden die Editoren ‚von Fall zu Fall' oder optieren für die Bevorzugung von
ℵ oder H. Für Funk/Bihlmeyer und Wengst ist die fallweise Abwägung gewissermaßen eine editorische Behelfslösung, wobei es den Anschein hat, daß Wengst –
wie ehedem schon Gebhardt/Harnack – ℵ noch mehr Vertrauen entgegenbringt,
als dies Funk/Bihlmeyer taten, die ℵ nur einen gewissen Vorrang einräumten. Gegenüber dieser bei Gebhardt/Harnack[36] und Funk/Bihlmeyer wohl auch forschungsgeschichtlich bedingten Hochschätzung der an biblische Hss. geknüpften Überlieferung der ältesten patristischen Literatur[37] insistiert Kraft darauf, daß eine vertiefte
Prüfung die größere Tendenz von ℵ zeige, verdorben zu sein, und zwar vornehmlich
durch Auslassungen.[38] Wie einst Hilgenfeld in seiner zweiten Edition[39] des Barn ist
Kraft geneigt, wieder mehr H zu vertrauen. Aber nicht nur was seine quantitativen,
sondern auch was seine qualitativen Varianten angehe, sei ℵ mit großer Vorsicht zu
behandeln. Für alle Editoren gelten L, G und die Zitate bei Clem. gewissermaßen
als Seitenreferenten, die u.U. die Variante einer der beiden Vollrezensionen unterstützen; in seltenen Fällen überliefern G oder L alleine die richtige Lesart. Aber
schon Heer, der die Zeugen akribisch verglich und der L, den er beispielhaft edierte,
oftmals mehr Gehör schenkte, als dieser es verdient, gestand nicht nur in bezug auf
abweichende Lesarten von ℵ und H ein, daß manche Fälle überhaupt nicht zu entscheiden sind.[40]

Soweit also auch immer versucht wird, das Vertrauen in eine der Rezensionen
dadurch zu stärken, daß durch ein Bündel von Argumenten aus dem Handschrif-
tenvergleich, paläographischen Beobachtungen und kirchen-, insbesondere kanongeschichtlichen Aspekten die Genese des Textzeugen zurückverfolgt und präzisiert
wird, stellt sich einer regelbildenden kritischen Evaluierung der Textzeugen stets
ein breiter Fächer an Varianten entgegen.[41] Nicht zu Unrecht resümiert Kraft[42] dieses Dilemma mit dem Eingeständnis, daß die Wahl einer Lesart wie auch die Bevorzugung eines Zeugen für die Konstruktion eines kritischen Grundtextes mehr

---

das hohe Alter des Textes von V erwiesen ist, und verbietet es, eine von L allein gebotene Lesart von vornherein zu verwerfen. Daher dürfen textkritische Entscheidungen nicht einseitig einem Strang der Überlieferung folgen, sondern sie sind von Fall zu Fall neu zu treffen" (WENGST, SUC 2,105ff.).

[35] So ausdrücklich PRIGENT/KRAFT, Épître de Barnabé 62.

[36] Den Text und die den Text betreffenden Prolegomena besorgte Gebhardt, das übrige Harnack. HIL-
GENFELD, Nachträge 541, monierte an Gebhardts Edition, er könne „den Hierosolymitanus hier erst
recht nicht genug geschätzt finden".

[37] Vgl. RORDORF/TUILIER, Didachè 104f.

[38] Vgl. PRIGENT/KRAFT, Épître de Barnabé 62.

[39] Vgl. FUNK, Zu Barn 126.

[40] Vgl. HEER, versio latina LXXXIV.

[41] Bereits FUNK, Zu Barn 126, urteilte angesichts der Entdeckung von H: „An vielen … Stellen gestaltet
sich der Text durch das Dazwischentreten jener Handschrift allerdings mannigfältiger als früher, und es
läßt sich fast von einer dreifachen Rezension reden."

[42] Vgl. PRIGENT/KRAFT, Épître de Barnabé 60.

auf der Vorstellung, die sich der Herausgeber vom Gedankengang und dem Stil
des Briefes macht, als auf der mechanischen Verteilung der Textzeugen beruht.

Für die *Auslegung* sind 1. die beachtliche Kohärenz von ℵ und H einerseits und ihre
Zusammengehörigkeit gegenüber G und L andererseits und 2. die weder durch Kol-
lationen allein noch durch ergänzende paläographische und kirchengeschichtliche
Einsichten zweifelsfrei und durchgängig erweisbare Priorität eines Zeugen vor den
Varianten des oder der anderen ein wichtiger Fingerzeig: *Gleichwertige Varianten
verdienen auch eine eigene Kommentierung.* Diesem von der Textüberlieferung des
Barn und somit von der Einsicht, daß jede textkritisch konstruierte Textform im einzelnen vielleicht, als Ganzes jedoch kaum je existiert hat, inspirierten exegetischen
Grundsatz wird im Rahmen der Kommentierung dadurch nachzukommen versucht, daß die Textkritik unter der Führung einer kritischen Edition zunächst die
Textzeugen und dann andere kritische Textkonstruktionen einsieht, aber darauf verzichtet, jede Variante zu besprechen, in der die Hss. oder nur die kritischen Ausgaben voneinander abweichen, sondern in der Regel nur jene Lesarten diskutiert, die
für die Auslegung relevant sind. Dies kann in letzter Konsequenz bedeuten, daß eine
Stelle ihren verschiedenen Lesarten gemäß ausgelegt wird.

Wie auch immer im Einzelfall verfahren wird, zuallererst muß ein Kommentar
eines anzeigen: welche Textkonstruktion der Auslegung zugrunde liegt und – ohne
eine Editionsregel aufzustellen – welche Argumente und Überlegungen zu dieser
Wahl geführt haben. Stimmt man Krafts Anmerkung über die Erarbeitung einer
kritischen Barn-Edition zu, so ist diese Wahl unvermeidbar auch eine Entscheidung für oder gegen eine sich in der Textwahl schon manifestierende Grundüberzeugung, was der Barn ist und wie er wurde.

Vor dem Hintergrund dieser Überlegung wird man sich auf die Edition von Pri-
gent/Kraft[43] nicht ohne weiteres beziehen dürfen, insofern in ihr die u.a. auf die
Studie von Prigent[44] zurückgehenden Annahmen über Umfang und Art der von
Barn benutzten Quellen Niederschlag gefunden haben. Solange nicht zweifelsfrei
erwiesen ist, daß Barn 1–16 einer Testimoniensammlung zu verdanken ist,[45]
möchte man sich nicht exklusive einer Edition verschreiben, die dieser Maßgabe
sogar so weit nachkommt, daß sie nicht nur in der Übersetzung die für die Testimoniensammlung reklamierten Passagen in Anführungszeichen setzt, sondern
dies entsprechend auch beim griechischen Text tut, mag auch diese Praxis in den
Marginalpunktierungen von H und G einen paläographischen Anhaltspunkt haben. Auch ist der Zweck der Notierung der Lesarten der Deszendenten von G
nicht ersichtlich, denn in keinem Fall überliefern diese aus der Hs. (v) (direkt und
meist indirekt) geflossenen Abschriften eine derart geniale Konjektur, daß sie es
verdiente, neben den Hauptzeugen verzeichnet oder gar gegen diese gewählt zu
werden. Die von den bekannten Ausgaben abweichende Kapitel- und Verseintei-

---

[43] Den Text und die den Text betreffenden Prolegomena besorgte Kraft, das übrige Prigent.

[44] Vgl. PRIGENT, Les Testimonia dans le Christianisme primitif. L'Épître de Barnabé (I–XVI) et ses
sources, Paris 1961.

[45] Vgl. die Kritik bei WENGST, Tradition 8.

lung[46] tut ein übriges. Dennoch darf ein Kommentar nicht darauf verzichten, diese Edition zu Rate zu ziehen, zumal wegen der instruktiven Anmerkungen. Ebensowenig kann die Ausgabe von Wengst außer acht gelassen werden. Mit ihr steht ein Grundtext zur Verfügung, der dort, wo die französische Ausgabe bei differierenden Lesarten von ℵ und H letzteren favorisiert, nicht selten auf ℵ vertraut.[47] Die Edition durch Funk/Bihlmeyer versucht der Geschichte und dem Wert der Textzeugen auf zweifache Weise gerecht zu werden: Zum einen scheint diese Textkonstruktion weder einer Textkritik zu folgen, die (nicht selten) im Lichte einer bestimmten Texttheorie entscheidet (z.B. die Edition von Prigent/Kraft), noch mit

---

[46] Keine Hs. des Barn zeigt eine Kapitel- oder Verseinteilung an; die an den Rand notierten griechischen Kapitelnummern in H stammen nicht vom Schreiber Leon. Das Fragment von Usshers Edition aus dem Jahr 1642 besitzt weder eine Kennzeichnung nach Kapitel und Versen oder Linien. Ménard unterteilte in seiner Textausgaben von 1644 den ersten Hauptteil (d.h. Barn 1–17) in zwölf Kapitel und den zweiten Hauptteil (d.h. Barn 18–21), dessen Kapitel eine separate Zählung erfahren, in vier Kapitel. Bis auf wenige Ausnahmen stehen neben den Kapitelnummern als Marginalie thematische Überschriften: I (Barn 1.2); II *„Ieiuniorum veteris legis abolitio“* (Barn 3); III (Barn 4); IV *„De Christi passione, aduentu & missione Apostolorum“* (Barn 5); V *„De Christi exaltatione“* (Barn 6); VI *„Iterum de passione Christi, & quibusdam illius circumstantiis“* (Barn 7.8); VII *„de abrogatione circumcisionis Mosaicæ, & de circumcisione autium & cordis“* (Barn 9); VIII *„De abrogatione legis Mosaicæ quoad escas prohibitas“* (Barn 10); IX (Barn 11.12); X (Barn 13.14); XI. (Barn 15); XII. (Barn 16.17); [ohne Nummer] *„Secunda pars huius epistolæ, parænetica. Duæ viæ“* (Barn 18); I *„Via lucis“* (Barn 19); II *„Via tenebrarum“* (Barn 20); III *„Epilogus totius epistolæ“* (Barn 21). Ménards *„Notæ & Observationes in Epistolam Sancti Barnabæ“* beziehen sich indes auf Seiten und Linien der Edition. Ménards Texteinteilung ist Vorbild für Vossius' Edition (1646 [2]1680); allerdings verzichtet Vossius auf die Kapitelüberschriften im ersten Teil. Abgesehen von den Kapiteln I, VI, IX, X und XII stimmen die von Ménard und Vossius ausgewiesenen Kapitelgrenzen mit den Gliederungen des Textes, die in der Edition von Funk/Bihlmeyer vorliegt überein. Die Einteilung in 21 Kapitel und ihre durchgängige Zählung wie bei Funk/Bihlmeyer begegnet in den Editionen durch Hefele ([2]1842 [3]1847) und de Muralto (1847) sowie in Reitmayrs Übersetzung von 1869 (BKV 1,67–115). Die marginalständige, überaus detaillierte Verszählung (z.B. Barn 10 in 39 Verse, Barn 19 in 45 Verse, ταῦτα μὲν οὕτως separat als Barn 17,3 und ὁ κύριος τῆς δόξης gesondert als 21,16 = 21,9c) durch de Muralto fand ebenso wie jene, wiederum eigentändig von Volkmar keine Resonanz. Dressel zählt in seiner Edition von 1857 nur die 21 Kapitel, denen er Überschriften voranstellt; ebenso verzichten Hefele und Reitmayr auf eine Verseinteilung. Weil diese „alte Kapiteleintheilung … überall angenommen ist“ (MÜLLER, Erklärung 9 Anm. *), legt sie Müller 1869 seiner Edition und seiner Kommentierung des Barn zugrunde. „Hingegen in der Paragrapheneintheilung habe ich mir meinen eigenen Weg erlauben zu dürfen“ (ib.). Dieser Paragraphen-, d.h. Verseinteilung folgen die Textausgaben durch Gebhardt/Harnack (1876), Cunningham (1877) und Funk (1878 [2]1901); sie ist mit der Einteilung und Zählung der Kapitel in 21 Abschnitte Usus geworden (vgl. WENGST, SUC 2,138–195; ferner die durch Lindemann/Paulsen neueditierte, mit deutschen Übersetzungen erweiterten Textausgabe von Funk/Bihlmeyer 1924. Die erste Edition des Barn, die die vier Hauptzeugen des Textes berücksichtigte, HILGENFELD, Barnabae Epistula. Lipsiae [2]1877, kennt allerdings nur Kapitel-, aber keine Verseinteilung. Eine Verschiebung der seit Müllers Edition gewonnten Kapitel- und Versgrenzen begegnet in der Textausgabe und französischen Übersetzung durch Prigent/Kraft. Im Unterschied zu dieser Ausgabe, die ihre abweichenden Verseinteilungen anzeigt – nicht jedoch bei Kapitelgrenzen (z.B. schlagen sie ταῦτα μὲν οὕτως [17,2] zu Barn 18) –, verzichtet die Textausgabe und italenische Übersetzung durch Scorza Barcellona auf diese Hinweise. – Die vorliegende Kommentierung folgt der Einteilung und Zählung, die auch in der zweisprachigen Ausgabe von Lindemann/Paulsen durchgeführt sind.

[47] Auch in seiner Edition der Did setzt sich WENGST, SUC 2,6, deutlich von H ab; vgl. SCHÖLLGEN, Didache 86.

einem besonderen Vertrauen א gegenüber zu stehen, wie dies z.B. bei Wengsts
Textausgabe den Anschein hat. Zum anderen sind (auch) in ihr die Lesarten nahezu vollständig notiert, so daß dem Leser die Möglichkeit eröffnet ist, der Textkonstruktion kritisch zu folgen.

Sowohl aus diesen Gründen als auch um der Gefahr zu entgehen, aus den gängigen kritischen Editionen stillschweigend einen Mischtext zu konstruieren, wird
im folgenden bei der Auslegung des Barn die Edition von Funk/Bihlmeyer, die nun
mit einer Übersetzung von Koch versehene Neuauflage durch Lindemann/Paulsen
verfügbar ist, zugrunde gelegt, wobei an strittigen *und* für die Auslegung erheb-
lichen Stellen selbstverständlich auch die anderen obengenannten Textausgaben zu
Rate gezogen werden.

§ 4 Struktur, Komposition und literarischer Charakter

1. Integrität, Aufbau und Gliederung

a. Literarische Einheitlichkeit und Aufbau

Noch vor der Entdeckung von א und H hat Hefele[1] entscheidende Argumente dafür geliefert, daß die lateinische Übersetzung als Fragment und nicht als „Zeuge für
ein ursprünglich nur die Kapitel 1–17 umfassendes Dokument"[2] zu gelten hat.[3]

---

[1] Vgl. HEFELE, Sendschreiben 196–215; HARNACK, Geschichte 1,414; DERS., Barnabas 413.

[2] WENGST, SUC 2,110. Zur Hs. L vgl. ferner S. 46–62 die Abschnitte 2. Spätere Bezeugung in der Alten Kirche und 3. Nennung des Barnabasbriefs in alten Schriftenverzeichnissen.

[3] Die Floskel ταῦτα μὲν οὕτως (17,2b) zieht zwar einen Schlußstrich unter alles, worauf sich ταῦτα be-
ziehen mag, doch läßt allein schon das μέν eine Fortführung erwarten (vgl. BLASS/DEBRUNNER,
Grammatik § 447,2; klassische Beispiele bei MÜLLER, Erklärung 343). Dieses Korrelat begegnet sogleich
im ersten Satz von 18,1 (μεταβῶμεν δὲ καὶ ἐπὶ ἑτέραν γνῶσιν καὶ διδαχήν). Diesen syntaktischen
Konnex bestätigt der Vers auch inhaltlich, indem der Vf. auf sein Resümee hin eine „Erkenntnis und
Lehre anderer Art" ankündigt. Daß der Prototyp Λ, vielleicht auch erst L am Ende von Barn 17 einen
Defekt diagnostiziert hat, zeigt seine Transponierung des letzten Satzes von 12,7 (ἔχεις πάλιν ...) vor die
Schlußdoxologie *(Habes interim de maiestate Christi, quomodo omnia in illum et per illum facta sunt ...)*
von Barn 17. Es ist der Versuch, angesichts eines auf Barn 17 hin fehlenden Korrespondenzabschnitts zu
Barn 2–16 sowie eines mit Barn 1 vergleichbaren epitularen Schlusses, „der Übersetzung einen klangvollen Abschluß zu geben" (WENGST, Tradition 4; weitere Motive bei MUILENBURG, Literary Relations
15f., der freilich den Nachweis führen will, daß Barn 1–17.21 und Barn 18–20 den gleichen *Verfasser* haben
[ib. 109–135];kritisch dazu bereits CREED, The Didache 370–387). Hieraus folgt zum einen die Integrität,
daß also das Schriftstück von Anfang an den von א und H überlieferten Umfang hatte, der durch das explizit für Barn reklamierte Zitat aus Barn 21,5.6.9 in Clem. *str.* II 18,84,3, durch den Anklang an Barn 18,1
in Or. *princ.* III 2,4, durch die Parallelen in der CEA (Barn 19,2 in CEA 4,2, Barn 19,9b.10a in CEA 12,1,
Barn 21,2c–4.6a in CEA 14) sowie die Zitate und die Resonanz bei Didymus v. Al. (vgl. S. 48), speziell
das Bruchstück von Barn 19,12 in *Ps.* 40–44,4 (Cod. 300,12f.), bezeugt ist. Zum anderen ist hieraus zu folgern, daß der Vf. die in Barn 17,1–18,1a aneinanderstoßenden Abschnitte als in sich geschlossene Teile ver-

Richtig an der Separation der Kapitel 18–21 als Nachtrag[4] zu einem von L überlieferten Ursprungsbestand ist jedoch die ihr vorausgehende Beobachtung, daß in Barn 17 eine Nahtstelle vorliegt.[5] Zusammen mit weiteren literarkritischen Befunden[6] und dem Unbehagen, daß die Gedankenführung des Barn wenig Linie verrät, bildete sie die Basis diverser Interpolationshypothesen.[7] Doch alle texttheoreti-

---

standen hat. Letzteres geht mit der Beteuerung des Vf. in 17,1 zusammen, seiner in 1,5 selbst gestellten Aufgabe, vollständig und authentisch zu überliefern, nachgekommen zu sein.

[4] Die der Sache nach schon von MÜLLER, Erklärung 7–10.344–347, und HOLTZMANN, Die Didache und ihre Nebenformen 160f., vertretene Teilungshypothese hat zuletzt durch GOODSPEED, Doctrina 231.235, und BARNARD, Problem 214f., der – wie einst HILGENFELD, Die Apostolischen Väter 29f.; DRESSEL, Patrum Apostolicorum Opera VIII; HAEUSER, Barnabasbrief 102–106 – den Zusatz vom selben Vf. stammen läßt, mehr en passant zwei Reanimierungsversuche erfahren. Unspezifisch nennt SCHÜTZ, Barnabasbrief 881, Barn 18–21 „Anhang".

[5] Ménard unterteilte den Text in zwei Hauptteile. Den ersten Hauptteil (d.h. Barn 1–17) gliederte er in zwölf Kapitel und den zweiten (d.h. Barn 18–21), dessen Kapitel er separat zählte, in vier Kapitel. Die Fragmente von Usshers Textausgabe (vgl. BACKHOUSE, The editio princeps 249–270) lassen keine Gliederung erkennen. Von der Kapiteleinteilung und -zählung (vgl. S. 72) abgesehen, wurde Ménards Zweiteilung des Schriftstücks Grundlage für die Gliederung des Barn in einen ‚theoretischen' (Barn 1–16) und einen ‚praktischen Teil' (Barn 18–20). Die Kapitel 1 und 21 erkannte bereits die älteste Forschung als epistulare Rahmung; sofern Kapitel 17 nicht en passant einem der beiden Hauptteile zugeordnet wurde, erklärte man dieses kurze Stück als „ersten Schluß" oder als Überleitung. An dieser groben Aufteilung hält auch HILGENFELD, Die Apostolischen Väter 13–30, fest. Weil aber im sog. ‚theoretischen Teil' paränetische Elemente begegnen, wollte er den sog. ‚praktischen Teil' als „paränetischen Anhang" vom „eigentlichen Brief", also Barn 1–17, abgehoben wissen. Für die Kapitel 2–16(17) schlug Hilgenfeld eine Vierteilung vor, nämlich: Teil 1 (Barn 2–4) „Das Zeugniss der ATlichen Propheten"; Teil 2 (Barn 5–8) „Die völlig selbständige Stellung des Christenthums zum Judenthum [hängt] mit der Bedeutung und dem Zweck des Erlösungstodes Christi zusammen"; Teil 3 (Barn 9–12) „Das neue Gesetz des Christenthums [ist] schon unter der Hülle des alten Gesetzes nachzuweisen"; Teil 4 (Barn 13–16 inklusive Barn 17 als ‚Abschluß') „Der Nachweis, dass nicht die Juden, sondern nur die Christen in diesem Sinne das Volk Gottes sind". Barn 1 dient als „Gruss und Eingang"; Kapitel 18–21 gelten als „paränetischer Anhang". Dieser Gliederung folgt DRESSEL, Patrum Apostolicorum Opera VIIf., nur daß ihm zufolge Teil 4 ausdrücklich bis Barn 17 reicht und der Anhang erst mit Kapitel 19 beginnt. Auch MÜLLER, Erklärung 8–10, optiert für eine Zweigliederung des Schriftstücks, doch sieht er aufgrund thematischer Kohärenz und im Blick auf den Zweck des „eigentlichen Briefes" die Nahtstelle bei Kapitel 7. Müller zufolge beinhaltet Kapitel 1 „Gruss, Einleitung". Kapitel 2–6 bilden den ersten Hauptteil des Briefes, und zwar zu dem Thema: „Die alten Kultushandlungen haben keine Giltigkeit [sic], sondern allein der durch Christi Leiden und Sieg erworbene neue Bund". Der zweite Hauptteil (Barn 7–21) steht unter dem Thema: „Der alte Bund bildet jedoch den neuen vor durch Typen in Kultus und Geschichte." Barn 17 gilt als erster, Barn 21 als zweiter Schluß; Barn 18–20 sind ein Anhang. Im selben Jahr wie Müllers Edition und Kommentar erschien jene von Cunningham. Seine Gliederung unterscheidet sich von Müllers Entwurf vor allem darin, daß er Barn 5 und 6 dem zweiten Hauptteil zuschlägt.

[6] Vgl. die Zusammenstellung der literarkritischen Analysen (Bemerkungen, die den Zusammenhang stören; Einfügungen, die einen Zusammenhang sprengen; offensichtliche Erweiterungen und Zusätze), bei WINDISCH, Barnabasbrief 409, und WENGST, Tradition 53f.

[7] Nach ersten Vermutungen durch Isaak Vossius (1618–1689) in den Anmerkungen zu seiner Textausgabe (Barnabæ Epistola, Amstelod 1646, 317) und seitens des Amsterdamer Philosophen und Kirchengeschichtlers Johannes Clericus (1657–1736) in seinem Werk ‚Historia ecclesiastica duorum priorum saec., Amsterdam 1716, 474,' bewog 1837 Daniel Schenkel die „Verschiedenheit des Inhalts und der Darstellung" (Über den Brief des Barnabas 652–686; hier 656) zur Annahme, daß „ein bekehrter Therapeut" (ib. 685; vgl. KRAFT, Barnabas 288–290, zufolge weist der Barn in das Milieu der bei Philo erwähnten, essenisch ge-

schen Erklärungen, die auf literarkritischem Weg einen Ur-Barn zu rekonstruieren versucht haben und für die unbestreitbaren störenden Wiederholungen und unvereinbaren Spannungen spätere Eingriffe in diese Grundschrift verantwortlich machten, haben das Schriftstück, seine „teilweise sehr eigenartig, wirr und gebrochen erscheinende Gedankenführung,"[8] nicht klarer und verständlicher werden lassen. Keine Aufteilung des Materials und die Profilierung verschiedener Etappen bzw. Hände kommt ohne gewaltsame Interpretationen aus und steht zugleich immer der sprachlichen Einheit[9], die sich u. a. in den gleichförmigen thematischen Einsätzen und Überleitungen dokumentiert, sowie den Verbindungen zwischen beiden Hauptteilen (vgl. 4,10 und 20,1; 17,2 und 18,1) entgegen. Tatsächlich ist von derartigen Teilungsideen, die von ihrem methodischen Ansatz und ihrer hermeneutischen Perspektive her als typische Produkte der literaturhistorischen Forschung des 19. Jh. ausgewiesen sind, für eine Texttheorie des Barn und damit auch für seine Auslegung ebensowenig zu erwarten[10] wie von Versuchen, die literarkritischen Beobachtungen mit der Diagnose des schriftstellerischen Unvermögens des Vf. zu erklären und die Integrität zu retten.[11]

---

prägten Therapeuten bzw. ein durch ihr Gedankengut beeinflußtes christliches Umfeld) eine von dem aus Apg und dem Corpus Paulinum bekannten Barnabas stammende Grundschrift interpoliert hat. Zu diesen ersten sowie den folgenden historisch-kritischen Studien über den Barn, die durch den Dissens über seine Echtheit initiiert und weithin auf ihn fokussiert bleiben, vgl. SCHENKEL, Über den Brief des Barnabas 652–656, und die Hinweise bei EHRHARD, Altchristliche Litteratur 84f.; ferner WINDISCH, Barnabasbrief 408–410, der einen zweistufigen Werdeprozeß annimmt, in dem der heidenchristliche Vf. zunächst alttestamentliche Testimonien mit Didachestoff verbunden (B1) und später, ergänzt mit eigenen exegetischen Zwischenbemerkungen und geringen Umstellungen, zu einem Ganzen komponiert hat (B2); PRIGENT, Les testimonia 11–16; WENGST, Tradition 6. Den letzten derartigen Versuch hat 1971 ROBILLARD, L'épître de Barnabé 184–209, vorgelegt. Er nimmt an, daß die von dem in Gal und Apg genannten Barnabas stammende (ib. 185.208) Grundschrift „B1: un juif chrétien en attente du retour du Seigneur" (ib. 199–202), zwischen 90 und 120 von „B2: un gnostique et un juif hellénisé" (ib. 191–199) überarbeitet und um 130 von „B3: un antijuif et un prégnosticiste" (ib. 186–190) abschließend redigiert wurde. Gegen diese triadische Genese des Barn wendet WENGST, SUC 2,111 Anm. 27, ein, „daß der Weg von B1 zu B3 schon deshalb schwer nachvollziehbar ist, weil Übernahme von Tradition kaum in bloßer Negation erfolgen kann." Skepsis ist allein schon deshalb angezeigt, weil das theologische Profil der Redaktoren, das anhand der erhobenen Bearbeitungsstufen gewonnen ist, zugleich Prüfstein für eben diese Scheidungen des Textes ist. Überhaupt ist es verwunderlich, daß – die barnabäische Herkunft vorausgesetzt – eine im Grundstock uralte Schrift (B1), und zwar einer durchaus prominenten Gestalt, mit Ausnahme ihrer nachhaltigen Modifikation durch B2 und B3 keinerlei Aufmerksamkeit in der Frühzeit der Kirche erfahren hat.

[8] WENGST, Tradition 5; vgl. DERS., Barnabasbrief 111.

[9] Vgl. insbesondere die linguistischen Beobachtungen von MUILENBURG, Literary Relations 48–72; DERS., Introduction 419–427; ferner das Referat darüber bei CARLETON PAGET, Barnabas 76 Anm. 25–34.

[10] So bereits das Urteil von HEFELE, Sendschreiben 145; vgl. ferner WREDE, Rätsel 87, sowie Veils Erwiderung (NTApo² 2,504) an Windisch.

[11] BARDENHEWER, Geschichte 1,106f., der bestärkt durch die Auffindung der Did in der Hs. H Barn 18–20 von Did 1–6 abhängig sein läßt, sah „die schriftstellerische Unbeholfenheit des Verfassers in neues Licht gesetzt", weil dieser „aus einer gut geordneten Gedankenreihe, einer organisch verbundenen Sentenzensammlung … ein Chaos zu machen verstanden" hat. Vgl. DERS., Patrologie 21; ferner EHRHARD, Altchristliche Litteratur 84f.; FUNK/BIHLMEYER, Die Apostolischen Väter (1924), XXI; SCHMID, Barnabasbrief. RAC 1 (1950) Sp. 1213: „Eine schwache literarische Leistung. … Die ungeordnete Masse … [der] Darlegungen wird nur durch den Grundgedanken einigermaßen zu einer Einheit zusammengehalten."

Eine neue Deutung des literarischen Tatbestandes wurde durch die Formgeschichte ermöglicht. Demnach könnten die literarischen und gedanklichen Zäsuren
Ausdruck dafür sein, daß die Stoffe einem liturgisch-kultischen oder katechetisch-
homiletischen Formular gemäß ausgewählt und organisiert sind. Verbindendes
Merkmal solcher Entwürfe ist, daß sie 1. im Unterschied zu den Interpolationshypothesen einen einzigen und einen konsistenten Gestaltungs- und Bestimmungsort des Schriftstücks annehmen und 2. die Liturgie, speziell aber die *post*-
baptismale Katechese, als „Sitz im Leben" ausmachen. Versuche solcher Art
unternahmen Schille (1958), Balzer (1960), Muilenburg (1926), Vokes (1938) und in
verschiedenen Varianten Barnard.[12]

Nachdem Haeuser die Benutzung dreier früher gehaltener „Predigten oder Kat-
echesen" als Konstituenten von Barn 2,4–17,1 in Erwägung gezogen hatte,[13] wollte
Schille nachweisen, daß Barn 2–17 gemäß den ersten vier Teilen eines sechsglied-
rigen katechetischen Schemas aufgebaut ist, das die Sachbereiche der christlichen
Anfangsunterweisungen umreißt und dessen sechs Rubriken in Hebr 6,1b.2 paar-
weise aufgezählt sind.[14] Die beiden im Barn fehlenden Schlußglieder – Auferstehung und Gericht – sah Schille hinreichend durch den Hinweis von 17,2 erklärt,
über Gegenwärtiges und Zukünftiges nichts schreiben zu wollen.[15] Weitere Bestä-

---

[12] Aus der Vielzahl von Barnards Arbeiten über Einzelfragen des Schriftstücks befassen sich zwei mit
der Anlage des Barn: der erst 1966 in seinem Sammelband ‚Studies in the Apostolic Fathers and their
Background‘ veröffentlichte Beitrag ‚Judaism in Egypt a.d. 70–135‘, S. 41–55, sowie ‚The Epistle of Barnabas and the Tannaitic Catechism‘. AThR 41 (1959) 177–190. Beide Artikel sind mit zwei weiteren ohne
nennenswerte Änderungen nun als Kapitel I und IV unter dem gemeinsamen Titel ‚The »Epistle of Barnabas« and its Contemporary Setting‘. ANRW II 27/1,159–172.180–190 nochmals verfügbar.

[13] Vgl. HAEUSER, Barnabasbrief 4f.9f.102–106, gliedert das Schriftstück in Einleitung 1,1–2,3; atl. Opfer-
und Fastengebote 2,4–4,8; das im AT verkündete Leiden Jesu 4,9–12,10; Bundesstiftung, Sabbatfeier
und der Tempel 13–16; erster Abschluß 17,1.2a; ein von Barnabas beigefügter Anhang 17,2b–20,2; Schlußkapitel 21.

[14] SCHILLE, Tauflehre 33–35, teilt die Passagen wie folgt: „Buße von toten Werken" (Barn 2–9), „Glau-
be zu Gott" (Barn 10), „Lehre der Tauchungen" bzw. „Tauch-Lehre" (Barn 11.12), „Handauflegung" bzw.
„Geistmitteilungs-Lehre" (Barn 13–16); wegen 17,2 sind die Rubriken „Auferstehung von Toten" und
„Ewiges Gericht" ausgeklammert. Zur Stelle vgl. GRÄSSER, Hebräer 1,334–343; dort und bei WIN-
DISCH, Hebräerbrief 99, der „die Aufnahme von Stücken aus einem jüdischen Proselytenkatechismus"
erwog, weitere Literatur; ferner KRETSCHMAR, Geschichte des Taufgottesdienstes 21.

[15] Insofern Hebr 6,2 gemäß eine Unterweisung über die Auferstehung seit früherer Zeit zu den gewich-
tigsten Stücken des Taufunterrichts gehört und sich diese Übung bis ins 4. Jh. hält (vgl. TA 21 sowie die
Hinweise bei KRETSCHMAR, Geschichte des Taufgottesdienstes 155 Anm. 35), widerspricht Barn 17,2 im
Grunde der These von Schille, denn Barn 17,2 signalisiert doch dann, daß – die Kenntnis eines katechetischen Schemas vom Zuschnitt von Hebr 6,1b.2 seitens des Vf. vorausgesetzt – der Kompositionswille
des Vf. stärker war als die Prägekraft eines derartigen Formulars, und zwar exakt bezüglich jener Abschnitte, die nachweislich zu den tragenden Teilen des Schemas zählen. Daß der Vf. Auferstehung und
Gericht als bereits gegenwärtig ansieht und deshalb das dritte Rubrikenpaar ausspart, ist nicht zu erweisen. Wenn auch nicht eigens thematisiert, so klingt doch – sei es auch nur als Topos – wiederholt der soteriologische Konnex zwischen gegenwärtigem Tun und eschatologischem Lohn an (4,1b.9b.12; 5,7;21,1).
Zur Eschatologie vgl. ferner LOHMANN, Drohung und Verheißung 195–241; LONA, Auferstehung
43–49. Zu bedenken ist schließlich, daß aus Hebr 6,1b.2 keineswegs sicher hervorgeht, daß in dieser frühen Zeit alle Akte, die Hebr 6,1b.2 auflistet, bereits baptismal ausgerichtet waren. So ist nicht nur fraglich,
„ob hier von einer Handauflegung bei der Taufe die Rede ist" (KRETSCHMAR, Geschichte des Taufgot-

tigung fand Schille im katechetischen Zitations- und Lehrstil, in dem der Vf. „an
eben Getaufte"[16] in der Art eines Lehrers schreibt, der im Konnex mit der ange-
hängten Zwei-Wege-Lehre, „die wegen Did 7,1 als Taufmahnung gelten darf,"[17] die
katechetische Disposition des Schriftstücks indiziert. Doch drängt sich im ersten
Hauptteil des Barn die Vierteilung des Stoffes nach dem Muster von Hebr 6,1b.2
keineswegs von selbst auf. Im übrigen ist die Zuordnung nicht stringent,[18] vor
allem aber lassen sich die Rubriken selbst[19] nicht nachweisen. Grundsätzliche
Skepsis ist auch bezüglich der durch das Schema evozierten baptismalen Kommunikationssituation angezeigt. Davon abgesehen, daß die Did nicht zum Quellen-
material des Barn gehört, somit auch für die katechetische Zuordnung der Zwei-
Wege-Lehre kein Argument liefert und daß im Barn eine mit Did 7,1 vergleichbare
*prä*baptismale Funktionsbestimmung von Barn 18–20 nicht nur fehlt, sondern
durch dessen Endstellung verwehrt ist, liefern weder das Themenspektrum noch
die formelhafte Einführung von Zitaten und deren Auslegung (s.u.) hinreichend
Grund, das Schriftstück ins unmittelbare katechetische Umfeld der Taufe zu plazieren. Wenn schon, dann sind Barn 18–20 *post*baptismale Paränese. Grobstruktur,
Verfasserprätention und Duktus weisen vielmehr ins schulische Ambiente als Ge-
staltungs- und Bestimmungsort. Falls ein katechetisches Schema, wie es in Hebr
6,1b.2 aufscheint, Pate stand – was unwahrscheinlich ist –, dann hat es der Vf. „gekonnt" verstanden, diesen Beistand zu verbergen.

Noch weniger überzeugt die eher beiläufig aufgestellte These von Balzer, der das
triadische Bundesformular,[20] bestehend aus einem „dogmatischen Teil", der „Vorgeschichte" (Barn [2–4.]5–17), einem „ethischen Teil", einer „Grundsatzerklärung"
(19,2) mit Ge- und Verboten (19,3–20,2), und einem eschatologischen Teil,[21] den er
„Segen und Fluch" (21,1-3) nennt, als kompositorisches Gerüst erkennen will;[22] Barn
1 und 21,4–9 gelten als epistulare Einleitung und Schluß. Abgesehen von der dispro-
portionalen Verteilung der Stoffe und davon, daß der Barn allein, weil das Bundesformular wohl im gottesdienstlichen Kontext bewahrt wurde (1 QS 1,18–2,18; 3,13-4,26;

---

tesdienstes 780); nach TA 21 konnten Teile dieses vermeintlichen Schemas auch separat und in unterschiedlichen Kommunikationssituationen aufgegriffen werden. Allem Anschein nach fehlt das dritte Rubrikenpaar also deshalb, weil das Schema nicht benutzt ist.

[16] SCHILLE, Tauflehre 31.51.

[17] SCHILLE, Tauflehre 31.

[18] Mit Recht frägt WENGST, Tradition 6: „Wie soll man es verstehen, daß derselbe Stoff (4,6-8; 14,1-5)
einmal der ‚Buße von toten Werken' und das andere Mal der ‚Geistmitteilungs-Lehre' zugerechnet
wird?" Zwar sind Schemata – wie dies die alttestamentlichen Prophetenberufungen (Ri 6,14-18; 1 Sam
9,16-10,7; Jer 1,4-10; Jes 6,1-10.12; Ez 1-3; ferner die ‚Moseberufungen' (Ex 3.4; 6,2-7,7; vgl. GOUDERS,
Berufungsberichte 200-212.243.308-312 Anm. 34) belegen – nichts Starres, sondern innerhalb bestimmter
Grenzen flexibel, aber im Fall des Barn überschreitet die inkonsequente Stoffverteilung die Varianz, die es
gestattet, noch auf eine prägende Bedeutung des Schemas zu schließen. Diese Inkonsequenz mit der
schriftstellerischen Inkompetenz des Vf. erklären zu wollen, den schematischen Vorgaben zu entsprechen, hieße, wenig hilfreiche Annahmen aus einseitig betriebener Literarkritik zu reanimieren.

[19] Vgl. GRÄSSER, Hebräer 1,337; KRETSCHMAR, Geschichte des Taufgottesdienstes 21.

[20] Vgl. BALTZER, Bundesformular 45-48.96.

[21] Vgl. BALTZER, Bundesformular 96 Anm. 1.

[22] Vgl. BALTZER, Bundesformular 128-131.181; analog gliedert er Did, Jub und TestXII (ib. 132-170).

CD), in den Sog eines liturgischen Ambientes gerät, ist es „offensichtlich, daß hier eine anderswo gemachte Entdeckung auf ein untaugliches Objekt übertragen wurde."[23]

Zu den Anfängen der formkritischen Analyse als exegetischer Methode führt der Erklärungsversuch von Muilenburg aus dem Jahr 1926 zurück, demzufolge der Barn ein Talmud (תַּלְמוּד) aus Haggada (הַגָּדָה) (Barn 2–17) und Halacha (הֲלָכָה) (Barn 18–20) ist, den Barn 1 als „Greeting and Introduction" und Barn 21 als „Conclusion" umschließen.[24] Die These wurde von Vokes aufgegriffen[25] und in neuerer Zeit noch von Barnard vertreten. Barnards Hauptargumente sind neben den jüdischen Themen und der Vertrautheit mit jüdischen Riten die rabbinische Bibelauslegung, wobei insbesondere die rabbinische Methode, Midraschim zu schreiben, die Brüche erklären soll[26] sowie die Klassifizierung des Schriftstücks als διδαχή in Barn 9,9; 16,9; 18,1.[27] Hierauf gründet sich auch die Profilierung des Vf. als „converted Rabbi"[28] sowie die Situierung des Barn in die unmittelbare Nachgeschichte des durch angereiste palästinische Pharisäer forcierten Synagogenausschlusses jüdischer Christen in Ägypten.[29] Über die Frage, ob eine solche Sezession mit ihren gruppenbildenden Folgen der ‚Sitz im Leben' des Barn ist, sei hier nicht gestritten. Aus drei Gründen vermag der Hinweis auf das Lexem διδαχή die These, daß der Barn im technisch-literarischen Sinn ein Talmud, eine lehrhafte Sammlung rabbinisch geprägter kerygmatischer Exegese und religionsgesetzlicher Ge- und Verbote ist, nicht zu tragen: Erstens ist der Term διδαχή in 9,9 nicht auf das Werk insgesamt, sondern auf den Kontext bezogen, zweitens ist das Lexem in 16,9 in einen Merksatz eingepaßt und mit weiteren Termini (πίστις, ἐπαγγελία, δικαιώματα) parallelisiert und drittens ist in 18,1 γνῶσις, womit die Schriftauslegungen gemeint sind, die erst kraft der Geistbegnadung möglich sind, mit διδαχή gleichgesetzt. Abgesehen von der Beurteilung des Schriftstücks als Ganzem, bestätigen die Annahmen von Muilenburg et al. nur die bekannte Nahtstelle Barn 17, für die Gliederung en detail tragen sie hingegen nichts aus, denn aus den beiden Sammelgattungen[30] Haggada und Halacha lassen sich keine für eine Gliederung des Barn bedeutsamen Formgesetze ableiten.

Diesem Defizit versuchte Barnard mit der Hypothese abzuhelfen, der Barn, der en passant als Katechese[31] klassifiziert wird, folge in Ordnung und Substanz dem Tannaitischen Katechismus, dessen fünf Abschnitte er wie folgt zuordnet: die Prüfungen (Barn 1–4), die Gebote (Barn 5–16), Mildtätigkeit (Barn 18–20), die Strafen

---

[23] WENGST, Tradition 6.

[24] Vgl. MUILENBURG, Literary Relations 48–72; spez. 50–53.59; DERS., Introduction 419–427. Der Terminus technicus הֲלָכָה weist zwar zurück auf הלך, doch in der rabbinischen Exegese ist das zugrundeliegende Bild vom Weg verblaßt und anstelle der Grundbedeutung ‚Gehen, Wandeln' die Bedeutung ‚Regel, Lehre, Satzung' getreten.

[25] Vgl. VOKES, Riddle of the Didache 42.

[26] Vgl. MUILENBURG, Literary Relations 55–58.

[27] Vgl. BARNARD, Contemporary Setting 165f.; so bereits MUILENBURG, Relations 52: „The work as a whole is nothing more than a Talmud (תַּלְמוּד = διδαχή)."

[28] BARNARD, Contemporary Setting 164.

[29] Vgl. BARNARD, Contemporary Setting 166.169-172.

[30] Vgl. STRACK/STEMBERGER, Einleitung in Talmud und Midrasch 59–64.

[31] Vgl. BARNARD, Contemporary Setting 181.

(Barn 10), Vergeltung und kommende Welt (Barn 21).[32] Gegen diesen Gliederungs-
versuch hat Wengst entscheidende Argumente beigebracht.[33] Insbesondere die Zuordnung von Barn 10 und Barn 18–20 zeigen, daß nicht ein katechetisches Formular, sondern Ordnung und Formtendenzen, die den rezipierten Traditionen inne-
wohnen, z. B. die duale Struktur einer Zwei-Wege-Lehre, die Stoffverteilung und
den Aufriß des Barn prägen. Zu den textlichen Einwänden kommen historischer-
seits die Bedenken hinzu, ob zur Abfassungszeit des Barn die von den Tannaim,
den Tradenten der pharisäisch-rabbinischen Lehrtradition,[34] mündlich bewahrte
Überlieferung bereits verschriftlicht und nach Sachgebieten systematisiert war. Außer Frage steht zwar, daß die Mnemonik zu charakteristischen Strukturierungen
der Traditionsmasse und zur Bildung geordneter Traditionskomplexe geführt haben wird,[35] doch die Existenz eines Schemas, das wie der reklamierte Tannaitische
Katechismus mehrere Überlieferungseinheiten koordiniert und das die von Barnard ihm zuerkannte Prägekraft besitzt, wird, wenn nicht als direkte Bildung der
Redaktion der Mischna durch Jehuda ha-Naśiʿ und seine Schüler an der Wende
zum 3. Jh. (vgl. horaʾa BM 86a),[36] so doch eher als Produkt aus ihrem zeitlichen
Umfeld anzusehen sein.[37]

Mit diesen Hypothesen nur entfernt verwandt ist der von Wehofer[38] bereits 1901
unternommene Erklärungsversuch, die Komposition des Barn anhand der Form-

---

[32] Vgl. BARNARD, Contemporary Setting 181–190. Barnard beruft sich ausdrücklich (ib. 181 Anm. 68)
auf den Rekonstruktionsversuch von DAUBE, Rabbinic Judaism, London 1956; über dessen Begründung
sei hier nicht disputiert, doch ist angesichts der z.B. von STRACK/STEMBERGER, Einleitung in Talmud
und Midrasch 59–64, notierten literarischen Formen und Gattungen sowie der Genese der talmudischen
Überlieferung und deren Struktur gegenüber Daubes These durchaus Skepsis angebracht.

[33] Zwischen Barn 1 und 2 ist deutlich eine Naht, nicht jedoch nach Barn 4; die argumentativ tragenden
sechs Verse (4,9; 1,8; 2,1.10; 4,1.2) sind aus dem Kontext gerissen; die thematische Ordnung ist nicht stringent, denn das Thema ‚Bund‘ (4,6–8) kehrt in 14,1–4 wieder und das Thema ‚Opfer, Feste und Fasten‘
(2.3) gehörte der Sache nach in den zweiten Abschnitt zusammen mit Beschneidung usw.; die Instruktionen der Zwei-Wege-Lehre lassen sich nur zum geringsten Teil der Rubrik „Mildtätigkeit" subsumieren; die Zuordnung von Barn 10 zum vierten Abschnitt wirft die Frage auf, weshalb der Verbotskatalog
in Barn 20 nicht unter ‚die Strafen‘ fällt; schließlich ist die motivierende Verwendung der Eschatologie in
der frühchristlichen Literatur gang und gäbe (vgl. BROX, Hermas 505–512; LONA, Eschatologie 449f.;
DERS., Auferstehung 262f.; WENGST, Tradition 7). Barnard hat diese Einwände in der Neuauflage seines
Beitrags von 1959 nicht berücksichtigt, obwohl ihm laut Literaturverzeichnis die Untersuchung von
Wengst bekannt war.

[34] Vgl. MAIER, Judentum 301–306; STRACK/STEMBERGER, Einleitung in Talmud und Midrasch
16f.22.47–54.141f.; STEMBERGER, Talmud 20.

[35] Vgl. STRACK/STEMBERGER, Einleitung in Talmud und Midrasch 47–54.

[36] Vgl. STRACK/STEMBERGER, Einleitung in Talmud und Midrasch 127–142; STEMBERGER, Geschichte 68–72; DERS., Talmud 30.37.

[37] BARNARD, Contemporary Setting 181 Anm. 67, illustriert die wenig vertrauenserweckende, auf
Analogieschlüssen beruhende Argumentationsweise: „The period of the Tannaim, historically speaking,
came to an end with the completion of the Mishna c. 200 A.D. The Tannaitic literature therefore reflects
earlier teaching than that of the Amoraim and Geonim." Aus der zeitlichen Koinzidenz von Abfassungszeit des Barn und Anfang der Tannaitischen Periode (2. bis Anfang 3. Jh.) kann, weil diese jüdische Tradition bei den Amoräern (bis 5. Jh.) und dann bei den Geonim (7.–11. Jh.) ein Echo finden, nicht auf die
frühe Existenz und Verbreitung eines Schemas geschlossen werden.

[38] Vgl. WEHOFER, Epistolographie 56–79.

gesetze semitischer Kunstprosa, nämlich ‚Responsion‘, ‚Inclusion‘ und ‚Concatenation‘,[39] in den Griff zu bekommen, wobei insbesondere die „Kunstmittel der Prophetenbücher der Septuaginta"[40] auf Diktion und Anlage eingewirkt haben sollen. Der Wert dieses Versuchs liegt in den syntaktischen Beobachtungen. Die Annahme indessen, daß der Barn gemäß diesem triadischen Wechselspiel komponiert ist, hat sich nicht bewährt.

Anders als bei allen bisherigen Versuchen, die ein einheitliches Schema als kompositorisches Rückgrat des Barn bzw. seines ersten Hauptteils zu erkennen glaubten und denen z.B. die als störend empfundenen Wiederholungen (4,6–9 und 14,1–9) oder die wenig folgerichtige Stoffverteilung entgegengehalten wurde, spielen diese Ungereimtheiten bei dem Entwurf von Scorza Barcellona[41] geradezu die tragende Rolle. Er schlägt eine symmetrische, konzentrische Dreigliederung von Barn 2,4–16,10 vor, der zufolge die Themen ‚Opfer (2,4–10) und Fasten (3,1–6)‘, ‚Beschneidung (9–10)‘ sowie ‚Sabbat (15) und Tempel (16)‘ drei polemische, kultkritische Sequenzen (2,4–8,7; 9–14; 15.16) eröffnen; Barn 1,1–2,3 (!) und Barn 17 bilden hierzu Einleitung und (ersten) Schluß. Vom Abschnitt ‚über die Beschneidung‘ (Barn 9f.) abgesehen, besitzen strukturell wesentliche Teile ein Pendant in einem späteren Teilstück der Schrift: Barn 4 korrespondiert mit Barn 13f. unter dem Thema ‚die zwei Völker und der Bund‘, und Barn 5–8 steht in Konnex mit Barn 11f., nämlich kraft des thematischen Komplexes ‚Tod Jesu, Taufe anhand atl. Typologien‘. So bestechend diese Anlage zunächst sein mag, auch sie kommt nicht ohne eine gewaltsame, von der Idee einer symmetrischen konzentrischen Struktur beseelten Interpretation der Sachzusammenhänge aus. So ist in Barn 5f. Sündenvergebung als stetes Thema nur assoziativ auszumachen – und sofern Barn 11 bereits bekannt ist. Unter dem Titel „Incarnazione" kann Barn 12,8–11 nur insofern subsumiert werden, als man sich der Ausführungen in Barn 5–8 bewußt ist. Aber auch dann ist fraglich, ob die Fleischwerdung der Scopus dieser vier Verse ist und ihre Einfügung veranlaßt hat oder ob nicht eher das Signalwort τύπος, das schon Barn 12,1–7 organisiert, die Josua-Jesus-Episode in Erinnerung gebracht hat, um (im Anschluß an die Kreuzestypologie in 12,1–7) die Präexistenz und Gottessohnschaft des Gekreuzigten auszusagen. Ferner: Die thematische Eröffnung in 2,4 und die Koordination von 3,1 sowie der sich auf die Opfer, die Feste und auf die Fasten beziehende Schlußvers 3,6 sind von anderer syntaktischer Qualität als die zwar gleichförmig eingeleiteten, thematisch jedoch deutlich abgegrenzten, sich nur durch die im Barn beinahe floskelhaft benutzten Konjunktionen οὖν und δέ tangierenden Ausführungen über Sabbat

---

[39] Vgl. WEHOFER, Epistolographie 5–16.

[40] WEHOFER, Epistolographie 5.

[41] SCORZA BARCELLONA, Epistola di Barnaba 14–19, speziell 19, wo er weitreichende Folgerungen für den textgenerativen und kompositorischen Prozeß trifft: „Lo schema proposto, senza voler ravvisare una rigida struttura formale dell'opera, rivela quanto meno un certo ordine interno, al di là di ogni aspettativa. Un procedimento del genere invita a supporre in primo luogo che la ripresa di alcune espressioni, immagini o temi, possa anche non essere casuale, né dovuta ad una semplice coincidenza tra le fonti a disposizione di Barnaba, ma ad una scelta consapevole da lui operata".

(Barn 15) und Tempel (Barn 16). Daß das Doppelkapitel über ‚Opfer, Feste und Fasten‘ (2,4–3,6) in den beiden thematisch eigenständigen Kapiteln über den Sabbat (Barn 15) und über den Tempel (Barn 16) seine uniforme Reprise hat, ist syntaktisch kaum überzeugend.[42]

Der wesentliche Ertrag all dieser Arbeiten ist ein dreifacher: 1. Sie erweisen die literarische Integrität, d.h. daß der Barn besitzt von Anfang an den von den Hss. ℵ und H überlieferten Umfang. Für die literarische Integrität spricht schließlich, daß durchgängig ein und dieselbe Situation vorausgesetzt ist, d.h. im Licht der (binnenchristlichen) Frontstellung[43] erscheint der Barn als literarische Einheit.[44] 2. Zum anderen ist durch diese Studien evident geworden, daß man im Barn fortgesetzt auf Tradition trifft und daß in Barn 17 zwei Traditionskomplexe aneinanderstoßen, wobei der zweite eine unverkennbar höhere Kohärenz besitzt. 3. Im stilistischen Gleichklang mit Barn 17 heben sich Barn 1 als Begrüßung mit Einleitung und Barn 21 als Schluß vom übrigen Schriftstück ab.[45] Die Kapitel 1, 17 und 21 sind die kompositorischen Eckpfeiler des Barn. Als Einleitung und Schluß rahmen Barn 1 und 21 zwei Abschnitte unterschiedlicher Länge (Barn 2–16; 18,1b–20,2) mit je eigenem inhaltlichen, formalen und traditionsgeschichtlichen Profil, wobei 17,1–18,1a nicht nur deren Schnittstelle markiert, sondern zugleich vom ersten zum zweiten Hauptteil überleitet. Hieraus ergibt sich folgende Grobgliederung:[46]

Begrüßung und Einleitung	1
1. Hauptteil	2–16
Überleitung	17,1–18,1a
2. Hauptteil	18,1b–20,2
Schluß	21

Die makrosyntaktische Ordnung des Schriftstücks sowie die Struktur seines zweiten Hauptteils, bei dem es sich um eine traditionelle Zwei-Wege-Lehre handelt, ist leicht zu überblicken. Die Einleitung (18,1b.2) kündigt in 18,1b mit den beiden Antonymen ‚Licht‘ und ‚Finsternis‘ einen zweigliedrigen Abschnitt an, dessen analoge, aufeinander bezogene Einsätze 19,1 (ἡ οὖν ὁδὸς κτλ.; vgl. Did 1,2) und 20,1 (ἡ δὲ τοῦ μέλανος ὁδός κτλ.; vgl. Did 5,1) den Weg des Lichtes (19) dem Weg der Finsternis bzw. des Schwarzen (20) gegenüberstellen, und der, auf Barn 2–16 folgend, insgesamt eine „Erkenntnis und Lehre“ anderer Art (vgl. 18,1a) mitteilt.

---

[42] Scorza Barcellona wird darin zuzustimmen sein, daß der Vf. bei der Behandlung seiner Themen planvoll vorgeht (vgl. dazu S. 97f. unter Punkt „d. Argumentationsstrategien“). Daß er sie insgesamt einem argumentativen Schema gemäß plaziert und organisiert hat, ist allerdings nicht zwingend erwiesen; vgl. auch die Kritik bei CARLETON PAGET, Barnabas 77.

[43] Vgl. die Auslegung zu Barn 4,6c; dort weitere Hinweise.

[44] Vgl. HVALVIK, Scripture 223.

[45] WENGST, Tradition 8, nimmt an, daß der Vf. die Rahmenkapitel „sicher selbständig formuliert“ hat und daß sie „damit Orientierungshilfen für die Scheidung von Redaktion und Tradition in den übrigen Kapiteln“ bieten. Doch ist zu bedenken, daß der Vf. auch in den Rahmenkapiteln Konventionen nicht unbeachtet läßt und geprägte Wendungen, Formeln u.ä. verarbeitet.

[46] Über die älteren Gliederungen vgl. die Anmerkung dazu S. 74f.

Diese vom Inhalt diktierte Ordnung fehlt dem ersten Hauptteil. Doch willkürlich und ohne Disposition ist die Auswahl und Abfolge der Zitate aus der ‚Schrift' und deren Auslegung, die zusammen die Hauptmasse von Barn 2–16 bilden, auch wieder nicht.[47] Beide Redeformen sind stets aufeinander bezogen und einem Thema oder einem Aspekt desselben unterstellt, deren Einsätze, Übergänge und Grenzen typisch sind. Ungeachtet der Frage, wem diese Formalia zu verdanken sind, ist mit ihrer Hilfe eine thematische Ordnung in Barn 2–16 zu erheben.

b. Die thematische Ordnung und Gliederung in Barn 2–16

Sicheres Zeichen für ein neues Thema ist dessen von der Präposition περί regierte Einführung im Genitiv.[48] Dies geschieht bei folgenden sechs Themen: Gegenwart und Heil (περὶ τῶν ἐνεστώτων 4,1), Herr und Leiden (γέγραπται περὶ αὐτοῦ ‹ὁ κύριος [V 1]› 5,2), rechtes Hören (περὶ τῶν ὠτίων 9,1), Wasser und Kreuz (περὶ τοῦ ὕδατος καὶ περὶ σταυροῦ 11,1), Sabbat (περὶ τοῦ σαββάτου 15,1) und Tempel (περὶ τοῦ ναοῦ 16,1). Die präpositionale Eröffnung dient jedoch auch zur thematischen Gliederung innerhalb eines Sachzusammenhangs. Hierbei wird entweder ein Stichwort aus der Themenangabe aufgenommen (περὶ ... τοῦ ὕδατος 11,2; περὶ σταυροῦ 12,1; περὶ τοῦ λαοῦ 13,2), mittels Demonstrativa (περὶ τούτων 3,1; περὶ τούτου σταυρωθεὶς κτλ. 7,3) und Relativa (4,3) auf Vorausgehendes rekurriert oder ein weiterführender Aspekt bestimmt (παθεῖν περὶ τῆς ψυχῆς ἡμῶν 5,5). In 4.3.12; 7,3; 9,4 setzen selbständige Behauptungssätze thematische Wegmarken, wobei das nachgestellte περὶ οὗ γέραπται in 4,3 indirekt auf 4,1 reflektiert und ἀλλὰ καί in 7,3 und 9,4 das thematische Glied mit dem jeweiligen Thema ausdrücklich koordiniert[49]. Der Behauptungssatz 2,4 hingegen kündigt einen thematischen Neuansatz an. Indem sein Subjekt (πεφανέρωκεν γὰρ ... χρῄζει, λέγων ὅτε μέν) auf die Eröffnung des Auslegungszyklus in 2,1 zurückgreift und sein Objekt im Nebensatz das Thema (ὅτι οὔτε θυσιῶν κτλ.) des folgenden Abschnitts bestimmt, gibt er sich als eine erste Umsetzung der Direktive von 2,1 zu erkennen.

Die Verbformen προσέχωμεν 4,9; ζητῶμεν 14,1 und ζητήσωμεν 11,1; 16,6; ἴδωμεν 13,1; 14,1; γινώσκομεν 14,7 sowie δεῖ in Verbindung mit ἐκζητεῖν 4,1 markieren thematische Einsätze. Ebenso wie die Stichwortaufnahme in 14,4 (ἐλάβομεν) sorgt die Konstanz dieser Verben in Form und Stellung sowie ihre Homo- bzw. Synonymie mit der Eröffnungsdirektive in 2,1 (ὀφείλομεν ἑαυτοῖς προσέχοντες ἐκζητεῖν τὰ δικαιώματα κυρίου) für die sachliche Kohärenz von Barn 2–16. Die

---

[47] Das Diktum von Köster, Einführung 716, „eine bestimmte Ordnung ist nicht zu erkennen. Vielmehr wirkt das Ganze mehr wie eine Materialsammlung", ist repräsentativ für den ersten Eindruck, den das Schriftstück bei vielen hinterläßt. Allerdings muß schon die Makrostruktur darauf aufmerksam machen, daß diese anfängliche Irritation nicht die ganze Diagnose über den Aufbau und die Anlage sein kann.

[48] Vgl. Blass/Debrunner, Grammatik § 229; Bornemann/Risch, Grammatik § 195f.; 197,13; Riesenfeld, περί. A περί mit Gen. ThWNT 6 (1959) 53–55.

[49] Anders Windisch, Barnabasbrief 409, der die koordinierende Funktion von ἀλλὰ καί unterschätzt und Barn 9,4f. als ‚ursprünglich neuen Einsatz' wertet.

kompositorische Funktion dieser Verbformen erweist sich in 18,1, wo in gleichlautender Diktion (μεταβῶμεν) nicht nur ein Themenwechsel initiiert wird, sondern zwei Sach- und Überlieferungskomplexe koordiniert werden. Dies unterstreicht, daß sie – wie die formal gleich gestalteten Personalpronomina – auch im Dienst der in Barn 1 gestifteten didaktischen Emphase stehen.

Die Vernetzung der mittels περὶ c. Gen. angezeigten thematischen Wegmarken, die die genannten Verbformen initiieren, wird zum einen durch anschließende Konjunktionen (οὖν, γάρ, πάλιν) in Verbindung mit den Zitationsverben λέγω oder γράφω (s.u.) sowie durch koordinierende Wendungen (ἔτι δὲ καί 4,6; 5,5; 16,1; ἔτι οὖν καί 15,1; ἔτι δὲ κἀκεῖνο 4,14) gesichert. Zum anderen geschieht die thematische Entfaltung in Satzgefügen, die mittels der Partikelfolge εἰ ... πῶς (5,5; 11,1.2; 14,1.4; 16,6.7) gegliedert sind, und die – mit deutlicher Leserorientierung – das Thema (5,1) des Abschnitts, die Auslegung oder das Resümee kraft eines konditionalen Satzes ausdrücklich als Voraussetzung eines hierdurch veranlaßten, das Thema weiterführenden und akzentuierenden Fragesatzes bestimmen. Neben regelmäßigen syntaktisch grammatischen Merkmalen begegnen in einzelnen Abschnitten Gliederungssignale, die Verse zu thematisch homogenen Sequenzen zusammenschließen (vgl. ὑπέμεινεν 5,1.5.12 und den Rekurs in 7,1.2) und mitunter Nahtstellen von Traditionen unterschiedlicher Provenienz anzeigen.

Die folgende Gliederung versucht zweierlei zu berücksichtigen: erstens die genannten makrosyntaktischen Signale, nämlich die rubrikale Funktion der präpositionalen Themaeröffnung, die Gliederungs- und Vernetzungsfunktion bestimmter Verbformen und die typischen Weisen, thematische Aspekte und Akzentuierungen zu rubrizieren, sowie zweitens die Struktur, die durch die Abfolge von Zitaten und deren Auslegung vorgezeichnet ist.[50]

---

[50] Weitaus differenzierter gliedert WENGST, SUC 2,108–110.

c. Disposition

Die beiden Hauptteile des Schriftstücks konvergieren thematisch darin, daß Glaube und Handeln der Christen in der prophetischen Überlieferung vorgegeben und ob ihrer Herkunft bindend sind. Unter diesem Vorzeichen sowie aufgrund der beiden Axiome, daß alles in der prophetischen Rede eine Bedeutung hat und exklusiv die Christen zu ihrem Verstehen fähig sind, gilt alle prophetische Offenbarung immer schon den Christen. Der christliche Glaube und die Verhaltensgrundsätze der Christen sind somit Ausdruck recht verstandener prophetischer Überlieferung. Das Grundthema und die darauf abgestellte, im gesamten Schriftstück vorausgesetzte Kommunikationssituation, daß also zum einen die Leser durch ihren Gnadenstand befähigt sind, die Thematik zu erfassen und sich zugleich in ihren Grundüberzeugungen von anderen Christen verschieden wissen, und daß zum anderen der Vf. exemplarisch und modellhaft diese Thematik darlegen will (1,5; 4,9a; 17,1.2), sind die beiden Fixpunkte, von denen aus von einer Disposition des Barn gesprochen werden kann. Ein ausgesprochener Plan mit exakter Durchführung liegt indes nicht vor. Sowohl die Abfolge der beiden Hauptteile als auch die Reihung innerhalb beider Komplexe ist keineswegs zwingend. Die in der Gliederung angezeigte Folge der Einzelthemen könnte unter Beibehaltung der kompositorischen Eckpfeiler ohne Einbußen für Inhalt, Verständlichkeit und Aussagekraft des Schreibens nahezu beliebig variiert werden. Disponiert ist der Barn von der Absicht, in der Auseinandersetzung mit anderen Christen Glauben und Praxis seiner Bezugsgruppe zu begründen und zu profilieren, indem zunächst die Schrift insgesamt als ursprünglich christlich ausgewiesen und dann ein dualer ethischer Katalog als Verzeichnis typisch christlichen Verhaltens reklamiert wird. Inhaltlich ist der Barn durch die Frage nach der eschatologischen Rettung (vgl. 2,10b; 4,1; 21,1.8b) disponiert; sie bestimmt nicht nur die Auswahl, sondern auch die Organisation der Themen sowie ihre Behandlung.[51] Die Soteriologie ist das theologische Thema des Barn; Christologie, Ekklesiologie und Eschatologie sind ihr funktional zugeordnet.

---

[51] Diese Bestimmung des Fragehorizonts und damit verbunden auch der Disposition des Barn unterscheidet diesen Kommentar im Ansatz und verleiht ihm eine andere Argumentationsbasis, als sie etwa in der Studie von Wengst zum Tragen kommt. Denn ist das Schriftstück von der Soteriologie und nicht wie

2. Literarischer Charakter und Zweck

Anfang und Schluß kleiden das Schriftstück in Briefform.[52] In Barn 1 sind Formen des Briefanfangs, nämlich Elemente eines Präskripts und Proömiums sowie eine briefliche Selbstvorstellung, und in Barn 21 Formen des Briefschlusses, nämlich Schlußparänese mit Selbstempfehlung und ein Eschatokoll, auszumachen.[53] Die Absichtsbekundung des Vf., den Lesern ein Schreiben zu senden (1,5), bzw. sein resümierender Blick auf sein Werk, über das er sagt, er habe sich bemüht, darin den Lesern zu schreiben (21,9) wovon er es vermochte, sowie gleichsinnige Bemerkungen des Vf. über sein Vorhaben (4,9; 6,5; 17,2) zeigen, daß er sein Werk der epistularen Rahmung gemäß als Brief aufgefaßt haben möchte. „Im übrigen wird kein literarisches Versteckspiel getrieben, sondern ein richtiger theologischer Traktat dargeboten."[54] Bezeichnungen wie Traktat[55], Abhandlung[56], Epistel[57], Lehrschrei-

---

WENGST, Tradition 32, meint, von der Christologie her bestimmt, dann ist z.B. in bezug auf Barn 7,11 nicht mehr damit zu argumentieren, daß „an dieser ekklesiologischen Deutung vom christologisch orientierten Briefkontext her kein unmittelbares Interesse besteht."

[52] Über den bloß äußerlichen Charakter der Briefform besteht in der Forschung Konsens; entweder wird dies ausdrücklich festgestellt (z.B. LIETZMANN, Geschichte 1,229; SCHMID, Barnabas. RAC 1 [1950] Sp. 1212; WENGST, Tradition 104; VIELHAUER, Literatur 601) oder es ist der Klassifizierung des Barn z.B. als „Epistel" inhärent (vgl. WEHOFER, Epistolographie 56f.; STÄHLIN, Griechische Literatur 1229; FUNK/BIHLMEYER, Die Apostolischen Väter XXI).

[53] Zu den Epistolarien vgl. SCHNIDER/STENGER, Briefformular 3f.15–107.131–135, ferner die Analysen und Auslegungen zu Barn 1 und 21.

[54] LIETZMANN, Geschichte 1,229.

[55] Vgl. LIETZMANN, Geschichte 1,229; KÖSTER, Einführung 432. Beide verbinden diese literarische Charakterisierung des Barn mit der des Hebr. Innerhalb der christlichen Literatur erscheine – abgesehen von 2 Kor 3 (vgl. den Hinweis bei BERGER, Gattungen 1301) – erstmals mit dem Hebr ein theologischer Traktat. Außer Frage steht, daß sich Hebr und Barn in einer Reihe von Themen und in ihrer Methode der Schriftauslegung berühren und sie sich unter dieser Rücksicht „mit den Traktaten Philos von Alexandrien vergleichen" (KÖSTER, Einführung 432) lassen. Nun ist allerdings keineswegs sicher, ob der Hebr als Traktat gelten kann, es ist vielmehr das literarische Problem dieser Schrift überhaupt. MICHEL, Hebräer 1–9, versteht den Hebr als Predigt, die vorgelesen werden und die Anwesenheit des Verfassers ersetzen soll. THYEN, Homilie 106, zufolge ist der Hebr „das einzige Beispiel einer vollkommen erhaltenen Homilie". GRÄSSER, Hebräer 1,16–18, hingegen trennt den Briefschluß (Hebr 13,22–25) ab, so daß der Traktatcharakter nicht mehr tangiert ist. BERGER, Gattungen 1301, läßt den Traktatcharakter nur für den Passus über das Hohepriestertum des Sohnes (Hebr 7,1–10,18) gelten. Konsequent grenzt er auch für den Barn diese literarische Merkmalsbestimmung ein, beachtlicherweise aber auf Barn 1–17. Er faßt offensichtlich das epistulare Eröffnungskapitel sowie den darauf und auf Barn 21 bezogenen Überleitungsabschnitt Barn 17 als Teile des Traktates selbst auf. Das ist um so erstaunlicher, als der epistulare Schluß des Hebr eben genau das literarische Rätsel dieses Schriftstücks ausmacht. Der literarischen Charakterisierung des Barn – oder immerhin seines ersten Teils – als Traktat ist daher die funktionale Unterordnung des epistularen Rahmens inhärent. Unter diesem Blickwinkel erklärt sich dann auch die bereits inhaltliche sowie von der Zielsetzung und der Methode der Schriftauslegung bestimmte Charakterisierung von KÖSTER, Einführung 715: „In Wirklichkeit ist der Barnabasbrief ein Stück Schriftgnosis wie der Hebräerbrief." Vgl. auch PROSTMEIER, Barnabasbrief. LThK³ 2 (1994) Sp. 18.

[56] Vgl. SCHMID, Barnabas. RAC 1 (1950) Sp. 1212: „Die brieflichen Formularien beschränken sich auf Einleitung und Schluß. Im übrigen hat diese Schrift den Charakter einer Abhandlung."

[57] Vgl. WEHOFER, Epistolographie 56f., der näherhin festzustellen meint, in dieser ‚Epistel' seien „die Gesetze der semitischen Compositionsweise zur Anwendung gekommen" (ib. 57).

ben[58], Flugschrift[59], Propagandaschreiben[60] und „Protreptikos logos"[61] sind von Annahmen zur Situierung und Disposition sowie zum Zweck des Werks flankierte Versuche, das Schriftstück nach der Enttarnung seiner auf frühchristlichen Konventionen beruhenden, ausschließlich funktionalen epistularen Rahmung gattungskritisch einzuordnen.

Für die literarische Charakterisierung des Barn als brieflich gerahmten Traktat sprechen zunächst die auf die Abhandlung ausgerichteten Funktionen der einzelnen epistularen Elemente. Sie bestimmen die Geistbegnadung als das dem Vf. und den Lesern gemeinsame und ihn auf die Leser verpflichtende Fundament, demzufolge er sich an die Leser wendet und beabsichtigt, ihnen bezüglich Glaube und Handeln vollkommene Gnosis mitzuteilen. Sie initiieren und strukturieren die Kommunikation und sie legitimieren seinen Anspruch als Tradent und authentischer Sachwalter der Paradosis. Die „zur Sitte gewordene briefliche Form"[62] dient dem Vf. also zu wirksamer Einkleidung seiner auf die Autorität der Tradition insistierenden Schriftauslegung (Barn 2–16) und der in eben dieser Linie stehenden Handlungsorientierung (Barn 18–20).

Für den Traktatcharakter[63] sprechen ferner der Anlaß und Zweck[64] des Schriftstücks sowie die Anlage[65] seiner beiden Hauptteile. Zwar fehlt eine von epistularen Konventionen unbeeinflußte Situationsskizze, doch ist aus Barn 4,6; 15 und 16,3f. und vielleicht auch aus Barn 21,1 zu schließen, daß es um eine innerchristliche Auseinandersetzung geht, in deren Zentrum die Frage nach der soteriologischen Bedeutung des Christusereignisses steht. Der Zweck ist der durchgehende exegetische Nachweis[66], daß die Schrift als die unstrittig autoritative Grundlage (vgl. Barn 1,7f.; 5,3; 7,1; 21,1.5) exklusiv auf Christus und die Christen weist und daß durch sie alle ihre Verheißungen erfüllt werden.[67] Weil diese Schriftauslegung in Verbindung mit der Maxime von der unbedingten Gültigkeit der Schrift deren strukturelle Okkupation bedeutet, entzieht sie allem Jüdischen von jeher die theologische Grundlage. Die Inkriminierung des Credos anderer Christen in Barn 4,6, die eine dem

---

[58] Vgl. STÄHLIN, Griechische Literatur 1229, der im Barn „nicht einen wirklichen Brief, sondern eine ‚Epistel', ein Lehrschreiben" erkennt.

[59] Vgl. LIETZMANN, Geschichte 1,229.

[60] Vgl. WENGST, Tradition 104.

[61] Vgl. HVALVIK, Scripture 168.

[62] LIETZMANN, Geschichte 1,229.

[63] BERGER, Gattungen 1301, zufolge ist „die Entstehung theologischer Traktate gekennzeichnet durch a) sehr intensive Schriftzitierung und -auslegung, und durch b) ein deutlich apologetisches Interesse, welches die Abgrenzung vom Judentum und die Auseinandersetzung mit ihm direkt zum Gegenstand hat ... Schließlich entstehen c) Traktate als *summae* im Sinne einer Neufassung geltender Tradition auf der Grundlage autoritativer Zeugnisse ... aus Krisensituationen in der eigenen Anhängerschaft, die den Traktat als kleine Summa im Sinne gültiger Orientierung ... fordern".

[64] Vgl. dazu das ausführliche forschungsgeschichtliche Referat bei HVALVIK, Scripture 6–13.

[65] Vgl. dazu S. 83f. unter ‚§ 4 Struktur, Komposition und literarischer Charakter'.

[66] Damit erfüllt Barn das erste textgenerative Merkmal von Traktaten; vgl. S. 87 Anm. 63 Punkt a.

[67] Daher strengt der Vf. „seine exegetische Findigkeit aufs äußerste an, um durch allegorische Kunststückchen und durch Aufspüren ungeahnter Beziehungen seine Beweise bis in die feinsten Einzelheiten zu sichern" (LIETZMANN, Geschichte 1,229).

Christusereignis vorausliegende, gültige und bindende Heilssetzung bekennen, ferner die Entwertung jedes Sabbats, der vor der Begnadung im Eschaton gehalten wird, sowie die Verwerfung einer auf den Tempel, das Heiligtum jüdischen Gottesdienstes, gerichteten Hoffnung plaziert daher das Schriftstück kirchengeschichtlich in die Zeit der Separation vom Judentum.[68] Zumal in der Verbindung mit der Zwei-Wege-Lehre signalisieren die Wahl der Themen sowie deren Behandlung[69], nämlich der Erweis christlicher Theologumena anhand jüdischer Propria und zugleich die Annullierung letzterer, daß der Vf. in diesem Lösungsvorgang über Glaube und Handeln grundlegend und mit der Autorität der Paradosis orientieren will.

Den Traktatcharakter signalisiert schließlich der Verweis in Barn 6,18 auf eine vorausliegende Passage. Προείρηκε δὲ ἐπάνω scheint eine Verweisformel zu sein, die ausdrücklich mit der Möglichkeit rechnet, daß der Leser ‚zurückblättern‘ kann.[70] Dies spricht dafür, daß der Barn nicht nur durch seinen Vf. und das von ihm verwendete Material dem schulischen Ambiente zugehört, sondern daß er auch für diesen Bereich und für Lehrzwecke gedacht ist. Die ‚Söhne und Töchter‘ und die ‚Kinder‘ sind deshalb nicht gleich Schüler. Der Vf. richtet sein Werk an Christen, wie auch er einer ist, mag er als Vf. dieser Schrift auch den spezifischen Anspruch haben, als Tradent und authentischer Sachwalter der Paradosis zu fungieren.

Insofern es für einen Traktat kennzeichnend ist, eine ‚gültige Orientierung mittels der Neufassung autoritativer Zeugnisse und geltender Tradition‘[71] zu erwirken, finden in dieser literarischen Charakterisierung des Barn erstens seine beiden Hauptteile Platz, nämlich die Zitierung und Auslegung der Schrift sowie die Rezeption und Transformation der Zwei-Wege-Lehre, zweitens der autorisierende und legitimierende epistulare Rahmen und drittens die didaktische Emphase, die seine Schriftauslegung durchgängig auszeichnet. Epistulare Rahmung (Barn 1 und

---

[68] Ein „apologetisches Interesse" (vgl. S. 87 Anm. 63 Punkt b) zeigt der Barn nicht. Ebensowenig wie die Verteidigung der eigenen Position intendiert ist, wirbt er für seine Sicht des Christentums. Daher ist die Charakterisierung als „Propagandaschrift" (vgl. WENGST, Tradition 104) mißverständlich. Der Vf. richtet seine Grundlegung an Christen seiner Couleur. Deshalb ist die Bezeichnung des Barn als „Flugschrift" (LIETZMANN, Geschichte I,229) nicht ganz treffend. Die Leser, also Christen, denen sich der Vf. zurechnet, sollen wissen, daß ihr Glaube und Handeln der Schrift, wenn sie nur dem Willen des κύριος gemäß ausgelegt wird, folgt und mit der Tradition übereinstimmt. Dies möglichst prägnant vor Augen zu führen, dient die Polemik gegen eine Glaubens- und Lebenspraxis, die aus der Sicht des Vf. nur einem verfehlten Schriftverständnis entsprungen sein kann, und im übrigen Zeichen fehlender Gnade ist. Weil dieses verfehlte Schriftverständnis Basis aller jüdischen Propria ist, erscheint die streitbare Abgrenzung als antijüdische Polemik. Die Stoßrichtung geht jedoch gegen andere Christen, die durch ihren Glauben und ihr Handeln zu erkennen geben, daß sie eine dem Christusereignis vorausliegende und bindende Heilssetzung und Heilsgeschichte bekennen. In den Augen des Vf. relativieren sie damit das Christusereignis; im Grunde gelten sie ihm wie Juden. Aufgrund dieser durchaus situativen Verankerung des Schriftstücks kann der Barn kaum nur als „Kunstbrief", als „Epistel" (vgl. WEHOFER, Epistolographie 56f.; STÄHLIN, Griechische Literatur I229) bezeichnet werden.
[69] Vgl. dazu S. 100f. unter Punkt d.
[70] Näheres dazu vgl. S. 279f. die Auslegung zu Barn 6,18.
[71] Vgl. S. 87 Anm. 63 Punkt c.

21), schriftstellerischer Impetus (Barn 1,5; 4,9; 21,9), universale Adresse (Barn 1,1), Autoritätsanspruch (Barn 1.1.8; 4,9; 5,3; 6,5.10 passim) und didaktische Emphase (Barn 6,5; 7,1.9; 9,7–9 passim) sowie intensive Zitierung und Auslegung der Schrift kennzeichnen den Barn als brieflich gerahmten Traktat, der auf der Grundlage autoritativer Zeugnisse (Schrift) und maßgeblicher Tradition die christliche Identität seiner Leser sichern will.

§ 5 Traditioneller Hintergrund

Die Zwei-Wege-Lehre zeigt, daß der Vf. reichlich aus Traditionen schöpft.[1] Aufgrund von Barn 1,5; 4,9a und 17,1.2 steht aber ebenso außer Frage, daß der Vf. in Barn 2–16 nicht nur die ‚Schrift‘ zitiert. Es ist vielmehr seine erklärte Absicht, ihm Überkommenes zu tradieren. In Barn 2–16 sind demzufolge auf breiter Front Überlieferungen verarbeitet. Dies sind zum einen teils genaue, teils nur dem Grundton nach Zitate aus griechischen Bibelübersetzungen, vorzugsweise aus Jes, Ps und Tora, aber auch aus außerkanonischen Schriften, deren gemeinsamer Kern ihr prophetischer Rang ist (Barn 1,7f.; 2,4a; 3,6). Zum anderen ist den Absichtserklärungen von Barn 1,5; 4,9a und 17,1 gemäß damit zu rechnen, daß auch die Auslegungen, also die Gnosis all der Zitate (Barn 1,5), in Auslegungstraditionen fußen.[2] Barn 1,8 sowie mehrere auf die Rahmenkapitel, insbesondere auf die Verfasserprätention und die darin grundgelegte Kommunikationsstruktur bezogene Zwischenbemerkungen[3] machen es wahrscheinlich, daß diese Materialien im schulischen Ambiente erarbeitet worden sind und dort auch ihr Profil gewonnen haben.[4] Mit Blick auf Art, Umfang und Herkunft dieser Überlieferungen sowie auf ihre Prägekraft für Barn 2–16 stellt sich die Frage, ob, wie und mit welchen Mitteln im ersten Hauptteil die Stoffe regelmäßig gruppiert sind.

Der Aufbau von Barn 2–16 basiert auf der thematischen Ordnung. Neben der thematischen Akzentuierung und den Glossen ist für die Organisation der einzelnen Themen die Abfolge von Zitaten und deren Auslegung bestimmend. Sowohl Zitate als auch Auslegungen sind in der Regel formelhaft eingeführt.

---

[1] Vgl. S. 106–111 den Abschnitt ‚5. Das Verhältnis des Barnabasbriefs zum Zwei-Wege-Traktat‘.

[2] Vgl. WENGST, SUC 2,121.

[3] Vgl. die Auslegung von Barn 1 sowie WENGST, Tradition 5.14–17.

[4] Diese bereits von BOUSSET, Schulbetrieb 312f., vorgetragene Vermutung hat WENGST, Tradition 55, in seiner Habilitationsschrift bestätigt: „Die von Barnabas in cc 2–16 gebrauchte Tradition ist als ‚Schulgut‘ anzusprechen, das seine Entstehung einem Schulbetrieb verdankt und in diesem überliefert und dabei auch weitergebildet worden ist. Barnabas selbst ist Lehrer (1,8; 4,9); als solcher gibt er nicht einfach nur empfangene Tradition weiter, sondern ist selbst gestaltend am Überlieferungsprozeß beteiligt, indem er bearbeitet, variiert, ergänzt, erweitert und auch selbständig neue Stücke schafft.“

1. Die Zitationsformel

Kern der Zitationsformel ist das Zitationsverb. Es ist regelmäßig ergänzt durch Partikel, Adverbien oder eine Kombination aus beiden, die meist vor dem Zitationsverb stehen und die Anbindung zum Vorausgehenden herstellen und bestimmen. Quellenangaben stehen in der Regel nach dem Zitationsverb und zwar im Nominativ[5] oder Lokativ[6]. Der Lokativ verweist – explizit oder durch den Kontext – stets auf den κύριος als Urheber und beansprucht hierdurch für das folgende Zitat Offenbarungsqualität.

Zu diesem dreigliedrigen Grundbestand können drei verschiedene Ergänzungen wiederum in Kombination hinzutreten. In kopulativer oder konsekutiver Funktion begegnen die Adjektive ἄλλος (6,8; 11,6; 12,1) und ἕτερος (6,14; 11,9; 12,4; 15,2) als Attribute der anonymen Quellenangabe ὁ προφήτης; die gleiche Aufgabe haben thematische Rekurse (περὶ τούτων 3,1; περὶ τοῦ αὐτοῦ 4,5) und Akzentuierungen (ἐπ' αὐτῷ 5,13; ἐπὶ τὸν Ἰσραήλ 6,7b; περὶ ἡμῶν, ὡς λέγει τῷ υἱῷ 6,12; εἰς τοῦτο 3,6; 4,3; 5,11.12; 6,13; 7,10; 14,5; πῶς ὁ τύπος τοῦ Ἰησοῦ φανεροῦται 7,7; περὶ τοῦ λαοῦ 13,2; vgl. 11,8). Die Widmung von Zitaten mittels eines Dativobjekts (12,2.8.9; 13,7) oder auch nur durch die Präp. πρός (14,3), vor allem aber mittels Personalpronomina (12,7) steht, zumal wenn hierdurch eine gruppenspezifische Verteilung und somit Koordination der Zitate geschieht (πρὸς αὐτούς 2,7 mit ἡμῖν 2,10, vgl. 3,1.3; 6,8.12; 9,5; μοι 15,4 mit αὐτοῖς 15,8; ἃ μὲν πρός mit ἃ δὲ πρός 5,2), zugleich im Dienst gesteigerter didaktischer Emphase. Mit diesem Impetus ist die Formel elfmal (6,1.3.6.8.10; 7,4.9; 9,5; 11,10; 13,5.7) durch vorangestelltes Interrogativpronomen τί als Ergänzungsfrage[7] formuliert. Sinngleich stehen in 12,8 τί λέγει Μωϋσῆς und 16,2 ἀλλὰ πῶς λέγει κύριος.

a. Syntaktische Anbindung

Die syntaktische Anbindung von Zitaten, die der Zitationsformel die Funktion einer Verbindungsformel verleiht, geschieht vorzugsweise mit den Partikeln γάρ (13mal), δέ (neunmal), οὖν (achtmal) und καί. Ihnen können die Adverbien πάλιν oder οὕτως beigestellt sein, wobei die Verbindung καὶ πάλιν (zwölfmal) am häufigsten ist. Singulär wie die Kombinationen καθὼς πάλιν (6,14) und ὁμοίως πάλιν (12,1) sind auch ὁτὲ μέν (2,4), οὖν οὕτως (2,10), γὰρ οὕτως (4,8), καὶ ὁμοίως (10,10). Auffällig ist der Anschluß mit πέρας γέ τοι in 5,8; 10,2; 12,6; 15,6.8 sowie πέρας γέ τοι πάλιν in 16,3. Bisweilen werden Zitate außer durch die formelhafte sowie die seltenere Anknüpfung mittels selbständiger Behauptungssätze angeschlossen, indem ihnen mit dem Interrogativpronomen τί eine Ergänzungsfrage vorangestellt wird.

---

[5] Als anonyme Quellenangaben im Nominativ begegnen ἡ γραφή und ὁ προφήτης; für die Tora steht summarisch Μωϋσῆς, für den Psalter Δαυίδ. Näheres dazu vgl. S. 92f. unter Punkt c. Die Quellenangabe.

[6] Neben ἐν τῷ προφητῇ (9,1), inklusive seiner Derivate, und τῷ Μωϋσῇ (12,2) haben die Notierungen ἐν τῷ Δευτερονομίῳ (10,2) sowie ἐν ἀρχῇ τῆς κτίσεως (15,3) als Lokative zu gelten. Die vom Vf. stammenden Widmungen von Zitaten zeigen, daß dativische Quellenangaben in Zitationsformeln auch dann als Dativus loci aufzufassen sind (vgl. Blass/Debrunner, Grammatik §§ 199.219[1]), wenn die Präposition ἐν fehlt (λέγει δὲ πάλιν τῷ Μωϋσῇ 12,2).

[7] Vgl. Bornemann/Risch, Grammatik § 266.

b. Die Zitationsverben

Die Zitationsverben sind λέγω, προφητεύω, κηρύσσω, λαμβάνω, ἐντέλλω, γράφω.

1. λέγω begegnet 117mal und zwar nur in Barn 2–16; 79mal ist es Zitationsverb, wobei die Flexion λέγει mit 71 Belegen dominiert. Dieselbe Funktion haben εἶπεν, das zudem, wie auch das Part. λέγοντι (ἐν ἄλλῳ προφήτῃ λ. 12,1), stets mit einer Quellenangabe verbunden ist (ὁ θεός 5,5; κύριος 6,12b; Μωϋσῆς 10,1.11a; 12,7b; 14,3a)[8], sowie das bloße λέγων in 2,4 und 15,4.

2. προφητεύω begegnet fünfmal im Barn; nur in 9,2 und 12,10 (G und L sind lectio difficilior), wo das Finitum προφητεύει vorliegt und jeweils die Quelle des Vorausgesagten bestimmt (9,2 τὸ πνεῦμα τοῦ κυρίου; 12,10 Δαυίδ), ist es Zitationsverb. In 9,2 folgt ein Mischzitat, das an das wörtliche Zitat von Ps 33(34),13a, ergänzt um eine Paraphrase von Ps 33(34), 13b, einen Abschnitt aus Ex 15,26a anschließt. In 12,10 leitet das Verb ein exaktes Zitat aus dem Davidpsalter ein, nämlich Ps 109(110),1.

3. Auch κηρύσσω begegnet fünfmal im Barn (5,8; 6,13; 8,3; 14,9). In 6,13 führt der Aorist ἐκήρυξεν ein Mischzitat aus Ex 33,3 und Gen 1,28 ein, als dessen Quelle ὁ προφήτης angegeben wird.

4. In 9,5 wird ein Gedächtniszitat von Jer 9,24.25 mit λάβε πάλιν eingeleitet, das zum einen der häufig zum Anschluß eines weiteren Schriftworts benutzten Wendung λέγει πάλιν nachgebildet ist und zum anderen den Imperativ in didaktischer Absicht integriert, mit der es bisweilen den thematischen Prologen zu Zitaten vorausgeht (7,3.7; 12,10).

5. Das Lexem ἐντέλλω, das siebenmal bezeugt ist, begegnet zweimal in Einleitungen zu Zitaten. Mit ἃ ἐνετείλατο, προσέχετε greift die didaktisch akzentuierte Einleitung in 7,6 zu dem freien Zitat aus Lev 16,7.9 über die einleitende Frage in 7,4 (τί οὖν λέγει ἐν τῷ προφήτῃ;) auf ἐνετείλατο κύριος in V 3 zurück. Die explizite Rückbindung beider Vorschriften mittels des instrumental aufzufassenden Dat. in 7,4 an den κύριος und der Rezeption der Form ἐνετείλατο aus V 3 ist eine Reminiszenz an die Rahmenverse Lev 16,1.2a.34, die das in Lev 16,2b–33 beschriebene Ritual für den Versöhnungstag als Gottesrede qualifizieren. Kontextabhängig ist auch die zweite Stelle, in der ἐντέλλω ein Zitat einführt. Die Formulierung αὐτὸς Μωϋσῆς ἐντειλάμενος in 12,6 nimmt Dtn 27,11 (καὶ ἐνετείλατο Μωϋσῆς τῷ λαῷ ἐν τῇ ἡμέρᾳ ἐκείνῃ, λέγων) auf und führt eine freie, partielle Wiedergabe von Dtn 27,15 ein, die in eine ebenso freie Aufnahme von Num 21,9 mündet.

6. Das Verb γράφω begegnet im Barn 17mal. Im Inf. (4,9; 21,9) sowie in der 1. Pers. Sg. (6,5; 17,2) ist es auf das Werk bezogen und steht immer im Konnex zur Verfasserprätention. Viermal findet es sich als Part. Abgesehen von γεγραμμένης in dem freien Zitat aus Lev 16,29a.31a; 23,29 in Barn 7,3 sind Partizipialformen jedesmal aus einer Vorlage mitübernommen, nämlich γεγραμμένης in den Zitaten aus Ex 31,18 in Barn 4,7; 14,2 sowie γράφον in dem Mischzitat aus Jer 43,2.14 und Ex 17,14.16 in Barn 12,9. Achtmal begegnet die Form γέγραπται. Das Verb reklamiert für die im Kontext verhandelte Sache, deren thematischen Einsatz γέγραπται mit vorausgestelltem (4,3; 11,1; 15,1) bzw. folgendem (5,2) περί c. Gen. signalisiert, durch den Verweis auf die Schrift per se Autorität. Zugleich bestimmt das Perf. den Scopus der folgenden Zitate, die jedoch stets gesondert mittels des Zitationsverbs λέγει eingeführt werden (4,3; 5,2; 7,4; 11,1; 14,7)[9].

---

[8] Der starke Aorist εἶπεν begegnet im Barn überhaupt nur als Zitationsverb, denn auch die Rekurse in 10,3.11c sowie 12,10.11a; 13,2b.5b[bis], wo das Zitationsverb innerhalb einer mitzitierten Zitationseinleitung steht, sind hierunter zu rechnen.

[9] Entsprechend ist περὶ οὗ γέγραπται in 4,3 von ὡς Ἐνὼχ λέγει abzuheben. Τὸ τέλειον σκάνδαλον ἤγγικεν ist wegen περὶ οὗ γέγραπται als Überschrift und als der aus der Schrift begründete Leitsatz zu

Die Zitationsverben begegnen nicht in Barn 1 und Barn 17–21 – so λέγω, κηρύσσω, ἐντέλλω, προφητεύω – oder aber sie besitzen dort, also in Passagen, in denen nicht aus der Schrift zitiert ist, keine Einleitungsfunktion (λαμβάνω, γράφω). Dies gilt auch für φανερόω und φημί sowie für die Imperative; außerhalb von Barn 2–16 besitzen sie entweder nicht die für sie in Barn 2–16 typische Funktion (νοήσητε 17,2; μαθόντα 21,1), oder sie rühren von der Zwei-Wege-Tradition her (ἤκουσας 19,4; vgl. Did 3,8; μαθόντα 21,1). Das Finitum φησίν findet sich ausschließlich in Barn 2–16. Eine Besonderheit stellt auf den ersten Blick Barn 8 dar, weil in ihm keine der bekannten Zitationseinleitungen anzutreffen ist. Doch vertritt zum einen die Eingangsfrage in 8,1 eine förmliche Zitationseinleitung für die Paraphrase von Num 19 und zum anderen ist Barn 8 thematisch und durch Stichwortassoziation (τὸ ἔριον τὸ κόκκινον; τύπος; σταυρόω; σταυρός; ξύλον) mit Barn 7, wo mehrfach zitiert wird, verbunden und führt die Auslegung weiter.

c. Die Quellenangabe

Der Fundort von Zitaten wird auf zwei verschiedene Weisen bestimmt: anonym oder namentlich. Der Barn benützt zwei *anonyme* Quellenangaben: Sechsmal wird ἡ γραφή (4,7b. 11; 5,4; 6,12a; 13,2a; 16,5b) und 20mal ὁ προφήτης (4,4; 6,2b.4a.6.7b.10b.13c.14; 7,4; 9,1; 11.2.4.6.9; 12,1.4; 14,2.7.8.9) als Quelle angegeben. Verwandt damit ist der Quellenverweis mittels προφητεία (13,4) sowie des Part. προφητεύων (5,13). Mit Ausnahme von 6,13 (ἐκήρυ-ξεν ὁ προφήτης) und 12,1 (ἐν ἄλλῳ προφήτῃ λέγοντι) ist stets das Finitum λέγει Zitationsverb. Bis auf zwei Ausnahmen beziehen sich beide Anonyma immer auf die Tora oder die großen Prophetenbücher: In 5,4 ist mit ἡ γραφή auf Spr 1,17 angespielt und in 12,1 scheint ἐν ἄλλῳ προφήτῃ λέγοντι auf 4 Esra 4,33.55 Bezug zu nehmen. Die Angabe ὁ προφήτης sowie der Lokativ ἐν τῷ (ἄλλῳ / ἑτέρῳ) προφήτῃ[10] beziehen sich meist auf die Bücher Jes, Jer oder auf den Psalter, seltener auf die Tora. In der Regel (6,2b.7; 9,1; 11,2.4.6; 12,4; 14,7.8.9) liegt bei den Bezügen zu Jes, Jer oder zu den Ps ein wörtliches Zitat, bisweilen (5,13; 6,4a.6.13c; 13,4) ein Mischzitat vor. Unter dem Titel ἡ γραφή wird in Barn 4,11 wörtlich Jes 5,21 zitiert wie in Barn 13,2a ebenso Gen 25,21. Die Indifferenz gegenüber der Quelle bzw. der freie Umgang mit ihr trotz formelhafter Einleitung hat im Zitationsverb γέγραπται sein Pendant. Ebenso wie die formgemäße Zitationseinleitung mit γέγραπται keine exakte Wiedergabe einer Schriftstelle garantiert, sind auch ἡ γραφή und ὁ προφήτης weder Bürgen dafür, daß der Text mit griechischen Bibelübersetzungen übereinstimmt (4,4; 6,14; 7,4; 11,9; vgl. 15,2), noch daß Texte einzig aus diesem Schriftenkreis rezipiert sind (16,5b; 12,1).

Diesen anonymen Quellenangaben stehen die Angaben ὁ θεός (5,5.12) und κύριος (4,8; 6,12b.16a; 9,1ab; 14,3; 16,2b) sowie τὸ πνεῦμα κυρίου (9,2) insofern nahe, als auch sie keiner bestimmten Schrift oder Schriftengruppe verpflichtet sind.[11] Wörtlich wiedergegeben ist Gen 1,26 auf die Angabe ὁ θεός in 5,5 sowie Gen 1,28 im Anschluß an κύριος in 6,12. In 4,8

---

dem mit ὡς Ἐνὼχ λέγει formelhaft eingeleiteten Zitat zu verstehen. MÜLLER, Erklärung 113, wollte γέ-γραπται als das für ‚apokryphe Schriften und NT' typische Zitationsverb erkennen, wogegen λέγει γὰρ ἡ γραφή immer das AT meine. Eine derartige Verteilung ist nicht erweisbar und wäre angesichts der Kanongeschichte auch unhistorisch. Sofern die Quelle des mit γέγραπται eingeführten Zitats zu bestimmen ist, zeigt die Verwendung der Form vielmehr, welchen Schriften z.Z. des Barn eine mit den später als kanonisch deklarierten Werken vergleichbare Argumentationskraft zuerkannt war.

[10] „In Zitationsformeln ist ἐν lokal" (BLASS/DEBRUNNER, Grammatik § 219,1[1]).

[11] „Bei Philo wird 19mal Gott als Sprecher des Zitats genannt, der heilige Geist 4mal und die Schrift 20mal redend eingeführt" (SCHRÖGER, Schriftausleger 586); zu den rabbinischen Parallelen vgl. Bill. 4,443–451.

schließt sich an die Angabe κύριος ein Mischzitat aus Ex 3,4; 32,7 bzw. ein freies Zitat von Dtn 9,12 sowie in 16,2 eine Verbindung aus Jes 40,12 und Jes 66,1 an.

Namentliche Quellenangaben hingegen kongruieren meist mit der bezeichneten Schrift bzw. mit dem Corpus, woraus das folgende Zitat entnommen ist. Ausdrücklich genannt werden Ἐνώχ (4,3b), Δανιήλ (4,5) und Ἡσαΐας (12,11); an die zwei letzten Angaben fügen sich zwar signifikant Sequenzen aus beiden Prophetenbüchern (Dan 7,7f.; Jes 45,1) an, wörtlich jedoch ist einzig das Jesajazitat. Werkbezug haben auch die singulären Verweise οἱ ἱερεῖς τοῦ ναοῦ (7,3b; vgl. Lev 23,29), δέκα λόγοι (15,1; vgl. Ex 20,8; Dtn 5,12), ἐν τῷ Δευτερονομίῳ (10,2; vgl. Dtn 4,1.5) sowie ἐν ἀρχῇ τῆς κτίσεως (15,3; vgl. Gen 2,2f.). Für die Tora steht summarisch Μωϋσῆς (6,8; 10,1.11; 12,2.6.7.9), für den Psalter Δαυίδ (10,10; 12,10b); singulär ist Ἀβραάμ (13,7) mit Bezug auf Gen 17,4.5. Wörtlich zitiert werden außer Jes 45,1 in 12,11 nur die beiden für David reklamierten Verse, Ps 1,1; 109(110),1. Nur geringfügig verändert sind die aus Gen 2,2f. aufgenommenen Verse, die auf die Stellenangabe τὸ σάββατον λέγει ἐν ἀρχῇ τῆς κτίσεως in 15,3 folgen. Allen übrigen namentlichen Zuweisungen folgen Misch- oder Gedächtniszitate, die bisweilen nur noch in den Grundmotiven auf biblische Vorlagen zurückgeführt werden können.[12]

Aus dem Umstand, daß die formelhafte Einführung eines Zitats nicht dessen wörtliche Übereinstimmung mit griechischen Bibelübersetzungen garantiert, sondern daß neben exakten Zitaten (vgl. 2,4–5.7–8; 3,1–5; 4,11; 6,7; 12,11; 14,7.9; 16,2) „Verschmelzung von Partien, Umgestaltung durch Gedächtniszitat, Anpassung an Gedankengänge, Erdichtung neuer Verse und Mischung von Zitat und eigener Prosa"[13] begegnen[14], folgt, daß die Zitationsformel primär eine Funktionsangabe ist, die der in der Auslegung enthaltenen Lehre sowie deren ethischen Folgerungen bezüglich der durch das Thema oder seine Aspekte aufgeworfenen Sachfragen eine autoritative Grundlage verschafft. Der funktionale, didaktische Charakter erweist sich in den namentlichen Quellenangaben: entscheidend ist bei ihnen nicht, daß das Zitat dem entsprechenden Corpus bzw. Buch (Tora, Psalter), für das der Name Sigel ist (vgl. Lk 24,44b), entstammt oder mit dem überlieferten Text übereinstimmt, sondern daß es sich um einen Prophetennamen handelt.[15]

---

[12] Daher ist es überaus unwahrscheinlich, daß der Vf. oder die Schule, der er verbunden ist, und in der er selbst an der Gestaltung des im Barn verwendeten Materials mitgewirkt hat, ein vollständiges Exemplar einer griechischen Bibelübersetzung besaß. Der Barn kann jedenfalls nicht die These von SUNDBERG, On Testimonies 280f., belegen, daß die Schrift das Testimonienbuch der Alten Kirche war.

[13] BERGER, Gattungen 1055.

[14] Vgl. die Aufstellung bei WENGST, SUC 2,124–129.

[15] Dies gilt insbesondere von Mose (vgl. Dtn 18,15–22; 34,10–12; Hos 12,14; Apg 3,22; 7,37). Die drei Berufungen des Mose nach Art der prophetischen Berufungen (Ex 3.4; 6,2–7,7) qualifizieren ihn nicht nur als ‚Erzprophet' (Dtn 18,15; 34,10–12; vgl. auch Sir 45,1–5) und Erwählten (Ps 105[106],23b), sondern klassifizieren zugleich die ihm (traditionell) zugewiesenen Schriften als prophetisches Gut (vgl. Philo, *mgr.* 14); vgl. GOUDERS, Berufungsberichte 190–200; HATCH, Essays 181; McCURDY, Prophets and Prophecy 213; SCHMID, Mose 110–113; JEREMIAS, Μωυσῆς. ThWNT 4 (1942) 854–858.860f.878; VERMÈS, Die Gestalt des Moses an der Wende der beiden Testamente 61–93; BLOCH, Die Gestalt des Moses in der rabbinischen Tradition 152–164; Bill. 1,85–88; 2,481f. Daß Mose und ebenso David auf Jesus hin geweissagt haben, ist Regel ältester christlicher Schriftauslegung (vgl. z.B. Lk 24,27.44; Joh 1,45; 5,46; Apg 3,22; 7,37). So muß (δεῖ) dem Wort des Auferstandenen in Lk 24,44 zufolge alles erfüllt werden, was über ihn „geschrieben steht im Gesetz des Mose, in den Propheten und in den Psalmen." Demzufolge gilt auch, wie bereits in der Schrift (2 Sam 23,1–3a) und im nachbiblischen Judentum (vgl. Philo, *agr.* 50; R. Hona in bTSota 48b), David als Prophet (vgl. AscJes [TestHisk] 11,2). Entsprechend kann Barn 12,10b von David sagen αὐτὸς προφητεύει Δαυίδ, um anschließend aus Ps 109(110),1 zu zitieren. Vgl. auch die Stellenverweise bei DE FRAINE, Adam und seine Nachkommen 155–164.

An diesen anonymen bzw. namentlichen Quellenangaben partizipieren die subjektlosen, oft mittels Konjunktionen (πάλιν, πέρας γέ τοι) daran angeschlossenen Zitationseinleitungen.[16]

2. Zitate und Vorlagen

Grundlegend sind drei Beobachtungen: 1. Der Vf. kennt und zitiert biblische Bücher ausschließlich in Griechisch; ein Rückgriff auf einen hebräischen Text der
Schrift ist nicht zu erweisen.[17] 2. Innerhalb thematisch geschlossener Sequenzen
begegnen sowohl wörtliche als auch sehr ungenaue Zitate. 3. Die Genauigkeit von
Zitaten ist aus jenen biblischen Büchern am größten, die auch die höchste Rezep-
tionsrate im Barn vorweisen.

Das größte Kontingent stammt aus Jes, gefolgt vom Psalter.[18] Weit geringer ist
die Zahl der Zitate aus Jer, Ez und Dan. Aus der Tora besitzen nur die sechs Über-
nahmen aus Gen sowie Passagen aus Dtn Signifikanz; die wenigen Anklänge an
Ex, Lev und Num stehen nur mittelbar mit ihrem biblischen Ursprung in Verbindung.[19] Die hohe Zahl der Zitate aus Jes, Ps und Gen ist eine indirekte Folge davon,
daß diese Bücher bei Juden und Christen gleichermaßen beliebt und somit Vf. wie
Leser präsent waren. Da diese Werke entsprechend bevorzugt vervielfältigt oder
auch nur exzerpiert worden sein werden, ist davon auszugehen, daß auch der Vf.
über Kopien oder Auszüge solcher Bücher verfügte. Dies erklärt sowohl den hohen Grad der Übereinstimmung mit griechischen Bibelübersetzungen als auch die
Abweichungen, weil diese im Zuge der handschriftlichen Überlieferung immer
entstehen können. Ist aber für das Exemplar einer griechischen Jesajaübersetzung,
des Psalters usw., das dem Vf. zur Verfügung stand, „eine größere Varianz voraus-

---

[16] Solche subjektlosen Zitationseinleitungen wie λέγει, λέγει γάρ, λέγει οὖν (Barn 3,1; 6,1; 9,8; 11,10;
15,6.8; 16,3; vgl. Hebr 1,6.7; 10,5; Jak 4,6; 1 Clem 30,4; 34,8; Philo, all. 1,96.105) begegnen auch in der rabbinischen Literatur, und zwar oft in der Niphalform von אמר. Sie „ist die häufigste Form der Zitierung
von Bibelstellen" (BACHER, Die exegetische Terminologie 5).
[17] Vgl. HEFELE, Sendschreiben 146.215–217, der diesbezüglich Jes 28,16 in Barn 6,3, und zwar in der
sekundären vl der Textzeugen G und L, sowie Gen 2,3 in Barn 15,3 erwog und abschlägig beurteilte.
[18] Vgl. HATCH, Essays 180–186, der sich speziell den Jesaja- und den Psalmzitaten zuwendet; zu den
Jesajazitaten vgl. auch KRAFT, ‚Testimony Book' 336–350; DERS., Melito's Paschal Homily 371–373, dem
zufolge dem Vf. eine Testimoniensammlung sowie ein zusammenhängender Jesajatext (‚Rolle') und
midraschartige Kommentare dazu vorlagen. Vgl. die Liste der Schriftzitate und ihre Wertung bei HE-
FELE, Sendschreiben 226–229.240–242; zusammenfassend WENGST, SUC 2,124–129. Zur Frage, ob die
Schrift-, speziell die Prophetenzitate einer Haftarot zu verdanken sind, vgl. unten.
[19] Fraglich sind ferner folgende Bezüge: 2 Sam 7,13 und Tob 14,5 in Barn 16,6b; Spr 1,17 in Barn 5,4; Spr
7,2 in Barn 19,9b und Spr 31,9 in Barn 19,11b; Weish 2,12 in Barn 6,7, Weish 3,19 in Barn 11,9 und Weish 12,5
in Barn 20,2; Sir 7,30.32f. in Barn 19,2 und Sir 4,31 in Barn 19,9; Joël 1,15 in Barn 21,3; Sach 7,10; 8,17 in Barn
2,8 und Sach 13,6.7 in Barn 5,12. Hinzukommen 4 Esra 4,33 und 5,5 in Barn 12,1; äthHen 89,61–64 und
90,17 in Barn 4,3 sowie äthHen 89,56.66f. in Barn 16,5. Bei den biblischen Anklängen in Barn 18–20 ist davon auszugehen, daß die Sequenz nicht direkt aus griechischen Bibelübersetzungen stammt, sondern im
Rahmen der Zwei-Wege-Tradition eine Formung erfahren hat, bevor der Vf. des Barn dieses Material für
seine Zwecke verwendet hat.

zusetzen, als sie die uns erhaltenen Handschriften bieten,"[20] und ist damit zu rechnen, daß dem Vf. nicht alle rezipierten Werke in vollständigen Abschriften, sondern als Auswahlexemplare vorlagen,[21] so haben neben Textstellen, die sich im

---

[20] WENGST, SUC 2,126.

[21] Vgl. HATCH, Essays 186: „Besides the canonical books themselves, there were manuals of prophecy
as well as anthologies, which had a certain authority and were accordingly quoted as of authority." Unter
den Auswahlexemplaren, die dem Vf. des Barn möglicherweise vorlagen, wird man sich keine „Blütenlese" vorzustellen haben, deren Selektionskriterium und Kombinationsregel dem Kompilator anheimgestellt ist. Bezüglich Form und Auswahlkriterium könnte auch an die Haftarot (הפטרות) gedacht werden,
also an die liturgisch bestimmte Zusammenstellung aus den vorderen und hinteren Propheten, aus der
wohl seit der Religionsverfolgung unter Antiochus IV. (vgl. ELBOGEN, Der jüdische Gottesdienst 175) zumindest in der hebräisch- bzw. aramäischsprachigen Synagoge (vgl. Lk 4,16–20a; Apg 13,15–22; Qumrân)
im Anschluß an die Toralesung entsprechend einer allmählich festeren, in amoräischer Zeit schließlich
fixierten (vgl. MAIER, Geschichte 151) Leseordnung einige Verse aus den נביאים vorgetragen wurden (vgl.
BÜCHLER, HAFTRAH. JE 6 [1925] 135f.; DOBSEVAGE, HAFTRAH. JE 6 [1925] 136f.; ELBOGEN, Der jüdische
Gottesdienst 155–168.174–184; HERTZ, Pentateuch und Haftaroth 5,587–592; PERROT, La lecture 55–87.
175–204.282–285; zu Lk 4,16–20a vgl. BOVON, Lukas 1,211f.; zu Apg 13,15–22 vgl. PESCH, Apostelgeschichte 2,31–36; spez. 34). Die folgende Tabelle notiert jene Prophetenzitate im Barn, die dem (einjährigen) Lesezyklus zufolge einer Haftara zugehören, und ordnet sie neben die entsprechenden Leseabschnitte aus der Tora.

	Sabbat/Fest	Sidra (Seder)	Haftara	Zitat	Barn
1	Bereschit	Gen 1,1–6,8	Jes 42,5–43,10	Jes 42,6.7	14,7
24	Wayikra	Lev 1,1–5,26	Jes 43,21–44,23	Jes 44,3	15,2
25	Zaw	Lev 6,1–8,36	Jer 7,21–8,3; 9,22.23	Jer 7,22.23	2,7
26	Shemini	Lev 9,1–11,47	2 Sam 6,1–7,17	2 Sam 7,13	16,6.8
43	Mass'e	Num 33,1–36,13	Jer 2,4–28	Jer 2,12.13	11,2
44	Debarim	Dtn 1,1–3,22	Jes 1,1–27	Jes 1,2.10	9,3
45	Wa'ethanan	Dtn 3,23–7,11	Jes 40,1–26	Jes 40,3	9,3
45	Wa'ethanan	Dtn 3,23–7,11	Jes 40,1–26	Jes 40,10	21,3
45	Wa'ethanan	Dtn 3,23–7,11	Jes 40,1–26	Jes 40,12	16,2
46	'Ekeb	Dtn 7,12–11,25	Jes 49,14–51,3	Jes 49,17	16,3
46	'Ekeb	Dtn 7,12–11,25	Jes 49,14–51,3	Jes 50,6.7	5,14
46	'Ekeb	Dtn 7,12–11,25	49,14–51,3	Jes 50,7	6,3
51	Nizzabim	Dtn 29,9–30,20	Jes 61,10–63,9	Jes 62,12	14,6
	Parah	Num 19,1–22	Ez 36,16–36	Ez 36,26	6,4
	Yom Kippur (morgens)	Lev 16,1–34; Num 19,7–11	Jes 57,14–58,14	Jes 58,4–10	3,1–5

Ein einziges dieser Prophetenzitate begegnet im Barn im Konnex mit einem Zitat aus der Tora: Jes 50,7
in Barn 6,3. Dem babylonischen, einjährigen Zyklus der synagogalen Leseordnung gemäß – innerhalb
des palästinischen, dreijährigen Zyklus (vgl. MAIER, Geschichte 151–158; PERROT, La lecture 53–55;
SCHWARTZ, Torah 47–62) korrespondiert im Barn kein einziges Haftara-Zitat (ib. 291–293) mit einem
Tora-Zitat (ib. 55–87) – ist dieser Vers aus Deuterojesaja mit der Sidra 46 'Ekeb (Dtn 7,12–11,25) verbunden. Im Barn 6,3 jedoch steht Jes 50,7 im Kontext des Zitates aus Gen 3,22, das die einjährige Leseordnung mit dem ersten Sabbat im Jahreszyklus, Bereschit, verbindet. Daher ist es ausgeschlossen, daß die
Zitation bzw. die Zitatenverbindung in Barn 6,3 einer Haftarot entstammt. Aufgrund des Befundes ist es
überaus unwahrscheinlich, daß der Vf. des Barn auf eine Haftarot zurückgegriffen hat. Hinzu kommt,
daß handschriftliche Zeugnisse synagogaler Auswahlexemplare aus den vorderen und hinteren Propheten zwar in Hebräisch bzw. mit marginalen Targumim vorliegen (vgl. WÜRTHWEIN, Text 152f.), jedoch (handschriftliche) Belege aus der graecophonen Synagoge fehlen. Ob in der Diaspora im Gottesdienst bereits
ins Griechische übersetzte Haftarot verwendet wurden (Apg 13,15), ob aus vollständigen Abschriften der
Prophetenbücher zitiert wurde, in denen die vorgeschriebenen Abschnitte für die Prophetenlesung (Haftara) angezeigt waren oder ob sich, entsprechend den im semitischen Sprachraum befolgten Vorschriften

Wortlaut mit griechischen Bibelübersetzungen decken, auch solche Sentenzen als Zitat zu gelten, die einen Grundbestand bewahrt haben; sei es, daß ein Schriftwort modifiziert ist, um es in den Kontext des Barn einzupassen, sei es, daß aus ihm eine Passage – aus welchen Motiven auch immer – fehlt. Vom wörtlichen Zitat reichen die Variationen über die Fusion von Versen, die versehentliche Änderung durch ein Zitat aus dem Gedächtnis und die Angleichung an Gedankengänge bis zur Schöpfung neuer Verse und der Mischung aus Zitat und eigener Prosa.[22]

Die Qualifizierung einer Sequenz als Zitat hat folgendes in Rechnung zu stellen: 1. Der Text der biblischen Bücher lag in sehr verschiedener Gestalt vor. „Nur für vier Bücher, Jesaja, Psalmen, Genesis und Deuteronomium, läßt sich die Existenz von Abschriften bzw. Exzerpten wahrscheinlich machen."[23] 2. Es ist davon auszugehen, daß das Material in einer breiten Palette mündlicher und schriftlicher Überlieferungsformen vorlag: „Einzellogien, Spruchsammlungen, Testimonien, freie Wiedergabe von Erzählungen, Kombinationen von Erzählungen."[24] 3. Das Spektrum der Bezugnahmen auf griechische Bibelübersetzungen und die kompositorisch variantenreiche und transformierende Einbindung des vorgefundenen Materials mahnt dazu, diese frühchristliche Bibelrezeption nicht allein unter text- und literarkritischer, sondern auch unter wirkungsgeschichtlicher Rücksicht zu untersuchen und zu bewerten. Letztere weitet den Blick vom Grad der Übereinstimmung von Einzeltexten mit ihren Vorlagen auf die Partizipation des Vf. an einem Gestaltungs- und Bestimmungsraum, in dem seine Themen und Motive als Teil der Tradition bekannt waren, geschätzt, fraglos benutzt und transformiert wurden.[25] 4. Die Legitimationsfunktion der Zitationsformel sowie der Umstand, daß außerkanonische Schriften (4 Esra; äthHen) formal wie biblische Schriften angeführt sind, zeigen, daß der Vf. nicht zitiert, um (biblische) Texte exakt zu überliefern, sondern um seine Aussagen, die Gnosis, die er seinen Lesern vermitteln will, als von Schrift oder Tradition untermauert auszuweisen.

Aus all dem folgt, daß auch dann von Zitation gesprochen werden darf, wenn Barn eine Lesart überliefert, die – zumindest in ihrem Grundbestand – in die Textgeschichte der verglichenen Werke einzuordnen ist. Mit Blick auf die facettenreiche Verwendung der Schrift und ihre sprachprägende Präsenz überhaupt sowie insbesondere unter Rücksicht auf die textgenerativen Prozesse des Barn sind daher Abweichungen förmlich eingeleiteter Schriftzitate vom Text griechischer Bibelübersetzungen kein verläßliches Kriterium für die Herkunft der betreffenden Sequenz aus einer Testimoniensammlung.[26]

(vgl. Bill. IV/1,165–171; STEMBERGER, Das klassische Judentum 102f.), im Gottesdienst graecophoner Juden der Prophetenlesung in Hebräisch eine schriftlich *nicht* fixierte Übersetzung ins Griechische ad hoc anschloß, scheint ein Desiderat zu sein.

[22] Vgl. BERGER, Gattungen 1055.

[23] WENGST, SUC 2,129; vgl. KRAFT, Barnabas 44–89.

[24] WENGST, SUC 2,129.

[25] Vgl. S. 534f.563f. die Auslegungen zu Barn 18,1a und 21,1.

[26] SKARSAUNE, Prophecy 22 Anm. 29, schlägt folgende Definition vor: „I use the term ‚testimony source' in its very wide meaning: source of O.T. quotations other than a biblical MS, implying no pre-

Alle Versuche, im Barn die Verwendung neutestamentlicher Literatur nachzuweisen, dürfen als gescheitert gelten. Berührungen sind zwar fraglos vorhanden,
führen aber stets auf die Schultradition zurück, der der Vf. verbunden ist. In ihr
waren Passionsberichte[27] ebenso wie Wendungen und Theologumena aus dem
Corpus Paulinum präsent, und in ihr sind Themen ebenso schriftgelehrt behandelt
worden wie im Hebr.[28] Der Vf. kennt frühchristliche Überlieferungen aufgrund
seiner Profession. Dieses Material muß ihm nicht direkt auf literarischem Weg zur
Kenntnis gelangt sein und er kennt auch nicht nur jene christliche Überlieferungen
und Theologien, die in der neutestamentlichen Literatur bewahrt sind.

3. Auslegungsstrukturen

Die Modifikation der Zitationsformel in eine Ergänzungsfrage hat auf den Anredecharakter der Schriftauslegung im Barn aufmerksam gemacht. Dieser didaktische
Impetus ist das verbindende Signet der im Vergleich zu den Zitaten weitaus variantenreicher eingeführten Auslegungen. Oft markiert εἰς τοῦτο eine Auslegung,
doch bisweilen signalisiert es auch einen thematischen Neuansatz. Charakteristisch ist der demonstrative Aufruf an die Leser mittels eines Imperativs, dem in
der Regel unmittelbar ein Behauptungs-, seltener ein Begehrungssatz mit der Auslegung folgt. Imperative lenken die Aufmerksamkeit des Lesers auf den entscheidenden Aspekt des Zitats oder auf dessen zentrale Aussage, die im folgenden mitgeteilt wird (μάθετε 5,5; 6,9; 9,7.8b; 14,4; 16,2a.7.8; αἰσθάνεσθε 11,8; 13,3; ἴδε
6,14a; 12,10; 15,7; βλέπετε 10,11; 13,6). Mitunter nennen sie zugleich die Bedingung,

---

judice deriving from the traditional concept of testimony collections." Die textkritischen Apparate von
Editionen griechischer Bibelübersetzungen scheinen somit das Negativkriterium für Testimonien zu
sein. Im Grunde gestattet dieses Kriterium die Identifizierung von Testimonien indes überhaupt nicht,
schließlich können Schriftzitate, die durch Bibelhandschriften belegt sind, auch in einer Zitatensammlung enthalten gewesen sein. Aber ebenso garantiert nichts, daß (formell eingeführte) Schriftzitate, die
durch die handschriftliche Überlieferung bislang nicht gedeckt sind, einer Sammlung entstammen, und
daß diese Zusammenstellung Testimoniencharakter (vgl. S. 101ff.) besaß.

[27] HEFELE, Sendschreiben 217.231–240, benannte 37 neutestamentliche Texte, „die der Verfasser unseres Briefes vor Augen gehabt hat, oder gehabt haben kann." Literarische Abhängigkeit von der synoptischen Überlieferung – MASSAUX, Influence 93, zufolge kannte der Vf. zumindest Mt; vgl. BARNARD,
Christianity in Egypt 278 – ist nicht einmal für Barn 4,14 (HEFELE, Sendschreiben 240, u.a. zufolge liegt
ein Zitat „aus Matth. 20,16 oder 22,14" vor) stringent erwiesen; vgl. KÖSTER, Überlieferung 156–158; ferner MEINHOLD, Geschichte 290–303; JAUBERT, Écho 197; BEATRICE, Citation 231–245. Berührungen
mit dem Johannesevangelium nimmt BRAUN, Lettre de Barnabé 119–124, in dem Sinn an, daß es als
‚mündliches Evangelium' Einfluß gewonnen hat („l'Évangile oral de Jean avait précédé le texte écrit, sous
une forme inachevée"; ib. 124). Allein schon die Implikationen dieser These für die Texttheorie des Joh
raten von dieser Annahme ab. Was an Verwandtem registriert werden kann, erklärt sich allemal besser
durch die Partizipation des Vf. an einer Schultradition, in der vielfältige Überlieferungen präsent waren,
und an deren Gestaltung die Vf. selbst mitwirkte.

[28] Das Diktum von WINDISCH, Barnabasbrief 375, Barn bezeuge, „wie die allegorische Behandlung
des AT den Besitz des Evangeliums beinahe überflüssig machte", beleuchtet (nach wie vor) treffend Rang
und Funktion frühchristlicher Literatur im Barn überhaupt.

um das Zitat im Sinne des Vf. zu verstehen (συνιέναι οὖν ὀφείλετε 4,6; αἰσθάνεσθαι ὀφείλετε 13,3; νοεῖτε 4,14; 7,1; 8,2; ἐγνώκατε 16,2c; προσέχετε 7,6.7b.9;
15,4; 16,8; προσέχετε ἀκριβῶς 7,4b). Bezieht sich der Vf. als Adressat mit ein, so
wird die Auslegung von einem verpflichtenden oder zur Aufmerksamkeit aufru-
fenden Konj. in der 1. Pers. Pl. (προσέχωμεν 4,9b.14) – der Ind. γινώσκομεν in 13,7
ist ohne Parallele – oder einer Konstruktion aus Inf. Präs. bzw. Aorist (αἰσθάνεσθαι 2,9; ἀκριβεύσθαι 2,10b; 6,18b) und ὀφείλομεν regiert. Eine verwandte Funktion hat die Eulogie[29] mit anschließender Frage in 6,10. Beides sind hermeneutische
Direktiven. Kompositorisch stehen sie im Konnex mit zwei weiteren Leserlenkun-
gen: Mitunter werden Einwände als Fragen vorweggenommen (5,10; 6,3b.18; 9,6;
14,4b; 15,6b), wobei freilich die Übergänge zu didaktisch motivierten Fragen, die
z.B. einzelne Aspekte des Zitats aufnehmen, um den Auslegungsgang voranzu-
treiben (7,11; 8,4.5.6; 10,11d.12a; 16,7b; vgl. auch 13,7b), fließend sind, oder dem Leser wird argumentativ eine vorausliegende Passage (6,12) in Erinnerung gerufen
(προείρηκε δὲ ἐπάνω 6,18). Dieser Rückverweis in Barn 6,18 geht von der Möglichkeit aus, daß der Rezipient zur Vergewisserung den angezeigten Sachverhalt
nachlesen kann. Demzufolge scheint es sehr wahrscheinlich, daß der Barn nicht für
den Vortrag konzipiert wurde, sondern zum Studium.

a. Die Koordination von Zitat und Auslegung

Die syntaktische Anbindung geschieht zum einen – wie bei Zitaten – mittels Partikel, wobei
οὖν sowie οὐκοῦν gegenüber γάρ und δέ deutlich dominieren. Zum anderen erfolgt die Koordination, indem eine mit den Fragepartikeln τί bzw. πῶς eingeleitete Ergänzungsfrage das
Zitat partiell wiederholt (vgl. 6,10.17; 7,11; 8,1.5; 15,4), auf ein Stichwort rekurriert (vgl. 5,5;
6,18; 7,10; 8,4.6; 10,11; 14,4; 16,7) oder mittels Demonstrativa (τοῦτο; ταῦτα; τούτοις) auf die
Aussage (komplexiv) zurückweist (vgl. 2,6; 6,12; 7,9; 11,8; 15,5), hiermit den Gegenstand oder
Aspekt der folgenden Auslegung bestimmt und diese zugleich eröffnet. In analoger Funktion ist πῶς in 16,8 einem Aufforderungssatz (προσέχετε δὲ … πῶς, μάθετε) und in 16,9 einem Behauptungssatz nachgestellt, die beide weiterführende Aspekte einbringen. Aus paulinischer Tradition stammt die Floskel ὅ ἐστιν; wie auch sonst fungiert sie in Barn 15,8b als
Einleitung zur Exegese (vgl. die Anm. z.St.).
    Die Leseranrede mit ἀδελφοί (3,6; 4,14; 5,5; 6,10) sowie mit τέκνα (6,15; 15,4) zieht regel-
mäßig eine Auslegung nach sich. Dieser rhetorisch betonte Auftakt zu einer Auslegung oder zu
einem weiterführenden Aspekt derselben wird von den für diese Gelegenheit auch sonst bevorzugten koordinierenden Partikeln, rekursiven Demonstrativa oder Imperativen begleitet.

b. Die Textsignale φανεροῦν und φημί

Entgegen dem ersten Augenschein sind φανεροῦν und φημί keine Zitationsverben; φανεροῦν akzentuiert das Thema und qualifiziert das Zitat, φημί zeigt Auslegungen an.
    Das Lexem φανεροῦν begegnet 13mal. Im Pass. betont es im christologischen Kontext das
Erscheinen des κύριος ἐν σαρκί (5,6; 6,7.14) bzw. das des Auferstandenen (14,5; 15,9). Alle

---

[29] Vgl. PROSTMEIER, Eulogie. LThK³ 3 (1994) Sp. 987.

übrigen acht Belege (2,4; 5,9; 7,3.7; 12,8.10; 16,5) finden sich im thematischen Vorspann zu Zitaten. Die gesonderte, z. T. formelhafte Einleitung der folgenden Zitate (λέγων ὁτὲ μέν 2,4; λέγει … Μωϋσῆς 6,7; 12,9) signalisiert, daß im Barn φανεροῦν nicht performativ zu verstehen ist, und somit nicht als Zitationsverb fungiert, sondern deskriptive Funktion hat. Das Verb bestimmt den thematischen Aspekt (τότε ἐφανέρωσεν ἑαυτὸν εἶναι υἱὸν θεοῦ 5,8; προσέχετε, πῶς ὁ τύπος τοῦ Ἰησοῦ φανεροῦται 7,7), unter dem das Folgende angeführt ist und qualifiziert den Inhalt als Offenbarung.

Das Lexem φημί, das im Barn nur in der Form φησίν begegnet, ist von allen Textzeugen übereinstimmend achtmal belegt; in Barn 10 und 12 indes weichen H, G1 (v) oder L durch Ergänzung bzw. Tilgung des Finitums von ℵ ab. Von den, zusammen mit den partiell bezeugten, insgesamt 16 Belegen verdienen 14 Vertrauen. An diesen Fundorten steht φησίν regelmäßig hinter den ersten Worten einer direkten Rede. In keinem Fall jedoch ist φησίν selbständiges Zitationsverb. Entweder geht ihm das Hauptzitationsverb λέγω (λέγει in 6,9; 10,2; 11,8; 12,2 bzw. εἶπεν in 12,7) voraus oder eine Frage ergänzt (6,9) bzw. vertritt (7,7.11) eine formelhafte Einleitung.

Die Funktion der stets in die Rede eingeschobenen Form φησίν zeigt sich exemplarisch in 6,9 und 12,7. Die einleitende Frage in 6,9 ist der Zitationseinleitung in 6,8 nachgebildet. Die koordinierende Partikel δέ weist auf die Zusammengehörigkeit von 6,8 und 6,9 hin. Ist dort Mose als Quelle reklamiert, so hier nun die Gnosis. Die Entgegnung auf die rhetorische Frage in 6,9 indes ist kein Zitat, sondern, worauf das mit didaktischer Emphase eingefügte μάθετε hinweist, die Erkenntnis, die aus dem Zitat 6,8 folgt. Die Form φησίν markiert also eine Auslegung, eine Gnosis, die aus dem Vorhergehenden zu erheben ist. Sie ist gleichbedeutend mit der Wendung τοῦτο λέγει und mit „meint er" zu übersetzen.[30] In 7,7; 10,5a; 12,7 bedeutet φησίν „heißt es". Der Schlüssel hierfür ist 12,7. Auf eine formelhafte Einleitung folgt ein Zitat; φησίν ist in diese freie Wiedergabe von Num 21,8.9 eingebunden und als Aufnahme des εἶπεν zu verstehen. Ganz ähnlich verhält es sich in Barn 10, wo die Form regelmäßig einem formelhaft vorbereiteten Zitat folgt und dessen Auslegung einleitet. In 10,5a jedoch ist es als Aufnahme des Zitationsverbs λέγει (10,2) zu verstehen, das dem ganzen Passus vorgeschaltet ist. In Barn 7,7 ist φησίν über die einleitende Frage V 7a, die wiederum die Einleitung mit ἐνετείλατο aufnimmt, mit dem λέγει in V 4 verbunden. Die Form φησίν leitet also im Barn in der Regel eine Auslegung ein; innerhalb von Zitaten begegnet es dreimal und ist stets von einer vorausgehenden formelhaften Einleitung eines Zitates abhängig.[31]

c. Imperative und Fragen

Imperative, die zu kognitiven Akten aufrufen, führen eine Lehre bzw. Auslegung ein. Hierzu gehören die Formen αἰσθάνεσθε (11,8; 13,3), βλέπετε (10,11; 13,6), μάθετε (5,5; 6,9; 9,7.8b; 14,4; 16,2a.7.8), νοεῖτε (4,14; 7,1; 8,2) sowie im Sg. ἴδε (6,14; 7,10; 8,1; 12,10.11; 15,7). Die gleiche Funktion gewinnen die Inf. συνιέναι (4,6) αἰσθάνεσθαι (13,3) in Verbindung mit dem Finitum ὀφείλετε. Die Form προσέχετε (7,4.6.7.9; 15,4; 16,8) und funktional damit verwandt

---

[30] Vgl. BAUER/ALAND, Wörterbuch, Sp. 1708, Nr. 2.

[31] HEFELE, Sendschreiben 220f., wollte φησίν als Zitationsverb auffassen, mit der der Vf. „Jesum redend fingirt" (ib. 221). Insofern ihm hierbei „dennoch eine historische Rede Christi vor Augen geschwebt haben könne" (ib.), würde daher in diesen Auslegungen die Predigt Jesu artikuliert sein. Jesus von Nazaret wäre demzufolge der Urheber der ‚gnostischen Erklärungen' wie sie z. B. in Barn 7,6–11 vorliegen (vgl. ib. 220).

προσέχειν + ὅτι (4,6)[32] verstärkt vornehmlich die didaktische Emphase; weder ein Zitat noch eine Lehre führt sie unmittelbar ein. Verben der sinnlichen Wahrnehmung (ἀκούω, ὁράω) stehen in der Regel im Imperativ (ἀκούσατε 13,2; ὁρᾶτε 15,8) zitationseinleitend mit λέγει zusammen und unterstreichen die didaktische Emphase des Zitationsverbs λέγει. In 7,3 lenkt ἀκούσατε die Aufmerksamkeit zugleich auf einen thematischen Aspekt (περὶ τοῦτο …) und auf das folgende, mit γεγραμμένης ἐντολῆς eingeleitete Zitat.

Der Kontext dieser Vokabeln verrät ihren rhetorischen Impetus. Entweder wird mit den Fragepartikeln πῶς[33] (5,5; 7,10; 8,2 14,4; 16,2.7.8; vgl. 15,8) oder τί (6,9) bzw. τίνα (8,1) die im Anschluß durch μάθετε, νοεῖτε κτλ. eingeforderte Aufmerksamkeit der Adressaten auf die Relevanz des im voraus behandelten Themas oder auf einen Aspekt desselben gelenkt, oder aber es wird mit der Anrede ἀδελφοί μου (4,14; 5,5) bzw. τέκνα (7,1; 9,7; vgl. das betonte ὑμῖν in 8,2) auf die in Barn 1 initiierte Kommunikationsstruktur rekurriert.[34] Daher sind die Imperative im Zusammenhang mit dem Anspruch zu sehen, den der Verfasser mit seinem Werk kundtut.

Mit Formen in der 1. Pers. Pl. (ζητήσωμεν 11,1a; ἴδωμεν 13,1; 14,1; μεταβῶμεν 18,1) wird in der Regel ein Thema bzw. ein Unterthema (ζητῶμεν 16,6a) eingeführt oder die Aufmerksamkeit auf einen nachfolgend behandelten Aspekt des Themas gelenkt. Syntaktisch kennzeichnend sind die Verbindungen von Exhortativ + δέ/ἀλλά + indirekter, mit εἰ eingeleiteter Fragesatz, der das thematische Stichwort einführt oder aufnimmt. Zitat und Resümee gehen hierbei ineinander, insbesondere wenn der Inf. αἰσθάνεσθαι mit ὀφείλομεν kombiniert ist (2,9; 6,18).

d. Argumentationsstrategien

Die Komposition intendiert als Ganzes und in ihren Teilen eine bestimmte Didaktik. Sie will erstens die Leser auf einen Glauben verpflichten, der sie von anderen Christen unterscheidet, sowie zu demgemäßem Handeln ermahnen, zweitens anhand der Schrift die Plausibilität dieser Interpretation des Christusereignisses aufweisen, und dabei drittens themenzentriert vorführen, wie die Schrift richtig auszulegen ist. Diese Absichten weisen dem argumentativen Vorgehen die Richtung. Neben der Koordination von themazentriertem Schriftbeweis mit dessen Auslegung begegnet im Barn in zehn Sequenzen eine weitere Argumentationsstrategie, deren Plausibilität und Beweiskraft davon herrührt, daß die jeweilige Darlegung entsprechend dem Strukturmuster der prophetischen Zeichenhandlung[35] organisiert wird. Gegenstand dieser Materialanordnung sind heilsgeschichtliche Erzählungen, Gesetzestexte und kultische Ordnungen: Mose zerschmettert die ,Tafeln der בְּרִית' (Barn 4,8 par 14,2f.), die beiden Opfer am Versöhnungstag (Barn 7,3–5 und 7,6–11), die Beschneidung durch Abraham (Barn 9,7f.), Mose kreuzt in der Amalek-Schlacht die Hände (Barn 12,2–4), Mose fertigt eine Kupferschlange und richtet sie (herrlich) am Holz auf (Barn 12,5–7), Mose ändert den Namen Nuns (Barn 12,8–10a), Isaaks Bitte für Rebekka (Barn 13,2f.) und Jakobs Segen (Barn 13,4–6). Die Gruppierung und Fassung dieser Stoffe entsprechend den konstitutiven Elementen des Strukturmusters der prophetischen Zeichenhandlung transformiert diese Abschnitte in prophetische Texte. Weil es sich hierbei um Stoffe aus der Tora handelt, wollen

---

[32] Vgl. Blass/Debrunner, Grammatik § 392.394–397.

[33] Zur Verwendung der Fragepartikel πῶς vgl. Bauer/Aland, Wörterbuch, Sp. 1464f.; die Verbindung mit deliberativem Konjunktiv für Fragen der Überlegung begegnet im Barn nicht.

[34] Vgl. Schmuttermayr, ⲁⲗⲉⲁ̇ⲫⲟⲓ – ⲁⲅⲁⲡⲏⲧⲟⲓ 13–43.

[35] Vgl. dazu auch die Hinweise bei Auslegungen zu den nachfolgend genannten zehn Textabschnitten.

diese exemplarischen Umprägungen die Tora als ausschließlich „prophetisches Buch" vor Augen führen. Aufgrund der herausragenden Bedeutung der Themen in diesen zehn Abschnitten für die jüdische Identität, nämlich בְּרִית, Entsühnung, Beschneidung, Gottes Beistand, Land, Volk und Segen, zeitigt diese Strategie en passant die Annullierung aller jüdischen Prärogative. Als Folge erscheint die Schrift in allen Teilen, Textsorten und Belangen unter prophetischer Signatur. Dem Inhalt nach ist die Schrift einzig Verheißung des Christusereignisses und der Christen.

Die thematische Ordnung, die Regelmäßigkeiten bei der Verwendung der Schrift, vor allem aber die Gattungstransformationen bekunden eine planvolle Behandlung der Themen. Insbesondere die konsistenten argumentativen Strategien, die Schrift von ihrem Kern her und dann insgesamt als christozentrische Prophetie zu erweisen, rät dazu, den Vf. als maßgeblichen Faktor der Komposition als ganzer und in ihren Teilen anzusehen.[36]

4. Das Problem der Testimonien

Seit den textgenerativen Annahmen von Windisch, denen zufolge der Barn unter Verwendung zweier, relativ kohärenter Traditionskomplexe, sog. Testimonienstoff und Didachestoff, in zwei Etappen von ein und derselben Hand geschrieben (B1) und überarbeitet (B2) wurde, sind insbesondere für den ersten Hauptteil nicht wenige Versuche unternommen worden, Umfang und Art des dort verwendeten Materials zu bestimmen. Jeder Texttheorie inhärent sind Festlegungen bezüglich des Verfasserprofils, der Herkunft des Verfassers, seiner schriftstellerischen Strategie und Leistung sowie hinsichtlich des theologischen Charakters und der Trägerschaft der Theologie.[37]

Die Berechtigung, nach Vorlagen zu fahnden, folgt zum einen aus Hinweisen des Vf.: Erstens aus seiner Konstatierung, daß die Christen die ganze Offenbarung besitzen, die der Herrscher (Barn 1,7a) bzw. der κύριος (Barn 5,6) durch die Propheten gegeben hat, also die Schrift, sodann aus seinen Absichtserklärungen, Überkommenes mitzuteilen (Barn 1,5; 4,9a; 17,1f.; 21,9a) sowie der Beteuerung, diesen Bestand vollständig und damit authentisch (Barn 17,1) weitergegeben zu ha-

---

[36] Damit ist nicht behauptet, daß der Vf. alles ad hoc bei der Abfassung des Barn komponiert hat. KÖSTER, Einführung 715f., resümiert: „Grundlage der Auslegung ist eine ältere nach sachlichen Gesichtspunkten geordnete Sammlung von Schriftstellen, die vielleicht jüdischer Herkunft ist. In dieser Sammlung ging es um ein vernünftiges und ins Geistige übertragenes Verständnis des jüdischen Ritualgesetzes (vgl. … Philo). … Der eigentliche Beitrag des Verfassers liegt in der Durchführung des Schriftbeweises zum Kommen Jesu, zu seinem Leiden und seinem Kreuz (5.1–8.7; 11.1–12.9) und zur Frage des … Bundes (13.1–14.9; vgl. 4.6–8)." Die Arbeit des Vf. zeigt sich also besonders eindrücklich in jenen Passagen, in denen die Argumentation dem Strukturmuster der prophetischen Zeichenhandlung gemäß vorzugehen scheint.

[37] Die Forschungsgeschichte zur Frage frühchristlicher Testimonien speziell was den Barn angeht ist bei CARLETON PAGET, Barnabas 78–100, skizziert; instruktiv und hilfreich sind insbesondere die Hinweise in den Rezensionen von STEGEMANN, Les Testimonia 142–153, und AUDET, Testimonia 381–405, zur Studie von PRIGENT, Les testimonia dans le christianisme primitif. Paris 1961. DRAPER, Barnabas and the Riddle of the Didache revisited 89–113, hat diese Diskussion, und dabei speziell das Verhältnis der Zwei-Wege-Lehren des Barn und der Did zueinander, neu aufgeworfen; vgl. die Auslegung zu Barn 18,1d.2.

ben,[38] und schließlich aus der Einleitung zur Zwei-Wege-Lehre (Barn 18,1a), der zufolge sich auch für den Vf. die beiden Hauptteile seines Werks als zwei geschlossene Themenkomplexe darstellen, die bereits als ‚Gnosis und Lehre' gelten, also nicht erstmalig durch seine Schrift aufgegriffen werden. Daher wäre es nicht zutreffend, die Selbstempfehlung des Vf. als Tradenten und authentischen Sachwalter exklusive auf eine überkommene „Lehre", bar einer textlichen Grundlage zu beziehen. Was der Vf. überliefert, ist ihm auch materiell überkommen. Zum anderen drängen literarische Beobachtungen dazu, die Frage nach Vorlagen zu stellen: Erstens begegnen innerhalb thematisch geschlossener Abschnitte sowohl wörtliche als auch ungenaue Zitate, wobei die Übereinstimmungen im Wortlaut zwischen den griechischen Bibelübersetzungen und den Zitaten aus den am häufigsten zitierten Schriften (Jes, Ps, Gen, Dtn) am höchsten sind. Die Spannbreite reicht vom wörtlichen Zitat über Fusionen, Modifikationen bis zur Schaffung neuer Verse und ihrer Kombination mit wörtlichen Zitaten. Mitunter stehen Zitate oder Wendungen auch Passagen in außerbiblischen jüdischen und christlichen Schriften näher als ihren biblischen Grundlagen. Zweitens sind die Zitationseinleitungen keine Garanten für die wörtliche Übereinstimmung mit griechischen Bibelübersetzungen oder anderen bezeichneten Quellen, sondern funktional und didaktisch darauf gerichtet, den Belegen autoritativen Rang formell zuzusprechen und sie mit prophetischer Signatur auszustatten. Drittens begegnen Sätze, die sich auffällig „nicht in den Gedankengang des Kontextes einpassen"[39], zugleich aber inhaltlich und terminologisch sowie in ihrer rhetorischen Emphase mit den sicher vom Vf. stammenden Rahmenkapiteln verbunden sind. Diese ‚Ad-hoc-Bildungen' markieren Nahtstellen zwischen thematisch geschlossenen Abschnitten,[40] die für sich verständlich

---

[38] Dieser Aspekt wird nur selten beachtet. Mit dem Hinweis auf den Traditionscharakter des Mitgeteilten räumt der Vf. nicht ein, daß nicht alles von ihm stammt. Der Akzent des Traditionsarguments, also die Betonung des Überkommenen, seiner Unversehrtheit und Vollständigkeit, liegt vielmehr auf der rhetorischen Absicht, den Lesern gegenüber die Ursprünglichkeit und damit die Authentizität des Mitgeteilten zu beglaubigen. Was der Vf. in seinem Werk niederlegt, ist gerade nicht die Meinung eines Lehrers, über die ein Diskurs zu führen wäre, sondern authentische Überlieferung bzw. die damit übereinstimmende Gnosis bezüglich der Schrift und der ‚anderen Gnosis und Lehre', die aus der Zwei-Wege-Lehre fließt. Deshalb muß man das, was mitgeteilt wird, glauben (vgl. Barn 7,2) und demgemäß handeln (vgl. Barn 4,14; 21,1.4–8). Hierin gründet der besondere Anspruch, den der Vf. erhebt, und demgemäß leitet er sein Schriftstück ein und beschließt es. Aufgrund dieser Akzentuierung der wiederholten Absichtserklärungen und Beteuerungen, Verläßliches und Maßgebliches zu überliefern, wäre es im übrigen verfehlt, Kohärenz zwischen Absicht des Vf. und literarischem Befund zu konstatieren.

[39] Wengst, Tradition 15.

[40] Vgl. Wengst, Tradition 15; er findet solche ‚Bildungen' in Barn 4,9a; 5,3; 6,5.9.10b; 7,1; 9,9, wobei es sich in Barn 6,9.10b; 9,9 um „Erweiterungen … vorgegebener Auslegungen" bzw. um eine „Abschlußbildung" handelt (vgl. ib. 14–17). Diese auf Anregung von Bousset, Schulbetrieb 313, und Stegemann, Les Testimonia 145.150f., durch Wengst erhobenen ad hoc Formulierungen treffen sich zwar z. T. mit den von Windisch, Barnabasbrief 409, benannten „Glossen" (Barn 1,6; 2,2f.(?); 4,9a; 5,3f.(?); 6,5; 7,1(?); 8,4; 12,11a), unterscheiden sich von diesen aber durch die redaktionelle Funktion: ‚Ad-hoc-Bildungen' markieren nicht nur Nahtstellen, sondern verklammern die jeweils vorausgehende mit der folgenden Passage. Hieraus dürften sich auch die Differenzen über die Fundstellen erklären.

scheinen.[41] Viertens sind mit hoher Wahrscheinlichkeit die Verse Barn 9,1–3 und 11,4f. en bloc übernommen worden. Der Bezug, den der zweite Teil von Barn 9,1c auf das Thema Beschneidung, das spätestens mit Barn 9,4 im Zentrum des Kapitels steht, herstellt, mag allerdings der kompositorischen Arbeit des Vf. zu verdanken sein.[42] Entscheidend aber ist, daß der Grundstock beider Passagen nicht kommentiert ist. Dies spricht dafür, daß Barn 9,1–3 und 11,4f. einer ,unkommentierten Zitatensammlung'[43] entnommen sind.

Diese Beobachtungen lassen nur den Schluß zu, daß für Barn 2–16 neben griechischen Bibelübersetzungen weiteres Material verwendet wurde. Die Frage ist, ob dieses vorgegebene Gut Testimoniencharakter besaß. Die Entscheidung ist davon abhängig, welcher Begriff von Testimonien[44] zugrundegelegt ist und welche Krite-

---

[41] Daraus läßt sich indes nicht zwingend ableiten, daß die beiden Passagen, die die jeweilige ad hoc formulierte Sequenz umgeben, bei der Abfassung des Barn bereits fertig vorlagen (vgl. die Kritik bei Carleton Paget, Barnabas 86) und mittels dieser kurzen Sätze nur noch ,zusammengeflickt' wurden. Keinesfalls sind es Splitter in einem vormals geschlossenen Traditionsstück.

[42] Diese Entscheidung hängt nicht zuletzt davon ab, ob die zweite Maßgabe der Begriffsbestimmung von Testimonien, daß nämlich diese Reihungen unkommentierter Zitate unter einem gemeinsamen Gesichtspunkt zusammenpassen, auf die Konvergenz eines gemeinsamen Stichwortes oder Wortfeldes eingegrenzt ist. Es ist doch auch damit zu rechnen, daß Zitate aufgrund einer thematische Konvergenz zusammengestellt wurden, weil z.B. (traditionell) bestimmte Themen oder Motive (argumentativ) verbunden waren. Da diese Verbindungen im Ansatz bereits Auslegungen sein können oder immerhin als solche aufgefaßt werden konnten, gilt als Hauptkriterium für Testimonien nicht nur, daß es sich um unkommentierte Zitate handelt, sondern daß Auslegung formell nicht angezeigt ist. Für die traditionskritische Entscheidung ist insofern die kompositionskritische Beobachtung von Belang, daß in Barn 2–16 Auslegungen zwar variantenreicher als Zitate, nichtsdestoweniger aber mit formellen, wiederkehrenden Signalen eingeleitet sind.

[43] Wengst, SUC 2,123f.

[44] „Der Begriff ,Testimonien' bezeichnet im strengen Sinn Schriftstellen, die als autoritative ,Zeugen' für die Richtigkeit einer aufgestellten Behauptung bzw. zur Untermauerung einer bestimmten Ansicht herangezogen werden. Oft werden mehrere solche ,Zeugnisse' für ein und dieselbe Sache in einer kleinen Sammlung zusammengestellt. Der Zweck einer solchen Zusammenstellung ergibt sich aus einem allen Zitaten der Sammlung gemeinsamen Gesichtspunkt, der mitunter in einer Überschrift zum Ausdruck erscheint, die den Bezugspunkt der Zitate bezeichnet. Aber auch für ganz andere als solche ,Beweis'-Zwecke können Schriftzitate zusammengestellt werden, und sinnvollerweise wählt man für solch andersartige Sammlungen auch andere Bezeichnungen" (Stegemann, Les Testimonia 143). Es ist davon auszugehen, daß derartige Reihungen von Schriftzitaten für liturgische Zwecke erstellt und daher bekannt waren, es ist mit katechetisch-didaktischen Kompendien ebenso wie mit Erbauungsliteratur zu rechnen, um nur einige Formen und Bestimmungen anzuzeigen. Funde aus Qumrân bestärken in der Annahme, daß der Übergang von der Gattung ,Testimonien', also einer Sammlung ,unkommentierter Zitate' (vgl. Windisch, Barnabasbrief 410; Wengst, SUC 2,123f.), hin zur midraschartigen Auslegungsreihe, die „thematisch fortschreitend Bibelstellen unterschiedlicher Herkunft anführt und kurz interpretiert, andere Stellen wiederum als Belege für aufgestellte Behauptungen anführt und so einen bestimmten Gedankengang entwickelt" (Wengst, SUC 2,152; vgl. auch Helm, Studien 47–49) und zum Lehrvortrag fließend war. Diesbezüglich lassen sich drei Typen der Schriftzitierung und -auslegung abheben: Erstens die Pescharim zu Hab, Nah und Ps 37, in denen jedes Zitat eine Auslegung erfährt (1 QpHab, 4 Q169, 4 Q171.173), eingeleitet durch die gattungstypische, ihr den Namen gebende Formel פִּשְׁרוֹ עַל, zweitens das Florilegium 4 Q174, in dem 2 Sam 7,10–14; Ps 1,1; 2,1f. nach Art der Pescharim erklärt werden, jedoch weitere Schriftstellen (Ex 15,17f.; Am 9,11; Jes 8,11; Ez 37,23; 44,10; Dan 11,32; 12,10) fortführend und erläuternd herangezogen sind, und das sich in bezug auf Ps 1,1 als מִ[דְ]רַשׁ definiert

rien[45] zur Identifizierung von Testimonienmaterial angelegt werden.[46] Im Verbund mit einer durchgängigen traditionskritischen Analyse, wie sie Wengst durchgeführt hat, zeigen die genannten Formalia der Zitation sowie Art und Material der Zitate, die Auslegungsstrukturen sowie die Argumentationsstrategien, ferner die Klammerfunktion glossenartiger Zwischenbemerkungen sowie die Bezugnahme auf sie, daß in Barn 2–16 überwiegend bereits kommentierte Zitate Eingang gefunden haben[47]. Ebenso offenkundig ist – so Wengst –, daß der Vf. keine „durchgehende Quelle benutzte, sondern ein Vielzahl einzelner Traditionsstücke"[48]. Die isolierten Traditionsstücke sind unabhängig vom jeweiligen Kontext „in sich verständlich, verlangen keine Fortsetzung" und weisen von sich aus auf keinen größeren Zu-

---

(4 Q174 *fr.* 1,14), und drittens die Testimoniensammlung 4 Q175, in der nacheinander Dtn 5,28f.; 18,18f.; Num 24,15–17; Dtn 33,8–11; Jos 6,26 zitiert sind, aber nur das letzte Zitat ausgelegt wird. Zur qumranischen Schriftauslegung, speziell den Pescharim vgl. Schröger, Schriftausleger 277–282.

[45] In der Forschung fehlt bislang ein Konsens über eine Kriteriologie zur Identifzierung von Testimonien. Aufbauend auf der Vermutung von Hatch, Essays 180–186.203–213, Christen hätten – ebenso wie palästinische Juden und Juden der Diaspora seit geraumer Zeit Schriftauszüge zur Ethik, zum Gebet und zur Andacht sowie zur Disputation besaßen – sehr früh bereits Exzerpte aus der Schrift für entsprechende Zwecke besessen, und mit Blick auf Cypr. *adv.Iud.* und ähnliche Testimoniensammlungen der altchristlichen Literatur benannte Harris, Testimonies 1,33, vier Kriterien zur Identifizierung von Material, das derartigen christlichen Auszugsschriften entstammt: erstens Übereinstimmung von Mischzitaten aus der Schrift bei Autoren, die voneinander unabhängig sind, zweitens parallele Falschzuweisung des Schriftzitates, drittens ähnliche Textabweichungen von allen vorhandenen neutestamentlichen Schriftzitaten und viertens ein polemischer Kontext (vgl. die Hinweise bei Carleton Paget, Barnabas 91); letzterem ist als Merkmal inhärent, daß eine Stellensammlung zu einem anderen Zweck als jenem Verwendung findet, dem sowohl die ihr integrierten Zitate als auch die Sammlung ursprünglich dienten. Mit Blick auf die Begriffsbestimmung, die Stegemann, Les Testimonia 143, vorgeschlagen hat, und auf die vielgestaltige Präsenz der Schrift können diese Kriterien jedoch nur die Benutzung vorgegebenen Materials wahrscheinlich machen, nicht aber dessen Testimoniencharakter. Mehr leisten auch die fünf Kennzeichen nicht, die Prigent, Les testimonia 28, als Maßstab gewählt hat: „1 La présence de citations composées. 2 les fausses attributions … 3 des variante textuelles … 4 des séries de citations attestées par plusiers auteurs" und 5. „lorsqu'un auteur (en l'occurrence Barnabé) invoque une série de citations dans un but qui n'est manifestement pas celui qui a présidé au groupement des textes, nous pouvons raisonnablement affirmer qu'il utilise une collection de *Testimonia*." Zur Kritik vgl. Stegemann, Les Testimonia 144; Audet, Testimonia 381–405. Zuletzt hat Skarsaune, Prophecy 22 Anm. 29, mit seiner Definition von Testimonien im Grunde die textkritischen Apparate der Editionen griechischer Bibelübersetzungen zum negativen Identifikationskriterium erkoren. Zitate, zumal solche, die formell wie Schriftzitate eingeleitet oder verwendet sind, und die nicht durch die handschriftliche Überlieferung gedeckt scheinen, sind demzufolge Testimonien oder stammen aus derartigen Zitatensammlungen. Letztlich bestimmt der Zufall der Textüberlieferung, welche Zitate als Testimonien gelten können.

[46] Beides ist mit den Annahmen über die Verfügbarkeit und Varianz griechischer Bibelübersetzungen sowie mit der Vorstellung vom Schriftgebrauch im frühen Christentum vernetzt. Daher ist ein Entscheid in der Testimonienfrage sowohl für die literarische und historische Bestimmung des Barn als auch für die Profilierung seines theologischen Gestaltungsraums und der theologischen Eigenart seines Vf. nicht ohne Belang. Diese inhaltliche, theologie- und kirchengeschichtliche Dimension kann jedoch kein Argument für die Isolierung von Traditionen und ihre literarische Charakterisierung sein. Vgl. dazu die wiederholte, vehemente Kritik von Stegemann, Les Testimonia 144–153, und Audet, Testimonia 381–405, an der Studie von Prigent, der sich Wengst, Tradition 8, mit Hinweisen auf weitere kritische Stimmen anschließt; vgl. ferner Carleton Paget, Barnabas 95.

[47] Vgl. Wengst, Tradition 17–54; Wengst, SUC 2,121.124.

[48] Vgl. Wengst, Tradition 17–54; Wengst, SUC 2,121.

sammenhang hin. Wengst hat für einzelne Sequenzen eine der Abfassungssituation
des Barn vorausgehende Genese wahrscheinlich gemacht. Der didaktische Impetus, der in manchen Zitationseinleitungen und akzentuiert in den Einführungen zu
Auslegungen hervortritt, weist darauf hin, daß es sich bei den zumal thematisch
geschlossenen Traditionsstücken um „einzelne kleine Lehrvorträge"[49] handelt, in
die formell als Schrifttext ausgewiesene Zitate hineingearbeitet sind. Traditionsana-
lytisch erweist sich, daß – von den genannten zwei Passagen abgesehen – bei der
Abfassung „bereits kommentierte Zitate und nicht einfach nur ‚Testimonien'"[50]
Verwendung fanden. Wengst folgert daher richtig, daß der Barnabasbrief für das
Problem der Testimonien nicht unmittelbar auswertbar ist[51] – können doch alle
Abweichungen der Zitate von griechischen Bibelübersetzungen durch den Kontext
des Lehrvortrages veranlaßt sein –, und daß vielmehr zu fragen ist, in welchen For-
men das Material in der Schule, die im Barnabasbrief greifbar wird, vorlag[52]. Dies-
bezüglich ergab die Untersuchung zu den Quellenangaben in den Zitationseinleitungen, daß sie primär Legitimationsfunktion besitzen. Zugleich machte die
Evaluierung der Häufigkeit und Genauigkeit der Zitate wahrscheinlich, daß im
Gestaltungsraum der von Barn bewahrten Traditionen Abschriften von Jes und
dem Psalter und vermutlich auch von Gen und Dtn zur Verfügung standen.
Scheinbare oder tatsächliche Parallelen mit Sequenzen in Ex, Lev, Num und Jos,
ferner in Jer, Ez, Dan, Joël, Amos, Zef und Sach sowie in Spr, Weish, Sir und PsSal
reichen demgegenüber nicht hin, Kopien dieser Bücher vorauszusetzen; entweder
handelt es sich bei diesen Berührungen um nur entfernte Anklänge oder um nur
wenige, z. T. singuläre Bezugnahmen.

Die bevorzugte und getreue Verwendung von Jes, Ps, Gen und Dtn schließt freilich nicht aus, daß im Gestaltungsraum mehr Abschriften als nur die dieser vier
Bücher verfügbar waren. Wegen der Komposition in Barn 7,3–11, die nicht auf einer
selbständigen Tradition beruhen muß[53], sondern ebensogut von versierter Schrift-
kenntnis wie auch vom Gestaltungswillen des Vf. zeugen kann – oder jener, denen
er sich kraft dieses Stücks verbunden zeigt[54] –, bleibt zu erwägen, ob nicht doch ein
griechisches Exemplar des Pentateuchs vorlag, dem Abschriften von Jes und vom
Psalter, der beiden wohl beliebtesten und vielfältig verwendeten Bücher außerhalb
der Tora, zur Seite standen.

Daß der Vf. Texte verwendet hat, die auf Testimonien zurückgehen, steht aufgrund von Barn 9,1–3 und 11,4f. außer Frage. Beide Stellen vermögen freilich die
Beweislast für die Existenz einer oder mehrerer Testimoniensammlungen nicht zu
tragen, geschweige deren Funktion als direkte Quelle für Barn oder in dem seiner
Abfassung vorausliegenden Gestaltungsprozeß erweisen. Vielmehr ist von einer

---

[49] WENGST, SUC 2,124.
[50] WENGST, Tradition 17. Das hatte WINDISCH, Barnabasbrief 410, noch sehr bezweifelt.
[51] Vgl. WENGST, SUC 2,124.
[52] Vgl. WENGST, SUC 2,125.
[53] Anders WENGST, SUC 2,129.
[54] Vgl. KÖSTER, Überlieferung 148–156, der die schriftgelehrte Ausgestaltung der (vorsynoptischen)
Passionsgeschichte und überhaupt die Schultradition hinter diesem Abschnitt vermutet.

vielfältigen und mehrschichtigen Überlieferung auszugehen, in der das Material sowohl mündlich als auch schriftlich[55] sowie in unterschiedlicher sprachlicher Prägung und in verschiedenen literarischen Formen[56] mitunter mehrfach im Überlieferungsbestand präsent gewesen sein konnte.

Eine traditionsgeschichtliche Reduzierung auf die Abhängigkeit von Testimonien verbietet sich zumal unter der Rücksicht, „daß die in Barn 2–16 dargebotene Tradition einem ‚Schulbetrieb' entstammt", dem der Vf. verbunden ist, und in dessen Rahmen er als Lehrer den Überlieferungsprozeß mitgestaltete, „indem er bearbeitet, variiert, ergänzt, erweitert und auch selbständig neue Stücke schafft"[57]. Hierdurch wird zugleich die Bindung der Frage nach den Testimonien an eine forschungsgeschichtlich kennzeichnende Perspektive deutlich, die in literarkritischer Engführung auf die Abhebung von Quellen ausgerichtet ist. Ganz abgesehen von dem gewandelten methodischen Ansatz zur Auffindung von Traditionsmaterial eröffnet das Konzept der Partizipation an einer Schule und ihrer Repräsentanz durch den Vf. die Möglichkeit, die Eigenart des Materials durch die Situierung und zeitliche Streckung des textgenerativen Vorgangs sowie durch die vielgestaltige Präsenz der Schrift und deren Prägekraft zu erklären, ohne die Existenz und Verwendung von Testimonien auszuschließen.[58]

5. Das Verhältnis des Barnabasbriefs zum Zwei-Wege-Traktat

Die Zwei-Wege-Lehre ist das größte zusammenhängende Überlieferungsstück im Barn. Traditionscharakter und Geschlossenheit dieses zweiten Hauptteils stellt der Vf. ausdrücklich fest (Barn 18,1; 21,1). Nicht wenige Anspielungen darauf in vorausliegenden Kapiteln,[59] die Überleitung in Barn 17, die eine Fortführung verlangt,[60] sowie das auf beide Hauptteile bezogene Schlußkapitel[61] stellen außer Frage, daß dieser Block konzeptionell zum Barn gehört; er ist dem Vf. nicht erst bei der Abfassung des Schriftstücks zu Händen gekommen. Die auffällige Gleichordnung dieser „Erkenntnis und Lehre" mit jener „Gnosis", die der Vf. anhand der Schrift gewinnt, läßt annehmen, daß er mit diesem paränetischen Stoff in denselben Zu-

---

[55] Vgl. dazu die Auslegung zur Verweisformel προείρηκε δὲ ἐπάνω in Barn 6,18.

[56] WENGST, SUC 2,129, nennt: „Einzellogien, Spruchsammlungen, Testimonien, freie Wiedergabe von Erzählungen, Kombinationen von Erzählungen."

[57] WENGST, SUC 2,122.

[58] Vgl. KRAFT, Barnabas 77–84; DERS., ‚Testimony Book' 336–350; DERS., Melito's Paschal Homily 371–373.

[59] Dies darf der Vokabelstatistik von MUILENBURG, Literary Relations 113–134 entnommen werden; seiner Texttheorie, insbesondere seiner These, Barn 18–21 erklären sich völlig von Barn 1–17 her, ist indes nicht zu folgen. Vgl. S. 74–83 unter Punkt ‚1. Integrität, Aufbau und Gliederung' sowie die berechtigte Kritik von WENGST, Tradition 58 Anm. 116.

[60] Vgl. S. 528 die Auslegung zu ταῦτα μὲν οὕτως in Barn 17,2 und S. 534f. zu μεταβῶμεν δὲ καί in Barn 18,1a.

[61] Vgl. S. 563f. zu Barn 21,1 und speziell zu καλὸν οὖν ἐστίν κτλ.

sammenhängen vertraut wurde und ihn schätzen lernte, in denen auch die Traditionen für den ersten Hauptteil präsent waren und bearbeitet worden sind.[62]

Seit der Auffindung des Codex Hierosolymitanus 54 und der Entdeckung der Didache in ihm liegt durch die Kapitel 1–6 dieser Schrift ein mit der Zwei-Wege-Lehre des Barn teils wörtlich übereinstimmender Text vor. Die Unterschiede der Paralleltexte sind zwar unübersehbar – Barn scheidet die beiden Wege mittels der Antonyme Licht und Finsternis bzw. des ‚Weges des Schwarzen‘, die Did hebt sie durch die Begriffe Leben und Tod voneinander ab; im Barn ist außer der dualen Teilung keine planvolle Anordnung des Materials erkennbar, wogegen die Did ihr Material gruppiert und insgesamt in thematischer und sachlicher Ordnung präsentiert; die Version des Barn ist kürzer[63] –, doch sind die Gemeinsamkeiten z.B. im Wortbestand, in Wendungen, aber auch in der Anlage des ‚Weges des Schwarzen‘ (Barn 20,2) und des ‚Todesweges‘ (Did 5,2) derart auffällig[64], daß zwischen beiden Schriftstücken ein literarisches Verhältnis bestehen muß.

Der zuerst von Bryennios, dem Entdecker der Hs., vorgetragenen Hypothese gemäß, zeugt dieser literarische Befund von der Abhängigkeit der Did, speziell ihrer Zwei-Wege-Lehre, vom Barn.[65] Kaum ein Jahr danach vertrat Zahn[66] bereits die gegenteilige Ansicht, der zufolge die Zwei-Wege-Lehre des Barn direkte Wirkungsgeschichte von Did 1–6 ist. In kürzester Zeit fand diese Hypothese zahlreiche Anhänger.[67] Noch im selben Jahr (1884) wurde zur Erklärung des literarischen

---

[62] WENGST, Tradition 67, vermutet, daß „die Zwei-Wege-Lehre wie die von Barnabas in cc. 2–16 benutzte Tradition ihren Sitz im Leben im Schulbetrieb haben." Für den Barn überhaupt, so wird auch für seine Zwei-Wege-Lehre wie vielleicht auch für jene der CEA ein „schulischer" Traditions- und Gestaltungsraum anzunehmen sein. Allerdings folgt daraus nicht, daß die Gattung exklusive im schulischen Ambiente situiert ist. – Die Berührungen zwischen Barn 18–20 und der synoptischen Überlieferung weisen samt und sonders über den Vf. des Barn zurück auf seine rudimentär christianisierte Rezension des jüdischen Traktats de duabus viis. Sie zeigen, „wie die gesamte Tradition des Judentums, das AT, jüdische Vorstellungen und Anschauungen und die jüdische Lehrüberlieferung, in die christliche Gemeindeüberlieferung hineinreicht und parallel sowohl bei Barn. als auch bei den Synoptikern in Erscheinung tritt" (KÖSTER, Überlieferung 136).

[63] Besonders auffällig hinsichtlich des Textbestandes ist das Fehlen einer ganzen Spruchgruppe, der sog. τέχνον-Sprüche (Did 3,1–6). Zu den Abweichungen im einzelnen vgl. WINDISCH, Barnabasbrief 404f. – Die sog. *sectio evangelica* (Did 1,3b–2,1) hat traditionsgeschichtlich mit dem Zwei-Wege-Traktat nichts zu tun; vgl. die Hinweise bei NIEDERWIMMER, Didache 93–100.

[64] Die Einleitung des ‚Weges des Schwarzen‘ in Barn 20,1a unterscheidet sich zwar deutlich von der Eröffnung des ‚Todesweges‘ in Did 5,1, aber bereits im Lasterkatalog (Barn 20,1b; Did 5,1b) und dann in der Liste von Übeltätern in Barn 20,2 und Did 5,2 laufen die beiden Passagen bis auf geringfügige Abweichungen parallel.

[65] Vgl. ΒΡΥΕΝΝΙΟΣ, Διδαχὴ τῶς δώδεκα ἀποστόλων πδ´ff. (= 84ff.). Die älteren Verfechter dieser Hypothese notiert EHRHARD, Altchristliche Litteratur 49. Insbesondere war zunächst auch HARNACK, Die Lehre der Zwölf Apostel 81f., für die Priorität des Barn im Verhältnis zur Did eingetreten. Über die Vertreter einer literarischen Abhängigkeit der Did vom Barn im 20. Jh. und deren Nuancierungen der Grundthese vgl. NIEDERWIMMER, Didache 48f. Anm. 6.

[66] Vgl. ZAHN, Forschungen 3,278–319.

[67] Für diese These trat wiederholt Funk ein; über ihre älteren Vertreter vgl. wiederum die Notierungen bei EHRHARD, Altchristliche Litteratur 49f. Zuletzt optierte BARDENHEWER, Geschichte 1,107, für die Priorität der Did und die direkte Abhängigkeit des Barn von ihr.

Tatbestands indes anstelle eines direkten literarischen Abhängigkeitsverhältnisses zwischen Barn und Did deren je eigene Filiation ihrer Zwei-Wege-Lehren von einer gemeinsamen Vorlage[68] vorgeschlagen. Die beiden ersten Erklärungsversuche sind heute vorzugsweise von forschungsgeschichtlichem Interesse.[69] Die Postulierung einer gemeinsamen Vorlage überzeugt vor allem deshalb, weil sich außerhalb der beiden Zwei-Wege-Lehren (Barn 18–20; Did 1,1–6,1) kaum literarische Berührungen beider Schriften benennen lassen und die wenigen in keinem Fall stringent auf eine der beiden Schriften zurückzuführen sind.[70] Literarisch ist das Verhältnis beider Schriften auf ihre dualen Kataloge begrenzt. Daher ist davon auszugehen, daß beide Texte voneinander unbeeinflußt auf einem gemeinsamen Archetyp beruhen.

Diese Vorlage geht „auf ein ursprünglich jüdisches Grund-Muster zurück, auf einen im Ursprung noch vorchristlichen jüdischen Traktat über die beiden Wege"[71], der nach literarischem Charakter und Inhalt Ähnlichkeit mit 1 QS 3,18–4,26 besessen haben kann. Der Gestaltungs- und Bestimmungsraum dieses ursprünglich rein jüdischen dualen Katalogs[72] war vielleicht die Gemeinschaft „jüdischer Erweckter …, die sich etwa im Lehrhaus trafen, und die sich gegenseitiger sozialer Unterstützung befleißigten. Doch weist manches auf Mission bei den Heiden."[73]

---

[68] EHRHARD, Altchristliche Litteratur 50f.53f., registriert MASSEBIEAU, L'enseignement de douze apôtres 129–160, als ersten Vertreter dieser Lösung. Den Kerngedanken des Postulats hat Ehrhard mit Bezug auf die Did formuliert: „Der erste Teil, die Darstellung der Zwei Wege, ist jüdischen Ursprungs und wurde vielleicht schon vor Christus … verfaßt" (ib. 53). Zum Durchbruch verhalf dieser Hypothese zum einen der Nachweis zahlreicher Sachparallelen mit Schriften des palästinischen und hellenistischen Judentums (vor allem Jub, TestXII, Sib, Ps.-Phocy.) und zum anderen, daß in den Parallelbearbeitungen des Traktates de duabus viis (Barn, Doctr., CEA, Ep., Vita Schenute v. Atripe, Ps.-Ath. *syntag.*, *Didasc*) jene Passagen der Did mit den spezifisch christlichen Merkmalen (Did 1,3–2,1) fehlen. Grundlegend hierfür war die Arbeit von TAYLER, Teaching 18ff. (Näheres vgl. dazu EHRHARD, Altchristliche Litteratur 54; NIEDERWIMMER, Didache 56f.). Nachdem HARNACK, Geschichte 1,435–438f., seine ursprüngliche These über die Priorität von Barn 18–20 zugunsten der Abhängigkeit von Did 1–6 *und* Barn 18–20 von einer gemeinsamen Vorlage aufgegeben hatte – allerdings mit der Einschränkung, daß sich die Berührungen außerhalb des Zwei-Wege-Traktats durch die Rezeption des Barn seitens des Didachisten erklären –, entfaltet er maßgeblich die sog. Grundschrift-Hypothese (HARNACK, Die Apostellehre und die jüdischen beiden Wege 14.25–30). Sein Versuch, die Vorlage der Traktate de duabus viis wiederherzustellen (ib. 57ff.), kann NIEDERWIMMER, Didache 56 Anm. 48, zufolge nicht als geglückt gelten. Vorbehalte meldet Niederwimmer auch gegenüber der Rekonstruktion durch WENGST, Tradition 59–67; spez. 65f. an, geht doch Wengst hier – anders als in seiner Edition – noch von einer ‚gemeinsamen' Zwei-Wege-Vorlage für Barn und Did aus (ib. 65), Niederwimmer hingegen von zwei, hinsichtlich Strukturiertheit und Christianisierung verschiedenen Vorlagen.

[69] Die Forschungsgeschichte zum Traktat de duabus viis ist nun ausführlich erörtert bei NIEDERWIMMER, Didache 48–64.

[70] Vgl. S. 217f. zu Barn 4,9b; ferner BUTLER, Relations 275.

[71] NIEDERWIMMER, Didache 56.

[72] Weitere Parallelen in jüdischen und jüdisch-christlichen Schriften finden sich in T.Aser 1,3–7,7 und *Hom.Clem.* VII 3,3ff. (GCS 1,117ff.); 7,1ff. (GCS 1,119). Näheres vgl. NIEBUHR, Gesetz und Paränese 144–162.

[73] NIEDERWIMMER, Didache 58.

Die durch die gegenseitige literarische Unabhängigkeit von Barn und Did postulierte selbständige Zwei-Wege-Überlieferung wirft sogleich die Frage nach deren Profil und der Stellung des Barn zu ihr auf. Diesbezüglich ist zweierlei bedeutsam: Erstens erweist sich Barn 18–20 im Vergleich mit altkirchlichen Parallelen der Zwei-Wege-Lehre[74], die sich vor allem mit ihrem durchdachten Aufbau und meist auch durch eindrücklichere christliche Eintragungen auszeichnen, als die erste erhaltene[75] christliche Rezeptionsstufe der Duae-Viae-Tradition. Vieles spricht dafür, daß der Didachist eine spätere Rezension dieses Überlieferungsgutes, einen Subarchetyp „C1" bzw. „λ", verwendet hat.[76] Für die Profilierung des Archetypen ist bedeutsam, daß zweitens eine direkte Rezeption von Barn 18–20 in der Alten Kirche literarkritisch nicht zweifelsfrei erweisbar ist. Zum einen geben Berührungen zwischen Barn, der Ägyptischen Kirchenordnung (CEA)[77] und der Epit. Anlaß für die Annahme, daß die mit Barn parallelen Sequenzen in CEA prooem. und CEA 4.12.14 aus einem (freilich hypothetischen) Deszendenten jener Vorlage entnommen sind, die der Vf. des Barn kannte, der uns aber ebenso wie der Archetyp nicht überkommen ist.[78] Zum anderen aber belegen die Zitate aus Barn 1,1 und 19,12 bei Didymus v. Al.,[79] daß der Barn noch im 4. Jh. in der Nilmetropole bestens bekannt war und geschätzt wurde. Insofern ist es nicht ausgeschlossen, daß ein halbes Jahrhundert zuvor die Zwei-Wege-Lehre des Barn, insbesondere aber Passagen aus der epistularen Rahmung des Schriftstücks in der CEA einen direkten Niederschlag gefunden haben.[80] Daher kann sich die Rekonstruktion der literarischen Überlieferung des Zwei-Wege-Traktats nicht von der wirkungsgeschichtlichen Per-

---

[74] Vgl. NIEDERWIMMER, Didache 48–64.

[75] Vgl. WENGST, SUC 2,21; NIEDERWIMMER, Didache 48f.61. Er nimmt überdies an, daß bereits in der Zwei-Wege-Vorlage des Barn ein eschatologischer Schluß enthalten war, der „materialiter" CEA 14 bzw. Barn 21,2c–4.6a zugrundeliegt. Angesichts der von ihm vorgeschlagenen genealogischen Stellung der Epit. als im Grunde „parallele" Rezeption der Zwei-Wege-Vorlage („C2") der CEA (ib. 62f.) wundert es sehr, daß in ihr nicht nur wie auch in der CEA der ‚Todesweg' fehlt, sondern sowohl dieser eschatologische Schluß als auch die signifikante, angeblich bereits in der Vorlage für den Barn enthaltene und in Barn 1,1 (L) und CEA prooem. übereinstimmend bewahrte Eröffnung.

[76] Vgl. WENGST, SUC 2,21f.; NIEDERWIMMER, Didache 62f.

[77] Vgl. STEIMER, Vertex Traditionis 60–71.323–325.

[78] Vgl. NIEDERWIMMER, Didache 60f.; demgegenüber hält es WENGST, SUC 2,8–10, für gesichert, daß der Kompilator der CEA den Barn kannte.

[79] Vgl. S. 48 unter Punkt ‚2. Spätere Bezeugung in der Alten Kirche'.

[80] NIEDERWIMMER, Didache 59, bemerkt unter Berufung auf HENNECKE, Grundschrift 65, daß der Text in CEA 14,1–3 im Vergleich mit Barn 21,2c–4.6a „unmittelbarer" wirkt. Dies ist freilich nicht nur eine durchaus subjektive Grundlage für die Annahme, daß „die Epiloge in Can. [CEA] 14 und Barn. 21 auf eine gemeinsame Quelle" (NIEDERWIMMER, Didache 59) zurückgehen. Sie sperrt sich auch gegen die stemmatologische Annahme selbst, insofern seinem Entwurf folgend die CEA die dritte Überarbeitung jener Vorlage ist, die der Vf. des Barn verwendet hat („B"). Gegenüber der inhärenten Annahme, daß durch (mindestens) zwei Rezensionsstufen hindurch ausgerechnet jene Verse vor einer Bearbeitung verschont blieben, die in die Bartholomäussätze eingegangen sind und die in ihrer sprachlichen Fassung hinter Barn 21,2c–4.6a zurückreichen, also auf die Vorlage „B" weisen, erscheint die andere Annahme, daß sich in CEA prooem. und CEA 14,1–3 die Kenntnis des Barn seitens des CEA-Kompilators verrät, unkomplizierter und mit höherer Wahrscheinlichkeit ausgestattet.

spektive dispensieren.[81] Das Verhältnis der CEA zur Duae-Viae-Tradition muß somit unter Rücksicht auf CEA 14 *und* CEA procem. bestimmt werden, die Profilierung des Traktats de duabus viis, der dem Vf. des Barn zur Kenntnis kam, hat indes von diesen Abschnitten abzusehen.[82] Weil also eine direkte Rezeption des Barn seitens des CEA-Kompilators nicht auszuschließen ist,[83] vermögen die wörtliche Übereinstimmung zwischen CEA procem. und Barn 1,1 sowie die Berührungen zwischen CEA 14 und Barn 21,2–4.6a nicht die Beweislast dafür zu tragen, daß bereits die Zwei-Wege-Vorlage, auf die der Barn zurückgreifen konnte, mit dieser signifikanten Leseranrede und einem aufs engste mit Barn 21,2–4.6a verwandten eschatologischen Abschluß eingefaßt war.

Die übrigen Berührungen zwischen Barn und CEA[84] sind nun aber keineswegs derart prägnant, daß aus ihnen für die Rekonstruktion der literarischen Überlieferung des Zwei-Wege-Traktates Verbindliches und für die in Barn verwendeten Vorlage Entscheidendes zu gewinnen ist. Bei den beiden, zugleich wörtlichen Übereinstimmungen zwischen Barn und CEA, denen ein Pendant in der Did fehlt, handelt es um eine soteriologisch akzentuierte christologische Bekenntnisformel (Barn 19,2a mit CEA 4,1) sowie um eine aus Schrift und Tradition erwachsene

---

[81] Diese unumgängliche Erweiterung der auf die Rekonstruktion der literarischen Überlieferung des Traktats de duabus viis begrenzten Perspektive deuten auch WENGST, Tradition 67, und NIEDERWIMMER, Didache 56f. Anm. 49, an. Bezüglich der CEA bedingt eine Verbreiterung der Rezeptionsbasis und damit der textgenerativen Möglichkeiten keineswegs eine Reanimierung der Versuche Seebergs, die Traditionsverhältnisse mittels eines ursprünglich (jüdischen) „Katechismus der Urchristenheit" zu erklären. Zumal wegen des kompilatorischen Charakters dieser Kirchenordnung ist vielmehr damit zu rechnen, daß der Kompilator – ähnlich wie der Vf. des Barn – einem Tradentenkreis verbunden war, der die Materialien für die CEA nicht nur pflegte, sondern auch bearbeitete. Der von Niederwimmer postulierte Deszendent „C2" könnte also auch eine Bearbeitungsstufe sein, in der z.B. auch der Barn Berücksichtigung fand. Angesichts der besonderen Beachtung des Barn in der ägyptischen Kirche (Clem., Or., Didym. und schließlich ℵ) ist zu erwägen, ob bezüglich des Verhältnisses von Barn und CEA innerhalb der Zwei-Wege-Überlieferung nicht zu fordern ist, daß vor einer literarischen Rekonstruktion des Profils der Vorlagen die Abhängigkeit der CEA vom Barn positiv ausgeschlossen wird.

[82] Andernfalls wird der Traditionsstrang des Zwei-Wege-Traktats spätestens ab seiner christlichen Adaption zum einen mit der Hypothek einer epistularen Rahmung des dualen Katalogs belastet und zum anderen folgt daraus für die Komposition des Barn, daß der Abschnitt 1,2–17,2, also die Einleitung des Schriftstücks und sein erster Hauptteil, eine Interpolation *in* eine selbständige, mit Leseranrede und einem eschatologischen Abschluß versehene Zwei-Wege-Lehre sind. Näheres dazu vgl. S. 51–55.

[83] WINDISCH, Barnabasbrief 405f., erwägt zwar eine Abhängigkeit von der „Barn.-rezension" der Zwei-Wege-Lehre, hält es aber für wahrscheinlicher, daß der CEA-Kompilator Barn (und Did) direkt verwendet hat. Diese direkte Kenntnis (zumindest) des Barn wird nicht, wie WINDISCH, Barnabasbrief 406, meint einräumen zu müssen, „durch den Umstand gedrückt, daß man schwer erklären kann, warum die Canones [CEA] nicht noch mehr Stoff aus Barn. 1–17 herübergenommen haben". Schriftauslegung gehört einfach nicht zur Gattung Kirchenordnung; dazu maßgeblich STEIMER, Vertex Traditionis 242–248; spez. 245–248.

[84] Vgl. δοξάσεις τὸν λυτρωσάμενόν σε ἐκ θανάτου in Barn 19,2a und CEA 4,1 sowie ἀγαπήσεις ὡς κόρην ὀφθαλμοῦ σου in Barn 19,9b und CEA 12,1; vgl. ferner μνησθήσῃ ἡμέρας κρίσεως νυκτὸς καὶ ἡμέρας in Barn 19,10a mit μνησθήσῃ δὲ αὐτοῦ νύκτα καὶ ἡμέραν in CEA 12,1 (vgl. Did 4,1); καὶ ἐκζητήσεις καθ' ἑκάστην ἡμέραν τὰ πρόσωπα τῶν ἁγίων … in Barn 19,10a und ἐκζητήσεις δὲ τὸ πρόσωπον αὐτοῦ καθ' ἡμέραν καὶ τοὺς λοιποὺς ἁγίους … in CEA 12,2 (vgl. Did 4,2; Epit. 9); sowie φυλάξεις, ἃ παρέλαβες μήτε προστιθεὶς μήτε ἀφαιρῶν in Barn 19,11 (vgl. Did 4,13b) mit φυλάξεις ἅπερ ἔλαβες μήτε προσθεὶς μήτε ὑφαιρῶν in CEA 14,4.

Mahnung (Barn 19,9b mit CEA 12,1). Beide können, müssen aber nicht aus der Vorlage für Barn 18–20 stammen. Die Tradierung von Formelsprache und insbesondere die Schaffung schriftfundierter Paränese ist ebensogut im schulischen Vorfeld der Abfassung des Barn möglich. Somit ist auch von diesen beiden Versen in der Ägyptischen Kirchenordnung keine sichere Profilierung der Zwei-Wege-Vorlage für den Barn abzuleiten.[85]

Niederwimmers Resümee seiner umfänglichen Analysen trifft analog auch für den Barn zu. Er schreibt: „Wichtig scheint im Grunde nur dies zu sein, daß man eine selbständige, ursprünglich jüdische Quellenschrift annimmt, die in vielfältigen Rezensionen existiert hat. In einer ihrer Rezensionen lag sie auch dem Didachisten als Quelle vor."[86] Die erste christliche Version des jüdischen Traktats de duabus viis diente dem Vf. des Barn als Quelle für seine Zwei-Wege-Lehre.[87]

§ 6 Entstehungsverhältnisse

1. Abfassungszeit

Barn 16,3f. setzt die Zerstörung des herodianischen Tempels voraus; die Abfassung des Barn erfolgte daher sicher *nach* dem Jahr 70.[1] Wegen der Bezeugung des Barn in Werken des Clemens Alexandrinus, die er noch in der Metropole im Nildelta verfaßte, wobei insbesondere das wörtliche Zitat von Barn 2,5 in *paed.* III 12,90,3 sowie die deutlichen Anklänge an Barn 10,6f. in *paed.* II 10,83,4f. und an Barn 10,11 in *paed.* III 11,76,1f., aber auch die getreuen Zitate bereits in *str.* II zu nennen sind, muß die Abfassung des Barn *vor* 190 erfolgt sein.[2]

---

[85] Überdies ist wegen des syrischen Textzeugen nicht auszuschließen, daß die Zwei-Wege-Lehre des Barn (auch) separat tradiert worden sein könnte; immerhin war dies mit nicht geringer Wahrscheinlichkeit spätestens Ende des 5. Jh. in der syrischen Kirche der Fall. Für die Vermutung, das syrische Fragment bewahre die Vorlage für Barn 18–20, bietet das Bruchstück keine Handhabe. Näheres vgl. S. 32f.

[86] NIEDERWIMMER, Didache 63; vgl. ib. 56, wo er auf den ebenso wichtigen Umstand aufmerksam macht, daß der Traktat nicht nur „in verschiedenen Versionen tradiert", sondern auch „in verschiedener Weise als Quelle benützt worden ist".

[87] Weil Inhalt und Form dieser Rezension Barn 18,1b–20,2 prägt, ist es in bezug auf die CEA problematisch, zwischen ihrer Beeinflussung durch die Vorlage für Barn 18–20 (sowie Barn 1,1 und 21) und durch den Barn selbst zu unterscheiden.

[1] Vgl. HEFELE, Sendschreiben 139; SCHÜRER, Geschichte 1,629–634; BUSINK, Tempel 1433–1528.

[2] Zur Datierung des ‚paedagogus' und der einzelnen Bücher der ‚stromateis' vgl. HARNACK, Geschichte 2,541f. Von den erhaltenen Hauptwerken entstand demzufolge in Alexandrien zuerst der *prot.* (180–190), worauf die Bücher *str.* I–IV und dann *paed.* I–III (190–202) geschrieben wurden; *str.* V–VII wurden erst im kleinasiatischen Exil verfaßt. Haeuser hält dagegen an der Reihenfolge *prot.*, *paed.* und *str.* (vgl. BKV[2.2] 7,34) sowie deren alexandrinischen Entstehung (vgl. BKV[2.2] 20,114 Anm. 1) fest. MÉHAT, Clemens von Alexandrien. TRE 8 (1981) 101–113, beruft sich auf Eusebs Auskunft, Clem. habe seine Schriften 203 verfaßt – ob dies noch in Alexandrien geschah, bleibt offen. BARDENHEWER, Geschichte 2,39, neigt dazu, die

In der Erwartung, den Barn präziser datieren zu können, kamen wiederholt zwei Stellen in die Diskussion, von denen angenommen wurde, sie enthielten historisch verwertbare Anspielungen: Barn 4,3–5 und Barn 16,3f.

a. Barn 4,3–5

Gegen diese Stelle spricht, daß die drei Verse, zumindest aber jener Kernbestand, der für die historische Frage vor allem von Belang sein könnte, nämlich in V 4 die Deutung der danielschen Tiervision auf zehn Königreiche sowie auf die Unterwerfung der drei letzten Könige durch einen elften König, dem Vf. bereits vorlag.[3] Aufgrund des traditionellen Charakters ist keine Sicherheit darüber zu gewinnen, ob der Vf. mit dem Inhalt dieser Verse konkrete Zeitumstände ins Visier genommen hat. Sofern die Versfolge und die Eintragungen des ὑφ' ἕν in den Vv 4.5 vom Vf. stammen,[4] geht aus diesen Modifikationen um so deutlicher hervor, daß das Material nicht deswegen rezipiert wurde, weil die Dramaturgie von Dan 7 in der historischen Gegenwart des Vf. und seiner Leser verifizierbar ist. Der kompositorische Eingriff in das Traditionsmaterial und seine inhaltliche Modifikation signalisieren vielmehr, daß die Vv 4f. die exakte Schriftgrundlage für V 3 liefern sollen.[5]

---

drei Opera später anzusetzen: *prot.* und *paed.* rückt er an 199 heran und die *str.* läßt er zwischen 208 und 210/211 entstanden sein. STÄHLIN, Griechische Literatur 1310–1314, hält die Reihenfolge *prot.*, *str.* I–IV, *Hypotyposen*, *paed.*, (*Hypotyposen?*,) *str.* V–VII für die wahrscheinlichste (ib. 1314), wobei in Alexandrien nur *prot.* und *str.* I–II verfaßt worden seien. Wohl im Anschluß an diese Spätdatierungen notiert CARLETON PAGET, Barnabas 9 Anm. 36, hinsichtlich des Barn: „The technical *terminus ad quem* is approximately 200 when Clement of Alexandria first mentions the epistle." Zu den Zitaten und den Anklängen bei Clem. im einzelnen vgl. oben S. 34–46 unter Punkt ‚1. Die Rezeption durch Clemens Alexandrinus'. Sofern Harnacks Datierungsvorschlag der *str.* sowie des *paed.* zutrifft und Clem. die Hypotyposen noch vor seinen *str.* geschrieben hat (vgl. HARNACK, Geschichte 2,19f.), liegt aufgrund der wohl zuverlässigen Notiz über die Hypotyposen in Eus. *h.e.* VI 14,1, derzufolge Clem. im achten Buch dieses exegetisch-historischen Werks u.a. den Barn kommentiert hat, der terminus ad quem des Barn näher an 180. Jedenfalls ist davon auszugehen, daß Clem. den Barn bereits in Alexandrien kannte und geraume Zeit vor dem Jahr 200 zitiert hat. – Leider ist nicht entscheidbar, ob das Zitat aus Barn 5,9 in Or. *Cels.* I 63 aus *Cels.* ist oder ob Origenes die Stelle einer um das Logion Mt 9,13b par Mk 2,17b; Lk 5,32 gruppierten Sammlung entnommen und typisierend Kelsos untergeschoben hat (Näheres vgl. S. 46f.). Stammte das Zitat tatsächlich aus der Streitschrift ἀληθὴς λόγος des Kelsos und hat es der Philosoph auch direkt aus Barn entnommen, wäre für den Barn ein *terminus ad quem* 165–183, oder gar präziser 176–180 (vgl. HARNACK, Geschichte 1,314f.), belegt. Vielleicht kolportiert Kelsos aber nur einen jüdischen Einwand wider die Christen, den bereits der Vf. des Barn kannte, und den er in Barn 5,9 zu entkräften versucht (bezüglich Kelsos' Kenntnisse des Judentums vgl. STERN, Authors 2,293–305). Aufgrund dieser Unwägbarkeiten über die Parallele zu Barn 5,9 in Or. *Cels.* I 63 und weil keine Sicherheit darüber zu gewinnen ist, ob Justin den Barn benutzt hat, ist man für die äußere Bezeugung letztlich auf die Zitate aus Barn bei Clem. verwiesen.

[3] Nachdem bereits HARNACK, Geschichte 1,418–423, die „Unmöglichkeit, eine Erklärung der zurechtgestutzten Weissagungen aus der Zeit zwischen Vespasian und Hadrian zu finden" aufgezeigt hat und sich dadurch zur Vermutung gedrängt sah, es sich bei den Vv 3f. um ein Traditionsstück handelt, das „bei Fixierung [sic] des Datums unseres Briefs bei Seiten" zu lassen ist, legte WENGST, Tradition 21f., in seiner Traditionsanalyse überzeugend dar, daß sich der Vf. in dieser Passage auf überkommenes Material stützt.

[4] Vgl. S. 197f. die Auslegung von Barn 4,3f.

[5] In diese Richtung vermutete bereits EHRHARD, Die vornicänische Litteratur 82, daß der Vf. „die Weissagung … zur Beherzigung seiner Adressaten (συνιέναι οὖν ὀφείλετε [V 6a])" anführt.

Zusammen haben diese drei Verse die Funktion, die Gegenwart, die in Barn 2,1 als Zeit widergöttlicher Bedrohungen und in Barn 4,1 als die für die Rettung maßgebliche Phase bestimmt wurde, als die eschatologische Zeit zu kennzeichnen (V 3a), die Gott nach seinem Plan und gemäß seinem Willen, wofür die Verkürzung der Zeiten steht, in sein Heil führen wird (V 3b). Der Traditionscharakter dieser Verse, zumal ihre Prägung durch die apokalyptischen Motive, sowie ihre Funktion innerhalb der theologischen Aussageabsicht raten dazu, für die Datierung des gesamten Schriftstücks von ihnen abzusehen.

Sofern die in diesen Versen bewahrte Tradition mit dem ‚kleinen König‘ sowie den übrigen Modifikationen und Eintragungen auf einen römischen Kaiser anspielt,[6] ergibt sich allerdings indirekt die Möglichkeit, den oben aus Barn 16,3f. gefolgerten terminus post quem zu bestätigen oder gar den Abfassungszeitraum weiter einzugrenzen. Als Dechiffrierung wurden Vespasian[7] (69–79), Domitian[8] (81–96), Nerva[9] (96–98) und Hadrian[10] (117–138) vorgeschlagen.[11] Die Unverträg-

---

[6] Zur Dechiffrierung des römischen Regenten sind drei bzw. vier der Abweichungen gegenüber der Vision und Deutung in Dan 7,7f.24 maßgeblich: 1. die Änderung von βασιλεῖς in βασιλεῖαι (vgl. aber den Wechsel in Dan 7,17.23), 2. die Einfügung des μικρός vor βασιλεύς, 3. die (erklärende) Anfügung von παραφυάδιον nach κέρας sowie 4. die Zeitverkürzung mittels des ὑφ᾽ ἕν. Sofern letztere Änderung erst bei der Abfassung des Barn erfolgt ist, dürfte sie für die Datierung der Tradition nicht beachtet werden. Allerdings bleibt als viertes Kriterium zur Bestimmung des elften Königs bzw. Kaisers immer noch die Maßgabe aus Dan 7, daß durch ihn drei Kaiser bzw. Königreiche unterworfen werden.

[7] Vgl. v. WEIZSÄCKER, Kritik 26–30; MÜLLER, Erklärung 108f.; CUNNINGHAM, Barnabas XXXV. Diesen zeitlichen Ansatz modifizierte D'HERBIGNY, Date 436–443.540–554, indem er gemäß orientalischem Brauch Antonius (43/42–30) mitzählt und damit Vespasian als den elften, den ‚kleinen König‘ ausweisen kann. Mit WENGST, Tradition 105f., verdient diese Variante der Vespasianhypothese bezüglich des zeitlichen Bezugs des Traditionsstücks noch am ehesten Vertrauen.

[8] Vgl. WIESELER, Barnabas 603–614; RIGGENBACH, Barnabas 38–45; HILGENFELD, Entdeckungen 288 Anm. 1; SKWORZOW, Patrologische Untersuchungen 1–14, wollte den Barn auf das Jahr 91 datieren, „da Domitian sich als Gott verkündigte und die Christen wegen der Vollziehung der jüdischen Gebräuche verfolgen liess".

[9] Vgl. EWALD, Geschichte 7,157f.; HILGENFELD, Barnabae Epistula[1] 36; FUNK, Barnabasbrief 23–31; DERS., Abhandlungen 2,107f.; BARDENHEWER, Patrologie 22; DERS., Geschichte 1,111f.

[10] Vgl. MÜLLER, Erklärung 107, der explizit auf mehrere gleichsinnige Äußerungen von Volkmar verweist. Volkmar setzt freilich bei Barn 16,3f. an (vgl. VOLKMAR, Barnabas-Brief 350f.), kommt daher auf die Zeit Hadrians und deutet die bevorstehende Wiedererrichtung auf den kapitolinischen Jupitertempel; vgl. ferner LOMAN, De Apocalypse van Barnabas 182–226; VEIL, Barnabasbrief 215–217; BARNARD, Date 101–107.

[11] Alle Versuche, die anhand römischer Kaiserlisten (vgl. KIENAST, Kaisertabelle 61–133) die vermeintlich zeitgeschichtlichen Anspielungen in Barn 4,3–5 identifizieren wollen, unterscheiden sich *erstens* durch den Anfang ihrer Zählung, ob sie also mit Julius Cäsar oder Oktavian/Augustus (44/30–14) beginnen, und *zweitens*, ob und wie sie die Regenten nach Nero (54–68) zählen. Oft werden die Flavier als jene drei Regenten gedeutet, die entweder einer der Adoptivkaiser, und zwar Nerva (z.B. Ewald, Funk, Lightfoot, Ramsay, Bartlet) oder Hadrian (z.B. Veil, Barnard), mit einem Schlag vernichtet (ταπεινώσει τρεῖς ὑφ᾽ ἕν) oder denen dieser Vernichtungsschlag durch die ersten drei Adoptivkaiser (z.B. Volkmar, Müller), die mitunter wiederum einzeln oder zusammen als Nero redivivus gedeutet sind (z.B. Hilgenfeld), widerfährt. Die Forschungen hierzu sind wiederholt und ausführlich dargestellt und besprochen worden; vgl. HARNACK, Geschichte 1,420–423; EHRHARD, Die vornicänische Litteratur 81–83; WENGST, Tradition 106; SCORZA BARCELLONA, Epistola di Barnaba 52–57; CARLETON PAGET, Barnabas 9–17; HVALVIK, Scripture 28–34, der u.a. eine übersichtliche Tabelle der diversen Zählungen bereitstellt.

lichkeiten und inneren Spannungen dieser Entschlüsselungsversuche[12] vermochten auch diverse Nuancierungen[13] nicht restlos zu beheben. Einigermaßen Wahrscheinlichkeit kann nur die sog. Vespasianhypothese beanspruchen.[14] Der zeitliche Ansatz des Traditionsstücks bestätigt also den terminus post quem, der durch den zweiten Textabschnitt, von dem Auskunft über die Abfassungszeit erwartet wird, explizit angegeben ist: das Jahr 70. Darüber hinaus ist aus Barn 4,3–5 für die Datierung des Barn allerdings nichts zu gewinnen.[15]

b. Barn 16,3f.

Gegenüber den Andeutungen in Barn 4,3–5 hat die zweite Stelle, Barn 16,3f., einen zweifachen Vorzug: Sie stammt zum einen vom Vf. und ist daher mit der Abfassung des Barn gleichzeitig,[16] und zum anderen sind die zeitgeschichtlichen Anspielungen nicht kryptisch[17], sondern vielmehr konkret auf die Abfassungssituation bezogen (γίνεται … νῦν … ἀνοικοδομήσουσιν).

---

[12] Vgl. S. 112 Anm. 3.

[13] Erwähnung verdient der Vorschlag von LIGHTFOOT, Apostolic Fathers 1,508–512. Demzufolge steht Vespasian mit seinen beiden Söhnen Titus und Domitian zusammen für den zehnten König und zugleich für jenes königliche Dreigestirn (βασιλεῖς), das ein elfter König bzw. Kaiser mit einem Schlag vernichten wird. Diese Gestalt sei der Antichrist, genauer der wiederkommende Nero. Lightfoots Auffassung wollen RAMSAY, Church 307–309, und BARTLET, Apostolic Age 521, erhärten, indem sie durch die Tilgung von Otho und Vitellius sowie durch die Berücksichtigung der einzelnen Flavier in der Kaiserliste die Spannungen in Lightfoots Ansatz zu beheben versuchen. Zur Kritik daran vgl. WENGST, Tradition 106; HVALVIK, Scripture 32f.

[14] Ist in diesen Versen eine Tradition bewahrt, die mit μικρὸς βασιλεύς Vespasian meint, dann wäre den Fut. ἐξαναστήσεται und ταπεινώσει sowie der Zeitangabe ὄπισθεν und dem Modus zufolge, wie sich das ταπεινώσει vollziehen wird, nämlich τρεῖς ὑφ' ἕν, als historischer Haftpunkt für die Bildung dieser Tradition das ‚Drei- bzw. Vierkaiserjahr' 68/69, das zum Regierungsantritt T. Flavius Vespasianus (69–79) und zur Begründung der flavischen Dynastie (69–96) führte, in Betracht zu ziehen. Die Vespasianhypothese bestätigt also im Grunde den terminus post quem, der aus Barn 16,3f. folgt, nämlich frühestens das Jahr 70. Hingegen hält CARLETON PAGET, Barnabas 15f., auch eine Anspielung auf Nerva für möglich (vgl. S. 113 Anm. 9). Ist mit μικρὸς βασιλεύς sowie παραφυάδιον M. Cocceius Nerva gemeint – als Nero redivivus oder nicht –, wäre auch an eine Abfassung des Barn vor der Regentschaft dieses ersten Adoptivkaisers (96–98) nicht zu denken. Dieser oder ein noch späterer terminus post quem ist indes allein schon durch die distanzierte Art angezeigt, wie in Barn 16,3f. auf die Tempelzerstörung rekurriert ist (vgl. S. 118 Anm. 36).

[15] Vgl. WENGST, Tradition 105; HVALVIK, Scripture 27.

[16] WINDISCH, Barnabasbrief 390, gab zu bedenken, daß die Vv 3f. „nachträglich eingeschoben" sein könnten. Dem steht entgegen, daß erstens das Zitat in V 3 mittels der für den Vf. typischen Überleitungsfloskel πέρας γέ τοι κτλ. (vgl. Barn 5,8; 10,2; 12,6; 15,6.8; 16,3) eingeleitet ist und zweitens dieses Jesajazitat ganz offensichtlich mit Blick auf seine Auslegung in V 4 modifiziert wurde (vgl. S. 511–513 zur Auslegung von Barn 16,3f. sowie WENGST, Tradition 52). Weil zudem keine textliche Handhabe für die Vermutung vorliegt, daß dieser Passus durch den Vf. selbst oder durch einen anderen, der seinen Stil gezielt fingierte sowie das Zitat und dessen Auslegung ganz im Sinne des Vf. schuf, erst nachträglich eingefügt wurde, muß davon ausgegangen werden, daß diese zwei Verse bei der Abfassung des Schriftstücks entstanden sind.

[17] Vgl. PFLEIDERER, Urchristentum 2,559: „Für die Abfassungszeit des Barn kann, da 4,4f. in jeder Hinsicht zu dunkel ist, als dass sich daraus Sicheres folgern liesse, nur 16,4 in Betracht kommen."

Ein geistlicher Tempel?

Gegenüber der Annahme, die Stelle beziehe sich auf ein konkretes historisches Ereignis ist eingewandt worden, daß Barn 16,3f. von einem geistlichen Tempel, nämlich der Kirche, handelt, wie es ab V 6 zweifelsohne der Fall ist. Für die historische Fragestellung wären dann allerdings die Vv 3f. wertlos. Dieser Deutung von V 4, die bereits in der editio princeps vertreten und zuletzt von Prigent/Kraft wieder erwogen wurde[18], steht dreierlei entgegen: Erstens der Kontext, nämlich die Polemik wider den herodianischen Tempel in Vv 1f. sowie die Konstatierung in V 5, daß die Prophetie über die Dahingabe von Stadt, Tempel und Volk erfüllt ist, die nur unter der Voraussetzung einer konkreten Bedeutung von ναός Sinn machen will. Zweitens widerspricht dieser These der Neuansatz in V 6, wo der Tempel Gottes als Thema eigens eingeführt und damit in Konnex mit der Polemik in den Vv 1f.5 angezeigt wird, daß bislang mit ναός dezidiert ein Steingebäude gemeint war. Drittens sperrt sich das Personalprofil in den Vv 3f. nachhaltig gegen die übertragene Bedeutung von ναός als Kirche. Handeln die Vv 3f. also von einem steinernen Tempel, stellt sich die andere Frage, ob ein jüdischer Tempelbau oder die Errichtung eines heidnischen Tempels gemeint ist.

Ein jüdischer Tempelbau?

Die These, daß Barn 16,3f. den Bau eines dritten jüdischen Tempels im Visier hat, beruht – von der textkritischen Entscheidung gegen die vl von א[19] – auf zwei Voraussetzungen: *Erstens* steht jede Datierung unter der Bedingung, daß eine derartige Wiedererrichtung nur vor dem Bau des kapitolinischen Jupitertempels, der auf Anordnung Hadrians am Ort des zerstörten herodianischen Tempels entstehen und die Neugründung Jerusalems als Colonia Aelia Capitulina beschließen sollte, erwartbar war; also zwischen 70 und 130.[20] Angesichts der Machtverhältnisse in Palästina während dieses Zeitraums ist *zweitens* kaum vorstellbar, daß ein jüdischer Tempel ohne Zustimmung oder gegen den Willen des Kaisers wiedererrichtet werden konnte. Ein sol-

---

[18] Vgl. MÉNARD, Sancti Barnabæ Apostoli 208; HEFELE, Sendschreiben 115f.141.192; HILGENFELD, Barnabae Epistula 119–122; RIGGENBACH, Barnabas 44; FUNK, Barnabasbrief 19–23; DERS., Abhandlungen 2,99–106; BARDENHEWER, Geschichte 1,110; HAEUSER, Barnabasbrief 94 Anm. 1, der allerdings unter Berufung auf Schlatter (Die Tage Trajans und Hadrians 45–49) die Hinweise in Barn 16,2–4 auf „die Zerstörung des jüdischen Tempels durch Hadrian im Jahre 133 und 134" (ib. 108) bezieht; PRIGENT, Les testimonia 75–78; PRIGENT/KRAFT, Épître de Barnabé 191.

[19] Vgl. S. 502f. die Textkritik zu Barn 16,4.

[20] Die These, Barn 16,3f. bezögen sich auf einen jüdischen Tempelbau, geht für den terminus ad quem dieses Baus also (stillschweigend) von der Errichtung eines heidnischen Tempels ab dem Jahr 130 aus. Aus D.C. 69,12,1f. ist zu schließen, daß Hadrian die Neugründung Jerusalems als Colonia Aelia Capitolina während seines ersten Besuchs der Provinz Judäa, also im Frühjahr 130 (vgl. KIENAST, Kaisertabelle 129), befohlen hat. Weil der Bar Kokhba-Aufstand nach Hadrians zweitem Besuch Syriens (dieser zweite Aufenthalt ist wie die ganze dritte Nahostreise freilich nicht gesichert; vgl. KIENAST, Kaisertabelle 129), also nach 131, ausbrach, ist für die beiden Jahre 130 und 131 mit der Errichtung profaner Bauten und zumindest mit der Inangriffnahme des Tempelbaus zu rechnen (so auch HVALVIK, Scripture 24); Näheres zur Datierung vgl. SCHÜRER, Geschichte 1,679–682; RANDA, Weltgeschichte 1,567; WEBER, Hadrianus 240–244; HENGEL, Hadrians Politik 379–389. Eine Anspielung auf ein angebliches jüdisches Tempelbauunternehmen während des Bar Kokhba-Aufstands kommt schon wegen Barn 16,3f., wonach der in Rede stehende Tempelbau von Rom gebilligt oder gar gefördert wurde, nicht in Betracht. Ganz unabhängig davon ist es sehr fraglich, ob den wenigen, z.T. sehr späten (4.–14. Jh.) und nicht immer eindeutigen (vgl. WENGST, Tradition 110) christlichen Erwähnungen eines jüdischen Tempelbaus während des Bar Kokhba-Aufstands (Chrys. *Jud.* 5,10; Chron.Pasch. 253f.; Kedrenos Σύνοψις ἱστοριῶν 1,437 [PG 145,944]; Xanthopulos *h.e.* 3,24 [PG 121,477]) eine historisch verläßliche Auskunft entnommen werden darf; vgl. ihre skeptische Bewertung bei SCHÜRER, Geschichte 1,686f.; BUSINK, Tempel 1506–1528.

ches Plazet bzw. Versprechen wird zwar Hadrian nachgesagt[21], ist aber „historisch nicht erwiesen"[22]. Diesbezügliche Aussagen sind legendarische Erweiterungen und Folgerungen aus der entschiedenen Friedenspolitik[23] Hadrians, seiner Förderung öffentlicher Bauten an den Stationen seiner beiden großen Rundreisen (Frühjahr 123–126/127 und Spätsommer 128–132 [132–134]) durch die nordafrikanischen und östlichen Reichsteile und wohl überhaupt ein Reflex seines Rufs als ‚einer der gebildetsten Kaiser'.[24] Es ist leicht vorstellbar, daß sich Juden durch diesen Herrscher und seine Politik in ihrer „Hoffnung auf bessere Zeiten"[25], zu der sie vielleicht schon der Herrschaftswechsel (117) von Trajan, unter dem zumindest in Alexandrien die Aufstände von Juden in Kyrene, Ägypten und Cypern unter pogromartigen Umständen niedergeschlagen wurden,[26] zu seinem Adoptivsohn Hadrian ermutigt hatte, bestärkt sahen und insbesondere den Wiederaufbau ihres Tempels in greifbarer Nähe wähnten. Aufgrund der Quellenlage führen jedoch alle Versuche, die Abfassungszeit des Barn dadurch einzugrenzen, daß nach den Umständen gefahndet wird, unter welchen es möglich war oder denkbar ist, daß sich diese neu geschöpfte jüdische Hoffnung zur Erwartung konkretisierte[27], in die Zeit des Bar

---

[21] Diese Ansicht äußerte zuerst VOLKMAR, Ueber den Marcion (vgl. das Referat bei MÜLLER, Erklärung 335–338); ausführlich vertreten sie SCHLATTER, Die Tage Trajans und Hadrians 63–67; VEIL, Barnabasbrief 214.223–235; BARNARD, Stephen 63; DERS., Date 102f.

[22] WENGST, SUC 2,115; mit Hinweis auf VAN VELDHUIZEN, De Brief van Barnabas 127; vgl. auch SCHÜRER, Geschichte 1,672–674. Zur Kritik an den vermeintlichen Belegen für ein derartiges Tempelbauversprechen im einzelnen vgl. WENGST, Tradition 108–110; näherhin zu Sib 5,46–50.421 und Sib 12(10),163–175 (von MÜLLER, Erklärung 338, benannt), zu Epiph. mens. 14 (von BARNARD, Stephen 63, benannt und von THIEME, Kirche und Synagoge 24, exklusiv anerkannt) und MidrGnR 64 zu Gen 26,28 (von VEIL, Barnabasbrief 231, neben den Midraschim GnR 28.78; Ruth 1,17; Qoh 1,7; Esth 9,2 benannt). Ebensowenig ist belegt, daß noch Vespasian selbst derartige Versprechungen oder Billigungen für die Wiedererrichtung des jüdischen Tempels abgab (von EWALD, Geschichte 7,20, behauptet), oder daß ein anderer Flavier solche Zusagen machte oder einer der beiden Vorgänger Hadrians als Adoptivkaiser. Zur Datierung derartiger Bestrebungen in die Zeit Trajans vgl. das Referat bei MÜLLER, Erklärung 337, wonach GRÄTZ, Geschichte 4,121.148f.511; JOST, Geschichte 2,59.66.77f., in R. Aqiba (50/55–135) die tragende Figur und den Förderer der jüdischen Hoffnung auf Restaurierung von Tempel und Kult bereits unter der Regentschaft des zweiten Flaviers sehen wollten. Daß Juden diese Hoffnung bald nach der Zerstörung des zweiten Tempels gefaßt und, zumal die Rabbinen in Jabne um R. Aqiba, wachgehalten haben, mag sehr wohl sein; daß ihr Sehnen ein fundamentum in re hatte, muß bezweifelt werden; daß ein dritter Tempel vor 132 gebaut wurde, darf als ausgeschlossen gelten.

[23] Vgl. VEIL, Barnabasbrief 230; FUNK/BIHLMEYER, Die Apostolischen Väter XXIII; RANDA, Weltgeschichte 1,567.

[24] Vgl. SCHÜRER, Geschichte 1,680f.; zu den Routen und Stationen im einzelnen vgl. RANDA, Weltgeschichte 1,567. Ebenso wie die christlichen Quellen (vgl. S. 116 Anm. 22), die von einem jüdischen Tempelbau wissen wollen, belegen die jüdischen Quellen, nämlich Münzen aus der Aufstandszeit (vgl. SCHÜRER, Geschichte 1,769; WENGST, Tradition 110) sowie Midraschim (ExR 51 zu Ex 38,21; KlglR 5,18; DtnR 3 zu Dtn 5,1) eine Baugenehmigung Roms für einen jüdischen Tempel am Ort des herodianischen Tempels oder gar dessen Errichtung. Vgl. dazu die Kritik von WENGST, Tradition 110f., an der Interpretation der maßgeblich von SCHLATTER, Die Tage Trajans und Hadrians 63–67, und VEIL, Barnabasbrief 214.223–235, in die Diskussion eingeführten Belegstellen (u.a. Mid). Historischer Haftpunkt (auch) der jüdischen Quellen wird ein Tempelbauversuch der Aufständischen zwischen 132–135 sein.

[25] WENGST, Tradition 108; dort eine kritische Würdigung. Vgl. ferner HENGEL, Hadrians Politik 361–367.

[26] Vgl. MAIER, Geschichte 80–82.84–89.95–98; RANDA, Weltgeschichte 1,566; MÜLLER, Ägypten, IV. Kirchengeschichtlich. TRE 1 (1977) 508; WEISS, Alexandrien, II. Judentum in Alexandrien. TRE 2 (1978) 263.

[27] Vgl. VEIL, Barnabasbrief 229; MAIER, Geschichte 95–98; HENGEL, Hadrians Politik 366.

Kokhba-Aufstands. Exakt diese vier Jahre, in denen – wenn überhaupt – die Aufständischen die Errichtung eines dritten jüdischen Tempels begonnen, aber kaum zu Ende geführt haben[28], sind indes wegen der Personalnotiz in Barn 16,3f. über die Bauträger des Tempels als historischer Bezug überaus unwahrscheinlich. Die weitere Schwierigkeit für diese Rekonstruktionen besteht darin, daß Barn 16,4 „präzise den unmittelbaren Baubeginn voraussetzt."[29] Ein solcher Termin, der sich in den Kontext des Barn einfügt, ist nun gerade für einen jüdischen Tempelbau nicht aufzuweisen.[30] Hingegen ist u.a. durch Dio Cassius 69,12,1f. der Zeitpunkt für den Bauauftrag des kapitolinischen Jupitertempels sowie dessen Fertigstellung und Einweihung nach der Niederschlagung des jüdischen Aufstands exakt und historisch verläßlich belegt.[31]

Ein heidnischer Tempelbau?

Der zuerst von Volkmar sowie dann von Lipsius erwogenen und danach von Harnack mit Nachdruck vertretenen These,[32] historischer Anhalt von Barn 16,3f. sei in Ausführung des Bauauftrags Hadrians für seine Neugründung Jerusalems als Colonia Aelia Capitolina der abzusehende Baubeginn eines Jupitertempels am Ort des zerstörten zweiten jüdischen Tempels, entsprechen nicht nur die zeitlichen und personellen Anforderungen in Barn 16,3f. Dieses Thema macht die beiden Verse auch im polemischen Kontext der Vv 1f.5 plausibel. Der heidnische Tempel, der auf Geheiß Hadrians nächstens und ausgerechnet an dem für Juden heiligen Ort errichtet werden wird oder dessen Erbauung sich aufgrund Hadrians Vorgehen bei anderen Neugründungen von Städten, die die Römer zerstört hatten,[33] zumindest abzeichnet, und der die kaiserliche Gründung im Herzen Judäas krönen soll, gerade er wird den Unwert des zerstörten jüdischen Tempels, die eklatante Unfähigkeit der Juden, die Schrift zu verstehen, und den blasphemischen Ungehorsam, den er symbolisiert, offenkundig werden lassen. Exakt dies ist für den Vf. jetzt bereits absehbar.

Weil es durch das Gesamtbild des Barn als ausgeschlossen gelten muß, daß sich Barn 16,3f. auf die Zeit nach der Niederschlagung des Bar Kokhba-Aufstands bezieht, in der christlichen Quellen[34] zufolge Hadrians Plan zur Neugründung der Stadt und des Baus eines Tempels erst zum Abschluß kam, kann sich Barn 16,3f. nur auf die Zeit zwischen dem von D.C. 69,12,1f. berichteten Bauauftrag Hadrians, worauf unverzüglich mit den Bauten begonnen wurde, und dem Ausbruch des jü-

---

[28] Vgl. WENGST, Tradition 110f., unter Hinweis auf MidrKlglR 5,18.

[29] WENGST, Tradition 108.

[30] Aufgrund dieser Unwägbarkeit kann die jüdische Hoffnung auf die Restaurierung des Kultes an einem wiedererstandenen Tempel nicht als der „Schlüssel zum ganzen Barnabasbrief" (VEIL, Barnabasbrief 225) angesehen werden. Weil innerhalb des zeitlichen Rahmens und unter Berücksichtigung der in Barn 16,3f. genannten Bedingungen ein jüdischer Tempelbau eher unwahrscheinlich, auf jeden Fall nicht hinreichend erwiesen ist, kann Barn 16,3f. weder als Reflex dieser wohl zu Recht vermuteten jüdischen Hoffnung, noch können die mit ihr möglicherweise verbundenen Bestrebungen als Anlaß für die Abfassung des Barn gelten. Entsprechend ist das Ziel des Schriftstücks nicht die Abwehr jüdischer Propaganda oder die Zurückweisung und Entkräftung von Judaisierungstendenzen.

[31] Vgl. die Hinweise bei SCHÜRER, Geschichte 1,700f.; BUSINK, Tempel 1506–1528.

[32] Vgl. VOLKMAR, Barnabas-Brief 350–354; spez. 354; LIPSIUS, Barnabasbrief. BL [Schenkel] 1 (1869) 371f.; HARNACK, Geschichte 1,423–428.

[33] Vgl. HENGEL, Hadrians Politik 379f.384.

[34] Vgl. Eus. h.e. V 6; Chrys. Jud. 5,10; Kedrenos Σύνοψις ἱστοριῶν 1,437 (PG 145,944); Xanthopulos h.e. 3,24 (PG 121,477).

dischen Aufstands beziehen. Die Abfassung des Barn wäre also zwischen Frühjahr 130 und Februar/März 132 erfolgt.[35]

Diesen zeitlichen Ansatz stützen innere Gründe: 1. Weil Barn 16,3f. die Tempelzerstörung ausdrücklich als ein zurückliegendes Ereignis[36] anführt, ist nicht davon auszugehen, daß der Barn sogleich nach dem Untergang des herodianischen Tempels und der Schleifung Jerusalems abgefaßt wurde.[37] 2. Zur Legitimierung des autoritativen Anspruchs einer Schrift ist deren epistulare Rahmung nicht nur nach wie vor Sitte, sondern offenkundig die obligate sowie wirksame Strategie. 3. Die distanzierte Redeweise, mit der der Vf. in Barn 5,8 über ,die Apostel' spricht, erweckt den Eindruck, daß die Zeit der Apostel bereits eine zurückliegende Epoche ist. 4. Weil für eine Schrift, die sich nicht vor antijüdischen Invektiven scheut, erwartbar ist, daß sie den Eindruck der Erhebung unter Bar Kokhba gegen die römische Herrschaft (132–135) und noch mehr die Niederschlagung dieser Rebellion mit ihren Folgen für die Juden bereitwillig in ihre Polemik gegen alles Jüdische aufnehmen würde,[38] wird der Barn noch *vor* dem Ausbruch des jüdischen Aufstands abgefaßt worden sein.[39] 5. Den terminus ad quem könnte das hadrianische Beschneidungsverbot, das vermutlich spätestens im Winter 131/132 erging, anzeigen.[40] Angesichts der strukturellen und theologisch begründeten Paralyse aller jüdischer Prärogative, der Okkupation der Schrift und der Fokussierung von Gottes Heils-

---

[35] Vgl. HARNACK, Geschichte 1,427; LADEUZE, Barnabé 214–221; DIBELIUS, Geschichte 2,54; WINDISCH, Barnabasbrief 388–390; WENGST, Tradition 113; DERS., Barnabasbrief 115; DERS., Barnabasbrief. TRE 5 (1980) 238.

[36] Innerhalb der christlichen Literatur ist Barn 16,3f. der erste Beleg, der die Zerstörung des zweiten jüdischen Tempels präzise, nämlich durch den Aorist καθῃρέθη, als ein Ereignis der Vergangenheit anspricht (vgl. ROBINSON, Redating 313). Die Katastrophe des Jahres 70 ist aus der Perspektive des Vf. bereits Geschichte. Schon deshalb scheidet aus, was z.B. GALLAND, Bibliotheca veterum Patrum (PG 2,694), unter dem Vorzeichen der Abfassung des Schriftstücks durch den Paulusbegleiter Barnabas, der in Jerusalem zum Märtyrer geworden sein soll, zuversichtlich erwog: „Ut proinde circa annum 72 aut 73 Epistolam scripserit?"

[37] HARNACK, Geschichte 1,418, zufolge ist es wahrscheinlich, „dass unser Brief an den Schluss des Zeitraumes 80–130 zu rücken ist."

[38] Tert. *adv.Iud.* 13 gedenkt eines kaiserlichen Edikts, das nach dem Sieg über die Aufständischen allen Juden verbot, die Hadrianische Neugründung Aelia Capitulina zu betreten. Übereinstimmend damit referiert Eus. *h.e.* IV 6,3 aus dem Dialog Aristons von Pella, daß „nach der Weisung Hadrians ... die Juden den heimatlichen Boden nicht einmal mehr aus der Ferne sehen" sollten; Näheres dazu vgl. SCHÜRER, Geschichte 1,691–701. Weil also christlicherseits die apologetische Verwertung von Hadrians Erlaß bereits für Ariston von Pella bezeugt ist, und somit noch bevor sich Just. *dial.* 16 polemisch des Bar Kokhba-Aufstands bedient (vgl. Tert. *adv.Iud.* 12), wäre es sehr verwunderlich, wenn der Barn, also eine Schrift mit weit schärferem antijüdischen Zuschnitt als die Dialoge Aristons und Justins, in Kenntnis des Bar Kokhba-Aufstands und dessen Folgen verzichtet hätte, sich darauf zu beziehen.

[39] Anders LIETZMANN, Geschichte 1,232f.; er versteht vor allem Anschein nach Barn 16,5 als Erfüllungszitat, das die Niederschlagung des Bar Kokhba Aufstandes reflektiert, „womit zugleich für uns die Schrift kurz hinter diesen Aufstand und sein Ende (135) in die letzten Regierungsjahre Hadrians verwiesen wird" (ib. 1,233). Dem steht das γίνεται in Barn 16,4a entgegen, und daß kaum erklärbar ist, weshalb im Barn an anderer Stelle diese Niederwerfung nicht verwertet ist.

[40] Vgl. S. 343f.

willen und Heilshandeln auf das Christusereignis und die Kirche, die das Schreiben auszeichnen, ist es sehr unwahrscheinlich, daß der Vf. in Kenntnis des kaiserlichen Beschneidungsverbots, um dessen Tragweite für Juden er zweifelsohne wußte, in Barn 9 gezielt darauf verzichtet hat, es argumentativ zu verwenden. „Die gegebene Situation ... ist die des J. 130 oder 131."[41]

2. Entstehungs- und Bestimmungsort

Der Barn nennt weder seinen Entstehungs- noch einen Bestimmungsort. Es fehlen aber auch Hinweise, die eine schlüssige oder eine gar mit der überraschend präzisen Datierung der Abfassungszeit vergleichbar zuverlässige Lokalisierung gestatten würden. Weil zudem das epistulare Erscheinungsbild des Textes nur eine Einkleidung[42] ist, die der Vf. seinem Werk freilich mit Bedacht gegeben hat, ist zwischen Entstehungs- und Bestimmungsort des Barn nicht zu unterscheiden. Konsequent richtete sich das Forschungsinteresse bis auf wenige Ausnahmen[43] darauf, die Herkunft zu bestimmen. Alle Regionen, in denen zur Abfassungszeit des Barn Christen lebten, sind als Abfassungsort vorgeschlagen worden: 1. Ägypten[44], näherhin Alexandrien[45], 2. Syrien[46], Syro-Palästina[47], näherhin Antiochien[48],

---

[41] HARNACK, Geschichte 1,427.

[42] Vgl. WENGST, Tradition 104; dort weitere Vertreter dieser Ansicht.

[43] Für eine Differenzierung von Abfassungs- und Bestimmungsort, deren Profilierung sich für die Auslegung frühchristlicher Briefe mitunter als hermeneutischer Schlüssel erweist, votierten in bezug auf den Barn BARTLET, Apostolic Age 376–378, und VÖLTER, Die Apostolischen Väter 414. Ersterem zufolge ist der Barn ein Schriftstück für Alexandrien, das vielleicht von Syrien aus dorthin gerichtet wurde. Völter zufolge wurde der (Ur-)Barn von einem Heidenchristen in Alexandrien zwischen 70 und 79 für Christen in Rom verfaßt. Als Argumente für eine derartige Unterscheidung können keinesfalls die Parenthese ὅτι ἐν ὑμῖν λαλήσας πολλὰ ἐπίσταμαι in Barn 1,4, die Anrede der Wohlhabenden in 21,2b oder überhaupt der Umstand angeführt werden, daß der Vf. sein Werk wiederholt als Brief ausgibt (1,5.8; 4,9a; 6,5; 9,9b; 17,1f.; 21,7.9). Dies alles sind aber Details der mit dem Epistularien verknüpften Verfasserprätention.

[44] Vgl. HARRIS, Locality 61–68.

[45] Vgl. LIGHTFOOT, Apostolic Fathers II.1,134; BARDENHEWER, Geschichte 1,112; MUILENBURG, Literary Relations 30; FUNK/BIHLMEYER, Die Apostolischen Väter XXII; STREETER, Primitive Church 236; ANDRY, Introduction 267; QUASTEN, Patrology 1,89; BARNARD, Date 101; KRAFT, Barnabas 12; ALTANER/STUIBER, Patrologie 54; GUNTHER, Mark and Barnabas 21–29; PEARSON, Christianity in Egypt 151; MACLENNAN, Early Christian Texts 21; REBELL, Apokryphen und Apostolische Väter 205; RUNIA, Philo 90–93; CARLETON PAGET, Barnabas 42: „Such a provenance is ‚probable'."

[46] Vgl. PRIGENT, Les testimonia 219f.; BARNARD, Testimonies 134; DERS., Judaism 46 Anm. 2.

[47] Vgl. BARTLET, Apostolic Age 377f.; PRIGENT/KRAFT, Épître de Barnabé 22–24; SCORZA BARCELLONA, Epistola di Barnaba 64; SHUKSTER/RICHARDSON, Temple 19f.; TUGWELL, The Apostolic Fathers 23, erwägt diese Herkunft; kritische Einwände an der Syro-Palästina-Hypothese bei CARLETON PAGET, Barnabas 33f. Aufgrund der ausschließlichen Verwendung griechischer Bibelübersetzungen kann eine dezidiert palästinische Herkunft, die HAEUSER, Barnabasbrief 107.III, erwog, auf jeden Fall ausgeschlossen werden.

[48] Vgl. SCORZA BARCELLONA, Epistola di Barnaba 64.

3. Kleinasien[49], vorzugsweise die westlichen Provinzen[50], 4. Griechenland[51] und
5. Rom[52]. Bisweilen wird mit Absicht auf eine genauere geographische Festlegung
verzichtet.[53]

a. Alexandrien bzw. Ägypten

Für die Alexandrienhypothese werden folgende Argumente vorgebracht: 1. Die
Bezeugung des Barn setzt in Alexandrien ein und ist in früher Zeit ausschließlich
auf diesen Ort begrenzt.[54] Nach Clemens Alexandrinus, dem ersten Zeugen des
Barn, sind ein Teilzitat bei Origenes und zwei Sequenzen bei Didymus v. Al. nachzuweisen;[55] gut möglich ist, daß der Kompilator der CEA den Barn kannte.[56]
2. Der ℵ, der kurz nach der CEA[57] und vielleicht zur selben Zeit als Didymus v.
Al. den Barn zitierte, geschrieben wurde und in dem der Barn auf die Offb folgt,
belegt das hohe Ansehen des Barn in Ägypten bzw. Alexandrien.[58] 3. Die in Barn
2–16 praktizierte Schriftauslegung weist auf die in Alexandrien gepflegte Tradition
der Allegorese. Diese Eigenart beruht auf dem Einfluß Philos, zu dessen Werk
auch sprachliche Bezüge bestehen.[59] 4. Die Behauptung in 9,6, alle Götzenpriester
seien beschnitten, gibt unrichtigerweise einen ägyptischen Brauch als allgemein üb-

---

[49] Vgl. MÜLLER, Erklärung 13; BARTLET, Barnabas. EBrit.[11] 3 (1910) 407–409; LINDEMANN, Paulus
282; ANDRESEN, Lehrentwicklung 57.

[50] Vgl. PFLEIDERER, Urchristentum 559; WENGST, Tradition 114–118; zurückhaltend in DERS., Barnabasbrief 117f.; kritisch dagegen CARLETON PAGET, Barnabas 35.

[51] Vgl. LINDEMANN/PAULSEN, Die Apostolischen Väter 24, die diesen Abfassungsort nicht begründen, sondern vielleicht nur der Vollständigkeit halber in die bekannte Liste eingefügt haben.

[52] Vgl. LIPSIUS, Barnabasbrief. BL [Schenkel] 1 (1869) 371.

[53] Vgl. HARNACK, Geschichte 1,412 Anm. 2: „Will man ihn nicht nach Ägypten versetzen, so ist an Sy-
rien-Palästina (aber nicht an die dortigen Judenchristen) zu denken. Auf andere Länder zu rathen, liegt
nicht der geringste Grund vor." WINDISCH, Barnabasbrief 413, optiert für die ,östliche Reichshälfte' und
denkt dabei vor allem an Ägypten, doch hält er auch Kleinasien und das graecophone Syrien für ein
mögliches Stammland. Ähnlich SCHÜTZ, Barnabasbrief. RGG[3] 1 (1957) 880: „Das Werk ist … ein Aufruf
an heidenchristliche Gemeinden in Ägypten, Syrien oder Kleinasien aus dem 2. Jh." HAEUSER, Barnabasbrief 107–111, sieht insgesamt die Verhältnisse in Palästina nach der Niederschlagung des Bar Kokhba-
Aufstands vorausgesetzt, doch unklar bleibt, ob es auch Abfassungs- und Bestimmungsort ist.

[54] Berührungen zwischen Barn und Just., Iren., Hipp. sowie Tert. verraten die Konstanz und den Ver-
breitungsgrad verwandter Motive, Sujets sowie von Traditionen, doch belegen sie nicht die Kenntnisnahme des Barn oder gar eine literarische Abhängigkeit von ihm, wenngleich zumindest Tert. von einem
Barnabasbrief *wußte*.

[55] Vgl. S. 111 Anm. 2 und S. 46f. unter Punkt ,2. Spätere Bezeugung in der Alten Kirche'; ferner STREE-
TER, Primitive Church 237; QUASTEN, Patrology 1,89; KRAFT, Barnabas 13; LAWSON, Introduction
199; REBELL, Apokryphen und Apostolische Väter 205; CARLETON PAGET, Barnabas 30f.

[56] Vgl. die Hinweise S. 51–55 unter Punkt ,2. Spätere Bezeugung in der Alten Kirche'.

[57] Über die Datierung der „CEA zu Beginn der ersten Hälfte des 4. Jh." (STEIMER, Vertex Traditionis
65) besteht in der Forschung Konsens.

[58] Vgl. STREETER, Primitive Church 237.

[59] Vgl. SIEGFRIED, Philo 36; BARDENHEWER, Geschichte 1,112; STREETER, Primitive Church 237;
ALTANER/STUIBER, Patrologie 54; QUASTEN, Patrology 1,89; KRAFT, Barnabas 13.285–291; LAWSON,
Introduction 199; REBELL, Apokryphen und Apostolische Väter 205; CARLETON PAGET, Barnabas 31.

lich aus.[60] Als weitere Indizien wären zum einen die inscriptio zu nennen, die vielleicht aus der in Alexandrien beheimateten Personaltradition über Johannes Markus erwachsen ist,[61] und zum anderen die Berührungen zwischen der Allegorese mosaischer Speisevorschriften in Barn 10 und im Aristeasbrief.[62]

Für sich genommen zwingt keines der Argumente zu einer Lokalisierung des Barn in dieser ägyptischen Metropole. Im einzelnen ist ihnen entgegenzuhalten, daß erstens zwischen der Abfassung des Barn und seiner ersten und sogleich sicheren Bezeugung durch Werke des Clem., die er in Alexandrien geschrieben hat, gut ein halbes Jahrhundert liegt, daß zweitens Clem. angesichts seiner Biographie der Barn keineswegs erst in Alexandrien zur Kenntnis gelangt sein muß[63] und daß drittens „das christliche Ägypten gegenüber literarischen Produkten besonders aufnahmefreudig war"[64]. Von daher belegen die Zitate und Anklänge nur die Bekanntheit und Wertschätzung vor Ort, nicht aber die Herkunft.[65] Dies gilt auch für die handschriftliche Bezeugung im ℵ. Andernfalls müßte auch für den Hirten des Hermas Alexandrien als Abfassungsort ernsthaft diskutiert werden.[66] Überdies weist die eigentümliche Quaternienfolge des ℵ im Part mit dem Barn eher darauf hin, daß dem Kopisten der Umfang des Barn nicht bekannt war.[67]

Die angeblich für Alexandrien typische Methode der Schriftauslegung wird zumindest Anfang des 2. Jh. keineswegs nur in dieser Metropole angewandt. „Sie findet sich ebenso bei Melito, Justin, Irenäus, Tertullian, um nur einige Namen von Nichtägyptern zu nennen."[68] Gewichtiger scheint auf den ersten Blick der Hinweis auf die Nähe zu Philo und zum Aristeasbrief. Das Verhältnis zu Philo ist mehrfach untersucht und zumeist damit beantwortet worden, daß der Barn unter dem Einfluß oder immerhin Eindruck philonischer Schriftauslegung verfaßt sein kann und eine Reihe sprachlicher Gemeinsamkeiten mit den Schriften des Alexandriners zeigt;[69] direkt auf Philo zurück führt freilich keine.[70] Es ist zwar nahelie-

---

[60] Vgl. VIELHAUER, Literatur 611f.

[61] Vgl. S. 130f. unter Punkt ‚3. Verfasser und Titel'.

[62] Vgl. KRAFT, Barnabas 286; ferner dazu im einzelnen die Auslegung von Barn 10.

[63] Vgl. SHUKSTER/RICHARDSON, Temple 18.

[64] WENGST, SUC 2,116; beachtlicherweise verzichtet Wengst darauf, diese Rezeptionsfreudigkeit der ägyptischen Kirche auch für jene Schriften und Traditionen in Anspruch zu nehmen, die die Herkunft des Barn aus anderen Regionen erweisen sollen.

[65] Eine forschungsgeschichtliche Parallele dazu hinsichtlich der Lokalisierung ist die Did; auch ihr erster Zeuge ist Clemens Alexandrinus (es sei denn, str. I 20,100,4 zitiert die Stelle nicht aus Did 3,5, sondern aus einem selbständigen Zwei-Wege-Traktat). Unter anderem wegen dieses Zitats wurde der Did eine ägyptische Herkunft bescheinigt; vgl. HARNACK, Die Lehre der zwölf Apostel 167–170. Die neuere Forschung allerdings optiert für einen syrischen Ursprung; vgl. NIEDERWIMMER, Didache 19f.79f.; STEIMER, Vertex Traditionis 20.

[66] Die topographischen Angaben im Herm weisen auf eine römische Entstehung; ‚Rom und der Tiber, die Via Campana sind die Handlungsorte'; vgl. BROX, Hermas 22.

[67] Vgl. S. 12–14 die kodikologische Beschreibung des ℵ.

[68] WENGST, SUC 2,116.

[69] ‚Thematische' Parallelen zu Philo sind: 1. die Neuschöpfung des Menschen (Barn 6,8–19), 2. der Sabbat und der achte Tag (Barn 15), 3. der Glanz des Gottessohnes (5,10), 4. die Auslegung der beiden Böcke am Versöhnungstag (Barn 7,3–11), 5. die Auslegung des Ysop (Barn 8), 6. die Auslegung der

gend, daß Philos Werk insbesondere in Alexandrien gegenwärtig war, doch wäre es angesichts der beinahe 100 Jahre zwischen Philos Tod und der Abfassung des Barn, der Verflechtung zwischen hellenistischem Judentum und den Christen außerhalb Palästinas sowie insbesondere den Sujets des Barn eher verwunderlich, wenn in ihm derartige Anklänge und Parallelen fehlen würden. Dies gilt zumal unter der Voraussetzung, daß der Vf. ein διδάσκαλος ist, der in einer Schultradition[71] steht, durch die ihm auch Material für sein Werk zugeflossen ist. Da nun aber erstens signifikante Berührungen z.B. zwischen 1 Clem und Philo[72] belegen, daß in Rom Ende des 1. Jh. das Werk des Alexandriners bestens bekannt war, zweitens, was für Philos Schriften gilt, für andere Literatur des alexandrinischen Judentums, z.B. den Aristeasbrief, kaum minder Gültigkeit besitzen wird, und drittens kein Grund besteht anzunehmen, daß nur Christen in Rom von dieser Literatur Kenntnis genommen haben, zwingen die Beobachtungen zu sprachlichen und thematischen Parallelen mit Schriften des alexandrinischen Judentums unabhängig davon, wie eng die Tuchfühlung ist, nicht dazu, einen bestimmten Abfassungsort zu präferieren.

Die ethnographische Notiz in Barn 9,6, wonach alle ,Götzenpriester' beschnitten sind, ist kein Indiz für Alexandrien als Abfassungsort. Wird bedacht, daß zur Abfassungszeit insbesondere für die ägyptische Priesterkaste Dispens vom römischen Beschneidungsverbot gewährt wurde, dann erscheint der folgende Teilvers als Erläuterung zum Ausdruck οἱ ἱερεῖς τῶν εἰδώλων.[73] In Ägypten wäre diese Anmerkung wohl überflüssig gewesen, es sei denn, der Vf. wollte einen konkreten Bezug zum Lebensumfeld der Leser herstellen. Umgekehrt drängt sich freilich die Frage auf, welchen Sinn diese Präzisierung z.B. für klein-

Schlange auf Moses Stab (Barn 12,5-7) und 7. die antijüdische Polemik; vgl. MARTÍN, Allegorica 173-183; CARLETON PAGET, Barnabas 37. Auffällig und in Verbindung mit Philo steht der Sprachgebrauch von ἐπήλυτος in Barn 3,6, die Allegorese des Transmigrationsbefehls aus Gen 12,1 in Barn 6,8, die Deutung des Fastengebotes am Versöhnungstag in Barn 7,3c, die Motivik für das Erscheinungsbild des Wiederkommenden in Barn 7,9, speziell ,Aarons Mantel', die Allegorese des Gesetzes (vgl. Philo, Abr. 89f.) und insbesondere der mosaischen Speisevorschriften in Barn 10, die Quellenangabe ἐν τοῖς δέκα λόγοις in Barn 15,1, die nur noch in Philo, mut. 23; decal. 154; spec. 1,1 und später in Ptol. ep. 3,2 belegt ist; vgl. dazu jeweils die Auslegungen. Hinzu kommen gezielt konstruierte Widersprüche in Schriftbelegen, weil diese auf einen ,tieferen' Sinn weisen (vgl. Barn 12,6). Doch es gibt auch bezeichnende Unterschiede. Am deutlichsten ist wohl die Auslegung der Ephraim-Manasse-Episode in Philo, all. 3,90f. und in Barn 13,1-6. Philo und Barn verbinden zwar, und das ist singulär, Gen 25,22-25 mit Gen 48,13-19, aber Philo erklärt den Sachverhalt etymologisch als Hinweis auf den Vorzug des ,Gedächtnisses' vor der ,Wiedererinnerung', wogegen der Vf. des Barn darin die Verheißung findet, daß die Kirche das Volk Gottes und Erbe aller Verheißungen ist. Philos polemische Einlassungen gegen Verfechter einer ausschließlich allegorischen Gesetzesinterpretation im Judentum (migr. 88ff.; conf. 2f.) belegen seine Reserven gegen die Allegorese und signalisieren zugleich den Abstand zwischen Philos Haltung gegenüber der Schrift und dem Schriftverständnis des Barn.
[70] So ausdrücklich MARTÍN, Allegorica 182; vgl. KRAFT, Barnabas 285-291, ferner die Hinweise bei HVALVIK, Scripture 40.126-130.
[71] Vgl. WENGST, Tradition 53-56.70, der diesen Hintergrund überzeugend aufgewiesen hat.
[72] Vgl. LONA, Zur religionsgeschichtlichen Frage 31-54; DERS., Clemensbrief 58-65.
[73] Vgl. S. 363-366 die Auslegung zu Barn 9,6.

asiatische oder syrische Christen haben sollte. Angesichts dieser Unwägbarkeit sowie der Emphase in Barn 9,6f. wird man aus dieser Notiz besser keine Folgerungen über den Ort ableiten, wo dieser Vers einzig formuliert werden konnte[74] bzw. wo der Vf. nicht gelebt hat,[75] nämlich Ägypten. Die Feststellung, daß dem Vf. „bestenfalls von nur vier biblischen Büchern Abschriften oder Exzerpte zur Verfügung standen"[76], spricht nicht mit größerer Sicherheit gegen eine Herkunft aus Alexandrien bzw. Ägypten als gegen eine Abfassung andernorts. Dies gilt ebenso für jene Einwände, die im Barn das Fehlen einer für Alexandrien erwartbaren ‚Logostheologie' monieren und seine Eschatologie als untypisch für diese Region einstufen.[77]

b. Syro-Palästina

Für eine Abfassung im syro-palästinischen Raum werden inhaltliche Beziehungen zu Schriften namhaft gemacht, die in diesem Gebiet beheimatet sein sollen. Folgende Argumente werden vorgebracht: 1. Kenntnis rabbinischer Traditionen, worauf Barn 7 und 8 weisen, und Berührungen mit Schriften aus Qumrân, insbesondere in Barn 4,7 und 14,2.9 sowie Barn 12,1.[78] 2. Auffällige Ähnlichkeit mit der Theologie der ‚Hellenisten'. Hierfür wird insbesondere auf die Stephanusrede[79] verwiesen, deren Träger in Antiochien lokalisiert werden. 3. Bezüge zu Schriften, die in diesem Gebiet und speziell mit Antiochien oder seinem graeco-

---

[74] Vgl. VIELHAUER, Literatur 612.

[75] Vgl. WENGST, SUC 2,116.

[76] Vgl. WENGST, SUC 2,117.125–129; ferner S. 94 unter Punkt ‚2. Zitate und Vorlagen'. Überdies ist fraglich, ob aus der bevorzugten Verwendung bestimmter biblischer Schriften und dem Übereinstimmungsgrad der Zitate daraus mit griechischen Bibelübersetzungen auf die Verfügbarkeit nur weniger Schriften verläßlich geschlossen werden kann.

[77] Vgl. KRAFT, Barnabas 286f.; SHUKSTER/RICHARDSON, Temple 20, und die Kritik bei HVALVIK, Scripture 41 Anm. 28; auf beide Momente weisen PRIGENT/KRAFT, Épître de Barnabé 21. Auf welcher Grundlage können Lücken oder Unvereinbarkeiten überhaupt diagnostiziert werden? Gibt es um 130 bereits einen alexandrinischen Kanon christlicher Theologumena? Zeugt Barn 4,6 nicht gerade vom Facettenreichtum vor Ort und von dem Nebeneinander verschiedener, auch konkurrierender christlicher Gruppierungen mit scheinbar unvereinbarer Theologie und Glaubenspraxis? Vgl. auch CARLETON PAGET, Barnabas 41.

[78] Vgl. BARNARD, Dead Sea Scrolls 45–59; SHUKSTER/RICHARDSON, Temple 19; KISTER, 4Q Second Ezekiel 63–67; dazu S. 432–436 die Auslegung zu Barn 12,1. Zum Ganzen vgl. CARLETON PAGET, Barnabas 194–200. PFLEIDERER, Urchristentum 2,559, verweist mit Recht darauf, Barn 4,14 beweise nicht, daß der Vf. des Barn das Mt, näherhin Mt 22,14, „als eine heilige Schrift (ὡς γέγραπται) zitiert haben sollte. Wie könnte er sonst die Erscheinung des Auferstandenen und die Himmelfahrt auf denselben Tag mit der Auferstehung verlegen (15,9 gegen Mtth. 28,16ff.) und wie konnte er (12,10) behaupten, dass Jesus nur Gottes Sohn, aber nicht Menschen- und nicht Davidssohn gewesen sei?" Vgl. dazu S. 226–227 die Auslegung zu Barn 4,14, ferner S. 428–430 zu Barn 12,10 und S. 472 zu Barn 14,9, dort speziell zum Zitat aus Jes 61,1f. sowie die Anspielungen auf diese Verse in 1 QH 23,14f. (=18,14f.) und 11 Q13 Kol. 2,9.20 (= 11 QMelchizedek 2,9.20).

[79] Vgl. PRIGENT/KRAFT, Épître de Barnabé 23; SCORZA BARCELLONA, Epistola di Barnaba 64; kritische Einwände bei CARLETON PAGET, Barnabas 200–207.

phonen Umfeld angesiedelt werden, näherhin Mt[80], Did[81], OdSal[82], AscJes [Test-His], EvPe, EvThom[83].

Falls Barn im syrisch-palästinischen Raum geschrieben ist, kommen nur grie-chischsprachige Regionen in Frage. Eine direkte Kenntnis jüdischer Traditionslite-ratur oder von Schriften aus Qumrân ist allein deshalb überaus unwahrscheinlich, aber auch, weil der Vf. des Barn offensichtlich kein Hebraist war. Jedenfalls ver-wendet er ausschließlich griechische Bibelübersetzungen. Hinzu kommt, daß die vermeintlichen Berührungen mit diesen Schriften und Traditionen nicht derart si-gnifikant sind, daß ihre Kenntnisnahme zwingend vorausgesetzt werden muß. Ebensowenig vermögen die Berührungen und Parallelen, wenn es denn welche sind, mit der graecophonen christlichen Literatur Syriens die Beweislast für eine Lokalisierung des Barn zu tragen. Entweder ist deren syrische Herkunft selbst un-gewiß oder es ist damit zu rechnen, daß sie bereits vor der Abfassungszeit des Barn in verschiedenen Kirchenregionen Resonanz gefunden hatten. Weil der Einwand gegen eine ägyptische Herkunft des Barn, das Nilland sei für Literaturimporte be-sonders offen gewesen,[84] auch gegen andere (christliche) Regionen gelten muß, ist nicht auszuschließen, daß mit Ausnahme der vorgeblichen Berührungen zu Schrif-

---

[80] Vgl. SCORZA BARCELLONA, Epistola di Barnaba 65. Zum Entstehungsort und zur Entstehungszeit vgl. LUZ, Matthäus 73: „Konsens ist: Matthäus stammt aus dem syrischen Raum." – „Lange nach dem Jahre 80 wird man das Matthäusevangelium nicht ansetzen dürfen" (ib. 76).

[81] Zur Lokalisierung der Did vgl. oben S. 121 Anm. 65. Gegenüber HVALVIK, Scripture 42 Anm. 35, der diesen Konnex anführt, ist darauf hinzuweisen, daß eine Kenntnis der Did seitens des Barn nicht er-wiesen ist. Auch deren ‚Zwei-Wege-Lehren' zwingen nicht dazu, einen gemeinsamen Abfassungsort an-zunehmen, weil deren Vorlagen bereits zwei unterschiedliche Stadien der Christianisierung repräsentiert haben müssen.

[82] Vgl. KRAFT, Barnabas and the Didache 51; PRIGENT/KRAFT, Épître de Barnabé 24; ferner die Dis-kussion der fraglichen Passagen bei LATTKE, Oden Salomos 30–32, der aber für die vielleicht bereits an der Wende zum 2. Jh. entstandenen Gedichte keinen Abfassungsort nennt. „Zur Debatte stehen der zweisprachige griechisch-syrische Raum und Ägypten" (VIELHAUER, Literatur 751). Aufgrund des zeit-lichen Ansatzes der OdSal – und ihrer Beliebtheit in der Alten Kirche – ist nicht auszuschließen, daß sie dem Vf. bei der Abfassung des Barn bereits an jedem der bislang erwogenen Abfassungsorte zur Kennt-nis gelangt sein konnten. Deshalb und weil auch die Heimat der OdSal kaum weniger ungewiß wie die des Barn zu sein scheint, ist aus den (zum Teil) auffälligen Berührungen zwischen den OdSal und dem Barn für die Lokalisierung des letzteren keine verläßliche Auskunft zu gewinnen. Vgl. auch S. 429 über den in OdSal 11,16c; Barn 11,10 und JosAs 2,11 belegten Ausdruck δένδρα ὡραῖα.

[83] Zu den Abfassungsverhältnissen der AscJes (TestHis) notiert KAUTZSCH, Pseudepigraphen 1,121: „Die Vision Jesajas ist etwa im zweiten Jahrhundert n. Chr. verfaßt worden." Wann allerdings diese von christlicher Hand stammende Vision und das jüdische MartIs „zu einem Ganzen verbunden worden sind, läßt sich nicht feststellen" (ib.). Zu den Abfassungsverhältnissen des EvPe notiert NTApo[6] 1,185: „Mitte des 2. Jh. ist eine naheliegende Hypothese. Auch der Ort der Entstehung läßt sich nicht nen-nen. … Aber Syrien scheint sich … nahezulegen," wenngleich seine Bezeugungen auch nach Ägypten und Kleinasien als Herkunft weisen. Über Ort und Zeit der Entstehung des EvThom konstatiert NTA-po[6] 1,97: „Es spricht viel dafür, daß das Thomasevangelium um die Mitte des 2. Jh. im östlichen Syrien entstanden ist, wobei allerdings das zusammengestellte Spruchmaterial zum Teil auch bis in das 1. Jh. zu-rückreichen kann." VIELHAUER, Literatur 621, versäumt nicht darauf hinzuweisen, daß das EvThom noch im 2. Jh. „nach Ägypten gekommen und im 3. Jh. dort übersetzt worden ist". Zu den drei letztge-nannten Schriften insgesamt vgl. CARLETON PAGET, Barnabas 34 Anm. 172 und 173.

[84] Vgl. S. 121 Anm. 64.

ten vom Toten Meer alle genannten Verbindungen des Barn mit Schriften oder Traditionen Syriens auf deren Rezeption bei ägyptischen Christen beruhen.[85]

c. Kleinasien

Für eine Lokalisierung des Barn im kleinasiatischen Raum werden zwei Argumente genannt: 1. eine auffällige Übereinstimmung zwischen Barn und den Gegnern in IgnPhilad 8,2 bezüglich Rang und Funktion der Schrift. 2. Gemeinsamkeiten zwischen Barn und den Pastoralbriefen.

Das erste Argument setzt zwei Entscheidungen voraus. Zum einen über das Schriftverständnis des Barn und zum anderen und gewichtiger eine Entscheidung in der Ignatianischen Frage. Wengst zufolge ist für den Vf. des Barn (und die Schule, der er verbunden ist) „die ‚Schrift' ... die alles entscheidende Autorität; was christlicherseits gesagt wird, muß sich an ihr ausweisen; nur das hat Anspruch auf Geltung, was in ihr nachgewiesen werden kann."[86] Damit stimme die Parole philadelphischer Christen überein, die laut IgnPhld 8,2b erklären: ἐὰν μὴ ἐν τοῖς ἀρχείοις εὕρω, ἐν τῷ εὐαγγελίῳ οὐ πιστεύω.[87] „Da die philadelphischen Gegner des Ignatius dieselbe – seltene – theologische Grundeinstellung haben wie Barnabas ... liegt es nahe, zwischen beiden auch eine historische Beziehung anzunehmen ... [und] Barnabas und seine Schule im westlichen Kleinasien zu lokalisieren."[88]

Die entscheidende Frage ist, ob hiermit die *Funktion der Schrift im Barn*[89] zutreffend profiliert ist. Der Vf. beabsichtigt zumindest in Barn 1–16 alles, was Christen glauben und tun, auf die Autorität der Schrift zu gründen. Barn 18–20 zeigt aber, daß die Schrift nicht die einzige Richtschnur ist. Neben der Schrift gilt in der Gemeinschaft, an die sich der Vf. richtet, eine andere Lehre und Gnosis, und zwar mit

---

[85] Zur Kritik an der Lokalisierung des Barn in Syro-Palästina vgl. STEGEMANN, Les Testimonia 150.

[86] WENGST, Tradition 115; DERS., Barnabasbrief 133.

[87] Die Übersetzung des Teilverses 2b ist nicht sicher. BAUER, Die Briefe des Ignatius von Antiochia 260, übersetzt: „Wenn ich es nicht in den Urkunden finde, als Bestandteil nur des Evangeliums glaube ich es nicht." Dieser Übersetzung schließt sich WENGST, Tradition 115, an. Paulsen übersetzt: „Wenn ich es nicht in den Urkunden finde, so glaube ich dem Evangelium nicht" (LINDEMANN/PAULSEN, Die Apostolischen Väter 223). FISCHER, SUC 1,201, übersetzt folgendermaßen: „Wenn ich es nicht in den Urkunden finde, im Evangelium glaube ich es nicht." Bisweilen wird τῷ εὐαγγελίῳ auch als Apposition zu τοῖς ἀρχείοις, also als ‚Evangelienliteratur' aufgefaßt; vgl. die Hinweise bei Fischer. Die erste Entgegnung auf die Losung dieser Christen, nämlich ὅτι γέγραπται (IgnPhld 8,2c), und deren zweifelnder Einwand (ὅτι πρόκειται) auf diese Beteuerung stellen zusammen außer Frage, daß mit τοῖς ἀρχείοις die Schrift gemeint ist.

[88] WENGST, Tradition 117f. Auf diesen Konnex und seinen (vermeintlichen) Ertrag für die Lokalisierung des Barn hatte – nach ersten Überlegungen durch HEFELE, Sendschreiben 135–138 – PFLEIDERER, Urchristentum 2,558f., hingewiesen. Er bemerkte neben Anklängen zum Johannesevangelium überhaupt, aber auch zu Hebr, Kol und Eph, spezielle Nähe zu IgnMagn 8,2; 9,3 und IgnPhld 5,2; 9,2, ferner Anklänge „von Magn. 5,1 an Barn. 18. 19,1 (die zwei Wege) und von Magn. 6,1 (εἰς τύπον θεοῦ) an Barn 19,7 (ὡς τύπῳ θεοῦ)" (ib. 2,559). Daher sah er sich zur Vermutung gedrängt, daß „die Entstehung des Barnabasbriefs in örtlicher und zeitlicher Nähe bei diesen Ignatianen zu suchen sein dürfte" (ib.). Die Bestätigung hierfür erblickte er in der Abfassungszeit des Barn, nämlich die Jahre 130–132.

[89] Vgl. S. 334f.563f.

gleicher oder nahezu gleicher Autorität wie die Schrift. Von daher ist die Übereinstimmung zwischen den philadelphischen Christen und dem Barn begrenzt und bewegt sich, was speziell die Funktion der Schrift angeht, auf formaler Ebene. Für den Barn ist die Schrift nur formal das Maß dessen, was christlicherseits gesagt werden *kann*. Wenn nämlich mit den Inhalten der Schrift nicht dem entsprochen werden kann, was christlicherseits zu sagen *ist*, werden Schriftworte nicht nur modifiziert und arrangiert, sondern es werden auch passende Sequenzen erdichtet (vgl. Barn 7,4), auf daß sie sich der auf die Aussageabsicht hin gestimmten Komposition einfügen. Für jene philadelphischen Christen ist es indes unabdingbar, nur das zu glauben, was mit der Schrift übereinstimmt, und zwar ist, worauf Ignatius' Einwand γέγραπται weist, der Wortlaut der Schrift entscheidend. Daher besteht aber auch Uneinigkeit darüber, ob bestimmte Glaubensinhalte zu Recht mit der Schrift begründet sind. Demgegenüber zeigt der Vf. des Barn einfach, daß der Glaube seiner Leser (vgl. Barn 1,4f.) schriftkonform ist und ihr Handeln überhaupt den Standards (vgl. Barn 18–20) entspricht. Die in IgnPhld 8,2 skizzierte christliche Gruppierung steht dem Vf. und den Lesern des Barn jedenfalls nicht so nahe, daß sich die Annahme einer historischen Beziehung verstärkt aufdrängt und einem Entstehungsort des Barn in der Nachbarschaft dieser Ignatiusgegner fraglos Plausibilität verleihen würde.[90]

Gewichtiger ist die dieser Begründung der Kleinasienhypothese inhärente Entscheidung in der Ignatianischen Frage. Wengst, der den Brief an die Philadelphier zwanzig Jahre vor der Abfassung des Barn ansetzt[91], also etwa 110–112, geht von der Echtheit zumindest des Philadelphierbriefs aus. Nur unter dieser Voraussetzung ist IgnPhld 8,2 für die Bestimmung des Abfassungsortes des Barn überhaupt relevant. Der Ansatz der Ignatianen zeitlich vor dem Barn, womit in der Regel die Echtheit der Ignatianen in der mittleren Rezension verbunden wird, hat zwar nach wie vor gute, vielleicht auch die besseren Argumente für sich. Doch ist diese Datierung deutlicher als bei anderen frühchristlichen Schriften nur eine Hypothese im Kreis anderer (guter) Möglichkeiten.[92] Müßte zu einem späteren zeitlichen Ansatz ignatianischer Schriften gegriffen werden, so wäre an eine für die Lokalisierung des Barn historisch verwertbare Beziehung zu IgnPhld 8,2 schwerlich zu denken. Aufgrund der anderen Funktion der Schrift im Barn und der Unwägbarkeiten, die durch die Ignatianische Frage hinzukommen, kann also IgnPhld 8,2 allein die Beweislast für eine kleinasiatische Herkunft des Barn kaum tragen.[93]

---

[90] Im Kontext betrachtet, scheint IgnPhld 8,2 selbst geradezu Wengsts These zu widerlegen. LINDEMANN, Paulus 282, zufolge ist es „unwahrscheinlich, daß Barn ein Zeuge der in IgnPhld 8,2 bekämpften Theologie ist … Denn jene Gegner des Ignatius waren eher Judaisten bzw. Judenchristen, die das Evangelium offenbar in alttestamentlichen Kategorien deuten wollten, das in Barn vertretene theologische Prinzip ist im Gegenteil gerade die damals von Ignatius den ‚Ketzern' gegenüber praktizierte Hermeneutik (γέγραπται)." Zur Stelle vgl. auch ANDRESEN, Lehrentwicklung 54.

[91] Vgl. WENGST, Tradition 117.

[92] Vgl. PROSTMEIER, Ignatios. LThK[3] 5 (1996) Sp. 407–409. In der Ignatianischen Frage ist hier kein Votum abzugeben.

[93] Dies räumt WENGST, SUC 2,117, mittlerweile ein.

Die zweite Stütze für eine Lokalisierung des Barn in Kleinasien sind Gemeinsamkeiten mit den Pastoralbriefen. Sie legen Wengst zufolge die Annahme nahe, „daß die Pastoralbriefe und der Barnabasbrief demselben Traditionsbereich zugehören, aber in einigen Fragen gegenteilige Tendenzen verfolgen"[94]. Abgesehen davon, ob die namhaft gemachten Gemeinsamkeiten tatsächlich schlagend sind,[95] stellt sich die Frage, ob das inhaltliche und terminologische Material, das diesen Traditionsbereich charakterisiert, zur Abfassungszeit des Barn – also zwanzig bis dreißig Jahre nachdem in Kleinasien die Pastoralbriefe geschrieben wurden[96] – notwendig auf Kleinasien begrenzt war und daher für diese Region signifikant ist. Unabhängig davon, wie die sprachlichen und inhaltlichen Berührungen und Gemeinsamkeiten zwischen dem Barn und dem Corpus Paulinum, insbesondere den Tritopaulinen, im einzelnen bewertet werden,[97] unterscheidet das völlige Desinteresse an Verfassungsfragen und überhaupt an Kirchenstrukturen sowie die Art der

---

[94] WENGST, SUC 2,118. Er nennt im einzelnen (ib. 117f.): 1. Die „für Paulus zentrale Verhältnisbestimmung von Glaube und Rechtfertigung" begegnet zum einen bei den Past nur in 2 Tim 4,7f. und zum anderen in Barn 13,7, allerdings ohne Relevanz „für den übrigen Brief". 2. Bei den Past und Barn hat δικαιοσύνη „vielmehr die Bedeutung von ‚Rechtschaffenheit'" (1 Tim 6,11; 2 Tim 2,22; 3,16 und Barn 1,4.6; 4,12; 5,1). 3. „An die Stelle von δικαιόω und δικαιοσύνη als soteriologische Begriffe treten σῴζειν und σωτηρία" (1 Tim 1,15; 2,4.15; 4,16; 2 Tim 1,9; 2,10; 3,15; 4,18; Tit 3,5 und Barn 1,3; 2,10; 4,1; 5,10; 8,6; 12,3.7; 16,10). 4. πίστις meint ‚Gläubigkeit' (1 Tim 1,5.19; 5,8; 2 Tim 1,5; Tit 1,4 und Barn 1,4.5.6; 4,9) und steht neben anderen Tugenden (1 Tim 1,14; 2,7.15; 4,6.12; 6,11; 2 Tim 1,13; 2,22; 3,10 und Barn 2,2; 11,8; 16,9). 5. Sühneformeln beschreiben das Werk Christi (1 Tim 2,6; Tit 2,14 und Barn 5,1f.; 7,2; 14,6); baptismal vermittelt, bewirkt es eine ‚Erneuerung' (Tit 3,5 und Barn 6,11.14). Hoffnung auf Rettung (1 Tim 1,16; Tit 1,2; 2,13; 3,7 und Barn 1,4.6; 4,8; 11,11) und Erwartung des Gerichts (1 Tim 5,24; 2 Tim 4,1 und Barn 4,12; 5,7; 7,2; 15,5; 21,6) sind lebensbestimmend. Zu den Differenzen zwischen Barn zum einen und den Pastoralbriefen und den echten Paulinen zum anderen vgl. ib. 118, spez. Anm. 75.

[95] Vgl. BROX, Pastoralbriefe 26–28, der darauf verweist, daß sich zwar „zahlreiche gedankliche und terminologische Berührungen zwischen den Pastoralen einerseits, dem sogenannten ersten Klemensbrief, dem Ps.-Barnabasbrief, den Briefen des Ignatius von Antiochien, dem Philipperbrief des Polykarp von Smyrna und einigen Apologeten des zweiten Jahrhunderts andererseits aufzählen" (ib. 26), aber in keinem Fall als Zitation zeigen lassen, und daß „sich die Berührungen auf einzelne … Begriffe, auf verwandte sprachliche Wendungen oder auf gleiche Gedanken, die aber in verschiedene Begriffe gekleidet sind" (ib.) beschränken. „Der literarische Vergleich, die Überprüfung der inhaltlichen und terminologischen Nähe, führt … nicht auf die Entdeckung einer Abhängigkeit der Apostolischen Väter von den Pastoralbriefen, sondern zeigt, daß sich beide Schriftengruppen einer sehr verwandten kirchlichen Situation verdanken" (ib.). LINDEMANN, Paulus 177–221, hat für 1 Clem (177–199; vgl. LONA, Clemensbrief 49–51.58) sowie für die Ignatianen (199–221) nachgewiesen, daß Anhaltspunkte für eine Rezeption der Tritopaulinen, die einer literarkritischen Prüfung standhalten, fehlen.

[96] Vgl. BROX, Pastoralbriefe 58; ROLOFF, Der erste Brief an Timotheus 46.

[97] Vgl. LINDEMANN, Paulus 272–282; speziell 281: „Die redaktionellen Abschnitte erweisen sich als von Paulus kaum berührt; in den traditionellen Stücken fanden sich Beispiele sowohl für die Übernahme paulinischer Gedanken als auch für eine gewisse paulus-kritische Tendenz." Trotz der Skepsis, ob Ign Phld 8,2 für den Barn historisch verwertbar ist, spreche „vor allem der eigenartig vielschichtige Einfluß der Paulus-Tradition" (ib. 282) für eine kleinasiatische Herkunft des Barn. Beachtlicherweise geht LINDEMANN, Der Apostel Paulus im 2. Jahrhundert 39–67, bei seiner Suche „nach literarischen Bezugnahmen auf Paulus bzw. auf paulinische Briefe" (ib. 39) nicht auf den Barn ein, denn er beschränkt sich „auf die Analyse der einigermaßen sicheren direkten oder indirekten Hinweise auf Paulus" (ib. 40). Das Paulinische am Barn ist offenkundig nicht dazu angetan, einen nachhaltigen Eindruck zu hinterlassen.

Schriftauslegung[98] den Barn so deutlich von den Pastoralbriefen, daß eine lokale
Nähe nur schwer vorstellbar ist. Schließlich ist auch zu bedenken, daß in diesem
facettenreichen Traditionsfeld, das Wengst und Lindemann zufolge für Kleinasien
kennzeichnend ist, offensichtlich der Barn die einzige Schrift ist, die eine Zwei-We-
ge-Lehre rezipiert und ausformt. Demgegenüber ist jedenfalls die Resonanz und
Verarbeitung dieses dualen ethischen Katalogs in Syrien und Ägypten auffällig.[99]
Die Berührungen zwischen Pastoralbriefen und Barn zwingen also nicht dazu, den
Abfassungsort des Barn ausschließlich im westlichen Kleinasien zu suchen.[100]

d. Programmatische Anonymität
und das Postulat der alexandrinischen Herkunft

Hvalvik zufolge erfüllt keine der diskutierten Lokalisierungen zweifelsfrei alle jene
Bedingungen, die dazu berechtigen andere Regionen als Abfassungsort des Barn
auszuschließen. Daher resümiert er: „The letter has to be seen against the more ge-
neral background of an Eastern Mediterranean milieu in the early second century.
... the sort of Judaism we have to take into consideration, is the Judaism of the Diaspora."[101] Nun ist aber die Prägekraft des Diasporajudentums für die Christen
nicht nur für diese östlichen Regionen, sondern z.B. durch 1 Clem auch für Rom
aufzuweisen.[102] Im Prinzip ist also die Abfassung des Barn überall möglich – ausgenommen vielleicht in Palästina. Somit darf auch von der modifizierten Frage, in
welcher Region oder welcher Stadt jene Lebens- und Glaubenssituation angenommen werden kann, die zum einen durch das hellenistische Judentum geprägt war
und zum anderen für zwei in ihrer Theologie unterschiedene christliche Gruppierungen Platz bot, wobei die eine Gruppierung von der anderen verteufelt wurde
(vgl. Barn 4,6), keine historisch verläßliche und für die Auslegung maßgebliche
Auskunft erhofft werden. Daher ist es konsequent, von jedem Versuch einer geo-
graphischen Präzisierung Abstand zu nehmen. Vielmehr ist ebenso wie bei der
Anonymität von Vf. und Adressaten davon auszugehen, daß die lokale Unbestimmtheit zur Programmatik des Schriftstücks gehört.

---

[98] Vgl. die Hinweise bei CARLETON PAGET, Barnabas 35 Anm. 180.

[99] Vgl. die Lokalisierungen der frühchristlichen Kirchenordnungen sowie der sog. Sammelwerke, in die
manche dieser Kirchenordnung eingegangen sind, bei STEIMER, Vertex Traditionis 20.66.120–122; ferner
NIEDERWIMMER, Didache 55–64; WENGST, Didache (SUC 2) 7–11.20–23.

[100] Die These von der kleinasiatischen Herkunft des Barn gewinnt auch durch die Auskunft von VAIR,
Promise of the Land 172–175, kaum an Überzeugungskraft, daß das Thema des verheißenen Landes besonders in dieser Region durch jüdische Emigranten wachgehalten und daher seine Behandlung für sie
wie Judenchristen eminent relevant war.

[101] Vgl. HVALVIK, Scripture 45. Diese Einordnung hatte bereits KRAFT, Barnabas 287.291, vorgeschlagen, wobei wegen der signifikanten Berührungen mit dem alexandrinischen Judentum – „a sophisticated
school tradition like that of Alexandria has strongly influenced the Epistle and its author" (ib. 286) –, vor
allem mit Philo, kaum eine andere Entstehung in Frage kommt als in der mediterranen Nilmetropole
oder zumindest an einem Ort, der dieser alexandrinischen Tradition zugehört. Wenn aber eine signifikante Nähe zu alexandrinischen Traditionen besteht, dann ist aufgrund der ältesten Wirkungsgeschichte
des Barn seine Abfassung in Alexandrien selbst die wahrscheinlichere Variante.

[102] Vgl. LONA, Clemensbrief 58–65.

Wenngleich „der wirkliche Ursprungsort … nach wie vor unbekannt"[103] ist, gibt es erwägenswerte Gründe, weshalb dennoch an Alexandrien festgehalten werden kann:[104] 1. Aus der Präsenz des hellenistischen Judentums Alexandriens im Sinne eines geistig-religiösen Milieus und der daher vom Christentum am Nil kaum zu umgehenden Beeinflussung durch die Literatur des alexandrinischen und ägyptischen Judentums erklären sich auch die rabbinisch anmutenden Sequenzen im Barn, nämlich als indirekte, durch das alexandrinische Judentum, nicht erst durch Philo[105], sondern z.B. durch Aristobul und Arist. vermittelte und gefilterte Resonanz. Gut möglich ist, daß der Vf. im schulischen Ambiente an der vielschichtigen christlichen Adaption dieser Traditionen mitwirkte,[106] aber auch, daß sie ihm dort bereits ausschließlich in dieser Prägung zur Kenntnis gekommen sind.[107] 2. Die Rezeption und Wertschätzung des Barn bei Clemens Alexandrinus zeigt: Clemens „breathes the same atmosphere of gnosis"; Barn und die Werke des Clem. sind „earlier and later products of the same Christian environment"[108], wobei freilich offen ist, inwiefern Clem. für das alexandrinische Christentum repräsentativ ist. 3. Parallelen mit Schriften, die mit großer Sicherheit (JosAs) oder zweifelsfrei nach Ägypten gehören (OrSib, KerPe). 4. Die spärlichen und kaum verläßlichen Nachrichten über die Geschichte des Christentums in Alexandrien und im Nilland vor dem Episkopat Demetrios' und vor Clemens Alexandrinus zum einen,[109] insbesondere über das Verhältnis zwischen Juden und Christen, und zum anderen der im 2. Jh. beobachtbare Facettenreichtum christlicher Literatur, die auch von (konkurrierenden) Trä-

---

[103] Stegemann, Les Testimonia 150.

[104] Dazu ausführlich Carleton Paget, Barnabas 36–42. Weniger überzeugend ist Carleton Pagets Hinweis auf Barn 9,6b und auf Harris' Lokalisierungsversuch anhand der Etymologie von ΡΑΧΗ sowie der kultursoziologischen Bemerkung in Barn 7,8c; zu ersterem vgl. die Textkritik z.St.

[105] Vgl. Hanson, Philo's Etymologies 138f.; ferner Kahn, Did Philo know Hebrew? 337–345, der unter Hinweis auf conf. 190 wahrscheinlich macht, daß Philo zwar nicht Hebräisch konnte und sich einer hebräisch-griechischen Transkriptionstabelle bediente, zugleich aber von Schriftauslegungen in Hebräisch wußte.

[106] Art und Umfang der Transformationsprozesse (vgl. S. 92–98) legen es nahe, den Verfasser als Lehrer zu profilieren, der „am Überlieferungsprozeß selbst gestaltend teil[nimmt], indem er bearbeitet, variiert, ergänzt, erweitert und auch selbständig neue Stücke schafft" (Wengst, SUC 2,122).

[107] Vgl. Helm, Studien 47.

[108] Kraft, Apostolic Fathers 45f.; zitiert in Carleton Paget, Barnabas 38f. Die ausgiebige Rezeption in Alexandrien im Vergleich zur offenkundig gänzlichen Unkenntnis des Barn an allen anderen erwogenen Abfassungsorten spricht für Alexandrien. Man müßte denn behaupten, daß in Kleinasien und Syrien, zwei Regionen, denen nachhaltige Prägekraft für den Vf. und die Abfassung des Barn bescheinigt wird, exakt dieses Schriftstück nicht nur versehentlich, vielmehr – so muß angenommen werden – gezielt verschwiegen und nicht rezipiert wurde. Wie kann erklärt werden, daß angesichts der behaupteten Koinzidenz zwischen einer inkriminierten christlichen Gruppierung und zugleich der vielschichtigen Nähe zu den Pastoralbriefen ausgerechnet der Barn keinerlei Resonanz gefunden hat, weder in Schriften, die in Kleinasien verfaßt wurden noch in Werken von Theologen, die von dort ausgewandert sind?

[109] Vgl. Harnack, Mission 706–710, der die wenigen Hinweise für die Zeit zwischen der ältesten Nachricht über Christen am Nil, Apg 18,24f., derzufolge Apollo aus Alexandrien stammt, notiert.

gerkreisen und Theologien zeugt,[110] erlauben es kaum, für die Abfassungszeit des
Barn Alexandrien deshalb als Entstehungsort auszuschließen, weil im Barn vermeintlich typisch alexandrinische Theologumena fehlen oder in ihm Untypisches
enthalten ist.[111] 5. Literatur, die in Syrien oder Kleinasien beheimatet ist und der der
Barn bisweilen nahezustehen scheint, kann dem Vf. zumal dann auch in Alexandrien
zur Kenntnis gelangt sein, wenn er mit einer Schultradition verbunden ist.

Daher darf die kirchengeschichtliche Profilierung des Barn so lange von einer alexandrinischen Herkunft ausgehen, bis zwingende Gründe diesen Entstehungsort ausschließen. Die Auslegung wird indes, was den Entstehungs- und Bestimmungsort
des Barn betrifft, von der programmatischen Anonymität ausgehen müssen.

3. Verfasser und Titel

Der Verfasser ist unbekannt. Mit keinem Wort deutet er an, daß er mit einer sonst
bekannten Person der Alten Kirche identifiziert werden möchte. Seine Anonymität ist vielmehr programmatisch. Er versteht sich als Tradent und authentischer
Sachwalter der Paradosis (Barn 1,5.8; 4,9a; 17,1; 21,7.9), deren apostolische Signatur
inhärent ist (Barn 5,9; 8,3a). Mit diesem Anspruch verfaßt er seine Schrift, entwirft
und entwickelt seine Autorität gegenüber den Lesern, und mit diesem Anspruch
meldet er sich auch dann zu Wort, wenn er „ich" sagt. Daher bestehen keine Aus-
sichten, ihm historisch verläßlich einen Namen zu geben – und gelänge es, wäre es
vermutlich nicht mehr als ein Name.[112]

---

[110] MÜLLER, Alexandrien, I. Historisch. TRE 2 (1978) 253, resümiert: „Die Aufteilung der alexandrinischen Christen ging somit sicher weit über das einfache Schema Judenchristentum-Heidenchristentum
hinaus."

[111] Diesbezüglich konstatiert MÜLLER, Ägypten, IV. Kirchengeschichtlich. TRE 1 (1977) 515: „Gerade
die große Mannigfaltigkeit im Innern erschwert eine genaue Erfassung des Geschehens. ... Einzig beim
Barnabasbrief (um 135) kann man die Herkunft aus Alexandrien mit gewisser Wahrscheinlichkeit postu-
lieren." Vgl. auch oben S. 123 Anm. 77.

[112] Die Annahme, der in Gal und Apg genannte Barnabas habe das Schriftstück verfaßt, war seitens der
Erstherausgeber des Barn, Ménard und Ussher, verworfen worden. Bereits ein Jahr nach Ménards Edition trat VOSSIUS, Barnabæ Epistula 308f., für die Abfassung des Barn durch den Zyprioten Barnabas
ein. Es schien, daß diese These Ende des 19. Jh. ihre letzten Verfechter hatte; unter ihnen zeigte sich besonders NIRSCHL, Patrologie 53–57, von der Echtheit des Barn überzeugt. Vgl. die Hinweise bei EHR-
HARD, Altchristliche Litteratur 81, und FUNK, Abhandlungen 2,77, der im übrigen die Echtheitsthese,
die seit der Untersuchung durch HEFELE, Sendschreiben III–V.147–195, aus dem Jahr 1840 – dort auch
die älteste Forschungsgeschichte –, als erledigt gegolten hatte, noch einmal widerlegte. Ende des 20. Jahrhunderts räumt nun KÖSTER, Einführung 715, eine Abfassung durch den zypriotischen Leviten wieder
ein; er schreibt: „Die Abfassung durch Barnabas, dessen [!] Mitarbeiter Paulus in Antiochien war, ist
nicht unmöglich, aber wegen der radikalen Ablehnungen der Gültigkeit des Alten Bundes nicht gerade
naheliegend." Die Echtheit ist schon deshalb ausgeschlossen, weil der ‚Apostel neben Paulus' zur Abfassungszeit, also zwischen 130 und 132, kaum mehr in der Lage gewesen sein dürfte zu schreiben. Allein
schon an der Abfassungszeit der CEA (vgl. S. 52f.) scheitert die Annahme von SCHERMANN, Kirchenordnung 604, „daß der Kompilator und der Verfasser des Barnabasbriefes identisch ist oder daß der letztere von der vereinigten apostolischen Kirchenordnung geschöpft hat."

Weil erstens die nachdrückliche Abhebung des Schreibens von Äußerungen irgendwelcher ‚Lehrer' (Barn 1,8; 4,9) Teil der Verfasserprätention ist, enthält das Schriftstück doch authentisch die apostolische Überlieferung, und weil zweitens der Vf. sich regelmäßig mit didaktischer Emphase an seine Leser richtet, ist es sehr wahrscheinlich, daß er selbst ein διδάσκαλος war.[113] Hierauf weisen auch seine profunden Schriftkenntnisse sowie seine Fähigkeit, die Schrift für sein Anliegen auszuwerten und sich jüdische wie christliche Traditionen dienstbar zu machen. Unter dieser Rücksicht ist der Vf. des Barn „ein auffallend selbständiger Theologe und Schriftsteller"[114], vergleichbar vielleicht mit jenen Lehrern, „wie sie uns aus der Didache als christliche Amtsträger bekannt sind"[115].

Daher ist die intensive Schriftzitierung und -auslegung kein Indiz dafür, daß der Vf. Judenchrist[116] war. Er kennt die Schrift und beherrscht ihre Auslegung aufgrund seiner Profession, letztlich also infolge des Ambientes, in dem er als διδάσκαλος wirkt. In seinem schulischen Wirkungsbereich sind ihm die Zwei-Wege-Lehre, aber auch die groben Mißverständnisse jüdischer Riten zugeflossen (Barn 7,4; 8,1).[117] Geht man von der Prägung durch dieses Milieu aus, dann legen jene

---

[113] Vgl. BOUSSET, Schulbetrieb 313; HELM, Studien 47; KRAFT, Barnabas and the Didache 19–22; DERS., Testimony Book 350; WENGST, Tradition 53–57.

[114] HARNACK, Geschichte 1,413 Anm. 2.

[115] LIETZMANN, Geschichte 1,229. Διδάσκαλος in Did 13,2 meint NIEDERWIMMER, Didache 230, zufolge ein „„charismatisches Amt' ... Worin die Funktion der διδάσκαλοι bestand, wird nicht gesagt, brauchte für die Leser der Schrift auch nicht gesagt zu werden, weil ihnen der διδάσκαλος und sein Wirken vertraut waren". Vgl. ferner RENGSTORF, διδάσκω κτλ. ThWNT 2 (1935) 161f.; ZIMMERMANN, Lehrer 52–68.210f.; NEYMEYR, Lehrer 169–173.177–180.

[116] HEFELE, Sendschreiben 131–134, will den Barn an Judenchristen, an gebildete Hellenisten (vgl. ib. 133) gerichtet wissen; er notiert die älteren Befürworter und Gegner der These. Ohne Gründe dafür zu nennen, betonen z.B. FUNK/BIHLMEYER, Die Apostolischen Väter XXII, daß der „Anonymus ... trotz seiner Judengegnerschaft ein geborener Judenchrist gewesen sein dürfte." Zur programmatischen Lösung der didachistischen Gemeinden aus dem Judentum vgl. PROSTMEIER, Unterscheidendes Handeln 55–75.

[117] „Er ist ein gelehrtes Männlein ... Anscheinend hat er das Christentum in der Weise kennengelernt, wie es uns die Didache schildert: der Katechismus der Zweiwegelehre ist ihm von grundlegender Bedeutung ... Aber dann ist ihm die paulinische Lehre bekannt geworden in der Form und mit dem Verständnis, wie sie in nachapostolischer Zeit begriffen wurde, und hat sich als Oberbau auf die jüdisch-moralisierende Grundlage gesetzt". Daß der Vf., wie LIETZMANN, Geschichte 1,229f., mit dieser Profilierung behauptet, einer didachistischen Gemeinde nahesteht oder ihr zugehört, ist allerdings nicht mehr als eine Vermutung. Folgt man ihr, dann wäre die vom Didachisten en passant erstrebte Lösung aus dem Judentum (vgl. PROSTMEIER, Unterscheidendes Handeln 55–75) gediehen, so daß nun mittels einer gültigen und autoritativen Orientierung für Glaube und Handeln eine kirchen- und theologiegeschichtliche Ausgangslage installiert werden kann und muß, die der judenchristlichen Glaubenspraxis das Heimrecht in der Gemeinde entzieht und allein ein Christentum nach der Fasson des Vf. gelten läßt. Folglich repräsentierte der Vf. durch sein Werk nicht eine Schultradition, sondern eine Gemeindesituation. Dieser Erklärung und Zuordnung der Verfasserschaft steht zweierlei entgegen: Erstens zeigt der Barn keinerlei Interesse an kirchenordnenden Themen und Belangen und zweitens dokumentiert die Zwei-Wege-Lehre des Barn ein Entwicklungsstadium dieser Tradition, das deutlich jener der Did vorausliegt. Hält man an der Abfassung des Barn zwischen 130 und 132 fest, dann ist es nur schwer vorstellbar, daß sein Vf. aus einer Gemeinde- oder Schultradition stammt, die auch die Did kannte. Der Hinweis auf Funktion und Stellung des διδάσκαλος der Zwölfapostellehre ist also nicht mehr als ein erläuterndes Analogon; nicht jede Analogie impliziert eine Genealogie.

Formulierungen, in denen der Vf. sich mit den Lesern zusammenschließt, und die
die Bekehrung vom Heidentum zum Christentum beschreiben (Barn 14,5; 16,7),
um so mehr nahe, daß der Vf. und seine Leser Heidenchristen waren. Freilich ist
nicht auszuschließen, daß der Vf. die gemeinsame vorchristliche Vergangenheit deshalb schroff verwirft, um keine Zweifel darüber aufkommen zu lassen, daß aus der
Perspektive des Christseins die Distanz zum Judentum nicht weniger signifikant
und bestimmend ist und sein soll als zu Heiden. Diese rhetorische Absicht gewinnt
erst recht dann Gewicht, wenn von der artifiziellen Differenzierung zwischen Ju-
den- und Heidenchristentum abgegangen wird. Andernfalls zwingt die Abgrenzung tatsächlich zu der Annahme, daß wie der Vf. so auch alle Leser Heidenchristen waren, mußte doch die vereinnahmende Verurteilung und Verunglimpfung
der Juden in Barn 16,1.7 auf den vehementen Einspruch von Judenchristen gefaßt
sein. Zumal bei einer Abfassung in Alexandrien ist ein exklusives heidenchristli-
ches Leserprofil eher unwahrscheinlich. Zwar scheint es plausibel, was Wengst
hinsichtlich Barn 16,7 mit Recht notiert, daß „kein Judenchrist … seine vorchristliche Zeit als ,Götzendienst' beschreiben und formulieren [könnte]: ,bevor wir zum
Glauben an Gott (!) kamen'"[118], doch kann und muß dem immer noch entgegengehalten werden, daß aus der Sicht des Vf. von einem ,Glauben an Gott' vor dem
Christusereignis nicht recht die Rede sein kann, fehlte doch in jeder Hinsicht die
Gnade. Wegen dieses einstigen Mangels bezeichnet sich Paulus im Rückblick auf
sein vorchristliches Leben und das seiner jüdischen Glaubensgenossen in Röm 5,6
zusammen mit allen Judenchristen als „Gottlose".[119] Wenngleich also Barn 14,5 und
16,1.7 nicht „zwingend für einen Heidenchristen"[120] als Vf. sprechen, so weisen doch
diese Verse und die gesamte polemische Abkehr von jüdischer Glaubens- und Le-
benstradition auf eine nichtchristliche Biographie des Vf. wie seiner Leser, in der jedenfalls Jüdisches nicht dominant ist.

Nur vermuten kann man, weshalb die christliche Überlieferung diese anonyme
Schrift mit ΒΑΡΝΑΒΑ ΕΠΙCΤΟΛΗ inscribiert hat. Diese Zuweisung der Verfasserschaft ist der älteste Kommentar über den Text, der uns als Barnabasbrief überliefert ist. Mit ihr beginnt die *Wirkungsgeschichte* dieser Schrift, denn ihr ältester
Zeuge, Clemens Alexandrinus, setzt ihre Benennung als Barnabasbrief bereits
voraus.[121] Die Eintragung der inscriptio bzw. einer der verschiedenen subscriptiones[122] erfolgte spätestens bei der Aufnahme dieses Werks in eine Sammlung, um
es von anderen abzugrenzen. Durch den äußeren Eindruck des Schriftstücks
drängte sich die ,Gattungsbestimmung' ΕΠΙCΤΟΛΗ auf. Die angesichts der antijüdischen Polemik überaus erstaunliche Benennung der anonymen Schrift mit
dem Namen Barnabas und damit, wie Clem. vielfach belegt, die Behauptung ihrer

---

[118] WENGST, SUC 2,119 Anm. 80. FUNK/BIHLMEYER, Die Apostolischen Väter XXII, haben die
(nichtssagende) Kompromißformel gefunden: „Man hat ihn [den Vf.] als angesehenen Lehrer der nach-
apostolischen Zeit in einem aus Juden- und Heidenchristen zusammengesetzten Kreis zu denken."
[119] Vgl. WILCKENS, Römer 1,294f.
[120] WENGST, SUC 2,119 Anm. 80.
[121] HEFELE, Sendschreiben 195, nahm Clemens Alexandrinus als Urheber der Zuschreibung an.
[122] Zu den subscriptiones vgl. S. 562.

Abfassung durch den aus Apg, 1 Kor und Gal bekannten zypriotischen Leviten Joseph, genannt Barnabas,[123] setzt indes seitens des Inscriptors bzw. Subscriptors eine eingehendere Kenntnis dieser Schrift sowie eine Vorstellung der theologischen Propria des ‚Apostels neben Paulus‘ (Apg 14,14) voraus.[124] Grundlage der Namenswahl mag eine für Ägypten anzunehmende Jakobustradition[125] und die von Alexandrien aus gepflegte Markustradition[126] – wobei an Johannes Markus zu denken ist – sein, in deren beider Umfeld ein Barnabasbild präsent sein konnte, das auf diese prominente Gestalt des frühesten Christentums[127] als Vf. wies.[128] So-

[123] Zur Etymologie des Namens Barnabas (בַּר נְבוּאָה; [aram.] בַּר נְוָהָא; ܒܪܢܒܐ oder ܒܪܢܒܐ DidascSyr 104 (CSCO.S 179,236,13.22) – ‚Sohn der Prophetie‘ (vgl. KRAFT, Barnabas. LThK² 1 [1957] Sp. 1255f.; MÜLLER, Barnabas. LThK³ 2 [1994] Sp. 17) oder vermutlich nur ‚Sohn des (Gottes) Nebo‘ – vgl. HAEU-SER, Barnabasbrief 112 Anm. 1; BROCK, ΒΑΡΝΑΒΑΣ 91–98, und die Hinweise bei RADL, Das »Apostelkonzil« und seine Nachgeschichte, dargestellt am Weg des Barnabas 46f. Anm. 7. Brocks Herleitung der lk Namenserklärung υἱὸς παρακαλήσεως (Sohn des Zuspruchs/Trosts) in Apg 4,36 aus dem Ostaramäischen bzw. Syrischen weist auf Antiochien und sein Umland als Herkunft. Ungeachtet dessen, ob diese Erklärung etwas für die Abfassungsverhältnisse der Apg austrägt, signalisiert die lk, volkstümliche Etymologie eine antiochenische Namenstradition, die den Ortsgemeinden eine wichtige Gestalt aus ihren Anfängen – den Leviten Joseph aus Zypern – deutet und gegenwärtig hält. Vielleicht verschafft sich in DidascSyr 104 (CSCO.S 179,236,13), wo unter Bezug auf Apg 15,23b Barnabas vor Paulus genannt ist (ܒܪܢܒܐ ܘܠܦܘܠܘܣ) und in DidascSyr 104 (CSCO.S 179,236,22), wo unter Bezug auf Apg 15,25 nur von „den Lieben um Barnabas" als Überbringer des sog. Aposteldekrets die Rede ist, weder aber von den ‚Brüdern‘ noch von ‚Paulus‘, eine solche Lokaltradition (noch einmal) Gehör. Zu den beiden Akzentuierungen Βαρναβᾶς bzw. Βαρνάβας vgl. BAUER/ALAND, Wörterbuch, Sp. 268.
[124] Ansonsten müßte angenommen werden, das epistulare Erscheinungsbild und speziell die Leseranrede in 1,1 haben den Text davor bewahrt, daß ihm aus vergleichbarer ‚Ratlosigkeit‘ (vgl. GRÄSSER, Hebräer 1,42) über die für eine inscriptio verwertbaren Elemente im Präskript eine Überschrift in der Art des Hebr oder 1 Joh zuteil wurde; vgl. auch OVERBECK, Hebräerbrief 400.
[125] Neben Clem., demzufolge der „Apostel" bzw. „apostolische Mann" Barnabas der Verfasser des Barn war und den er als einen jener Tradenten ansieht, die die „Gnosis" nicht wie Jakobus, Johannes und Petrus direkt vom auferstandenen Kyrios erhielten, sondern die von diesen und Paulus direkt stammende „wahre Lehre" „unversehrt bewahrten" (str. I 1,11,3; vgl. ferner S. 34–46), bezeugen EvThom 12 (NHC 2,2) sowie 1/2 ApocJac (NHC 5,3,22–44; 5,4,44–64) und EpJac (NHC 1,2) aus der Bibliothek von Nag Hammadi (vgl. NTApo⁶ 1,234–244.253–275) die Hochschätzung des Jakobus, und zwar des sog. Herrenbruders. Dem Bruchstück 7 des ägyptischen Christen zugeschriebenen HebrEv zufolge, das Hieronymus de viris inlustribus 2 (TU 14,1) überliefert, ist Jakobus der erste (oder immerhin der wichtigste) Auferstehungszeuge (vgl. NTApo⁶ 1,147; ib. 143 Hinweise auf weitere Literatur zur ägyptischen Jakobustradition). Nicht zuletzt wegen des hohen Ansehens, das der Herrenbruder bei den Christen am Nil genoß, sucht man den Verfasser des Jak in Ägypten (Näheres vgl. DIBELIUS, Jakobus 23–35; SCHNIDER, Jakobusbrief 18; LÜDEMANN/JANSSEN, Häretiker 288f.).
[126] Vgl. Eus. h.e. II 16; ferner MÜLLER, Alexandrien, I. Historisch. TRE 2 (1978) 251; MÜLLER, Ägypten, IV. Kirchengeschichtlich. TRE 1 (1977) 514f.
[127] Näheres bei RADL, Das »Apostelkonzil« und seine Nachgeschichte, dargestellt am Weg des Barnabas 45–61, dort weitere Literatur; ferner BÖNIG, Wir haben die Welt erobert. Die Mitarbeiter des Apostels Paulus. Witten 1980; KRUMME, Barnabas. Sohn des Trostes. Dillenburg 1992.
[128] „Mit gleicher Harmlosigkeit [wie beim Jak] handelten diejenigen, die dem Barnabas-‚Brief‘, der sich im Text nirgends auf den berühmten Missionar und Begleiter des Paulus bezieht, die Überschrift gaben, die er heute trägt. Wir trauen freilich ein Schriftstück so antisemitischer Tendenz dem Leviten Barnabas (Apg 4,36) nicht zu; aber eine Zeit, die mit den wirklichen Interessen der apostolischen Generation keine Fühlung mehr hatte, möchte gerade zu diesem Text mit seiner Verwertung von Fasten- und Speisegesetz in Barnabas, dem Leviten unter den klassischen Zeugen, den geeigneten Schutzpatron erkennen." DI-

mit hätte der Inscriptor nur einen vermeintlichen Defekt des epistularen Anfangs des Schriftstücks, nämlich die fehlende Absenderangabe, korrigiert.

BELIUS, Jakobus 35. Vielleicht war es gerade der Umstand, daß dieser offensichtlich selbständig neben Paulus und der Urgemeinde wirkende hellenistische Judenchrist, der wohl als einer der ἄνδρες Κύπριοι (Apg 11,20) die Gemeinde in Antiochien gründete (vgl. auch S. 100 Anm. 123) und als Missionar der ersten Stunde weithin bekannt und angesehen war (vgl. HAENCHEN, Barnabas, Sp. 879f.), keine eigene Tradition hinterlassen hat, der es ermöglichte, ihm diese Theologie unterzuschieben.

ÜBERSETZUNG UND KOMMENTAR

Der Titel ‚Brief des Barnabas' ist sekundär; er wird, wenn auch nicht gleichlautend, von ℵ, H, G₁ (v) und L bezeugt. Als inscriptio liest H Βαρνάβα Ἐπιστολή (fol. 39ʳ1). L überschreibt die Übersetzung mit *Incipit Epistola Barnabæ Filiciter* (fol. 8ʳ6f.). ℵ bezeugt als subscriptio ЄΠΙϹΤΟΛΗΒΑΡΝΑΒΑ (fol. 340ᵛᶜ23) und als – vielleicht später zugefügte – Kopfzeile ΒΑΡΝΑΒΑЄΠΙϹΤΟΛΗ (fol. 334ʳ–340ᵛ). Aufgrund der Textverschmelzung mit dem vorausgehenden Polykarpbrief fehlt in allen Hss. des Textzeugen G eine auf den Barn bezogene inscriptio. Nur in G₁ (v) ist durch die subscriptio Ἐπιστολὴ Βαρνάβα τοῦ ἀποστόλου συνεκδήμου Παύλου τοῦ ἁγίου ἀποστόλου diese Zuweisung belegt. Der Titel wird dem Schreiben spätestens bei seiner Aufnahme in eine Sammlung zugewachsen sein. Ob bereits Clemens Alexandrinus eine mit ΒΑΡΝΑΒΑЄΠΙϹΤΟΛΗ oder ähnlich inskribierte Rezension vorlag, ob die anonyme Schrift ihren Namen gar dem Alexandriner zu verdanken hat oder ob er sie einfach als Barn kannte, ist nicht entscheidbar. Für letzteres spricht die Fraglosigkeit, mit der er aus ihr als dem Barn zitiert, vor allem aber die Selbstverständlichkeit, mit der er von einer Bekanntschaft seiner Leser mit dem Barn ausgeht.[1]

Begrüßung und Einleitung (1,1–8)

Seid in Frieden gegrüßt, Söhne und Töchter, im Namen des Herrn, der uns geliebt hat. 2 **Groß und reichlich sind nun die Rechtstaten Gottes an euch; über alle Maßen, ganz außerordentlich freue ich mich über eure seligen und herrlichen Geistesgaben; in solchem Maß habt ihr die Gnade der Geistesgabe eingepflanzt erhalten.** 3 **Deshalb beglückwünsche ich mich noch mehr in der Hoffnung, gerettet zu werden; denn wahrhaftig sehe ich bei euch, daß aus der reichen Quelle des Herrn Geist über euch ausgegossen ist; so überwältigt hat mich bei euch euer ersehnter Anblick.** 4 **Indes, davon überzeugt und mir bewußt, daß ich, habe ich doch bei euch geredet, vieles weiß, (und) daß mich der Herr auf den Weg der Gerechtigkeit begleitet hat, fühle gerade ich mich auch ganz und gar dazu genötigt, euch mehr zu lieben als mich selbst, da großer Glaube und Liebe in eurer Mitte wohnen aufgrund der Hoffnung auf sein Leben.** 5 **Nachdem ich dies also erwogen habe, daß es – wenn mir daran liegt, euch etwas von dem mitzuteilen, was ich empfangen habe – mir zum**

---

[1] Zum Titel des Briefes und seinen Varianten vgl. CUNNINGHAM, Epistle of S. Barnabas 4; WENGST, SUC 2,138; ferner S. 130–134.

Lohn sein wird, derartigen Geistbegnadeten zu dienen, war ich bestrebt, euch ein kurzes Schreiben zu senden, damit ihr mit eurem Glauben vollkommene Erkenntnis besitzt. 6 Drei Grundsätze des Herrn gibt es nun: Hoffnung auf das Leben ist Anfang und Ende unseres Glaubens; und Gerechtigkeit ist Anfang und Ende des Gerichts; Liebe ist Zeugnis der Freude und des Jubels der Werke in Gerechtigkeit. 7 Der Herrscher hat uns nämlich durch die Propheten das Vergangene und das Gegenwärtige erkennen lassen und uns vom Zukünftigen einen Vorgeschmack gegeben. Da wir sehen, wie jedes (einzelne) sich verwirklicht, wie er gesagt hat, müssen wir uns in reichlicherem und höherem Maße der Furcht vor ihm nähern. 8 Ich will aber nicht wie ein Lehrer, sondern wie einer von euch einiges wenige dartun, wodurch ihr in den gegenwärtigen Verhältnissen Freude haben werdet.

Textkritik

1 ℵ und H überliefern ἡμᾶς und haben damit das von MÉ, HF und DR gegen *vos* in L stillschweigend konjizierte *nos* bestätigt; HG[2] notierte aus Versehen[2] ὑμᾶς. 2 „Wenn μὲν ὄντων ursprünglich ist, fehlt ein δέ; HG[2] las μενόντων."[3] Man hätte dann mit ‚bleiben' zu übersetzten. Aber μέν kann auch anakoluthisch stehen, wenn der Gegensatz aus dem Zusammenhang zu ergänzen ist und als selbstverständlich weggelassen werden kann.[4] Diese Ergänzung steht wohl in V 5 und zwar als die Hauptintention des Vf.: ἵνα … τελείαν ἔχητε τὴν γνῶσιν. Anlaß und Intention wären somit verbunden in dem Sinne, daß die Vv 2f. die ergangenen Rechtstaten Gottes, die pneumatische Begnadung, den Glauben und die Hoffnung der Angesprochenen zwar (μέν) feststellen, aber schon darauf blicken, daß die Leser einen bedeutsamen Mangel haben, dem *indes* der Vf. mit seiner Schrift abhelfen will, denn was ihnen zu alledem fehlt, ist vollkommene Gnosis (V 5). Das μέν von V 2 auf das ἐγὼ δέ von V 8 zu beziehen, ist zu weit gegriffen. Die Konjektur von HG[2] ist letztlich unnötig, zumal in dem von ihm gemeinten übertragenen Sinn, daß jemand den geistlichen Zustand, in dem er sich befindet, nicht verläßt, unsere Stelle all zu sehr an die johanneische Jünger- und Nachfolgeformel ‚im Wort des Offenbarers bleiben' erinnert. 3 L tilgt ἐφ' ὑμᾶς bis ὑμῶν. Gegen die Lesart von H τοῦ πλουσίου τῆς πηγῆς κυρίου πνεῦμα wendet w ein, sie ergebe „keinen Sinn" und lasse „sich als Verschreibung aus der Lesart von S [ℵ] erklären."[5] Ungeachtet einer Variantenbildung, die wohl noch in der Majuskelzeit des Textes geschehen sein müßte, wählen FB, PK, SB und K die vl von H; w und GH folgen ℵ, der das vermeintlich ursprüngliche ἀγάπης statt πηγῆς liest.[6] L (*infusum spiritum ab honesto fonte dei*) wiederum

---

[2] Vgl. die Berichtigung: HILGENFELD, Anhang 150.

[3] WINDISCH, Barnabasbrief 303.

[4] Vgl. BAUER/ALAND, Wörterbuch, Sp. 1019.

[5] WENGST, SUC 2,139 Anm. 7.

[6] Daß die Notiz bei Hieron. *Comm. in Isai.* XI 2 über einen Taufbericht im ‚nazaräischen Hebräerevangelium' – gemeint ist das Nazaräerevangelium (vgl. NTApo[6] 1,128–133) – in Barn 1,3 eine Parallele habe, beruht auf der Lesart τῆς πηγῆς κυρίου πνεῦμα. Weil RESCH, Agrapha[2] 235 Anm. 1, dem von GH aus dem ℵ gewählten Text folgt, verwirft er diese Möglichkeit. Aber auch wenn H vertraut würde, stehen dem bei Hieronymus zitierten, gnostisch eingefärbten Theologumenon vom ‚Geist als der Mutter Jesu' Sequenzen altchristlicher Liturgien deutlich näher; vgl. die Belege bei RESCH, Agrapha[2] 235 Anm. 1. Eine literarische Beziehung zwischen dem Zitat und Barn 1,3 oder auch nur eine traditionsgeschichtliche

setze – so w – „die Lesart von H voraus und versucht, sie sinnvoll zu machen."[7] In der lateinischen Übersetzung erkennt demgegenüber wi „den einfachsten und natürlichsten Text"[8], wogegen ℵ und H „geschraubt" klingen und das ἀγάπης von ℵ überdies aus Röm 5,5 ὅτι ἡ ἀγάπη τοῦ θεοῦ ἐκκέχηται κτλ. eingedrungen sein könnte. Für wi ist L der Ansatz zweier Konjekturen: er erwägt τῆς πλουσίας statt τοῦ πλουσίου, wodurch es zu πηγῆς hinzugenommen wird und, alternativ, τοῦ πλούτου für τοῦ πλουσίου – so nun die Übersetzung von Koch[9]. Der Text ist verderbt, und jede Entscheidung muß entweder mit einer geschraubten Konstruktion zu Rande kommen (ℵ) oder – zumindest stillschweigend wie Koch – mit Konjekturen arbeiten (wi et al.). Der Lesevorschlag von wi hat für sich, daß man einen glatten Text erhält, was zwar nicht gerade für seine Ursprünglichkeit spricht, aber für die Übersetzung von Vorteil ist. Gewichtiger ist, daß die Lesart von ℵ definitiv den κύριος als den aktiven Geistausgießer festhält, wogegen H und L bzw. die Konjektur den κύριος als die Quelle des Geistes bestimmt, den Akteur der Geistmitteilung jedoch anonym läßt. Das Part. Perf. Pass. ἐκκεχυμένον stützt diese offenere Deutung der Geistausgießung. Statt ἐπιποθήτῃ (ℵ), was wiederum gh und w wählen, liest H ἐμοὶ ἐπιπόθητος, woran sich die anderen Editoren halten. L ist hier keine Hilfe, weil ihm der Passus ἐφ᾽ ὑμᾶς bis ὑμῶν fehlt. H stellt einen engeren Konnex mit dem Vf. her. Eine solche persönliche Bekanntschaft und Verbindung zwischen Vf. und Leser ist aber nicht erweisbar, im Gegenteil: der Vf. ist wiederholt darauf bedacht, mittels Reflexionen auf sein schriftstellerisches Unternehmen diesen Bezug erst herzustellen. ἐπιποθήτῃ ohne ἐμοί verdient überdies deshalb den Vorzug, weil es grammatisch zu ὄψις paßt. **6** Zwar divergiert die Textüberlieferung der ‚drei Grundsätze',[10] sie ist jedoch – von L abgesehen – nicht lückenhaft.[11] In L fehlt καὶ δικαιοσύνη bis μαρτυρία.

Verbindung ist eher unwahrscheinlich. Für die Textkritik trägt die Notiz bei Hieronymus nichts aus – das Motiv könnte sonstwoher stammen.

[7] WENGST, SUC 2,139 Anm. 7.

[8] WINDISCH, Barnabasbrief 304.

[9] Vgl. LINDEMANN/PAULSEN, Die Apostolischen Väter 27.

[10] Vgl. WINDISCH, Barnabasbrief 305f.; WENGST, SUC 2,10 Anm. 5; DERS., Barnabasbrief 196 Anm. 14.

[11] RESCH, Agrapha[1] 179–184.284–287, zufolge ist durch ein Versehen im Mittelglied πίστις ausgefallen; richtig müßte es heißen: καὶ πίστις δικαιοσύνη, κρίσεως ἀρχὴ καὶ τέλος. Resch versucht seine Emendation anhand frühchristlicher Vergleichstexte zu begründen. Diese sollen die Existenz einer triadischen Formel erweisen, in der πίστις und ἀγάπη die Trias oder längere dogmatisch-ethische Reihen rahmen. Ferner soll ein bei Macar. *Hom.* 37 überliefertes Logion belegen, daß bei „Barnabas das Herrenwort die ἐλπίς an erster, die πίστις an zweiter Stelle enthielt, während Macarius las: ἐπιμελεῖθε πίστεως καὶ ἐπίδος κτλ." (RESCH, Agrapha[1] 286). Abgesehen davon, ob Barn 1,6 die Authentizität des Logions bestätigt, wovon sich Resch überzeugt zeigt, ist es überaus fraglich, ob es eine dreigliedrige Formel πίστις, ἐλπίς, ἀγάπη gab und ob sie Barn 1,6 zugrundeliegt. In dieser strikten Abfolge findet sie sich nur in 1 Kor 13,13 sowie mit Abstrichen in Hebr 10,22–24; die Rahmenfunktion von πίστις und ἀγάπη begegnet einzig in zwei wohl kaum voneinander unbeeinflußten Listen bei Herm *vis.* III 8,3–8 (16,3–8); *sim.* IX 15,2 (92,2). Sachlich nahe steht Barn 1,6 auch die Reihe in syrBar 57,2: „die Werke der Gebote …, der Glaube an das zukünftige Gericht …, die Hoffnung, daß die Welt erneuert wird … und die Verheißung des Lebens, das nachher kommt" (vgl. WINDISCH, Barnabasbrief 306). Die von RESCH, Agrapha[1] 181, genannten Vergleichstexte sowie IgnEph 14,1 und Polyc 3,3 zeigen, wenngleich in ihnen die πίστις meist den Kern bildet, insgesamt eher die Variabilität dieser Reihungen (vgl. die Hinweise bei WINDISCH, Barnabasbrief 306f.), denn die Benutzung einer (triadischen) Formel. Zumal die auf Herm *sim.* IX 15,2 (92,2) folgende, mit ἀπιστία und μῖσος umschlossene, korrespondierende Lasterreihe in Herm *sim.* IX 15,3 (92,3) macht darauf aufmerksam, daß in ihnen die traditionelle katalogische Paränese ihre Spuren hinterlassen haben wird (vgl. BROX, Hermas 145.428; dort weitere Literatur). Das Agraphon sowie die ver-

Bryennios' Konjektur δικαιοσύνης für δικαιοσύνη nach ἔργων ist unnötig, da H – der dem δικαιοσύναις in ℵ vorzuziehen ist – die Präposition ἐν vorausstellt und die Hs. auch sonst das iota subscriptum nicht setzt.[12] Damit sind auch die alten Interpunktionsvorschläge hinfällig.[13] 7 καί vor τῶν μελλόντων ist eine stilistische Glättung, mit der ℵ[2mg] lediglich unterstreicht, daß ὁ δεσπότης nicht nur Subjekt des ἐγνώρισεν, sondern auch des diesem Hauptverb untergeordneten Part. δούς ist. Gemeint ist: der Herrscher hat uns neben Vergangenheit und Gegenwart anfanghaft die Zukunft kundgetan. L kann zur Stützung dieser inhaltlich unerheblichen Variante nur bedingt herangezogen werden, weil in ihm ein lateinische Äquivalent zu τὰ ἐνεστῶτα fehlt und somit das von ihm bezeugte et auch Übersetzung des καί vor τὰ ἐνεστῶτα sein kann. Seine Eliminierung von τὰ ἐνεστῶτα indes wird man so zu verstehen haben, daß der Übersetzer es nicht als ‚Gegenwärtiges‘, sondern von ἐνίστημι her als ‚Bevorstehendes‘ interpretiert hat (wofür die Übersetzung der zweigliedrigen Zeitenformel ἐὰν γὰρ περὶ τῶν ἐνεστότων ἢ μελλόντων γράφω ὑμῖν in 17,2 mit *si enim de instantibus ac futuris scribam vobis* ebenso ein Hinweis sein mag wie die Auslassung von ἐν τοῖς ἐνεστῶσιν ἡμᾶς in 5,3). Τὰ ἐνεστῶτα konnte als Dublette zu τῶν μελλόντων gelesen werden und wurde deshalb als vermeintliche Korruptele getilgt. Diese Tilgung wird in L auch den Ausschluß von ὧν bis ἐνεργούμενα gefolgt haben. Die Lesart von ℵ* und H, der w vertraut, hat als lectio difficilior zu gelten und verdient den Vorzug.

Analyse

Barn 1 ist eine rhetorisch durchdachte Einstimmung der Angesprochenen auf die folgenden Auslegungen und Mahnungen, die in freier Nachahmung epistularer Topik dem Bezug und dem Rang der Sache einen Hauch von Apostolizität verleiht. Ziel ist es weder, den Konventionen antiker – hellenistischer wie jüdisch-orientalischer – Epistolographie möglichst zu entsprechen, noch eine Eröffnung exakt nach rhetorischen Regeln zu konstruieren, sondern durch Auswahl und Kombination zweckdienlicher Elemente die kommunikativen und inhaltlichen Grundlagen für die folgenden Ausführung zu schaffen. Das Kapitel ist gegliedert in eine Begrüßung und eine zweiteilige Einleitung.

1   BEGRÜSSUNG
2–8   EINLEITUNG
2.3   Dank – *captatio benevolentiae ab auditorum persona*
4–8   Selbstempfehlung und Grundsätze – *captatio benevolentiae ab nostra persona*

Begrüßung (1,1)

1 Der an der griechischen Form des Präskripts orientierte V 1 dient zunächst einfach als Begrüßung. Numerus und Stellung des Imper. χαίρετε schließen die dem

---

meintlichen Parallelen allein berechtigen jedenfalls nicht zu der von Resch vorgeschlagenen Emendation – und für das Verständnis von V 6 ist sie auch keineswegs notwendig.

[12] WENGST, SUC 2,196 Anm. 14. Seiner Übersetzung („fröhliche und freudige Liebe") ist an dieser Stelle allerdings schwerlich zu folgen, darf doch ein im Gottesdienst beheimateter Freude- und Jubelruf im Hintergrund des dritten Axioms vermuten werden.

[13] Vgl. MÜLLER, Erklärung 65f.

Briefformular nach obligate Absenderangabe aus und bedingen eine pluralische, summarische Adresse; hier υἱοὶ καὶ θυγατέρες.[14] Χαίρετε ... ἐν ὀνόματι κυρίου ... ἐν εἰρήνῃ bilden den Prädikatsverband. Die Verbandszugehörigkeit von ἐν εἰρήνῃ spricht dafür, es als Äquivalent von שָׁלוֹם[15] nicht gegen den eigentlich profanen Gruß χαίρετε auszuspielen, im Sinne von „seid gegrüßt ...", „Shalom‘" oder χαίρετε als Synonym und damit als Dublette von εἰρήνη zu deuten.[16] Ebensowenig ist ἐν εἰρήνῃ Nebenbestimmung von υἱοὶ καὶ θυγατέρες κτλ.,[17] vielmehr ist es die Qualifikation[18] von χαίρετε zum messianischen Friedensgruß[19]. Gemeint ist also: „Seid gegrüßt in dem Frieden, der vom Herrn kommt". Das Part. τοῦ ἀγαπήσαντος ist zusammen mit dem Akkusativobjekt ἡμᾶς als Relativsatz aufzulösen, der κύριος als Christus bestimmt. Dieser Sprachgebrauch ist die Maßgabe für die übrigen κύριος-Stellen in Barn 1. Auch in Vv 3.4.6 ist κύριος in Beziehung auf Jesus Christus verwendet[20] – V 3 ‚Geist des Herrn', V 4 ‚der Herr als Begleiter' und V 6 ‚Hoffnung, Gerechtigkeit, Liebe' als δόγματα κυρίου. In dieser Relation ist τοῦ ἀγαπήσαντος ἡμᾶς als Dahingabeformel[21] aufzufassen. Die seman-

---

[14] Der Vf. läßt also nicht, wie VIELHAUER, Literatur 601, behauptet, die „Adscriptio ... weg und bringt nur eine Salutatio"; zwar nennt er die Adressaten nicht beim Namen, sondern spricht sie nur summarisch an, theologisch aber ist diese Anrede ‚Söhne und Töchter' überaus belangvoll.

[15] Vgl. FOERSTER, εἰρήνη C.–F., ThWNT 2 (1935) 405–416; STENDEBACH, שָׁלוֹם. ThWAT 8 (1995) Sp. 12–46; שָׁלוֹם ist „ein Abstraktum ..., d.h. semantisch eine in ein Nomen komprimierte prädikative Aussage, und zwar ein Qualitätsabstraktum, das eine adjektivische ... Prädikation beinhaltet (‚šalem-Sein')"; ähnlich SCHMID, Frieden, II. AT. TRE 11 (1983) 605–610: Ausgehend von der Grundbedeutung der Wurzel שׁלם, ‚Ganzheit und Unversehrtheit' im Sinne eines Norm- und Verhältnisbegriffs, bezeichnet שָׁלוֹם einen Zustand in der Welt, „der als vorbehaltlos positiv bezeichnet werden kann; er kann sich neben dem politisch-militärischen Bereich auch auf die Bereiche des Rechts, des Kults, der Sozialordnung und sogar der Fruchtbarkeit beziehen. Nur da, wo innerhalb dieser Einzelbereiche, und dann aber auch zwischen diesen verschiedenen Bereichen, eine lebensermöglichende Geordnetheit besteht, kann von šalôm, ‚Frieden' die Rede sein." ib. 605. Vgl. ferner BROWN, Lexicon 1022f.; EISENBEIS, Die Wurzel שׁלם im Alten Testament 353–358. Unter der Voraussetzung einer sachlichen Entsprechungen zwischen שָׁלוֹם und χαίρετε ... ἐν εἰρήνῃ kommt Davids Abschiedsgruß in 1 Sam 20,42 (לֵךְ לְשָׁלוֹם ... בְּשֵׁם יְהוָה) der Formulierung χαίρετε ... ἐν ὀνόματι κυρίου (... ἐν εἰρήνῃ) in Barn 1,1 am nächsten. Eine Anknüpfung an Ps 117(118),26a (vgl. Mt 21,9b par Mk 11,9b par Lk 19,38a; Joh 12,13b) verbietet sich, wenngleich die Anweisung Did 12,1a davon beeinflußt scheint.

[16] Vgl. das Proömium der CEA; weitere Beispiele für die Synonymie und duplizierende Kombination von εἰρήνη und χαίρετε bei BERGER, Apostelrede 201 Anm. 50. Sein Hinweis, daß die Deutung des Inf. χαίρειν als Imper. sekundär und auf diese Weise die „Mischform Barn 1,1 (χαίρετε ... ἐν εἰρήνῃ)" entstanden ist, bestätigt, daß sich Barn 1,1 nicht an Konventionen hält. Uns muß die Frage interessieren, was diese Mischform leistet und für die Auslegung bedeutet.

[17] So interpungierte einst MÉNARD, Sancti Barnabæ Apostoli 1.81f.; seit MÜLLER, Erklärung 54, gilt hingegen ἐν εἰρήνῃ als Nebenbestimmung des den Gruß regierenden χαίρετε.

[18] Die Separation zusammengehöriger Satzteile ist ein Signet rhetorisch stilisierter Rede und als gewollte Betonung auch in der neutestamentlichen Briefliteratur (z.B. Heb, 1 Petr) nicht ungewöhnlich; vgl. BLASS/DEBRUNNER, Grammatik § 473.

[19] Unter dem Einfluß griechischer Bibelübersetzungen hat εἰρήνη als Übersetzung von „שָׁלוֹם" die Bed. ‚Wohlbefinden', ‚Heil' hinzugekommen" (BLASS/DEBRUNNER, Grammatik § 5⁷); es ist ein Septuagintismus.

[20] Vgl. BOUSSET, Kyrios Christus 233 Anm. 3.

[21] Vgl. WENGST, Formeln 57f.

tische Tradition dieser Formel, der zufolge das Subjekt zugleich Objekt seines die Gegenwart bestimmenden Heilshandelns ist,[22] bestätigt nicht nur die Deutung von κύριος und die messianische Qualifizierung des χαίρετε, sondern in der Kombination der Elemente hebt sie die Begrüßung in den Rang eines Segens.[23] Mit der Botenformel ἐν ὀνόματι κυρίου[24] und dem christologischen Bekenntnis τοῦ ἀγαπήσαντος, in dessen soteriologische Relevanz sich der anonyme Vf. durch das ἡμᾶς miteinbezieht und der er sich unterordnet, erhebt er für seine Schrift den Anspruch, authentische Paradosis zu sein.[25] Diesem Bestreben, sich zu legitimieren und sein Schreiben zu autorisieren, dienen auf subtile, indirekte Weise ferner das demonstrativ gesprochene χαίρετε, hinter dem sich der Vf. geschickt verbirgt, sowie – ebenso gekonnt ausgeführt – die Anrede υἱοὶ καὶ θυγατέρες, die nicht einfach den Konventionen folgt, sondern seine Leser sogleich mit der intitulatio als ,Söhne und Töchter' bedenkt und sie somit, in Anspielung auf die autoritätsbegründende Relation von Eltern und Kindern, als Gemeinde bestimmt, gegenüber der dem Vf. die Autorität einer Gründerfigur zukommt und seine Schrift entsprechend Gehör beanspruchen kann.[26] Der Vf. definiert sich und seine Schriftstück indem er feststellt, in welchem Verhältnis sich die Adressaten zu ihm befinden. Gegenüber seinen Adressaten verpflichtet er sich hierbei zugleich als Autorität. Die Prätention des Schreibens basiert also auf der Form ihrer literarischen Ausführung und der kommunikativen Disposition der Leser; nur unter diesem Aspekt ist die anonyme Begrüßung mit dem in der Autorenfiktion neutestamentlicher Pseudepigraphen erhobenen Anspruch auf Apostolizität vergleichbar. Die Begrüßung will klarlegen, daß das Schriftstück keine Gelegenheitsarbeit eines Lehrers oder sonst in der Gemeinde Anerkannten ist, sondern daß es sich um ein apostolisches Dokument handelt, das per se den Anspruch erhebt, gehört zu werden.

Einleitung – Dank, Selbstempfehlung, Grundsätze (1,2–8)

Anstelle des Dankes und der Fürbitte, die in antiken Briefen gewöhnlich auf die Zuschrift und den Gruß folgen, ist im Barn eine u.a. durch die rhetorische Perspektive und die Ausführung der captatio benevolentiae geschiedene zweigliedrige Einleitung getreten. In sie sind der modifizierte Dank des Proömiums eingegangen sowie die ebenfalls aus der neutestamentlichen Briefliteratur bekannte Selbstempfehlung, die hier aus apostolischer ,Vita' (Vv 4.5), Skizzierung der Botschaft

---

[22] Das Part. Aorist ἀγαπήσαντος faßt hier „ein einmaliges Ereignis der Vergangenheit" (WENGST, Formeln 62), das Heilssinn hatte und für unsere (ἡμᾶς) Sünden geschah, ins Auge. Das Personalpronomen ἡμᾶς, dem sonst ein präzisierendes ὑπέρ vorausgeht (vgl. ib. 60), stellt klar, daß dieses formelhafte Christusbekenntnis in seinem Aussagegehalt auf die Gegenwart zielt; „die Sühne ist geschehen und wirkte so den jetzigen Heilstand derer, die diese Sühne als für sich geschehen vollbracht wissen. Die Erweiterung um das Motiv des Liebens ... unterstreicht die Willentlichkeit der Selbsthingabe" (ib. 62) des κύριος. Zum Ausdruck vgl. insbesondere Röm 8,37b.

[23] Vgl. BERGER, Apostelrede 194.196.

[24] Vgl. 1 Sam 17,45b; 1 Kön 22,16; 2 Kön 2,24; 1 Chr 21,19.

[25] Vgl. BERGER, Apostelrede 201.204.

[26] Vgl. BERGER, Apostelrede 212.

(Vv 6.7) und abschließender Kommentierung dieses Apostolikons[27] (V 8) zusammengesetzt ist. Daß Barn 1,8 noch zur Einleitung gehört, zeigt der summarische Neuansatz in Barn 2,1 (οὖν ... ὀφείλομεν ... ἐκζητεῖν τὰ δικαιώματα κυρίου) in Kombination mit 2,4. Barn 1,8 hat eine ähnliche Scharnierfunktion wie 2 Kor 3,1–3.

2.3 Zunächst stehen mit den Vv 2.3 aber noch die Adressaten im Mittelpunkt. Als ‚captatio benevolentiae ab auditorum persona'[28] vertritt die (lobende) Freude des Vf. über den Heilsstand der Leser den Dank und die Fürbitte. Aus diesem Grund fehlen die üblichen proömialen Textsignale εὐχαριστεῖν und εὐλογεῖν.

Dem fünfmaligen Numerus- und Personenwechsel in Vv 2.3 korrespondieren alternierende Aussagen über den Heilsstand der Leser (εἰς ὑμᾶς; εἰλήφατε; ἐφ' ὑμᾶς) und dessen Bedeutung für den Vf. (ὑπερευφραίνομαι; συγχαίρω ἐμαυτῷ, με ἐξέπληξεν). Die syntaktische Koordination der einzelnen Aussagen ist freilich nicht derart zwingend, daß die leserbezogenen Aussagen stets eine bestimmte Reaktion des Vf. folgern oder begründen. Wie Barn 1 insgesamt, so ist auch die Bindung der Reaktion des Vf. an den Heilsstand der Leser rhetorisch motiviert. Die Vv 2.3 sind auf Wirkung hin konzipiert. Man darf deshalb nicht erwarten, einen stichhaltigen Begründungszusammenhang für die tatsächlich nicht deutlich motivierte Hoffnung des Vf. auf eigene Rettung[29] vorzufinden. Zwar bestimmt διὸ καί V 3 als Konsekutivsatz, doch so, daß er die Freude und Hoffnung des Vf. als selbstverständliche Folge[30] kennzeichnet. Ebensowenig liefert der ὅτι-Satz eine nachträgliche Begründung dieser Hoffnung. Vielmehr zeigt die an eine Beteuerungsformel wie Lk 12,44; 21,3 (ἀληθῶς λέγω ὑμῖν κτλ.) erinnernde Bekräftigung ἀληθῶς βλέπω ἐν ὑμῖν, daß der vermeintliche Kausalzusammenhang von dem Interesse überlagert ist, eine „historische" Beziehung zu den Lesern in Erinnerung zu rufen. Ähnlich verhält es sich bei beiden adverbialen Korrelationen:[31] In V 2c ist οὕτως eine graduelle Bestimmung von ἔμφυτον, die auf die hyperbolische Freude von V 2b rekurriert. Οὕτως in V 3c ist nicht auf die leserorientierte Aussage βλέπω ... ἐκκεχυμένον ... πνεῦμα ἐφ' ὑμᾶς in V 3b, sondern auf μᾶλλον συγχαίρω ἐμαυτῷ in V 3a bezogen.

Die beiden Präpositionalobjekte in V 3 ἐν ὑμῖν und ἐπὶ ὑμῶν[32] beglaubigen zum einen die Freude, indem sie eine der Abfassung des Schriftstücks vorausliegende

---

[27] Vgl. BERGER, Gattungen 1353f.; SCHNIDER/STENGER, Briefformular 50–68.

[28] Vgl. LAUSBERG, Rhetorik 158f.: „Das *ab iudicum (auditorum) persona* ... besteht im Lob des Publikums (besonders seiner berühmten Urteilsfähigkeit) sowie allgemeiner in der *delectatio* des Publikums. Im einzelnen: α) Das Lob des Publikums soll mit der verhandelten Sache in Zusammenhang gebracht werden ... und muß klug und maßvoll sein ... Dem entspricht literarisch das Lob des Adressaten ... β) Die *delectatio* des Publikums wird durch einen gepflegten, aber proömial-zurückhaltenden Stil ... erreicht ... Literarisch entspricht dem die die proömiale Dämpfung durch ... Periphrasen ... einerseits, die Bevorzugung epideiktischer *delectatio* ... andererseits." VIELHAUER, Literatur 601, begreift Barn 1,3–5 als „Laudatio".

[29] WINDISCH, Barnabasbrief 303f.

[30] Vgl. BLASS/DEBRUNNER, Grammatik § 442,23; 451,5; BAUER/ALAND, Wörterbuch, Sp. 399.

[31] Vgl. BLASS/DEBRUNNER, Grammatik § 106,1.

[32] Vgl. BLASS/DEBRUNNER, Grammatik § 234,2.

Beziehung zwischen Vf. und Leser ausdrücklich feststellen, die der ‚komplexive
Aorist'[33] ἐξέπλεξεν voraussetzt, und schützen hierdurch diese Freude vor dem
Verdacht, bloßer Schein oder Anbiederung zu sein. Zum anderen bereiten sie das
Apostolikon (Vv 4–8) vor, wo wiederum die persönliche Kenntnis und Anerkennung der Adressatenverhältnisse Hauptmoment der Autorisierung des Vf. und seines Schreibens wird. Aus dieser Doppelfunktion erklärt sich auch die beinahe en-
thusiastische Feststellung ἀληθῶς βλέπω. Die Präpositionalobjekte in Vv 3.4
verklammern die beiden rhetorisch geschiedenen Abschnitte Vv 2.3 und Vv 4–8
miteinander, wodurch die Adressaten als Grund und Ziel des apostolischen Wirkens ausgewiesen sind.

Stilistisch unpassend ist das ohne korrespondierendes δέ stehende μέν zu Beginn von V 2. Makrosyntaktisch bereitet es jedoch keine Probleme, wenn es anakoluthisch aufgefaßt wird, weil dann sein vermißtes Adversativum vom Textsignal δέ unabhängig, rein auf semantischer Ebene gefunden werden kann. Unter
dieser Rücksicht erweisen sich die Vv 4.5, näherhin die Ziel- und Zweckbestimmung des gesamten Unterfangens durch den Vf. in V 5, nämlich den Adressaten
vollkommene Gnosis mitzuteilen, als der gesuchte inhaltliche Gegenpol[34] zu den
Vv 2.3. Als Ankünpfungspunkt böte sich – grammatisch zwar nicht korrekt – die
Partikel οὖν von V 4 an, die mit „indes" übersetzt, den Konnex anzeigen kann.

4.5 Die Partikel οὖν, die nicht notwendig etwas als Folge aus Vorausgehendem
anzeigt, ist sonst im Barn (über 50 mal) ein höchst lockerer Anschluß. In V 4 jedoch hat diese Konjunktion eine makrosyntaktische Funktion. Sie ist der Anknüpfungspunkt zu der mit μέν affirmativ eingeleiteten Skizzierung des Heilsstandes
der Leser in Vv 2.3, wobei sowohl μέν als auch die Sache eine Reaktion erwartet,
die nicht eine Neuauflage der captatio benevolentiae ab auditorum persona aus
Vv 2.3 sein kann, sondern nur eine ‚captatio benevolentiae ab nostra persona'[35].
Daß die Korrelation nicht, wie die Konjunktion μέν vermuten ließe, adversativ,
sondern an οὖν orientiert konsekutiv ist, bestätigt der in Barn 1,5 vorliegende Sinn
der Präp. μετά. Der folgende Genitiv τῆς πίστεως ὑμῶν weist auf die koordinierende Grundbedeutung von μετά c. Gen. (mit, in Verbindung mit, zusammen
mit) hin, die im Barn auch sonst bestimmend ist.[36] Er schließt daher eine Opposi-

---

[33] Vgl. BLASS/DEBRUNNER, Grammatik § 332.

[34] So bereits die Erklärung bei MÜLLER, Erklärung 54; HAEUSER, Barnabasbrief 8 Anm. 1.

[35] „Das *ab nostra persona* … bezieht sich sowohl auf den Klienten als auch auf den Redner … Wir müssen uns selbst loben, unsere Partei loben und uns selbst und unsere Partei als aller menschlichen Sympa-
thie würdig hinstellen (Cic. inv. 1,16,22). … α) Der Redner (literarisch: der Schriftsteller) lobt sich selbst
dadurch, daß er seine obligatorische Berufstugend als *vir bonus* … ins rechte Licht rückt." Als anerken-
nenswertes Motiv gilt in der Literatur u.a.: „›Der Besitz von Wissen verpflichtet zur Mitteilung‹ (auch
mit biblischer Begründung)." Ein Schriftsteller muß ferner „den Verdacht der Arroganz meiden", und
„seine Partei … als rechtschaffen loben und als seitens der präpotenten Gegenpartei ungerecht verfolgt
hinstellen" (LAUSBERG, Rhetorik 157f.).

[36] So in Barn 4,2 (μετὰ ἁμαρτωλῶν), Barn 7,4.5 (καὶ φαγέτωσαν … το ἔντερον ἄπλυτον μετὰ ὄξους
/ μέλλετε ποτιζειν χολὴν μετὰ ὄξους), Barn 10,11 (κολλᾶσθε μετὰ τῶν φοβουμένων τὸν κύριον),
Barn 11,5 (βασιλέα μετὰ δόξης ὄψεσθε), Barn 19,2.6 (οὐ κολληθήσῃ μετὰ τῶν πορευομένων / οὐδὲ
κολληθήσῃ … μετὰ ὑψηλῶν), Barn 20,1 (ὁ ἐκεῖνα ἐκλεγόμενος μετὰ τῶν ἔργων αὐτοῦ συναπο-

tion zwischen dem Glauben der Leser und der nun durch den Vf. mitgeteilten vollkommen Gnosis aus, die den Heilsstand der Leser, so erfreulich er auch sein
(Vv 2.3) mag, als defizitär bezeichnen würde. Zugleich verbietet sich eine Bestimmung des Glaubens zur Kontrollinstanz für die vollkommene Gnosis, zumal letzteres nur unter Berufung auf eine sich der Präposition κατά nähernde Sonderbedeutung von μετά c. Gen. möglich wäre.[37]

Eine gewisse Schwierigkeit birgt der erste ὅτι-Satz durch das Part. Aorist
λαλήσας mit dem dazugehörigen ἐν ὑμῖν. Außer Frage steht, daß der Vf. mit
dieser Parenthese darauf anspielt, er kenne die Adressatensituation aus persönlicher Anschauung. Die berechtigte Frage aber, ob zwischen dieser Behauptung
und der Aussage des ὅτι-Satzes ein Kausalverhältnis besteht oder ob die Parenthese mnemonisch nur auf ein früheres Wirken bei den Adressaten – wenn auch
fiktiv – zurückblickt, verdeckt indes die rhetorische Pointe. Nur auf den ersten
Blick bedeutet die Auflösung des Part. des ersten ὅτι-Satzes in eine kausale Bin-
nenrelation, derzufolge ἐν ὑμῖν λαλήσας mit „weil ich mit euch gesprochen
habe" zu übersetzen wäre, eine für die Qualifikation des Vf. konstitutive Aufwer-
tung der Adressaten. Denn während die kausale Auflösung des Part. die qualifizierende Kenntnis der Adressatensituation explizit festzuhalten versucht, setzt die
Interpretation von ἐν ὑμῖν λαλήσας als mnemonische Parenthese („habe ich
doch bei euch geredet"[38]) diese als Fraglosigkeit voraus. Die offenere syntaktische
Relation bedeutet also eine rhetorische Verschärfung, insofern sie Einvernehmen
über die Sache einfach voraussetzt.[39] Rhetorisch bedingt ist auch die durch die
Wiederholung des ὅτι entstandene Epanadiplosis in V 5,[40] die wegen der Parenthese ἐὰν μελήσῃ μοι erforderlich geworden ist. Durch die Wiederaufnahme ὅτι
ἔσται μοι des fast gleichlautenden Anfangs ὅτι ἐὰν μελήσῃ μοι sind die Traditi-

---

[37] λεῖτα), Barn 21,1.8.9 (ὁ ἐκεῖνα ἐκλεγόμενος μετὰ τῶν ἔργων αὐτοῦ συναπολεῖται / τὸ καλὸν σκεῦός
ἐστιν μεθ᾽ ὑμῶν / μετὰ τοῦ πνεύματος ὑμῶν).

[37] Zum Verhältnis von πίστις und γνῶσις vgl. CA VII 33,4 καὶ τῆς μὲν γνώσεως αὐτοῦ προώδευσεν
ἡ πίστις, τῆς δὲ πίστεως ἀκόλουθος ἦν ἡ συνθήκη. Der weitere Hinweis von WINDISCH, Barnabasbrief 305, auf Philo, her. 19, trägt für Barn 1,5 nichts aus. Vgl. PAPE, Wörterbuch 2,141f.

[38] In diesem Sinn übersetzen auch PRIGENT/KRAFT, Épître de Barnabé 75: „J'ai cette pleine consci-
ence pour avoir souvent parlé chez vous."

[39] Vgl. WINDISCH, Barnabasbrief 304, der davon ausgeht, daß der Vf. vor kurzem als „christlicher
Lehrer, der eine Autorität sein soll", bei den Lesern gewirkt hat. Deshalb wohl machen auf Windisch die
rhetorischen Selbstbescheidungen, „der übertriebene, fast zur Schmeichelei werdende Ton der Anerkennung, den er den Lesern gegenüber anschlägt", mit dem er „den Spuren der weltlichen Rhetoren, die auf
die Gunst der Hörer angewiesen sind", folgt, einen „merkwürdigen Eindruck". Der von ihm bemerkte
Widerspruch zwischen apostolischer Prätention und Rhetorik löst sich, wenn V 4 als mnemonische Parenthese verstanden wird, und zumal dann, wenn die Briefsituation fiktiv und das Schreiben an ein „idea-
les Publikum" gerichtet ist, wie WENGST, Tradition 104, festhält. En passant hat zuletzt BARNARD, Problem 212; DERS., Stettings 173, einen jüngst zurückliegenden Besuch des Vf. bei den Lesern wieder
behauptet.

[40] BLASS/DEBRUNNER, Grammatik § 493,1; WINDISCH, Barnabasbrief 305, vergleicht die Ausdrucksfigur nicht zu Unrecht mit Eph 2,11f. διὸ μνημονεύετε ὅτι ποτὲ ὑμεῖς τὰ ἔθνη ἐν σαρκί, οἱ λεγόμενοι
ἀκροβυστία ὑπὸ τῆς λεγομένης περιτομῆς ἐν σαρκὶ χειροποιήτου, [12]ὅτι ἦτε τῷ καιρῷ ἐκείνῳ
χωρὶς Χριστοῦ. Zur Struktur von Eph 2,11f. vgl. LONA, Eschatologie 256–259.

onsmitteilung und das persönliche Interesse als zusammengehörige Triebfeder für
das Schreiben ausgewiesen. Die Begründung blickt auf den epistularen Aorist
ἐσπούδασα, wobei der Satzteil ἐσπούδασα κατὰ μικρὸν ὑμῖν πέμπειν den Lesern klarstellt, wie der Vf. seiner (Selbst-)Verpflichtung in V 4 nachgekommen ist.
Auf den anschließenden Finalsatz ist nicht nur V 5 ausgerichtet; im Grunde bilden
die fünf ὅτι-Sätze der Vv 4.5 einen einzigen Begründungszusammenhang, der im
ἵνα-Satz seinen Widerhalt findet. Würde er fehlen, hätte Windisch recht, daß der
Vf. „als Pneumatiker" auftritt, dessen „Lehre auf persönlicher Offenbarung"[41] beruht. Der Argumentationsgang ist jedoch darauf bedacht, eine ‚Vita des Vf.' und
zugleich eine ‚Vita der Gnosis', die er seinen Lesern mitteilen will, zu entwickeln.
Die drei ὅτι-Sätze in V 4 qualifizieren den Vf., die beiden ὅτι-Sätze V 5 qualifizieren seine Mitteilung.

6.7 Der V 6 führt formelhaft in die Botschaft und die Anlage des Schreibens ein.
Der Vf. fügt hierzu drei „kopulalose"[42] Nominalsätze zu einer triadischen Periode
zusammen. Die Koordination der ersten und zweiten Sentenz mittels καί und
durch das gleichlautende Prädikatsnomen ἀρχὴ καὶ τέλος ist Ausdruck ihrer semantischen Zusammengehörigkeit. Ihr Pendant ist die von ihrem Subjekt ἀγάπη
und dem Prädikatsnomen μαρτυρία umschlossene dritte Sentenz, die die periodi-
sche Satzfügung asyndetisch und somit akzentuiert[43] beschließt. Unter rhetorischen Rücksichten ist V 6 eine Stoffaufteilung, die am Schnittpunkt zwischen dem
proöminalen und narrativ-didaktischen Redeabschnitt regelmäßig steht, wenn es
gilt, die Rezipienten auf einen längeren Komplex vorzubereiten.[44] Subjekt- und
Numeruswechsel (ὁ δεσπότης/ὀφείλομεν) sowie Tempuswechsel (Aorist/Präsens)
gliedern V 7 in einen ersten Teil, der die durch den Herrscher bewirkte, alle Zeiten
umfassende Offenbarung thematisiert, und einen durch den relativen Satzanschluß
ὧν ... βλέποντες verbundenen zweiten Teil, der die (jetzt) sich aus dieser Offenbarung herleitende Verpflichtung aller zum Gegenstand nimmt. Das den zweiten
Versteil beschließende τῷ φόβῳ αὐτοῦ bestätigt, daß im ersten Versteil durchgängig ὁ δεσπότης Subjekt ist – Jesus Christus, etwa als Offenbarer des Zukünftigen,
wird nicht in den Blick genommen. Fraglich ist, ob διὰ τῶν προφητῶν Präpositionalobjekt nur von ἐγνώρισεν ist, oder ob daran gedacht ist, daß auch die anfang-
hafte Kundgabe des Zukünftigen durch die Propheten erfolgt ist. Da sich aber der
zweite Versteil inhaltlich nur auf τῶν μελλόντων bezieht und die Parenthese
καθὼς ἐλάλησεν wegen des Sg. eher auf ὁ δεσπότης rekurriert denn summarisch
auf das Vergangenheit, Gegenwart und Zukunft umschließende Offenbarungswort, wird man das Präpositionalobjekt nicht auch auf das Participium conjunc-

---

[41] WINDISCH, Barnabasbrief 305. Was Windisch mit „Pneumatiker" meint, ist nicht ganz klar. Sein
Verweis auf 1 Clem 59,1 trägt nicht, denn was der korinthischen Gemeinde gesagt wird, ist eben nicht
Lehre aufgrund persönlicher Offenbarung, nicht Gnosis, sondern „was von uns durch den Heiligen
Geist geschrieben worden ist" (1 Clem 63,2); vgl. LONA, Clemensbrief 78–89.631–633. Und ob man
IgnEph 20,1; IgnTrall 4,1; 5,1; IgnPhld 7,2 anführen darf?
[42] BORNEMANN/RISCH, Grammatik § 255; vgl. BLASS/DEBRUNNER, Grammatik § 127.
[43] Vgl. BLASS/DEBRUNNER, Grammatik §§ 459–463; zum Asyndeton in Perioden vgl. ib. § 494.
[44] Vgl. LAUSBERG, Rhetorik 163.175f.

tum δούς beziehen. Die rhetorische Perspektive bleibt in V 7, obwohl ab V 7a ein Numeruswechsel die Leser und ab 7b ein Subjektwechsel den Vf. selbst miteinbezieht, auf den Vf. gerichtet, jetzt aber in Gestalt seiner Botschaft. Deshalb liegt in V 7 mit dem ὀφείλομεν auch nicht ein pluralis majestatis vor, sondern der Num. ist als kommunikativer Pl. zu interpretieren.

8 Mit V 8 folgt ein sympathiewerbender Kommentar des Vf. zu seiner brieflichen Selbstempfehlung sowie die Widmung seines Schreibens. Gesten wie ἐγὼ δὲ οὐχ ὡς διδάσκαλος, ἀλλ᾽ ὡς εἷς ἐξ ὑμῶν (vgl. 4,6.9) sind für die captatio benevolentiae ab nostra persona ebenso typisch[45] wie der proöminale Hinweis auf die Kürze (vgl. V 5; ähnlich 6,5) der folgenden Mitteilung (ὑποδείξω ὀλίγα; vgl. V 5)[46]. Verwandt damit ist der Hinweis auf die Schlichtheit (ἁπλοῦς/ἁπλότης) der Mitteilung, und zwar prospektiv in 6,5; 8,2a, retrospektiv und resümierend in 17,1.

Auslegung

Begrüßung (1,1)

1 Ohne seinen Namen zu nennen, grüßt der Vf. ‚Söhne und Töchter‘. Der Gruß, der das formelhafte χαίρειν des griechischen Präskripts aufnimmt und mit dem Grundwort des jüdischen Grußes[47] – שָׁלוֹם – verbindet, signalisiert sogleich, was die Fortsetzung der Aussage und schließlich der Schlußgruß 21,9b σώζεσθε, ἀγάπης τέκνα καὶ εἰρήνης bestätigt, daß bereits mit der Begrüßung die Ebene menschlicher Grüße und Wünsche überschritten ist. Die von der legitimierenden Botenformel ἐν ὀνόματι κυρίου eingeleitete Dahingabeformel τοῦ ἀγαπήσαντος ἡμᾶς hält nämlich fest, daß in der Zuwendung Gottes in Jesus Christus jenes endzeitliche Heilwerden seinen Anfang genommen hat, das der Eingangsgruß den Lesern versicherte. Der Gruß χαίρετε in 1,1 ist also vermittels ἐν εἰρήνῃ messianischer Segen und messianische Proklamation. Der Aorist ἀγαπήσαντος und das Personalpronomen ἡμᾶς stellen zum einen klar, daß κύριος in Barn 1,1.3.4.6 Jesus Christus meint,[48] und zum anderen, daß dieser Anfang, der als abgeschlossenes Ereignis ge-

45 Mag diese Demutsbekundung im Verband mit ähnlichen Stellen (4,6.9; 6,5; 9,9) bisweilen selbstgefällig oder gar exaltiert wirken – angesichts ihrer rhetorischen Funktion wird man sich jedoch nicht allzu sehr ereifern müssen. So schon WREDE, Rätsel 93, mit Bezug auf eine Einlaßung von ZAHN, Forschungen 312. BERGER, Apostelrede 226, der diese Geste als rhetorisches Element, „speziell der Diatribe, in frühchristlichen Briefen" diagnostiziert, erkennt in ihr bei anderer Gelegenheit (Exegese 103) eine Gemeinsamkeit von Briefen und Offenbarungsschriften, insofern sie den Offenbarer hinter die Offenbarung zurücktreten läßt. Neben Barn 4,6.9 werden als Parallelen die Selbstbezeichnungen σύνδουλος in Offb 19,10; 22,9; IgnEph 2,1; IgnMagn 2; IgnPhld 4; IgnSm 12,1, die verwandte Titulation συμπρεσβύτερος in 1 Petr 1,1, eine „werbende Demutsgeste", mit der der Vf. „seine Zuständigkeit, diese Ermahnungen zu erteilen, und gleichzeitig seine Verbundenheit mit den Angesprochenen [d.h. mit den Presbytern] versichern" (BROX, Petrusbrief 229) will, sowie AscJes (TestHis) 8,4; PsMt 3,3 notiert. Vgl. ferner IgnPhld 5,1: ἀδελφοί μου, λίαν ἐκκέχυμαι ἀγαπῶν ὑμᾶς.
46 Vgl. LAUSBERG, Rhetorik 154⁴; BERGER, Apostelrede 226f.
47 Vgl. S. 100 Anm. 15 sowie STENDEBACH, שָׁלוֹם. ThWAT 8 (1995) Sp. 25–29.31–41.45f.
48 Vgl. BOUSSET, Kyrios Christus 233 Anm. 3; WINDISCH, Barnabasbrief 303.

dacht ist und in dessen Wirkung das ἡμᾶς den Vf. mit den Lesern betont zu einem Wir der Empfangenden zusammenschließt, Ausgangspunkt für alles Folgende ist. Insofern ist die Berufung auf den ‚Namen des Herrn' programmatisch, denn sie unterstellt alle Kommunikation zwischen dem Vf. und den Lesern dem Handeln Gottes. Wie der Eingangsgruß, so ist auch das Werk des Vf. als Ganzes eine Funktion von Gottes Heilshandeln.[49] Von diesem Anspruch her, den der Vf. für seine Mitteilungen erhebt, ist die Anrede des anonymen Leserkreises zu verstehen: ‚Söhne und Töchter' sind die Leser in ihrem spezifischen Verhältnis zum Vf., wobei die Dahingabeformel in bekennender Sprache die Heilstat Jesu Christi als verbindende Grundlage ihrer Kommunikation in Erinnerung bringt. Die Botenformel ihrerseits verpflichtet und legitimiert den Vf. wie sie ebenso den Lesern eine bestimmte Haltung gegenüber seinem Werk abverlangt. Nur vordergründig beansprucht die Anrede also die christliche Oikumene als ihren Adressaten (vgl. Or. *Cels.* I 63); der Akzent jedoch ist auf die Heilsbedeutung Jesu Christi gesetzt.[50] Dies bedeutet, daß υἱοὶ καὶ θυγατέρες eine intitulatio ist, die von der adscriptio nicht zu scheiden ist. Insofern die beiden Formeln die Stiftung und Prägung des Verhältnisses zwischen den Lesern und dem Vf. einholen, geschieht in V 1 indirekt auch eine Verfasserprätention, die der intitulatio der Leser korrespondiert. Da der Vf. hinter dem demonstrativ gesprochenen χαίρετε verborgen bleibt, ist neben der formelhaften Begrüßung die Leseranrede die erste Möglichkeit zur Bestimmung dessen, was der Vf. zu sein beansprucht.

Wie spricht der Vf. seine Leser an? Singulär ist υἱοὶ καὶ θυγατέρες in 1,1. In den Kapiteln 1–6 spricht der Vf. die Leser sechsmal mittels ἀδελφοί an, wobei an drei Stellen der Personalbezug der Anrede durch ein μου präzisiert ist. In drei Fällen ist mit der Leseranrede ἀδελφοί eine Aufforderung verknüpft, die dieser Anrede vorausgeht (2,10b) oder folgt (3,6; 4,14), und in die sich der Vf. explizit einschließt. In 5,5; 6,10.15a markiert die Anrede den Beginn eines neuen Aspekts in der Darstellung des die Kapitel 5 und 6 beherrschenden Themas der Inkarnation und des Leidens des Herrn und Gottessohnes sowie deren soteriologische Relevanz. Aber auch hier ist wegen des Personalpronomens μου klar, daß der Vf. sich selbst als Bruder und insofern als Mitbetroffener seiner Mahnungen versteht, zumal er sich auch in der Auslegung 6,16c οὐκοῦν ἡμεῖς ἐσμέν ausdrücklich miteinbezieht. Diese Gleichordnung unterstützen jene Aussagen, mit denen sich der Vf. dem Kreis seiner Leser zugehörig erklärt, ohne die Leser zu titulieren: ὡς εἷς ἐξ ὑμῶν ὤν (1,8; 4,6) und ὡς πρέπει υἱοῖς θεοῦ (4,9). Ab Barn 7 spricht der Vf. die Leser mittels τέκνα an (7,1; 9,7; 15,4a; 21,9). Während im Eschatokoll 21,9 dieser Anrede ein Segenswunsch (σώζεσθε) vorausgeht, ist mit ihr sonst eine Aufforderung in der 2. Pers. Pl. (νοεῖτε, μάθετε, προσέχετε) verbunden, die im Gegensatz zur ἀδελφοί-Anrede den Vf. von den Lesern abhebt und ihm die Kompetenz zubilligt, die

---

[49] In diesem Sinne gleicht die Botenformel der im Corpus Paulinum (Röm 1,7; 1 Kor 1,3; 2 Kor 1,2; Gal 1,3; Phil 1,2; Phlm 3; Kol 1,2; Eph 1,2; 2 Thess 1,2; 1 Tim 1,2; 2 Tim 1,2; Tit 1,4) und der brieflichen Einleitung der Johannesoffenbarung (Offb 1,4f.) an das Lexempaar χάρις und εἰρηνή des Eingangsgrußwunsches mittels der Präposition ἀπό angefügten Herkunftsbestimmung dieser Segensgüter. Zur Funktion von ἀπό innerhalb der brieflichen Einleitung vgl. BERGER, Apostelrede 203, dagegen kritisch SCHNIDER/STENGER, Briefformular 25–41, spez. 28f.

[50] So beschied bereits HEFELE, Sendschreiben 127–129.134.

Leser zur Aneignung der vorgestellten Sache anzuhalten. Dreimal ist die τέκνα-Anrede attributiv erweitert: 7,1 τέκνα εὐφροσύνης, 9,7 τέκνα ἀγάπης, 21,9 ἀγάπης τέκνα καὶ εἰρήνης. Während in 21,9 im ersten Teil des abschließenden Segenswunsches die titulare Anwendung der aus der salutatio und dem Apostolikon bekannten Termini ἀγάπη und εἰρήνη auf die Leser auch Referenz gegenüber epistularen Konventionen sein mag, proklamieren die τέκνα-Attribute in 7,1 und 9,7 die Leser als jenen Personenkreis, der aufgrund seines Heilsstandes Grund der Freude des Vf. (1,2) und 1,4 zufolge Objekt seiner Liebe ist. Aus dem Rahmen fällt auf den ersten Blick die Bitte 21,2 an die Wohlhabenden (ἐρωτῶ τοὺς ὑπερέχοντας … μὴ ἐλλείπητε), weil sie aus dem Kreis der Leser eine Gruppe herausgreift. Doch ist hierbei zu beachten, daß 21,2 Teil der Schlußparänese ist. Insofern muß damit gerechnet werden, daß diese Personengruppe einzig deshalb erwähnt ist, weil der epistulare Schluß konventionell der Ort ist, um mittels einer individualisierenden Anrede vorbildliches Verhalten einzelner oder bestimmter Kreise in der Gemeinde zu bestätigen bzw. anzumahnen und um die Vertrautheit mit der Situation der Empfänger sowie die Verbundenheit mit ihnen hervorzuheben.[51] Daß es sich um eine Formalie stereotypen Inhalts (tätige Nächstenliebe) handelt, zeigen die folgenden Verse. In ihnen wird wie selbstverständlich die gesamte Leserschaft angesprochen; ein Rekurs auf die Mahnung an die „Wohlhabenden" fehlt. Es kann also ebenso keine Rede davon sein, daß mit 21,2 eine Standesparänese an die Adresse gemeindlicher Funktionsträger einsetzt. Ebensowenig davon, daß der Vers ein Reflex tatsächlicher innergemeindlicher Verhältnisse ist. Auffällig ist, daß das Lexem ἐκκλησία nur an drei Stellen begegnet; zweimal in 6,16, einem Mischzitat aus Ps 21(22),33; 107(108),4, und in 7,11. Aus dem Kontext ergibt sich, daß ἐκκλησία, den Anredeformen synonym, die Leserschaft meint.[52]

Sowohl die ἀδελφοί- als auch die τέκνα-Anrede birgt eine intitulatio, welche die Leser als homogene Gemeinschaft mit gleichem Heilsstand und gleicher Bedürftigkeit hinsichtlich der durch das Schreiben vermittelten vollkommenen Gnosis ausweist. Hierbei zeigt der Sprachgebrauch von ἐκκλησία und die knappe, doch strikte und mahnende Distanzierung von anderen Christen (4,6), daß der Blick des Vf. stets auf die eigene Gemeinschaft gerichtet ist. Die ἐκκλησία, das sind Christen seiner Couleur, und insofern er ihnen zu ihrem Glauben jene vollkommene Gnosis schriftlich tradiert, die auch er empfangen hat, sind sie seine „Kinder", seine „Söhne und Töchter".

Während die frühchristliche Literatur ἀδελφοί als eine Anrede bezeugt, die kaum weniger in Gebrauch war als ἀγαπητοί,[53] ist die τέκνα-Anrede seltener; im Neuen Testament ist sie auf das Corpus Paulinum begrenzt. Mit ihr beansprucht Paulus für seine makedonischen (1 Thess 2,11), achaischen (1 Kor 4,14; 2 Kor 6,13) und galatischen Gemeinden (Gal 4,19) ein geistiges Filiationsverhältnis.[54] Abgesehen von Barn und den τέκνον-Sprüchen in Did

---

[51] Vgl. SCHNIDER/STENGER, Briefformular 83–87.

[52] Das Lexem συναγωγή jedoch, das in 5,13 und 6,6 begegnet, ist ohne semantischen Bezug zu Leserbezeichnung. Seine neagtive Konnotation rührt von den verarbeiteten Ps 21(22),17; 26(27),12; 117(118),12; 118(119),120 her und ist auf die christologische Thematik begrenzt; eine polemische Spitze gegen jene Christen, die nicht wie der Vf. die heilsgeschichtliche Relevanz Israels als nie existent behaupten (4,6), ist hierin nicht zu sehen.

[53] Vgl. SCHRAGE, Korinther 1,353 Anm. 232.

[54] Die paulinische τέκνα-Anrede ist in Konnex mit der Selbstbezeichnung des Apostels Paulus als ‚Vater' (1 Kor 4,14f.) bzw. ‚Mutter' (Gal 4,19; 1 Thess 2,8.11) zu lesen. Die Anrede spricht die Adressaten auf ihr „reales Verhältnis zum Apostel" (SCHRAGE, Korinther 1,353) an, das durch die Verkündigung des Evangeliums Jesu Christi gewirkt und unauswechselbar ist, insofern sein apostolisches Wirken sie in den Heils- und Herrschaftsbereich Jesu Christi eingegliedert hat. Die Kindschaft der Adressaten und die apostolische Vaterschaft gründen also allein auf dem Wort des Evangeliums. Mittels der Vater-Kinder-Meta-

3,1.2.4–6; 4,1 begegnet bei den Apostolischen Vätern τέχνον/τέχνα als Anrede nur einmal, und zwar IgnPhld 2,1 (τέχνα οὖν φωτὸς ἀληθείας, φεύγετε κτλ.), was plausibel ist, da sich mit ihr der Anspruch auf apostolische Vaterschaft, auf eine historisch singuläre, nicht wiederholbare Erstpräsenz (des Evangeliums) verband. In diesem Sinne schließt z.B. nicht erst das Präskript des 1 Clem eine τέχνα-Anrede der korinthischen Gemeinde per se aus.[55] Ohne Vorbild ist die (epistulare) Anrede υἱοὶ καὶ θυγατέρες.[56] Zu ihr gibt es nur spätere Parallelen aus Ägypten, und zwar die Adresse der Mitte des 2. Jh. entstandenen EpAp[57] sowie die Einleitung der Anfang des 4. Jh. anzusetzenden CEA.[58] Beide Vergleichstexte fingieren ein Apostelkollegium als Verfasser und setzen damit die υἱοὶ καὶ θυγατέρες in eine geistige Kindschaft, verwandt mit jener, die Paulus für seine Gemeinden in Achaia und Galatien prätendiert, indem er sie τέχνα nennt. Unabhängig davon, ob und wie die EpAp und CEA mit dem Barn verbunden sind, zeigt ihre Zuschrift, daß der Leseranrede mittels υἱοὶ καὶ θυγατέρες sowohl eine Aussage über die soteriologische Konstitution der Leser beinhaltet als auch eine vom Bild der Kindschaft und ihrem Heilsstand bestimmte Option für eine hinsichtlich Legitimität, Autorität und Kompetenz komplementäre Figur. Unter dieser Rücksicht sind die Adresse der EpAp und der CEA mit der paulinischen τέχνα-Anrede zu vergleichen: Hier wie dort besitzt bzw. beansprucht jene, die sich an die Leser wenden, Legitimität, Autorität und Kompetenz, und zwar wegen ihrer ‚Apostolizität‘. Diesen Kon-

---

phorik wird die aus der Verkündigung und deren Wirkung folgende Verantwortung des Apostels und die gemeinsame Partizipation am Heil Jesu Christi ausgesagt sowie festgehalten, daß dieser Raum vorgegeben und vor dem Apostel eine Realität ist. Als ‚Vater‘ erweist sich der Apostel, indem er „das Wort des Evangeliums, das als Gottes Wort wirkt ... und als solches rettet und in die neue Schöpfung stellt, ... ihn in seiner gesamten Existenz und Wirksamkeit umfängt" (ib. 1,355), und sein Verhältnis zur Gemeinde bestimmt, verkündet. Vgl. SCHMUTTERMAYR, ⲁⲗⲉⲫⲟⲓ – ⲁⲅⲁⲡⲏⲧⲟⲓ 13–43.

[55] Vgl. LONA, Clemensbrief 71–75.82–89.111–114.

[56] Die Schrift nennt zwar ‚Söhne und Töchter, z.B. בָּנִים וּבָנוֹת in Gen 5,4, aber diese gemeinsame Nennung, die insbesondere in den beiden Genealogien Gen 5 und 11 begegnet, ist eine summarische Verwandtschafts- und damit Personenstandsformel, die in keinem Fall als intitulierende Anrede fungiert. Eine Beziehung zwischen dieser biblischen Formel für „das Personengesamt" (כָּל-נֶפֶשׁ/πᾶσαι αἱ ψυχαί; Gen 46,15) der (leiblichen) Nachkommen und der epistularen Anrede υἱοὶ καὶ θυγατέρες wäre allenfalls über den Aspekt des geistigen Filiationsverhältnisses zwischen Apostel und seiner Gemeinde zu gewinnen.

[57] EpAp 1 (E): „Wie wir (es) gehört, behalten und für die Welt aufgeschrieben haben, so vertrauen wir (es) euch, ihr unsere Söhne und Töchter, in Freude an ..." (NTApo⁶ 1,207); die ersten sechs Kapitel sind nur äthiopisch erhalten. Zu den einleitungswissenschaftlichen Fragen vgl. ib. 205–207; dort Hinweise auf Untersuchungen und grundsprachliche Editionen.

[58] Die frappante Übereinstimmung zwischen der Begrüßung in Barn 1,1 (χαίρετε υἱοὶ καὶ θυγατέρες ἐν ὀνόματι κυρίου κτλ.), insbesondere der Lesart von L (Havete, filii et filiae, in nomine domini nostri Jesu Christi ...), und CEA proœm. (χαίρετε υἱοὶ καὶ θυγατέρες ἐν ὀνόματι κυρίου Ἰησοῦ Χριστοῦ κτλ.) gab – zumal auch Berührungen mit dem Zwei-Wege-Traktat des Barn nicht ausgeschlossen sind – seit der Entdeckung dieser Kirchenordnung zur Vermutung Anlaß, daß dem CEA-Kompilator der Barn bekannt war (vgl. WINDISCH, Barnabasbrief 303). Zur Forschungsgeschichte und den Einleitungsfragen bezüglich der CEA vgl. STEIMER, Vertex Traditionis 60–71. NIEDERWIMMER, Didache 61–63, hingegen nimmt an, daß der Barn und die CEA die Begrüßung einer gemeinsamen Vorlage, nämlich der von beiden benutzten Zwei-Wege-Überlieferung entlehnt haben. Doch belastet diese These die Zwei-Wege-Überlieferung mit der kaum einlösbaren Hypothek eines Präskripts, wobei erklärt werden müßte, weshalb die anderen Rezeptionen dieses dualen ethischen Katalogs, z.B. die Did, diesen epistularen Rahmen übergangen haben. Vgl. auch S. 56f. unter Punkt ‚3. Nennung des Barnabasbriefs in alten Schriftenverzeichnissen‘.

nex bestätigt Didymus v. Al.[59] Der Unterschied in der Prätention dieser Schriftstücke zu Barn 1,1 besteht darin, daß im Barn das Gegenüber anonym bleibt, weshalb die literarische Durchführung fast zur Gänze an der Leseranrede haftet. Ohne persönliche oder kollektive Apostolizität in Anspruch zu nehmen, intendieren seine Anredeformen (sowie die Selbsttitulationen des Vf.) eine sonst mit Apostolizität ausgestattete *Autorisierung der Sache*.

Vor dieser semantischen Folie besagt die Apostrophierung der Leser als υἱοὶ καὶ θυγατέρες, daß sie ihren Heilsstand nicht aus sich selbst besitzen, sondern vermittelt. Die folgende Dahingabeformel ἀγαπήσαντος ἡμᾶς (1,1) erinnert daran, daß das Christusereignis jenes einigende Fundament ist, auf dem die Kommunkationsstruktur aufruht, die gemäß der Botenformel den Vf. zum Tradenten und Künder sowie die Leser zu Empfängern seiner Botschaft macht. „Söhne und Töchter" ist also eine programmatische Anrede, die neben Rollenverteilung und Verfasserprätention den Rang und die Relevanz der Botschaft sowie die Haltung der Adressaten ihr gegenüber bestimmt.[60] Diese Deutung der Leseranreden stützen die Selbsttitulationen des Vf.

Welche Autorität beansprucht der Vf.? Die Selbstdefinitionen, die sich der Vergleichspartikel ὡς bedienen (1,8; 4,6.9), qualifizieren den Vf. entweder in Orientierung an den Lesern und ordnen ihn diesen gleich oder dienen dazu, ihn von Lehrern abzuheben (1,8; 4,9). Am auffälligsten ist jedoch die zweimalige Selbstbezeichnung mittels περίψημα. Das angefügte Personalpronomen ὑμῶν in 4,9; 6,5 und das Attribut τῆς ἀγάπης in 6,5 sowie der Kontext dieser Aussagen lassen vermuten, daß περίψημα nicht bloß rhetorisch und schon gar nicht ironisch gemeint ist. Beiden Vergleichsstellen gemein ist erstens eine Aussage, in angemessener Weise zu schreiben, zweitens ein Rekurs auf die Leser und drittens die Selbstbezeichnung. Περίψημα steht also in einer Beziehung zum Werk als Ganzes. Insofern der Vf. seiner in Barn 1 entwickelten Verpflichtung nachkommt, *ist* er περίψημα. Die Semantik von περίψημα[61] ist somit nicht von der Profangräzität, sondern von dem (kommunikativen) Anspruch her bestimmt, der der Anrede und Titulation der Leser als υἱοὶ καὶ θυγατέρες, ἀδελφοί und τέκνα inhärent ist: komplementär zur (soteriologischen) Verfassung der Leser besitzt der Vf. eine besondere Legitimation, Autorität und Kompetenz. Dieser Sprachgebrauch hat eine Parallele bei Paulus.[62] Als höchste Zuspitzung des Peristasenkatalogs, der

---

[59] *Comm. in Zech.* 3,278: καὶ Βαρναβᾶς γο[ῦν καὶ] αὐτὸς μετὰ Παύλου ἀπόστολος ταχθεὶς ἐπὶ τῆς [ἀκρο]βυστίας, τοῖς κατὰ τὸ εὐαγγέλιον πιστοῖς ἐπιστ[ολὴν δ]ιαπεμ[ψ]άμενος, προσφωνεῖ αὐτὴν ὡς υἱοῖς καὶ θυγάτρα[σ]ιν; vgl. dazu S. 48.

[60] WINDISCH, Barnabasbrief 303, bemerkt zwar zutreffend, „die Hervorhebung der Leserinnen kommt in der biblischen Literatur sonst nicht vor", doch zeigen die übrigen Anredeformen, daß aus 1,1 keine geschlechtsspezifischen Aussagen über Rang, Funktion und Kompentenz zu gewinnen sind. Die Anrede ist eher Zeichen dafür, daß dem Vf. (und seinen Lesern) der geschlechtunabhängige, semitische Ursprung אח der christlichen ἀδελφοί-Anrede und Titulatur (vgl. VON SODEN, ἀδελφός κτλ. ThWNT 1 [1933] 144–146.) nicht mehr präsent ist.

[61] Vgl. STÄHLIN, περίψημα. ThWNT 6 (1959) 83–92.

[62] Die griechischen Bibelübersetzungen bieten nur zwei Belege für περίψημα; Tob 5,19 (ἀργύριον τῷ ἀργυρίῳ μὴ φθάσαι, ἀλλὰ περίψημα τοῦ παιδίου ἡμῶν γένοιτο) und Jer 22,28 (σ΄: μὴ περίψημα φαῦλον καὶ ἀπόβλητον ὁ ἄνθρωπος). Symmachus' Übersetzung steht 1 Kor 4,13, dem einzigen ntl. Beleg für περίψημα, semantisch am nächsten. Im Verbund mit ihr wurde das Lexem zu einer „geläufigen Formel christlicher Selbsterniedrigung" (STÄHLIN, περίψημα ThWNT 6 [1959] 89; vgl. Anm. ib. 64–66). In 1 Kor 4,13 ist dieses ntl. Hapaxlegomenon ein Synonym zu περικάθαρμα. Mittels beider Vokabeln sagt Paulus, daß gerade die Geschmähten und Verachteten wie er es sind, die Segen und Sühnung bringen. In diesem Sinne sachlich damit verwandt sind Gal 6,17; 1 Kor 15,31; 2 Kor 4,10f.; 6,9; Phil 2,17; Kol 1,24. „Mit dem Bilde des *verachteten Sühneopfers für alle* hat sich aber der Apostel näher an das Kreuz

den korinthischen Christen die widrige, doch bezeichnende Situation des Apostels vor Augen führt (1 Kor 4,9–13), und direkt vor jener Passage, die seine Verantwortung, Legitimation und Autorität mittels der Vater-Kinder-Metaphorik artikuliert (1 Kor 4,14–15), nennt sich der Apostel περίψημα (1 Kor 4,13b). Weil Paulus Apostel Jesu Christi ist, ist er περίψημα geworden. Dieses Verhältnis zwischen dem Apostel und seiner Selbsttitulierung kehrt der Vf. des Barn um. Er bezeichnet sich als περίψημα, weil περίψημα (bei Paulus) eine apostolische Benennung ist und nicht, weil er selbst Apostel wäre.[63] Die Selbstbezeichnung περίψημα ist Teil der Verfasserprätention, ein Mittel zu seiner Legitimierung und Autorisierung, die den Vf. als den ausweisen soll, der sich (aus Liebe) für die Leser hingibt (6,5), und sein Werk in die Nachfolge des apostolischen Dienstes stellt.[64] In diesem Sinne ist dann auch die zweite, leserbezogene, paränetische Auslegung der Speisevorschrift aus Lev 11,3 und Dtn 14,6 in Barn 10,11b exakt auf seine Rolle als Tradent und autorisierter Sachwalter authentischer Überlieferung sowie auf die Haltung seiner Leser ihm und seinem Werk gegenüber gemünzt.

Form und Anspruch von Barn 1,1 stehen hinsichtlich Verfasserschaft und Leser in einem kalkulierten Wechselverhältnis. Der ungezwungene Umgang mit epistularen Konventionen und die konsequente Anonymität sowie die Verwendung vertrauter Titel und Grundaussagen des christlichen Bekenntnisses rechnet mit der christlich geprägten kommunikativen Disposition der Leser, aus der Präsentation die Autorität der Mitteilung zu erkennen. Dieser Anspruch setzt sich fort und konkretisiert sich in der Form, die der anonyme Vf. wählt, um mit seinen Lesern zu kommunizieren. Hierzu gehören alle Wendungen, Titel und Formeln, die eine Kommunikationssituation in Erinnerung rufen, die das Prädikat der Authentizität besitzt. Intention des Vf. ist es nicht, für sich selbst Apostolizität zu beanspruchen, sondern Authentizität und damit Relevanz seiner Botschaft zu signalisieren; die Front verläuft zwischen irgendeiner Lehrermeinung und der (apostolischen) Paradosis, die per se Autorität besitzt. Was dem Vf. an apostolischem Nimbus zuwächst, ist zweckbestimmt. Hierfür spricht die ihn selbst ausgrenzende Distanz, mit der er in Barn 5,9 über τοὺς ἰδίους ἀποστόλους redet, ferner, daß er weder beansprucht, Apostel zu sein, noch über das Apostolat reflektiert, sondern daß er stets nur in Abgrenzung gegenüber Lehrern[65] sowie durch Reminiszenzen an se-

---

Christi gerückt als mit irgendeiner der andern Stellen; denn das ist τὸ σκάνδαλον τοῦ σταυροῦ, daß gerade der verachtete Verbrecher der Träger des Heils sein soll" (ib. 91). Im Sinne freiwilliger, sühnender Selbstaufopferung ist περίψημα in IgnEph 8,1; 18,1 benutzt (vgl. WEHR, Unsterblichkeit 41f.; PAULSEN, Ignatius 34). Weitere Stellen siehe LAMPE, Lexicon 1078; Von den späteren Zeugnissen kommen Barn am nächsten Ephr. I.3f. (ὁ ἔχων ἀγάπην, ... πάντων περίψημα γίνεται) und Ant.Mon. hom. 68 (μακάριος ... ὁ μοναχὸς ὁ πάντων περίψημα ἑαυτὸν ἔχων).

[63] Neben den historischen Gründen und der Anonymität spricht hierfür auch die Distanz, mit der der Vf. in Barn 5,9 über τοὺς ἰδίους ἀποστόλους spricht.

[64] Damit ist freilich nichts über ein literarisches Verhältnis zwischen 1 Kor und Barn ausgesagt, doch sind die Berührungen hinsichtlich der Beschreibung des Selbstverständnisses auffällig. Hierzu gehören auch 1 Kor 4,14 γράφω ταῦτα, ἀλλ᾽ ὡς τέκνα μου ἀγαπητὰ νουθετῶ[ν], was an Barn 1,5.8; 4,9; 6,5 erinnert, sowie die Distanzierung des Apostels von den μυρίους παιδαγωγούς in 1 Kor 4,15, der die Beteuerung, nicht wie ein διδάσκαλος schreiben zu wollen (1,8; 4,9) korrespondiert.

[65] Vgl. die Verwendung nichtenklitischer Personalpronomina zur Betonung und kontrastierenden Profilierung der eigenen Position in V 8 mittels ἐγὼ δὲ οὐχ ὡς διδάσκαλος ... ὑποδείξω, ähnlich V 3 συγχαίρω ἐμαυτῷ und V 4 ἀναγκάζομαι κἀγώ.

mantische Verbindungen, die für die paulinische Tradition und Rhetorik bezeichnend sind, bestrebt ist, seine Funktion (als Vf.) mit der Autorität seiner Botschaft positiv zu korrelieren. Daß man mit dieser Einschätzung nicht ganz falsch liegt, zeigt die früheste Wirkungsgeschichte des Barn: Clemens Alexandrinus, der diese anonyme Schrift als Barnabasbrief und formal gleich wie neutestamentliche Schriften zitiert,[66] erkennt in ihr ein Werk des aus Apg, 1 Kor und Gal bekannten Zyprioten Barnabas[67] und bezeichnet ihn als „apostolischen Mann" (str. II 20,116,3) und als einen „der Siebzig" (str. II 20,116,3; Eus. h.e. II 1,4; Lk 10,1.17); und obwohl er den Vf. auch „Apostel" (str. II 6,31,2; 7,35,5; vgl. Apg 14,14) nennt, sieht er ihn nicht als Primärzeugen an, der die „Gnosis" wie Jakobus, Johannes und Petrus direkt vom Auferstandenen erhalten hat, sondern als einen jener Tradenten, die die von diesen und von Paulus stammende „wahre Lehre" „unversehrt bewahrten" (str. I 1,11,3). Anfang des 4. Jh. urteilt Euseb (h.e. II 1,4) exakt in diesem Sinne über den Vf. Vor dem Hintergrund dieses auf die Botschaft gerichteten Bestrebens will die Einleitung (Vv 2–8) gelesen werden.

Einleitung – Dank, Selbstempfehlung, Grundsätze (1,2–8)

2.3 So zunächst die Vv 2.3, die sich im Stil einer captatio benevolentiae ab auditorum persona den Lesern zuwenden und in einer alternierenden Aussagenreihe den gegenwärtigen (ὄντων) Heilsstand der Adressaten sowie seine Ursache und Bedeutung für den Vf. beschreiben. Hierbei deuten die leserbezogenen Aussagen (Vv 2a.c.3b) in Anspielung auf die Taufe (ἔμφυτος, ἐκχύννω, πηγή) deren Wirkung, nämlich die Begabung mit dem Geist (ἔμφυτον τῆς δωρεᾶς πνευματικῆς … εἰλήφατε) des Herrn (ἀπὸ τοῦ πλουσίου τῆς πηγῆς κυρίου) – wobei κύριος wegen ἀγαπήσαντος in V 1 Jesus Christus meint –, anamnetisch als die Rechtstaten Gottes (μεγάλων μὲν ὄντων καὶ πλουσίων τῶν τοῦ θεοῦ δικαιωμάτων) und diese als Gnade (χάριν εἰλήφατε).

Mit ἔμφυτος (vgl. 9,9), ἐκχύννω und πηγή (vgl. 11,2) spielt der Vf. auf die Taufe an.[68] Barn 1,2–3 umschreibt Erhalt und Herkunft des Pneumas mit Termini, die

---

[66] Vgl. S. 34ff. unter Punkt ‚1. Die Rezeption durch Clemens Alexandrinus'.

[67] Vgl. Apg 4,36.37; 9,27; 11,22.25.30; 12,25; 13,1–7.43; 14,1f.10–16; 15,2.12–22.25–36; 1 Kor 9,6; Gal 2,1f.

[68] Das mittels des Lexems ἔμφυτος in 1,2; 9,9 aufgenommene Motiv der Pflanzung hat einen baptismalen und insofern theologischen Bezug als die das Christsein begründende und bestimmende Einfügung in den göttlichen Lebenshorizont. Um diesen Sachverhalt zu besprechen, verwenden biblische Schriften das Verb φυτεύω sowie das Nomen φυτεία (z.B. Mt 15,13; 21,33 par; 1 Kor 3,6–8.10; 9,7), wobei im paulinischen Kontext zum baptismalen Bezug der apostolische Aspekt dergestalt hinzutritt, daß die „Pflanzung", zu der der Apostel beauftragt war, zugleich eine bleibende Bindung an ihn als Gründerfigur bewirkt. Den ekklesiologischen Rang des Motivs (vgl. AscJes [TestHisk] 4,3) signalisiert die Adresse in CA I, die θεοῦ φυτεία ἡ καθολικὴ Ἐκκλησία καὶ ἀμπελὼν αὐτοῦ ἐκλεκτός (SC 320) als Anrede und Titulierung der syrischen Kirche durch die Didasc bezeugt. Das Adjektiv ἔμφυτος begegnet bei den Apostolischen Vätern nur in Barn 1,2; 9,9 sowie zweimal in biblischen Schriften: in Weish 12,10, wo es ohne Bezug zum Motiv der Pflanzung ist, und in Jak 1,21 als Attribut des Wortes, das retten kann (τὸν ἔμφυτον λόγον τὸ δυνάμενον σῶσαι). Ἐκχέειν, ἐκχύν(ν)ειν (zu den Formen vgl. BAUER/ALAND, Wörterbuch, Sp. 498f.; BLASS/DEBRUNNER, Grammatik § 73f.) ist neutestamentlich zum einen mit

auch in Barn eine baptismale Konnotation besitzen. Zwar sind Wasser, Taufe und Sündenvergebung kein Thema in Vv 2.3, doch wollen sie mitgehört werden. Aus Barn 11,11 geht hervor, daß der Vf. die Vergebung der Sünden in der Taufe und die Begabung mit dem Pneuma nicht als zwei separate Gnadenakte versteht. Die pneumatische Konstitution jedoch ist das, was bleibt, was zur Gottesfurcht verpflichtet und in Glaube und Liebe Frucht (vgl. 1,4; 11,8) bringt.[69]

Δικαιώματα τοῦ θεοῦ, meint die Ausgießung der πνεύματα, und zwar ἀπὸ τοῦ πλουσίου τῆς πηγῆς κυρίου – und dies ist Gnade.[70] Wegen dieser Verschrän-

---

αἷμα konnotiert und begegnet entsprechend in der Klage über das Prophetenschicksal (Mt 23,35 par Lk 11,50 ‚die Wehklage gegen Pharisäer und Schriftgelehrte, über das vergossene Blut der Gerechten bzw. der Propheten‘; Apg 22,20 ‚das Blut des Zeugen Stephanus wurde vergossen‘; Röm 3,15 aus Jes 59,7f. „Schnell sind sie dabei, Blut zu vergießen.“; Offb 16,1 ‚das vergossenes Blut von Heiligen‘) sowie im Kontext der Passion, z.B. in den Einsetzungsworten (Mt 26,28 par Mk 14,24; Lk 22,20). Zum anderen steht es im Zusammenhang der Geistausgießung, wobei dieser Wortgebrauch auf Apg und das Corpus Paulinum begrenzt ist. Innerhalb der Petrusrede, in Apg 2,17f., wo Joël 3,1f. zitiert wird (vgl. auch Sach 12,10, und davon geprägt T.Jud. 24,2), sowie in Apg 10,45; Röm 5,5 und Tit 3,6 wird das πνεῦμα als Geist Gottes und der Auferstandene als Geistausgießer qualifiziert sowie die Geistausgießung unmittelbar oder durch den Kontext mit der Taufe in Beziehung gesetzt. Barn 1,2 am nächsten kommt Tit 3,6; vergleichbar ist noch 1 Clem 46,6 (ἓν πνεῦμα τῆς χάριτος τὸ ἐκχυθὲν ἐφ᾿ ἡμᾶς; vgl. LONA, Clemensbrief 494f.500–505), ferner Did 7,1 (Taufritus, dreimaliges Übergießen); 1 Clem 7,4 τὸ αἷμα τοῦ Χριστοῦ ... ἐκχυθέν; sodann Ignatius, der sich für die Gemeinde ‚vergießt‘ (IgnPhld 5,1). Daß Gott der Lebensquell schlechthin ist, gilt zwar als biblisches Allgemeingut, doch sprachlich ist die Verbindung von πηγή und κύριος keineswegs so häufig wie erwartet; im alttestamentlichen Korpus ist man auf eine Handvoll Stellen, vor allem in Spr und Jer, verwiesen. Im Neuen Testament wird der κύριος nie als πηγή bezeichnet, wenngleich der Gedanke da ist, wie die Episode am Jakobsbrunnen (Joh 4,14) belegt. Die baptismale Verbindung des Lexempaars scheint sonst nur noch in Barn 11,2 (λέγει κύριος· ... ἐμὲ ἐγκατέλιπον, πηγὴν ζωῆς) durch. Es handelt sich bezeichnenderweise um ein nicht unbedeutend verändertes, vielleicht aber nur an die Lesart in Jer 17,13 angepaßtes Zitat aus Jer 2,13, wo sich im Unterschied zu Barn 11,2 der κύριος selbst als den „lebendigen Quell des Wassers“ (πηγὴν ὕδατος ζῶσαν) betitelt.

[69] Insofern ist es sehr beachtlich, daß im Barn Buße kein Thema ist, zumal – wie vor allem die Zwei-Wege-Lehre dokumentiert – die moralische Integrität ganz offenkundig soteriologisch-eschatologische Bedeutung besitzt.

[70] Die Verbindung von δικαίωμα und εὐφραίνω in Barn 4,11 trägt für 1,2 nichts aus. In 1,2 ist mit δικαιώματα θεοῦ der wirkmächtige Heilswille Gottes thematisiert, „im Sinne von Heilskundgebung ... Hier liegt offenbar eine nachwirkende Erinnerung vor an מִשְׁפָּט als Heil im AT“ (SCHRENK, δίκη κτλ. ThWNT 2 [1935] 224). In 4,11 hingegen ist der sich daran anschließende ethische Anspruch gemeint, nämlich die Rechtssatzung, Rechtsforderung, Rechtsordnung. In diesem Sinne verwenden die griechischen Bibelübersetzungen δικαίωμα für חֹק und חֻקָּה. „Es dient zur Wiedergabe, nicht für die Gebote – etwa des Dekalogs –, sondern für die Satzungen im weiteren Sinn (einschließlich der kultischen und sozialen Forderungen. ... Ganz selten [steht es] für מִצְוָה, ... das sonst ... durch ἐντολή wiedergegeben ist“ (ib.). Diesem Sprachgebrauch folgt u.a. Philo. WINDISCH, Barnabasbrief 303, will δικαιώματα in 1,2 und 4,11 grundsätzlich als „Heilsoffenbarungen, Gnadenerweise“ verstehen (vgl. aber ib. 325, wo er in bezug auf 4,11 kein Urteil abgibt; näheres dazu BALTZER, Bundesformular 130 Anm. 2), wogegen in Barn 2,1; 10,11; 16,9; 21,1 „Forderungen, Gebote, Pflichtoffenbarungen“ gemeint seien. Diesem doppelten Sprachgebrauch von δικαιώματα trat WENGST, Tradition 77 Anm. 22, damit entgegen, daß für den Vf. „Gottes ‚Gnadenerweisungen‘ eben in der Mitteilung seiner Rechtsforderungen bestehen.“ Dem ist mit Ausnahme von Barn 1,2 zuzustimmen. In Barn 1,2 ist δικαιώματα analog zu „קַח קֹת/צֶר יהוה“ bzw. אֵל צֶר קַח/צֶר (Heilstaten Gottes) in 1 Sam 12,7; Mi 6,5; 1 QS 1,21; X,23; XI,3; 1 QH 17,17 zu verstehen; vgl. Röm 5,18; Offb 15,4 und beneficia divina in Cyprian, de opere et eleemosynis 1. Die letztgenannte Stelle ist Barn 1,2–4 im ganzen ähnlich.“ So nun WENGST, SUC 2,196 Anm. 2.

kung ist πνεύματα hier und in V 5 nicht anthropologisch als „allgemeine Bezeichnung christlicher Personen"[71] zu verstehen. Die Leser sind einzig insofern als
‚Geister' bezeichnet, „als sie Geist von Gott empfangen haben und damit ‚Geistbegabte' sind."[72] Δικαιώματα τοῦ θεοῦ kommentiert diese pneumatische Konstitution der Leser. Dies wird durch die beiden Perf. εἰλήφατε (Barn 1,2) und
ἐκκεχυμένον (Barn 1,3), die die Geistbegabung als ein Ereignis erinnern, signalisiert sowie durch das Part. Präs. ὄντων, das dieses Gnadenereignis als die Gegenwart der Leser bestimmendes Heilshandeln Gottes bekennt. Die mit ἀπό c. Gen.
gestaltete Herkunftsbezeichnung und damit auch Rückführung und Bindung der
Geistbegnadung der Leser an den Herrn, an Jesus Christus, geht von vornherein
auf Distanz zu jeder anderen, und insofern die Vv 2.3 auf die Taufe anspielen, zu
besonderen pneumatischen Begabungen, die sich nicht der Gnade Jesu Christi
verdanken. Unter dieser Rücksicht kann von einer formellen Identifizierung der
Begriffe χάρις und πνεῦμα gesprochen werden,[73] die dann als Schlüsselbegriffe
das Schriftstück rahmen, nämlich als konstatierter (Barn 1,2f.) und zugesproche-
ner Heilsstand (Barn 21,9c), und auf das Christusereignis weisen. Die Begnadung
mit dem Pneuma ist daher eschatologisches Kennzeichen der Kirche, Ausdruck
des in ihr gegenwärtigen Heilshandelns Gottes und des in ihr angebrochenen
eschatologischen Heils.

Jene drei Aussagen, die den Vf. ins Spiel bringen (Vv 2b. 3ac), betonen, wie dieser auf die augenfällige Begnadung der Leser reagiert (ἐπὶ τοῖς μακαρίοις καὶ ἐν-
δόξοις ὑμῶν πνεύμασιν; ὅτι ἀληθῶς βλέπω; ἡ ἐπιποθήτη ὄψις ὑμῶν), nämlich
mit überwältigender Freude (ὑπερευφραίνομαι; συγχαίρω ἐμαυτῷ, με ἐξέπληξεν ἐπὶ ὑμῶν ἡ ἐπιποθήτη ὄψις) und persönlicher Zuversicht (ἐλπίζων σωθῆναι),
d.h. mit Bestärkung seiner Hoffnung auf Rettung[74] (im Gericht). Die einleitende
Präposition ὑπέρ V 2b sowie das zweimalige Präfix ὑπερ- geben V 2 einen hyper-
bolischen Anstrich. Der Sprachgebrauch von ὑπερβολή bei Philo und Paulus
zeigt,[75] daß es der Vorsilbe ὑπερ- nicht bedurft hätte, um der Freude Nachdruck zu

---

[71] WINDISCH, Barnabasbrief 303; vgl. PRIGENT/KRAFT, Épître de Barnabé 33f.

[72] WENGST, SUC 2,139.196 Anm. 5, der speziell auf 1 Kor 14,12 (ἐπεὶ ζηλωταί ἐστε πνευμάτων, πρὸς
τὴν οἰκοδομὴν τῆς ἐκκλησίας ζητεῖτε, ἵνα περισσεύητε) hinweist; vgl. ferner 1 Joh 4,2.

[73] Vgl. ROSLAN, Gnade nach der Lehre der Apostolischen Väter 500; MARTÍN, Pneuma 476f.

[74] Vgl. BERGER, Apostelrede 226.

[75] Ὑπερβολήν, von ℵ bezeugt (H und vermutlich auch L haben das im Barn sonst nicht und auch in
der biblischen sowie außerbiblischen Literatur kaum bekannte ὑπεροχήν gelesen; vgl. 1 Clem 57,2), findet sich bei den Apostolischen Vätern nur noch in 2 Clem 13,3. Die griechischen Bibelübersetzungen bezeugen es viermal (4 Makk 3,18; σ' und θ' in 1 Kön 2,3 und σ' in Jer 14,14), häufig begegnet es bei Philo,
innerhalb des neutestamentlichen Kanons jedoch nur bei Paulus (Röm 7,13; 1 Kor 12,31; 2 Kor 1,8; 4,7.17;
Gal 1,13). Sprachlich kommen 2 Kor 1,8 und Gal 1,13 (καθ' ὑπερβολὴν + Verb) der Hyperbel in Barn 1,2
am nächsten. Abgesehen von dem Wortspiel καθ' ὑπερβολὴν εἰς ὑπερβολήν in 2 Kor 4,17 liegt jedoch
in keinem Fall jene hyperbolische Steigerung des Ausdrucks vor, die Barn mittels der Anfügung des sonst
nicht bezeugten Lexems ὑπερευφραίνομαι bewirkt. Mit der Emphase dieses Verbs vergleichbar ist ὑπερ-
ευχαριτέω in Barn 5,3, das sonst nur noch bei Arist. apol. 11 (JTS p. 76) und Eus. m.P. 11.26 (PG
20,1509B) nachgewiesen ist.

verleihen. Da durch das Hapaxlegomenon ὑπερευφραίνομαι inhaltlich nichts zur Ausssage über die Freude hinzugenommen wird, jedoch die Emphase durch das Präfix eine Steigerung erfährt, liegt seine ausschließlich rhetorisch-kommunikative Funktion auf der Hand. Der Vf. spricht seiner Freude eine Größe zu, die an der Grenze zum Peinlichen, gar Lächerlichen steht. Er versteht es, die Möglichkeiten der captatio benevolentiae ab auditorum persona also nur bis zu jenem Scheitelpunkt auszureizen, daß seine lobende Freude und damit er selbst (noch) glaubwürdig wirkt. Das Hyperbolische der Freudesbekundung ist das Mittelglied zwischen den δικαιώματα θεοῦ und dem Faktum der Geistbegnadung der Leser. Sie bestätigt zum einem die Größe und Erhabenheit der Rechtstaten sowie deren pneumatisch-soteriologischen Wirkung und zum anderen signalisiert sie, indem sie die Wertschätzung des Vf. für die Leser bekundet, die Aufrichtigkeit des Vf. Rhetorisch liegt also eine Doppelstrategie vor: Es wird erstens, indem die Geistmitteilung als prägendes Ereignis erinnert wird, der gegenwärtige Heilsstand festgestellt, also mit dem Anspruch, zuständig zu sein, ein Sachverhalt bei den Lesern bestätigt. Zweitens wird konstatiert, daß dieser (objektive) Sachverhalt subjektiv Grund zur lobenden Freude ist, d.h. die ‚captatio benevolentiae ab auditorum persona' konkretisiert sich direkt in der Reaktion des Vf., indirekt jedoch in der Fraglosigkeit, mit der der Vf. über Werden und Verfassung der Leser als ‚Geistbegnadete' spricht.

4.5 Mit V 4 wechselt die Perspektive; bis V 8 steht jetzt der Vf. bzw. sein Schreiben im Mittelpunkt. Analog zur apostolischen Begrüßung (V 1) und Heilskonstatierung (Vv 2.3) empfiehlt nun, im Blick auf die Gesamtintention (V 5), der Vf. sich selbst und sein Schreiben den Lesern. Die beiden ὅτι-Sätze in V 4 übernehmen es, die persönliche Legitimation durch die Hinweise auf die Kenntnis der Empfangssituation – worin auch eine Anspielung auf eine gemeindegründende Erstpräsenz mitschwingen mag –, die Sachkompetenz sowie auf den Vorbildcharakter seines Lebenswegs in der Obhut des Herrn[76] zu fundieren[77]. Der Vf. bereitet mit diesem Motiv die Empfehlung in Barn 21,6 (γίνεσθε δὲ θεοδίδακτοι) vor, denn er, der vom κύριος ‚Geleitete', ist dadurch auch der vom κύριος ‚Belehrte'. Aus seinem Schriftstück ist also zu erkennen, was ein θεοδίδακτος sein soll. Wegen der Wendung ἐπ' ἐλπίδι ζωῆς αὐτοῦ ist κύριος in V 4 wiederum Jesus Christus; ἐλπίς ist hier und in V 6 die christliche Auferstehungshoffnung; beständige (ἐγκατοικεῖ) πίστις und ἀγάπη sind ihre signifikanten Folgen. Die ‚apostolische' Vita, die die beiden ὅτι-Sätze entwickeln, zwingt[78] den Vf. zum Dienst an den Lesern bzw. ihrer Begnadung. Die Qualifizierung geschieht auf den ersten Blick weder wie in V 1 formelhaft noch überindividuell, sondern sie wird personenbezogen in Gestalt einer captatio benevolentiae ab nostra persona begründet. Der wiederum emphatische Ausdruck πάντως ἀναγκάζομαι zeigt indes, daß in dieser Qualifizierung ein apodiktischer

---

[76] Das Motiv (ὅτι ἐμοὶ σουνώδευσεν ἐν ὁδῷ δικαιοσύνης κύριος) begegnet in 1 QH 7,14.

[77] Vgl. Gen 32,10, wo Jakob seine Bitte um Rettung und Versöhnung mit der ungebrochenen Fürsorge Gottes begründet. Die δικαιοσύνη ist demzufolge Zeichen der Treue (ἀλήθεια) Gottes zu seinen Verheißungen.

[78] Vgl. BERGER, Apostelrede 226.

Anspruch mitschwingt. Im Horizont von 1 Kor 9,16 (ἀνάγκη γάρ μοι ἐπίκειται) gelesen, bekundet der Term zum einen die Unbedingtheit der Verpflichtung, die Leser überaus zu lieben (ἀγαπᾶν ὑμᾶς ὑπὲρ τὴν ψυχήν μου), als Folge der eigenen gnadenhaften Berufung. Sie zwingt den Vf., den Lesern vollkommene Gnosis zu vermitteln (V 5). Zum anderen wird durch diesen Vergleich offenkundig, daß der Vf. auf diese Rückbindung seines Werkes besonderen Wert legt. Paulinischer Apostolatsanspruch ist hier also geschickt für die Verfasserprätention sowie für die Qualifizierung des Schreibens selbst eingesetzt.[79] Durch diese Auszeichnung des Vf. schafft V 4 die Grundlage für den hohen Anspruch, den V 5 formuliert.

Den Dienst selbst interpretiert der Vf. als besonderen Liebeserweis. Die Wendung ἀγαπᾶν ὑπὲρ τὴν ψυχήν μου kehrt in 4,6 ἰδίως δὲ καὶ πάντας ἀγαπῶν ὑπὲρ τὴν ψυχήν μου wieder.[80] Sie ist ein Reflex aus 19,5 ἀγαπήσεις τὸν πλησίον σου ὑπὲρ τὴν ψυχήν σου.[81] Mit seiner auf die Leser bezogenen Selbstverpflichtung – und in diesem Sinn vergleichbar mit Did 2,7 – konkretisiert der Vf. jenes gegenüber allen geltende Liebesgebot im Blick auf seine Bezugsgruppe und demgemäß ist auch die Selbsttitulation in 4,9 ὡς πρέπει ἀγαπῶντι aufzufassen.

Doch wird das Schreiben nicht nur als Realisierung des apostolischen Liebesdiensts apostrophiert, sondern darüber hinaus in die Fluchtlinie des Heilshandelns Gottes (Vv 1–3) gestellt;[82] es beansprucht Offenbarungsqualität. So wie die δικαιώματα τοῦ θεοῦ den pneumatischen Heilsstand bewirkten, bringt nun das Schreiben des Vf. den Lesern die vollkommene Gnosis.[83] Geschickt verspricht der Vf. seinen Lesern ein ‚Ideal' seiner Zeit – Gnosis, und zwar vollkommene[84]. Wie die vom κύριος stammende pneumatische Begnadung die Freude und Hoffnung des Vf. bewirkt, so wird nun die (schriftliche) Weitergabe der Gnosis ihm Lohn

---

[79] Damit ist freilich nicht gesagt, daß der Vf. den 1 Kor kannte; daß ihm aber paulinische Theologumena und die Selbsttitulationen des Paulus bekannt waren, wird kaum auszuschließen sein.

[80] Zur Wendung ὑπὲρ τὴν ψυχήν μου vgl. die Auslegung von 4,2.

[81] Did 2,7 (οὓς μὲν ἐλέγξεις, περὶ ὧν δὲ προσεύξῃ, οὓς δὲ ἀγαπήσεις ὑπὲρ τὴν ψυχήν σου) wiederholt diese Liebesforderung, jedoch gilt sie in dieser gegenüber dem biblischen Gebot (ἀγαπήσεις τὸν πλησίον σου ὡς σεαυτόν; vgl. Lev 19,18; Mk 12,31.33 par.) verschärften Ausprägung exklusiv der Bezugsgruppe (vgl. NIEDERWIMMER, Didache 122f.). Da zwischen Did und Barn keine direkte literarische Beziehung besteht (vgl. oben S. 106–111), muß die Steigerung bereits im Zwei-Wege-Traktat vorgelegen haben, wobei Barn 19,5 „sicher die ältere Version" (ib. 122 Anm. 55.) bewahrt hat.

[82] Vgl. BERGER, Apostelrede 226.

[83] Daß die Begnadung mit dem Glauben und die Vervollkommnung dieses Gnadenstands mittels der Gnosis zusammengehören, betont Clem. str. VII 10,55–56.

[84] Die Zweckbestimmung des Barn, die V 5 übernimmt, führt das verführerische Wort γνῶσις als einen Zentralbegriff des Barn ein (zu 1,5 vgl. 2,3; 5,4; 6,9; 9,8; 10,10; 13,7; 18,1; 19,1; 21,5). Daß die Gnosis, die der Vf. des Barn vermitteln will, nicht mit jener Gnosis zu vergleichen ist, die den theologischen Systemen, die Valentinian und Maricon erdenken (werden), den Namen gibt, liegt auf der Hand. Gnosis meint im Barn die ‚rechte Erkenntnis aus der Schrift', nämlich ἐν πνεύματι (vgl. die Auslegung zu Barn 1,6 und S. 270.334.367). Neben der religionsgeschichtlichen Einordnung der Gnosis im Barn in das Phänomen des Gnostizismus (vgl. WINDISCH, Barnabasbrief 307–309) ist auch die kommunikative Funktion dieses Programmworts von Belang. Ist das Wort Gnosis im Barn ein Etikett, das auf den Erwartungshorizont der (geistbegnadeten) Leser anspielt? Denn das, was Barn unter diesem Etikett ‚Gnosis' entwickelt, besagt doch nicht, daß derjenige, der diese Gnosis besitzt, erlöst ist. Ist also Barn antignostisch?

bringen (V 5) und den Lesern zur Freude (V 8) gereichen. Mit Blick auf das Zitat aus Tritojesaja in Barn 3,4 und auf μισθὸν δικαιοσύνης in Barn 20,2 wird μισθός hier die eschatologische Anerkennung im Gericht meinen, denn der Lohn ist Gnade vom κύριος her (vgl. 11,8)[85]. Entsprechend steht in V 8 die Dedikation des Erfreutwerdens (εὐφρανθήσεσθε) der Leser bereits unter dem Vorzeichen eschatologischer Freude. Die Traditionstermini (τοῦ μέρος τι μεταδοῦναι ἀφ' οὗ ἔλαβον; vgl. 4,9) verleihen dieser Mitteilung der Gnosis den Nimbus apostolischer Paradosis und weisen den Vf. als Traditionsträger aus, dessen Botschaft insofern heilsrelevant ist, als man in ihr erfährt, was christgemäße Gottesfurcht und damit was Gottesdienst ist. Beide Male sind die Leser Objekt der Maßnahmen, beide Male existiert ein Bedingungsgefüge zwischen dieser Tat, ihrer soteriologischen Relevanz und ihrer Bedeutung für den Vf. Der von der Sache her bestimmte komplementäre Konnex zwischen gegenwärtig wirksamen Rechtstaten und der durch das vorliegende Schreiben erstrebten Vervollkommnung wird grammatisch durch den vom Part. Präs. ὄντων regierten V 2 und den durch ἵνα ... ἔχητε bestimmten Finalsatz in V 5 sichergestellt. Der epistulare Aorist[86] ἐσπούδασα des Vordersatzes (λογισάμενος οὖν τοῦτο ... ἐσπούδασα ... πέμπειν) verknüpft diesen Akt nachdrücklich mit der Lektüre des Schreibens. Der Rang und die Relevanz der Botschaft wiederum beruhen auf der Angleichung der Akteure nach dem Modell der verpflichtenden Nachfolge und der Weitergabe des Empfangenen (vgl. 4,9; 17,1).[87] Ziel ist es, den Lesern die Authentizität des Mitgeteilten zu versichern. Hierzu dienen die Hinweise auf die Kürze (1,5.8; vgl. Hebr 13,22b) sowie auf die Schlichtheit (6,5; 8,2; 17,1) dieser Mitteilungen. Beides sind proöminale Topoi. Während die quantitative Klassifizierung vor allem die Unversehrtheit der Mitteilungen signalisieren will, verbinden sich mit der qualitativen Einstufung alle Ansprüche, die auf dem Nachfolge- und Imitationsmodell basieren. In diesem Sinne beansprucht der Vf. in seinem Resümee in 17,1, er habe sich bemüht, in Barn 2–16 in aller Schlichtheit zu schreiben, und damit wie der κύριος zu handeln, der gemäß 8,2 in modellgebender und den Sinn offenlegender Schlichtheit zu den Leser spricht.

6.7 Die Vv 6.7 nennen die theologischen Eckdaten des Schreibens. Mit ihnen kommt der Vf. (erstmals) seiner Verpflichtung als ‚apostolischer Absender‘ nach, wie sie dem durch die Formalien des Apostelbriefes abgebildeten kommunikativen System der gegenseitigen Anerkennung inhäriert.[88] Drei Nominalsätze nennen die τρία δόγματα. Das Lexem δόγμα begegnet noch in 9,7; 10,1.9.10 und zwar wie in 1,6 immer im Pl. Δόγματα empfängt man (λαβών 9,7; 10,9; ἔλαβεν 10,1; λαμβάνει 10,10), und zwar stets drei[89]. Sie sind der Sinn der Gebote (καλῶς εἶπεν

---

[85] Vgl. S. 223–225 die Auslegung zu Barn 4,12.
[86] Vgl. BLASS/DEBRUNNER, Grammatik § 334.
[87] Vgl. LAUSBERG, Rhetorik 157; WENGST, Tradition 10.
[88] Vgl. VOUGA, Brief 8–16.53–58.
[89] Die Kardinalzahl τρεῖς, τρία begegnet achtmal im Barn – die Ordinalzahl ist nicht belegt. Abgesehen vom Programmwort Barn 1,6 begegnet sie beim Thema ‚Gegenwart und Heil‘ (Barn 4,4.5a), bei der Frage der sühnenden Wirkung jüdischer Kulte (Barn 8,4) sowie bei Thema Gottesgehorsam, nämlich bei der Frage der Verbindlichkeit, dem Sinn und der soteriologischen Relevanz von ‚Beschneidung‘ (Barn

βλέπων τὴν ἐντολήν 10,11), die die Schrift enthält. Diesen Sinn kann man recht nur ἐν πνεύματι (9,7; 10,9; vgl. ἐν τῇ συνέσει 10,1) erfassen, und das ist γνῶσις (10,10). Was Abraham (9,7) und Jakob (13,5c) getan haben und Mose geboten hat (10,1–9.11), war – wie David belegt (10,10) – stets ἐν πνεύματι gemeint. Wie in Barn 9 und 10 ist auch in 1,6 δόγμα der eigentliche, doch verborgene und deshalb durch den Vf. erst aufzudeckende Sinn dessen, was die Schrift überliefert; in 1,6 präsentiert der Vf. das lehrhafte Resümee seiner Auslegungen. Der ersten „Lehre", die die Auferstehungshoffnung als Signum christlichen Glaubens benennt, und der zweiten „Lehre", die durch das Motiv des eschatologischen Gerichts die Herrschaft Gottes in Gerechtigkeit als Diktum festhält, korrespondiert die tätige Liebe.[90] Durch diese drei Lehren erscheinen – in gnomischer Sprache – ‚Bekenntnis (ἐλπίς; δικαιοσύνη) und Handeln (ἀγάπη)' als sich gegenseitig bedingende Kennzeichen des Christseins. Sie sind entscheidende Aspekte jener christlichen Vervollkommnung, in deren Dienst das Schreiben steht (1,5; vgl. IgnEph 14,1). Von daher ist der zweigliedrige Aufriß des gesamten Werkes – Mitteilung vollkommener Gnosis (Barn 2–16) sowie ihrer ethischen Implikationen (Barn 18–20) – überaus folgerichtig. Die ἐλπίς (1,4.6; 4,8; 6,3; 11,8.11; 16,2; ferner 12,7c) ist durch Christi Tod und Auferstehung qualifizierte Hoffnung. Diese typische Hoffnung ist jedoch nicht nur der unverzichtbare Kern des christlichen Glaubens; sie ist das Lebensprinzip der Christen. Gerechtigkeit ist in 1,6 sowohl eschatologisches Gut, das im Gericht zugesprochen wird (vgl. 3,4; 4,12; 20,2), als auch die für Christen gemäße Haltung, von der die tätige Liebe Zeugnis gibt (vgl. 1,4; 5,4). In diesem Sinne ist δικαιοσύνη Ausdruck und Bestätigung des in der Auferstehungshoffnung gründenden Glaubens (vgl. 13,7; 14,7), des christlichen Lebensprinzips überhaupt. Diesen lebensprägenden Rang drückt die Formel ἀρχὴ καὶ τέλος aus.[91] Ἀγαλλίασις,[92] im Barn

---

9,7) und ‚Speisegesetze' (Barn 10,1.9.10a); vgl. Delling, τρεῖς κτλ. ThWNT 8 (1969) 224f. Die Vokabel trifft man stets im Konnex der Erwähnung biblischer Gestalten an, die erstens als Propheten gelten und zweitens laut Barn vom κύριος begnadet sind, seine Weisungen ἐν πνεύματι zu verkünden, auszulegen und zu erfüllen. Es sind dies Daniel, der zumindest christlicherseits als Prophet gilt, ferner die Patriarchen, die selbst wiederum eine Trias bilden, sodann Abraham, Mose und David. Zu dieser Vorliebe für die Numerale drei darf jene für Dreiergruppen hinzugezählt werden, z.B. die Dreizeitenformel (Barn 1,7a; 5,3), die am jeweiligen Thema orientierten Trias der mit Hilfe der Struktur prophetischer Zeichenhandlungen entwickelten Argumentationen (vgl. die Gliederungen zu Barn 12 und Barn 13.14), die liturgische Deutung des ‚achten Tages' (Barn 15,9) sowie ‚Gottesliebe, Gottesfurcht und Gotteslob' als Grundlage aller Werke des ‚Wegs des Lichts' (Barn 19,2a). Die Kardinalzahl τρεῖς, τρία scheint im Barn eine von Gott stammende Fülle und Ganzheit des Geoffenbarten zu signalisieren, die die Kirche ἐν πνεύματι erkennen kann und die daher zu vollkommener Gnosis (Barn 1,5) fähig ist.

[90] Vgl. Weish 6,18f. sowie die Merkmalsliste für den Gerechten und Frommen in Sir 11,15.

[91] Vgl. IgnEph 14,1, wo Glaube und Liebe als die alles tragenden Grundpfeiler genannt sind, sowie Clem. str. VII 10,55,6 (καὶ τὰ μὲν ἄκρα οὐ διδάσκεται, ἥ τε ἀρχὴ καὶ τὸ τέλος, πίστις λέγω καὶ ἡ ἀγάπη), der daran den Gedanken der Begnadung mit der Gnosis knüpft (ἡ γνῶσις δὲ ἐκ παραδόσεως διαδιδομένη κατὰ χάριν θεοῦ τοῖς ἀξίοις σφᾶς αὐτοὺς τῆς διδασκαλίας παρεχομένοις οἷον παρακαταθήκη ἐγχειρίζεται).

[92] Ἀγαλλίασις und ἀγαλλίαμα sind „Septuagintismen", Neubildungen der griechischen Bibelübersetzungen zu ἀγάλλω bzw. ἀγάλλομαι zur Wiedergabe von גִּיל, רָנַן, הָלַל, שׂוּשׂ; vgl. Bultmann, ἀγαλλιάομαι, ἀγαλλίασις. ThWNT 1 (1933) 18–20; Hatch/Redpath, Concordance 4f. Das Neutrum

nur hier, meint eine Haltung, die der Gläubige vor Gott einnimmt und mit der er
Gott als den Grund seiner Freude über sein von ihm geschenktes Heil bekennt, sei
es im Dank (Lk 2,14; Apg 2,46; Hebr 1,9), in der Bitte (Ps 50[51],14; 1 Clem 18,12)
oder proleptisch (Ps 50[51],10; 1 Clem 18,8) im Lobpreis über sein eschatologisches
Heil (vgl. Jud 24f.). Während in den griechischen Bibelübersetzungen der Aspekt
der kultischen Freude, die Gottes Hilfe und Taten feiert und preist, gemeint ist,
verlagert sich in den neutestamentlichen Schriften das Gewicht auf die eschatologische Heilstat Gottes, der der Jubel gilt, ohne aber den kultischen Sinn zu verlieren.[93] Regelmäßig verbunden mit ἀγαλλίασις ist χαρά/χαίρειν oder εὐφροσύνη.
In Barn 1,6 bestimmen εὐφροσύνη καὶ ἀγαλλίασις, inwiefern ἀγάπη Zeugnis der
Werke in Gerechtigkeit ist: wenn sie Ausdruck der Freude über und des Dankes
für das von Gott geschenkte Heil ist (vgl. Jes 49,13; 5 Esra 1,37).[94]

Mit V 7 rückt der Vf. die Botschaft selbst in den Mittelpunkt. Nachdem er in V 6
in analoger Intention das einigende und grundlegende christliche Bekenntnis (V 1)
und die pneumatische, in den vorausgegangenen Versen topisch formulierte und
gemeinschaftsprägende Begnadung zu einer dreigliedrigen Parole gewendet hat,
erinnert er seine Leser hier proklamativ an die gemeinsame Befähigung, den in der
prophetischen Verkündigung geoffenbarten Heilsplan Gottes zu erkennen. Der
Aorist ἐγνώρισεν ist im Kontext des Finalsatzes von 1,5 zu lesen. Die biblische Prophetie ist ein Potential, das man besitzt und das umfassend und vollständig ist; ihr
Sinn liegt aber nicht offen zutage, sondern will erschlossen werden. Durch ihre
pneumatische Begnadung sind die Leser hierzu disponiert und besitzen damit zugleich den Schlüssel zur vollkommenen Gnosis (vgl. 10,12), deren Gegenstand der
Dreizeitenformel[95] zufolge alle Offenbarung ist (vgl. 1 QpHab 7,4f.). Insofern zielt

---

ἀγαλλίαμα ist neutestamentlich und bei den Apostolischen Vätern nicht bezeugt; ἀγαλλίασις sowie
ἀγαλλιᾶσθαι begegnen öfter, jedoch nicht bei Paulus; das Verb fehlt auch im Barn. In Ps 50[51],10.14 ist
ἀγαλλίασις Übersetzung von רננ.

[93] Vgl. BULTMANN, ἀγαλλιάομαι, ἀγαλλίασις. ThWNT 1 (1933) 19.

[94] Eine beachtliche Verschiebung liegt in 1 Clem 63,2 vor. Χαρά und ἀγαλλίασις werden dort den
Christen von Korinth als jene Haltung vor Augen geführt, die sie einnehmen werden, sobald sie den dis-
ziplinären Weisungen des Schreibens der römischen Gemeinde nachkommen. Der Gegenüber und
Adressat der ἀγαλλίασις ist nicht mehr Gott, sondern die Hierarchie, und zwar nicht die vor Ort, sondern jene in Rom. Das Lexem meint hier nicht einfach Bruderliebe, sondern die selbstverständliche Haltung gegenüber – gepaart mit der profanen ‚Rom-Idee‘ – jenen, die in Autorität des Herrn auftreten, eine
Art ordnungsgemäßer Gehorsam. Näheres vgl. LONA, Clemensbrief 82–89.631–633.

[95] Die Umfassendheit und Vollständigkeit der Offenbarung, die die Christen in dem, was die Propheten vermittelten, besitzen, also in der Schrift, ist der maßgebliche Aspekt der Dreizeitenformel (vgl.
Weish 7,17–21; Thphl.Ant. Autol. 1,14). Mit dieser Ansicht, daß in der Schrift alles offenbart ist, geht Barn
1,7 z.B. deutlich über Hebr 1,1 (πολυμερῶς καὶ πολυτρόπως πάλαι ὁ θεὸς λαλήσας τοῖς πατράσιν ἐν
τοῖς προφήταις) hinaus, zumal Hebr 1,2 den Sohn als Gottes eschatologische Offenbarung an die Christen bekennt. In Hebr 1,1f. liegt der Akzent, wie ihr gemeinsames Subjekt ὁ θεός, das den Partizipialsatz
(λαλήσας) mit dem Hauptsatz (ἐλάλησεν) verbindet, sichergestellt, auf der Gleichursprünglichkeit beider Offenbarungen. Der Auffassung des Barn näher steht Origenes mit seiner Feststellung in comm. in
Rom. IV 7 mit Bezug auf Gen 15,6, „daß alles, was geschrieben steht, nicht nur wegen der damals Le-
benden geschrieben wurden, sondern auch unseretwegen" (FC 2/2,247). Der Alexandriner erkennt darin
1., daß in der Kirche „erfüllt wird, was in den heiligen Schriften von Abraham oder anderen Heiligen ge-

alle Prophetie auf die Christen (ἡμῖν); sie „erkennen in rechter Weise die Gebote
und verkündigen sie, wie es der Herr gewollt hat" (10,12). Dieses Wissen, diese
Einsicht, diese γνῶσις, will der Vf. seinen Lesern mitteilen. Daß die gesamte biblische Offenbarung keineswegs obsolet, sondern gültig ist, erweisen die μελλόντα,
die unbeirrt Gegenwart werden. Das sukzessive (τὰ καθ᾿ ἕκαστα) Eintreten all
dessen, was die Propheten angekündigt haben, erinnert an apokalyptische End-
zeitdramaturgie (vgl. Barn 4).[96] Demzufolge würde, zumal wegen des zweiten
ἡμῖν, die ἀπαρχὴ ... γεύσεως, die der Herrscher gegeben hat, auf Tod und Auferstehung Jesu Christi anspielen und die gegenwärtigen Ereignisse wären die in der
Kreuzesnachfolge erwartbaren, bedrängenden Widerfahrnisse (vgl. 8,6) als Vorbo-
ten der nahen Heilszeit. Doch liegen hier derartige Spekulationen in der Intention
des Vf.? Im Vordergrund steht die Funktion dieser Zustandsbeschreibung. Der
Ursprung aller Offenbarung, Gott (V 7a), ferner die pneumatische Befähigung
sowie eine Deutung der Gegenwart, die die Christen zum Fluchtpunkt aller Prophetie kürt, verpflichtet solchermaßen Geistbegabte zu einem Handeln unter dem
Siegel der unbedingten Orientierung am Willen dessen, der „uns" durch die Propheten alles hat erkennen lassen. In V 7a dürfte mit ὁ δεσπότης auch unter der
Rücksicht ὁ θεός gemeint sein, daß in Barn 5 der κύριος als präexistent und als Urheber der Weissagungen, und sogleich als der inkarnierte, leidende, auferstandene
und als Richter wiederkommende Sohn Gottes (5,9) bekannt wird. Demgegenüber ist in V 7b (ὀφείλομεν ... προσάγειν τῷ φόβῳ αὐτοῦ) bezüglich des Objekts
der Furcht nicht von vornherein entschieden, ob das Pron. an dieser Stelle auf ὁ
θεός, κύριος oder Ἰησοῦς zu beziehen ist. Jedenfalls kann nicht ohne weiteres davon ausgegangen werden, daß an Gottesfurcht gedacht ist, denn 11,8 (ὅτι ἡμεῖς ...
τὸν φόβον καὶ τὴν ἐλπίδα εἰς τὸν Ἰησοῦν ἐν τῷ πνεύματι ἔχοντες) spricht definitiv von Furcht im Blick auf Jesus. Doch liegt der Stelle eine theologische oder
christologische Aussage zur Prophetie fern. Es geht um die Bestimmung der Gegenwart der Gemeinde als einer Zeit der Umkehr, die so wie sie ist, prophetisch zu
einer der eigenen eschatologisch-soteriologischen Konstitution gemäßen Orientierung ruft. Das verpflichtende ὀφείλομεν ist also die mit ‚apostolischer‘ Signatur,
d.h. aus dem Bewußtsein, den Sinn der prophetischen Ankündigung erkannt zu
haben, nämlich authentisch auszulegen und mitzuteilen, vorgetragene Aufforderung, die vermittelte Gnosis anzuerkennen und ihr gemäß zu handeln. Indem der
Vf. anzeigt, was er zu sagen hat, sagt er auch, wer er für die Leser zu sein beansprucht.

8 Mit V 8 kommt der Vf. rhetorischen Gepflogenheiten nach, doch sind es
nicht deshalb schon hohle Worte. Die Selbstbescheidung ὡς εἷς ἐξ ὑμῶν be-

---

sagt oder getan wurde" (ib.) und sieht darin 2. ein Auslegungsprinzip eröffnet, entsprechend dem jener,
der „das Verlangen hat, sich mehr mit der Schrift zu befassen, ... auf diesen Weg ausschreiten und in die
Weite gelangen" (FC 2/2,251) kann.

[96] Vgl. WINDISCH, Barnabasbrief 307. Zum Grundsatz, daß die Erfüllung vieler Prophezeigungen das
Eintreffen der übrigen verbürgt, vgl. Just. *1 apol.* 52; Thphl.Ant. *Autol.* 1,14; 2,9–33; Iren. *haer.* IV 33,1;
Tert. *apol.* 20; Hipp. *antichr.* 2.

zweckt mehr: Die Vv 1–7 legitimierten und qualifizierten den Vf. kontinuierlich als Tradenten authentischer Überlieferung und positionierten ihn gegenüber den Lesern als Autorität. Indem sich der Vf. nun mittels dieser scheinbar abgegriffenen Redewendung ὡς εἷς ἐξ ὑμῶν seinen Lesern aktuell gegenwärtig setzt und gleichstellt, entwirft der V 8 die seiner Autorisierung inhärente Verpflichtung in Gestalt eines konkreten, thema- und empfängerzentrierten (apostolischen) Dienstes (ὑποδείξω ὀλίγα; vgl. V 5). Diese floskelhaft wirkende Selbstdefinition beinhaltet jedoch keinen Verzicht auf den in 1,1–7 entwickelten Autoritätsanspruch. Aus ihr spricht vielmehr die Überzeugung des sich als Offenbarungsträger verstehenden Schreibers, daß „er nur einer unter gleichen für die Angeredeten sei, Bruder, nicht Lehrer"[97]. Die Geste macht also deutlich, daß die in 1,1–7 entworfene, spezifische und bindende Autorität des Vf. und damit auch seines Werkes eine Funktion jener Autorität ist, die die Sache aus sich selbst beansprucht. Die Phrase ἐγὼ δὲ οὐχ ὡς διδάσκαλος, ἀλλ᾽ ὡς εἷς ἐξ ὑμῶν unterstreicht die Bedeutung des Schreibens.[98]

---

[97] BERGER, Apostelrede 226.

[98] Diese Maxime des Vf. könnte zum einen auch Resonanz von Mt 23,8.10 sein; vgl. LUZ, Matthäus 3,307–314; NEYMEYR, Lehrer 172f. Indem er es meidet, als διδάσκαλος in Erscheinung zu treten und sich dadurch verwahrt, als solcher angesehen zu werden, vielmehr den Lesern wie ein Bruder schreiben will, befolgt er exakt das Gebot Jesu: Ὑμεῖς δὲ μὴ κληθῆτε ῥαββί (Mt 23,8a). Mit seiner Weigerung reihte sich der Vf. unter die Jünger Jesu ein. Zum anderen könnten sich die Reserven des Vf. gegenüber der Bezeichnung διδάσκαλος unter der Annahme erklären, daß für ihn die Wortbedeutung vom jüdischen Sprachgebrauch von διδάσκειν im Sinne von לִמֵּד bzw. לָמַד (vgl. RENGSTORF, διδάσκω κτλ. ThWNT 2 [1935] 139–141.144f. 153) abhängig ist. Bei den Rabbinen avancierte לָמַד zum Terminus technicus für die autoritative, durch Schriftauslegung gewonnene und insofern an Tora und Lehrtradition gebundene Lehrentscheidung. Von daher ist διδάσκειν an sich die vornehmste Aufgabe. Sie birgt jedoch die Schwierigkeit, daß neben der Schrift die jüdische Tradition materiale Basis dieses Lehrens ist. Weil also der διδάσκαλος auch die Lehrtradition und damit die Deutung der jüdischen Vergangenheit als Heilsgeschichte repräsentiert, diesen aber aus der Sicht des Vf. ob der fehlenden בְּרִית nicht nur jede Dignität und jegliche Relevanz in bezug auf Gott mangelt, vielmehr Vermächtnis hartnäckiger Verweigerung und Verfehlung gegenüber dem Willen Gottes ist, verbietet es sich nachdrücklich, die Gnosis und Lehre, die der Vf. mitzuteilen beabsichtigt, in irgendeiner Weise an jüdische Überlieferung und Institutionen anzuknüpfen. Die Weigerung, als διδάσκαλος zu gelten, ist daher sowohl Befolgung des Gebotes Jesu als auch Konsequenz der antijüdischen Polemik im Barn. Dieser zweite Grund für die Weigerung des Vf., als διδάσκαλος aufzutreten, gewinnt an Wahrscheinlichkeit durch den unter R. Aqiba gefaßten Beschluß (Qid 1,10), der Grundlagen und Aufgabe des Schriftgelehrtentums festschreibt: „Wer in der Schrift und in der Mischna und in der (vorschriftsmäßigen) Lebensart ist, der wird nicht so schnell sündigen, denn es ist gesagt: Der dreifache Faden wird sich nicht so schnell zerreißen lassen (Qoh 4,12); wer nicht in der Schrift und nicht in der Mischna und in der (vorschriftsmäßigen) Lebensart ist, der gehört nicht zu dem, was bestehen bleibt" (RENGSTORF, διδάσκω κτλ. ThWNT 2 [1935] 145). Hiervon hebt der Vf. sich, vor allem aber seine Mitteilungen für die Leser nachdrücklich ab. Die Reserven des Vf. wären also durch die fehlende בְּרִית sowie das Gebot Jesu theologisch begründet und besäße zugleich programmatischen Rang. Schließlich ist zu bedenken, daß sich die Abgrenzung von (irgendwelchen) Lehrern sowie die pejorative Rede über sie auf Paulus berufen konnte (vgl. 1 Kor 4,15). Zum Ganzen vgl. RENGSTORF, διδάσκω κτλ. ThWNT 2 (1935) 161f.; ZIMMERMANN, Lehrer 52–68.210f. Vorbehalte gegenüber einer hierarchischen Struktur in Gemeinde wie sie in Mt 23,10a anklingen (vgl. LUZ, Matthäus 3,308), nimmt der Barn (hier) nicht ins Visier.

Entsprechend greift die Zueignung an die Leser das Motiv der Freude auf, um nochmals den Heilsstand der Leser mit ihrer Heilsvervollkommnung zu verklammern: jene Freude, die die Rechtstaten Gottes an den Lesern beim Vf. hervorrufen, soll nun die Tat des Vf., d.h. sein Schreiben, bei seinen Adressaten bewirken. Exakt auf diese Freude kommt er im Schlußsegen 21,9a wieder zu sprechen. Mit V 8 ist die Initiierung und Definition des für die Gattung ‚Apostelbrief‘ signifikanten kommunikativen Systems wechselseitiger Anerkennung abgeschlossen: 1. der Absender ist (christologisch) autorisiert, 2. die Adressaten sind durch ihre Erwählung qualifiziert und 3. die obligaten Grüße sind in Gestalt der Berufungs- und Botenformeln zum Segen modifiziert.[99] Daß es sich hierbei um rhetorische Mittel handelt, geht aus der entgegengesetzten Absichtserklärung 4,9 (πολλὰ δὲ θέλων γράφειν ... ἀφ' ὧν ἔχομεν μὴ ἐλλείπειν, γράφειν ἐσπούδασα) hervor, wobei auch an dieser Stelle wieder mit formelhafter Rede zu rechnen ist.

Einführung (2,1–3)

Da nun verkommene Tage sind und der sie bewirkt, selbst die Macht hat, müssen wir auf uns achten und die Rechtssatzungen des Herrn erforschen. 2 Die Helfer unseres Glaubens sind nun Furcht, Ausdauer, unsere Mitstreiter aber Langmut und Selbstbeherrschung. 3 Bleiben diese in bezug auf den Herrn rein, freuen sich mit ihnen Weisheit, Verstehen, Wissen, Erkenntnis.

Textkritik

Die Vv 2,1–3 geben textkritisch keine Probleme auf. Nur an zwei Stellen differieren die griechischen Zeugen, wobei es sich lediglich um Konjunktionen handelt: 1 In V 1 liest H kein οὖν, in V 3 hingegen fehlt es in ℵ. L bezeugt für V 1 das Bestreben, das an sich nicht spezifisch theologisch konnotierte Partizip ἐνεργοῦντος durch die Substitution mit *contrarius* zu präzisieren; der Ersatz von ἐξουσίαν durch *huius saeculi potestatem* ist analog und als sekundär zu beurteilen. Die an L (*et contrarius habeat huius saeculi potestatem*) orientierte, von HG² vorgeschlagene und von WI favorisierte Konjektur καὶ τοῦ ἀντενεργοῦντος liest aus V 1 eine unbillige Kritik am Schöpfer (der Tage) heraus, die sie zu beheben trachtet. Jedoch ist ἡμερῶν ‹οὖν› οὐσῶν πονηρῶν bloß eine auf apokalyptische Vorstellungen anspielende heilsgeschichtliche Situationsskizze zu dem Zweck, alles Folgende nachdrücklich zu motivieren; die Brisanz sowie der heilsgeschichtliche Ernst der Situation und die hier und in 2,9.10 mit ὀφείλομεν einsetzenden (ethischen) Konsequenzen gehören zusammen. Die Marginallesart ℵ²ᵐᵍ προσέχειν καί ist als sekundäre Angleichung an den folgenden Infinitiv ἐκζητεῖν zu erklären; dem von ℵ*, H und L bezeugten Partizip προσέχοντες gebührt der Vorzug.

[99] Vgl. VOUGA, Brief 8–16.53–58.

Für die Vv 2.3 steht durch ihr fast wörtliches Zitat bei Clem., *str.* II 6,31,2f. ein weiterer Zeuge zur Verfügung. Clem. ersetzt das Lexem durch οἱ συλλήπτορες, um jedem durch den von allen Hss. des Barn bezeugten Pl. βοηθοί eröffneten polytheistischen Mißverständis zuvorzukommen. Als lectio difficilior et brevior verdient βοηθοί den Vorzug. Die Lesart ὑμῶν statt ἡμῶν in V 2 erklärt sich aus der Einbindung des Barn-Zitates in die Argumentation des Clem., d.h. Clem. gehört zu den mit ὑμῶν Angesprochenen. Gegenüber der Lesart in ℵ, H und L ist die Clem.-Variante im Nachteil. Die Umstellung in bezug auf V 3 (μενόντων nach κύριον) erklärt sich aus der Verknüpfung mit dem unmittelbar zuvor zitierten Versteil aus Barn 1,5.

Analyse und Auslegung

1 In der eschatologisch letzten Phase vor der Errichtung der Gottesherrschaft zu leben, ist eine verbreitete frühchristliche Auffassung (vgl. Barn 8,6; 18,2; Eph 5,16; 1 Petr 4,4.8.12–14.16–19; 5,8; Offb 11,15f.; 12,10), die apokalyptische Vorstellungen und Sprechweisen in motivierender Absicht benützt. Die Bedrängnis der Frommen, ihre glaubensfeindlichen Lebensumstände, sind eine ebenso obligate Situationsskizze wie die auf Trost und Ermutigung gerichtete Erklärung dieser Bedrängnis durch den Hinweis auf das für diese letzte Zeit typische und deshalb erwartbare Aufbäumen eines Widersachers Gottes. Es ist zugleich die entscheidende Phase für die Bewährung des Frommen. Situationsskizze, Erklärung und Mahnung ist das Aufbauschema dieser Auffassung. Die Interdependenz zwischen Situation und Erklärung sowie der paränetische Abschluß zeigen die motivierende Intention der beiden ersten Elemente an. Ohne sich als Apokalyptiker bekennen oder auf konkrete Zeitumstände abheben zu wollen, verwendet der Vf. hier und andernorts (2,1; 4,9b–13; 18,1f.) dieses Repertoire mit deutlich motivierender Zielsetzung. Entsprechend dient V 1 dazu, den Abfassungszweck mit der Lesersituation zu koppeln, um seine Absicht, den Lesern vollkommene Gnosis mitzuteilen (1,5), an einen existentiellen Anlaß zu binden. Darüber hinaus aber bestimmt er den Gegenstand der Gnosis, nämlich τὰ δικαιώματα κυρίου[1]. Bedingt durch den Sprachgebrauch von δικαίωμα und δικαιώματα in den griechischen Bibelüber-

---

[1] Der Ausdruck τὰ δικαιώματα κυρίου (vgl. Barn 10,11; 21,1) begegnet zuerst in 1 Clem 2,8b (vgl. LONA, Clemensbrief 135); er fehlt in den griechischen Bibelübersetzungen ebenso wie in der neutestamentlichen Literatur. Seine Grundlagen sind die formelhaften, bundestheologisch konnotierten Mahnungen, die, z.T. in testamentarischen Kontext (vgl. Dtn 30,10; 1 Kön 2,3), als Gegenstand gottgehorsamen Handelns neben τὰς ἐντολὰς κυρίου auch die δικαιώματα αὐτοῦ erwähnen. Aufgrund ihrer Verbindung mit der sie begründenden בְּרִית bewirkt die Befolgung dieser Mahnungen bzw. Verpflichtungen entweder die Erfüllung der Väterverheißungen (vgl. Dtn 6,17) oder es ist verallgemeinernd verheißen, daß Gott für das Wohlergehen sorgen wird (vgl. Dtn 10,13; 28,45; Ps 18[19],9). Umgekehrt lädt jener, der die Gebote und Rechtsforderungen mißachtet, Fluch auf sich. Der Ausdruck τὰ δικαιώματα κυρίου ist also eine soteriologisch höchst belangvolle Sammelbezeichnung für die Gebote Gottes, für seine Rechtssatzungen, Rechtsforderungen oder Rechtsordnung, sowie für seinen Heilswillen. Unter dieser Rücksicht ist die Bezeichnung sachlich gleichbedeutend mit δικαιώματα θεοῦ in Barn 1,2 (vgl. auch 1 Clem 58,2).

setzungen[2] gilt das Augenmerk nicht exklusiv der Tora oder gar nur den Dekalogen, sondern den Satzungen im weiteren Sinn einschließlich der kultischen und sozialen Forderungen,[3] all dem, was Rechtssatzung, Rechtsforderung oder Rechtsordnung genannt werden kann. Genetivbestimmung und Numerus legen darüber hinaus zweierlei klar: Erstens tragen diese ‚Satzungen' die Signatur einer göttlichen Heilssetzung (vgl. 1,2), weil Gott in ihnen seinen Willen bekundet (vgl. 1,7a; 5,6), und weil diesen göttlichen Rechtssatzungen, die allesamt Christus und die Kirche verheißen,[4] im Christusereignis die ihnen entsprechende Verwirklichung eröffnet ist.[5] Daher muß zweitens die Schrift insgesamt (vgl. 1,7a; 5,3; 18,1a; 19,10; 21,1a.5f.) Gegenstand ‚unseres' Erforschens sein, damit den Forderungen von Barn 1,7b und 21,1.6.8 entsprochen werden kann.

Die Veranlassung zu diesem Erforschen der Schrift ist die Glaubens- und Lebenssituation der Christen vor der Aufrichtung der Herrschaft Gottes schlechthin (vgl. 8,6) und ihre Erklärung ist die Standarderklärung: Die Tage sind verkommen, d.h. sie sind im sittlichen Sinn schlecht und böse[6] (vgl. 4,10a; Gal 1,4; Eph 5,16; 6,13), sie sind von Versuchungen voll, die die eschatologische Rettung gefährden, und eine gottfeindliche Macht bewirkt sie. Diese Macht ist zwar personifiziert gedacht,[7] doch ist sie hier anonym; sie σατάν/σατανᾶς zu nennen,[8] gelingt nur im Rekurs auf die Zwei-Wege-Lehre (18,1d). Die Mahnung selbst ist, der Situationsskizze und Erklärung gemäß, denkbar allgemein und wiederum für diese Sprechweise typisch: Man muß auf sich achtgeben. Die Gegenwart ist ähnlich wie in Eph 5,16 und 6,13 „als Zeit der Bewährung gesehen"[9]. Der allgemeine Appell zur Wachsamkeit (4,6; vgl. 1 Petr 4,7; 5,8) wird in 4,10b–13 spezifiziert. Hier wie dort bringt der Vf. die erste ethische Aussage des gesamten Werkes (1,7b) in Anwendung. So gesehen sind die Wachsamkeit und die Erforschung der Rechtssatzungen des

---

[2] Vgl. die Hinweis in der Auslegung zu Barn 1,2.

[3] Vgl. SCHRENK, δίκη κτλ. ThWNT 2 (1935) 224.

[4] Vgl. S. 334f. unter Punkt ‚1. Die gleichnishafte und christozentrische Konstitution der Schrift'.

[5] Diese Verschränkung ist im Derivat δικαίωμα angelegt: „Als Ergebnis der Handlung … entspringt aus dem Recht setzenden δικαιοῦν das δικαίωμα. Es ist die fixierte Gestaltung des δίκαιον, sei es als Rechtsanspruch, als verbrieftes Recht … oder als Satzung, Rechtsordnung … Weiter bedeutet es die dieser Rechtsordnung und Rechtsforderung entsprechende Rechttat, also das Recht als Verwirklichung im Gerechtsein (SCHRENK, δίκη κτλ. ThWNT 2 [1935] 223; vgl. 225f.)." Vgl. dazu das auf Christus bezogene Zitat aus Weish 2,12 in Barn 6,7b, das ihn als τὸν δίκαιον entschlüsselt, so daß das Christusereignis selbst als die den ‚δικαιώματα κυρίου/θεοῦ' entsprechende „Rechttat" erscheint.

[6] Vgl. BAUER/ALAND, Wörterbuch, Sp. 1385 (1bβ).

[7] Der Term ist zumeist als Adjektiv gebraucht (2,1; 4,5.10.12f.; 6,7; 8,6; 9,4; 19,3.12); dreimal wird er substantivisch für das ethisch Böse verwendet (19,11; 20,2) und in 4,2 steht πονηρῶν parallel zu ἁμαρτωλῶν als Bezeichnung des Frevlers. Zur Kennzeichnung einer personifiziert gedachten bösen Macht begegnet das Lexem in 2,10 (ὁ πονηρός) und in 21,3 (τῷ πονηρῷ). Damit verwandt ist 4,13 (ὁ πονηρὸς ἄρχων); sinngleich ist auch ὁ μέλας in 4,10; 20,1.

[8] Anders WINDISCH, Barnabasbrief 309.

[9] LONA, Eschatologie 426; vgl. SCHNACKENBURG, Epheser 240: „Für den Christen ist die gleiche Zeit, die äußerlich vom Bösen beherrscht wird, … die zum Guten verfügbare und anfordernde Zeit."

Herrn die gebotenen Weisen der Furcht vor dem Herrn; Zeugnis und praktische Folgen des Glaubens. Mit Blick auf die beiden folgenden Verse sowie auf Barn 6,16; 8,6; 9,9; 13 wird klar, daß Barn 2,1 weder eine allgemeine Qualifizierung der Zeit besagt, noch die Gemeinde als Enklave des Heils inmitten des gottfeindlichen Kosmos aufgefaßt ist. Die Paränese signalisiert vielmehr, daß die Leser ihren Heilsstand, der in Barn 1 entfaltet wurde, bestätigen, und indem sie gegenüber den Anfechtungen durch die Macht des Bösen siegreich bleiben, die Wirklichkeit des Heils in der Geschichte bezeugen sollen. Die Helfer hierzu nennt V 2; den Ertrag V 3.

2.3 Versteht man V 1 als Bindeglied zwischen der Einleitung und dem ersten Hauptteil (Barn 2–16), stören einerseits die Vv 2.3, da V 4 direkt an V 1 anschließt. Andererseits sind die vier Tugenden φόβος, ὑπομονή, μακροθυμία, ἐγκράτεια explizit zur πίστις in Beziehung gesetzt, die den Vf. mit seinen Lesern verbindet. Mittels der vier Tugenden vermag man der Mahnung von V 1 nachzukommen – und in diesem Sinne sind Furcht, Ausdauer, Langmut und Selbstbeherrschung dann βοηθοί und τὰ συμμαχοῦντα. Die Wiederaufnahme von φόβος (1,7; 2,2) sowie des verpflichtenden ὀφείλομεν (1,7; 2,1) zeigen den Konnex an. V 3 greift diese stete Orientierung auf den κύριος hin auf[10] und verheißt dem, der der Mahnung von V 1 (und 1,7) dem Ethos von V 2 gemäß Folge leistet, herausragende geistige Fähigkeiten.[11] „Offenbar meint der Vf., daß die intellektuell-charismatischen Funktionen erst dann hervortreten, wenn das Ethos in dauernde Ordnung gebracht ist."[12] Der Akzent liegt auf der beständigen Ausrichtung auf den κύριος hin und nicht so sehr auf dem Ordnungsgedanken.[13] Die Vv 2.3 sind also kein „naiver Versuch, um verschiedene Tugenden und Geistesfunktion in ein System zu bringen"[14]. Ähnliche Reihen (1,5; 2 Petr 1,6f.; Herm *vis.* III 8,3–7; CA VII 33)[15] sprechen eher dafür, daß hier keine gesteigerte kompositorische Intention des Vf. zum Tragen kommt. Vielmehr sind zwei mittels der Konjunktion οὖν höchst locker verbundene Merksätze an V 1 als motivierende Ausführungshilfen für dessen Mahnung angefügt.

---

[10] Ἁγνῶς ist im Barn Hapaxlegomenon; das Nomen ἁγνότης sowie das Adjektiv ἁγνός sind im Barn nicht verwendet. Auch sonst ist der Wortstamm bei den Apostolischen Vätern nur in 1/2 Clem und Herm nachgewiesen. In den biblischen Schriften ist das Adverb nur für Phil 1,17 bezeugt.

[11] „Aufzählungen synonymer Geistesfunktion finden sich schon in LXX und im Hellenismus" (WINDISCH, Barnabasbrief 310).

[12] WINDISCH, Barnabasbrief 310.

[13] Daß diese beständige Orientierung den Rechtsforderungen des κύριος gilt, und daß sie der Gegenstand der Gnosis und der genannten Tugenden sind, wird vom Vf. im folgenden erwiesen und schließlich von Barn 21,5 als Gnadengabe erbeten.

[14] WINDISCH, Barnabasbrief 309f.

[15] Vgl. WINDISCH, Barnabasbrief 310.

Opfer, Feste und Fasten (2,4–3,6)

2,4 Er hat uns nämlich durch alle Propheten bekannt gemacht, daß er weder Schlachtopfer noch Brandopfer noch Opfergaben nötig hat, indem er einmal sagt: 5 „Was (soll) mir die Menge eurer Opfer?" spricht der Herr, „ich bin satt der Brandopfer von Widdern, und Fett von Lämmern und Blut von Stieren und von Böcken will ich nicht, nicht einmal, wenn ihr kommt, (um von) mir gesehen zu werden. Wer denn hat das von euren Händen gefordert? Ihr sollt nicht weiterhin meinen Vorhof betreten; wenn ihr Feinmehl herbeibringt, vergebens ist es; Rauchopfer sind mir ein Greuel; eure Neumonde und die Sabbate ertrage ich nicht." 6 Das also hat er außer Geltung gesetzt, damit das neue Gesetz unseres Herrn Jesus Christus, das ohne Zwangsjoch ist, keine von Menschen gemachte Opfer enthalte. 7 Er sagt ein anderes Mal ferner zu ihnen: „Habe ich etwa eueren Vätern geboten, als sie aus Ägypten auszogen, mir Brandopfer und Schlachtopfer darzubringen? 8 Vielmehr habe ich ihnen folgendes geboten: ‚Keiner von euch soll wegen einer Bosheit seines Nächsten im Herzen Böses nachtragen, und verlogenen Schwur liebt nicht'." 9 Wir müssen also, um nicht unverständig zu sein, den gütigen Rat unseres Vaters verstehen, denn er sagt uns, da er nicht will, daß wir wie jene in die Irre getrieben suchen, wie wir uns ihm nähern müssen. 10 Zu uns nun spricht er folgendermaßen: „Opfer ist Gott ein zerknirschtes Herz, wohlriechender Duft ist dem Herrn ein Herz, das seinen Bildner preist." Wir müssen also, Brüder, genau auf unser Heil achten, damit nicht der Böse das heimliche Eindringen des Irrtums in uns bewirkt (und) uns von unserem Leben wegdrängt.

3,1 Er sagt nun ferner hierüber zu ihnen: „Wozu (Weshalb) fastet ihr für mich," sagt der Herr, „daß heute durch Geschrei euere Stimme gehört wird?" „Nicht dieses Fasten habe ich (mir) erwählt," sagt der Herr, „nicht einen Menschen, der sich selbst kasteit; 2 und nicht einmal wenn ihr euren Nakken wie einen Ring krümmt und euch in Sack und Asche begebt, nicht einmal so werdet ihr es willkommenes Fasten nennen dürfen." 3 Zu uns aber sagt er: „Siehe, dies (ist) das Fasten, das ich ausgewählt habe," sagt der Herr. „Löse jede Fessel des Unrechts, löse (die) Verstrickungen gewaltsamer Verträge auf, sende Gebrochene in die Entlassung und jede ungerechte Urkunde zerreiße. Brich Hungernden dein Brot, und wenn du einen (jemand) ohne Obergewand siehst, bekleide ihn; Obdachlose führe in dein Haus und wenn du einen (jemand) Gedemütigten siehst, verachte ihn nicht, auch nicht einen deiner Blutsverwandten. 4 Dann wird bald dein Licht hervorbrechen und dein Überwurf wird alsbald aufstrahlen, und die Gerechtigkeit wird dir vorausgehen, und die Herrlichkeit Gottes wird dich ringsum bekleiden. 5 Dann wirst du rufen, und Gott wird dich erhören; während du redest, wird er dir sagen: Siehe, hier bin ich; wenn du von der Fessel abläßt, und die Hand zu erheben und murrend zu reden, und dem Hungernden dein Brot von Herzen gibst und mit einem Gedemütigten Mitleid hast." 6 Dazu also, Brüder, hat der Langmütige, der vorausgesehen hat, wie das Volk, das er durch seinen Geliebten bereitet hat, in Lauterkeit glauben wird, uns im voraus über alles unterrichtet, damit wir nicht wie Fremde am Gesetz jener zerschmettert werden.

Textkritik

Im Abschnitt Barn 2,4–3,6 muß die Textkritik erstens die Lesarten in den griechischen Übersetzungen der Zitate aus Ps 50(51),19; Jes 1,11–13; 58,4b–10a; Jer 7,22f. und Sach 7,10; 8,17 sowie die Bezeugung dieser Sequenzen bei Clem. bedenken und zweitens wiederum deren Verhältnis zu den griechischen Übersetzungen der biblischen Vorlagen im Blick auf die Varianten des Barn.

2,5 κριῶν (Widder) wird ursprünglich sein. Es fehlt nur in א (FB GH K SB WI W); H, L (*arietum*), Clem. sowie alle Zeugen des zugrundeliegenden griechischen Jesajatextes führen es (PK). Entscheidend ist das wörtliche Zitat bei Clem. *paed.* III 12,90,3f.[1] Wie alle Hss. des Barn überliefert Clem. das gegen die griechischen Zeugen von Jes 1,12 vor τὴν αὐλήν transponierte Personalpronomen μου, und wie in Barn fehlt das für Jes 1,13 ausnahmslos bezeugte καὶ ἡμέραν μεγάλην; L hat es hier sicher nachgetragen, denn in Barn 15,8 ist dieses Bruchstück aus Jes 1,13 nochmals und wieder mit dieser Lücke zitiert, ohne jedoch daß L *et diem magnum* aus Jes ergänzt. Offenbar hat L es an dieser Stelle nicht identifiziert. Da Clem. beide Stellen nicht anhand der griechischen Bibelübersetzungen korrigierte, wird er auch κριῶν nicht von dort her ergänzt, sondern aus seiner Barn-Rezension übernommen haben. Insofern sind H (und L) gegen א im Vorteil. Hinzu kommt, daß א nach ὁλοκαυμάτων nur ein Kappa schreibt, das sowohl für κριῶν als auch für καί stehen könnte. Da die Abweichungen in Barn gegenüber dem Jesajazitat von keinem früheren Zeugen des Jesajatextes gestützt werden, gehen sie zu Lasten des Barn.[2] Auf der Basis der Lesart οὐδὲ ἐὰν φέρητε in א konjizierten GH ὁτὲ δέ ἐὰν φέρητε μέν; eine unnötige Verbesserung. 2,6 Anstelle von προσφοράν in א überliefert H συμφοράν; da diese vl in H Interpretament von μὴ ἀνθρωποποίητον sein kann und Λ (*oblationem*) א bestärkt, gilt προσφοράν der Vorzug. 2,8 Gegen das von א und H überlieferte ἀγαπᾶτε bezeugt Clem., der das Mischzitat aus Sach 7,10 und 8,17 in Barn 2,8 beinahe wörtlich in *paed.* III 12,91,4 wiedergibt,[3] mit L ἀγαπάτω, wobei jedoch L *habet* liest, das HR im Rekurs auf das Lexem ἀγαπάω der griechischen Barn-Überlieferung zu *amet* korrigiert. Die Substitution von ἀγαπᾶτε durch ἀγαπάτω könnte eine sekundäre Angleichung an Pers. und Num. von μνησικακείτω sein, das Barn aus Sach 7,10 bezieht und an Stelle des λογίζεσθε in Sach 8,17 setzt,[4] so daß ἀγαπᾶτε den Vorzug verdient. 2,10 θεῷ, das א als nomen sacrum (ΘΩ) schreibt (FB K W SB), stammt aus Ps 50(51),19a; H und L lesen wie auch im folgenden Halbvers κυρίῳ. Weil Barn den Psalm frei und nur fragmentarisch zi-

---

[1] Τί μοι πλῆθος τῶν θυσιῶν ὑμῶν; λέγει κύριος. Πλήρης εἰμὶ ὁλοκαυτωμάτων κριῶν, καὶ στέαρ ἀρνῶν καὶ αἷμα ταύρων καὶ ἐρίφων οὐ βούλομαι, οὐδ᾽ ἂν ἔρχησθε ὀφθῆναί μοι. Τίς γὰρ ἐξεζήτησεν ταῦτα ἐκ τῶν χειρῶν ὑμῶν; Πατεῖν μου τὴν αὐλὴν οὐ προσθήσεσθε· ἐὰν φέρητε σεμίδαλιν, μάταιον· θυμίαμα, βδέλυγμά μοί ἐστιν· τὰς νουμηνίας ὑμῶν καὶ τὰ σάββατα οὐκ ἀνέχομαι.

[2] Vgl. WENGST, SUC 2,127: „In Barn 2,5 könnte man die Auslassung von κριῶν, καὶ ἡμέραν μεγάλην aus Jes 1,11–13 … auf das Konto handschriftlicher Überlieferung setzten."

[3] Ἕκαστος ὑμῶν κατὰ τοῦ πλησίον ἐν τῇ καρδίᾳ αὐτοῦ μὴ μνησικακείτω, καὶ ὅρκον ψευδῆ μὴ ἀγαπάτω.

[4] Vgl. WINDISCH, Barnabasbrief 312.

tiert, verbürgt die von den griechischen Bibelübersetzungen bezeugte Lesart θεῷ nicht schon die Priorität von א, für die sich GH WI und PK entscheiden. Clem. *str.* II 18,79,1 steht mit θυσία θεῷ δεκτή, καρδία συντετριμμένη Barn näher als Ps 50(51),19a, wogegen die zweite Parallele, *paed.* III 12,90,4, dem Psaltertext näher steht – κυρίῳ wird aus Clemens' Themafrage (πῶς οὖν θύσω τῷ κυρίῳ;) an die Stelle von θεῷ getreten sein. In der ὀσμή-Sequenz ist es genau umgekehrt: in *str.* II 18,79,1 fehlt sie, in *paed.* III 12,90,4 begegnet sie hingegen bis auf den Ersatz des von allen Hss. des Barn bezeugten κυρίῳ durch θεῷ wört-lich. Clem. ist an dieser Stelle offensichtlich ähnlich verfahren wie zuvor Barn. Da somit Clem. kein sicherer Zeuge ist und L an dieser Stelle wiederum anhand des Bibeltextes kor-rigiert sein kann (vgl. seine Tilgung der biblisch nicht verfizierbaren ὀσμή-Sequenz), stehen sich א und H gegenüber, doch kann א den Vorzug erhalten, weil θεῷ immerhin auch von Ps 50(51),19a bezeugt ist. Iren. *haer.* 4,17,2 illustriert, daß an der Wende zum 3. Jh. der Op-fergedanke mit *deus,* nicht mit *dominus* konnotiert war. **3,2** κάμψητε von א und H gegen L (*curvaveris*), der dem Sg. κάμψης/κάμψει des griechischen Jesajatextes folgt, steht in einer Linie mit καλέσετε (und ὑποστρώσητε), die beide vom Num. der an die Gemeinschaft ge-richteten Themafrage von V 1 ἱνατί μοι νηστεύετε regiert sind. Der Sg. κάμψης blickt schon auf den Redestil in Barn 3,3–5 par Jes 58,6–10a.

Schwer zu entscheiden ist, ob nach σάκκον καὶ σποδόν mit Clem. und den griechi-schen Bibelübersetzungen ὑποστρώσῃ zu lesen ist oder mit א ὑποστρώσητε, mit H ἐνδύσησθε (versehentlich notieren FB für H σάκκον ἐνδύσησθε und tilgen καὶ σποδὸν ὑποστρώσητε; vgl. fol. 40ʳ6) oder mit L σάκκον ἐνδύσησθε καὶ σποδὸν ὑποστρώσητε (*saccum te circumdederis et cinerem straveris*); so der Text bei FB. Konsens zwischen den Hss. besteht über den Num. H (und L) wird indes die Vorstellung, nicht nur Asche, son-dern auch das Trauergewand unter sich zu breiten, Schwierigkeiten bereitet haben. Das Lexem ἐνδύω, das medial im Sinne von ‚sich anziehen' zu übersetzen ist oder übertragen eine Eigenschaft – hier die des Trauernden und Büßers – bezeichnet, schien beiden Rezen-sionen geeigneter. L hat beides kombiniert und bietet nun einen glatten, aber korrigierten Text. Man wird א vertrauen, weil die griechischen Bibelübersetzungen das Lexem eben-falls führen und weil Clem., der Barn 3,2 kennt, sich weder zu einem Numeruswechsel noch zum einem Ersatz durch ἐνδύσησθε veranlaßt sah, d.h. ihm wird aufgrund seiner Barnabaslektüre ὑποστρώσῃ kein Problem bereitet haben. **3,3–5** Abgesehen von der Wie-derholung von οὐκ ἄνθρωπον – αὐτοῦ aus V 2 in V 3 nach λύε durch א sowie den Til-gungen in L (καὶ ἐάν bis αὐτόν in V 3 sowie σου, καὶ ψυχὴν τεταπεινωμένην ἐλεήσῃς in V 5) ist nur die in V 4 von א* bezeugte Lesart ἱμάτια gegenüber ἱάματα, das durch H und Korrekturen in א überliefert ist, bedeutsam. L übersetzt mit *vestimenta;* er oder sein Korrektor hat also ἱμάτια gelesen. Keine Lesart ist aus grammatischen Gründen zu be-vorzugen. Beide Varianten passen zu dem von allen Hss. bezeugten Sg. ἀνατελεῖ, weil τὰ ἱάματα analog zu τὰ ἱμάτια, die im Unterschied zu χιτών den Überwurf aus mehreren Stoffbahnen, also das Gewand als *ein* Ganzes meinen kann – was L mit *et vestimenta tua cito orientur* bestätigt –, als kollektiver Sg.[5] zu verstehen ist. Gegen GH K FB HR WI W und SB optieren PK für ἱάματα; PK übersetzen den Halbvers mit „et tes guérisons resplendi-ront bientôt".

Für eine textkritische Entscheidung ist es unumgänglich, den Text von Jes 58,8, den Barn 3,4 (und Clem.) zitieren, in Augenschein zu nehmen. Folgendes ist festzuhalten: 1. Mit *ve-stimenta* übersetzt L oder sein Korrektor ἱμάτια. Mit dieser Übersetzung des Jesajazitats

⁵ Vgl. BORNEMANN/RISCH, Grammatik § 257,2.

reiht sich L in eine seit Tert. *De Res.* 27 in der lateinischen Patristik gängige,[6] weil in der Auseinandersetzung um die Auferstehung des Fleisches wichtige Übersetzungspraxis von Jes 58,8 ein. Dieser seitens der Auferstehungsapologetik okkupierten Übersetzungstradition trat schon Hieronymus mit Verweis auf den griechischen Jesajatext entgegen: wegen τὰ ἰάματά σου sei *sanitates tuae* zu lesen;[7] d.h. Hieronymus kannte in Palästina zur Zeit der Erstellung von א sowie dessen erster Revision durch א¹ für Jes 58,8 die Lesart ἰάματα, was nicht heißt, daß Hieronymus א vorgelegen hat. Jedoch möchte man L vor diesem Hintergrund nicht allzu großes Vertrauen schenken, könnte er doch von der durch Hieronymus kritisierten Übersetzungstradition von Jes 58,8 beeinflußt sein. Indes hat neben Just. *dial.* 15,5c auch Clem. *paed.* III 12,89,4 ἱμάτια gelesen,[8] d.h. die beste Überlieferung des Jesaja- bzw. Barnabaszitats bei Clem. bestätigt die Lesart ἱμάτια von א* (und L). 2. Es ist fraglich, ob in Barn 3,4 der Revisor א¹, so das Urteil von PK, oder der Korrektor א², so die Meinung der anderen Editoren, die Majuskellesart ΙΜΑΤΑ von א* durch ein superlineares Α (und vermutlich dem Trema über dem Iota) in ἰάματα korrigiert hat (vgl. fol. 334ᵛᶜ6). Diese Ungewißheit ist nicht verwunderlich, da sich א² bisweilen einzig durch eine geringfügig dunklere Tinte zu erkennen gibt, mit der er u.a. verblaßte Verbesserungen früherer Korrektoren im gesamten Codex, und so auch jene von א¹ im Barn, nachgezogen hat.[9] 3. Verschiedene Minuskel und א² lesen in Jes 58,8, dem in Barn 3,4 zitierten Prophetenwort, „ἱμάτια statt des richtigen ἰάματα".[10] Ziegler identifiziert diese Korrektur א² (Sᶜᵃ) als „Verbesserung nach dem Lukiantext" und weist sie damit jener Hand zu, die nach Meinung der meisten Editoren in Barn 3,4 par Jes 58,8 entgegengesetzt ἱμάτια in ἰάματα korrigiert hat. Ist es denkbar, daß dieselbe Hand bei einem so ‚prominenten Vers' wie Jes 58,8 – dies ist das Mindeste, was seiner Übersetzungs- und Rezeptionsgeschichte zu entnehmen ist[11] – sich widersprechende Korrekturen durchgeführt hat? Eher wird man mit PK den Revisor א¹ für die Lesart ἰάματα in Barn 3,4 verantwortlich machen, d.h. im 4. Jh. bot א an dieser Stelle bereits ἰάματα. 4. In den griechischen Bibelübersetzungen begegnet das Lexem ἴαμα nur an 13 Stellen, davon nur dreimal im Pl.: Ijob 23,5; Jes 58,8 und Jer 26(46),11. Nur für Jer sind keine abweichenden Lesarten bezeugt. In Ijob 23,5 beheben der Cod. Alexandrinus (A) sowie der Korrektor א² mittels ῥήματα eine offensichtliche Korruptele, und für Jes 58,8 liest א² ἱμάτια, also so wie er dies auch für Barn 3,4 bezeugt. Analog dazu korrigiert A bei Jer 37(30),17, wo das Lexem im Sg. steht, mit ἱμάτιον. 𝔐 schreibt bei Jer 30,17 אֲרֻכָה und Jes 58,8 וַאֲרֻכָתְךָ. Beide Stellen basieren auf dem Lexem אֲרֻכָה und meinen ‚Heilung bzw. Vernarbung einer (frischen) Wunde' oder ‚Genesung', und im übertragenen Sinn die ‚Wiederherstellung Israels bzw. der Tempelmau-

---

[6] Zu Lesarten von Jes 58,8 bei den Lateinern vgl. die Hinweise bei HEER, versio latina 27; HATCH, Essays 185; WINDISCH, Barnabasbrief 317; ZIEGLER, Isaias 338 und die Liste bei SABATIER, Bibliorum sacrorum Latinae versiones antiquae 2,620.

[7] Vgl. Hier. *comm. in Isaiam 14,58* (PL 24,568).

[8] „Stählin hat zu Unrecht in seine Ausgabe I 28515 ἰάματα aufgenommen [P³ ¦ ἢ ἰάματά σου M²ᵐᵍ]; denn der beste Zeuge, die Apologetenhs. des Arethas = P, hat als ursprüngliche Lesart ιματια." ZIEGLER, Isaias 100, bezieht sich offensichtlich auf die 2. Aufl. (GCS 12) bzw. auf Stählins Lesevorschlag in den Nachträgen im Registerband von 1936 (GCS 39), XXXVII.

[9] Vgl. MILNE/SKEAT, Scribes 46–50; insbesondere die Etappen der Korrekturen von τὰ ἱμάτια (ΤΑ ΙΜΑΤΙΑ) in Jes 63,3 (fol. 88ᵛ) zu τὸ αἷμα. Der Eingriff des ersten Revisors/Korrektors in die in Fig. 18 abgebildeten Jesajapassagen gleicht auffällig jenem in Barn 3,4.

[10] ZIEGLER, Isaias 100.

[11] Zu altchristlichen Rezeptionsgeschichte der Fastenkritik von Jes 58, an deren Anfang Barn 3 steht, vgl. die Auflistung bei ARBESMANN, Fasten. RAC 7 (1969) Sp. 490–492.

ern'.[12] In Richtung der ersten Bedeutung weisen die Lesarten der jüngeren griechischen Übersetzungen von Jes 58,8 (α' κατούλωσις, σ' ἴασις, ϑ' ἡ συνούλωσις sowie Hieronymus für Aquila ,et cicatrix vulneris tui cito obducetur'), die zugleich alle den Pl. ersetzen. In der griechischen und lateinischen Überlieferung scheint das Lexem ἴαμα und dann speziell sein Pl. ἰάματα schon früh Korrekturen und zwar in einem Umfang veranlaßt zu haben, der bei dem weitaus öfter gebrauchten und bedeutungsreicheren ἱμάτιον nicht vorliegt. Demzufolge bezeugen die jüngeren griechischen Übersetzungen von Jes 58,8 (α', σ' und ϑ') die Ursprünglichkeit des Lexems ἰάματα sowie den Versuch, die grammatische Spannung zu dem auch von ihnen überlieferten ἀνατελεῖ zu vermeiden; ihnen steht die Kritik von Hieronymus an einer lateinischen Übersetzungstradition von Jes 58,8, die der Korrektur von ἰάματα zu ἱμάτια gefolgt war, zur Seite. Hält man mit Ziegler daran fest, daß Jes 58,8 im 7. Jh. von א² korrigiert wurde, dann ist es sehr unwahrscheinlich, daß dieselbe Hand in Barn 3,4 die entgegengesetzte Verbesserung vorgenommen hat, vielmehr wird dafür der Revisor א¹ verantwortlich sein. Daraus ist jedoch nicht zwangsläufig zu schließen, daß diese Revision anhand der Vorlage für die Abschrift des Barn im א erfolgt ist und somit die Korrektur ἰάματα die vl der Vorlage überliefert, sondern sie kann ebenso in Erinnerung an den im 4. Jh. noch unkorrigierten Vers in Jes 58,8 erfolgt sein. Dann nämlich hätte in der Vorlage ἱμάτια gestanden, also jene Variante, die L sowie der älteste Zeuge des Barn, Clem., überliefern. Dieser Möglichkeit steht א* nur scheinbar entgegen, denn der für den Barn verantwortliche Schreiber A konnte aus seiner Majuskelvorlage ebensogut das von א¹ verbesserte Alpha wie auch das Iota nach dem Tau versehentlich weggelassen haben.[13] Für Barn ist also die Lesart ΙΜΑΤΙΑ als ursprünglich zu reklamieren. Der Schreiber A (א*) hat das zweite Iota aus Unachtsamkeit weggelassen. Die Haplographie[14] ΙΜΑΤΑ veranlaßte א¹ zur Emendation ΙΑΜΑΤΑ, wobei er sich nicht nur auf die seinerzeit noch gleichlautende vl in Jes 58,8 der älteren griechischen Bibelübersetzungen hat berufen können, sondern auch auf eine Übersetzungstradition, die die sinngleichen griechischen Wiedergaben von וְאֲרֻכָתְךָ durch α', σ' und ϑ' belegen. Die Lesart ἱμάτια verdient also wegen der mehrfachen (א*, H, L, Clem.) und älteren (Clem.) Bezeugung den Vorzug vor der grammatisch schwierigeren ἰάματια (א¹). **3,6** Gegen H und L liest א ein ἐν vor τῷ ἠγαπημένῳ; er faßt den Dativ als instrumentalis auf, wogegen H und L „den Geliebten" zum Objekt des persönlichen Interesses für ὁ μακρόϑυμος machen. Diese Passivität des „Geliebten", d.h. Jesu Christi, im Heilsgeschehen hat sonst im Barn keinen Rückhalt. Die Präposition wird in H wieder einmal ausgefallen sein. Die für א bezeugte Lesart ἐπήλυτοι basiert auf dem Itazismus ΕΠΙΛΥΤΟΙ;[15] H und L überliefern προσήλυτοι (proselyti). Da sich zudem die Lesart ἐπήλυτοι kaum als Falschschreibung aus προσήλυτοι oder dessen gezielter Korrektur, sondern eher umgekehrt die Varianten von H und L als absichtliche Substitution des ἐπήλυτοι durch einen Terminus technicus

---

[12] Vgl. Brown, Lexicon 74.

[13] Vgl. Hatch, Essays 185: „In v. 8 it is almost certain, although the reading is corrected, perhaps by the original scribe, in Cod. Sin., that Barnabas read ἱμάτια [sic: ἱμάτια] for ἰάματα: it is obviously a scribe's error."

[14] Vgl. Aland/Aland, Text 286–288.

[15] Die (phonetisch bedingten) Itazismen in א sind in jenen Passagen überaus häufig, die, wie der Barn, vom Schreiber A herrühren; vgl. Milne/Skeat, Scribes 54. In der Barn-Rezension des א begegnet die Verwechslung bzw. Vertauschung von Ι bzw. ΕΙ mit H nochmals in 2,5 ΠΛΗΡΙC statt ΠΛΗΡΗC, in 13,1 ΤΕΘΗΚΑ statt ΤΕΘΕΙΚΑ, 14,9 HNEKEN satt EINEKEN, 17,1 ANOIKONTWN statt ANHKONTWN; vgl. Müller, Erklärung 93. Der Itazismus ΕΠΙΛΥΤΟC ist auch als Lesart für Philo, spec. 4,178 bezeugt.

erklären läßt, ist ἐπήλυτοι der Vorzug zu geben, das in Analogie zu προσήλυτοι als „eine Art Ptz. zu ἔρχεσθαι (alt ἔπηλυς, ἐπηλύτης)"[16] zu verstehen und mit „Fremde" zu übersetzen ist.

Aufbau und Gliederung

Barn 2,4–3,6 besteht in seiner Hauptmasse aus Prophetensprüchen (Jes 1,11–13; 58,4b–10a; Jer 7,22f.; Sach 7,10; 8,17)[17] sowie aus einem Psalmzitat (Ps 50[51],19a). Sie sind durch fünf gruppenorientierte Zitationsformeln (Barn 2,4c.7a.10a; 3,1a.3a) eingeleitet sowie von Auslegungen (Barn 2,6.9.10c; 3,6) abgeschlossen. Gemeinsam gliedern sie die von der Frage nach der rechten Gottesverehrung bewegten Ausführungen über gottgefällige Opfer, Feste und Fasten. Der vordergründig durch die beiden Themen ‚Opfer und Feste' (2,4–10) einerseits und ‚Fasten' (3,1–6) andererseits geschiedene, jedoch sachlich durch die Frage nach der rechten Gottesfurcht zusammengehaltene Abschnitt ist mit dem Vorausgehenden durch den Rekurs auf die prophetische Verkündigung (Barn 1,7a; 2,1a) und gegenständlich mit der Grundverpflichtung zur Gottesverehrung in 1,7b (vgl. Barn 2,9) verknüpft. Auch vom folgenden Abschnitt (Barn 4,1ff.) ist der Komplex (Barn 2,4–3,6) durch keine strikte Zäsur abgegrenzt, sondern durch einen sich anfügenden, weiterführenden Neuansatz, der die „Lehre" aus Barn 2,4–3,6 als motivierende Mahnung aufnimmt. Πεφανέρωκεν in Barn 2,4a und προεφανέρωσεν ἡμῖν in Barn 3,6b verklammern die beiden Themen[18] und begrenzen den Abschnitt, und binden ihn mittels der terminologische Brücke als Ganzes an Barn 1,7 an.

Die Opfer und Feste – *das Beispiel für* τὰ παρεληλυθότα

2,4a.b Einleitung: die alttestamentlichen Opfer als falsche Annäherung an Gott
2,4c   Zitationsformel
2,5   *Zitat als Schriftbeweis*
2,6   Auslegung
2,7a   Zitationsformel mit Widmung des Zitats an die Juden
2,7b.8 *Zitat als Schriftbeweis*
2,7b   die atl. Opfer als falsche Annäherung an Gott
2,8   gottgefällige Opfer (Nächstenliebe statt Opfer)
2,9   Mahnungen an die Leser, das Thema und das folgende Zitat recht zu begreifen
2,10a   Zitationsformel mit Widmung des Zitats an ‚uns'
2,10b   *Zitat als Schriftbeweis* (gottgefällige Opfer)
2,10c   Mahnung und Warnung an die Leser,
        das Thema und das folgende Zitat recht zu begreifen

---

[16] BLASS/DEBRUNNER, Grammatik § 117,2[4].

[17] Die Zitate und die Widmung begegnen auch in DidascSyr 110 (TU 10/2,132,23–26.30–131,1).

[18] Vgl. SCORZA BARCELLONA, Epistola di Barnaba 16.

Die Fasten – *das Beispiel für* τὰ ἐνεστῶτα

3,1a   Zitationsformel mit Widmung des Zitats an die Juden
3,1b.2   *Zitat als Schriftbeweis*
         Fasten als falsche Annäherung an Gott
3,3a   Zitationsformel mit Widmung des Zitats an ‚uns'
3,3b-5   *Zitat als Schriftbeweis* (Nächstenliebe statt Fasten)
3,6   Auslegung: Zweck der prophetischen Offenbarung

Situation und Thema

Seit der Zerstörung des zweiten Tempels ruht der Opferkult; zur Abfassungszeit des Barn ist er schon Vergangenheit. Dies wollen freilich einige nicht wahrhaben. Sie hoffen, einen Befreiungsschlag gegen die römische Oppression mit der Wiederaufrichtung des Jerusalemer Heiligtums und der Restauration des Tempelkultus zu krönen. Doch es ist die Hoffnung nur einiger weniger, die Anfang der dreißiger Jahre des 2. Jh. den Aufstand wagen werden – und sie ist lokal begrenzt: In Alexandrien ist wie an jedem anderen erwogenen Abfassungsort des Barn der Tempel und der Opferkult in Jerusalem nicht das erste Problem. Zur vermutlichen Abfassungszeit des Barn waren anstelle der Opfer die Fasten getreten.[19] Als obligate jüdische Fasttage galten im zeitgenössischen Umfeld des Vf., also im rabbinischen Judentum, der Versöhnungstag, 10. Tischri (Joma 8,1a), und der 9. Ab, ein Trauer- und strenger Fasttag, der an die erste und zweite Zerstörung des Tempels (Ta'an 4,6f) erinnert. Ferner konnten in Notzeiten (z.B. Dürre) allgemeine Fasttage verordnet werden. Bedingt durch den Anlaß, waren hiervon Festtage (z.B. Neumonde; vgl. Barn 2,5) sowie der Sabbat per se ausgeschlossen.[20] Grundlegende Motive des Fastens sind erstens die Überzeugung, daß Gott diese fromme Leistung als solche hoch anerkennt, zweitens daß symbolische Handlungen, die das Fasten begleiten (vgl. mTa'an 2,1) und „die Selbsterniedrigung u. Selbstkasteiung des Büßers zum Ausdruck bringen sollten: Zerreißen der Kleider, Anlegen des sackartigen Bußgewandes, Bestreuung des Hauptes mit Staub und Asche, Senkung des Kopfes, Sitzen oder Liegen am Boden"[21], imstande sind, Gott geneigt zu machen, das Flehen und Bitten zu erhören. Für jüdische Fromme wird Fasten zu einer Form des Gesetzesgehorsams, die sogar anderen frommen Übungen (Gebet, Almosen, Torastudium) gleichwertig oder gar vorzuziehen ist.[22] Von den Pharisäern weiß man, daß sie bereits z.Z. des zweiten Tempels spezifische Fastenbräuche entwickelt hatten, die über die biblischen Verordnungen hinausgingen; im Streben nach höherer Frömmigkeit und einem gottgefälligen Leben (vgl. Lk 18,12) fasteten sie „während des ganzen Jahres an den Montagen und Donnerstagen"[23]. Da seit der Zer-

[19] Zum Thema Fasten vgl. Behm, νῆστις κτλ. ThWNT 4 (1942) 931; Arbesmann, Fasten/Fastenspeisen/Fasttag. RAC 7 (1969) Sp. 447–552. Speziell zu ‚den jüdischen Fasten' vgl. Bill. II,242–244; IV/1,77–114; Elbogen, Der jüdische Gottesdienst 126–130; Arbesmann, Fasten. RAC 7 (1969) Sp. 451–456; ders., Fasttage. RAC 7 (1969) Sp. 500–503; Podella, Sôm-Fasten 7–15.117–242.
[20] Vgl. Elbogen, Der jüdische Gottesdienst 122–126.225f.; Mantel, Fastenrolle. TRE 11 (1983) 59.
[21] Arbesmann, Fasten. RAC 7 (1969) Sp. 455; vgl. Mantel, Fasten, II. Judentum. TRE 11 (1983) 46.
[22] Vgl. Philo, *spec.* 2,193–203; Arbesmann, Fasten. RAC 7 (1969) Sp. 453: „In der frühen Kaiserzeit hatte die freiwillige Übung u. Wertschätzung des F. einen so weiten Raum im religiösen Leben der Juden gewonnen, daß die heidn. Umwelt d. Fasten als ein besonderes Kennzeichen des Judentums betrachtete."
[23] Mantel, Fasten, II. Judentum. TRE 11 (1983) 46; vgl. Arbesmann, Fasten. RAC 7 (1969) Sp. 453; Prostmeier, Unterscheidendes Handeln 63f. Anm. 38.

störung des zweiten Tempels der Opferkult nicht mehr möglich ist, fühlten sich Juden wegen des Erfolgs und der Verdienstlichkeit dieses gottgefälligen Werks verstärkt zum privaten Fasten aufgefordert. Fasten ersetzt die Opfer, gilt vor Gott mehr als Almosen, es wirkt und verbürgt Gebetserhörung.[24] Anfang des 2. Jh. ist im rabbinischen Judentum Fasten eine gebetsverstärkende, vor Gott verdienstliche Übung, vor allem aber ist es Opferersatz; daran anknüpfend ist die wöchentliche Begehung bestimmter Fasttage[25] auf Grund freien, mitunter für ein oder mehrere Jahre verpflichtenden Entschlusses Sitte jüdischer Frommer.[26]

Leser und Intention

Der Vf. hat in Barn 1 sich und die Leser im Blick auf sein Anliegen profiliert. Ihr Christsein, ihre pneumatische Begnadung, die sie zur Gnosis befähigt, verpflichet sie zum Gottesgehorsam. Wie dieser Verpflichtung nachzukommen ist, hat Gott durch alle Propheten wissen lassen, denn in der Schrift der Juden hat Gott den Christen alles im voraus mitgeteilt. Was Gott von seinem Volk, den Christen, will, steht in der Schrift. Was also will die Schrift? Dies exemplarisch aufzuzeigen, ist das eine Anliegen des Vf. Seine zweite Absicht ist es zu erweisen, daß die Schrift der Juden für die Christen gültig ist: Was also christlich ist, ist auch schriftkonform. Indem er die Schrift der Juden wider die Juden wendet, demonstriert er, daß alles, was die Schrift sagt, christlich ist, und reklamiert hierdurch die Schrift als ein christliches Buch.

Unter dem Eindruck dieses rhetorischen Anliegens sind es die Opfer, die Feste und *die* Fasten, wie ebenso die akribische Beachtung der Speisegesetze, auf die der Vf. in Barn 10 gesondert zu sprechen kommen wird, die das Profil des sich auf die Schrift berufenden, gesetzesfrommen Juden bestimmen. In der Opfer-, Fest- und Fastenthematik verbindet sich überlebter und gegenwärtiger jüdischer Rekurs auf die Schrift zu einer für das Anliegen des Vf. vorzüglich geeignen Kontrastfolie, um die Gültigkeit der Schrift für Christen zu erweisen. Die weisheitlich-prophetische Opfer- und Fastenkritik ist demzufolge stets unter dem rhetorischen Blickwinkel zu bedenken, daß die Schrift als christliches Buch erwiesen werden soll.

Analyse und Auslegung

Die Opfer und Feste – zwei Beispiele für τὰ παρεληλυθότα (2,4–10)

4 setzt ein wie 1,7a. Wiewohl die Partikel γάρ auf 2,1a, wenn auch nicht strikt begründend, zurückgreift, koordiniert sie primär 2,4 als Fortführung des Gedankens von 1,7, der zu 2,1 hinüberreicht und nun an einem ersten Themenkomplex exemplifiziert wird. Demzufolge ist ὁ δεσπότης aus 1,7 Subjekt dieser Offenbarung. Der

---

[24] Vgl. ARBESMANN, Fasten. RAC 7 (1969) Sp. 454–456.

[25] Man wählte hierfür Montag und Donnerstag, also jene Wochentage, die für das außerordentliche und öffentliche Fasten die bevorzugten Termine waren (bTa'an 10a, vgl. Tann 1,4f.). Auf diese private Fastensitte frommer Juden spielt Did 8,1 an. Der These von RORDORF/TUILIER, Didachè 36f., derzufolge ὑποκριταί nicht Juden, sondern judaisierende, dissidente Christen bezeichne, hat WENGST, SUC 2,29f. Anm. 109, begründet widersprochen.

[26] Vgl. MANTEL, Fasten, II. Judentum. TRE 11 (1983) 45f.

Pl. ἡμῖν apostrophiert im Rekurs auf 1,7a den Vf. mit seinen Lesern als unmittelbare Adressaten der ganzen prophetischen Verkündigung. In didaktischer Absicht unterstehen diesem Anspruch die gruppenorientierten Zitationsformeln in 2,10; 3,3. Aus der Prädikation von τῶν προφητῶν mittels πάντων ist keine Steigerung gegenüber 1,7a abzulesen; das Adjektiv vertritt in 2,4a komplex die in 1,7 mit τὰ παρεληλυθότα καὶ τὰ ἐνεστῶτα καὶ τῶν μελλόντων umschriebene, alle Zeiten umfassende prophetische Offenbarung. Daß sie auch in 2,4 als ein abgeschlossenes Ganzes gedacht ist, geht aus dem Perf. πεφανέρωκεν hervor. Durch die Anbindung ist mit Bezug auf 1,7b und auf die Absichtserklärung in 1,8 die Opferthematik nicht um ihrer selbst willen, sondern als ausgewähltes Beispiel der mit dem kommunikativen ὀφείλομεν eingeleiteten Grundverpflichtung zur Gottesfurcht qualifiziert. Bedingt durch die Verbindung mit 1,7f. und 2,1 gilt für alles folgende, daß die Darlegung selbst eine Weise ist, auf sich zu achten und den δικαιώματα κυρίου nachzuspüren.

Ab Barn 2,4b präsentiert der Vf. ein erstes themazentriertes Ergebnis seiner Erforschung der δικαιώματα κυρίου. Ὅτι ordnet die Aussage 2,4a dem Vordersatz unter. Die Lehre ist eine vom Herrn selbst (χρῄζει) durch alle Propheten mitgeteilte Rechtsforderung. Die den V 4 beschließende Zitationsformel (λέγω ὁτὲ μέν) signalisiert sowohl, daß in den Teilversen 4a.b das Resümee des Vf. und die Lehre zum Thema Opfer vorliegt, als auch, daß die Lehre, weil ὁ δεσπότης bzw. der κύριος „uns durch alle Propheten" über alles unterrichtet hat (1,7; 2,4; 3,6), aus der Schrift zu erweisen ist. Das Jesajazitat in V 5 hat also Beweisfunktion. Zwar folgt dem ὁτὲ μέν kein ὁτὲ δέ,[1] doch korreliert immerhin dem μέν der Zitationformel V 4c ein Adversativum; dieses liegt in dem δέ der Zitationsformel V 7a vor. Entsprechend komplementieren sich das Schriftzitat in V 5 und jenes in Vv 7b.8 zu einem zusammengehörigen Beweisgang für die Lehre in V 4b. Dieser stilistisch nicht ganz saubere Konnex wird durch das Adverb πάλιν in 2,7a gestützt (s. u.).

Aus Barn 2,4 geht hervor, daß die Rechtssatzungen des Herrn zu erforschen (2,1) heißt, die prophetische Überlieferung zu untersuchen. Mit 2,4ff. kommt der Vf. somit der Mahnung von 1,7 und 2,1 nach.

5 Der Sachbezug sind *alle* zermonialgesetzlichen Opfer[2] und die weisheitlich-prophetische Kritik an veräußerlichtem Kult und zur Schau gestellter Frömmigkeit[3]. Die mit οὔτε aneinandergereihte Opfertrias in 2,4b basiert auf den griechischen Übersetzungen des Jesajazitats. Jes 1,11 nennt die beiden Hauptopferarten זבח und עלה. Der זֶבַח, das Mahlopfer oder einfach ‚Schlachtung', wird hier mit θυσία

---

[1] GH konjizierten auf der Basis der Lesart οὐδὲ ἐὰν φέρητε in א ὁτὲ δέ ἐὰν φέρητε μέν.

[2] Während das deutsche Wort Opfer „ein Generalbegriff ist, der mehrere Opferarten umfassen kann, ist der einzige übergreifende Begriff für mehrere Opferarten im Hebräischen *Qorban*, die ‚Annäherung' an das Heilige, ein Wort, das auch für Riten gebraucht werden kann, die nicht in unserem Sinne Opfer sind" (WILLI-PLEIN, Opfer und Kult 25). Zu den Grundlagen, vgl. ROST, Studien zum Opfer im Alten Israel (BWANT 113). Stuttgart 1981; BUSINK, Tempel 1530.

[3] Vgl. WILDBERGER, Jesaja 1,37–39.

übersetzt,[4] die עֹלָה, das Brand- oder Ganzopfer, mit ὁλοκαύτωμα.[5] Die für diese blutigen Opfern vorgesehenen Tiere (Widder, Lämmer, Stiere, Böcke) bzw. Teile (Fett, Blut) von diesen sind obligat.[6] Das nichtblutige Speiseopfer, die מִנְחָה (Jes 1,13a), eine Huldigungsgabe, wird mit dem Term προσφορά wiedergegeben. In der christlichen Literatur bezeichnet das Lexem allgemein das Opfer oder die Opfergabe;[7] in diesem Sinn ist es im Finalsatz Barn 2,6 verwendet.[8] Neben der מִנְחָה erwähnt Jes 1,13a die קְטֹרֶת, das Rauchopfer, θυμίαμα[9], worunter „nicht der Opferrauch zu verstehen ist, sondern das ‚Räucherwerk‘, d.h. die im Opferfeuer verbrannten Riechstoffe."[10] Alle diese Opferarten sind durch das Ritual als solches definiert. Neben diesen kultischen Handlungen sind durch den kopulativ angeschlossenen Halbvers οὐδ᾽ ἂν ἔρχησθε ὀφθῆναι μοι, der auf die jährlichen Wallfahrtsfeste anspielt, sowie durch die Verwerfung (οὐκ ἀνέχομαι) zyklischer Festtage, nämlich Neumonde und Sabbate,[11] auch alle traditionellen, öffentlichen wie privaten, liturgischen Begehungen im Blick. Ihr gemeinsamer Nenner ist ihr traditioneller Charakter, ihre Verwerfung (vgl. 5 Esra 1,31), und daß der Botenformel λέγει κύριος (2,5) gemäß „hinter all den niederreißenden und herausfordernden Sätzen … nicht die Autorität des Propheten, sondern die JHWHs selbst"[12] steht (vgl. Mal 1,10b).

6 Auf dieses Argument kommt es Barn an. Die Schrift erweist, daß ὁ δεσπότης selbst den gesamten überkommenen und seit der Zerstörung des zweiten Tempels nur noch z. T. ausführbaren Kult als immer schon unerwünscht und unwirksam erklärt hat. Dies bestätigt das zusammenfassende, mittels οὖν konsekutiv ange-

---

[4] Die griechischen Bibelübersetzungen verwenden θυσία vor allem zur Wiedergabe von זֶבַח und ebenso häufig für מִנְחָה, „während für עֹלָה, חַטָּאת und אִשֶּׁה nur ausnahmsweise θυσία steht" (BEHM, θύω, θυσία, θυσιαστήριον. ThWNT 3 [1938] 181; vgl. HATCH/REDPATH, Concordance 664–666; WILLI-PLEIN, Opfer und Kult 92–95).

[5] Der Term ὁλοκαύτωμα dient in den griechischen Bibelübersetzungen auch zur Wiedergabe von אִשֶּׁה (Feueropfer; vgl. KBL 92), z.B. in Lev 23,27 וְהִקְרַבְתֶּם אִשֶּׁה לַיהוָה, die 1 Sam 2,28 zufolge kein Ganzopfer war, sondern wovon Teile für die Leviten zum Verzehr reserviert wurden. Die verwandte Bezeichnung ὁλοκάρπωμα hingegen ist ausschließlich für die עֹלָה benutzt. Philo, *prob.* 69, versteht das ‚zusammengesetzte Wort‘ in der Bedeutung ‚Ganzfrucht‘. Das ὁλοκάρπωμα ist neutestamentlich und bei den Apostolischen Vätern nicht belegt; ältester christlicher Beleg bei Clem. *str.* V 11,67,4. Ob ὁλοκαύτωμα eine עֹלָה ist, kann für die älteste christliche Literatur also nur am hebräischen Grundtext entschieden werden. Vgl. WILLI-PLEIN, Opfer und Kult 85–90.

[6] Vgl. die Beschreibung bei SCHEDL, Rufer des Heils 20–23; WILLI-PLEIN, Opfer und Kult 71–95.

[7] Vgl. WEISS, προσφέρω, προσφορά. ThWNT 9 (1973) 71; WILLI-PLEIN, Opfer und Kult 79–85.

[8] Das von H bezeugte συμφοράν ist sicher sekundär.

[9] Bei den Apostolischen Vätern begegnet das Lexem nur hier in Barn 2,5; in der neutestamentlichen Literatur bei Lk 1,10f. und Offb 5,8; 8,3f.; 18,3.

[10] WILDBERGER, Jesaja 1,43.

[11] Das Zitat aus Jes 1,13b (τὰς νεομηνίας ὑμῶν καὶ τὰ σάββατα καὶ ἡμέραν μεγάλην οὐκ ἀνέχομαι) kehrt ohne die Sequenz καὶ ἡμέραν μεγάλην in Barn 15,8 wörtlich als Schriftbeweis gegen die jetzigen Sabbate (τὰ νῦν σάββατα) wieder (vgl. Clem. *paed.* III 12,90,3f.). Die nichtkontrahierte Form νεομηνίας (vgl. BAUER/ALAND, Wörterbuch, Sp. 1084) ist eine auch für das att. νουμηνίας in Jes 1,13 bezeugte vl (L–93–96ᶜ 106 V 22ᶜ–48ᵐᵍ l I– 311–96*ᵏ–46ᵥ). Innerhalb der jüdischen Gräzität sind 1 Sam 20,5; 2 Kön 4,23; Ps 80(81),3 und Philo, *somn.* 2,257 die ältesten Belege für das ionische Idiom; christlicherseits sind dies Kol 2,16 und Barn 2,5; 15,8, und zwar jeweils ohne vl. Weitere Formen vgl. LIDDELL/SCOTT, Lexicon 1183.

[12] SCHEDL, Rufer des Heils 20.

schlossene ταῦτα κατήργησεν in 2,6 (vgl. 9,4). Der Aorist κατήργησεν spekuliert nicht über eine einstige Heilsbedeutung dieser kultisch-liturgischen Handlungen,[13] sondern konstatiert, daß sie, die immer schon unerwünscht (2,5b: τίς γὰρ ἐξεζή-τησεν ταῦτα ἐκ τῶν χειρῶν ὑμῶν; vgl. die Frage 2,7b) und unwirksam waren (vgl. 2,9b.10c), weil sie ἀνθρωποποίητόν τι sind, auch gemäß der Schrift vom ὁ δεσ-πότης selbst als Formen, seinen Willen zu tun, explizit verworfen sind.[14] Barn 2,5 sowie die Auslegung in 2,6 bestätigen also das οὐ χρῄζει von 2,4b.[15]

Es ist beachtlich, daß Barn 2,6 anstelle des geläufigeren θυσία die προσφορά, die מנחה, nicht nur als Sammelbegriff für alle in 2,5 benannten Opfer, sondern für den gesamten Kult wählt. Die מנחה ist von allen jüdischen Opfertermini vielleicht der allgemeinste. Insofern die מנחה ein Opfer ist, bezeichnet sie die huldigende Beigabe zum Brandopfer (עלה) in Form von Weihrauch oder als spezielles Element des ve-getabilischen Speiseopfers. Weil ferner מנחה „und Huldigung zusammengehören, gehören auch Mincha und Gebet zusammen"[16]. Entsprechend wird das synagogale Minchagebet in tempelloser Zeit Surrogat für das Opfer. Im Unterschied also zu dem durch das Jesajazitat für die ‚Schlachtung' reservierte Lexem θυσία, das we-gen der Zerstörung des Tempels deshalb im Gesichtskreis des Vf. an eine nicht mehr durchführbare Opferpraxis erinnert, gestattet der Term מנחה bzw. προσφορά, alle kultische Annäherung an Gott von den Anfängen (Gen 4) bis zur Gegenwart des Vf. zu erfassen. Da προσφορά in 2,6 wegen ihrer Prädikation durch ἀνθρωπο-ποίητον als bloß menschliche Setzung disqualifiziert ist, unterliegen alle kultisch-liturgischen Handlungen diesem Verdikt (vgl. Sib 8,390). In Verbindung mit Barn 11,1b (ἀλλ' ἑαυτοῖς οἰκοδομήσουσιν) bekundet sich hierin die Abweisung jeder von Menschen gemachten Frömmigkeit (ἀνθρωποποίητον) zugunsten der von Gott bestimmten. Insofern erfaßt dieses „ταῦτα οὖν κατήργησεν" alle jüdischen Propria und Institutionen.

Die mit dem Jesajazitat und der Auslegung 2,6a konstatierte Verwerfung war weder eine Neuerung noch ein punktuelles Ereignis. Ihr Scopus war ὁ καινὸς νόμος τοῦ κυρίου ἡμῶν Ἰησοῦ Χριστοῦ, und zwar mit einer bestimmten Ab-sicht: damit dieses ‚neue Gesetz' kein Zwangsjoch sei und keine der verworfenen Formen des Gottesgehorsams habe.

Den Term νόμος wird man hier und in 3,6 aus dem Kontext des Jesajazitats zu verstehen haben. Die Lehreröffnungsformel[17] Jes 1,10, die in Barn 2,4 durch eine Zi-tationsformel mit vorausgestellter Themenangabe ersetzt ist, bestimmt die ab Jes 1,11 folgende und in Barn 2,5 zitierte Rede wider den falschen Kult als ‚Wort Jahwes' (דבר־יהוה) und als ‚Weisung unseres Herrn' (תורת אלהינו). Insofern Jes 1,11ff. ‚Wort

---

[13] Anders WINDISCH, Barnabasbrief 311.

[14] Vgl. DidascSyr 110 (CSCO.S 246,17–25; 247,20–22; TU 10/2,132,9–17; 133,9).

[15] „Daß die Anerkennung der ‚Bedürfnislosigkeit' Gottes zur Ablehnung der Opfer führe, ist schon in der hellenistischen Theologie ein beliebtes Thema" (WINDISCH, Barnabasbrief 310); vgl. ib. 310f. Win-dischs Hinweise auf die Wirkungsgeschichte des Gedankens in der altchristlichen (vgl. insbesondere Di-dascSyr 108 [CSCO.S 244,2f.]) und rabbinischen Literatur.

[16] WILLI-PLEIN, Opfer und Kult 84.

[17] Vgl. WILDBERGER, Jesaja 1,35.

und Weisung Gottes' ist, wird ὁ καινὸς νόμος, das τῷ ἐκείνων νόμῳ (3,6) gegenübersteht, von dieser Semantik her zu bestimmen sein. Mit Blick voraus auf 3,6 ist
dann auch klar, weshalb ἐπήλυτοι am ‚Gesetz jener' zerbrechen: Im Unterschied
zum καινὸς νόμος, der durch τοῦ κυρίου ἡμῶν Ἰησοῦ Χριστοῦ[18] qualifiziert ist,
intendiert ἐκείνων νόμος einen Gottesgehorsam, dessen Formen ἀνθρωποποίητόν τι sind und somit gerade nicht göttliche Herkunft und soteriologische Wirkung
für sich reklamieren können.[19] Allesamt sind ein Zwangsjoch (ζυγὸς ἀνάγκη).[20]
Das Verbaladjektiv ἀνθρωποποίητον meint in bezug auf τὴν προσφοράν also weder unprätentiös die Selbstverständlichkeit, daß Opfer von Menschen dargebracht
werden, noch spielt es auf den befreienden Opfertod Christi an, sondern es disqualifiziert die Anweisungen, aufgrund derer all jene kultisch-liturgischen Handlungen vollzogen werden, die die prophetischen Kritik brandmarkt, als von Menschen gemacht. Entsprechend bedeutet μὴ ἀνθρωποποίητον nicht „den geistigen
Gottesdienst in Werken der Liebe ... gegenüber den äußerlichen kultischen Zeremonien"[21], sondern daß ὁ καινὸς νόμος göttliche Offenbarung ist. Alles was ἐκείνων νόμος besagt, führt nicht zum Heil. Deshalb scheitert, wer sich nach ihm richtet; z.B. die ἐπήλυτοι (3,6).

    7.8 Πάλιν führt den Gedanken von V 6 weiter. Δέ, das mit μέν in V 5 verbunden
ist, stellt klar, daß nun eine andere Quelle, jedoch mit derselben Autorität wie im
ersten Zitat, herangezogen wird. Jedenfalls können δέ und πάλιν nicht als Pleonasmus aufgefaßt werden. Die Widmung πρὸς αὐτούς und der Rekurs auf den
Exodus innerhalb des Zitats in Barn 2,7–8a aus Jer 7,22f. (vgl. Just. *dial.* 22,6) zeigen, daß der folgende Tadel an Juden gerichtet ist.[22] Weil πάλιν hier Gleichartiges

---

[18] „Die volle Formel τοῦ κυρίου ἡμῶν Ἰησ. Χρ. findet sich in Barn. nur hier" (WINDISCH, Barnabasbrief 311).

[19] Irenäus und später die Didasc sehen dies differenzierter: Iren. *haer.* 15,1 zufolge ist das Gesetz (*lex*)
den Juden zur Strafe auferlegt, es ist ein Zuchtmittel (*disciplina*), weil sie das Hauptgebot mißachteten.
Verwandt damit ist die Ansicht des Vf. der Didasc, der in der Gesetzesfrömmigkeit judenchristlicher
Gruppen eine in der Kirche unangebrachte, weil den Juden als Strafe auferlegte Wiederholung des Gesetzes
(δευτέρωσις) erblickt.

[20] Ζυγός in Barn nur hier; bei den Apostolischen Vätern begegnet das Lexem noch in der paradoxen
Formulierung in 1 Clem 16,17 (τὸν ζυγὸν τῆς χάριτος), die vermutlich auf Mt 11,29f. anspielt (vgl. LONA,
Clemensbrief 234), und in dem didachistischen Interpretament Did 6,2 (ὅλον τὸν ζυγὸν τοῦ κυρίου),
dem zufolge der zitierte Zwei-Wege-Traktat „im Lichte von 1,3bff. bzw. 6,2 gelesen werden will" (NIE-
DERWIMMER, Didache 157). Der nur mehr pejorativen Fassung des Lexems mittels des ἀνάγκη (der
Ausdruck ζυγὸς ἀνάγκη ist sonst nicht belegt) und der Sachaussage von Barn 2,6 näher stehen seine
Verwendung in Apg 15,10 und Gal 5,1. EvEb *fr.* 6 (NTApo⁶ 1,142) inkriminiert die Aussage (des Mt oder
des EvHebr), der zufolge Christus kam, um vom Opfergesetz zu befreien. Weitere Belege bei WIN-
DISCH, Barnabasbrief 311, der einen literarischen Zusammenhang zwischen dieser pejorativen, ntl. Be-
zeichnung des atl. Zeremonialgesetzes und Barn 2,6 für sehr wahrscheinlich hält.

[21] WINDISCH, Barnabasbrief 312.

[22] Barn dediziert sechs bzw. sieben (2,4f.) Zitate an seine Gegenüber, die Juden, neun Sentenzen richtet
er ausdrücklich an seine Bezugsgruppe. Die Zueignung von wörtlichen Wiedergaben aus der Schrift an
seine Kontrahenten erfolgt stets summarisch und unpersönlich mittels Flexionen von αὐτός; entweder
mittels πρὸς αὐτούς (2,7; 3,1; 9,5; 12,7) – zu πρός mit Akk. vgl. BLASS/DEBRUNNER, Grammatik
§ 239,6; BAUER/ALAND, Wörterbuch, Sp. 1423 – oder sinngleich mit dem Dat. Pl. αὐτοῖς (6,8; 15,8). Im

nur insofern aneinderreihen kann, als πρὸς αὐτούς in V 5 schon mitgedacht wird, ist aus der Zitationsformel 2,7 zu erschließen, daß V 5, das erste Zitat, auch an die Juden adressiert ist. Die als rhetorische Frage gestaltete Gottesrede (vgl. die Zitationsformel und das betonte μὴ ἐγὼ ἐνετειλάμην), die stellvertretend für die jüdische Opferpraxis die beiden Hauptopferarten (Schlachtungen und Brandopfer) nennt, greift durch den ablehnenden Unterton ihrer Replik auf den Auszug aus Ägypten, das Initialereignis der Gottesvolkwerdung, das Hauptargument für das jüdische Selbstverständnis als Gottesvolk an. Die beiden anschließenden, mittels ἀλλά adversativ eingeführten, dekretalen Anweisungen (Imper./Iussiv) sollen zeigen, daß Gott selbst (τοῦτο ἐνετειλάμην αὐτοῖς) dem Volk, als er es aus Ägypten führte, nicht die atl. Opferpraxis als Heilsweg aufgetragen, sondern den im Leben des Gottesvolks wirksamen Gehorsam als das Entscheidende bestimmt hat. Diente die Schrift bisher dazu, den jüdischen Gottesdienst als unerwünscht und unwirksam zu erweisen, wird mittels dieses Mischzitats[23] aus Sach 7,10; 8,17, das durch seine Einführung mit der ganzen argumentativen Kraft des Exodus ausgestattet ist, bestimmt, daß der Kult kein Heil bewirkt, sondern es nur bezeugen kann[24]. Was Barn 2,8b noch als Verbot formuliert (κακίαν μὴ μνησικακείτω καὶ ὅρκον ψευδῆ μὴ ἀγαπᾶτε), wird in 2,10b positiv in zwei Geboten ausgesagt, die nicht mehr an die Juden, sondern an ,uns', also Christen der Couleur des Vf. gemäß, gerichtet sind.

9 Der betonte Einsatz mit dem Inf. Passiv αἰσθάνεσθαι, der mit ὀφείλομεν verbunden ein ἵνα vertritt, signalisiert, daß V 9 Auslegung ist; die Partikel οὖν bestimmt sie als Folgerung. Das Finitum ὀφείλω, das im Barn stets im Pl., siebenmal in der 1. Pers. Präs. (1,7; 2,1.9f.; 5,3; 6,18; 7,1), zweimal in der 2. Pers. Imper. (4,6; 13,3) sowie im Rahmen eines Zitats aus Num 19 in der 3. Pers. Präs. (7,11) begegnet, ist immer mit Infinitiven verbunden, die die Angesprochenen zu einer Haltung (προσάγειν, ἐκζητεῖν, αἰσθάνεσθαι, ἀκριβεύεσθαι, συνιέναι, ὑπερευχαριστεῖν, αἰνεῖν, λαβεῖν) aufrufen, deren Grund oder Ziel Gott ist. Dies deutet darauf

---

Gegensatz zu den im Grunde gleichlautenden Widmungen an „jene", haben die neun Dedikationen an die Eigengruppe einen je besonderen Wortlaut. Bis Barn 7 schließt sich der Vf. mit den Lesern als Adressat zusammen. In diesen vier Fällen bildet die Widmung an „uns" den Kontrast zu einer vorausgehenden Zitatenzueignung an die Juden (ἡμῖν 2,10; πρὸς ἡμᾶς 3,3; περὶ ἡμῶν 6,12a; ἰδὼν τὸ καλὸν πλάσμα ἡμῶν 6,12b). Eine Variante dieser summarischen Zueignungen – wozu auch ein bloßes τέκνα 15,4b gehört – ist die Widmung an einzelne, die als Vorbilder die Gemeinschaft vertreten. Hierzu gehören Ἰησοῦ, υἱῷ Ναυή 12,9, τῷ Ἀβραάμ 13,7b, πρὸς Μωϋσῆς 14,3 sowie der Vf. selbst: μοι in 15,4b. Diese distributive Verteilung von Schrifzitaten begegnet christlicherseits zuerst in Röm 10,20.21. Nur entfernt damit vergleichbar ist die (typologische) Dichotomie von Christentum und Judentum mittels des Schriftverweises auf Hagar und Sara (Gal 4,21–31) oder Lea und Rahel (Just. *dial.* 134,3).

[23] Vgl. S. 334f. unter Punkt ,1. Die gleichnishafte und christozentrische Konstitution der Schrift'. WENGST, SUC 2,125 Amn. 112, diagnostiziert einen „Gedächtnisfehler".

[24] Vgl. SCHNEIDER, Der Prophet Jeremia 81f. Auch Hos 6,6 und Am 5,24 verbinden ihre Kritik am veräußerlichten Kult, der sich speziell in den Opfern bekundet, mit ethischen Ersatzforderungen. Beachtlicherweise paart Hos 6,6b analog zu Barn 2,7f und Barn 2,9a seine Kritik an den Opfern und die Forderung zur (werktätigen) Liebe mit dem Gebot zur ,Gotteserkenntnis'. Sie scheint geradezu die Bedingung dafür zu sein, daß Gottes Heilswille zum Durchbruch gelangt.

hin, daß sich mit dem Lexem ὀφείλω der Vf. zu Wort meldet. Die ἀγαθωσύνη[25] kommt von Gott; der Ausdruck begegnet mit dieser Konnotation noch in 2 Esdr 19,35 (Neh 9,36),[26] und zwar als Übersetzung von טוב (Güte, Wohlwollen),[27] und klingt in 2 Thess 1,11 an. Πατήρ als Bezeichnung von Gott als Vater der Christen begegnet in Barn nur hier; im Sg. ist das Lexem sonst christologisch verwendet zur Benennung Gottes als Vater Jesu Christi (12,8; 14,6), oder es meint konkret die Stammväter Jakob (13,5) und Abraham (13,7); im Pl. bezieht sich der Term stets auf die ‚Väter Israels'. Weil die ἀγαθωσύνη aus der Schrift zu erfassen ist, mit der die Christen über alles verfügen, was ὁ δεσπότης, also Gott, durch die Propheten ge-offenbart hat (vgl. 1,7a), ist Gott immer schon ‚unser' Vater und sind ‚wir' immer schon ‚Söhne Gottes' (vgl. 4,9b). Gottes Offenbarung mit der Verheißung seines Gottseins (vgl. Gen 17,7) ist immer schon auf die Kirche gerichtet. Die Heilszusage seines Gottseins wird im Vatersein für die Christen konkret. Daher sind sie der Bezugspunkt aller Verheißung. Somit ist die Kirche die von Gott durch „seinen Geliebten" (vgl. 3,6) bereitete Nachkommenschaft Abrahams. Gleich die erste ‚Er-forschung der Rechtstaten des Herrn' (vgl. 2,1) gibt Israel und alle jüdischen Prä-rogative als von Anfang an nichtig zu erkennen.

Der Kausalsatz enthält das Verdikt über die jüdische – „ἐκεῖνοι hier zum ersten Male für die Juden; vgl. noch 3,6; 4,6; 8,7; 10,12; 13,1.3; 14,5"[28] – Opferpraxis: Sie ist nichts als ein Irrweg, ein von Grund auf fehlgeleiteter Versuch, Gott gehorsam zu sein. Typisch dafür ist ein Unverständnis (μὴ ὄντες ἀσύνετοι) für die Intention in den Aussagen der Schrift, d.h. eine Verweigerung gegenüber der gütigen Absicht Gottes (τὴν γνώμην τῆς ἀγαθωσύνης τοῦ πατρὸς ἡμῶν) und eine Mißachtung des von der prophetischen Überlieferung bezeugten κατήργησεν (2,6). Insofern es nun erklärter Wille Gottes (θέλων + AcI) ist, daß ‚uns' selbiges nicht widerfährt, gilt es, die Intention in den Aussagen der Schrift zu verstehen. Nur unter diesem Vorzeichen ist aus der Schrift zu entnehmen, was gottgefällig ist und Heil verbürgt. Der Konj. προσάγωμεν greift auf die Hauptdirektive in 1,7b zurück und hat zu-gleich als Einleitung[29] zu 2,10 zu gelten. Die terminologische Verbindung zwischen 1,7 und 2,9 (προσάγω) sowie zwischen 2,9 und 2,10 (πλανάω/πλάνη) zeigt an, daß es um die rechte, d.h. heilsrelevante Gottesfurcht geht. Grundlage des Motivs kann Jer 4,22 sein.

10 Die gruppenbezogene Widmung in 2,7a, von der auch das Zitat in V 5 erfaßt ist, bereitet die komplementäre Zueignung des Zitats in 2,10b durch die Zitations-formel in 2,10a bereits vor. Daß die Gemeinde Empfänger und Hermeneut der

---

[25] Die Vokabel – im Barn nur hier – ist in der Profangräzität nicht bezeugt, auch Philo kennt sie nicht. An ihrer Stelle findet χρηστότης Verwendung (vgl. die Liste in Gal 5,22). Innerhalb der neutestament-lichen Literatur begegnet ἀγαθωσύνη nur bei Paulus (Röm 15,14; Gal 5,22) und der paulinischen Tradi-tion (Eph 5,9; 2 Thess 1,11). Nach Barn ist in der frühchristlichen Literatur ἀγαθωσύνη erst wieder bei Thphl.Ant. *Autol.* 1,3 und dann bei Clem. belegt.

[26] Vgl. WINDISCH, Barnabasbrief 312.

[27] Vgl. KBL 350.

[28] WINDISCH, Barnabasbrief 312.

[29] Vgl. WINDISCH, Barnabasbrief 312.

Rechtssatzungen des Herrn ist (1,7; 2,1), wird in 2,10 aufgegriffen, indem sie explizit und direkt zum Adressat der prophetischen Verkündigung wird. Der prophetische Ruf gilt unmittelbar der Gemeinde. Das Zitat 2,10b basiert im ersten Teil auf Ps 50[51],19a.[30] Der Teil über die ὀσμή stammt einer Randnotiz in H zufolge aus der ApcAdam,[31] doch existiert in ihr weder eine vergleichbare Rede über das Opfer noch über den wohlriechenden Duft. Mit ὀσμὴ εὐωδίας τῷ κυρίῳ geben die griechischen Bibelübersetzungen eine zweigliedrige kultische Funktions- und Dedikationsformel wieder (רֵיחַ נִיחֹחַ לַיהוָה), die durch ihre hauptsächliche Verwendung als Beschluß einzelner Opfervorschriften des Pentateuchs[32] (vgl. Lev 1,9.13.17; 2,9; 3,5.16) und durch die häufig vorausgehende Bestimmung des gewidmeten Objekts „als Opferfeuer" (אִשֶּׁה) oder durch Angabe des Opfertyps (z. B. עֹלָה) ihre Herkunft anzeigt. Das erste Glied bestimmt die Funktion des Objekts als Beschwichtigungsduft (רֵיחַ נִיחֹחַ), das zweite dediziert die Gabe ehrend Jahwe (לַיהוָה). Die ὀσμή-Sequenz in Barn 2,10 ist also ob ihrer Beheimatung im atl. Opferkult mit dem Stichwort θυσία konnotiert.[33] Die Widmung an den κύριος ist der Konvergenzpunkt von θυσία und ὀσμὴ εὐωδίας (vgl. Sir 45,16); zugleich ist sie Ansatz für eine (erläuternde) Aussage über den κύριος und über ein mit der ὀσμή-Sequenz als Gott wohlgefällig angekündigtes Opfer. Hierbei wird das Stichwort καρδία die Bezeichnung des κύριος als Bildner der Herzen (vgl. Ps 32[33],15) und der Gedanke des gottgefälligen Opfers das kultkritische Motiv, daß der Lobpreis Gottes ein gottgefälliges Opfer ist (vgl. Ps 49[50],14f.23), veranlaßt haben. Der Kombination liegt ein vergeistigter, weisheitlicher Opfergedanke zugrunde wie ihn Sir 32(35),8; 39,14 ausspricht, indem er die Aufforderung an den Frommen, Wohlgeruch zu verströmen, mit dem Ruf gleichsetzt, den Herrn für all seine Werke zu preisen.[34]

---

[30] Vgl. HATCH, Essays 181.

[31] Vgl. H fol. 39ᵛ20–23: „ψαλμ[ὸς] Ν´ καὶ ἐν ἀποκαλύψει Ἀδάμ". Ähnliche Marginalia in H finden sich zu Jes 1,11–13 in Barn 2,5 (ὅτι οὐδενὸς χρῄζει ὁ δεσπότης Ἡσαΐου), zu Dan 7,24 in Barn 4,4 (Δανιὴλ καὶ Ἔσδρας ἀπόκρυφος), zu Jes 33,18 in Barn 4,11 (Ἡσαΐας λγ´), zu Jes 53,5 in Barn 5,2 (Ἡσαΐου νγ´), zu Spr 1,17 in Barn 5,4 (παροιμιῶν), zu Gen 1,26 in Barn 5,5 (Γένεσις), Sach 13,6f. in Barn 5,12 (Ζαχαριου ιγ´), zu Ps 21(22),21; 118(119),120 in Barn 5,13 (ψαλ. κα´ und ψαλ. ριη´), zu Jes 50,6f. in Barn 5,14 (Ἡσαΐου ν´) zu Ps 117(118),22 und 21(22),17 in Barn 6,4 (ψαλ. ριζ´ und ψαλ. κα´) und zu Jes 3,9f. in Barn 6,7 (Ἡσαΐ. γ´). Vergleichbares findet sich in H nur noch zu Jes 53,1–12 in 1 Clem 16,3 (fol. 56ʳ18ff.).

[32] Vgl. DELLING, ὀσμή. ThWNT 5 (1954) 493.

[33] Das Bild vom wohlriechenden Duft für Gott beruht auf der antiken Vorstellung, daß Wohlgeruch „Merkmal göttlichen Lebens, Zeichen göttlicher Nähe, Form göttlicher Offenbarung" (LOHMEYER, Wohlgeruch 24) ist (vgl. AscJes [TextHisk] 6,17a). In Bar 5,8 ist der Duftbaum, der auf Gottes Geheiß Israel Schatten spenden wird, Hoffnungsbild für die Exulanten. Darf man Lohmeyers weiterer Beobachtung, daß diese Idee des wohlriechenden Dufts für Gott „in Ägypten … am engsten mit Opfergedanken und den Vorstellungen vom Leben nach dem Tode verbunden" (ib. 24) ist, etwas für die (geistige) Milieu der Motivverbindung in Barn 2,10 abgewinnen?

[34] In der jüdischen Traditionsliteratur ist mehrfach vom Duft (רֵיחַ) der Frommen die Rede – R. Jochanan über Abraham (Midr HL 1,3 [85a]), R. Jizchak über die Berufung Abrahams (GnR 39,1), R. Hoschacja über Noah (Sanh 108a), ferner die drei Männer im Ofen, Daniel –, der (zu Gott) emporsteigt (GnR 34 [21a]) oder sich verbreitet wie der Duft von Äpfeln, oder vom Verdienst der Gerechten, das lieblich ist vor Gott wie Balsamduft (TgHL 7,9). In der jüdischen Apokalyptik sind es zum einen die Gerechten, die die ὀσμὴ εὐωδίας verströmen (syrBar 67,6), und zum anderen, speziell in Konnotation mit dem Para-

Der Umstand, daß diese Zitatverbindung von Barn 2,10 in der altchristlichen Literatur in mehrfachen Variationen wiederkehrt[35] wird so zu deuten sein, daß die theologische Aussageabsicht, der Schöpfergott wollte einen ‚geistigen' Kult des Gottesgehorsams und des Lobpreises, die Überführung von Ps 50(51),19 und kultkritischer Paralleltexte wie Ps 49(50),14f.23, den 1 Clem 52,3f. seiner Teilrezeption von Ps 50(51),19 voranstellt, in Zitatsequenzen wie in Barn 2,10 bei Clem. und Iren. bewirkte. Die Marginalie in H zeigt insofern, daß diese Aussage nicht an Barn 2,10, sondern an Ps 50(51),19 haftete. Das Rezeptionsspektrum signalisiert jedenfalls für die Kirche des 2. Jh. einen theologischen Konsens in der Frage des gottgefälligen Opfers sowie die Kenntnis der dafür routinemäßig bemühten Texte. Dieser partiell sicher auch mündlich tradierte kultkritische Fundus der Alten Kirche dispensiert zwar nicht von der Frage, ob Barn diese Kombination in 2,10b, wie auch jene in 2,7f., geschaffen oder schon vorgefunden hat, doch können als Parameter nicht

---

diesesmotiv, ist es der Duft des Lebensbaums (äthHen 24,3–25,6; 29,2; 30,3–32,3; vgl. auch 5 Esra 2,12; weitere Belege bei UHLIG, Das äthiopische Henochbuch. JSHRZ 5/6, z.St.). Vielfach begegnet das Motiv in schöpfungstheologischen, hymnischen Passagen (vgl. VitAd 38; 4 Esra 6,44; LAB 32,8b, preist im ‚Deboralied': „Das Paradies ließ seiner Früchte Wohlgeruch verströmen"). Gemäß der im apokalyptischen Schrifttum beheimateten Vorstellung einer Entsprechung von paradiesischer Ur- und neuer Heilszeit kennzeichnet das Eschaton ein paradiesischer Duft (vgl. 5 Esra 2,12), der etwa vom Messias (syrBar 29,7) oder vom Herrn (OdSal 11,15) ausgeht. Jub 2,22 nennt gar alle Gebote Gottes einen „süßen Duft", der vor Gott aufsteigt und alle Tage vor ihm angenehm ist. Weitere jüdische Belege bei LOHMEYER, Wohlgeruch 25–31. Iren. haer. IV 14,3, ist der ‚Duft der Lieblichkeit' gar Gottesprädikat (est enim semper plenus omnibus bonis omnemque odorem suavitatis et omnes suaveolentium vaporationes habens in se [FC 8/4,108]).

[35] Vgl. insbesondere Clem. paed. III 12,90,4; str. II 18,79,1 und Iren. haer. IV 17,2. Es versteht sich, daß, von der Opferthematik gelöst, das Bild vom wohlriechenden und Gott wohlgefälligen Duft vielfältig verwendet werden konnte. Neben Pauli Selbstinterpretation seines Apostolats als Duft für die Menschen in 2 Kor 2,14–17, war das Bild des ausströmenden bzw. (wieder) emporsteigenden Duftes für (gnostische) Deutungen des Christusereignisses und der Erlösung (vgl. Eph 5,2b) vorzüglich geeignet; vgl. etwa die Charakterisierung der Systeme der ‚Sethianer' sowie des Basilides bei Hipp. haer. V 19,3; VII 22,14f. (GCS 3,116f.199f.; BKV[2.1] 40,125.202f.), ferner Iren. haer. I 4,1, der über das Ptolemäische Lehrsystem u.a. referiert: Die Enthymesis (Gedanke) besaß „einen gewissen Duft der Unsterblichkeit ...", der ihr vom Christos und dem heiligen Pneuma zurückgeblieben war" (FC 8/1,149). Zur Motivverbindung vgl. IgnEph 17,1; vielleicht darf auch auf IgnEph 20,2 φάρμακον ἀθανασίς gewiesen werden. Darüber hinaus vgl. LIDZBARSKI, Ginza 58,23–60,25; DERS., Mandäische Liturgien 199f. (Oxforder Sammlung, 2. Buch, XXX). In mandäischen Liturgien ist „lieblicher Duft" ein baptismaler Topos sowie innerhalb der soteriologisch-eschatologischen Dogmatik gnostischer Provenienz Sinnbild für den „Aufstieg" des einzelnen „zum Leben"; vgl. ib. 11–14.53f.64 (Das Qolasta VII, XXXI, XXXIV). Der Bekanntheitsgrad des Motivs läßt sich z.B. an einer der volkstümlichen Tierallegoresen des Physiologus ablesen. Phys.A. 16 berichtet über den Panther folgendes: Wenn er vom Fressen ausgeruht am dritten Tag in seiner Höhle erwacht, geht von seiner Stimme ein lieblicher Wohlgeruch (πᾶσα εὐωδία ἀρωμάτων) aus, der die wilden Tiere anlockt. Der Theologe, der den Panther mit Christus und das Erwachen mit der Auferstehung vergleicht, umschreibt dieses Heilsgeschehen dann bildlich damit, daß es „zu jeglichem Wohlgeruch (πᾶσα εὐωδία), den Nahen und den Fernen", geworden ist. Doch ist Wohlgeruch nicht immer Theophanie- und Heilssignal; auch Teufel und Ketzer können zur Tarnung und Verführung ‚lieblich duften' (vgl. Phys.A. 17). Zur frühchristlichen (vgl. IgnEph 17,1) und patristischen Resonanz insgesamt vgl. WINDISCH, Barnabasbrief 313, der auch biblische Vergleichstexte notiert, sowie die Hinweise bei LOHMEYER, Wohlgeruch 38–45, der die gnostische Verarbeitung des Motivs eigens referiert (erstaunlicherweise schenkt Lohmeyer Barn 2,10 keine Beachtung) und bei BUSCHMANN, Polykarp 301–306.

mehr einzig die griechischen Bibelübersetzungen gelten. Der konsekutive Anschluß in Barn 2,10a, der wiederum Gott als Subjekt reklamiert und somit den Da-
vidspsalm analog den vorausgehenden Prophetenzitaten als Gottesrede einführt,
zeigt, daß Barn den Term προφήτης nicht auf das Prophetenkorpus der biblischen
Schriften begrenzt, sondern daß ihm die gesamte atl. Überlieferung als prophetisch
gilt, insofern in ihr Wort und Weisung Gottes vorliegt.

Das freie Zitat in Barn 2,10b aus dem in seiner Wirkungsgeschichte kaum über-
schätzbaren Ps 50(51),[36] ein Klagepsalm eines einzelnen, ist Teil des von der Erhö-
rungsgewißheit des Psalmisten getragenen proleptischen Dankes, in dem das obligate Dankgelübde, für die Errettung bzw. Erhörung Opfer darzubringen (vgl. Ps
53[54],8), seinen Platz hat.[37] Im Anschluß an die prophetische Absage an die Gott-
gefälligkeit und Heilsbedeutung des Opferkultes bringt der Beter gemäß V 19 keines der atl. „Substitutopfer, sondern er bietet sich selbst als Opfer dar. ... Das Herz
des zerknirschten Büßers und flehenden Beters trägt der Psalmsänger vor Gott – in
der Gewißheit, daß dieses Opfer nicht einem deklarativen Verwerfungsurteil ver-
fällt, sondern Jahwe angenehm ist."[38] Rechtes Opfer bedeutet Ps 50(51) zufolge, die
selbstverschuldete Gottesferne zu erkennen und sie vor Gott einzugestehen. Opfer ist somit eine Frage der Gesinnung, mit der sich der Beter an Gott wendet. Die
auf Gott vertrauende Umkehr steht im Horizont des proleptischen Lobpreises
über Gottes Gerechtigkeit, die sich in neuem Heil für ihn, den schuldigen Menschen, erweist, und ist insofern Glaubenszeugnis, ist zugleich Sündenbekenntnis
und Bekenntnis zum Heilswillen Gottes. Auf diesen und einen weiteren Aspekt
kommt es Barn 2,10 an: Nicht irgendwer oder irgendwas, sondern die Schrift sagt,
und zwar sagt sie es ausdrücklich ‚uns', was Gott wohlgefällig und deshalb heilsrelevant ist. Es wird hier nun der Zweck aller Offenbarung (vgl. 1,7; 2,4; 5,3; 7,1) offenkundig: Wenn man sie nach den Rechtsforderungen Gottes durchforscht, gewinnt man jene Gnosis, die zusammen mit dem Glauben zum Heil führt. Von
dieser Absicht her erklärt sich die Mahnung von 2,10c. Es gibt offensichtlich Gelegenheiten, in denen das Risiko besonders groß ist, einem Irrtum über die Erlan-
gung göttlichen Heils zu verfallen. Deshalb bedarf es intensiver Wachsamkeit. Wie
sich ein solcher Irrtum austrägt, ist in Barn 2,5.7 vor Augen geführt. Der Irrtum ist
Ausdruck des theologischen, genauer soteriologischen Defizits, das der Vf. bei den
Juden diagnostiziert und das er exemplarisch am jüdischen Zeremonialgesetz[39]
illustriert. Wer diesen Vorschriften folgt, setzt sein eschatologisches Heil aufs Spiel
(ἵνα μὴ ... ἐκσφενδονήσῃ ἡμᾶς ἀπὸ τῆς ζωῆς ἡμῶν), weil er erstens Gott auf die
Verdienstlichkeit eines rein menschlichen Kultes verpflichtet und zweitens gegen
dessen ausdrücklichen Willen handelt. Diese Haltung, die jener von allen Propheten (2,4) bekannt gemachten (2,8.10b) diametral entgegensteht, ist nicht nur defizitär, sondern im Kern gottwidrig. Mittels der prophetischen Opferkritik zeigt der

---

[36] Vgl. KRAUS, Psalmen 548f.
[37] Vgl. KRAUS, Psalmen 547.557.
[38] Vgl. KRAUS, Psalmen 547f.
[39] Vgl. BROX, Zeremonialgesetz. LThK² 10 (1965) 1353f.

Vf. somit auch exemplarisch, daß die Schrift ein Offenbarungsbuch ist, „dazu bestimmt, die christliche Gemeinde vor dem Nomismus zu bewahren"[40]; in diesem
Sinn führt Barn 3 ein weiteres Beispiel an, ‚die Fasten'. Im Unterschied zu den Opfern sind zur Abfassungszeit des Barn ‚die Fasten' tatsächlich Ausdruck jüdischen
Glaubenslebens.

Die Mahnung in 2,10c bestätigt im übrigen, daß hinter dem Opfer- und Fasten-
thema die Frage nach der Heilsgewinnung als sachliche Klammer steht, und zeigt,
daß neben der grammatischen Verbindungen mittels kausaler und konsekutiver
Konjunktionen ein sachlicher Konnex zwischen Rahmen und Hauptteil besteht.
Die Themen ‚Opfer, Feste' und ‚Fasten', mit denen Barn exemplarisch dieses prophetische Wissen vor Augen führt, greifen als Formen der Gottesverehrung, des
Ausdrucks der Hoffnung auf göttliches Heil, die der Grundverpflichtung zur Gottesfurcht in 1,7b inhärente Frage auf, wie diese zu intensivieren und zu vervoll-
kommnen ist (πλουσιώτερον καὶ ὑψηλότερον). Das Motiv, daß diese Heilsaneig-
nung dämonisch bedroht ist[41] und deshalb besonderer Wachsamkeit bedarf (vgl.
2,1), ist ein Topos und kehrt in Barn 4,10.13 wieder.

Aus der Opferthematik sowie der nachdrücklichen Mahnung (ἀκριβεύεσθαι
οὖν ὀφείλομεν) und der Warnung vor dem Irrtum kann jedoch nicht auf eine gegenwärtige, durch den in 16,4 vielleicht angedeuteten Neubau des Tempels zu Jerusalem akute Gefährdung der Leser geschlossen werden, sich zum Judaismus
oder zum Judentum hinzuwenden. Dennoch ist die Situation der Leser das Fer-
ment beider Themen. Während Barn 2,4–10 den jüdischen Opferdienst, der im
Gesichtkreis des Vf. bereits Vergangenheit ist, als verworfenen Heilsweg erweist,
wendet sich Barn 3 dem an die Stelle des seit der Zerstörung des zweiten Tempels
ruhenden Opferkults getretenen Fasten zu. Mit dem Thema Fasten begibt sich der
Vf. in seine Gegenwart.

Die Fasten – das Beispiel für τὰ ἐνεστῶτα (3,1–6)

Barn 3,1–5 besteht in der Hauptmasse aus einem Zitat aus Tritojesaja. Gegenüber
der Vorlage Jes 58,4b–10a, wie sie die älteren griechischen Jesajaübersetzungen bezeugen – die Versionen von α´, σ´ und ϑ´ haben auf Barn 3,1–5 keinen Einfluß –,
zeigt der Text Zufügungen, Kürzungen und stilistische Änderungen.[1]

1.2 V 1 setzt mit einer Zitationsformel und der Widmung des Zitats aus Jes 58,4f.
an die Juden ein. Die Zueignung hier und in Barn 3,3 verteilen die in Barn 3,1–5 aus
Jes 58,4b–10a aufgenommene zusammenhängende Sequenz über Fasten auf zwei
Gruppen: Auf die Juden, denen mit Tritojesaja ihr unerwünschtes und unwirksa-
mes Fasten vorgehalten wird (Jes 58,4f.), und auf die Leser, die entsprechend Barn
1,7a auch darüber unterrichtet sind, was gottgefälliges und heilsrelevantes Fasten

---

[40] WINDISCH, Barnabasbrief 317.
[41] „ὁ πονηρός für den Teufel 4,13; 21,3" (WINDISCH, Barnabasbrief 313). Zu ὁ πονηρός vgl. die Auslegung von Barn 2,1.
[1] Vgl. die detaillierte Liste der Varianten bei HATCH, Essays 184f.; WINDISCH, Barnabasbrief 316f.

meint. Die Zitationsformel und die mit dem Zitat übernommenen Botenformeln (λέγει κύριος) des Tritojesaja weisen die Sentenz als Gottesrede aus. Περὶ τούτων stellt den Sachbezug her; es schließt Barn 3 über das Stichwort σωτηρία in 2,10c an die Thematik von Barn 2,4–10 an. ‚Die Fasten' sind für den Vf. ebenso wie der Opferkult unter eschatologisch-soteriologischer Rücksicht ein Thema.

Weil die kultische Befragung Gottes (Jes 58,1–3) ausgespart ist, mußte auch Jes 58,4a getilgt werden. Daher ist Jes 58,4b, womit Barn 3,1 einsetzt, keine *rhetorische* Gottesfrage mehr, die, wie nicht anders zu erwarten, nicht von gottgemäßem Handeln getragenes Fasten mit Ablehnung quittiert, weil es unter Mißachtung des für die Fasten gültigen festtäglichen Ruhe- und Friedensgebots in geschäftigem Treiben[2] ein nur äußerliches Tun ist. Das Zitat ist nun vielmehr im Blick auf die Widmung eine Frage an die Juden, wie ein Verhör, das in seiner schroffen Form eine ernstliche Erwiderung ausschließt. Zugleich ist die Umgestaltung der rhetorischen Frage nun Themenangabe. Entsprechend meinte in Tritojesaja κραυγῇ τὴν φωνὴν ὑμῶν die Geschäftemacherei, den Streit und den Zank, die das Fasten entwerten. Barn 3,1 hingegen legt nahe, den Ausdruck auf das lauthals das Fasten begleitende Flehen, auf die demonstrativen[3] Selbstanklagen des Büßers zu beziehen, die Gott nicht minder lästig, aber auf jeden Fall genauso unwirksam (3,2) sind, wie einst schon die zeremonialgesetzlichen Opfer.

Unter der Maßgabe, was gottgefällig ist, stellt Barn 3,1–3, eingeleitet mit dem betonten, machtvoll gesprochenen μὴ ἐγὼ ἐξελεξάμην 3,1 (vgl. 2,7 μὴ ἐνετειλάμην), das im ἐγὼ ἐξελεξάμην von 3,3 seinen Gegenpol hat, und geschieden durch die gruppenbezogene Zitationsformel in 3,3a, die abzulehnende Fastenpraxis (Barn 3,1c.2 par Jes 58,5)[4] einer erwünschten (Barn 3,3b par Jes 58,6f.)[5] gegenüber. Das von Gott verworfene Fasten wird durch die Aussage vom Menschen, der sich selbst kasteit, wozu die Riten des Kopfbeugens und das Benutzen von Sack und Asche als Buß- und Trauerformen (vgl. 6 Esra 16,1) treten, erläutert. Während der hebräische Jesajatext zwei parallele Aussagen (‚Tag der Selbstkasteiung' zum einen und Kopfbeugen usw. zum anderen) macht, versteht Barn mit den älteren griechischen Übersetzungen des Jesajatextes die Riten als Steigerungen des Kasteiens (vgl. den kopulativen Anschluß von 3,2 mit οὐδέ ἄν sowie den ebenfalls mit οὐδέ eingeleitet Gottesbescheid).

3–5 Das folgende zusammenhängende Zitat aus Jes 58,6–10a ist mittels πρὸς ἡμᾶς in formaler Entsprechung zur Widmung in 3,1 nun wieder den Lesern zugedacht, wobei sich der Vf. mittels des ἡμᾶς ausdrücklich mit ihnen gleichstellt. Bedingt durch die Aufteilung des Zitats und den Neuansatz formuliert Barn die Sentenz aus Jes 58,6a (οὐχὶ τοιαύτην νηστείαν ἐγὼ ἐξελεξάμην, λέγει κύριος, ἀλλὰ

---

[2] Vgl. Ziegler, Isaias 166, sowie die Hinweise bei Podella, Sôm-Fasten 217.

[3] Hierauf liegt in Barn 3,1 der Akzent. Daß ταπεινοῦντα τὴν ψυχήν auch wörtlich ‚demütigen der Seele' meinen kann, als Ausdruck der frommen Gesinnung, der Buße, die auch die Fasten intendieren, hat van Unnik, ΤΑΠΕΙΝΟΥΝ ΤΗΝ ΨΥΧΗΝ 79, betont.

[4] Vgl. Herm. *sim.* V 1,2f.; Just. *dial.* 15,3.4b.

[5] Vgl. Herm. *sim.* V 1,3b–5; Just. *dial.* 15,1f.4c–6a; 40,4.

λῦε κτλ.) positiv und signalisiert durch den formelhaften Einsatz mit ἰδού, daß das
folgende prophetisches Offenbarungswort sein will: ἰδοὺ αὕτη ἡ νηστεία ἣν ἐγὼ
ἐξελεξάμην, λέγει κύριος· λῦε κτλ. Dieser redaktionelle Eingriff in den Jesajatext
kehrt bei Clem. *paed.* III 12,90,2 wieder.[6]

Der in Barn 3,1f. verworfenen Fastenpraxis setzt Barn 3,3 par Jes 58,6f. „eine
Reihe von sozialen Handlungen entgegen, welche nicht das Fasten ersetzen ...,
sondern ... inhaltlich neu qualifizieren"[7] wollen. Barn 3,4f. par Jes 58,8.9a schließt
an die rechte Durchführung des Fastens eine Heilsverheißung an. Rechtes Fasten
und Heil stehen in einem Konditionalgefüge. Mit dem rechten Fasten, der Protasis,
das V 3 erst mit vier dekretalen Anweisungen (vgl. die Imper. λῦε, διάλυε, ἀπόστελλε, διάσπα) und dann mit zwei, jeweils Dekret (διάθρυπτε, εἴσαγε) und Kasus (καὶ ἐὰν ἴδῃς ... περίβαλε/ὑπερόψῃ) verbindenden Doppelinstruktionen vorschreibt, korrespondieren im Mittelglied (3,4.5a) zwei mit τότε eingeführte futurische
Heilszusagen, gewissermaßen als Apodosis (vgl. 5 Esra 2,20–32). In Barn 3,5b sind
die Propria der Doppelinstruktionen variiert, doch sinngleich und ebenfalls als
Gottesrede wiederholt. Die Heilsverheißung wird mittels traditioneller Theopha-
nietermini (ῥαγήσεται πρώιμον τὸ φῶς; ἡ δόξα τοῦ θεοῦ; ὁ θεὸς ἐπακούσεται)
formuliert (vgl. Dan 12,3). Höhepunkt ist die Zusage, daß ἡ δόξα τοῦ θεοῦ, d.h.
Gott selbst, sein Volk schützend umgibt und für sein Volk präsent ist (ἰδοὺ πά-
ρειμι). „Soziales statt rituelles Fasten, d.h. auf den Mitmenschen bezogene Absti-
nenz von eigenen Bedürfnissen, ... verhilft zum Attribut der Gerechtigkeit. Sie bildet die Voraussetzung dafür, daß die erbetene Gottesnähe ... dem Menschen
gleichsam als permanente Theophanie ... zuteil wird."[8] Gottgefällige Opfer und
rechtes Fasten bewirken, daß Gott den Ruf seines Volkes erhört.

6 setzt ein wie 2,6. Das Christusereignis hat wie alle prophetische Offenbarung[9]
nur ein Ziel: die Ermöglichung, bei Gott zu sein. Die soteriologisch-eschatologische Dimension, die 2,10c durch die beiden Stichworte σωτηρία und ζωή ins
Zentrum des Interesses gerückt hat, greift der Finalsatz von 3,6 auf. Mit einem
Gegenbild (ἐπήλυτοι) zu den ἀδελφοί wird all jenen, die dem Willen Gottes, den
δικαιώματα κυρίου, nicht folgen, ein endgültiges Scheitern angesagt.

Das substantivische, absolute ὁ μακρόθυμος ist wegen des Bezugs auf ‚seinen
Geliebten' im Relativsatz titulare Gottesbezeichnung und als solche singulär. Der
Term begegnet in theologischem Zusammenhang selten und ist dann – geprägt
durch die griechischen Bibelübersetzungen – meist Attribut zu κύριος oder θεός.
In dieser Richtung liegen auch OrMan 2.22,7; 1 Clem 19,3 und Herm *sim.* VIII 11
(77,1). Kern dieses Gottestitels ist der Ruf zu der von Gott eröffneten Umkehr.[10] In

---

[6] Vgl. S. 34ff. unter Punkt ‚1. Die Rezeption durch Clemens Alexandrinus'.

[7] PODELLA, Sôm-Fasten 217f.

[8] PODELLA, Sôm-Fasten 223; vgl. auch Dan 4,23f.; AscJes (TestHisk) 9,9.

[9] Zum Kompositum προεφανέρωσεν vgl. S. 417f. die Auslegung von Barn 11,1a.

[10] Ὁ μακρόθυμος erklärt sich semantisch von ἡ μακροθυμία her, das in den griechischen Bibelübersetzungen das „Zögern vor dem Übergang zum Zorn u. darum auch die Generosität des Verzeihens"
(SPANNEUT, Geduld. RAC 9 [1976] Sp. 254) bezeichnet. „Es wird hauptsächlich von Gott ausgesagt,
der die Sünde des Menschen erträgt u. seine Bekehrung abwartet ..., weil er Herr der Zeit u. der Verge-

Verbindung mit πιστεύσει ὁ λαός ist daher auf das Bekenntnis zum Heilsereignis Jesu Christi abgehoben; hierauf weist der folgende Relativsatz. Ὡς ἐν ἀκεραιο-σύῃ mag von daher zum einen auf die sündenvergebende Wirkung der Taufe, zum anderen – mit Blick auf das Gegenbild in Barn 10,4b – auf den in ihr begründeten und durch sie geforderten (frommen) Lebenswandel anspielen.

Das Lexem ἐπήλυτος ist in der Profangräzität kaum belegt; zur Benennung des ,Einwanderers, des Fremden, des Ausländers' wird ihm das Nomen ἔπηλυς vor-gezogen.[11] Die neutestamentliche Literatur kennt weder ἔπηλυς noch seine Deri-vate, auch nicht als handschriftliche Varianten zu προσήλυτος (Mt 23,15; Apg 2,11; 6,5; 13,43)[12]. In bezug auf die griechischen Bibelübersetzungen sowie auf die Apo-stolischen Väter ist ἐπήλυτος ein Hapaxlegomenon (ἔπηλυς ist nicht bezeugt), das im Pl. nur hier in Barn 3,6 und im Sg. in Ijob 20,26 als Übersetzung von שָׂרִיד be-nutzt ist und dort den „dem Schwert Entronnenen", den „Hinterbliebenen", den „verschonten letzten Mann" meint.[13] Die Semantik von ἐπήλυτοι in Barn 3,6 ist je-doch nicht vom Sprachgebrauch im Buch Ijob her zu erklären. Sachlich näher steht Barn 3,6 die Verwendung von ἐπήλυτος bei Philo.[14] Zum einen verwendet Philo die Termini ἔπηλυς (Exsecr. 152; Flacc. 54)[15] und ἐπήλυτος synonym zu προσ-

---

bung ist" (ib.). Entsprechend zeigt das in der Schrift prädikativ in Bezug auf Gott selbst bzw. auf sein Wirken verwendet Adj. μακρόθυμος (vgl. Ex 34,6; Num 14,18; Ps 7,11; 85,15) die Möglichkeit zur Um-kehr an; vgl. Lona, Clemensbrief 248f.

[11] Vgl. Hdn. Epim. (S. 186,11f.) erklärt: ἐπήλυτος καὶ ἐπήλυσις, ἡ ἐπέλευσις, ähnlich Hsch. ε΄ 4559: ἐπήλυτος· ἔποικος An. προσήλυτος, und Suid. ε΄ 2179: ἐπήλυτος· πάροικος, ἔποικος. Vgl. ferner die Hinweise bei Pape, Wörterbuch 2,920; Liddell/Scott, Lexicon 620; Kuhn, προσήλυτος. ThWNT 6 (1959) 728. „Der Wortbildung nach ist ἐπήλυτος wie προσήλυτος ein nomen verbale von ἐλήλυθα, und hängt zunächst mit ἔπηλυς zusammen, mit dem μέτηλυς parallel ist, wie mit jenem συνήλυτος, das sich ebenfalls auf die einfachere Form σύνηλυς stützt" (Müller, Erklärung 93).

[12] Vgl. Kuhn, προσήλυτος. ThWNT 6 (1959) 742f.

[13] Vgl. KBL 931; Brown, Lexicon 975. Müller, Erklärung 94, registrierte neben Ijob 20,26 fälschlich noch Lev 16,29 als biblischen Beleg für ἐπήλυτος, denn alle direkten und indirekten Textzeugen über-liefern für Lev 16,26 προσήλυτος. Für Ijob 20,26 hingegen ist προσήλυτος nicht bezeugt; die Itazismen in drei Minuskeln des 13./14. Jh. sowie der Ersatz von ἐπήλυτος durch ἔπηλυς im Ijobkommentar des Arianers Julian weisen darauf hin, daß die Semantik von ἐπήλυτος in Ijob 20,26 kontextbezogen, ohne Valenz zum Terminus technicus προσήλυτος ist. Hierauf bestand schon Or. enarr. in Job Στίχ. κε΄: Κακῶσαι δὲ αὐτοῦ ἐπήλυτος τὸν οἶκον. Ὁ πολεμήσας τὸν λαὸν ἐκεῖνον ἐπήλυτος ἦν, καὶ οὐ προσ-ήλυτος· (PG 17,76).

[14] Über den Gebrauch der verschiedenen Wortformen von ἔπηλυς, ἐπηλύτης, ἐπήλυτος, προσήλυτος vgl. die Liste bei Müller, Erklärung 94.

[15] Ein Sonderfall ist der Term ἔπηλυς in Flacc. 54; er steht dort parallel zu ξένος. Philo referiert den Er-laß des Präfekten Flaccus, der die Juden Alexandriens – und wohl ganz Ägyptens – aller religiösen Pri-vilegien und bürgerlichen Rechte enthob und die Judenpogrome des Jahres 38 ermöglichte: ὀλίγαις γὰρ ὕστερον ἡμέραις τίθησι πρόγραμμα, δι᾽ οὗ ξένους καὶ ἐπηλύδας ἡμᾶς ἀπεκάλει μηδὲ λόγου με-ταδούς, ἀλλ᾽ ἀκρίτως καταδικάζων. Auf der Grundlage dieses durch Ereignisse spezifisch geprägten Sprachgebrauchs von ἔπηλυς wäre über die theologische Aussage hinaus auf die konkrete Gefahr ange-spielt, daß denen, die dem ,Gesetz jener' folgen, also das Judentum neben dem Christentum praktizieren oder ihm sowie seinen Einrichtungen zumindest eine Heilsbedeutung nicht abstreiten (vgl. auch Barn 9,4-9; 10; 15; 16), ein Schicksal droht, wie einst den Glaubensgenossen Philos. Stammt der Barn aus Alex-andrien, wo am Vorabend des Bar Kokhba-Aufstands durch angereiste palästinische Zeloten ebenfalls antirömische Agitation laut wird, so würde der Vf. auch oder vor allem als Überlebensstrategie Front ge-

ἤλυτος (*somn.* II,273; *spec.* 1,51f; 1,308f.) zur Bezeichnung des zum Judentum übergetretenen Heiden. Ἐπήλυτος umfaßt in diesem Sinne alle Eigenschaften, die im hellenistischen Judentum mit dem religiösen Würdetitel[16] προσήλυτος verbunden wurden. Der Sinn von ἐπήλυτος ergibt sich jedoch nicht nur von hierher. Philo verwendet ἔπηλυς und ἐπήλυτος wiederholt in Konnotation mit πάροικος (*cher.* 120f.; *spec.* 4,176), das auch in der neutestamentlichen Literatur bezeugt ist (Apg 7,6.29; Eph 2,19; 1 Petr 2,11) und hier wie beim Alexandriner den Nichtbürger und Fremdling im Unterschied zum Beisassen (μέτοικος; vgl. *virt.* 105), Volksgenossen (ὁμοεθνής; vgl. *virt.* 102) und Hausgenossen (οἰκαῖος; vgl. Eph 2,19) Gottes meint. In diesem weiteren Kontext bewahrt ἐπήλυτος seine aus der Profangräzität bekannte, zu ξένος synonyme Grundbedeutung von ‚Fremder'.[17] Die beiden Termini ἐπήλυτος und πάροικος drücken, mithin graduell verschieden, jemandes Nichtzugehörigkeit zu einer Gemeinschaft aus, d.h. ἐπήλυτος ist in seiner Grundbedeutung die Etikettierung und Positionszuweisung einzelner als Fremde aus der Perspektive der Allgemeinheit.[18] Die spezifische Semantik wird klar, wenn zum einen das Antonym[19] αὐτόχθων (*somn.* 160) bedacht wird, das in der Profangräzität und bei Philo den Einheimischen, den mit allen Rechten und Pflichten ausgestatteten Vollbürger bezeichnet, und zum anderen, daß für Philo der Bezugspunkt des ἐπήλυτος stets das Volk Gottes ist. Einheimischer, d.h. Jude, ist der ἐπήλυτος im engeren religiösen Sinn als Proselyt (*spec.* 1,52). Im Unterschied jedoch zu προσήλυτος, das bei Philo nur noch ein religiöser Würdetitel ist, beschreibt ἐπήλυτος, zumal im Kontext mit πάροικος und μέτοικος, die soziologische Stellung des im Land ansässigen und schutzwürdigen Fremden[20], also jenen Aspekt des גר, den schon die griechischen Bibelübersetzungen nicht mit dem üblichen προσήλυτος, sondern meist mit πάροικος bzw. ξένος wiederzugeben versuchten[21]. In diesem Zusammenhang ist jemand ἐπήλυτος nie aus sich, sondern stets in bezug auf eine Gemeinschaft. Im jüdisch-hellenistischen Raum ist das Lexem entsprechend ein theologisch gefüllter Begriff, der den Bezeichneten vom Volk (Gottes) abhebt. Ein ἐπήλυτος zu sein bedeutet, nicht zum Volk (Gottes) zu gehören.

---

gen alles Jüdische machen. Ganz abgesehen vom Sachzusammenhang, in dem Barn 3,6 steht, spricht gegen diese Interpretation zum einen, daß Barn 3,6 nicht ξένος und ἔπηλυς, sondern ἐπήλυτος verwendet und zum anderen, daß von einer aktuellen Bedrohung der Leser – oder der inkrimminierten Gegner – durch Dritte an keiner Stelle die Rede ist. Die Textbasis ist also zu schmal, um die Situierung des Barn auf diesem Weg zu präzisisieren. Vgl. dazu S. 119–130 sowie die Auslegung zu Barn 16,3f.

[16] Vgl. KUHN, προσήλυτος. ThWNT 6 (1959) 732f.

[17] Vgl. Sib 7,85: οὐδὲ θύρην κλείσεις, ὅτε τίς σοι ἐπήλυτος ἄλλος ἥξει δευόμενος πενίην λιμόν τ᾽ ἀπερύκειν („Und nicht wirst du die Tür verschließen, wenn dir ein Fremder naht und bittet, Armut und Hunger abzuwehren."; vgl. NTApo⁵ 2,603). „Bei Lucian Hermotim. § 24 werden die ἐπήλυδες καὶ ξένοι αὐθιγενεῖς entgegengesetzt" (MÜLLER, Erklärung 94).

[18] So auch der Sprachgebrauch bei Josephus, *AJ* VIII 4,6; 12,2; X 10,1; *BJ* III 10,5.10; *Ap.* 1,35; vgl. MÜLLER, Erklärung 94; KUHN, προσήλυτος. ThWNT 6 (1959) 732f.

[19] Vgl. die Hinweise bei PAPE, Wörterbuch 2,920; MÜLLER, Erklärung 94.

[20] Bezüglich der Schutzwürdigkeit stellt Philo, *spec.* 4,176 den ἐπήλυτος Witwen und Waisen gleich.

[21] Vgl. KUHN, προσήλυτος. ThWNT 6 (1959) 731f.

Auf diesen innerjüdischen Konnex spielt Barn 3,6 an. Barn knüpft also nicht an Philos exklusiv religiösen, mit προσήλυτος synonymen Sprachgebrauch von ἐπήλυτος an, sondern an die mit diesem Term festgehaltenen alttestamentlichen Differenz zwischen dem Volk und den schutzbefohlenen Fremden. Der Bezugspunkt der ἐπήλυτοι des Finalsatzes ist also ὁ λαός[22] der Parenthese. In Anspielung auf die Dahingabeformel in 1,1 sowie auf 1,5 sind die im Christusereignis begründete Heilsverfassung sowie der Glaube die Konstituenten des Volkes.[23] Beides unterscheidet die ἀδελφοί konstitutiv von den ἐπήλυτοι; ihre Gegenüberstellung ist der Schlußakkord zu den gruppenbezogenen Zitationsformeln in 2,4.7.10; 3,1.3. Die Aussage, der Langmütige[24] habe uns im voraus über alles unterrichtet, nimmt Barn 1,7 zusammenfassend auf. Sein konsekutiver Einsatz εἰς τοῦτο οὖν bereitet den ἵνα-Satz vor.

Am „Gesetz jener" wird zerschmettern, wer für dieses Gesetz Fremder ist. Dieses Bildwort des Finalsatzes bereitet Schwierigkeiten, weil den ἐπήλυτοι wie den Witwen und den Waisen Schutz und Fürsorge gebührt (vgl. Philo, *spec.* 4,176–178). Entgegen der Aussage von 3,6 ist für ἐπήλυτοι – sofern hier an Proselyten gedacht ist – gerade kennzeichnend, daß sie nicht am jüdischen Gesetz zerschmettert werden. Doch hat das Lexem durch seine Opposition zu ὁ λαός eine Zuspitzung und einen Bedeutungszuwachs erfahren: ἐπήλυτοι meint erstens – weit schärfer als im jüdischen Ambiente – die konstitutionelle Fremdheit gegenüber dem Volk. Zweitens sind jene, die nicht zu ihm gehören, Unwissende, Unverständige, wogegen das Volk über alles unterrichtet ist. Entscheidend aber ist, daß wiederum bei Philo, *cher.* 120f., in seiner Auslegung von Lev 25,23 die Vorstellung begegnet, im Verhältnis zum Schöpfer und zur Schöpfung besitze der Volksgenosse den Rang eines Beisassen und Fremdlings, wogegen der ἐπήλυτος wie ein Unverständiger als Verbannter behandelt wird. In diesem Verstehenshorizont stört nun im Blick auf die Parenthese, derzufolge ja die Angesprochenen keine ἐπήλυτοι sind, und auf 2,6, wonach das „Gesetz jener" außer Geltung gesetzt ist, die Anwendung des Bildworts und damit der kommunikative Pl. (ἡμῖν/προσορησσώμεθα) nicht mehr.

Die ἐπήλυτοι „scheitern am Gesetz jener" aus zwei Gründen: erstens weil sie nicht zum Volk Gottes gehören und ihnen deshalb alle Attribute fehlen, die Barn 1

---

[22] Der Sprachgebrauch von λαός (29mal) und von ἔθνος (siebenmal) folgt den biblischen Usancen. Bis auf das Zitat des Gottespruchs aus Gen 25,23 in Barn 13,2 ist λαός immer im Sg. benutzt und meint stets das Gottesvolk, wogegen das Lexem ἔθνος immer im Pl. verwendet ist und die Heiden bezeichnet. Auffällig ist, daß im Barn das Lexem ἔθνος bis auf eine Ausnahme (16,2) nur im Rahmen von Zitaten aus den Büchern Genesis oder Jesaja begegnet.

[23] Daß es sich hierbei wegen ἐν ἀκεραιοσύνῃ um den „durch die Verbindung mit der γνῶσις vollkommen gewordenen" (MÜLLER, Erklärung 92) Glauben handelt, läßt sich aus 3,6 nicht zwingend erweisen. Nach 1,5 ist die Gnosis exakt das, was der Vf. denen erst mitteilen will, die zwar wie er glauben, aber noch nicht die Gnosis haben. – Das Eigenschaftsabstrakt ἡ ἀκεραιοσύνη ist vom Adj. ἀκέραιος (ungemischt, unversehrt, integer) abgeleitet; vgl. BLASS/DEBRUNNER, Grammatik § 110,2². Da es außer in Barn 3,6 und 10,4 weder in der Profangräzität, noch in biblischen und patristischen Schriften bezeugt ist, wird die Bildung vom Vf. des Barn stammen. Ein einziger, doch sehr später Nachweis außerhalb des Barn gelingt erst für das 10. Jh. durch Suidas Lexicographus; vgl. LIDDELL/SCOTT, Lexicon 49.

[24] Das Attribut ὁ μακρόθυμος für Gott in Barn nur hier; am nächsten kommt Herm *sim.* VIII 11,1 (77,1).

als Signet der eschatologisch-soteriologischen Verfassung des vom ,Langmütigen'
durch seinen ,Geliebten' bereiteten Volkes entwickelt hat; zweitens weil das Gesetz
jener nicht Wort und Weisung Gottes und somit auch kein Heilsweg ist; weder der
jüdische Opferkult noch die Fastenübungen frommer Juden sind Mittel zur Erlan-
gung eschatologischen Heils. Das Bildwort führt also hier nicht dem jüdischen
Glauben beigetretene Heiden und deren Unvermögen, nach der Tora zu leben, als
bloßes Exempel dafür vor Augen, daß alle, die „nachträglich" zum „Gottesvolk"
hinzukommen, ihr Heil verfehlen (müssen). Es geht vielmehr um die strikte Scheidung zwischen jenen, die zum Gottesvolk gehören, und den anderen, die nicht
dazugehören und deshalb nicht über jenen Heilsstatus verfügen, der ihnen eine
eschatologische Zukunft verheißt. Das eschatologisches Heil ist ein exklusives Ver-
heißungsgut für das Gottesvolk. Entscheidend hierfür ist nicht nur, daß das Volk
vom Christusereignis her profiliert ist, sondern daß darin auch die Befähigung
gründet, alles von Gott im voraus Mitgeteilte zu erkennen, damit dem Volk nicht
Menschensatzungen, „das Gesetz jener", wie Fremden zum Gericht werden.

Steht dieser Sprachgebrauch hinter ἐπήλυτοι in Barn 3,6, ist also die Lesart von
א ursprünglich, dann sind Christen aus dem Leserkreis des Barn anvisiert, die –
vielleicht nur en passant – in der Gefahr stehen, die Tora als soteriologische Größe
anzusehen und somit wie ἐπήλυτοι zu werden. Diese innerchristliche Bedrohung
und Frontstellung paßt weit eher zur Situation des Barn, als ein Ausgriff auf ein in-
nerjüdisches Problem – die Heilspartizipation des Proselyten – als bloßes Beispiel,
von dem aber er und seine Leser nicht tangiert sind.

Zusammenfassung

Im Kern geht es in Barn 2 und 3 um die große Glaubensentscheidung für oder gegen Gott, wie sie bereits Jer 17,5.7 zu lesen ist, und damit um die Entscheidung für
oder gegen das Heil. Segen, Heil ist nicht Vergütung sozial anerkannten Verhaltens
(Opfer, Fasten), sondern Gabe Gottes an den, der seine Gebote hält (vgl. Ps 23,4f.).
Die Opfer und Feste, die Gott mißfallen, sind, ebenso wie die Fasten, nicht Indikatoren einer zerrütteten Gottesbeziehung. Sie sind vielmehr Folge davon, daß die
Grundlage für sie fehlt: die בְּרִית. Sachliche Grundlage dieser belangvollen Verschränkung, die Barn 4 vorbereitet, ist die Anschauung, daß am Sinaï-Horeb mit
der בְּרִית auch der rechte Gottesdienst (vgl. Ex 24ff.) gestiftet wurde.[25] Weil aber
diese grundlegende Heilszusicherung Gottes fehlt, ist auch jeder jüdische Gottesdienst ohne Belang, wenn nicht blasphemisch.[26] Die Ausführungen des Vf. in Ka-

---

[25] Vgl. PREUSS, Theologie 2,227; VON RAD, Theologie 1,247; WILMS, Freude vor Gott 89.
[26] Vgl. Hebr 9,9. Die Gegenposition zu Barn 2,4–3,6, speziell zur Fastenkritik in Barn 3, mag – freilich
ohne damit eine literarische Beziehung herstellen zu wollen – in der zwischen 250–300 entstandenen
ApcEl 21,13–22,2 (vgl. JSHRZ 5/3,225) festgehalten sein: „Höret, ihr Einsichtigen der Erde, über die Ver-
führer, die zunehmen werden am Ende der Zeiten, daß sie Lehren haben werden, die nicht Gottes sind,
wobei sie verwerfen werden das Gesetz Gottes. Diese haben gemacht ihren Bauch zu ihrem Gott, indem
sie sagen: ,Es gibt kein Fasten noch hat Gott es geschaffen', wobei sie sich entfremden dem Bund Gottes

pitel 7–10 und 15f. zeigen, daß Opfer, Feste und Fasten hier tatsächlich stellvertretend für den gesamten Kult und die jüdische Frömmigkeit stehen.

Das Doppelthema, zum einen ‚Opfer und Feste‘, zum anderen ‚die Fasten‘, ist daher mit Barn 4 durch die für die Zeremonialgesetze – verstanden „als Normierungen, die einer umfassenden Heilssetzung folgen, also als Ordnungen, die einer gestifteten Gemeinschaft ihre Form, aber auch ihre sakramentale Stabilisierung geben"[27] – tragende argumentative Strategie verklammert. Folgerichtig entreißt Barn 4 den Zeremonialgesetzen das theologische Fundament: die בְּרִית.

Gegenwart und Heil (4,1–14)

Wir müssen also für uns, was die Gegenwart betrifft, durch immer weiteres Forschen herauszufinden suchen, was uns zu retten vermag. Hüten wir uns also vollends vor allen Werken der Gesetzlosigkeit, daß nicht die Werke der Gesetzlosigkeit uns ergreifen, und hassen wir den Irrtum der jetzigen Zeit, damit wir in der Zukunft geliebt werden. 2 Geben wir unsere Seele nicht der Zügellosigkeit hin, so daß sie die Freiheit hat, mit Sündern und Verkommenen übereinzustimmen, nicht daß wir ihnen ähnlich werden. 3 „Die endgültige Versuchung ist nahegekommen, über die geschrieben steht, wie Henoch sagt: Denn dazu hat der Herrscher die Zeiten und Tage verkürzt, damit sein Geliebter sich beeilt und zum Erbe antreten wird. 4 Es sagt aber ebenso auch der Prophet: „Zehn Königsherrschaften werden auf Erden herrschen und hinterher wird sich ein König erheben, der drei der Könige auf einmal zuschanden machen wird." 5 Ebenso sagt über denselben Daniel: „Und ich sah das vierte Tier, böse und stark und gefährlicher als alle die Tiere der Erde, wie aus ihm zehn Hörner hervorbrachen und aus ihnen ein kleines Horn (als) Nebenschößling und wie es auf einmal drei der großen Hörner zuschanden machte."

6 Verstehen also müßt ihr. Auch noch das bitte ich euch als einer euresgleichen, jeden (einzelnen), aber auch alle mehr liebend als mich selbst, achtzugeben auf euch und nicht irgendwelchen ähnlich zu werden, die ihre Sünden aufhäufen, indem ihr sagt: „Die Heilszusicherung an jene ist auch unsere." 7 Unsere fürwahr; jene aber haben sie folgendermaßen für immer verloren, (obwohl) sie Mose schon empfangen hat, denn die Schrift sagt: „Und Mose fastete auf dem Berg vierzig Tage und vierzig Nächte und er empfing die feste Heilszusicherung vom Herrn, steinerne Tafeln, geschrieben mit dem Finger der Hand des Herrn." 8 Aber da sie sich zu den Götzen hin-

---

und sich der herrlichen Verheißung berauben." Diese jüdische Polemik zielt wohl nicht nur auf die ebenso prinzipielle Kritik des Barn an den jüdischen Fasten und damit am jüdischen Gottesdienst überhaupt, sondern wendet sich auch an gnostische Positionen wie sie sich EvThom 6.14.104 oder Ptol. *ep.* 5,13 zu Gehör bringen.

[27] VON RAD, Theologie 2,406; vgl. BROX, Zeremonialgesetz. LThK[2] 10 (1965) 1353f.

wandten, verloren (sie) sie, denn so spricht der Herr: „Mose, Mose, steige eiligst hinab, weil dein Volk gesetzeswidrig gehandelt hat, das du aus dem Land Ägypten herausgeführt hast, und Mose verstand und warf die zwei Tafeln aus seiner Hand und ihre Heilszusicherung zerbrach," damit diejenige des Geliebten, Jesus, in unseren Herzen versiegelt werde in der Hoffnung des Glaubens an ihn. 9 Mit dem Vorsatz jedoch, viele Dinge nicht wie ein Lehrer zu schreiben, sondern wie es einem Liebenden entspricht: von dem, (was) wir haben, nichts auszulassen, bemühte ich mich, (als) euer untertänigster Diener zu schreiben.

Geben wir acht in den letzten Tagen. Denn nichts wird uns unsere ganze Lebenszeit nützen, wenn wir uns nicht jetzt in der gesetzesfreien Zeit und in den künftigen Verführungen, wie es Söhnen Gottes entspricht, widersetzen. 10 Damit der Schwarze keine Möglichkeit zu Einschleichungen habe, meiden wir jede Eitelkeit, verabscheuen wir völlig die Werke des bösen Weges. Sondert euch nicht ab wie in sich selbst Verkriechende, als wäret ihr schon gerechtfertigt, sondern versammelt euch und besprecht euch miteinander zum gemeinsamen Nutzen. 11 Denn die Schrift sagt: „Wehe den (nur) für sich Verständigen und (nur) in ihren eigenen Augen Kundigen." Werden wir geistlich, werden wir Gott ein vollkommener Tempel, so weit es an uns ist. Laßt uns die Gottesfurcht einüben und kämpfen wir darum, seine Gebote zu halten, damit wir an seinen Rechtsforderungen Freude haben. 12 Der Herr wird die Welt ohne Ansehen der Person richten. Jeder wird gemäß dem empfangen, wie er gehandelt hat. Wenn er gut ist, wird ihm seine Gerechtigkeit vorangehen, wenn er böse ist, (steht) ihm der Lohn der Bosheit bevor. 13 Auf daß wir niemals uns als Berufene der Ruhe hingeben, über unseren Sünden einschlafen und der böse Fürst Macht über uns gewinnt (und) uns vom Reich des Herrn wegdrängt. 14 Aber auch jenes bedenkt noch, meine Brüder: Da ihr, nach so großen Zeichen und Wundern, die in Israel geschehen waren, seht, (daß) sie trotzdem verlassen sind, laßt uns achtgeben, damit wir niemals so gefunden werden, wie geschrieben steht: „Viele (sind) berufen, wenige aber auserwählt."

Textkritik

Mit Ausnahme der Parole in Vv 6f. gibt das Kapitel keine textkritischen Probleme auf. L tilgt V 9a bis περίψημα ὑμῶν, V 1b μήποτε bis ἀνομίας sowie die Finalsätze in Vv 10.11. Die übrigen Abweichungen sind schnell aufgezählt: 1 ἐραυνῶντας von ℵ (w GH) statt ἐρευνῶντας von H (L *scrutantes*) basiert auf der hellenistischen Lautverschiebung der Diphthonge ευ zu αυ nach ϱ.[1] 2 Nur ℵ überliefert ἁμαρτωλῶν καὶ πονηρῶν; H und L (*nequissimis et peccatoribus*), denen PK folgen, stellen πονηρῶν vor. 3 HG[2] transponiert Barn 4,3–5 hinter Barn 4,9. *Danihel* in L (vgl. *Esaias* 5,12; 11,4; *David* 11,6) gegen ϵΝШΧ in ℵ bzw. Ἑνώχ in H (κ) ist sicher sekundär.[2] H liest ἥξῃ, vermutlich in Angleichung an den Konj. ταχύνῃ, statt

---

[1] Näheres bei BLASS/DEBRUNNER, Grammatik § 30,4[7].
[2] Vgl. PRIGENT/KRAFT, Épître de Barnabé 93f. Anm. 3.

des vorzuziehenden Futurs ἥξει von א (FB W PK). 5 H, der den Artikel vor πονηϱόν wiederholt, versteht das Adjektiv attributiv; Probleme bereitet dann die Einbindung des Komparativs χαλεπώτεϱον sowie des Vergleichs. Die Trias πονηϱὸν καὶ ἰσχυϱὸν καὶ χαλεπώτεϱον ist mit א (GH FB) prädikativ zu verstehen, als eine steigernde Aussage über das θηϱίον. Mit א (w) verdient die Lesart γῆς den Vorzug vor θαλάσσης von H und L (*marinis*). Basis von V 5 soll der Quellennotiz in der Zitationseinleitung zufolge das Buch Daniel sein; in Frage kommt Dan 7,7 nach der Übersetzung von ϑ΄, wenngleich der Bezug überaus frei ist. Dort ist zwar weder von der Erde noch vom Meer als Herkunftsort oder Vergleichsobjekt des vierten Tieres die Rede, doch wird seine Mächtigkeit über die aller anderen Tiere gestellt. Der Vergleich des vierten Tieres mit allen Meerestieren wird aus Offb 13,1f. eingedrungen sein, wo das Motiv des zehnfach gehörnten Tieres aus dem Meer ausgeführt ist, wofür wiederum Dan 7 die Grundlage sein mag. Beachtet man, daß in א die Offb unmittelbar dem Barn vorausgeht und die Abschrift beidemale (Dan fehlt leider in א) vom Schreiber A angefertigt wurde, doch V 5 eben nicht das Meermotiv überliefert, so erfährt seine Lesart γῆς eine gewisse äußere Stütze, insofern diese vl in א nicht auf eine unwillkürliche Änderung durch den Schreiber A zurückzuführen ist. 6 Die Konjunktion δέ nach ἔτι vor καὶ τοῦτο gemäß א (FB PK SB K WI) ist Angleichung an V 14 (vgl. 5,5), die die beiden Einsätze und Abschnitte kopulativ ordnet. א rekurriert mit νῦν auf V 1 πεϱὶ τῶν ἐνεστώτων und unterstreicht hierdurch die Brisanz der Mahnungen. Der ὅτι-Satz in V 6b sowie sein Anschluß in V 7 sind verderbt.[3] Vielfach wird, von L (*testamentum illorum et nostrum est. Nostrum est autem, quia illi*) abgeleitet, der Lesart ἡ διαθήκη ἐκείνων καὶ ἡμῶν. ἡμῶν μέν· ἀλλ᾽ ἐκεῖνοι οὕτως der Vorzug eingeräumt (GH FB K W WI) und mit dem von א und H bezeugten ἀλλ᾽ ἐκεῖνοι οὕτως fortgefahren. Das Problem dieser Lösung ist, daß das μέν sowie das korrespondierende adversative ἀλλά durch die Partikeln *autem* und *quia* in L nicht gestützt werden. SB konjizieren ἡ διαθήκη ἐκείνων καὶ ἡμῶν. PK verbinden א (ἡ διαθήκη ἡμῶν μέν, ἀλλ᾽ ἐκεῖνοι οὕτως) mit H (ἡ διαθήκη ὑμῶν ὑμῖν μένει. ἀλλ᾽ ἐκεῖνοι οὕτως) und konjizieren ἡ διαθήκη ἡμῶν ὑμῖν μένει. ἡμῶν μέν· ἀλλ᾽ ἐκεῖνοι οὕτως.[4] Eine Entscheidung für ein Lesart ist nur nach inneren Gründen, von Kontext und Scopus her, möglich. Jede Variante stößt sich mehr oder weniger mit der Aussage von V 8, daß Gottes בְּרִית mit dem Volk am Sinaï nie zustande kann; die Mose-בְּרִית wurde nie wirksam und war deshalb nie eine soteriologische Größe. Die διαθήκη existiert vielmehr erst im Eschaton. Welches war also die Parole, vor der der Vf. warnt, wer waren ihre Träger? Die Konjektur von PK gibt den Ausspruch als eine judenchristliche oder jüdische Parole zu erkennen, mit der sich ihre Sprecher von den Lesern abgrenzen wollen. Nach der Lesart von H bestritt die Losung, daß der durch Jesus gestiftete Bund für sie relevant ist – ἡ διαθήκη ὑμῶν ὑμῖν μένει hätten auch Juden, und sei es auch nur als fiktive Kontrastfolie, sprechen können. Die Lesarten von א und L formulieren die Parole hingegen dezidiert als innerchristlichen gruppenspezifischen Wahlspruch, wobei א als Exklamation und forcierter Anspruch auf die atl. Heilszusicherung auftritt, wogegen L auf die Differenz zwischen der Heilszusicherung am Sinaï bzw. Horeb und der durch Jesus gestifteten διαθήκη Wert legt. Die Varianten von א und L halten die Möglichkeit offen, die Parole in dem Sinn zu verstehen, daß mit ihr eine Bedrohung innerhalb der Leserschaft anvisiert und diagnostiziert ist, wogegen man die Vertreter des von H

---

[3] Vgl. WENGST, SUC 2,145f. Anm. 44.

[4] PRIGENT/KRAFT, Épître de Barnabé 97 übersetzen: „Notre alliance nous est irrévocablement acquise. Certes elle est à nous! Mais eux (= les Juifs), voici comment …“ (Unser Bund ist unabänderlich erworben. Gewiß/Zwar ist er für uns. Aber sie, haben ihn folgendermaßen …). Den Weg zu dieser Konjektur hatte FUNK, Zu Barn 127f., gewiesen; er las für H ἡμῶν ἡμῖν.

überlieferten bzw. von PK vorgeschlagenen Wahlspruchs als von außen kommende Gefahr einzustufen hat. Nach meinem Dafürhalten fügt sich die Lesart von L noch am besten in den Argumentationsgang von Vv 6–8 ein.[5] Insofern macht dann auch die Warnung Sinn. Denn die Mahnung ἐρωτῶ ὑμᾶς … προσέχειν νῦν ἑαυτοῖς καὶ μὴ ὁμοιοῦσθαί τισιν blickt auf Vv 7f. voraus, wo sich in Fortführung der Verwerfung der vermeintlich gesetzesgemäßen Opfer, Feste und Fasten in Barn 2,4–3,6 mittels zweier Schriftbeweise zeigen wird, daß die διαθήκη, die Mose übermitteln sollte, nie in Kraft war, weshalb auch die Parole eine Absurdität intendiert. Von hieraus ist nun auch zu entscheiden, ob ebenfalls mit L (w) ταῖς ἁμαρίαις αὐτῶν λέγοντας zu lesen ist oder mit ℵ ὑμῶν λέγοντας; das ἡμῶν in H macht keinen Sinn. Wessen Sünden werden durch die Wiederholung der Parole vermehrt? Nach der Lesart von ℵ sind die Leser Sünder und in der Gefahr, sich noch mehr Sünden aufzuladen. L zufolge sind die Träger der Losung die Sünder. Wer sich ihren Wahlspruch aneignet, erliegt der Propaganda dieser Leute und wird selbst ein Sünder. Deshalb ist ein Erfolg in der Leserschaft eine Sünde der Propagandisten. L ist auch hier die semantisch offenere Lesart. Sie ist ℵ (und H) auch deshalb vorzuziehen, weil sonst stets von einer besonderen pneumatischen Begnadung der Leser ausgegangen wird, die – das zeigen die Mahnungen Vv 2.6 – zwar gefährdet, aber eben nicht bereits durch Sünden tangiert ist. ℵ ℵ und H lesen ἐνκατασφραγισθῇ (GH PK), L überliefert *consignetur;* die Schreibweise ἐγκατασφραγισθῇ ist für Barn nicht belegt und scheint auch sonst der griechischen Literatur unbekannt zu sein. Sie findet sich erstmals im Kommentar von Müller 1869 und hat seit der Ausgabe von Hilgenfeld 1877 mehrere Nachahmer gefunden (K FB W SB),[6] obwohl Bryennios, der Entdecker des Codex H, bereits 1883, und zwar mit expliziten Bezug auf HG[2], das Versehen korrigierte.[7] 9 L hat V 9a bis περίψημα ὑμῶν getilgt und schließt mit *propter quod adtendamus* V 9b konsekutiv an V 8 an; hierauf basiert die oft gewählte Lesart διὸ προσέχωμεν (V 9b). ℵ und H lesen hingegen ein διό vor περίψημα ὑμῶν, wodurch die Selbstbezeichnung explizit an die Tradententätigkeit (V 9b) gebunden wird. Der von L bezeugte Konj. ist dem Ind., der wohl durch einen Hörfehler entstanden ist, vorzuziehen (vgl. 4,14). Der Ind. macht jedenfalls im Blick auf das folgende, gut bezeugte Futur ὠφελήσει keinen Sinn. Das mit *propter quod* begründete διό vor προσέχωμεν setzt hingegen die Tilgung von V 9a durch L voraus und ist deshalb sekundär. Nach ὠφελήσει ist ἡμᾶς durch H (und L) gegenüber ὑμᾶς in ℵ (HG[2])[8] vorzuziehen. Die Lesart von H τῆς ζωῆς ἡμῶν ist von ℵ, der τῆς πίστεως ὑμῶν (GH) liest, und von L, in dem ℵ und H kombiniert (*vitae nostrae et fidei*) scheinen, vermutlich als zu profan empfunden worden. H verdient den Vorzug (w), zumal nach Barn 6,11 Christwerdung nicht nur die Sündenvergebung, sondern eine Neuschöpfung meint, und in Barn V 9 ohnehin in eschatologischen Dimensionen gehandelt wird.

Aufbau und Gliederung

Seit 2,1 weiß der Leser, daß die eschatologisch letzte Zeit angebrochen und daß diese Phase für sein eschatologisches Heil entscheidend ist. Daß mit der Nähe des Eschatons die Nöte und Bedrängnisse zunehmen, gehört ebenso zum Repertoire

---

[5] Vgl. MÜLLER, Erklärung 112.

[6] Vgl. MÜLLER, Erklärung 115f.; HILGENFELD, Barnabae Epistula 9.

[7] Vgl. Βρυέννιος, Διδαχὴ τῶν δώδεκα ἀποστόλων ϛς´ (= Proleg. 106).

[8] Basierend auf der vl οὐδὲν γὰρ ὠφελήσει ὑμᾶς ὁ πᾶς χρόνος τῆς ζωῆς ἡμῶν καὶ τῆς πίστεως insistierte HILGENFELD, Anzeigen: Barnabae epistula 150: „Dass das nicht an geborene Christen geschrieben sein kann, liegt am Tage.“

der eschatologischen Rede, wie Mahnungen zur Wachsamkeit, zur Beachtung der eigenen Propria und die Warnung vor Irrtum und Glaubensabfall. Im Zentrum all dieser Aussagen steht die unbedingte Orientierung am Willen Gottes.

Die ethischen Implikationen der eschatologischen Situation werden in Barn 4 unter dem Vorzeichen der Gewinnung eschatologischen Heils entfaltet. Kapitel 4 fügt sich somit dem Tenor und Scopus aller Themen im ersten Hauptteil ein (vgl. 2,10; 17,1; ferner 21,1.6). Weil diese Situation den Vf. und Leser gleichermaßen erfaßt, sind sie auch gemeinsam Adressaten der Mahnungen. Die Motive und Themen sind topisch. Von ihnen her erschließt sich der Aufbau und zeigt, daß das theologische Gewicht auf 4,6–9a liegt. Diese Verse heben sich thematisch und stilistisch ab. Gegenstand ist die Frage, wem das Heil bindend zugesichert ist. Diesen thematischen Abschnitt rahmen Selbstaussagen des Vf. Im Unterschied zu den vom Endzeitthema bestimmten Vv 1–5.9b–14, in denen der kommunikative Pl., mit dem sich der Vf. mit den Lesern zusammenschließt, vorherrscht – die Mahnung 4,10b ist durch die fiktive Briefsituation notwendig auf die Leser begrenzt –, tritt in 4,6–9a der Vf. den Lesern mit der Autorität entgegen, die er in Barn 1 für sich entwickelt hatte.

Der Aufbau ist formal durch zwei aufeinander bezogene Leitsatzpaare (4,1f mit 12–14; 4,3–5 mit 9b–11) über *Heil* und *Endzeit*, woran sich Mahnungen und Schriftbeweise anschließen, sowie durch einen in der Mitte des Kapitels eingefügten Wechsel zum Thema *der in Jesus Christus besiegelten eschatologischen Heilszusage* (4,6–9a) bestimmt. Die Anlage ist stilistisch von Personenwechseln begleitet, die verschiedene Kommunikationstrukturen anzeigen.

Heil und Endzeit

1a	1. LEITSATZ und Scopus: Die Gegenwart und das endzeitliche Heil
1b.2	Mahnungen an alle
3a	2. LEITSATZ: das nahe Ende ist jetzt
3b–5	Drei Schriftbeweise

Eschatologische Heilszusicherung in Jesus Christus

6a	Aufruf als Leseanweisung
6b	captatio benevolentiae ab nostra persona
6c	Warnung und abzulehnende THESE
7a	GEGENTHESE
7b	Schriftbeweis
8a	BEGRÜNDUNG der Gegenthese
8b	Schriftbeweis
8c	ZWECK
9a	captatio benevolentiae ab nostra persona und Autorität des Mitgeteilten

Endzeit und Heil

9b	2'. LEITSATZ mit Mahnung: Die Endzeit ist die eschatologisch entscheidende Phase

Analyse und Auslegung

Heil und Endzeit (4,1–5)

1 Das unpersönliche Verbum δεῖ (vgl. 5,6.13; 7,5.11; 12,5) steht mit ἐραυνῶντας ἐκζητεῖν zusammen; diese Konstruktion mit einem AcI ist üblich und hat finalen Sinn.[9] Im Unterschied zu ὀφείλομεν, das sonst mit einem Inf. verbunden zu einer Haltung aufruft, deren Grund oder Ziel Gott ist (vgl. 1,7; 2,1.9f.; 5,3; 6,18; 7,1.11; 13,3), eignet δεῖ das Moment der inneren Notwendigkeit und einer gesteigerten Verpflichtung.[10] Das Konsekutivum οὖν weist darauf hin, daß δεῖ im Kontext rekursiv zu verstehen ist. Weiter darüber nachzuforschen, was zum Heil führt, ergibt sich als zwingende Folge aus 2,4–3,6. War dort an zwei signifikanten jüdischen Vollzugstypen des Gottesgehorsams, einem historisch vergangenen (Opfer) und einem zeitgenössischen (Fasten), gezeigt worden, daß sie schriftwidrig und für das Heil unwirksam sind, kommt nun die von ihnen reklamierte und den Juden in 3,6 implizit abgesprochene Grundlage, nämlich Volk Gottes zu sein, in den Blick. Insofern hält Barn 4,1 auch Kontakt zu 2,1 und 1,7. Damit sind zwei Eckdaten für das weitere Vorgehen genannt. Gegenstand des δεῖ ... ἐπιπολὺ ἐραυνῶντας ἐζητεῖν ist die prophetische Offenbarung und zwar mit einer bestimmten Zielsetzung: Es gilt herauszufinden, was jetzt (περὶ τῶν ἐνεστώτων) zum Heil führt (τὰ δυνάμενα ἡμᾶς σώζειν), und zwar (für) uns (ἡμᾶς).[11] Die Wendung περὶ τῶν ἐνεστώτων gibt die Relevanz und den Bezug der folgenden Mahnungen an. Die singuläre Qualität der Gegenwart rührt von ihrer heilsentscheidenden Bedeutung her. Grundmerkmal dieser Lebens- und Glaubenssituation der Leser ist gemäß dem prologartigen Vers 2,1 sowie 2,10 zufolge die Gefahr eines anderen Glaubens und damit des Verlustes eschatologischen Heils. Die gegenwärtige Lage ist die eschatologische καιρός-Situation mit ihren typischen Heilsbedrohungen und Heilsverheißungen, in der der einzelne durch sein Tun eine für ihn eschatologisch wirksame Entscheidung für oder gegen das von Gott verheißene Heil trifft (vgl. IgnEph 11,1; 14,2). Entsprechend sind Mahnungen und Erfüllung der Verheißung am Zeitschema *jetzt* und *dann* ausgerichtet. Die Phrase περὶ τῶν ἐνεστώτων ist demnach die theologische Definition des Lebens- und Handlungsbereichs der Leser; ihr ent-

---

[9] Vgl. BLASS/DEBRUNNER, Grammatik §§ 393,1; 408,2f.

[10] Vgl. BAUER/ALAND, Wörterbuch, Sp. 344.

[11] Ein Späterer wollte im Rückblick auf den ersten Hauptteil in 17,1b mittels τι τῶν ἀνηκόντων εἰς σωτηρίαν dies als das gemeinsame Anliegen der Themen herausstellen; vgl. die Textkritik z.St.

sprechen die Wendungen τοῦ νῦν καιροῦ (V 1b) und νῦν ἐν τῷ ἀνόμῳ καιρῷ (V 9b). Von hieraus ergibt sich auch der Bezug von περὶ τῶν ἐνεστώτων. Die Wendung benennt zugleich das Auswahlkriterium für die Schriftstellen, die zur Erforschung der gegenwärtigen Lage bemüht werden. Gedacht ist somit an Belege, die entweder der theologischen Situationsdefinition dienen oder direkt auf das Thema der eschatologischen Rettung (τὰ δυνάμενα ἡμᾶς σῴζειν) abgestellt sind. Beide Funktionen haben einen ersten Widerhall in den zwei Mahnungen V 1b. Das Lexem ἀνομία greift auf den Term νομία im Abschnitt 2,4–3,6 zurück. Werke der Gesetzlosigkeit sind solche, die wie die ehemaligen Opfer und die jetzigen jüdischen Fasten dem Gesetz ‚jener‘ (3,6) folgen. Die Nachdrücklichkeit der Mahnung (φύγωμεν … τελείως ἀπὸ πάντων), sich vor solchem vermeintlichen Gottesgehorsam zu hüten, rührt von der extremen Gefahr her, die in diesen Werken ruht. Jedes Werk, das dem Gesetz jener (vgl. 4,6b ἡ διαθήκη ἐκείνων) entspricht, ist ἀνομία und führt dazu, daß dieses gottfremde Gesetz zum Gericht wird (vgl. 3,6). Im Rekurs auf 2,10c mag man in der finalen Warnung μήποτε καταλάβῃ geradezu ein verführerisches Moment erkennen und eine dämonische Bedrohung angedeutet finden, die im Rahmen der apokalyptischen Motive in 4,4f.10.13 ihren angestammten Platz haben. Auf jeden Fall betont die schroffe Kontrastierung Handeln, das dem Willen Gottes entspricht, abermals in seiner eschatologische Bedeutung. Das bestätigt die sinngleiche zweite Mahnung. Auch sie spricht wie die erste ein zusammenfassendes Verdikt über das jüdische Gesetz: es ist πλάνη τοῦ νῦν καιροῦ (vgl. 2,10c). Der Ertrag einer vollkommenen Abkehr von allem Irrtum ist das zukünftige Geliebtwerden. Die Form ἀγαπηθῶμεν ist als pass. divinum aufzufassen; sie ist im Kontext der Dahingabeformel von 1,1 sowie von 3,6 zu lesen und meint das eschatologische Heil für das durch Jesus Christus bereitete Gottesvolk. Der Kontrast zwischen ὁ νῦν καιρός und τὸ μέλλον zeigt wiederum die eschatologische Relevanz gegenwärtigen Handelns an. Die syntaktisch mittels Finalsätzen in Oppositionen gestalteten Mahnungen, zuerst mit der auf den prohibitiven Konj.[12] φύγωμεν bezogenen Negation μήποτε καταλάβῃ und dann mit der Gegenüberstellung zweier Antonympaare, dem prohibitiven μισήσωμεν versus dem exhortativen ἀγαπηθῶμεν sowie ὁ νῦν καιρός versus τὸ μέλλον, wollen keinen Zweifel aufkommen lassen, daß es im Blick auf den Willen Gottes keinen Kompromiß gibt. Wenngleich dichotomische Individualethik zur eschatologischen Mahnrede gehört, ist für die Situierung des Barn beachtlich, daß es aus der Sicht seines Vf. weder einen pragmatischen Mittelweg noch eine Hoffnung für jene gibt, die im Irrtum befangen τὰ ἔργα τῆς ἀνομίας begehen.

2 spricht das moralisch-soteriologische Urteil über jene, die die Mahnungen von V 1b ins Auge faßten, und bereitet mit den Termini ἁμαρτωλός, ἁμαρτία sowie ὁμοιόω V 6b vor. Wegen des sich auf ψυχή[13] rückbeziehenden αὐτήν in dem

---

[12] Vgl. BLASS/DEBRUNNER, Grammatik § 364.

[13] Das Lexem ψυχή begegnet 16mal (1,4; 3,1.5; 4,2; 5,5.13; 7,7.11; 11,5; 17,1; 19,3.5.6.8.10; 20,1). Bis auf eine Ausnahme (19,10) ist mit ihm immer ein (bestimmtes oder unbestimmtes) Personalpronomen verbunden, und zwar mit Ausnahme von 4,2 stets in prädikativer Stellung. Es steht sinngleich mit καρδία (3,5)

mit ὥστε ἔχειν angefügten Konsekutivsatz[14] ist τῇ ἑαυτῶν ψυχῇ wörtlich wiederzugeben. Der Konnex zeigt, daß in V 2 eine metaphorische Rede vorliegt, in der
ψυχή einfach für den ganzen Menschen steht. Der warnende Appell vor der möglichen Folge (ὥστε ἔχειν) verbindet und verstärkt die Mahnungen von V ɪb –
ἄνεσις meint also eine Haltung, die sich in ἔργα τῆς ἀνομίας sowie πλάνη τοῦ
νῦν καιροῦ zu erkennen gibt. Was sich hier bereits ankündigt, wird im Mittelteil
(Vv 6–9a) zur Gewißheit: Die Warnung, sich ihnen nicht gleichzumachen (μήποτε
ὁμοιωθῶμεν αὐτοῖς), inkriminiert die Juden als Sünder.

Zu dieser vom ersten Leitsatz eröffneten Sequenz (Vv ɪb.2) will der korrespondierende Part Vv 9b–ɪɪ hinzugelesen werden, wofür trotz Abweichungen im Aufbau[15] die augenfällige Korrespondenz der beiden Exhortative (φύγωμεν … μισήσωμεν) in 4,ɪb mit den beiden gleichgestalteten in V ɪoa spricht. Die Objekte der
beiden Konj. sind symmetrisch zu V ɪb angeordnet; Irrtum und Eitelkeit gehören
zueinander wie die Werke der Gesetzlosigkeit und die Werke des bösen Weges.
Das Lexem ὁδός in Konnotation mit Gesetzlosigkeit und Irrtum assoziiert
unweigerlich den Negativkatalog der Zwei-Wege-Lehre. Zwar tituliert die Zwei-
Wege-Lehre dieses Kontrastprogramm nie als ‚bösen Weg‘, doch ist dieser Konnex
wegen der Warnung in V ɪoa vor dem Bestreben des ‚Schwarzen‘ (ὁ μέλας) und
der gleichsinnigen Bezeichnung des Verbotskatalogs in Barn 20 anzunehmen, und
weil alles, wovor Vv ɪb.ɪo schlagwortartig warnen und was in Barn 20 in einem
Arsenal des Widergöttlichen und Unmoralischen zusammengestellt ist, übereinstimmend als Ausdruck grenzenloser Sündhaftigkeit verstanden wird. Abgesehen
davon, daß diese Verbindung zwischen Barn 4 und Barn 20 die Integrität des
Schriftstücks indiziert, wächst der kompromißlosen Front, die die plakativen Warnungen von Vv ɪb.ɪoa aufmachen, ein immenses polemisches Potential zu, das
theologisch in dem Verdikt πανθαμάρτητοι (20,2) gipfelt. Dieser Katalog von
Barn 20 markiert zusammen mit Vv ɪb.2 den semantischen Horizont für den
zweiten Leitsatz (4,3a). Mit Blick auf den Term σκάνδαλον ist aus dem Korrespondenzabschnitt auch die begründende Eingangserläuterung (οὐδὲν γὰρ ὠφελήσει ἡμᾶς …, ἐὰν μὴ … ἀντιστῶμεν) und die Doppelmahnung (μὴ … μονάζετε,

---

zur Bezeichnung des Innersten des Menschen, dessen, das ihn gottebenbildlich macht, an dem die Taufe
ihre Wirkung in der Neuschöpfung (6,ɪɪ) zeitigt. Ψυχή ist im Barn eine theologisch-ethische Größe,
keine anthropologische; es meint das ethische Zentrum des Menschen. Als solches verstärkt der Term
den Personalbezug des ihm verbundenen Personalpronomens. Doch nicht immer ist diese Steigerung mit
Personalpronomina aufzulösen. In 3,5 streicht es das Brotteilen als ganzmenschlichen Willensakt heraus,
der bloßem Einwilligen in eine Unvermeidbarkeit wie auch kalkulierter Werkgerechtigkeit ein Ethos der
tätigen mitmenschlichen Verantwortung und Sorge als Realisation des Gottesgehorsams gegenüberstellt.
Von hier aus ist auch ψυχή in 4,2 keinesfalls anthropologisch zu interpretieren.

[14] Vgl. BLASS/DEBRUNNER, Grammatik §§ 391.457,3.

[15] Während in 4,ɪb ebenso wie in 4,2 dem konditionalen Vordersatz sofort ein Finalsatz folgt, steht im
Korrespondenzabschnitt der auf φύγωμεν bezogene Satzteil voraus und der Ertrag aus der Erfüllung des
zweiten μισήσωμεν folgt erst in 4,ɪɪb; der mit μήποτε eingeleitete Finalsatz von 4,2 hat keine separate
Entsprechung. Ferner ist der Leitsatz 4,9b mit einer begründenden Erläuterung ergänzt, und zwischen
die zweite Verpflichtung (4,ɪoa) und ihrem Finalsatz (4,ɪɪb) sind zwei Mahnungen, die aus der Schrift belegt werden, eingefügt.

γενώμεθα) in 4,10b.11a zu bedenken. Die erste weist auf das Verführungspotential der Werke der Gesetzlosigkeit und des Irrtums hin, die zweite skizziert Proprium und Erscheinungsbild des Irrtums, nämlich selbstgerechte Separation, Verweigerung des Dialogs und Anspruch auf exklusives Schriftverständnis aus der Hybris eigener Heilsgewißheit. Worin der grundlegende Irrtum indes besteht, wird in Vv 6–9a entfaltet. Die Verbindung zwischen dem durch „Usurpation der Bibel qualifizierten Irrtum"[16] (vgl. 4,10b.11a; 9,4; 10,12; 12,10a) und der moralischen Verdorbenheit, die allein schon die Renitenz bekundet, mit der die Wahrheit, die im Barn wesentlich durch ein bestimmtes Schriftverständnis profiliert ist, mißachtet wird, ist ein Topos der frühchristlichen Ketzerpolemik (vgl. Jud 4.8–15; 2 Petr 2,1–3.10b–22; 3,17). In der Endzeitperspektive, die sich durch die vier Leitsätze auftut, sind Bedrohung und Anfechtung die typische und erwartete Lebens- und Glaubenssituation aller, die sich in Gottesfurcht um die Erfüllung seiner Gebote mühen. Insofern sich die Mahnungen der beiden komplementären Abschnitte in dieses Szenarium einfügen, ist V 3a nicht nur ein Leitsatz über die drei folgenden Zitate, sondern zugleich Resümee der Situationsskizze.

3 Τὸ τέλειον σκάνδαλον ἤγγικεν ist wegen περὶ οὗ γέγραπται als Überschrift[17] und als der aus der Schrift begründete Leitsatz zu dem mit ὡς Ἐνὼχ λέγει formelhaft eingeleiteten Zitat[18] zu verstehen.[19] Diese Zitationseinleitung eröffnet

---

[16] BROX, Häresie 264.

[17] Vgl. S. 91 unter Punkt ‚§ 4 Struktur, Komposition und literarischer Charakter'.

[18] Die Form γέγραπται begegnet achtmal. Das Verb reklamiert durch den ihm inhärierenden Verweis auf die Schrift für die im Kontext verhandelte Sache, deren thematischen Einsatz γέγραπται mit vorausgestelltem (4,3; 11,1; 15,1) bzw. folgendem (5,2) περί c. Gen. signalisiert, per se höchste Autorität. Zugleich bestimmt sie den Scopus der folgenden Zitate, die jedoch stets gesondert mittels des Zitationsverbs λέγει eingeführt werden (4,3; 5,2; 7,4; 11,1; 14,7). Entsprechend ist περὶ οὗ γέγραπται in 4,3 von ὡς Ἐνὼχ λέγει abzuheben.

[19] Der *Ausdruck* τὸ τέλειον σκάνδαλον ist außerhalb des Barn weder in der griechisch-jüdischen und der griechisch-christlichen Literatur noch in der Profangräzität nachzuweisen. Da ferner τὸ τέλειον σκάνδαλον nicht als Zitat zu gelten hat (so bereits WEISS, Barnabasbrief 56), entbindet diese Gliederung von V 3 auch von dem Dilemma, den Ausdruck in der Henochliteratur zu belegen (vgl. PRIGENT/KRAFT, Épître de Barnabé 94 Anm. 3): In dieser Schwierigkeit, die bereits H mit seiner vagen Fundortnotiz Δανιὴλ καὶ Ἔσδρας ἀπόκρυφος (fol. 40ᵛ6f.ᵐᵍ) bezeugt, hat die Forschung meist auf den Geschichtsüberblick (vgl. RUSSELL, Method and Message 224–229; MÜLLER, Apokalyptik/Apokalypsen 224–230) in äthHen 85–90, spez. 89,61–64; 90,17f., hingewiesen (vgl. HAEUSER, Barnabasbrief 11 Anm. 1; HARNACK, Barnabasbrief 14. SHEA, Sabbath in Barnabas 158–161; wohl schon mit Blick auf Barn 4,3b ergänzen PRIGENT/KRAFT, Épître de Barnabé 94 Anm. 3, slavHen 34,1–3; TestXII, AscJes [TestHis] 4) oder vermutet, es handle sich um eine uns unbekannte Stelle, doch sei das wörtliche Zitat ausgefallen (vgl. WINDISCH, Barnabasbrief 318). Gestützt durch die aus Dan 7,7f.24 entlehnten Zitate in Vv 4.5 geht die andere Vermutung dahin, daß „τὸ τέλειον σκάνδαλον dem τὸ βδέλυγμα τῆς ἐρημώσεως aus Dan 9,27; 11,31; 12,11 entspricht, das zum traditionellen apokalyptischen Topos geworden war (1 Makk 1,54; Mk 13,14 par.)" (WENGST, SUC 2,197 Anm. 35). In nuce liegt diese Rückführung bereits in Mt 24,15 vor (vgl. LUZ, Matthäus 3,425–427) und hat wohl deshalb in L die Quellenangabe Ἐνώχ verdrängt; WINDISCH, Barnabasbrief 318, vermutet „aus Apokryphenscheu". Auszuschließen ist dieses Motiv nicht, wenngleich Jud 14, wo namentlich äthHen 1,9 zitiert ist, derartige Reserven nicht bestätigt. Weish 14,11 zeigt, daß σκάνδαλον und βδέλυγμα sachlich Verwandtes meinen. Da Barn aber nicht von τὸ βδέλυγμα τῆς ἐρημώσεως spricht, ist zu vermuten, daß es dem Vf. auf das versucherische Moment ankommt, das

eine Dreierfolge förmlich eingeleiteter Zitate (V v 3–5). Die gleichförmigen Einleitungen durch das Zitationsverb λέγει, die subordinierenden Anbindungen mittels ὡς, δὲ οὕτως und ὁμοίως ebenso wie die prophetische Signatur kraft der Quellennotizen (Ἐνώχ, ὁ προφήτης, Δανιήλ) und deren homogene inhaltliche Ausrichtung bestimmen V 3a als gemeinsamen thematischen Fluchtpunkt.

Der Leitsatz τὸ τέλειον σκάνδαλον ἤγγικεν gibt „eine Aufklärung περὶ τῶν ἐνεστώτων"[20]; Num. sowie das Attribut τέλειον zeigen bereits den singulären Rang der Gegenwart an, für die σκάνδαλον das Schlüsselwort ist. Sowohl der neutestamentliche[21] als auch der spärliche patristische Gebrauch[22] von σκάνδαλον „ist formal und inhaltlich vom Denken und Reden des Alten Testaments und des Judentums"[23] bestimmt. Neben den beiden Hauptbedeutungen, nämlich σκάνδαλον als

---

dem σκάνδαλον eignet. Demgegenüber bezeichnet βδέλυγμα im Alten Testament den Gegenstand des Abscheus, mithin das Götzenbild. Gelöst von seiner ästhetischen Grundbedeutung des Ekelerregenden ist es das Urteil Gottes, mit dem er ihm Widerwärtiges verwirft. Derart verwendet, kann βδέλυγμα auch für ἀνομία eintreten und „dann auch den Widerwillen der Gottlosen gegen Gottes Willen bezeichnen. Prov 29,27; Sir 1,25; 13,20" (FOERSTER, βδελύσσομαι κτλ. ThWNT I [1933] 600; vgl. Mt 13,41 die Gleichsetzung von σκάνδαλα mit ἀνομίαι). In diesem Sinn tritt auch im Barn βδέλυγμα neben σκάνδαλον; vgl. das Zitat aus Jes 1,13 in Barn 2,5 (βδέλυγμα bei den Apostolischen Vätern nur hier) sowie die in paränetisches Gewand eingebundenen, parallelen Situationsdefinitionen in Barn 4,1b und 4,9b. Obwohl in Mk 13,20 par Mt 24,22 das Motiv der gedrängten Zeit und ihrer Verkürzung begegnet und überdies das in Mt 24,24 erstmals christlich belegte biblische Motiv der Beglaubigungszeichen und -wunder in Barn 4,14 Resonanz gefunden haben könnte, spricht gegen einen direkten Bezug zur mk Überlieferung, daß in Mk 13,14 βδέλυγμα explizit „als männliche Person (ἑστηκότα) gedeutet wird" (GNILKA, Markus 2,193), dessen Personifikation der Pseudo- bzw. Antichrist ist (ib. 2,195). Ebensowenig ist τὸ τέλειον σκάνδαλον gleichbedeutend mit der auf dem Mischzitat aus Jes 28,16 und Jes 8,14 basierenden Metapher ‚Fels des Ärgernisses' in Röm 9,33 und 1 Petr 2,8. Es ist nicht Christus gemeint, der den, der an ihn glaubt, nicht zu schanden kommen läßt. Vielmehr ist τὸ τέλειον σκάνδαλον in Barn zum einen deutender Oberbegriff, der die eschatologisch-soteriologische Valenz ungezählter σκάνδαλα (V 9b) aufdeckt, und zum anderen, als deren Kulmination, selbst eschatologisches Ereignis. Verwandt damit ist ApcPe 80,8–14 (NHC 7,3), wonach mit der ‚Vollendung des Äons des Irrtums (πλάνη)' die Zeit, in der der Irrtum herrschte, beendet und die Erneuerung eines ‚nichtalterndes Äons der unsterblichen Einsicht' geschehen wird. Für den gottesfürchtigen Frommen hält darüber PsSal 4,23(27) – der einzige Beleg für das Lexem σκάνδαλον bei den alttestamentlichen Pseudepigraphen – folgende Auskunft bereit: „Der Herr errettet sie vor hinterlistigen und schlimmen Menschen. So rettet er auch uns vor jedem Fallstricke des Frevlers (καὶ ῥύσεται ἡμᾶς ἀπὸ παντὸς σκανδάλου παρανόμου)." Demzufolge ist die Errettung aus der eschatologischen Bedrängnis Gnade.

[20] WINDISCH, Barnabasbrief 318.

[21] Vgl. Mt 13,41 (vgl. Zeph 1,3 [σ´]); 16,23; 18,7 par Lk 17,1; Röm 9,33 (vgl. Jes 8,14 [α´ σ´ ϑ´]); 11,9 (vgl. Ps 68[69],22); 14,13; 16,17; 1 Kor 1,23; Gal 5,11; 1 Petr 2,8 (vgl. Jes 8,14 [α´ σ´ ϑ´]); 1 Joh 2,10; Offb 2,14. Zum Ganzen vgl. auch BINTZ, Skandalon 36–50.

[22] Außer an der vorliegenden Stelle und in Barn 4,9b erscheint das Lexem bei den Apostolischen Vätern noch in IgnEph 18,1; 2 Polyc 6,3 und 1 Clem 35,8. Für den späteren Gebrauch vgl. die Hinweise bei STÄHLIN, σκάνδαλον, σκανδαλίζω. ThWNT 7 (1964) 343 Anm. 31.

[23] STÄHLIN, σκάνδαλον, σκανδαλίζω. ThWNT 7 (1964) 342; vgl. 358; LEROY, Ärgernis. NBL I (1991) Sp. 54–57. Das Lexem σκάνδαλον gehört vor und neben dem biblischen Gebrauch ausschließlich der Vulgär- und Fachsprache an und ist deshalb spärlich bezeugt; für das Verbum σκανδαλίζω fehlt gar jeder Beleg einer vom biblischen Sprachgebrauch unabhängigen Verwendung. Eine gedanklich-abstrakte Erweiterung seiner Grundbedeutung, nämlich Stellholz in der Tierfalle und dann – als pars pro toto – die Falle selbst, ist außerhalb der jüdischen und christlichen Literatur unbekannt. Diese semantische Erwei-

Verführung der Gläubigen zu Abfall und Sünde (Mt 18,7; Lk 17,1; Röm 14,13; 16,17; Offb 2,14; 2 Polyc 6,3; 1 Clem 35,8 [Ps 49,20]), wozu auch das wiederum auf atl. Vorlagen beruhende Bild vom Eckstein gehört, der Anstoß erregt (Röm 9,33; 1 Petr 2,8), über den Ungläubige zu Fall kommen[24] und der insofern Prüfstein ist, sowie der paulinischen Deutung des Kreuzes und des Gekreuzigten als σκάνδαλον[25] für die Juden (vgl. 1 Kor 1,23; Gal 5,11 bzw. für τοῖς ἀπιστοῦσιν IgnEph 18,1), begegnet in Mt 18,7 und Lk 17,1 der Gedanke, daß σκάνδαλα gemäß dem Plan Gottes, mit göttlicher Notwendigkeit, auftreten. Das eine σκάνδαλον, in dem all die σκάνδαλα

---

terung beruht auf der Wiedergabe der von den Wurzeln יקשׁ (in der Falle fangen) bzw. כשׁל (stolpern, straucheln) abgeleiteten Substantive מוֹקֵשׁ (vgl. Ps 17[18],6 und Spr 14,27 mit Bezug auf den Ausdruck πάγις θανάτου in Barn 19,7a.8c) und מכשׁוֹל (vgl. KBL 399.459.505.523), die in der übertragenen Bedeutung *Ursache des Verderbens* übereinkommen (vgl. STÄHLIN, σκάνδαλον, σκανδαλίζω. ThWNT 7 [1964] 338–342). In diesem Sinn ist σκάνδαλον in den griechischen Bibelübersetzungen überwiegend gebraucht; σ΄ und θ΄ stehen der Verwendung des Lexems in den älteren griechischen Bibelübersetzung nahe, α΄ übersetzt mit σκάνδαλον strikt nur מכשׁוֹל (vgl. ib. 343). Von seiner ursprünglichen Bedeutung als ‚Falle‘, die z.B. noch in dem Bild für die Nachstellungen von seiten der Gottlosen (Ps 139[140],6; 140[141],9) begegnet, bewahrt σκάνδαλον die „Momente des Unerwarteten, Tückischen und Gewaltsamen" (ib. 341). Hieran knüpfen sich die Bedeutungen von σκάνδαλον als *Anlaß zur Versündigung* durch eigene Schuld sowie als *Verführung zur Sünde* durch andere. Da beides Unheil bzw. Gottes Gericht nach sich zieht, findet die Vokabel vielfältig zur Profilierung des Gegensatzes zwischen Frommen und Gottlosen Verwendung. Das biblische Profil ist daran zu ermessen, daß die Bitte in PsSal 4,23 (ὁ κύριος … ῥύσεται ἡμᾶς ἀπὸ παντὸς σκανδάλου παρανόμου, wie sie von den ἄνθρωποι δόλιοι καὶ ἁμαρτωλοί ausgeht) innerhalb der gesamten hellenistisch-jüdischen Literatur der einzige außerkanonische Beleg für σκάνδαλον ist. Ebenso das Verb σκανδαλίζω, das nur in PsSal 16,7 vorkommt (vgl. DENIS, Concordance 700). Sachlich gleichbedeutend mit σκάνδαλον verwenden die älteren griechischen Bibelübersetzungen πρόσκομμα für מוֹקֵשׁ (vgl. STÄHLIN, προσκόπτω κτλ. ThWNT 6 [1959] 745–759); vgl. auch Sib 8,245f. Der neutestamentliche Gebrauch beider Lexeme sowie der dazugehörigen Verben reflektiert die übertragene religiöse Bedeutung, die diese Übersetzungen den zwei Wortgruppen beilegen.

24 Vgl. GOPPELT, Petrusbrief 150; BROX, Petrusbrief 94–102; WILCKENS, Römer 2,213f.

25 Die Abschlußworte (Sib 8,245–250) der ἀκροστιχίς ΙΗϹΟΥϹ ΧΡΕΙϹΤΟϹ ΘΕΟΥ ΥΙΟϹ ϹΩΤΗΡ ϹΤΑΥΡΟϹ (Sib 8,217–250) zeigt, daß für σκάνδαλον im Sinne des paulinischen Sprachgebrauchs πρόσκομμα eintreten konnte (Übers. A. Kurfess).

Σῆμα δέ τοι τότε πᾶσι βροτοῖς, σφρηγὶς ἐπίσημος
  Nunmehr erscheint ein Zeichen den Menschen und über den Gläub’gen
Τὸ ξύλον ἐν πιστοῖς, τὸ κέρας τὸ ποθούμενον ἔσται
  Deutliches Siegel das Kreuz, das ersehnte Horn, das den Frommen
Ἀνδρῶν εὐσεβέων ζωή, πρόσκομμα δὲ κόσμου,
  Kündet das Leben, der Welt ein Ärgernis ist und ein Anstoß,
Ὕδασι φωτίζον κλητοὺς ἐν δώδεκα πηγαῖς·
  Reicht aus zwölffachen Quell mit Wasser die Tauf’ den Beruf’nen.
Ῥάβδος ποιμαίνουσα σιδηρείη γε κρατήσει.
  Eiserner Stab des Hirten wird herrschen. Und der sich bekannt gab
Οὗτος ὁ νῦν προγραφεὶς ἐν ἀκροστιχίοις θεὸς ἡμῶν
  Unter Akrostichis hat unser Gott, unser Heiland, gelitten
Σωτὴρ ἀθάνατος βασιλεύς, ὁ παθὼν ἕνεχ’ ἡμῶν.
  Zur Errettung unserer Seelen, unsterblicher König.

Die u.a. von HAEUSER, Barnabasbrief 12, favorisierte Deutung des (kleinen) Hornes (Barn 4,4f.) auf Christus und seine Parusie könnte in Sib 8,246 nur dann eine Sachparallele finden, wenn τὸ κέρας τὸ ποθούμενον ἔσται sicher in bezug auf Dan 7,24 gedichtet ist.

sachlich konvergieren, ist der Anstoß zum Abfall vom Glauben, vom Willen Gottes.[26] Es entsteht, wenn Menschen im Gegensatz zu Gott und seinem Willen nur menschlich denken und wollen. Diesen Antagonismus zwischen dem Wille Gottes und dem Wollen der Menschen reflektiert das Lexem; zugleich verlangt es eine Entscheidung für oder gegen Gott. In Barn beschreibt τὸ τέλειον σκάνδαλον eine Lebens- und Glaubenssituation, die wie ein Mosaik ungezählte σκάνδαλα zum Bild einer umfassenden und eschatologisch entscheidenden (V 9b) Gefährdung des Glaubens, und damit des Heils zusammenfügt.[27]

Weil περὶ γέγραπται keine (nachträgliche) Zitationseinleitung zu V 3a ist, sondern den Leitsatz als Essenz diverser Aufzeichnungen[28] in der Schrift ausweist und autorisiert, besitzt ἤγγικεν sowohl eine inhaltliche als auch eine kommunikative, funktionale Komponente, und zwar unabhängig davon, ob beides vom Vf. selbst[29] oder aus der Tradition[30] stammt. Das Perf. ἤγγικεν deutet die Situation der Leser. Es sagt nicht nur die Nähe des vollendeten Ärgernisses an, sondern es ordnet Leser und τὸ τέλειον σκάνδαλον einander zu. Der καιρός, über den verschiedentlich (Vv 3b–5) geschrieben wurde (περὶ οὗ γέγραπται), steht konkret den Lesern bevor. Das Finitum, das Attribut sowie der Num. in V 3a lassen nicht daran zweifeln, daß diesem σκάνδαλον nichts mehr vorausgeht. Weil die Schrift diesen Schlußakkord als höchst dramatische Kulmination des Widergöttlichen (vgl. V 4.5) vor dem eschatologischen Sieg Gottes (vgl. V 3b) ankündigt (vgl. 4 Esra 7,113), ist mit περὶ οὗ γέγραπται sowie den anschließenden Schriftbeweisen die Gegenwart der Leser als jene heilsgeschichtlich unvergleichliche Etappe ausgewiesen, in der Gottes Heilsplan Wirklichkeit wird.

Drei formgerecht und gleichförmig eingeleitete Prophetenzitate führen hierüber den Beweis. Als deren Quellen werden Henoch, ὁ προφήτης und Daniel genannt. Der Halbvers 3b, den ὡς Ἑνὼχ λέγει formelhaft als Zitat einleitet, ist zwar in der überlieferten Henochliteratur nicht nachzuweisen,[31] das Motiv indes, daß das Ende der gesamten Geschichte bereits nahe ist, und zwar aufgrund göttlicher Initiative und gemäß dem Plan Gottes, ist vielfach bezeugt.[32] Die Floskel εἰς τοῦτο –

---

[26] Das σκάνδαλον „ist sowohl Hindernis am Gläubigwerden als auch Ursache, am Glauben irre zu werden. … Es ist Ursache von Schuld und Verderben in einem; denn ein Fall im Glauben ist der Fall schlechthin" (STÄHLIN, σκάνδαλον, σκανδαλίζω ThWNT 7 [1964] 345).

[27] KITTEL, Jakobusbrief 74, will (τὸ) τέλειον σκάνδαλον mit dem Wiederaufbau des Tempels in Barn 16,4 identifizieren, gewissermaßen als die Spitze der „Re-Judaisierung", der aus der Sicht des Vf. „die Christenheit … anheimzufallen droht". Barn 4,6b zufolge handelt es sich jedoch um die Bedrohung durch andere Christen; die Frontstellung gegen die Juden ist Rhetorik.

[28] Vgl. HAEUSER, Barnabasbrief 12 Anm. 1.

[29] Vgl. WINDISCH, Barnabasbrief 318.

[30] Vgl. WENGST, Tradition 21f.

[31] Vgl. HAEUSER, Barnabasbrief 12 Anm. 1; WINDISCH, Barnabasbrief 319.

[32] WENGST, SUC 2,145, weist auf äthHen 80,2; syrBar 20,1; 5 Esra 2,13; ApAbr 29,13 und Mk 13,20 par hin. Ganz analog reden 4 Esra 4,26c; 6,20; 7,74; 9,1–6; 14,11f. Das Motiv scheint jüdisch-christliches Gemeingut zu sein; eine literarische Abhängigkeit seitens Barn 4,3 von der synoptischen Tradition ist – ganz abgesehen von Divergenzen im Wortlaut – allein von diesem Gleichklang her nicht erweisbar (vgl. auch KÖSTER, Überlieferung 129f.).

mitunter erweitert durch eine konsekutive oder kausale Konjunktion – mit folgendem Finalsatz eröffnet im ersten Hauptteil (Barn 2–16) regelmäßig eine Auslegung, wobei der Vordersatz den Sachverhalt zusammenfaßt oder begründet und der Finalsatz die Gnosis formuliert (3,6; 5,1.11f.; 6,13; 7,10; 14,5). Der entsprechende Aufbau[33] von V 3b sowie die Streuung des Motivs läßt vermuten, daß der Vf. analog zu V 3a entweder selbst Schöpfer dieses Zitats ist[34] oder eine ihm aus seinem Ambiente vertraute Ansicht über Grund und Zweck der mit σκάνδαλον umschriebenen Gegenwart wiedergibt.[35] In V 3b zeigt γάρ an, daß συντέτμηκεν, ταχύνη und – wegen καί consecutivum[36] – auch ἥξῃ das ἤγγικεν begründen, εἰς τοῦτο hingegen, was aus dieser Aussage über τὸ τέλειον σκάνδαλον erkannt werden soll. Weil sich diese einzigartige Situation nicht zufällig eingestellt hat, sondern unmittelbar von Gott – ὁ δεσπότης ist hierbei Wechselbegriff für ὁ θεός – herbeigeführt ist, besagt die Situationsdeutung mittels des ἤγγικεν zugleich den Gnadencharakter der Zeitumstände.[37] Die Nähe des vollendeten Ärgernisses markiert die unmittelbar bevorstehende Wende zum Heil. Wer ὁ ἠγαπημένος ist, wird in 4,8 fast beiläufig festgestellt: Jesus. Während in 3,6 mit dieser Bezeichnung in Anspielung auf die Dahingabeformel in 1,1 und auf 1,5 die im Christusereignis begründete Heilsverfassung betont ist, die in 4,8 und Barn 14 unter dem Aspekt der Heilszusicherung wieder aufgenommen wird, ist ‚sein Geliebter' in 4,3 der wiederkommende Herr. Christologisch bedeutsam ist zum einen das singuläre Verhältnis zu ὁ θεός, welches das titulare ὁ ἠγαπημένος zusammenen mit dem Possessivpronomen αὐτοῦ einträgt.[38] Die christologische Titulation hat ihren Sitz vielleicht in frü-

---

[33] Weiss, Barnabasbrief 56, erkennt in V 3b einen „in hebräischem Parallelismus aufgebauten Satz."

[34] Vgl. Haeuser, Barnabasbrief 11f.

[35] Vgl. Wengst, Tradition 22.

[36] Vgl. Blass/Debrunner, Grammatik § 442,2b[8].

[37] Die Wortverbindung von καιρός und ἡμέρα bezeichnet in der griechischen Bibel einen von Gott festgesetzten Zeitpunkt, an dem soteriologisch Erhebliches geschah (vgl. Gen 17,23.26; Dtn 10,10; Sir 17,2; PsSal 18,10f.), mithin geschehen wird (vgl. Dtn 32,35a.b.; Est 10,3h; PsSal 7,10; Joël 4,1; Jes 30,8; 49,8; Jer 3,17f.; 27[50],4.20.27.31; Klgl 1,21c; Ez 7,12a; 21,30.34; 22,4), oder an dem Riten zu vollziehen sind (Ex 34,18; 23,15; Num 9,3; Dtn 31,10; 2 Chr 8,13; 35,17; Esra 1,17; 2 Makk 12,11; Bar 1,14). Die Formen καιρούς und ἡμέρας sind zuerst in Gen 1,14 verbunden und bezeichnen die in der Schöpfung begründete kultische Ordnung (vgl. Ex 13,10; Ps 18[19],10); eschatologischen Sinn besitzt die Kombination beider Formen in Ez 12,27.

[38] In Dtn 32,15; 33,5.26; Jes 44,2 übersetzt das absolute ὁ ἠγαπημένος den Ehrennamen Jeschurun (יְשֻׁרוּן) für Israel. ‚Geliebte' Gottes werden auch einzelne Väter Israels genannt (Abraham, Mose, Samuel, Salomo); vgl. auch LAB 32,8c (JSHRZ 2/2): „Und alles, was der Allmächtige gesagt hat, das hat er bewahrt, wobei er Mose, seinen Geliebten, als Zeugen hatte." Der auf Jesus Christus als den schlechthin von Gott Geliebten übertragene Titel rekurriert auf den auf der Adoptionformel Ps 2,7 beruhenden Taufbericht Mk 1,11b par und begegnet öfters in der frühchristlichen Literatur (Eph 1,6; Herm sim. IX 12,5 [89,5]; HebEv 2; AscJes [TestHisk] 3,13.17f.; 4,3.9.18.21; 7,17.23; 8,18.25; Clem. paed. I 6,25; Ephr. opp. II; Epiph. haer. 30,13); vgl. Resch, Agrapha 346–357; eine Übersetzung von EvHeb 2 jetzt in NTApo[6] 1,146. Kister, 4Q Second Ezekiel 66f., hat für den Halbvers 3b auf 4 Q385 fr. 3 aufmerksam gemacht. In diesem sehr ähnlich lautenden Teilstück stehen „the Children of Israel" anstelle von ὁ ἠγαπημένος in Barn 4,3b. Das Fragment kann die auf Barn 4,3b führende, traditionsgeschichtliche Verbindung des Motivs der von Gott bewirkten Verkürzung der Zeiten mit der auf Jesus gedeuteten Übersetzung von יְשֻׁרוּן mit ὁ ἠγαπημένος illustrieren. Daß der Vf. 4 Q385 fr. 3 kannte und für seine Zwecke verändert hat, ist

her Liturgie.[39] Zum anderen ist diesem Sprachgebrauch zufolge, den Barn 7,9.10 bestätigen wird, der Gekreuzigte mit dem Wiederkommenden identisch. Weil ferner das von Gott herangeführte vollendete Ärgernis in der Parusie sein Ziel hat, ist die Befristung der Gegenwart auf die letzte Phase vor der Wiederkunft selbst schon Gnade; Zeichen des Heilswillens Gottes (vgl. 5 Esra 2,13). Die σκάνδαλα sind daher nicht nur Mosaiksteine des τέλειον σκάνδαλον, sondern eschatologische Vorzeichen für die Nähe göttlichen Heils. Weil die κληρονομία des Geliebten[40] gemäß 3,6 ὁ λαός ist, das Gott durch ihn bereitet hat, ist Heil eins mit der Parusie Jesu und dem Antritt seiner Königsherrschaft (vgl. Barn 4,13; 7,11; 8,5f.; 14) über sein Volk. Der vielleicht aus liturgischer Tradition übernommene Begriff κληρονομία hat eine vielschichtige biblische Grundlage, die u.a. mit der Landverheißung verbunden ist (vgl. Barn 6,8–19), und die bereits im Frühjudentum eschatologisch zugespitzt[41] wird. Leitender Gedanke ist die Besitzergreifung auf Dauer.[42] Im Rückblick von V 3b zieht V 3a also die soteriologisch-eschatologische Bilanz aus der dem Vf. und den Lesern gemeinsamen Lebens- und Glaubenssituation; apokalyptisches Vokabular steht hierbei Pate.

4f. Den von V 3b eröffneten Begründungsgang für das ἤγγικεν setzen Vv 4f. mit zwei Zitaten aus der Gerichtsvision in Dan 7 fort. Es fällt auf, daß das Buch Daniel erst in V 5 als Quelle genannt wird, und daß die Reihenfolge der Zitate gegenüber Dan 7 vertauscht ist: V 4 basiert auf Dan 7,24 und V 5 auf Dan 7,7f., so daß die Deutung durch den angelus interpres (Dan 7,24) nun der Vision voraus steht. Der Befund indizierte für Weiß, daß V 4 eine spätere Zufügung ist.[43] Unter dieser Voraussetzung bezieht sich das περὶ τοῦ αὐτοῦ auf ὁ ἠγαπημένος; das kleine Horn (V 5), der König also, der sich erheben wird (V 4), ist dann der wiederkommende Herr und τὸ τέλειον σκάνδαλον ist seine Parusie.[44] Die Auslassung von καὶ αὐτὸς δίοσει κακοῖς ὑπὲρ τοὺς πρώτους aus Dan 7,24 ϑ′ in V 4 scheint diese Interpretation zu stützen.

Ganz abgesehen von der literarkritischen Annahme über den sekundären Charakter von V 4, basiert diese Erklärung auf dem paulinischen Begriff von σκάνδαλον, der dem Barn nicht ohne weiteres unterstellt werden darf. Sie widerspricht überdies dem Bekanntheitsgrad eines in prophetischer wie apokalyptischer Tradition derart profilierten Textes wie Dan 7.[45] In diesem Rahmen ist mit dem elften

---

indes nicht erwiesen. Wie beim Fragment 4 Q385 *fr.* 2, das auf das Zitat in Barn 12,1a weist, dokumentiert das Bruchstück 3 ein früheres oder paralleles traditionsgeschichtliches Stadium des Zitates in Barn 4,3b.

[39] Vgl. SCHLIER, Epheser 56f.; weitere Deutungen registriert GNILKA, Epheserbrief 74.

[40] Zur Bezeichnung des Sohnes als ‚Erben' in Hebr 1,2 vgl. GRÄSSER, Hebräer 1,57f.

[41] Aufgrund dieser Eschatologisierung steht der auf Christus gemünzte Begriff κληρονομία auch nicht der in Barn 12,10f. als ἄνθρωπος ἐξ ἀνθρώπων abgelehnten Davidssohnschaft entgegen. ‚Sein Geliebter', der Erbe, tritt sein Erbe im Eschaton, bei seiner Parusie, an.

[42] Vgl. MICHEL, Hebräer 35f.; KÄSEMANN, Gottesvolk 15f.; dort jeweils weitere Hinweise.

[43] Vgl. WEISS, Barnabasbrief 56.

[44] Vgl. HAEUSER, Barnabasbrief 12.

[45] Josephus, *AJ* 10,186–281, schenkt Dan mehr Beachtung als allen anderen Schriftpropheten. 4 Esra nimmt im Rahmen der Adlervision und ihrer Deutung (4 Esra 11,1–12,40) explizit auf Dan 7 Bezug (4 Esra

König nicht nur auf die bedrückenden Lebens- und Glaubensumstände unter der Regentschaft Antiochus IV. angespielt, sondern diese Figur und ihr Los ist, und zwar ungeachtet seiner in Barn fehlenden Charakterisierung, die Repräsentanz alles Widergöttlichen.

Jedenfalls ist es ausgeschlossen, daß der Vf. für diese Passage direkt aus Dan geschöpft hat.[46] Zum einen weicht der Text der beiden Zitate auffällig und gleichartig von griechischen Danielübersetzungen ab, wobei ihm die Version Theodotions[47] noch am nächsten steht,[48] und zum anderen sind die beiden Zitatschlüsse ebenso signifikant aneinander angepaßt. Zusammengenommen scheinen die Beobachtungen zur Annahme zu drängen, daß dem Vf. die Vv 4f. bei der Abfassung des Schriftstücks fertig vorlagen. Harnack vermutet, daß der Vf. die Danielzitate bereits in der veränderten Form in einer apokalyptischen Stellensammlung vorfand. Hierfür spricht, daß der Barn darauf verzichtet, diese Modifikationen zu deuten.[49] Windisch sieht hingegen in der anonymen Quellenangabe von V 4 eine stilistische Nachlässigkeit und in der Umkehrung der Reihenfolge ein Indiz für die Herkunft von Vv 4f. aus einer Testimoniensammlung. Wengst meint, der Sachverhalt sei befriedigend nur unter der Voraussetzung zu erklären, „daß derjenige – sei es Barnabas oder ein anderer –, der das zweite Zitat als von Daniel stammend gekennzeichnet hat, das erste nicht als solches gekannt"[50] hat. Weiter nimmt Wengst an, daß der Vf. „das ganze Stück Vv 3–5 als Tradition" vorfand, weil die Danielzitate im Modus, wie sie verändert sind, mit V 3 zusammenpassen. Da der Vf. ferner keinen Übergang zwischen Vv 1b.2 und Vv 3–5 anzeigt, „dürften sie … schon vor der Abfassung des Barn mit den allgemeinen Mahnungen in Vv 1b.2 verbunden" und dem Vf. aus seiner Lehrtätigkeit bekannt gewesen sein.[51]

Die Erklärungen von Harnack und Wengst schließen sich nicht aus; sie begründen die Textabweichungen und sie stimmen in ihrer Vermutung über die anonyme Quellenangabe zu V 4 überein. Die Umkehrung der Vision vom vierten Tier und ihrer Deutung gegenüber Dan 7 erklären sie indes nicht, vielmehr reichen sie dieses

---

12,11f.). Allein im neutestamtentlichen Korpus wird 60mal aus Dan 7 zitiert bzw. daran angeknüpft. Zur Resonanz des Buches Dan allgemein vgl. LEBRAM, Apokalyptik/Apokalypsen, II. Altes Testament. TRE 3 (1978) 193–195; MÜLLER, Apokalyptik/Apokalypsen, III. Die jüdische Apokalyptik. TRE 3 (1978) 216–218.236–240; STROBEL, Apokalyptik/Apokalypsen, IV. Neues Testament. TRE 3 (1978) 254f.; SCHWARTE, Apokalyptik/Apokalypsen, V. Alte Kirche. TRE 3 (1978) 257f.266–268.

[46] Vgl. WINDISCH, Barnabasbrief 319.

[47] Vgl. WINDISCH, Barnabasbrief 319.

[48] Vgl. die Liste bei HAEUSER, Barnabasbrief 23f.

[49] Vgl. HARNACK, Geschichte 2,319.

[50] WENGST, Tradition 22. Alle Fragen räumt diese Erklärung freilich nicht aus. Wenn schon „beide Zitate in gleicher Weise verändert worden sind und in der Form mit V 3 zusammenpassen", und wenn schon V 5 derart signifikant auf Daniel weist, wie die Zitationseinleitung bekundet, was hat diesen Anonymus in V 5 auf Daniel raten und in V 4 trotzdem vor einer derartigen Zuschreibung zurückschrecken lassen, wenn doch dort eine exakt auf dieses Danielzitat bezogene Deutung wiedergeben ist? Vielleicht ist doch mit einem mehrstufigen Wachstumsprozeß zu rechnen, an dem der Vf. des Barn letzte Hand anlegte – etwa durch die Umkehrung der Abfolge von Vision und Deutung.

[51] Vgl. WENGST, SUC 2,22.

kompositorische Problem – wie es auch mittels der Testimonienhypothese geschieht – an die Tradition zurück. Unabhängig vom Umfang des Traditionsstücks – nur Vv 4f. (Harnack) oder Vv 1b–5 (Wengst) – ist auffällig, daß die kompositorische Relation der Halbverse 3a und 3b, nämlich soteriologisch-eschatologische Bilanz der Gegenwart (V 3a), für die ein formelhaft als Schriftwort (ὁ προφήτης) eingeführtes Zitat (λέγει) den Beleg liefert (V 3b), in der vertauschten Abfolge von Vision (V 5) und Deutung (V 4) ein Analogon hat. Nimmt man diesen Sachbezug an und bedenkt man ferner, daß die beiden Schlüsse von Vv 4f. übereinstimmend von der Danielvorlage abweichen, ist es auch möglich, daß die Abfolge *sowie* das ὑφ᾽ ἕν vom Vf. stammen. Das Material mag ihm allerdings, und zwar inklusive der Zitationseinleitungen, aus der Lehrtradition, der er verbunden ist, zugeflossen sein.[52] Die anonyme Quellenangabe in V 4, die in der Vorlage auf die exakte Quellennotiz folgte und somit eindeutig war, ist bei der Umkehrung der Abfolge von Vision und Deutung kaum aus Unkenntnis erhalten geblieben. Der Grund hierfür kann, muß aber nicht stilistische Nachlässigkeit (Windisch) sein. In der in Barn 4,4f. vorliegenden Aufeinanderfolge der beiden Zitate erhält die prophetische Deutung (ὁ προφήτης λέγει) nicht nur eine allgemeine, sondern mittels der präzisen Quellenangabe eine exakte Schriftgrundlage. Die Aussagen über Heil und Endzeit (Barn 4,1–5), insbesondere über die Nähe des Eschatons (Barn 4,3–5), beruhen also „überprüfbar" auf der Schrift.

Scopus der beiden Schriftzitate in Vv 4f. ist die Verkürzung der Zeiten und somit wiederum der Leitsatz 4,3a. Gemäß prophetischer Überlieferung besteht also die Zuspitzung von allem Widergöttlichen darin, daß dreierlei auf einmal (τρεῖς

---

[52] Die Ähnlichkeiten zwischen den Rezeptionen von Motiven und Wendungen aus Dan 7 sowie deren Abwandlungen und Ergänzungen in Barn 4,4f. einerseits sowie in Hipp. *antichr.* 28.43.47, Ps.-Hipp. *consumm.* 16.25.53 und in Eus. *d.e.* (frag. lib. XV 1.17), wo mit καὶ τρία κέρατα ὑφ᾽ ἑνὸς συντριβόμενα ein mit ὑφ᾽ ἕν in Barn 4,4f. vergleichbarer Eintrag in die biblische Vorlage belegt ist, andererseits, legen es nahe, daß der Vf. „quotes from apocalyptic traditions available to him, but not longer extant today" (KRAFT, Barnabas 127f.; vgl. HARNACK, Geschichte 1,419; AONO, Entwicklung 218–220). Hierauf mag auch das vom gebräuchlichen παραφυάς (zur Verwendung des Nomens in den griechischen Bibelübersetzungen sowie in IgnTrall 11,1 und in Herm *sim.* VIII passim vgl. KRAFT, Barnabas 126f. Anm. 21) abgeleitete Diminutivum παραφυάδιον (näheres vgl. MÜLLER, Erklärung 105; BAUER/ALAND, Wörterbuch, Sp. 1259f.) weisen, das vor Barn 4,5 nicht belegt ist. Wie es scheint, sind Hipp. *antichr.* 25 und Ps.-Hipp. *consumm.* 16 ihre einzigen weiteren Belege für den Sg. Bislang nicht bemerkt wurde der Pl. παραφυάδια bei Hsch. ε 5937,1; auch die Supplements zu LIDDELL/SCOTT verzeichnen den Fundort nicht. Beide Formen fehlen in den Papyri. Allerdings raten sowohl die Variationen im Detail, daß z.B. von Barn 4,4f. und Eus. *d.e.* (fr. lib. XV 1.17) abgesehen, die direkte Verbindung der Kardinalzahlen τρεῖς oder τρία mit dem Ausdruck ὑφ᾽ ἕν bzw. ὑφ᾽ ἑνός überaus selten (Alex.Aphr. *in Metaph.* 706,21; Simp. *in Cat.* 8,380.30f.; Eus. *h.e.* X 4,41) begegnet und nie mit Bezug auf Motive aus Dan 7, als auch die Abfolge von Deutung und Vision in Barn 4,4f. sowie die Angleichung der beiden Versausgänge dazu, den Vf. von der konkreten Ausgestaltung der Tradition, wie sie in Barn 4,4f. bewahrt ist, nicht auszuschließen. Allein schon der hohe Bekanntheitsgrad von Motiven und Wendungen aus Dan 7 (vgl. STROBEL, Apokalyptik/Apokalypsen, IV. Neues Testament. TRE 3 [1978] 254f.; SCHWARTE, Apokalyptik/Apokalypsen, V. Alte Kirche. TRE 3 [1978] 257f.266–268) mahnt dazu, diese Möglichkeit zur Erklärung der typischen Abweichungen von Dan 7 und den sachlich und formal nächsten Parallelen zu berücksichtigen.

ὑφ’ ἕν) geschieht, daß die σκάνδαλα im τέλειον σκάνδαλον eskalieren. Neben der Zeitverkürzung durch die Eintragung von ὑφ’ ἕν signalisiert diese Kulmination die pejorative Etikettierung des handelnden Subjekts mittels des Diminutivums παραφυάδιον, das ebenso wie χοιρίον in Barn 10,3 und τὰ ἰχθύδια in Barn 10,5 verächtlich[53] gemeint ist. Für den Bezug und die theologische Funktion beider Zitate hat man sich vor Augen zu halten, daß die Theozentrik Antrieb, Kern und Ziel apokalyptischer Rede ist. Nicht nur die Initiierung der eschatologischen Zeit, die per se befristet ist[54], sondern auch die Beschleunigung ihres Verlaufs, so daß sich die Ereignisse überstürzen, zeigt, daß Gott der Herr der Geschichte ist. Vor diesem theologischen Hintergrund ist das Beweisziel beider Danielzitate nicht, daß die prophetische Ankündigung eines progressiven Verlaufs der eschatologischen Zeit in Erfüllung geht, sondern daß diese Steigerung und Zuspitzung von Gott bewirkt ist (V 3b), und deshalb bestimmt zu einem heilvollen Ziel[55], der Parusie und Königsherrschaft Jesu Christi (vgl. Barn 7,9f.; 8,5), führen wird (ἥξει). Schließlich ist es Gott (ὁ δεσπότης), der – wenn auch gegen den Augenschein – bei diesem letzten Aufbäumen des Widergöttlichen Regie führt (vgl. 6 Esra 16,13–16). Dem Vf. kommt es auf die theologische Ursache und das festgesetzte soteriologisch-eschatologische Ziel des ὑφ’ ἕν an. Von daher erklären sich die Abweichungen gegenüber griechischen Danielübersetzungen – mögen sie dem Vf. bereits vorgelegen sein oder vom ihm stammen –, insbesondere die Tilgung der unter dieser Rücksicht unerheblichen Charakterisierung des elften Königs, die freilich in der Erläuterung παραφυάδιον nachwirken kann.

Akzent und Funktion beider Zitate verbieten es, die Elemente der danielschen, auf konkrete Zeitumstände abgestellten Deutung der antijüdischen Oppression unter Antiochus IV. als apokalyptisches Szenario und insbesondere die signifikanten Abweichungen davon in Barn 4,4f. für die Datierung des Barn zu verwenden.[56] Die beiden Danielzitate haben nicht zur Chiffrierung und Deutung konkreter Zeit-

---

[53] Vgl. BORNEMANN/RISCH, Grammatik 29,2c; 301,2.

[54] Vgl. ApcPe 80,8–20 (NHC 7,3).

[55] Mit Blick auf die schroffe Distanzierung von anderen Christen in Barn 4,6–9 darf, was Mt 24,22 par Mk 13,20 herausstellen, bei dem Motiv der Verkürzung der Zeiten wohl auch mitgehört werden, daß sie um der Auserwählten willen (διὰ τοὺς ἐκλεκτοὺς οὓς ἐξελέξατο) geschieht; vgl. LAB 19,13b.c; LUZ, Matthäus 3,429f. Umgekehrt kann im apokalyptischen Kontext die Dehnung der Zeit als Zeichen der Langmut (μακροθυμία) Gottes gedeutet werden; vgl. 1 QpHab 7,1–14.

[56] Die verschiedenen Versuche sind referiert bei HARNACK, Geschichte 1,418–423; HAEUSER, Barnabasbrief 21–24; WINDISCH, Barnabasbrief 319f.; WENGST, Tradition 105f; SCORZA BARCELLONA, Epistola di Barnaba 52–57; CARLETON PAGET, Barnabas 9–17; HVALVIK, Scripture 27–34. Die Identifizierung des römischen Imperiums mit dem vierten Weltreich in Dan 7,7f.24ff. vertreten bereits 4 Esra 11,44; syr-Bar 39,3–7 sowie die rabbinische Exegese (Bill. 4/2,1004–1006). Diese jüdischen Gleichsetzungen sowie jene bei Iren. haer. V 25–30, Hipp. antichr. 19,3–13; Dan IV 2–5; 12,4f. passim; Or. sel. in Gen. (PG 12,59); Cels. VI 46, (weitere Belege vgl. SCHWARTE, Apokalyptik/Apokalypsen. V. Alte Kirche. TRE 3 [1978] 266–268.) mögen das Interesse beflügelt haben, Barn 4,1–5 mit einem historischen Anlaß und Bezug zu bedenken, der den Lesern als Indikatoren für die Nähe der Parusie gegolten haben könnte. Doch über die Funktion hinaus, diese Nähe des Eschatons anhand der Schrift zu begründen, wobei die Einfügung ὑφ’ ἕν zeigt, daß dies zugleich in motivierender Absicht geschieht, ist der Aufnahme von Dan 7,7.24 keine weitere zweifelsfrei zuzusprechen.

umstände des Barn Eingang gefunden, sondern als autoritativer Beleg für den Leitsatz in V 3a.

Die drei Zitate Vv 3b–5 führen das σκάνδαλον als alles entscheidendes Ereignis vor Augen, das auch nicht zufällig und unerwartet eingetreten ist (ἤγγικεν), sondern gemäß dem von Gott gefaßten und von den Propheten verkündeten Plan. Schon deshalb ist τὸ τέλειον σκάνδαλον nicht bloß die Versuchung zu einem anderen Glauben, dessen Credo in V 6b zitiert ist. Es ist vielmehr so, daß die Anhänger der Parole sich Gott widersetzen, weil sie Heil von etwas erhoffen, das nicht auf Gott beruht (Vv 7f.; vgl. Barn 2,4–3,6; 9,4–9; 10; 16), und sich um ihre eschatologische Rettung bringen, weil sie zugleich sein Heilshandeln negieren, das sich in der Heilszusicherung im Glauben an Jesus Christus manifestiert (V 9b; vgl. 2,6). Das Ärgernis ist nicht die Versuchung zu konvertieren; es geht um die Grundsünde, den Nichtglauben. Angesichts des Heilsstandes der Leser ist es die Verführung zur Blasphemie. Diese Versuchung zur umfassenden Abkehr von Gott zeigt das Attribut τέλειον an. Die Versuchung ist personifiziert in den αὐτοῖς (V 3b), τισίν (V 6), ἐκεῖνοι (V 7), den Sündern.[57]

Eschatologische Heilszusicherung in Jesus Christus (4,6–9a)

6a.b Mit V 6 wechselt die Kommunikationsstruktur; bis V 9a stehen sich Vf. und Leser gemäß dem in Barn 1 entwickelten Autoritätsgefälle gegenüber. Dieser Wechsel sowie die beiden auf die Verfasserprätention bezogenen Selbstdefinitionen in Vv 6b.9a schließen Vv 6–9a zu einer kleinen Einheit zusammen.[58] Den Passus eröffnet eine Mahnung, die formal jenen Aufrufen gleicht, mit denen sonst im Barn zu einer Haltung ermahnt wird, deren Grund und Ziel Gott ist. Rhetorisch bedingt ist jedoch an die Stelle des kommunikativen Pl. ὀφείλομεν der Imperativ getreten. Doch auch die Form ὀφείλετε signalisiert bereits zu Beginn, daß συνιέναι auf den Willen Gottes bezogen ist; diesen gilt es zu verstehen und zu befolgen. Vorbild hierfür ist Mose, und zwar nach V 8b in doppeltem Sinne: Er hat den Willen Gottes verstanden *und* demgemäß gehandelt. Im Konnex mit V 8b ist V 6a also nicht nur eine hermeneutische Anweisung, sondern autoritativer Aufruf zum Gottesgehorsam, wobei den Willen Gottes zu verstehen Bedingung für Gottesgehorsam ist. Wie dieses Verstehen geschieht, sagt die Stelle nicht. Beachtet man indes, daß sich συνίημι (4,6.8; 6,5; 10,12a.c; 12,10; 14,3) mit νοέω (4,14; 6,10; 7,1; 8,2; 10,12a.c; 17,2) wiederholt berührt und z. T. synonym ist (6,10),[59] bietet sich die rhe

---

[57] Vgl. BAUER/ALAND, Wörterbuch, Sp. 1505.
[58] L hat V 9a getilgt und schließt V 9b mittels des sekundären *propter quod* konsekutiv an V 8 an. Für den Übersetzer oder den Schreiber des Prototypen Λ waren wohl die Korrespondenz der rhetorisch motivierten Einsätze ἔτι δὲ καί (V 6a) und ἔτι δὲ κἀκεῖνο (V 14) die maßgebenden Gliederungssignale. Vielleicht wurde auch die Geste περίψημα ὑμῶν als unpassende Selbstbezeichnung empfunden; hierauf deutet die Tilgung von 6,5 in L hin.
[59] Wegen der Synonymie hat wohl L in 10,12a, wo beide Verben zusammenstehen (νοῆσει ἢ συνιέναι), nur mit *intellegere* übersetzt. Vgl. dazu auch das ‚Glossarium Graeco-Latinum‘ und den ‚Index Latino-Graecus‘ bei HEER, versio latina III.115.123.

torische Frage in 6,10 (τίς νοήσει, εἰ μὴ σοφὸς καὶ ἐπιστήμων καὶ ἀγαπῶν τὸν κύριον αὐτοῦ) als Erklärungsbasis an. Demzufolge wird mit Formen von νοέω und συνίημι nicht zu einer auf den Intellekt begrenzten Anstrengung aufgerufen oder eine solche bestätigt. Beide Termini profilieren vielmehr eine Haltung, die in 6,10 die Trias der Bedingungen beschließt, um das vorausgehende Schriftzitat zu verstehen. Weder Weisheit noch Wissen genügen, um das Schriftwort über das Land der Verheißung (6,10a) richtig auszulegen; entscheidend ist die Haltung gegenüber dem Herrn. Hierbei erinnert das Part. ἀγαπῶν die titulare Leseranrede mit ihrer soteriologisch-eschatologischen Fülle, und das Possessivpronomen bestätigt, daß diese Befähigung im Herrn ihren Haftpunkt hat. Die baptismale Konnotation des Lexems νοέω sowie des ihm verwandten συνίημι bestimmt die Perspektive, daß in der Schrift Gebote und Rechtsforderungen den Willen Gottes offenbaren. Konstitutiv für dieses Verstehen ist der Glaube an Gott, der im Christusereignis sein Fundament hat, und zugleich ist es signifikant für den Raum der Kirche. Die Schrift richtig verstehen können nur Christen (vgl. 10,12). Dies demonstriert der Vf. im Anschluß an sein hermeneutisches Axiom in 6,11–16, letztlich aber mit seinem ganzen Werk. Er selbst ist also der σοφὸς καὶ ἐπιστήμων καὶ ἀγαπῶν[60] und deshalb ist er selbst auch Vorbild für νοεῖν und συνιέναι.

Auf die Leseanweisung folgt in V 6b mit ὡς εἷς ἐξ ὑμῶν ὤν, ἰδίως δὲ καὶ πάντας ἀγαπῶν ὑπὲρ τὴν ψυχήν μου eine zweifache Selbstdefinition des Vf. Ihr korrespondiert V 9a, der mittels des epistularen Aorists ἐσπούδασα auf Vv 6b–8 zurückblickt und konstatiert, daß sein Verhältnis zu den Lesern ihn verpflichtet hat (ὡς πρέπει), ihnen alles zu tradieren. Beide Halbverse rahmen als captatio benevolentiae ab nostra persona, was der Vf. sich mühte zu schreiben; ἐσπούδασα V 9a erinnert an Vv 6c–8 als unmittelbaren Ertrag dieser Bemühung. V 6b, die Selbsttitulation V 9a (ὡς πρέπει ἀγαπῶντι) sowie der Rückblick auf die Vv 6c–8 mittels des epistularen Aorists in V 9a nehmen Schlüsselaussagen der brieflichen Selbstempfehlung (1,4.8) sowie das programmatische Anliegen (1,5; vgl. 21,9) auf. Beide Bezüge subsumieren Vv 6c–8 der in Barn 1 entworfenen und in 21,9 mit ἐσπούδασα γράψαι erinnerten Autorität und verleihen der in diesen Versen mitgeteilten Gnosis Rang und soteriologische Relevanz, die 1,5 mit der Lektüre des Schriftstücks überhaupt verknüpft hat. Aus Vv 6c–8 ist also zu entnehmen, was zu der vom Barn erstrebten Vervollkommnung beiträgt.

Demzufolge ist der Liebesdienst, den der Vf. in 1,8 und hier in 4,6b.9a für sich in Anspruch nimmt, wesentlich die Wahrung der Überlieferung durch Weitergabe in Form der Verschriftlichung und insofern die Fixierung der Tradition. Von daher klärt sich auch die Funktion der demonstrativen Selbstbescheidung in V 6b (ὡς εἷς ἐξ ὑμῶν ὤν) und die Beteuerung, den Lesern nicht als Lehrer, sondern als περίψημα ὑμῶν gegenüberzutreten (V 9a vgl. 6,5). Beides nimmt die Geste aus 1,8 auf, mit der sich der Vf. und sein Werk der Autorität unterstellt, die die Sache aus sich selbst beansprucht. Deshalb verwahrt er sich dagegen, als Lehrer angesehen zu

---

[60] Vgl. WINDISCH, Barnabasbrief 335.

werden. Indem er stattdessen das Ethos des (apostolischen) Liebesdienstes und somit besondere Kompetenz und Autorität beansprucht, weist er nicht nur jeden
Verdacht auf persönliche Ambitionen weit von sich, sondern betont die von ihm
unabhängige Autorität seiner Mitteilungen. Die Intention der Vv 6b.9a geht folglich dahin, den Lesern neben der Vollständigkeit auch die Unversehrtheit des Mitgeteilten, also die Authentizität, zu versichern. Da ἐρωτῶ ὑμᾶς mit προσέχειν
in V 6c zusammensteht, ist klar, daß die Beteuerungsformel[61] ἀφ᾽ ὧν ἔχομεν μὴ
ἐλλείπειν nicht die wörtliche Wiederholung des Überlieferten, sondern die sachliche Authentizität besagen will. Wenn also ἡμῶν μέν in V 7a den zweiten Teil der
Parole ihr selbst geradezu als eine Fraglosigkeit entgegenhält und V 8c zum Abschluß des Beweisgangs mit καὶ συνετρίβη αὐτῶν ἡ διαθήκη das Urteil über den
ersten Teil der Losung spricht, so handelt es sich bei diesem Diktum nicht um
irgendeine διδαχή, mit der die Parole konkurrieren könnte, sondern dies ist die
authentische Überlieferung hinsichtlich des Themas.

6c ist von V 2 vorbereitet. Nach der von L bewahrten, vermutlich ursprünglichen Lesart warnt der Vf. vor einer Theologie, deren Proprium er mit der Parole ἡ
διαθήκη ἐκείνων καὶ ἡμῶν zitiert. Der Num. des betonten Possessivpronomens
ἐκείνων[62] schließt Juden als Sprecher aus. Es handelt sich um das Credo von Christen, die sich aus der Sicht des Vf. damit als Sünder erweisen. Worin indes die theologische Differenz inhaltlich besteht, hängt zu allererst von der Bedeutung von ἡ
διαθήκη ab.

<h2 align="center">Der Sprachgebrauch von διαθήκη im Barnabasbrief</h2>

Für das Verständnis von διαθήκη im Barn ist von der alttestamentlichen Grundbedeutung
von בְּרִית[63] als ,Bestimmung', ,Verpflichtung' auszugehen.[64] Im theologischen Bereich dient
בְּרִית „als Bezeichnung des Verhältnisses (oder seiner Herstellung) zwischen Gott und einzel-

---

[61] Die Selbsttitulation mittels des Vergleichs ὡς πρέπει ἀγαπῶντι ist im Horizont der Verfasserprätention und -legitimation von Barn 1 zu lesen. Sie vertritt, freilich mit qualitativem Abstand, die für die biblische und kirchliche Variante der Formel typischen Anrufungen (ὁ θεός, κύριος, Ἰησοῦς Χριστός)
bzw. die (jesuanische) Beteuerungspartikel ἀμήν; vgl. KLAUSER, Beteuerungsformeln. RAC 2 (1954)
Sp. 222–224.

[62] Zur Stellung vgl. Röm 6,21b (τὸ γὰρ τέλος ἐκείνων θάνατος); BLASS/DEBRUNNER, Grammatik
§ 284,3.

[63] „Die Ethymologie von ברית ist nicht völlig geklärt" (WEINFELD, בְּרִית. ThWAT 2 [1973] Sp. 783). Zu
den diversen Vorschlägen vgl. ib. 783–785.

[64] Vgl. WEINFELD, בְּרִית. ThWAT 2 (1973) Sp. 784; zum Ganzen vgl. ferner BEHM, διαθήκη.
ThWNT 2 (1935) 106–137; LOHFINK, Eid 11–30.114–129; VAN IMSCHOOT, Bund. BL (1956) 267–274.
LOHFINK, Bund. BL² (1968) 165f., CRÜSEMANN, Bundesschlüsse 21–38, ZENGER, Juden und Christen
39–52, sondieren, ob und inwiefern die Termini ברית bzw. διαθήκη eine exegetische Basis für den Dialog
zwischen Juden und Christen bereitstellen. Daß sie die polemische Annullierung der διαθήκη ἐκείνων
in Barn 4;14 nicht berücksichtigen, versteht sich von selbst. Doch zeigen sie – ganz abgesehen von exegetischen Aspekten und den Hinweisen auf den Forschungsstand – den Fragehorizont an, von dem aus
die Auslegung von Barn 4 und 14 die Semantik von διαθήκη in den Blick zu nehmen hat. Vgl. auch die
Diskussion zwischen Seebass und Zenger in ThRv 90 (1994) 265–278 sowie die Debatte um die sog. Ge-
samtbiblische Auslegung.

nen Menschen bzw. dem Volk Israel"[65]. Allein handelndes Subjekt einer solchen בְּרִית ist stets Gott. Kennzeichnend ist jedoch, daß deren Übermittlung Sache eines Gottesmannes ist; so übermittelt Mose die בְּרִית an Israel.[66] Je nach dem Kontext ist Jahwes selbstbindende ‚Zusage', ‚Verheißung' wie auch fremdverpflichtend sein ‚Gebot', ‚Gesetz' gemeint.[67] Zum ersten Typ, für den die königliche Schenkung das Vorbild sein wird, gehört die בְּרִית mit Abraham (Gen 15,19), zum zweiten Typ gehört die Sinaï- bzw. Horeb-בְּרִית; bei dieser ist die Treue gegenüber Jahwe Bedingung, und daher birgt diese בְּרִית die Doppelmöglichkeit von Segen und Fluch. Im Rahmen der abrahamitischen Verheißungen steht das Lexem parallel zu dem sie bestätigenden[68] Eid (שְׁבוּעָה); er verleiht der בְּרִית bindende Kraft. Meint בְּרִית hingegen die Bestimmung im Sinne von ‚Gesetz', ‚Gebot', steht es neben und parallel, jedoch nicht synonym,[69] zu Tora (תּוֹרָה; vgl. Hos 8,1; Ps 78,10) und Satzung (חֻקִּים; vgl. 2 Kön 17,15; Ps 50,16)[70]. Deuteronomistischer Vorstellung zufolge sind die Dekalogtafeln die ‚Tafeln der בְּרִית'; in Dtn 4,13; 5,2 meint בְּרִית konkret den Dekalog (in Dtn 9,9.11 wörtlich לוּחֹת הַבְּרִית).[71] Davon abhängig wird die Beschneidung (Gen 17,11; vgl. Barn 9) wie auch das Halten des Sabbats (Ex 31,16f.; vgl. Barn 15) mit בְּרִית als Gebot bezeichnet, weshalb sie sowie der Regenbogen der Noah-בְּרִית (Gen 9,1–17) auch als אוֹת בּרית („Bundes"-Zeichen) gelten. Die Beschneidung und das Halten des Sabbats sind bisweilen gleichbedeutend bzw. gleichgewichtig mit dem Festhalten der בְּרִית (vgl. Jes 56,6) und gar Signum einer „διαθήκη αἰώνιος" (Gen 17,7; Ex 31,16b; vgl. Jes 55,3b; Jub 2,33; AssMos 12,13; 1 QS 4,22; LAB 11,5; Hebr 13,20). In diesen Verbindungen kommt zum Ausdruck, daß das Gesetz ohne eine grundlegende בְּרִית nicht vorstellbar ist. Entsprechend gelten alle Prädikate der בְּרִית für die תּוֹרָה (vgl. LAB 11,5).[72] Das Wort בְּרִית ist also eine sekundäre Chiffre, die Vergangenheit und Gegenwart Israels heilsgeschichtlich deutet und „mehrere entscheidende andere Themen"[73] verknüpft, wobei es „als Bezeichnung des Dekalogs oder seines ersten Gebots … den Kern des Gottesverhältnisses"[74] evoziert. Die בְּרִית will das שָׁלוֹם יִשְׂרָאֵל.

Die älteren griechischen Bibelübersetzungen versuchten, dieses semantische Spektrum mit διαθήκη wiederzugeben, wobei sie das Moment des Letztwilligen, des Testamentarischen aussparen, das im profanen Sprachgebrauch mitklingt.[75] Diese biblische Bedeutung

---

[65] KUTSCH, Bund. TRE 7 (1981) 399; vgl. HAMP, Bund. LThK² 2 (1958) Sp. 770–774; HOSSFELD, Bund. LThK³ 2 (1994) Sp. 781.

[66] Moses Mittlerfunktion (vgl. AssMos [TestMos] 1,14) schützt ihn vor dem Verdikt Barn 4,8. Sie mag in Barn 4,7b den Ersatz des ἔδωκε(ν), dessen Subjekt der κύριος ist (Ex 31,18; Dtn 9,10), durch das Aktiv ἔλαβεν (bzw. λάβοντος in 4,7a), dessen Akteur Mose ist, begünstigt haben.

[67] Vgl. Dtn 4,13; 33,9; Jes 24,5; Ps 50,16; 103,18; weitere Belege und Hinweise bei WEINFELD, בְּרִית. ThWAT 2 (1973) Sp. 784.799f.

[68] Vgl. WEINFELD, בְּרִית. ThWAT 2 (1973) Sp. 784.790. Der eidliche Bestätigungsritus hebt die deuteronomische בְּרִית von der durch Opfer und heilige Mahlzeiten bestätigten בְּרִית der Erzväter und der Sinaï-בְּרִית ab. Vgl. ib. 798.

[69] Vgl. LOHFINK, Bund. BL² (1968) 166.

[70] Weitere Belege vgl. KBL 150–152. Die griechischen Bibelübersetzungen lesen in Hos 8,1 und Ps 77,10 entsprechend διαθήκη und νόμος, in Ps 49,16 δικαιώματα und διαθήκη; 2 Kön 17,15 führt nur μαρτύρια; ApcMos 1 umschreibt διαθήκη mit τὰς πλάκας τοῦ νόμου.

[71] Vgl. KUTSCH, Bund. TRE 7 (1981) 399.

[72] Vgl. S. 339–339 „Rechtsforderungen für die Beschneidung und die Speisen".

[73] LOHFINK, Bund. BL² (1968) 172.

[74] LOHFINK, Bund. BL² (1968) 172.

[75] Vgl. HAMP, Bund. LThK² 2 (1958) Sp. 773f.

hat διαθήκη in der Regel auch bei Philo.[76] „Darüber hinaus kann Philo aber auch als Meister der allegorischen Schriftauslegung geradezu mit dem Wort spielen, indem er dort, wo er es … im ‚biblischen' Sinn gebraucht fand, auch die Bedeutung ‚Testament' einträgt."[77] In diese Richtung tendieren auch die jüngeren griechischen Bibelübersetzungen; Symmachus, Theodotion und in noch stärkerem Maße Aquila geben בְּרִית vornehmlich mit συνθήκη wieder. Vielleicht vorbereitet durch die Bedeutungsüberschneidung zwischen διαθήκη und συνθήκη in 1 Makk und Weish verstehen sie die בְּרִית also im Sinne von ‚Vertrag', ‚Bund',[78] ohne jedoch einen profanen, mitunter auch feierlich eingegangenen Vertrag zu meinen, für den gewöhnlich αἱ σπονδαί benutzt wird.[79] Das Neue Testament „nimmt den Sprachgebrauch der LXX auf u. verwendet durchgehend διαθήκη. … Besonders ins Auge fällt das völlige Fehlen v. διαθήκη in Jesusworten …, der sparsame Gebrauch des Begriffs in weiten Teilen des ntl. Schrifttums u. die Streuung der Belege, die nur für die Herrenmahltradition (vier Belege), für Paulus (acht Belege) u. für den Hebr. (17 Belege) ein gewisses Interesse am B.-Gedanken anzeigt."[80] Oft bestimmt sich der Sinn von διαθήκη durch Anspielung auf die Aussage einer alttestamentlichen Grundstelle. Bei den Apostolischen Vätern begegnet das Lexem in zwei Psalmzitaten in 1 Clem, „wobei διαθήκη in 15,4 nach Ps 77(78),37 wahrscheinlich, 1 Clem 35,7 nach Ps 49(50),16 sicher … als ‚(Setzung =) Gebot, Gesetz' verstanden ist,"[81] und 13mal im Barn,[82] und zwar im Kontext dreier Themen. Auch im Barn bilden Schriftzitate die Basis für die Bedeutung von διαθήκη.

Barn 6,19 und Barn 13,1.6 sind von der Frage des Erbens der διαθήκη bestimmt. Der Akzent liegt wegen Barn 6,19 auf der Befähigung zu dieser Erbschaft. Die Erbschaft ist gemäß Barn 13 zwar dem jüngeren Volk verheißen, die διαθήκη als Erbe anzutreten setzt hingegen die Vervollkommnung voraus. Die διαθήκη ist demzufolge ein eschatologisches Gut, das die Rechtfertigung im Gericht voraussetzt.

In Barn 9,6 ist διαθήκη mit Beschneidung in Verbindung gesetzt. Folie ist Gen 17, wo dieses rituelle Bekenntnis und Initiationsverfahren, wie in Ex 31,16 ebenso die Einhaltung des Sabbats, als בְּרִית bezeichnet ist. Indem in 9,6 die Beschneidung als ethnisches Erkennungszeichen ausgewiesen und somit ihrer soteriologischen Relevanz beraubt wird, verlagert sich in diesem Passus der semantische Akzent von ‚Gebot', ‚Gesetz' auf die mit der Beschneidung ins Visier genommenen ‚Heilszusage'.[83] Mit Blick auf Barn 6,19 und Barn 13 ist Barn 9,6 ein Exempel dafür, daß nicht die Befolgung von Geboten, sondern der Gehorsam gegen-

---

[76] Vgl. Philo, *somn.* 2,23f. (Satzung); *somn.* 2,237 (Zusage); *sacr.* 57 (‚Wort' Gottes; gemäß Dtn 9,5); *det.* 67f. (Gesetz).

[77] KUTSCH, Bund. TRE 7 (1981) 404f; vgl. Philo, *mut.* 39ff., unter Aufnahme von Gen 17,2; *quaest. Gen.* 2,60 zu Gen 17,21. Zum Sprachgebrauch in der außerbiblischen jüdischen Literatur vgl. MAIER, Bund. LThK³ 2 (1994) Sp. 788f.

[78] An sie knüpft die Vetus Latina mit der Übersetzung *testamentum* an; Hieronymus verwendet hingegen *foedus* oder *pactum*.

[79] Vgl. PAPE, Wörterbuch 2,923f.

[80] MÄRZ, Bund. LThK³ 2 (1994) Sp. 785f.; vgl. KUTSCH, Bund. TRE 7 (1981) 404–406.

[81] KUTSCH, Bund. TRE 7 (1981) 409.

[82] Vgl. Barn 4,6.7.8; 6,19; 9,6; 13,1.6; 14,1.2.3.5^bis.7. Die in Barn 9,9 von א und H bezeugte Lesart διαθήκης ist gegenüber der vl διδαχῆς, die die Hss. (v) und L (*doctrinae*) überliefern, sekundär.

[83] Anders KUTSCH, Bund. TRE 7 (1981) 410, der διαθήκη an dieser Stelle als Personengruppe verstanden wissen will. Aus der (rhetorischen) Frage ἄρα οὖν κἀκεῖνοι ἐκ τῆς διαθήκης αὐτῶν εἰσίν ist schwerlich herzuleiten, daß der Vf. „doch mit einer διαθήκη der Juden rechnet". Diese διαθήκη ist durch die Rhetorik bedingt, hypothetisch.

über dem Willen Gottes für die Erbschaft der διαϑήκη entscheidend ist. Wie Abraham in Barn 9, so ist Mose in Barn 4 und 14 hierfür Musterbeispiel.

Barn 4,6–9a sowie die sachliche Dublette Barn 14 bestreiten, daß die Juden die διαϑήκη haben. Beidemale sind – von kleinen Varianten abgesehen – Ex 31,18; 34,28; 32,7.19; Dtn 9,9.12 als Beweistexte herangezogen. Semantischer Konnex sind demzufolge die ‚Tafeln der בְּרִית‘. In Anspielung auf die Bestimmung am Sinaï bzw. Horeb[84] meint διαϑήκη in Barn 4 und 14 zwar konkret den Dekalog[85] als Heilsverfügung Gottes, im Grunde jedoch geht es um das Gesetz als Ganzes, um die Tora.[86] Diese ‚Heilszusage‘, diese ‚Verfügung Gottes‘ am Sinaï bzw. am Horeb reklamieren die Träger der in Barn 4,6b auf eine griffige Formel gebrachten Theologie. Die Entgegnung auf die Devise der Gegner in Vv 7f. und ihr Scopus, den der Finalsatz V 8 formuliert, bestätigt, daß die Parole mit ihren beiden Aussagen ins Mark der theologischen Grundüberzeugung des Barn trifft. Denn die Voraussetzung für den Empfang der διαϑήκη und zugleich ihr Gegenstand ist nach Barn 14,4 die Sündenvergebung. In diesem Sinne bedeutet διαϑήκη wie in der jüdischen Gräzität und im neutestamentlichen Sprachgebrauch die einseitige göttliche Setzung. Insofern diese Heilssetzung Christus selbst ist, ist er auch selbst deren Inhalt. Die Parole leugnet aus der Sicht des Vf. also die Heilsbedeutung Christi.[87]

7 An die Parole V 6b knüpft V 7a an; hier wie dort geht es um das Heil, das ἡ διαϑήκη zusichert. Indem V 7a die beiden kopulativ koordinierten Pronomen in der Losung mit μέν – ἀλλά adversativ setzt, ist die Eliminierung des theologischen Fundaments des Trägerkreises der Parole bereits vorgezeichnet. Sie ist das Beweisziel der Vv 7f. Ebenso gezielt wie die Parole (V 6b) die theologischen Propria des Barn getroffen hat, entzieht die Entgegnung (V 7a) allem Jüdischen das Fundament, denn ein Gesetz ohne eine es grundlegende בְּרִית ist nicht nur hohl, nicht nur nicht vorstellbar, sondern jedes Befolgen dieses Gesetzes ist blasphemisch. Die Reservierung der διαϑήκη für die Bezugsgruppe des Barn steht indes außer Frage (ἡμῶν μέν) und muß deshalb auch nicht erwiesen werden.[88] Das Beweismittel ist die prophetische Überlieferung, die Schrift. Die eigenwillige Auffassung des Barn kommt zum einen durch die Auswahl der Beweisstellen zustande. Stillschweigend

---

[84] „Im Buch Dtn ... wird der Sinai ausschließlich... ‚Horeb‘ genannt (1,2.6.19; 4,10.15; 5,2; 9,8; 18,16; 28,69). Dieser spätere Ersatzname taucht auf in Ex 3,1; 17,6; ... einmal ist in Ex 33,6 vom ... ‚Berg Horeb‘ die Rede. ... Die Etymologie von sînaj ist ebensowenig bekannt wie die genaue geographische Lage. Es steht nicht einmal fest, ob es sich um einen hebr. oder wenigstens semitischen Namen (nomen proprium oder appelativum) handelt" (MAIBERGER/DOHMEN, סִינַי. ThWAT 5 (1986) 819–838).

[85] Vgl. KUTSCH, Bund. TRE 7 (1981) 409.

[86] Inhalt der διαϑήκη ist „der in Geboten und Verboten sich konkretisierende Wille Gottes. Insofern dessen Erfüllung zum Heil führt, kann man bei διαϑήκη dann auch von ‚göttlicher Heilskundgebung‘ reden" (WENGST, Tradition 84).

[87] HEFELE, Sendschreiben 135.138, diagnostizierte als Träger der Parole ‚Judaisten‘, unter denen „wenigstens aus ein Anflug von Doketismus geherrscht habe", und als „Hauptzweck" des Schreibens die „Bekämpfung" der „judistischen Richtung".

[88] Daß es nur eine einzige διαϑήκη gibt, nämlich die des ‚Herrn Jesu‘ (vgl. 14,5), ist für Clem. str. V 13,106,3f. kein Thema, über das ein Diskurs zu führen noch ausstünde.

werden hierdurch die ihnen inhärenten, aus dem altorientalischen Vertragsrecht stammenden Usancen für Inkrafttreten und Aufhebung einer בְּרִית, nämlich Beurkundung bzw. Zerstörung derselben, sobald die בְּרִית nicht mehr gilt,[89] zum Plausibilitätsgaranten dafür, daß mit dem Zerbrechen der ‚Tafeln der בְּרִית' auch die בְּרִית, d.h. die διαϑήκη, annulliert ist. Zum anderen basiert dieser Entwurf darauf, daß „die Wiederherstellung der Tafeln in Ex 34 ignoriert wird"[90]. Verständlich wird dies im Blick auf Barn 5–8. Dort ist von der sündenvergebenden Barmherzigkeit Gottes die Rede, die sich in Fleischwerdung, Leiden, Tod und Auferstehung des κύριος ereignet hat. Insofern die soteriologische Relevanz des Christusereignisses sich gerade darin zeigt, daß aufgrund der Passion die Sünden erlassen werden (5,1), verbietet es die Argumentation von sich aus, die Restituierung der בְּרִית, die eine sündenvergebende, gnädige Zuwendung Gottes voraussetzt (vgl. Ex 33,7–22; Dtn 4,31)[91], zu thematisieren.

So exklusiv der Anspruch auf die διαϑήκη ist, so endgültig (εἰς τέλος) ist ihr Verlust für ἐκεῖνοι, die Juden. Allem Jüdischen wird hierdurch Heilsrelevanz abgesprochen, und zwar von je her und für immer. Zwei formelhaft eingeleitete Schriftzitate dienen zum Nachweis. Mit λαβόντος ἤδη τοῦ Μωϋσέως nimmt Barn nicht nur einen Einwand vorweg, den die Ausgangsthese provoziert und für den das Schriftzitat (V 7b) den Beweis liefert, sondern er nimmt ihm zugleich die Spitze. Denn indem er diesen Einspruch selbst erhebt und hierdurch der Sache nach als unstrittig hinstellt, entbindet er seine Argumentation davon, diese zu belegen, d.h. er paralysiert in seinen Schriftbelegen exakt den Aspekt des Empfangs der διαϑήκη durch Mose. Durch diesen theologisch motivierten rhetorischen Kniff schreibt Barn der Schrift eine bestimmte Aussagerichtung vor. Was aus der Schrift bezüglich der διαϑήκη hervorgeht, ist ihr Verlust durch die Juden. Neben der Auswahl von Schriftzitaten ist die strukturelle Okkupation Signet der barnabäischen Schriftauslegung.

7b–9a Zwischen der Ausgangsthese (V 7a) und dem endgültigen Verlust der διαϑήκη, die in V 8c ihren bestätigenden Abschluß findet, wird in einem dreigliedrigen Argumentationsgang der Empfang der διαϑήκη durch Mose, der ihr entgegenstehende und ihren Verlust verursachende Ungehorsam des Volkes sowie der Vollzug des Verlusts durch Mose selbst mit zwei Schriftzitaten erwiesen. Die Sequenz ist eine durch zwei Schriftzitate gestützte Nacherzählung des Empfangs und schließlichen Verlusts der διαϑήκη am Sinaï bzw. am Horeb.[92] Beide Zitate rufen Ex 31,18; 32,7.8a in Erinnerung, die Ausgangsthese und das Schlußverdikt nehmen Ex 32,19b auf. Für die Zeitangabe wäre zusätzlich auf Ex 24 zu verweisen sowie auf Ex 34, wo zugleich das Fastenmotiv vorliegt; die doppelte voka-

---

[89] Vgl. WEINFELD, בְּרִית. ThWAT 2 (1973) Sp. 804–806.

[90] WINDISCH, Barnabasbrief 322.

[91] Vgl. SUNG, Vergebung der Sünden 37–39.

[92] Auf Esra gemünzt kehren beide in antijüdischer Absicht und in motivierender Funktion in 5 Esra 2,33f. wieder.

tivische[93] Anrede ist in Ex 3,4 belegt.[94] Textlich näher steht Barn 4,7f. die Version des Dtn. Doch auch hier zeigt ein Vergleich zwischen Dtn 9,9.10a.12 und Barn 4,7f., daß beide Zitate auf das Beweisziel hin gerafft und gekürzt wurden, wobei Dtn 9,17 die Grundlage für die Ausgangsthese, die Zerstörung der Tafeln (V 8b) und das Verdikt (V 8c), bereitstellt.[95]

Der Aorist συνῆκεν, der sowohl den Empfang als auch den Verlust der διαθή-κη deutet,[96] unterbricht nur scheinbar die Nacherzählung der Ereignisse am Horeb; nur insofern, als biblische Vorlagen zur Referenz herangezogen werden. Ein Vergleich mit der Dublette[97] Barn 14,2f. zeigt, daß in 4,8 mit Raffinesse wörtliche Zitate und eigene Prosa, die den Sachverhalt deutet, gemischt[98] sind. Indem näm-lich in die Nacherzählung der Ereignisse am Horeb, die der biblischen Vorlage z. T. wörtlich folgt, dabei aber selektiv vorgeht, bereits die Deutung dieser Ereignisse als prophetische Zeichenhandlung[99] sowie die Annullierung der διαθήκη, die dem jü-

---

[93] Vgl. BLASS/DEBRUNNER, Grammatik §§ 38,3⁴; 55,1d⁴.

[94] Neben Barn 4,8 ist ein Zitat von Ex 3,4 bei Philo, *somn.* 1,194, der einzige Beleg dieser doppelten An-rede innerhalb der griechischen Literatur.

[95] Barn 4,7f. hat zwar in Clem. *paed.* III 2,12; 12,94 ein auffälliges Pendant, aber eine unmittelbare Ab-hängigkeit ist nicht erweisbar; ebensogut kann Clemens direkt aus Ex 31,18–32,19 bzw. Dtn 9,9–17 ge-schöpft haben.

[96] In L fehlt diese Deutung. Angesichts der nicht wenigen Tilgungen in L und der Korrekturen vieler Zitate anhand der Vulgata wird καὶ συνῆκεν Μωϋσῆς nicht bereits im Archetyp Λ gefehlt haben, son-dern ein späterer Korrektor wird das vermutliche lateinische Pendant *et Moyses intellexit* getilgt haben, weil er es in seinen biblischen Vergleichstexten nicht vorfand.

[97] Genaueres Zusehen legt – bei aller Parallelität im Ausdruck und Scopus – nicht nur eine Reihe ge-wichtiger Unterschiede beider Sequenzen offen, sondern auch die unterschiedliche Nähe der Versteile zu den biblischen Vorlagen. Erkennt man den Vf. als Repräsentanten eines Schulbetriebs, so lassen sich die Differenzen „aus der Variabilität des einzelnen, oft gehaltenen Lehrvortrags" (WENGST, Tradition 56 Anm. 112) erklären. Diese Annahme schließt die Existenz eines Originals per definitionem aus. Unter dieser Voraussetzung weist das Nebeneinander zweier Versionen (Barn 4,7f. und Barn 14,1–3) im übrigen darauf hin, daß dieser Kreis keine vollständige griechische Bibelübersetzung besaß. Von daher ist der Versuch von PRIGENT, Les testimonia 61, Barn 4,7f. als von Barn 14,1–3 abhängig zu erweisen, wenig glücklich, wenngleich mit dem Hinweis auf die Prägekraft der Schultradition noch nicht erklärt ist, wes-halb bei der Abfassung des Barn weder die Stücke harmonisiert wurden noch eine der beiden Versionen getilgt wurde. Die Existenz zweier verwandter Textpassagen, die z. T. wörtlich übereinstimmen, z. T. deutlich voneinander abweichen, in einem literarisch einheitlichen Schriftstück bedingt, daß beide bei dessen Abfassung schriftlich vorlagen. Das Nebeneinander ist wohl damit zu erklären, daß der Kontext zweimal diese Argumentation gefordert hat, vielleicht auch nur ergänzend. In Barn 14 wird Barn 13 den Anlaß geboten haben. In Barn 4 wird sich durch die Parole in 4,6 und zugleich durch die das Gesamtan-liegen der Kapitel 2–16 aufnehmende Eingangsmahnung, herauszufinden, „was uns zu retten vermag", diese Beweisführung nahegelegt haben. Ist doch die soteriologische Relevanz der διαθήκη der Haupt-aspekt dieses theologischen Begriffs.

[98] Vgl. BERGER, Gattungen 1055.

[99] Demzufolge wären Μωϋσῆ, Μωϋσῆ, κατάβηθι τὸ τάχος der ‚*Befehl zur Ausführung der Handlung*', der ὅτι-Satz die ‚*Deutung der Handlung*' und καὶ ἔριψεν κτλ. wäre das dritte selbständige Element der Gattung, der ‚*Bericht über die Ausführung*'. Aufgrund dieser Struktur sind καὶ συνῆσεν Μωϋσῆς sowie V 8c als Zusätze zu erkennen. Beides sind Deutungen des Auftrags bzw. der gesamten prophetischen Zeichenhandlung, die Mose der Zitationseinleitung zufolge auf Geheiß des Herrn vollbrachte. Darauf kommt es dem Vf. an, daß Mose eben erfaßt hat, was er im Auftrag des κύριος zeichenhaft ankündigen soll. Die Gnosis fügt V 8c an, indem er die ‚*Beziehung der prophetischen Handlung zum symbolischen Ge-*

dischen Gesetz alle soteriologische Bedeutung nimmt, eingefügt werden, partizipieren auch sie an der Autorität, die durch die Quellenangabe in der Zitationseinleitung (λέγει γὰρ οὕτως κύριος) in Anspruch genommen wird. Somit führt nicht der Vf., sondern der Herr selbst den Erzpropheten und Gesetzgeber Mose[100] als jenen vor Augen, der, weil er Gottes Willen versteht, die ‚Tafeln der בְּרִית' zerbricht, um prophetisch auf Jesus und die Taufe hinzuweisen. Ebenso konstatiert der Herr selbst die Annullierung seiner Heilszusicherung. Wie diese Eintragungen geschieht auch der Ersatz von χώνευμα aus Dtn 9,12 (χωνεύματα α′) durch εἴδωλα in theologischer Absicht.[101] Weil in der Parallelstelle in Barn 14,3 im Anschluß an Dtn 9,12 χωνεύματα zu lesen ist (vgl. 1 Clem 53,2), wird die Substitution mittels εἴδωλα in 4,8 und damit die Verschärfung des Vorwurfs gegen die Juden vom Vf. stammen. Sie zeigt, daß Barn den in den biblischen Vorlagen geschilderten Verlust der διαθήκη auf den Abfall von Gott zurückführt. Denn Guß und Anbetung eines Standbilds ist Götzendienst; es bricht das Hauptgebot des Dekalogs und entzieht damit der Heilszusicherung die Grundlage. Die Juden haben sich aus der Sicht des Vf. auf eine Ebene mit all jenen begeben, die nicht an Gott glauben und somit nicht Volk Gottes sein können.[102] Der Verlust der διαθήκη, der in Aufnahme von Dtn 9,17 als Zerbrechen der Tafeln geschildert wird,[103] ist im Horizont der Erzählung vom Volk verschuldet; er ist die Konsequenz willentlichen Ungehorsams. Ἡνόμησεν ὁ λαός σου ist Gottes endgültige Urteil über das ihm entfremdete Volk.[104] Innerhalb der Beweisführung hingegen ist der Verlust der διαθήκη Folge

---

schehen' aufzeigt. Diese deutende Bezugnahme ist ein regelmäßiges, jedoch unselbständiges Element dieser prophetischen Gattung; vgl. auch Barn 7,3–5.6–11 und Barn 12, ferner S. 100f. unter Punkt ‚d. Argumentationsstrategien'. Zur Gattung vgl. FOHRER, Propheten 17–19.96–98.107–118.

[100] Daß Mose, der schon im Judentum als herausragender Prophet galt (vgl. McCURDY, Prophets and Prophecy 213), auf Jesus hin weissagte, wie dies ebenso von den Schriftpropheten gilt, ist älteste Regel christlicher Schriftauslegung (vgl. Lk 24,27.44; Joh 1,45; 5,46; Apg 3,22; 7,37), für die man sich im übrigen auf die Predigt Jesu berufen konnte (vgl. Lk 4,21; Mk 12,10f. par). Vgl. ferner S. 92f. unter ‚§ 4 Struktur, Komposition und literarischer Charakter'.

[101] Εἴδωλον (Barn 4,8; 9,6; 2 Clem 17,1) und χώνευμα (Barn 14,3; 1 Clem 53,2) begegnen bei den Apostolischen Vätern nur im Pl. Da zum einen das Lexem εἴδωλον in den beiden möglichen biblischen Grundlagen für Barn 4,8; 14,3 nicht überliefert ist und erst Aquila den Sg. מַסֵּכָה mit dem Pl. χωνεύματα übersetzt, es zum anderen unwahrscheinlich ist, daß Juden mittels des εἴδωλα ihre Väter und sich selbst dem Odium der Götzendienerei ausgesetzt haben, besitzt εἴδωλα in diesem Kontext von vorne herein eine antijüdische, polemische Spitze. Zugleich deutet es auf die heidenchristliche Herkunft des Vf. hin.

[102] Barn 9 nimmt die Annullierung aller Prärogative Israels am Beispiel der Beschneidung nochmals auf, indem er sie als rein ethnographisches Kennzeichen, bar jeder soteriologischen Valenz und typisch für οἱ ἱερεῖς τῶν εἰδώλων (Barn 9,6) ausweist.

[103] „Die Lebens- und Steintafeln ... wurden im Grundtext von Dtn 9,7b–10,11 zu ‚Bundestafel' (... Dtn 9.9.11.15) in den Händen des Mose, durch deren Zerbrechen (9,17) die Erzählung vom Goldenen Kalb zum Paradigma des Bundesbruches weiterentwickelt wurde" (MAIBERGER/DOHMEN, סיני. ThWAT 5 (1986) 833).

[104] Vgl. WINDISCH, Barnabasbrief 322. Der Ps 105[106], ein Kulthymnus über die בְּרִית mit den Patriarchen, illustriert den Bilderreichtum, der bemüht werden konnte, um diesen Bruch der בְּרִית zu konstatieren. Von besonderem Interesse sind Vv 21a.25b. Sie bergen interessante sprachliche Varianten, durch die sich eine Verbindungslinie zwischen Barn 4 und Barn 9 sowie Barn 10 eröffnet und den inhaltlichen Konnex zwischen בְּרִית, Beschneidung und Gesetz anzeigt. Mit V 25b kann man für den Bruch der בְּרִית

davon, daß Mose die ganze Tragweite des Moments erfaßte (συνῆκεν) und konsequent und demonstrativ handelte, also gehorsam und prophetisch. Durch die Akzentverschiebung, die die Deutung gegenüber den biblischen Vorlagen einträgt, ist dieser Verlust nun Funktion der prophetischen Ankündigung der Taufe als jener διαθήκη, auf die die Ereignisse am Sinaï bzw. am Horeb hindeuten und zustreben. Das Zerbrechen der beiden Tafeln ist als prophetische Zeichenhandlung[105] interpretiert, die auf Christus und die Christen hinweist.[106]

Die Deutung in V 8c rekurriert zweifach auf die Proklamation der gemeinsamen Befähigung, den geoffenbarten Heilsplan Gottes zu erkennen (1,7). Zum einen charakterisiert sie Mose als Modell eines Gottesgehorsams, das im Verstehen des Willens Gottes gründet. Zum anderen reklamiert der Vf. diese pneumatische Begnadung für sich, indem er Sinn und Scopus des als prophetische Zeichenhandlung qualifizierten Zerbrechens der διαθήκη durch Mose in dem Finalsatz V 8c aufdeckt. Hierdurch beansprucht er Mose ebenso wie in 9,7f. (vgl. 13,7b) Abraham, in 12,10 David und in 13,4–7a Jakob als Kronzeugen gegen das Gesetz jener, der Juden, und zugleich dafür, daß die ganze Schrift auf die Heilssetzung in Jesus Christus hinweist. Die Väter, allen voran die Patriarchen, gelten als die Ahnen des christlichen Glaubens,[107] freilich entsprechend der Couleur des Vf.

Die Genitive αὐτῶν und ἡμῶν V 8c greifen auf die Parole V 6b und ihre Entgegnung V 7a zurück. Daß der Vf. einräumt, ἡ διαθήκη ἐκείνων habe einst bestanden[108], ist aus συνετρίβη αὐτῶν ἡ διαθήκη nicht ableitbar und widerspräche auch dem erklärten Argumentationsziel. Der Ausdruck ist der biblischen Vorlage entnommen und besiegelt das ἔριψεν[109]. Der Konj. ἐνκατασφραγισθῇ beruht auf der Neubildung ἐνκατασφραγίζειν, die, vom Kompositum κατασφραγίζειν abgeleitet,[110] auf einer Linie zu sehen ist mit Bekräftigungen wie ὑπερευφραίνομαι in

auch sagen, daß sie ‚nicht auf die Stimme des Herrn hörten‘, oder mit V 21a urteilen, daß ‚sie Gott, ihren Retter vergaßen‘. In Gen 22,18 dient die Metapher umgekehrt zur Deutung der ‚Bindung Isaaks‘ und zur Erklärung dafür, daß sich die בְּרִית mit Abraham, die im Segen für ihn bestätigt wird, über seine gesegneten Nachkommen auf alle Völker erstrecken wird: „Alle Völker der Erde werden gesegnet in deinem Samen, weil du auf meine Stimme gehört hast."

[105] Vgl. S. 213 Anm. 99.

[106] Der Gedanke kehrt leicht variiert und im Grunde noch radikaler bei Iren. *haer.* IV 14,3 wieder. Für ihn ist die typologisch-metaphorische Konsistenz des (jüdischen) Gesetzes, und damit des gesamten Gottesdienstes evident, wird doch Mose vom Herrn in Ex 25,40 explizit darauf hingewiesen: ὅρα ποιήσεις κατὰ τὸν τύπον δεδειγμένον σοι ἐν τῷ ὄρει. Ähnlich Iren. *haer.* IV 15,1: Das Gesetz war daher für sie [sic: die Juden] gleichzeitig Zuchtmittel und Prophetie der künftigen Dinge (*prophetia futurorum*)" (FC 8/4,111).

[107] Vgl. das Diktum in Dtn 5,3a („Nicht mit unseren Vätern schloß Jahwe den Bund."); ferner Or. *comm. in Rom.* IV 7 (FC 2/2,239–241.247–251)

[108] So die vage Vermutung von WINDISCH, Barnabasbrief 322; vgl. auch oben Anm. 83

[109] Die Editionen folgen mit der Schreibweise des Aorists von ῥίπτειν bzw. ῥιπτεῖν hier und in 14,3b den Zeugnissen der Hss des Barn. In 4,8b lesen א und H ἔριψεν (ΕΡΙΨΕΝ), in 14,3b hingegen führen א, H und G die auch in der kritischen Edition der griechischen Übersetzungen von Ex,32,19 (bzw. Dtn 9,17) dokumentierte Schreibvariante ἔρριψεν.

[110] Das Verb ἐνκατασφραγίζειν wie auch die konjizierte Schreibweise ἐγκατασφραγίζειν ist nicht nur innerhalb der biblischen und patristischen Literatur (WINDISCH, Barnabasbrief 322, spricht wohl

1,2, ὑπερευχαριστεῖν in 5,3 oder ὑπερηγάπησαν in 5,8. Der Sinn dieser Steigerung
ergibt sich aus dem Kontext. Während ἡ διαθήκη jener, die Mose auf zwei zer-
brechlichen Steintafeln zur Übermittlung übergeben wurde, ob der Zerbrechlich-
keit verloren werden konnte, indem sich das Volk den Götzen zuwandte (4,8a;
14,3b) bzw. gesetzeswidrig handelte (14,3a), ist in Überbietung jener Heilszusage
den Christen die διαθήκη des Geliebten qua Taufe irreversibel zugesichert. Die
Unverbrüchlichkeit dieser διαθήκη drückt die zur Horeberzählung komplementäre Metapher der ‚Einsiegelung in das Herz‘[111] aus.[112] Christsein ist konstitutionell
mit der Heilszusicherung (διαθήκη) verbunden, weshalb auch alles Handeln von
einem verinnerlichten Gottesgehorsam zeugen soll.

Daß „unsere“ διαθήκη noch nicht voll verwirklicht ist, deutet der Konj. ἐνκατασφραγισθῇ sowie ἐν ἐλπίδι an. Im Barn gehören ἐλπίς und πίστις zusammen
(1,4.6; 4,8; 11,8; 12,7c). Die Verbindung selbst ist paulinisch; Hebr und 1 Petr rezipieren sie.[113] Hoffnung ist im Barn das durch Christi Tod und Auferstehung qualifizierte Lebensprinzip der Christen, Kern und Zeugnis ihres Glaubens (vgl. 1 Petr
3,15). Die διαθήκη des Geliebten, Jesus (zur Titulation ὁ ἠγαπημένος vgl. V 3),
steht also unter eschatologischem Vorbehalt und prägt – qua Taufe – als eschatologisches Gut die Zeit der Kirche. Die ganze Tragweite dieser Eschatologisierung
der διαθήκη[114], die die Übersetzung des Terms mit ‚Heilszusicherung‘ bekräftigt,
offenbart sich, wenn dieser Zuspruch im Kontext des εἰς τέλος (V 7a) gelesen
wird. Das εἰς τέλος nimmt den Juden jede Hoffnung auf Heil. Die Christen haben
die Hoffnung auf Heil im Glauben an Jesus Christus. Die Juden aber haben nicht
nur nichts, sondern alles, was ihre Identität ausmacht, entfernt sie noch mehr vom
Heil.

Dieses Verdikt über die Juden und ihre Glaubenstradition ist einzig recht im
Kontext des von der Parole in V 6 aufgeworfenen innerchristlichen theologischen
Dissenses über die Heilsbedeutung des Christusereignisses zu lesen. Den singulären Rang der Heilssetzung Gottes in Jesus Christus, der für den Vf. feststeht und
unverzichtbar ist, leugnet der von ihm als Sünder inkriminierte Kreis von Christen,
indem diese Christen eine vorausgehende, nach wie vor wirksame und insofern
bindende Heilssetzung (ἡ διαθήκη ἐκείνων) zu ihrem Credo machen (καὶ

---

deshalb von einem Hapaxlegomenon) singulär, in der griechischen Literatur existiert überhaupt kein
weiterer Beleg. Vgl. hierzu die Textkritik.

[111] Dieses Bildwort wird vor dem Hintergrund der Heilszusicherung in Jer 31,33b.c.34c zu verstehen
sein; vgl. Jer 17,1; Spr 3,3; 7,3 („auf die Tafel deines Herzens“); 2 Kor 3,3; 1 Clem 2,8b (τὰ προστάγματα
καὶ τὰ δικαιώματα τοῦ κυρίου ἐπὶ τὰ πλάτη τῆς καρδίας ὑμῶν ἐγέγραπτο; vgl. LONA, Clemensbrief 135f.); Iren. Epid. 90 (FC 8/1,90); ferner HAMP, Der neue Bund mit Israel 239f.; dort Hinweise auf
die zahlreichen Sachparallelen (S. 240–250).

[112] Nur insofern kann von „Stufung“ der Sinaï- bzw. Horeb-בְּרִית und der διαθήκη Jesu Christi gesprochen werden (vgl. KNOCH, Die Stellung der apostolischen Väter zu Israel und zum Judentum 362). Entscheidend ist indessen, was die christozentrische prophetische Funktion, die Mose durch den Vf. zugedacht ist, anzeigt: „Der Bund Gottes ist der Bund Jesu Christi von Anfang an.“ ib.

[113] Vgl. Röm 4,18; 5,2; 1 Kor 13,7.13; 2 Kor 10,15; Gal 5,5; Kol 1,23; 1 Thess 1,3; 5,8; Hebr 10,23; 11,1; 1 Petr
3,15.

[114] Vgl. S. 522ff. unter Punkt ‚Anlaß und Absicht: Eschatologisierung der תּוֹרָה‘.

ἡμῶν). Der Frontverlauf gilt also unabhängig davon, ob die Träger der durch den Vf. bekämpften Theologie behauptet haben, die Kirche sei „die Vollendung Israels und löse damit dieses als Bundesvolk ab oder Israel bestehe neben der Kirche als Bundesvolk fort"[115].

Die Argumentation hier in 4,7f. und ebenso 14,2f. bedient sich der aus Barn 2,4–3,6 bekannten Methode, derzufolge schon der Literalsinn eines Schriftworts die eigene Position bestätigt. Ob erst der Vf. oder bereits die Schultradition, aus der er stammt, die Zitate für diese Beweisführung selektiert und überarbeitet hat, ist für die Erörterung der auf dieser Beweisführung aufbauenden theologisch-soteriologischen Konzeption nicht entscheidend.

Endzeit und Heil (4,9b–14)

Die 9b–14 sind das von zwei Leitsätzen gegliederte Pendant der Vv 1b–5.[116] Die beiden Devisen (Vv 9b.12a) ordnen die von ihnen eröffneten Abschnitte (Vv 9b–11 und Vv 12f.) spiegelbildlich dem ersten Doppelpart (Vv 1b.2 und 3–5) zu: ἐν ταῖς ἐσχάταις ἡμέραις steht zusammen mit dem νῦν in Korrespondenz zu τὸ τέλειον σκάνδαλον ἤγγικεν, und V 12a stellt fest, daß die von V 1b erfragte Rettung durch das Weltgericht geschehen und deshalb, wie V 12b versichert, gerecht sein wird. Beide Leitsätze wiederholen Topoi apokalyptischer Mahnrede.[117] Der Akzent liegt

---

[115] KNOCH, Die Stellung der apostolischen Väter zu Israel und zum Judentum 362.

[116] Vgl. WINDISCH, Barnabasbrief 324, weist auf die Konjunktion διό hin, die den ganzen Abschnitt als Folgerung (vgl. BLASS/DEBRUNNER, Grammatik § 451,5) an V 5 anschließt. Zuviel beweist das διό indes nicht (vgl. die Textkritik). Selbst wenn L διὸ προσέχωμεν gelesen haben sollte, wofür seine Übersetzung von 15,9 spricht (vgl. MÜLLER, Erklärung 117), wäre dies kein Beweis für die Ursprünglichkeit der Konjunktion. Denn es wäre ebenso möglich, daß bereits der hypothetische Archetyp Λ den V 9a getilgt, doch V 9b nicht explizit als Folgerung aus dem Finalsatz V 8 verstanden hat. L sowie die Textkonstruktionen der älteren Editionen (vgl. HILGENFELD, Barnabae Epistula 10, und die dortigen Hinweise) zeugen eher von der Schwierigkeit, mit der Struktur von Barn 4 zu Rande zu kommen.

[117] Die in der alttestamentlichen Prophetie geprägte Wendung ἐν ταῖς ἐσχάταις ἡμέραις (Jes 2,2; Dan 10,14) kündigt Versuchungen und Heilsbedrohungen an (Spr 31,25; 2 Tim 3,1; vgl. Jak 5,3b; Did 16,3), die einer göttlichen, bisweilen mit messianischen Insignien ausgestatteten Heilszeit (Apg 2,17; vgl. Joël 3,1 ἐν ταῖς ἡμέραις ἐκείναις καὶ ἐν τῷ καιρῷ ἐκείνῳ) unmittelbar vorausgehen. Mit ihr und der weit häufiger bezeugten Variante ἐν ταῖς ἡμέραις ἐκείναις (vgl. 2 Clem 17,6; 4 Esra 4,51; 5,12) sachlich verwandt ist ἐπ' ἐσχάτων τῶν ἡμερῶν in Barn 12,9; 16,5b (vgl. Gen 49,1; Num 24,14; Dtn 4,30; 8,16; Jos 24,27; Sir 1,13; Jer 23,20; 25,19; 37,24; Ez 38,16; Dan 2,28.45; Hos 3,5; Mich 4,1; 2 Petr 3,3; Herm sim. IX 12,3 [89,3]; 2 Clem 14,2) sowie die Form ἐπ' ἐσχάτου τῶν ἡμερῶν τούτων in Hebr 1,2. Von daher sind auch für Barn 4,9b und 12,9; 16,5b als Grundlage die Formel בְּאַחֲרִית הַיָּמִים (z. B. Gen 49,1; Num 24,14; Dtn 31,29; Jes 2,2; Dan 10,14) bzw. ihre „ähnlich lautenden aramäischen Übertragungen" (MICHEL, Hebräer 35) anzunehmen. Dieser topische Vorstellungskomplex sowie die Gewißheit, daß in dieser Schlußetappe für die Teilhabe am Heil Entscheidendes (vgl. MÜLLER, Apokalyptik/Apokalypsen. III. Die jüdische Apokalyptik 227) geschieht (vgl. Herm vis. II 2,5 [6,5]) – sei es für das des Gottesvolkes oder eines jeden einzelnen – ist Teil des apokalyptischen Grundwissens (vgl. äthHen 91,5–7; 92,4; syrBar 44,7f.; 4 Esra 9,3; 13,30f.41–50; 14,15–20). Die Phrase ist also keine Zeitangabe, die diese Endzeit bemißt, sondern eine theozentrische Definition der Lebens- und Glaubenssituation, die – vom Ende aller Geschichte gedacht – trösten, mahnen und ermutigen will (vgl. Mt 24,19.22.36; 26,29; 4 Esra 4,51; 1 QSa 1,1) und sich hierfür apokalyptischer Bildersprache bedient. Ein besonderer, wirkungsgeschichtlich nicht unbedeutender Sprachgebrauch liegt im Joh vor; es kennt den Ausdruck, vermutlich in Rezeption des kultischen Datums 7,37, nur

im Barn auf der motivierenden Funktion.[118] Aber auch inhaltlich setzen beide Sequenzen die eschatologische Paränese der Vv 1b–5 fort.

9b.c Mit dem Exhortativ προσέχωμεν (V 9b) kehrt der Vf. zum kommunikativen Pl. zurück und konstatiert damit wie in Vv 1–5 die gemeinsame soteriologisch-eschatologische Verfassung und Situation. Im Blick auf die Teilhabe am eschatologischen Heil gibt es keine Unterschiede. Der Leitsatz (V 9b) erfährt durch V 9c eine Erläuterung (γάρ), die den Ernst und die Tragweite des Zeitpunktes vor Augen führt, indem sie diese letzten Tage zahlenmäßig in Relation zur Lebenszeit setzt.[119] Der Akzent liegt freilich nicht auf der Bemessung dieser Frist, sondern auf

---

im Sg. Von dieser Stelle abgesehen meint ἐν τῇ ἐσχάτῃ ἡμέρα im Joh den Tag der Auferweckung (6,39f. 44.54; 11,24) der Jünger Jesu sowie speziell den Tag des Gerichts (12,48). Davon abhängig gehen der singularische Ausdruck (Clem. *paed.* I 6,29; *q.d.s.* 1,5; Hipp. *consumm.* 9; Or. *Jo.* X 17,99; *or.* 27,4; *hom. in Jer.* 16,8; *sel. in Jos.* 12,821; *exp. in Pr.* 17,248; *Apoc.Adam* 41) sowie die auch von Barn 4,9b rezipierte pluralische Variante (z.B. Or. *Cels.* V 33; *Jo.* II 1,7; *comm. in Mt.* 16,3; *comm. in Rom.* 52; *ep.* I 11,84) u.a. in die frühchristliche Auferstehungsapologetik ein.

[118] Diese pragmatische Orientierung eschatologischen Wissens, die Barn z.B. mit den Deuteropaulinen teilt, sollte nicht als bloß sekundäre Funktion apokalyptischer Rede unterbewertet werden. Denn nur durch eine Praxis, die von der Hoffnung auf Jesus Christus getragen ist, „kann der Lebensentwurf des einzelnen und der Gemeinde der Struktur und den Forderungen der Gegenwart im Hinblick auf die zukünftige Vollendung entsprechen" (LONA, Eschatologie 450).

[119] Barn 4,9c hat in Did 16,2b eine fast wörtliche Parallele:

Barn 4,9c	Did 16,2b
οὐδὲν γὰρ ὠφελήσει ἡμᾶς ὁ πᾶς χρόνος	οὐ γὰρ ὠφελήσει ὑμᾶς ὁ πᾶς χρόνος
τῆς ζωῆς ἡμῶν καὶ	
τῆς πίστεως,	τῆς πίστεως ὑμῶν,
ἐὰν μὴ νῦν	ἐὰν μὴ
ἐν τῷ ἀνόμῳ καιρῷ καὶ	ἐν τῷ ἐσχάτῳ καιρῷ
τοῖς μέλλουσιν σκανδάλοις,	
ὡς πρέπει υἱοῖς θεοῦ,	
ἀντιστῶμεν.	τελειωθῆτε.

Aus dieser auffälligen Überstimmung ist allerdings keine direkte Abhängigkeit zwischen Barn und Did abzuleiten; vgl. NIEDERWIMMER, Didache 49.258. Daß Barn 4,9c von Did 16,2b abstammt, nahmen FUNK, Abhandlungen 2,117f., und PRIGENT, Les testimonia 153–157, an. Für den umgekehrten Fall sprachen sich HARNACK, Die Lehre der zwölf Apostel 60; ROBINSON, Barnabas, Hermas and the Didache 66ff.; CONNOLLY, Barnabas and the Didache 166f.; VOKES, Riddle of the Didache 27f.111; MUILENBURG, Literary Relations 159f.; RICHARDSON, Teaching 163.165, aus. Demgegenüber optierten EHRHARD, Altchristliche Litteratur 51, der die ältere Forschungsgeschichte zur Sache referiert (ib. 48–51), unter Berufung auf SAVI, La dottrina 55f., dafür, daß die Sentenz bereits die Vorlage(n) zur Zwei-Wege-Lehre abschloß (vgl. DREWS, Apostellehre 282; CREED, Didache 379). Gegenüber diesen Möglichkeiten ist zum einen grundsätzlich zu bedenken, daß dem Vf. des Barn sowie dem Didachisten die Themen, Motive und Wendungen wie sie im Kontext der beiden Teilverse Barn 4,9c und Did 16,2b überliefert sind (z.B. berührt sich Barn 4,10b mit der Mahnung in Did 16,2a; das Motiv der ‚gesetzlosen Zeit' in Barn 4,9c kann in Did 16,4 τῆς ἀνομίας wiedergefunden werden; der Aufruf, vollkommen zu sein, in Did 16,2b begegnet modifiziert in Barn 4,11b: γενώμεθα ναὸς τέλειος τῷ θεῷ), aus nicht wenigen anderen Überlieferungszusammenhängen bekannt geworden sein konnten (vgl. die Hinweise in der Auslegung sowie die ausführliche Untersuchung bei NIEDERWIMMER, Didache 49.247–256, zum eschatologischen Abschluß Did 16,1–8). Zum anderen zeigt die Traditionsanalyse der fraglichen Sequenz im Barn, daß die mit Did 16,2 „parallelen Sätze schon innerhalb eines traditionellen Zusammenhangs überkommen sind" (WENGST, Tradition 22 Anm. 36). Barn 4,1–6a.9b–14 ist WINDISCH, Barnabasbrief 317, zufolge „ein zusammenhängendes, eschatologisch-paränetisches Stück." Die Parallelen zeugen im Grund nur davon, daß die Ver-

ihrer Brisanz hinsichtlich des eschatologischen Heils. Daß die Gegenwart alle Züge trägt, die sie als die eschatologisch letzte Phase zu erkennen geben, ist seit Barn 2,1 hinlänglich bekannt. Diesen Merkmalskatalog ergänzt V 9b, indem er diese Schlußetappe als ἄνομος καιρός charakterisiert, die nur noch weitere Verführungen (καὶ τοῖς μέλλουσιν σκανδάλοις) erwarten läßt. Die Kennzeichnung ἄνομος καιρός wirkt wie eine Fremdkörper. Sie ist aus ihrer apokalyptischen Verwurzelung zu erklären. In jüdischen Apokalypsen ist die Endzeit die Phase, in der die Sünder scheinbar das Geschehen und das Geschick der Frommen bestimmen. Der ἄνομος καιρός ist nicht eine Zeit ohne Gesetz, sondern dessen frevelhafter Mißachtung. Der Ausdruck charakterisiert die Gegenwart einfach als eine Zeit, in der die Versuchung zum Glaubensabfall übermächtig zu werden droht. Der Aufruf, zu widerstehen (ἀντίστωμεν) bezieht sich auf die gegenwärtigen sowie die erwartbaren Verführungen; deren Summe und Krönung ist τὸ τέλειον σκάνδαλον (V 3a). Daß diesem Widerstehen eine zukünftige Vergeltung von Gott her korrepondiert ist traditionell vorausgesetzt (vgl. Mt 24,13 par Mk 13,13b; Lk 21,19) und wird so auch von V 12 bestätigt. Mit ὡς πρέπει υἱοῖς θεοῦ wird der Heilsstand und die Heilszukunft der Christen[120] als Handlungsprinzip bestimmt. Die Metapher υἱοὶ θεοῦ, die in Hos 2,1 zur Unterscheidung Israels vom ‚endzeitlichen' Volk dient, bezeichnet im Barn die Kirche[121]. Kraft dieses singulären Bildwortes wird den Christen en passant das Privileg der Gottessohnschaft zugesprochen. Mit Blick auf die paulinische Begründung der Gottessohnschaft mittels des ‚Geführtseins durch den Geist Gottes' (vgl. Röm 8,14), ist diese Selbstinterpretation und Qualifizierung, die Vf. und Leser eint, durch die in Barn 1,2.5 konstatierte pneumatische Begnadung der Sache nach vorbereitet. Besonders zu beachten ist Philo, *conf.* 145, wonach die Verheißung, ‚Söhne Gottes' genannt zu werden, jenen gilt, die sich auf die Erkenntnis stützen. Exakt dies ist aufgrund der Auslegung der Ereignisse am Sinaï-Horeb für die Leser nun möglich.

10 Dem Finalsatz V 10a folgen drei Aufrufe; sie illustrieren, vor welchen Verführungen man sich hüten muß. Den im kommunikativen Pl. gehaltenen beiden ersten Prohibitiven (φύγωμεν; μισήσωμεν) zufolge ist niemand gegen die Schliche[122]

wendung eschatologischer, mitunter apokalyptischer Motive und Wendungen zur Motivierung individualierter Ethik Anfang des 2. Jh. gang und gäbe war.

[120] In dieser soteriologisch-eschatologischen Selbstinterpretation ist zuerst der von Paulus artikulierte Anspruch auf die Abrahamskindschaft und damit auf die Verheißungen mitzuhören (Röm 8,14; 9,26; Gal 3,26). Die auf Jesus führende Linie dieser intitulatio, damit auch die auf die Bedingung dieser Verheißung der Gottessohnschaft, die Friedfertigkeit und die Friedensstiftung (Mt 5,9), fehlt auffälligerweise. Zum Motiv vgl. ferner Dtn 14,1; Weish 5,5; Hos 2,1c; PsSal 17,27c.

[121] Mit Blick auf Röm 8,21 entspricht diese Bezeichnung der Kirche (vgl. Röm 8,14.19) der Titulation der Christen als ‚Kinder Gottes'. CA I 1,1 überliefert die Metapher als eine in Syrien geläufige Anrede und Titulierung der Kirche: Φυλάσσεσθε, οἱ Θεοῦ υἱοί, πάντα εἰς ὑπακοὴν θεοῦ πράσσειν, καὶ γίνεσθε εὐάρεστοι ἐν πᾶσι Κυρίῳ τῷ Θεῷ ἡμῶν (SC 320). Vgl. ferner S. 481f. die Auslegung von Barn 15,2.

[122] Daß sich Widergöttliches einschleicht, heimlich und zunächst unmerklich, um sich dann festzusetzen, sich dabei aber nie offen zu erkennen gibt, ist nicht nur die stete Warnung der Ketzerpolemik. In der apokalyptischen Literatur ist dies ein Topos der Paränesen, der auch in volkstümlicher Erbauungsliteratur wie dem Physiologus aufgenommen ist (z.B. Phys.A. 27). Kennzeichen des Motivs scheinen Formen

des ‚Schwarzen‘ gefeit; Eitelkeit sowie Werke des bösen Weges sind seine Einfalls-
tore. Beide Warnrufe greifen auf V 1b zurück und blicken auf Barn 20 voraus, wo
unter der gleichen Bezeichnung eine Auslese des Widergöttlichen katalogisiert
ist.[123] Eitelkeit (vgl. 19,5; 20,2) und Irrtum (vgl. 2,9.10b; 4,1b) entsprechen einander.
Insofern Irrtum alles ist, was nicht von Gott stammt, ist Eitelkeit die typische Haltung der Verweigerung, Gottes Willen zu folgen. Eitelkeit und Irrtum profilieren
die Sünder (12,10; 14,5; vgl. Arist. 134–137), und zwar, wie aus der rhetorischen Bemerkung 15,6 hervorgeht, unter dem Aspekt, daß sie beharrlich eine Theologie
vertreten, die auf dem, wenn auch bedingt entschuldbaren (9,4; 10,12), Mißverstehen des in der Schrift geoffenbarten Willens Gottes beruht. Die Sünder irren also,
weil sie die δικαιώματα Gottes mißverstehen, und Sünder sind sie, weil sie in der
Folge ihres Mißverstehens Gottes Willen zuwider handeln. Demzufolge ist mit
Blick auf V 12 das richtige Schriftverständnis Bedingung für die Teilhabe am eschatologischen Heil. In die gleiche Richtung weist die zweite Mahnung mittels des
Bildworts von den Werken des bösen Weges. Es hebt primär nicht auf moralisch
verwerfliche Handlungen ab, obwohl dies allein schon wegen der motivlichen Verbindung zu Barn 20 mitschwingt, sondern ist von der Parallele in V 1b her zu erklären. Die ἔργα τῆς πονηρᾶς ὁδοῦ[124] sind πάντα τὰ ἔργα ἀνομίας (vgl. 18,1f.).
Die Werke, vor denen der Vf. warnt, sich vollends fernzuhalten, wiederholen im
Grunde nur das, was am Horeb den Verlust der διαθήκη verursachte (4,8): die
schuldhafte Verweigerung gegenüber dem Willen Gottes. Somit fügt sich diese
Mahnung dem Urteil ein, das Barn 2,4–3,6 über jüdische Opfer, Feste und Fasten
gesprochen hat.

V 10b illustriert an einem Kontrastbeispiel, was Irrtum und was Werke des bösen
Weges meinen. Die Objekte der Verführung und ihre Kennzeichen (Irrtum und Eitelkeit, Gesetzlosigkeit und Werke des bösen Weges) werden hierdurch zu Gruppen-
merkmalen.[125] Diese pejorative Verhaltensskizze limitiert im Stil der Ketzerpolemik[126]

---

und Verbindungen von εἰσδύνω bzw. εἴσθυσις mit ὁ μέλας, ὁ πονηρός, ὁ διάβολος oder ὁ ἀντικείμενος als Subjekt des Einschleichens, oder das ein Eindringen z.B. des Irrtums bewirkt, zu sein; vgl.
auch die Hinweise in der Auslegung von 9,4.

[123] Didym. *comm. in Zech.* 3,196; 4,312; *Ps.* 35–39 (Cod. 262,34) stellt unter Berufung auf Barn und
Herm heraus, daß (ὁ) μέλας nichts anderes als σατανᾶς (vgl. Barn 18,1) bzw. διάβολος meint und überhaupt für Unwissenheit und Übel steht; Näheres dazu vgl. S. 48 und 554.

[124] Die metonyme Umschreibung der gottwidrigen Tat oder der Grundhaltung, sich Gottes Willen zu
verweigern, mittels des Ausdrucks ἡ ὁδός πονηρά oder einer Verbindung beider Lexeme ist traditionell;
vgl. 1 Sam 3,21b; 1 Kön 12,24a; 15,26.34; 16,19; 22,53; 2 Kön 8,27; 17,13; 2 Chr 7,14; 21,6; Ps 118(119),101;
Spr 8,13; Jer 18,11; 23,14; 25,5; 33,3; 42,15; 43,3.7; Ez 13,22; 18,23; 36,31; Jona 3,8.10; Sach 1,4b; PsSal 10,1;
Did 5,1.

[125] Nicht mehr als eine Vermutung kann sein, daß Barn 4,10b auf ägyptische Juden anspielt, die sich
nach der Niederschlagung ihres Aufstandes unter Trajan um 116 n.Chr. vom Hellenismus abkapselten
(vgl. GOPPELT, Christentum und Judentum 221; HENGEL, Hadrians Politik 361–364). Gegen einen solchen Bezug spricht ihre Charakterisierung mittels des Vergleichs ὡς ἤδη δεδικαιωμένοι. Der Vf. wird an
eine christliche Gruppe denken, die pointiert auf die christliche Begnadung verwies und daraus Konsequenzen für den Kontakt mit anderen zog.

[126] Vgl. Röm 16,17f.; 1 Kor 16,22; Jak 5,19f., 2 Thess 3,14f.; 1 Tim 6,21; Tit 3,9–11; 1 Joh 5,16f.; 2 Petr 3,17;
Jud 22; Did 6,1.

als Negativfolie die gemeindliche Identität der Leser. Demgemäß ist die auf die Warnung μὴ … μονάζετε folgende, ihr durch ἀλλά inhaltlich entgegengesetzte Mahnung ἐπὶ τὸ αὐτὸ συνεϱχόμενοι συνζητεῖτε kommunikativ auf die fiktive Briefsituation abgestellt.[127] Für einen Moment wechselt deshalb die Kommunikationsstruktur: Vf. und Leser stehen sich wieder wie in den Vv 6–9a gegenüber. Der mit ὡς angefügte Satzteil bestimmt, weshalb selbstgewählte Separation irrig und ein Werk des bösen Weges ist: weil sie sowohl den hochmütigen Anspruch auf jenen Heilsstatus birgt, der dem Gerechten erst im Gericht Gottes zugeteilt wird (vgl. 4,12b), als auch dieses Heil den anderen abspricht. Solcherart motivierte Absonderung ist blasphemische Selbstgerechtigkeit. Die Anweisung, sich zu versammeln und sich miteinander (ἐπὶ τὸ αὐτὸ … συνζητεῖτε) zu besprechen sowie die Zweckangabe (πεϱὶ τοῦ κοινῇ συμφέϱοντος)[128] zeigen, daß demgegenüber das Handeln der Leser ein Echo ihrer gemeinsamen pneumatischen Begnadung sein soll; ihre pneumatische Befähigung verpflichtet sie aufeinander (vgl. 21,4). Das Part. συνεϱχόμενοι – das Lexem συνέϱχομαι ebenso wie συνζητέω im Barn nur hier – bezieht sich auf das Zusammenkommen der Gläubigen am gleichen Ort (ἐπὶ τὸ αὐτό). Zugrunde liegt 1 Kor 11,20a (συνεϱχομένων οὖν ὑμῶν ἐπὶ τὸ αὐτό). Die wenigen Belege für die Verbindung von ἐπὶ τὸ αὐτό mit einer Form von συνέϱχομαι greifen auf diese Stelle[129] oder auf eine varia lectio in 1 Kor 7,5 zurück[130]. Wie die beiden Fundorte im ersten Korintherbrief sowie Barn 11,8 und 12,7 zeigen, hängt die tatsächliche kultische Prägung der jeweiligen, mit ἐπὶ τὸ αὐτό[131] gebildeten Wendung vom Kontext ab[132]. Die bloße Verwendung eines liturgischen Terminus garantiert weder den liturgischen Entstehungszusammenhang noch den Bestimmungsort der betreffenden Schrift oder Sequenz.[133] Die Charakterisierung

---

[127] Die Mahnung μὴ … μονάζετε könnte auch als Anspielung auf pharisäische Juden aufgefaßt werden, insofern der Name ‚Pharisäer‘ von פְּרִישִׁים (die Abgesonderten, die Isolierten) herzuleiten ist und anfänglich als bloße Fremdbezeichnung pejorativen Sinn besaß. Mit καθ' ἑαυτοὺς μισήσωμεν wäre die Abschottungstendenz als Proprium der pharisäischen Bewegung etikettiert. Unbeschadet des fiktiven Moments der antijüdischen Polemik im Barn wäre damit zum Ausdruck gebracht, daß das pharisäische Ideal kein Vorbild für die Kirche ist.

[128] Parallelstellen dazu registriert RESCH, Agrapha[I] 313, und resümiert bezüglich ihres Ursprungs: „Immer wieder … kommen solche Quellennachweise vorzugsweise dem paulinischen Schriftthum zu gute."

[129] Vgl. Or. comm. in 1 Cor (in caten, section 2,8); Chrys. hom. 26 in 1 Cor. (PG 61,227); in dictum Pauli (PG 51,258); Jo.D. 1 Cor (PG 95,660); Thdt. 1 Cor (PG 82,313.316).

[130] Für ἦτε lesen 𝔓[45] Ψ 𝔐 lat syh; Ambst συνέϱχησθε bzw. συνέϱχεσθε. Mit dieser Variante kehrt 1 Kor 7,5 bei Hipp. Dan. I 13,4; Or. fr. in Ps. 77,52; Chrys. hom. 19 in 1 Cor.; virg. 19.29.33f. passim; Thdt. a Vect. 9,62; 1 Cor (PG 82,272f.); haer. 25 (PG 83,450) wieder.

[131] Vgl. Lk 17,35; Apg 1,15; 2,1.44.47; 1 Kor 7,5.

[132] Vgl. 1 Kor 11,20; 14,23; Did 14,2; IgnEph 13,1.

[133] Die sachlich parallele Wendung ἐπὶ τὸ αὐτὸ συναχθέντες in 1 Clem 34,7 wurzelt jedenfalls nicht in kultisch-liturgischer Tradition (vgl. Ri 6,33; Neh 4,2 [2 Esdr 14,2]; Ps 2,2; Mt 22,24) und indiziert keinen derartigen exklusiven Sitz im Leben (vgl. LONA, Clemensbrief 372f.). Dies hebt Barn 4,10b (vgl. Barn 19,10) auch von Did 16,2a ab, wo unter der Perspektive der Ordnung für die kirchliche Woche (vgl. PROSTMEIER, Unterscheidendes Handeln 68–75), der Akzent auf den zahlreichen (πυκνῶς) Gottesdienstbesuch gelegt scheint; vgl. SCHÖLLGEN, Didache 136 Anm. 161, der u.a. auf Hebr 10,25; 2 Clem

nun der Zusammenkunft als ‚Unterredung' mit festgelegter Zweck- und Zielangabe, nämlich eine ‚Unterredung betreffs des gemeinsamen Nutzens', spricht trotz des Konnexes mit 1 Kor 11,20 schwerlich dafür, daß diese mit ἐπὶ τὸ αὐτὸ συνερχόμενοι angeratene, für Christen signifikante innergemeindliche Kommunikationssituation auf die eucharistische Versammlung zu begrenzen ist. Vielmehr zeichnet Christen aus, daß sie ihre Befähigung stets offen sowie mit Blick auf die Gemeinschaft zur Geltung bringen.

11 Formelhaft eingeleitet führt V 11a ein exaktes Zitat des Weherufs über den Hochmut der Weisen aus Jes 5,21 als Schriftbeleg für diese dichotomische Paränese an. Das Jesajazitat mag die Wahl von Beispiel und Gegenbeispiel in V 10a wenn nicht entschieden, so doch begünstigt haben. Die Kritik am eingebildeten Weisen ist jedoch nur die vordergründige Parallele zwischen Jes 5,21 und Barn 4,10b. Entscheidend ist der Weheruf. Er kündigt Unheil an über jene, die von sich sagen, חכם und נבון zu sein, ohne auf Jahwe zu hören, dessen Gabe die Weisheit ist, deren sie sich rühmen. Das Eigenlob – οἱ συνετοί und ἐπιστήμονες sind als Vokative[134] zu interpretieren – geht zu Lasten der Gottesfurcht; es verstößt gegen die Ordnung Gottes. Weisheit gibt es weder ohne noch gegen Gott (vgl. Barn 6,10a; 9,9a). Insofern entlarvt sich jeder, der sich seiner Weisheit brüstet, nicht nur als eingebildeter Weiser und mitunter unangenehmer Zeitgenosse, sondern als Gotteslästerer, der die von Gott geschenkte Weisheit zu einem Zerrbild macht.[135] Er hat sich somit – und hierauf hebt das οὐαί ab – „außerhalb der Sphäre, in welcher heilerfülltes Leben möglich ist,"[136] begeben. Dies ist der Anknüpfungspunkt für den Warnruf. Wer sich so gibt, als wäre er bereits gerechtfertigt, hat sein Leben und sein Heil schon verspielt. Der Akzent liegt weder bei Jes 5,21 noch Barn 4,10b auf der Selbst- und Fremdausgrenzung, der die Kommunität als solche vorgezogen wird, sondern auf dem Bekenntnis, daß Weisheit, respektive der Heilsstand der Leser mit seiner pneumatische Befähigung, Gnade Gottes ist und insofern verpflichtet.[137]

V 11b, mit dem der Vf. wieder in den kommunikativen Pl. zurückfindet, bestätigt diesen Sachzusammenhang. Die pneumatische Begnadung verbindet ihn mit den

---

17,3; Herm *vis.* III 6,2; *sim.* VIII 9,1; IX 26,3; IgnEph 13,1; 20,2; IgnPolyc 4,2 hinweist; vergleichbar sind ferner 1 Kor 11,20; 14,23.

[134] Vgl. BLASS/DEBRUNNER, Grammatik § 107,2⁶.

[135] Bereits die biblische Weisheitsliteratur selbst distanziert sich scharf vom eingebildeten Weisen („Siehst du jemand, der sich selbst für weise hält – mehr Hoffnung gibt es für den Toren als für ihn." Spr 26,12; vgl. Spr 26,5.16; 28,11; Jer 9,22f.). Unisono mit der Warnung von Barn 4,10b, der Mahnung 4,11b und dem jesajanischen Weheruf rät Spr 3,7: „Halte dich nicht selbst für weise, fürchte den Herrn und fliehe das Böse." Und Spr 9,10 bestimmt: „Anfang der Weisheit ist die Gottesfurcht, die Kenntnis des Heiligen ist Einsicht." Vgl. ferner Ps.-Phoc. 53f.; Clem. *str.* II 18,84,1.

[136] WILDBERGER, Jesaja 1–12.182.

[137] Der Halbvers Röm 12,16c, ein Zitat von Spr 3,7a, für den WILCKENS, Römer 3,23, aufgrund seines Kontexts resümiert: „Als Christ kann man vernünftig nur sein, wenn man es für andere ist" verdeutlicht, wem laut Barn diese Verpflichtung gilt. Hier wie dort sind die Brüder, also die Gemeinde, Objekt der Sorge und Achtsamkeit. Während in Röm diese Verpflichtung mindestens allen gegenüber gilt, die an Jesus Christus glauben (Röm 12,13), gilt sie Barn 4 gemäß nur bestimmten Christen. Jenen eben, die Barn 1 konstitutionell profiliert und die sich mit dem Vf. z.B. von der Parole 4,6b und ihren Trägern distanzieren.

Lesern und verpflichet ihn ebenso wie sie zu einem Leben in Gottesfurcht. Was πνευματικός[138] meint, wird zunächst mit dem Bildwort vom vollkommenen Tempel für Gott – der dativus ethicus τῷ θεῷ ist ein Semitismus[139] – und dann zweifach mit dem Gehorsam gegenüber dem Willen Gottes erklärt. Der Aufruf γενώμεθα ναὸς τέλειος[140] proklamiert die der Heiligung durch das Christusereignis innewohnende Befähigung und ist zugleich Aufruf, demgemäß und im Blick auf die noch bevorstehende Vollendung Christ zu sein. Ναὸς τέλειος ist die Wachstumsaufgabe der Kirche. Die Parenthese ἐφ' ὅσον ἐστὶν ἐν ἡμῖν ist im Anschluß an die Kritik an den Selbstgerechten sowie zusammen mit dem folgenden Finalsatz[141] zu lesen. Im Unterschied zum dritten Grundsatz in 1,6, an den dieser Finalsatz erinnert, ist hier an die eschatologische Freude gedacht, als Gabe an jene, die von Gott im Gericht gerecht gesprochen werden, weil sie seinen δικαιώματα gefolgt sind. ‚Gottesfurcht' und ‚Halten seiner Gebote' sind hierfür die Voraussetzungen, wobei die gleichordnende Verknüpfung durch καί die sachliche Parallelität anzeigt. Form und Korrespondenz der Prädikate μελετῶμεν[142] und φυλάσσειν ἀγωνιζώμεθα gibt beides als bleibende Aufgabe zu erkennen.

12 Der Leitsatz in V 12a korrespondiert V 1a. Die Feststellung, daß der Herr den Kosmos richten wird, zeigt sogleich die Dimension an, in der die Frage nach Teilhabe am eschatologischen Heil zu sehen ist. Daß der Herr über das eschatologische Heil entscheidet und, was der Term κόσμος (4,12; 5,5; 10,11; 21,5) anzeigt, nichts seinem Gericht entgeht (vgl. Lk 21,34–36), ist der erste Trost des Leitsatzes; der zweite ist die Zusage der Gerechtigkeit. Dieses ἀπροσωπολήμπτως erläutern die beiden folgenden Versteile.

Zunächst wird der in alttestamentlicher Tradition beheimatete Tun-Ergehen-Zusammenhang als Interpretament für ἀπροσωπολήμπτως angeführt. Die Indivi-

[138] Vgl. WINDISCH, Barnabasbrief 325, der mit Verweis auf 1 Kor 2,13.15; 3,1; 14,37; Gal 6,1; IgnEph 8,2 πνευματικοί und mit Bezug auf 1 Petr 2,5; IgnEph 9,1; 15,3 Selbstbezeichnungen und Losungen des Vf. und der Leser vermutet. Die Mahnung insgesamt erinnert an Philo, somn. 1,149: σπούδαζε οὖν, ὦ ψυχή, θεοῦ οἶκος γενέσθαι, ἱερὸν ἅγιον.

[139] Vgl. BLASS/DEBRUNNER, Grammatik § 192³; vgl. Barn 2,10; 6,16; 8,4; 13,7, wo τῷ θεῷ in Schriftzitaten steht, ferner 16,7; 19,2.

[140] Der Ausdruck ναὸς τέλειος ist vor und – abgesehen von Clem. str. II 7,35,5, der Barn 4,11 wörtlich zitiert – nach Barn nicht bezeugt; auch eine Verbindung des Adj. mit den Idiomen νηός (ion.) und νεώς, ναώς (att.) fehlt. Das Nomen ναός findet sich bei den Apostolischen Vätern in Barn, 1/2 Clem und den Ignatianen. Ältestes Zeugnis für eine Form des Ausdrucks (e.g. τοῦ ναοῦ τελεία) ist Arist. EN 1174a24f., das freilich keinen Sachbezug zu Barn 4,11 hat. Da auch die patristischen Belege für Varianten des Ausdrucks gegenüber der geläufigen Bezeichnung ναὸς ἅγιος (vgl. Ban 6,15) spät und dürftig sind (Ps.-Ath. haer. 28,521; Didym. comm. in Ps. 22–26,10 [Cod. 102ʳ24]; fr. Ps. 1060,8; 1152,1; Gr.Naz. or. 31 29,27; Jo.D. imag. 3 132,7; Ps.-Just. expositio 381c3), wird ναὸς τέλειος in Barn 4,11 werkimmanent zu interpretieren sein. Das Prädikat τέλειος steht dann parallel zu ἅγιος in 6,15 und den Zuschreibungen ἄφθαρτον (16,9b) und πνευματικός (16,10b). Merkmal für diese Auszeichnung des Tempels ist 1. seine übertragene Bedeutung und 2. seine Konstitution durch das Christusereignis und dessen soteriologische Folgen für ‚uns'; letzteres wird mittels des Bildes vom ‚Bau' in 16,8f. illustriert.

[141] ℵ und H sind verderbt; sie binden den Leitsatz V 12a in den Finalsatz V 11b ein, wodurch τὸν κόσμον isoliert wird.

[142] Die erste Satzhälfte μελετῶμεν τὸν φόβον τοῦ θεοῦ erinnert an Jes 33,18a; vgl. Barn 11,5.

dualisierung der Ethik und ihre Eschatologisierung, die sich u. a. in der juridischen
Diktion (ἕκαστος sowie ἐὰν ᾖ ... ἐὰν ᾖ) niederschlagen, sind Signet apokalyptischer Mahnrede (vgl. 6 Esra 15,56)[143]. Diese Verwurzelung bestätigt die sekundäre,
kasuistische Erläuterung mit ihren beiden konträren, gruppenspezifischen Verheißungen; auf sie kommen Barn 21,1b.c. 3.6 zurück. Wie dem ‚gut sein vor Gott‘
(ἀγαθός[144]) die Anerkennung durch Gott (im Gericht) folgen wird[145], so korrespondiert gattungstypisch dem πονηρός eine entsprechende Vergeltung, nämlich
ὁ μισθὸς τῆς πονηρίας[146]. Worin der ‚Lohn der Bosheit‘ besteht, kann nur im Gegenüber zu der von der prophetischen Heilspredigt des Tritojesaja inspirierten Zusicherung einer endgültigen Anerkennung im Gericht Gottes (vgl. Jes 58,8; Barn
3,4) abgeleitet werden. Der Lohn der Bosheit meint die eschatologische Verwerfung all dessen, das vor Gott jetzt schon πονηρός ist. Aufgrund der gattungstypischen Gestaltung (Individualisierung, Kasuistik und Konstrastierung), verbietet es
sich, diese Bestätigung einer selbstverschuldeten Ferne von Gott zu vergegen-
ständlichen oder zu personalisieren. Abgesehen von den gattungstypischen Prä-
gungen ist der Schlüssel für das Verständnis von ὁ μισθὸς τῆς πονηρίας wie auch
bei dem Ausdruck ναὸς τέλειος in Barn 4,11 werkimmanent zu suchen. Das Nomen μισθός ist im Barn eschatologisch konnotiert. Insofern dieses Profil sowohl in
den beiden Rahmenkapiteln (1,5; 21,3) als auch in den beiden Teilen des Schriftstücks (4,12; 11,8; 19,11; 20,2) vorliegt, ist anzunehmen, daß der singuläre Ausdruck
ὁ μισθὸς τῆς πονηρίας auf dem Hintergrund einer breiten Tradition geprägt wurde – vielleicht gezielt im Konnex mit dem Negativprofil οὐ γινώσκοντες μισθὸν

---

[143] Vgl. auch die Kasuistik in 1 Kor 7.

[144] Das Adj. ἀγαθός ist im Barn durch die Qualifizierung des Landes der Verheißung in Barn 6,8.10.16
bestimmt. In Konnex mit γῆ kann das Adj. zwar konkret ‚fruchtbar‘ meinen (vgl. PAPE, Wörterbuch
1,6), doch ist wegen der Verbindung zur Landverheißung, und zwar speziell zu Dtn 1,25, die Semantik
vom Adj. טוב herzuleiten. טוב ist zuallerst Gottesattribut (vgl. 1 Chr 16,34; 2 Chr 5,13; Ps 117[118],1). Entsprechend wird mittels ἀγαθός die Zugehörigkeit zur Heilssphäre Gottes ausgesagt. Als Qualifizierung
des Handelns und der Haltung ist ἀγαθός ohne Bezug auf Gott nicht vorstellbar. ‚Gut‘ betont in diesem
Sinn ‚das eigentliche Wesen, den Wert‘, es meint ‚recht, und zwar nach dem Urteil Gottes‘ (KBL 349). Sie
wird hier in Barn 4,12 ebenso wie in Barn 6,16 konstatiert; hier im Blick auf die Partizipation am eschatologischen Heil (vgl. Jer 32,42; Jes 52,7), dort hinsichtlich der soteriologischen Konstitution der Kirche.
Deshalb können sich die Leser mit den ‚Guten‘ identifizieren (vgl. Mi 6,8), die verfolgt werden (vgl. Barn
20,2). Gottes Heilswille bestimmt also das Profil von ἀγαθός. Weil diese Vorgabe Barn 6,16 zufolge die
Kirche charakterisiert, und zwar im Sinne des Barn als jener Bereich, in dem es erstmals die prinzipielle
Lebensmöglichkeit auf das Heil hin gibt, ist das Lexem auch dazu geeignet, ein Handeln anzumahnen,
das von der Grundlage der Kirche, dem Christusereignis, und der sie tragenden Hoffnung zeugt (vgl.
Barn 21,2.4.7). Zum Ganzen vgl. GRUNDMANN, ἀγαθός κτλ. ThWNT 1 (1933) 13–16.

[145] Vgl. hierzu Ps 33(34),14–16; 36(37),27–29; Spr 28,10.

[146] Der Ausdruck ist vor Barn nicht belegt. Die Qualifizierung einer Form von μισθός mittels eines
Terms vom Stamm πονηρ- ist ebenso selten wie die Belege für ναὸς τέλειος (vgl. Anm. 140) in Barn 4,11.
Die patristischen Belege gehören alle dem 4. Jh. an: (Ps.-)Ath. apol. sec. 85,3; Epiph. haer. 2,101; Eus. Ps.
23,1232; Gr.Naz. or. XD. 36,385; Chrys. eleem. 51,270. Tatsächlich nicht mehr als eine Vermutung ist es,
wenn PIESIK, Bildersprache 101, in Barn 4,12 die „Aufnahme des bekannten profanen euphemistischen
Sprachgebrauches von μισθὸς τῆς πονηρίας", erkennen will und hierfür auf Hdt. 8,116; A. A. 1261; S.
Ant. 221; 263; E. Hipp. 1050 verweist (ib. 176 Anm. 418), wo der Ausdruck allerdings nicht nachgewiesen
ist.

δικαιοσύνης im Lasterkatalog Barn 20,2c (vgl. Did 5,2). Von daher ist ὁ μισϑὸς τῆς πονηρίας mit μισϑὸς (τῆς) ἀδικίας in Apg 1,18; 2 Petr 2,15c zu vergleichen.[147]

Die Theozentrik des Heils, die der Leitsatz durch das Bild vom gerechten Richter ausdrückt, bedeutet gleichwohl nicht nur Trost, sondern muß für jeden in ein tiefes Erschrecken münden. Denn das ἀπροσωπολήμπτως[148] besagt programmatisch, daß im Gericht der gesamte Lebenswandel vor den Richter gebracht werden wird (vgl. 2 Kor 5,10), und zwar nicht trotz, sondern gerade wegen der mit der Taufe gegründeten Hoffnung auf eschatologische Rettung. Das ἀπροσωπολήμπτως fordert also dazu auf, den gesamten Lebenswandel (vgl. 6 Esra 16,65–68a) auf Gott auszurichten. Zu dem in der Taufe begründeten Hoffen auf das Heil (V 8c) gehört die Gottesfurcht (V 11b), denn jener, den die Berufenen zum Herrn haben, ist auch der Richter. Die Ausrichtung der Paränese auf die Partizipation am eschatologischen Heil erinnert die Gottesfurcht nicht als zwar wünschenswerte, aber akzidentielle Haltung, sondern gibt sie als Konstituente christlichen Wirklichkeitsbewußtseins[149] zu verstehen. Die Gewißheit des gerechten Gerichts begründet, „in der entsprechenden »Furcht« recht zu leben"[150]. Wer die Heilszusicherung mit Heilssicherheit verwechselt und sich deshalb davon dispensiert, die δικαιώματα zu verstehen und ihnen gemäß zu leben, ist dem Gericht bereits verfallen. Vor dieser falschen Heilszuversicht warnen Vv 13f. (vgl. ferner den eschatologischen Vorbehalt in 6,18f. sowie IgnEph 14,2).

13 hebt wie V 2 auf die Gefahr der Sorglosigkeit ab, die aus der Unverbrüchlichkeit der Heilszusicherung in Jesus Christus eine Heilsgarantie folgert und ob des in der Taufe gewonnenen Heilsstatus dessen Verpflichtung auf den Willen Gottes vergißt – ἐπικαϑυπνόω ist sonst in der griechischen Literatur nicht belegt. Sünde ist somit die Hybris zu meinen, von der Sünde nicht mehr tangiert sein zu können; hierfür verwendet Barn das geprägte Bild vom ‚Fürst des Bösen'. Dieses Motiv, das sich mit V 10a und Barn 20 eng berührt, sowie das Bildwort vom ‚Reich des Herrn' – die βασιλεία ist hier wie auch in Barn 7,11; 8,5; 21,1 eschatologisch ge-

---

[147] Vgl. NIEDERWIMMER, Didache 149f.

[148] Die Bedeutung des Adverbs bestätigt der Parallelismus mit ἐν τοῖς νομίμοις τοῦ ϑεοῦ ἐπορεύεσϑε in der captatio benevolentiae in 1 Clem 1,3; vgl. LONA, Clemensbrief 123. Der Term begegnet noch in 1 Petr 1,17 und Bas. *reg.br.* 153. Die griechischen Bibelübersetzungen kennen den Ausdruck zwar nicht, die Sache indes ist biblisch sehr wohl bekannt. Dies zeigen zum einen die „bibelgriechische ... Redensart πρόσωπον λαμβάνειν" (KNOPF, Clemensbrief 45) und der verwandte Ausdruck πρόσωπον βλέπειν sowie die Termini προσωπολημψία (Röm 2,11; Eph 6,9; Kol 3,25; Jak 2,1) und προσωπολήμπτης (Apg 10,34; vgl. Dtn 10,17). Das alpha privativum in ἀπροσωπολήμπτως gibt hierbei die Negation wieder, die die Subst. bzw. beide Wendungen (Mk 12,14; Mt 22,16; Lk 20,21; Apg 10,34) begleitet, sobald sie die Gerechtigkeit Gottes beschreiben. Als Maß und Kennzeichen von Gottes Gerechtigkeit (vgl. Jub 5,16; 33,18; äthHen 63,8c; LAB 20,4; T.Hiob 43,13; syrBar 13,8; 44,4; AscJes [TestHis] 3,25; 7,26f.; 9,23; Aboth 4,22; weitere Belege bei BERGER, Gerechtigkeit Gottes 273f. Anm. 32) steht ἀπροσωπολήμπτως auf einer Linie mit der Parenthese πρόσωπον ὁ ϑεὸς ἀνϑρώπου οὐ λαμβάνει in Gal 2,6c. Vgl. auch die Maßgabe οὐ λήμψῃ πρόσωπον in Barn 19, 4c. Über die Vorhaltung einer προσωπολημψία vgl. LOHSE, προσωπολημψία κτλ. ThWNT 6 (1959) 780f.

[149] Vgl. GOPPELT, Petrusbrief 120.

[150] BROX, Petrusbrief 79.

dacht[151] – zeigen erneut den Ernst und den heilsentscheidenden Rang der an die Berufung durch Jesus Christus geknüpften Verpflichtung auf.

14 Anders als in Barn 10,3b (ὅταν σπαταλῶσιν; ὅταν δὲ ὑστερῶνται) hat hier die seltene Konstruktion ὅταν mit Ind. Präs.[152] keine iterative Bedeutung; ὅταν βλέπετε drückt eine Erwartung aus, die üblicherweise mit ἐάν bzw. εἰ βλέπετε formuliert wird. Der temporale Anschluß hat also einen hypothetischen Nebensinn. Die σημεῖα καὶ τέρατα[153], die Israels Weg begleiten, sind Aufforderungen zu Glauben und Gehorsam. Daß Israel sich der Fürsorge Gottes nicht würdig erwiesen hat, scheint ein Topos nicht nur der prophetischen Kritik zu sein. V 14a könnte z. B. auf Ps 77 (78) anspielen, wobei für den Versteil ὅταν bis Ἰσραήλ insbesondere die Teilverse Ps 77(78),4c.d in Betracht kommen, oder Ps 105[106],22 anklingen lassen. Aus V 14a spricht jedenfalls die Überzeugung des Vf., mit seiner Argumentation jedweder Behauptung, die dem jüdischen Gesetz soteriologische Relevanz und damit Verbindlichkeit zuerkennt, ihr Fundament entrissen zu haben. Denn das Gesetz ist aus seiner Sicht nicht einfach nur ein für allemal erledigt, sondern es hatte nie Heilsbedeutung. Die Kritik könnte nicht herber und unerbittlicher ausfallen: Sie sind verlassen (ἐγκαταλελεῖφθαι αὐτούς), und zwar, wie aus dem Kontext mitzuhören ist, von Gott. Wo das Gesetz ist, ist kein Heil. Es ist ein Gesetz ohne Gott und ohne Hoffnung. Diese schroffe Verwerfung des Gesetzes, und damit im Grunde aller jüdischer Prärogative, begründet die bereits mehrmals wiederholte Mahnung V 14b, auf sich achtzugeben; ihre Motivation übernimmt der folgende Finalsatz. Die Verteilung von Heilsrelevantem und dem, was vom Heil wegführt, auf zwei Personenkreise bereitet für die Interpretation des als Schriftwort (ὡς γέγραπται) eingeführten Spruches (πολλοὶ κλητοί, ὀλίγα δὲ ἐκλεκτοί)[154] das größte Hindernis. Geht man von seiner motivierenden Funktion für

---

[151] Vgl. WINDISCH, Barnabasbrief 325.

[152] Vgl. BLASS/DEBRUNNER, Grammatik § 382,4.

[153] Σημεῖα καὶ τέρατα (אוֹתוֹת וּמֹפְתִים) ist eine feststehende Wendung der Exodustradition (vgl. Ex 7,3; 11,9.10; Dtn 4,34; 6,22; 7,19; 11,3; 29,2; Est 10,3f.; Ps 77[78],43; 104[105],27; 134[135],9) und meint die ‚ägyptischen Zeichen' (vgl. Philo, *Mos.* 1,95; *spec.* 2,218) sowie die Zeichen während der Wanderung (DidascSyr 108 [CSCO.S 244,9–21]). In diesem Kontext wird sie bisweilen mit בְּרִית verknüpft (vgl. Dtn 28,46; Jer 39[32],20). Die Wendung begegnet auch in weisheitlicher und prophetischer Tradition, und zwar meistens im Sinn Unheil drohender Beglaubigungszeichen (z. B. Dtn 13,2f.; Weish 8,8; Jes 8,18; 20,3; Dan 6,28 ϑ΄; AscJes 3,20; 11,18). Josephus verwendet den Ausdruck in pejorativem Sinn für die Scharlatanerien vorgeblicher messianischer Propheten (*Ant.* 20,168) sowie für die ausgewöhnlichen Vorfälle, die auf die Zerstörung des zweiten Tempels (*BJ* 1,28) hinweisen. Zu den beiden Lemmata vgl. Barn 5,8; 12,5; ferner RENGSTORF, σημεῖον κτλ. ThWNT 7 (1964) 219–225.260; DERS., τέρας. ThWNT 8 (1969) 127.

[154] Dieser Spruch steht dem ‚Deutewort' (vgl. LUZ, Matthäus 3,246) in Mt 22,14 (πολλοὶ γάρ εἰσιν κλητοί, ὀλίγοι δὲ ἐκλεκτοί) sehr nahe, weshalb erstens Kenntnis des Mt seitens des Barn vermutet wird (vgl. HEFELE, Sendschreiben 217.231–240; die älteren Annahmen referiert MÜLLER, Erklärung 126–128; skeptisch äußert sich WINDISCH, Barnabasbrief 326; ablehnend weist bereits RESCH, Agrapha 17f. darauf hin, daß ob eine Rückführung auf das Mt nicht statthaft sei) und zweitens befunden wurde, daß Barn wegen des ὡς γέγραπται das erste Evangelium als γραφή (vgl. HEFELE, Sendschreiben 219), vergleichbar den griechischen Bibelübersetzungen, gegolten habe (so vermutet WINDISCH, Barnabasbrief 326, und benennt Gewährsleute dafür, daß der Vf. meinte, eine alttestamentliche Stelle zu zitieren). Das Gnomon gehört zum eschatologischen Repertoire und gleicht funktional Mt 19,30 (πολλοὶ δὲ ἔσον-

die vorausstehende Paränese aus, steht er auf einer Linie mit den Finalsätzen in
Vv 1f.10a.11b. 13. Er erinnert daran, daß die pneumatische Begnadung allein noch
nicht Heil garantiert, sondern eine spezifische Verpflichtung auferlegt. Es gilt, der
christlichen Berufung entsprechend zu leben.[155] In dieser Verbindung ist V 14, im
Grunde das ganze Kapitel, eine Auslegung der τρία δόγματα von 1,6 (vgl. 9,7;
10,1.9.10).

Der Herr und Gottessohn – der Zweck seines Leidens (5,1–8,7)

Aufriß

Die thematischen Einsätze in 5,1.2 γέγραπται περὶ αὐτοῦ ‹ὁ κύριος [V 1]› und in
9,1 περὶ τῶν ὠτίων grenzen 5,1–8,7 vom Kontext ab. Thema dieser vier Kapitel ist
‚der Herr und Gottessohn sowie der soteriologische Zweck seines Leidens‘; ihr
Ziel und exegetisches Prinzip ist 5,2 zufolge der Erweis aus der Schrift. Thematische Wegmarken gliedern diesen Abschnitt und vernetzen die Sequenzen mit dem
Hauptthema. In 5,5 wird mittels παθεῖν περὶ τῆς ψυχῆς ἡμῶν, in formaler Entsprechung zur präpositionalen Themaeröffnung (περὶ c. Gen.) in 5,1.2, der thematische Aspekt für die Ausgangsfrage bestimmt. Die koordinierende Wendung ἔτι
δὲ καί (vgl. 11,1; 12,1), die Partikelfolge εἰ … πῶς sowie das Stichwort ὑπέμεινεν
binden 5,5 als weiterführenden, zwei Aspekte akzentuierenden Fragesatz (πῶς οὖν
ὑπέμεινεν ὑπὸ χειρὸς ἀνθρώπων παθεῖν;) an das Hauptthema zurück. Ähnlich
schließt in 5,12 οὐκοῦν εἰς τοῦτο ὑπέμεινεν an 5,1.2 bzw. 5,5 an. In 5,11 fügt οὐκ-

ται πρῶτοι ἔσχατοι καὶ ἔσχατοι πρῶτοι) oder Mt 20,16 (οὕτως ἔσονται οἱ ἔσχατοι πρῶτοι καὶ οἱ
πρῶτοι ἔσχατοι). Das Motiv selbst ist dem Genre apokalyptischer Mahnrede zuzurechnen (vgl. Offb
17,14c: καὶ οἱ μετ᾽ αὐτοῦ κλητοὶ καὶ ἐκλεκτοὶ καὶ πιστοί). Ganz ähnlich heißt es 4 Esra 9,15, „daß die,
die zugrunde gehen, mehr sind als die, die gerettet werden" und 4 Esra 8,3 nimmt mit dem Spruch „Geschaffen sind gar viele, gerettet werden wenige" in Kurzfassung vorweg, was 4 Esra 8,41 mit einem
Gleichnis illustriert: „Denn wie der Landmann viele Samen in die Erde sät und eine Menge Pflanzen
pflanzt, jedoch nicht alles Angesäte aufgeht, noch alles Angepflanzte Wurzeln schlägt, so werden auch
nicht alle Rettung finden, die in der Welt gesäet sind" (vgl. auch 6 Esra 16,74 und 1 Petr 1,7a). Nun fügen
bestimmte Hss. (C D W Θ *f*1.13 33 𝔐 latt sy mae bo^pt) dieses Logion von Mt 22,14 an Mt 20,16 an, andere Hss. (Γ *f*13 [579]. 700. 892^mg *al*) fügen es zu Lk 14,24 hinzu. Dies zeigt, daß das Logion frei zirku-
lierte, also auch prä- und parasynoptisch tradiert wurde; vielleicht ist es den Vf. im Konnex mit Logia zugeflossen. Daher vermag der Spruch in Barn 4,14 eine Kenntnis des Mt (oder Lk) seitens des Vf. des Barn
und die Anführung des Mt (oder Lk) als γραφή nicht zu beweisen (vgl. auch KÖSTER, Überlieferung
126.156–158). In der frühchristlichen Literatur dient das Motiv (bzw. der Spruch) mehrfach, und zwar in
verschiedenen Zusammenhängen, als Argument; z.B. Clem. *str.* V 3,17; Just. *qu. et. resp.* 382a; *Clem.epit.*
A, 62; *Clem.epit.* B, 62; *Hom. Clem.* VIII 4,2; Or. *hom. 4 in Jer.* 3; *comm. in Mt.* XII 12; XV 37; XVII
15f.24; *comm. in Rom.* (fr. 2,4; ex Cod. Vindob. gr. 166); *sel. in Ps.* XII 1493. Über das Verhältnis des Barn
zur ntl. Literatur vgl. S. 94f.
[155] Negativ formuliert den Sachverhalt WINDISCH, Barnabasbrief 325: „V 14 zeigt und beweist an
Israels Vorbild und an einem Herrenwort, daß das Berufensein vor dem Verderben noch nicht sicher bewahrt."

οὖν ... εἰς τοῦτο ἐν σαρκὶ ἦλθεν den V 11 mit V 10 zu einer kleinen Einheit über die Notwendigkeit der Inkarnation und Passion zusammen, wobei die Folge εἰ ... πῶς im Unterschied zu 5,5 einen Einwand vorwegnimmt, der die Möglichkeit soteriologischer Relevanz des Leidens bezweifelt. Barn 7,2 nimmt das Stichwort πα- θεῖν aus 5,5 auf und resümiert die Beantwortung des ersten Teils der Frage (πῶς οὖν ὑπέμεινεν ... παθεῖν; 5,5).

Der zweite Aspekt (... ὑπὸ χειρὸς ἀνθρώπων ...) wird in 7,3–11 beantwortet. Die Koordination dieses thematischen Gliedes mit 5,5, das ein selbständiger Be- hauptungssatz (σταυρωθεὶς κτλ.) einführt und dessen Behandlung die präpositio- nale Themaeröffnung περὶ τούτου anzeigt, erfolgt in 7,3 mittels ἀλλὰ καί. Barn 7,3–11 sind durch zwei mit ἐνετείλατο eingeleitete Gesetzesvorschriften für die Handhabung der beiden Böcke für den Versöhnungstag gegliedert, wobei 7,3–5 das Augenmerk auf das pro nobis des Leidens und 7,6–11 auf die Identität des Leiden- den mit dem Wiederkommenden richtet.

Beide Aspekte führt Barn 8 anhand des Opfers der roten Kuh nochmals vor Au- gen. Wie 7,11 schließt auch 8,6 mit der ekklesiologischen Relevanz. Innerhalb die- ser vier Kapitel stehen die Verse 5,1–7,11 in einem engeren Konnex. Dies geht allein schon daraus hervor, daß das Themawort πάσχειν nur in diesen drei Kapiteln und in dem durch das Stichwort ‚Kreuz' thematisch mit 7,3–11 verbundenen Kapitel 12 begegnet. Barn 8,7a ist Abschluß und 8,7b Überleitung zum folgenden Thema. Hieraus ergibt sich folgende Großgliederung von 5,1–8,7.

Der Herr – sein Leiden und seine Heilsbedeutung

5,1–4	THEMA UND EINFÜHRENDE BEMERKUNGEN
5,5	Formulierung der Ausgangsfrage
5,6–14	Fleischwerdung, irdisches Wirken und Leiden als Erfüllung prophetischer Aussagen und des Willens des κύριος
6,1–4	Auferstehung Jesu als Erfüllung prophetischer Aussagen
6,5–7	Überschrift und Zwischenergebnis
6,8–19	Die Heilsbedeutung des Christusereignisses
7,1.2	Beantwortung der Ausgangsfrage

Der Gekreuzigte ist der Heilsbringer und Hoffnungszeichen für uns

7,3–11	Zwei prophetische Zeichenhandlungen am Versöhnungstag – Die Nebenumstände des Leidens des Herrn
7,3–5	Die Tränkung Jesu am Kreuz
7,6–11	Der Leidende ist der Wiederkommende
8,1–6	Das Sühneopfer der roten Kuh prophezeit das Leiden des Herrn und seine Königsherrschaft
8,7	ABSCHLUSS UND ÜBERLEITUNG

Aus dieser thematischen Ordnung ragen sechs Verse heraus. In ihnen wechselt die
Rede in die 1. Pers., und zwar in Vv 5,3f.; 7,1f.; 8,7 in den Pl. und in 6,5 sowie 6,13a
in den Sg. Dieser Personenwechsel zeigt, wie auch sonst im Barn (vgl. Barn 4),
nicht nur verschiedene Kommunikationsstrukturen an, sondern markiert bisweilen thematische Zäsuren – so insbesondere der auf die Verfasserprätention[1] bezogene Vers 6,5. Die Aufforderung zum Dank in 5,3, die in 7,1 ein Pendant hat,
schließt die Kapitel 5 und 6 unter dem verbindenden Thema der ‚Inkarnation und
Passion des Gottessohns als Erfüllung prophetischer Verheißung‘ auch formal zusammen. In 6,13 signalisiert ἐπιδείξω den Einsatz eines weiteren thematischen
Aspekts.

Fleischwerdung, Wirken und Leiden des Herrn (5,1-14)

**Zu diesem Zweck nämlich litt der Herr, das Fleisch zur Vernichtung zu über-
geben: damit wir (durch) den Erlaß der Sünden gereinigt werden, d.h. aufgrund der Besprengung mit seinem Blut. 2 Denn es steht über ihn geschrieben, teils zwar für Israel, teils aber für uns; und so heißt es: „Verwundet
wurde er wegen unserer Gesetzlosigkeit und geschwächt durch unsere Sünden; (durch) sein Blut sind wir geheilt worden, wie ein Schaf ließ er sich zum
Schlachten führen und wie ein Lamm stumm vor seinen Scherer.“ 3 Wir
müssen also dem Herrn innigsten Dank sagen, daß er uns das Vergangene
hat wissen lassen und uns im Gegenwärtigen belehrt hat, und wir in bezug
auf das Zukünftige nicht Unverständige sind. 4 Die Schrift aber sagt: „Nicht
ungerechterweise werden Vögeln Netze ausgespannt;“ dies meint: „Mit
Recht wird ein Mensch ins Verderben kommen, der Erkenntnis des Weges der
Gerechtigkeit hat (und) sich auf den Weg der Finsternis begibt.“**

**5 Außerdem auch noch dies meine Brüder; wenn es der Herr ertragen
hat, für uns zu leiden, – (obwohl) er Herr der ganzen Welt ist, dem Gott bei
Grundlegung der Welt sagte: „Laßt uns einen Menschen machen nach (unserem) Aussehen und uns ähnlich“; – wieso nun hat er es ertragen, von Menschenhand zu leiden? Lernt! 6 Die Propheten haben auf ihn hin geweissagt,
weil sie von ihm die Gnade haben; er selbst aber, damit er den Tod außer
Wirksamkeit setze und die Auferstehung von den Toten zeige, hat es, weil er
selbst im Fleisch erscheinen mußte, ertragen, 7 damit er die Verheißung an
die Väter erfülle und damit er selbst, indem er sich selbst das neue Volk bereitet und auf Erden ist, erweise, daß er, nachdem er selbst die Auferstehung
gewirkt hat, richten wird. 8 Schließlich verkündete er laut, indem er Israel
lehrte und so gewaltige Wunder und Zeichen wirkte und es im höchsten
Maße liebte. 9 Als er aber eigene Apostel auswählte, die sein Evangelium
laut verkünden sollten und die über jede Sünde hinaus gesetzlos waren, da-**

---

[1] Vgl. Auslegung zu Barn 1; ferner zur Stelle WENGST, SUC 2,198 Anm. 71.

mit er zeige, daß er nicht gekommen war, Gerechte zu berufen, sondern Sünder, da offenbarte er sich, Sohn Gottes zu sein.

10 Wenn er nämlich nicht im Fleisch gekommen wäre, wie auch nur hätten die Menschen bei seinem Anblick gerettet werden können, da sie beim Ansehen der Sonne, die einmal nicht sein wird (und) ein Werk seiner Hände ist, nicht vermögen, in ihren Strahl direkt hineinzusehen?

11 Also kam der Sohn Gottes dazu im Fleisch, damit er denen das Maß der Sünden zur Gänze vollmache, die seine Propheten bis zum Tode verfolgten.

12 Also zu diesem Zweck ertrug er es. Gott sagt nämlich, daß die Verwundung seines Fleisches von ihnen stammt; wenn sie ihren Hirten (er)schlagen, dann werden die Schafe der Herde ins Verderben kommen. 13 Er selbst aber wollte auf diese Weise leiden; es war nämlich nötig, daß er auf dem Holz litte. Denn es spricht, der über ihn prophezeit: „Schone mich vor dem Schwert und nagle mein Fleisch an, denn Rotten von Übeltätern haben sich (gegen) mich erhoben." 14 Und ferner sagt er: „Siehe, ich habe meinen Rücken zu Geißelhieben hingehalten und die Wangen für Backenstreiche, mein Gesicht aber machte ich wie einen starken Felsen."

Textkritik

In dem thematisch zusammengehörigen Abschnitt Barn 5,1–8,6 überliefert L wiederum den kürzesten Text. Daß es sich hierbei um in L dokumentierte Tilgungen und nicht um von ℵ und H sowie ab 5,7 von G bezeugte Erweiterungen handelt, zeigt nicht nur die Übereinstimmung der drei griechischen Hauptzeugen gegen L, sondern auch, daß wiederholt ganze Verse fehlen. Im einzelnen sind dies die Verse 6,5.14.19; 8,4; drei und mehr Worte fehlen darüber hinaus in den Versen 5,10.12.13; 6,3.4.7.12.15.18; 8,1.2.5.6. Aber auch in Versen, in denen nur ein Wort fehlt, ändert sich bisweilen nicht nur der Bezug, sondern auch der Sinn des Ganzen. So z.B. in 6,16: Die griechischen Zeugen lesen ἐξομολογήσομαί σοι ἐν ἐκκλησίᾳ ἀδελφῶν μου, L tilgt σοι und überliefert *confitebor in ecclesia fratrum meorum*. L hat offensichtlich der Vordersatz im Blick auf ἀδελφῶν μου Probleme bereitet, denn nun war ἐξομολογήσομαί σοι mißverständlich als Verletzung des Monotheismus interpretierbar. Nachfolgend werden Auslassungen in L nur noch genannt, jedoch nicht einzeln als Tilgung erwiesen; ggf. wird die durch sie entstandene Modifikation der Aussage angezeigt.

1 L tilgt γάρ. Das Kompositum καταφθορονάν in ℵ ist gegenüber φθορά, das H überliefert und L mit *exterminium* zu stützen scheint, vorzuziehen (so auch GH K FB W SB), denn φθορά bezeichnet die mangelnde moralische Integrität, die Verdorbenheit, die Schändung einer Jungfrau oder die Vergänglichkeit in der außermenschlichen Sphäre, καταφθορά hingegen meint den Tod des Menschen, seine (physische) Vernichtung, und nur in diesem Sinn sein Verderben. H liest im Relativsatz ῥαντιόματος αὐτοῦ τοῦ αἵματος; die Wendung erinnert an 1 Petr 1,2 (ῥαντισμὸν αἵματος Ἰησοῦ Χριστοῦ). H und L *sparsione sanquinis illius* betonen den Akt der Taufe. Die Lesart von ℵ αἵματι τοῦ ῥαντισμᾶτος αὐτοῦ, die von GH favorisiert wurde, hebt wie die ihr nahestehende Passage in Hebr 12,24 (αἵματι ῥαντισμα-τοῦ)[1] auf das Heilsmittel ab. Eine Entscheidung ist auch hier nur nach inneren Gründen möglich. Der vorausstehende Finalsatz bietet keine Entscheidungshilfe. Das Lexem αἷμα

---

[1] Vgl. Kuss, Hebräer 117; Michel, Hebräer 468f.

begegnet noch in 2,5 und 12,1;[2] die Auslegung des Bildworts vom Holz, von dem Blut tropft auf Kreuz und Gekreuzigten, stellt die Verbindung zum Blut Christi her. Näher liegt der Bezug auf die sühnende Besprengung des Volkes, die die Kinder gemäß 8,1 mit dem Ysop und der Asche der geopferten roten Kuh vornehmen, und zwar bei jedem einzelnen (καθ᾽ ἕνα τὸν λαόν), um ihn von Sünden zu reinigen. Die Vv 8,2f. legen das Opfer auf Jesus und die Besprengung auf die apostolische Verkündigung von dessen sühnender Wirkung hin aus. Wie in 8,1-4 ῥαντίζειν die apostolische Verkündigung und nicht das Evangelium selbst meint, wird auch in 5,1 ῥάντισμα eine Handlung meinen, wobei wegen αὐτοῦ τοῦ αἵματος und wegen des Vordersatzes an die Taufe zu denken ist. Der Lesart von H (und L) gebührt der Vorzug. 2 zitiert wörtlich aus dem vierten Gottesknechtlied (Jes 52,13-53,12). א und H stimmen in ihrer Lesart μώλωπι mit den älteren griechischen Bibelübersetzungen von Jes 53,5.7b, woraus Barn 5,2b exzerpiert ist, überein. L überliefert *sanguine*. Ihm folgt w mit der Lesart αἵματι.[3] Beide Lesarten können korrupt sein. Für die vl μώλωπι spricht indes nicht nur ihre sichere Bezeugung in der ältesten griechischen Überlieferung des Jesajatexts. Entscheidend ist, daß die Bevorzugung des aus L rekonstruierten αἵματι gegenüber dem μώλωπι in א und H neben der Annahme einer Korrektur anhand eines griechischen Jesajatexts den Archetyp Ψ als weitere Hypothese bemühen muß. Daß αἵματι erst in א und H ersetzt wurde, ist Spekulation. Genealogisch ist αἵματι also lectio difficilior, doch vertrauen die meisten Editoren der besser bezeugten Lesart. 3 L tilgt ἐν τοῖς ἐνεστῶσιν; so bereits in 1,7.[4] 4 In L fehlt die Quellenangabe ἡ γραφή, die er sonst (4,7b.11; 6,12a; 13,2a; 16,5b) akkurat mit *scriptura* überliefert. 5 L tilgt die Anrede ἀδελφοί μου sowie die Fragepartikel εἰ, wodurch der erste Halbvers zu einer Aussage wird, die V 1 nicht einfach erinnert, sondern das Leiden ‚für uns' als Faktum bestätigt. Für die Ursprünglichkeit der Anrede sowie des Fragesatzes bürgt neben א und H das abschließende μάθετε. V 5a kehrt damit nach der im kommunikativen Pl. gestaltenden Paränese V 3, die V 4 eigens begründet, demonstrativ zu jener rhetorischen Emphase zurück, in der V 1 das Kapitel eröffnet hat. Entsprechend ist – wiederum nur aus inneren Gründen – anzunehmen, daß der Vf. den Wechsel in der Kommunikationsstruktur durch Adressatenanrede und rhetorische Frage unterstreicht.[5] Im Fragesatz bezeugen H und L (*pro*) ὑπέρ. Das formelhafte Bekenntnis παθεῖν ὑπὲρ … ὑμῶν mag hier Wirkung gezeitigt haben. Das von א bezeugte περί ist vorzuziehen. 7 hic incipit G.[6] Rich-

---

[2] Das von allen Zeugen belegte αἷμα in Barn 12,1 ist von KRAFT, Clavis Patrum Apostolicorum, leider nicht registriert.

[3] Vgl. WENGST, SUC 2,149 Anm. 67: „Da L sonst die starke Tendenz zeigt, Zitate nach dem Bibeltext zu korrigieren, ist ihr hier, wo es sich anders verhält, der Vorzug zu geben." Die Frage ist freilich, welche Lesart der Übersetzer oder ein Späterer in dem lateinischen Jesajatext vorgefunden hat, der ihm als Referenztext galt. L könnte also sehr wohl auch an dieser Stelle korrigiert sein. Oder es handelt sich tatsächlich nur um eine ‚Tendenz', d.h. L „übersetzte bloss frei, μώλωψ schien ihm zu schwach, und αἷμα geläufig" (MÜLLER, Erklärung 131f.).

[4] Deshalb beruht die Lücke kaum auf einer „Nachlässigkeit des Abschreibers", die einst MÜLLER, Erklärung 133, unterstellt hat.

[5] Textkritisch bemerkenswert, doch für die Auslegung von Barn 5,5 unerheblich, ist die Stellung des Personalpronomens ἡμετέραν. Abweichend von den griechischen Genesisübersetzungen folgt es nicht dem κατ᾽ εἰκόνα, sondern steht nach καθ᾽ ὁμοίωσιν. Diese Variante kehrt in Barn 6,12 und ebenso in 1 Clem 33,5; Clem. *paed.* I 22; *str.* V 5,29 wieder. HATCH, Essays 143, vermutet deshalb eine im 2. Jh. gut bezeugte Lesart von Gen 1,26, die die Varianz der griechischen Genesisübersetzungen – und vielleicht der griechischen Bibelübersetzungen überhaupt – gegenüber dem in engeren Grenzen bewahrten griechischen Genesistext in den uns überkommenen Genesisübersetzungen zeigt.

[6] Vgl. S. 18f. unter Punkt ‚3. Der Codex Vaticanus graecus 859 (v) und seine Deszendenten'.

tig lesen H und p καινόν gegenüber dem korrupten κενόν in ℵ, G₁, f, n, t, c, a, d; L hat das Attribut – ebenso wie das folgende ἐπιδείξῃ – getilgt. Das von ℵ* bezeugte ὀνομάζων kann mit ἑτοιμάζων von ℵ²ᵐᵍ, H, G und L (*parans*) nicht konkurrieren.[7] 8 Der Schluß von V 8 ist textkritisch unsicher. Die Mehrzahl der Editoren (FB W SB) folgen G: ἐκήρυξε καὶ ὑπερηγάπησεν αὐτόν. ℵ liest ἐκήρυσσεν καὶ ὑπερηγάπησαν αὐτόν. Daran anschließend erwogen GH ἐκήρυσσεν καὶ ὑπερηπάτησαν αὐτόν, wählten jedoch ἐκήρυσσεν καὶ ὑπερηγάπησεν αὐτόν (κ). H negiert die Aussage und liest οὐχ ὅτι ἐκήρυσσεν καὶ ὑπερηγάπησαν αὐτόν. Noch ein Stück weiter als H geht L: *non crediderunt nec dilexerunt*. Wohl mit Blick auf L empfahl HG, auf der Basis von ℵ ἐκήρυσσεν καὶ οὔπερ ἠγάπησαν αὐτόν zu lesen. In seiner zweiten Ausgabe konjizierte HG² ebenso wie FB mit Rücksicht auf H οὐχ ὅτι ἐκήρυσσον οὐδὲ ὑπερηγάπησαν αὐτόν.[8] Auch die Konjektur durch PK favorisiert H, nur ersetzt sie ὅτι durch ὅτε. Zwei weitere Konjekturen ziehen PK in Erwägung: οὐχ τότε ἐκήρυσσεν καὶ ὑπερηγάπησεν αὐτόν sowie οὐχ τότε ἐκήρυσσεν καὶ οὐχ ὑπερηγάπησαν αὐτόν. Das textkritische Dilemma offenbart WI, der zwar konstatiert, der Sache nach leuchtet „L am meisten ein, da man eine Hindeutung auf den Mißerfolg erwartet,"[9] in seiner Übersetzung indes G folgt. Wenn auch aus rein textkritischen Erwägungen die Negation zu streichen und folglich die Sg. vorzuziehen ist, wird eine Entscheidung indes nur vom Kontext her sicher. Falls durch den Zusammenhang, also die Vv 6–9, ein Hinweis auf die Nichtannahme der Predigt und des Wirkens Jesu seitens der Juden gefordert ist, wird H oder gar L bzw. einer von beiden inspirierten Konjektur zu vertrauen, ansonsten der sperrigen, weil im Barn erstaunlichen Lesart von G zu folgen sein. Die Vv 6–9 antworten auf die Frage in 5,5. Zwei Gründe werden für das ὑπὸ χειρὸς ἀνθρώπων παθεῖν angeführt: die Weissagung der Propheten und sein eigener Wille (αὐτὸς δέ … καὶ αὐτός; vgl. V 13), d.h. der des Herrn. Jene, durch deren Hand der κύριος gelitten hat, werden in Barn 5 selbst nie Handlungsträger. Die Vv 6–9 skizzieren das Christusereignis exklusiv unter dem Blickwinkel der Erfüllung der prophetischen Verheißung (vgl. V 7a) und, damit übereinstimmend, der Offenbarung des Heilswillens Gottes. Zu dieser Erfüllung gehört neben der Inkarnation auch das Leiden. Insofern darf angenommen werden, daß auch in V 8 Verkündigung und Liebe unter dem Aspekt der Erfüllung und Durchsetzung des Heilswillens, nicht unter dem Gesichtspunkt ihrer Zurückweisung durch die Juden zur Sprache kommen.[10] Weil Israel erster Adressat dieses Heilswillens Gottes ist, der mittels des Topos von den großen Wundern und Zeichen, die in Israels gewirkt wurden, festgestellt wird, ist auch die Liebe Jesu zu Israel kein Widerspruch, sondern homologische Deutung des Christusereignisses. G hat diese Aussageabsicht bewahrt. ℵ hat das Personalpronomen nicht als Neut., sondern mask. aufgefaßt und entsprechend das Verb in den Pl. gesetzt, wodurch die Aussage freilich „in schärfstem Kontrast zu 1,1 und 14,14"[11] steht. Diesen Widerspruch versuchen die Negationen in H – dessen Lesart freilich unverständlich ist – und L sowie alle Konjekturen zu beheben. Die semantisch

---

[7] Die von WENGST, Tradition 24f., vorgeschlagene Umstellung der Satzteile der Periode Vv 6f. trägt für die Sache nichts aus, belastet aber die Textgeschichte enorm, insofern der Barn noch vor der Bildung der hypothetischen Archetypen Ψ und Λ müßte korrigiert und revidiert worden sein.

[8] Vgl. aber FUNK, Zu Barn 129–133, wo er seine Konjektur revidierte und empfahl, G zu folgen. HAEUSER, Barnabasbrief 31f., favorisiert H, setzt jedoch beide Verben in den Pl. und ergänzt nach der Eingangsnegation λέγω.

[9] WINDISCH, Barnabasbrief 329.

[10] Richtig bemerkt WENGST, SUC 2,198 Anm. 75, daß ‚Verkündigung' und ‚Liebe' Jesu der Ablehnung Jesu durch Israel nicht widersprechen muß, sondern den Kontrast verstärkt.

[11] WINDISCH, Barnabasbrief 329.

offenere und schwierigere Lesart ist zweifelsohne G.[12] Ihr gebührt der Vorzug. **10** Die von G überlieferte Lesart πῶς ἂν ἐσώθησαν οἱ ἄνθρωποι, die L (*quomodo possent homines sanari*) stützt, steht parallel zur rhetorisch präzisierten Themafrage in V 6. ℵ (οὐδ᾽ ἂν πῶς οἱ ἄνθρωποι ἐσώθησαν) stimmt damit zwar sachlich überein, betont jedoch durch die Nachstellung des ἐσώθησαν nicht die Rettung selbst, sondern richtet das Augenmerk auf die Rettung der „οἱ ἄνθρωποι". Dieser Aspekt schiebt sich in der Lesart von H in den Vordergrund; οὐκ ἂν οἱ ἄνθρωποι ἐσώθησαν insinuiert eine Hierarchie der Rettung, an deren Spitze die Menschen stehen. Indes ist die Rettung nicht nur des Menschen, sondern des Kosmos und deren Verhältnis im Barn kein Thema; Barn 6,13 ist topisch. G und L sind semantisch offener und werden von FB K PK SB und WI gewählt. L tilgt μέλλοντα μὴ εἶναι, wodurch die Beweisführung a minori ad maius an Prägnanz verliert, und ersetzt αὐτοῦ in Erinnerung an beide Schöpfungsberichte präzisierend durch *dei*. **11** Das biblisch wie außerbiblisch sehr seltene ἁμαρτημάτων, das H überliefert, und das das Ergebnis des sündhaften Tuns, die Tat, ins Auge faßt,[13] ist dem gängigen ἁμαρτιῶν in ℵ und G vorzuziehen, zumal in Barn 14,5 ἁμαρτήμασιν ohne Variante steht. L übersetzt beidemal mit dem Term peccatum (*peccatorum* bzw. *peccatoris*). **12** L hat die mit V 11 gleichsinnige, formelhafte Anbindung und Einleitung einer Auslegung (οὐκοῦν εἰς τοῦτο ὑπέμεινεν) getilgt. Der Ersatz in L von ὁ θεός durch *Esaias* erklärt sich aus der an Jes 53,5b bzw. Barn 5,2 angepaßten Substitution von ὅτι ἐξ αὐτῶν (ℵ², H) bzw. ἐξ αὐτῶν (ℵ*, H) durch *omnes sanati sumus*. Gegenüber ἑαυτῶν in ℵ ist αὐτῶν in H vorzuziehen. Das reflexive Personalpronomen zerbricht das topische Bild vom Hirten und den Schafen, indem es die Hirten jenen zuordnet, die die Hirten erschlagen. G und L überliefern kein Pronomen. Sofern eines von beiden Pronomina ursprünglich ist, ist eher erklärbar, daß ἑαυτῶν getilgt wurde, statt das problemlose αὐτῶν, wogegen ἑαυτῶν als spätere, mißverständliche Einfügung kaum einsichtig wird. H ist also eine Präzisierung, G und L haben das mißverständliche Wort beseitigt. **13** Unbemerkt geblieben ist bislang, daß δέ in G fehlt (vgl. Hs. v, fol. 198ʳᵃ1). In L fehlt ἔδει bis πάθη. Συναγωγὴ πονηρευομένων in ℵ und H stammt aus Ps 21(22),17; vgl. Barn 6,6. G und L kehren die Reihenfolge um; L liest *nequissimorum conventus*, G πονηρευομένων συναγωγαί. G ist lectio difficilor.

Aufbau von 5,1–14

Thema und einführende Bemerkung

1	1. ERKLÄRUNG und THEMA
2a	exegetisches Prinzip
2b	Schriftbeleg
3	Dank für die Bestätigung von 1,7
4	Die Begnadung, die Offenbarung zu verstehen, impliziert Gehorsam

Ausgangsfrage

5	Formulierung der Ausgangsfrage

---

[12] Vgl. auch die Erwägungen bei EHRHARD, Altchristliche Litterartur 86.
[13] Vgl. BAUER/ALAND, Wörterbuch, Sp. 83f.

Inkarnation, Wirken und Leiden als Erfüllung der Prophetien

Analyse und Auslegung

Thema und einführende Bemerkungen (5,1–4)

1 Vers 1 steckt das Terrain für die inhaltliche und V 2 für die formale Entwicklung des Themas ab. Thema ist der Herr. Und zwar wie in der Mehrzahl der Stellen, an denen κύριος mit Artikel begegnet, hinsichtlich der Heilsbedeutung seines Leidens (5,1.5; 6,3.10; 14,4)[14] und seiner Auferstehung. Seine endzeitliche Richterfunktion, der eschatologische Rang des Ereignisses und dessen ekklesiologischer Belang sind hierbei mit im Blick (6,4; 21,3.9). Scopus, aber nicht alleiniger Zweck des Themas ist die Soteriologie. Dies zeigt die Analyse der thematischen Aspekte.

Die Wendung εἰς τοῦτο eröffnet[15], abgesehen von 1,4, stets eine Auslegung (3,6; 4,3; 5,1.11.12; 6,13; 7,10; 14,5). Der Vordersatz, also die Auslegungseröffnung selbst, die zusammenfassend oder erinnernd eine heilswirkende oder heilsentscheidende Tat in den Blick nimmt, beinhaltet jeweils eine theologische bzw. christologische Aussage. Der Auslegungseröffnung folgt regelmäßig ein Finalsatz; in gleicher Funktion steht in 6,13 der Anschluß mit ἴδε. Ist ὁ κύριος explizit oder durch den unmittelbaren Kontext Subjekt, dann betont der Nachsatz entweder – auf die Juden bezogen – eschatologische Insignien (5,11; 7,10) des Christusereignisses, oder es ist im kommunikativen Pl., also mit Bezug auf die Christen, auf die Vergebung der Sünden und die Erlösung kraft dieses Ereignisses abgehoben (5,1; 6,13; 7,10; 14,5). Auf die Soteriologie ist auch das Augenmerk in 3,6 und 4,3 gerichtet, wo ὁ μακρόθυμος bzw. ὁ δεσπότης Subjekt ist.

---

[14] Die Fundorte von κύριος im Barn zeigen, daß das Nomen mit Artikel stets die soteriologische Funktion des Christusereignisses selbst meint (2,6; 4,13; 6,10.15; 16,10), es sei denn, ein Zitat (2,10; 4,7; 9,5; 12,10), eine Feststellung wie in 10,3 (ἐντολὴ θεοῦ) oder eine einleitende Bemerkung, die das Folgende als prophetische Vorausoffenbarung des Christusereignisses oder als δικαιώματα bestimmt, hebt den Sprachgebrauch ab. Auffälligerweise begegnet der Term in diesen drei Bereichen, die auf den „κύριος (in) der Schrift" abheben oder bezogen sind, nie im Nominativ mit Artikel.

[15] WEHOFER, Epistolographie 66, interpretiert 4,14 und 5,1 als ‚Concatation'. Sein Hauptargument ist die Verseröffnung ἔτι δὲ κἀκεῖνο (4,14; zu ἔτι δὲ καί vgl. S. 476.504 die Analysen zu Barn 15,1; 16,1), die „etwas Neues, vom Vorhergehenden Verschiedenes" ankündige, wobei die Kontrastierung κλητοί versus ἐκλεκτοί „die Einführung des Leidens Jesu motiviert" habe. Dieses Textsignal kehrt freilich in 5,5 wieder, ohne daß Wehofer dort den Beginn eines von 5,1–4 verschiedenen Themas annimmt. Richtig an seiner Beobachtung ist indessen, daß entgegen der von der Kapitelzählung suggerierten Zäsur die Einsätze in 4,14 und 5,1 den sachlichen Zusammenhang zwischen der prinzipiellen Bestimmung der soteriologisch-eschatologischen Situation und ihrer christologischen Fundierung signalisieren.

Diese Struktur bestätigt, was sich durch den Sprachgebrauch speziell von ὁ κύ-ριος und seiner Kasus mit Artikel abgezeichnet hat. Thema ist der Herr, und zwar, wie das Stichwort σάρξ sowie die mit πάσχειν konnotierte Wendung ὑπέμεινεν ... παραδοῦναι ... εἰς καταφθοράν klarlegen, unter dem Aspekt seiner Passion und somit implizit seiner Inkarnation. Weil die nächste und korrespondierende Auslegungseröffnung in 5,11 feststellt, daß ὁ υἱὸς τοῦ θεοῦ im Fleisch gekommen ist und 5,1 die Inkarnation voraussetzt, ist bereits klar, was die Parenthese in V 5 noch eigens erweisen und V 9 sodann konstatieren wird: der Sohn Gottes ist der Herr. Dies bestätigt 7,2.

Der Finalsatz in 5,1 zeigt die soteriologische und ekklesiologische Ausrichtung des Themas an. Der erklärende Relativsatz, der auf die Taufe anspielt, unter-streicht, daß die ‚inkarnatorische Basis und Bindung des Heils' das Thema ist. Die Deutung der Taufe als ‚Besprengung mit seinem Blut' bindet sie mittels des prädi-kativen αὐτοῦ an den Herrn und begründet ihre Wirkung, den Erlaß der Sünden, mit seinem Leiden.

Die Wortverbindung τῇ ἀφέσει τῶν ἁμαρτιῶν, die wegen des ἵνα instrumental zu interpretieren ist und in Barn 6,11; 8,3; 11,1; 16,8 wiederkehrt, nimmt den für die synoptische Tradition typischen Ausdruck ἄφεσις τῶν ἁμαρτιῶν für die Sünden-vergebung[16] auf. Auffälligerweise fehlt im Barn die bei den Synoptikern ebenso häufige sprachliche Fassung dieses Theologumenons mittels Verbindungen von ἀφίημι und ἁμαρτία.[17] Dafür begegnen im Barn eine Reihe semantisch verwand-ter Verben.[18] Sie zeigen, daß Barn keineswegs von den Synoptikern abhängig ist, sondern eine jesuanisch konnotierte Tradition in Dienst genommen hat, die zur tauftheologischen Formel geworden war[19]. Der Parallelismus in 8,3 zwischen dem in synoptischer Tradition verwurzelten Ausdruck ἄφεσις τῶν ἁμαρτιῶν und der sonst nicht nachgewiesenen Wortverbindung ἁγνισμὸς τῆς καρδίας[20] unter-

[16] Vgl. Mt 26,28; Mk 1,4 par Lk 3,3; Lk 1,77; 24,47; Apg 2,38; 5,31; 10,43; 13,38; 26,18; Kol 1,14. Bei den Synoptikern scheint der mit dem Nomen ἄφεσις (vgl. BULTMANN, ἀφίημι κτλ. ThWNT I [1933] 508f.; LEROY, ἀφίημι κτλ. EWNT I [1959] 436–441) gebildete Ausdruck für das Theologumenon der Sünden-vergebung das Christusereignis zu rahmen. Die Wortverbindung ἄφεσις τῶν ἁμαρτιῶν fehlt in der jo-hanneischen Literatur inklusive Offb und, abgesehen von Kol 1,14, in der gesamten neutestamentlichen Briefliteratur. Verwandt sind indessen das von Kol 1,14 abhängige τὴν ἄφεσιν τῶν παραπτωμάτων in Eph 1,7 sowie das absolute bzw. elliptisch durch den Kontext auf die Sündenvergebung bezogene ἄφεσις in Hebr 9,22; 10,18.
[17] Ausführlich dazu SUNG, Vergebung der Sünden 184–297.
[18] Im Vordergrund stehen σῴζω (1,3; 4,1; 5,10; 8,6; 12,3.7; 16,10; 19,10; 21,6.9), ζωοποιέω (7,1; 12,5.7; vgl. auch 6,17), sowie die Passiva δικαιοῦμαι (4,10; 6,1; 15,7) und ἀγαπῶμαι (1,1; 4,1). Bedingt durch den Sachzusammenhang, den das jeweilige Themazitat vorgegeben hat, gewinnen προσφέρω (7,3.5.6; 8,1), das meist mittels ὑπέρ soteriologisch auf die Leser ausgerichtet ist, ἁγνίζω (5,1; 8,1) sowie λυτρόω (14,5.6.7.8; 19,2) eine vergleichbare Funktion. Aus Zitationen stammen ἰάομαι (5,2; vgl. Jes 53,5) und λύω (3,3; vgl. Jes 58,6); ἔλεος (15,2) rührt vom Vf. und λύτρον (19,10) von der Zwei-Wege-Lehre her.
[19] Vgl. Herm mand. IV 3,1–3 (31,1–3); IV 4,4 (32,4); ferner BROX, Hermas 210, mit Hinweis auf die bei Clem. str. II 55,6–57,1; 57,3–59,1 einsetzende breite Resonanz der Hermaspassage, die dem Parallelaus-druck ἁγνισμὸς τῆς καρδίας auch beim ersten Zeugen des Barn nicht beschieden war.
[20] Der Ausdruck fehlt in den griechischen Bibelübersetzungen, der neutestamentlichen Literatur und, von Barn 8,3 abgesehen, in der außerbiblischen jüdischen und christlichen Gräzität bis hinauf zu Ori-

streicht, daß der Vf., der sich in 4,9 und 17,1 als Tradent zu erkennen gibt, seine
Überlieferungen nicht nur kompiliert und redigiert, sondern auch fortschreibt, wo
es sich durch den Kontext, vielleicht auch nur assoziativ (vgl. 6,14; 8,7), nahelegt.[21]

Die Interpretation der Sündenvergebung als Reinigung (ἁγνισθῶμεν) ist im
Horizont jüdischer Reinheitsvorschriften (vgl. Apg 21,26; Jak 4,8) sowie im Kontext von 8,1.3 zu lesen. Auch dort umschreibt der Term direkt (ἁγνίζωνται) oder
im Bild der Reinigung des Herzens (8,3) die Vergebung von Sünden. Aufschlußreich ist die Auslegung der drei Knaben als jene, ,die uns den Erlaß der Sünden verkünden' (εὐαγγελιζόμενοι). Reinigung steht somit im Konnex mit dem Evangelium von Jesus Christus. Insofern Reinheit vor Gott Sündlosigkeit bedeutet, ist vor
Gott rein, also kult- und heilsfähig, wer getauft ist, also die Christen. Im Blick auf
den Vordersatz folgt aus der Deutung der Taufe, daß der Fleischgewordene und
Leidende der Herr ist, und daß sein Leiden sühnte. An das Motiv des stellvertre-
tenden und für ,uns' geschehenen Leidens knüpft der Schriftbeweis in V 2b an.

2 Der erste Halbvers bestimmt, wie das Thema behandelt wird; der zweite liefert ein erstes Beispiel. Mittels der Form γέγραπται beansprucht der Vf. für die
verhandelte Sache die Autorität der Schrift; περὶ αὐτοῦ, das sich auf ὁ κύριος bezieht[22], stellt den Sachbezug her und signalisiert den thematischen Einsatz. Die an
dieser Stelle keineswegs floskelhafte Konjunktion γάρ behauptet, daß die Schrift
die ,inkarnatorische Basis und Bindung des Heils' erweist. Die adversative Widmung von Schriftbelegen ist aus Barn 2 und 3 bekannt. Hier jedoch wird dem
Kunstmittel[23] der plakativen Verteilung ἃ μὲν πρὸς τὸν Ἰσραήλ, ἃ δὲ πρὸς ἡμᾶς[24]
zur diskriminativen Zueignung von Schriftworten der Rang eines exegetischen
Prinzips beigemessen, d.h. die Widmung eines Zitats aus der Schrift ist bereits
Auslegung, ist – im Sinne des Vf. – Gnosis. Wer weiß, wem eine Schriftstelle gilt,
weiß bereits mehr als die Juden.

Λέγει δὲ οὕτως führt formgerecht eine „einzelne Stelle an als Beweis des γέγραπται περὶ αὐτοῦ."[25] Es handelt sich um eine Verschmelzung dreier Passagen
aus Jes 53,5 und 53,7, die jede für sich mit den griechischen Jesajaübersetzungen

---

genes. Der Term ἁγνισμός (הַטָּאָה) selbst, der bei den Apostolischen Vätern nur in Barn 8,3 bezeugt ist,
mag aus Num 19 stammen, das den biblischen Hintergrund für Barn 8 hergegeben haben wird. Von den
sieben Belegen in den griechischen Bibelübersetzungen für ἁγνισμός enthält das Buch Numeri fünf, je
einmal steht die Vokabel in Jes 28,12 ϑ΄ und Jer 6,16. In der neutestamentlichen Literatur ist ἁγνισμός in
Apg 21,26 singulär; wie in Barn 8,2f. steht es auch hier in Verbindung mit einer Form von προσφέρω,
jedoch ohne Sachbezug zu Barn 8.

[21] Stammte ἁγνισμὸς τῆς καρδίας oder gar der Parallelismus in 8,3 aus der Tradition, wäre kaum zu
erklären, weshalb dieser Überlieferung keine Wirkung neben dem Barn zuteil wurde.

[22] WEHOFER, Epistolographie 66, meinte, περὶ αὐτοῦ sei besser durch περὶ τοῦ ῥαντίσματι αὐτοῦ
τοῦ αἵματος aufzulösen. Die Struktur der mit εἰς τοῦτο eröffneten Auslegungen sowie der zweimalige
Subjektwechsel, den Wehofer in Kauf nehmen muß, sprechen jedoch dafür, daß man sich γέγραπται
περὶ τοῦ κυρίου zu denken hat.

[23] Vgl. WEHOFER, Epistolographie 67.

[24] Die nicht oft belegte Konstruktion ἃ μὲν ... ἃ δέ entspricht der bekannteren mittels ὃς μὲν ... ὃς δέ;
vgl. BLASS/DEBRUNNER, Grammatik § 293,2b.

[25] MÜLLER, Erklärung 131.

übereinstimmen. Das Thema und seine Ausrichtung wird die Wahl der Schriftstelle sowie der Versteile bestimmt haben. Das vierte Gottesknechtlied war wegen des Motivs des Sühneleidens in der frühchristlichen Literatur zum Repertoire für die Deutung der Geschichte Jesu avanciert[26]. Die frühchristliche Schriftauslegung erblickte in Jes 53,5 einen „Vers voller potentieller christologischer Anspielungen"[27]. Die Funktion des Schriftbelegs, seine Wahl sowie die Selektion und Kombination der Versteile ist eine zweifache: Er erweist das in V 2a projektierte Vorgehen (γέγραπται γὰρ περὶ αὐτοῦ) als methodisch berechtigt und die Exposition des Themas als sachlich zutreffend. Denn wovon die Schrift in dem eigentümlichen Bild spricht, daß einer, der selbst schuldlos ist, für andere litt und sie hierdurch heilte, hat sich – so bekennt V 1 – durch den Herrn erfüllt. Das Moment der Geduld und Ergebenheit, das die beiden aus Jes 53,7 entnommenen parallelen Vergleiche mit dem Schaf und dem Lamm enthalten, wird man in dem ὑπέμεινεν wiederzufinden haben. Der thematische Aufriß und sein Schriftbeleg kommen indes nicht vollends zur Deckung. Die Fleischwerdung, von der Aussage in V 1 über die σάρξ des Herrn vorausgesetzt, ist vom Zitat nicht gestützt. Ebenso entspricht ἁγνισθῶμεν dem ἰάθημεν vor allem im Tempusaspekt, denn beide betonen die Singularität und Abgeschlossenheit des Ereignisses, dessen Wirkung sie inhaltlich bestimmen. Dem Vf. kommt es sichtlich nicht darauf an, eine überhanglose Entsprechung herzustellen. Ihm liegt daran, für das anstehende Thema zu zeigen, daß sich durch den Herrn die Schrift erfüllt hat.[28] Dieser exemplarische Erweis, ‚daß über das Chri-

---

[26] Vgl. LUZ, Matthäus 2,19; ferner ActPhil 78 und die Hinweise bei MOLL, Das Opfer Jesu Christi 124–127, auf die Rezeption und passionssoteriologische Auslegung des vierten Gottesknechtliedes zunächst in Joh 1,29.36 und Apg 8,32 und später bei Just. dial. 32,2; 49,2; 110,2; 111,3; 121,3 (GOODSPEED, Apologeten 126.147.226.228.240; BKV[2.1] 33,46f.66.177.179.198) und Mel. pass. 4f.31–33 (SC 123,62.76; BLANK, Meliton von Sardes 101f.108f.). Zu Jes 53,7f. bei Melito vgl. KRAFT, Melito's Paschal Homily 371–373, der Barn 5,2 mit ActPhil 78, Mel. pass. 64 und den alten griechischen Jesajaübersetzungen kollationiert und folgert, daß die Passagen in Barn, in den Acta Philippi und bei Melito keine direkten Jesajazitate sein können. Weil ferner eine literarische Abhängigkeit zwischen diesen Schriften nicht zu erweisen ist, postuliert er ein Testimonium als gemeinsame Quelle dieser drei frühchristlichen Jesajarezeptionen. Doch weisen sowohl die Textabweichungen (vgl. hierzu ANGERSTORFER, Melito und das Judentum 109–111) als auch die Benutzung dieses Prophetentexts, und seien es auch nur einzelne Motive desselben, in der frühesten christlichen Literatur (z.B. Röm 4,25; 1 Kor 15,3; 1 Petr 2,24f.; Mk 14,49.61; Joh 1,29.36; Apg 8,32f.) eher darauf hin, daß die Rezeptionen bei Barn, Melito und den Acta Philippi auf einer weit verbreiteten passionssoteriologischen Auslegung des vierten Gottesknechtlieds basieren. Eingedenk der antiken Mnemonik sowie der Beheimatung des Vf. des Barn im schulischen Ambiente ist anzunehmen, daß bei Bedarf ein derart prominenter Text wie dieses Lied, sprachlich relativ stabil und durch seine passionssoteriologische Auslegung geprägt, abgerufen werden konnte. Über den עֶבֶד Jahwe in Jes 52,13–53,12 und seine Deutung auf Christus vgl. WESTERMANN, Jesaja 197; DE FRAINE, Adam und seine Nachkommen 175–177.

[27] BROX, Petrusbrief 138; vgl. dort den Hinweis auf SCHLIERs Beschreibung der ‚Dramatik frühchristlicher Soteriologie' (Adhortatio 64), die die Prägekraft der Topik des jesajanischen Sühnemotivs augenfällig macht.

[28] LOHMANN, Das Bild vom Menschen 73, meinte, der Grund für die wiederholten Hinweise (vgl. auch Gen 1,28 in Barn 6,12.18), daß der Mensch Geschöpf und Abbild Gottes ist, kann „nur die Parusieverzögerung sein". Doch geht es in 5,5 und 6,12 nicht um die Anthropologie, sondern um den Erweis, daß in der Heilsetzung Gottes in Jesus Christus die Schrift erfüllt wird. Das Motiv der Schriftkonformität des Chri-

stusereignis (περὶ αὐτοῦ) geschrieben steht (γέγραπται)', ist der Anknüpfungspunkt für den folgenden Aufruf, dem κύριος zu danken.

3 bestimmt den Dank[29] als die Haltung des Christen angesichts dessen, was Vv
1.2 erwiesen haben. Das konsekutive[30] οὐκοῦν zeigt den Zusammenhang an. Der
Pflichtcharakter, den der Pl. ὀφείλομεν einträgt und der Vf. und Leser zusammenschließt, hat im κύριος seinen Grund. Wie sonst ὀφείλομεν eine Haltung benennt,
die auf Gott zielt (vgl. 2,9; ähnlich δεῖ c. Inf. in 4,1; 7,11 passim)[31], so ist hier der
Herr ihr Objekt. Den Grund entfaltet der ὅτι-Satz. Er ist, wie bereits 1,7 festgestellt
hat, zum einen, daß Gott den Christen alles offenbart hat, und zum anderen, daß
sie befähigt sind, das Geoffenbarte zu verstehen. Es wäre demnach zu kurz gegriffen, den Pl. nur von seiner kommunikativen Funktion her zu erklären. V 4 bestätigt vielmehr, daß die Steigerung der Emphase, die das Präfix ὑπερ- des mit dem
ὀφείλομεν verbundenen Dekompositum ὑπερευχαριστεῖν (*supergratulari*) ähnlich wie in 1,2 (ὑπέρ τι καὶ καθ᾽ ὑπερβολὴν ὑπερευφραίνομαι) evoziert, und die
7,1 mittels des πάντα εὐχαριστοῦντες aufnimmt, aus der Sache erwächst. Der
Dank an den κύριος ist hier ebenso wie der ihm gewidmete Lobpreis in Barn 6,10
nicht spezifisch liturgisch.[32] Er kommentiert vielmehr auf einer anderen sprach-

---

stusereignisses und der Erfüllung der in der Schrift enthaltenen Verheißung ist durch die in 1 Kor 15,3b bewahrte Tradition als ältestes christliches Glaubensgut ausgewiesen; vgl. CONZELMANN, Korinther
296–301. Zu ἰάομαι vgl. das christologische Motivfeld ‚Arzt' (Mk 2,17b par; 1 Petr 2,24; IgnEph 7,1f.)

[29] Vgl. PROSTMEIER, Eulogie. LThK[3] 3 (1995) Sp. 987.

[30] Die Partikelverbindung οὐκοῦν (also, also doch, folglich, demnach) bzw. οὔκουν (nicht wahr? also
doch? vgl. PAPE, Wörterbuch 2,410) begegnet in den griechischen Bibelübersetzungen sowie in der neutestamentlichen Literatur jeweils nur einmal: als varia lectio des Cod. Alexandrinus und als Variante bei
Symmachus in 2 Kön 5,23 sowie in der Frage des Pilatus in Joh 18,37a (οὐκοῦν βασιλεὺς εἶ σύ;). Außer
in Barn 5,3.11f.; 6,16; 7,1.10; 9,3; 15,4 ist die Partikel bei den Apostolischen Vätern nicht belegt (im Corpus
Ignatianum ist sie lediglich in der recensio longior benutzt, Diog 2,9 liest οὐκ οὖν und in Herm *sim*.
IX 28,6 [105,6] ist sie nur aus der äthiopischen und den beiden lateinischen Übersetzungen rekonstru-
iert). Die spätere christliche Bezeugung der Partikel (LAMPE, Lexicon, verzeichnet sie leider nicht) weist
mit Blick auf Philo, bei dem die Partikel 54mal begegnet, und auf Josephus, der sie zehnmal benutzt, auf
eine alexandrinische Spracheigentümlichkeit hin: Clemens verwendet οὐκοῦν 47mal, Origenes 193mal,
wogegen für Rom einzig bei Justin zwei und bei Hippolyt fünf Belege vorliegen. Ab dem 4. Jh. ist diese
Regionalisierung (vgl. Ps.-Ignatianen) nicht mehr zu registrieren. Demzufolge wären die acht Fundstellen οὐκοῦν im Barn ein weiteres Indiz für seine alexandrinische Herkunft. Grammatisch ist οὐκοῦν, wie
auch das einfache οὖν, nicht immer streng ursächlich, sondern in freier Weise eine zeitliche Verknüpfung,
die, wie regelmäßig auch im Barn, die Erzählung fortleitet oder zum Hauptthema zurückführt (vgl.
BLASS/DEBRUNNER, Grammatik § 451,1).

[31] Unter Berufung auf AUS, Background 435f., erkennt TRILLING, Thessalonicher 43f., in der Wendung εὐχαριστεῖν ὀφείλομεν (vgl. 2 Thess 1,3; 2,13; 1 Clem 38,4) liturgisch geprägte Sprache, wie sie
ähnlich bei Philo, Josephus, in der CA und in der rabbinischen Literatur begegne. Näherhin sei Aus' zufolge εὐχαριστεῖν ὀφείλομεν eine direkte Übersetzung aus der auf die Anordnung Ex 13,8 bezogenen
Eulogie in bTPes 116b („Darum sind wir verpflichtet zu danken, zu rühmen, zu loben, zu verherrlichen
... und zu huldigen vor dem, der unseren Vätern und uns all diese Wunder getan."); dieser Pleonasmus
mag unter dem Eindruck der Einsätze des Lobliedzyklus Ps 113–118(112–117) komponiert sein.

[32] Anders BUSCHMANN, Polykarp 286 Anm. 210, der unter Hinweis auf die enge Verbindung zwischen Opfer und dankbaren Gedächtnis in Just. *dial*. 117,2; Or. *or*. 14,2; Chrys. *hom. in Mt.* 15,3; Thdr.
Mops. *Ps*. 34,18b u.ö. sowie TA 4, auch im Aufruf zum Dank in Barn 5,3 eine auf das Leiden Christi bezogene anamnetische Dimension zu erkennen scheint.

lichen Ebene, was in den Vv 1f. über den κύριος ausgesagt wurde. Die Emphase, die dieser Form religiöser Rede eigen ist, signalisiert den Rang der Aussage in Vv 1f., und zwar unter dreifacher Rücksicht: Erstens akzentuiert sie die Einsicht von Vv 1f., zweitens bekundet der Dank, dem Gott als Gegenüber inhärent ist, wem sich der Vf. bezüglich der Einsicht, daß sich durch das Christusereignis die Schrift erfüllt hat, verantwortlich weiß, und drittens ist durch die gattungstypische Ausrichtung des Dankes en passant festgehalten, daß der κύριος Gott ist. Von hieraus fällt Licht auf das ὀφείλομεν. Es bringt zum Ausdruck, daß die in der Sache begründet Danksagung gegenüber den κύριος, d.h. Gott, nicht ins freie Belieben gestellt ist. Der Dank ist die einzig adäquate und zugleich verpflichtende Antwort auf die Gnade der Offenbarung. Der Akzent dieses „Muß" des Danksagens, das sich in der Konstruktion mittels ὀφείλομεν, Gehör verschafft, liegt daher nicht auf der puren Forderung, sondern darauf, die Danksagung gegenüber Gott als konstitutives Teil der Ordnungen und Lebensäußerungen der Kirche zu signieren. Die Aufforderung zum Dank ist daher gleichbedeutend mit Aufruf zum Bekenntnis.

4 Der Teilvers 4a leitet in üblicher Form ein Schriftzitat ein. Die Konjunktion δέ ist nicht adversativ zu verstehen, sondern als floskelhafte Anknüpfung an V 3, die mithin das konsekutive γάρ wiedergibt, das im wörtlichen Zitat von Spr 1,17 auf die eröffnende Negation gefolgt war. Das Zitat ist in der christlichen Literatur vor Barn nicht bezeugt. Nach ihm zitiert die Stelle zuerst Clem. *str.* III 18,106,1 und dann zweimal Or. *exp. in Pr.* 17,164; *or.* 29,16, wobei am letztgenannten Fundort ebenfalls die aus Barn bekannte Tilgung des γάρ vorliegt. Das Jagdmotiv ist „in der atl Poesie viel verwendet"[33], das der Vogelfalle[34] indes klingt außer in Spr 1,17 nur noch in Jer 5,26 und Hos 7,12 an. Der Sache nahe stehen Drohworte, die von einem Netz[35] sprechen, das mit Hinterlist und Heimtücke zum Straucheln ausgelegt ist oder das – als Bild für ein (umfassendes) Strafgericht, dem nicht zu entrinnen ist – über jemanden geworfen wird (vgl. Ijob 18,8; Ps 9,16; 10,9; 35,7f.; 57,7; 140,6; Spr 29,5; Klgl 1,13; Ez 12,13; 17,20; 19,8; 32,3; Hos 5,1; 2 Kor 12,16b). In diesem Sinn bedeutet ‚ins Netz geraten' immer Verderben, denn die Ursache hierfür ist letztlich der Ungehorsam gegenüber Gottes Geboten.[36] Entsprechend kann Gottes Ge-

---

[33] HAMP, Das Buch der Sprüche 9; vgl. PIESIK, Bildersprache 71f.

[34] Der Ausdruck מְשֹׁחִת ‚Vogelfalle' (KBL 573), den die griechischen Bibelübersetzungen allgemeiner mit παγίς wiedergeben (vgl. Jer 5,26; ferner Barn 19,7a.8c), meint in seiner zweiten Hauptbedeutung ‚Verderben'; so in Ex 12,13.23; Jes 5,16; 9,6; 25,15; Dan 10,8; 2 Chr 20,23; 22,4.

[35] Die griechischen Bibelübersetzungen bevorzugen für ‚Netz' den Term δίκτυον, der entsprechend der hebräischen Vorlagen ein ‚Fangnetz' für Wild und Vögel meint, also für רֶשֶׁת steht (vgl. KBL 912; MOMMER, רֶשֶׁת. ThWAT 7 [1993] Sp. 690–692); so auch in Hos 7,12. Wird indes ein Bild aus der Fischerei bemüht, begegnet σαγήνη als Übersetzung von חֵרֶם (Ez 26,5; vgl. KBL 334; GIESEN, חרם II. ThWAT 3 [1982] Sp. 213–217) bzw. מִכְמֶרֶת (Hab 1,15; vgl. KBL 522), die beide das ‚Schlepp- bzw. Wurfnetz' meinen, sowie von ‚Stellnetz' מִכְמֹרֶת (Hab 1,16).

[36] ‚Ins Netz geraten' und ‚verstrickt sein' sind Kennzeichen der Frevler und mitunter die Folge ihrer eigenen (bösen, ungesetzlichen) Werke (Ps 9,17); zugleich ist es ihr Bestreben gegenüber den Gehorsamen, sie zu verstricken (Ps 118[119],61a; vgl. DidascSyr 112f. [TU 10/2. 134,9–136,2]). Die Metapher steht parallel zu jener vom ‚Gott vergessen' (Ps 9,18) und signalisiert, daß mit dem Bildwort vom Netz und den Verstrickungen der Kern und die Grundlage des Gottesverhältnisses, die בְּרִית, in den Blick genommen

rechtigkeit, Heil und Fürsorge als Befreiung aus dem Netz erbeten werden (vgl. Ps 25,15; 31,5).[37] Spr 1,17 hat die Sache poetisch ins Bild gesetzt. Die Auslegung des Vf. geht exakt in diese Richtung; τοῦτο λέγει leitet sie formgerecht ein. Das ὅτι-recitativum täuscht also kein Zitat vor, sondern signalisiert eine direkte Rede des Vf. Die Auslegung faßt mit dem Bildwort von der ‚Erkenntnis des Weges der Gerechtigkeit' die in V 3 in Erinnerung gerufene, alles umfassende Offenbarung sowie die im Christusereignis begründete Befähigung, sie recht zu verstehen, zusammen. Dem ‚Weg der Finsternis' steht der ‚Weg der Gerechtigkeit' so unvereinbar gegenüber wie in der Zwei-Wege-Lehre der sog. ‚Weg des Lichts'. Beachtlich an dieser Kontrastierung, die die Glaubensverantwortung einschärfen will, ist nicht der Ausschluß jedes pragmatischen Mittelwegs, wenn es darum geht, dieser Verantwortung gemäß zu leben. Das Besondere ist, daß die Gnosis, also die rechte Auslegung der Offenbarung, die der Vf. mit seinem Werk exemplarisch vorlegt, weder diskutabel ist noch Grundlage einer Konsensbildung sein kann. Denn wie es nur einen ‚Weg der Gerechtigkeit' gibt, der mit dem ‚Weg der Finsternis' nichts gemein hat, gibt es nur eine Erkenntnis, die recht ist. Hierdurch wird die Auslegung des Vf. normativ. Die Brisanz dieser Festlegung beruht darauf, daß die Gnosis Voraussetzung dafür ist, Gott gehorsam sein zu können, weshalb die Kenntnis der Auslegung und ihre Inhalte zu glauben (vgl. πιστεύσωμεν 7,2), was mehr beinhaltet, als diese Auslegungen intellektuell anzuerkennen (vgl. 6,10), heilsentscheidend ist. Von hier aus ist δικαίως zu erklären. Das Adverb korrespondiert der sehr freien Übersetzung[38] οὐκ ἀδίκως. Im hebr. Text von Spr 1,17 steht die Warnung zur Wachsamkeit, die die Vögel, die der Falle entgehen, illustrieren, im Mittelpunkt. Die griechische Übersetzung hingegen mahnt, die in der Geistbegnadung verliehenen Befähigung zur Gnosis, die die Fähigkeit der Vögel, nicht ins Fangnetz zu geraten, veranschaulicht, zum Vorbild zu nehmen, d.h. den geoffenbarten Willen Gottes zu erfassen und demgemäß zu leben.[39]

Das Drohwort gilt demzufolge Christen, denn nur sie sind gemäß Barn 1 zur Gnosis fähig. Entsprechend bezieht sich δικαίως auf das Gericht. Nicht nur was

---

sind (vgl. hierzu die Auslegungen von 4,14 und 10,3; ferner in CD 4,15 ‚die drei Netze Belials' שלושת מצודות בליעל und 4 QpTest 23f.: „Ein Verfluchter, einer von Belial, tritt auf, um seinem Volk zum Fa[ngn]etz zu werden"). Nicht selten wird die Bitte an Gott um Erhörung und Rettung mit dem Hinweis, Gott, seine Gebote ect. nicht vergessen zu haben, begründet. Gott nicht zu vergessen verspricht Erhörung.

[37] Damit eng verwandt ist der Lobpreis und der Dank des Psalmisten für die Errettung aus einer ‚Schlinge des Todes' in Ps 17(18),6; zum Motiv παγὶς θανάτου vgl. Barn 19,7a.8c.

[38] Die griechischen Übersetzungen von Spr 1,17 geben das Adv. חִנָּם (‚umsonst, vergeblich'; vgl. KBL 316) sehr frei mit ἀδίκως wieder; sonst nur noch in Spr 1,12. Üblich wären μάτην, ἄλλως μάταιος, εἰκαῖος. Der Grund hierfür mag sein, daß sie die vorausstehende Partikel כִּי, die wie das ὅτι-recitativum zu verstehen ist (vgl. KBL 431f.), als Negation auffassen, während sie in Spr 1 sonst in כִּי eine kausale Konjunktion sehen, die sie mit γάρ übertragen.

[39] VEIL, Barnabasbrief 228, zufolge sind erstens „unter dem Netz … die trügerischen Hoffnungen zu verstehen, die durch die Aussicht auf den Wiederaufbau des Tempels bei ihnen [sic. den Juden] erregt wurden," und zweitens sind es die Juden, die im Netz gefangen werden. Dieser Bezug auf Barn 16,1–5 ist ausschließlich die Leistung des Auslegers; der Text gibt dafür keinen Anhalt. Vielleicht muß 4 QpTest 21–30 als Hintergrund dieser tempelorientierten, auf Barn 16 bezogenen Auslegung mitgehört werden.

jemand tut, sondern auch was er glaubt, entscheidet über sein Heil.[40] Die Aufforderung zum Dank an den Herrn, die dem Beweisgang vorausgeht, kommt also nicht von ungefähr und ist keinesfalls bloßer paränetischer Topos. Denn die Aneignung der Gnosis erschöpft sich mitnichten im kognitiven Konsens mit der Auslegung[41]. Es geht vielmehr um das Bekennen zu Jesus Christus. Hierbei scheint der Dank, mit dem ὁ καλὸς κύριος (vgl. 7,1) gepriesen wird, aus der Sicht des Vf. die einzig angemessene Antwort des Menschen auf die Offenbarung und auf seine Begnadung durch das Christusereignis, um sie zu verstehen. Ihre sittliche Entfaltung übernimmt die Zwei-Wege-Lehre.

Ausgangsfrage (5,5)

5 Mit ἔτι δὲ καὶ τοῦτο und der Leseranrede ἀδελφοί μου setzt V 5 zwar neu an, doch wird, wie auch in 4,6.14 und in 13,7 mit οὖν ἔτι καί, hierdurch kein neues Thema eingeführt.[42] Vielmehr stellt der Vers die konkrete Ausgangsfrage. Hierbei faßt der konditionale Vordersatz die in den Vv 1–4 entfalteten Aspekte des Themas homologartig zusammen. Die darin enthaltene Aporie steigert der parenthetische Relativsatz, indem er die Präexistenz des κύριος aus der Schrift belegt. Die anschließende Themafrage, die die beiden Stichworte ὑπέμεινεν und παθεῖν aus V 1 bzw. aus dem Vordersatz aufgreift, bringt die Aporie auf den Punkt. Aufgrund des exegetischen Prinzips, das V 2 der Behandlung des Themas vorgeschrieben hat, ist πῶς als verwunderte Frage nach der prinzipiellen Möglichkeit und dem Grund[43], vor allem aber nach dem Zweck zu verstehen, warum Menschen dem κύριος, der ὁ υἱὸς τοῦ θεοῦ (vgl. 7,2) und dem Schriftbeweis in der Parenthese zufolge Mitschöpfer ist, etwas anhaben konnten.[44] Der mit didaktischer Emphase vorgetragene Lernbefehl (μάθετε) zeigt den Beginn der Gnosis an.

Auf der Parenthese (ὧν bis ἡμετέραν) liegt das theologische Gewicht des Verses. ‚Herr der Welt' ist Gottesattribut, wie die sachliche Parallele Barn 21,5 (ὁ δὲ θεός, ὁ τοῦ παντὸς κόσμου κυριεύων) zeigt, die Gott als den Regenten des Kosmos bekennt und ihn um die Güter aus 2,1–3 bittet. Der Ausdruck als solcher ist außerhalb

---

[40] Vgl. syrBar 15,6: „Nun aber hat er übertreten wissentlich, darum wird er als Wissender bestraft." Man hat diese Betonung auch im Blick auf die Zwei-Wege-Lehre zu lesen, über deren Ethos und sittliche Güte ihrer Vorschriften unter Christen gewiß Einvernehmen herrschte und über die es aufgrund ihrer jüdischen Wurzeln auch mit Juden kaum zum Dissens kommen konnte.

[41] Mit Recht weist MÜLLER, Erklärung 132f., auf den Sachzusammenhang mit Barn 1 und 2 hin.

[42] Dies zeigen die Einleitungen zu den Themen ‚Sabbat' in Barn 15,1a (ἔτι οὖν καὶ περὶ τοῦ σαββάτου) sowie der mit 15,1a verbundene Einsatz zum Thema ‚Tempel' (ἔτι δὲ καὶ περὶ ναοῦ) in 16,1.

[43] Vgl. BAUER/ALAND, Wörterbuch, Sp. 1464. Vergleichbar ist die erste Frage in 1 Kor 15,35b: πῶς ἐγείρονται οἱ νεκροί;

[44] Wäre nach dem Modus seines Ertragens gefragt, müßte ein Passionsbericht folgen; in diesem Fall könnte man „πῶς κτλ. auch von μάθετε abhängen lassen" (WINDISCH, Barnabasbrief 328), wobei dann freilich der Vordersatz in ein Anakoluth ausläuft (vgl. ib. 327). Verfehlt ist der Versuch von HAEUSER, Barnabasbrief 30, der für εἰ die Kausalpartikel ἐπεί konjiziert und im Anschluß an WEISS, Barnabasbrief 6f., πῶς auf den Ausgang des Leidens bezieht. „Man will Antwort auf die Frage, ob es ein endgültiges Unterliegen der guten Macht unter die böse gibt." Diese Antwort haben die Vv 1–4 längst gegeben.

des Barn in der jüdischen und vor Barn in der christlichen Literatur nicht nachgewiesen; er ist hier erstmals auf Christus angewandt.[45] Phil 2,11 und Mt 28,18b zeigen jedoch, daß die Sache durchaus bekannt ist. Die zeitlich nächste sprachliche Parallele bietet Clem. *str.* V 6,38,6 (ὥσπερ δὲ ὁ κύριος ὑπεράνω τοῦ κόσμου). Der Ausdruck ἀπὸ καταβολῆς κόσμου ist in den griechischen Bibelübersetzungen sowie in der außerbiblischen griechischen Literatur nicht belegt. Er scheint eine christliche Bildung zu sein (Mt 13,35; 25,34; Lk 11,50; Hebr 4,3; 9,26; Offb 13,8; 17,8). Nach Barn begegnet der Ausdruck zuerst bei Clemens Alexandrinus[46]. Abgesehen von Hipp. *antichr.* 37,9, der sich auf die beiden gleichsinnigen Verse in Offb bezieht, sind meist die Passagen aus Mt Grundlage der patristischen Belege. Während an diesen Fundorten mit der Wendung der Anfang aller Geschichte theologisch terminiert wird, zwingt der (aus Gen 1,26a mitzitierte) konstatierende Aorist[47] εἶπεν sowie der Kontext in Barn 5,5 dazu, den Ausdruck wie ἐν ἀρχῇ (z.B. Gen 1,1; Joh 1,1), also punktuell zu interpretieren. Für den Vf. scheint ἀπὸ καταβολῆς κόσμου bereits Teil christologischer Formelsprache zu sein[48], mit der Präexistenz sowie Nichtgeschöpflichkeit des κύριος, und damit zugleich seine Gottheit auszusagen ist. Die Absicht, diese christologische Aussage über den κύριος mit Hilfe des ersten Schöpfungsberichts zu formulieren und zu erweisen, bedingt die sprachliche Gegenüberstellung von ὁ θεός und ὁ κύριος. Daß ὁ κύριος, der es ertrug für uns zu leiden, Gott ist, hatte die Übertragung des Attributs ‚Herr der Welt' auf ihn außer Frage gestellt. Beachtet man, daß εἶπεν ὁ θεός aus Gen 1,26a übernommen sein wird, woher auch der folgende Schriftbeweis stammt, dann ist der Ersatz des καί vor dem εἶπεν durch das auf κύριος bezogene Relativpronomen ᾧ ein weiteres Indiz dafür, daß der Vf. die Glaubensüberzeugung ‚Jesus ist Gott' als den Anfang aller Offenbarung bestimmen will.[49] Ein wörtliches Zitat aus Gen 1,26a – ἡμετέραν *transp. post* ὁμοίωσιν – soll hierüber den Beweis führen. Der Vf. ist vor allem am Numerus der Form ποιήσωμεν[50] in der Gottesrede interessiert. Hierfür sprechen die syntaktischen Be-

---

[45] Vgl. WINDISCH, Barnabasbrief 327.

[46] Clem. *paed.* III 12,93; *str.* V 12,80,8; VI 13,106,3; *q.d.s.* 30,2. Ferner: Or. *philoc.* 25,4; *comm. in Rom.* 1,87; *Ps.* 921,2; Hipp. *anti.* 37,9; Ps.-Hipp. *consumm.* 25,22; 41,10; 42,20.23; 44,6; ActJ 112,4; *Hom.Clem.* 18,15,5.

[47] Vgl. BLASS/DEBRUNNER, Grammatik § 318,1.

[48] Dies geht auch daraus hervor, daß unter Beibehaltung des Gen. für die gemeinte Sache rein sprachlich διά, ἐπί, μετά oder μεταξὺ καταβολῆς κόσμου vorzuziehen gewesen wäre.

[49] An der Sachlage ändert sich nichts, wenn ἀπὸ καταβολῆς κόσμου nur als Teil der Quellenangabe gefaßt wird, denn das Beweisziel wäre auch dann erreicht. Vgl. AscJes (TestHis) 9,13; 10,7.

[50] Der Aorist übersetzt das Impf. Pl. נַעֲשֶׂה von עשׂה ‚machen' (KBL 739–741; vgl. RINGGREN, עָשָׂה. ThWAT 6 [1989] Sp. 413–432, hier: 417f.430). Der Term zeigt, daß es dem Vf. nicht um die theologische Qualität des Schöpfungsaktes, wofür in Gen 1,27 dreimal ברא (vgl. RINGGREN, עָשָׂה. ThWAT 6 [1989] Sp. 417; BERNHARDT, בָּרָא III./IV. ThWAT 1 [1973] Sp. 774f.; CONZELMANN, Schöpfungsgeschichte 164f.; WESTERMANN, Genesis 1,136–139) verwendet ist, geht, sondern überhaupt um das Tun Gottes. Es ist eine Aussage über das „Erschaffen des Menschen" (WESTERMANN, Genesis 1,215), die ihn konstitutiv auf Gott zurückführt, so daß Menschen ohne dieses Tun Gottes nicht vorstellbar sind. Erst von daher gewinnen der Entschluß und die Ebenbildlichkeit ihren Rang und treten zueinander. „Der Mensch repäsentiert, bezeugt Gott auf Erden" (CONZELMANN, Schöpfungsgeschichte 144). Mögliche grammatische Deutungen der Pluralformen in Gen 1,26 diskutiert VAN DEN OUDENRIJN, Genesis 145–150.

züge innerhalb des Verses sowie die Wiederaufnahme von Gen 1,26 in Barn 6,12.
Aus Barn 6,12 geht hervor, daß er diesen Pl., der in der Genesis als göttliche Selbst-
beratung[51] und Selbstentschließung[52] die Schöpfung der Menschen eröffnet und deren Würde betont, „ohne Weiteres auf den Vater und den Sohn, die beide die Menschen schufen"[53], bezieht. Die erste und grundlegende Offenbarung der Schrift ist
demzufolge christologischer Art: die Gottessohnschaft des κύριος.[54] Auf diesen
Glauben legt die Homologie in 7,2 Vf. und Leser fest.

Zweierlei ist festzuhalten: 1. Der Barn spricht weder hier noch an einer anderen
Stelle aus, daß Jesus Gott ist. Vielmehr zeugt der Barn von dem Ringen darum, diesen Glauben auszusagen, ohne das Faktum auszusprechen, und – das ist spezifisch –
diesen Glauben anhand der Schrift zu begründen. 2. Der κύριος-Begriff ist das Mittel, um die Glaubensüberzeugung ‚Jesus ist Gott' mit der Schrift zu untermauern.
Er ist der Schlüssel zum Verständnis des christologischen Entwurfs des Barn.

Inkarnation, Wirken und Leiden als Erfüllung der Prophetien (5,6–14)

6.7 Dieser merkwürdig verschlungenen Periode[55] liegt ein lucides kompositorisches
Konzept zugrunde[56]: die Prophetien und das Christusereignis entsprechen einander

---

[51] Vgl. JUNKER, Genesis 13. WESTERMANN, Genesis 1,200, legte den Akzent auf das Faktum des Entschlusses und übersetzt deshalb mit „Selbstgespräch".

[52] Vgl. VON RAD, Das erste Buch Mose 4,44, der die auffallende Stilform, die in der Gottesrede Gen
3,22 (וַיֹּאמֶר יְהוָה אֱלֹהִים הֵן הָאָדָם הָיָה כְּאַחַד מִמֶּנּוּ) wiederkehrt, damit erklären will, daß Gott sich mit den
himmlischen Wesen seines Hofstaats zusammenschließt und sich „damit doch auch wieder in dieser
Mehrzahl" verbirgt. Dagegen die überzeugenden Argumente bei WESTERMANN, Genesis 1,200f.

[53] MÜLLER, Erklärung 135; vgl. VAN DE KAMP, Pneuma-Christologie 29: „De zoon van God is in de
brief van Barnabas preëxistent. ... Daardoor lijkt elke vorm van adoptianisme uitgesloten." Über die
Wirkungsgeschichte dieses Pl. und des εἰκών-Motivs im hellenistischen Judentum sowie christlicherseits
bis zu Irenäus vgl. ib. 135–137; WESTERMANN, Genesis 1,203–218; ARMSTRONG, Die Genesis in der Alten Kirche 39.69f.126f. 132 Anm. 1; ferner die Hinweise bei VAN DEN OUDENRIJN, Genesis 150–156, der
im Jahr 1937 die trinitarische Deutung von Gen 1,26 wieder hoffähig machen wollte. Zurückhaltender urteilt WILSON, History of the Exegesis 437: „The first full Trinitarian interpretation of the plural ποιήσωμεν appears in Irenaeus and Theophilus [Thphl.Ant. Autol. 2,18: „Zu niemand andern aber sagt er dies,
als zu seinem Worte und zu seiner Weisheit."], although steps in this direction had been taken by Barnabas and Justin. Clement shows no interest in it, while Origen goes no further than Barnabas". Zur Deutungen des Terms נַעֲשֶׂה in der rabbinischen Exegese von Gen 1,26 vgl. HERTZ, Pentateuch und Haftaroth
1,10–13; KASHER, Biblical Interpretation 1,58f.; WILSON, History of the Exegesis 420–425, dort Hinweise
auf die Deutung von ποιήσωμεν bei Philo.

[54] Der anonymen Schrift περὶ πατρὸς καὶ υἱοῦ zufolge, stand in der 2. Hälfte des 3. Jh. für die (syrische oder ägyptische) Kirche diese Bedeutung der Genesisstelle fest, zumal man sich auf den ‚Brief des
Apostels Barnabas' berufen konnte: ὁ γὰρ τιμιώτατος βαρνάβας ὁ ἀπόστολος, ἐπικληθεὶς υἱὸς παρακλήσεως, ἐν τῇ ἐπιστολῇ αὐτοῦ τῷ υἱῷ αὐτοῦ, φησίν, ἔλεγεν ποιήσωμεν ἄνθρωπον κατ' εἰκόνα
ἡμετέραν καὶ καθ' ὁμοίωσιν (WOBBERMIN, Altchristliche liturgische Stücke 21–25.29f. [= fr. 31,2]).

[55] Vgl. WINDISCH, Barnabasbrief 328.

[56] Die Gliederung der Periode Vv 6f. sowie die Funktionsbestimmung ihrer Teile bei LONA, Auferstehung 44–46, zeigt, daß die von WENGST, Tradition 24f., vorgeschlagene Umstellung der Satzteile unnötig ist. LATTKE, Oden Salomos 31f., findet eine zu Barn 5,5–7 parallele Struktur in den Themen der drei
Stanzen von OdSal 31,8–13, „in denen das Ich von ‚Verurteilung', ‚Aushalten', ‚Leiden', ‚meinem Volk'
und den ‚Verheißungen an die Erzväter' spricht" (ib. 31).

im Sinne von Verheißung und Erfüllung.[57] Dem εἰς αὐτόν der Prophetien (V 6a) entspricht αὐτὸς δὲ ... ὑπέμεινεν (ἵνα τοῖς πατράσιν τὴν ἐπαγγελίαν ἀποδῷ) καὶ αὐτὸς ... ἐπιδείξῃ ... ὅτι ... κρινεῖ (Vv 6b.7). Aus dem Kausalsatz in V 6b (ὅτι ἐν σαρκὶ ἔδει αὐτὸν φανερωθῆναι) geht näherhin hervor, daß die Prophetien nicht nur auf das Christusereignis hinweisen, sondern daß Erscheinen und Werk des κύριος mit innerer Notwendigkeit auf seine von ihm selbst bewirkte prophetische Ankündigung (V 6a) folgte.[58] Das Verhältnis zwischen Prophetien und Christusereignis ist also stringent. Hierfür bürgt das ὅτι in Verbindung mit dem ἔδει (vgl. 4,1; 5,13; 7,5.11; 12,5). Der Vf. weiß zwei Gründe, die es zu lernen gilt (vgl. μάθετε V 5), und die nicht nur das Leiden des κύριος erklären. Erstens haben die Propheten auf ihn hin geweissagt (V 6a). Wegen der thematischen Exposition steht εἰς αὐτόν für das Christusereignis als Ganzes. Demzufolge ist auch alles, was dieses Ereignis angeht, in der Schrift enthalten.[59] Da die Autorität der Schrift und der Propheten außer Frage steht, überrascht der begründende Einschub ἀπ᾽ αὐτοῦ ἔχοντες τὴν χάριν. Scopus der Aussage ist denn auch nicht die Begnadung der Propheten als Umschreibung ihrer Berufung, sondern wiederum der κύριος, auf den das Pronomen den Blick lenkt. Jener, der sie berufen hat, ihn selbst anzukündigen, ist auch der, über den Vv 6b.7 feststellen, daß er die prophetische Verheißung erfüllt hat und einst richten wird. Hatte V 5 die Gottheit des κύριος festgestellt, indem seine Präexistenz aus der Schrift erwiesen wurde, so stellt V 6 fest, daß sie von Inkarnation und Leiden nicht tangiert ist. Subordinationistische und adoptianistische Christologien finden in diesem Entwurf keinen Anhalt. Die Qualifizierung der Propheten als Begnadete verbindet somit V 3 mit der Aussage der Parenthese von V 5. Der Aorist ἐπροφήτευσαν verbietet, ἔχοντες als Behauptung eines (noch) gegenwärtigen Prophetentums zu begreifen. Das Part. Präs. stellt vielmehr sicher, daß nicht nur bestimmte, sondern alle Prophetien in der Gnade des κύριος begründet sind. Alle Prophetie ist von jeher Gnade – und weil alles in der Schrift prophetisch ist, nämlich Weissagung des Christusereignisses, ist die ganze Schrift Gnade.

Der zweite Grund ist nicht, wie das mittels der Konjunktion δέ zu οἱ προφῆται parallelisierte αὐτός insinuiert, er selbst (der κύριος), sondern, wie die ἵνα-Sätze (Vv 6b.7a) und der Kausalsatz (V 7b) zeigen, sein Heilswerk. Der κύριος „kam und litt, 1. um die von ihm selbst inspirierten Prophetien zu erfüllen, 2. um den Tod zu vernichten und das neue Volk zu bereiten (vgl. 3,6) und 3., um die Wahrheit der künftigen Auferstehung und des dadurch möglich werdenden, allgemeinen Gerichts zu erweisen"[60]. Aufgrund des exegetischen Programms, das V 2 festgelegt

---

[57] Diese Schema ist freilich mit dem Inkarnationsgedanken innerlich verbunden und bedingt, daß der Vf. „schrifttheologisch argumentieren muß" (ANDRESEN, Lehrentwicklung 59). Das Argumentationsziel führt aber auch dazu, daß frühchristliche Schriftauslegung mitunter Eisegese ist.

[58] Dieses Bedingungsverhältnis von Verheißung und Erfüllung in bezug auf schuldloses, sühnendes Leiden kennt auch T.Ben. 3.8. Just. *dial.* 56; 113,5 zufolge war es Jesus, der dem Mose und den Vätern erschienen ist und zu ihnen im Auftrag des Vaters gesprochen hat.

[59] Dieses Motiv begegnet ebenso in IgnPhld 9,2b; IgnMagn 9,2; DidascSyr 110 (TU 10/2,132,15-19; 133,1-9).

[60] WINDISCH, Barnabasbrief 328.

hat, ist das zentrale Motiv die Erfüllung (ἀποδῶ) der Verheißung an die Väter (V 7a). Weil das ὑπέμεινεν Fleischwerdung, Leiden und Auferstehung Christi retrospektiv und κρινεῖ Auferstehung und Gericht prospektiv als diese Erfüllung bestimmen, ist diese Erfüllung das Christusereignis. Drei Konj. (δείξῃ, ἀποδῶ und ἐπιδείξῃ[61]) beschreiben Inkarnation, Passion und Tod als Bedingung und Funktion der soteriologisch-eschatologischen Intention.[62] Demzufolge sind Kern und Summe der Väterverheißung das Christusereignis; die Auslegung der Landverheißung in 6,8–19 zeigt dies exemplarisch. Weil diese Heilssetzung, die die Kirche konstituierte (ἑαυτῷ τὸν λαὸν καινὸν ἑτοιμάζων; vgl. 3,6), sie auch qualifiziert, ist sie die Zeit, in der sich die Verheißung an die Väter erfüllt (vgl. Röm 15,8). Die Leser befinden sich somit in der Zeit der Erfüllung[63]. Der Souverän dieser Zeit ist der Herr, und zwar in zweifacher Weise. Seine Fleischwerdung und sein Leiden für ‚uns' sowie seine[64] Auferstehung (ἐκ νεκρῶν; vgl. 15,9)[65] haben diese Heilszeit eröffnet,

---

[61] Die Formen δέδειχεν (13,3), δείξῃ (5,6.9; 7,5; 12,6) sowie das Kompositum ἐπιδείξῃ (5,7) sind semantisch durch den apokalyptisch geprägten Sprachgebrauch von δείκνυμι beeinflußt. Es handelt sich demzufolge um „eine göttliche Kundgabe im Modus der Offenbarung", wobei „diese göttliche Enthüllung eine Vorwegnahme der Zukunft ist" (SCHLIER, δείκνυμι κτλ. ThWNT 2 [1935] 29). Die Vokabel steht daher in sachlicher Verwandtschaft mit dem διδάσκειν (vgl. RENGSTORF, διδάσκω κτλ. ThWNT 2 [1935] 139) des κύριος und der διδαχή, deren Ursprung im Barn stets Gott ist (vgl. Barn 9,9; 16,9; 18,1), insofern auf ihn Schrift und Tradition (Zwei-Wege-Lehre) zurückgehen.

[62] Vgl. MÜLLER, Erklärung 140: „Er hätte nicht auferstehen können, wäre er nicht gestorben, und er hätte nicht sterben können, hätte er nicht das Fleisch an sich genommen."

[63] Mit Blick auf die Warnungen vor Heilsgewißheit (vgl. Barn 4,10b), die Situierungen (vgl. 2,1; 4,1.10a) sowie die Betonung des eschatologischen Vorbehalts (vgl. 6,18f; 7,11; 8,5f. passim) ist das Wort ‚Erfüllung' als nomen actionis zu verstehen. Das Ausdruck ‚Zeit der Erfüllung' als Kennzeichen der Kirche betont ihren singulären soteriologischen und eschatologischen Rang in Abhebung von aller Zeit vor dem Christusereignis, durch das und von wo aus dieses Erfüllen seinen Ausgang genommen hat.

[64] VINZENT, Ertragen und Ausharren 89, neigt dazu, den Teilvers nicht „mit paulinischer Brille" auf die Auferstehung des κύριος zu beziehen. Vielmehr sei „von der Vernichtung der eschatologischen Todesmacht und der Auferstehung der Toten am Ende der Zeit die Rede." Dem Vf. liege daran, „die Inkarnation des Herrn herauszustellen". Die Erlösung sei von daher zu verstehen, „daß der Herr aus Liebe für die Menschen lebte, litt und starb". Dagegen ist darauf zu verweisen, daß der Vf. des Barn erstens den Akzent nicht auf die einzelnen Akte des Christusereignisses, sondern auf das Ereignis als Ganzes legt, und daß ihm zweitens Barn 15,9 zufolge die Auferstehung Jesu neben der Erscheinung des Auferstandenen und dessen Aufstieg „in die Himmel" offenkundig als Siegel des Heilsereignisses gilt. Läge für die Soteriologie das Gewicht auf der Fleischwerdung, und zwar unter Verzicht des Bekenntnisses zur Auferstehung Jesu, wäre doch exakt in Barn 15,9 die Gelegenheit gewesen, dieses Moment in Erinnerung zu bringen, zumal die Trias in Barn 15,9 keine festgefügte Traditionsgrundlage aufweisen kann. Ebenso liegt wegen Barn 15,9 – worauf VINZENT nicht eingeht – in Barn 12,5–7 keine Paradoxie vor, die darin bestünde, daß „derjenige, der aufgrund des Glaubens hofft, durch denjenigen lebendig gemacht [wird], der getötet wurde *und tot ist*" (ib. 91). Unabhängig von der argumentativen Strategie, die der Passage durch ihre Komposition als prophetischen Zeichenhandlung inhäriert, ist zu bedenken, daß sich die von Mose verkündete Zusage mittels des Stichworts ξύλον assoziativ an die Hoffnung anlehnt, die christlicherseits mit dem Kreuz Jesu konnotiert ist, und daß ebenso die Art der Präsentation, nämlich ἐνδόξως (Barn 12,6), auf die Herrlichkeit Jesu weist. Dieser Verweis wird kaum nur auf den Wiederkommenden in dem Sinne zu beziehen sein, daß ihm die δόξα erst mit der Parusie zukommt. Besitzt der Inkarnierte die δόξα bereits, wofür Barn 21,9b spricht, ist von ihm aber nur schwerlich zu konstatieren: „der getötet wurde *und tot ist*". Es scheint, der Vf. setzt die Auferstehung Jesu als Theologumenon voraus, als einen fraglosen Aspekt des Christusereignisse.

[65] Zur neutestamentlichen ἐκ νεκρῶν-Formel vgl. HOFFMANN, Die Toten in Christus 180–185.

die Auferstehung, die er wirken wird,[66] und sein Gericht bringen diese Zeit zu ihrem Ziel.[67] Heil kam und kommt immer vom Herrn. Der Erweis dafür, daß er den Vätern die Verheißung hält, ist das Volk, das er sich auf Erden bereitet hat (V 7; vgl. 3,6; 14,1.6) – die Kirche. Heilsgeschichte als eine Zeit, in der Heil wirklich passiert, beginnt erst mit der Kirche. Die Vorstellung einer heilsgeschichtlichen Kontinuität zwischen Israel und Kirche ist auch wegen des Diktums in Barn 4 nicht nur undenkbar[68], sondern wäre aus der Sicht des Vf. blasphemisch. Heilsgeschichte im Sinne des Barn ist Kirchengeschichte.

Daß der Text nichts darüber sagt, ob alle Toten oder nur bestimmte auferstehen, worin diese Auferstehung besteht und wie das eschatologische Schicksal jener sein wird, die noch am Leben sind, liegt am Thema. Denn es geht nach wie vor um den κύριος und den Erweis, daß das christliche Kerygma in der Schrift begründet ist (vgl. 1 Kor 15,3b). Vor diesem Hintergrund müssen die folgenden Verse gelesen werden. Sie beleuchten Aspekte des christologischen Kerygmas, die in den Vv 1–7 genannt, aber im einzelnen noch nicht erwiesen sind. Es sind dies: die ‚Erkennungsmerkmale für die Zeit der Erfüllung‘, nämlich Zeichen und Wunder (V 8) und die Vergebung der Sünden (V 9); die Fleischwerdung als Gnade (V 10); die Bestimmung der Zeit der Erfüllung als die Zeit der Entscheidung über das eschatologische Heil, die Krisis (V 11); Leiden und Kreuzestod (Vv 12–14).

8f. nennen zwei ‚Erkennungsmerkmale für die Zeit der Erfüllung‘; die Eröffnungsformel πέρας γέ τοι führt sie als „etwas Bekanntes ein"[69]. Das eine sind die Zeichen und Wunder, die der Herr an Israel wirkte (vgl. Barn 4,14)[70]. Hinzu kommt, daß er Israel lehrte. Der Funktion der Eröffnungsformel[71] zufolge besitzen diese (herausra-

---

[66] Dieser (futurischen) Interpretation der Parenthese τὴν ἀνάστασιν αὐτὸς ποιήσας scheint das Part. Aorist ποιήσας entgegen zu stehen. Doch ist zweierlei zu bedenken: Erstens ist der Aorist in die futurische Aussage ὅτι ... κρινεῖ eingebettet. Zweitens ist die allgemeine Auferstehung der Sache nach bereits durch V 6b als eschatologisches Ereignis und soteriologischer Ertrag der Aufstehung Jesu erwähnt. Insofern ist die Zusage über das Auftreten des κύριος als Richter im Eschaton die Hoffnung auf eine allgemeine Auferstehung inhärent. Daher wird der Aorist aus der Perspektive des Gerichts, als des eschatologischen Schlußakkords aufzufassen sein. Die Form ποιήσας würde also grammatisch exakt festhalten, daß die allgemeine Auferstehung dem Gericht vorausgeht. Somit wäre die Parenthese als Temporalsatz aufzulösen, nämlich: „nachdem er selbst die Aufstehung gewirkt hat".

[67] Vgl. LONA, Auferstehung 44–46.

[68] Weil es laut Barn keine Heilsgeschichte gibt, die dem Christusereignis vorausgeht, ist der Sachverhalt nicht richtig gesehen, wenn z. B. HEID, Chiliasmus 84, feststellt, „daß die heilsgeschichtliche Kontinuität allein dadurch gewahrt bleibt, daß Jesus Christus den Väter die ihnen gegebenen Verheißungen einlöst." Alles, was Heilsgeschichte heißen könnte, ist nur Projektionsschild, um Christus und die Christen anzukündigen, doch nichts davon ist schon Heilsgeschichte. Das gilt letztlich auch für die Väter, für Mose und David und für die Propheten insgesamt. Sie zeichnet vor allen anderen aus, daß sie vom κύριος bewirkt, ἐν πνεύματι auf ihn, d.h. auf das Christusereignis und damit auf die Kirche, hingewiesen haben; doch alles, was sie sagten und taten, vermittelte nicht tatsächlich Heil, sondern kündigte es an.

[69] MÜLLER, Erklärung 142.

[70] Vgl. RENGSTORF, σημεῖον κτλ. ThWNT 7 (1964) 260.

[71] Die Verwendung von πέρας γέ τοι in Barn 10,2; 12,6; 15,6.8; 16,3 zur konsekutiven Anbindung formgemäß eingeleiteter Schriftzitate (Dtn 4,1.5; 27,15; Ex 20,8; Jes 1,3; Jes 49,17) bestätigt, daß die Formel auch

genden) Aspekte jesuanischer ‚Personaltradition' die argumentative Qualität von Schriftworten.[72] Die zweifache Deutung dieser Zuwendung hebt auf den soteriologischen und den eschatologischen Charakter des Christusereignisses ab. Das Dekompositum ὑπερηγάπησαν zeigt hierbei nicht nur den Heilswillen an, sondern allein schon wegen der Ausgangsfrage in V 5 ist der Term als Variante zu der in 1,1 gebrauchten Dahingabeformel zu lesen[73]. Weder paraphrasiert das ἐκήρυσσεν bloß das διδάσκων, noch hebt es einfach nur „die Oeffentlichkeit des Lehrens hervor"[74]. Anders als die Propheten, die verschlüsselt ‚auf ihn hin geweissagt haben', hat der Herr selbst alles offen verkündet. In der apokalyptischen Tradition, die dem Vf. durchaus vertraut ist, sind nicht nur die Zeitumstände, sondern ist auch die Aufdeckung ihrer theologischen Bedeutung Signum für die Nähe des eschatologischen Heils.

9 setzt zweierlei voraus: erstens, daß nur Gott Sünden vergeben kann, und zweitens, daß wer erwählt ist zu verkünden, dieser Verkündigung würdig ist (vgl. ἄξιοί ἐστε ὑμεῖς Barn 9,9). Die Berufung von Sündern (vgl. die Berufung des Levi in Mt 9,13b par Mk 2,17b; vgl. Lk 5,32)[75], das Evangelium[76] zu verkünden, ist inso-

---

[72] in Barn 5,6 Bekanntes bzw. Inhalte einführt, über die Einvernehmen vorauszusetzen ist. Signifikant ist 15,8, wo aus Jes 1,13 jene prophetische Opferkritik wiederholt wird, die bereits in Barn 2,5 zitiert war.

[72] Daher ist es erstens fraglich, ob Vv 8–10 nur deshalb mit Vv 5–7 verbunden wurden, um das Argument von V 10 mit V 5 in Zusammenhang zu bringen (WENGST, Tradition 25) und zweitens, ob πέρας γέ τοι ein sicheres traditionskritisches Indiz sein kann, so daß das Stück Vv 8–10 nicht die „in 5,5–7 begonnene Tradition fortsetzt".

[73] HAEUSER, Barnabasbrief 32 Anm. 7, bezieht ὑπερηγάπησαν auf (die) Apostel. Gemeint sei ihre Verkündigung und Hingabe aus Liebe zum Herrn. Kurios ist sein Fazit: „Demnach hätten wir hier einen chronologischen Anhaltspunkt für die Abfassung des Sendschreibens, sofern die Apostel damals bereits gestorben waren."

[74] FUNK, Zu Barn 132.

[75] „Keines der … Motive in Barn 5,8f. kann auf ein Evangelium zurückgehen" (KÖSTER, Überlieferung 145); weder Mk 2,17 bzw. Mt 9,13 noch der Aufriß von Mt 5–11 ist vorauszusetzen. Das Logion in Barn 5,9 ist dem Vf. „(evtl. in Verbindung mit dem Sündermotiv) aus der freien Gemeindetradition zugeflossen", was im übrigen 1. Tim. 1,15 beweist" (ib.). – Origenes hat dieses Motiv der Sündhaftigkeit der Apostel dem im Mittelplatonismus beheimateten Kelsos als Vorwurf an die Christen in den Mund gelegt (Cels. I 63; vgl. GCS 2,115; vgl. ferner S. 46f. unter Punkt ‚2. Spätere Bezeugung in der Alten Kirche'). Der Forschung des 19. Jh. galt die Qualifizierung der Apostel als Sünder vielfach als Beweis, daß das Schriftstück nicht von dem in Apg, 1 Kor, Gal und Kol genannten Barnabas stammen kann; vgl. die Hinweise bei HAEUSER, Barnabasbrief 33 Anm. 1. Einen anderen ‚Holzweg' hat LOHMANN, Das Bild vom Menschen 78f. Anm. 54, beschritten. Er will die Irritation über „die Betonung des sündigen Vorlebens der Apostel" dadurch behoben wissen, daß sich „das negative Prädikat … also auch hier auf das Judentum und nicht auf die Apostel als solche" bezieht. Denn durch das ἐξελέξατο seien die Apostel aus dem Kreis der „allerärgsten Sünder" – der Juden – herausgehoben worden. Den Zweck erkennt Lohmann in 5,9: „zu beweisen, daß er gekommen sei, Sünder zu erretten." Abgesehen von der auffälligen, vielleicht auch bezeichnenden Opposition zwischen Juden und den Aposteln, die Lohmann ohne Anhalt im Text aufmacht, ist der Scopus des Verses ein ganz anderer: Es geht um den Erweis der Göttlichkeit Jesu. Vielleicht hat bereits Kelsos den Vers so aufgefaßt; jedenfalls tat dies Origenes. Im Unterschied zu Barn 5,9, wo vom κύριος die Rede ist, spricht er in Cels. I 63 dezidiert von der Erwählung der Apostel durch Jesus. – GNILKA, Markus 1,104, verweist zum Beleg seiner traditionsgeschichtlichen Hypothese zu Mk 2,13–17, wonach das ‚isoliert tradierte' ‚Wort vom Arzt' (Mk 2,17a) die ‚Perikope abschloß', auf „2 Cl 2,4; Barn 5,9; JustApol I 15,8" (ib. Anm. 11). Leider haben die Stellen einen eindeutigen Bezug auf Mk 2,17b.

fern ein Modellfall, der es gestattet, die Gottheit Jesu und damit den Anbruch der Zeit der Erfüllung zu zeigen, denn für würdig, d.h. für gerecht vor Gott befunden zu werden, ist Gnade Gottes.[76]

10 Von εἰ γὰρ rhetorisch als subnexio[78] eingeführt, rekurriert V 10 erläuternd auf die Aporie der Fleischwerdung des Gottessohns. „Die Beweisführung geht *a minori ad maius.*"[79] Die beiden Glieder dieser Argumentation – die Sonne ist Werk Gottes und Menschen sind nicht fähig, direkt in die Sonne zu blicken – sind je für sich vielfach belegt[80]. In der Kombination beider Glieder, wie sie in V 10 vorliegt, bringt sich vielleicht eine „tradizione alessandrina"[81] zu Gehör, die bei Philo (*Abr.* 75f.; *imm.* 78) zuerst belegt ist und dort die theologische Feststellung plausibel machen will, daß im Unterschied zur Schöpfung die göttliche Sphäre menschlichem Erkenntnisvermögen nicht zugänglich ist, es sei denn sie offenbart sich. Daß Christus als Schöpfer der Sonne erscheint, braucht nach V 5 ebensowenig zu wundern wie ihr zukünftiges Nichtsein. Die Wendung ἦλθεν ἐν σαρκί steht parallel zu V 6 ἐν σαρκὶ ἔδει αὐτὸν φανερωθῆναι und verwehrt eine doketische Interpretation der Rede vom Erscheinen[82] im Fleisch; der Vf. „faßt die σάρξ des Erlösers ganz reell"[83]. Die Hypothese εἰ γὰρ μὴ bedeutet „nicht ‚wenn er im Himmel geblieben wäre', sondern ‚wenn er unverhüllt erschienen wäre'"[84]. Auf der Basis dieser alexandrinischen Tradition erschließt sich die doch ungewöhnliche Vorstellung, daß Erlösung geschah (ἐσώθησαν), indem der Fleischgewordene erblickt wurde (βλέποντες αὐτόν). Ziel ist es, die Inkarnation als Gnade auszuweisen, mithin als Möglichkeitsbedingung (εἰ γὰρ μὴ … πῶς ἄν) der Erlösung. Die Fleischwerdung ist Gnade, weil Gott sich in ihr geoffenbart hat und weil er, indem er sich in der Inkarnation zugleich verhüllte[85], „erblickbar" wurde. Beide Aspekte der Fleischwerdung kommen mit dem soteriologischen Zweck des gesamten Christusereignisses, den die Periode Vv 6–9 aufzeigt, überein. Die Fleisch-

---

[76] Das Wort εὐαγγέλιον (vgl. Barn 8,3) bezeichnet keine Evangelienschrift, sondern die Predigt.

[77] VON WEIZSÄCKER, Kritik 37, meinte aus der auf die Apostelberufung folgenden christologischen Bemerkung ableiten zu können, daß und ab wann sich „Jesus während seines irdischen Lebens als den Sohn Gottes geoffenbart habe". Doch ist τότε ἐφανέρωσεν κτλ. keine Reminiszenz, sondern christologisches Kerygma, das auf Szenen wie Joh 1,35–51; Lk 5,1–11; Mk 2,13–17 par; Mt 27,38–43 par; Mk 15,33–39 aufruht. Es ist jene themenzentrierte Gnosis, die der Vf. vermitteln will und der er einen Erweis – die Berufung, d.h. die Begnadung von Sündern – vorausstellt.

[78] Vgl. LAUSBERG, Rhetorik § 861: „Die *subnexio* ist die Anfügung eines erläuternden, meist eines begründenden (Neben-)Gedankens … an einen Hauptgedanken." Die rhetorische Figur begegnet ebenso in Barn 19,8a.

[79] WINDISCH, Barnabasbrief 331.

[80] Vgl. die Hinweise bei WINDISCH, Barnabasbrief 330f. Zu den dort notierten „Parallelen, die am Beispiel der Sonne die Unmöglichkeit einer Gottesschau erläutern," wäre Hippolyts Referat über die Christologie der sog. „Doketen" (vgl. Eus. *h.e.* VI 12,6) zu ergänzen; Hipp. *haer.* VIII 8,2–11,2; X 16,1–6. Vgl. ferner MARTÍN, Allegorica 178.

[81] MARTÍN, Allegorica 178.

[82] Vgl. BROX, „Doketismus" 301–314, spez. 307–309.

[83] WINDISCH, Barnabasbrief 331.

[84] WINDISCH, Barnabasbrief 331.

[85] Vgl. GRILLMEIER, Jesus der Christus 1,161.

werdung offenbart indes nicht nur den Heilswillen Gottes, sondern Erlösung wird zu einem personalen Geschehen, das sich in der Haltung gegenüber dem Fleischgewordenen entscheidet.

11 Die Zeit der Erfüllung ist zugleich die Zeit der Krisis. Der ‚Herr kam'[86] und litt, um eine Entscheidung für oder gegen Gott herbeizuführen. Das Christusereignis hat die Gegenwart zur Heils- und Entscheidungszeit gemacht. Alle Zeit ist bis zu ihrem Ende Heilszeit (vgl. Vv 6f.) und zugleich Gelegenheit, das Heil zu ergreifen, aber auch es zu versäumen. Weil diese Zeit im Christusereignis gründet, ist diese Heilszeit die Zeit der Kirche. Insofern die Propheten auf das Christusereignis hin geweissagt haben (V 6) und dafür den Tod erlitten[87], ist die Passion der Schlußstein, in der an Jesus die schuldhafte Verweigerung (ἵνα τὸ τέλειον τῶν ἁμαρτιῶν ἀνακεφαλαιώσῃ) gegenüber dem Heilswillen Gottes kulminiert und offenbar wird (vgl. Barn 14,5).[88] 2 Makk 6,14 zufolge kennzeichnet die Heiden, daß Gott in seiner Langmut wartet, bis das Maß ihrer Sünden voll ist. Die Verbindung τῶν ἁμαρτιῶν ἀνακεφαλαιώσῃ[89] innerhalb der pleonastischen Qualifizierung der Sündhaftigkeit ist sonst nicht mehr bezeugt. Das Gewicht liegt auf dem Tempusaspekt des Aorists sowie auf dessen Personalbezug. Zweck der Fleischwerdung des Sohnes Gottes war es, Kirche qua Heilssetzung Gottes in Jesus von jeder Sphäre abzugrenzen, deren Merkmal und Siegel die Verweigerung von Gottes Heilswillen ist. Form und Subjekt des ἀνακεφαλαιώσῃ geben Kirche als verheißen, von Gottes Heilswillen geprägt und darin in ihrem eschatologischen Wachstumsziel bestimmt zu erkennen. Das Verb ist demzufolge ein ekklesiologisch-eschatologisch akzentuierter Gnadenterminus.

---

[86] Zum ‚Kommen des Sohnes Gottes' vgl. S. 488f. die Auslegung von Barn 15,5b.

[87] Die Tötung der Propheten ist ein Topos aus der deuteronomistischen Prophetenmordtradition, der offenlegt, daß das Volk schuldhaft die Heilssphäre Gottes verlassen hat. In diesem Sinn verknüpft Neh 9,26 (2 Esdr 19,26) auch die Tötung der Propheten mit Frevel, mit der hartnäckigen Verweigerung des Gehorsams gegenüber Gottes Heilswillen, mit dem Bruch des Gesetzes und im Grunde mit dem Bruch der בְּרִית. Der Vorwurf des Prophetenmordes ist in der jüdischen Traditionsliteratur gut belegt (Pesiq R 129ª; weitere Belege vgl. Bill. I,943). Christlicherseits erfreut sich das Motiv „von Anfang an besonderer Beliebtheit (vgl. 1. Thess. 2,15; Act. 7,52). Dort ist auch schon der Prophetenmörder- mit dem Christusmördergedanken verbunden wie bei Barn., dagegen noch nicht bei Mt. 23,31ff" (KÖSTER, Überlieferung 137; vgl. LUZ, Matthäus 3,343–345).

[88] Wer mit LIETZMANN, Geschichte 1,230, darin sowie im Konnex mit der antijüdischen Notiz, sie – die Juden – haben nicht auf die Stimme des κύριος gehört, das paulinische Verstockungsmotiv erblickt, muß auch in Barn 7,10 auf das eschatologische Erschrecken der Juden bei der Parusie als aufkeimende Umkehr hinweisen; sie korrespondiert im Barn mit der gänzlichen Verweigerung gegen Gottes Heilssetzung in Jesus wie bei Paulus die Verstockung Israels mit dessen Umkehr und der Barmherzigkeit Gottes zusammensteht.

[89] Die seltene Vokabel ἀνακεφαλαιοῦν, ein Denominativum von κεφάλαιον, ist in den griechischen Bibelübersetzungen nur durch die vl von ϑ´ und ε´ zur (wohl sekundären) Subscriptio des Davidpsalters in Ps 71(72),20 belegt; Röm 13,9 und Eph 1,10 (vgl. dazu LONA, Eschatologie 274–277) sind die ältesten Belege in der christlichen Literatur vor Barn. Das Lexem fehlt bei Philo und Josephus. Für die Interpretation des Aorists ἀνακεφαλαιώσῃ in Barn 5,11 ist mit SCHLIER, ἀνακεφαλαιόομαι. ThWNT 3 (1938) 681, von dem Doppelsinn des Begriffs in Ps 71(72),20 als „Zusammenstellung bestimmter Dinge", worin ihre Wiederholung gewissermaßen bereits mitgedacht ist, sowie „zum Abschluß bringen" auszugehen.

12–14 erweisen Leiden und Kreuzestod als Erfüllung der Prophetien. Οὐκοῦν εἰς τοῦτο ὑπέμεινεν (V 12) ist Überleitung und thematische Klammer zur Ausgangsfrage. Die Ankündigung in der Gottesrede (λέγει γὰρ ὁ θεός) rahmt mit den beiden formgerecht eingeführten Schriftbeweisen[90] in Vv 13b.14 nicht nur die Konstatierung der Erfüllung mittels der Aussagen in V 13a über das Leiden (αὐτὸς δὲ ἠθέλησεν οὕτως παθεῖν) und den Kreuzestod (ἐπὶ ξύλου πάθῃ), sondern runden den Passus Vv 6–14 zu einem Ganzen. Hierfür bürgt auch der Neueinsatz in 6,1, der den zurückliegenden Abschnitt als Skizze des Auftrags und seiner Erfüllung deutet.

Das Wortspiel in V 12 ποιμήν – ποιμνή steht schon in Sach 13,7, ist aber durch den Parallelismus des zweiten Versteils noch bekräftigt.[91] Es soll wohl die Zusammengehörigkeit zwischen Hirt und Herde unterstrichen werden. In konsequenter Beachtung des Themas (Vv 1.5) wendet sich der Vf. nur der Hirtensequenz zu. Die in V 6 für die Inkarnation beobachtete Stringenz zwischen prophetischer Ankündigung und Erfüllung begegnet in Vv 13f. bezogen auf den Tod am Kreuz. Die Konjunktion ἵνα (V 13) ist demzufolge nicht final zu erklären, sondern von ἔδει abhängig, das absolut zu verstehen ist[92]. Dieses δεῖ ist der Schlüssel für die Interpretation der Rede vom Erscheinen bzw. Kommen im Fleisch[93]. Es korrespondiert mit dem πῶς in V 5 und weist der Antwort auf die verwunderte Frage nach dem Leiden des Präexistenten die Richtung.

Die Christologie hat das Thema Erlösung ins Zentrum gerückt. Die Vv 6,1–4.6f. versuchen mit einer neuen Beweisführung die unwiderrufliche soteriologische Bedeutung des Christusereignisses zu bekräftigen. In lockerer, assoziativer Verknüpfung folgen einige Schriftbeweise.

---

[90] V 12 ist eine freie Wiedergabe von Sach 13,6.7; V 13 ist ein Mischzitat aus Ps 21,12; 118,120; 21,17; 26,12; V 14 ist ein Exzerpt aus Jes 50,6.7.

[91] Anders als WINDISCH, Barnabasbrief 331f., vermutet KÖSTER, Überlieferung 129, daß Barn 5,12 „doch auf Sach., vielleicht auf eine abweichende mit der Vorlage des Mt. [Mt 26,31; vgl. Mk 14,27] verwandte Rezension, zurückgeht."

[92] Die von GEBHARDT/HARNACK, Barnabae Epistula 24, vorgeschlagene Ergänzung des ἔδει mit dem Inf. παθεῖν ist unnötig und macht kaum Sinn.

[93] „In der Darlegung über die Person Christi in c. 5 ist die Hauptsache nicht die Erscheinung Christi im Fleische, sondern sein Todesleiden. Hierbei kommt allerdings auch die Erscheinung ἐν σαρκί zur Erörterung, aber nicht nach ihrer Realität, sondern nach ihrer Notwendigkeit. ... Es galt die Freiwilligkeit dieses Leidens und den göttlichen Zweck desselben zu behaupten: mithin die Meinung zu bestreiten, daß sein Leiden menschliche Schmach und ein Zeugnis von Macht der Menschen über ihn gewesen sei" (VON WEIZSÄCKER, Kritik 15–17). Bezeichnenderweise begegnet dieses δεῖ mit Bezug auf die Erfüllung aller Prophetie durch das Christusereignis in dem resümierenden Wort des Auferstandenen in Lk 24,44b: ὅτι δεῖ πληρωθῆναι πάντα τὰ γεγραμμένα ἐν τῷ Μωϋσέως καὶ τοῖς προφήταις καὶ ψαλμοῖς περὶ ἐμοῦ.

Die Auferstehung des Herrn
und die Hoffnung der Christen (6,1–4)

Nachdem er nun den Auftrag ausgeführt hatte, was sagte er? „Wer will mir Recht sprechen? Er trete mir entgegen. Oder wer will mich richten? Er nähere sich dem Knecht des Herrn. 2 Wehe euch, denn ihr werdet alle altern wie ein Gewand, und die Motte wird euch fressen." Und weiter sagt der Prophet, da er ja wie ein starker Stein zum Zermalmen hingestellt worden ist: „Siehe, ich werde in die Grundmauern Zions einen sehr kostbaren, ausgewählten Stein einsetzen, einen wertvollen Eckstein." 3 Was sagt er danach? „Und der an ihn glaubt, wird leben in Ewigkeit." Auf einen Stein also unsere Hoffnung? Das sei fern. Vielmehr, weil ja der Herr sein Fleisch stark gemacht hat; er sagt nämlich: „Und er machte mich wie einen harten Felsen." 4 Und wiederum sagt der Prophet: „Einen Stein, den die Erbauer für unbrauchbar erklärten, dieser ist zum Eckstein geworden." Und weiter sagt er: „Dies ist der große und wunderbare Tag, den der Herr bewirkte."

Textkritik

1 In dem Zitat aus Jes 58,8 lesen א und H δικαιούμενος, G liest δικαζόμενος, dem L mit *aequalis* (εἰκαζόμενος) nahesteht. Beide griechisch überlieferten vl sind auch durch Hss. der alexandrinischen Gruppe und der hexaplarischen Rezension(en) als Lesarten des Jesajatexts belegt; für den Jesajatext kommen diese indes gegen das überwiegend überlieferte κρινόμενος nicht auf, zumal es mit dem hebräischen Grundtext übereinstimmt.[1] Hat in Barn 6,1 ursprünglich nicht κρινόμενος gestanden, so scheint es wahrscheinlicher, daß das nicht nur aus paulinischer Tradition geläufige δικαιούμενος[2] an dessen Stelle stand. Mit der Änderung zweier Buchstaben hat ein Kenner des griechischen Jesajatexts – der Schreiber von v bzw. dessen Vorlage oder gar des Archetypen Λ – das ihm vorliegende δικαιούμενος zu dem in der frühchristlichen Literatur kaum bezeugten δικαζόμενος[3] modifiziert und damit der biblischen Vorlage angeglichen. 3 Anstelle des von א und H überlieferten ὁ πιστεύων εἰς αὐτόν, das L mit *qui crediderit in illum* und der zugrundeliegende Jesajatext 28,16 stützt, liest G ὃς ἐλπίσει ἐπ᾽ αὐτόν. G, von GH favorisiert, ist wohl durch die folgende Frage, vielleicht auch durch 6,9; 8,5; 12,2; 16,8, korrumpiert. Die Lesart von א und H ist vorzuziehen. Auffällig ist die Lücke in L – es fehlt ὁ κύριος bis πέτραν –, weil der Lateiner sonst vermeintlich biblische Zitate seiner altlateinischen Übersetzung anpaßt, keinesfalls aber tilgt. Die Übereinstimmung der griechischen Zeugen gegen L schließt aus, daß die Passage eingefügt wurde. 4 In L fehlt die zweite Zitationseinleitung sowie ἡ μεγάλη καὶ θαυμαστή.

---

[1] Das häufigste Äquivalent zu שפט ist κρίνω – so auch in Jes 50,8 –, seltener bezieht sich auch δικάζω auf die Vokabel. Die älteren griechischen Bibelübersetzungen unterscheiden konsequent zwischen δικάζω und δικαιόω – nur in 1 Kön 12,7 übersetzt Aquila שפט auch mit δικαιόω.

[2] Vgl. BAUER/ALAND, Wörterbuch, Sp. 393.396f.; MOULTON, Concordance 219; SCHLIER, δίκη κτλ. ThWNT 2 (1935) 217–223.

[3] Δικάζω ist christlicherseits erstmals durch א und H für Barn 6,1 sowie durch Herm *mand.* II (27,5) belegt; dann erst wieder bei Or. *hom.* 14.17 in Jer. (PG 13,428a). Vgl. ferner 4 Esra 2,7.31; 4,4; 6,20.23; weitere Belege in DENIS, Concordance 268.

Gegen ℵ, H und G, denen Vertrauen gebührt, tilgen PK das καί vor θαυμαστή. Die Einsprengung in das Zitat aus Ps 117(118),24 scheint auf dem Term θαυμαστή in Ps 117(118),23 zu beruhen.[4]

Analyse und Auslegung

Die Christologie, der sich Barn 5 zugewandt hat, rückt zugleich das Thema Erlösung ins Zentrum. Die Vv 6,1–4.6f. bekräftigen mit weiteren Schriftbeweisen die singuläre soteriologische Bedeutung des Christusereignisses. Anknüpfungspunkt sind die Zitate in 5,13f. Barn 6,1.2a, ein Zitat aus Jes 50,8f., führt Barn 5,14b, ein Zitat aus Jes 50,6f., fort. Das aus dem dritten Gottesknechtlied zitierte Wort vom ‚starken Felsen‘ assoziiert Schriftworte „ad vocem πέτραν"[5] in Barn 6,2b–4. Neben dem Passus aus Jes 50,7, der in Barn 6,3b wiederkehrt (vgl. 5,14b; OdSal 11,5), werden hier Jes 28,16; Gen 3,22b und Ps 117(118),22.24 bemüht. Der im Mischzitat Barn 5,13 aus Ps 21(22),17b übernommene Ausdruck ‚eine Rotte von Übeltätern‘ kehrt in Barn 6,6 wieder, nun verbunden mit dem Halbvers 19b aus demselben Psalm sowie mit Ps 117(118),12a.

1.2a Sofern ὅτε ‚da‘ oder ‚mit Beziehung auf die Zeit‘ meint und ἐποίησεν mit ‚gegeben‘ zu übersetzen ist, dann bezeichnet sich mit τῷ παιδὶ κυρίου der Präexistente selbst als Gottesknecht. Nach meinem Dafürhalten ist die Konjunktion ὅτε jedoch konventionell gebraucht. Wegen ihrer Verbindung mit dem konsekutiven οὖν sowie mit dem folgenden Aorist[6] wird der Einsatz ὅτε οὖν als narrative Übergangsformel[7] zu verstehen sein. Deshalb meint ἐντολή auch nicht exklusive die Passion,[8] sondern nimmt das Christusereignis unter den in 5,6–14 aufgegriffenen Aspekten insgesamt in den Blick. Folglich spricht hier nicht der Auferstandene, sondern es wird der Prophet zitiert, und zwar konkret der jesajanische Gottesknecht. Hierauf weisen zumal die Quellenangaben der nachfolgenden Zitationseinleitungen hin. In diesem Bezugsrahmen macht die Substitution von μοί nach ἐγγισάτω im Zitat aus Jes 50,8 durch τῷ παιδὶ κυρίου in V 1 Sinn – nämlich unter dem Vorzeichen von Verheißung und Erfüllung. Weil sich, wie 5,14 erweisen soll, die Prophetie über das Leiden des Gottesknechts im Christusereignis erfüllt hat, bedeutet Gottes Heilssetzung in Christus, in Zuspitzung der mit der Leidensprophetie einhergehenden Mahnung zum Gottesgehorsam, einen letztgültigen Ruf zur Entscheidung für oder gegen Gott. Kraft der thematischen Akzentuierung (ὅτε οὖν ἐποίησεν τὴν ἐντολήν), die der Zitationseinleitung τί λέγει vorausgeht, gewinnt das Zitat die Funktion einer Auslegung; es zeigt die Relevanz an. Der Auf-

---

[4] Vergleichbar mit dieser Qualifikation sind 2 Clem 5,5 (ἡ δὲ ἐπαγγελία τοῦ Χριστοῦ μεγάλη καὶ θαυμαστή ἐστιν, καὶ ἀνάπαυσις τῆς μελλούσης βασιλείας καὶ ζωῆς αἰωνίου) und Herm *mand.* XII 4 (47,2).

[5] WINDISCH, Barnabasbrief 332.

[6] Vgl. BLASS/DEBRUNNER, Grammatik § 282,1.

[7] Vgl. BAUER/ALAND, Wörterbuch, Sp. 1191.

[8] So erwägt WINDISCH, Barnabasbrief 332, im Anschluß an HAEUSER, Barnabasbrief 37 Anm. 1; dort weitere Vertreter dieser Interpretation.

trag, seine Erfüllung und seine Bedeutung entsprechen einander. Das interpolierte τῷ παιδὶ κυρίου ist vom Vf. der Sache nach wie παῖς ϑεοῦ als Übersetzung von יהוה עבד begriffen und auf den seit 5,1 in Rede stehenden κύριος titular[9] angewandt. Dies zeigt nicht zuletzt in Barn 9,2 der Ersatz von κυρίου τοῦ ϑεοῦ durch τοῦ παιδός μου in dem Zitat aus Ex 15,26.

2b ist durch das Stichwort πέτραν in 5,14 vorbereitet und fügt sich mit Vv 3f. zu einer Einheit zusammen, die um das Bild vom Stein zentriert ist. Die Anordnung der Schriftstellen, wenn auch nicht unbedingt ihre Auswahl, stammt vom Vf. Die Hinweise auf eine jüdische Tradition, messianisch-eschatologische Aussagen mit Hilfe des Bildes vom Stein zu begründen[10], wie ebenso die stets christologische, in der Ausführung jedoch überaus variantenreiche Verwendung des Motivs[11] seit der frühesten christlichen Literatur (Mk 12,10f. par; Apg 4,11; Röm 9,32f.; 1 Kor 10,4b; Eph 2,20; 1 Petr 2,6-8), raten dazu, ad vocem πέτραν kombinierte Schriftworte sich nicht in einer fixen Sammlung eingegossen und tradiert vorzustellen. Den Kern der christlichen Auslegungstradition dieser Belegstellen, demzufolge Christus als „Stein" Garant der endzeitlichen Hoffnung[12] ist, hält auch Barn 6,2b-4 fest. Hierbei ist die Wahl der Segmente aus dem semantischen Potential der Steinmetapher signifikant durch das Interesse geleitet, das Christusereignis als die Erfüllung der Prophetien ad vocem πέτραν zu erweisen.[13] Ziel der Beweisführung ist das durch Ps 117(118),24 inspirierte zweite Zitat in V 4: Das Christusereignis ist die geweissagte und erhoffte endgültige Heilssetzung Gottes (vgl. hierzu Barn 15 über den Sabbat).

3 An der Haltung ihr gegenüber entscheidet sich das eschatologische Heil (vgl. die Bildworte συντριβή und ἀκρογωνιαῖος V 2b, ferner κεφαλὴ γωνίας V 4a)[14].

---

[9] Als erste nannten wohl Judenchristen Jesus von Nazaret παῖς ϑεοῦ und παῖς κυρίου, und zwar in der Liturgie; vgl. BOUSSET, Kyrios Christos 56f.; dort auch Hinweise auf die weitere patristische Verwendung des Titels. Vgl. ferner HARNACK, Knecht Gottes 212-238; GRILLMEIER, Jesus der Christus 1,20-22. BUSCHMANN, Polykarp 274-276, zufolge findet sich die archaische παῖς-Titulatur Jesu wie in MartPol 14,1d „in frühchristlichen Eucharistiegebeten" (ib. 274); neben 1 Clem 59,2.4; Did 9,3; 10,2f.; TA 3,4,8; CA VIII 15,2; Herm. *sim.* V 5, nennt er auch Barn 6,1; 9,2. Die oratorische Verwendung der παῖς-Prädikation, zumal im Rahmen der Eucharistie, dürfte außer Frage stehen. Ob allerdings auf Grund dieses in Barn 6,1; 9,2 aus Deuterojesaja (Jes 50,8.10) entlehnten Kennwortes beide Sequenzen Gebete, und zudem in eucharistischem Kontext, genannt werden dürfen, scheint (mir) eher unwahrscheinlich. Auch bezüglich des ‚Allgemeinen Gebets', und damit auch von 1 Clem 59,2.4, ist mit LONA, Clemensbrief 613-619, Skepsis bezüglich eines spezifisch liturgischen, näherhin eines exklusiv eucharistischen Hintergrunds angeraten.

[10] Vgl. Midr Qoh 3,8 (17b); DtR 3 (201a); Raschi zu Micha 5,1; ferner Aboth RN 28 (7d).

[11] Vgl. BROX, Petrusbrief 95.99-108.

[12] Vgl. BROX, Petrusbrief 100.

[13] Vgl. die Liste christologischer Namen und Titel in Just. *dial.* 126,1.

[14] Der Term ἀκρογωνιαῖος ist aus Jes 28,16 übernommen. Die alten griechischen Bibelübersetzungen verwenden dieses Hapaxlegomenon, das auch „sonst nur im jüdischen und christlichen Schrifttum nachweisbar" (SCHÄFER, Lapis Summus Angularis 10) ist, für פִּנָּה (mit רֹאשׁ oder אֶבֶן), den tragenden Grund- und Eckstein, der nicht nur eine der Ecken des Gebäudes abstützt, sondern Lage und Richtung des gesamten Bauwerks festlegt. Symmachus hingegen gebraucht ἀκρογωνιαῖος außer in Jes 28,16 auch in 2 Kön 25,17 anstelle von χωθάρ in der Bedeutung des Schlußsteines im Säulenkapitell sowie für die sin-

Das Mischzitat aus Jes 28,16 und Gen 3,22b revidiert nicht nur den Entschluß, die Menschen vom ‚Baum des Lebens' fernzuhalten, sondern wendet dieses Heilsgut in eine Zusage an alle (vgl. 5 Esra 2,12), die an ihn glauben (ὁ πιστεύων εἰς αὐτόν). Daß εἰς αὐτόν nur insofern auf λίθος zu beziehen ist, als dieser metaphorisch begriffen ist, geht aus V 3b hervor. Die rhetorische Frage V 3b nimmt in didaktischer Absicht einen denkbaren Einwand auf, um die metaphorische Bedeutung der Worte vom Stein klarzulegen.[15] Wie sehr es dem Vf. auf die allegorische Deutung der Schriftworte ankommt, zeigt seine Antwort auf die rhetorische Frage: μὴ γένοιτο. Seine Richtigstellung[16] besagt nichts über eine Auferstehung des Fleisches, noch liegt eine antidoketische Note vor. Der Sachzusammenhang ist der in Barn 5 aufgewiesene soteriologisch-eschatologische Rang, den die Auferstehung des Fleischgewordenen, der am Holz gelitten hat (5,13a), bestätigt. Weil Gott durch die Auferstehung Jesu Christi dessen singuläre Heilsbedeutung erwiesen hat, gründet „unsere Hoffnung" nicht nur mit Fug und Recht im Christusereignis, sondern an der Haltung ihm gegenüber entscheidet sich auch die Teilhabe am eschatologischen Heil. Die Schriftworte über den Stein, den der κύριος stark gemacht hat, führen die Auferstehung Christi, die der erste ἵνα-Satz in 5,6 sowie 5,7 als eine an die Christen gerichtete Verheißung einer Auferstehung von den Toten erinnert haben, selbst als Erfüllung prophetischer Verheißung vor Augen. Diese Schriftbeweise haben jedoch darüber hinaus die Funktion, den heilsentscheidenden Rang des Christusereignisses festzuhalten. Von hier aus erklärt sich auch der in der neutestamentlichen Literatur sowie bei den Apostolischen Vätern sonst nicht belegte Term συντριβή.

---

guläre Wortverbindung לְרֹאשׁ פִּנָּה in Ps 117(118),22; die anderen griechischen Psalmübersetzungen, denen Barn 6,4a folgt, bezeugen an dieser Stelle κεφαλὴν γωνίας. Im Sinne von Grund- und Eckstein ist ἀκρογωνιαῖος in Eph 2,20 (vgl. SCHÄFER, ἀγρογωνιαῖος 218–224; McKELVEY, Cornerstone 352–359; dort Hinweise auf die Verwendung des Motivs in den Schriften aus Qumrân sowie in der jüdischen Traditionsliteratur) und 1 Petr 2,6 verwendet (vgl. BROX, Petrusbrief 100). Ἀκρογωνιαῖος und κεφαλὴν γωνίας begegnen bei den Apostolischen Vätern nur in Barn 6,2b.4a. Spätere christliche Zeugnisse belegen, daß die Bildworte vom Stein schon früh zu einem christologischen Topos geworden waren. So kann Just. *dial.* 114,4 geradezu von der ‚Lehre der Apostel des ἀκρογωνιαῖος' sprechen; vgl. ib. 126,1; ferner Clem. *str.* VI 95,2. Für Origenes, der an fraglicher Stelle stets Eph 2,20 zitiert (*Cels.* VIII 19; *Jo.* I 36,265; VI 42,219f.; X 35,228; *comm. ser.* 1–145 *in Mt.* [22,34–27,63] p. 287; *comm. in I Cor.* 16,11; *comm. in Eph.* 12,28.43; *sel. in Gen.* 12,128), steht ebenso fest, daß die κεφαλὴ γωνίας Christus ist, wobei ihm das Logion Mk 12,10 par als Referenz gilt; vgl. Or. *Jo.* I 23,148–150; 36,265; passim. Hipp. *fr.* 54 *et* 68 *in Pr.*, schließlich deutet die Psalmstelle ekklesiologisch: τὰ ἔθνη ἐπὶ τῇ „πνευματικῇ πέτρᾳ Χριστῷ" ᾠκοδόμηνται, „ἥτις ἐγενήθη εἰς κεφαλὴν γωνίας".

[15] Ob diese Klarstellung bereits im Blick auf Barn 16,1 zu lesen ist?

[16] Diese rhetorische Figur erinnert an Argumentationen im Corpus Paulinum (vgl. Röm 3,3f.4f.; 6,1f;15; 7,7.13; 9,14f.; 11,1.11; 1 Kor 6,15; Gal 2,17f.; 3,21). Ihre Merkmale sind 1. eine direkte Frage mit einem Verb in der 1. oder 3. Pers. Pl., die unmittelbar voraus Dargelegtes hinsichtlich einer bestimmten Relevanz summarisch aufgreift, 2. die demonstrative Abweisung dieser These mittels μὴ γένοιτο, und 3. eine Entgegnung, die mittel ἀλλά als Erläuterung oder mittels γάρ als Begründung ausgewiesen ist. In Lk 20,16c begegnet μὴ γένοιτο schließlich im Konnex mit dem Zitat ad vocem πέτραν aus Ps 117(118),22.

4 zitiert, formgerecht eingeleitet, das Sprichwort[17] Ps 117(118),22, woran der Halbvers 24a desselben Psalms angeschlossen ist, in dem die zwei angefügten Attribute ἡ μεγάλη θαυμαστή den Tag des Herrn beschreiben[18]. Mit dem Bild des verworfenen Steines[19], der an herausragende, ja unverzichtbare Stelle gekommen ist, erweist der Vf. das Christusereignis als die von Gott angekündigte und bewirkte ‚grundlegende‘ und ‚abschließende‘ Heilssetzung. Wiederum wird das Christusereignis als die Erfüllung aller Prophetie ausgewiesen. In Barn 6,2b–4 zeigt der Vf. somit auch exemplarisch, daß und wie sich die Prophetien gegenseitig erhellen.

Überschrift (6,5–7)

Recht schlicht schreibe ich euch, damit ihr versteht, ich, ein alleruntertänigster Diener eurer Liebe.
6 Was also sagt wiederum der Prophet? „Mich umzingelt ein Rotte von Übeltätern, sie umschwirren mich wie Bienen die Wabe, und über mein Gewand warfen sie (das) Los.“ 7 Weil er also im Fleisch erscheinen und leiden sollte, wurde sein Leiden im voraus offenbart. Denn der Prophet sagt über Israel: „Wehe ihnen, denn sie haben einen bösen Beschluß gegen sich selbst gefaßt, indem sie sagen: »Binden wir den Gerechten, denn er ist uns unbequem«.“

---

[17] Vgl. KRAUS, Psalmen 808.

[18] Das Adjektivpaar μέγας und θαυμαστός begegnet auch in Dtn 28,59 θ´; Ijob 42,3; Arist. 155; Philo, *Mos.* 2,10; Offb 15,1.3; 1 Clem 26,1; 50,1; 53,3; 2 Clem 2,6.

[19] Die Übersetzungsvarianten von Ps 117(118),22 zeigen, daß ἀκρογωνιαῖος durchaus synonym zu κεφαλὴ γωνίας als Kapitellstein begriffen werden konnte. Allein deshalb ist ungewiß, ob der Vf. im Anschluß an das Bild im Jesajazitat V 2b an einen Grundstein oder, worauf das Zitat aus Ps 117(118),24a hinweisen mag, an den Abschlußstein im Kapitell dachte. Im Rekurs auf das dem gesamten christologisch-soteriologischen Abschnitt Barn 5–8 vorgeschriebene exegetische Prinzip, demzufolge in der Schrift das Christusereignis geweissagt ist, macht das Nebeneinander der beiden Termini durchaus Sinn. Der von Menschen verworfene Stein wird zur κεφαλὴ γωνίας, weil er immer schon der von Gott erwählte ἀκρογωνιαῖος ist, d.h. der Bau findet seinen Abschluß, weil Gott ihn grundgelegt hat. In diese Richtung weist TgPs 118,22–29, in dem der Eckstein als ‚König und Herrscher‘ (מלך ושולטן) gedeutet ist. Die Bildreden vom Stein in Barn 6,2b–4 stünden somit parallel zur (Selbst-)aussage Jesu in Mk 12,10 par, derzufolge der Messias der von den Menschen verworfene Stein ist, den Gott zum Schlußstein seines Heiligtums erwählte. Das Motiv wäre insofern auch mit dem „ntl. Bilderkreis vom Bau des pneumatischen und himmlischen Hauses" verwoben, der u. a. in Barn 4,11; 6,15; 16,7–10 anklingt, sowie mit jenen Bildworten, die „Christus mit dem Tempel in Vergleich" (Mt 12,6; Mk 14,58 par; Joh 2,19; Offb 21,22) setzen. Vgl. SCHELKLE, Akrogoniaios. RAC I. Sp. 233f.; SCHÄFER, Lapis Summus Angularis 9–14; dort Hinweise auf die Nachgeschichte des Motivs in der altchristlichen Latinität (ib. 15–22). Wenngleich Barn 6,4b dem Wortlaut griechischer Psalmübersetzungen nähersteht als den verwandten Stellen bei den Synoptikern (vgl. auch KÖSTER, Überlieferung 128) kann kein Zweifel sein, daß der Vf. die christologische Deutung der Schriftzitate teilt, d.h. der von Gott erwählte ἀκρογωνιαῖος ist niemand anderes als Jesus Christus.

Textkritik

5 fehlt in L; Clem. *str.* V 10,63,1 zitiert ἁπλούστερον bis συνιῆτε. Auch deshalb ist an der Vertrauenswürdigkeit dieses von den griechischen Hss. überlieferten Verses nicht zu zweifeln. **6** L tilgt πάλιν ὁ προφήτης und erweitert dafür das καί zu *iterum dixit*. Ebenso wie an diesen beiden Stellen steht L mit seiner Auslassung von κηρίον gegen die griechischen Zeugen; ihnen ist zu folgen. **7b** beginnt mit einem wörtlichen Zitat von Jes 3,9b.10a. Zwar fehlt in L eine wörtliche Übersetzung von ὅτι βεβούλευνται βουλὴν πονηράν, doch in der Sache bezeugt er die Aussage von Jes 3,9b: *vae animae iniquorum qui dicunt inter se.*

Analyse und Auslegung

5 ist eine auf die Verfasserprätention in Barn 1 bezogene Geste. Sie kommentiert weniger die unmittelbar vorausstehenden Ausführungen als sie die Leser auf die Vv 6f. vorbereitet. V 7a zeigt, daß mit beiden Zitaten keine weiterführenden inhaltlichen Aussagen über den κύριος aus der Schrift belegt werden sollen. Dem Komparativ ἁπλούστερον sowie dem Finalsatz ἵνα συνιῆτε zufolge geht es in den beiden folgenden Versen vielmehr um eine unmittelbar einsichtige Demonstration des in 5,2 offengelegten exegetischen Prinzips. Neben der Aufgabe, das Christusereignis als Scopus aller Prophetie evident zu machen, wächst den Vv 6f. aus dem nachfolgenden Abschnitt über das ‚Land der Verheißung' die Funktion zu, Vv 8–19 an das Vorausgehende anzuschließen.

6f. sind deutlich als literarische Klammer konzipiert. Mit einer Variante seiner Zitationsformel, die diesmal als rhetorische Frage (τί οὖν λέγει πάλιν ὁ προφήτης;) ausgeführt die Emphase auf die Leser unterstreicht, wendet sich der Verfasser wieder dem ab 5,5 anhand der prophetischen Verkündigung entfalteten Aufweis zu, weshalb es der κύριος ertragen hat (von Menschenhand) zu leiden; das πάλιν lenkt den Blick auf den Sachzusammenhang. Neben dieser formelhaft initiierten Hinwendung zum Thema stellt das folgende Mischzitat die Verklammerung zum Vorausgehenden sicher. Ferner nimmt V 7a mit den beiden Stichworten φανεροῦν und πάσχειν die ab 5,5 inhaltlich bestimmende Frage nach dem Zweck des Erscheinens ἐν σαρκί und des Leidens auf. Das Prophetenzitat in V 6 verbindet drei Einzelklagen aus den beiden Klage- und Dankpsalmen[20] 21(22) und 177(118), wobei Ps 21(22),17b und 21(22),19b den wohl wegen des Stichworts ἐκύκλωσάν με in Ps 21(22),17a assoziierten Halbvers Ps 117(118),12a umschließen. Ps 117,12a und Ps 21,19b sind wörtlich übernommen; aus Ps 21,17b ist das Verb und Pronomen in Barn vorausgestellt. Während die Halbverse aus Ps 21 insgesamt die Gottverlassenheit in Spannung zur Heilsgewißheit thematisieren, ist Ps 117 ein Dankpsalm, in dem nach der memorierten Verfolgung sogleich deren Abwehr und Vergehen im Namen des Herrn proklamiert wird. Den drei Stücken gemeinsam ist die Lebensbedrohung, die, wie das abschließende Motiv des Losens über das dem Beter entrissene Gewand zeigt, im Leiden bis zum Tod kulminiert. Dem Vf. freilich gelten

---

[20] Vgl. Nötscher, Psalmen 41f.239; Kraus, Psalmen 176f.180.802–805.

diese Nöte nicht wie dem Psalmisten als Signum der Gottverlassenheit, sondern als Leidensweissagung auf Jesus hin. Textlicher Anknüpfungspunkt ist der Schriftbeleg in Barn 5,13b, der selbst wiederum ein Mischzitat aus Ps 21(22),17.21 und Ps 118(119),120 ist.[21]

Die thematische Klammer zu V 7a ist zugleich Auslegung von Vv 6.7b. Ihre Bedeutung ist in dem durch die beiden Schriftbelege erwiesenen Diktum zu sehen, daß prophetische Rede[22] über ‚das Leiden‘[23] das Christusereignis als Ganzes ankündigt. Mit Blick auf die didaktische Funktion, die V 5 den Vv 6f. und damit auch der ‚Gnosis‘, die V 7a formuliert, zumißt, ist der folgende, wiederum formgerecht eingeführte und den Juden gewidmete Halbvers 7b, der Jes 3,9b.10a wörtlich übernimmt und daran ein nur im Verb (δήσωμεν statt ἐνεδρεύσωμεν) abweichendes Zitat aus Weish 2,12 fügt, als Bekräftigung des Merksatzes V 7a zu verstehen.

Die Anbindung an die folgende Auslegung der Landverheißung beruht auf dem Lexem κλῆρος[24] in V 6. Die vom Psalmisten ins Auge gefaßte Semantik, nämlich die Tätigkeit des Losens, repräsentiert nur ein kleines Segment aus dem Bedeutungsspektrum von κλῆρος und seiner Derivate,[25] z. B. κατακληρονομέω in V 8. ‚Los‘, ‚Erbe‘, ‚erben‘ und ‚Land/Erde‘ scheinen eine feste Bedeutungskette zu sein, die zur assoziativen Reihung einschlägiger Schriftstellen und zu deren Allegorese

---

[21] Die Textvarianten von Ps 21,17 in Barn 5,13 von H und ℵ erweisen sich im Rückblick somit nicht nur als Angleichungen an die (älteren) griechischen Bibelübersetzungen, sondern auch an das Zitat aus Ps 21,17 in Barn 6,6. Mit Blick auf Barn 7,8f. ist es sehr beachtlich, daß Barn ebenso wie die neutestamentlichen Schriften Ps 21,17c („Sie durchbohrten mir Hände und Füße") nicht zitiert. Da Ps 21(22),17 und Ps 117(118),120 christlicherseits erstmals im Barn zitiert sind, hingegen Ps 21(22),19 eine vielfache passionstheologische Rezeption bereits in der frühesten christlichen Literatur erfahren hat (Mt 27,35; Mk 15,24; Lk 23,34; Joh 19,24), mag Wahl und Arrangement der Stellen in Barn 6,6 auf das Konto des Vf. gehen. Barn 6,6 steht griechischen Psalmübersetzungen jedenfalls näher als verwandten Stellen bei den Synoptikern (vgl. auch KÖSTER, Überlieferung 128).

[22] Zum Kompositum προεφανέρωσεν vgl. S. 417f. die Auslegung von Barn 11,1a.

[23] Das absolute τὸ πάθος ist biblisch nicht nachgewiesen. Die Form begegnet indes häufig bei Philo und Josephus. Falls die Belege in den Ignatianen (IgnMagn 5,2; IgnPhld 9,2; IgnSm 5,3; 7,2), wo die Form stets mit dem Gedanken an die Auferstehung Jesu Christi bzw. der Christen verbunden ist, in Betracht kommen (vgl. PROSTMEIER, Ignatios. LThK³ 5 [1996] Sp. 407–409), stünde wegen des in IgnPhld 9,2 angeschlossenen Gedankens der auf Christus zielenden Prophetien diese Sequenz Barn 6,7a am nächsten. Andernfalls wäre christlicherseits Barn 6,7a der älteste Beleg für diesen absoluten Gebrauch des Lexems.

[24] In Ps 21,19 meint κλῆρος wegen des vorausgehenden Verbs βάλλειν sicher „ein Los werfen"; vgl. FOERSTER, κλῆρος. ThWNT 3 (1938) 758,7ff. Es geht um die Verteilung der Habe eines Ausgestoßenen bzw. zum Tode Verurteilten.

[25] Neben dem Gebrauch wie in Ps 21,17 ist mit dem Lexem bisweilen „das Los, mit dem gelost wird" gemeint, „das durchs Los verteilte Stück Land", „das (väterliche) Grundstück", „das Erbe", „das Lehensland" oder auch „der zugeloste, zugewiesene Anteil"; in allen Varianten bleibt aber die räumliche Vorstellung gewahrt; vgl. FOERSTER, κλῆρος. ThWNT 3 (1938) 757. Innerhalb religiöser Rede steht κλῆρος den Termini κληρονόμος, κληρονομία und κληρονομέω nahe. In den älteren griechischen Bibelübersetzungen, in denen die räumliche Vorstellung zugunsten der Idee des „Zugeteilten" schwindet, bezeichnet κλῆρος ein von Gott zugesprochenes Stück Land, wogegen κληρονομία betont, daß dieses Teil als fester, bleibender ‚Erbbesitz‘ gegeben ist, wobei das Bild eines die Geschichte lenkenden Gottes, der Israel sein Land und jedem seinen Teil zumißt, tragend ist.

geradezu einlädt. Mit dem Psalmzitat partizipiert V 6 bereits an jenem semantischen Feld und Thema, das in den Vv 8–19 bestimmend ist: Was meint die Verheißung vom ‚gelobten Land‘ und wem gilt sie? Der Brückenschlag der Vv 6f. von
dem christologischen Abschnitt 5,1–6,4 zu der folgenden, ebenfalls christologisch-
soteriologischen Sequenz beruht also auf der Polysemie von κλῆρος, wobei das
Kausativum κατακληρονομήσατε in 6,8 dessen nächster textueller Brückenkopf
ist. Für die Schanierfunktion dieser beiden Verse spricht schließlich auch, daß die
Zielrichtung der Aussagen hier (λέγει γὰρ ὁ προφήτης ἐπὶ τὸν Ἰσραήλ) und im
Folgevers 6,8 (τί λέγει ὁ ἄλλος προφήτης Μωϋσῆς αὐτοῖς;) die Juden sind und
daß V 9 mit ἐν σαρκὶ μέλλοντα φανεροῦσθαι den ersten Teil von V 7 (ἐν σαρκὶ
… μέλλοντος φανεροῦσθαι) aufnimmt.

Jesus und seine Gemeinde (6,8–19)

**Was sagt der andere Prophet, Moses, ihnen? „Siehe, das sagt Gott der Herr:
»Geht hinein in das gute Land, das der Herr dem Abraham und Isaak und
Jakob zugesichert hat und erbt es, ein Land, das von Milch und Honig
fließt.«" 9ᵃ Was aber sagt die Erkenntnis? Lernt! Hofft, sagt sie, auf den, der
euch im Fleisch erscheinen soll, Jesus. 9ᵇ Der Mensch ist nämlich leidende
Erde; denn die Schöpfung Adams geschah aus dem Antlitz der Erde.**

**10ᵃ Was nun bedeutet: „In das gute Land, ein Land, das von Milch und Ho-
nig fließt"?**

**Gepriesen sei unser Herr, Brüder, der uns Weisheit und Verstand für seine
Geheimnisse zuteil werden ließ. 1,1ᵇ Denn der Prophet spricht: „Ein Gleichnis des Herrn – wer wird es verstehen, wenn nicht ein Weiser, der kundig ist
und seinen Herrn liebt?"**

**11 Dadurch nun, daß er uns durch den Erlaß der Sünden erneuert hat, hat
er uns (zu) einem anderen Typus gemacht, um die Seele wie neugeborene
Kinder zu haben, wie es ja wäre, schüfe er uns neu.**

**12ᵃ Denn die Schrift spricht über uns, wenn er dem Sohn sagt: „Laßt uns
gleichwie unser Aussehen und uns ähnlich den Menschen machen, und sie
sollen über die Tiere der Erde herrschen und über die Vögel des Himmels
und über die Fische des Meeres," 12ᵇ und der Herr sagt, als er uns, das
schöne Geschöpf sah: „Wachst und mehrt euch und füllt die Erde." 12ᶜ Das
zum Sohn.**

**13ᵃ Wiederum will ich dir zeigen, wie er im Hinblick auf uns spricht; eine
zweite Schöpfung hat er in der Endzeit gemacht. 13ᵇ Der Herr spricht:
„Siehe, ich mache das Letzte wie das Erste." 13ᶜ Dazu also hat der Prophet
verkündet: „Geht hinein in ein Land, das von Milch und Honig fließt und
seid sein Beherrscher."**

**14ᵃ Siehe also, wir sind neugeschaffen worden, so wie es wiederum im an-
deren Prophetenbuch heißt: „Siehe, sagt der Herr, ich werde diesen, d.h. denen, die der Geist des Herrn voraussah, die steinernen Herzen herausnehmen**

und fleischerne einsetzen," 14ᵇ weil er selbst im Fleisch erscheinen und in uns wohnen sollte. 15 Denn ein heiliger Tempel, meine Brüder, (ist) dem Herrn die Wohnstätte unseres Herzens.

16ᵃ Denn der Herr sagt ferner: „Und in wem soll ich dem Herrn, meinem Gott, erscheinen und verherrlicht werden?" 16ᵇ Er sagt: „Ich werde mich zu dir bekennen in der Versammlung meiner Brüder und dir lobsingen inmitten der Versammlung Heiliger." Demnach sind wir es, die er in das gute Land hineingeführt hat.

16ᵃ Was (bedeutet) also die Milch und der Honig? Zuerst wird das neugeborene Kind mit Honig, dann mit Milch am Leben erhalten. 16ᵇ Ebenso also auch wir, weil wir durch den Glauben an die Verheißung und durch das Wort am Leben erhalten werden, werden wir leben als Beherrscher der Erde. 17ᵃ Es ist aber vorher oben erwähnt worden: „Und sie sollen wachsen und sich vermehren und über die Fische herrschen." 17ᵇ Wer vermag denn jetzt zu herrschen über Tiere oder Fische oder Vögel des Himmels? Wir müssen nämlich verstehen, daß zu herrschen (eine Sache) der Macht ist, sich durch Befehlen als Herr zu erweisen. 18 Wenn das also nicht jetzt geschieht, so hat er uns folglich gesagt, wann: Wenn auch wir selbst vollkommen geworden sind, um Erben des Bundes des Herrn zu werden.

Textkritik

8 Εἰσέλθατε in ℵ und G (GH FB K W) ist die für Alexandria bezeugte Aoristvariante zu der von H und Clem. *str.* V 10,63,3 benutzten attischen Form εἰσέλθετε, die PK und SB wählen.[1] Weil Barn 6,8–10 von Clem. wörtlich zitiert und εἰσέλθατε im Barn sonst nur noch durch ℵ und G in der Wiederaufnahme des Themazitats in V 13c belegt ist, ist mit PK hier und in V 13c die Lesart von H der von ℵ und G vorzuziehen. 10 In L fehlt ἡμῶν ἀδελφοί – kaum aus Sorge, das Pronomen könnte zu ἀδελφοί geschlagen werden – sowie καὶ ἐπιστήμων. Interpungiert man mit PK[2] nach ὁ προφήτης, so ist λέγει γὰρ ὁ προφήτης eine formgerechte Zitationseinleitung, deren nächste Parallelen in 11,2; 14,2 vorliegen, und παραβολὴν κυρίου τίς νοήσει, εἰ μὴ σοφὸς καὶ ἐπιστήμων καὶ ἀγαπῶν τὸν κύριον αὐτοῦ wäre ein Prophetenzitat. Hierfür spricht H (fol. 42ᵛ10) sowie Clem. *str.* VI 8,65,2f., der diese Frage einem Zitat aus Ijob 11,2 anfügt, wobei er mittels eines erklärenden[3] δέ zwischen παραβολήν und κυρίου den Status von κυρίου als genitivus subjectivus klärt. Entsprechend wird das Subst. τῶν κρυφίων durch παραβολή näher bestimmt. Entschließt man sich hingegen mit W nach κυρίου zu interpungieren,[4] wofür G (v; fol. 199ʳᵇ13) und L (fol. 12ʳ9f.) *dicit autem et propheta parabolam domini* bürgen, dann ist der 1. Teil von V 10b eine – überaus beachtliche – Aus-

[1] Vgl. PAPE, Wörterbuch 1,1038.
[2] Vgl. PRIGENT/KRAFT, Épître de Barnabé 123 Anm. 3.
[3] Vgl. BLASS/DEBRUNNER, Grammatik § 447,1c („ein Gleichnis *und zwar* des Herrn"); Röm 9,30; 1 Kor 2,6; Phil 2,8.
[4] *Gegen* die handschriftliche Bezeugung der Interpunktion in Clem. *str.* V 10,63,6 konjiziert Stählin mit expliziter Berufung auf Barn 6,10 (vgl. BKV².² 19,174 Anm. 5) für seine Übersetzung jene Interpunktion, die, wie z.B. in der Funkschen Ausgabe, den Lesarten der Hss. G und L folgt. Ein Jahr zuvor übersetzte OVERBECK, Teppiche 457, den handschriftlich bezeugten Text von Clem. *str.* V 10,63,6 – also mit dem Kolon nach προφήτης.

legung, die nicht nur die mit der Präposition εἰς in Erinnerung gebrachte Aufforderung des „Hineingehens" mit dem κύριος verbindet, sondern auch das „Land" von V 10a mit dem κύριος identifiziert. Dem steht aber die mit V 11 einsetzende Auslegung entgegen. Denn nachdem sich die Vv 11–13 dem Einzugsmotiv angenommen haben, stellen die Vv 14–16 klar, daß γῆ die Gemeinschaft meint, in der der κύριος durch seine ‚Einwohnung im Herzen' der Gläubigen (Vv 14b.15) präsent ist; eine Interpretation des Landes in Analogie zur paulinischen Leibmetapher hat im Text keinen Anhalt. Im übrigen wäre V 10b die einzige Stelle, an der eine Zitationseinleitung in eine Auslegung überführt ist; 5,12b ist keine echte Parallele, weil dort Sach 13,6 paraphrasiert ist; ebensowenig 6,2b. Aus inneren Gründen ist also der Interpunktion von H zu folgen.[5] L liest anstelle von λέγει γὰρ ὁ προφήτης *dicit autem et propheta*, weshalb Wengst δὲ καί als Variante für γάρ notiert. L fügt hierdurch eine Zäsur in den Gedankengang zwischen V 10a und V 10b ein. Zum einen ist der Lobpreis für die Verstehensbefähigung nur dann, wenn das von א, H, G und Clem. bezeugte γάρ belassen wird, im Hinblick auf die weitergehenden Bedingungen (V 10b) zur Auslegung des Themazitats V 8 bzw. V 10a formuliert. Zum anderen würde, da L ebenso wie w interpungiert, ein Widerspruch zum gesamten Duktus des Barn entstehen, denn es hieße doch dann, daß die Landverheißung sowohl buchstäblich als auch „geistig" verstanden werden soll. 11 Παιδίον bezeugen H und G, wogegen א παιδίων führt. Für den Pl. spricht, daß παιδίον aus V 17a her im Blick auf den im Pl. gehaltenen Kontext von V 11 korrigiert sein könnte, und daß der Kontext von V 11 im Pl. steht. Der Aorist ἐκαίνισεν in א* (wι konjizierte ἀνεκαίνισεν) legt den Akzent nicht – worauf es hier ankommt – auf den Erlaß der Sünden, sondern auf die Neuheit dieses Ereignisses, das prinzipiell auch ein anderes sein könnte, solange es nur neu ist. 12 In H und L fehlt die pointierte, resümierende Auslegung ταῦτα πρὸς τὸν υἱόν. Die grammatische Spannung zwischen den beiden Imper. Pl. in dem Zitat aus Gen 1,28 und dem Sg. τὸν υἱόν wird die Tilgung dieser Auslegung verursacht haben. 13 Das von w mit *vobis* in L begründete ὑμῖν an Stelle von σοί, das א, H und G lesen, korrigiert den Numeruswechsel; σοί ist als lectio difficilior vorzuziehen. Wie in V 8 gebührt εἰσέλθετε der Vorzug vor εἰσέλθατε. 14 L streicht – wie so oft – die Leseranrede; hier: ἅγιος ἀδελφοί μου. Αὐτοῖς, ὅτι ἤμελλεν ἐν σαρκί in G steht Ez 11,19 näher und ist angesichts der Bezeugung der Lesart ὅτι αὐτὸς ἐν σαρκὶ ἔμελλεν durch א und H, der *quia ipse incipiebat* in L entspricht, sekundär. Das αὐτοῖς betont die Identität der vom Handeln des Herrn erfaßten Personen, setzt aber voraus, daß die Leser dieses αὐτοῖς nicht wie in V 8 entschlüsseln, sondern auf sich selbst münzen. 16 L streicht das erste σοι aus dem Psalmzitat 107(108),4. Weil er σοι nach ψαλῶ jedoch mit א, H und G bezeugt, wird auch ἐξομολογήσομαί σοι zu lesen sein. 17 Der Aspekt einer zeitlichen Abfolge, die א, H und G mit der Lesart πρῶτον … εἶτα bezeugen[6], ist in der Variante von L *ab initio … et* (von Anbeginn an … und) nicht enthalten, denn in der vergleichbaren Passage 15,7 übersetzt L die zeitliche Reihe τότε … πρῶτον exakt

---

[5] Für diese Interpunktion optieren seit der editio princeps fast alle (alten) Textausgaben, Übersetzungen und Kommentare; vgl. MÉNARD, Sancti Barnabæ Apostoli 20; USSHER, Epistola Barnabae 263; VOSSIUS, Barnabæ Epistola 221; DE MURALTO, Patres Apostolici 1,17; HEFELE, Patrum Apostolicorum Opera 12f.; DRESSEL, Patrum apostolicorum opera 11; MÜLLER, Erklärung 169; REITHMAYR, Das Sendschreiben des Apostels Barnabas (BKV[1] 1) 89. Nach κυρίου zu interpungieren, entschloß sich zuerst HILGENFELD, Barnabae Epistula ([2]1877) 15; CUNNINGHAM, Barnabas 30f., danach GEBHARDT/HARNACK, Barnabae Epistula 28; ZELLER, Die Apostolischen Väter (BKV[2.1] 12) 84.

[6] Das Neutr. πρῶτον ist Zeitadverb, das von seiner semantischen Kompetenz kein kopulatives, sondern ein temporales Pendant erwarten läßt, z.B. εἶτα, ἔπειτα, μετά, τότε sowie καὶ τότε, keinesfalls jedoch καί ohne τότε. Weitere Beispiele bei BAUER/ALAND, Wörterbuch, Sp. 1453.

mit der üblichen Dyas *tunc … primum* (dann … zuerst). Angesichts der Übereinstimmung der griechischen Zeugen ist es wahrscheinlich, daß L in Abstimmung mit der folgenden Auslegung das εἶτα in *et* korrigiert und das artikellose, adverbiale πρῶτον mittels *ab initio* in Richtung einer Wendung wie ἀπ᾽ ἀρχῆς, ἐξ ἀρχῆς, ἀρχῆθεν interpretiert hat. Die Vermutung, der Lateiner habe die ursprüngliche Lesart bewahrt (w), also nicht πρῶτον … εἶτα gelesen – πρῶτον … καί ist wegen 15,7 kaum als Vorlage anzunehmen –, bedingt aufgrund der stemmatologischen Relationen, daß zwar die (hypothetischen) Archetypen Λ und Ψ an dieser Stelle differierten, jedoch G später in Richtung der zweifelsfrei schwierigeren Lesart korrigiert wurde, so daß er nun mit ℵ und H übereinstimmt. Überzeugender scheint demgegenüber die Annahme, daß L mit *et* (und dem *ab initio*) eine Auslegung abwehren wollte, die die zeitliche Abfolge der Kindererernährung wie sie von ℵ, H und G festgehalten ist, hinsichtlich Glaube und Wort so deutet, daß durch das Wort der Glaube an die Verheißung abgelöst bzw. obsolet werden würde. Da die von ℵ, H und G bewahrte Lesart auch gegen den wiederaufgenommenen Zitatteil (vgl. 6,8) steht, ist sie als lectio difficilior vorzuziehen (GH FB K PK SB). **18** Προείρηκεν in H und G ist dem Pl. in ℵ, der vielleicht dem ὀφείλομεν angepaßt wurde, vorzuziehen. In L fehlt προείρηκεν bis ἰχθύων, ferner νῦν sowie τοῦ οὐρανοῦ. **19** fehlt in L.

Einheitlichkeit, Aufbau und Gliederung

Gegen die Einheitlichkeit Vv 8–19 hat Wengst Gründe angeführt: Das Stück hebt sich thematisch ab, die Verbindung der ekklesiologischen und eschatologischen Thematik mit der christologischen in 5,1–6,4 und den beiden Schlußversen 7,1f. wird durch Vv 9.10b sekundär hergestellt. Diese Verse, die er als „Ad-hoc-Bildungen" bezeichnet, teilen selbst wiederum den thematischen Komplex 6,8–19.[7] Die Analysen von 6,5–7 und des Schlußstücks 7,1f. zeigen demgegenüber syntaktische und terminologisch-sachliche Verknüpfungen von 6,8–19 mit seinem Kontext – z.B. setzt die exegetische Bemerkung ὡς λέγει τῷ υἱῷ V 12 die christologische Qualifikation von υἱός in 5,5–9 voraus, der Sündenerlaß durch den κύριος V 11 rekurriert auf 5,1 –, die zwar nicht erlauben, mit Dahl die Einheitlichkeit zu behaupten oder mit Barnard stillschweigend vorauszusetzen,[8] die aber eine Separierung zwischen der Tradition und der redaktionellen Hand des Vf. nicht einfachhin gestatten und die monierte Inkohärenz zwischen V 9 und Vv 10ff. weniger gravierend erscheinen lassen.[9]

---

[7] Vgl. WENGST, Tradition 16.27f.

[8] Vgl. DAHL, La terre où coulent le lait et le miel selon Barnabé 6,8–19, S. 62.64.68; BARNARD, A Note on Barnabas 6,8–17.

[9] An dieser Stelle erweist sich, daß der textkritischen Arbeit vor der literarkritischen Analyse unbedingte Priorität gebührt. Je nachdem, welche Lesart gewählt wird, ist die Passage kohärent oder gibt Anlaß, an ihrer Kohärenz zu zweifeln oder sie zu verneinen – mit den entsprechenden Folgen für die traditions- und redaktionsgeschichtlichen Annahmen; vgl. die Textkritik z.St. S. 260.

8   Themazitat: Das Land der Verheißung

Christologische Deutung

9a   Auslegung: Die Verheißung – Hoffnung auf Jesus
9b   Zwei exegetische Bemerkungen

Soteriologische und ekklesiologische Deutung

10a   1. Reprise: Das Land – die Kirche
10b   Eulogie und exegetische Befähigung
10c   Hermeneutisches Prinzip
11   Auslegung
12.13   1. Erläuterung mit Schriftbeweis
14–16a   2. Erläuterung mit Schriftbeweis
16b   Bestätigendes Resümee

Eschatologische Deutung

17a   2. Reprise: Milch und Honig
17b   Auslegung:
            Glaube und Wort – Zeichen und Garanten eschatologischen Heils
18a   3. Reprise: Herrschaftsauftrag
18b.19   Auslegung: Glaube und Hoffnung erfüllen sich im Eschaton

Analyse und Auslegung

Das Land der Verheißung (6,8)

8 Mit einer wiederum als Frage ausgeführten Zitationsformel setzt V 8 das Thema fort, wobei das betonte ὁ ἄλλος προφήτης signalisiert, daß anhand eines Prophetenworts ein bislang nicht behandelter oder beachteter Gesichtspunkt zur Sprache gebracht wird. Das Adj. ἄλλος blickt auf die Zitationseinleitungen in Vv 6f. zurück. Sofern ἄλλος nicht nur formal den Subjektwechsel anzeigt und hierin zugleich den Abschnitt, der mit V 8 beginnt, mit dem vorausgehenden Passus verbindet, unterstreicht es den prophetischen Rang Davids[10], auf den traditionell der Psalter, aus dem die Vv 6f. entnommen sind, zurückgeführt wird (vgl. 10,10; 12,10b). Liegt neben der formalen auch diese sachliche Verbindung zum Vorausgehenden vor, dann rechnet der Vf. damit, daß seine Leser mit dem Psalter soweit vertraut sind, daß sie die Schriftbelege als Psalmzitate erkennen.

Erstmals präzisiert Barn die Quelle, aus der er zitiert, mit Namen. Wie in Vv 6f. die anonyme, aber wohl sicher auf David hin verstandene Quellenangabe die Widmung ἐπὶ τὸν Ἰσραήλ von V 7b folgerte, so bedingt hier die Nennung von Mose

---

[10] Vgl. S. 90–93 unter ‚§ 4 Struktur, Komposition und literarischer Charakter'.

(vgl. 10,1.11; 12,2.6.7.9) sowohl die explizite jüdische Adressierung des folgenden Zitates als auch die Einbettung dieser abrahamitischen Verheißung[11] in eine eigene Zitationsformel, insofern auf die mosaische Rezeption der Landverheißung[12] abgehoben ist. Dieser Zitationseinleitung, die den prophetischen Rang des Zitats bereits festgestellt hat, folgt mit ἰδού, τάδε λέγει κύριος ὁ θεός eine Botenformel[13],

---

[11] Barn 6,8 spielt auf die abrahamitische Landverheißung in Gen 12,1f.; 13,17; 15,18 an, und zwar wie sie ‚seit' Gen 24,7 sprachlich mit dem Verb ὀμνύειν bezeichnet und ‚spätestens' ab Gen 50,24 (ἦν ὤμοσεν ὁ θεὸς τοῖς πατράσιν ἡμῶν Αβρααμ καὶ Ισαακ καὶ Ιακωβ) in der von Barn verwendeten Verbindung als Väterverheißung (vgl. Weimar, Abraham. NBL 1 [1991] Sp. 16; Ruppert, Abraham. LThK³ 1 [1993] Sp. 61f.; dort weitere Stellenverweise und Literatur) memoriert wird, so z.B. auch in Dtn 1,8 (ἣν ὤμοσα τοῖς πατράσιν ὑμῶν τῷ Αβρααμ καὶ Ισαακ καὶ Ιακωβ δοῦναι αὐτοῖς καὶ τῷ σπέρματι αὐτῶν μετ᾽ αὐτούς). Das gegenüber den älteren griechischen Übersetzungen von Gen und Dtn verkürzte Zitat im Barn wird von Clem. str. V 10,63,2f. und א auf die Genesisstelle hin korrigiert (vgl. S. 34 35f. unter ,§ 2 Die indirekte Überlieferung'); sie sind also sekundäre Harmonisierungen. In den älteren griechischen Bibelübersetzungen ist das hier und in Barn 14,1 gebrauchte Lexem ὀμνύειν „fast regelmässig Wiedergabe des ni von שׁבע" (Schneider, ὀμνύω. ThWNT 5 [1954] 177,20) und – wie ein Blick auf den hebräischen Text zeigt – so auch im vorliegenden Fall. Entsprechend übersetzt Wengst ὤμοσεν in Barn 6,8a strikt nach der lexikalischen Auskunft mit „schwören" und könnte sich hierbei zudem auf die gleichlautende Übertragung der Vokabel in Dtn 1,8 durch die Einheitsübersetzung stützen. In neutestamentlichem Sprachgebrauch geht aber auch die Wortgruppe ὁμολογεῖν „in den Sinn von ὀμνύναι über (Ag 7,17; Hb 6,13)" (Michel, ὁμολογέω. ThWNT 5 [1954] 206,56) und begegnet oft als Umschreibung für das ni von שׁבע (vgl. ib. 204,8), so daß man mit „zusichern, zusagen oder zugestehen" übersetzen könnte; entsprechend wählt die Einheitsübersetzung die Wendung „mit einem Eid zugesichert" zur Umschreibung von ὤμοσεν in Gen 50,24. Insofern aber ὀμνύω zum semantischen Umfeld des Rechtsgeschäfts, der eidlichen Versicherung u.ä. gehört und somit in Gen 50,24 und in seiner Rezeption in Dtn 1,8 auf den Aspekt der Rechtsgültigkeit der feierlichen, freien Selbstbindung Gottes (vgl. Schneider, ὅρκος. ThWNT 5 [1954] 460,20-462,25) in der Heilszusicherung (zum Sprachgebrauch von בְּרִית bzw. διαθήκη vgl. Barn 4,6) an sein Volk abgehoben scheint, ist das Lexem auch in Barn 6,8 sinngemäß als „eidliche, bindende Zusicherung", zu deuten; in diesem Sinn verwendet es auch Herm vis. II 2,5.8 (6,5.8) (vgl. Brox, Hermas 94.99f.101f.). Für diese forensische Deutung als „Schwur Gottes", im Sinne einer Bekräftigung der Landverheißung durch einen Eid bzw. durch eine Eideszeremonie (was Lohfink, Eid 107-117, diesbezüglich für Gen 15 herausstellte, gilt für das gesamte Landverheißungstradition) spricht auch, daß in den alttestamentlichen Bezugsgrößen durchaus mit einem anthropomorphen Gottesbild gerechnet werden darf, dem sich die Vorstellung gut einfügt, daß Gott selbst bzw. bei seinem Namen schwört (so rekapituliert ausdrücklich Ex 32,13) und nicht nur als Zeuge für einen Eid angerufen wird, ferner daß es dem Barn grundsätzlich um das rechte Verstehen der Rechtsforderungen bzw. Rechtstaten Gottes geht und schließlich, daß – wie z.B. Barn 9,7-9 zeigt – der möglichst nahtlose, d.h. nicht durch das Judentum vermittelte Anschluß an die Figur Abraham – an die Patriarchenzeit überhaupt – für den Ausweis der Richtigkeit der eigenen Position konstitutiv scheint. Mit diesem Anspruch auf Abraham sowie die Patriarchentrias geht der Vf. über das, was aus dem Corpus Paulinum, Hebr und Jak bekannt ist (vgl. Lona, Abraham. LThK³ 1 [1993] Sp. 62f.), hinaus. Vgl. ferner die Auslegung von Barn 6,17.

[12] Zur γῆ als Übersetzung von אֶרֶץ allgemein vgl. Sasse, γῆ, ἐπίγειος. ThWNT 1 (1933) 676-679, dort und Bd. 10,2 weitere Literatur; vgl. insbesondere Schmid, אֶרֶץ. ThWAT 1 (1973) 228-236; Ottosson/ Bergman, אֶרֶץ. ThWAT 1 (1973) 418-436; Lohfink, Eid 114-117. Zur Polysemie des Lexems im Barn vgl. S. 266 Anm. 21 sowie die Auslegung von Barn 6,17.

[13] Die Botenformel (vgl. Koch, Profeten 1,89) τάδε λέγει κύριος ὁ θεός, die in Barn 6,8 – zitiert in Clem. str. V 10,63,3 – sowie Barn 9,2.5a begegnet, ist in der neutestamentlichen Literatur und bei den Apostolischen Vätern sonst nicht bezeugt; Philo und Josephus benutzen sie nicht. Den drei Belegen im Barn geht stets eine Zitationseinleitung voraus und der Botenformel folgt ein Zitat aus den geschichtlichen Werken oder aus Jer. Das Zitat ist in 6,8 (αὐτοῖς) und 9,5a (πρὸς αὐτούς) explizit und in

die die Landverheißung, beginnend mit der Transmigrationsaufforderung (εἰσέλθετε κτλ.), als Botenspruch deklariert. Hierdurch ist nicht nur die Gleichstellung
von Mose mit den Propheten (ὁ ἄλλος προφήτης) legitimiert, sondern die Landverheißung selbst ist auch formal als Prophetenwort ausgewiesen und steht insofern unter dem Vorzeichen, das gemäß Barn 5,6 für alle Prophetien gilt: Scopus
auch der Landverheißung ist also das Christusereignis; die Einleitung des Zitats
sowie die Botenformel stellen dies bereits vor aller Auslegung außer Frage.[14] So ge-

---

9,2 durch die Erweiterung der Botenformel (ἄκουε Ἰσραήλ) den Juden gewidmet. Die griechischen
Bibelübersetzungen verzeichnen τάδε λέγει κύριος ὁ θεός vierzigmal, und zwar nur in geschichtlichen Werken (Ex, Jos, Ri, 2 Sam, 1/2 Kön, 2 Chr) und in sechs Prophetenbüchern (Jes, Jer, Ez, Am,
Obd, Bel et Dr). Das Subjekt ist regelmäßig näher bestimmt. Als Übersetzung von כֹּה־אָמַר יְהוָה אֱלֹהֵי
יִשְׂרָאֵל (Ex 5,1) ist meistens τάδε λέγει κύριος ὁ θεός Ἰσραήλ (Ex 5,1; 32,27; Jos 7,13; 24,2; Ri 6,8a.b;
2 Sam 12,7; 1 Kön 11,31; 21,28; 2 Kön 9,6; 19,20; 21,12; 22,15f.18; Jes 17,6; 37,21; Jer 7,3; 9,14; 11,3; 16,9; 19,3;
24,5; Ez 4,13; 43,18) zu lesen. Selten steht nach κύριος ὁ θεός die Ergänzung τῶν Ἑβραίων (Ex 9,1.13;
10,3) oder Δαυίδ τοῦ πατρός σου (2 Kön 20,5; 2 Chr 21,12; Jes 38,5); singulär ist τάδε λέγει κύριος ὁ
θεὸς ὁ παντοκράτωρ (Am 5,16). Die Grundformel τάδε λέγει κύριος ὁ θεός begegnet siebenmal
(1 Kön 13,21; 2 Kön 22,16; Ez 44,6.9; Bel et Dr 34; Am 3,11; Obd 1); zweimal als Wiedergabe für die
Kurzformel כֹּה־אָמַר יְהוָה (1 Kön 13,21; 2 Kön 22,16), viermal als Übersetzung für כֹּה־אָמַר אֲדֹנָי יְהוָה. Daß
die Wiedergabe von כֹּה־אָמַר אֲדֹנָי יְהוָה (134mal) nicht immer gleich, sondern bisweilen verkürzt, der
hebr. Grundformel (יְהוָה); vgl. WESTERMANN, Grundformen 107) angepaßt, mit τάδε λέγει
κύριος (vgl. Ez 11,16f.) erfolgt, braucht nicht zu stören, denn für den Barn sind die griechischen Bibelübersetzungen Grundlage. In diesen Übersetzungen folgt der Formel meist ein Spruch in der 1.
Pers. Sg. (ἰδοὺ ἐγὼ κτλ.), der mit Gericht oder allgemein mit Unheil droht (z.B. 1 Kön 11,31; 2 Kön
21,12; Jer 9,14; 19,3) oder Heil kündet (z.B. Jer 16,9; vgl. Barn 6,13), selten folgt ein Rechtssatz oder eine
rechtliche Sentenz (Ex 32,22; Jer 11,3; Ez 43,18; 44,9) oder ein Mahnwort (in Ex 5,1; 9,1.13; 10,3 in Gestalt
der mosaischen Auszugsforderungen an den Pharao, in 2 Kön 22,15; Jer 7,3; Ez 44,6 als Umkehrruf an
das Volk). Ist der Botenspruch ein Mahnwort, dann ist κύριος ὁ θεός immer mittels der Nennung
von Ἰσραήλ näher bestimmt; entweder direkt (Ex 5,1; 9,1.13; 10,3; 2 Kön 22,15; Jer 7,3) oder durch den
unmittelbaren Kontext (Ez 44,6). Das in Barn 6,8 vorangestellte ἰδού, dem das ἄκουε in Barn 9,2 entspricht, ist in den biblischen Vergleichstexten nur fünfmal bezeugt (1 Kön 11,31; 2 Kön 21,12; Jer 9,14;
16,9; 19,3). Im Unterschied zu Barn 6,8 steht ἰδού nie der Formel voraus, sondern folgt dort der erweiterten Formel κύριος ὁ θεός Ἰσραήλ, und zwar stets verbunden mit ἐγώ als Eröffnung des Botenspruchs. Innerhalb des Prophetenspruchs (vgl. WESTERMANN, Grundformen 71–82.107f.) markiert
ἰδοὺ ἐγώ den Beginn der Gottesrede.
    Aus diesen Beobachtungen folgt für Barn 6,8 sowie für Barn 9,2.5a dreierlei: 1. Ἰδού, τάδε λέγει κύριος
ὁ θεός ist – wie in der Schrift – die Botenformel zu einem Botenspruch. Da sie zum einen christlicherseits
sowie in der außerbiblischen jüdischen Gräzität vor und neben Barn nicht bezeugt ist und ihr zum
anderen im Barn stets eine Zitationsformel vorausgeht, wird sie direkt aus den biblischen Belegtexten rezipiert sein, wobei die Nennung von Mose in der Zitationseinleitung die Fundorte in Ex nahelegt; ihre
Rezeption, Modifikation und Einfügung mag bei der Gestaltung des Mischzitats aus der Landverheißungstradition erfolgt sein – sei es durch den Vf., sei es in der Schultradition, in der er beheimatet ist.
2. Die Botenformel in Barn 6,8 qualifiziert die Transmigrationsaufforderung als Gottesrede an das Volk.
Was also die Auslegung als Gegenstand dieser Verheißung erweisen wird, ist eine Heilszusetzung, die Gott
verheißen hat. 3. Insofern die Eröffnung mit ἰδοὺ ἐγώ in den biblischen Vergleichstexten für die Botenformel vielfach ein Mahnwort zur Umkehr anzeigt, ist die Landverheißung nicht nur auf den Aspekt der
Heilszusicherung begrenzt, sondern, wie auch die Aufforderung κατακληρονομήσατε signalisiert (vgl.
S. 257 Anm. 25), als Aufruf zu verstehen, diese Heilszusicherung zu bewahren. Zu dieser sprachlichen
Fassung der Botenformel vgl. auch Jer 46,16; 51,2 (οὕτως εἶπεν κύριος ὁ θεὸς Ισραηλ. Ἰδοὺ ἐγὼ κτλ.);
vgl. ferner das Zitat aus Jes 49,6f. in Barn 14,8.
[14] Vgl. hierzu die ‚Gattungstransformationen‘ in Barn 4,8; 7,3c–5a.6–11; 12,1–7.

sehen sind die folgenden Einzelauslegungen (Vv 9.11–16.17–19) nur Erläuterungen und Aufweise des der Landverheißung schon unterlegten Sinngehalts.[15]

Christologische Deutung (6,9)

9 Mit V 9 beginnt ein dreifacher[16] Auslegungsgang des Themazitates von V 8. Eine Sonderstellung hat hierbei V 9a. Er nennt nicht wie Vv 10.17(.18) den jeweiligen Auslegungsgegenstand, sondern nimmt die Schriftworte von V 8 als Ganzem, hinsichtlich des Inhalts ihrer Hoffnung, in den Blick. Dies bestätigt der auffällige Imper. Aorist ἐλπίσετε; er steht parallel und erklärend zu εἰσέλθετε und κατακληρονομήσατε. Bevor also der Vf. ab V 10 die von Mose zitierte Väterverheißung en detail auslegt, stellt V 9a mittels der rhetorischen Frage τί δὲ λέγει unter Nennung von ἡ γνῶσις als Referenz[17] – wodurch auch die folgenden Aussagen dem Gesamtanliegen des Barn eingeordnet sind (1,5) – direktiv durch den Imper. μάθετε die Perspektive her, unter der die Verheißung des gelobten Landes zum Gegenstand seiner beiden folgenden Auslegungen in den Vv 10–19 wird: als prophetischer Ruf, auf den zu hoffen, der im Fleisch erscheinen soll. Damit rekurriert V 9 auf Vv 6f., die mit den beiden Stichwörtern φανεροῦσθαι καὶ πάσχειν das Thema des ganzen Abschnitts 5,1–7,2 aufgegriffen und nochmals festgestellt hatten, daß Fleischwerdung und Leiden Jesu als Erfüllung prophetischer Ansagen zu verstehen sind. Er steckt damit den Interpretationsrahmen ab, in dem das Mosezitat verstanden werden will. Gleich zu Beginn erfahren somit die christlichen Leser, wie die abrahamitische Verheißung letztlich immer schon zu verstehen gewesen wäre: Das Christusereignis ist Grund und Ziel aller Hoffnung.

Im Hintergrund ist das bekannte Kontrastprogramm der Argumentationen und Auslegungen wirksam, hier in Form des betonten ὑμῖν sowie des leserzentrierten Imper. μάθετε. Was ab V 9a gesagt wird, gilt nicht mehr den Juden (αὐτοῖς), sondern den christlichen Lesern. Hierfür bürgen die Personalpronomina in der 1. Pers.

---

[15] Angesichts der eschatologischen Interpretation der Landverheißung seit der frühesten christlichen Literatur (vgl. Mt 5,5; Röm 4,13; Gal 3,6–18) nimmt es nicht wunder, daß auch im Barn die Landverheißung und deren Einlösung, wie die Heilszusagen und Heilssetzungen der Schrift überhaupt (vgl. διαθήκη in Barn 4; 14, ferner die Frage nach dem Erben der Verheißung in Barn 13), als eschatologische Rede verstanden und mit apokalyptischen Topoi verbunden sind (vgl. Barn 6,13.18f.). Schwerlich überzeugen kann deshalb, wenn VAIR, Promise of the Land 172–175, mittels dieses bekannten Befunds en passant die These von der kleinasiatischen Herkunft des Barn dadurch glaubhaft machen will, daß er speziell in der Landverheißung ein Thema anvisiert sieht, das durch palästinische Juden, die nach Kleinasien emigrierten, präsent gehalten wurde. Diese für Identität und Hoffnung aller Juden zentrale Verheißung an die Väter war z.B. auch in Alexandrien präsent, worauf allein die beiden Traktate Philos (*Abr., migr.*) hinweisen, in denen er u.a. den Transmigrationsbefehl in Gen 12,1 als Allegorie für Abkehr und Erlösung von Irdischem auslegt (*migr.* 1–16). Zur Bedeutung der Landverheißung im rabbinischen Judentum vgl. unter dem Stichwort ארץ ישראל ('Ereẓ Yisraʾel) in: EncTal III Sp. 1–68.

[16] Vgl. WENGST, Tradition 27.

[17] Vgl. WENGST, Tradition 28, der auf den gleichen Sprachgebrauch von γνῶσις in 9,8 hinweist, „einer Stelle, an der Barnabas selbst eine Auslegung gibt." HEFELE, Sendschreiben 62, hatte die Idee, daß der Vf. mit ἡ γνῶσις den Titel einer von ihm benutzten Schrift nennt. Dem steht allein schon der Sprachgebrauch des Terms im Barn entgegen.

Pl. (ἡμῖν 10b.19; ἡμᾶς V 11; περὶ ἡμῶν V 12a; πρὸς ἡμᾶς V 13a; ἡμεῖς V 14a.16c. 17b; ἡμῶν V 15a) und die zweimalige Anrede mit ἀδελφοί (Vv 10a.15). Zu dieser Gegenüberstellung zweier Gruppen fügt sich die Korrelation zwischen prophetischer Aussage und Gnosis sowie zwischen verheißenem Land als Gegenstand der jüdischen Hoffnung und Jesus als dessen christliche Erfüllung und offensichtliche Summe der christlichen Gnosis bezüglich der Heilsbedeutung des Christusereignisses.[18] Das Part. Präs. μέλλοντα ist also futurisch, nämlich aus der Perspektive der auf die Inkarnation weisenden Prophetie zu deuten. Es sagt nicht, daß Christi Parusie im Eschaton ἐν σαρκί sein wird (vgl. 6,14b). Eine solche Aussage ist auch aus Barn 7,9 nicht mit Sicherheit zu entnehmen. Die Verheißung, daß der Gekreuzigte mit den Insignien des königlichen Richters und Hohenpriesters περὶ τὴν σάρκα geschaut werden wird, setzt den Akzent nicht auf die Konstitution des Wiederkommenden, sondern besagt vielmehr, daß die Vollendung im Gericht eine umfassende[19] Erlösung ist.[20]

Die Anspielungen auf Gen 2,7 in der exegetischen Bemerkung V 9b veranlassen die folgende Allegorese und weisen ihr die Richtung. Hierzu zählen – wie V 10 bestätigt – die durch V 9b initiierte Polysemie des Lexems γῆ[21] und der terminologi-

---

[18] Von daher klärt sich auch die Frage, welche Erscheinung Christi gemeint ist und wie sie mit 7,9 zusammenpaßt. Wegen des betonten ὑμῖν konnte ἐλπίσατε an Juden gerichtet und μέλλοντα φανεροῦσθαι zwar auf die Inkarnation, nicht aber auf die Parusie bezogen verstanden werden. Angesichts der im Christusereignis verankerten Korrespondenz zwischen erfolgter und verbürgter eschatologischer Erfüllung aller Verheißung war die Landverheißung immer schon auf die Heilszusicherung in Jesus Christus hin auszulegen.

[19] Das Augenmerk des Vf. ist bezüglich der zweiten Parusie konsequent darauf gerichtet, die soteriologische Relevanz des Christusereignisses zu sichern. Er überläßt es seinen Lesern, darüber nachzusinnen, ob die Möglichkeit, den Wiederkommenden zu schauen und ihn in bestimmter Weise zu erkennen, darauf beruht – oder darauf hinweist –, daß zwischen dem Kommenden und den Schauenden eine ‚Relation der Selbigkeit‘ herrscht, aufgrund derer der Wiederkommende schaubar und erkennbar sein wird.

[20] Ebensowenig nötigt das vermeintlich chiliastische Motiv in Barn 15,4f., ein Kommen Jesu im Fleisch anzunehmen (LOHMANN, Drohung und Verheißung 195–241, spez. 232f., urteilt über eine chiliastische Eschatologie im Barn zurückhaltend bis ablehnend; vgl. ferner FERGUSON, Was Barnabas a Chiliast? 157–167; Näheres dazu vgl. S. 486–492 in der Auslegung z.St.).

[21] Die Interpretation in Barn 6,9b setzt, zumal im Blick auf V 17b, folgendes voraus: „1. Das Land (γῆ), in das Israel einzog, ist mit ‚Erde‘ (γῆ = Erdboden, Materie) gleichzusetzen. 2. Der Mensch (אָדָם) ist aus Erde (אֲדָמָה) geschaffen. 3. Durch diesen Akt hat die Erde ‚gelitten‘ ... 4. Die Aussage von der Menschwerdung Christi impliziert somit sein Leidenmüssen" (WENGST, SUC 2,199). Gegenüber der von Wengst vermuteten Aufnahme der philosophischen Vorstellung von der ‚leidenden Materie‘ hat schon sein vermeintlicher Gewährsmann WINDISCH, Barnabasbrief 335, nicht zu Unrecht Vorbehalte angemeldet; vgl. auch MÜLLER, Erklärung 166f. Zum Lexem allgemein vgl. SASSE, γῆ, ἐπίγειος. ThWNT 1 (1933) 676–679. Vergleichbar mit dieser von der Allegorese (stillschweigend) in Anspruch genommenen Polysemie ist die in Barn 12,8–11 christologisch verwertete Doppeldeutigkeit von Ἰησοῦς durch die griechischen Übersetzungen von Num 13,16b (καὶ ἐπωνόμασεν Μωυσῆς τὸν Αυση υἱὸν Ναυη Ἰησοῦν). Anders als in Barn 6,8f. ist hier das Wortspiel in der Umbenennung von הוֹשֵׁעַ, dem Sohn Nuns, in den ersten geschichtlichen Eigennamen, „der Jahve als theophores Element enthält" (GRESSMANN, Mose und seine Zeit 432) יְהוֹשֻׁעַ, (sonst יְהוֹשׁוּעַ) vergessen. Für das hermeneutische Grundkonzept, demzufolge 1. alles in der Schrift etwas zu bedeuten hat, aber 2. anderes meint, als gewöhnlich, dem Literalsinn gemäß, behauptet wird, sind mehrdeutige Begriffe oder Variationen im Sprachgebrauch sowohl Erweis seiner Richtigkeit als auch Einstieg für seine Anwendung. Ist erst einmal entschieden, daß in der Schrift ἐν πνεύματι

sche Konnex zwischen ἡ πλάσις und seinen Derivaten[22] in den Vv 11–14, wobei die Näherbestimmung durch den Verweis auf die Erschaffung Adams das Zitat in V 12 (vgl. 5,5) aus Gen 1,26 vorbereitet. Als ‚Gelenksatz‘, der Soteriologie mit Anthropologie verbindet, könnte Barn 6,9b überaus belangvoll sein. Wie später ebenso in Barn 7,8c überläßt es der Vf. allerdings seinen Lesern, dieses Potential auszuschöpfen; er tut es in keiner Weise. Dies fügt sich zu der Beobachtung in Barn 5,6f., daß der Vf. über die Auferstehung nur allgemein und in Analogie zur Auferstehung Jesu Christi handelt. Eschatologische Fragen nach dem Kreis der Auferstehenden, deren Konstitution etc. stehen hinter dem soteriologischen Anliegen zurück. Gut möglich ist, daß mit ἄνθρωπος γὰρ γῆ ἐστιν πάσχουσα ein Lehrsatz wiederholt wird, der im schulischen Ambiente, dem der Vf. verbunden ist, tradiert wurde und bereits dort eine biblische Erläuterung erhalten hatte.

Soteriologische und ekklesiologische Deutung (6,10–16)

10 Der formelhafte Einsatz in V 10 mit τί οὖν λέγει und, etwas verkürzt, in V 17 verbunden mit der Angabe des jeweiligen Auslegungsgegenstandes – V 10 ‚das gute Land, das von Milch und Honig fließt‘; V 17 ‚Milch‘ und ‚Honig‘ – gliedern die folgende Passage in zwei Auslegungsgänge, so daß Vv 17–19 als Kommentar über das Spezialthema der Qualifizierung des Lebensraums (γῆ) durch den Überfluß von Milch und Honig anzusehen sind. Die Imper. εἰσέλθετε und κατακληρονομήσατε des Themazitats in V 8 haben diese Sequenzierung vorgezeichnet. Dies zeigt zum einen die Auszeichnung des Landes durch seine Verheißung an die Väter sowie der Aufruf, das Land in Besitz zu nehmen, die nicht bzw. durch die Erweiterung der partiellen Zitatwiederholung von V 8 in V 13 mittels κατακυριεύσατε aus Gen 1,28 modifiziert ausgelegt werden (Vv 17–19). Zum anderen dokumentiert sich dies auch durch den inhaltlichen Überhang beider Auslegungen gegenüber ihren mit τί οὖν λέγει bzw. τί οὖν vorgestellten Objekten. Die Vv 10a.17a gliedern und bestimmen die Auslegungen nicht nur inhaltlich, sondern initiieren sie. V 10a zufolge wenden sich die Vv 11–16 nur der Frage ‚Was ist das Land?‘ zu. Spätestens der Konsekutivsatz am Ende von V 16b stellt aber klar, daß es zugleich um die Frage ging: ‚Wer ist in diesem Land und wie geschah dies?‘ Ähnlich reicht die Eschatologisierung in V 19 über die durch die Frage von V 17a ins Auge gefaßte Qualifizierung des verheißenen Lebensraumes hinaus.

Auf die Initial- und Gliederungsfrage für die Vv 11–16 folgt in V 10a ein Lobpreis (εὐλογητός)[23], der inhaltlich an 1,7; 2,1–3; 5,3 anküpft und mit der Befähigung zum

---

gesprochen ist (vgl. Barn 10,2.9.12), muß sie auch in allen Bereichen entsprechend ausgelegt werden (vgl. Barn 6,10b).

[22] Vgl. S. 274 Anm. 49.

[23] Vgl. PROSTMEIER, Eulogie. LThK³ 3 (1995) Sp. 987. WEHOFER, Epistolographie 68, zufolge rahmt Barn 6,10b zusammen mit den Passus über das Land der Verheißung und Barn 7,2 gilt als „Inclusion", die mit der Einleitung (Barn 4,14; 5,1) den ‚christologischen Theil‘ umschließt. Richtig ist sicher, daß Barn 7,1 die beiden vorausgehenden Kapitel resümiert. Doch geschieht dies nicht ausschließlich in christologischer Hinsicht, sondern mit explizit soteriologischer Zielsetzung. Gegen Wehofers Gliede-

Verstehen begründet wird. Diese Begründung selbst birgt in Verbindung mit Barn 9,9a zugleich das Bekenntnis, daß der Herr, weil er Urheber der Weisheit und des Verstehens ist, die ‚uns' begnaden, zuallererst selbst der Weise ist. Wegen des Bezugs ‚unserer' Befähigung auf die Schrift, und weil εὐλογητός auch sonst Gott gilt[24], ist mit κύριος ἡμῶν Gott gemeint. Daher ist die Bezeichnung κύριος ἡμῶν sachlich parallel mit ὁ δεσπότης in Barn 1,7a (vgl. 5,3) als theologische Aussage aufzufassen, nicht aber als christologische. Die Weisheit der Christen ist also Gnade von Gott. V 10b qualifiziert erstens das Themazitat in V 10a als auslegungsbedürftig (vgl. 17,2). Als direkter Anschluß an die Eulogie bestimmt V 10b zweitens den Vf. und seine Leser als dessen vorzüglichste Hermeneuten. Drittens hält er fest, daß jener, der zur Auslegung befähigt hat (V 10a), zugleich ihr zentraler Inhalt ist, denn mit Blick auf den Halbvers 9a, demzufolge Jesus der vom Prophetenzitat gemeinte Fluchtpunkt ist, ist der Inhalt die im Christusereignis begründete Hoffnung. Die folgende rhetorische Frage (εἰ μή) nennt drei Verstehensbedingungen. Die ersten beiden nehmen die inhaltliche Begründung der Eulogie von V 10a und deren Bezüge zu Barn 2 und 5 auf, während als dritte Verstehensvoraussetzung (καὶ ἀγαπῶν τὸν κύριον αὐτοῦ) der aktive, nämlich glaubende Bezug zum Inhalt der Auslegung festgestellt wird.[25]

Abgesehen von der für sich schon beachtlichen Feststellung, daß die Landverheißung immer nur als Gleichnis (παραβολή)[26] gesprochen, aber nie wörtlich ge-

---

rung spricht ferner, daß der Dank mittels ὀφείλομεν αἰνεῖν auf Gottes Heilshandeln begründet und ausgerichtet und insofern konstruktiv und terminologisch mit Barn 5,3 verbunden ist. Die Eulogie in Barn 6,10b markiert vielmehr die Kontaktstelle zwischen dem Aufweis des Christusereignisses als Erfüllung aller Verheißung und der soteriologisch-eschatologisch akzentuierten Schriftauslegung unter christologischen Vorzeichen.

[24] Vgl. Mk 14,61; Lk 1,68; Röm 1,25; 9,5; 2 Kor 1,3; 11,31; Eph 1,3; 1 Petr 1,3; IgnEph 1,3.

[25] Vgl. z.St. S. 270, ferner Herm *sim.* V 4,3 (57,3), der genauer das Gebet als die Form dieser gläubigen Haltung gegenüber dem κύριος empfiehlt. Näheres vgl. BROX, Hermas 314f.

[26] Das Lexem kommt in den Apostolischen Vätern nur in Barn 6,10; 17,2 und selbstverständlich im Herm vor, dessen dritter Teil mit παραβολαὶ ἃς ἐλάλησεν μετ' ἐμοῦ überschrieben ist. Näheres dazu vgl. HAUCK, παραβολή. ThWNT 5 (1954) 758f.; BROX, Hermas 281–283; DERS., Die reichen und die armen Christen 224–229; DERS., Die kleinen Gleichnisse im Pastor Hermae 263–278. An den beiden Fundorten im Barn bezeichnet παραβολή nicht etwas, das es zu enträtseln gilt; die Landverheißung in Barn 6,8 ist kein ‚Rätselwort' oder ‚Rätselspruch'. Hierauf weist die Verwendung in 17,2 hin, der zufolge der Vf. über Anstehendes bzw. Gegenwärtiges sowie Zukünftiges nichts geschrieben hat, weil es in παραβολαί vorliegt und die Leser es deshalb nicht verstehen würden. Diese Schlußnotiz für den ersten Teil der Schrift steht – wie oft bemerkt – im Widerspruch z.B. zu 1,5.7–2,1; 3,6–4,1; 5,3; 6,5.10a, wo explizit darauf abgehoben ist, daß die Leser befähigt sind, die Offenbarungen zu verstehen, daß ihnen alles offenbart wurde und daß der Vf. sich selbst in der Lage sieht, die aus den Prophetien folgende Gnosis mitzuteilen. Deshalb wird man, sofern diese Feststellungen des Vf. nicht nur rhetorisch motivierte Gesten sind, παραβολή nicht von 17,2 her, sondern von 6,10 aus zu verstehen haben. Meinte παραβολή im Barn nun ‚Rätselwort' (so HAUCK, παραβολή. ThWNT 5 [1954] 758; WENGST, SUC 2,155; LINDEMANN/PAULSEN, Die Apostolischen Väter 41), wären alle formal eingeführten Zitate auch als Rätsel aufzufassen, und für die Juden wäre – abgesehen von den Patriarchen und Propheten (vgl. 4,8b; 9,7) – die ganze Schrift ein unlösbares Rätsel (vgl. 7,3–5; 8,7; 9,4c; 10,12; 16,1). Barn 17,2 paßt dann überhaupt nicht mehr ins Bild. Nach meinem Dafürhalten ist bei der Eulogie in 6,10a anzusetzen und zu bedenken, daß der Vf. den Auslegungsgegenstand nicht αἴνιγμα bzw. αἰνιγμός nennt (αἴνιγμα ist in den griechischen Bibel-

meint war[27], besteht die Pointe des Halbverses 10b darin, daß die Klassifizierung der Landverheißung als Gleichnisrede selbst als Prophetenwort eingeführt ist. Das entscheidende Argument für diese Interpretation von V 10b ist seine älteste Wirkungsgeschichte. Clem. zitiert den Vers mit der Interpunktion[28] nach προφήτης und bestimmt ferner, indem er ein δέ zwischen παραβολήν und κυρίου ergänzt, daß κυρίου als genetivus subjectivus[29] aufzufassen ist.

Im Konnex mit dem summarischen Lobpreis ist παραβολὴ κυρίου (V 10b) keine exklusive, auf die Landverheißung begrenzte, sondern eine exemplarische Klassifikation der Schrift. Weil also, wie der Vf. den Propheten verkünden läßt[30], der Herr selbst in Gleichnissen gesprochen hat,[31] ist alles in der Schrift als Gleichnis

übersetzungen zwölfmal als Äquivalent für חִידָה und שַׁמָּה [nur Dtn 28,37]) belegt; abgesehen von 1 Kor 13,12 setzt die Bezeugung in der christlichen Literatur erst mit Clemens Alexandrinus ein; αἴνιγμός fehlt überhaupt). Der Lobpreis für die exegetische Befähigung und die beiden Lemmata machen auf drei Gnomoi der Weisheitsliteratur aufmerksam, in denen παραβολή parallel zu αἴνιγμα verwendet ist (Spr 1,6; Weish 8,8; Sir 39,3; vgl. KerPe 4.a). Gleichnisse, Sinnsprüche und Rätsel zu verstehen, ist Aufgabe der Schriftgelehrten und Signum des Weisen (auf letzteren Aspekt ist die Doppelüberlieferung 1 Kön 10,1; 2 Chr 9,1 bezogen; die Parallelität belegen auch Sir 47,17; Ez 17,2 σ΄; vgl. weiterhin Ps 48[49],5 α΄; 77[78],2 α΄); es ist typisch für jene, die Jesus in seine Nachfolge berief (vgl. KerPe 4.a) – die Apostel und mit ihnen die Christen. Angesichts der beinahe synonymen Verwendung von παραβολή und αἴνιγμα scheint für das Verständnis von παραβολή zum einen Num 12,8 aufschlußreich. Dort wird festgestellt, daß Gott zu Mose οὐ δι᾽ αἰνιγμάτων gesprochen hat. Zum anderen ist beachtenswert, daß in den genannten Fundorten αἴνιγμα stets von Menschen, seien es auch Weise oder sei es eine Königin (1 Kön 10,1; 2 Chr 9,1), herrührt, nie von Gott oder seinen Propheten, und daß das Lexem – anders als παραβολή – auch pejorativ verwendet ,Spottvers‘ (Dtn 28,37) oder ,Verschlagenheit‘ (Dan 8,23 LXX) bedeuten kann. Weil nun Barn 6,10 durch die Verbindung παραβολὴν κυρίου die Bezeichnung für das Zitat in V 8 auf den Herrn zurückführt – und zwar unabhängig wie man interpungiert (vgl. dazu die Textkritik z.St. S. 259) –, wird παραβολή dem herkömmlichen Sprachgebrauch gemäß hier und in 17,2 ,Gleichnis‘ meinen. Hierauf weist auch die Verwendung von τύπος hin (vgl. S. 271 Anm. 41). Entsprechend übersetzen PRIGENT/KRAFT, Épître de Barnabé 123, in Barn 6,10 „une parabole du Signeur"; SCORZA BARCELLONA, Epistola di Barnaba 93, „una parabola sul Signore". Gleichnisse kann man ἐν πνεύματι verstehen, Rätsel nicht. Vgl. auch S. 527f.

27 Ausdrücklicher als Barn stellt dies Tert. Res. 26,11 (CChr.SL 2, 955; BKV¹ 2,276) heraus: „So halten sie ja sogar auch das Judenland im eigentlichen Sinne für das heilige Land selbst, da letzteres doch vielmehr auf den Leib des Herrn zu deuten ist, welcher von da an und an allen, die Christum angezogen haben, ein heiliges Land ist, wahrhaft heilig durch die Einwohnung des heiligen Geistes, wahrhaft von Milch und Honig fliessend vermöge der Lieblichkeit seiner Hoffnung, in Wahrheit im Judenland vermöge der Freundschaft und Nähe Gottes." Die Leibmetapher ist im Barn freilich nicht ausgeführt (gegen BETZ, Milch 169–173). Im Barn ist die γῆ nicht der mystische Leib Christi, sondern unmittelbarer der durch die Sündenvergebung (in der Taufe) eröffnete Heilsbereich, die Kirche. Die Distanz zur jüdischen Hoffnung auf das Land der Verheißung unterscheidet sich indes kaum von Tertullians Allegorese des (verheißenen) Landes.

28 Vgl. Textkritik z.St., S. 259.

29 Vgl. S. 259 Anm. 3.

30 „Barn. 6,10b est manifestement inspiré de Prov. 1,5–6" (PRIGENT/KRAFT, Épître de Barnabé 123 Anm. 3). Sachlich näher steht Sir 39,8; vgl. ferner Weish 8,8 sowie oben Anm. 26.

31 Die gleichnishafte Konstitution der Rede Jesu heben die Synoptiker – παραβολή begegnet innerhalb der neutestamentlichen Literatur nur bei ihnen sowie in Hebr 9,9; 11,19, dort aber ohne Bezug auf Jesus oder den κύριος und in der Bedeutung ,Sinnbild‘, ,Typos‘ – wiederholt heraus. Von einem ,Gleichnis des Herrn‘ weiß indes nur Lk 12,41f. (Εἶπεν δὲ ὁ Πέτρος, Κύριε, πρὸς ἡμᾶς τὴν παραβολὴν ταύτην λέγεις

auszulegen.[32] Die vom Vf. beinahe durchgängig[33] angewandte exegetische Methode, die Schrift nicht buchstäblich, sondern ἐν πνεύματι zu verstehen, ist demzufolge nicht nur legitim, sondern vom Herrn durch die Propheten selbst gefordert (vgl. 9,7; 10,2; Ex 25,40).[34] Die Schrift selbst enthält den Schlüssel zu ihrer Auslegung. Daß zwischen Vf. und seinen Lesern über das Auslegungsverfahren und den thematischen Kern aller Prophetie im Grunde Konsens besteht, geht aus V 9 hervor. Neben dem übertragenen Gebrauch von λέγει und φησίν weist hierauf die Fraglosigkeit hin, mit der eine zentrale jüdische Verheißung sofort mit dem Bekenntnis zur ‚inkarnatorischen Basis und Bindung des Heils' identifiziert wird.

Das γάρ in der Zitationseinleitung von V 10b fügt das Zitat als Erklärung[35] der Eulogie an und bezieht die beiden Halbverse nach Maßgabe der Zuordnung von Sache und Methode in 5,1f. aufeinander: V 10a nennt das Thema und V 10b das exegetische Prinzip. Der Lobpreis und Dank an den Herrn in V 10a ist also zugleich Proklamation, daß das Schriftwort über das Land der Verheißung (V 10a) bereits verstanden *ist*, und zwar so, wie der Herr es verstanden wissen wollte – nämlich als Gleichnis. Diesen Anspruch löst der Vf., wie die kausale, konsekutive Eröffnung ἐπεὶ οὖν signalisiert[36], ab V 11 ein. Vor dem Hintergrund der rhetorischen Frage εἰ μὴ κτλ. in V 10b gibt sich der Vf. mittels seiner Auslegung als jener Weise und Kundige, der seinen Herrn liebt, zu erkennen, der dem von ihm geschaffenen Prophetenzitat gemäß einzig fähig ist, die Schrift zu verstehen. Das Wort des Herrn zu verstehen ist somit zum einen Gnade und zum anderen wesentlich von der gläubigen Haltung gegenüber dem Herrn abhängig.[37] Diesem elitären Bewußtsein inhäriert eine massive antijüdische Polemik[38]: Der jüdische Besitzanspruch wie ebenso nur die Hoffnung auf ein von Gott verheißenes Siedlungsgebiet entbehren nicht nur jeder Grundlage und legen den Ungehorsam offen, mit dem sich die Juden der vom Herrn selbst geoffenbarten hermeneutischen Anweisung für das Verstehen der prophetischen Verheißung verschließen, beides zeigt auch den Unglau-

---

ἢ καὶ πρὸς πάντας; [8]καὶ εἶπεν ὁ κύριος …). Über die altkirchliche Wirkungsgeschichte der Feststellung, insbesondere für die Hermeneutik Origenes' (vgl. Cels. VII 11,6), bezüglich der gleichnishaften, und daher auslegungsbedürftigen Konstitution der Schrift sowie der (neutestamentlichen) Evangelien vgl. HARL, L'«Obscurité» 334–371, spez. 342–346.

[32] Vgl. das durch Clem. *str.* VI 15,128,1f. erhaltene Stück KerPe 4.a (NTApo[5] 2,40f.).

[33] Anders verhält es sich in Barn 2,4–3,6; dort stellt der Vf. Schriftwort gegen Schriftwort. Auch Barn 9,8 weicht von dieser Grundregel der gleichnishaften Konstitution der Schrift insofern ab, als die vom Vf. vorgetragene Auslegung unmittelbar anhand der Graphik der Buchstaben IH und T gewonnen wird.

[34] Unter Berufung auf Ex 25,40 steht für Iren. *haer.* IV 14,3 die typologisch-metaphorische Beschaffenheit des (jüdischen) Gesetzes und damit des gesamten Gottesdienstes außer Frage. Das Gesetz war für die Juden „gleichzeitig Zuchtmittel und Prophetie der künftigen Dinge" (Iren. *haer.* IV 15,1 [FC 8/4,111]).

[35] Vgl. BLASS/DEBRUNNER, Grammatik § 452,1[1].

[36] Vgl. S. 270 Anm. 39.

[37] Vgl. Herm *mand.* X 1,6 (40,6) sowie die Bilder vom ‚Herz als heiliger Tempel' in Barn 6,15 und πνευματικὸς ναός in Barn 16,10.

[38] Gut möglich ist, daß diese Polemik wider die Juden aus der prophetischen Kritik inspiriert ist wie sie z.B. aus Ps 105(106),24 (καὶ ἐξουδένωσαν γῆν ἐπιθυμητήν, οὐκ ἐπίστευσαν τῷ λόγῳ αὐτοῦ) spricht. Zur Polemik vgl. WIRTH, „Verwerfung" 33–52, ferner S. 195–197 die Auslegung von Barn 4,2.

ben der Juden, und – was schwer wiegt – daß ihnen die Gnade fehlt, den Willen Gottes zu erfassen.

Die Auslegung selbst (Vv 11–16) ist an Schöpfungsmotiven ausgerichtet. Hierfür bürgen die terminologische Verknüpfung durch die Wortgruppe πλάσις (Vv 9b.13a), ἀναπλάσσω (Vv 11.14a), πλάσμα (V 12b) und die Aufnahmen von Gen 1,26.28 in Barn 6,12f., die sowohl begrifflich – die LXX gibt mit ποιέω und seinen Derivaten בָּרָא wieder, das die Genesis für den souveränen, königlichen Schöpfungswillen und Schöpfungsakt reserviert hat – als auch dem Motiv nach – der im Schöpfungswillen begründete Segen und Kulturauftrag von Gen 1,28 – ins Umfeld schöpfungstheologischer Aussagen gehören.

11 legt das Zitat in V 10 aus. Die Konjunktion ἐπεί in Kombination mit der Partikel οὖν, mit der V 11 einsetzt, bestimmt den Vers im Blick auf den folgenden Aorist ἐποίησεν zugleich als Erweis[39] der Behauptungen, die die Eulogie sowie V 10b enthalten. Das Objekt des Lobpreises – der κύριος – ist Subjekt des ἐποίησεν. Rang und Wirkung des Erlasses der Sünden ist aufgrund der Verbindung von ἐποίησεν mit dem Schöpfungsakt (vgl. das ποιήσωμεν in 5,5; 6,12) diesem gleichgestellt. Die heilvolle, umfassende und unumkehrbare Wirkung des Sündenerlasses, die 5,1 ἁγνισθῶμεν[40] und 5,2 mit dem Zitat aus Jes 53,5 ἰάθημεν genannt hat, wird hier analog zu Gen 1,26 κατ᾽ εἰκόνα καὶ καθ᾽ ὁμοίωσιν ἡμῶν (ebenso) bildlich mit ἄλλον τύπον[41] umschrieben. Diese Wirkung erläutern zwei mittels der

---

[39] Zum kausalen, ‚nur locker subordinierenden‘ Gebrauch von ἐπεί vgl. BLASS/DEBRUNNER, Grammatik § 456,1; BORNEMANN/RISCH, Grammatik § 274.

[40] Vgl. auch S. 430–432 die Auslegung von Barn 11,11.

[41] Das Lexem τύπος, das L wie meist auch die christliche Latinität (z.B. Tert. marc. 3,16; 4,40; 5,7; de anima 43) mit figura übersetzt, begegnet in Barn 6,11; 7,3.7.10.11; 8,1ab; 12,5.6.10; 13,5 und in 19,7; τύπος in 16,5 durch H bezeugt ist textkritisch sekundär. Kennzeichnend für den Sprachgebrauch im Barn sind die Verbindungen ὁ τύπος τοῦ Ἰησοῦ (7,7.10f.; 12,5f.), ὁ τύπος τοῦ σταυροῦ (8,1), ὁ τύπος τοῦ σταυροῦ καὶ τοῦ μέλλοντος πάσχειν (12,2), Ἰησοῦς ... τύπῳ δὲ ἐν σαρκὶ φανερωθείς (12,10) und τύπον ... τοῦ λαοῦ τοῦ μεταξύ (13,5). Eine Ausnahme ist 19,7. Es handelt sich um eine mit den ntl. Sklavenparänesen (vgl. Kol 3,22–25; Eph 6,5–8; 1 Petr 2,18–20) vergleichbare Mahnung aus der Duae-Viae-Tradition (vgl. Did 4,11) den Herren ὡς τύπῳ θεοῦ zu gehorchen. Durch den Kontext ist τύπος stets mit einer Patriarchenfigur (Isaak, Jakob; vgl. 7,3; 13,5), einer ‚Rechtsforderung‘ (vgl. 7,3.7.10.11) oder einem biblischen Ereignis (vgl. 6,11; 7,3) verbunden, die auf Jesus hinweisen. Scopus und Heuristik dieses Sprachgebrauchs nennt der Vf. in 12,7c: ἔχεις πάλιν καὶ ἐν τούτοις τὴν δόξαν τοῦ Ἰησοῦ, ὅτι ἐν αὐτῷ πάντα καὶ εἰς αὐτόν. Im Barn meint τύπος eine „Vorausdarstellung, die auf eine überlegene Entsprechung hinweist" (GOPPELT, τύπος κτλ. ThWNT 8 [1969] 253), mithin diese als endzeitliches Geschehen ankündigt. Hierauf weisen die begleitenden Verben hin. Formen von ποιέω (6,11; 12,2.5f.) sowie εἶδεν (13,5) bestimmen bereits die Setzung des τύπος prospektiv von seiner Erfüllung her. Dieses Verhältnis wird in den Finalsätzen 7,3 (ἔμελλεν ... προσφέρειν, ἵνα ... τελεσθῇ) und 12,6 (αὐτὸς ποιεῖ, ἵνα τύπον τοῦ Ἰησοῦ δείξῃ) offenkundig. Auf die endzeitliche Erfüllung macht ἴδε (7,10; 8,1; 12,10), φανεροῦται (7,7), φανερωθείς (12,10) sowie ἐστίν (7,11) aufmerksam. Der τύπος weist also nicht über sich hinaus. Das vom Typos erfaßte „damalige Geschehen hat ... keine eigenständige Dignität" (WENGST, SUC 2,134), sondern ist nur verhüllte Anzeige dessen, was nun offen in Erscheinung getreten ist oder tritt. Typologie ist im Barn im Grunde Allegorese, die auf Vorgänge und Einrichtungen angewandt und um schriftgelehrte Argumentationen bereichert, als Gnosis präsentiert wird. „Wie Vorgänge als τύπος τοῦ Ἰησοῦ bezeichnet werden ..., so können allegorisch gedeutete Worte παραβολὴ κυρίου genannt werden Barn 6,10" (GOPPELT, τύπος κτλ. ThWNT 8 [1969] 257). Bei den Apostolischen Vätern liegt dieser (von Pau-

Vergleichspartikel ὡς abgegrenzte Satzteile; sie bestätigen zugleich den Bildcharakter des Ausdrucks ἄλλον τύπον. Hierdurch verknüpfen sie das bekannte Motiv der Neugeburt durch den Erlaß der Sünden mit dem einer „Neuschöpfung". Beide bildhaften Erläuterungen geben den folgenden Beweisgängen das Stichwort: Nachdem an ἐποίησεν das Genesiszitat in V 12 anknüpfen konnte, initiiert ἀναπλάσσοντος den zweiten Beweisgang Vv 14–16, und παιδίων kehrt im Sg. in V 17 wieder.

Der Sinn des Bildes[42] erschließt sich vom Lexem ψυχή her. Ψυχή ist hier wie bei den meisten anderen Belegen[43] im Barn ein mit καρδία sinngleicher theologisch-ethischer Ausdruck, der das Innerste des Menschen bezeichnet, das, was den Menschen gottebenbildlich (vgl. ἄλλον τύπον) macht, das, woran die Taufe ihre Wirkung zeitigt. Gemeint ist also, daß durch die Sündenvergebung, sprich Taufe, eine von Grund auf neue Möglichkeit eröffnet ist, endgültiges Heil zu erlangen. Dies bestätigt der zweite Vergleich sowie 16,8b (πάλιν ἐξ ἀρχῆς κτιζόμενοι). Beides zeigt, daß in Barn 6,11 keine Taufkatechese für Neubekehrte vorliegt[44], sondern der Heilsstand und die eschatologische Hoffnung in Erinnerung gebracht und als Erfüllung prophetischer Verheißung ausgewiesen wird. Die soteriologisch-eschatologische Konstitution, die in Barn 1 als einigende Grundlage erinnert wird und die nun ab Barn 5,1 Thema ist, wird hier als Folge des Christusereignisses theologisch gedeutet.

Der hohe Anspruch dieser „Gnosis" erschließt sich im Rekurs auf das Themazitat V 8 und das Zitat aus Gen 1,26, das V 12 wiederholt. Der Transmigrationsanweisung an die Väter mittels des Imper. εἰσέλθετε in V 8 steht mittels des ἐποίησεν deren Erfüllung, die der κύριος bewirkt hat, gegenüber. Und diese Erfüllung ist keineswegs partiell, sondern umfassend und grundlegend wie eine Schöpfung. Im Blick ist wiederum das Christusereignis als die Erfüllung aller Verheißung, und zwar hinsichtlich seiner soteriologischen Relevanz. Aus dieser Perspektive erschließt sich auch die Funktion des ganzen Abschnitts über das Land der Verheißung. Das Kalkül der Darlegung lautet: Wenn das Christusereignis Scopus aller Prophetie ist, mit dem die Zeit der Erfüllung angebrochen ist, und somit die Ge-

---

lus eingeführte) hermeneutische Gebrauch von τύπος nur noch im Herm vor (vgl. ib. 251–257). Daß die Sache indes auch ohne Verwendung des Terms τύπος ausgesagt werden konnte, zeigt 2 Kor 3,13–16.

[42] Der Vergleich ὡς παιδίων ἔχειν τὴν ψυχήν steht sachlich parallel zur Bezeichnung der Christen in 1 Petr 2,2 mit ὡς ἀρτιγέννητα βρέφη (vgl. Brox, Petrusbrief 91f.); traditionsgeschichtliche Basis mag 2 Kön 5,14b sein.

[43] Vgl. S. 195 die Auslegung von Barn 4,2.

[44] Die These von Barnard, Note 263–267, die Allegorese der Landverheißung sei auf dem liturgischen Hintergrund baptismaler Riten entfaltet, stimmt insoweit, als die beiden Schöpfungsberichte schon früh zur Erläuterung der umfassenden und unumkehrbaren Wirkung der Christwerdung bemüht wurden (vgl. Apg 17,29; Rom 6,4b; 2 Kor 4,6; Kol 3,10; Eph 4,24; 1 Petr 2,2). Deshalb jedoch ist aus Barn 6,8–17 keine katechetische, baptismale Situierung oder weitergehende kirchenhistorische Ableitung möglich. Insbesondere bezeugt V 17 nicht „the practice of administering honey and milk to the newly baptized" (ib. 265). So auch das Urteil von Betz, Milch 173f.; über die Bezeugung der Eucharistie als sakramentale Milch allgemein sowie die zum Weinkelch zusätzliche, taufeucharistische Benedizierung einer Mischung aus Milch und Honig vgl. ib. 1–26.174–185; ferner Ziegler, Dulcedo Dei 72–76.

genwart bereits die verheißene Heilszeit ist, dann müssen auch die Verheißungen an die Väter erfüllt werden. Weil deren Kern die Landverheißung ist, läßt sich an ihr die umfassende soteriologische Bedeutung des Christusereignisses erweisen. Daß der Vf. diesen Aufweis beabsichtigt, geht aus 5,7a und 6,16c hervor. Der betonte Einsatz mit οὐκοῦν ἡμεῖς ἐσμέν kennzeichnet diesen Halbvers als Resümee des auf seine Gnosis in V 11 abgestellten, zweigliedrigen, durch die Stichworte ἐποίησεν und ἀναπλάσσοντος vorbereiteten Schriftbeweises in den Vv 12–16b.

Zuerst wollen die Vv 12.13 erweisen, daß die Neuschöpfung, und damit die Heilsbedeutung dessen, auf den man V 9a zufolge hoffen soll, Jesus, in der Schrift vielfach angekündigt ist; dies signalisiert der kausale Anschluß der Zitationsformel.

12 Die exegetischen Bemerkungen ὡς λέγει τῷ υἱῷ – das ὡς ist hier keine Vergleichspartikel, sondern temporale Konjunktion[45] („als/wenn/während") – und ταῦτα πρὸς τὸν υἱόν halten die beiden Zitate aus Gen 1,26 und 1,28 zusammen. Ταῦτα πρὸς τὸν υἱόν erweckt den Anschein einer rubrikalen Notiz für die thematische Zuordnung von Gen 1,28, die – so wäre zu folgern – versehentlich aus der Vorlage übernommen wurde. Hierfür spricht, daß die beiden Imper. Pl. aus dem wörtlichen Zitat aus Gen 1,28 dem Sg. τὸν υἱόν entgegenstehen.[46]

Die Selbstverständlichkeit, mit der sich die an die Zitationseinleitung in V 12a angeschlossene exegetische Anmerkung sowie die resümierende Auslegung Gen 1,26.28 auf den Sohn beziehen, zeigt, daß dieses christologische Dogma als erwiesen gilt. Im Unterschied zu Barn 5,5 ist hier das Beweisziel denn auch nicht die Präexistenz und Sohnschaft (5,9), sondern daß das ἐποίησεν des κύριος schriftgemäß ist. Es geht um die Gnosis, die aus der Schrift hinsichtlich der Soteriologie zu entnehmen ist. War Barn 5,5 nur an dem Pl. ποιήσωμεν interessiert, so nun Barn 6,12a am Inhalt des ersten Teils von Gen 1,26. Wie der Erlaß der Sünden durch den κύριος einen vollkommenen Neuanfang bewirkt (vgl. 5,1f.), so bedeutet auch die Taufe (vgl. 11,11) eine Neuschöpfung, und insofern erfüllt sich in ihr die Schrift, genauer: der vergebende Heilswille Gottes.[47]

Die Ergänzung der Zitationsformel in V 12b (ἰδὼν τὸ καλὸν πλάσμα ἡμῶν) bestimmt den Segen aus Gen 1,28 als prophetische Rede und reserviert ihn exklusiv für die Christen. Sie sind τὸ καλὸν πλάσμα, der ἄλλος τύπος, und auf sie hin hat der Schöpfer die Menschen gesegnet. Der Ausdruck τὸ καλὸν πλάσμα ist weder in griechischen Bibelübersetzungen, in der neutestamentlichen Literatur noch bei Philo und auch bei den Apostolischen Vätern nur im Barn belegt. Vermutlich hat der Vf. selbst das Attribut aus der Billigungsformel im ersten Schöpfungsbericht[48] mit dem Subst. πλάσμα verbunden, das hier wie in den griechischen Bibelüberset-

---

[45] Vgl. Bauer/Aland, Wörterbuch, Sp. 1792; Blass/Debrunner, Grammatik § 455,2.

[46] Vgl. Textkritik z.St. S. 260.

[47] Vgl. von Rad, Das erste Buch Mose 4,116.

[48] Die Formel καὶ εἶδεν ὁ θεὸς ὅτι καλόν/καλά (וַיַּרְא אֱלֹהִים אֱלֹהִים כִּי־טוֹב) in Gen 1,4.8.10.12.18.21.25 und verstärkt in Gen 1,31 (καλὰ λίαν) ist im Unterschied zu den griechischen Genesisübersetzungen im hebräischen Grundtext für V 8 nicht belegt.

zungen aufgrund des im zweiten Schöpfungsbericht von Jahwe ausgesagten πλάσσειν der Menschen schöpfungstheologisch konnotiert ist und die Souveränität des
Schöpfers sowie sein Erbarmen gegenüber den staubgebildeten Menschen bekundet.[49] Die Kombination, sie mag von der exegetischen Bemerkung in V 9b inspiriert sein, ist durch die im biblischen Sprachgebrauch fundierte Synonymie der
Schöpfungstermini ermöglicht. Die Vokabel hat im Barn keinen dualistischen,
negativen Unterton; weder zu dem durch akademisch-neupythagoreische Meta-
physik[50] beeinflußten Gebrauch etwa bei Philo noch zur gnostischen Verwerfung
von allem Geschöpflichen bestehen Verbindungen. Allein schon wegen des auf τὸ
καλὸν πλάσμα folgenden Segens ist der Ausdruck nicht Etikett für einen (böswil-
lig veranstalteten) Unfall, unter dem der Gnostiker leidet und hofft, sich ihm bald
entledigen zu können, sondern Heilszuspruch: Besseres kann weder gedacht werden, noch wird jemals etwas Besseres geschaffen werden.[51] Diese nicht überbiet-

---

[49] In der außerjüdischen und außerchristlichen Gräzität steht πλάσμα meist dualistisch den Begriffen
ψυχή bzw. πνεῦμα gegenüber; überaus selten bezeichnet πλάσμα den (menschlichen) Körper, der von
einer Gottheit gebildet ist. In den griechischen Bibelübersetzungen ist πλάσμα (יֵצֶר) aufgrund des in Gen
2,7.8.15 von Jahwe ausgesagten πλάσσειν der Menschen, das sachlich parallel zu dem mit ποιέω übersetzten בָּרָא in Gen 1 steht, schöpfungstheologisch konnotiert. In diesem Kontext fehlt πλάσσειν jede
dualistische Note, denn „Jahwe hat Augen und Atem ebenso gebildet wie die Herzen und den Geist; ...
der Mensch ist ein Ganzes" (BRAUN, πλάσσω κτλ. ThWNT 6 [1959] 258). Über den Schöpfungsakt
hinaus bezeichnet die Wortgruppe πλάσσειν Jahwe als „Bildner und Former in der Erwählung, Leitung
und Befreiung seines Volkes" (ib. 257). Insofern πλάσσειν „das schlechthin Umfassende des göttlichen
Bildens" (ib. 257) bezeichnet, meint πλάσμα einfach die Geschöpflichkeit. Zentraler theologischer Gedanke ist die Souveränität des Schöpfers und sein Erbarmen gegenüber den aus Erde gebildeten Menschen. Der Sprachgebrauch von πλάσσειν und πλάσμα bei Philo ist von seiner akademisch-neupytha-
goreisch inspirierten, kontrastierenden Allegorese beider Schöpfungsberichte bestimmt: πλάσσειν und
ποιεῖν schreibt er beide ausschließlich Gott zu, doch bezieht sich ersteres auf den ‚irdischen‘, ποιεῖν hingegen auf den gottähnlichen Menschen. „σάρξ- und πνεῦμα-Menschen stehen sich als πλάσμα γῆς und
θείας εἰκόνος ἐκμαγεῖον gegenüber" (ib. 260). Im Neuen Testament ist die Wortgruppe auf das Corpus
Paulinum begrenzt und durch den Sprachgebrauch in den griechischen Bibelübersetzungen bestimmt:
Röm 9,20b (μὴ ἐρεῖ τὸ πλάσμα τῷ πλάσαντι·), ein Zitat aus Jes 29,16 – zugleich der einzige ntl. Beleg
für πλάσμα –, wobei ἐποίησας in Röm 9,20c die aus den griechischen Bibelübersetzungen bekannte
Synonymie der Schöpfungsverben belegt, sowie, mit Anspielung auf den zweiten Schöpfungsbericht, die
Begründung des Schweigegebots für Frauen in 1 Tim 2,13 (Ἀδὰμ γὰρ πρῶτος ἐπλάσθη, εἶτα Εὔα). Paulus und die paulinische Tradition „benutzt die Wortgruppe nicht, um das Heilshandeln Gottes in der Geschichte ... oder die geistliche Neuschöpfung des einzelnen durch Gott" (ib. 262) auszusagen. Bei den
Apostolischen Vätern ist die Wortgruppe auf Did, Barn, 1 Clem und Diog begrenzt; sechs der insgesamt
zwölf Belege finden sich im Barn. Mit Ausnahme der durch die Zwei-Wege-Lehre in Did 5,2 und Barn
20,2 bezeugten Warnung vor Leuten, die – so ist wegen des vorausgehenden φονεῖς τέκνων zu schließen
(vgl. KNOPF, Die Lehre der zwölf Apostel 20; unbestimmt die Übersetzung von WINDISCH, Barnabasbrief 404; NIEDERWIMMER, Didache 147.151) – abtreiben (Doctr. abortantes [conj. NIEDERWIMMER,
Didache 151]), ist die Wortgruppe durch die Semantik, die ihr in den griechischen Bibelübersetzungen zugeflossen ist, bestimmt. Die Schriftlesung, und zwar insbesondere von Gen 2, bestimmt den Sprachgebrauch bei den Apostolischen Vätern.
[50] Vgl. KRÄMER, Geistmetaphysik 266–284; dort reiche Quellenangaben zu Philo sowie Literatur über
die philosophiegeschichtlichen Wurzeln und das Profil philonischer Logostheologie.
[51] Vor dem Hintergrund dieses Sprachgebrauchs der Wortgruppe πλάσσειν ist der Barn kaum als ein
Dokument gnostischer Theologie anzusehen.

bare Qualifikation bezieht sich wegen des an τὸ καλὸν πλάσμα angeschlossenen ἡμῶν auf die Christen; dies bestätigt der folgende Segen[52] aus Gen 1,28.

Die *erste* und grundlegende Offenbarung der Schrift ist Barn 5,5.9 zufolge christologischer Art: die Präexistenz und Gottessohnschaft des κύριος; die *zweite* ist laut Barn 6,12b soteriologischer Art: Gottes Heilszusicherung an die Christen. In der im Christusereignis begründeten missionarischen (V 12b) Kirche erfüllt sich insofern älteste Verheißung. Dem Vf. ist sichtlich daran gelegen, nicht nur die frühchristliche Glaubensüberzeugung, ,Jesus ist Gott', als den Anfang aller Offenbarung auszuweisen, sondern auch die soteriologischen, ekklesiologischen und eschatologischen Implikationen dieser Grundlage.

13 Wegen πάλιν kann kein Zweifel sein, daß das ἐποίησεν ἡμᾶς des Herrn Thema ist. Der Numeruswechsel mittels des σοι ἐπιδείξω mag signalisieren, daß die Gnosis (δευτέραν πλάσιν ἐπ᾽ ἐσχάτων ἐποίησεν) sowie ihr Schriftbeleg nicht erst vom Vf. kombiniert wurden. Von ihm stammt dann die Widmung πρὸς ἡμᾶς, mit der er diese Gnosis aus der Schrift in seinen Beweisgang einbindet. Die Deutung der Taufe als eine grundlegende Erneuerung, die V 11 durch ἀνακαινίσας und ἀναπλάσσοντος festhielt und V 12 als eine Neuschöpfung durch den κύριος aufwies, bot mittels der Schöpfungstermini (πλάσις κτλ. und ποιέω κτλ.) den Anknüpfungspunkt für V 13a. „Die Schöpfung der Endzeit nach der Schöpfung der Urzeit ist ein überraschend klarer und glücklicher Ausdruck. Hiernach ist die ,Endzeit' schon mit unsrer Wiedergeburt angebrochen."[53] Das Zitat ἰδού, ποιῶ τὰ ἔσχατα ὡς τὰ πρῶτα, das in der griechischen Literatur sonst nicht mehr belegt ist, gibt eine gängige Ansicht apokalyptischer Theologie[54] wieder. Man hat insbesondere 4 Esra 5,41; 6,6; äthHen 60,11 verglichen. Als Schriftgrundlage für eine von Gott initiierte Entsprechung von Urzeit und Endzeit mag Jes 43,18f.; Dan 11,29 ϑ´; Klgl 5,21; Ez 36,11 in Betracht kommen.[55] Weil diese Vorstellung, wenn auch inhalt-

---

[52] Weil das Adj. ἀγαθός in Verbindung mit γῆ auch ,fruchtbar' bedeutet (vgl. PAPE, Wörterbuch 1,6), kann man vermuten, daß dieser Mehrungssegen durch die Auszeichnung des Landes in V 8 als ἀγαθή vorbereitet war. Vgl. dazu S. 224 die Auslegung zu Barn 4,12.

[53] WINDISCH, Barnabasbrief 337.

[54] Die Wiederkehr der Schöpfung – ,neuer Himmel', ,neue Erde', ,neue Schöpfung' sind Topoi, die in diversen Variationen wiederkehren, – wird nach dem Schema Urzeit *versus* Endzeit illustriert (vgl. 4 Esra 6,55). In dieser spezifischen, retrospektiven und eschatologischen Sichtweise des Geschichtsablaufs schwingt die Vorstellung von Weltzeiten und ihren vorherbestimmten Perioden mit (vgl. Dan 9; slavHen 44; äthHen 92,2; syrBar 23,5; 27; 39,3-7; 56-86; 4 Esra 3,4-27; 4,26c.27.51-5,12; 6,6-29; 7,28; 9,1-5; 14,11f; ApAbr 29), wobei die Stadien einen wachsenden Ordnungsverlust darstellen (vgl. 4 Esra 5,1-13.52-55; 6,13-28; 9,1-13; 14,10.16), der durch einen transhistorischen, göttlichen Akt beendet und in einen qualitativ neuen, ewigen Zustand überführt wird (vgl. äthHen 96,3; 4 Esra 7,32; syrBar 44,11; 48,50). Dieser kurz bevorstehende Übergang (vgl. Dan 12,11f; syrBar 85,10; 4 Esra 4,26.44-50; 5,55; 6,15b-28; 9,1-6; 11,1-12,3; 12,10-36; 13,1-13; 13,20c-56; 14,10-16) vom ,Jetzt' zum ,neuen Himmel und zur neuen Erde' (vgl. 2 Petr 3,13; Offb 21,1), der diese endzeitliche καιρός-Situation besiegelt, erfolgt in einem Akt, der vom Thron Gottes ausgeht (vgl. Dan 7,9; syrBar 73,1; 4 Esra 7,33; ApcAbr 18). Die darin geradezu bildhaft ausgedrückte Theozentrik ist die theologische Basis der Apokalyptik, und zwar stets in soteriologischer Hinsicht.

[55] Vgl. HEFELE, Sendschreiben 224 Anm. 16, der zudem auf Jer 33(40),7 weist.

lich variiert, schon früh in die christliche Literatur Eingang gefunden hat,[56] ist davon auszugehen, daß sie einem Fundus apokalyptisch gefärbten Spruchguts[57] entstammt, der der Alten Kirche zur theologischen Weltdeutung und Existenzerhellung ebenso gegenwärtig war und von ihr rezipiert wurde wie z.B. die großen Schriftpropheten.[58] Der Einsatz mit εἰς τοῦτο[59] in V 13b qualifiziert das folgende Prophetenzitat als Auslegung bzw. Erläuterung. Das Zitat selbst kombiniert den im Grundbestand bereits in V 8 zitierten Halbvers Ex 33,3a mit der in V 12 nicht zitierten Fortsetzung des Fragments aus Gen 1,28; κατακυριεύσατε ersetzt also nicht das κατακληρονομήσατε des Themazitats V 8. Auf den Herrschaftsauftrag kommt der Vf. in V 17–19 zurück, um den eschatologischen Vorbehalt in Erinnerung zu bringen.

14 Der betonte Einsatz mit ἴδε οὖν in V 14a ist vermutlich dem Zitat in V 13a und dem folgenden Zitat nachgebildet. V 11 hatte die Wirkung des Sündenerlasses mit dem Bild einer Neuschöpfung illustriert. Mittels des Perf. ἡμεῖς ἀναπεπλάσμεθα konstatiert der Vf. diesen Heilsstand in seiner bleibenden Prägekraft und in seinem Personalbezug. Καθὼς πάλιν binden die Vv 14–16 an das Thema, die soteriologische Bedeutung des Christusereignisses, zurück. Hierfür bürgt auch die Zitationseinleitung ἐν ἑτέρῳ προφήτῃ λέγει, die zugleich anzeigt, daß die Unumkehrbarkeit und Umfassendheit, die die Deutung des Sündenerlasses als Neuschöpfung aussagt, anhand der Schrift als Erfüllung prophetischer Ankündigungen zu erweisen ist. Das Zitat verbindet Sequenzen aus Ez 11,19; 36,26. Die mit τοῦτ' ἔστιν eingefügte exegetische Bemerkung war der Sache nach bereits in Barn 3,6 ausgesprochen. Die Christen sind jene, die der Geist des Herrn voraussah; sie sind das Gottesvolk, auf das ὁ μακρόθυμος προβλέψας. Demzufolge ist τὸ πνεῦμα κυρίου Wechselbegriff für ὁ θεός. Das Verb προβλέπειν ist im Barn soteriologisch ausgerichtet. Entweder ist der Heilsstand der Christen (3,6; 6,14) von Gott her oder das Christusereignis (9,7) in den Blick genommen.[60] Die Zusage einer von Gott gewirkten inneren Erneuerung, die das Ezechielzitat einträgt, ist zwischen die Land-

---

[56] Vgl. 2 Kor 5,17; Mt 19,30 (par Mk 10,31; Lk 13,30); Mt 20,16; Offb 21,4f.; spätere Zeugnisse sind DidascSyr 113 (CSCO.S 252,13f.): ܐܬܪܝܐ ܟܬܪܐ ܐܚܪܝܐ ܟܬܪܐ ܐܪܬܝܐ.; ferner FragVer/L IV 18,5 (S. 75); Hipp. *Dan.* 4,37 und *Hom. Clem.* 3,14.

[57] Vgl. insbesondere die Eröffnung und das parallele zweite Glied des Spruchs in DidascSyr 113 (CSCO.S 252,12f.; TU 10/2, 136,28f.): ܐܡܪ ܓܝܪ ܐܝܟ ܐܪܬܝܐܐܝܟ ܟܝ ܟܬܪܐܐܝܟ. ܐܟܬܐܐܝܟ ܟܝ ܐܪܬܝܐܐܝܟ; ferner Barn 4,3; 15,4; 2 Petr 3,8; EvThom 4b (εἴ]σετε ὅτι πολλοὶ ἔσονται π[ρῶτοι ἔσχατοι καὶ] οἱ ἔσχατοι πρῶτοι καὶ [ζωὴν αἰώνιον ἕξου]σιν) *ex.* P.Oxy. 654,3.

[58] RESCH, Agrapha 261–263 (vgl. Agrapha[2] 167), erkennt in dem Zitat „eine freiere aussercanonische Recension" (ib. 263) eines Herrenworts; dagegen WINDISCH, Barnabasbrief 337 und KÖSTER, Überlieferung 127. HAEUSER, Barnabasbrief 41f. Anm. 2, wendet ein, daß Barn grundsätzlich nur alttestamentliche Stellen zitiert und von diesen käme allenfalls Jes 43,19 in Betracht. Aber auch diese traditionsgeschichtliche Folie läuft aufgrund ihres Kontexts dem „Zweck, die Urschöpfung und das ‚Einziehen in das gelobte Land' miteinander zu vergleichen", zuwider. Die Traditionsverhältnisse ähneln jenen des vermeintlichen Henochzitats in Barn 4,3; vgl. S. 197f.

[59] Vgl. S. 74 unter ‚§ 4 Struktur, Komposition und literarischer Charakter'.

[60] Προβλέπειν in IgnEph 6,1 – neben Barn 6,14 der einzige Beleg in den Apostolischen Vätern – ist anders gelagert.

verheißung (Ez 11,17b; 36,24.28a) und die mit der sog. Bundesformel erinnerte Heilszusicherung (Ez 11,20; 36,28b) eingebettet. Vor diesem biblischen Hintergrund ist die Fleischwerdung des κύριος und seine Einwohnung in uns bindende Heilszusicherung. **15** ist durch σαρκίνας (καρδίας) sowie κατοικεῖν vorbereitet. Deshalb, wegen der Leseranrede und den Aussagen über den Tempel in 4,11; 16,7–11 führt γάρ hier keine Begründung ein, sondern eine Erklärung,[61] die die Einwohnung konstatiert: Unser Inneres ist ein Tempel, denn der Herr wohnt in uns.[62] Diese Vorstellung erinnert an die Bezeichnungen der Kirche als ‚Tempel Gottes' und als ‚Bau' im Corpus Paulinum,[63] wobei die Nähe zu 1 Kor 3,17b (ὁ γὰρ ναὸς τοῦ θεοῦ ἅγιός ἐστιν, οἵτινές ἐστε ὑμεῖς) frappiert. Auch wenn deshalb die Kenntnis dieses Schriftkreises seitens des Vf. keineswegs als ausgemachte Sache gelten darf, hat die Annahme viel für sich, daß das Christentum, in dem der Vf. zu Hause ist und für das er schreibt, auch von der paulinischen Tradition Kenntnis hat. Jedenfalls bringt Barn 16 die entscheidenden Stichworte dieser Tradition über Deutung des ‚Tempels Gottes'. Der „kopulalose Nominalsatz"[64] V 15 meldet den Vollzug des in V 14 mit ἐξελῶ angekündigten Heilshandelns, indem er mittels des Bildes vom inneren Tempel die prägende und bleibende Gegenwart des κύριος und damit den erlangten Heilsstand feststellt. Der κύριος ist das Lebensprinzip der Kirche. **16** Im Lobpreis der Kirche bekundet sich die Einwohnung des κύριος; zwei Mischzitate führen hierüber den Beweis. Die erste Verknüpfung aus Ps 41(42),3 und Jes 49,5 ist mittels ἐν τίνι als Frage gestaltet; λέγει γὰρ πάλιν κύριος leitet sie formgerecht ein. Der Antwortvers, mittels λέγει kurz eingeleitet, mischt Ps 21(22),23 mit Ps 107(108),4 (vgl. Ps 88[89],6; zum Motiv vgl. ferner Ps 81[82]), 1. Der κύριος der Zitationseinleitung ist jener, von dem laut Barn 5,6 die Propheten die Gnade haben, auf ihn hin zu weissagen. Weil gemäß Vv 14f. der κύριος in der Kirche gegenwärtig ist, muß nicht stören, daß er Subjekt von ὀφθήσομαι und δοξασθήσομαι ist. Frage und Antwort sind vom Vf. als Worte des in der Kirche gegenwärtigen Christus gestaltet. Insofern ist Christus der Topos der Kirche. Entsprechend dem Parallelismus des Antwortverses hat der Vf. zwei Bezeichnungen für Kirche: ἀδελφοί μου und ἅγιοι (vgl. 1 Kor 14,33b; 2 Kor 1,1). Barn 6,16 zufolge verherrlicht sich der κύριος im Lobpreis seiner Kirche selbst bzw. gibt er sich als heilsschaffender und heilsverheißender Gott zu erkennen.[65] Mit der Wiederaufnahme des Auslegungsgegenstands von V 10a bzw. des Themazitats resümiert V 16b nicht nur den zweiten Auslegungsgang, sondern er markiert auch dessen Schluß. Der Aorist

---

[61] Zur Unterscheidung vgl. Bauer/Aland, Wörterbuch, Sp. 305f.

[62] Τῷ κυρίῳ ist hier und in 16,10b dativus ethicus (vgl. Blass/Debrunner, Grammatik § 192³) zu ναός, ein Semitismus, der sich an 4,11 ναὸς τέλειος τῷ θεῷ orientiert; vgl. auch 8,4 μεγάλοι τῷ θεῷ.

[63] Näheres bei Schlier, Kirche 304–306; Schnackenburg, Kirche 142f.

[64] Bornemann/Risch, Grammatik § 255; vgl. Blass/Debrunner, Grammatik § 127.

[65] Mit Rücksicht auf den Bekanntheitsgrad des zweiten Gottesknechtlieds ist es nicht auszuschließen, daß durch das aus Jes 49,5 zitierte Stichwort δοξασθήσομαι zugleich Jes 49,3 erinnert wurde, wo Gott seinem Knecht zusagt, er werde ihm seine Herrlichkeit zeigen (καὶ εἶπέν μοι Δοῦλός μου εἶ σύ, Ἰσραήλ, καὶ ἐν σοὶ δοξασθήσομαι). Im Kontext von Barn 6,16a wäre daher Jesus als Gottesknecht gedeutet; vgl. dazu auch die Auslegung zu Barn 6,2a.

εἰσήγαγεν proklamiert, daß die Heilsverheißung, die der Transmigrationsbefehl εἰσέλθετε beinhaltet, eingelöst ist, und zwar durch den κύριος. Diese Situation ist also gnadenhaft zustande gekommen, und sie gilt den Christen. Der κύριος ist Subjekt des εἰσήγαγεν; daher ist γῆ ἀγαθή ein Bildwort für Gnade. Der Modus des Eintritts in das Land qualifiziert es als jenen Heilsbezirk, zu dem die Gnade Gottes Zugang verschafft; es ist eine Gabe Gottes, die auf den Geber zurückweist und von seiner Nähe zeugt.

Eschatologische Deutung (6,17–19)

17 Der dritte Auslegungsgang in den Vv 17–19 ist selbst wiederum geteilt. V 17, der ihn parallel zu V 10 mit τί οὖν eröffnet, bezieht sich zwar in seiner Hauptmasse auf das Eingangszitat in V 8, aber schon in seinem letzten Halbsatz greift er auf den im zweiten Auslegungsgang (Vv 12f.) als Erläuterung eingeflochtenen Kulturauftrag (κατακυριεύοντες) des ersten Schöpfungsberichts (καὶ κατακυριεύσατε αὐτῆς) aus, der in V 18f. eigens ausgelegt wird.

Für die umfassende und grundlegende Heilsbedeutung, die das Christusereignis im Erlaß der Sünden gewinnt, hatte V 11 den Vergleich mit der ψυχή eines Neugeborenen gefunden. V 17 erläutert, daß dieser Vergleich zutreffend ist. Hierzu verknüpft er die beiden Qualifizierungen des in V 8 verheißenen Landes durch den Überfluß von Milch[66] und Honig[67] mit dem ersten Bildvergleich aus V 11.

Die Allegorese von Milch und Honig führt zu zwei Deutungen. Zum einen wird die mit dem Bild vom Neugeborenen beschriebene soteriologische Relevanz des Christusereignisses in ihrer Irreversibilität und Ganzheit erläutert und bestätigt, indem der Glaube an die Verheißung sowie das Wort mit der für Neugeborene typischen Nahrung zusammengestellt werden. Τῇ πίστει τῆς ἐπαγγελίας wird von 5,6 her christozentrisch zu verstehen sein. Weil alle Prophetie und somit alle Verheißungen auf das Christusereignis ausgerichtet sind, kann Glaube an die Verheißung nur Glaube an Jesus Christus sein. Entsprechend meint τῷ λόγῳ das Kerygma des Christusereignisses und seine Heilsbedeutung. Innerhalb des allegorischen Deutungsgeflechts erscheinen Glaube und Wort selbst als Heilsgüter, die durch Mose verheißen (V 8) und nun in der Kirche eingelöst sind. Hierauf weist das Part. Präs. ζωοποιούμενοι hin. Daher ist entgegen der Eröffnung in V 17a, der zufolge τὸ γάλα und τὸ μέλι Auslegungsgegenstände sind, und entgegen der Auslegung selbst, die sich nur auf das Themawort ‚Honig'[68] bezieht (V 17b), auch auf das Part. ῥέουσα und folglich auf die Formel selbst abgehoben. Dieser Umstand bestärkt die Hoffnung, daß sich der aus Gen 1,28 in V 13 eingetragene Kulturauftrag

---

[66] Vgl. Schlier, γάλα. ThWNT 1 (1933) 644f; ferner S. 269 Anm. 27.

[67] Vgl. Michaelis, μέλι. ThWNT 4 (1942) 556–559. Mit γῆ ῥέουσα γάλα καὶ μέλι (Barn 6,8) geben die griechischen Bibelübersetzungen die Formel אֶרֶץ זָבַת חָלָב וּדְבָשׁ wieder (vgl. Ex 3,8.17 und zahlreiche Stellen im Pentateuch, ferner Jos 5,6; Sir 46,8; Jer 11,5; 39,22; Ez 20,6.15).

[68] Der ‚Honig' in Barn 6,17b fungiert wie in 1 Petr 2,2 die ‚(geistige) Milch' als pars pro toto der in Barn 6,8 zitierten Formel.

(καὶ κατακυριεύσατε αὐτῆς) als Verheißung erfüllt.[69] Zum anderen betont das Beispiel der lebenserhaltenden Wirkung von Milch und Honig[70] mittels der Wortgruppe ζάω, ζωοποιέω und den gegenübergestellten Zeitaspekten, daß durch das Christusereignis alle Zeit bis zu ihrem Ende Heilszeit ist, wobei Glaube und Kerygma Insignien dieser Zeit und Garanten für die Teilhabe an der eschatologischen Erfüllung der Heilszusicherung sind, die im Anschluß an Gen 1,26b.28 formuliert ist. Hierdurch erweist der Vf. zugleich, daß sein Resümee in V 16b stimmt: Die Landverheißung galt den Christen, denn sie verhieß immer schon das Heil in Jesus Christus.

18f. greifen den Aspekt der eschatologischen Erfüllung der Verheißung angesichts des Heilsstands aller Getauften auf. Zu diesem Zweck bringt V 18 den Segen und Kulturauftrag aus dem ersten Schöpfungsbericht in Erinnerung. Es handelt sich um ein Exzerpt aus Gen 1,26b.28, das in ähnlicher Formulierung schon in V 12 angeführt war.

Auf diese Stelle bezieht sich die singuläre Zitationseinleitung προείρηκεν δὲ ἐπάνω.[71] Das Lokaladverb zeigt an, daß das Schriftstück nicht zum Vortrag, son-

---

[69] WINDISCH, Barnabasbrief 338, zufolge sind „der Glaube und das Wort … die Kräfte, die uns das ‚Leben‘ geben und erhalten und uns in das ‚Land‘ bringen". Wegen des schöpfungstheologisch konnotierten κατακυριεύοντες sowie des Fut. ζήσομεν ist die γῆ vom Sprachgebrauch in Vv 8.10.16b abzusetzen (vgl. S. 266 Anm. 21). Gemeint ist nicht das Land der Verheißung, in dem die Christen den Vergangenheitstempora des zweiten Auslegungsgangs (ἀνακαινίσας V 11; ἐποίησεν V 13; ἀναπεπλάσμεθα V 14; εἰσήγαγεν V 16b) zufolge bereits sind, sondern die Erde als der von Gott den Menschen zugewiesene Lebensraum, in dem sie unter dem Segen Gottes stehen und seinen Auftrag (καὶ κατακυριεύσατε αὐτῆς) erfüllen sollen. Exakt diesen Auftrag bestätigt die Form ζήσομεν, indem sie ihn als Heilszusicherung bestimmt. Das Fut. ζήσομεν ist mit Bedacht gewählt: Die Betonung der Zukünftigkeit der κατακυριεύοντες will auch – ähnlich wie 4,10 – die Gefahr bannen, daß aus dem Heilsstand, den V 16b mittels des Aorist εἰσήγαγεν konstatiert hat, eine Heilssicherheit abgeleitet wird.

[70] Thphl.Ant. *Autol.* 2,25 deutet die Ernährung mit Milch – Honig erwähnt er nicht – als Sinnbild für die Unfähigkeit Adams zur rechten Gotteserkenntnis.

[71] Die Form προείρηκε(ν) ist in den griechischen Bibelübersetzungen und der jüdischen Grazität nicht bezeugt. In der neutestamentlichen Literatur begegnet das Verb προλέγειν/προειπεῖν elfmal, die Form aus Barn 6,18 indes liegt nur in der Einleitung zu einem Zitat aus Jes 1,9 in Röm 9,29 vor; bei den Apostolischen Vätern ist Barn 6,18 einziger Beleg für die Form. Die Verbindung einer Form von προειπεῖν mit ἐπάνω (das Adv. im Barn nur hier), wie sie in Barn 6,18 vorliegt, ist überaus selten. Unter der Maßgabe von Barn 6,18 kommen von den rund ein Dutzend Belegen nur acht in Betracht. Die Stellen befinden sich ausschließlich in (medizinischen) Abhandlungen und Traktaten (Gal. *Anim.Pass.* 19,166; Orib. *Syn,* 50. 41,1,5) oder in Kommentaren, und zwar entweder zu Aristoteles (Alex.Aphr. *in APr.* 350,14; *in Top.* 199,26; Phlp. *in APo.* 13/3, 138,6) oder zu Gen 1f. (Thphl.Ant. *Autol.* 2,27.30; 3,24) bzw. 2 Kor (Phot. *Bibl.* [PG 53,593,15]). Den Formulierungen ὡς προείρηται ἐν τοῖς ἐπάνω oder ὡς ἐπάνω προείρηται folgt regelmäßig ein Rückverweis auf eine vorausgegangene Darstellung oder auf einen Diskurs. Entweder wird ein Ergebnis referiert oder mittels eines Stichworts oder der Wiederholung einer Sequenz aus einem auszulegenden Zitat der Konnex zum Thema sowie der Akzent seiner weiteren Behandlung angezeigt. Die sprachliche Konstanz und die regelmäßige Funktion zeigen alle Merkmale einer Formel, die, mag sie bisweilen auch floskelhaft verwendet sein, innerhalb von Fachliteratur einen thematischen Rückverweis einleitet. Daß solche Rekurse und Erinnerungen sprachlich auch anders gefaßt werden konnten, versteht sich von selbst; καθάπερ ἐπάνω προεῖπον, seltener auch ὡς ἐπάνω προεῖπον, sind typische Wendungen in Plb. *Hist.* Die Aoristvariante der Verweisformel ist sonst nur noch bei Str. *Geogr.* 8. 7,5 (καθάπερ ἐπάνω προείπομεν) belegt. Da alle diese Schriftstücke kaum zum Vortrag vorgesehen waren

dern – zumindest primär – für die Lektüre gedacht war. Denn zur Erinnerung an kurz zuvor Gesagtes genügte das Verb als solches;[72] allenfalls käme eine Präzisierung mit πρότερος, πρότερον, ἔμπροσθεν, ἄρτι, νῦν δή κτλ. in Betracht. Der Vf. geht jedoch davon aus, daß zurückgeblättert werden kann; sein Werk ist zum Studium geschrieben. Hierauf weist auch die Auslegung der Zahl 318 in 9,7f. – in Majuskel geschrieben (ΙΗΤ), fällt sie unmittelbar ins Auge.

Der biblischen Vorlage gemäß stehen sich ἄρχειν und κατακυριεύειν dadurch sachlich nahe, daß die Menschen mit der Aufgabe betraut werden zu herrschen.[73] Von daher erklärt sich der (assoziative) Anschluß an V 17. Der Vf. ist an dem ἄρχειν interessiert. Auf seine rhetorische Frage erwartet er unbedingt die Antwort: niemand. Das betonte νῦν verweist darauf, daß diese Frage vielleicht auch einem möglichen Einwand gegen seine Allegorese der Landverheißung und deren Erläuterung durch Gen 1,26.28 zuvorkommen soll, der das Kalkül der Beweisführung aus den Angeln heben würde. Wenn durch das Christusereignis alle Prophetie erfüllt und alle Heilszusicherungen, sprich Landverheißung, eingelöst sind, dann muß auch das ἄρχειν über die Geschöpfe gelingen. Der Einwand konfrontiert die theologische Interpretation der Gegenwart als Zeit der Erfüllung mit den faktischen Verhältnissen. Die Entgegnung ist bezeichnenderweise mit ὀφείλομεν konstruiert. Es steht regelmäßig mit Infinitiven, die, wie auch die Infinitivverbindung mit δεῖ, die Angesprochenen zu einer Haltung aufrufen, deren Grund oder Ziel Gott ist.[74] Insofern wird αἰσθάνεσθαι im Horizont von V 10b zu lesen sein. Den Aufruf, über die Fische und Vögel zu herrschen, versteht nur, wer wie auch der Vf. weise und kundig ist und seinen Herrn liebt. Die offenkundige Unmöglichkeit, über diese Tiere Herr zu sein, indiziert, daß das Schriftwort nicht wörtlich gemeint sein kann. Ob dieser Unmöglichkeit war das ἀρχέτωσαν weder als Direktive zu verstehen, noch war deren Ausführung je im Blick. Es ist vielmehr Hinweis auf den eschatologischen Vorbehalt in allem Heilshandeln Gottes. Die Unmöglichkeit, über Fische und Vögel zu herrschen, macht darauf aufmerksam, daß die eschatologische Vollendung noch bevorsteht. Das ἀρχέτωσαν ist also die Verheißung einer endzeitlichen Vollendung.[75] Diesen Vorbehalt umschreibt der ὅτι-Satz.

(zum Lesen in der Antike vgl. MÜLLER, „Verstehst du auch, was du liest?" 18–54.104–119), wird angesichts der sprachlichen Nähe und funktionalen Übereinstimmung die Eröffnung in Barn 6,18 eine Verweisformel sein, die der Vf. zur Gliederung eingetragen hat sowie als Hilfe, die auf die inhaltliche Kohärenz seiner Auslegungen aufmerksam macht.

[72] Vgl. Did 7,1; 1 Clem 34,1; 41,2; 43,1; 44,2; 58,1; ferner die Belege bei Herm (vgl. KRAFT, Clavis).

[73] Wenngleich ἄρχειν und κατακυριεύειν sachlich verbunden sind, hebt sich letzteres in zweifacher Weise ab: Das den Menschen aufgetragene ἄρχειν ist auf die anderen Geschöpfe des fünften und sechsten Schöpfungstages bezogen, wogegen sich erstens κατακυριεύειν auf die γῆ bezieht und zweitens dabei mitschwingen mag, daß Gottes Haltung gegenüber seiner Schöpfung Richtschnur des umfassenden, den Menschen zugesprochenen ‚Kulturauftrags' sein soll.

[74] Vgl. S. 177f. die Auslegung von Barn 2,9.

[75] Deshalb ist es verkürzt, „in Christus selbst in seinem Erdenwirken während der ersten Parusie das verheißene Land zu erkennen" (HEID, Chiliasmus 84), sowie die Allegorisierung der Landverheißung nur auf die „gegenwärtige Weltzeit" zu beziehen, und „für das ‚Jenseits' eine mehr literale Erfüllung" angedeutet zu finden (so Heid unter Berufung auf KROMMINGA, Millennium 36f.). Wie das Christusereig-

Komplementär zur offenkundigen Undurchführbarkeit eines gegenwärtigen ἀρχέτωσαν wird – ebenso bildlich – der Heilsstatus, in dem die Verheißung aus Gen
1,28 erfüllt ist, durch die Vollmacht (ἐξουσίας[76]) beschrieben, die sich daran erweist, daß solchem Befehlen gehorcht wird.[77] Entsprechend dem Grundsatz, daß
alles in der Schrift einen Sinn hat und weil durch das Christusereignis die Zeit der
Erfüllung angebrochen ist, weiß der Vf. ganz bestimmt (εἰ οὖν οὐ ... νῦν, ἄρα ...
πότε), daß diese Verheißung „bei der Heilsvollendung sich verwirklichen wird"[78].
Was jetzt noch fehlt, erfüllt sich im Eschaton. Im Gewand eines Konditionalsatzes
erläutert V 19 den kausalen, mittels der Korrespondenz von νῦν und πότε unterstri-
chenen Sachverhalt[79] und benennt mit τελειωθῶμεν die Konditionen. Obwohl die
Christen durch den Sündenerlaß einen unumkehrbaren und die Gegenwart bestimmenden Heilsstatus gewonnen haben, ist noch ein Reifeprozeß[80] durchzumachen.
Wenn auch assoziativ, so doch nicht ohne Absicht führt der abschließende Halbvers mit κληρονόμοι und διαθήκη zwei Stichworte ein, die die Sache in jenen Horizont einordnen, in dem das Christusereignis als die entscheidende Heilssetzung
Gottes den Beginn der Erfüllung aller Verheißung markiert. Die in V 8 verheißene
Erbschaft des Landes, also die eschatologische Partizipation am Heil Gottes erfüllt
sich umfassend erst in der Zukunft. Diesen Vorbehalt nehmen Barn 8,7a (καὶ διὰ
τοῦτο οὕτως γενόμενα) und Barn 15,5–8 auf. Alles, was in der Zeit Christi, also in
der Zeit der Kirche geschieht (γενόμενα), ist – bisweilen gegen den Augenschein –
Teil des eschatologischen Heilsgeschehens. Das Christusereignis als die Erfüllung
aller Prophetie eröffnet also zugleich eine neue Geschichte, die unter Gottes Verheißungswort steht.

---

nis alle Zeit mit dem Siegel der eschatologischen Heilszeit auszeichnet, ist auch der Herrschafts- bzw.
Kulturauftrag als Allegorie für die noch bevorstehende Vollendung der durch das Christusereignis erfolgten Heilssetzung verstanden. Das Land ist nicht die Parusie, sondern Zeit und Raum der Kirche, die
durch das Christusereignis konstituiert und eschatologisch qualifiziert sind.

[76] Abgesehen vom Prolog der Duae-Viae-Tradition in 18,1 ist das Lexem ἐξουσία im Barn stets eschatologisch konnotiert, jedoch in zwei unterschiedlichen Bedeutungen. Zum einen ist es mit dem gesamten, für die Endzeit typischen Verführungs- und Bedrohungspotential verbunden (2,1; 4,2.13) und zum
anderen ist die ἐξουσία Signet des angebrochenen Eschaton (6,18; 8,3). Vgl. ferner FOERSTER, ἐξουσία.
ThWNT 2 (1935) 559–571, hier 560.

[77] Aus dem κυριεύσῃ, das freilich an das κατακυριεύειν erinnert und dem vom Zitat vorgegebenen
ἄρχειν gegenübersteht (vgl. S. 280 Anm. 73), wird man indes hier keine allzu gewichtige Aussage ableiten müssen. Im Eschaton erfüllt sich die in Gen 1,28 mit κατακυριεύειν und ἄρχειν umschriebene
Heilszusicherung.

[78] WINDISCH, Barnabasbrief 339.

[79] Diese geläufige, auch aus der neutestamentlichen Literatur hinlänglich bekannte, schematische Gegenüberstellung zweier zeitlich geschiedener Ganzheiten liegt auch in 15,6f. vor, nur daß an Stelle des
Zeitadverbs πότε das korrelative Zeitadverb τότε steht, an das sich das obligate ὅτε mit folgendem Aorist
(vgl. BAUER/ALAND, Wörterbuch, Sp. 1393.1642) anschließt. TACHAU, ‚Einst' und ‚Jetzt' 79–147, geht
auch im Nachtrag über „Nachneutestamentliche Belege" (144–147) des ‚Schemas ποτέ – νῦν' nicht auf
den Barn ein.

[80] Vgl. S. 223 die Auslegung zu 4,11b über den Ausdruck ναὸς τέλειος.

Beantwortung der Ausgangsfrage (7,1.2)

Also versteht, Kinder des Frohsinns, daß alles der gute Herr uns im voraus offenbart hat, damit wir erkennen, wen wir zu preisen in jeder Hinsicht verpflichtet sind, indem wir Dank sagen. 2 Wenn also der Sohn Gottes, (obwohl) er Herr ist und Lebende und Tote richten wird, gelitten hat, damit seine Verwundung uns lebendig mache, dann wollen wir glauben, daß der Sohn Gottes nicht leiden konnte außer wegen uns.

Textkritik

Dem Imper. νοεῖτε gebührt gegenüber dem Konj., den G führt, der Vorzug. Zum einen folgen auch in 9,3.7 und 15,4 – ähnlich auch 21,9 – auf die Leseranrede mit τέκνα Imperative (ἀκούσατε, τέκνα; μάθετε οὖν, τέκνα ἀγάπης; προσέχετε, τέκνα; σῴζεσθε, ἀγάπης τέκνα καὶ εἰρήνης). Zum anderen ist mittels dieser Titulierung das durch die Selbstvorstellung in Barn 1 festgelegte Kommunikationsgefälle zwischen ihm, dem „apostolischen Lehrer", und „seiner Gemeinde" aufgenommen, das, um stimmig zu sein, nicht eine Art (konjunktiven) Wunsch „möget ihr verstehen", sondern eine Direktive: „Versteht!" erfordert. Die vl des א in V 2 ist unschwer als Wiederholung aus V 1 zu erkennen, und deshalb als sekundär auszuschließen.

Analyse und Auslegung

1 Die Vv 1.2 sind spiegelbildlich aufgebaut. Die konsekutiv koordinierende Konjunktion οὐκοῦν in Verbindung mit der neuerlichen autoritativen Anrede der Leser und ihre Titulierung als τέκνα, und zwar näher als ‚Kinder des Fohsinns', womit ihre durch Glaube, Gerechtigkeit und Liebe gekennzeichnete Berufung anklingt (vgl. 1,6; 15,9), bestimmt das Folgende nicht als bloße lockere Fortführung der Deutungen und Erklärungen, die das Hauptthema ab 5,1 erfahren hat, sondern als abschließende Antwort auf die Frage nach dem Zweck des Leidens des Herrn. Das ὅτι macht den folgenden Behauptungssatz von dem νοεῖτε abhängig. Der komplexiv zu interpretierende Aorist προεφανέρωσεν – wozu auch das vorangestellte πάντα berechtigt – bezeichnet die auf diese Weise als Ganzes ins Auge gefaßte Offenbarung als Inhalt, den es zu verstehen gilt.[1] Der sich anschließende Finalsatz, dessen Relativpronomen ᾧ nur auf κύριος bezogen werden kann, zeigt an, daß der Akzent in diesem ὅτι-Satz auf der singulären Verbindung ὁ καλὸς κύριος liegt. Außer in Barn 7,1 ist der Ausdruck in der biblischen und außerbiblischen Gräzität nicht nachgewiesen. Die Satzaussage und ihr Objekt (πάντα … προεφανέρωσεν ἡμῖν) konstatieren sachlich parallel z.B. mit 1,7; 3,6; 5,3; 6,7a, daß die Christen alle Offenbarung besitzen, und ordnen insofern die Benennung ὁ καλὸς κύριος mit ὁ δεσπότης sowie ὁ μακρόθυμος gleich. ῾Ο καλὸς κύριος ist jener, der 5,6a zufolge die Propheten begnadete, auf ihn hin zu weissagen; ὁ καλὸς κύριος ist Wechselbegriff für ὁ θεός. 2 bestätigt, daß mit οὐκοῦν νοεῖτε, τέκνα

---

[1] Zum Kompositum προεφανέρωσεν vgl. S. 417f. die Auslegung von Barn 11,1a.

εὐφροσύνης von V 1 auf das Hauptthema zurückgeblickt werden soll, denn die einleitende konditionale Partikel εἰ in Kombination mit der Konjunktion οὖν führt die folgende Aussage als ein sich aus dem Vorhergehenden (5,1–6,19) herleitendes, allgemeingültiges Ergebnis ein. Seitenverkehrt zu V 1 folgt nun zuerst der Finalsatz, der den Zweck des Leidens benennt, und zwar mit dem iterativen Konj. ζωοποιήσῃ als das unbestimmt häufig Wiederholende. Anstelle des von der Konzeption geforderten zweiten ὅτι-Satzes tritt mit πιστεύσωμεν die Apodosis als zweites Glied des mit εἰ eingeleiteten Konditionalsatzes, in den der zweite ὅτι-Satz eingearbeitet ist. Wie das ὅτι-Satzglied in V 1 die Aufgabe hat, den Inhalt des νοεῖτε anzugeben, so obliegt auch dem Behauptungssatz von V 2, die Funktion des πιστεύσωμεν, das als hortativer Konj. zu verstehen ist[2] und somit den Imper. von V 1 widerspiegelt, inhaltlich zu bestimmen. Hatte V 1 den Akzent auf ὁ καλὸς κύριος gelegt, so ist nun in V 2 die Blickrichtung auf die Adressaten gewendet. Wegen der Verbindung des δι' ἡμᾶς mit dem εἰ μή[3] ist sicher, daß es nicht heißen kann „außer durch uns", sondern daß das δι' ἡμᾶς wie die paulinische Formel ὑπὲρ ἡμῶν soteriologisch als das „pro nobis" des Leidens Jesu zu interpretieren ist. Die gesamte Heilsordnung zielt nicht nur auf den Erlöser Jesus Christus, sondern ist sogar sein Werk. Der Herr, der sein Leiden im voraus kundgetan hat, ist identisch mit dem Erlöser, der in der Fülle der Zeiten gekommen ist.[4] Der soteriologische Ertrag des Christusereignisses ist dem ἵνα-Satz zufolge ‚unser Lebendigwerden'. Dieses Heilsgut ist den beiden Erläuterungen des Relativsatzes nicht auf die Taufgnade begrenzt, denn erstens ist der Gottessohn (bereits) κύριος und zweitens wird er im Eschaton als Richter (vgl. 7,9) über Lebende und Tote (vgl. 2 Tim 4,1b; 1 Petr 4,5) auftreten. Weil dem Christusereignis die Parusie im Eschaton und das Gericht der Sache nach inhärent sind, bekundet sich im ἵνα-Satz von V 2 der Glaube an die endgültiges Heil bedeutende Auferstehung zu einem Leben bei Gott.

Homologisch verbindet V 2 die beiden ersten und grundlegenden Offenbarungen der Schrift – die Präexistenz und Gottessohnschaft des κύριος (5,5.9) sowie Gottes Heilszusicherung an die Christen, die sich in der im Christusereignis begründeten missionarischen Kirche erfüllt (6,8–19) – und verpflichtet (πιστεύσωμεν) Vf. und Leser auf diesen Glauben (vgl. Röm 10,9). V 2 ist also ein Resümee der Gnosis, die in 5,1–6,19 aufgezeigt ist, vor allem aber legt er das Bekenntnis fest.

---

[2] Vgl. BLASS/DEBRUNNER, Grammatik §§ 364.371–373.

[3] Vgl. BLASS/DEBRUNNER, Grammatik § 376.

[4] Vgl. MOLL, Das Opfer Jesu Christi 119.

Der Gekreuzigte ist der Heilsbringer

Gebote für den Versöhnungstag

Die Sühneriten

Der Versöhnungstag (יוֹם כִּפֻּרִים[1]) ist der allgemeine Sühne- und Bußtag Israels. Termin und Ritual stehen in Lev 16. Das Ritual für den Versöhnungstag umfaßt zwei Sühneriten, die ursprünglich separat und bei bestimmten Gelegenheiten ausgeführt wurden, um Volk und Heiligtum zu reinigen. In nachexilischer Zeit wurden sie, verbunden mit Anordnungen über die Enthaltung von Speisen und Getränken und über die Sabbatruhe, zum Zeremoniell eines glanzvollen Sühne-, Buß-, Fasten- und Ruhetags zusammengefaßt und ihre Ausführung auf den zehnten Tag des siebten Monats[2] (אֵתָנִים) festgelegt (Lev 16,29b; 23,27; vgl. Num 29,7). Seit der Übernahme des assyrisch-babylonischen Kalenders im nachexilischen Judentum[3] fällt dieser heiligste Fast- und Festtag[4] auf den zehnten Tischri.[5] Wichtigste Person der Zeremonie ist der Hohepriester. Die Opfertiere sind ein Jungstier, ein Widder[6] und zwei Ziegenböcke; auf diese beiden bezieht sich Barn 7,3–11. Der Jungstier dient zur Entsühnung des Hohenpriesters und der aaronitischen Priesterschaft. Mit seiner Schlachtung begann der erste Ritus. Der Hohepriester betrat das Allerheiligste, hüllte den sog. Versöhnungsdeckel der Lade in eine Weihrauchwolke und sprengte das Blut des geschlachteten Jungstiers einmal auf den Versöhnungsdeckel und siebenmal vor die Lade (Lev 16,11–14). Dieser Selbstentsühnung

---

[1] Vgl. KBL 453. Die Bezeichnung יוֹם כִּפֻּרִים begegnet nur in Lev 23,27.28; 25,9. Die griechischen Bibelübersetzungen geben den Ausdruck wörtlich, von יוֹם sowie der Wurzel כפר her, in Lev 23,27.28 mit ἡμέρα ἐξιλασμοῦ und in Lev 25,9 mit ἡμέρα ἱλασμοῦ wieder; vgl. HERRMANN, ἱλάσκομαι, ἱλασμός. ThWNT 3 (1938) 309–311; BÜCHSEL, ἱλασμός. ThWNT 3 (1938) 318; vgl. auch S. 290 Anm. 27. Über die Riten am Versöhnungstag vgl. ELBOGEN, Studien 49–56; DERS., Der jüdische Gottesdienst 149–154; VON ORELLI, Versöhnungstag. RE³ 20 (1908) 576–582; KORNFELD, Versöhnungstag. LThK² 10 (1965) Sp. 736f.; HEUSCHEN, Versöhnungstag. BL² (1968) Sp. 1838f., dort weiterführende Literatur.

[2] HEUSCHEN, Versöhnungstag. BL² (1968) Sp. 1838, notiert versehentlich: „er fällt auf den siebten Tag des zehnten Monats."

[3] Vgl. SCHUR, Versöhnungstag 62–65; NELIS, Monat. BL² (1968) Sp. 1164f.; KORNFELD, Monate. LThK² 7 (1962) Sp. 537.

[4] Vgl. ELBOGEN, Der jüdische Gottesdienst 226.

[5] Vgl. auch die Schilderung in Philo, *spec.* 1,186–188.

[6] Der Widder (κριός) für das Brandopfer spielt dem Buch Levitikus zufolge für das Ritual am Versöhnungstag keine Rolle mehr, es sei denn einschlußweise in der Anordnung, das Brandopfer darzubringen (Lev 16,24b). Hingegen ist gemäß Num 29,8f. der Widder zusammen mit einem Jungstier, sieben fehlerlosen einjährigen Lämmern und einem Ziegenbock – der Sündenbock, der in die Wüste geschickt wird, ist nicht erwähnt – das Brandopfer für den Herrn am Versöhnungstag. Diese Inkongruenz zwischen Lev und Num in bezug auf den Widder und die Widersprüche in Lev 16,24b.25.27, wie nach vollzogenem Ritus mit den geschlachteten Sühnopfertieren zu verfahren ist, signalisieren, daß Lev 16 ein vielschichtiger Wachstumsprozeß zugrundeliegt. Näheres vgl. BERTHOLET, Leviticus 51–56; LEVINE, Leviticus ויקרא 199–110; NOWAK, Exodus – Leviticus – Numeri 379–387; ELLIGER, Leviticus 14.208–217; HARTLEY, Leviticus 216–246; WEFING, Entsühnungsritual 153–176. Diese Uneinheitlichkeit hinsichtlich des Zeremoniells war nicht nur Anlaß für die Präzisierungen und Ausführungsbestimmungen im Mischna-Traktat Joma (zum Inhalt des Traktates vgl. den Überblick bei MEINHOLD, Joma 14–27; zur ‚Geschichte des Versöhnungstages' allgemein vgl. id. 14–19), sondern ermöglichte auch bei geschickter Auswahl der Schriftstellen eine Erdichtung wie in Barn 7,4.

folgte die Entsühnung des Volks. Hierzu wurde einer der beiden Ziegenböcke ausgelost (Lev 16,8), geschlachtet und analog mit seinem Blut die Sühnehandlung im Allerheiligsten vollzogen (Lev 16,15). Eine Mischung aus dem Blut des Jungstiers und des Sühnebocks diente zur folgenden Entsühnung des Heiligtums, insbesondere des Altars (Lev 16,16–19). Mit Abschluß dieses Ritus sind die Sünden des Volks vergeben.

An dieses Zeremoniell ist der alte Ritus vom Sündenbock angeschlossen worden. Zu seiner Ausführung diente der zweite Ziegenbock; auf ihn bezieht sich Barn 7,6–11. Diesen für Asasel[7] ausgelosten Bock (Lev 16,8) brachte man vor den Altar. Der Hohepriester legte ihm die Hände auf und bekannte die Sünden des Volks. Der Ziegenbock, auf den durch Gestus und Bekenntnis die Sünden übertragen wurden und den daraufhin ein Mann in die Wüste führte, trug die Sünden des Volks mit sich fort (Lev 16,20–22). Der Hohepriester und der Bockführer, der den Eliminationsritus ausführte, mußten sich anschließend reinigen (Lev 16,23.24a.26). Die geschlachteten Sühnopfer (Lev 16,24b) bzw. Teile derselben (Lev 16,25.27) wurden verbrannt.

Soteriologischer Anspruch und Anlaß der Auslegung

Der Anspruch nun, daß mit diesen beiden Riten Sünden vergeben werden,[8] der im krassen Wiederspruch zu 5,1 und 7,2 steht, ist der Grund für die Besprechung dieser zentralen Sühneriten. Wenn es zutrifft, daß mit der Erfüllung des Gesetzes Sünden vergeben sind, ist das Christusereignis ohne Belang (vgl. Gal 2,21b; 5,4)[9]. Es geht also in dieser Passage unmittelbar um die Heilsbedeutung Christi.

Die Tränkung Jesu am Kreuz und die prophetische Handlung der Priester (7,3–5)

Aber auch als Gekreuzigter wurde er mit Essig und Galle getränkt. Hört, wie darüber die Priester des Tempels Offenbarung gegeben haben. (Obwohl) ein Gebot geschrieben stand: „Wer nicht fastet am Fasttag, soll durch den Tod ausgerottet werden", hat der Herr es geboten, da er nämlich selbst für unsere Sünden das Gefäß des Geistes als Opfer darbringen mußte, damit auch der Typus erfüllt werde, der an Isaak geschah, der auf dem Altar dargebracht

---

[7] Die griechischen Bibelübersetzungen geben nicht den Eigennamen Asasel (עֲזָאזֵל) wieder (vgl. VAN DEN BORN, Azazel. BL² [1968] Sp. 155f.; KBL 693), sondern umschreiben die Widmung (לַעֲזָאזֵל) des zweiten Ziegenbockes und deuten hierdurch diese Gestalt und den Ritus. Die älteren Übersetzungen bezeugen abgeleitet vom Adj. ἀποπομπαῖος (Unheil abwendend) in Lev 16,8 ἕνα τῷ ἀποπομπαίῳ und in Lev 16,10a τοῦ ἀποπομπείου und in 16,10b εἰς τὴν ἀποπομπήν. Lev 16,26 hingegen beschreibt τὸν χίμαρον τὸν διεσταλμένον. Aquila übersetzt mit ἀπολελυμένος, ἀπολυόμενος, κεκραταιωμένος, Symmachus mit ἀπερχόμενος, ἀφιέμενος; vgl. HEER, versio latina 50. Über Herkunft und Deutung der Figur עֲזָאזֵל vgl. MEINHOLD, Joma 1f. Anm. 1 und S. 19 Anm. 1; SCHUR, Versöhnungstag 65–86; WEFING, Entsühnungsritual 68–82; LORETZ, Leberschau 50–57. Von der dämonologischen Deutung Asasels z.B. in äthHen 6,7; 69,2; ApcAdam 13,6–8.14; 14,5f.; 31,3.5; sowie in der rabbinischen Literatur (vgl. GRABBE, Scapegoat Tradition 158–160), von deren Rezeption durch christliche Gnostiker Iren. *haer.* I 15,6 zu berichten weiß, ist die Deutung des Zeremoniells in Barn unberührt.

[8] Vgl. SUNG, Vergebung der Sünden 155–160.167–171.177–183.

[9] Vgl. SCHLIER, Galater 103f.232f.

wurde. 4 Was also sagt er beim Propheten? „Und sie sollen essen von dem
Bock, der am Fasttag für alle Sünden dargebracht wird." Paßt genau auf;
„und allein alle Priester sollen das ungewaschene Gedärm mit Essig essen." 5 Wozu? „Da (ihr) ja mir, der ich mein Fleisch für die Sünden meines
neuen Volks darbringen werde, Galle mit Essig zu trinken geben werdet, sollt
ihr allein essen, (während) das Volk fastet und in Sack und Asche trauert" –
(so sprach er,) um darzutun, daß er dies von ihnen leiden müsse.

Textkritik

4 L vereinfacht mittels Tilgung von ἐν τῷ; anders in 9,1, wo er den Lokativ mit *per prophetam*
wiedergibt. **5** L streicht die attributive Definition τοῦ καινοῦ; vgl. 5,7. Israel ist als Gottesvolk nicht mehr im Gesichtskreis des Übersetzers.

Analyse und Aufbau

Wie in 9,4 und 10,6 signalisiert ἀλλὰ καί einen thematischen Neuansatz und koordiniert das Thema zugleich mit dem übergeordneten Sachzusammenhang: die
Heilsbedeutung von Christi Tod. Hierüber kündigt ἀλλὰ καί weitere Ausführungen an. Der Finalsatz V 5 beschließt das Stück. Der Einsatz ἃ ἐνετείλατο in V 6,
der dem ἐνετείλατο κύριος in V 3c korrespondiert und den folgenden thematischen Abschnitt über den zweiten Bock eröffnet (Vv 6–11), bestätigt diese Ausgrenzung.

Die zweigliedrige Themenangabe mit Exposition (V 3a.b) sowie die mit ἵνα
δείξῃ angezeigte abschließende Gnosis[10] (V 5b) rahmen den Hauptteil (Vv 3c–5a)
und ordnen ihn dem Thema des Leidens des Herrn zu. Hierdurch fügen sie ihn zugleich dem in Barn 2–16 tragenden argumentativen Konzept ein, dem zufolge alles
in der Schrift auf das Christusereignis und die Christen weist. Die Struktur des
Mittelstücks gleicht dem Strukturmuster der prophetischen Zeichenhandlung.[11]
Von den drei selbständigen Merkmalen der Gattung sind die ersten beiden ohne

---

[10] Vgl. BLASS/DEBRUNNER, Grammatik § 470,3[4]: „ἵνα mit zu ergänzendem ‚will ich dies sagen' ist
… klass."
[11] Vgl. FOHRER, Propheten 17–19.96–98.107–118. Zur Forschungsgeschichte über die zeichenhaften
Handlungen alttestamentlicher Propheten „als Taten, die dem profetischen Wort nicht einfach zu subsumieren sind", über die gattungsmäßige Bestimmung dieser Handlungen sowie über die frühjüdischen Er-
scheinungsformen dieser Verkündigung vgl. TRAUTMANN, Zeichenhafte Handlungen Jesu 3–16. Die
Differenz zwischen jenen Taten der alttestamentlichen Gottesmänner, die der Gattung prophetische Zeichenhandlung zuzurechnen sind, und den zeichenhaften Handlungen Jesu (Tempelreinigung, Zöllner-
gastmahl, Konstitution des Zwölferkreises, Heilung des Gelähmten sowie des Mannes mit der verdorr-
ten Hand am Sabbat, Verfluchung des Feigenbaumes) besteht u.a. darin, daß Jesus absolut souverän
seine zeichenhaften Handlungen ausführt und deren Deutung autorisiert, und daß in diesen Taten Jesu
jenes symbolisch angezeigte Heilsereignis bereits anbricht (Näheres bei TRAUTMANN, Zeichenhafte
Handlungen Jesu 382–403), wogegen die alttestamentlichen Propheten auf Geheiß Jahwes mittels ihrer
zeichenhaften Handlungen analoge zukünftige Geschehen nur anzeigen.

weiteres vorzufinden:[12] Vv 3c–4b enthalten die *Befehle zur Ausführung* der symbolischen Handlung (γεγραμμένης ἐντολῆς ... ἐνετείλατο κύριος), V 5a *deutet* die symbolische Handlung (πρὸς τί; ἐπειδὴ κτλ.). Der *Bericht über die Ausführung* liegt nicht expressis verbis vor,[13] sondern folgt daraus, daß das Fastengebot eine kultische Vorschrift ist, die per se den Anspruch regelmäßiger Erfüllung erhebt. Diese Erwartung ist auf das gegensätzliche Gebot an die Tempelpriester ausgeweitet. Die bekannte Tatsache, daß das Volk am Versöhnungstag gesetzgemäß fastet und trauert (V 5a),[14] bescheinigt einschlußweise, daß auch die Handlungsanweisung (φάγετε) an die Tempelpriester regelgerecht stets erfüllt wird. Die prägnante Wiederholung der beiden entgegengesetzten, gruppenspezifischen Direktiven (φάγετε ... νηστεύοντος καὶ κοπτομένου) bezeichnet ihre wiederkehrende Ausführung. Bestätigt wird dieser implizite Bericht mittels des Perf. πεφανέρωκαν in der Exposition.

In diese Grundstruktur sind verschiedene Elemente eingeflochten. Auf den Befehl zum Fasten am Versöhnungstag und der Gegeninstruktion des κύριος folgen zwei begründende Deutungen und in V 4 ein formgerecht eingeleiteter Schriftbeweis für das Gebot des κύριος, nicht zu fasten, der zum einen die in der Exposition angekündigte Offenbarung der Tempelpriester personell bestätigt und zum anderen das Gebot mittels einer Handlungsvorschrift präzisiert. Durch die Modifizierung der Zitationsformel ist sichergestellt, daß der κύριος aus V 3c auch Subjekt des λέγει und damit Autor dieser Anweisung in V 4 ist. V 5a schließlich rekurriert auf die Beziehung zwischen dem Essen des Gedärms mit Essig und dem symbolischen Geschehen, der Tränkung des Gekreuzigten. Die Tränkung legt offen, daß der Gekreuzigte der Heilsbringer ist.

Die Bedeutung dieser ‚Gattungstransformation‘ besteht darin, daß vor jeder Auslegung des Wortlauts dieser kultgesetzlichen Bestimmungen oder ihrer Heilsbedeutung bereits durch deren auslegungs- und argumentationssstrategische Einbettung in diese prophetische Gattung, die leicht variiert auch in Barn 4,8 und zweimal in Barn 12,1–7 begegnet, klar ist, daß Wort und Tat des Versöhnungsritus immer schon prophetisch gemeint waren.[15] Die Schriftbeweise in Barn 5,6 und 6,10 über die gleichnishafte Konstitution der Schrift und über ihre Christozentrik tragen hier Früchte. Der Vf. legt also mittels der Gattungstransformation das Gesetz auf eine prophetische Aussageabsicht fest.

---

[12] Die Adaption bzw. Transformation dieser prophetischen Gattung geschah auf der Grundlage und in Anwendung christlicher Schriftallegorese. Mitte des 2. Jh. konnte bereits der bildliche, symbolhafte, auf Jesus weisende Charakter der Riten am Versöhnungstag (vgl. Barn 7,3–11), von Moses Ausstrecken der Hände in der Amalekiterschlacht (vgl. Barn 12,2–4) sowie der Bisemie des Namens Ἰησοῦς (vgl. Barn 12,8–10a) ohne Zögern in die antijüdische, apologetische Argumentation eingebracht werden (vgl. Just. *dial.* 40,4; 111,1; 131,4f.).

[13] Das Fehlen eines selbständigen Elements des Strukturmusters muß nicht bedeuten, daß der betreffende Einzeltext nicht dieser Gattung zugehört; vgl. dazu auch die Liste bei FOHRER, Propheten 18.

[14] Vgl. MJoma 8,1a–5b sowie die Schilderung bei Philo, *spec.* 1,186–188.

[15] Vgl. S. 263 Anm. 13; S. 100f. unter Punkt ‚d. Argumentationsstrategien‘.

3a   *Thema:*   1. Christi Tod verwirklicht das Opfer des Sühnebocks
                   2. Die Tränkung des Gekreuzigten ist symbolisches Geschehen
                     für die Heilsbedeutung von Christi Tod
3b   *Exposition:* Die Priester des Tempels haben prophetisch gehandelt

BEFEHLE ZUR AUSFÜHRUNG DER HANDLUNG

Fastengebot der Schrift für den Versöhnungstag
3c   These: Gebot des Herrn (nicht fasten)
                  1. begründende Deutung:
                     Christi Tod erfüllt das Versöhnungsopfer für uns
                  2. begründende Deutung:
                     Christi Tod erfüllt den Typus Isaaks
4a   Schriftbeweis für das Gebot des Herrn
                  1. Teil des Gebots mit implizitem Bezug zur Exposition
4b   2. Teil des Gebots mit explizitem Bezug zur Exposition

DEUTUNG DER HANDLUNG UND REKURS

5a   Der Gekreuzigte ist das Versöhnungsopfer für ‚uns‘
    Rekurs   auf die Beziehung der Handlung (Gedärm mit Essig essen)
              zum symbolischen Geschehen (Tränkung des Gekreuzigten)

BERICHT ÜBER DIE AUSFÜHRUNG

    Gegengebot (Priester essen) und Fastengebot (Volk trauert)

5b   *Gnosis:*   Weil sich in der Passion Fastengebot
                und Gebot des Herrn erfüllen,
                ist der Gekreuzigte der Heilbringer.

Auslegung

Themen und Exposition (7,3a.b)

3a.b Der Teilvers 3a führt eine Besonderheit der Passion an. Vermutlich ist aber keines der neutestamentlichen Zeugnisse für die Tränkung Jesu[16] unmittelbar Grund-

---

[16] In den neutestamentlichen Schilderungen der Tränkung Jesu am Kreuz (Mk 15,36; Mt 27,48; Lk 23,36; Joh 19,29) ist nur von ὄξος als Getränk die Rede. Die Erwähnung eines Schwammes (σπόγγος) sowie die Beschreibung zweier Handlungen – die Befestigung des Schwammes an einem Rohr (Mk und Mt) bzw. am Ysop (Joh) und die Darreichung des essiggetränkten Schwammes an Jesus (Mk und Mt führen ἐπότιζεν αὐτόν, Joh hingegen προσήνεγκαν αὐτοῦ) – bestimmen das Profil der Schilderung. Aus ihrem letztgenannten Inventar findet sich in Barn 7,3a nur das ποτίζω. Auch Lk 23,36 weicht von diesem Gleichklang bei Mk, Mt und Joh ab; er teilt mit, daß Jesus (von den Soldaten) Essig gebracht wurde (ὄξος προσφέροντες αὐτῷ). Der in Mk 15,23 und Mt 27,34 berichtete Versuch, Jesus unmittelbar vor der Kreuzigung zu trinken zu geben, trifft sich mit Barn 7,3a darin, daß das Getränk eine Mischung ist, entweder aus Myrrhe und Wein (ἐσμυρνισμένον οἶνον), also geharzter Wein, oder der mt Version gemäß Wein mit Galle (οἶνον μετὰ χολῆς). Mit Blick auf Barn 7,3a ist es nun beachtlich, daß eine Reihe ständiger oder

lage, sondern eine Tradition, die den Ps 68(69),22 noch deutlicher durchscheinen ließ als die neutestamentlichen Passionsberichte, die sich ihrerseits auch an diesem Vers des Klage- und Dankpsalms[17] orientiert hatten.[18] Diese Überlieferung scheint vielleicht noch in EvPe 5,16; A.Joh 97(12),9 und in einer christlichen Interpolation in grEsdra 7,1b.2 auf.[19] Abgesehen von Barn 7,3a und diesen frühen Schriften, gehören die seltenen Zeugnisse, in denen ποτίζω, ὄξος und χολή nebeneinander im Kontext der Kreuzigung vorkommen, dem 4. oder einem späteren Jh. an.[20] Der Rekurs auf den Psalmvers erklärt sich aus der Funktion. V 3a erinnert an Ps 68(69),22, weil das Kreuz als Erfüllung der Verheißung verstanden werden soll. Das ἔδει γάρ, die beiden Stichworte ‚Holz' und ‚leiden' im Finalsatz 5,13a sowie καθήλωσόν μου im Zitat 5,13b hatten bereits anklingen lassen, daß durch das Kreuz Jesu die Verheißungen und der Wille Gottes erfüllt werden. V 3a nimmt diesen Aspekt auf und gibt den Gekreuzigten mittels Ps 68(69),22 als den leidenden

---

wichtiger Zeugen des Mt-Textes anstelle von οἶνον das aus Ps 68(69),22 bekannte ὄξος lesen (A W 0250. 0281 𝔐 c f h q syᵖ·ʰ mae boᵐˢˢ). Für Barn 7,3a kommt indessen auch diese vl nicht als Vorlage in Betracht, da das Part. Aorist σταυρωθείς die Kreuzigung voraussetzt, also die Situation, auf die Mk 15,36 par; Joh 19,29 abheben.

[17] Vgl. KRAUS, Psalmen 480.483.

[18] Jedenfalls bezeugt Or. *sel. in Ps.* 68 (PG 12,1516) die passionstheologische Konnotation von Ps 68(69),22, indem er nach dessen Zitat notiert: ταῦτα πάντα γέγονε κατὰ τὸν καιρὸν τοῦ σταυροῦ. Daß sich die neutestamentlichen Schilderungen der Tränkung Jesu an Ps 68(69),22 anlehnen, ist Konsens; vgl. die Hinweise bei GNILKA, Markus 1,311f.; SCHNACKENBURG, Johannesevangelium 3,330f.; BLANK, Johannes 3,126; BECKER, Johannes 593f.

[19] EvPe 5,16: „Und einer unter ihnen sprach: ‚Gebet ihm Galle mit Essig zu trinken (ποτίσατε αὐτὸν χολὴν μετὰ ὄξους).' Und sie mischten es und gaben ihm zu trinken" (NTApo⁶ 1,186). A.Joh 97(12),9 als Wort des Logos: „Johannes, für die Menge unten in Jerusalem werde ich gekreuzigt und mit Lanzen und mit Rohren gestoßen und mit Essig und Galle getränkt" (AAAp 2/1.,199; NTApo⁵ 2,169). Ferner grEsdr 7,1b.2: „¹ᵃDa sagte Gott zu ihm: Hör, Esdras, mein Geliebter! Ich bin unsterblich ¹ᵇund doch nehm ich das Kreuz auf mich, und ich verkostete Essig und Galle; ich ward ins Grab gelegt. ²Dann aber ließ ich meine Auserwählten auferstehen; den Adam rief ich aus der Unterwelt, damit das menschliche Geschlecht den Tod nicht fürchtete." Die in ihrem Grundbestand hebräisch verfaßte, jedoch nur griechisch und armenisch überlieferte Apokalypse Esdras ist zwischen 2. Jh. v. Chr. und 2. Jh. n. Chr. entstanden; griechischer Text bei TISCHENDORF, Apocalypses apocryphae 24–33; DENIS, Concordance 871–873; deutsche Übersetzung bei RIESSLER, Schrifttum 136. Vgl. außerdem die christliche Glosse in grEsdr 2,25 („Mit Essig und Galle haben sie mich getränkt ..."), ferner Didasc 19 (TU 25,2; 97,13–17); Melito, *pass.* 583 (S. 706f.); Iren. *Epid.* 82; *haer.* III 19,2; ActPhil A10,1; B10,5 (NTApo⁶ 1,406).

[20] Ath.; Ps.-Ath.; Didym.; Epiph.; Ps.-Epiph.; Gr.Naz.; Chrys.; Ps.-Chrys.; Ps.-Jo.D.; Rom.Mel. Deutlich häufiger sind freilich die Belege für eine Verbindung von ὄξος und χολή ohne Verklammerung mit einer Form von ποτίζω. Diese vielen Belege mögen auf eine Testimoniensammlung hinweisen, in der Ps 68(69),22 Eingang gefunden hatte (vgl. PERLER, Méliton de Sardes 184). Doch folgt daraus weder zwingend, daß der Vf. des Barn ein fixiertes Traditionsstück en bloc rezipiert hat, noch daß das verarbeitete Material Testimoniencharakter besaß. Mit größerer Wahrscheinlichkeit bringt sich in diesem Vers eine gelehrte Schriftauslegungstradition zu Gehör, in der der Vf. steht und an deren Prägung er mitwirkte. Die Berührungen mit der Passionstradition erklären sich also durch Partizipation an einem Schul- und Lehrbetrieb, nicht aber durch literarische Abhängigkeit. Näheres vgl. auch KÖSTER, Überlieferung 149–152.

Gottesknecht zu erkennen.[21] Dabei ist vorausgesetzt, daß die Leser um die Antwort Gottes auf das Leiden und die Klage des Gottesknechts wissen.[22] Denn die Rettung des עבד, die Ps 68(69),31–37 preist, zeugt von der Heilswirklichkeit Gottes[23] und seinem Heilswillen, der über das Schicksal des klagenden und flehenden Gottesknechts hinausweist. Hierauf kommt es dem Vf. an: den Gekreuzigten als Heilsereignis und Hoffnungszeichen zu erweisen.

V 3b benennt das Beispiel für diesen Erweis. Auf ihn lenken der Imper. ἀκούσατε sowie die Fragepartikel πῶς die Aufmerksamkeit. Die thematische Eröffnung περὶ τούτου gibt an, daß die Tempelpriester[24] exakt über diesen Sachverhalt offenbart haben. Dieses Offenbaren bestimmt das Perf. πεφανέρωκαν als Ereignis, das stattgefunden hat[25] und das hinsichtlich seiner Aussage gegenwärtig bleibt.[26]

Befehle zur Ausführung der Handlung (7,3c–4b)

3c Auf die Themenangabe (V 3a) und die Exposition (V 3b) folgen Befehle zur Ausführung jener Handlungen, durch die die Priester des Tempels gemäß der Exposition über den Gekreuzigten als Heilsereignis und Hoffnungszeichen Offenbarung gegeben haben. V 3c führt, mit γεγραμμένης ἐντολῆς eingeleitet, als freies Zitat das Fastengebot für den Versöhnungstag an. Das Nomen ἡ νηστεία wird wegen V 4 sowie der Verbindung mit Vv 6–11 bereits diesen durch die Festgesetze gebotenen und dem Kultus verbindlich eingeordneten (Lev 16,29; 23,26–36; Num 28; 29), strikten Ruhe-, Fast- und Bußtag meinen.[27] Die Verknüpfung des Zitationsverbs γράφω, das per se die Autorität der Schrift einfordert, mit ἐντολή zeigt die Verbindlichkeit dieser Vorschrift an, und die aus Lev 23,29 entlehnte angedrohte Sanktion unterstreicht den Ernst und die Ausnahmslosigkeit.

---

[21] Den weiterführenden Gedanken, auf den das Joh Wert legt, daß „der herbe Trank, den Jesus annimmt, … Bild für das bewußt übernommene Todesleiden" (SCHNACKENBURG, Johannesevangelium 3,331) ist, hat der Vf. hier nicht verfolgt. Dies mag darin begründet sein, daß dieses Moment in 5,13 schon angesprochen war.

[22] „Die Psalmen des leidenden Gerechten sind christologisches Lesebuch" (BECKER, Johannes 593).

[23] Vgl. KRAUS, Psalmen 485.

[24] Der Ausdruck οἱ ἱερεῖς τοῦ ναοῦ ist vor Barn nicht belegt; er steht sachlich parallel zu Josephus, AJ 12,142 (οἱ ἱερεῖς καὶ γραμματεῖς τοῦ ἱεροῦ) sowie zur (vielleicht polemischen) Bezeichnung οἱ ἱερεῖς ἐν τῷ ἱερῷ im Logion Mt 12,5, das wiederum erst in Or. fr. 65 in Jo.; comm. in Mt. 14,20; sel. in Ezech. (PG 13,820) wiederkehrt; vgl. ferner Thphl.Ant. Autol. 3,21 (οἱ ἱερεῖς αὐτῶν διὰ προστάγματος θεοῦ προσκαρτεροῦντες τῷ ναῷ). Zu beiden Lemmata vgl. SCHRENK, ἱερεύς. ThWNT 3 (1938) 259–265, 268–284 (das hohepriesterliche Motiv in Barn 7,9 hat Schrenk allerdings nicht bemerkt); MICHEL, ναός. ThWNT 4 (1942) 886–895.

[25] Vgl. BLASS/DEBRUNNER, Grammatik § 340.

[26] Vgl. BLASS/DEBRUNNER, Grammatik § 342,3.

[27] Vgl. BEHM, νῆστις κτλ. ThWNT 4 (1942) 929; WINDISCH, Barnabasbrief 343. Zum Sprachgebrauch vgl. auch Just. dial. 40,4 (ἐν τῇ νηστείᾳ). Die Übersetzung „für die Fasten" durch HAEUSER, Dialog 40,4 (BKV[2.1] 33,60f.) ist zwar ungenau, denn der Pl. ist in rabbinischer Zeit Terminus technicus für alle jüdischen Fastenbräuche, aber im Grunde von Just. dial. 40,5 (ἡ τῶν δύο τράγων τῶν νηστείᾳ) verursacht. Über die Fastenbräuche im rabbinischen Judentum vgl. PROSTMEIER, Unterscheidendes Handeln 63f. Anm. 38.

Die Schärfe dieser Drohung ist im Zusammenhang der Sühnopfergesetze für den Versöhnungstag zu sehen, die nur für solche Vergehen Sühne und Vergebung verheißen, „die als nur unabsichtlich und unwissentlich begangen angesehen werden dürfen"[28]. Für eine Verletzung des Fastengebots gibt es keine Sühne und kann keine Vergebung erlangt werden. Vor diesem Hintergrund ist das ἐνετείλατο κύριος zu lesen. Es konstatiert ebenso prägnant wie die Zitationseinleitung die gegenteilige Vorschrift und erhebt denselben Anspruch wie die Festgesetzgebung für den Versöhnungstag. Aufgrund dieses Anspruchs behauptet das ἐνετείλατο κύριος zugleich einen Widerspruch im Gesetz. Insofern ist ἐνετείλατο κύριος eine hermeneutische Anweisung, denn „Widersprüche der Schrift leiten auf einen höheren Sinn hin"[29]; Barn nennt ihn Gnosis.

Vor die Präzisierung des Gebots des Herrn in V 4 fügt der Vf. mittels ἐπεί zwei begründende Deutungen ein. 1. Christi Tod erfüllt das Versöhnungsopfer für uns und 2. Christi Tod erfüllt den Typos Isaaks.

Ebenso wie die Auslegung in 6,11 verknüpft die Konjunktion οὖν die Satzteile nicht streng kausal.[30] Vielmehr führen der Begründungs- sowie der Finalsatz bekannte inhaltliche und formale Aspekte der christologisch-soteriologischen Argumentationen an: Es geschah für unsere Sünden und um das Gesetz und die Prophetien zu erfüllen. Zwar ist die Ausführung der Argumentation neu, doch ihre Grundstruktur ist vertraut und deshalb geeignet, die an sich ungeheure Behauptung, der Herr habe etwas gegen das Gesetz geboten, plausibel erscheinen zu lassen. Die Form ἐνετείλατο Vv 3c.6 ist eine Reminiszenz an die Rahmenverse Lev 16,1.2a.34, die die in Lev 16,2b–33 angeordneten Rituale für den Versöhnungstag als Gottesrede qualifiziert. Das Faktum, das mit ἐνετείλατο κύριος ausgesagt ist, unterstreicht und expliziert[31] καὶ αὐτός, und zwar im Blick auf die Heilsbedeutung (ὑπὲρ τῶν ἡμετέρων ἁμαρτιῶν) des Christusereignisses.[32] Abgesehen vom sachlichen Zusammenhang zwischen Soteriologie und Christologie ist letzterer Aspekt durch das mediale ἐνετείλατο eigens angezeigt.[33] Neben der aktivischen Hauptbedeutung benennt die Form zusätzlich die Beziehung des Inhalts auf den κύριος: Er hat also auch im Blick auf sich das Gebot gegeben, nicht zu fasten. Sofern dieses reflexive Moment des Genus von ἐνετείλατο mitgehört wird, schließt ἐπεὶ καὶ αὐτός

---

[28] HERRMANN, ἱλάσκομαι, ἱλασμός. ThWNT 3 (1938) 310. Dieser Grundsatz (vgl. Num 15,22–30) führte freilich zu einer reichen Kasuistik, um Möglichkeiten für Sühne und Vergebung zu schaffen (vgl. etwa Lev 19,20–22).

[29] SIEGFRIED, Philo 337; dort weitere Beispiele für dieses jüdische und frühchristliche Auslegungsprinzip (vgl. insbesondere Barn 12,6). Im Barn stehen z.B. die leserbezogenen Aufrufe zu Beginn oder innerhalb einer Auslegung im Dienst dieses Prinzips. Vgl. WENGST, SUC 2,129.

[30] Vgl. S. 270 Anm. 39.

[31] Die Konjunktion ist als „καὶ explicativum' zu interpretieren; vgl. BLASS/DEBRUNNER, Grammatik § 442,6a.

[32] Das Personalpronomen αὐτός ist also nicht stillschweigend zu tilgen und bei der Wiedergabe von τοῦ πνεύματος präzisierend einzutragen; anders WINDISCH, Barnabasbrief 343. Eine dogmatisch erhebliche Verwechslung mit dem göttlichen πνεῦμα, die die Übersetzung von Windisch anscheinend ausschließen will, ist für den Barn noch kein Problem.

[33] Vgl. BORNEMANN/RISCH, Grammatik § 76e.

deutlich besser an. Ἐπεὶ καὶ αὐτός unterstreicht somit Faktum und Skopoi des ἐνετείλατο κύριος. Die beiden begründenden Deutungen weisen also der Aufmerksamkeit der Leser, die durch das zu γεγραμμένης ἐντολῆς widersprüchliche ἐνετείλατο κύριος auf einen ‚höheren Sinn‘ der Vorschriften für den Versöhnungstag gelenkt wurde, die Richtung.

Die freie Wiedergabe des Fastengebots hat zugleich den Vorschriftenkatalog für den Versöhnungstag in den Blick gerückt und damit auch die Themen ‚Sühne‘ und ‚Opfer‘. Seit 5,1 ist klar, daß die Formulierung ὑπὲρ τῶν ἡμετέρων ἁμαρτιῶν nur das sündentilgende Leiden des Herrn meinen kann. Formelhaft resümiert V 5b diesen Sachverhalt und zeigt, daß das Ziel dieses ὑπὲρ τῶν ἡμετέρων ἁμαρτιῶν unser Heil ist. Neu ist die Deutung des Todes Christi als Opfer. Beachtlich ist zweierlei: 1. der κύριος ist handelndes Subjekt dieser Opferung, 2. das Opfer ist das Gefäß des Geistes, wobei τὸ σκεῦος[34] τοῦ πνεύματος wohl nur ‚poetische‘ bildhafte Umschreibung für ἡ σάρξ ist,[35] denn der Vf. kann in 7,9 ohne Schwierigkeit von der σάρξ des wiederkommenden Herrn sprechen.[36] Deshalb sowie wegen des καὶ αὐτός und des soteriologischen ὑπὲρ κτλ. ist das Opfer der Fleischgewordene selbst. Der κύριος ist also Subjekt und Objekt des ἔμελλεν … προσφέρειν θυσίαν.

---

[34] Bei der übertragenen Bedeutung von σκεῦος (כְּלִי; vgl. KBL 439) zur Bezeichnung des Menschen bleibt die spätjüdische Vorstellung prägend. Von daher bezeichnet σκεῦος den Menschen als Geschöpf und damit zugleich seine Kontingenz. Wie ein σκεῦος dadurch bestimmt ist, was es birgt, prägt den Menschen, was ihn im Inneren erfaßt hat (vgl. MAURER, σκεῦος. ThWNT 7 [1964] 360f.368). Daher nennt der Vf. seine Leser ‚Geistbegnadete‘ (Barn 1,2).

[35] Der Ausdruck τὸ σκεῦος τοῦ πνεύματος kehrt in Barn 11,9 wieder. Die Deutung dort setzt die Auslegung des verheißenen Landes auf die Kirche (Barn 6,8–19) und die Kenntnis des Bildes von Einwohnung des κύριος in den Herzen (Barn 6,14–16) voraus. Demgemäß ist ἡ γῆ τοῦ Ἰακώβ in Barn 11,9 das Land der Verheißung, also die Kirche, und τὸ σκεῦος τοῦ πνεύματος sind die Christen, denn in ihnen ‚wohnt‘ der Herr. Die patristische Resonanz des Ausdrucks τὸ σκεῦος τοῦ πνεύματος ist auf das Zitat von Barn 11,9 bei Clem. str. III 12,86,2 beschränkt. Die Charakterisierung σκεῦος πεπληρωμένον τοῦ Πνεύματος für den aus Apg 6 bekannten Stephanos in Ast. Am. hom. 12,5 ist eine freie Wiedergabe der prosopographischen Notiz (Στέφανος δὲ πλήρης χάριτος καὶ δυνάμεως) in Apg 6,8. Der bildliche, übertragene Gebrauch von σκεῦος für σάρξ (vgl. auch Barn 21,8) und für den Menschen überhaupt scheint, zumal in im Kontext mit πνεῦμα, paulinisch (Röm 9,22f.; 2 Kor 4,7; 2 Tim 2,20f.) bzw. eine an paulinische Personaltradition (Apg 9,15) gekoppelte Ausdrucksweise zu sein. Jedenfalls erwähnt Chrys., der mehrmals aus der Audition an Hananias bei der Berufung des Paulus (Apg 9,15) die Wendung τὸ σκεῦος τῆς ἐκλογῆς zitiert, stets auch den Apostel. Σκεῦος ist der vergängliche Körper, das Geschöpf Gottes, in das Pneuma kommt, in dem Pneuma ist und von dem es (im Tod) wieder weicht; so explizit in ApcMos 31,9f.; 32,9f. (vgl. TISCHENDORF, Apocalypses apocryphae 1–23; die deutsche Übersetzung bei RIESSLER, Schrifttum 150). Es ist Objekt der Heiligung und Reinigung, sei es durch das Pneuma selbst oder sei es, daß diese Reinigung durch den Lebenswandel im voraus hergestellt wird. In diesen Bahnen bewegen sich die frühen patristischen Zeugnisse für die Verbindung von σκεῦος und πνεῦμα. Die Bezeichnung der σάρξ des Christen als Gefäß des (heiligen) Pneumas begegnet Herm mand. V 2 (33,2; 34,5) – beide Stellen sind vielleicht ein Nachhall von 2 Kor 4,7 –, ferner in Herm mand. XI 13 (43,13), wo σκεῦος für ὁ ἄνθρωπος steht; vgl. den Exkurs bei BROX, Hermas 549–551. In dem paränetisch ausgewerteten Töpfergleichnis 2 Clem 8,2 (vgl. Röm 9,22f.) steht σκεῦος für den Sünder, der wie ein mißratenes Tongefäß zur rechten Zeit noch durch die Buße neugeformt wird. Zur Bedeutung von σκεῦος – vielleicht übertragen für ‚Frau‘ – in 1 Thess 4,4 und 1 Petr 3,7 vgl. HOLTZ, Thessalonicher 156–158; BROX, Petrusbrief 147; BAUMERT, Antifeminismus 145–153.

[36] Vgl. LONA, Auferstehung 47f.

Diese Identifizierung ist von einigem Belang. Grundlegend ist die Konsequenz, τὸ πνεῦμα als göttlichen Geist aufzufassen. Die Genetivbestimmung besagt folglich, daß in der ‚Menschheit' Jesu (τὸ σκεῦος) auch die ‚Gottheit' präsent ist.[37] Weil das poetisch umschriebene Opfer, ἡ σάρξ, durch die Göttlichkeit, die von τοῦ πνεύματος repräsentiert ist, bestimmt wird und erst dadurch seine soteriologische Relevanz gewinnt (vgl. Hebr 9,14), bringt die Metapher, zumal in diesem kultsprachlichen Kontext[38], in den προσφέρειν den Ausdruck einbindet, zugleich die altkirchliche Glaubensüberzeugung von der ‚Göttlichkeit' Jesu zum Ausdruck. Der Begriff Pneuma ist also dazu verwendet, die Zugehörigkeit Jesu Christi zu Gott auszusagen.[39]

Vor allem aber soll den Lesern mittels der genannten Identifizierung der Kreuzestod Christi, der dem Abschnitt das Thema gibt, einer Deutung zugeführt werden, die es erlaubt, darin göttliches Planen am Werk zu sehen. Christi Tod am Kreuz erfüllt das Gesetz für den Versöhnungstag. Der Finalsatz erläutert, daß der Opfertod Christi in der Schrift angesagt ist und daß er diese Prophetie erfüllt. Hierzu deutet der Vf. die Darbringung Isaaks auf dem Altar (Gen 22) typologisch auf die Kreuzigung Christi. Der Vf. sieht von den Details ab; insbesondere von der Figur Abrahams.[40] Ihm liegt daran, das Leiden Christi sowohl als Erfüllung der Schrift als auch in seiner Einmaligkeit darzutun. Auf diese Zuordnung weisen u. a. die kultterminologischen Brücken (προσφέρω, θυσία, θυσιαστήριον) zwischen dem Begründungs- und dem Finalsatz hin. Indem der Vf. feststellt, daß in Christus vollendet wurde (τελεσθῇ), was der Typos[41] Isaak angedeutet hat, was also Isaak versagt blieb, konstatiert er zugleich, daß das Verhältnis zwischen Isaak und Christus singulär und typisch ist, und zwar nach der strikten Entsprechung von Verheißung und Erfüllung. Diese Vollendung des Typos des auf den Altar gelegten Isaak ist wegen des begründenden Auftakts ἐπεὶ καὶ αὐτός, unter dessen Vorzeichen auch der Finalsatz zu lesen ist, vom κύριος selbst gewollt. Weil in Christi Opfer die geplante Darbringung Isaaks zur Vollendung gelangt ist, gibt es über sie hin-

---

[37] Vgl. SIMONETTI, Note di christologia pneumatica 204: „Questa espressione non ha altro significato se non quello generico che nella umanità di Cristo era presente anche la divinità: sarebbe perciò arbitrario forzare questi testi fino a vedere in *pneuma* una definizione della persona del Cristo preesistente." Es ist vielleicht doch zu weit gegriffen, wenn VAN DE KAMP, Pneuma-Christologie 28f., in dem Ausdruck bereits das findet, was später die göttliche Natur genannt werden soll („goddelijke natuur' zal noemen"). Eine adoptianistische Christologie, die im Grunde schon wegen der Präexistenz ausgeschlossen war (vgl. VAN DE KAMP, Pneuma-Christologie 21–23.29 Anm. 67; anders urteilt WINDISCH, Barnabasbrief 375), ist von diesem Bekenntnis aus jedenfalls undenkbar. Zum Ganzen vgl. MARTÍN, Pneuma 476f.

[38] Vgl. MICHEL, Hebräer 205f.

[39] Vgl. VAN DE KAMP, Pneuma-Christologie 271.

[40] Für die christliche Auslegung von Gen 22 stand immer die Figur Abraham im Zentrum des Interesses. Isaaks Opferung wird erstmals in Hebr 11,9.17 und Jak 2,21 erwähnt, doch erst in Barn 7,3 wird sie zum Thema. Für Clem. *str.* II 20,2 steht bereits außer Frage, daß die Darbringung Isaaks einzig das ‚im Heilsplan Gottes vorgesehene Leiden des Heilandes' (BKV[2.2] 17,164) anzeigen sollte. Vgl. ferner Mel. *fr. Gen.* 10f. (SC 123) sowie die Hinweise bei FASCHER, Isaak und Christus 38–44.

[41] Zum Term τύπος vgl. S. 271 Anm. 41.

aus keine weitere, neue Möglichkeit, den Typos Isaak zu erfüllen.[42] Da der κύριος durch seinen Opfertod selbst für diese Vollendung des Typos Isaak sorgt, ist er es auch, der die Erfüllung der Schrift wirkt. Vollendung des Typos und Erfüllung der Prophetie gehen in eins, weil im Christusereignis alles, was der Typos nur verhüllt angedeutet hat, offen eingetreten ist. Im Christusereignis ist die Sühne vollkommen und endgültig geschehen.

4 präzisiert die Vorschrift des Herrn. Die formgerechte Einleitung mißt ihr im Blick auf das Fastenverbot des Herrn den Rang eines Schriftbeweises zu. Subjekt der als Frage ausgeführten Zitationseinleitung ist der κύριος; der Dat. ἐν τῷ προφήτῃ (vgl. 9,1) ist als Lokativ zu interpretieren[43]. Insofern die Wendung ἐνετείλατο κύριος (V 3c; vgl. V 6) der bundestheologischen Formel ἐνετείλατο κύριος Μωϋσῇ korrespondiert (vgl. Lev 27,34; Num 30,1.17; Dtn 28,69; 34,9), die insbesondere die Vorschriften für die Opfer mit der διαθήκη verbindet (Ex 12,28.50; Lev 7,28; 8,21.29; 9,7.10; Num 1,54; 2,33; 8,20; 31,7; 36,13), wird ἐν τῷ προφήτῃ allgemein das mosaische Gesetz, mithin die תּוֹרָה meinen.

Die leserzentrierte Frage, die eine Kenntnis des in V 3c evozierten Sachverhalts unterstellt und damit Konsens voraussetzt, ferner die Fixierung des folgenden Zitats in der Schrift mittels der lokativen Quellenangabe[44] und die Lenkung der Aufmerksamkeit durch den in das vermeintliche Zitat plazierten Aufruf haben eine gemeinsame, ausschließlich rhetorische Funktion: Sie wollen beglaubigen, daß das Zitierte ein authentisches Schriftwort ist. Diese rhetorische Absicht erweist sich genau dadurch, daß weder Wortlaut noch Inhalt des vorgeblichen Zitates in der Schrift zu verzieren sind.[45] Es handelt sich um eine Erdichtung, deren Schriftgrundlage vielleicht in den Opfervorschriften und dem Priestergesetz im Buch Levitikus zu suchen sind.[46]

Den Anknüpfungspunkt bot die Vorschrift Lev 16,25, denn aus ihr konnte abgeleitet werden, daß nur das Fett des Sündopferbocks verbrannt wurde.[47] Entgegen Lev 16,24 wäre das Sündopfer für das Volk (τὸ ὁλοκάρπωμα τοῦ λαοῦ) kein

---

[42] Vgl. FASCHER, Isaak und Christus 44; dort auch Hinweise auf die Rezeption von Gen 22 in der neutestamentlichen Literatur und der Alten Kirche.

[43] Vgl. BLASS/DEBRUNNER, Grammatik § 219,1[1]; vgl. ferner S. 92f. unter ‚§ 4 Struktur, Komposition und literarischer Charakter‘.

[44] Weil der Lokativ ἐν τῷ προφήτῃ Teil der Rhetorik von V 4 ist, zwingt er nicht, wie einst MÜLLER, Erklärung 186f., vorschlug, dazu, subsidiär ein Pseudepigraphon als Quelle zu vermuten und diesem speziell den zweiten Teil des Zitats (καὶ φαγέτωσαν οἱ ἱερεῖς κτλ.) zuzuweisen.

[45] Aufgrund dieser Fehlanzeige beschied bereits MÉNARD, Sancti Barnabæ Apostoli 127, in der editio princeps: *Hæc non sunt in Scriptura, sed credendum est, vt & alia obseruari solita ex traditione antiqua.*

[46] Anders WINDISCH, Barnabasbrief 344f., der bei seinem Rekonstruktionsversuch von Ex 29,32f. ausgeht. Über die ältere Diskussion um die Herkunft vgl. GEBHARDT/HARNACK, Barnabae Epistula 32f.; HILGENFELD, Barnabae Epistula 88–91, wobei letzterer sich dem Urteil von GÜDEMANN, Studien 108, anschließt: „Barnabas machte sich einen Vers und zwar geschickt zurecht in der Absicht, daran die folgende Auslegung knüpfen zu können." Weitere Hinweise bei HAEUSER, Barnabasbrief 46 Anm. 1.

[47] „Der Versöhnungsbock ist … mit einem der Tiere zusammengeworfen, von denen die Priester essen durften" (WINDISCH, Barnabasbrief 344). Diese Verbindung liegt bereits Lev 16,25 zugrunde; die nachbiblische jüdische Literatur hat sie präzisiert und ausgelegt: Philo *spec.* 1,190; Mᶜn. 11,7f. (fol. 99a.100b).

Brand- oder Ganzopfer (עֹלָה)[48], dessen Verzehr ausgeschlossen war. Die Bezeichnung τὸ περὶ τῆς ἁμαρτίας[49] für חַטָּאת[50], das Sündopfer am Versöhnungstag (vgl. Lev 16,9.15.25), war die terminologische Brücke zur Auffindung der Beweisstellen für das ἐνετείλατο κύριος in V 3c. Ausgangstexte für die fiktive Vorschrift in Barn 7,4a mögen Lev 6,19.22 (vgl. Lev 7,6; 14,13; Num 18,9f.) und Lev 10,17f. gewesen sein. Lev 8,31f. (vgl. Ex 29,32f.) wird den Gedanken, daß die Priester, und zwar nur sie (vgl. Lev 7,6; 22,10), Teile von Opfertieren am Heiligtum essen, bestärkt haben. Die Vorschrift in Lev 1,9 (vgl. Ex 29,17f.), die Eingeweide (τὰ ἐγκοίλια)[51] zu waschen (πλυνοῦσιν), könnte dem zweiten Zitatteil[52] vorausgehen, wobei Barn 7,4b diese Instruktion ins Gegenteil verkehrt (ἄπλυτον)[53] und Eingeweide durch Gedärm (τὸ ἔντερον) ersetzt hätte.[54] Man kann vermuten, daß er das Adj. eingesetzt hat, weil die symbolische Handlung der Priester nur dann auf die Tränkung des Gekreuzigten (V 3a) vorausweist (Vv 3b.5a), wenn ihre Speise neben Essig qua ungewaschenem Gedärm auch Galle enthalten konnte.[55] Aus Lev 9,10 konnte ferner erschlossen werden, daß Mose den Priestern auf Geheiß des Herrn geboten hatte (ἐνετείλατο κύριος), nur das Gedärm zu essen, denn es ist der Rest des Sündopfertiers, der nicht auf dem Altar verbrannt wird.[56]

---

[48] Vgl. WILLI-PLEIN, Opfer und Kult 85–90; ferner S. 174f. die Auslegung zu Barn 2,5, speziell die Anmerkung zum Lexem ὁλοκαύτωμα.

[49] Nur in Lev 16,25 begegnet die Wendung im Pl. (τὸ περὶ τῶν ἁμαρτιῶν); in Lev 14,13; 16,9; Num 8,12 und Ez 43,19.21 fehlt der Artikel vor ἁμαρτίας. Dem Ausdruck geht meist die Bezeichnung des Opfertieres voraus: τὸν μόσχον (Lev 8,2.14; 16,6.11.27; Ez 43,21) τῶν μόσχων (Num 8,12), μόσχον ἐκ βοῶν (Lev 4,3; Ez 43,19), τὸν χίμαρον (Lev 9,15; 10,16; 16,27). Ist stattdessen ein Körperteil des Opfertiers erwähnt, folgt die formelhafte Anweisung, es auf dem Altar (ἐπὶ τὸ θυσιαστήριον) darzubringen: τοῦ αἵματος (Lev 5,9), τὸ στέαρ (Lev 16,25) τὸ στέαρ καὶ τοὺς νεφροὺς καὶ τὸν λοβὸν τοῦ ἥπατος (Lev 9,10).

[50] חַטָּאת in diesem Sinn 135mal; vgl. KBL 290.

[51] Τὰ ἐγκοίλια, stets im Pl., ist nur in Lev 1,9.13 belegt, und zwar als Sonderübersetzung von קֶרֶב (‚Inneres, Mitte‘; vgl. KBL 853).

[52] Die gleichlautenden Einsätze der beiden Halbverse (καὶ φαγέτωσαν) scheinen V 4b als einen durch προσέχετε ἀκριβῶς eingeleiteten Midrasch des ersten Halbverses auszuweisen (vgl. GÜDEMANN, Studien 108; HAEUSER, Barnabasbrief 46 Anm. 1). Doch begegnet der Imper. sogleich in Vv 6.7.9, ohne daß die jeweils folgenden Zitate als Midrasch in Frage kämen. Eher ist die Parataxe in V 4 als gezielte Imitation semitischer Syntax anzusehen, die Authentizität fingieren soll. Die rhetorische Floskel προσέχετε ἀκριβῶς unterstützt diese Absicht.

[53] Das Adj. ἄπλυτον gehört in die Medizinersprache. In den griechischen Bibelübersetzungen und in der außerbiblischen jüdischen Gräzität ist es nicht nachgewiesen. Christlicherseits begegnet es erstmals und einmalig in Barn 7,4; Ps.-Bas. poenit. (unter dem Titel ΟΜΙΛΙΑ ΠΕΡΙ ΜΕΤΑΝΟΙΑΣ) (PG 31,1476) und Gr. Nyss. v. Mos. 2,161 sind die einzigen weiteren christlichen Belege. Dies weist darauf hin, daß ἄπλυτον gezielt im Kontrast zum Verb πλυνοῦσιν formuliert wurde.

[54] Den Term τὸ ἔντερον bezeugen die älteren griechischen Bibelübersetzungen in Gen 43,30; Sir 34(31),20; 2 Makk 14,46 für רַחֲם, abgeleitet von der Wurzel רחם (Liebe, Mitleid), das sonst Mutterleib meint; vgl. KBL 885f.

[55] Vgl. HELM, Studien 12; WENGST, SUC 2,199 Anm. 118.

[56] PRIGENT, Les testimonia 101f., möchte in Barn 7,4 unter Verweis auf Mᵉn. 11,7f. (fol. 99b.100a) und Ex 12,8f. „un rapprochement avec le rituel pascal" (102) ausmachen. Gegen diese Vermutung, Grundlage für Barn 7,4 sei die Vorschrift, die Paschalämmer „roh" zu essen (Ex 12,8f.), hatte bereits WINDISCH, Barnabasbrief 344, angemerkt: „‚Roh‘ ist nicht das selbe [sic] wie ἄπλυτον und μετὰ ὄξους".

Barn 7,4a zufolge ist das Opfertier für das Sündopfer am Versöhnungstag ὁ τράγος, allgemein ‚der Bock‘.[57] Dieses Wort ist in den älteren griechischen Übersetzungen der Bücher Ex und Lev indessen nicht bezeugt, und in Dedikationslisten im Buch Numeri ist der τράγος gemeinsam mit anderen Tieren für das Heilopfer (εἰς θυσίαν σωτηρίου) vorgesehen, wogegen für das Sündopfer ausschließlich ὁ χίμαρος gebraucht ist, und zwar als Übersetzung für שָׂעִיר (Ziegenbock).[58] Die Wendung τὸν χίμαρον τὸν περὶ τῆς ἁμαρτίας ist in den älteren griechischen Übersetzungen Terminus technicus für den Sündopferbock am Versöhnungstag (שְׂעִיר הַחַטָּאת)[59]. Abweichend davon und begrenzt auf die Vorschriften für den Versöhnungstag geben die Levitikusübersetzungen von Aquila, Symmachus sowie die Aldina (Ald.)[60] שָׂעִיר mit τράγος wieder, und zwar auch in Lev 16,8, wo die Losung der beiden Böcke für die zwei Riten des Versöhnungstags angeordnet wird.[61] Der Erdichtung in Barn 7,4 könnte also eine griechische Levitikus- oder gar eine Tora-Übersetzung zugrundeliegen, die in den jüngeren griechischen Bibelübersetzungen überliefert ist. Auffällig ist nun ferner, daß χίμαρος bei den großen Schriftpropheten nicht, τράγος hingegen bei Jes, Ez und Dan bezeugt ist, wobei zudem in den griechischen Danielübersetzungen τράγος regelmäßig für צָפִיר (Ziegenbock) steht, wofür sonst von allen Übersetzern χίμαρος gebraucht ist. Da die großen Schriftpropheten zum Repertoire des Barn gehören, ist zu vermuten, daß sich die Verwendung von τράγος im Kontext mit den Vorschriften für den Versöhnungstag sowohl von dieser Seite als auch durch eine entsprechende Rezension des Buches Levitikus angeboten hat.

Deutung der Handlung und Rekurs (7,5a)

5a Der erste Halbvers deutet die den Tempelpriestern vorgeschriebene Speise als prophetische Handlung; πρὸς τί zeigt diese Funktion an. Die direkte Rede, die der Finalsatz (V 5b) in die indirekte überführt,[62] beansprucht den Herrn selbst als Hermeneuten seiner Vorschrift, die zugleich bestätigt wird (φάγετε ὑμεῖς μόνοι). Die Beziehungen in diesem verschlungenen, verschiedene Momente zusammenbin-

---

[57] Vgl. Just. *dial.* 40,4f. (GOODSPEED, Apologeten 137; BKV².¹ 33,60f.).

[58] LAMPE, Lexicon 1398.1525, weist für keines der beiden Lexeme einen Fundort nach. DENIS, Concordance 744f.798, notiert τράγος in T.Lev. 18 2B34.39.42 und χίμαρος in T.Zab. 4,9; Arist. 170,3 sowie in dem interpolierten Spruch Sib 3,748. In keinem Fall liegt ein Bezug zum Versöhnungstag vor. Die neutestamentliche Literatur und die Apostolischen Väter kennen das Lexem χίμαρος jedenfalls nicht, wogegen τράγος immerhin in Hebr 9,12f.19; 10,4 sowie Barn 2 und 7 mehrmals belegt ist. Philo, *spec.* 1,188, verwendet in seiner Skizzierung des Ritus am Versöhnungstag das Lexem χίμαρος: προστάττει γὰρ δύο χιμάρους ἀνάγειν καὶ κριόν, ... διακληροῦν δὲ τοὺς χιμάρους.

[59] Der Ausdruck begegnet 37mal, und zwar im Pentateuch nur in Lev, Num und dreimal in Ez, wobei die Übersetzung ἔριφος ὑπὲρ ἁμαρτίας und ὑπὲρ ἁμαρτίας ἔριφον in Ez 43,22.25; 45,23 zeigen, daß für den hebräischen Ausdruck nicht nur die Standardübersetzung gewählt werden konnte.

[60] Vgl. PROSTMEIER, Manutius. LThK³ 6 (1997) 1288.

[61] Vgl. Lev 16,5 (Ald.). 7 (Ald.). 8 (α′ σ′). 10 (σ′). 15 (Ald.).

[62] Vgl. S. 285 Anm. 10.

denden Satz hat Windisch richtig herausgestellt.[63] Das Essen des ungewaschenen, mit Essig getränkten Gedärms des Versöhnungsbocks weist auf das Christusereignis und seine soteriologische Relevanz hin, denn die Tränkung mit Galle und Essig gibt den Gekreuzigten als den verheißenen Heilsbringer für das Volk zu erkennen. Das durch die Isaak-Typologie (V 3) in die Deutung des Christusereignisses entsprechend dem Muster Verheißung und Erfüllung eingedrungene Interpretationsschema von Andeutung und Vollendung schwingt in dieser Deutung der prophetischen Zeichenhandlung mit. Denn durch das Opfer Christi ist das regelmäßige Sühneopfer am Versöhnungstag ein für allemal geschehen. Entsprechend steht dem Volk, das gemäß dem mosaischen Gesetz fastet und trauert, das neue Volk gegenüber, für das die Sühne bleibend erfüllt ist. Heilsereignis ist der Tod Christi also nur für die Christen.[64]

Bericht über die Ausführung (7,5b)

5b Indem der Imper. φάγετε auf einer Linie mit den beiden Part. νηστεύοντος καὶ κοπτομένου, die den regelmäßig kultischen Vollzug am Versöhnungstag rekapitulieren, gestellt wird, ist auch indirekt die Ausführung der prophetischen Handlung als Kult berichtet. Der κύριος hat also ganz Israel in Dienst genommen, um auf das Christusereignis und die Kirche hinzuweisen.

Den beiden Behauptungen, daß diese Vorschrift für die Priester existierte und von ihnen befolgt wurde (vgl. πεφανέρωκαν), inhäriert darüber hinaus eine massive antijüdische Polemik, die die Repräsentanten Israels, die Priester des Tempels, als Kronzeugen für das völlige Mißverstehen der Schrift in Anspruch nimmt. Weil der Herr durch Mose sogar eine (abstruse) Handlung, wie sie V 4 „zitiert", geboten hat, müßte allen, und zuallererst den Priestern, aufgefallen sein, daß die Vorschrift nicht wörtlich gemeint ist.[65]

Letzteren Aspekt scheint der Finalsatz zu bestätigen.[66] V 5b formuliert das ‚Wozu' des ἐνετείλατο κύριος. Es ist die Gnosis, die sich den Juden aus der Vorschrift für die Priester und dem Kult nicht eröffnet hat. Mittels δείξῃ[67] (vgl. 5,6.9; 12,6) wird die gesamte Handlung als christozentrische Prophetie bestimmt. Δεῖ signalisiert, daß die Prophetie mit jener inneren Notwendigkeit erfüllt wurde, deren Grund und Ziel Gott ist; ὅτι unterstreicht dies. Demnach ist προσφέρειν τὴν σάρ-

---

[63] Vgl. WINDISCH, Barnabasbrief 345.

[64] WINDISCH, Barnabasbrief 345, parallelisiert die Trauer des Volks unter Hinweis auf Lk 23,48; EvPe 7,25.27 mit dem „seine Trauer am Kreuze" bezeugenden Volk. Dieser Aspekt ist in Barn freilich nicht ausgeführt.

[65] Unter Mißachtung der rhetorischen Intention dieser Vorschrift vermutet WEISS, Barnabasbrief 63, daß in „der abscheulichen Speise ... zugleich für die Priester, welche offenbar als die Anstifter des Leidens Jesu gelten, eine Strafe liegt."

[66] VEIL, Barnabasbrief 219, stellt den Finalsatz mit der Eingangsfrage von V 6 zusammen. Voraussetzung hierfür ist die von א und H bezeugte Lesart ἃ ἐνετείλατο (vgl. S. 299 die Textkritik z.St.). Diese sperrige Zitationseinleitung wird hierdurch noch etwas holpriger und den Vv 3–5 fehlt die „Gnosis", die auch durch das πρὸς τί (V 5a) gefordert ist; vgl. auch HAEUSER, Barnabasbrief 45 Anm. 1.

[67] Vgl. S. 245 Anm. 61.

κα μου μέλλετε, worauf sich αὐτόν (sachlich) nur beziehen kann, der prophetisch bestimmte Modus, in dem sich Gottes Heilssetzung in Jesus Christus erfüllt; παθεῖν ist hierfür die geprägte, komplexive Deutung. Die Infinitivkonstruktion δεῖ mit πα-θεῖν, der Sachbezug mittels αὐτόν und ὑπ᾽ αὐτῶν ordnen das Kreuz und seine Deutung als heilbringendes Opfer dem christologischen Bekenntnis ein. Ziel der priesterlichen Symbolhandlung war also, prophetisch den Gekreuzigten als Heilbringer und Hoffnungzeichen auszuweisen.[68]

Der Leidende ist der Wiederkommende (7,6–11)

Gebt acht, was er geboten hat: „Nehmt zwei schöne und gleichgestaltige Böcke und bringt sie dar, und der Priester soll den einen zum Brandopfer für Sünden nehmen."

7 Was aber soll er mit dem anderen machen? „Verflucht", heißt es, „ist der andere". Gebt acht, wie der Typus Jesu offenbart wird: 8a „Und bespuckt (ihn) alle und durchbohrt (ihn) und legt (ihm) die scharlachrote Wolle um seinen Kopf, und so soll er in die verlassene Wüste geworfen werden";

8b und wenn es so geschieht, führt der Träger den Bock in die Wüste und nimmt die Wolle weg und legt sie auf einen Strauch, der Brombeerstrauch heißt, dessen Früchte wir auch zu essen pflegen, finden wir sie auf dem Feld. Ebenso trägt allein der Brombeerstrauch die süßen Früchte.

9 Was bedeutet dies nun? Paßt auf. Den einen zum Altar, den anderen verflucht, und den verfluchten bekränzt, da sie ihn ja einst an dem (kommenden) Tag, den scharlachroten Mantel um das Fleisch, sehen und sagen werden: „Ist es nicht dieser, den wir einst kreuzigten, nachdem wir ihn verhöhnt, durchbohrt und bespuckt hatten? Wahrhaftig, dieser war es, der einst von sich sagte, Sohn Gottes zu sein."

10 (In)Wie(fern) ist er jenem ähnlich? Darum einander ähnliche, schöne, gleichgestaltige Böcke, damit sie, wenn sie ihn dann kommen sehen, erschrecken über die Ähnlichkeit ‚des Bockes‘. Siehe also: der Typus Jesu, der leiden sollte.

11 Was aber bedeutet, daß sie die Wolle inmitten des Dornengewächses legen? Es ist ein Vorbild Jesu, das für die Gemeinde bestimmt ist, denn wer die scharlachrote Wolle aufheben will, muß wegen der Schrecklichkeit des Dornengewächses viel leiden und sich ihrer unter Qualen bemächtigen. „Ebenso", meint er, „die mich sehen und in mein Reich gelassen werden wollen, müssen mich unter Qualen und Leiden empfangen."

---

[68] Auch wegen dieses Aussageziels gilt, was KÖSTER, Überlieferung 128, zusammenfassend notiert: „Barn. 7.5 ist offenbar eigene Bildung des Barn."

Textkritik

6 Die Lesarten von G (πῶς οὖν ἐνετείλατο; προσέχετε), die an V 7 (προσέχετε, πῶς κτλ.) angeglichen sein mag, und L *sic praecepit* wirken gegenüber der etwas sperrigen Zitationseinleitung ἃ ἐνετείλατο προσέχετε in ℵ und H glatter; letzteren ist zu folgen.[1] **7** L vereinfacht durch Streichung von τί ποιήσουσιν und φησίν ὁ εἷς. **8** ℵ liest ΡΑΧΗΛ, H ῥαχῇ, G ῥαχίλ, L *rubus*. HR vermutet ΡΑΧΙΛ im Archetyp Λ; dem steht freilich L entgegen. FB lesen in H versehentlich ῥαχῆς (vgl. fol. 43ᵛ15). Wegen φρύγανον sowie den folgenden kultursoziologischen und naturkundlichen Bemerkungen scheiden die Lesarten von ℵ und G aus.[2] Sieht man von der ungewöhnlichen, perispomenischen Akzentuierung ῥαχῇ (PK) ab, überliefert H die einzig sinnvolle Lesart, denn ἡ ῥαχή ist ein, wenn auch überaus selten verwendetes, Synonym zu ἡ ῥάχος, das in seiner zweiten Hauptbedeutung die ‚aus Strauchwerk erstellte Einfriedung' meint. Eine derartige Umhegung haben die anschließenden Bemerkungen vor Augen. Von H aus erklären sich ℵ und G als Versuche, einen vermeintlichen Defekt ihrer Vorlage zu berichtigen. ΡΑΧΗ mußte in christlichem Kontext den Namen der jüngeren Tochter Labans suggerieren. Sofern Λ ΡΑΧΙΛ bot, hat G in Richtung ℵ und L in Richtung Ψ bzw. H korrigiert.[3] Daß G bzw. Λ auf der Fehlübersetzung ῥάχις beruht,[4] setzt eine fehlerhafte Punktation von סנה oder eine Verwechslung von סְנֶה ‚Dornbusch, Brombeerstrauch' (vgl. Ex 3,2–4; Dtn 33,16) mit סֶלַע ‚Felsenklippe' (1 Sam 14,4)[5] voraus. Beides ist weniger wahrscheinlich als die Korrektur von ΡΑΧΗ zu ΡΑΧΗΛ bzw. die Akzentuierung ῥαχῇ und bringt die Schwierigkeit mit sich, *rubus* in L in diese Genese einzupassen. Mit PK wird

---

[1] Vgl. dazu die Analyse S. 300 sowie Anm. 9.

[2] Die beiden Namensschreibungen, ΡΑΧΗΛ in ℵ (fol. 336ᵛᵃ37f.) und ῥαχίλ in G (fol. 200ᵛᵃ10), sind von der Sache her ausgeschlossen. ΡΑΧΙΛ in der hypothetischen Vorlage von G meint ‚Meeresgestade, Meeresküste, Brandung, Getöse' (vgl. PAPE, Wörterbuch 2,835f.). Insofern hilft die auf Heers stemmatischen Annahmen basierende Konjektur ῥαχίαν durch w – GH favorisierten ῥαχία – ebensowenig weiter wie die Konjekturen der älteren Editionen. Während US *rubus* und ῥαχιήλ nur notiert (S. 268; vgl. MR), konjiziert Ménard (S. 26. Sp. a, lin. 8; S. 136) von *rubus* in L her, vielleicht auch gestützt durch *in stirpem* (für ἐπὶ φρύγανον) und *stirpis* (für οἱ καρποί), für ῥαχιήλ den Akk. ῥαχόν, von ἡ ῥάχος (ion. ῥηχός oder ῥῆχος) ‚Dornenstrauch, Dornenhecke, stachlige Rute, wilder Ölbaum' (vgl. PAPE, Wörterbuch 2,836; LIDDELL/SCOTT, Lexicon 1566). GL (PG 2,745a), HF, VS, DR und ML konjizieren den Dat. ῥαχίη, von ἡ ῥάχις ‚Rückgrat, Bergrücken, Gebirgskamm' (vgl. PAPE, Wörterbuch 2,836), Bernardus (vgl. HILGENFELD, Barnabae Epistula 19 Anm. 5) wählt den Akk. ῥάχιν. HARRIS, Locality 61–68, kommt aufgrund seines Vergleichs der Notizen in Barn 7,8 mit botanischen Beschreibungen der mediterranen Flora bzw. der des Nahen Ostens zu dem Schluß, es handle sich um ein Wüstengestrüpp, bekannt als *ghurkud*, botanisch *Nitraria tridentata*, oder um „an unrecognized member of the botanical family *Capparideae*" (ib. 68), das durch einen Hadith (vgl. BARTHEL/STOCK, Lexikon Arabische Welt 244f.) als Wüstenstrauch bekannt ist, der schwarze süße Früchte trägt und Arak heißt – also nicht der mit Anis oder Mastix versetzte Branntwein (οὖζο, τσιπουρο). Auf dieser zweifelhaften Basis schlägt Harris vor, „ῥαχιδ" zu lesen. Leider ist der Term in der griechischen Literatur nicht nachgewiesen; es sei denn, man zieht die eher rätselhafte Zuordnung ῥαχίδες zu βυλλιχίδες in Hsch. Lexicogr. 1311, heran. Es handelt sich wohl einfach um den stachligen Brombeerstrauch (*rubus fruticosus*).

[3] Die Annahme, die Korrekturen seien im Blick auf Barn 13 erfolgt, würde unterstellen, daß die Betreffenden in V 8 mehr hineingelesen haben, als zumindest der Vf. in den folgenden Versen gewagt hatte, herauszulesen.

[4] Vgl. die Konjekturen der älteren Editionen (VS usw.) und den nebulösen Hinweis bei WINDISCH, Barnabasbrief 346.

[5] Vgl. KBL 661f.; BROWN, Lexicon 702.

man sich H anschließen. Ob mit HG², HR⁶ K und FB ῥαχή verbessert oder mit SB korrekterweise ῥάχη geschrieben wird ist sekundär. Entsprechend ist die naturkundliche Bemerkung zu beurteilen: ῥαχῆς in H ist ΡΑΧΟC in א und ῥάχους⁷ in G vorzuziehen; GH und W folgen der Konjektur ῥάχου von MÉ vs. Es handelt sich jedenfalls um die von L wiederum mit *rubus* bezeugte Brombeere.

Analyse und Aufbau

Wie in V 3c setzt ἐνετείλατο eine thematische Wegmarke. Das Verb kehrt in dem als Initialfrage gestalteten thematischen Neuansatz Barn 8,1 wieder (ἐντέταλται) und grenzt Barn 7,6–11 als thematische Einheit ab. Die inhaltliche Verbindung mit den Vorschriften für den Versöhnungstag schließt die Vv 6–11 mit Vv 3–5 zusammen. Hierfür bürgt zunächst die knappe Erinnerung eingangs des Zitats V 6 an den Sühnebock. Doch bestehen zwischen diesen beiden Abschnitten auch enge syntaktische und inhaltliche Bezüge sowie Ähnlichkeiten hinsichtlich ihrer formalen Gestaltung. Subjekt von ἃ ἐνετείλατο ist der κύριος von V 3c. Auch hier lenkt das genus verbi den Blick zusätzlich zurück auf den Herrn; dies bestätigen die exegetische Bemerkung V 7b und die Deutungen Vv 10b.11a. Der Konnex mit diesem Halbvers, an den das formgerecht eingeleitete Zitat in V 4 anknüpfte, sowie das leserzentrierte προσέχετε bestärken darin, ἃ ἐνετείλατο funktional einer förmlichen Zitationseinleitung gleichzustellen. Das Relativum ἃ kann als indirektes Frage- oder als vorausweisendes Demonstrativpronomen⁸ im Sinne von τάδε interpretiert werden (vgl. Röm 9,21 vl). Ersteren Sinn hat der Textzeuge G mittels πῶς οὖν zu präzisieren versucht. Die Lesart *sic* weist in Richtung letzterer Interpretation. Geht man davon aus, daß sich in dem Relativum ein Demonstrativum verbirgt oder versteht man ἃ im Sinne von τάδε⁹, bereitet auch der Num. des Relativums weniger Schwierigkeit, denn der gesuchte Pl. sind dann die folgenden Vorschriften in Vv 6–8a; sie hat der κύριος geboten. Ἃ ἐνετείλατο ist constructio ad sensum.¹⁰ Objekt des ἐνετείλατο ist die Priesterschaft. Subjekt dieser in Form eines freien Zitats memorierten Instruktionen aus Lev 16,7.9 sind für das λάβετε alle Priester und für das λαβέτω ist es Aaron, also der Hohepriester (vgl. Lev 16,32). Wie das Gebot, nicht zu fasten (V 3c), sowie dessen Präzisierung (V 4) durch die Exposition den Tempelpriestern gewidmet ist, so richtet sich auch das ἃ ἐνετείλατο an οἱ ἱερεῖς τοῦ ναοῦ. Somit stehen Vv 6–11 unter den Vorzeichen der Exposition (V 3b), und bedingt dadurch sind sie der Themenangabe (V 3a) zugeordnet. Ebenso wie Vv 3c–5 beschreiben Vv 6–11, auf welche Weise die Priester des Tempels anläßlich des Versöhnungstags über den Gekreuzigten als Heilsereignis und Hoffnungszeichen Offenbarung gegeben haben. Diesem syntaktischen

---

⁶ Vgl. die Corrigenda bei HEER, versio latina 132.
⁷ Zur Genese dieser vl vgl. HEER, versio latina LXXX Anm. 70.
⁸ BAUER/ALAND, Wörterbuch, Sp. 1181–1185.
⁹ Eine Konjektur mittels τάδε hätte L auf ihrer Seite und könnte gegenüber G geltend machen, daß א und H immerhin den Vokal bezeugen.
¹⁰ Vgl. BLASS/DEBRUNNER, Grammatik § 296.

und inhaltlichen Konnex entspricht die formale Gestaltung der Passage. Auch der Abschnitt Vv 6–11 zeigt die strukturellen Merkmale der prophetischen Zeichenhandlung[11], mit dem Unterschied, daß die Abfolge der selbständigen Elemente des Strukturmusters dieser Gattung variiert ist. Den Befehlen zu Ausführung der Handlung (Vv 6–8a) folgt nicht deren Deutung, sondern – bedingt durch die Exposition – ein Bericht über die Ausführung der prophetischen Zeichenhandlung (V 8bc); die zweifache Deutung (Vv 9–11) bildet den Abschluß. Für das erste Element der Struktur sind neben dem ἐνετείλατο die Imper. (λάβετε, προσενέγκατε, ἐμπτύσατε, κατακεντήσατε, περίθετε) sowie die beiden Imper. (λαβέτω, βληθήτω), die als Iussive anzusehen sind, in Vv 6.8 kennzeichnend, wobei in V 6 λάβετε sowie προσενέγκατε auf die Hauptdirektive und λαβέτω auf den ersten Bock bezogen sind. Die temporale Partikel ὅταν sowie der Konj. γένηται signieren den mit οὕτως im Ganzen in den Blick genommenen priesterlichen Ritus als wiederkehrende Handlung, und die Ind. ἄγει, ἀφαιρεῖ und ἐπιτίθησιν berichten ihren vorschriftsgemäßen Abschluß. Das dritte Element der Gattung, die Deutung der Handlung, leitet τί οὖν καὶ τοῦτο (V 9) mit leserbezogener Emphase formelhaft ein. An diese Auslegungseröffnung schließen πῶς γὰρ ... εἰς τοῦτο (V 10) und τί δέ (V 11) an und gliedern den Deutungsabschnitt. In dieses Gerüst sind drei Elemente eingeflochten. V 7a stellt der Instruktion für den zweiten Bock (V 8a) eine summarische, begründende Deutung (ἐπικατάρατος ... ὁ εἷς) voraus und V 7b bestimmt mittels einer exegetischen Bemerkung (ὁ τύπος τοῦ Ἰησοῦ φανεροῦται) den Scopus der prophetischen Zeichenhandlung. V 8c fügt an den Ausführungsbericht eine kultursoziologische (οὗ καὶ τοὺς βλαστοὺς εἰώθαμεν τρώγειν ἐν τῇ χώρᾳ εὑρίσκοντες) und eine naturkundliche Bemerkung (οὕτως μόνης τῆς ῥαχῆς οἱ καρποὶ γλυκεῖς εἰσίν).

Die Bedeutung der Gattungstransformation besteht auch in diesem Abschnitt darin, daß das Gesetz auf eine prophetische Aussageabsicht festgelegt wird.

Befehle zur Ausführung der Handlung

6   Gebot des Herrn:
     Darbringung zweier Böcke am Versöhnungstag und
     Rekurs auf die Anweisung für das Opfer des ersten Bockes

7a   Anweisungen für das Opfer des zweiten Bockes
         begründende Deutung (verflucht)
7b   exegetische Bemerkung (Typos Jesu)
8a   der viergliedrige Ritus

Bericht über die Ausführung

8b   Vollzug und Abschluß des Ritus
8c   kultursoziologische Bemerkung
       naturkundliche Bemerkung

---

[11] Vgl. S. 286 Anm. 11.

Deutung der Handlung

9a   *eschatologisch-christologische Deutung* –
     Geraffte Wiederholung der Anweisungen und
     der begründenden Deutung der Anweisung für den zweiten Bock

9b   1. Deutung des Sündenbockritus:
     der Wiederkommende ist der Gekreuzigte

10a 2. Deutung der Ähnlichkeit der beiden Böcke:
     der Wiederkommende ist der Leidende

10b Gnosis

11a *eschatologisch-ekklesiologische Deutung* –
     Die Wolle in den Dornen

11b Gnosis

Auslegung

Befehle zur Ausführung der Handlung (7,6–8a)

6 Ἃ ἐνετείλατο leitet das Zitat V 8a ein. Der Imper. προσέχετε (vgl. 7,7.9) lenkt den Blick auf das Thema und benennt die Aufmerksamkeit der Leser als Bedingung, um den Sinn der folgenden Vorschrift zu erfassen.[12] Der Gleichklang mit der bundestheologischen Formel[13] ἐνετείλατο κύριος V 3c signalisiert, daß die folgenden Vorschriften in der Autorität des Gesetzes stehen. Das freie Zitat erinnert die Lev 16,7.9 gemäß für die Riten am Versöhnungstag zur Entsühnung des Volkes vorgesehenen Handlungsträger und Opfertiere (δύο τράγους) und rekapituliert Schicksal (τὸν ἕνα εἰς ὁλοκαύτωμα) und Funktion (ὑπὲρ ἁμαρτιῶν) des ersten (τὸν ἕνα) Bockes. Hierbei wird δύο τράγους, das das δύο χιμάρους vertritt, durch die sprachliche Variante der jüngeren Bibelübersetzungen, die auch den Abschnitt Vv 3–5 prägte, verursacht sein;[14] ὁ ἱερεύς mag von Lev 16,32 und ὁλοκαύτωμα von Lev 16,5 oder Lev 16,24 (ὁλοκάρπωμα) herrühren. Die zweifache Bestimmung (καλοὺς καὶ ὁμοίους) über die Ähnlichkeit der beiden Böcke ist außer in Barn 7,6 weder in den griechischen Bibelübersetzungen noch in der außerbiblischen, jüdischen wie christlichen Literatur nachgewiesen. Hingegen wird die bloße Gleichgestaltigkeit der zwei Böcke sowohl in der rabbinischen als auch in der nachbiblischen christlichen Literatur erwähnt und ausgelegt.[15] Da indessen auch

---

[12] Vgl. S. 99f. unter ,§ 4 Struktur, Komposition und literarischer Charakter'.

[13] Vgl. S. 290–294 die Auslegung von Barn 7,3f.

[14] Vgl. S. 296 und Anm. 61.

[15] Vgl. die Hinweise bei Windisch, Barnabasbrief 345, auf bTJoma VI 1–8 (fol. 62a–67b) (Goldschmidt, Talmud 3,169–188); Just. *dial.* 40,4 (Goodspeed, Apologeten 137; BKV[2.1] 33,60); Tert. *Marc.* III 7,7 (CChr.SL I, 517f.). Die Belege aus der jüdischen Traditionsliteratur sowie der Umstand, daß Just. *dial.* 40,4 mit ἀποπομπαῖος die Widmung des zweiten Bockes gemäß den griechischen Levitikusübersetzungen und nicht das prägnante ἐπικατάρατος aus Barn 7,7 überliefert, spricht dagegen, daß er den Aspekt der Ähnlichkeit beider Böcke unmittelbar aus Barn übernommen hat. Eher ist eine gemein-

dieser Aspekt vor Barn nicht belegt ist, wird καλοὺς καὶ ὁμοίους mit Blick auf die Auslegung V 10 eingefügt worden sein. Die Ergänzung beider Prädikate mittels ἴσους (V 10) weist καλοὺς καὶ ὁμοίους als Pleonasmus aus, der dazu dient, die beiden Böcke soweit als möglich einander anzugleichen, auf daß ihre Ähnlichkeit zugleich als Vorausdarstellung der Identität des Leidenden und Gekreuzigten mit dem in Herrlichkeit Wiederkommenden überzeugen kann. 7 In Korrespondenz zu τὸν ἕνα V 6 wendet sich V 7 mit τὸν δὲ ἕνα[16] dem Schicksal des zweiten Bockes zu. Die didaktische Frage, was mit dem Sündenbock geschehen soll (τί ποιήσουσιν), erfährt zunächst keine Antwort. Zum einen nämlich signalisiert die Form φησίν regelmäßig eine Auslegung[17], und zum anderen ist προσέχετε stets leserbezogen und kann deshalb keine Anweisung an den mit ποιήσουσιν in den Blick genommen Kreis der Handelnden sein. Die beiden Halbverse sind vielmehr eine vorausgehende Kommentierung des in V 8 beschriebenen Versöhnungsritus. Sie beginnt mit einem Fluchspruch, dessen Objekt der zweite Bock ist. Die geraffte Wiederholung der Schicksale beider Böcke (τὸν μὲν ἕνα ... τὸν δὲ ἕνα) eingangs der Deutung V 9 bestätigt, daß ἐπικατάρατος[18] auf den zweiten Bock bezogen ist und ordnet dieses Verdikt über den Sündenbock dem Schicksal des Sühnebockes gleich. Insofern ἐπὶ τὸ θυσιαστήριον die Besiegelung des Sühneritus umschreibt,

---

same Tradition anzunehmen, die z.B. auch Tertullian kannte; er notiert das Verdikt *maledictus*, das der Sache nach auch die lateinische Übersetzung von Barn 7,7 belegt (*in maledictione*). Die Widersprüche gegenüber der biblischen Grundlage zum einen und die Übereinstimmungen zwischen Barn und Tert. zum anderen weisen GRABBE, Scapegoat Tradition 165, zufolge auf einen Beobachter hin, der den Sündenbockritus nicht verstanden hat und auf dessen Referat die vermutlich schriftliche gemeinsame Tradition von Barn und Tert. beruht. Gegen die von WINDISCH, Barnabasbrief 343–345, vermutete Abhängigkeit Tert. und Just. von Barn optierte zuerst KRAFT, Barnabas 169–178, für die gemeinsame Abhängigkeit von einem (schriftlichen) jüdischen bzw. christlichen (PRIGENT, Les testimonia 99–110) Midrasch des Rituals (vgl. auch PRIGENT/KRAFT, Épître de Barnabé 135–137 Anm. 3). Daß Barn, Just. und Tert. einer christlichen Auslegungstradition des Sündenbockritus folgen, ist sehr wahrscheinlich; die Genese dieser Überlieferung und ihre literarische Form indes sowie ihre Schriftlichkeit sind ebenso hypothetisch wie die Annahme der konstitutiven Abhängigkeit des Barn von Testimonien. In diese Richtung weist auch GOLDFAHN, Justinus Martyr und die Agada 108f., der – so HELM, Studien 16 Anm. 80 – in bTJoma IV 1 (fol. 40b.41a) belegt findet, daß schon R. Aqiba die christliche Deutung der Ähnlichkeit der beiden Böcke gekannt und sich vehement gegen diese Interpretation gewandt hat, indem er darauf insistierte: „das Los macht ihn (sic. den Bock) zum Sündopfer, nicht aber ... die Bezeichnung". Vgl. ferner die Hinweise bei HELM, Studien 16f.58–60, und GRABBE, Scapegoat Tradition 152–167, auf die rabbinischen Traditionen über den Sündenbockritus sowie ihre Rezeptionen bei Just. und Tert. Vgl. auch S. 285 Anm. 7; ferner SCORZA BARCELLONA, Le norme veterotestamentarie 100–103.

[16] Vgl. BLASS/DEBRUNNER, Grammatik § 247,3[8].

[17] Vgl. S. 98f. unter ‚§ 4 Struktur, Komposition und literarischer Charakter'.

[18] Der Term begegnet in der neutestamentlichen Literatur nur in Gal 3,10.13 und bei den Apostolischen Vätern ausschließlich in Barn 7,7.9a.b und 10,5. Den griechischen Bibelübersetzungen dient die Vokabel meist zur Wiedergabe von אָרַר (‚mit einem Fluch belegen'; KBL 89); verbunden mit Formen von εἶναι steht es in Spr 24,39(24) für קבב (‚verwünschen, lästern'; KBL 631) und in Jer 11,3 für קלל (schändlich; KBL 839f.). Entweder ist die Verfluchung ἐπικατάρατος Teil einer Gottesrede (z.B. Gen 3,14.17) oder das Verwerfungsurteil, das in Gottes Auftrag wirkmächtig ergeht (z.B. Dtn 27,11; Jer 11,3). Zum Stil vgl. Philo, *sobr.* 51: Ταῦτα μὲν οὖν ἱκανῶς γε, οἶμαι, προείρηται. τὰς δ᾽ ἀρὰς [ἔχοντα], ὃν ἔχουσι λόγον, ἴδωμεν· ἐπικατάρατος φησί Χαναάν.

gilt dies analog für das ἐπικατάρατος ... ὁ εἷς. Da nun der zweite Halbvers den zweiten Bock als ὁ τύπος τοῦ ᾿Ιησοῦ identifiziert, ist ἐπικατάρατος in christologischem Zusammenhang zu verstehen. Demzufolge ist dieser Fluchspruch, wie auch das Signalverb φησίν anzeigt, eine vorausgehende Deutung des ab V 8 referierten Sündenbockritus und die Identifizierung dieses zweiten Bockes mit ὁ τύπος τοῦ ᾿Ιησοῦ eine Leseanweisung für diesen Part.

Als Grundlage für ἐπικατάρατος ... ὁ εἷς wird gewöhnlich auf die Deutung der Widmung des zweiten Bockes gemäß Lev 16,8.10a.b.26 (לַעֲזָאזֵל) durch ἀποπομπαῖος bzw. διεσταλμένος[19] verwiesen[20]. Sprachlich steht jedoch die Fluchtafel Dtn 27,11–26 näher. Eingeleitet mit der bundestheologischen Gebotsformel καὶ ἐνετείλατο Μωυσῆς (וַיְצַו מֹשֶׁה), folgt dort ein Verbotskatalog, dessen Einzelbestimmungen ἐπικατάρατος (אָרוּר) formelhaft einführt. Das den Abschnitt Vv 6–11 eröffnende und auf den κύριος (V 3c) bezogene ἃ ἐνετείλατο scheint für diese Herleitung zu sprechen, zumal in den Verfügungen für den Versöhnungstag eine Verfluchung des zweiten Bockes, zudem in dieser gnomischen Prägung, nicht bezeugt ist.

Aufgrund der in der Analyse von Vv 6–11 aufgezeigten Struktur sowie den Bezügen innerhalb des zusammengehörenden Abschnitts Vv 3–11 muß auch diese summarische Deutung unter dem Vorzeichen der Themenstellung V 3c gelesen werden.[21] Es geht also auch in diesem Passus um den Erweis des Gekreuzigten als Heilsbringer. Dieser thematische Konnex bringt den Fluchspruch Dtn 21,23 κεκατηραμένος ὑπὸ θεοῦ πᾶς κρεμάμενος ἐπὶ ξύλου (קִלְלַת אֱלֹהִים תָּלוּי) in Erinnerung, den Paulus in Gal 3,13 auf Jesus münzt (ἐπικατάρατος πᾶς ὁ κρεμάμενος ἐπὶ ξύλου). Paulus führt dieses freie Zitat als Schriftbeweis dafür ein, daß Christus uns vom Fluch des Gesetzes (Gal 3,10) befreit hat, indem er diesen Fluch am Kreuz auf sich genommen hat. Die Verbindung mit dem Kreuz zeigt an, daß der Fluch, „den Christus auf sich nahm und in dem er gleichsam versank, ... für ihn durch seine ‚liebende Hingabe‘ an ‚uns‘ (2,20), und durch das Annehmen ‚unserer Sünden‘ (1,4) wirklich geworden"[22] war. „Die Befreiung aus dem Fluch des Gesetzes geschah dadurch, daß Christus ihn ausschöpfte, indem er die Gerechtigkeit des Gesetzes erfüllte."[23]

[19] Zur Figur Asasel sowie zu den griechischen Übersetzungsvarianten vgl. S. 285 Anm. 7.

[20] Vgl. WINDISCH, Barnabasbrief 345.

[21] Die Bestätigung dieser Deutung des Christusereignisses durch die Aufnahme von ἐπικατάρατος in V 9 und dessen Verknüpfung mit dem in der Verfügung für den Sündenbock ebenfalls nicht erwähnten Kreuzesmotiv spricht dagegen, daß ἐπικατάρατος ... ὁ εἷς eingefügt ist, um dem Einwand gegen die Heilsbedeutung eines Gekreuzigten zuvorzukommen, der sich auf den Fluchspruch Dtn 21,23 κεκατηραμένος ὑπὸ θεοῦ πᾶς κρεμάμενος ἐπὶ ξύλου berufen wollte oder dies tatsächlich tat. Vielmehr ist davon auszugehen, daß ἐπικατάρατος bereits eine christologisch-soteriologische Deutungskategorie und Dtn 21,23 ihr anerkannter Schriftbeleg war. Daß hierbei die paulinische Rezeption von Dtn 21,23 und seine Transformation auf das Christusereignis hin die Folie abgab, wird man vermuten dürfen. Die Stelle beschäftigen später DidascSyr 109 (CSCO.S 245,16ff.) und Hier. Comm. ad. Gal. 3,13 (PL 26,360).

[22] SCHLIER, Galater 139.

[23] SCHLIER, Galater 140; vgl. MUSSNER, Galaterbrief 233f.

Im Barn weist der Fluch über den Sündenbock auf Christus hin, weil die an die Verfügungen für den Versöhnungstag geknüpfte Verheißung auf Erlaß der Sünden[24] durch den Gekreuzigten erfüllt wurde. Das Verdikt, daß jeder, wie geschrieben steht, der am Holz hängt, von Gott verflucht ist, gilt vom Gekreuzigten deshalb, weil er alle Sünden weggetragen hat. Der Fluch bestätigt die Erfüllung des von den Priestern bzw. vom Hohenpriester durch den Ritus für den zweiten Bock angezeigten Geschehens und damit die Heilsbedeutung von Christi Tod. Daß sich ,am Holz' die Verheißung erfüllt, hatte Barn 5,13 festgestellt und wird in Barn 12 noch eigens verhandelt. Barn 8,5 zufolge bringt der Gekreuzigte das Heil, ἡ βασιλεία Ἰησοῦ; er ist Hoffnungszeichen sowie die Verheißung ,ewigen Lebens'. Aufgrund des im Halbvers 7b in Anwendung gebrachten Verhältnisses von prophetischer Vorausdarstellung (vgl. ὁ τύπος) und Erfüllung bestätigt dieser Fluch zugleich, daß durch den Gekreuzigten die Sühne abschließend und vollständig geschehen ist. Eben deshalb kann ἐπικατάρατος den Ritus für den zweiten Bock überhaupt begründend deuten. Daß der Gekreuzigte zum „Fluchgegenstand" geworden ist, bringt also unter Aufnahme alttestamentlicher Motive, die durch paulinische Christologie profiliert sind, zum Ausdruck, was bereits Barn 5,1 als den soteriologischen Scopus des Christusereignisses dem gesamten Abschnitt Barn 5–8 vorausgeschickt hat: Das Heil kommt vom Herrn.

V 7b ist eine exegetische Bemerkung, die mittels προσέχετε explizit an die Leser gerichtet ist und sie über die Zielrichtung der folgenden Vorschriften in Kenntnis setzt. Entsprechend ermittelt die Fragepartikel πῶς nicht die prinzipielle Möglichkeit des φανεροῦται, sondern lenkt das Leserinteresse auf den Modus. Das Tempus der Verbform ist auf das Gesamt der rituellen Vorschriften für den zweiten Bocks bezogen. Sie offenbaren den Typos[25] Jesu. Der Ausdruck ὁ τύπος τοῦ Ἰησοῦ wird in 7,10.11 leicht variiert aufgenommen (vgl. 12,5). Die begleitenden Verben (φανεροῦται, ἴδε, ἐστίν) halten fest, daß mit dem Christusereignis die Erfüllung dessen eingetreten ist, was der Ritus für den zweiten Bock prophetisch angedeutet hat.

8a Vier rituelle Handlungen[26] hat der κύριος geboten. Die Parataxe ordnet sie gleich. Die ersten drei imperativischen Anweisungen richten sich an die Priester.

---

[24] Vgl. S. 284f. die Skizze der Versöhnungsriten sowie die Hinweise auf Lev 16.

[25] Zum Lexem τύπος vgl. S. 271 Anm. 41.

[26] WINDISCH, Barnabasbrief 345, rechnet die Niederlegung der roten Wolle auf einem Strauch (V 8b) durch den Träger (ὁ βαστάζων) des Sündenbockes zu den Vorschriften. Doch weist schon die grammatische Form von ἀφαιρεῖ darauf hin, daß diese Handlung nicht Teil der kultischen Anordnung ist, sondern den Abschluß ihres Vollzugs berichtet. Da der Ritus die Bekränzung des mit den Sünden beladenen Bockes nicht kennt und in den biblischen Vorschriften für den Versöhnungstag deshalb auch ein Pendant zur Niederlegung der Wolle fehlt, wird WINDISCH, Barnabasbrief 346, recht haben, daß Barn „hier nun sicher ἐξ Ἰουδαϊκῆς ἀγράφου παραδόσεως" schöpft. Am nächsten kommt wohl bTJoma VI 6 (fol. 67a) (GOLDSCHMIDT, Talmud 2,183): „Er teilte den rotglänzenden Wollstreifen, die eine Hälfte band er an den Felsen und die andere Hälfte band er [dem Bock] zwischen die Hörner und stieß ihn rückwärts hinunter." Von der Frage abgesehen, ob Barn jüdische Traditionsliteratur kennt, bestätigt diese rabbinische Notiz, daß die Bekränzung und Niederlegung der Wolle verbundene Handlungen sind, mit denen der Bockführer den Ritus beschließt. Aus der rabbinischen Quelle geht nicht hervor, daß sie als Teil der rituellen Verfügung für den Sündenbock erachtet wurden. Hinzu kommt im Barn, daß es laut Exposition

Nur die vierte Vorschrift hat einen Anhalt in den Bestimmungen für den Versöhnungstag (Lev 16,21f.). Der Iussiv βληθήτω ist der Form nach sonst nicht mehr nachgewiesen. Der Term vertritt das ἐξαποστελεῖ in Lev 16,21; von dort ist εἰς ἔρημον übernommen. Die beiden ersten Imper. knüpfen die Verbindung mit den neutestamentlichen Passionsberichten. Wegen der Exposition wird ἐμπτύσατε[27] auf den Abschluß des Verhörs vor dem Hohen Rat anspielen, wobei das angefügte πάντες die mt Version (ἐνέπτυσαν) nahelegt (Mt 26,67), denn in Mk 14,65 sind es τίνες, die Jesus bespucken (ἐμπτύειν), und in der Verspottungsszene (Mt 27,30 par) sind es die Soldaten. Auf diese Passage weist freilich ἐξουθενήσαντες (V 9b) hin[28], denn in ihr ist neben der Verhöhnung das Bespucken konstitutives szenisches Element. Auf Joh 19,37 (ὄψονται εἰς ὃν ἐξεκέτησαν)[29] ist man für die zweite Vorschrift (κατακεντήσατε) verwiesen (vgl. Offb 1,7). Für die Anordnung, die rote Wolle auf den Kopf des Bockes zu legen, können die Passionsberichte nur herangezogen werden, sofern das substantivisch gebrauchte[30] τὸν ποδήρη … τὸν κόκκινον (V 9b) als Anspielung auf die Bekleidung Jesu mit dem scharlachroten Umhang (χλαμύδα κοκκίνην Mt 27,28) bzw. mit dem Purpurmantel (πορφύραν Mk 15,17.20; ἱμάτιον πορφυροῦν Joh 19,2) zu sehen ist.

Die erste und die dritte Vorschrift weisen also auf die Verspottungsszene (Mk 15,16–20a; Mt 27,27–31a; Joh 19,2f.) zurück. Jesu Verspottung, Lästerung oder Verschmähung ist bei den Synoptikern das am häufigsten berichtete Motiv.[31] Auffälli-

---

(V 3b) nicht um den Ritus, sondern gezielt um die prophetische Zeichenhandlung der Tempelpriester geht. Der Bockführer bzw. Bockträger ist jedoch entsprechend den Bestimmungen für den Sündenbockritus – Lev 16,21 ἐν χειρὶ ἀνθρώπου (בְּיַד־אִישׁ עִתִּי); Lev 16,26 ὁ ἐξαποστέλλων (וְהַמְשַׁלֵּחַ) – kein Priester. Seine beiden Handlungen, nämlich den Bock in die Wüste zu führen und die Wolle auf einen Strauch zu legen, berichten mit traditionellen jüdischen Motiven den ordnungsgemäßen Vollzug und Abschluß des Sündenbockritus.

[27] Der Term ἐμπτύω begegnet bei den Apostolischen Vätern nur in Barn 7,8.9. In der neutestamentlichen Literatur ist das Wort ausschließlich bei den Synoptikern belegt, wobei es in den Passionsberichten von Mk her stets Zitat aus Num 12,14 bzw. Dtn 25,9 (die beiden einzigen Belege in den griechischen Bibelübersetzungen) ist (Mk 14,65 par Mt 26,67b; Mk 15,19 par Mt 27,30b). Wiederum von Mk her fand die Vokabel in die dritte Leidensankündigung (Mk 10,34 par Lk 18,32) Eingang.

[28] ἐξουθενέω begegnet bei den Apostolischen Vätern außer in Barn 7,9 nur noch in einer idiomatischen Variante (ἐξουθενόω) in 1 Clem 18,17. Formen der in den griechischen Bibelübersetzungen belegten Idiome ἐξουδενέω und ἐξουδενόω sowie die nur außerbiblisch nachgewiesene Bildung ἐξουδενίζω fehlen. Die Vokabel begegnet häufig im Œuvre Hippolyts (Hinweis durch R. Hübner): [ἐξουθενέω/όω] Noët. 18,3; antichr. 3,15; 44,3; fr. 18 in Pss. lin. 3; Dan. II 24,3; III 16,4; IV 12,1; 20,2; fr. 49 in Pr.; [ἐξουδενέω/όω] ben.Is. et Jac. (PO 27 [1954] 52,9); Dan. III 3,1; 28,6; IV 32,5; fr. 54 in Pr. lin. 9.

[29] Zugrunde liegt Sach 12,10: καὶ ἐπιβλέψονται πρός με ἀνθ᾽ ὧν κατωρχήσαντο. Die größere sprachliche und sachliche Nähe zu Joh 19,37 (vgl. OBERMANN, Schrift im Johannesevangelium 313f.) steht Prigents weitergehende Behauptung entgegen, es läge „une allusion directe à Zach 12,10" (Les Testimonia 105) vor. So dezidiert hatte es Prigents Gewährsmann MÜLLER, Erklärung 201, („ein Anklang") nicht vertreten.

[30] Vgl. BAUER/ALAND, Wörterbuch, Sp. 1364.

[31] Vgl. ἐνέπαιζον Lk 22,63; ἐνέπαιξαν Mt 27,29; Mk 15,20 par Mt 27,31; Lk 23,36; ἐμπαίζοντες Mk 15,31 par Mt 27,41; ἐξεμυκτήριζον Lk 23,35b; βλασφήμουν Mk 15,29 par Mt 27,39; ἐβλασφήμει Lk 23,39; ὠνείδιζον Mk 15,32b par Mt 27,44. Joh berichtet nur die Bekränzung, die Bekleidung mit dem Purpur sowie den verhöhnenden Gruß der Soldaten.

gerweise kehrt keiner der bei den Synoptikern verwendeten Termini im Johannesevangelium wieder, und sie fehlen auch im Barn.[32]

Aufgrund der Abfolge in V 9 (ἐσταυρώσαμεν, ἐξουθενήσαντες, κατακεντή-
σαντες, ἐμπτύσαντες) und des Verweises auf den Titel ‚Sohn Gottes‘ ist indes
auch möglich, daß die Lästerung des Gekreuzigten (Mt 27,39–43 par) im Hintergrund steht, zumal sie der Tränkung des Gekreuzigten, auf die Barn 7,3–5 abgehoben hat, unmittelbar vorausgeht.

Das Petrusevangelium nun, in dem in seiner forcierten Verspottungsszene (EvPe
3,6–9) nebeneinander die in den synoptischen Passionsberichten belegbare erste
Vorschrift aus Barn 7,8a sowie die im neutestamentlichen Kontext nur in Joh 19,37
vorzufindende zweite Anweisung vorliegen,[33] und in der ebenfalls der Sohn-Got-
tes-Titel im Vorfeld der Kreuzigung gebraucht ist, weist darauf hin, daß parallel zu
den neutestamentlichen Passionsberichten oder unabhängig von diesen markante
Ereignisse der Passion szenisch gelöst und sprachlich eigenständig gefaßt überliefert und neu kombiniert wurden[34]. Gut möglich ist, daß die Fassung im Barn vom
Motiv der Verspottung des Gerechten durch die Frevler inspiriert ist, das der Psalter häufig, aber auch die weisheitliche und prophetische Literatur bezeugen,[35] wobei insbesondere an den bereits in Barn 5,13 und 6,6 zitierten Ps 21(22) sowie an das
dritte und vierte Gottesknechtslied zu denken ist.[36]

Wenn auch die Herkunft der drei ersten Instruktionen nicht vollends aufzuklä-
ren ist, so steht doch ihre passionstheologische Konnotation außer Zweifel. Ihre
Verknüpfung mit der biblischen Vorschrift für den Sündenbock (Lev 16,21f.) zeigt,
daß der Abschnitt Barn 7,6–11 im Rekurs auf Themenangabe und Exposition
(V 3b) gezielt komponiert ist, wobei mittels eines klar umrissenen exegetischen
Programms (V 7b) die von der begründenden Deutung (V 7a) ins Visier genommene eschatologisch-soteriologische sowie ekklesiologische Dimension des Kerygmas vom Gekreuzigten aus der Schrift erwiesen werden soll. Das Beweisziel
bestimmt also die Wahl der Beweismittel sowie die Beweisführung.

Bericht über die Ausführung (7,8b.c)

8b berichtet mit ὅταν γένηται die Ausführung der Befehle als eine durch die Kultordnung verbürgte wiederkehrende Handlung. Hierzu faßt οὕτως die Vorschriften

---

[32] Die von G bezeugte Lesart ἐμπαίξαντες in Barn 7,9 ist sekundär; ℵ, H und L (*conpungentes*) lesen
ἐμπτύσαντες. Das Lexem ἐμυκτηρίζω (Lk 16,14; 23,35) begegnet nur noch in 1 Clem 16,16, βλασφημέω
immerhin in 1/2 Clem, IgnTrall, IgnSm und mehrmals in Herm.

[33] Vgl. NTApo[6] 1,185: „Und andere, die dabei standen, spieen ihm ins Angesicht, und andere schlugen
ihm auf die Wangen, andere stießen ihn mit einem Rohr, und etliche geißelten ihn und sprachen: ‚Mit solcher Ehre wollen wir den Sohn Gottes ehren‘.“

[34] Vgl. Phys.A. 35 (vgl. auch S. 310 Anm. 45 und S. 311 Anm. 53); Just. *1 apol.* 35,7f. (GOODSPEED,
Apologeten 50; BKV[2.1] 12,48).

[35] Weish 5,1–4 (vgl. Clem. *str.* VI 14,110,2) zufolge, deuten Gelächter, Spott und Hohn auf die δόξα hin.
Vgl. ferner Ps 21(22),7f. (vgl. Mk 9,12b; Lk 23,11); 31(32),12; 70(71),4; 109(110),25; Sir 27,31; Jes 50,6.

[36] Vgl. insbesondere Jes 50,6; 53,3–5.7.

von V 8a in summa ins Auge und gibt sie dadurch zugleich als rituelle Einheit zu erkennen. Die erste der beiden folgenden Handlungen des Bockträgers (ὁ βαστάζων) führt die vierte Instruktion gemäß dem Gesetz für den Versöhnungstag aus,
die zweite, die Niederlegung der Wolle auf einen Strauch (ἐπὶ φρύγανον), beendet
den Sündenbockritus. Dieser Abschluß hat keine Grundlage im Versöhnungsritus.
Falls V 8b, wie Windisch annimmt, auf eine mündliche jüdische Tradition zurückgeht, wie sie in bTJoma VI 4,2–VI 6 (fol. 67) überliefert ist,[37] könnte sich der Bericht über diese Abschlußhandlung des Bockträgers von einem Punktations- oder
einem Übersetzungsfehler herleiten. Demzufolge wäre סֶנֶה ‚Felsenklippe‘ mit סְנֶה
‚Dornbusch, Brombeerstrauch‘ verwechselt und deshalb mit φρύγανον übersetzt
worden, oder die dreiradikale Wurzel סנה war fehlerhaft punktiert. Nun ist φρύγανον eine ziemlich ungenaue und sonst nicht nachgewiesene Übersetzung[38] für
סְנֶה, denn das Lexem meint ‚kleiner Ast‘, ‚Reisig‘ (vgl. Apg 28,3), ‚kleines, dürres
Strauchwerk‘[39], keinesfalls aber bezeichnet es einen ‚Dornbusch‘ oder gar den
Brombeerstrauch. Die Deutung dieser Abschlußhandlung in V 11 verwendet stattdessen ἄκανθα, das in den griechischen Bibelübersetzungen zwar häufig, jedoch
nie als Wiedergabe von סְנֶה begegnet. Diesen hebräischen Term, der nur in Ex
3,2–4; Dtn 33,16 und Ijob 31,40 nachgewiesen ist, geben sie ausschließlich mit βάτος
wieder. Aus diesem Lexemwechsel ist jedoch nicht abzuleiten, daß der Vf. oder die
Schultradition, der er verpflichtet ist, noch wußte, daß φρύγανον סְנֶה übersetzen
soll und deshalb in V 11 ἄκανθα wählte. Vielmehr ist anzunehmen, daß ἄκανθα
ob seiner passionstheologischen Konnotation mit der Dornenkrone gewählt wurde.
Geht man umgekehrt davon aus, daß φρύγανον – richtig oder falsch – eine Punk-
tationsvariante der Radikale סנה wiedergibt und in dem durch die jüdisch-christliche Gräzität auch sprachlich geprägten Ambiente, dem der Vf. entstammt, den
Abschluß des Sündenbockritus beschrieb, dann erklärt sich τὸ λεγόμενον ῥαχῆ
(ῥάχη) als ein durch ἄκανθα (V 11) motivierter Zusatz, der eine kultursoziologische Glosse womöglich nur zu dem Zweck literarisch anbindet, um der Deutung
V 11 einen signifikanten Anhalt in der prophetischen Zeichenhandlung bereitzustel-

---

[37] Vgl. WINDISCH, Barnabasbrief 346; ferner oben S. 305 Anm. 26. Der Verweis auf bTJoma VI 4,2–
VI 6 (fol. 67a) krankt freilich daran, daß dort nicht סנה, sondern סלע, die allgemeinere Bezeichnung für
‚Fels‘ (KBL 660), verwendet ist. Doch zeigt bTJoma VI 6,2f. (fol. 67b), wo an sachverwandter Stelle des
Ausdrucks בסלע der Term צוק ‚Bedränger‘ (KBL 798) steht, der eine Verschreibung für צור (‚Felsblock,
Kiesel‘, aber auch Teil eines Gottesnamens; vgl. KBL 799f.) sein kann, daß in dem für die Genese von
Barn 7,8b relevanten Zeitraum, in dem die Verschriftlichung der in Frage kommenden jüdischen Tradi-
tionen einsetzt, mit einer größeren sprachlichen Varianz zu rechnen ist. Unter dieser Rücksicht kann
bTJoma VI 4f (fol. 67a) als traditionsgeschichtlicher Haftpunkt für den in Barn 7,8b berichteten Abschluß
des Sündenbockritus gelten.

[38] Der Term dient den griechischen Bibelübersetzungen in Ijob 30,7 zur Wiedergabe von חרול ‚Platt-
erbse‘ (KBL 332), in einer Sonderbedeutung Hos 10,7 (ebenso ϑ′) für קצף ‚abgeknickter Zweig‘ (KBL
848) und in Jes 40,24; 41,2; 47,14; Jer 13,24 für קש ‚Strohstoppeln‘ (KBL 858). Die neutestamentlichen
Schriften bezeugen φρύγανον nur Apg 28,3; Barn 7,8 ist der einzige Beleg bei den Apostolischen Vätern,
bei den griechisch überlieferten, alttestamentlichen Pseudepigraphen fehlt er ganz.

[39] Vgl. PAPE, Wörterbuch 2,1311.

len.[40] Lag die Abschlußhandlung hingegen in dieser sprachlichen Fassung inklusive der Ergänzungen bereits vor, dann wurde sie eingefügt, weil der Erweis des Gekreuzigten als Heilsbringer und Hoffnungszeichen mit einer leserbezogenen eschatologisch-ekklesiologischen Deutung abgeschlossen werden sollte.

8c Dem Bericht über die Ausführung des Befehls ist eine kultursoziologische Bemerkung angeschlossen, die eine naturkundliche nach sich zieht. Letztere machte auf Windisch „den Eindruck einer ätiologischen Sage"[41], die erklären will, weshalb als einziger der Brombeerstrauch süße und eßbare Früchte trägt. Diese Erklärung ist im Barn freilich ebenso wenig ausgeführt wie eine Deutung der kultursoziologischen Bemerkung. Beide Notizen geben Raum für die Phantasie des Lesers, auch was die Lokalisierung[42] des Schriftstücks angeht. Auf sicheren Boden führt sie indes nicht.

Deutung der Handlung (7,9–11)

9 Mit der in eine rhetorische Frage gekleideten Auslegungsformel τί οὖν καὶ τοῦτο beginnt der Deutungsabschnitt (Vv 9–11); an sie knüpfen πῶς γὰρ ... εἰς τοῦτο (V 10) und τί δέ (V 11) an und gliedern diesen Part. Hat in V 6 προσέχετε die Aufmerksamkeit der Leser auf die Ähnlichkeit der Böcke gelenkt und in V 7 auf den Ritus des zweiten Bockes, so nun auf beide Aspekte. Dies bestätigt der erste Halbvers, der in Kurzfassung die Riten für die beiden Böcke wiederholt. Biblische Grundlage ist Lev 16,7–9.18, doch signalisiert die Fortführung der Zuordnung τὸν μὲν ἕνα ... τὸν δὲ ἕνα mittels καὶ ὅτι τὸν ἐπικατάρατον ἐστεφανωμένον, daß der Blick zuerst auf die Instruktionen und die begründende Deutung des zweiten Ritus in Barn 7,6–8 gerichtet ist. Erkennungszeichen des Sündenbockritus und zugleich dessen Deutung ist ἐστεφανωμένον. Der Sache nach spielt der Ausdruck auf Ps 8 an, wobei die grammatische Form an die freie Wiederholung von Ps 8,6b in Hebr 2,9 denken läßt.[43] Ist dieser Hymnus mitzuhören, dann ist der Ritus und insbesondere die Niederlegung der scharlachroten Wolle auf den Kopf des Bockes prophetische Vorausdarstellung des mit den Insignien des Weltenrichters ausgestatteten Herrn. Die Berechtigung dieser Deutung hat sich erst noch zu erweisen. Deshalb schließt mit ἐπειδή ebenso wie in 6,11 ἐπεὶ οὖν und in 7,3 ἐπεὶ καί eine Erläuterung an.

---

[40] Die Annahme, סְנֶה sei ursprünglich richtig mit ῥάχις bzw. ῥάχιν übersetzt und später mit Blick auf die Deutung in V 11 zu ῥαχῆ (ῥάχη) korrigiert worden, ist mit zwei Schwierigkeiten verbunden. Erstens ist dann φρύγανον τὸ λεγόμενον ein Nachtrag, und zweitens muß die Wahl des Nomens φρύγανον angesichts des von V 11 vorgegebenen und zur Umschreibung von ῥάχη ‚Brombeerstrauch' angemesseneren ἄκανθα erklärt werden. Dieser Erklärungsbedarf besteht auch für den Fall, daß von Anfang an ῥαχῆ (ῥάχη) zu lesen war. Stand bereits im hebräischen Text סְנֶה ‚Dornbusch, Brombeerstrauch', das dann ῥαχῆ korrekt wiedergibt, ist um so unverständlicher, weshalb φρύγανον und nicht ἄκανθα gewählt wurde. Vgl. auch S. 299 die Textkritik zu V 8.

[41] WINDISCH, Barnabasbrief 346.

[42] Vgl. HARRIS, Locality 68–70, der in ῥάχη eine Anspielung auf einen Arak genannten Wüstenstrauch erkennt und daher für Ägypten (nicht Alexandrien) als Herkunft des Barn optiert; vgl. ferner S. 299 Anm. 2.

[43] Vgl. KRAUS, Psalmen 70–72; MICHEL, Hebräer 138f.; GRÄSSER, Hebräer 1,121f.

Die symbolische Handlung, durch die der Typos Jesu offenbar wird, weist über das Kreuz hinaus auf das Eschaton. Erst bei der Wiederkunft des Herrn am ‚jüngsten Tag' (τότε τῇ ἡμέρᾳ) erfüllt sich die mit dem Sündenbockritus verknüpfte Verheißung. Seine Parusie, die in eins geht mit seinem Antritt als Weltenrichter, führt die Zeit der Erfüllung, die mit dem Christusereignis angebrochen ist, zu ihrem Ziel. Die Umschreibung der Gestalt des Wiederkommenden mit dem Bild des scharlachroten Mantels um das Fleisch rückt in eschatologischen Dimensionen in den Blick, daß Gottes Heilssetzung in Jesus Christus umfassend und endgültig ist: In Jesus ist und wird alles erlöst.[44]

Der scharlachrote Mantel (τὸν ποδήρη … τὸν κόκκινον) erinnert an die Bekleidung Jesu in der Verspottungsszene mit dem scharlachroten Umhang (χλαμύδα κοκκίνην Mt 27,28) bzw. mit dem Purpurmantel (πορφύραν Mk 15,17.20; ἱμάτιον πορφυροῦν Joh 19,2)[45]. Die sprachliche Fassung greift aber über diese Szene hinaus. Das substantivierte Adj. ὁ ποδήρης[46] verwenden die griechischen Bibelübersetzungen für das ärmellose Obergewand des Hohenpriesters[47] und des messianischen Retters. Da die attributive Beschreibung des Gewandes mittels τὸν κόκκινον wiederholt in Moses Anordnungen zur Gestaltung der Priestergewänder (Ex 28; 39) als Bezeichnung kostbarsten Leinens begegnet, ist τὸν ποδήρη … τὸν κόκκινον zuallererst zurückzuführen auf Aarons Mantel. Die Kleidung Aarons ist Sir 45,8 zufolge Zeichen seiner Erwählung. In Sach 3,5(4) steht ποδήρη summarisch für die

---

[44] „Drei christologische Motive sind in der Deutung Barn 7,9f. enthalten: 1. das Leiden und der Tod Jesu sind als Sühneopfer für die Sünden zu verstehen; 2. am Ende der Zeit ergeht das Gericht über das jüdische Volk, wenn es in der Gestalt des wiederkehrenden Herrn den Gekreuzigten und Verschmähten erkennen wird; 3. der am Ende der Zeit Kommende ist zugleich der vom Leid und Tod Geprägte" (LONA, Auferstehung 47). Vgl. Did 16,5b κατάθεμα für den eschat. Retter und Gekreuzigten.

[45] Ἡ χλαμύς ist innerhalb der neutestamentlichen Literatur nur in Mt 27,28.31 belegt. Das Lexem fehlt bei den Apostolischen Vätern; in der griechischen Bibelübersetzung begegnet es nur in 1 Sam 24,5 σ´ und 2 Makk 12,35, freilich ohne Bezug zur Passion. Ἡ πορφύρα bezeichnet im Neuen Testament den Purpurmantel Jesu (Mk 15,17.20) bzw. Lazarus' (Lk 16,19) oder meint mit Purpur gefärbte Gegenstände, insbesondere Stoffe (Offb 18,12). Den griechischen Bibelübersetzungen dient die Vokabel zur Bezeichnung einer Kostbarkeit und vor allem eines wertvollen Stoffes. Eine der wohl ältesten Deutungen der verschiedenen Benennungen der Bekleidung Jesu in der Verspottungsszene Mt 27,28 und Joh 19,2 liegt in Phys.A. 35 vor; vgl. auch S. 311 Anm. 53.

[46] Vgl. BAUER/ALAND, Wörterbuch, Sp. 1364.

[47] Mit zwei Ausnahmen (τὸν χιτῶνα τὸν ποδήρη Ex 29,5; ἐπὶ γὰρ ποδήρους Weish 18,24) kennen die griechischen Bibelübersetzungen den Term, der nur in Ex, Sach, Ez sowie in den (grundsprachlich) griechischen Schriften Weish und Sir nachgewiesen ist, allein die substantivische Form τὸν ποδήρη. In Ex 25,6(7); 35,9; 28,27(31) meint τὸν ποδήρη den ‚Efodmantel' oder den ‚Mantel über dem Efod' (אֵפוֹד oder אֵפֹד; vgl. KBL 75f.; GÖRG, Efod. NBL I [1991] Sp. 472f.) und in Ex 28,4 (vgl. Ex 29,5) das ärmellose Obergewand (מְעִיל; vgl. KBL 546); vgl. Philo, all. 2,56; Mos. 2,117f.121.143, wo ὁ ποδήρης das ‚langwallende Obergewand' des Hohenpriesters bezeichnet und synonym zu ὁ χιτών verwendet ist. Die biblische sowie die außerbiblisch jüdische und christliche Gräzität kennt ποδήρης sonst vor allem als Attribut von Kleidungsstücken herausragender biblischer Figuren (z.B. Philo, somn. 1,214; Josephus, AJ 3,153.159; 20,6; Clem. paed. II 10bis). Von diesem Würdesymbol her erklärt sich wohl, daß ApcPe 72,16 (NHC 7,3) zufolge Petrus einen ποδήρης (ⲡⲓⲡⲟⲇⲏⲣⲏ) trug. Die Profangräzität weiß ποδήρης als Kennzeichen einer Gottheit (z.B. X. Cyr. 6,4,2, ferner jene auf die Kleidung der Ἄρτεμις bezogene Beschreibung […] „ποδήρη χιτῶνα" im Papyrusfragment SEG 26,139, frb 48).

Festgewänder[48] des Hohenpriesters Jeschua (Ἰησοῦς)[49]. In diesem Vers der vierten Vision Sacharjas besitzt das Lexem bereits eine messianisch-eschatologische Konnotation, die in Ez 9,2.3.11, Weish 18,24 und Sir 27,8 bestimmend ist.[50] In diesen prophetischen und weisheitlichen Texten ist der ποδήρης Signum des Retters, der die Gerechten mit dem „T" kennzeichnet, um sie vor der Vernichtung zu bewahren (Ez 9,2.3.11). Von diesem langen Mantel berichtet Weish 18,24, daß darauf die ganze Welt dargestellt sei. Dieses Motiv kehrt zweimal in Philos Allegoresen der Kleidung des Hohenpriesters wieder (*spec.* 1,93–97; *Mos.* 2,133f.). Ihnen zufolge bedeutet der Mantel (ποδήρης) mit seinen Farben und Materialien das All, das mit dem Hohenpriester symbolisch vor Gott tritt und für das die priesterlichen Gebete und Handlungen gelten. In diesem Zusammenhang (*Mos.* 2,133,4) begegnet einzig neben Barn 7,9 die Verknüpfung von ποδήρης mit κόκκινος. Im Buch Exodus ist dieses Signum von Aarons Ornat nicht explizit erwähnt, sondern folgt nur aus der formelhaften Materialliste[51], und in den genannten prophetischen und weisheitlichen Belegen fehlt diese Verbindung überhaupt.

Mit Blick auf Barn 7,9 ist nun beachtlich, daß ποδήρης neutestamentlich einzig und christlicherseits erstmals vor dem Barn in der Beauftragungsvision Offb 1,13 (ἐνδεδυμένον ποδήρη) begegnet, die außer von Dan 10,5 durch die Wendung ἐνδεδυκὼς (τὸν) ποδήρη in Ez 9 zur Skizzierung des messianischen Retters beeinflußt scheint.[52] Von Offb 1,13 her ist also der Term ποδήρης ebenfalls eschatologisches Signum des Verherrlichten und Weltrichters, nun aber mit Bezug auf Jesus Christus.

Wird nun ferner bedacht, daß Scharlach eine Würdefarbe ist,[53] die für priesterliche und königliche Kleidung reserviert ist (vgl. Mt 27,28), dann kennzeichnet τὸν

---

[48] מַחֲלָצוֹת ‚feine festliche Gewänder' von der Wurzel חלץ (KBL 513).

[49] Die Polysemie des Namens Ἰησοῦς, die von der Umbenennung des Sohnes Nuns in Num 13,16b herrührt (vgl. S. 266 Anm. 21) und in Barn 12,8–11 christologisch ausgelegt wird, ist in Barn 7,3–11 nicht bedacht, obwohl sich mit Bezug auf Sach 3,5(4) ihre Verwertung auf das hohepriesterliche Ornat des Wiederkommenden angeboten hätte. Der Vf. weiß seine Themen zu begrenzen und zu organisieren.

[50] In Ez 9,2.3.11 steht (τὸν) ποδήρη für בַּד in der Sonderbedeutung ‚leinernes Gewand' (KBL 108). Hexaplarisch ist der Term auch in Ez 10,2 εʹ bezeugt, wo die griechischen Übersetzungen sonst für בַּד τὴν στολὴν gebrauchen.

[51] Vgl. Ex 26,5: καὶ αὐτοὶ λήμψονται τὸ χρυσίον καὶ τὴν ὑάκινθον καὶ τὴν πορφύραν καὶ τὸ κόκκινον καὶ τὴν βύσσον. Sie nimmt Epiph. *haer.* 2,30 auf (αἱ αὐλαὶ ἐκ βύσσου καὶ ὑακίνθου καὶ πορφύρας καὶ κοκκίνου), jedoch ohne Bezug auf den ποδήρης Aarons.

[52] Dan 10,5 bezeugt ἐνδεδυμένος βύσσινα (ϑʹ βαδδιν). Die größere sprachliche Nähe von Offb 1,13 zu Ez 9 ist bei WIKENHAUSER, Offenbarung 31, der Weish 18,24 vergleicht, und ROLOFF, Offenbarung 41f., nicht registriert.

[53] Außer an der bekannten Stelle Mt 27,28 begegnet das Adj. κόκκινος in Hebr 9,19, wo Num 19,6 aufgenommen und mit weiteren Sühnemitteln (Wasser, Ysop) verbunden ist (vgl. Barn 8,1) und – in Pervertierung der Würde dieser Farbe – als Kennzeichen der dämonischen Pracht des apokalyptischen Tieres in Offb 17,3f; 18,12.16c. Mit Ausnahme von Barn 7,9 ist in Barn Scharlach stets die Farbe der Wolle (7,8.11; 8,1ab). In 1 Clem 8,4, ein Zitat aus Jes 1,18b, ist κόκκινος das Bild für die Sünde, die der Herr ‚weiß wie Wolle' macht, und in 1 Clem 12,7, dem letzten Beleg bei den Apostolischen Vätern, ist ein roter Stoff gemeint, den Rahab als Schutzzeichen aus dem Fenster hängen soll. Phys.A. 35 schließlich weiß, daß Rahabs Leben und ihr geistliches Haus (ὁ οἶκος ὁ νοερός) gerettet wurde (διεσώϑη), weil sie dem

ποδήρη ... τὸν κόκκινον den Wiederkommenden gezielt[54] als Hohenpriester sowie königlichen Herrscher und Richter.[55] Diese Erklärung setzt voraus, daß ein schulisches Ambiente, in dem die Schrift und die Passionsüberlieferung präsent ist,[56] Entstehungs- und Bestimmungsort von Barn 7,6–11 ist.

Vor diesem Hintergrund ist der Hohepriester, der die Sühneriten am Versöhnungstag vollzieht, selbst auch prophetische Vorausdarstellung; und mit ihm sind es alle Tempelpriester. Nicht nur die Handlungen sind prophetisch, sondern auch jene, die sie ausführen. Beides sind Folgen der Transformation dieser kultischen Vorschriften in eine prophetische Gattung. Und diese Folgen sind noch weitreichender, denn der wichtigste Festtag, den Gott durch Mose geboten hat, ist in allen Facetten und Belangen prophetisch. Die Identifizierung des Wiederkommenden mit dem Hohenpriester stellt die soteriologische Folge der Sühne, die der Gekreu-

---

scharlachroten Zeichen glaubte (πιστεύσασα), und daß Mt 27,28 mit dem Scharlach den fleischlichen Heilsplan (Ματθαῖος διὰ τοῦ κοκκίνου τὴν κατὰ σάρκα οἰκονομίαν ἠρμήνευσεν) und Joh 19,2 mit dem Purpurmantel das Königtum des Gekreuzigten meinten (Text bei SBORDONE, Physiologus 113; KAIMAKIS, Physiologus 100a.102a; TREU, Physiologus 70f.); vgl. auch MICHEL, κόκκινος. ThWNT 3 (1938) 812–815. In den formalhaften Materialverzeichnissen (Ex 25,4; 26,1.31.36; 27,16; 28,5.6.15.33; 35,6. 23.25.35; 36,7.35.37; 38,18.23; 39,1.2. 3.5.8.24.29) ist κόκκινος bzw. subst. κόκκινον stets Übersetzung für תולעת שני; regelmäßig damit verbunden ist ‚Byssusgewirktes‘ und ‚Purpur‘. Hingegen steht der Ausdruck in den beiden Katalogen für Reinigungsriten bei Aussatz in Lev 14 sowie bei Kontamination an Leichen in Num 19 in umgekehrter Reihenfolge (Lev 14,4.6.49.51.52; Num 19,6), und zwar ist er stets gerahmt vom עץ ארז ‚Zedernholz‘ und אזב (bzw. אזוב in Num 19,6) ‚Ysop‘. Diese Trias ist auch in der jüdischen Gräzität (z.B. Philo, spec. 1,268) eine feste Formel. Vgl. MARTÍN, Allegorica 178; ferner S. 319 Anm. 4 zur Auslegung von Barn 8,1.

[54] Neben der skizzierten Prägung von τὸν ποδήρη ... τὸν κόκκινον spricht auch die Bedeutung von Aarons Mantel sowie die frühchristliche Resonanz Aarons dafür, daß die Bezeichnung in Barn nicht zufällig gewählt ist. Die Bedeutung von Aarons Mantel geht daraus hervor, daß neben der Salbung die Bekleidung mit dem scharlachfarbenen Mantel Aarons (Num 20,25–28) Eleasar Würde und Funktion des Hohenpriesters verleiht. Zugleich zeigt die frühchristliche Deutung der Gestalt Aarons, seiner priesterlichen Insignien und seines Handelns, die erstmals in Hebr 5,4; 7,11; 9,4 greifbar ist und neben Barn bei Ter., Cyr.H. und Ephräm Syr. begegnet, daß die Deutung in Barn 7,9 zwar eigenständig, aber kein Einzelfall ist. Auch in diesen weiteren Belegen ist der Scopus der Deutungen von Aarons Salbung (Tert. bapt. 7,1; Cyr.H. catch. 2,10; 3,5; 10,11; 21,5f.), seinem Brustschild (Tert. adv. Marc. 4,13,3f.) oder seinem Stab (Cyr.H. catch. 12,28; Ephräm Syr. hymn. nativ 1,17 [CSCO.S 83,3]) Christus, die Kirche, die Apostel und die Priester. Cyrill von Alexandrien schließlich verdichtet diese christozentrische Deutung Aarons zu einer Aaron-Jesus-Typologie, die in großen Teilen seines exegetischen Œuvres die Auslegungsrichtung bestimmt (Cyr. ador. 12.13; glaph. Lev.; Jona). Vgl. NICKELSBURG, Aaron. RAC.Suppl. 1/2 (1985) 1–11. Für den auf Lev 16 und Num 19 zurückgreifenden Passus in Hebr 9,13f. vgl. NISSILÄ, Hohepriestermotiv 169–191.

[55] Arist. 96,4, wo das staunenerregende Gewand Eleasars u.a. mit κώδωνες περὶ τὸν ποδήρη εἰσίν beschrieben ist, und T.Lev. 8,2 (τὸν ποδήρη τῆς ἀληθείας) belegen, daß ὁ ποδήρης mitunter Oberbegriff für das hohepriesterliche Gewand ist, wobei die Vision und Audition T.Lev. 8,2–17 die Verleihung priesterlicher, richterlicher und königlicher Würde mit der in T.Lev. 8,2 skizzierten Bekleidung verknüpft. Für diese Verbindung vgl. auch Philo, Mos. 2,31 und 1 QM 7,9–11. Über Ursprung und Profil der Hohenpriestervorstellung des Hebr vgl. SCHRÖGER, Schriftausleger 120–127.

[56] KÖSTER, Überlieferung 156, zufolge zeugen Berührungen speziell zwischen Barn 7,3–11 und Passionsberichten davon, daß eine in Schriftgelehrsamkeit geübte Schultradition einzelne Züge und Motive dieser Berichte mit Hilfe der Schrift ausgestaltet hat, und zwar noch bevor mit Hilfe von Passionsberichten die neutestamentlichen Evangelien Gestalt gewonnen haben.

zigte gewirkt hat, nämlich den Erlaß der Sünden, unter den eschatologischen Vorbehalt der Parusie und des Gerichts. Erstes und bleibendes Merkmal der Kirche ist
also ihre Bindung an den Gekreuzigten. Weil der Gekreuzigte der Wiederkommende
und somit der Auferstandene ist, zeugt Kirche von der ‚inkarnatorischen Basis und
Bindung des Heils‘ und von der Hoffnung auf die Erfüllung der durch die Auferstehung des Gekreuzigten verheißenen eschatologischen Vollendung.

Die Versöhnung geschah nie und wird nie durch Aaron geschehen, vielmehr hat
Gott selbst die Welt mit sich versöhnt und zwar tat er es in und durch Christus.
Christus ist daher Heilsmittler und er wird seine Mittlerschaft im Eschaton vollenden. Die gegenwärtige und die künftige Heilstat Christi ist also vor allem im Leiden und in der Auferstehung begründet.

Auf diese Dimension macht das περὶ τὴν σάρκα aufmerksam. Die σάρξ des
Auferstandenen und Wiederkommenden ist ein Bild dafür, daß die Vollendung im
Gericht eine umfassende Erlösung ist. Scopus der Rede von der σάρξ des Wiederkommenden ist jedoch die Christologie. Weil der Wiederkommende mit dem Gekreuzigten und dem Leidenden eins ist, offenbart die σάρξ des Verherrlichten die
Göttlichkeit Jesu. Hierfür zitiert V 9b die geprägte Deutung ‚Sohn Gottes‘. Die
σάρξ des Verherrlichten bestätigt Leiden und Tod Christi und damit seine Fleischwerdung und sein Wirken als Heilsereignisse.

Im Dienst dieses Erfüllungskerygmas steht die Verheißung an die Priester bzw.
an die Juden, daß sie selbst den Gekreuzigten als den Wiederkommenden sehen,
sich verwundert an seine Passion erinnern[57] und ihn als Sohn Gottes bekennen
werden. Hierbei ist der scharlachrote Mantel das Erkennungssignal. Traditionsgeschichtliches Fundament dieser rhetorischen Frage sowie der Antwort, die den Juden in den Mund gelegt sind, ist die für V 8a skizzierte Überlieferung der Passion.
Das Bekenntniswort, das an Barn 5,9 erinnert und auf die Homologie Barn 7,2 zurückweist, scheint eine Kombination aus Mt 27,54 par Mk 15,39 und Mt 26,63f.
bzw. Barn 5,9 zu sein.[58] Das Erschrecken des Hauptmanns und der Bewacher und
ihr Bekenntnis sind Modell für die den Juden angesagte Haltung, wenn bei der Parusie die im Sündenbockritus prophetisch angezeigte Identität des Gekreuzigten
und des Leidenden mit dem Wiederkommenden offenbar wird. ‚Sohn Gottes‘ ist
bereits eine geprägte, bildhafte Deutung der eschatologischen Heilssetzung Gottes
in Jesus.

---

[57] Vgl. dazu auch den Hinweis auf Sach 12,10 in der Auslegung von Barn 7,8a.

[58] Sprachlich am nächsten kommt eine Kombination aus Mt 27,54 ἀληθῶς θεοῦ υἱὸς ἦν οὗτος (vgl.
Mk 15,39 ἀληθῶς οὗτος ὁ ἄνθρωπος υἱὸς θεοῦ ἦν) und Barn 5,9 (τότε ἐφανέρωσεν ἑαυτὸν εἶναι
υἱὸν θεοῦ). Einzig für das λέγων wäre noch auf Mt 26,63f. par zu verweisen. WINDISCH, Barnabasbrief
346, der Mt 27,54 par nicht berücksicht, schlägt neben Mt 26,63f. par auch Mt 27,40.43 und EvPe 3(7)
vor. Doch ist in der Verspottungsszene EvPe 3(7) vokativisch vom „König Israels“ die Rede. Näher an
Barn steht hingegen die Adaption von Mk 15,39 par in EvPe 11(45f.). Anders als in den beiden synoptischen Berichten bekennt zusammen mit den Grabwachen auch das Volk (vgl. EvPe 11[47]) vor Pilatus:
‚Wahrhaftig, er war Gottes Sohn‘, worauf Pilatus erwidert: ‚Ich bin rein am Blute des Sohnes Gottes, ihr
habt solches beschlossen‘ (vgl. NTApo⁶ 1,187). Freilich zeigt das Fragment exakt in dieser Passage eine
Reihe inhaltlicher Spannungen.

Daß die Juden Handlungsträger im Eschaton sein werden, ist zum einen von der eschatologischen Situierung her zu erklären, die in Barn 2,1 und 4 aufscheint und überhaupt Folge des Christusereignisses ist: Es ist die Zeit der Erfüllung, und die Zeichen der Zeit signalisieren, daß diese letzte Periode sich ihrem Ende nähert. Unter diesen Vorgaben sind historisch, und vor allem thematisch bedingt, im Gesichtskreis des Vf. die Juden jene, die nicht an Jesus glauben und sich im Eschaton zu ihm bekennen werden – wenn auch mit Erschrecken (ἀληθῶς οὗτός ἐστιν, κτλ.). Das sichere Urteil in Did 16,5–7 und 2 Clem 17,5f. etwa, daß dieses Erkennen zu spät kommt, hat im Barn keinen Anhalt, denn Faktum und Inhalt des Erkennens, die den Juden zugesagt sind, setzen exakt jene Gnade voraus, die die Christen auszeichnet. Dieses Erkennen im Eschaton wird deshalb auch als ein Bekennen zu verstehen sein. Zum anderen liegt darin eine gezielte antijüdische Polemik. Denn die Deutung des Gekreuzigten als ‚Sohn Gottes‘ aus dem Mund der Juden nimmt die Juden selbst zu Zeugen wider eine Theologie, die gegen die altkirchliche Glaubensüberzeugung von der Gottheit Jesu die Davidsohnschaft einwendet. Von daher erklärt sich die gesonderte und betonte Beweisführung in Barn 12,10f. Weil jedoch Barn 4 zufolge die Polemik nur vordergründig gegen Juden zielt und es sich vielmehr um eine innerchristliche Front handelt, tritt der Vf. hier gegen ein christologisch und in seiner Folge soteriologisch defizitäres Christentum an, das aus seiner Sicht mit Judentum gleichzusetzen ist. In diese Polemik fügt sich auch die Deutung des Sündenbockritus und der Priesterschaft, allen voran des Hohenpriesters, ein. Alles, was am Versöhnungstag geschieht, war nie wirksam, denn der Herr hat ihn durch Mose nur zu dem einen Zweck geboten, um auf das Christusereignis, auf seine Parusie und sein Gericht hinzuweisen. In Verbindung mit V 11 ist klar, weshalb die Juden und allen voran die Tempelpriester den Sinn dieses Gebotes nicht erfaßt haben. Sie haben den Herrn nicht empfangen; ihnen fehlt die Gnade.

10 Das eschatologische Erschrecken entfaltet der erste Halbvers unter dem Aspekt der überraschenden Identität des Wiederkommenden mit dem Leidenden. Der in V 6 erinnerten Hauptdirektive zufolge gehört die Auswahl zweier möglichst ähnlicher Böcke zum Ritus und ist somit auch Teil der prophetischen Zeichenhandlung. Auf die Gliederungsfrage πῶς γὰρ ὅμοιος ἐκείνῳ hin unterstreicht ἴσους in der mit dem üblichen εἰς τοῦτο eingeführten Auslegung die umfassende Gleichartigkeit. Den Zweck erklärt der Finalsatz: die ausgesuchte Ähnlichkeit ist Vorausdarstellung einer Identität. Worin diese besteht, ergibt sich im Zusammenhang mit V 10b. Οὐκοῦν ἴδε deutet an, daß dies die Gnosis ist, die der Vf. vermitteln will. Die Protasis (ὅταν ἴδωσιν αὐτὸν τότε ἐρχόμενον) kann nur auf den zweiten Bock bezogen sein, denn von ihm hat V 9b seine Bekränzung als Vorzeichen des in Herrlichkeit wiederkommenden Weltrichters aufgezeigt. Die Apodosis (ἐκπλαγῶσιν κτλ.) bezieht sich auf das Gewahrwerden, daß die mit den beiden Riten verknüpfte Sühneverheißung in ein und derselben Figur erfüllt wird. Diese Deutung setzt also beim Leser voraus, daß er τοῦ τράγου bereits im übertragenen Sinn verstehen kann, und zwar wie V 10b notiert, als Typos für Jesus, der leiden sollte. Diese Betonung der Identität des Verherrlichten und Wiederkommenden mit dem Gekreuzigten will demzufolge die Geschichte des Gekreuzigten durch die

Verherrlichung nicht paralysieren, sondern als der Verherrlichte bleibt er der Gekreuzigte.[59]

Angesichts der Präexistenz des κύριος und Gottessohnes (5,5) und seiner Funktion als eschatologischer Weltenrichter steht alle Geschichte – immer schon und bis
zu ihrem Ende – unter dem Siegel des Christusereignisses.

11 Τί δέ schließt an die förmliche Auslegungseröffnung τί οὖν καὶ τοῦτο V 9 an,
und ὅτι κτλ. bestimmt den Abschluß des Sündenbockritus als Auslegungsgegenstand. Der Num. der Form τιθέασιν scheint diesem Rekurs entgegenzustehen,
denn handelndes Subjekt dieser Niederlegung (ἐπιτίθησιν) ist allein der Bockträger (ὁ βαστάζων; vgl. V 8b). Deshalb verfängt nicht, was Müller befand: „Beim
Plural ist zu denken οἱ ἱερεῖς.“[60] Subjekt des τιθέασιν sind vielmehr alle, die sich
unter das Wir des Erschreckens, Erkennens und Bekennens bei der Parusie zusam-
menfinden. Die Vokabel bezieht sich also kollektiv[61] auf die Gemeinschaft, in der
der Sündenbockritus zum regelmäßigen Vollzug angeordnet ist, die Juden.[62] Mit
Blick auf die Situierung des Barn bedeutet dies, daß – letztlich – sich niemand der
vom Vf. überlieferten Gnosis wird verschließen können. Auf diese Interpretation
des Bezugs führt auch die folgende exegetische Bemerkung, daß diese Niederlegung der roten Wolle ein Vorbild[63] Jesu im Blick auf die Gemeinde ist. Die Exklusivität dieser Widmung evozierte die bereits wiederholt beobachtete schroffe Front
zwischen ἐκεῖνοι, den Juden, und den Christen. Worin dieser Typos besteht, was
also mittels der Niederlegung der Wolle inmitten von Dornen im voraus dargestellt
wird und sich im Christusereignis erfüllt, erläutert ein Vergleich. Es handelt sich
um zwei konditionale Formulierungen; ein Konditionalsatz und ein Partizip mit
konditionalem Sinn. Οὕτως φησίν bestimmt ihr Verhältnis derart, daß der zweite
Satz die aus dem ersten folgende Auslegung enthält. Auf diesen Konnex deutet die
Aufnahme von Schlüsselbegriffen bzw. Synonyma an syntaktisch verwandten Or-
ten hin. Einer Form von θέλω korrespondiert eine durch die Formen δεῖ (unpers.)
bzw. ὀφείλουσιν regierte Infinitivkonstruktion. Diese parallele Struktur dient
dazu, das Aufheben der roten Wolle mit dem Sehen des Sohnes Gottes (V 10) und
dem Einlaß in sein Reich sowie die jeweils zwingende Konsequenz in einen bildhaften Vergleich zu setzen. Wie aus der ersten Absicht (ὅς ἐὰν θέλῃ) mit innerer

---

[59] Vgl. LONA, Auferstehung 47f.

[60] MÜLLER, Erklärung 203.

[61] In die richtige Richtung weist die Übersetzung von WENGST, SUC 2,159: „Was aber bedeutet es, daß
man die Wolle mitten in die Dornen legt?“

[62] Denkbar ist auch, daß sich der Pl. auf alle Bockträger bezieht, die je mit der Niederlegung der roten
Wolle den Sündenbockritus abgeschlossen haben. Doch deutet nichts darauf hin, daß der Sg. ὁ βαστάζων als Kollektivbegriff fungiert. Wenn der Vf. mehrere meint, sagt er das auch (vgl. V 6 den Bezug
des Pl. λάβετε auf die οἱ ἱερεῖς in V 3b und die den zweiten Bock betreffende Instruktion an den Hohenpriester λαβέτω ὁ ἱερεύς). Falls dieser Bezug in den Vordergrund gerückt werden müßte, würde
aber auch nur bestätigt, daß der κύριος, indem er durch Mose den Sündenbockritus geboten hat, die
jüdischen Repräsentanten in den Dienst genommen hat, um regelmäßig auf das Christusereignis hinzuweisen.

[63] Zum Term τύπος vgl. S. 271 Anm. 41.

Notwendigkeit (δεῖ) folgt, daß der Versuch, sich der Wolle zu bemächtigen (κυριεῦσαι), mit Qualen verbunden ist und beinhaltet, viel zu leiden (πολλὰ παϑεῖν), so sind fraglos (ὀφείλουσιν) mit dem Ziel, den Sohn Gottes (V 10) zu sehen und in seine βασιλεία zu gelangen, Qualen und Leiden verbunden. Auffälligerweise wird die Begründung, weshalb bei der Wegnahme der roten Wolle zu leiden ist (διὰ τὸ εἶναι φοβερὰν τὴν ἄκανϑαν), nicht ausgelegt. Sie ergibt sich vielmehr daraus, daß mit dem Christusereignis die Erfüllung aller Prophetie einhergeht. Weil sich der Sündenbockritus im Gekreuzigten, der mit dem in Herrlichkeit Wiederkommenden identisch ist, erfüllt, geht auch jeder Einzelzug dieser prophetischen Handlung in Erfüllung. Dieses theologisch begründete Bedingungsverhältnis, auf das im Barn mittels δεῖ und ὀφείλομεν wiederholt und insbesondere in diesem theologischen Kernstück Barn 5–8 abgehoben ist, liegt auch in 7,11 vor. Obwohl nicht gesagt wird, worin Qualen und Leiden bestehen, ist aufgrund ihrer Bindung an das Christusereignis klar, daß entsprechend zu dem διά im Konditionalsatz nur solche gemeint sein können, die wegen des Christseins auftreten. Diese Interpretation stützt auch das λαβεῖν με.

V 11 beinhaltet also keinen moralisierenden Sinn. Das Vorbild, der τύπος, der am Sündenbock geschah, ist Anfang und Vorwegnahme des Weges, den jeder Nachahmer beschreitet, der vom Christusereignis erfaßt ist (vgl. Barn 1,1–3.5). Aufgrund dieser Verschränkung ist die Bindung an den historischen Jesus konstitutiv und normgebend für die Kirche. Die Kirche erkennt und bekennt sich als solche in ihrer Bindung an den historischen Jesus.

Das Schauen des Erlösers und der Eingang in sein Reich sind die Heilsgüter für die Kirche. Der in der Kleidung des Wiederkommenden angezeigte Herrschaftsaspekt findet hier sein Echo. Die Verknüpfung des Königtums Christi mit seiner Parusie und dem Gericht sowie die Gleichordnung des ἄψασϑαι[64] mit dem με ἰδεῖν legen klar, daß die βασιλεία[65] erst im Eschaton aufgerichtet wird. Dank des Christusereignisses ist die eschatologische Zeit angebrochen, und deshalb ist auch die βασιλεία bereits im Kommen. Hierauf weist ihre Bestimmung in 8,6 hin. Da die Kirche der durch das Christusereignis eröffnete und geprägte Heilsbereich ist, zeugt sie vom Beginn der Königsherrschaft Jesu.

Weil dem Schauen des Erlösers und dem Eingang in sein Reich der Empfang (λαβεῖν) des κύριος vorausgeht, sind Qualen und Leiden Signum für die Zeit der Kirche (vgl. 8,6), die zugleich als Zeit der Erfüllung auf das Offenbarwerden der Herrlichkeit des Wiederkommenden ausgerichtet ist. Wegen der eschatologischen

---

[64] Der Ausdruck rührt vom Bild der Niederlegung der Wolle her. In der neutestamentlichen Literatur stehen hierfür εἰσέρχεσϑαι εἰς, δέχεσϑαι, λαμβάνειν, κληρονομεῖν τὴν βασιλείαν.

[65] Wegen der exegetischen Bemerkung und Widmung (τύπος ἐστὶν τοῦ Ἰησοῦ τῇ ἐκκλησίᾳ κείμενος) ist das Possessivpronomen μου vor τῆς βασιλείας auf 8,5 zu beziehen. Das Reich in 7,11 ist ἡ βασιλεία Ἰησοῦ. Dieser Ausdruck ist als solcher sonst nicht nachgewiesen, doch ist die Sache bereits in Lk 23,42; Joh 18,36 und nochmals 2 Petr 1,11 angesprochen. Nach Barn begegnet diese neutestamentliche Verbindung, und zwar primär unter Bezugnahme auf die evangelischen Stellen, erstmals bei Or. *Jo.* 32,19,242; *sel. in Ps.* 74 (PG 12,1536); *comm. in Mt.* 16,6; *fr. 185 in Lc.*; *mart. 28*, und dann erst wieder bei Epiph. *haer.* III 77.

Signatur des Christusereignisses ist Kirche nicht nur von ihrem Anfang her, also in der Taufe, sondern auch auf ihr Ziel hin, dem Schauen des Erlösers und dem Einlaß in sein Reich, Ereignis der Gnade Gottes. Hierauf weist der Wechsel von κυρEύσαι zu λαβεῖν hin. Rhetorisch drückt sich die Verheißung in V 11 darin aus, daß die Personalpronomina με und μου die Auslegung Jesu in den Mund legen, so daß sie den Eindruck eines Herrenwortes[66] macht. Was sich im Gekreuzigten erfüllt, birgt eine Verheißung.

Die *erste* und grundlegende Offenbarung der Schrift ist gemäß Barn 5,5.9 christologischer Art – die Präexistenz und Gottessohnschaft des κύριος; die *zweite* ist Barn 6,12b zufolge soteriologischer Art: Gottes Heilszusicherung an die Christen.[67] Barn 7,3-11 nimmt die soteriologischen, ekklesiologischen und eschatologischen Implikationen der als Anfang aller Offenbarung ausgewiesenen altkirchlichen Glaubensüberzeugung von der ‚Gottheit' Jesu auf und gibt in 7,11 die Kirche als jenen konstitutiv durch Kreuz und Hoffnung auf die Wiederkunft des Herrn bestimmten Bereich zu erkennen, in dem sich die Erlösung im Eschaton erfüllt. Die *dritte* grundlegende Offenbarung ist also die Verheißung der Gnade Gottes an die Kirche.[68]

Das Sühneopfer der roten Kuh prophezeit das Leiden des κύριος (8,1-7)

Was nun, meint ihr, ist das Vorbild, daß Israel geboten ist: „Die Männer, an denen vollendete Sünden sind, 1ᵇ müssen eine (junge) Kuh darbringen und nach dem Schlachten verbrennen, und dann (sollen) kleine Kinder die Asche aufheben und in ein Gefäß füllen und die scharlachrote Wolle auf eine Stange wikkeln – 1ᶜ siehe wiederum das Vorbild des Kreuzes und der scharlachroten Wolle – 1ᵈ und den Ysop (nehmen), und so sollen die kleinen Kinder jeden einzelnen aus dem Volk besprengen, 1ᵉ damit sie von den Sünden gereingt werden"?

2ᵃ Versteht, wie er in Schlichtheit zu euch spricht. 2ᵇ Das Kalb ist Jesus, die darbringenden sündigen Männer (sind die), die ihn zur Schlachtung dargebracht haben. Danach (gelten) nicht weiter Männer, nicht weiter der Wahn von Sündern. 3 Die besprengenden Knaben (sind die, die) uns den Erlaß der Sünden verkünden und die Reinigung des Herzens, denen er die Macht des Evangeliums (dazu) gab – zwölf sind es zum Zeugnis der Stämme, denn zwölf Stämme hat Israel – zu verkünden.

---

[66] Entscheidend ist, daß φησίν hier wie auch sonst (vgl. S. 98f.) kein Zitat einführt; V 11 ist daher kein Logion (vgl. KÖSTER, Überlieferung 127). Die älteren Vertreter der Zitationsthese notieren MÜLLER, Erklärung 204 und GEBHARDT/HARNACK, Barnabae Epistula 36f.

[67] Vgl. S. 243.275.

[68] Der Vf. des Barn will „Christus als Anfang, Mitte und Ende der biblischen Offenbarung erweisen" (MAURER, Kirche und Synagoge 20).

4 Warum aber (sind es) drei kleine Kinder, die besprengen? Zum Zeugnis für Abraham, Isaak (und) Jakob, denn diese (sind) groß bei Gott.

5 Was aber (bedeutet) die Wolle auf der Stange? Daß die Königsherrschaft Jesu auf dem Holz beruht und weil die (auf ihn) Hoffenden leben werden in Ewigkeit.

6 Warum aber (wird) zugleich die Wolle und der Ysop (erwähnt)? Weil während seiner Königsherrschaft schlimme und trübe Tage sein werden, an denen wir gerettet werden sollen. Denn auch der leiblich Kranke wird durch den trüben Saft des Ysop geheilt.

7[a] Und daß es deshalb so geschieht ist uns zwar offenbar, jenen aber dunkel, 7[b] weil sie nicht die Stimme des Herrn hören.

Gebote für das Reinigungswasser

Das Ritual

Gewinnung, Anwendung und Funktion des Reinigungswassers bestimmt Num 19; Grundlage des Rituals ist die Opferung einer roten Kuh.[1] Wichtigste Person für die Gewinnung ist zwar der Priester Eleasar[2], doch führt er keine der Mose und Aaron gebotenen rituellen Handlungen unabhängig von anderen Personen aus. Ihm zur Seite steht immer ein kultisch reiner Mann, der die Vorschriften unter priesterlicher Aufsicht oder Mitwirkung (Num 19,6 Beigaben zur Verbrennung) ausführt (Num 19,3 Schlachtung; 19,5 Verbrennung; 19,17f. Mischung und Besprengung). Das Opfertier ist eine rote, einwandfreie Kuh, ohne Gebrechen.[3]

---

[1] Über ‚Herkunft und Geschichte des Para-Instituts‘ vgl. MAYER, Para 3–18; SCHEFTELOWITZ, Das Opfer der roten Kuh 113–123; WEFING, Ritual 341–364; MILGROM, Red Cow 62–72; DERS., Numbers 158–163; BUDD, Numbers 208–214. Vgl. ferner das Mischnatraktat Para; über dessen Verhältnis zu Barn 8 vgl. CHANDLER, Heifer 107f., der die jeweiligen Anliegen des Barn und jener, die MPara zu Num 19 zusammenstellten, für die divergenten Auslegungen verantwortlich macht. Eine bedeutende Nachgeschichte hat Num 19 im Koran. Die Beschreibung der Kuh und ihres Schicksals (Num 19,2f.) ist nicht nur in Sure 2,67–73 aufgenommen, wobei anstelle der roten Kuh eine gelbe als Opfertier vorgeschrieben ist, sondern die Kultordnung für dieses Reinigungsopfer der Kuh gab auch der ganzen Sure 2, der mit 286 Versen umfangreichsten im Koran, den Titel: „Die Sure heißt »die Kuh«" (KHOURY, Koran 1,296–303).

[2] Eleasar ist der dritte Sohn Aarons (Ex 6,23; 28,1) und als dessen Nachfolger (Num 20,24–29; Dtn 10,6) Ahnherr der sadokidischen Priesterschaft, die unter Salomo die Vorherrschaft im Tempel errang (1 Chr 5,30). Von daher ist der Name sowohl ein Eponym für die Tempelpriester, als auch konkret Synonym für die Hohenpriester (vgl. MULZER, Eleazar. NBL 1 [1991] Sp. 510f.). Auf diesen Aspekt weist die Interpretation des Ritus durch die jüdische Gräzität hin (Philo, spec. 1,262–272; Josephus AJ 4,78–81), die alle Handlungen des Rituals auf den Hohenpriester konzentriert. Dieser Favorisierung des Hohenpriesters als Handlungsträger stehen widersprüchliche Optionen der jüdischen Traditionsliteratur gegenüber. TosJoma 42b läßt offen, ob der Hohepriester oder ein gewöhnlicher Priester die Schlachtung vornahm, und MidrPara 3,1–11 sowie TosPara 3,1–11 weisen mit Ausnahme von 3,8 die Ausführung stets einem gewöhnlichen Priester zu.

[3] Num 19 spricht ganz allgemein von einer Kuh (פָּרָה). Der Term פָּרָה bezeichnet das ausgewachsene weibliche Rind, eine ‚Kuh‘, wofür die griechischen Bibelübersetzungen meist ἡ βοῦς (βοός) verwenden. Aus der in Num 19,2 angefügten Beschreibung (לֹא־עָלָה עָלֶיהָ עֹל) schlossen die griechischen Numeriübersetzungen wohl, daß es sich um eine Färse handelt und übersetzten mit δάμαλις, womit auch ganz allgemein das ‚Kalb‘ bezeichnet wird. Außer in Num 19 dient δάμαλις nur in Hos 4,16 und Am 4,1 zur

Mit ihrer Aushändigung an den Priester und ihrer Schlachtung beginnt der Ritus. Vom Blut der geschächteten Kuh spritzt der Priester siebenmal gegen das Offenbarungszelt, um Blut und Tier zu konsekrieren. Das auf diese Weise geweihte Opfertier sowie sein Blut werden zusammen mit Zedernholz, Scharlachgewirktem[4] und Ysop, die der Priester zum Opfer gibt, verbrannt[5]. Es gilt als Sünd- bzw. Reinigungsopfer (Num 19,9 חַטָּאת ἅγνισμα). Die eingesammelte Asche wird verwahrt. Bei Bedarf ergibt eine Mischung aus dieser Kultasche und Quellwasser (Num 19,17 מַיִם חַיִּים ὕδωρ ζῶν) das genannte Reinigungswasser[6]. Sind Personen durch den Kontakt mit Leichen[7] kultisch verunreinigt und deshalb aus der Gemeinschaft ausgeschlossen, bewirkt ihre Besprengung, die ein kultisch reiner Mann mittels eines mit Reinigungswasser benetzten Ysops (fristgerecht; vgl. Num 19,12.14.19) vornimmt (vgl. Ps 50[51],9), die Wiederherstellung ihrer Kultfähigkeit.[8] Priester und Helfer, die den Ritus ausführen, sind bis zum Abend unrein; sie müssen ihre Kleidung waschen und mitunter sich selbst mit Wasser reinigen.

Wiedergabe von פָּרָה. In der Regel übersetzt der Term sprachlich exakt die Bezeichnungen für den Jungstier (עֵגֶל) oder die Färse (עֶגְלָה). Die Bezeichnung δάμαλις ist bei den Apostolischen Vätern nur in Barn 8,1 und innerhalb der neutestamentlichen Literatur nur in Hebr 9,13 nachgewiesen; beide Male liegt Num 19 zugrunde. Das Lexem μόσχος, das in Num 19 fehlt, aber in der Auslegung des Ritus in Barn 8,2 begegnet, meint entweder allgemein das Rind (בָּקָר) oder neben Stier, Kuh, Ochse usw. speziell den Jungstier עֵגֶל und die Färse עֶגְלָה. Die Bezeichnung μόσχος begegnet neben Barn 8,2 noch durch das Zitat aus Ps 68(69),31–33 in 1 Clem 52,2; von den neutestamentlichen Belegen für μόσχος (Lk 15,23.27.30; Offb 4,7) hat nur Hebr 9,12.19 Sachbezug. Diese Sonderbedeutung von פָּרָה sowie die Polysemie von μόσχος ermöglichten den Lexemwechsel in 8,1f. und erklären die Übersetzungen mit ‚junge Kuh‘ in 8,1b und ‚Kalb‘ in 8,2b.

[4] Der hebräische Grundtext berichtet von שְׁנִי תוֹלַעַת ‚Karmesingewirktes‘ (vgl. auch 1 QM 7,11). Der Ausdruck verbindet zwei Bezeichnungen aus den formelhaften Materiallisten für die Herstellung der Priestergewänder und die Ausschmückung des Heiligtums, nämlich תּוֹלַעַת und שָׁנָה, die die griechischen Übersetzungen mit dem Term κόκκινος bzw. κόκκινον zusammenfassend wiedergeben (Ex 28,5; 35,23.25.35; 37,23; 39,13; Num 4,8; 19,6). Da aber κόκκινος bzw. subst. κόκκινον nur selten für שָׁנָה allein, jedoch oft für תּוֹלַעַת gebraucht ist, wollen die griechischen Übersetzungen von Num 19,6 mit κόκκινον vermutlich nicht nur die Kostbarkeit der Opferbeigabe, sondern mittels der Scharlachfarbe auch die originär priesterliche Herkunft festhalten. Diese sprachliche Koinzidenz der Beschreibung der priesterlichen Ingredienzen für das Opfer der (roten) Kuh mit der gleichlautenden Auszeichnung des mit den Insignien des königlichen Weltenrichters und Hohenpriesters ausgestatteten κύριος bei Parusie und Gericht (τὸν ποδήρη ... τὸν κόκκινον) in Barn 7,9 mag für den Vf. eine besondere Attraktivität besessen haben. Daß der Vf. diese semantische Brücke in Anspruch nimmt, zeigt die Parenthese in 8,1, wo τὸ ἔριον τὸ κόκκινον nur wiederholt, aber nicht (mehr) ausgelegt wird, womit die Kenntnis der Deutung in Barn 7,3–11 (stillschweigend) vorausgesetzt scheint. Zum Ausdruck „Karmesingewirktes" sowie den beiden anderen Ingredienzen vgl. auch S. 311 Anm. 53 sowie WEFING, Ritual 350 Anm. 41.

[5] In Lev 14,4.6.49.51.52 hingegen, wo diese Trias einzig neben Num 19,6 biblisch belegt ist, werden die kultischen Gegenstände nicht verbrannt, sondern mit anderen Objekten in Quellwasser getaucht, um das Reinigungswasser herzustellen.

[6] Die griechischen Bibelübersetzungen geben den Ausdruck מֵי הַנִּדָּה ‚Wasser gegen Unreinheit‘ oder einfach ‚Reinigungswasser‘, der außer in Num 19,9.13.20.21bis nur noch in Num 31,23aβ begegnet (vgl. WEFING, Ritual 356–359), mit Blick auf die Anwendung dieses Sühnemittels mit ὕδωρ ῥαντισμοῦ ‚Sprengwasser‘ wieder. Die Übersetzung mit ὕδωρ ἁγνισμοῦ in Num 31,23 zeigt, daß der Aspekt der Reinigung und Heiligung dennoch mitgehört wurde. „In allen Fällen bewirkt die Besprengung Reinigung und Entsündigung" (HUNZINGER, ῥαντίζω, ῥαντισμός. ThWNT 6 [1959] 979).

[7] Für die priesterliche Tora haftet kultische Unreinheit „primär an drei Trägern: an Leichen, am Aussatz und an den genitalen Ausscheidungen" (PASCHEN, Rein und Unrein 56).

[8] Vgl. PASCHEN, Rein und Unrein 42f.51f.

Soteriologischer Anspruch und Anlaß der Auslegung

Die Klassifizierung der Kultasche als Sündopfer zur Tilgung von Unreinheit zeigt, daß dieser kultische Makel in engster Verbindung zur Sünde gesehen wurde. Aufgrund dieser Verbindung inhäriert dem in Num 19 festgesetzten Lustrationsakt der Anspruch, Sünden zu sühnen. Der Anspruch, daß mittels des durch das Opfer der roten Kuh ermöglichten Reinigungsakts Sünden vergeben werden, der indes Barn 5,1 und dem Bekenntnis in Barn 7,2 zufolge einzig für den κύριος erhoben werden kann, ist ebenso wie in Barn 7,3–11 auch hier der Anlaß für die Besprechung dieses Sühneritus. Im Unterschied zum Passus über den Versöhnungstag ist in Barn 8 nicht beabsichtigt, wiederum anhand der Tora, speziell mittels der Gebote für das Reinigungswasser, die Heilsbedeutung Christi zu erweisen. Vielmehr wird die prophetische und christozentrische Konstitution der Schrift illustriert, indem von der soteriologischen Funktion des Ritus ausgehend, Opfer, Handlungsträger und einzelne Kultgegenstände Zug um Zug auf Christus und die Christen hin ausgelegt werden (vgl. Barn 8,2 ἐν ἁπλότητι λέγει).

Textkritik

1 In L fehlt ἴδε bis κόκκινον. **2** H überliefert das vorzuziehende ὁ μόσχος Ἰησοῦς ἐστίν. Die Lesart von L *vacca erat Ihesus* steht G (ὁ μόσχος οὖν ἐστιν ὁ Ἰησοῦς) nahe und zeigt, daß G ergänzt hat. ΝΟΜΟC Ι̅C̅ ЄCΤΙΝ in ℵ, mit der paulinischen, seltenen Variante des christologischen Titels (vgl. 1 Tim 1,15; 2,5; ferner, wenngleich textkritisch unsicher, Röm 8,34; 2 Kor 13,5; 1 Tim 1,16), ist eine Verschreibung.[9] In L fehlt εἶτα bis δόξα. **3** Die Mehrzahl der Editoren folgen mit οἱ εὐαγγελισάμενοι ℵ und L (*nuntiaverunt*), inklusive des von ℵᶜ und H ergänzten Artikels; w folgt G, der mit H das Präs. εὐαγγελιζάμενοι überliefert. Die Übereinstimmung zwischen ℵ und L spricht gegen eine Variantenbildung noch in der Majuskelzeit. Wahrscheinlicher ist, daß sich in den beiden Minuskeln das Präs. aus Unachtsamkeit ergeben hat. Für die beiden Zahlangaben in der Parenthese überliefert ℵ die Zahlwerte ΙΒ, die G mit δεκαδύο auflistet[10] und H mit dem üblichen und sprachlich exakten δώδεκα überliefert; L führt duodecim. Die seltene Schreibweise in G steht dem Majuskelsigel näher. **4** fehlt in L. **5** In L fehlt ὅτι ἡ βασιλεία bis καί. Unrichtig notieren FB ξύλῳ nicht nur für G, sondern auch für H, der jedoch mit ℵ den vorzuziehenden, übertragen zu verstehenden Gen.[11] ξύλου bezeugt (H fol. 44ᵛ20). **6** In L fehlt ὅτι ⟨καὶ⟩ ὁ ἀλγῶν bis ἰᾶται. Schwierig zu entscheiden ist, ob mit ℵ ὅτι ὁ ἀλγῶν oder mit H ὅτι καὶ ὁ ἀλγῶν zu lesen ist; ὅτι καὶ ἀλγῶν in G ist wegen des subst. gedachten Part. ἀλγῶν kaum zutreffend. Die Lesart in ℵ nimmt sich als Beispiel aus, das die Auslegung, die der erste ὅτι-Satz beinhaltet, plausibel macht. Das καί in H hingegen eröffnet eine weitere Auslegungsrichtung. Demzufolge wären die Christen ἐν τῇ βασιλείᾳ αὐτοῦ im übertragenen Sinne ‚krank‘, nämlich erlösungsbedürftig. H ist die semantisch offenere Variante; die meisten Editoren wählen sie. Die unsichere Bedeutung des von ℵ, H und G bezeugten ῥύπου – von ὁ ῥύπος ‚Schmutz‘ – hat zu

---

[9] Die seit den Editionen von Cunningham und Gebhardt/Harnack unter dem Sigel ℵᶜ bzw. ℵ² notierte Lesart ὁ μόσχος ὁ Ἰησοῦς ἐστίν ist eine Emendation, wie in Hilgenfelds 2. Ausgabe des Barn noch richtig angezeigt ist. Auf fol. 336ᵛᶜ29f. der Lakeschen Faksimileausgabe des ℵ ist diese vermeintliche Korrektur jedenfalls nicht (mehr?) verifizierbar. Seit der Auffindung von H ist ℵ an dieser unsicheren Stelle überdies entkräftet.

[10] Die Zahlbezeichnung δεκαδύο ist in der biblischen Literatur sowie für die jüdische und christliche Gräzität nicht nachgewiesen. Es scheint, daß Barn 8,3 durch die vl der Hs. v hierfür ältestes Zeugnis ist. Vgl. auch S. 328.

[11] Vgl. BAUER/ALAND, Wörterbuch, Sp. 580; BLASS/DEBRUNNER, Grammatik § 234,4.

Emendationen eingeladen. DR vermutete: „Descendit enim ex ῥύω (ῥύομαι) et ῥέω."[12] Demzufolge ist die Lesart als Verbaladjektiv (Gen. Sg. mas.) vom medialen Deponens ῥύομαι gebildet und meint, von seiner Grundbedeutung (‚retten, schützen‘, aber auch ‚von einer Krankheit heilen‘[13]) her, im Sinne des Bewirkbaren, dem lateinischen Gerundivum vergleichbar,[14] ‚heilend, rettend, bewahrend‘, wobei der Gen. τοῦ ὑσσώπου den Urheber des Bewirkbaren[15] nennt. HG[2] riet auf τύπου – vielleicht durch τύπος in 8,1 inspiriert. Zuletzt hat Harris ὁποῦ – von ὁ ὁπός, „Saft der Pflanzen, bes. der Bäume"[16] – vorgeschlagen.[17] Neuere Editionen mischen letztere Emendation mit dem handschriftlich bezeugten Term und übersetzen – in der Sache zutreffend – z.B. mit „den trüben Saft".

Analyse und Aufbau

Die didaktische Emphase der leserbezogenen rhetorischen Frage V 1 signalisiert einen Neuansatz. Hierfür bürgen das Lexem τύπος sowie die Form ἐντέταλται, die auf die beiden Zitationseinleitungen ἐνετείλατο κύριος Barn 7,3c und ἅ ἐνετείλατο Barn 7,6 zurückblickt und die Vorschriften für den Versöhnungstag als Einheit faßt und hierdurch gegenüber Barn 8,1–6 abgrenzt. Ebenso wie dort ἐνετείλατο die Riten für den Versöhnungstag eröffnete und gliederte, so markiert die Vokabel hier den Beginn des Referats sowie der Auslegung eines weiteren Zeremoniells mit soteriologischem Anspruch. Aufgrund dieser Verbindung sind auch die Gebote für das Reinigungswasser unter dem ab Barn 7,3–11 beherrschenden Thema der Heilsbedeutung des Gekreuzigten sowie des Kreuzes als Hoffnungszeichen zu verstehen.

Da τῷ Ἰσραήλ als Widmung aufzufassen ist, fungiert der ὅτι-Satz als Zitationseinleitung. Ein Referat auf Grundlage von Num 19 skizziert sechs Stationen der vorschriftgemäßen Gewinnung und Verwendung des Reinigungswassers; seine soteriologische Wirkung hält ein Finalsatz (V 1e) fest. Vor die sechste Instruktion ist mit ἴδε πάλιν bis κόκκινον eine auf das Thema der Heilsbedeutung des Kreuzes abgestellte Deutung eingefügt. Wiederum mit explizitem Leserbezug (νοεῖτε· πῶς ... λέγει ὑμῖν) setzt in V 2 der Deutungsabschnitt ein.[18] Dem aus Barn 2,1; 4

---

[12] DRESSEL, Patrum apostolicorum opera 18.

[13] Vgl. PAPE, Wörterbuch 2,851f.

[14] Vgl. BORNEMANN/RISCH, Grammatik § 249,1.

[15] Vgl. BLASS/DEBRUNNER, Grammatik § 183,2.

[16] Vgl. PAPE, Wörterbuch 2,361.

[17] HARRIS, Locality 69.

[18] WENGST, Tradition 32–34, erkennt in dem Deutungsabschnitt einen Wachstumsprozeß. Das ursprüngliche Traditionsstück, nämlich die „Vv 1 (ohne den Hinweis ἴδε κτλ.), 2 (ohne νοεῖτε – ὑμῖν) und V 3 (ohne οὖσιν – Ἰσραήλ)" (ib. 34), sei bereits vor der Abfassung des Barn um die Vv 4–6 erweitert worden. In diesem Entwicklungsstadium habe der Vf. das Stück vorgefunden und die z.T. widersprüchlichen Bemerkungen und Auslegungen in die Vv 1–3 eingetragen. Diese Genese ist nicht auszuschließen; sie hat gute Gründe für sich und ist gewiß geeignet, den Vf. vor der Folie seiner Traditionen zu profilieren. Uns muß indes vor allem interessieren, welche inhaltlichen Folgen die Verteilung des Materials auf Vf. und Tradition für die Auslegung des vorliegenden Textes zeitigt, wenn mit ebenso guten Gründen davon auszugehen ist, daß der Vf. an der Gestaltung der von ihm für das Schriftstück herangezogenen Traditionen aktiv mitgewirkt hatte. Es scheint, daß der Barn den keineswegs spektakulären Fall bietet, die Konstanz der theologischen Ansichten des Vf. verfolgen zu können.

und 5,2 bekannten Kunstmittel der kontrastierenden Verteilung von Schriftworten zufolge ist Israel der Ritus mit Blick auf Christus und die Christen geboten (πῶς ... λέγει ὑμῖν). Die Benennung der Auslegungsgegenstände (ὁ μόσχος; οἱ προσφέροντες ἄνδρες V 2b; οἱ ῥαντίζοντες παῖδες V 3; τρεῖς παῖδες V 4; τὸ ἔριον ἐπὶ τὸ ξύλον V 5; τὸ ἔριον καὶ το ὕσσωπον V 6), die in den Vv 2b.3 als plakative Aussage und in den Vv 4–6 in Frageform (διὰ τί δέ V 4.6; ὅτι δέ V 5) gehalten ist, gliedert die Deutung der in V 1 referierten Gebote für das Reinigungswasser in sechs Abschnitte.

Mit V 7a findet das Thema κύριος seinen Abschluß; V 7b liefert die Begründung für V 7a und leitet zugleich zum folgenden Thema über. Diese Doppelfunktion des Halbverses signalisiert, daß die Ausführungen über das rechte Hören in Barn 9 und 10 nicht bloß formal an das Thema κύριος angeschlossen, sondern daß beide Komplexe auch inhaltlich miteinander verbunden sind.

1	*Exposition und Vorschriften*	
1a	Exposition und Zitationseinleitung	
1b–d	Sechs Vorschriften für das Reinigungswasser	
1b		Fünf Gebote für die Gewinnung des Reinigungswassers
1c		Deutung der fünften Vorschrift
1d		Die Anwendung des Reinigungswassers
1e		Die Wirkung des Reinigungswassers

2–6	*Deutungen*	
2a	Leseranrede, Klassifizierung der Gebote und Widmung	
2b	Deutung des Opfertieres und der Opfernden	
3		1. Deutung der Knaben
4		2. Deutung der Dreizahl
5	Deutung des Holzes, auf dem die Wolle ist	
6	Deutung der Wolle und des Ysops	

7	*Abschluß und Überleitung*

Auslegung

Exposition und Vorschriften (8,1)

1 Der Term τύπος[19] ist in Verbindung mit dem Kausalsatz zu erklären. Mittels dieses Lexems stellt die Exposition dem vom ὅτι-Satz eingeleiteten Gebot die in Barn 7,3–11 erwiesene prophetische und christozentrische Konstitution des Gesetzes als Diktum voraus und weist damit der Auslegung der folgenden Gebote für das Reinigungswasser die Richtung. Auch sie zeigen nur verhüllt an, was im Christusereignis offen in Erscheinung tritt. Dem in Num 19 angeordneten Ritus wird jedwede

---

[19] Vgl. S. 271 Anm. 41.

vom Christusereignis nicht erfaßte Dignität von jeher abgesprochen. Über diesen Status und Scopus der Gebote unterstellt die in gezielter Rhetorik als Frage gefaßte Exposition Einvernehmen mit den Lesern. Die Gebote in Barn 8,1 sind so zu verstehen, wie die Vorschriften für den Versöhnungstag. Aufgrund dieses Sachbezugs, für den zumal Termini der kultischen Tora[20] sowie der Widmung der Gebote (τῷ Ἰσραήλ) stehen, ist κύριος als Subjekt des Perf. ἐντέταλται zu denken. Ist auch der mediale Aspekt des genus verbi mitzuhören, dann sind diese Gebote gleichermaßen wie jene in 7,3c.6 in der Vernetzung mit dem Hauptthema des gesamten Abschnitts Barn 5–8 zu verstehen, also im Blick auf den κύριος.

Sechs Inf. (προσφέρειν, κατακαίειν, αἴρειν, βάλλειν, περιτιθέναι, ῥαντίζειν) referieren die Opferung sowie den Vollzug des Reinigungsritus mit dem Kultwasser, für dessen Gewinnung das Opfer der (roten[21]) Kuh Grundlage ist. Während κατακαίειν durch κατακαύσουσιν und κατακαυθήσεται (Num 19,5; vgl. auch ὁ κατακαίνω Num 19,8) einen sprachlichen Anhalt in den Geboten für das Reinigungswasser in Num 19 vorweisen kann, berühren sich προσφέρειν, αἴρειν, βάλλειν und ῥαντίζειν nur der Sache nach mit der biblischen Grundlage.[22] Aus Num 19,2 stammt neben der Widmung der Gebote an Israel die Wahl des Opfertiers (δάμαλιν); aus Num 19,3 ist das Motiv der Schlachtung (σφάξαντας) entlehnt. Haftpunkte für die in Num 19 nicht vorgesehene Umwicklung (περιτιθέναι) eines Holzes mit der scharlachroten Wolle mögen für τὸ ἔριον das Num 19,5b zufolge zur Verbrennung bestimmte Fell des Opfertiers (τὸ δέρμα) sein und für das Adj. κόκκινον sowie für ξύλον das in Num 19,6 als priesterliche Beigabe zur Verbrennung vorgeschriebene Zedernholz (ξύλον κέδρινον) und das Scharlachgewirkte (κόκκινον). Ysop spielt wegen des folgenden ῥαντίζειν auf seine Verwendung als Sprengwedel gemäß Num 19,18 an. Zwei Handlungsträger werden erwähnt: Männer und Kinder. Die Transformation von zwei (ξύλον und κόκκινον) der drei Ingredienzen, deren Beigabe zur Verbrennung dem Priester vorbehalten ist, sowie deren Kombination mit der synonym zum Fell des Opfertieres verstandenen Wolle, wird dazu geführt haben, daß Barn 8,1–6 den Priester nicht erwähnt und so den Vollzug des Ritus vereinfacht.[23] Die verbliebenen Akteure werden näher bestimmt. Kennzeichen der Männer ist erstens, daß sie vollendete Sünden an sich ha-

---

[20] Vgl. die Formen ἐντέλλω in 7,3c.6; 8,1 und προσφέρω in 7,3c[bis].4a.5a.6; 8,1.2b[bis].

[21] Die vierfache Beschreibung der Kuh in Num 19,2 als erlesenes Opfertier (πυρρὰν ἄμωμον, ἥτις οὐκ ἔχει ἐν αὐτῇ μῶμον καὶ ᾗ οὐκ ἐπεβλήθη ἐπ᾿ αὐτὴν ζυγός) fehlt in Barn 8. Der Grund hierfür ist vielleicht aus Hebr 9,13f. ersichtlich. Auch dort ist die δάμαλιν nicht qualifiziert, aber eines ihrer Prädikate, ἄμωμον (Hebr 9,14b), dient dazu, Christi Tod als das überbietende Opfer von den Versöhnungs- und Reinigungsopfern abzuheben (vgl. NISSILÄ, Hohepriestermotiv 186–191). An der unterscheidenden Güte der Opfer ist Barn indes nicht interessiert; er urteilt deutlich radikaler. Indem er Lev 16 und Num 19 in allen Belangen als christozentrische Prophetien bestimmt, nimmt er ihnen nicht nur jedwede soteriologische Relevanz und weist Christus als das einzige und endgültig wirksame Opfer aus, sondern schließt auch die von Hebr 9,13 den beiden Riten (noch) konzedierte Herstellung der Kultfähigkeit (ἁγιάζει πρὸς τὴν τῆς σαρκὸς καθαρότητα) von vornherein aus.

[22] Vgl. λαβέτωσαν (Num 19,2), συνάξει und ἀποθήσει (Num 19,9), περιρρανεῖ (Num 19,18).

[23] Vgl. WINDISCH, Barnabasbrief 348.

ben und zweitens, daß sie die Kuh opfern, indem sie sie darbringen[24] und verbrennen. Ihren Part haben in Num 19,2 ‚die Söhne Israels' inne, bzw. es übernimmt ihn eine Person (Num 19,5.8) aus diesem Kreis (ὁ κατακαίων). Die Kinder, deren Dreizahl V 4 überraschend mitteilt, führen all jene Handlungen aus, die Num 19,9.18 zufolge von einem kultisch reinen Mann ausgeführt werden.[25] Sie sind es auch, die die rote Wolle um das Holz wickeln. Während sich der Ersatz von ἄνθρωπος καθαρός und ἀνὴρ καθαρός durch παιδία von Barn 6,11 herleiten mag, wo παιδίον als Sinnbild für Sündlosigkeit gilt, ist die Qualifizierung der τοὺς ἄνδρας nur mühsam „als Mißverständnis der ‚Unreinheit' in Num 19,7–10"[26] zu erklären. Im Rekurs auf Barn 5,11 und der vom Erweis der Heilsbedeutung des Gekreuzigten geprägten Auslegungsabsicht eröffnet sich die Pointe dieses pejorativen Etiketts. Die Männer, die die Kuh, von der die Auslegung weiß, daß Jesus dieses Opfer ist (V 2b), opfern, sind jene, deren Vollmaß ihrer Sünden das Christusereignis zur Fülle bringt, also die Juden.[27] Während Barn 5,11 den Juden mittels des Konj. ἀνακεφαλαιώσῃ ansagt, daß ihre Verweigerung gegen den Heilswillen Gottes in Passion und Tod Jesu kulminiert und im Gekreuzigten offenbar wird, bestätigt das Präs. ἐστίν des Relativsatzes in Barn 8,1, indem es die vollendete Sündhaftigkeit der Opfernden konstatiert, daß der Gekreuzigte das vom Gesetz verheißene Sühnemittel ist. Auf die Verbindung weist überdies die sprachliche Verwandtschaft (τὸ τέλειον τῶν ἁμαρτημάτων und ἁμαρτίαι τέλειαι) beider Teilverse hin.[28]

Gut möglich ist, daß der Vf., wie Windisch vermutet, den Lustrationsakt mit der Besprengung des Volkes durch Mose mit dem ‚Blut der בְּרִית' gemäß Ex 24,8 „zusammengeworfen"[29] und dadurch auch die Reinigungs- und Sühnewirkung von der Kasuistik der Leichenberührung gelöst hat. Im Blick ist demzufolge die Heilszusicherung Gottes. Diese Interpretation stützt Hebr 9,19f. In Hebr 9,19 verknüpft das Schreiben die beiden Riten des Versöhnungstags mit dem Ritus aus Num 19 und läßt Mose das Gesetzbuch sowie das Volk besprengen (ἐρράντισεν). Hebr 9,20 zufolge deutet Mose diese Handlung exakt in Richung Ex 24,8, indem er das Sprengwasser von V 19 τὸ αἷμα τῆς διαθήκης nennt, das die διαθήκη, die Gott geboten hat (ἐνετείλατο), nach ihrer Promulgation besiegelt und das Volk auf das Gesetz verpflichtet[30]. Die in Hebr 9,24–28 folgende christozentrische Ausle-

---

[24] Vgl. S. 323 Anm. 20.

[25] Auf die Erwähnung der Kinder beschränkt sich die Übereinstimmung von Barn 8 mit MPara 3 gegen Num 19. Eine signifikante Bekanntschaft des Barn mit jüdischer Überlieferung und Traditionsliteratur läßt sich hierauf nicht errichten.

[26] Wengst, SUC 2,161 Anm. 130, im Anschluß an Windisch, Barnabasbrief 348, der für das Motiv auf MidrPara 3,1.7b; 4,4 verwies.

[27] Vgl. Windisch, Barnabasbrief 349.

[28] Verglichen wird gewöhnlich (vgl. Windisch, Barnabasbrief 348) Herm vis. I 2,1 (2,1) und Philo, Mos. 1,96. Beide Stellen klingen zwar ähnlich, lassen aber keinen Bezug zu Barn 8,1 erkennen.

[29] Windisch, Barnabasbrief 348.

[30] Den Verpflichtungscharakter betonen neben Jub 6,2.11 die Rabbinen (MekhY zu Ex 19,11; LevR 6,5; NumR 9,47).

gung dieser zeremoniellen Entsühnungen zeigt, daß das frühe Christentum diese
Riten in summa ins Auge faßte, um den Tod Christi als das alles überbietende und
endgültige Opfer herauszustellen, durch das die Sünde hinweggenommen wurde.[31]
In dieser passionssoteriologischen Auslegungstradition jüdischer Sühneriten, die
das Christusereignis als die eschatologische und universelle Heilssetzung ausweisen will, scheint auch Barn zu stehen.[32] Hierauf weist der Finalsatz hin; er bestimmt formelhaft die Reinigung von den Sünden als die Heilswirkung des Be-
sprengungsritus. Der Ausdruck ist zuallererst vom Finalsatz in Barn 5,1 her zu
verstehen. Dies bestätigt die angefügte Erklärung (ὅ ἐστιν ἐν τῷ ῥαντίσματι αὐτοῦ τοῦ αἵματος; 5,1), die aus der Perspektive von Barn 8,1 geradezu im Vorgriff auf
diese Auslegung von Num 19 formuliert scheint. Sofern mit der seltenen Wendung
ἀπὸ τῶν ἁμαρτιῶν[33] außer auf die Bitte um Vergebung[34] in Ps 50(51),9–13 vor allem
auf das Verheißungswort in Mt 1,21b angespielt ist,[35] wäre überdies mit dem in
Num 19,12 verwurzelten Ausdruck ἁγνίζωνται[36] inhaltlich und seinem genus verbi
gemäß sowohl das in Mt 1,21b von Jesus ausgesagte σώσει als auch das Objekt von
Jesu Heilswerk (τὸν λαὸν αὐτοῦ) in den Blick genommen.

Die Entsühnung, die im Unterschied zu Num 19 auf das Volk bezogen ist, sowie
die sprachliche Fassung ihrer Wirkung zeigen zweierlei: Erstens sind die Gebote
für das Reinigungswasser unter dem Eindruck frühchristlicher Auslegungstraditionen und mit dem Ziel referiert, der von der Exposition vorgegebenen Aussagerichtung eine Schriftgrundlage bereitzustellen, so daß zweitens dem besonderen
Interesse des Vf. entsprochen ist, das Christusereignis als jene verheißene Heilstat
auszuweisen, durch die die Vergebung der Sünden endgültig und deshalb bleibend
wirksam geschah. Die Einfügung der Umwicklung des Holzes mit der scharlachroten Wolle in den Ritus stellt sich somit als Versuch dar, den Modus dieser Heilstat, den Tod Christi am Kreuz, mit der Verheißung, die Vergebung der Sünden, zu
verknüpfen, und zwar mit dem Anspruch der Autorität des Gesetzes.

---

[31] Einige Targume (TO und TPsJ zu Ex 24,8aβ; MTann) haben, vom Sühneanspruch in Lev 16 und
Num 19 inspiriert, „den Blutritus von Ex 24,8 in einer Weise verändert, die ihn für die Ausformulierung
der Abendmahlsparadosis (Mk 14,24 par Mt 26,28) und der Sühnetodtheologie des Hebr gefügig
machte" (GRÄSSER, Hebräer 1,78). Zum Ganzen vgl. ib. 155–186; ferner SCHRÖGER, Hebräerbriefgemeinde 168f.173; NISSILÄ, Hohepriestermotiv 169–217.

[32] Auf die Existenz einer Auslegungstradition dieser kombinierten Schriftbelege, deren älteste christliche Exponenten Hebr 9,11–28 und Barn 8,1–6 sind, weist hin, daß Hebr 9,19 übereinstimmend mit Barn
7,6 das Lexem τράγος für die Böcke des Versöhnungstags benutzt und ebenso wie Barn 8,2 gegen Num
19 von μόσχος spricht.

[33] Die griechischen Bibelübersetzungen bezeugen die Wendung in Num 5,6; 1 Kön 8,35; 1 Chr 6,26; Ps
50(51),11; Sir 48,15; Ez 43,10; Dan 9,13. Einziger neutestamentlicher Beleg ist Mt 1,21b. Bei den Apostolischen Vätern ist die Wendung neben Barn 8,1 nur durch das Zitat von Ps 50(51),11 in 1 Clem 18,9 nachgewiesen. Die nächsten Zeugnisse der altchristlichen Literatur sind Just. 1 apol. 33,5.8 (GOODSPEED, Apologeten 49) – beide Male im Zitat von Mt 1,21 – sowie das Zitat von Ps 50(51),11 bei Clem. str. I 1,8,3 und
Or. sel. in Ps. 50 (PG 12,1416).

[34] Näheres vgl. KRAUS, Psalmen 388f.

[35] Vgl. LUZ, Matthäus 1,104f.

[36] Vgl. S. 235 Anm. 18.

Beachtlich an dieser in Parenthese gesetzten Auslegung ἴδε πάλιν κτλ. ist, daß sie bloß ξύλον deutet, wogegen τὸ ἔριον τὸ κόκκινον nur wiederholt wird. Das πάλιν macht in bezug auf die Deutung des Holzes sachlich kaum Sinn, denn einerseits begegnet ξύλον erstmals in Barn 5,13, ohne daß jedoch dort vom Kreuz die Rede wäre, und andererseits fehlt bei den Fundorten der Formen von σταυρόω in 7,3.9 (σταυρός erst in 8,1) der Bezug zu ξύλον. Bezieht man hingegen das Adv. auf τὸ ἔριον τὸ κόκκινον, dann ist erstens das Ritual mit der roten Kuh und dem Reinigungswasser gezielt mit dem Ritus des Sündenbockes verbunden und zweitens durch den Vf. nur vorausgesetzt, daß die Leser Barn 7,6–11 kennen.[37]

Deutungen (8,2–6)

2 Ein Aufruf an die Leser eröffnet den Deutungsabschnitt. Der Imper. νοεῖτε steht sachlich parallel zu μάθετε in Barn 5,6; 6,9, προσέχετε in Barn 7,4.6.9 sowie νοεῖτε in Barn 7,1 (vgl. auch Barn 4,14; 10,12; 17,2). Sie alle heben auf die gläubige Haltung gegenüber dem κύριος ab, die Barn 6,10 als Verstehensbedingung (τίς νοήσει κτλ.) festgestellt hat. Nur wer glaubt, was in der Homologie in Barn 7,2 festgelegt ist, wird den in 8,1 referierten Ritus verstehen. Von Anfang an ist somit klar, daß nur Christen fähig sind, den Sinn von Num 19 zu erfassen. Diesen unterschwellig polemischen, weil exklusiven Anspruch, die Schrift zu verstehen, bestätigt das Personalpronomen ὑμῖν. Es behauptet, der κύριος habe Israel das Ritual in 8,1 nie anders als in prophetischer Absicht im Blick auf das Christusereignis und die Christen geboten. Das Pronomen steht somit im Horizont der Eulogien (1,7; 5,3; 6,10; 7,1), die Gott für den Empfang aller Offenbarung und die Befähigung, sie zu verstehen, preisen. Das dritte Element dieser Eröffnung, nämlich die nicht nur rhetorisch absichtsvolle Betonung der Schlichtheit der Mitteilung (ἐν ἁπλότητι λέγει ὑμῖν)[38], die sich auf Barn 6,5 (ἁπλούστερον ὑμῖν γράφω) bezieht und in Barn 17,1 (ἐν … ἁπλότητι δηλῶσαι ὑμῖν) aufgenommen wird, setzt an diesem Aspekt an. Dieses Element qualifiziert die Zeremonie als Exempel, an dem die prophetische und christozentrische Konstitution der Schrift unmittelbar einsichtig wird.[39] Aus der Absicht, die Evidenz zu demonstrieren, daß das Christusereignis Scopus aller Prophetie ist, erklären sich Anlage und Syntax der Deutungen. Der mittels ὑμῖν eingetragene nachdrückliche Leserbezug legt klar, daß das Prädikat der ‚Schlichtheit‘ mitnichten besagt, die Mitteilung sei simpel und billig, sondern daß sich die Plausibilität der Deutung auf Christus und die Christen hin gezielt jenen erschließt, die ob ihrer Begnadung befähigt

---

[37] Vgl. S. 319 Anm. 4. Wenn auch der assoziative Verweischarakter der Termini ξύλον und σταυρόω inklusive der Derivate aufeinander im zeitlichen Umfeld des Barn gewiß schon topisch ist, so fordert, verglichen mit der bloßen Erinnerung an die unmittelbar vorausgehende Auslegung, der Bezug von πάλιν auf ξύλον dennoch vom Leser ein höheres Maß an Imagination.

[38] Dieser prospektive (Barn 6,5; 8,2a) Kommentar des Vf. über seine Mitteilung wie auch seine retrospektive und resümierende Variante (Barn 17,1) ist mit dem in Proömien typischen Hinweis auf die Kürze der folgenden Mitteilung (Barn 1,5.8) verwandt. Vgl. LAUSBERG, Rhetorik 154⁴.

[39] WINDISCH, Barnabasbrief 348: „ἐν ἁπλότητι λέγει … will wohl sagen, daß es ein überaus einleuchtendes und leicht verständliches Mittel ist, an der Hand einer solchen Zeremonie die Geheimnisse der Erlösung darzustellen.“

sind, die Schrift gemäß ihrer Konstitution zu erfassen: die Christen. Wer die Vorschriften für das Reinigungswasser in Num 19 ebenso auffaßt wie der Vf. es in den Vv 2b–6 skizziert, steht also erkennbar im Heilsbereich der Gnade Gottes.

Der Halbvers 2b deutet das Opfertier und die Opfernden. „Da δάμαλις feminin ist, der Verfasser sie aber auf Jesus deuten will, wechselt er zu dem maskulinen Begriff μόσχος."[40] Diese Deutung ist vor Barn nicht nachgewiesen.[41] „Die Männer sind dann natürlich die Juden, die Jesus getötet haben 5,11; 6,7; 7,5."[42] Die Wendung ἐπὶ τὴν σφαγήν greift über das angeordnete σφάξαντας in 8,1 – womit im Grunde der Vorgang des Schächtens gemeint ist[43] – auf das Zitat aus dem vierten Gottesknechtlied in Barn 5,2 zurück. Dieser Anklang an Jes 53,7 (ὡς πρόβατον ἐπὶ σφαγὴν ἤχθη) zeigt, daß das Auslegungsinteresse nicht auf den einzelnen Ritus oder gar das Opfertier gerichtet ist, sondern darauf, Passion und Tod Christi als das eine, vielfach angekündigte sühnende Opfer zu erkennen zu geben, mit dem sich die an diese Opfer geknüpfte Heilsverheißung erfüllt. Dies ist keine überbietende, sondern die erstmalige und zugleich endgültige Erfüllung der Heilszusage – freilich unter dem Vorbehalt der zweiten Parusie und des Gerichts. Von hier aus ist vielleicht der rätselhafte[44] Halbvers 2c zu erklären. Wenn erstens das Opfer Jesus und seine Kreuzigung auch die Erfüllung des Opfers der (roten) Kuh ist und zweitens diese Opferung die Grundlage für die Entsühnung schafft, dann ist auch die Kreuzigung die Voraussetzung für die Sühne. Wenn aber im Gekreuzigten die Sühne vollständig und endgültig erfolgte, sich also in ihm die Verheißung des Rituals bleibend und in unüberbietbarer Weise erfüllt, dann ist mit dieser Erfüllung auch die Ausführung der Gebote für das Reinigungswasser dispensiert, ist doch das prophetische Potential dieser zeichenhaften Handlung im Christusereignis erschöpft. Mit εἶτα οὐκέτι ἄνδρες ist festgestellt, daß diese Dispens auch die Akteure der Opferung erfaßt, und mit οὐκέτι ἁμαρτωλῶν ἡ δόξα, daß zugleich der Anspruch des Ritus, von Sünden zu reinigen, als nichtig und sündhafter Wahn[45] erwiesen ist.

---

[40] WENGST, SUC 2,161 Anm. 135. WINDISCH, Barnabasbrief 349, urteilt lapidar: „Um den Geschmack zu wahren, setzt der Vf. ὁ μόσχος für ἡ δάμαλις." Der Wechsel von δάμαλις zu μόσχος, der auch in Hebr 9,13.19 begegnet, zeigt im übrigen, daß dem Vf. der hebr. Grundtext nicht mehr vertraut war. Vgl. auch S. 318 Anm. 3.

[41] Die zeitlich nächste Parallele findet WINDISCH, Barnabasbrief 348f., bei Meth. de cibis 11,4. Doch ebenso wie diesem Beleg fehlt den übrigen Vergleichsstellen (Hier. Comm. in Hiezech. XIII 43,19; Aug. quaest. in Heptat. 4,33 und Cyr. glaph. Num. 19 [PG 69,628]) die Prägnanz von Barn 8,2b, so daß sie, wenn überhaupt (am ehesten noch Hier.), kaum in gerader Linie in die Wirkungsgeschichte des Barn plaziert werden dürfen. Vielmehr dokumentieren diese Zeugnisse aus dem 4. und 5. Jh., daß sich diese Interpretation des Opfertiers in Num 19 bei einer christozentrischen Auslegung der Schrift nahelegt.

[42] WINDISCH, Barnabasbrief 349.

[43] Vgl. MICHEL, σφάζω, σφαγή. ThWNT 7 (1964) 925–938.

[44] Vgl. WINDISCH, Barnabasbrief 349. HAEUSER, Barnabasbrief 52 Anm. 3, referiert die dem Halbvers 2c seit Beginn der kritischen Forschung entgegengebrachte Skepsis hinsichtlich seiner Authentizität und Integrität sowie alle Versuche, der Aussage einen Sinn abzugewinnen.

[45] Aufgrund der polemischen Note dieser Stelle legt sich für das Lexem δόξα, das die griechischen Bibelübersetzungen hauptsächlich zur Wiedergabe von כָּבוֹד verwenden, anstelle der durch den biblischen Sprachgebrauch geprägten Hauptbedeutung ‚Herrlichkeit' als Übersetzung die pejorative Nebenbedeutung ‚Wahn, Vorurteil, Einbildung' (vgl. PAPE, Wörterbuch 1,657) nahe.

Der Halbvers leitet nicht einfach nur banal „von den sündigen Männern und ihrem Werk zu den unschuldigen Knaben und ihrem Werk" über, sondern proklamiert mittels der Nichtigkeit der opfernden Männer und ihres Anspruchs, daß sich in Leiden und Tod Jesu der Heilswille Gottes eschatologisch manifestiert hat. Die Mitteilung dieser Heilssetzung Gottes ist demzufolge immer das Heil in Christus.

3 Hiervon handelt die Deutung der besprengenden Kinder. Erstes und grundlegendes Heilsgut ist der Erlaß der Sünden; seinen umfassenden Charakter erläutert das baptismal konnotierte Bildwort von der Reinigung der Herzen (vgl. 5,1; 6,11. 14). Dieser Erlaß der Sünden ist der Kern der apostolischen Paradosis. Deshalb gibt sich der Vf. gemeinsam mit den Lesern als Empfänger dieses Kerygmas zu erkennen. Der Vf. selbst ist dessen Tradent.[46] Weil der κύριος als Subjekt des ἔδω-κεν einzusetzen ist, beinhaltet diese Deutung den Anspruch, die vom Herrn selbst autorisierte Verkündigung authentisch zu überliefern. In diese Auslegung der besprengenden Kinder ist eine Deutung des Zwölferkreises eingeflochten.[47] Für den Vf. scheint das lk Konstrukt der ‚Zwölf Apostel' bereits als feste Größe des Anfangs zu gelten, für die die Zwölferzahl pars pro toto und synonym mit Apostel verwendet werden kann. Hierfür spricht die ihnen übereinstimmend mit Barn 5,9 (κηρύσσειν τὸ εὐαγγέλιον) vom κύριος zugewiesene Aufgabe: das Evangelium[48] zu verkünden. Die auffällige Betonung mittels τὴν ἐξουσίαν wird man dahingehend verstehen dürfen, daß sie ob ihrer Befähigung vom κύριος her (ἔδωκεν) das Heil in Christus wirksam verkünden und mitteilen. Wegen des Konnexes mit Barn 5,9 ist nicht zu schließen, daß hier indirekt die Beauftragung der Apostel durch den Auferstandenen ausgesagt ist.

Von hier aus wird verständlich, weshalb die opfernden Männer als vollkommene Sünder disqualifiziert und den besprengenden Kindern gegenübergestellt sind. Dadurch nämlich, daß dem Gegensatz zwischen Juden und Christen, respektive den Aposteln, ein Haftpunkt in den Vorschriften für das Reinigungswasser verliehen wird, der sich somit selbst als Erfüllung prophetischer Ansage darstellt, erweist dieser Antagonismus, daß die hermeneutische Einschätzung der Vorschriften als christozentrische Prophetie sowie die Deutung des Zeremoniells auf Christus und die Christen berechtigt ist.

---

[46] WINDISCH, Barnabasbrief 349, bemerkt, daß der Ausdruck εὐαγγελισάμενοι ἡμῖν „klingt, als lebte der Vf. mit seinen Lesern noch in apostolischer Zeit und im Missionsgebiet der Urapostel" und notiert richtig, „ἡμῖν kann auch cum grano salis verstanden werden: auch in späterer Zeit beruhte der christliche Glaube auf der Predigt der Urapostel." Die Pointe von Pers. und Num. des Personalpronomens ist Windisch jedoch entgangen. Sie liegt in der Verfasserprätention und damit verbunden in der Autorität seines Schreibens. Denn indem der Vf. sich unter die Empfänger der apostolischen Erstverkündigung einreiht, versichert er mittels des Arguments des Ursprungsbezugs den Lesern seines Schreibens die apostolische Authentizität seiner Mitteilungen. Die Gnosis, die der Vf. mitteilen will (vgl. Barn 1,5), ist nicht die Meinung eines διδάσκαλος, sondern apostolische, vom κύριος autorisierte Verkündigung.

[47] KLEIN, Die zwölf Apostel 96f., wollte die Parenthese als sekundäre Glosse ausscheiden; vgl. dazu die berechtigte Kritik von HELM, Studien 21 Anm. 96. Zur Deutung selbst vgl. den Schlußsatz in Epiph. *haer.* 30,13: ὑμᾶς οὖν βούλομαι εἶναι δεκαδύο ἀποστόλους εἰς μαρτύριον τοῦ Ἰσραήλ.

[48] Εὐαγγέλιον meint hier ebenso wie in Barn 5,9 keine Schrift, sondern die Predigt.

Wird zudem bedacht, daß in der Parenthese (οὖσιν bis Ἰσϱαήλ) „die Zwölfzahl der Apostel ausdrücklich mit der Zwölfzahl der Stämme (Sir 44,23) in Verbindung gebracht"[49] ist, was hier erstmals in der frühchristlichen Literatur geschieht, dann ist den Aposteln ein ‚doppeltes Kerygma'[50] aufgetragen: Erstens das Evangelium vom Erlaß der Sünden, das zugleich ein μαϱτύϱιον für die zwölf Stämme ist. Zweitens zeugt ihr Kerygma allein schon aufgrund der ganz Israel repräsentierenden Zwölfzahl, daß ganz Israel Prophetie auf Christus und die Christen ist.

4 War man aufgrund der Parenthese geneigt, eine Besprengung durch zwölf Kinder vorausgesetzt zu finden, so überrascht V 4 mit der Notiz, daß es drei sind, die besprengen.[51] Die in didaktischer Emphase gehaltene Frage, die der Form nach auch die beiden folgenden Deutungen eröffnet und den Auslegungsgegenstand nennt, unterstellt zudem, daß die Leser über die Anzahl der besprengenden Kinder längst Kenntnis besitzen. Wie in V 3 folgt mit εἰς μαϱτύϱιον die Deutung der Zahl, und auch hier trägt ein ὅτι-Satz die Begründung nach; τῷ θεῷ wird eine trinitarische Deutung[52] der Erzväter ausgeschlossen haben. Die Patriarchentrias zeichnet im Barn aus,[53] daß Gott dem Abraham Gnosis über das Christusereignis gewährte (9,8) oder daß Gott sie prophetisch auf die Christen hinweisen ließ (13,3.6). Die Größe der Erzväter Israels bei Gott beruht darauf, daß sie im Geist auf Jesus und die Christen vorausblickten und daraufhin zeichenhaft handelten.[54] Hatte V 3

---

[49] WINDISCH, Barnabasbrief 349. Eine entfernte Parallele findet sich in EvEb *fr.* 4 (NTApo[6] 1,141) im Anschluß an eine Apostelliste: „Von euch nun will ich, daß ihr zwölf Apostel seid, zum Zeugnis für Israel."

[50] Vgl. HELM, Studien 21.

[51] WINDISCH, Barnabasbrief 349, sieht V 4 als Glosse an. Doch ist auch hier wie im vorgehenden Vers bei der Zwölfzahl oder in Barn 7,9.11 bei der identischen Farbe der Wolle sowie des Ornats Aarons davon auszugehen, daß der Auslegungsgegenstand im Blick auf das Beweisziel komponiert wurde, wobei verschiedene Deutungen nebeneinander stehen können.

[52] Mit Verweis auf Iren. *haer.* IV 20,12 will WINDISCH, Barnabasbrief 349, von der nicht ausgeführten trinitarischen Deutung der Dreizahl bzw. der Patriarchentrias den Beweis ableiten, daß sie dem Vf. „nicht sehr geläufig war". An dieser Beobachtung ist sicher richtig, daß trinitarische Spekulationen im Barn kein Thema sind.

[53] Außer in Barn 8,4 begegnet die formelhafte Patriarchentrias mit ϰαί verknüpft in 6,8. In der biblischen Literatur ist mit ihr regelmäßig die Verheißung von Nachkommenschaft und Land sowie der begründende, mahnende und appellierende Verweis auf Gottes בְּרִית mit den Patriarchen (Ex 2,24; Lev 26,42) verbunden (vgl. WEIMAR, Abraham. NBL 1 [1991] Sp. 16.19f.; RUPPERT, Abraham. LThK[3] 1 [1993] Sp. 6rf.; dort weitere Stellenverweise und Literatur). Das Dreigestirn der Väter steht summarisch für die Treue Gottes, die sich in der Erfüllung seiner Verheißungen zeigt, für die Ursprünge des späteren Israel und, mit Verweis auf Gottes בְּרִית mit den Vätern, für Israels Erwählung (vgl. auch GAMPER, Abraham, Isaak und Jakob 70f.). Wenn auch nicht in dieser formelhaften Reihe, jedoch unter dem Thema ‚Erbvolk' verbunden, werden Isaak in Barn 13,2.3, Jakob in Barn 13,4.5 (fünfmal) und Abraham in Barn 13,7 erwähnt. Hinzu kommen die Einzelnennungen von Isaak in Barn 7,3, Abraham in Barn 9,7f. und Jakob in Barn 11,9. Funktion und Rang des Väterarguments zeigt Barn 13,7 im Zusammenhang mit der Zweckangabe des gesamten Schreibens in Barn 1,5. Zwar ist Barn 13,7 zuallererst darauf ausgerichtet, dem im Rekurs auf zeichenhafte Handlungen Isaaks und Jakobs angestrebten Ausweis der Christen als Volk Gottes das entscheidende Argument zu liefern, doch zeigt sich hierin zugleich, daß die Rückbindung der Gnosis, die der Vf. Barn 1,5 zufolge vermitteln will, auf die Väter als Garant der Authentizität angesehen wird.

[54] Zwar ist die Qualifikation der Erzväter mittels des Ausdrucks μεγάλοι τῷ θεῷ außerhalb des Barn nicht nachgewiesen, doch ist christlicherseits wiederholt darauf abgehoben, daß die Dignität Abrahams,

ganz Israel als christozentrische Prophetie in den Dienst genommen, so bestimmt
nun V 4 mittels der Patriarchentrias alles, worauf Israel seine Identität als Volk Gottes sowie seine Hoffnung zurückführt, als christozentrische Prophetie. V 4 beansprucht also die Patriarchen für die Kirche. Dieser Anspruch auf die Exponenten
der Ursprungsgeschichte Israels bestimmt diesen konstitutiven und normativen
Anfang als prophetische Vorgeschichte des Christusereignisses und der Kirche.[55]
Fast beiläufig vernetzt V 4 somit die Christologie, die Barn 5–8 entwickelt, mit der
Frage nach dem Heil, der διαθήκη (Barn 4 und 14) und der Frage nach der Kirche,
dem ‚Land der Verheißung' (Barn 6,8–19).

5 Wie auch die Deutungen des Opfertieres und der Opfernden (V 2b), der Kinder (V 3a) und ihrer Anzahl (Vv 3b.4) hebt V 5 nicht auf die rituelle Handlung (περιτιθέναι) als solche ab, sondern auf das Faktum, das sie erbringt: τὸ ἔριον ἐπὶ τὸ
ξύλον.[56] Der Auslegungsgegenstand verbindet Barn 7,9, wo die rote Wolle als
Symbol der Königsherrschaft Jesu[57] ausgewiesen wird, mit Barn 5,13, wonach das
Leiden des κύριος am Holz die Prophetie erfüllt. Zwei mit καί koordinierte ὅτι-
Sätze enthalten die Deutung. Der erste ὅτι-Satz hält fest, daß das Heil in Christus
in der Heilssetzung Gottes in Jesus verankert bleibt und gibt zugleich Leiden und
Tod Jesu wie auch seine eschatologische Herrschaft als Erfüllung aller Verheißung
zu erkennen.[58] Der zweite ὅτι-Satz bestimmt mit Rekurs auf Barn 1,6 die Bindung
an die Gestalt des historischen Jesus als Grunddatum und Signum des christlichen
Glaubens sowie das Christusereignis als Grundlage und Zusage eschatologischen
Heils: ζήσονται εἰς τὸν αἰῶνα. Ewiges Leben ist im Barn die zentrale Heilszusage
an die Christen.[59] Die Verbindlichkeit und Gewißheit, die das Futur ζήσονται dieser Heilszusage unterlegt, bestimmt den Glauben an Jesus als die unabdingbare
Voraussetzung, um das eschatologische Heil zu erlangen.

6 wendet die Deutungen in V 5 auf die soteriologisch-eschatologische Verfassung der Christen an. Wie in Vv 4f. gibt ein leserbezogener Fragesatz (διὰ τί
δὲ κτλ.) den Auslegungsgegenstand vor. Zwei Kultgegenstände (τὸ ἔριον καὶ
ὕσσωπον), die in dem in Barn 8,1 skizzierten Zeremoniell nichts miteinander zu
tun haben, werden zu einem zusammengehörigen Auslegungsgegenstand verbunden. Ihre bloße Erwähnung rechtfertigt dem Vf. zufolge ihre exegetische Verknüp-

---

Isaaks und Jakobs auf ihrer auf Christus und die Christen ausgerichteten prophetischen Funktion beruht
(vgl. Lk 13,28; Clem. *str.* I 1,35,3; II 20,2). Daß die Patriarchen Propheten waren, notiert bereits Tob 4,12.

[55] Vgl. Mt 1,2 par; Mt 8,11; IgnPhld 9,1b.

[56] HILGENFELD, Barnabae Epistula XIX; DERS., Anzeige 150 notiert, ὅτι bzw. ὅ τι als Eröffnung einer
Frage könne als διὰ τί aufgefaßt werden; es vertrete ein εἰ.

[57] Vgl. S. 316 Anm. 65.

[58] RAHNER, Symbole der Kirche 343, erinnert diesbezüglich an den Zusatz ἀπὸ τοῦ ξύλου in Ps 95,10a
(„Herrschen wird Gott *vom Holze aus*"), der das Bestreben zeige, „für das ξύλον des Kreuzes überall
dort prophetische Vorbilder zu finden, wo immer vom ‚Holz' die Rede ist; und der stets mitschwingende
Gedanke ist die Dialektik, daß eben durch ein so verächtliches Mittel das Heil bewirkt wurde." Daß
ξύλον das Kreuz Christi meint, ist älteste christliche Überzeugung (Apg 5,30; 10,39; 13,29; Gal 3,13 [vgl.
hierzu Barn 7,3.9]; 1 Petr 2,24; 2 Polyc 8,1; Barn 11,6.8; 12,1). Für Justin steht bereits fest, daß Juden durch
Tilgung des ἀπὸ τοῦ ξύλου in Ps 95,10a die Schrift fälschten (*dial.* 73,1).

[59] Vgl. Barn 6,3; 9,2; 10,11; 11,10f.; 12,2; Tit 1,2; 3,7.

fung. Wie in V 5 und Barn 7,11 ist die (rote) Wolle Sinnbild für die Königsherrschaft Jesu – αὐτοῦ ist sicher auf Ἰησοῦ (V 5) zu beziehen. Diese Deutung, an die nur noch erinnert werden mußte, wird mit der Deutung des Ysop verbunden. Mittels des Wortspiels ῥύπος – ῥυπαρός wird die typische Trübung des heilenden Ysopsaftes als Kennzeichen auf die Königsherrschaft Jesu übertragen, um diese Glaubens- und Lebenssituation als jene Zeit zu charakterisieren, in der über das Heil entschieden wird. Die Auszeichnung der βασιλεία durch ἡμέραι ... πονηραὶ καὶ ῥυπαραί erinnert freilich an Barn 2,1. Daß die Tage böse sind, ist Barn 2,1 zufolge das Erkennungsmerkmal für die Glaubens- und Lebenssituation der Kirche. Barn 8,6 legt also zum einen klar, daß dies die Zeit vor der Aufrichtung der Königsherrschaft Jesu ist, deren Durchsetzung Barn 7,9.11 mit Parusie und Gericht verbunden hat, und zum anderen, daß diese Zeit der Krisis und Bedrängnis zugleich jene Zeit ist, in der die Heilszusage zum Durchbruch gelangt.[60] Dieses Ineinander von Krisis und Heil will der abschließende ὅτι-Satz plausibel machen. Das καί mag über das argumentum ad hominem hinaus auf die Erlösungsbedürftigkeit der Christen aufmerksam machen sowie darauf, daß die Königsherrschaft selbst, die im Christusereignis angebrochen ist, unter dem eschatologischen Vorbehalt der Parusie und des Gerichts steht; ausgeführt sind beide Aspekte indes nicht.

Das betonte Personalpronomen ἡμεῖς ist im Horizont des Bedingungsgefüges von Glaube und Heil zu lesen, das die zweite Deutung in V 5 festgelegt hat. Gerettet wird, wer an Jesus glaubt. Diesen Exklusivitätsanspruch nimmt der Übergangsvers Barn 8,7 auf.

Abschluß und Überleitung (8,7)

7 Der Halbvers 7a beschließt das seit 5,1 behandelte Thema von der soteriologischen Bedeutung des Leidens des κύριος, und der ὅτι-Satz 7b leitet zur folgenden Sequenz über die Beschneidung als Form des Gottesgehorsams über. Die Vokabeln ἀκούω (8,7; 9,1.2.3; 10,8) und φωνή (8,7; 9,2.3) stellen den Anschluß her, ἀκοή (9,1;2.3; 10,12) und ὠτίον (9,1) knüpfen an diese terminologische Brücke an und ordnen die Auslegung der Speisevorschriften in Barn 10 dem in Barn 9 aufgenommenen Motiv des Gottesgehorsams zu.

---

[60] VINZENT, Ertragen und Ausharren 80, *folgert* hieraus: „Darum ist der Weg des Lebens ein Weg des Mitleidens mit Jesus." Für die Interpretation des Fut. pass. σωθησόμεθα als ein ‚Mitleiden mit Jesus' bietet der Text aus sich keinen Anhalt. Die Rettung wird den Christen einst zuteil werden, und zwar wie das genus verbi zeigt, gnadenhaft, und diese Rettung bahnt sich jetzt bereits an, weil die Gegenwart schon unter dem Licht der nahenden Durchsetzung der βασιλεία Ἰησοῦ steht. Der Auffassung von Vinzent folgend wäre die Zeit der Kirche überhaupt ein Mitleiden mit Jesus. Für diese weitergehende Interpretation von Barn 8,5f. bedarf es der Kenntnis etwa von 1 Petr 2,21 sowie einer spezifischen Auslegung des Verses. Beides ist für den Vf. des Barn nicht erwiesen. Etwas anders verhält es sich in Barn 7,11. Aber auch dort ist mit θλιβέντες καὶ παθόντες Leidensnachfolge nicht zur Maßgabe der Kirche erhoben. Vielmehr widerfahren Christen ‚Quälen und Leiden' ob ihres Christseins. Darauf sollen sich die Leser einstellen. Diesen Bedrängnissen zu widerstehen, ist allerdings unabdingbar. Eine „soteriologische Grundlegung für eine christliche Märtyrertheologie" (ib. 93), wie sie Vinzent erkennen will, ist dies schwerlich schon.

Οὕτως bezieht den Halbvers 7a unmittelbar auf die beiden eschatologischen Deutungen in Barn 8,5 (ὅτι ἡ βασιλεία Ἰησοῦ κτλ.) und Barn 8,6 (ὅτι ἐν τῇ βασιλείᾳ αὐτοῦ κτλ.). Der Bezug des διὰ τοῦτο hat an den um die adversativen Konjunktionen μέν ... δέ gruppierten Satzteilen anzusetzen. Welche Geschehnisse oder Inhalte sind jenen (ἐκείνοις), den Juden, dunkel und zugleich dem Vf. und seinen Lesern offenbar? Dies kann kaum die als Erklärung angeführte naturkundliche Bemerkung über therapeutische Wirkungen des Ysopsaftes sein. Ein sinnvoller Bezug ist wohl nur auf das Gesamt des in 8,1 referierten und in 8,2–6 gedeuteten Ritus möglich. Folglich bestimmt das διὰ τοῦτο den Zweck der zuvor berichteten rituellen Details als Symbolhandlungen, wobei deren Sinn den Handelnden jedoch dunkel ist. Das Adj. σκοτεινός (8,7; 11,4) ist vom Nomen σκότος (5,4; 10,10; 11,4; 14,5.6.7; 18,1) her zu interpretieren. Finsternis ist im Barn Bild für erlösungsbedürftige Gottferne. Insofern entbehrt diese Zustandsbeschreibung der Juden (ἐκείνοις δὲ σκοτεινά) nicht einer polemischen Spitze. Der Vollzug des Ritus (γενόμενα) zeigt nicht nur, daß die Juden nichts von der Offenbarung Gottes verstehen, sondern legt überdies offen, daß sie nicht im Bereich der Gnade Gottes sind. Die mit μέν ... δέ koordinierten Satzteile formulieren also in programmatischer Kürze das für die beiden Gruppen signifikante, disparate Verstehen dieser rituellen Vollzüge. Hierdurch rückt zunächst Barn 7,1.2 in den Blick, so daß οὕτως γενόμενα für die beiden durch den κύριος gebotenen Zeremonien des Versöhnungstags und des Reinigungswassers gilt. Ihr Sinn ist den Christen offenbar (ἐστίν φανερά). Da jedoch Barn 7,1.2 nicht nur Präambel, sondern zugleich Resümee von Barn 5,1–6,19 sind, ist die Feststellung in Barn 8,7a auf alles zu beziehen, was ab Barn 5,1 über den κύριος dem exegetischen Programm von Barn 5,2a gemäß und unter der konkreten Fragestellung (5,6) entwickelt wurde. Somit trifft auf Barn 5–8 zu, was sich bereits in Barn 2–4 als Tenor angedeutet hatte: Die ganze Schrift ist – so das Diktum in Barn 12,7c – Prophetie auf Christus und die Christen. Speziell das Gesetz besitzt weder eine über diese christozentrische Prophetie hinausreichende eigene Dignität, noch führt die sich auf das Gesetz berufende jüdische Lebens- und Glaubenspraxis zum Heil.[61]

Entsprechend gilt auch die Erklärung, die der Halbvers 8,7b bringt, für diese vier Kapitel. Die Inkriminierung der Juden mittels ὅτι οὐκ ἤκουσαν φωνῆς κυρίου ist zunächst von Barn 5,6 und 6,10 her zu sehen. Demzufolge hebt sich die Schriftauslegung der Christen von der jüdischen Auslegung der Schrift dadurch ab, daß die Juden die vom κύριος selbst geoffenbarte gleichnishafte, prophetische und christozentrische Konstitution der Schrift mißachten. Der Kausalsatz nimmt den Kern einer in deuteronomistisch-prophetischer Tradition beheimateten Metapher auf,

---

[61] Dieser Gleichklang in Scopus und Sachaussage zeigt zum einen, daß Interpolationshypothesen, die anhand der Frage, welche jüdischen Vollzüge aus der Sicht des Vf. nie Gültigkeit besessen haben (Barn 2–4), und welche als Vorausoffenbarungen des Christentums von Bedeutung bleiben, nämlich Barn 7 und 8, (vgl. VÖLTER, Die Apostolischen Väter 347) vermeintliche Erweiterungen auffinden wollen, von falschen Voraussetzungen und mit einer verengten Perspektive den Text untersuchen.

die in ihrer negierenden Fassung[62] christlicherseits vor Barn 8,7b nicht bezeugt ist. Das Bildwort hebt zwar auf die בְּרִית und die Befolgung des auf ihr basierenden Gesetzes ab, doch fordert es vor allem die gläubige Haltung gegenüber dem sich darin bekundenden Heilswillen Gottes und gegenüber seinem Heilswirken (vgl. 1 Sam 15,19.22). Weil dieser eingeforderten Haltung die gnadenhafte Anrede Gottes in seiner בְּרִית vorausgeht, konstatiert das Bildwort in Barn 8,7b die sündhafte Verweigerung, Gott gehorsam zu sein. Die Haltung der ἐκεῖνοι, die sich in ihrem Schriftverständnis offenlegt, steht im Rang der Gesetzesübertretung und des Bruchs der בְּרִית. Ganz allgemein ist das Versagen gegenüber den Heilstaten Gottes gemeint, weshalb das Nichthören durchaus im Konnex mit den prophetischen Verstockkungsaussagen Jer 5,21; 6 und Ez 12,2 gesehen werden kann (vgl. auch Jes 43,8). Eine zusätzliche Verschärfung trägt der Gen. φωνῆς anstelle des Akk. φωνήν ein, denn er konstatiert, daß die ἐκεῖνοι dem Gnadenruf Gottes nicht nur nicht folgen, sondern daß sie gar nicht fähig sind, die Stimme des Herrn zu hören. Den Grund

---

[62] Bis auf wenige Ausnahmen begegnet das Bildwort ὅτι οὐκ ἤκουσαν φωνῆς κυρίου in den griechischen Bibelübersetzungen stets mit generischem Artikel vor φωνῆς; ebenso steht ἀκούω, bisweilen ergänzt um das Präfix ὑπ- oder εἰσ-, fast immer im Aorist; anstelle des bloßen κυρίου in Barn 8,7b begegnet regelmäßig κυρίου τοῦ θεοῦ mit folgendem Personalpronomen (μου, σοῦ, ἡμῶν, ὑμῶν). Die Konjunktionen ὅτι, διότι, selten auch ein Relativpronomen führen die Metapher gezielt zur Begründung oder Erklärung für ein angedrohtes oder vollzogenes (z.B. 1 Sam 28,18; 2 Kön 18,12; Jer 49[42],21; 50[43],4) Gottesurteil ein. Das Bildwort in 8,7b, dem sprachlich 2 Kön 18,12aβ–ε אֲשֶׁר לֹא־שָׁמְעוּ בְּקוֹל יְהוָה אֱלֹהֵיהֶם am nächsten steht, basiert auf der mit dem Bundesformular verbundenen Grundformel שָׁמְעוּ בְּקוֹל יְהוָה, wofür die griechischen Bibelübersetzungen und davon abhängig die jüdische Gräzität sowie die christliche Literatur Formen von ἀκούω φωνῆς (-ήν) verwenden (vgl. FENZ, Stimme Jahwes 116). Auffällig oft ist das Bildwort mit der בְּרִית und den in ihr grundgelegten Verpflichtungen zusammengestellt, so daß in ihrem Kontext nicht selten auf die Väterverheißungen (vgl. Gen 22,18), insbesondere auf die Landverheißung, Bezug genommen ist (Dtn 8,1.20; 26,14). Land, Volk sowie das Gottsein Jahwes für Israel sind die Frucht des Hörens auf die Stimme des Herrn. Die Verbindung zur בְּרִית weist auf die herausragende Bedeutung der Formel für Israels heilsgeschichtlichen Entwurf. Daher meint שָׁמְעוּ בְּקוֹל יְהוָה „die Durchführung und Beobachtung aller einzelnen Bundesverpflichtungen und Bundesgesetze, aller von Jahwe erhaltenen Befehle, aller schriftlich festgelegten Satzungen, der liturgischen Bestimmungen und das Befolgen aller Anweisungen göttlich Beauftragter. [שָׁמְעוּ בְּקוֹל יְהוָה] heißt unter anderem auch auf Jahwes Wegen wandeln, Jahwe lieben. ... Theologisches Fundament ist der Gnadenruf Gottes und die Antwort des Menschen in der Tat der Bundeserfüllung und im Wort des Lobes" (FENZ, Stimme Jahwes 117f.). Sachlich steht also das Bildwort für den Gehorsam gegenüber den in der בְּרִית begründeten Geboten Gottes (vgl. Gen 22,18). Wie ‚Hören auf die Stimme des Herrn‘ ein Synonym ist für die Befolgung des Gesetzes, der Gebote und der Rechtsvorschriften (Dtn 26,16–19; 28,45.62; Jer 39[32],23; 51[44],23), so ist ‚Nicht-Hören‘ gleichbedeutend mit dem Nichtglauben an die Verheißungen (Ps 105[106],25), mit der Übertretung des Gesetzes (vgl. Barn 9,4), oder ist einfach Sünde (Jer 3,25c; Bar 1,18.21; 3,4; Dan 9,10f.) und Ungehorsam. Wegen der Verbindung der Formel zum Bundesformular (vgl. FENZ, Stimme Jahwes 115–118) und damit zu Gottes Heilszusicherung in seiner בְּרִית, ist das Nichthören der Stimme Gottes im Kern Metapher für den Bruch der בְּרִית. Verflucht sind denn auch alle, die nicht die Stimme des Herrn hören (Dtn 28,15.62; Dan 9,11), brechen sie doch mit ihrer Haltung und ihrem Tun die בְּרִית. Mit Blick auf diese heilsgeschichtliche Konnotation umschreiben die griechischen Bibelübersetzungen bisweilen die Wendung; z.B. אֲשֶׁר לֹא־שָׁמְעוּ בְּקוֹל יְהוָה in Jos 5,6 mit οἱ ἀπειθήσαντες τῶν ἐντολῶν τοῦ θεοῦ. Scopus der in Barn 8,7b aufgenommenen negativen Aussageversion (οὐκ ἤκουσαν φωνῆς κυρίου) ist also der Bruch der בְּרִית seitens der ἐκεῖνοι, und zwar indem sie sich hartnäckig dem Heilswirken Gottes verweigern, das er den Vätern sowie in der Sinai-Horeb-Theophanie zugesichert hat.

haben bereits Barn 5,6 und 6,10b herausgestellt: Den Juden fehlt die Gnade und die gläubige Haltung gegenüber dem κύριος, um seine Stimme zu vernehmen.[63] Weil sie konstitutionell unfähig sind, die Schrift so zu verstehen wie der κύριος es gewollt hat (Barn 6,10b), bleibt ihnen sein Gnadenruf verborgen. Das Bildwort enthüllt also die Schuld, die sich im Unvermögen zeigt, die Schrift zu verstehen, nämlich den Ungehorsam und den Mangel an Glaube.

Der Kausalsatz V 7b hat somit drei Funktionen: Über die unmittelbare Begründung des Erkennens und Nichterkennens des Sinns der in Barn 8,1 geschilderten Opferhandlung sowie des Sühneritus hinaus blickt dieser Satz zweitens zugleich zurück auf die zuvor gegebenen Auslegungen von Opferaussagen sowie der Prophetien und Verheißungen und eröffnet ferner „den bis 10,12 reichenden Zusammenhang über das rechte Hören und Verstehen"[64] und zwar drittens unter dem durch das Bildwort ὅτι οὐκ ἤκουσαν φωνῆς κυρίου evozierten Bezug auf die בְּרִית und das ‚Gesetz des Mose'. Es geht somit nicht nur um einen weiteren Ausweis des prophetischen, auf Christus und die Christen weisenden Charakters des Schrift. Es gilt vielmehr, unter dieser Voraussetzung in der gläubigen Haltung gegenüber dem Herrn (vgl. Barn 6,10b) den Zusammenhang von διαθήκη und νόμος, die Gültigkeit und Verbindlichkeit von Heilszusicherung und Heilsgesetz, zu erfassen und aufzuzeigen.

Christologie und Soteriologie im Barnabasbrief

1. Die gleichnishafte und christozentrische Konstitution der Schrift

a. Die ganze Schrift, also in ‚unserem Sinn' das Alte Testament, ist prophetisch. Sie kündigt Christus und die Christen an. Die Schrift ist ein christliches Buch. Dieses für die Auslegung richtunggebende Vorverständnis[1] hält Barn 12,7c fest („denn in ihm ist alles und auf ihn hin."). Alles in der Schrift ist als Gleichnis auszulegen; dies ist vom κύριος selbst geoffenbart (vgl. Barn 6,10).

Fehlt die prophetische Signatur eines alttestamentlichen Textes oder ist sie nicht augenfällig, wird sie mittels Formalia hergestellt. Hierzu gehören neben der Zitationseinleitung mit ὁ προφήτης λέγει und ihren Varianten der Ausweis eines Zitates als Prophetenspruch, indem ihm die Botenformel vorangestellt wird. In Barn 6,8 qualifiziert ἰδοὺ τάδε λέγει κύριος ὁ θεός die Landverheißung bereits vor der Auslegung als Prophetie, deren Scopus gemäß dem allgemeinen Grundsatz Christus und die Christen ist (vgl. 9,2.5a). An Raffinesse und inhaltlicher Reichweite wird diese Modifikation einer Schriftstelle durch die Umprägung von heilsgeschichtlichen Erzählungen, von Gesetzestexten und kultischen Ordnungen in eine

---

[63] Diese Unfähigkeit ruft das ernüchternde Resümee des Mose in Dtn 29,1–3 über den beklagenswerten Zustand des Volkes, das er aus Ägypten bis an die Grenzen des Landes der Verheißung geführt hat, in Erinnerung.

[64] WENGST, SUC 2,161 Anm. 139.

[1] Zu dieser frühchristlichen hermeneutischen Regel vgl. SAND, Auslegung 331–357.

prophetische Gattung noch übertroffen. In zehn Textpassagen ist diese ‚Gattungs-transformation' aufweisbar: Mose zerschmettert die ‚Tafeln der בְּרִית' (Barn 4,8 par 14,2f.), die beiden Opfer am Versöhnungstag (Barn 7,3–5 und 7,6–11), die Beschnei-dung durch Abraham (Barn 9,7f.), Mose kreuzt in der Amalek-Schlacht die Hände (Barn 12,2–4), Mose fertigt die Kupferschlange und richtet sie am Holz auf (Barn 12,5–7), Mose ändert den Namen Nuns (Barn 12,8–10a), Isaaks Bitte für Rebekka (Barn 13,2f.) und Jakobs Segen (Barn 13,4–6). Die Akteure sind also die Patriarchen und vor allem Mose (fünfmal) sowie die Priester, allen voran der Hohepriester, wo-bei auch in diesen beiden Sequenzen (Barn 7,3–11) Mose als der Gesetzgeber im Hintergrund präsent ist. Nicht nur was für Juden Rang und Namen hat, weist auf Christus und die Christen, es ist vor allem die Tora selbst, die prophetisch ist. Da-mit ist die Schrift von ihrem Kern her prophetisch und immer schon auf Christus und die Christen gerichtet.

Die ‚Gattungstransformation' ist – als Technik und als Strategie der Argumen-tation[2] – den beiden allgemeinen Zielen der Allegorese im Barn unterstellt: Erstens die Schrift, und mit ihr die בְּרִית, die תּוֹרָה und die ganze (Heils-)Geschichte, als christozentrische Prophetie sowie die an die Befolgung des Gesetzes geknüpfte Heilszusage als Verheißung auszuweisen und zweitens deren Erfüllung durch das Christusereignis aufzudecken und anzusagen. Die Bestimmung des Gesetzes als Prophetie, dessen Befolgung nicht zum Heil führt, sondern es nur verheißt, be-dingt, daß sein ethischer Teil ebenso transformiert werden muß. Die Auslegung von Speisevorschriften in Barn 10 ist hierfür ein Musterbeispiel. Beidem, der Um-prägung heilsgeschichtlicher Erzählungen, von Gesetzestexten und kultischen Ordnungen in Prophetien sowie der ethischen Interpretation des Gesetzes inhä-rent sind die Annullierung aller Prärogative der Juden sowie die Okkupation der Schrift als christliches Eigentum[3] und der Anspruch ihrer sachgemäßen Auslegung als exklusive christliche Kompetenz.

b. In der Schrift liegt Gottes Heilswille vor; seine δικαιώματα bekunden ihn. Die Dreizeitenformel (1,7a; 5,3) wie auch die Eulogien in 6,10a und 7,1 halten hier-über fest, daß erstens diese Offenbarung den Christen gegeben, zweitens umfas-send und vollständig ist, und es drittens darüber hinaus keine neuen Prophetien gibt. Das Christusereignis indes ist die Bekundung und Durchsetzung dieses Heilswillens; in ihm erschließt sich Gottes Heilswille.

c. Weil die ganze Schrift einzig Christus[4] und die Christen prophezeit, gibt es keine Heilsgeschichte, die dieser Heilssetzung vorausgeht. Alles damalige Gesche-hen besitzt keinen eigenen Wert; die Ereignisse am Sinaï bzw. Horeb, die Opfer und

---

[2] Vgl. S. 100f. unter Punkt ‚d. Argumentationsstrategien'.

[3] MAURER, Kirche und Synagoge 19f., betont, „daß diese radikale Verchristlichung der vorchristlichen Offenbarung schon vor Marcion eingetreten und nicht als Reaktion anzusehen ist gegen seine grundsätz-liche Ablehnung … des Alten Testaments. … Dessen Inbesitznahme [ist] von seiten der Kirche durch in-nerchristliche Gründe und nicht durch das antijüdische Interesse veranlaßt." Für jene auch vom Barn ver-tretene „heilsgeschichtliche Betrachtungsweise [stand] die umittelbare Auseinandersetzung mit dem Judentum ganz am Rande ihres Denkens" (ib. 20).

[4] Vgl. MAURER, Kirche und Synagoge 20.

‚die Fasten', die Beschneidung, der Sabbat und der Versöhnungstag erschöpfen sich in bloßer Anzeige. Exakt das haben die Väter, Mose, David und die Propheten, begnadet von Gott, erfaßt und deshalb durch ihr Wort und ihr Handeln auf Christus und die Christen hingewiesen. Daher ist alles, was Juden glauben und aus Glauben tun, im günstigsten Fall christozentrische Prophetie; schlimmstenfalls Blasphemie.[5]

d. Der Schrift, speziell der Tora des Mose, fehlt jede Geltung für die Gegenwart. Was immer mit dem Anspruch auftritt (vgl. Barn 4,6), solche Geltung zu besitzen (vgl. Barn 2.3.9.10.15.16), basiert auf einem wörtlichen Schriftverständnis, das jedoch ein widergöttliches Mißverstehen ist (vgl. Barn 9,4). Indem der Vf. erstens aufweist, daß die Schrift von Christus und den Christen kündet sowie zweitens, daß die Schrift nur kraft der Geistbegnadung und in der gläubigen Haltung gegenüber dem Herrn zu verstehen, d.h. der Wille Gottes darin zu erfassen ist, schafft er aus der ‚Schrift der Juden' auch förmlich ein Buch für die Christen. Da die Schrift jedoch alle Offenbarung enthält, hat nur dieses Buch für die Christen Gültigkeit. Diese Festlegung erfolgt auch mit der Absicht, alles was Christen glauben und tun, auf die Autorität der Schrift zu gründen. Die Schrift ist also formal das Maß dessen, was christlicherseits gesagt werden *kann*. Wenn jedoch, diesem Grundsatz gemäß, durch die Inhalte der Schrift nicht dem entsprochen werden kann, was christlicherseits zu sagen *ist*, werden Schriftworte modifiziert sowie arrangiert, wenn erforderlich werden passende Sequenzen erdichtet (vgl. Barn 7,4), auf daß sie sich in die nach der Aussageabsicht hin gestimmte Komposition einfügen bzw. dem Kerygma einen Anhalt in der Schrift bereitstellen. Gemeinsamer und übereinstimmender Inhalt von Schrift, deren dem Willen des Herrn aufdeckende Auslegung der Vf. mittels seines Werkes vorführt (vgl. 9,4), und apostolisches Paradosis, deren Tradent und authentisches Sachwalter der Vf. zu sein beansprucht, ist das Evenagelium Jesu Christ (vgl. 9,3).

Mit jüdischen Schriftgelehrten verbindet den Vf. die Überzeugung, daß in der Schrift Gottes Willen geoffenbart ist. Daher darf auf kein Jota verzichtet werden (vgl. Barn 9,4–9). Für diese Haltung hätte sich der Vf. überdies auf Jesus berufen können (Mt 5,17f.). Die Schrift, speziell das Gesetz, gilt ihm jedoch nicht als der einzige Weg, um mit Gott in Verbindung zu treten und zu bleiben. In der Schrift findet er vielmehr bestätigt, was durch das Christusereignis eingetreten ist: Zugang zu Gott im Glauben auf Jesus Christus und Hoffnung an eschatologisches Heil.

2. Der κύριος-Begriff

Aufgrund des exklusiven Konzentration der Soteriologie auf das Christusereignis ist für den Barn das Thema θεός besonders wichtig. Umso erstaunlicher ist es wie er seine Christologie ausführt.

---

[5] „Diese radikale Verchristlichung des Alten Testaments bedeutet … die totale Aufhebung seiner Geschichtlichkeit. … Geschichtlich im eigentlichen Sinn ist … nur das Christusereignis" (MAURER, Kirche und Synagoge 20).

a. Wichtigster christologischer Begriff ist κύριος.[6] Indem mittels seiner Präexistenz seine Gottheit angezeigt und sogleich anhand der Rede von seinem Leiden und dessen soteriologischer Relevanz die inkarnatorische Basis und Bindung des Heils ausgesagt wird, geschieht der Ausweis der altkirchlichen Glaubensüberzeugung ‚Jesus ist Gott' als grundlegende Offenbarung der Schrift und das Christusereignis als deren Erfüllung. Die oft[7] bemerkte Unschärfe in der Verwendung des κύριος-Begriffs ist also nicht Zeichen für Unzulänglichkeit oder für schlampigen Umgang mit theologischen Begriffen. Anhand des κύριος-Begriffs gewinnt der Vf. für die Paradoxie, daß der Präexistente und Gott gelitten hat und gestorben ist, die Kontaktstelle, die dieses Geschehen durch die Hinweise auf die Erfüllung der vom κύριος selbst initiierten Prophetien, auf seinen Willen und vor allem auf den soteriologischen Zweck dieses Geschehens plausibel erscheinen läßt. Weil mit dem κύριος-Begriff auch die Gestalt des historischen Jesus, und somit der Gekreuzigte, in den Blick kommt, ist sie konstitutives Element des christologischen und soteriologischen sowie des ekklesiologischen Entwurfs.

b. Aufgrund der Glaubensüberzeugung von der Gottheit Jesu gewinnt der Nachweis entscheidende Bedeutung, daß Leiden und Tod Jesu Christi verheißen sind und sich durch sie Gottes Heilswille erfüllt. Von diesem Erweis ist auch die Inkarnation erfaßt, weil Leiden und Tod sie voraussetzen. Über den Modus der Fleischwerdung reflektiert der Barn nicht. Aus Barn 14,5 erfährt man nur, daß der

---

[6] Neben bekannten Benennungen oder Titeln, allen voran Ἰησοῦς (4,8; 6,9; 7,7.10.11; 8,2.5; 9,7.8[bis]; 11,11; 12,5.6.7.10; 14,5; 15,9), ferner ὁ υἱὸς τοῦ θεοῦ (5,11; 7,2[bis]; 12,9.10) bzw. υἱὸν θεοῦ (5,9; 7,9; 12,11) und Χριστός (2,6; 12,10.11), begegnen weniger geläufige, nämlich ‚sein Geliebter' (ὁ ἠγαπημένος 3,6; 4,3), 4,8 ‚seines Geliebten, Jesu' (τοῦ ἠγαπημένου Ἰησοῦ), in 14,5 ‚den Erben' (τοῦ κληρονομοῦντος) sowie ‚Herr Jesus' (14,5) und in 6,1 das an παῖς θεοῦ in Jes 50,8 angelehnte ‚Knecht des Herrn'. Überraschend sind schließlich die strikten Ablehnungen der Bezeichnung υἱὸς ἀνθρώπου sowie der Davidssohnschaft in 12,10 zugunsten der Gottessohnschaft (οὐχὶ υἱὸς ἀνθρώπου, ἀλλὰ υἱὸς τοῦ θεοῦ), wofür Mose bzw. David (12,11) als Zeugen in Anspruch genommen werden. Logos begegnet 13mal, ist jedoch nie titular gebraucht. Demgegenüber will GRILLMEIER, Jesus der Christus 1,161, in Barn 6,17 einen Hinweis „auf den persönlichen Logos" erkennen. Abschlägig beurteilt diese Interpretation VAN DE KAMP, Pneuma-christologie 29 Anm. 28.

Ausschließlich von Schriftzitaten rühren folgende Übertragungen auf die erwähnten christologischen Benennungen her: Barn 5,1.2 zufolge „ist" der Herr wie ein Schaf (ὡς πρόβατον) bzw. wie ein Lamm (ὡς ἀμνός), 5,12 wendet die Hirtenmetapher (τὸν ποιμένα ἑαυτῶν) auf den Sohn Gottes an, 6,2 vergleicht ὁ υἱὸς τοῦ θεοῦ mit einem starken Stein (ὡς λίθος ἰσχυρός) sowie dem kostbaren Eckstein (λίθον πολυτελῆ, ἐκλεκτόν, ἀκρογωνιαῖον). Barn 7,4 zufolge ist mit τράγος der Sohn Gottes und gemäß 7,8 Jesus gemeint, den 8,2 aber auch in dem für das Reinigungswasser geopferten Jungrind (δάμαλις; V 1), dem Kalb (ὁ μόσχος), erkennt.

Eine vergleichbare Liste für die Gottesbezeichnungen ist unschwer zu erheben. Wie ὁ θεός sind alle Gottesbezeichnungen stets mit Artikel gebraucht: ὁ δεσπότης (1,7; 4,3), ὁ μακρόθυμος (3,6), τὸν πεπλακότα (2,10), τὸν θεὸν ... τὸν ποιήσαντα (16,1) und ὁ ... κυριεύων (21,5). Für die Christologie ist zum einen von Interesse, daß das Gottesattribut aus Barn 21,5 in Barn 5,5 auf den κύριος bezogen ist, und zum anderen, daß Gott in 14,6 mit Bezug auf Jesus dezidiert Vater genannt wird. Soteriologisch bedeutsam, zumal durch ihre Verflechtung mit Barn 1,1–5.7a; 5,3; 6,10a, ist die singuläre Metapher ὁ τὴν ἔμφυτον δωρεὰν τῆς διδαχῆς αὐτοῦ θέμενος ἐν ἡμῖν in 9,9a als Bezeichnung für Gott.

[7] Vgl. BOUSSET, Kyrios Christos 223f.; WINDISCH, Barnabasbrief 374.

Herr Jesus zum Erlaß unserer Sünden bereitet (ἡτοιμάσθη) wurde. Barn 5,10f. konstatiert ferner den Gnadencharakter und daß mit diesem Heilsgeschehen die eschatologische Zeit und insofern auch die Zeit der Krisis eröffnet ist.

c. Vor diesem Hintergrund des prophetischen Charakters der gesamten Schrift ist die Aussage nicht korrekt, Christus habe das Gesetz erfüllt, denn das Gesetz ist dem Vf. des Barn zufolge wie die ganze Schrift Prophetie. Das Christusereignis ist vielmehr die Erfüllung all dessen, was durch Gesetz und Propheten verheißen ist: Heilssetzung und Heilszusicherung Gottes.[8]

3. Das Heil

a. Heil ist im Barn zuallererst Gnade, die durch das Leiden am Kreuz bewirkt und, was Barn 7,11 herausstellt, an das Kreuz Christi gebunden bleibt. Heil kommt im Barn immer vom κύριος.[9] Die Auferstehung Jesu besiegelt die Vernichtung des Todes und begründet die Hoffnung des Christen auf eigene Auferweckung. Die Hoffnung ist im Barn das durch Christi Tod und Auferstehung qualifizierte Lebensprinzip der Christen, Kern und Zeugnis ihres Glaubens.

b. Der einzelne erfährt das Heil durch die Taufe. Die Heilsgüter sind der Erlaß der Sünden und die Befreiung vom „Fluch des Gesetzes", die Befähigung zur Gnosis. Diese Gnosis, die die gläubige Haltung gegenüber dem κύριος voraussetzt und einschließt, ist die biblische Begründung des Glaubens. Sie führt nicht zur Erlösung, aber sie ist dennoch heilsbedeutsam, weil erst die Erkenntnis von Gottes Willen die Möglichkeit schafft, seinem Willen zu gehorchen.[10] Die Heilsgüter, insbesondere die Gnosis, haben Verpflichtungscharakter.

c. Die Teilhabe am eschatologischen Heil ist abhängig vom Glauben und den Werken. Hierin kommt zum Ausdruck, daß das Gesetz nicht nur Prophetie, sondern ethische Paränese ist; auf diesen Aspekt heben Barn 10, die Zwei-Wege-Lehre sowie erläuternd und zusammenfassend Barn 21,1 ab.

d. Alles gegenwärtige Heil steht unter dem eschatologischen Vorbehalt der Parusie und des Gerichts. Hierin gründet die Ethik im Barn und hieraus schöpft sie ihre Motivation (vgl. Barn 21,1).

---

[8] Vgl. das durch Clem. str. VI 15,128,1f. erhaltene Stück KerPe 4.a (NTApo⁵ 2,40f.); ferner VINZENT, Ertragen und Ausharren 83: „Um der Erlösung der Menschen willen wird seine Gottheit betont." Zum Ganzen vgl. jetzt HÜBNER, Εἷς θεὸς Ἰησοῦς Χριστός 334–336.

[9] Vgl. auch VINZENT, Ertragen und Ausharren 80: „Die Soteriologie in Barn basiert gänzlich auf dem Kommen des Herrn, seinem Leiden und seiner Rückkehr am Ende der Tage zum Gericht."

[10] Über das Wechselverhältnis zwischen Schriftverständnis und Heil notiert WENGST, Tradition 98, zutreffend: Der Vf. versteht „unter Gnosis zuerst und vor allem die Erkenntnis des fordernden Willens Gottes, den zu befolgen heilsnotwendig ist. Da Gott seinen fordernden Willen in der Schrift Ausdruck gegeben hat, bezieht sich die Gnosis zuerst und vor allem auf diese Willensäußerungen Gottes in der Schrift. Von hier aus kann Barnabas den Gnosisbegriff erweitern und mit ihm auch alle andere Schriftauslegung bezeichnen. Andererseits kann er unter ihm aber auch eine Zusammenfassung der Forderungen Gottes verstehen, die selbst nicht ‚Schrift' ist."

4. Zum kirchengeschichtlichen Ort der theologischen Frage

a. Der kirchengeschichtliche Ort dieses Entwurfs ergibt sich zum einen aus der Parole in Barn 4,6, ‚die Heilszusicherung an jene – an die Juden nämlich – ist auch unsere‘, mit der der Vf. das Credo anderer Christen wiederholt und das er als Sünde disqualifiziert. Zum anderen folgt er aus der Polemik, die sich zwar antijüdisch gibt, sich jedoch gegen jene Christen wendet, die Barn 4 ins Visier nimmt. Der Barn entwirft seine Christologie und Soteriologie in einer Situation, in der es gilt, eine anders gelagerte Soteriologie abzuwehren, die in ihrer Folge ein christologisches Defizit bedeutet. Christen, die behaupten, so die Diagnose des Vf. in Barn 4,6, ‚die Heilszusicherung an jene ist auch unsere‘, messen Israel, seinen Einrichtungen und seinem Kult Heilsbedeutung zu und tangieren damit das Christusereignis.

b. Deshalb versucht der Vf. in der Konfrontation mit anderen Christen aufzuzeigen, daß sich *erstens* alle christologischen Propria, die ihm überkommen sind und auf die es ihm ankommt, als schriftgemäß erweisen lassen, *zweitens*, daß die Schrift weder Modi der Heilspartizipation bestimmt noch von einer Heilsgeschichte zeugt, sondern in jeder Hinsicht prophetisch Christus und die Christen als Heilssetzung Gottes ankündigt, und *drittens*, daß sich die Erfüllung der Prophetie in Fleischwerdung, Leiden, Tod und Auferstehung Christi sowie Auferstehung aller und Gericht vollzieht. Die Schrift verheißt das Christusereignis und seine soteriologischen Folgen. Die Zeit der Kirche ist daher Heilsgeschichte. Weil die Heilsgeschichte durch das Christusereignis und die Parusie des Gekreuzigten als Sohn Gottes, Hoherpriester und königlicher Richter umschlossen wird, ist die Zeit der Kirche die eschatologische Zeit.

Gottesgehorsam – Beschneidung und Speisen (9,1–10,12)

Rechtsforderungen für die Beschneidung und die Speisen

Beschneidung und בְּרִית

Im Umfeld des alten Israel war die Beschneidung (מוּלָה[1], περιτομή[2], *circumcisio*) in Ägypten, Kanaan[3] bei seinen westsemitischen Nachbarn und namentlich bei den arabischen Stämmen[4] Usus; in Mesopotamien sowie bei den Philistern ist der Brauch hingegen unbekannt.[5]

---

[1] Das Nomen מוּלָה begegnet nur in Ex 4,26, alle übrigen Belege drücken den Sachverhalt verbal mittels Derivaten der dreiradikalen Wurzel מול aus. Vgl. Mayer, מול. ThWAT 4 (1984) Sp. 734–738.

[2] Vgl. Meyer, περιτέμνω κτλ. ThWNT 6 (1959) 72–83.

[3] Vgl. Jos 5,4–9; Jer 9,25; Ez 32,19.28.32; Philo, *spec.* 1,2.5; *quaest. Gen.* 3,47; Josephus, *Ap.* 2,141; Or. *hom. 5 in Jer.* 14,8–10.

[4] Vgl. die Beschneidung Ismaels in Gen 17,23–26, der die Araber repräsentiert; Josephus, *Ap.* 1,12,2.

[5] Vgl. Ri 14,3; 1 Sam 14,6; ferner S. 345 Anm. 42; weitere Belege bei Müller, Erklärung 225–229; Windisch, Barnabasbrief 354f.357.

Spätestens mit der Landnahme (Jos 5,2–9) wird dieser magische, ursprünglich apotropäische Akt, der mit Beginn der Pubertät (vgl. Gen 17,25) bzw. bei der Hochzeit (Ex 4,24–26), und zwar ausschließlich an Männern vollzogen wurde, auch in Israel Sitte.[6] Den zunächst nicht erweisbaren Bezug der Beschneidung zum Jahwekult erkennt die prophetische Kritik als theologisches Problem. Die bildliche Rede von der ‚Beschneidung (der Vorhaut) des Herzens‘ in Jer 4,4 (vgl. Jer 9,25; Ez 44,7.9; Lev 26,41; Dtn 10,16; 30,6)[7], die die Beschneidung als fraglosen, mithin hochgeschätzten Brauch voraussetzt, belegt, daß bereits in vorexilischer Zeit seine theologische Berechtigung innerhalb des Jahwe-Glaubens reflektiert wurde.[8] Mittels der übertragenen Verwendung des Begriffs Vorhaut (עָרְלָה)[9], deutet die prophetische Kritik, die sich im deuteronomistischen Bereich fortsetzt, das Beschneidungsgebot als Ruf zur umfassenden und damit radikalen[10] Hinwendung zu Jahwe. Mit Blick auf das Gericht konstatiert Jer 9,25 gar die völlige Bedeutungslosigkeit der fleischlichen Beschneidung, wenn ihr die Herzensbeschneidung nicht vorausgeht. Ein ‚unbeschnittenes Herz‘ ist, so akzentuiert Lev 26,41b in der Form eines Parallelismus membrorum, Synonym für Sünde.[11] Die Beugung des unbeschnittenen Herzens des Volkes ist die unbedingte Voraussetzung für den Bestand der בְּרִית.[12] Die Verinnerlichung des Beschneidungsgebots mündet in die Zusage, Gott selbst werde diese Herzensbeschneidung vornehmen, auf daß seine Verheißungen in Erfüllung gehen (Dtn 30,6; vgl. Jer 31,33f.)[13]. Die Rede in Barn 9 von der ‚Herzens- bzw. Ohren-

---

[6] Vgl. MAYER, מול. ThWAT 4 (1984) Sp. 737; GRÜNWALDT, Exil 6–70.

[7] Ob Dtn 10,16 von Jer 4,4 abhängig ist oder als ältester Beleg für die Aufforderung an das Volk, die Vorhaut des Herzens zu beschneiden bzw. die Halsstarrigkeit abzulegen, zu gelten hat, kann mit Blick auf die Auslegung von Barn 9 auf sich beruhen. Näheres vgl. FABRY, לב. ThWAT 4 (1984) Sp. 447.

[8] „Die Deutung der Wendung ... ‚die Vorhaut des Herzens beschneiden‘ steht in einem engen Konnex zur Deutung der Beschneidung ... als Reinheitsritus (Dtn 30,6), als Opfer, resp. Auslöseopfer, als Weiheakt oder als Bundeszeichen" (FABRY, לב. ThWAT 4 [1984] Sp. 447).

[9] Den Term עָרְלָה geben die griechischen Bibelübersetzungen in der Regel mit ἀκροβυστία wieder. Es handelt sich um einen Septuagintismus mit exklusiver biblischer und kirchlicher Wirkungsgeschichte, der vermutlich auf der Verbindung von ἄκρος ‚in die Spitze auslaufend‘ mit בּוּשָׁה ‚Scham‘ beruht (vgl. LIDDELL/SCOTT, Lexicon 56; CONZELMANN, ἀκροβυστία. ThWNT 1 [1933] 226f., der weitere Etymologien referiert). In der neutestamentlichen Literatur begegnet der Ausdruck nur in Apg 11,3 sowie im Corpus Paulinum, bei den Apostolischen Vätern nur in Barn 9,5; 13,7. Singulär für עָרְלָה ist ἀκαθαρσία in Lev 19,23, wofür α´ σ´ ϑ´ jedoch ἀκροβυστία bezeugen. Auf das spezifisch theologische Profil des Terms ἀκροβυστία weist auch hin, daß die in der Profangräzität bevorzugten Termini ἡ πόσϑη, τὸ πόσϑιον, ἡ ἀκροποσϑία, τὸ ἀκροπόσϑιον sowohl in den griechischen Bibelübersetzungen als auch in der neutestamentlichen und patristischen Literatur fehlen. Ähnlich verhält es sich bei dem in der prophetischen Kritik verwurzelten Ausdruck σκληροκαρδία. Den älteren griechischen Bibelübersetzungen dient er in Jer 4,4 und Dtn 10,16 zur Wiedergabe des Bildworts ‚Vorhaut des Herzens‘ (עָרְלַת לבבכם); einziger weiterer Beleg ist Sir 16,10, doch ist diese Stelle ohne Bezug zum Thema Beschneidung. Beachtlicherweise wählt α´ in Dtn 10,16 statt dessen ἀκροβυστία. In der neutestamentlichen Literatur ist σκληροκαρδία im Logion der Ehescheidungsperikope Mt 19,8 par Mk 10,5 sowie im sekundären Schluß Mk 16,14 bezeugt; bei den Apostolischen Vätern sind Barn 9,5 (א H) und Herm vis. III 7,6 (15,6) die einzigen Belege.

[10] Vgl. FABRY, לב. ThWAT 4 (1984) Sp. 446f.

[11] Lev 26,41b: τότε ἐντραπήσεται ἡ καρδία αὐτῶν ἡ ἀπερίτμητος,   אוֹ־אָז יִכָּנַע לְבָבָם הֶעָרֵל
           καὶ τότε εὐδοκήσουσιν τὰς ἁμαρτίας αὐτῶν.   וְאָז יִרְצוּ אֶת־עֲוֹנָם:

[12] FABRY, לב. ThWAT 4 (1984) Sp. 447.

[13] Abweichend vom sonstigen Sprachgebrauch der griechischen Bibelübersetzungen, dem zufolge die Wurzel מול und ihre Derivate stets mit einer Form von περιτέμνω wiedergegeben wird, übertragen sie in der Verheißung וּמָל יְהוָה אֱלֹהֶיךָ in Dtn 30,6 das Lexem mit καὶ περικαθαριεῖ κύριος τὴν καρδίαν σου.

beschneidung', die der κύριος vorgenommen hat (περιέτεμεν), schließt hier an. Von dieser Verinnerlichung leitet sich jene theologische Linie her, die in Qumrân, vor allem aber in der paulinischen Deutung[14] der Beschneidung, ihre eindrucksvollste Wirkungsgeschichte findet. Eine zweite theologische Linie, die die jüdische Sinngebung der Beschneidung bis heute bestimmt, geht auf das Exil zurück. Unter den spezifischen Lebens- und Glaubensbedingungen in Babylon, wo die Beschneidung die Israeliten von der einheimischen Bevölkerung abhob, avancierte sie zum Zeichen für die Zugehörigkeit zum Gott Israels und zur strengen Vorschrift.[15] Ihre heilsgeschichtliche Verankerung, wie sie in exilisch-nachexilischer Zeit durch die priesterschriftliche Regelung und Deutung in Gen 17 geschieht,[16] und die u.a. durch die Terminierung des Ritus auf den achten Tag nach der Geburt eines Jungen (Gen 17,12a; vgl. Lev 12,1–8; Lk 2,21) den hergebrachten apotropäischen Sinn der Beschneidung annulliert, wertet sie zum Bundeszeichen auf (אוֹת בְּרִית; Gen 17,11b). Während die Beschneidung allgemein Zeichen des Gottesgehorsams und der von Gott gesegneten abrahamitischen Abstammung ist, gliedert sie die rechtmäßige, weil verheißene Nachkommenschaft Abrahams in den durch Gott in seiner בְּרִית mit Abraham bestimmten Heilsbereich ein. Insofern ist die Beschneidung nicht nur Zeichen für Gottes Heilszusicherung in der בְּרִית, sondern sie bewirkt und verheißt für Israel Gottes Heil, und zwar zuallererst in Gestalt seines Gottseins für Israel. Die בְּרִית ist das Leitwort[17] in der Komposition Gen 17 und ihr zentrales theologisches Motiv. Die Teilhabe an ihrem Segen setzt die מוּלָה voraus; durch ihren Vollzug wird zugleich Gottes Treue zu seinen Verheißungen, die er in seiner Heilszusicherung an die Väter festgemacht hat, bekannt.[18] Die Beschneidung ist also 1. das von Gott dem Abraham befohlene Heils- und Erwählungszeichen[19], 2. unabdingbare Voraussetzung für die Teilhabe an der Heilszusicherung und den Verheißungen, die Gott Abraham gab, 3. Bekenntniszeichen dafür, daß Israels Zukunft allein auf Gottes Verheißung an die Väter gründet, daß also Gott über die Katastrophe des Exils hinaus Israels Gott sein will, wie er es Abraham und seinen rechtmäßigen Nachkommen vor dem Ergehen des Gesetzes in seiner בְּרִית verheißen hat, und 4. ist, wie die Beschneidung Bundeszeichen ist, die ‚Beschneidung des Herzens' Erwählungszeichen.

Speisen und Gesetz

Die Verknüpfung der durch die thematischen Eröffnungen in 9,1 und 11,1 zusammengeschlossen Rechtsforderungen für die Beschneidung in Barn 9 und die Speisen in Barn 10 reflektiert den soteriologischen Zusammenhang zwischen בְּרִית und Gesetz[20], den die priester-

---

[14] Vgl. die Hinweise bei STUMMER, Beschneidung. RAC 2 (1954) Sp. 164–166; BETZ, Beschneidung 2. TRE 5 (1980) 719–721.

[15] In den älteren Gesetzeskorpora fehlt eine Beschneidungsvorschrift, die mit der in Gen 17,9–14 eingearbeiteten vergleichbar wäre; eine solches Gebot ist nur kurz in Lev 12,3 und – wiederum außerhalb gesetzlicher Texte – in Ex 12,44.48 erwähnt; vgl. WESTERMANN, Genesis 317f.

[16] Vgl. WESTERMANN, Genesis 303–328.

[17] Vgl. WESTERMANN, Genesis 307f.

[18] Vgl. WESTERMANN, Genesis 327f.

[19] Über den vom Beschneidungsgebot erfaßten Personenkreis vgl. die Hinweise bei STUMMER, Beschneidung. RAC 2 (1954) Sp. 161.

[20] Der Begriff „umfaßt eine Vielzahl von Bezeichnungen für menschliche und besonders göttliche Vorschriften (Bund, Wort Gottes, Weg, Gebot, Weisung, Rechtsentscheide, Satzungen, Zeugnis u.a.), die im Sg. und Pl. sowie in komplexen Reihungen auftreten" (HOSSFELD, Gesetz. LThK³ [1995] Sp. 580) und in verschiedene Gattungen gekleidet sind. Zum Ganzen vgl. ferner KOCH, Gesetz, 1. Altes Testament. TRE 13 (1984) 42–52; AMIR, Gesetz, 2. Judentum. TRE 13 (1984) 52–55.

liche Gesetzgebung in den beiden Schlußworten Lev 26,46 und 27,43 festhält. Indem sie die priesterlichen Einzelweisungen, die Vorschriften zu Zeltheiligtum (Ex 25–40), zu Opfer- und Reinheitstora (Lev 1–15) sowie das Heiligkeitsgesetz (Lev 17–26) mit der Sinaï-Horeb-Theophanie verbinden,[21] stellen sie alles, was Israel geboten ist, die Satzungen (חֻקִּים)[22], Rechtsgeheiße (מִשְׁפָּטִים)[23], Gebote (מִצְוֹת)[24] und Weisungen (תּוֹרֹת)[25], unter die Heilssetzung und -zusicherung Gottes. Aufgrund dieser heilsgeschichtlichen Verankerung der Satzungen (τὰ κρίματα), Rechtsgeheiße (τὰ προστάγματα), Gebote (αἱ ἐντολαί) und der Weisung (ὁ νόμος) erscheint das Gesetz erstens als das Ganze der auf der בְּרִית aufruhenden, verpflichtenden und dauerhaft gültigen Mitteilungen Gottes und zweitens die בְּרִית selbst als Vorbedingung und Zentrum, dem alle Gebote funktional zugeordnet sind.[26] Mit dem Gesetz ist deshalb immer sowohl die an die בְּרִית geknüpfte Väterverheißung (vgl. Jos 5,6f.; Dtn 4,31–33 passim) als auch der Ritus, mittels dessen an der Heilszusicherung Gottes an sein erwähltes Volk partizipiert wird, die Beschneidung, im Blick. Für die in ihrer theologischen Bedeutung unter dem Oberbegriff Tora[27] zusammengefaßten Weisungen, Satzungen und Lehren ist deshalb die Bindung an Gott das durchgängige und einigende Kennzeichen. Vor dem Hintergrund dieser Bedingtheit und Qualifizierung der Tora durch die בְּרִית wird durch die Reform und Konsolidierung unter Esra, die „Tora des Mose", der Pentateuch also, in der die Identitätsmerkmale des von Gott in seiner בְּרִית erwählten Volkes festgelegt sind, zu jener selbstverständlichen Grundlage jüdischen Lebens, die dann in rabbinischer Zeit akzentuiert theonomen Rang besitzt. Ist also für das jüdische Gesetzesverständnis maßgeblich, daß das Gesetz immer auf die בְּרִית, die ihm vorausliegt, bezogen ist, so daß es von ihr her verstanden sein will,[28] so sind es neben der *Beschneidung* selbst und der *Schrift* als solche die vorgeschriebenen *Opfer* (Barn 2,4–10), die *Fasten* (Barn 3) und die *Speisen* (Barn 10; vgl. Lev 11; Dtn 14,3–21a), der *Sabbat* (Barn 15; vgl. Gen 2,2f.; Ex 20,8; 31,12–17; 35,2; Dtn 5,12–15; Jub 2,17–33) sowie der *Tempel* (Barn 16), worin sich für Juden ihre Teilhabe an der durch die Beschneidung eröffneten und besiegelten Heilszusicherung und somit ihre Bindung an Gott offenlegt.[29]

Wie die Beschneidung die Teilhabe am Segen Gottes an Abraham eröffnet, verpflichtet sie auch auf die Tora. Das Gesetz dient denn auch dem gleichen Zweck wie die Beschneidung: einer Vermischung des von Gott erwählten Volkes mit den Heiden vorzubauen (vgl. Arist. 139–143) und Israel vor allen Völkern auszuzeichnen (vgl. Jub 2,19 in bezug auf den Sabbat). Beschneidung wie Gesetz sind Gottes Schutzverordnungen zur Wahrung der Reinheit des Landes Israel, d.h. der Kult- und Heilsfähigkeit. Ps 1 und Ps 118(119) zeigen, daß תּוֹרָה nicht nur die mosaischen Vorschriften, mithin den Pentateuch, meinen kann, sondern die Schrift als die heilige, lebensbringende und heilsame Offenbarungsgröße, die der Lebensgrund des Frommen und Gerechten ist.[30]

---

[21] Vgl. HOSSFELD, Gesetz. LThK³ 4 (1995) Sp. 582.

[22] Vgl. LIEDKE, Rechtssätze 175–186.

[23] Vgl. LIEDKE, Rechtssätze 62–100.

[24] Vgl. LIEDKE, Rechtssätze 187–195.

[25] Vgl. LIEDKE, Rechtssätze 195–200.

[26] Vgl. Mal 3,24(22): μνήσθητε νόμου Μωυσῆ τοῦ δούλου μου, καθότι ἐνετειλάμην αὐτῷ ἐν Χωρηβ πρὸς πάντα τὸν Ισραηλ προστάγματα καὶ δικαιώματα.

[27] Vgl. HOSSFELD, Gesetz. LThK³ 4 (1995) Sp. 580.

[28] Vgl. ZIMMERLI, Das Gesetz und die Propheten 68.

[29] Vgl. T.Jos. 11,2a: γὰρ ὁ ποιῶν νόμον κυρίου ἀγαπηθήσεται ὑπ' αὐτοῦ.

[30] Näheres dazu vgl. KRAUS, Psalmen 3–10.820–823.829.

Die Situation

In hellenistisch-römischer Zeit gilt die Beschneidung allgemein als distinktives Merkmal der Juden und – wie schon im Exil – in nationalen und deshalb stets religiösen Krisen als Siegel der Treue zum Gottesbund und zum Gesetz. Seit der hellenistischen Oppression durch Antiochus IV. Epiphanes und seinem Verbot der Beschneidung liegt der Akzent auf dem Bekenntnisaspekt[31] (vgl. 1 Makk 1,48.60f.; 2 Makk 6,10). Mit der Zerstörung des zweiten Tempels erlangt diese in der pharisäisch-rabbinischen Tradition bewahrte, betont konfessorische Auffassung der fleischlichen Beschneidung alleinige Geltung. Nachdrücklich wendet sich die rabbinische Exegese gegen jede Vergeistigung des Begriffs Vorhaut und eliminiert damit die von Jer 4,4 initiierte und nie ganz verstummte übertragene Verwendung des Terms sowie die verinnerlichte Deutung der Beschneidung aus der offiziösen jüdischen Theologie.

Die Beschneidung, die in der Verheißungsrede in Gen 17,13δε als ‚mein Bund an eurem Fleisch‘ (בְּרִיתִי בִּבְשַׂרְכֶם) dekretiert wird (וְהָיְתָה), gilt den Rabbinen indes nicht bloß als konfessorisches Siegel (חתם) der Teilhabe an Gottes Heilszusicherung an Israel, sondern sie konstituiert per se die Verpflichtung zur Übernahme der Tora (bShab 137b). Durch die Beschneidung wird die in der בְּרִית zugesicherte Treue Gottes und die ihr nachfolgende Verpflichtung Israels sinnfällig, „was der Talmud damit ausdrückt, daß sie alle 613 Gebote und Verbote aufwiege (bNedarim 32a).“[32] Diesen konstitutiven und irreversiblen Konnex, den der Gesetzesgehorsam heilsgeschichtlich an die בְּרִית anbindet, sahen rabbinische Theologen allein schon sprachlich durch die Doppeldeutigkeit des aramäischen Verbs für ‚beschneiden‘ גְּזַר angezeigt, das zugleich ‚entscheiden, verordnen, gesetzlich bestimmen‘[33] meint.

Weil die rabbinische Theologie allein der leiblichen Beschneidung heilsvermittelnden Charakter für diese Welt und für die messianische Heilszeit zuspricht, ist aufgrund der unauflöslichen Verbindung zwischen Beschneidung und Tora der Gesetzesgehorsam zugleich einziger, weil theonomer Heilsweg. In diesem Horizont ist die Beschneidung die gnadenhafte Erwählung Israels durch Jahwe und das Gesetz ein Gnadengeschenk, das Israel eine unter dem Segen seiner Erwählung stehende Ordnung gibt.[34]

Vor diesem Hintergrund bedeutete für Juden eine Befolgung der durch Hadrian auf die Beschneidung ausgedehnten *Lex Cornelia de sicariis et veneficis*, die die περιτομή reichsweit verbot und rechtlich mit der seit Domitian mit Todesstrafe und Einzug der Güter bedrohten Kastration gleichsetzte,[35] nicht nur den Verzicht auf ein äußerliches Erkennungszeichen. An-

---

[31] Vgl. auch Betz, στίγμα. ThWNT 7 (1964) 662.

[32] Mayer, מוּל. ThWAT 4 (1984) Sp. 738.

[33] In der hebräischen Bibel überwiegen freilich die Belege für letztere Bedeutung der dreiradikalen Wurzel גזר, also für גָּזַר, wogegen der Aramäismus גְּזַר als qal. nur in Ijob 22,28, vgl. ἀποκαταστήσει (‚in den rechten Zustand versetzen‘), sowie als niph. in Est 2,1, vgl. κατέκρινεν (verurteilen), begegnet; vgl. Brown, Lexicon 160; KBL 178, Suppl. 212.

[34] Unter dieser Rücksicht muß auch für Qumrân die Beschneidung allgemein als Selbstverständlichkeit vorausgesetzt werden. Deshalb also und nicht, weil sie nicht praktiziert wurde, ist im Schrifttum der Gemeinschaft am Toten Meer von der Beschneidung nur in dem zuerst von Jer 4,4 bezeugten übertragenen Sinn die Rede. Die Gemeinderegel klagt über die fehlende ‚Beschneidung der Vorhaut des Herzens‘ (1 QpHab 11,13; 1 QS 5,26b) bzw. der ‚Vorhaut des Triebes und der Halsstarrigkeit‘ (1 QS 5,5b.26b). Schließlich kann eine falsche Lehre als ‚Unbeschnittenheit der Lippen‘ (1 QH 2,7.18) und Unverständigkeit als ‚unbeschnittenes Ohr‘ (1 QH 18,20) bezeichnet werden. Vgl. auch OdSal 11,1–3 (FC 19).

[35] Vgl. Schürer, Geschichte 1,660f.702; 3,75; Schäfer, Bar Kokhba-Aufstand 38–50; Stummer, Beschneidung. RAC 2 (1954) Sp. 162f. Es ist freilich strittig, was der Anlaß zu Hadrians Gesetzesnovellierung war, ob sie explizit gegen die jüdische Beschneidung zielte, und zwar prinzipiell oder speziell be-

gesichts des römischen Rechtsbrauchs, alte religiöse Sitte zu tolerieren, ist dieses Beschneidungsverbot am ehesten als Strafmaßnahme[36] zu erklären, mit der „Friedenskaiser" Hadrian antirömischen Aufruhr in Judäa ersticken wollte. Die Umtriebe wird sehr wahrscheinlich die Gründung Aelias entfacht haben, sei es, weil der Befehl dazu als Krönung die Errichtung eines Jupitertempels am Ort des herodianischen Tempels beinhaltete, sei es, weil aus jüdischer Sicht dieses Sakrileg zu befürchten stand. Das Bescheidungsverbot wird daher zwischen dem Befehl zur Neugründung Jerusalems als Colonia Aelia Capitolina und dem Kriegsausbruch unter Bar Kokhba, also zwischen Frühjahr 130 und Februar/März 132, erfolgt sein, vielleicht im Winter 131/132, als Hadrian in Athen von Unruhen in der Provinz Judäa Kenntnis erlangte. Für diese Datierung des Beschneidungsverbots spricht, daß Juvenal[37] zufolge um 128 die Beschneidung noch nicht untersagt war.[38]

Ungeachtet einer laxen Handhabung der kaiserlichen Bestimmung – zumal in der Diaspora – und einzelner Dispense[39] war es nicht mehr möglich, Gottes Gebot zu erfüllen, um die Segnungen der בְּרִית zu erlangen, ohne bezüglich der staatlichen Ordnung des Imperium Romanum Rechtsbruch zu begehen.[40] Angesichts der soteriologischen Relevanz der Beschneidung hat ein Unbeschnittener keinen Anteil am Segen Gottes; er befindet sich außerhalb des von Gott festgesetzten Heilsbereichs, ohne Möglichkeit, Gottes Heil zu erlangen. Der opportunistische Verzicht auf Beschneidung wie auch ihre seit dem 2. Jh. v. Chr. nicht

---

züglich der Beschneidung von Nichtjuden. „Die Rechtsquellen selbst besagen, daß es unter Hadrian ein (neu eingeschärftes) Kastrationsverbot gegeben hat. Daß dieses auch die Beschneidung einschloß, geht aus dem Text nicht hervor. Demgegenüber ist der Erlaß des Antoninus Pius eine Verschärfung, weil erst jetzt die Beschneidung strafrechtlich der Kastration gleichgestellt wird, aber nur für Nichtjuden" (NOETHLICHS, Judentum 77; vgl. ib. 190 Anm. 431–433).

[36] Vgl. HENGEL, Hadrians Politik 381f.

[37] Juvenal, *Saturae* 14,99; die 14. Satire wird um 128 verfaßt sein. Vgl. dazu HENGEL, Hadrians Politik 381. Weitere hellenistisch-römische Quellen über die Beschneidung bei den Juden notiert NOETHLICHS, Judentum 57f.; Näheres bei STERN, M., Greek and Latin Authors on Jews and Judaism. 3 Bde. Jerusalem 1974–1984.

[38] Diese zeitliche Eingrenzung des hadrianischen Beschneidungsverbots ist für die Datierung des Barn nicht unerheblich. Hätte der Vf. den Abschnitt über die Beschneidung bereits unter dem Eindruck ihrer reichsweiten Kriminalisierung und Einstufung als Kapitalverbrechen komponiert, müßte angesichts der antijüdischen Tendenz des Schreibens doch ein Reflex darauf erwartet werden. Der Gegenteil ist der Fall: Die Beschneidung ist Barn 9,6 zufolge nicht nur bei Juden, sondern auch bei anderen Völkern im Imperium Romanum Usus. Das Diktum κατήργηται in Barn 9,4a steht dem nicht entgegen. Es bezieht sich nicht auf Hadrians Verbot, sondern, wie der folgende Teilvers klarlegt, auf die Verwerfung der (fleischlichen) Beschneidung durch den κύριος. Der Barn wäre also spätestens im Winter 131/132 verfaßt. Dieser zeitliche Ansatz des Barn trifft sich mit der Beobachtung, daß das Schreiben keinerlei Kenntnis des Bar Kokhba-Aufstandes zeigt. Eine beachtliche Stütze erfährt der terminus ante quem des Barn – Winter 131/132 – durch den Umstand, daß das für Hadrian reklamierte Bescheidungsverbot wahrscheinlich nicht die (direkte) Ursache für den jüdischen Aufstand war, sondern die imperiale Reaktion darauf, und zwar während des Aufstandes oder sogleich nach dessen Niederschlagung (vgl. SCHÄFER, Bar Kokhba-Aufstand 40–43).

[39] Aus der römischen Kaiserzeit sind für die ägyptische Priesterkaste und ihre Söhne Dispense ad personam urkundlich belegt; vgl. die Hinweise bei STUMMER, Beschneidung. RAC 2 (1954) Sp. 160.

[40] Der allgemeine Dispens für Juden, den Hadrians Nachfolger Antonius Pius (138–161) gewährte (Belege bei SCHÄFER, Bar Kokhba-Aufstand 40–43; SCHÜRER u.a., Jewish People 1,553f.; STUMMER, Beschneidung. RAC 2 [1954] Sp. 162f.), änderte an der Sachlage insofern nichts, als nach wie vor reichsweit Gottes Gebot, ‚alles Männliche zu beschneiden' (Gen 17,10b.11a), also z.B. nichtjüdische Sklaven (Gen 17,12b.13a), nicht erfüllt werden durfte.

seltene operative Tarnung (ἐπισπασμός bzw. ποιεῖν ἀκϱοβυστίαν)[41], sind folglich Blasphemie, denn sie leugnen die Geschichtsmächtigkeit Gottes sowie seine Heilszusicherung an Israel.[42]

Im entschiedenen Gegensatz zur rabbinischen Meinung, die den heilvermittelnden Charakter in dieser und jener Welt allein der fleischlichen Beschneidung zuspricht, steht das Urteil über Wesen und Wert der Beschneidung bei Paulus. Er setzt die Linie fort, die von Jer 4,4 bis Qumrân reicht, jedoch mit dem grundlegenden Unterschied, daß für die Gemeinschaft am Toten Meer das Judesein und damit der Besitz des Bundeszeichens am Leib unabdingbare Voraussetzung ist, um göttlichen Heils teilhaftig zu werden. Daß man auch innerhalb des hellenistischen Judentums über den Ritus nachsann, zeigt seine Verteidigung durch Philo, *spec.* 1,1–11 (vgl. *De Circumcis.* 1,4–7; 2,8ff.; *quaest. Gen.* 3,47f.); charakteristischerweise deutet Philo die Beschneidung nicht als Bundeszeichen.

Anliegen und Problem – Gültigkeit und Verbindlichkeit der Schrift

Das Thema Beschneidung in Barn 9 nimmt die Vätergeschichte von der theologischen Mitte her, die die Erzählungen durch Gen 17 gefunden haben, in den Blick. Die beiden Verheißungsreden in Gen 17,3b–8.15–21, die das Beschneidungsgebot (Gen 17,9–14) umfangen, ordnen den Ritus theologisch ein, indem sie die Beschneidung mit der בְּרִית verbinden. Diese Verknüpfung läßt vermuten, daß Barn 9 dieses jüdische Zeremoniell aufgrund seines fundamentalen soteriologischen Ranges aufgreift. Weil indes auf dem Hintergrund von Barn 4 alles Jüdische, das sich auf die בְּרִית beruft, als erledigt zu gelten hat, müssen neben dem Bezug auf das theologische Hauptthema des Barn, die Soteriologie, noch andere Gründe die Themenwahl gefördert haben.[43]

1. Anhand des Beschneidungsgebots läßt sich die *Gültigkeit* der Schrift, deren gleichnishafte Konstitution und prophetischer Charakter Barn 1 angezeigt und Barn 4–8 aufgedeckt haben, erweisen, indem erstens die Beschneidung als eine immer schon und ausschließlich auf Christus und die Christen weisende zeichenhafte Handlung dargelegt (9,6–8) und zweitens behauptet wird, diesen Sinn des Gebots und damit die Gültigkeit der Schrift habe der κύϱιος selbst erwiesen, weil er selbst für die Erfüllung der übertragenen prophetischen Deu-

---

[41] Vgl. 1 Makk 1,15; AssMos [TestMos] 8,3; Josephus, *AJ* 12,5,1; 1 Kor 7,18; Abot. 3,11.

[42] Die Unabdingbarkeit der (fleischlichen) Beschneidung, die sie seit dem Exil besaß, signalisiert der stereotype, verächtliche Vorwurf der Unbeschnittenheit gegen die Philister (Ri 14,3; 15,18; 1 Sam 14,6; 17,26.36; 18,25; 31,4; 2 Sam 1,20; 3,14 passim) sowie die Strafandrohung für ihre Unterlassung in Gen 17,14b (ἐξολεθϱευθήσεται ἡ ψυχὴ ἐκείνη ἐκ τοῦ γένους αὐτῆς,) und ihre Begründung mit dem Bundesbruch (אֶת־בְּרִיתִי הֵפַר/ὅτι τὴν διαθήκην μου διεσκέδασεν). Von daher und in apologetischer Absicht sind pharisäisch-rabbinische Theologen bemüht, durch die Legendenbildung, Adam, Set, Noa und Melchisedek hätten die Beschneidung „schon auf die Welt mitgebracht", den Makel der Unbeschnittenheit von ihnen zu nehmen und somit aus der jüdischen Genealogie zu tilgen; vgl. STUMMER, Beschneidung. RAC 2 (1954) Sp. 163. Zum Beschneidungsgebot im rabbinischen Judentum vgl. Bill. 1,23–40.

[43] Die Kriminalisierung der Beschneidung führte, betont SPEIGL, Der römische Staat und die Christen 87, „zu öffentlichem Sichdistanzieren von der Beschneidung". Ein solches Kalkül vermutet Speigl auch für Barn 9: „Seine Beurteilung der Beschneidung fiel ja wohl nicht bloß aus theologischen Gründen so negativ aus, sondern setzt die politische Lage voraus, die es geraten erscheinen ließ, möglichst wenig mit den Beschnittenen zu tun zu haben" (ib.). Unmittelbar zu erheben sind allerdings derartige strategische, politische Überlegungen und Motive im Barn nicht; sie fehlen z.B. auch in Barn 16, dem Kapitel mit dem deutlichsten historischen und zugleich mit größerer politischen Sprengkraft als Barn 9 ausgestatteten Bezug.

tung der Beschneidungsforderung (9,4f.) gesorgt hat (9,1–3). Durch die Kirche erweist der κύριος die Gültigkeit der Schrift.

2. Der andere Grund ergibt sich aus Barn 10. Weil die Schrift als Prophetie gültig erwiesen ist, ist sie auch verbindlich. Vor dem Hintergrund des soteriologischen Belangs der Schrift, ihrer Eigenart sowie des thematischen Interesses erhebt sich deshalb die Frage nach der Art der *Verbindlichkeit* ihrer ethischen Forderungen. Die Antwort erfolgt exakt auf der Linie, die Barn 4–8 vorgezeichnet hat: Die Gebote wollen weder konkrete Handlungen fordern noch verbieten. Vielmehr beschreiben sie gleichnishaft verbindliche ethische Leitlinien. Ihnen ist durch bloß buchstabengetreue Befolgung der Vorschriften nicht nur nicht entsprochen, sondern diese legt zudem die konstitutionelle Unfähigkeit, Gott gehorsam zu sein, offen.

Aufbau und Gliederung

Die thematischen Einsätze in 9,1 περὶ τῶν ὠτίων und 11,1 περὶ τοῦ ὕδατος καὶ περὶ τοῦ σταυροῦ grenzen 9,1–10,12 vom Kontext ab. Verbindendes Thema beider Kapitel ist das ‚rechte Hören und Verstehen als Voraussetzung für Gottesgehorsam‘. Die Vokabeln ἀκούω (8,7; 9,1.2.3; 10,8) und φωνή (8,7; 9,2.3), an die die Themaworte ὠτίον (9,1) und ἀκοή (9,1.2.3; 10,12) anknüpfen, verklammern diese zwei Kapitel unter zwei Gesichtspunkten mit der in 5,1–8,7 entfalteten soteriologischen Bedeutung des Leidens des κύριος. Zum einen hatte 8,7a das rechte Hören und Verstehen als Signum für die Christen festgehalten, wodurch Christen im Unterschied zu den Juden in die Lage versetzt sind, die prophetische, auf Christus und auf sie selbst, die Christen, weisende Konstitution der Schrift sowie aller jüdischen Lebens- und Glaubensvollzüge zu erfassen. Zum andern ist diese exklusive Befähigung der Christen, die auf ihrer im Christusereignis begründeten Begnadung aufruht, Voraussetzung, um Gott gehorsam sein zu können. Vor dem Hintergrund dieses sachlichen Konnexes ist der kausale, konsekutive Einsatz mit λέγει γὰρ πάλιν (9,1a) zu sehen.

Thematische Wegmarken gliedern beide Kapitel und vernetzen die Sequenzen mit dem gemeinsamen Hauptthema. Die indirekte Frage πῶς περιέτεμεν ἡμῶν τὴν καρδίαν (9,1a) liefert das verbindende Stichwort für Barn 9: die *Rechtsforderung der Beschneidung*. Das vorausstehende, konsekutive οὐκοῦν mit angeschlossenem ἵνα-Satz, der die soteriologische Relevanz der Herzensbeschneidung herausstellt, sowie der mit ἡμῶν (Vv 1a.3d) festgehaltene Personalbezug auf Vf. und Leser schließen 9,1–3 zusammen und grenzen diese Sequenz vom Folgenden ab. Wie in 7,3 und 10,6 markiert in 9,4 ἀλλὰ καί mit folgendem Behauptungssatz den Beginn eines neuen thematischen Gliedes.[44] Der Herzensbeschneidung der Christen steht ab 9,4 die jüdische Beschneidung gegenüber. Ihre Wertlosigkeit wird in zwei Argumentationsgängen erwiesen. Die Vv 9,4f. belegen, daß die fleischliche

---

[44] WENGST, Tradition 36, der V 6 mit Vv 4f. als zweites thematisches Glied faßt, erkennt in ἀλλὰ καί οἱ Αἰγύπτιοι κτλ. dessen Endmarke. Doch entspricht dieser abschließende – und nachgetragene – Teilvers funktional der Erwiderung ἀλλὰ καί πᾶς κτλ. auf den fiktiven Einwand der Besiegelung. Ἀλλὰ καί koordiniert ein thematisches Glied ausdrücklich mit dem jeweiligen Thema, aber es rahmt diese nicht.

Beschneidung der Juden als bloßer Ritus schriftwidrig und insofern soteriologisch bedeutungslos ist (κατήργηται). Die Vv 9,6–8 annullieren den von jüdischer Seite beanspruchten heilverbürgenden, weil ihren Rang als erwähltes Volk Gottes besiegelnden Zeichencharakter der fleischlichen Beschneidung, indem sie zuerst auf ein bloß ethnographisches Phänomen herabgestuft (9,6) und zweitens von ihrer heilsgeschichtlichen Verankerung (Gen 17) her als prophetische, zeichenhafte Handlung erwiesen wird.

Diese Qualifizierung bildet die exegetische Grundlage für die *Behandlung der Speisegesetze* in Barn 10. Die formelhafte Kombination einer Form von λαμβάνω und dem Numerale τρία, verbunden mit δόγματα, und zwar in bezug auf Abraham (9,7), Mose (10,1.9) und David (10,10), verknüpft Barn 9 mit Barn 10 und gliedert zudem die Auslegung der Speisegesetze in drei Abschnitte: Barn 10,1–9 Auslegung mosaischer Speise*verbote*, Barn 10,10 Mahnungen Davids und ihre Entsprechung zur vorausgehenden Auslegung[45] und Barn 10,11 Auslegung eines mosaischen Speise*gebots*; Barn 10,12 beschließt unter Aufnahme der Stichworte περιέτεμεν, ἀκοή und καρδία beide Kapitel.

Weder Barn 9 noch Barn 10 sind einheitlich. Die thematischen Wegmarken gliedern nicht nur beide Kapitel, sondern sie signalisieren zugleich die Einsätze einst separater Einheiten, die vielleicht nicht erst bei der Abfassung des Schreibens kombiniert und ergänzt wurden, sondern bereits im schulischen Traditionsraum, dem der Vf. zugehört, Überarbeitungsprozesse durchgemacht hatten.[46] Barn 9,1–3 beruht auf einer unkommentierten Zitatenreihe[47] über das Hören bzw. περὶ τῶν ὠτίων. Abgesehen von der Eröffnung mit λέγει κύριος, sind sieben Schriftzitate mit καὶ πάλιν λέγει aneinandergefügt. Die Verbindung zur Beschneidungsthematik beruht auf dem indirekten Fragesatz πῶς περιέτεμεν ἡμῶν τὴν καρδίαν sowie auf dem dritten, mit καὶ ... λέγει κύριος eingeführten Zitat (9,1d). Diese Verknüpfung qualifiziert alle Zitate περὶ τῶν ὠτίων als verschlüsselte Aussagen über eine geistige Beschneidung der Christen (ἡμῶν). Die Leseanweisung πῶς περιέτεμεν ἡμῶν τῆς καρδίαν und die hierdurch festgelegte Aussagerichtung schließt 9,1–3 mit dem folgenden Abschnitt zusammen, dessen Eingang ἀλλὰ καί den Eindruck einer thematischen Neueröffnung hinterläßt. „Inhaltlich schließt sich 4 ... gut an 1–3 an."[48] Dies wird auch dadurch bestätigt, daß nun nicht mehr wie in der

---

[45] Die kompositorische Bedeutung der triadischen Strukturierung betont HVALVIK, Scripture 196–199. In dem von Hvalvik ausgewählten Abschnitt greift sie freilich nur in Barn 10,3–8.10. In 9,7f. ist bloß von drei Lehren *die Rede*, ohne daß aber der Text derart komponiert wäre. Zu ergänzen wäre in der Gliederung Hvalviks die gesonderte Trias im fingierten Zitat Barn 10,1. Gehorcht der Text tatsächlich dieser Dreierstruktur, ist der in Barn 10,1 zitierte und alternierend ausgelegte Ps 1,1 als kompositorische Vorgabe denkbar. Sind also Barn 9 und 10 von Ps 1,1 her komponiert oder immerhin die Verse 9,7–10,10? Gewichtiger ist indes der inhaltliche Belang der unstrittig triadisch strukturierten Sequenzen: Abraham, Mose und David sollen als gleichrangige und vor allem übereinstimmende Kronzeugen erkannt werden. Barn 9 und 10 stellen die übereinstimmende Meinung der Schrift dar.

[46] Vgl. WENGST, Tradition 35 Anm. 69.

[47] Vgl. WENGST, Tradition 35; ferner S. 101ff. unter Punkt ‚4. Das Problem der Testimonien'.

[48] WINDISCH, Barnabasbrief 352.

Stichwortreihung Barn 9,1–3 der Vf. und die Leser (ἡμῶν), sondern die Juden (πρὸς αὐτούς) im Blick sind. Diese Perspektive wechselt mittels der Leseranrede τέκνα ἀγάπης in 9,7 und dem wiederholten Lernaufruf μάθετε (9,7a.8b). Barn 9,7–9 gelten exklusiv den Christen. Anlage und Scopus von 9,7f. sowie der auf die Verfasserprätention abgestellte V 9 machen es wahrscheinlich, daß der Vf., wohl durch V 6 veranlaßt, diese Auslegung der Abrahamsbeschneidung sowie ihre auf die Verfasserprätention bezogene Qualifizierung in V 9 gestaltet hat.

Grundstock von Barn 10 werden die Vv 1–5.9, vielleicht ohne V 2,[49] gewesen sein.[50] Der dreigliedrigen ethischen Auslegung von Speise*verboten* in Vv 3–5 ist mit Vv 6–8 eine ähnliche Trias angeschlossen worden. Auch hier markiert ἀλλὰ καί den Einsatz und koordiniert den Abschnitt mit dem übergeordneten Sachzusammenhang; ἀλλά in V 7 und ἀλλὰ καί in V 8 sind von dieser Eröffnung abhängig. Die rahmenden Hinweise auf die drei Lehren, die Mose empfing (Vv 1.9), die zahlenmäßig im Gegensatz zu den sechs Einzelauslegungen und Lehren stehen, stützten diese Annahme über die Genese des Abschnitts. Den triadischen Verbotsreihen, den dublizierten der mosaischen Speiseverbote (Vv 1–9) und der Auslegung der drei Warnungen Davids an den Gerechten (V 10), ist eine sekundäre, durch didaktische Fragen (τί λέγει; τί οὖν λέγει; τί δὲ τὸ διχηλοῦν...) dreigliedrig gestaltete Auslegung mosaischer Speise*gebote* angefügt (V 11). Diese Rhetorik erinnert an Barn 6,17; 7,4.5.9.11; 8,1.4.6a; 9,8b und läßt vermuten, daß 10,11 vom Vf. stammt. Barn 10,12a schließt terminologisch an 8,7a an und 10,12b schlägt die Brücke zu 8,7b und 9,1a.3d. Hieraus ergibt sich folgende Grobgliederung von 9,1–10,12.

Beschneidung und Gottesgehorsam

---

[49] Vgl. WENGST, Tradition 37.
[50] Vgl. WINDISCH, Barnabasbrief 350f.409; WENGST, Tradition 34–39; DERS., Barnabasbrief 121.

Speisegesetze und Gottesgehorsam

Beschneidung und Gottesgehorsam (9,1–9)

Er spricht nämlich ferner bezüglich der Ohren, auf welche Weise er unser Herz beschnitten hat. Der Herr sagt im Propheten(buch): „Aufs Hören mit dem Ohr (hin) haben sie mir gehorcht." Und ferner sagt er: „Durchs Hören werden die Fernen Kunde erhalten, was ich tat, werden sie erkennen." Und: „Laßt euch beschneiden", spricht der Herr, „an eueren Herzen." 2 Und ferner sagt er: „Höre Israel! Denn so spricht der Herr, dein Gott: Wer will in Ewigkeit leben? Durchs Hören, hören soll er die Stimme meines Knechtes." 3 Und ferner sagt er: „Höre, Himmel, und merke auf, Erde, denn der Herr hat dies zum Zeugnis gesprochen." Und ferner sagt er: „Höret das Wort des Herrn, ihr Fürsten dieses Volkes." Und ferner sagt er: „Höret, Kinder, die Stimme des Rufenden in der Wüste." Demzufolge hat er unsere Ohren beschnitten, damit wir das Wort hören (und) glauben.

4 Aber auch die Beschneidung, auf die sie vertraut haben, ist außer Geltung gesetzt worden; die Beschneidung nämlich, hat er gesagt, soll nicht am Fleisch sein. Aber sie übertraten (dies), weil ein böser Engel sie betörte. 5 Er spricht zu ihnen: „Dies sagt der Herr, euer Gott:" – hier finde ich ein Gebot – „Sät nicht auf Dornen; laßt euch beschneiden (für) euren Herrn." Und was sagt er? „Laßt euch eure Hartherzigkeit beschneiden, und euer Nacken möge nicht verhärtet werden." Vernimm wiederum: „Siehe," spricht der Herr, „alle Heiden (sind) unbeschnitten (an der) Vorhaut, dieses Volk aber (ist) unbeschnitten am Herzen."

6 Freilich, du wirst sagen: „Und doch ist das Volk beschnitten zur Besiegelung." Aber auch jeder Syrer und Araber sowie alle Götzenpriester; folglich sind also auch jene in ihrem Bund. Aber auch die Ägypter sind in der Beschneidung.

7 Ihr sollt nun, Kinder der Liebe, in Vollkommenheit lernen, daß Abraham, der als erster eine Beschneidung vollzog, im Geist auf Jesus voraussah, als er beschnitt, indem er kraft dreier Buchstaben Weisungen empfing. 8 Es heißt nämlich: „Und Abraham beschnitt aus seinem Haus achtzehn Männer und dreihundert." Worin nun (besteht) die ihm zuteil gewordene Erkennt-

nis? Ihr sollt lernen, daß er die achtzehn zuerst nennt, einen Zwischenraum läßt, und (dann) die dreihundert; die achtzehn: Jota ([I΄]= 10), Eta ([H΄]= 8); du hast Jesus. Weil aber das Kreuz, mit dem Tau [T΄] dargestellt, die Gnade in sich schließen sollte, nannte er die dreihundert. Er tut also zunächst Jesus kund mit den zwei Buchstaben und in dem einen das Kreuz. 9 Der die eingepflanzte Gabe seiner Lehre in uns gelegt hat, weiß: Keiner hat eine unverfälschtere Aussage von mir gelernt; aber ich weiß, daß ihr dessen würdig seid.

Textkritik

1 H und ℵ, denen außer PK alle Editoren folgen, sind sichere Zeugen für ἡμῶν τὴν καρδίαν, denn CΑΡΚ ΛΝΡΔΙΛΝ in ℵ ist wohl schon vom Schreiber mittels superlinearer Punktation zu ΚΑΡΔΙΛΝ korrigiert (fol. 336ᵛᵈ20). Alle Lesarten des Zeugen G fügen vor das Nomen καί ein. Folglich wären Vf. und Leser ebenfalls Beschnittene am Fleisch. Auf der Basis von Λ, der vielleicht τὰς ἀκοὰς ἡμῶν τῆς καρδίας las und dafür *aures praecordiae nostrae* bezeugt, sowie 9,1c (περιτμήθητε … τὰς καρδιάς), 9,3d (περιέτεμεν ἡμῶν τὰς ἀκοάς) und vor allem 10,12d (περιέτεμεν τὰς ἀκοὰς ἡμῶν καὶ τὰς καρδίας) konjizieren PK ἡμῶν τὰς ἀκοὰς καὶ τὰς καρδίας. Diese Konjektur spricht dem Vf. ein Maß an Gestaltungswillen[1] zu, der von keinem Zeugen gedeckt ist. Auffälligerweise hat Λ den zu 9,1a komplementären und rahmenden Schlußsatz διὰ τοῦτα bis ἵνα συνιῶμεν ταῦτα in 10,12d getilgt. Daß die Herzensbeschneidung, selbst eine Metapher, bildlich gesprochen eine Beschneidung der Ohren war, wird in Barn 9–10 erst entwickelt. Das von G mit Λ gegen H und ℵ bezeugte καί ist mit Blick auf die Thematik und das Ziel der Argumentation eher als sekundärer Eintrag zu erklären, denn als eine gezielte Tilgung von τὰς ἀκοάς einschließlich eines Numeruswechsels von τὰς καρδίας zu dem von den griechischen Hss. überlieferten τὴν καρδίαν. Die im Grunde von zwei nicht stammverwandten Zeugen belegte Lesart, zum einen G und zum anderen ℵ und H, die zudem per se schon von der inneren Kritik an der Konjektur gestützt ist, verdient nach wie vor Vertrauen. Ἀκούσονται bis γνώσονται ist ein wörtliches Zitat aus Jes 33,13; ℵ, H und G bezeugen diese vorzuziehende Lesart. Wegen *et quae* in Λ lesen PK καὶ ἃ ἐποίησα. Konsequent wäre, wegen *et scient* mit καὶ γνώσονται fortzufahren. H liest das aus Jer 4,4 stammende περιτμήθητε mit dem Imper. *circumcidite* bestätigt Λ zwar Num. und Modus, nicht jedoch das genus verbi. Wegen des zugrundeliegenden Jeremiazitats verdienen H und Λ gegenüber den Singularformen der beiden anderen Zeugen (περίτμηται ℵ*, περίτμήθη ℵᶜᵐᵍ, περιτμηθήσεται G1) den Vorzug. Der Schreiber von f hat die Schwierigkeit erkannt und den Pl. περιτμηθήσθε eingetragen; ihn bestätigen p und G3. Die vermutete Lesarten[2] ἀκοας in ℘ und *aures* in Λ sind durch den Kontext veranlaßt; richtig lesen ℵ, H und G καρδίας. 2 Gegen G, ℘ und Λ (*et iterum spiritus domini prophetat*) fehlt καὶ πάλιν τὸ πνεῦμα κυρίου προφητεύει bei den ebenfalls stammverwandten Zeugen ℵ und H. Trotz der besonderen Stütze, die G und Λ durch ℘ (ΚΛΙ ΠΛΛΙΝ [τὸ πνεῦμα] ΚΥΡΙΟΥ ΠΡΟΦΗΤΕΥΕΙ) erfahren, und die die meisten Editoren G folgen läßt, verdienen aus inneren Gründen ℵ und H den Vorzug (PK). Denn es wäre der einzige Fall, daß einer Botenformel (τάδε λέγει κύριος ὁ θεός) die Zitationseinleitung nicht vorausgeht, sondern folgt. Mit Blick auf Barn 5,5; 6,8; 9,7 sprechen zudem die gezielte prophetische Qualifizierung des Botenspruchs (τίς ἐστιν κτλ.) und dessen christozentrische Ausrichtung gegen die Ursprünglichkeit.

---

[1] Vgl. PRIGENT/KRAFT, Épître de Barnabé 60; ferner § 3 ‚Geschichte und Wert der Textzeugen‘.

[2] Vgl. KRAFT, Unnoticed 158.

3 Mit φωνῆ(ς) βοῶντος κτλ., von ℵ und H bezeugt, beginnt ein Zitat aus Jes 40,3b. G glättet den Anschluß nach der τέκνα-Anrede, indem er τῆς einsetzt; PK vertrauen ihm; 𝔓 ist an dieser Stelle nicht sicher. Da Λ (*vocem clamoris in heremo*) für die Entscheidung ausfällt, ist dem Zeugnis von ℵ und H, das der biblischen Grundlage nähersteht, zu folgen. Im ἵνα-Satz liest ℵ ἀκούσωμεν λόγον καὶ μὴ μόνον πιστεύσωμεν ἡμεῖς. H überliefert richtig ἀκούσαντες λόγον πιστεύσωμεν ἡμεῖς. G (om. ἡμεῖς) bestätigt H. Seine Lesart stützen 𝔓 (ΑΚΟ[ύσαντες] ΤΟΝ ΛΟΓΟΝ ΠΙΣΤΕΥC[ωμεν ἡμεῖς) und Λ (*audito verbo credamus*). Offensichtlich ist der erste Konj. in ℵ an πιστεύσωμεν angeglichen. Καὶ μὴ μόνον trägt eine Spannung zwischen Glauben und Hören des Worts ein, die dem feierlichen Bekenntnis und dem Aufruf zum Glauben in Barn 7,2 zuwidersteht und auch sonst im Schreiben keinen Rückhalt findet. 5 Der Konj. σπείρητε in ℵ, H, G und 𝔓 (CΠ𝛦Ⲓ𝖯[ητε]) ist dem aus Λ (*seminant*) abgeleiteten Imper. (w) vorzuziehen, zumal er in Jer 4,3 vorliegt. Der zweite Halbvers ist in seiner von ℵ, H, G und 𝔓 bezeugten zweigliedrigen Langfassung entweder ein freigestaltetes Mischzitat aus Jer 4,4a und Jer 17,23 oder, was wahrscheinlicher scheint, ein fast wörtliches Zitat von Dtn 10,16. Die Kurzfassung, für die Λ (*et circumcidite nequitiam de praecordiis*) steht und woraus PK καὶ περιτμήθητε τὴν πονηρίαν ἀπὸ τῆς καρδίας konjizieren, basiert entweder auf Jer 4,4a oder Dtn 10,16a. Gegen Λ spricht, daß aus ihr die Langversion nicht ableitbar ist. Umgekehrt ist *nequitiam de praecordiis* (τὴν πονηρίαν ἀπὸ τῆς καρδίας) als Paraphrase des Septuagintismus σκληροκαρδία (עָרְלַת לְבָב) zu erklären.[3] G und 𝔓, die τὸ σκληρὸν τῆς καρδίας überliefern, zeugen von einer gegenüber Λ früheren Etappe dieses kirchlichen Übersetzungsprozesses. Die Lesarten von G, 𝔓 und Λ sind jedenfalls weder für Dtn 10,16 noch für Jer 4,4 belegt. Demzufolge sind ℵ und H ursprünglicher. Dann ist gegen Λ (PK) auch an dem zweiten von ℵ, H, G und 𝔓 überlieferten Satzteil καὶ τὸν τράχυλον κτλ. festzuhalten, wobei H den Vorzug verdient (GH FB W). Wie so oft hat Λ getilgt; in diesem Fall einen Satzteil, der als Dublette erscheinen konnte und der zudem nicht unmittelbar das Thema Beschneidung aufgreift. H überliefert wie die patristischen Belege (Just. *dial.* 16,1; Clem. *str.* VI 3,30,5; Ps.-Chrys. *synops.* 56,334,49) von Dtn 10,16 (Philo, *spec.* 1,305 zitiert Dtn 10,16a) akkurat ἔτι (עוֹד). ℵ, G und 𝔓 führen das Adv. nicht, doch haben G und 𝔓 womöglich auch hier gebessert, indem sie die durch ἔτι angezeigte strikte Verneinung zukünftiger Verhärtung mittels οὐ μή[4] sprachlich verbesserten. Die durch H und ℵ^c bezeugte, in Barn singuläre und auch sonst überaus seltene Zitationseinleitung λάβε πάλιν (ἰδού, λάβε πάλιν ℵ*) fehlt in G1.2 und 𝔓; G3 tragen καί ein; Λ liest *dicit autem*, woraus PK λέγει δέ ableiten. Daß ℵ^c ἰδού tilgt, jedoch λάβε unberührt läßt, weist darauf hin, daß weder Revisor (ℵ¹) noch Korrektor (ℵ²) eine gegenteilige Lesart in ihren Vorlagen fanden. Eher wird Λ, der nicht nur in Barn 9 in seiner Wiedergabe der Zitationseinleitungen frei verfährt, diese ungewöhnliche Einleitung den üblichen angeglichen haben, als daß ℵ und H übereinstimmend λέγει durch λάβε ersetzten. Auch eine Verwechslung (ΛΑΒ𝛦/Λ𝛦Γ𝛦Ⲓ) in der Majuskelzeit beider Hss. ist nicht anzunehmen. Überdies ist möglich, daß Λ, der ohnehin für die Halbverse 5b.c stets von den griechischen Textzeugen abweicht, diese Teilverse als Komplex aufgefaßt und deshalb das für λάβε gemäße *audite* vorgezogen hat. Gegenüber dem grammatisch richtigen Lokativ ἀκροβυστίᾳ in H (FB SB) ist der schwierigere Akk. ἀκροβυστίαν, den zwei unabhängige Zeugen (ℵ 𝔓) führen, vorzuziehen (PK W). Das Adj. ἀκρόβυστα in G ist wohl Verschreibung, Λ (*corporis*) mußte den Sachverhalt ohnehin umschreiben. Gegen καρδίας in ℵ (GH W) sind H und G mit καρδίᾳ, gestützt durch Λ (*cordis*) – 𝔓 ist defekt – im Vorteil. 6 Gegen ℵ, H und G πᾶς Σύρος liest Λ versehentlich *Iudeus*. Die Akzentuie-

---

[3] Vgl. S. 340f. Anm. 9.
[4] Vgl. BAUER/ALAND, Wörterbuch, Sp. 1047.

rung ἄρα in H und G ist durch *ergo* in Λ gestützt (vgl. 10,2); MÉ, DR, ML und CU emendierten ἄρα. Die Fassung als Frage ändert nur die Rhetorik, nicht den Sinn. Für τῆς διαθήκης setzt nur G den Pl.; ihm war der Konnex mit Barn 4,6 nicht präsent. Zu ἐμπερίτομος in H vgl. *Blass/Debrunner*, Grammatik § 120,2²; 123,2⁴. Ursprünglich ist ἐν περιτομῇ in א und G.

8 Anstelle des verläßlichen τοὺς δεκαοκτὼ πρώτους καὶ διάστημα ποιήσας λέγει τριακοσίους in א, H und G überliefert Λ *primatum trecentisunt & distinctione facta dicit X&VIII* (vgl. Gen 14,14 vg: *trecentos decem et octo*), wofür MÉ *quia decem & oc̄o primo, tum trecenti sunt: & distinctione facta dicit decem & oc̄o* emendierte; ihm folgen GH und HR mit der Emendation *quia primo XVIII, tum trecenti sunt, et distinctione facta dicit X et VIII*). Für die von H und im Grunde von G bezeugte Erläuterung ἰῶτα δέκα (δέκα *om.* f p) ἦτα (εἶτα ο* c n) ὀκτώ (δέκα *om.* f) hat HG² eine mögliche Schreibweise konjiziert: I´ δέκα H´ ὀκτώ; ihm folgen GH PK. Unter Voraussetzung der durch א H und G bezeugten Lesart τὸ δεκαοκτώ, die in L fehlt, vermag diese Variante allerdings kaum die vl *in duabus litteris* in Λ zu erklären, denn bezogen auf die Graphik von *X&VIII* wäre nicht das Lexem *littera*, sondern die Bezeichnung *nota numeri* angezeigt gewesen. Zugleich schließt das *duabus* den Bezug auf ein Zahlwort (*vocabulum numeri*) aus. Daher scheint es unwahrscheinlich, daß Λ die Lesart I´ δέκα H´ ὀκτώ vorgefunden hat – und tilgte. Unter Voraussetzung der durch א H und G bezeugten Lesart τὸ δεκαοκτώ, die in L fehlt, erklärt sich Λ sowie die Lücke in א gegenüber H und G besser, wenn nur ΤΟ ΔΕΚΑΟΚΤѠΙΗ zu lesen war. Λ mag τὸ δεκαοκτώ als Dublette zu *X&VIII* erschienen sein; weil die beiden Numerale ΙΗ nicht mit nur zwei lateinischen Schrifzeichen transliteriert werden konnten, wählte er die Paraphrase *in duabus litteris*. א faßte umgekehrt ΙΗ nicht als Erläuterung (H G), sondern als Dublette zum vorausgehenden Numerale δεκαοκτώ auf und tilgte es. Die Streichung kann indes auch auf der Verwechslung von Ν mit Η im folgenden Sigel ΙΝ beruhen. Für die von PK präzisierte, auf א (ἔχεις ΙΝ) basierende Lesart ἔχεις ΙΗ(σοῦν) sind G (ἔχεις ἰησοῦν) und Λ (*habes … Iesum*) sichere Zeugen gegen die Lücke in H; G1.2 lesen ἐν τῷ ταῦ, G3 ἐν τῷ τ. Der Textzeuge א zeigt, daß die Hss. der Familie G3 die ursprüngliche Lesart (vom Sigelstrich abgesehen) wiedergefunden haben. א* hat den Buchstabennamen ταῦ des Zahlzeichens Τ´ als Zahlwert aufgefaßt und ausgeschrieben; er überliefert ἐν τριακοστῷ. א¹ fügte den Artikel ein und א²ᵐᵍ korrigierte mit ἐν τούτῳ. Die Lesart ταῦ im stammverwandten H bestätigt diese Textgenese.

Analyse und Auslegung

Die Vv 1–3 nehmen sich des neuen Themas über das ‚rechte Hören und Verstehen als Voraussetzung des Gottesgehorsams' an, und zwar explizieren sie es anhand der Rechtsforderung zur Beschneidung. Die dreigliedrige Argumentation in Barn 9 setzt zum einen die theologische Deutung der Beschneidung als Bundeszeichen voraus, wie sie erstmals in Gen 17 greifbar wird, zum anderen die Kritik an der fleischlichen Beschneidung, die zuerst Jer 4,4 (vgl. Jer 6,10) durch die übertragene Verwendung des Begriffs Vorhaut zur Sprache bringt. Jeremia geht es um die Berechtigung eines überkommenen, magischen Bereichen zugehörigen Ritus innerhalb des Jahwe-Glaubens. Sie sieht er nur darin, daß Beschneidung geistig verstanden und auf das Verhältnis zu Gott bezogen wird.

1 Mit λέγει γὰρ πάλιν setzt der Verfasser denkbar konventionell zu einer Zitatenreihe an, deren acht Einzelstücke er mit καὶ πάλιν λέγει bzw. mit geringen Variationen dieser Wendung (Vv 1b.c) aneinanderfügt. Der Einsatz mit λέγει γὰρ πάλιν „schließt direkt an 8,7 an,"[5] wobei λέγει γάρ näherhin zeigt, daß alles folgende zugleich für die resümierende Erklärung über die Befähigung der Christen, die sie selbst und das Christusereignis offenbarende Signatur der Schrift zu erfassen, Schriftbeweise liefert. Anknüpfungspunkt ist die Erklärung für das Unverständnis der Juden in 8,7b, die es den Leser überließ, ihre Gnosis entsprechend damit zu erklären, daß sie ‚die Stimme des Herrn hören' und deshalb die Schrift richtig verstehen. Durch die vorgefundene Siebenerreihe von Schriftzitaten περὶ τῶν ὠτίων[6], also ohne den Konnex mit der Beschneidung, erscheint das Resümee in 8,7a, daß den Christen alles offenbar ist (ἡμῖν ... ἐστιν φανερά), als Erfüllung prophetischer Verheißung (9,1bc) und Gehorsam gegenüber prophetischen Mahnrufen (9,2.3a.b). Ermöglicht hat diese Erfüllung eine geistige Beschneidung.[7] Der indirekte Fragesatz πῶς περιέτεμεν ἡμῶν τὴν καρδίαν ist eine hermeneutische Anweisung, der zufolge alle Schriftzitate περὶ τῶν ὠτίων als Mahnworte über die Herzensbeschneidung gemeint sind. Da der Aorist περιέτεμεν (9,1a.3c) feststellt, daß diese Beschneidung bereits vollzogen ist, erscheinen diese Mahnworte als Verheißungen. Weil der κύριος als Subjekt des περιέτεμεν einzusetzen ist, hat er folglich selbst für die Erfüllung seiner Verheißungen, die er in Form von Mahnungen verkünden ließ (ἐν τῷ προφήτῃ), gesorgt und damit bestätigt, daß diese prophetischen Mahnungen als Verheißungen gemeint waren. Vor dem Hintergrund der prophetischen Kritik an der fleischlichen Beschneidung und der Zusage, die angemahnte Herzensbeschneidung werde der κύριος selbst herbeiführen (Dtn 30,6; Jer 31,33f.), gibt der Aorist περιέτεμεν in Verbindung mit ἡμῶν die Kirche als Erfüllung des verheißenen Heilswirkens des κύριος zu erkennen. Dieser Personalbezug gehorcht der für Barn typischen Kontrastierung und gruppenspezifischen Widmung von Zitaten, die in 8,7 (ἡμῖν μέν ; ἐκείνοις δέ) aufgenommen ist und in der Grobgliederung der Beweisgänge in 9,1–9 wiederkehrt. Das in 8,7a konstatierte Offenbarsein und der in 9,3c festgehaltene Zweck dieser Beschneidung, nämlich die Stimme des κύριος zu hören und zu glauben, sind Zeichen seiner Gnade. Die Christen sind vom κύριος beschnitten, und nur deshalb hören und verstehen sie sein Wort in rechter Weise und glauben. Die Kirche ist also der vom κύριος selbst bereitete Gnadenbereich des in gläubiger Hinwendung an Gott praktizierten Gehorsams.

V 1b, dessen Zitationseinleitung den κύριος als Urheber der Zitate in 9,1b–3c bestimmt, zitiert den in Ps 17(18) und parallel in 2 Sam 22 überlieferten Dank von Jahwes leidendem, königlichen Knecht für seine Erhöhung[8], und zwar in einer Version, die 2 Sam 22,45b nahesteht. Zwar fehlt mit Ausnahme von Cod. Alexandrinus (A) in 2 Sam 22,45b das Präfix ὑπ-, doch lesen alle Hss. erstens am Schluß

---

[5] WENGST, Tradition 34.

[6] Die von οὖς abgeleitete Diminutivform ὠτίον ist in den griechischen Bibelübersetzungen, die mit beiden Termini אזן wiedergeben, sowie in der neutestamentlichen Literatur (vgl. Mt 26,51 par; Joh 18,10 sowie die vl) gleichbedeutend mit dem weit häufiger belegten Grundwort. Bei den Apostolischen Vätern ist ὠτίον in Barn 9,1a.b singulär; οὖς fehlt bei ihm.

[7] Vgl. WENGST, Tradition 35 Anm. 69; EvThom 53.

[8] Vgl. KRAUS, Psalmen 139–142.148–151.

μου, wogegen alle griechischen Übersetzungen der Parallelstelle in Ps 17,45a (LXX) den Dat. führen, und zweitens haben sie alle, entsprechend dem hebräischen Grundtext,[9] das Verb im Pl. bewahrt. Für Ps 17,45a (LXX) hingegen bezeugen die Form ὑπήκουσαν nur א sowie die syrische Psalmenübersetzung. Weil indes der Psalter zu den Vorzugstexten im Barn gehört, wird das Zitat eher einer Übersetzung von Ps 18,45a entstammen, und zwar in einer Version, die auch א überliefert.

Mit καὶ πάλιν λέγει typisch angeschlossen und formgerecht eingeleitet, folgt ein Zitat aus Jes 33,13. Wegen der Tilgung des Schlusses οἱ ἐγγίζοντες τὴν ἰσχύν μου ist das auf ,die Nahen' bezogene γνώσονται nun Zusage Gottes an ,die Fernen' (οἱ πόρρωθεν). Sie werden hören *und* erkennen, und zwar, wie das Genus von ἀκούσονται und γνώσονται festhält, im Blick auf sich selbst. Hierdurch ist die Aussagerichtung all dessen festgelegt, was der Instrumentalis[10] ἀκοῇ (vgl. Barn 9,2) erfaßt; darauf nämlich, daß der Scopus der Botschaft und des Rufes der gesamten Offenbarung Gottes die Christen sind (vgl. Barn 1,7; 5,7; 6,10). Aus der Gerichtsandrohung an die Sünder[11] ist somit eine umfassende Verheißung an die Kirche geworden. Zugleich ist das substantivisch verwendete Adv. πόρρωθεν[12], das nun auf die Christen gemünzt ist, von seiner pejorativen Note gelöst, die ,die Fernen' mit den Heiden als Sinnbild der Gottferne (vgl. Ez 44,7.9) gleichsetzt (vgl. Apg 22,21). In diesem neuen Sinn ist das Lexem bereits in Lk 17,12 und Hebr 11,13 verwendet, wobei jedesmal der Glaube als Grund für das erlangte Heil angegeben ist. Sachlich nahe steht die Verheißung Sach 6,15. Gegenüber den neutestamentlichen Zeugnissen, in denen sich die Christen die Verheißung an ,die Fernen' (οἱ μακράν) selbst zusprechen (vgl. Apg 2,39; Eph 2,13.17), zeichnet die Stelle aus der achten Vision Sacharias aus, daß ,den Fernen' erstens Erkennen und Hören prophetisch angesagt wird und zweitens die bundestheologische Formel vom ,Hören auf die Stimme des Herrn' zur Umschreibung umfassenden Gottesgehorsams, der als Bedingung für die Erfüllung der Verheißung gilt (καὶ ἔσται, ἐάν εἰσακούοντες εἰσακούσητε κτλ.), angeführt ist. Wie die Verheißung erfüllt wird, bestimmt das mit καὶ ... λέγει κύριος angeschlossene freie Zitat mittels der auf Jer 4,4 basierenden Metapher der Herzensbeschneidung, nämlich durch das Hören und Erkennen des Heilswillens des Herrn. Die Bedingung für die mit ἀκούσονται und γνώσον-

---

[9] 2 Sam 22,45b לְשֵׁמַע אֹזֶן יִשָּׁמְעוּ לִי; Ps 18,45a יִשָּׁמְעוּ לִי. Vgl. SCHMUTTERMAYR, Psalm 18, S. 17–29.174–182. Der Sg. der griechischen Psalmenübersetzungen rührt von der Umstellung der beiden Teilverse Ps 18,45a.b her; 2 Sam 22,45 hat mit υἱοὶ ἀλλότριοι ἐψεύσαντό μοι, εἰς ἀκοὴν ὠτίου ἤκουσάν μου die Abfolge der hebräischen Grundtexte von Ps 18,45 und 2 Sam 22,45 bewahrt.

[10] Vgl. BLASS/DEBRUNNER, Grammatik § 195.

[11] Vgl. KAISER, Jesaja 274.

[12] In substantivischer Form begegnet der Term in den griechischen Bibelübersetzungen nur in Jer 33,13 als Wiedergabe von רָחוֹק ,(ferne) Leute' (KBL 885). Für diesen spezifischen soteriologisch gefüllten, absoluten Gebrauch von רָחוֹק steht in Sach 6,15 οἱ μακράν; vgl. BAUER/ALAND, Wörterbuch, Sp. 989 (1a.b).

ται verheißene Heilsgemeinschaft[13] ist die umfassende Hinwendung an den Herrn.

2 Die bekannte Zitationsformel καὶ πάλιν λέγει führt ein dreigliedriges Mischzitat[14] ein. Seine beiden eröffnenden und einleitenden Formelemente, der Offenbarungsruf ἄκουε inklusive der Widmung Ἰσραήλ sowie die Botenformel τάδε λέγει κύριος ὁ θεός (vgl. Barn 6,8; 9,5a), kennzeichnen das ganze Zitat als Prophetenspruch.[15] Das begründende ὅτι und die auf Israel bezogene Ergänzung σου der Botenformel unterstreichen Rang und Verbindlichkeit der prophetischen Botschaft, deren Einsatz ἄκουε Ἰσραήλ (שְׁמַע יִשְׂרָאֵל) markiert. Dieser Auftakt ist zusammen mit der Frage τίς ἐστιν κτλ. sowie der Bestimmung ἀκοῇ ἀκουσάτω κτλ. der als Gottesrede an das Volk konzipierte Botenspruch. Der Iussiv ἀκουσάτω sowie der von ihm bestätigte, dekretale Stil der Frage (τίς ἐστιν ὁ θέλων) qualifizieren diesen Botenspruch als rechtliche Sentenz. Medium ihrer Erfüllung ist das Hören; der Dat. ἀκοῇ ist wie in V 1c Instrumentalis. Das wohl aus dem dritten Gottesknechtlied entnommene Bildwort vom ‚Hören auf die Stimme meines Knechts‘ (Jes 50,10)[16] variiert die aus Barn 8,7b bekannte Metapher. Das angefügte Possesivpronomen μου bestätigt, daß die Sequenz als Gottesrede verstanden wer-

---

[13] Dieser Anschluß erweckt den Anschein, er sei der Komposition Jes 33,10–13, wo das Eingreifen Jahwes wider die Sünder angekündigt wird, und Jes 33,14–16, wo die Bedingungen der Heilsgemeinschaft mit Jahwe aufgelistet werden (vgl. KAISER, Jesaja 274f.), nachempfunden.

[14] Die Textgrundlage für die Frage, jedoch ohne εἰς τὸν αἰῶνα, mag Ps 33(34),13a gewesen sein; für den folgenden Teil, ohne ἀκοῇ, mag Jes 50,10b Pate gestanden haben. Für den Instrumentalis ἀκοῇ verweist WINDISCH, Barnabasbrief 351, nicht zu Unrecht auf Ex 15,26. Auch dort gilt Gehorsam gegenüber Gottes Geboten und Gesetzen als Voraussetzung für Israels Wohlergehen und für sein zukünftiges Heil. Die Anrede ἄκουε Ἰσραήλ begegnet auffällig oft im Buch Deuteronomium, wobei שְׁמַע יִשְׂרָאֵל in Dtn 6,4 der wirkungsgeschichtlich bedeutendste Fundort ist (vgl. Mk 12,29; Clem. *prot.* VIII 80,1–4; *str.* V 14,115,5; Or. *comm. in Mt.* 15,11). Für Barn 9,2 jedoch ist wichtiger, daß mit ἄκουε Ἰσραήλ die Rechtsforderungen, τὰ δικαιώματα (Dtn 4,1; 5,1; 6,4; 27,9f.), sowie überhaupt das Gesetz, das es zu halten gilt, konnotiert scheinen, ferner die Landverheißung (Dtn 4,1; 9,1) und die Heilszusicherung am Horeb (Dtn 5,1). Dtn 4,1 verbindet schließlich mit dem Ruf ἄκουε Ἰσραήλ und der Beachtung der δικαιώματα die Zusage künftigen Lebens (ἵνα ζῆτε) und Wohlergehens im Land der Verheißung. Diesen Konnex kennt auch Bar 3,9 (ἄκουε Ἰσραήλ ἐντολὰς ζωῆς, ἐνωτίσασθε γνῶναι φρόνησιν). In Dtn 27,10 begegnet ebenfalls im Umfeld von ἄκουε Ἰσραήλ (Dtn 27,9) die Metapher vom ‚Hören der Stimme des Herrn‘. In Jes 48,1 schließlich findet sich, wenn auch als Selbstprädikation, nach ἄκουε ... Ἰσραήλ die beim Zitatteil aus Ps 33(34),13a vermißte Wendung εἰς τὸν αἰῶνα. Insofern ἄκουε Ἰσραήλ stets mit διαθήκη und dem Gesetz in Verbindung steht und, mit Ausnahme der Botenformel, alle Einzelteile dieses Mischzitats im Umfeld dieses formelhaften Offenbarungsrufs begegnen, ist es gut möglich, daß ἄκουε Ἰσραήλ die Suchformel war zur Auffindung, Auswahl und Kompilation der Zitate. Hierfür spricht zum einen, daß ἄκουε Ἰσραήλ sowie die Botenformel im Kontext der namhaft gemachten Fundorte in Ex, Psalter und Jesaja fehlen, und zum anderen, daß die Botenformel vor Barn 9,2 nie zusammen mit ἄκουε Ἰσραήλ belegt ist. Der Vf. hat die Botenformel offensichtlich gezielt eingefügt, um den entsprechend den Konnotationen des Rufes ἄκουε Ἰσραήλ angeschlossenen Teilzitaten aus Ex, Psalter und Jesaja formgerecht prophetische Signatur beizulegen.

[15] Vgl. S. 262–264 die Auslegung zu Barn 6,8; dort auch Literaturhinweise.

[16] Aufgrund der Verbindung zu Barn 8,7b und 6,1 sowie überhaupt wegen des prophetischen, auf das Christusereignis weisenden Charakters der Schrift kann vermutet werden, der Vf. habe παῖς an dieser Stelle christologisch verstanden (vgl. BOUSSET, Kyrios Christos 56 Anm. 3). Ausgewertet ist dieser Aspekt vom Vf. jedoch nicht.

den soll und zeigt, daß mit diesem Bildwort wie in 8,7b auf die gesamte Offenbarung und die ihr gegenüber einzig angemessene Haltung abgehoben ist. Von daher birgt die vorausgehende Frage das zentrale Heilsgut. Leben, und zwar in Ewigkeit, erlangt, wer dem durchs Hören (ἀκοῇ) vermittelten Heilswillen Gottes gehorcht. Bedeutsam ist vor allem, daß durch die formale Gestaltung des Zitats erstens ‚ewiges Leben' ein von Gott selbst verheißenes Heilsgut ist und zweitens wegen der prophetischen Signatur der Gottesrede diese Verheißung immer schon den Christen galt. Das gläubige Hören auf die Offenbarung sowie der Gehorsam gegenüber dem Willen Gottes führen zum Heil.

3 Dreimal leitet die Zitationsformel καὶ πάλιν λέγει Teilzitate aus dem Buch Jesaja ein und grenzt somit zugleich die ersten drei Teilverse des viergliedrigen Verses voneinander ab; die Konjunktion οὐκοῦν leitet zur Gnosis über. V 3a zitiert wörtlich Jes 1,2a[17]; ταῦτα εἰς μαρτύριον ist eine Erweiterung, die sonst nicht mehr bezeugt ist. Ihre Grundlage könnte Num 7,89, vor allem aber Jos 24,27 sein, wo alles, was Jahwe im Gefolge seiner διαθήκη an Satzung und Recht (νόμον καὶ κρίσιν) verkündete und im Buch der Weisungen Gottes geschrieben steht (εἰς βιβλίον νόμων τοῦ θεοῦ), Zeugnis ist und zum Zeugnis dienen wird wider Israel, falls es die בְּרִית bricht.[18] Somit entspräche ταῦτα εἰς μαρτύριον sachlich den Verpflichtungen der בְּרִית, deren Bruch Jesaja mittels der Auflehnung der Söhne bildlich umschreibt und wofür Jahwe Israel anklagt und Himmel und Erde zu Zeugen anruft. Hat Jos 24,24–27 den Vf. zur Erweiterung in Barn 9,3a inspiriert, dann ist wiederum die gesamte Offenbarung in den Blick genommen, und zwar hinsichtlich ihrer soteriologischen Relevanz im Gericht.

V 3b zitiert wohl aus Jes 28,14.[19] Scopus und Tragweite des Mahn- und Umkehrrufs zeigt Jes 28,15f. an, wo der Prophet die Gescholtenen über ihre in der Hybris sich selbst gegebene διαθήκην μετὰ τοῦ ᾅδου καὶ μετὰ τοῦ θανάτου συνθήκας prahlen und sie darin ihre Pervertierung der בְּרִית aufdecken läßt. Ist das Zitat in diesem Kontext zu hören, dann konstatiert der Ruf an die Repräsentanten ‚dieses Volks' zugleich, daß es sich Gott entfremdet hat.[20]

---

[17] Vgl. auch Dtn 32,1 und die Deutung des Moselieds in 31,21 mittels des Part. μαρτυροῦσα.

[18] Vgl. STRATHMANN, μάρτυς κτλ. ThWNT 4 (1942) 488f.

[19] Vgl. KRAFT, ‚Testimony Book' 337 Anm. 8.

[20] An dieser Sinnspitze ändert sich nichts, wenn Jes 1,10a, wie HATCH, Essays 182, vermutet (vgl. auch WINDISCH, Barnabasbrief 351), dem Teilvers zugrundeliegt. Sofern die Erweiterung τοῦ λαοῦ τούτου die Bestimmung der sog. ἄρχοντες mittels Σοδόμων sowie durch λαὸς Γομόρρας des parallelen Halbverses Jes 1,10b paraphrasiert, dann ist der eröffnende Mahn- und Umkehrruf in der Scheltrede Jesajas, die die Repräsentanten Israels Sodomsfürsten und ganz Israel Gomorravolk schimpft, weil sie einen Gottesdienst wider Gottes Willen praktizieren (Jes 1,11–17; vgl. Barn 2,4–10), zum summarischen Verdikt über die Juden (τοῦ λαοῦ τούτου) zugespitzt. Sie beanspruchen zwar, das erwählte Volk zu sein, doch sind sie der Inbegriff des Frevels. Die beiden Städte Sodom und Gomorra stehen in Jes 1,9 sprichwörtlich für Gottlosigkeit. Diese Bedeutung, die im Logion Mt 10,15 (vgl. Mt 11,23f. par Lk 10,12; Lk 17,29) ebenfalls begegnet, kommt der christlichen Ketzerpolemik seit frühester Zeit zupaß (vgl. Röm 9,29; 2 Petr 2,6; Jud 7; Offb 11,8; 1 Clem 11,1), nicht nur, um eine disparate soteriologische Zukunft anzusagen, sondern bald auch, um die (vermeintliche) Gottlosigkeit bloßzustellen und ihre Anhänger zu stigmatisieren (1 Clem 11,2); vgl. LONA, Clemensbrief 200–204.

V 3c basiert auf Jes 40,3a. Der Aufruf ἀκούσατε ist aus Barn 9,3b entlehnt. Die eingeflochtene τέκνα-Anrede widmet dieses Zitat direkt den Lesern. Die Metapher ‚Stimme des Rufenden in der Wüste'[21], die in Jes 40,3a die heilsankündigende Rede eines Himmlischen einleitet, gehört mit Jes 40,4f. zum Kerntext der Beauftragungsvision des Deuterojesaja[22]. Die Abschlußformel der Rede in Jes 40,5b (כִּי פִּי יְהוָה דִּבֵּר / ὅτι κύριος ἐλάλησε) legt klar, daß das einleitende Bildwort für Jahwe steht; er ist die Autorität, die diese Stimme trägt. Er ist der Rufer, der zum Tröster (Jes 40,1) wird, indem er Jesaja visionär in sein neues Denken und Wollen einweihen und es (durch Propheten) an die Exulanten verkünden läßt (Jes 40,6). Jahwe selbst wendet die Katastrophe des Exils, vergibt Israels Schuld (Jes 40,2) und führt sein Volk (Jes 40,1) in die Gemeinschaft mit ihm zurück (Jes 40,3b–11). Die ‚Stimme des Rufenden in der Wüste' kündet davon, daß Jahwe über Israels Schuld hinaus zu seiner בְּרִית steht. V 3c appelliert also einfach an die Leser, auf Gott zu hören. Abermals gilt das Augenmerk jener gläubigen Haltung (vgl. Barn 6,10), kraft der allein der Heilswille Gottes, den er in seiner בְּרִית festgemacht und im Gesetz, das auf ihr basiert, bekundet hat, zu erfassen und demgemäß zu handeln ist.

Die zur Schlußpartikel erstarrte Partikelverbindung οὐκοῦν[23] bestimmt Aussage (περιέτεμεν), Personalbezug (ἡμῶν) und Objekt (τὰς ἀκοάς) von V 3d als die sich aus den Schriftbelegen in Vv 1b–3c von selbst ergebende Folge, wobei sie zudem implizit allgemeinen Konsens über diese Auslegung behauptet. Der Vf. spielt hierdurch auf ein spezifisches Einvernehmen zwischen ihm und seinen Lesern über den Sinn von Schriftzitaten περὶ τῶν ὠτίων an sowie auf den umfassenden, immer auf Christus und die Christen weisenden prophetischen Charakter der ganzen Schrift. In der Art wie der Vf. die Zitatenreihe versteht, erfassen sie allein Christen seiner Couleur. Nur solche Christen vermögen die Metapher der Ohrenbeschneidung (περιέτεμεν ... τὰς ἀκοάς) auf den prophetischen Ruf der Herzensbeschneidung zurückzuführen, und nur für sie erschließen sich die Rufe, auf Gott bzw. auf seine Stimme oder die seines Knechtes zu hören, als Verheißungen, die der κύριος selbst an ihnen erfüllt hat. Daß diese geistige Beschneidung Gnadencharakter besitzt, folgt daraus, daß der κύριος Subjekt des περιέτεμεν ist, und daß der κύριος sich in diesem Handeln als der sich selbst treue Offenbarer erweist, der gemäß der Schrift selbst für die Erfüllung seines Heilswillens sorgt. Die Kirche ist somit aufs Neue als der vom κύριος gnadenhaft erwählte Heilsbereich angezeigt. Diesen vom κύριος zugeteilten Rang bestätigt der Finalsatz. Zudem weist er darauf hin, daß mit dieser um das Stichwort Hören bzw. Gehorsam gruppierten

---

[21] Die griechischen Bibelübersetzungen ziehen ἐν τῇ ἐρήμῳ zu φωνῆς βοῶντος. Im hebräischen Grundtext gehört בַּמִּדְבָּר פַּנּוּ zu der mit קוֹרֵא (φωνῆς βοῶντος) eingeleiteten Rede, so daß es nicht den Ort der Rede angibt, sondern wo Jahwe der Weg bereitet werden soll.

[22] Vgl. ELLIGER, Deuterojesaja 2.7.10–12.17.29f.

[23] In diesem streng konsekutiven, Konsens implizierenden Sinn ist die Partikel in der neutestamentlichen Literatur nicht belegt, denn Pilatus' Frage in Joh 18,37 οὐκοῦν βασιλεὺς εἶ σύ... hat die genuine Funktion von οὐκοῦν (bzw. οὔκουν; vgl. PAPE, Wörterbuch 2,410) bewahrt, nämlich als Einleitung zu einer Frage, die als negierende Folgerung erscheint. Zum Sprachgebrauch vgl. S. 238 die Auslegung zu Barn 5,3.

Sammlung, die nur im dritten Zitat von der Beschneidung handelt und auch dort von einer Herzensbeschneidung spricht, dennoch das Thema Beschneidung anvisiert ist; freilich nicht in der für Juden entscheidenden soteriologischen Bedeutung der fleischlichen Beschneidung, sondern als Ausdruck des Gnadenhandelns Gottes und des Gottesgehorsams. Λόγος steht im Finalsatz 9,3d komplexiv für das Evangelium Jesu Christi; es ist der Inhalt[24], den die Christen fähig sind zu erfassen und den sie glauben; πιστεύσωμεν ist wie in 7,2 hortativer Konjunktiv.[25] Die Schriftauslegung des Barn deutet darauf hin, daß der Term λόγος hier Synonym für die Schrift ist, hat doch ὁ δεσπότης in ihr den Christen alles über sie selbst und über Christus geoffenbart (vgl. Barn 1,7; 5,3; 7,1). Allerdings stehen dieser weiteren Interpretation des Lexems die Beteuerungen des Vf. entgegen, Tradent und Sachwalter authentischer apostolischer Paradosis zu sein (vgl. Barn 1,5; 4,9; 17,1; 21,9a). Diese Semantik erinnert an die Parole der Gegner in IgnPhld 8,2. Meint λόγος in 9,3d das Evangelium Jesu Christi, dann ist es zugleich jene Heilsverkündigung, die in der Schrift erkannt werden kann und insofern Grundlage und Kern der vollkommenen Gnosis ist. Das Evangelium Jesu Christi ist gemeinsamer und übereinstimmender Inhalt von Schrift und apostolischer Paradosis.[26]

4 Aus der Gnosis, daß der κύριος eine geistige Beschneidung angekündigt und in seiner Kirche erfüllt hat, folgt die Annullierung[27] der fleischlichen Beschneidung, deren soteriologischer Wirkung sich die Juden rühmen und auf die sie hoffen. Wie in 7,3 markiert ἀλλὰ καί mit folgendem Behauptungssatz den Einsatz. Dieser Aussagesatz nimmt das Thema (ἡ περιτομή) auf und nennt den Aspekt (ἐφ᾽ ᾗ πεποίθασιν), unter dem der Sachverhalt fortgeführt wird. Die in den beiden Pronomina ἡμῶν (Vv 1a.3d) und ἡμεῖς (V 3d) vorbereitete Abgrenzung gegenüber den Juden wird nun in den Vv 4f. u.a. mittels der Widmung des ersten Zitats (V 5a) an sie ausgeführt.

Die juridischen Termini κατήργηται und παρέβησαν in V 4 zeigen, daß es sich nach wie vor um die Einhaltung einer Rechtsforderung (vgl. 2,1) handelt, nun aber hinsichtlich ihrer soteriologischen Relevanz. Subjekt des Perf. Pass. κατήργηται ist der κύριος; auch sonst (Barn 2,6; 5,6; 15,5; 16,2) ist καταργέω stets Akt des κύριος, auch wenn hierfür in 15,5 ὁ υἱὸς αὐτοῦ und in 2,6 ὁ δεσπότης steht. Es ist

---

[24] Vgl. Pape, Wörterbuch 2,60; Bauer/Aland, Wörterbuch, Sp. 970f.

[25] Vgl. Blass/Debrunner, Grammatik §§ 364.371–373.

[26] Vor allem diese Konvergenz, die der Vf. vollkommene Gnosis (1,5) nennt, hebt ihn und seine Leser von den Gegnern in IgnPhld 8,2 ab. Denn dem Referat des Vf. dieses Schreibens an das lydische Philadelphia zufolge sind jene gegnerischen τινῶν darüber im Zweifel (ὅτι πρόκειται), daß das Evangelium Jesu Christi in den Urkunden (ἐν τοῖς ἀρχείοις), womit wegen der Entgegnung ὅτι γέγραπται die Schrift gemeint sein wird, enthalten ist. Der Vf. des Barn hegt genau diese Zweifel nicht (vgl. Barn 9,9; 12,7). Auch deshalb ist gegenüber dem Vorschlag von Wengst, Tradition 114–118, „Barnabas und seine Schule im westlichen Kleinasien zu lokalisieren" (ib. 118), Skepsis berechtigt. Wenn überhaupt könnte das ὅτι γέγραπται von einem wie dem Vf. des Barn stammen. Hat man es in IgnPhld 8,2 also mit drei Parteien zu tun, nämlich mit dem Vf. des IgnPhld, seinen sog. ‚Gegnern' und jenen, die auf den Wortlaut der Schrift pochen? Zur Polemik in den Ignatianen vgl. die Hinweise bei Prostmeier, Ignatios. LThK³ 5 (1996) Sp. 407–409.

[27] Vgl. Windisch, Barnabasbrief 352.

demzufolge ein Handeln des κύριος, das er durch die Propheten im voraus hat wissen lassen. Gegenstand des von Gott bzw. vom κύριος verfügten καταργέω sind die Opfer (2,6), der Tod (5,6), die fleischliche Beschneidung (9,4), die ‚Zeit des Gesetzlosen‘ (15,5) und der Tempel (16,2). Gottes καταργέω setzt folglich alle signifikant jüdischen, vermeintlich heilverbürgenden Einrichtungen (Beschneidung, Opfer, Tempel) außer Kraft und beseitigt alle Heilsantagonismen (‚Zeit des Gesetzlosen‘, Tod). Die Verbformen konstatieren entweder allein (κατήργησεν 2,6; κατήργηται 9,4; καταργῶν 16,2) oder kraft ihres Kontexts, daß diese Annullierungen bereits geschehen und somit wirksam sind oder mit der Parusie erfolgen werden (καταργήσει 15,5). Weil Gottes καταργέω von Prophetenzitaten vorbereitet (Opfer, Beschneidung), umrahmt (‚Zeit des Gesetzlosen‘, Tempel) oder im nächsten Kontext summarisch auf die prophetische Signatur der Schrift verwiesen ist (Tod), offenbart sein καταργέω, daß er seinen Verheißungen treu bleibt und selbst ihre Erfüllung wirkt; zugleich bestätigt es den christologisch-ekklesiologischen Scopus aller Offenbarung. Ziel des von Gott vollzogenen καταργέω ist es, Jesus Christus als die eschatologische Heilssetzung und den unverbrüchlichen Heilsweg zu erkennen zu geben. Vor diesem Hintergrund behauptet V 4b ein ausdrückliches Verbot der fleischlichen Beschneidung, das somit auch ihre soteriologische Bedeutung annulliert. Die jüdische Beschneidungspraxis bricht also das Gesetz. Das Lexem παραβαίνειν umschreibt von Ex 32,8 und Dtn 9,12 her (סור) den Bruch der ברית; es ist somit sachlich parallel zu ἠνόμησε(ν) in Ex 32,7 und Dtn 9,12 (שחת) aufzufassen, wodurch es als das Verwerfungsurteil Gottes über die Juden erscheint. Barn 9,4 verknüpft die Annullierung der fleischlichen Beschneidung mit dem definitiven Verlust der διαθήκη seitens der Juden und verbindet hierdurch ברית und Gesetz. Die Beschneidungspraxis der Juden legt, wie einst das Volk am Sinaï-Horeb durch den Guß des goldenen Kalbes, die hartnäckige Verweigerung gegenüber Gottes Heilswillen offen.[28] Wie schon in Barn 2 und 4 weiß der Vf. hierfür eine Erklärung: Die sündhafte Mißachtung des Willens Gottes ist durch widergöttliche Einwirkung verursacht (ὅτι ἄγγελος πονηρὸς ἐσόφιζεν αὐτούς). ‚Ein böser Engel‘[29] steht sachlich parallel zu τοῦ ἐνεργοῦντος (2,1), ὁ πονηρός (2,10; 21,3a),

---

[28] Die Vokabel παραβαίνειν begegnet in diesem Sinn u.a. im Logion Mt 15,2f., also in der verschärften mt Version des Streitgesprächs Jesu mit Pharisäern und Schriftgelehrten über die Frage ‚rein und unrein‘ (vgl. Mk 7,1–32; Lk 11,37–41). Jesu Erwiderung auf den Vorwurf der Pharisäer und Schriftgelehrten, mit der er ihnen ihre Übertretungen des Willens Gottes um ihrer eigenen Satzungen willen entgegenhält, gipfelt in der Widmung des Lasterkatalogs von Jes 29,13 an die Adresse seiner Gegner (Mt 15,8f.). Lehre und Praxis der Pharisäer und Schriftgelehrten widersprechen also Gottes Gebot. Vgl. Luz, Matthäus 2,414–424; 3,353–366. Der Term meint im Kern, und so auch in Apg 1,25 (vgl. Haenchen, Apostelgeschichte 130 Anm. 11; Pesch, Apostelgeschichte 1,90; in Peschs Übersetzung [ib. 1,84] ist leider V 25 nicht und V 26 falsch ausgewiesen), die schuldhafte Mißachtung der Gebote Gottes und seiner Ordnungen; παραβαίνειν ist Sünde und bewirkt Sünde (vgl. παραβαίνειν für מעל ‚pflichtwidrig handeln, untreu sein gegen Gott‘ [KBL 547] in Lev 26,40; vgl. Schneider, παραβαίνω. ThWNT 5 [1954] 733–735; Bauer/ Aland, Wörterbuch, Sp. 1237 [2b]). Neben Barn 9,4 begegnet παραβαίνειν in 1 Clem 53,2, wiederum als Zitat von Ex 32,7 bzw. Dtn 9,12, und Herm sim. VIII 3,5 (69,5); vgl. Brox, Hermas 365f.

[29] Das Bild begegnet zuerst in Ps 77(78),49c, wobei im Blick auf das Verwerfungsurteil Gottes über die Juden in Barn 9,4 (παρέβησαν) beachtlich ist, daß in diesem Asafpsalm ebenfalls Gott handelndes Sub-

ὁ πονηρὸς ἄρχων (4,13), ὁ μέλας (4,10; 20,1), ἄγγελοι τοῦ σατανᾶ (18,1), ἄρχων καιροῦ τοῦ νῦν τῆς ἀνομίας (18,2) und δαιμονίων (16,7).[30] Die religionsgeschichtlichen Wurzeln dieser Metapher eines ἄγγελος πονηρός hat Windisch[31] wohl zutreffend, und zwar auch für die anderen Bilder, in jüdischer Angelologie[32] vermutet, die in der zwischentestamentlichen, insbesondere apokalyptischen Literatur breite Beachtung fand[33] und von dort her als ein bekanntes und vertrautes Vorstellungs- und Erklärungsmuster[34] in die christliche Literatur einging[35] sowie in den altherge-

---

jekt ist; er ließ ‚Bescherungen' unheilvoller Boten (מִשְׁלַחַת מַלְאֲכֵי רָעִים/ἀποστολὴν δι' ἀγγέλων πονηρῶν) auf Ägypten los (ἐξαπέστειλεν). Dieser widergöttliche Charakter der ἄγγελοι πονηροί (מַלְאֲכֵי רָעִים), die für den Zorn Jahwes stehen (vgl. Kraus, Psalmen 546), dient den griechischen Jesajaübersetzungen (ὅτι εἰσὶν ἐν Τάνει ἀρχηγοὶ ἄγγελοι πονηροί) als passende Paraphrase zur Deutung der für Israel in Jes 30,4 als trügerisch insinuierten Toleranz und Verläßlichkeit Ägyptens als Bündnispartner. Wirkungsgeschichtlich bedeutsamer ist die Stelle im Asafpsalm. Neben Philo, gig. 17, argumentiert vor allem Origenes wiederholt mit diesem Teilvers (Cels. VIII 32; or. 31,6; comm. in Mt. 10,12f.; 17,2; comm. in Rom. 5,5–10; sel. in Ps. [PG 12,1532]; fr. in Ps. 77,48–51). Gegenüber Kelsos betont Origenes zweimal (Cels. VIII 25.32), und zwar mit explizitem Bezug auf Ps 77(78),49c, daß Benennungen wie ἄγγελοι πονηροί (nur) Metaphern für Widergöttliches sind. Diese Sinnspitze stellen ebenso Clemens Alexandrinus und Justin heraus. Clem. ex. Thdot. IV 8,1 zufolge sind Dämonen, Engel des Bösen und Teufel (διάβολος) Synonyme und Just. dial. 45,4 setzt die ἄγγελοι πονηροί mit der Schlange aus Gen 3 in eins (vgl. ferner Just. 2 apol. 9,4; dial. 79,1f.; 105,3). Herm mand. VI 1,1–2,10 (35) schließlich zeigt, daß in dualistischem Kontext unter dem Deckmantel ἄγγελοι πονηροί sachlich die Zwei-Geister-Lehre vorliegen kann (vgl. Brox, Hermas 222–228.502–505.544). Unter dieser Rücksicht sowie mit Blick auf Ps 103(104),4, wo ἀγγέλους (מַלְאָכָיו) und πνεύματα (רוּחוֹת) parallel stehen (vgl. Hebr 1,7; 1 Clem 36,3), ergeben sich eine Vielzahl von Vergleichsstellen, insbesondere zum Hirten des Hermas; z.B. τοῦ πονηροτάτου πνεύματος (mand. III 5 [28,5] bzw. ψεύσματος in Cod. א), πονηροῦ πνεύματος (mand. V 1,2.3; 2,6 [33,2; 34,6]) und verwandte Bilder wie das ‚Pneuma des Teufels' (mand. XI 3.17 [43,3.7]) oder in ApcPe 77,18.24 (NHC 7,3), wo in übertragenem Sinne ein ‚verständiger Geist' (ⲡⲚⲀ ⲚⲚⲟⲉⲣⲟⲚ) jenen gegenüber steht, die ‚Engel des Irrtums' sind (ⲉⲧⲉ ⲚⲓⲀⲅⲅⲉⲗⲟⲥ Ⲛⲉ ⲚⲦⲉ ϮⲠⲗⲀⲚⲎ); vgl. auch S. 360 Anm. 33. Diese πνεῦμα-Parallelen sind für den Barn freilich nur als religionsgeschichtliche Orientierung interessant, denn wie der Pl. πνεύματα, der als Metapher für die christliche Begnadung dient (vgl. πνεύμασιν in Barn 1,2.5), ist auch πνεῦμα (vgl. 1,3; 6,14; 7,3; 9,2[vl].7; 10,2.9; 11,9.11; 12,2; 13,5; 14,2.9; 19,2.7; 21,9) im Barn nie negativ konnotiert. Aber auch von allen Belegen für ‚böse Engel' weicht Barn 9,4 durch den Numerus ab: Er spricht von einem bösen Engel. Der Ausdruck ist in dieser Form vor Barn 9,4 nicht belegt. Am nächsten kommen wohl Didym. fr. Ps. 389 zu Ps 37(38),2c.3 (μετὰ τοῦ ἄρθρου ὁ ἁμαρτωλὸς καὶ ἐνταῦθα διάβολος ἢ καὶ ὁ παρὼν τῷ ἀνθρώπῳ πονηρὸς ἄγγελος λέγεται) und Chrys. in Ps. 139 (PG 55,708). Diese Besonderheit in Barn 9,4 erklärt sich aus sachlich parallelen Benennungen wie ὁ πονηρός (vgl. Barn 2,10; 21,3a). Mit Ausnahme des Bildworts ἄγγελοι τοῦ σατανᾶ in 18,1, also in der überkommenen Einleitung zur Zwei-Wege-Lehre, sind im Barn die Bilder für Widergöttliches stets im Sg. verwendet. Ἄγγελος πονηρός in Barn 9,4 ist also eine gezielte, formale Angleichung der wohl in biblischer Tradition verankerten Semantik an den sonst im Barn üblichen Sprachgebrauch zur Bezeichnung aller Heilsantagonismen. Ähnlich wie Hermas ist dem Vf. des Barn ein böser Engel ‚so lieb wie zwei'.

[30] Vgl. S. 162f. die Auslegung von Barn 2,1.

[31] Vgl. Windisch, Barnabasbrief 352f.

[32] Vgl. Duhm, Die bösen Geister im Alten Testament 53.

[33] Vgl. äthHen 6–16.69, 1 QM 1,1–17; 13,11–12a; 14,10; 15,2f.14a passim, ferner die rabbinischen Belege bei Bill. 4/1,504 sowie das analoge Motiv πνεῦμα πονηρόν und πνεύματα πονηρά in den griechisch überlieferten, alttestamentlichen Apokryphen (grHen 15,9bis; 15B,8f.; 99,7; T.Sym. 3,5; 4,9; 6,6; T.Lev. 5,6; 18,12; T.Jud. 16,1; T.Aser 1,9; 6,5).

[34] Vgl. Philo, gig. 17, der sich auf Ps 77(78),49c bezieht.

[35] Vgl. Mt 25,41b.

brachten und in der Kirche weiter gepflegten Reserven gegen andere (christliche) Theologien[36], zumal gegenüber Ansichten, deren Allianz mit griechischen Philosophien oder heidnischen Mythen und Kulten ruchbar schien[37]. Im Barn kommen die verschiedenen Metaphern unter vier Gesichtspunkten überein: 1. Man muß sich vor dem schädlichen Einfluß dieser „Mächte" in acht nehmen und alles meiden, was anerkanntermaßen auf sie zurückgeht: Irrtum, Eitelkeit, Werke des bösen Weges, Verführung zum Gesetzesbruch.[38] 2. Bedroht ist durch sie immer das eschatologische Heil. 3. Ihre gegenwärtige Macht liegt in der Sünde. Sie ist das Einfallstor aller Widergöttlichkeit, die sich zuerst in der Verweigerung gegenüber dem Heilswillen und Heilswirken Gottes bekundet. Grundlage dieser Verweigerung ist das wörtliche Verständnis der Schrift.[39] 4. Ihrer gegenwärtigen Macht steht ihre eschatologische Entmachtung, ja Vernichtung, als Trost und Hoffnung gegenüber.

Demzufolge gelten dem Vf. die genannten Sinnbilder als topische Deutungen, um die Lebens- und Glaubenssituation in ihrer theologischen, nämlich heilsentscheidenden Dimension auszumessen. Indem sie alles, was Gottes Willen zuwiderläuft, als fremden, widergöttlichen Einfluß erklären, legen sie zugleich die Brisanz und Tragweite der anstehenden und angemahnten unbedingten Hinwendung an Gott und der Befolgung seiner Gebote offen. Die motivierende Funktion dieser geprägten Bildersprache erhellt aus den in ihrem Umfeld üblichen Mahnungen zur Wachsamkeit und Umkehr sowie den angedrohten Sanktionen (vgl. Jer 4,4).

Daß man mit dieser Herleitung und Einordnung der Metapher ἄγγελος πονηρός in 9,4 nicht ganz falsch liegt, zeigt die mit ἐσόφιζεν beschriebene Wirkung[40] sowie die mit αὐτούς betonte Empfänglichkeit der Juden für den schädlichen Einfluß dieser Figur. Deshalb hält sich die Entlastung der Juden von ihrer mittels παρέβησαν festgestellten Verwerfung von seiten Gottes in schmalen Grenzen. Viel-

---

[36] Vgl. Gal 3,1; 2 Kor 11,3; IgnEph 10,3; 17,1; 2 Polyc 7,1.

[37] Vgl. Ps 95(96),5, worauf sich Just. *dial.* 79,4 bezieht, ferner Just. *1 apol.* 23.26.66 passim; *Hom. Clem.* 4,12; *Clem. recogn. suppl.* 1,26.

[38] Vgl. Arist. 134–137.

[39] Die Polemik dieser Stelle ist zwar versteckt, aber vielleicht die massivste im gesamten Schriftstück. Ohne die Sache direkt beim Namen zu nennen, erklärt der Vf., ein wörtliches Verständnis der Schrift ist ein von gottwidrigen Mächten herbeigeführtes Mißverständnis, „wer diesem Mißverständnis in Glaube, Lehre, Kultus und Lebensordnung usw. folge, sei ein Satanskind" (HARNACK, Marcion 203). Aufs abfälligste inkriminiert diese Polemik freilich die Juden. Im Grunde ist sie jedoch an die Adresse jener Christen gerichtet, die in Barn 4,6 ins Visier genommen sind. Weil es gemäß ihrem Credo eine der Kirche vorausliegende Heilsgeschichte gibt, sind sie es also, die wie die Juden die Schrift, und insbesondere die Tora, wörtlich nehmen. Was Joh 8,44a Juden an den Kopf wirft, zeiht hier ein Christ andere Christen.

[40] Die griechischen Bibelübersetzungen geben mit σοφίζειν zumeist חכם (‚weise sein, weise werden, sich weise zeigen') wieder; singulär, aber sinngleich, ist ἐσοφίσατο für ב׳ in 1 Sam 3,8 (vgl. KBL 297). Der pejorative Sinn, den das Lexem in Barn 9,4 besitzt, fehlt indes. Er ist in der biblischen Literatur erstmals durch die ‚ausgeklügelten Fabeleien' anderer Christen in 2 Petr 1,16 belegt. Mit dieser Schattierung gehört die Vokabel demzufolge ins Lexikon frühchristlicher Ketzerpolemik. Die Profangräzität hingegen kennt diese Bedeutungsvariante schon längst als sprichwörtliches Urteil über sophistische, listenreiche Rede – und von dort her kennt auch Philo, *det.* 164, diese Semantik – sowie demgemäßes, durchtriebenes Handeln, so daß in Plu. *Dem.* 27 (ἐσοφίσαντο πρὸς τὸν νόμον) die Vokabel in bezug auf das Gesetz die Bedeutung von ‚listigem Zuwiderhandeln, um es zu umgehen' (vgl. PAPE, Wörterbuch 2,914) annimmt.

mehr tritt vor dem Hintergrund der biblischen Prägung sowie der jüdischen und christlichen Wirkungsgeschichte der Metapher unverhohlene antijüdische Polemik zutage. Weil die Juden wegen der vermeintlichen heilsentscheidenden Bedeutung an der fleischlichen Beschneidung sogar entgegen Gottes Weisung hartnäckig festhalten, haben sie wie einst die Ägypter den Zorn Gottes auf sich gezogen.[41] Wie die jüdische Hoffnung wegen der fehlenden בְּרִית immer schon ohne Grundlage war (vgl. Barn 4; 14,1–7), so kann auch die von Juden geübte fleischliche Beschneidung keinen Heilsweg eröffnen oder gar Heil verbürgen.[42]

5 Drei Gerichtsworte an Israel aus dem Buch Jeremia sollen die Annullierung der fleischlichen Beschneidung belegen und dem schroffen Urteil wider die Juden die Schriftgrundlage liefern.[43] Grundstock der zweigliedrigen Beweisführung sind Zitate aus Jer 4,3f. mit 17,23 und Jer 9,25.26b[44] bzw. Dtn 10,16, also die traditionellen Schlüsseltexte der prophetischen Kritik an der fleischlichen Beschneidung.[45] Die ersten beiden Zitate, die durch die Imper. περιτμήθητε verbunden sind und den ersten Beweisgang bilden, sind mittels πρὸς αὐτούς sowie des Personalbezugs der Botenformel[46] τάδε λέγει κύριος ὁ θεὸς ὑμῶν explizit den Juden gewidmet. Was also auf die Parenthese (ὧδε εὑρίσκω ἐντολήν) folgt, trägt prophetische Signatur; es ist Mahnruf und zugleich Verheißung, letzteres wie immer hinsichtlich Christi und der Christen. Der Einsatz des dritten Zitats und damit des zweiten Beweisgangs mit ἰδού, λέγει κύριος entspricht der Sache nach der Botenformel, so daß die jüdische Widmung auch dieses mit λάβε[47] πάλιν nur knapp und ungewöhnlich eingeleiteten Zitats außer Frage steht. Ὁ δὲ λαὸς οὗτος meint also auch in Barn 9,5 die Juden; es ist Umschreibung für πᾶς οἶκος Ἰσραήλ in Jer 9,25b.

Die textkritisch gesicherte Parenthese in V 5a ist zuallererst von der in V 4 aufgestellten Behauptung eines göttlichen Verbots der fleischlichen Beschneidung zu lesen. Sie weist die Leser an, in den folgenden prophetischen Mahnungen eben dieses Beschneidungsverbot zu erkennen. Ist also die Unterlassung der auf Gen 17 begründeten fleischlichen Beschneidung nicht nur schriftgemäß, sondern Weisung Gottes, dann gerät ihre Befolgung in bedenkliche Nähe zum Bruch der διαθήκη.

---

[41] Vgl. hierzu auch Jer 4,4b, wo Israel der Zorn Jahwes für den Fall angedroht ist, daß die ‚Vorhaut des Herzens‘ nicht beschnitten wird, d.h. daß Israel nicht umfassend zu Jahwe umkehrt.

[42] Die antijüdische Polemik kann, muß aber nicht auf eine gesteigerte jüdische Mission hindeuten, die dem Vf. als Bedrohung erschien und z.B. im Licht von Gal 3,19 argumentieren ließ. Die Juden funktionalisiert der Vf. zur Negativfolie, die durch ‚andere Christen‘, die Barn 4,6 profiliert, repräsentiert sind. Ihre Lebens- und Glaubenspraxis wird im Zuge der Lösung des Christentums aus dem Judentum zu einem gruppenbildenden Faktor, der eine theologische Standortbestimmung verlangt. Von daher erklärt sich, daß der Vf. denkbar ungeniert ihm verfügbares (antijüdisches) Material für seine Zwecke verbindet.

[43] Vgl. WINDISCH, Barnabasbrief 353: „Zum Beweise, daß Gott nur eine geistige Beschneidung fordert, dienen drei Zitate."

[44] Die Verszählung des griechischen Jeremiatexts folgt der Edition von ZIEGLER, Jeremias, Baruch, Threni, Epistula Jeremiae. Göttingen ²1976.

[45] Vgl. S. 340 ‚Beschneidung und בְּרִית‘.

[46] Vgl. S. 263–264 die Auslegung zu Barn 6,8.

[47] Vgl. S. 351 die textkritischen Anmerkungen z.St.

Es schwingt bei diesem Einschub aber noch ein anderer Aspekt mit. Sein Ansatzpunkt ist der Verfasseranspruch, der sich hier vielleicht auf der Basis von Ps 118(119),22 und vor allem 1 Kor 7,25.26a zu Wort meldet. Der Vf., der Tradent und Sachwalter apostolischer Überlieferung, gibt sich als legitimierter Exeget zu erkennen, dessen Auslegung Authentizität beansprucht. Für die Legitimität seiner Auslegung kann sich der Vf. zum einen auf die Schrift selbst berufen und zum anderen auf die von Paulus maßgeblich installierte Befugnis, Normen festzustellen. Was also der Vf. in den Gerichtsworten und Mahnrufen Jeremias als Gebot (ἐντολή) Gottes findet (εὑρίσκω), ist normativ, weil authentisch. Und es ist für die Leser modellhaft, denn zugleich wird ihnen demonstriert, wie sie selbst (vgl. Barn 21,4–6) die Rechtsforderungen richtig erfassen werden.

Die Mahnungen zur Herzensbeschneidung in den Teilversen 5a.b liefern den Schriftbeweis für das Beschneidungsverbot in V 4b. V 5a ist ein durch die Parenthese geteiltes und verkürztes Zitat von Jer 4,3f. V 5b verschmilzt entweder eine Sequenz aus Jer 4,4 mit einer aus Jer 17,34 oder zitiert fast wörtlich den in der gleichen prophetischen Kritik verwurzelten Vers Dtn 10,16. Das Gewicht des Beweisgangs liegt so oder so auf den mit περιτμήθητε eingeleiteten Satzteilen. Dies bestätigt zumal der Teilvers 5c. Dieser zweite Beweisgang in V 5c will mit Rückgriff auf ein Gotteswort belegen, daß die Juden kollektiv das Beschneidungsverbot von V 4b übertreten und sich der in den prophetischen Mahnrufen aufgestellten Rechtsforderung zur Herzensbeschneidung entzogen haben. Barn geht mit der Behauptung eines Verbots der fleischlichen Beschneidung durch die Schrift einerseits weit über zeitgenössische, z. T. heftig kritisierte Vergeistigungstendenzen der sich auf Gen 17 berufenden Beschneidungspraxis[48] hinaus, andererseits nimmt er die Schriftbelege ganz wörtlich. Gerade darin besteht die Radikalität seiner Position: Gott hat die Herzensbeschneidung befohlen und somit wird durch die fleischliche Beschneidung dieses Gebot mißachtet.

6 Durch die Gegenüberstellung von τὰ ἔθνη und ὁ δὲ λαὸς οὗτος in V 5c vorbereitet, unternimmt V 6 einen letzten Versuch die soteriologische Relevanz der kultischen Beschneidung mit dem Rückgriff auf die Identität als Bundesvolk zu retten. V 6a nimmt in klassischer Rhetorik mit καὶ μήν[49] einen möglichen – aus der Sicht des Verfassers letzten – Einwand vorweg und führt ihn mit Verweis auf die außerjüdische Beschneidungspraxis ad absurdum. Die Argumentation ist an dieser Stelle nicht an Feinheiten interessiert, sondern verfährt in groben Zügen und strebt dem Aufweis des völligen Mißverstehens der Rechtsforderung zur Beschneidung seitens der Juden zu. Der Einwand der Besiegelung rekurriert mit dem Stichwort σφραγίς[50]

---

[48] Vgl. hierzu die vehemente Kritik bei Philo, *spec.* 1,1–11; *migr.* 92, an der Verachtung der fleischlichen Beschneidung zugunsten der bloß geistigen. Mit Hinweis auf R. Aqiba in GnR 46 resümiert WINDISCH, Barnabasbrief 353, daß demgegenüber das orthodoxe Judentum die geistige Beschneidung neben die fleischliche als Weise der Vervollkommnung vor Gott setzte.

[49] Die Adversativkonjunktion fehlt in der neutestamentlichen Literatur; vgl. BLASS/DEBRUNNER, Grammatik § 450,4[5].

[50] Das Lexem σφραγίς begegnet im Barn nur hier. Neben seiner Bedeutung als Siegelring, den der Term in den griechischen Bibelübersetzungen, in denen im übrigen σφραγίς nie in Verbindung mit

darauf, daß die Beschneidung Voraussetzung ist für die Teilhabe an der Heilszusicherung und den Verheißungen, die Gott Abraham gab und insofern Erwählungs-, Heils-, Bekenntnis- und Bundeszeichen ist. Durch den Bezug auf ὁ λαός wird folglich mit σφραγίς der Anspruch erhoben, das erwählte Gottesvolk zu sein.[51]

In dieser didaktisch rhetorischen Emphase, welche wohl auch den Personenwechsel (ἀλλ' ἐρεῖς … μάθετε) in der Rede erklärt, kann die als neuer Gedanke eingeführte Bundestheologie nicht eigentlich zur Sprache kommen; dies wird in Barn 13 und 14 nachgeholt. Es ist auch keine Differenzierung der mit der jeweiligen Beschneidungspraxis verknüpften Sinngehalte beabsichtigt, sondern sie wird als bloßes Faktum herangezogen. Hierdurch gelangt ein polemischer Unterton in die Ar-

---

ὁ λαός begegnet, gewöhnlich besitzt, erwächst seine spezifische Semantik aus seinem Bezug zu Aarons Ornat. In diesem Konnex bezeichnet σφραγίς entweder die Siegelrosette an Aarons Kopfbedeckung, auf der ἁγίασμα κυρίῳ (קֹדֶשׁ לַיהוָה) geschrieben steht (Ex 36,37[39,30]; Sir 45,12), oder das Lexem begegnet in der Wortverbindung γλύμμα σφραγῖδος (חוֹתָם פִּתּוּחֵי bzw. פִּתּוּחֵי חֹתָם) ‚Siegelstich', womit das Schmucksiegel auf Aarons Mantel, in das die ‚Namen der Söhne Israels' eingraviert sind, bezeichnet wird (Ex 28,11.21; 36,13[39,6]; 36,21[39,14]; Sir 45,11). In diesem Bedeutungsfeld ist σφραγίς (priesterliches) Symbol für das Volk, das kraft seiner Erwählung an Jahwe gebunden und von ihm geheiligt ist. Sieht man, weil in diesen Bestimmungen über die Priestergewänder die Beschneidungsthematik von Barn 9 fehlt, von der nicht oft belegten Vokabel σφραγίς ab, wird man in dem fiktiven Einwand von Barn 9,6 eine Anspielung auf die Deutung der Abrahamsbeschneidung in Gen 17,11b als σημεῖον διαθήκης (בְּרִית אוֹת) sehen, zumal Röm 4,11 diesen Teilvers an sachlich verwandter Stelle zitiert. Den Ausdruck als solchen wenden die griechischen Bibelübersetzungen ebenfalls auf den ‚Bogen im Gewölk' der Noach-בְּרִית an (Gen 9,12.13.17); auch er ist τό oder εἰς σημεῖον διαθήκης. Die griechischen Bibelübersetzungen geben mit dem Lexem σημεῖον bis auf wenige Ausnahmen אוֹת wieder, nie jedoch חֹתָם bzw. חֹתָם (KBL 284). Für diese nur unterschiedlich geschriebene Vokabel verwenden sie σφραγίς. Während eine analoge Wortverbindung von σφραγίς und διαθήκη weder in der biblischen und frühen christlichen noch in der jüdischen Gräzität bezeugt ist, findet sich in der jüdischen Traditionsliteratur die Verbindung der hebräischen Grundworte für σφραγίς (חֹתָם bzw. חוֹתָם) mit der Beschneidung durch Abraham und somit auch mit der בְּרִית. ExR 19 (81c) spricht vom „חוֹתָם Abrahams an euerem Fleisch" und TgHL 3,8 heißt es: „jeder von ihnen hatte das Siegel der Beschneidung an seinem Fleisch, gleichwie es dem Fleisch Abrahams aufgeprägt war"; weitere Hinweise bei FITZER, σφραγίς κτλ. ThWNT 7 (1964) 947. Die jüdische Traditionsliteratur verwendet das Wort Siegel im Kontext der Beschneidungsthematik metaphorisch. In diesem Ambiente kann σφραγίς (חֹתָם bzw. חוֹתָם) in bezug auf die διαθήκη mithin alle Bedeutungsnuancen von σημεῖον (אוֹת) umfassen; vgl. RENGSTORF, σημεῖον κτλ. ThWNT 7 (1964) 225–227.260. Christlicherseits zeigen Or. hom. in Rom. (cat.) 24,9, der σφραγίς und σημεῖον mit Blick auf das Bundeszeichen synonym verwendet, und Mel. pass. 103f., der ὁ λαὸς εὐφραίνεται mit ὁ Ἰσραὴλ σφραγίζεται parallelisiert, daß σφραγίς ohne weiteres mit der jüdischen Beschneidung und von daher mit ὁ λαός, das durch Barn 9,5c als Bezeichnung der Juden sichergestellt ist, zu verknüpfen war. Somit ist ὁ λαὸς εἰς σφραγῖδα aller Wahrscheinlichkeit nach eine vom Vf. erdichtete Losung, die in seinem soziokulturellen Umfeld durchaus möglich und verständlich war, und mit der er sowohl auf das Bundeszeichen und damit auf die בְּרִית abhebt als auch auf den seitens der Juden damit verbundenen Anspruch, das erwählte und geheiligte Volk Gottes zu sein. Für den Bezug auf das von Gott erwählte Volk bürgt nicht zuletzt die Verwendung von σφραγίς bezüglich Aarons Ornat. Die Wendung εἰς σφραγῖδα steht also funktional dem ἐν σημείῳ in Barn 12,5 nahe. An die Deutung der Taufe mittels des Lexems σφραγίς (vgl. Herm mand. VIII 6,3; IX 16,4; 17,4; 2 Clem 7,6; 8,6; Iren. Epid. 3 [BKV².¹ 4,585; FC 8/1,34]), nämlich als Siegel des Sündenerlasses und des ewigen Lebens, mithin als Besiegelung und Erkennungszeichen für den vollzogenen Wechsel von der Sphäre der Dämonen in den Macht- und Heilsbereich Gottes und als Versiegelung für das eschatologische Israel (vgl. DINKLER, Taufe, II. Im Urchristentum. RGG³ 6 [1962] 634; KETTLER, Taufe, III. Dogmengeschichtlich. RGG³ 6 [1962] 638f.) ist hier nicht gedacht.

[51] Vgl. DINKLER, Versiegelung. RGG³ 6 (1962) 1366f.

gumentation, denn eine vermeintliche Zugehörigkeit zum Bundesvolk aufgrund fleischlicher Beschneidung, und damit der Bund selbst, werden zu einem bloß physisch weltlichen Umstand degradiert. Die fleischliche Beschneidung ist lediglich eine ethnische Eigenart, ein Brauch, der auch bei Nachbarvölkern Israels Usus ist, ein Erkennungszeichnen, das mitunter für eine Priesterkaste[52] reserviert ist. Allein deshalb kann dieser Akt als solcher nicht jene Dignität besitzen, die die Juden ihm beimessen. Die mittels der Partikeln ἄρα und οὖν[53] folgernd und überleitend[54] angeschlossene Behauptung nötigt dazu, sie als absurd zu verneinen, und zwingt damit zugleich, die Gleichsetzung der jüdischen Beschneidung mit jeder anderen fleischlichen Beschneidung anzuerkennen. Dieser rhetorische Kniff zeigt, daß der Vf. allgemeines Einvernehmen über seine These voraussetzt, Gott habe die Beschneidung am Fleisch untersagt, weshalb sie für das Heil ohne Belang sein muß, so daß durch sie folglich nichts, was für das Heil von Bedeutung wäre, besiegelt werden kann. Eine zweite polemische Spitze gegen die Juden ist wohl in

---

[52] Die Bezeichnung πάντες οἱ ἱερεῖς τῶν εἰδώλων geht vermutlich auf alte Reserven gegenüber Fremdkulten und polylatrischen Tendenzen zurück. Aufschlußreich ist die Erzählung in 2 Chr 11,15, der zufolge nach der Reichsteilung Jerobeam (ca. 922–901) im Nordreich den Jahwekult verbot und eigene Priester bestellte, die anstelle der Verehrung des Herrn in Jerusalem nun an zwei neuen Kultstätten im Nordreich vermutlich die Verehrung des Goldenen Kalbes oder Stieres wieder aufnehmen sollten. Durch den jeweiligen Kontext zeigen dieser einzige biblische Beleg für die Verbindung von ἱερεύς und εἴδωλον wie ebenso 2 Chr 23,17, wo οἱ ἱερεῖς allerdings explizit auf die Baalspriester gemünzt ist, daß diese Priester und ihre Kulte stets die Verweigerung oder den Abfall von bzw. den Bruch mit Jahwes בְּרִית repräsentieren. Daß diese Priester Jerobeams ebenso wie die kanaanitischen Baalspriester beschnitten waren, darf angenommen werden. Das Argument in Barn 9,6 faßte dann nicht nur die Beschneidung als ethnisches Phänomen ins Auge, sondern betont, daß sogar jene, die die διαθήκη gebrochen haben, wie die Juden am Fleisch beschnitten sind. Gut möglich ist, daß πάντες οἱ ἱερεῖς τῶν εἰδώλων in Barn 9,6 nicht nur summarisches Etikett für alle ist, die den Bruch der בְּרִית mit einem fremden Kult zelebrieren, sondern gezielt ägyptische Priester meint. Daß ägyptische Priestersöhne Dispens von Hadrians Beschneidungsverbot erhielten, ist belegt (vgl. S. 343 Anm. 39). Für ihre Fremdbezeichnung als οἱ ἱερεῖς τῶν εἰδώλων scheint Or. hom. 5 in Jer. 14,6–10 zu sprechen. Er erinnert daran, daß die Beschneidung nicht nur mosaischem Gesetz gemäß, sondern auch unter Nichtjuden praktiziert wird, und nennt als Beispiel die Priester der ägyptischen Götter (τῶν Αἰγυπτίων εἰδώλοις οἱ ἱερεῖς περιτέμνονται), die indes keine Beschneidung für Gott (τῷ θεῷ) ist. Die Anfügung ἀλλὰ καὶ οἱ Αἰγύπτιοι ἐν περιτομῇ εἰσίν in Barn 9,6 wäre demzufolge eine Erläuterung zu πάντες οἱ ἱερεῖς τῶν εἰδώλων. Diese gesonderte, nachträgliche Erwähnung der Ägypter als eines jener Völker, bei denen die Beschneidung Brauch ist, begegnet auch bei Philo, De Circumcis. 1,2. Aus Josephus, Ap. 2,140ff. scheint sich indes zu ergeben, daß wohl nicht alle Ägypter beschnitten waren, sondern nur ihre Priester.

[53] Die Partikelverbindung ἄρα οὖν (vgl. Barn 10,2) ist paulinisch (vgl. Röm 5,18; 7,3.25; 8,12; 9,16.18; 14,12.19; Gal 6,10; Eph 2,19; 1 Thess 5,6; 2 Thess 2,15); der einzige ältere Beleg stammt aus dem 4. Jh. v.Chr. (Philoch. fr. 223,1). Außerhalb des Corpus Paulinum begegnet diese Kombination christlicherseits neben Barn zuerst in IgnTrall 10d; 2 Clem 8,6; 14,3, und schließlich bei Clem. str. III 11,78,3. Weil Zeugnisse für diese Partikelverbindung in der außerjüdischen und außerchristlichen Gräzität vor dem 2. Jh. n.Chr. sehr spärlich sind und erst im 4. Jh. zunehmen, und weil sie zudem in den Papyri nicht nachgewiesen ist, wird der Vf. diese geschickte rhetorische Folgerung ἄρα οὖν aus paulinischer Tradition kennen. Daß dem Vf. paulinische Redeweisen und Theologie, wenn auch nicht unbedingt in Form der uns überlieferten kanonischen Paulusbriefe, bekannt war, ist in Anbetracht seiner Konzeption der Verfasserschaft oder des Verdikts ἐπικατάρατος in Barn 7,7 kaum zu bezweifeln.

[54] Vgl. BLASS/DEBRUNNER, Grammatik § 440,2; BAUER/ALAND, Wörterbuch, Sp. 209.

dem betonten τῆς διαθήκης αὐτῶν (vgl. Barn 4,6) zu sehen, insofern die Juden, ὁ λαός, diese Heilszusicherung am Sinaï-Horeb verloren haben.

Die Betonung in V 8, daß in der Schrift die dreihundert genannt werden, weil der griechische Zahlbuchstabe Τ auf das Kreuz hinweist, das ‚die Gnade in sich schließt‘, zeigt, daß in den Vv 4–6 die soteriologische und konfessorische Bedeutung der fleischlichen Beschneidung im Grund nicht annulliert wird. Vielmehr legt Gottes καταργέω, das V 5 aus der Schrift belegt und V 6 im ethnischen Vergleich als argumentum ad hominem einsichtig macht, die Nichtigkeit dieser Beschneidung von Anfang an offen.

7 Die Vv 7f. erheben Abraham[55] zum Kronzeugen dafür, daß die Juden die Rechtsforderung in Gen 17, sich beschneiden zu lassen, gänzlich mißverstehen und den mit dem Gebot gemeinten Gottesgehorsam verfehlen. Mit der Anrede τέκνα in V 7a wendet sich der Vf. wieder ausdrücklich an seine Leser; ihnen gelten seine weiteren Ausführungen. Wie auch in 7,1; 15,4a.e; 21,9b definiert er sich hierdurch komplementär als jene Autorität, deren Profil in Barn 1 festgelegt ist, und das eingestreute, rahmenbezogene Sequenzen in Erinnerung bringen und entfalten (4,6a.9; 6,5; 17). Daher qualifiziert das Genitivobjekt ἀγάπης, das parallel zu εὐφροσύνης (7,1) und ἀγάπης … καὶ εἰρήνης (21,9b) zu lesen ist, die τέκνα zum einen von ihrer intitulierenden Anrede als υἱοὶ καὶ θυγατέρες in Barn 1,1 her, zum anderen signalisiert es, daß der Vf. mit der folgenden Schriftauslegung seiner Verpflichtung als Tradent und Sachwalter apostolischer Paradosis (4,9; 17,1) nachkommt. Der Erweis des prophetischen Zeichencharakters der Abrahamsbeschneidung (V 8b) sowie die aus ihm abgeleitete Gnosis (V 8c) birgt also den Anspruch, daß in ihr die apostolische Paradosis authentisch wiedergegeben ist (V 9). In dem leserzentrierten Lernaufruf μάθετε verschafft sich dieser Anspruch Gehör. Die Konjunktion οὖν stellt locker den Zusammenhang zum vorausgehenden Erweis des ethnischen Zeichencharakters der fleischlichen Beschneidung her. Die Vv 7f. beziehen sich also auf den in rhetorischer Absicht vorweggenommenen fiktiven Einwand, die Beschneidung sei eine σφραγίς. Die Erweise des ethnischen und des prophetischen Charakters der Beschneidung gehören zusammen. Die Wendung περὶ πάντων πλουσίως ist sonst nicht bezeugt. Ihr hyperbolischer Ton ist zum einen von V 9 und zum anderen vom Rang des Patriarchenarguments her zu erklären, wobei Barn 13,7 bezeugt, daß ein Nachweis, der sich auf Abraham berufen darf, höchste Autorität genießt. Den durch μάθετε … περὶ πάντων πλουσίως hervorgehobenen Lerninhalt nennen die Exposition und ihre zweigliedrige Erweiterung. Der ὅτι-Satz bringt Gen 17 in Erinnerung, und zwar wie die Namensform Ἀβραάμ[56] und das Stichwort περιτομή signalisieren, unter dem Aspekt der בְּרִית

---

[55] Über Abraham in der frühen jüdischen und christlichen Interpretation vgl. VAN DER HEIDE, Berufung Abrahams 17–24.

[56] Die Umbenennung von אַבְרָם (Ἀβράμ) zu אַבְרָהָם (Ἀβραάμ) in Gen 17,3 durch die Zufügung der Silbe הם symbolisiert, daß Abraham durch die Aufrichtung der בְּרִית und deren Besiegelung durch die Beschneidung von einem Mann „in der Vorzeit Israels, der seiner Zeit angehört, ohne noch etwas mit Israel zu tun zu haben" (WESTERMANN, Genesis 314; vgl. ib. 88), zum Vater Israels wird. Diese Symbolik legt der Vf. nicht aus, aber ganz verborgen kann sie ihm dennoch nicht gewesen sein. Zumal dann nicht,

und dem Gebot der fleischlichen Beschneidung. Die Konstruktion μάθετε mit folgendem ὅτι[57] kehrt in V 8b wieder und rahmt den Schriftbeweis V 8a. Mit der exegetischen Bemerkung Ἀβραάμ ... ἐν πνεύματι προβλέψας wird dem in der Exposition auf das Thema und das Beweisziel hin gerafft referierten Handeln Abrahams eine Intentionalität und Bedeutung unterlegt, die über das mit dem Aorist περιέτεμεν erfaßte singuläre Ereignis immer schon hinauswiesen. Die Wendung ἐν πνεύματι und vergleichbare Phrasen sind stets mit Worten oder Taten alttestamentlicher Gestalten verbunden,[58] die gemäß dem hermeneutischen Grundsatz im Barn auf Christus und die Christen hinweisen. Dieser Richtungssinn ist Ausdruck der durch den κύριος konstituierten prophetischen Signatur der Schrift (vgl. 5,6; 6,10; 12,7); ἐν πνεύματι und ihre verwandten Wendungen umschreiben, wie es zu dieser Konstitution kam, und decken sie auf. Alles, was im oder durch das πνεῦμα geschah, ist mit dem κύριος verbunden. Dieser Konnex qualifiziert und autorisiert die Worte und Taten, von denen die Schrift kündet. Die Wendung ἐν πνεύματι autorisiert also περιέτεμεν vom κύριος her. In Verbindung mit dem προβλέψας ist περιέτεμεν zudem vor jeder Auslegung als eine vom κύριος gebotene, prophetische Handlung Abrahams angezeigt. Der mit εἰς τὸν Ἰησοῦν inhaltlich bestimmte Scopus des περιέτεμεν bringt den allgemeinen Richtungssinn der Schrift in Erinnerung und ordnet die aus Gen 17 referierte Tat Abrahams prophetischen Handlungen wie dem Zerbrechen der ‚Tafeln der בְּרִית‘ durch Mose gleich (vgl. Barn 4,8; 14,3). Dignität besaß die Beschneidung folglich nie aufgrund der בְּרִית, sondern einzig infolge ihres mit ἐν πνεύματι προβλέψας εἰς τὸν Ἰησοῦν vom κύριος her begründeten prophetischen Charakters. Abraham beschnitt nur, um auf Christus und die Christen hinzuweisen. Die Beschneidung am Fleisch war von Anfang an nicht Siegel für Gottes Heilszusicherung, sondern prophetisches Zeichen für die Kirche. Den Beweis hierzu bereitet der Vf. mit der hermeneutischen Anmerkung vor, Abraham habe hierbei von drei Buchstaben Lehren empfangen. Aufgrund des sonstigen Sprachgebrauchs von δόγματα im Barn,[59] ist auch der κύριος als der Geber mitzudenken, von dem Abraham die Lehren empfing (λαβών). Zugleich legt dieser Vermerk das Beweisziel des folgen-

---

[57] Vgl. BLASS/DEBRUNNER, Grammatik § 397,1³.

wenn das als Schriftbeweis eingeführte Mischzitat in V 8a von ihm kombiniert ist, denn in Gen 14,14, woher die Zahl 318 stammt, ist von אַבְרָם (Ἀβράμ) die Rede. Ebensowenig wie die Umbenennung selbst ist die durch sie und dem πρῶτος angezeigte Reihenfolge von בְּרִית und der erst nach dieser Zusicherung Gottes vollzogenen Beschneidung an Abraham selbst (Gen 17,24.26) ausgewertet. Barn 13,7 belegt indes, daß dem Vf. dieser in Röm 4,10–12 entfaltete Aspekt durchaus vertraut war.

[57] Vgl. BLASS/DEBRUNNER, Grammatik § 397,1³.

[58] Neben *Abraham* in Barn 9,7, *Jakob* in Barn 13,5 εἶδεν ... Ἰακὼβ ... τῷ πνεύματι, vor allem *Mose*, nämlich in Barn 10,2.9 Μωϋσῆς ... ἐν πνεύματι ἐλάλησεν, Barn 12,2 λέγει εἰς τὴν καρδίαν Μωϋσέως τὸ πνεῦμα. Zu Barn 14,2 καὶ ἔλαβεν Μωϋσῆς τὰς δύο πλάκας τὰς γεγραμμένας τῷ δακτύλῳ τῆς χειρὸς κυρίου ἐν πνεύματι und dem Jesajazitat in Barn 6,14 ὧν προέβλεπεν τὸ πνεῦμα κυρίου vgl. die Auslegungen. Der Sache nach gehören auch die Aussagen über die Propheten in Barn 5,6 und z.B. über *David* in Barn 12,10 hierher.

[59] Das Lexem δόγμα begegnet noch in 1,6; 10,1.9.10, und zwar stets im Pl.; zum Sprachgebrauch im Barn vgl. die Auslegung von Barn 1,6. Δόγμα meint den Sinn der Gebote der Schrift, der nur ἐν πνεύματι (9,7; 10,9; vgl. S. 367 Anm. 58), also ἐν τῇ συνέσει (10,1) zu erfassen ist.

den, mit λέγει γάρ konventionell eingeführten Zitats fest. Nicht daß Abraham beschnitten hat, sondern daß die in Gen 17 angeordnete fleischliche Beschneidung als Gleichnis gemeint ist (vgl. Barn 6,10), dessen Sinn Abraham erfaßt und durch sein περιέτεμεν symbolisch angezeigt hat, soll erwiesen werden. Abraham gilt somit als Modell für das Erfassen und Befolgen des Willens Gottes.

8a ist ein Mischzitat[60] aus Gen 17,23 und Gen 14,14; aus Gen 14,14 sind die beiden Zahlworte δεκαοκτώ und τριακοσίους entlehnt. Ihre Abfolge entspricht dem hebräischen Genesistext (שְׁמֹנָה עָשָׂר וּשְׁלֹשׁ מֵאוֹת)[61]. Die griechischen Hauptzeugen von Gen 14,14 lesen zwar τριακοσίους δέκα καὶ ὀκτώ, doch überliefern nicht wenige Minuskelhandschriften die Abfolge der Numerale wie im Barn.[62] Hieraus wird nicht zu folgern sein, daß Barn eine sonst nicht erhaltene und dem Hebräischen stärker verpflichtete griechische Genesisübersetzung kannte. Vielmehr signalisiert die Reihenfolge δεκαοκτώ καὶ τριακοσίους in V 8a, daß dieser vorgebliche Schriftbeleg nicht nur gezielt für die Beweisführung in V 8b kompiliert, sondern auch komponiert ist. Schließlich kann die Schrift anhand der Beschneidung durch Abraham nicht zuerst auf das Kreuz und dann auf Jesus hinweisen (vgl. die Konstruktion μὲν … καί in V 8c). Die Verknüpfung beider Sequenzen mag auf der Gleichsetzung von πάντας οἰκογενεῖς αὐτοῦ mit πᾶν ἄρσεν τῶν ἀνδρῶν τῶν ἐν τῷ οἴκῳ Ἀβραάμ in Gen 17,23 basieren, so daß τοὺς ἰδίους οἰκογενεῖς αὐτοῦ in Gen 14,14 dazu zu berechtigen schien, deren Anzahl mit den männlichen Angehörigen von Abrahams Haus gleichzusetzen.

Die leserzentrierte Frage (τίς οὖν ἡ δοθεῖσα γνῶσις…) leitet die Auslegung ein. Mittels αὐτῷ rekurriert sie auf die hermeneutische Anmerkung aus V 7b. Demzufolge sind die δόγματα, die Abraham (vom κύριος) in Gestalt dreier Buchstaben empfing, mit der γνῶσις identisch, die der Vf. seinen Lesern in den Teilversen 8b.c vermittelt. Insofern die exegetische Bemerkung Ἀβραάμ … ἐν πνεύματι προβλέψας aufdeckte, daß die drei Lehren, die Abraham empfangen hat, vom κύριος stammen, besitzt auch die Gnosis diesen Rang. Der Vf. verbindet also mit seiner

---

[60] Vgl. WINDISCH, Barnabasbrief 355ff.

[61] Die Zahl 318 ist in der hebräischen Bibel nur einmal belegt. Die Abfolge der Zahlworte bleibt auch in der jüdischen Traditionsliteratur konstant; eine Verknüpfung von Gen 14,14 mit Gen 17,23 fehlt selbstverständlich.

[62] Die vermutlich ursprüngliche Lesart τριακοσίους δέκα καὶ ὀκτώ in der griechischen Übersetzung von Gen 14,14 ist durch die Unziale M (7. Jh.) und einige Minuskelfamilien belegt; vgl. auch Gen 14,14 vg *trecentos decem et octo* sowie die vl für Barn 9,8b durch L. Die Minuskel 458 (12. Jh.) hingegen liest in Gen 14,14 δέκα ὀκτὼ καὶ τριακοσίους; eine ganze Reihe anderer Minuskeln (15, 82, die Hss. aller C-Familien, die t-Familie sowie sechs weitere Hss.) überliefern ὀκτὼ καὶ δέκα καὶ τριακοσίους. Für keine dieser von M abweichenden Lesarten läßt sich hohes Alter oder gar gezielte Korrektur in Richtung eines hebräischen Kontrolltexts erweisen. Es sind stilistische, grammatisch richtige Verbesserungen. Beachtlich ist die Verwendung von Zahlzeichen: τριακοσίους τῇ in der Minuskel 343 (10. Jh.) sowie τιη in mehreren Minuskeln des 13.-15. Jh. Abgesehen davon, daß sie M stützen, scheinen diese besonderen Belege anzuzeigen, daß mittelalterliche Kopisten, die den Barn sicher nicht kannten (vgl. ‚§ 2 Die indirekte Überlieferung'), von sich aus die Abfolge der Numerale δέκα καὶ ὀκτώ als nomen sacrum auffassen konnten. Innerhalb der biblisch christlichen Literatur belegen z. B. 𝔓45, P.Oxy 1079 = 𝔓18; P.Oxy 1224 = Ap12 das Kürzel τιη als nomen sacrum (vgl. ALAND, Repertorium der griechischen Paypri 1,12; KENYON, Chester Beatty Biblical Papyri II,IX).

Auslegung, mit der er selbst seinen Mahnungen in Barn 1,7 und 2,1 nachkommt, die Rechtssatzungen des Herrn zu erforschen (2,1), den hohen Anspruch, authentisch erfaßt zu haben und mitzuteilen, was der κύριος selbst in Gestalt der Beschneidung durch Abraham geoffenbart hat.

V 8b begründet die Auslegung durch die Graphik der Numerale. Die Beweisführung ist nur im Griechischen möglich[63] und weist darauf hin, daß der Barn nicht zum Vortrag, sondern zur Lektüre verfaßt wurde (vgl. 6,18). Dies erklärt, weshalb die Leser auf das Spatium zwischen den beiden Numeralen aufmerksam gemacht werden. Subjekt von λέγει und ebenso von δηλοῖ in V 8c ist der κύριος. Primäres Auslegungsobjekt ist demzufolge nicht mehr das Beschneidungsgebot, sondern die in der Schrift belegte Anzahl der von Abraham beschnittenen Männer.[64] Wegen des περιέτεμεν in V 7 ist jedoch nicht nur dieser Beleg, sondern auch das darauf bezogene Gebot und dessen Ausführung im Blick. Die Erläuterung des καί zwischen δεκαοκτώ und τριακοσίους als διάστημα ist durch die Umschrift der Zahlworte in die beiden Zahlbuchstaben Ι΄ und Η΄ erforderlich geworden. Denn wäre bereits im Zitat (V 8a) ΙΗ΄ Τ΄ zu lesen gewesen, machte erstens die Umschrift, zumal wenn der Text zur Hand ist, keinen Sinn und zweitens erwartete man in V 8a ἀριθμῶν statt γραμμάτων bzw. in V 8c ἀριθμούς anstelle von γράμμασιν. Der sichtlich mit Stolz und eingedenk der exegetischen Bemerkung über den Scopus der Beschneidung durch Abraham (εἰς τὸν Ἰησοῦν) als schlagend präsentierte Erweis ἔχεις ᾽ΙΗ(σοῦν) setzt auch bei den Lesern Vertrautheit mit der Verwendung der nomina sacra[65] voraus. Überzeugen mochte und sollte diese Finesse am griechischen Wortlaut von Gen 14,14 wohl nur Christen,[66] wenn auch nicht alle und nicht nachhaltig.[67] Die Um-

---

[63] Im Hebräischen wäre wohl ש ׳ה gestanden. Die Zahl 318 avanciert im 4. Jh. zu einer idealen Größe; vgl. die Überschrift des Symbols von Nicaeum: Ἔκθεσις τῶν τιη΄ πατέρων (WOHLMUTH, Decreta 5).

[64] Vgl. Clem. str. VI 11,84,1–85,4; näheres dazu S. 34 unter ,§ 2 Die indirekte Überlieferung'.

[65] Zum Phänomen der nomina sacra vgl. die Untersuchungen von L. TRAUBE (Nomina Sacra. Versuch einer Geschichte der christlichen Kürzungen. München 1907) und A. H. R. E. PAAP (Nomina Sacra in the Greek Papyri of the First Five Centuries A.D. Leiden 1959).

[66] Vgl. Clem. paed. III 12,89,1 (BKV[2.2] 8,211): „Wir haben das durch Moses gegebene Zehngebotegesetz, das durch einen einfachen, nur zu einem Strich bestehenden Buchstaben auf den Namen des Erlösers hindeutet." Ähnlich Clem. paed. III 4,43,3 (BKV[2.2] 8,54): „Und vielleicht ist die zehnsaitige Harfe ein Weissagung auf den Logos Jesus ...“; ebenso str. VI 16,145,7 (BKV[2.2] 19,339): „Und überhaupt weist der Dekalog durch den Buchstaben Jota auf den seligen Namen hin und zeigt, daß Jesus der Logos ist." DidascSyr 107 (CSCO.S 242,5–8) zufolge konnte der Buchstabe Jod (׳)/Iota (ι)/Yud (ـ) nicht nur als Zahlzeichen für Zehn aufgefaßt und als Hinweis auf den Dekalog verstanden, sondern als Initiale des nomen sacrum für Jesus gedeutet werden. Vgl. auch DidascSyr 107f. (CSCO.S 242,23–243,17) die zweifache Auslegung des Numerale ἰῶτα im Logion Mt 5,18 als Hinweis auf den Namen Jesus sowie auf den Dekalog und die Rechtssatzungen, auf jenes Gesetz, das keinen „Unterscheid der Speisen, kein Räucherwerk, keine Darbringung von Schlacht- und Brandopfer" (TU 10/2,129,34f.) kennt, das vielmehr „auf die Leitung der Kirche und auf die Nichtbeschneidung des Fleisches" (ib. 129,36f.) weist.

[67] Als gnostische Schriftauslegung kennt Iren. haer. I 3,2 die spekulative Auswertung der ersten beiden Buchstaben des Namens ΙΗϹΟΥϹ auf die 18 Äonen (ähnlich ib. I 15,2). Näheres dazu sowie zu den gnostischen Zahlenspekulationen überhaupt und zu ihrer Kritik durch den kleinasiatischen Theologen und lyoneser Bischof vgl. DÜNZL, Spuren theologischer ,Aufklärung' 92–94. Arithmetischer Demonstrationen, die durch die pythagoreische Zahlenlehre beeinflußt sein mögen, bedient sich aber z.B. auch Philo,

schrift der Numerale τριακοσίους in ihr Zahlzeichen Τ´ gehorcht denselben Regeln.[68] Daß im christlichen Ambiente in der Graphik des Zahlbuchstabens Τ´ sogleich ein Hinweis auf das Kreuz Jesu Christi gesehen wurde, wird kaum zu bezweifeln sein.[69] Bedeutsam ist denn auch nicht diese Entschlüsselung, sondern die Deutung des Kreuzes als Gnadenzeichen. Man muß dies von dem Anspruch her lesen, den Juden mit der fleischlichen Beschneidung verbunden haben. Die Beschneidung gilt Juden durch Gen 17 als Zeichen und Siegel der Gnade Gottes, die er über Abraham dem Volk in seiner בְּרִית geschenkt und bleibend verheißen hat. Der Vf. will erweisen, daß exakt diese Heilszusicherung und Heilsverheißung nie mit der fleischlichen Beschneidung verbunden war, fehlte doch immer, was hätte verbunden werden können, nämlich die בְּרִית (vgl. Barn 4; 14,1–7), sondern daß sie im Kreuz Jesu Christi festgemacht sind. Was Barn 7,3–11 anhand der Rechtsforderungen für den Versöhnungstag aufgezeigt haben, daß der Gekreuzigte der verheißene Heilbringer ist, führt V 8b in der knappen Aussage zusammen, daß das Kreuz Jesu bleibendes Gnadenereignis ist. Der Imper. ἤμελλεν bestimmt hierbei das Kreuz Jesu als Gnadenereignis, durch das sich die an Abraham ergangene, durch seine Beschneidung der 318 Männer zeichenhaft angezeigte und in der Schrift bezeugte Verheißung in einer alle Zeit prägenden Weise erfüllt hat.[70]

V 8c rekurriert auf die Ankündigung von V 7, Abraham habe von drei Buchstaben Lehren empfangen. Weil Abraham V 7 zufolge nicht nur Empfänger der δόγματα ist, die er V 8c gemäß durch die Beschneidung der 318 Männer kundtut, sondern hierbei im Geist auf Jesus vorausblickt, ist der Stammvater Israels selbst der älteste Zeuge für die vom Vf. in der Schrift entdeckte Bedeutung der Beschneidung. Die Vokabel δηλοῦν begegnet nur noch in Barn 17,1, also in einem Rahmenkapitel. Ihre in 17,1 summarische und in 9,8 konkrete Verwendung für die in der Schrift vorliegende Offenbarung weist auf philonischen Sprachgebrauch.[71] Signal

---

wo sie ihm zur Begründung von Auslegungen zupaß kommen; vgl. Philo, op. 13f.; all. 1,2–5; ferner die Auslegung zu Barn 15,3.4a.

[68] Daß es sich um keine gematrische Auslegung handelt, ist offenkundig und zuletzt von HVALVIK, Gematria 276–282, hervorgehoben worden. Entscheidend ist, daß IHCOYC isopsephisch nicht 18 ist, sondern den Zahlwert 888 hat (vgl. Iren. haer. I 15,2 [FC 8/1, 242 Anm. 54]; II 24,1f.), und daß eine bloß gematrische Interpretation von 300 nie zu CTAYPOC, das den Zahlwert 1271 hat, gelangt. Ferner muß auffallen, daß Barn die Zahlenangaben δεκαοκτώ und τριακοσίους ohne Bezug zum Kontext in Gen 14,14; 17,23 deutet. Auch dies widerspricht gematrischer Praxis, wie z.B. die im Namen des Bar Kapra (um 220) überlieferte rabbinische Deutung der Zahl 318 auf Eliëser vor Augen führt; vgl. GnR 43,2 zu Gen 14,14 (א [1] + ל [30] + ' [10] + ‎ֽ [70] + ' [7] + ר [200] = 318); ferner GnR 44,9; LvR 38,4; bTSuk 31a; bTNed 32a.

[69] Vgl. DidascSyr 107f. (CSCO.S 243,6f.), wo auf die Deutung des ἰῶτα folgend, im Term μία κεραία (ܪܚܐܕܐ) aus dem Logion Mt 5,18b (ἰῶτα ἓν ἢ μία κεραία οὐ μὴ παρέλθῃ ἀπὸ τοῦ νόμου, ἕως ἂν πάντα γένηται) der Hinweise auf das ‚Querholz des Kreuzes‘ (ܗ̈ܠܒܐ ܪܚ̈ܫܐ) Jesu erkannt wird.

[70] ANDRESEN, Lehrentwicklung 58, befindet hierzu: „Hier ist das heilsgeschichtliche Ereignis der Kreuzigung zum Symbol erstarrt, der Name ‚Jesus‘ zur Chiffre geworden. Wohl kein literarisches Dokument der frühen Christenheit manifestiert so eindeutig der der allegorischen Methode innewohnende Eigenart, geschichtliches Geschehen zum Stillstand zu bringen.“

[71] Die Bedeutung des Lexems, das in den griechischen Bibelübersetzungen meist für ידע (KBL 364–367) steht, trifft sich oft mit γνωρίζειν und ἀποκαλύπτειν, zu dessen Gunsten δηλοῦν in der neutestamentlichen Literatur zurücktritt; Näheres vgl. BULTMANN, δηλόω. ThWNT 2 (1935) 60f.

für die Zusammengehörigkeit von Jesus und Kreuz sowie für die zeitliche Folge der damit in den Blick genommenen Ereignisse, nämlich Inkarnation und Tod, scheint die grammatisch ungenaue Fortsetzung[72] des mit μέν hervorgehobenen Satzteils durch καί zu sein. Der Schlußsatz von V 8 blickt auf den Schluß von V 7 sowie auf das Mischzitat aus Gen 17,23 und 14,14 zurück, so daß Abrahams Beschneidung der 318 Männer als prophetische Zeichenhandlung erscheint, die das in der Schrift verheißene Heilsereignis Jesu Christi besiegelt. Prophetisches Wort und prophetische Tat greifen in Barn 9,7f. ineinander und bestätigen sich wechselseitig. Dies hat zur Folge, daß die fleischliche Beschneidung, die von Barn 9,6 her Thema ist, als von Anfang an nichtig ausgewiesen ist. Weil Jesus Christus die eschatologische, in der Schrift verheißene Heilssetzung Gottes ist, ist die Beschneidung am Fleisch soteriologisch wertlos und im Grunde blasphemisch.

Für den Vf. gehört Gen 17 also nachweisbar ins prophetische Genre. Es ist – wie freilich die ganze Schrift – ein prophetischer Text, in dem eine prophetische Zeichenhandlung beschrieben ist, deren Aussagen mit den als Verheißung zu verstehenden Mahnungen der prophetischen Beschneidungskritik übereinstimmen. Bezüglich der Beschneidung existiert kein Unterschied zwischen der prophetischen und der priesterschriftlichen Traditionslinie.[73] Der Grund hierfür ist der κύριος, der Erweis die Kirche. In ihr ist durch ihn selbst die Erfüllung all dessen angebrochen, was er im Gesetz und durch die Propheten verheißen hat.

9 qualifiziert die in V 8b.c gewonnene Gnosis. Subjekt von οἶδεν ist der κύριος. Die bekenntnishafte Beschreibung seines Heilswirkens an uns greift auf Barn 1,2 zurück. Die eingepflanzte Gabe (τὴν ἔμφυτον δωρεάν) ist von Barn 1,2 her – beide Termini begegnen nur noch in 1,2 – als Begabung mit dem Geist des Herrn zu erklären; es liegt also eine Anspielung auf die Taufe und auf die vom Vf. den Lesern zugesprochene Begnadung mit πνεῦμα vor. Insofern διδαχή von Barn 18,1 her gleichbedeutend mit γνῶσις ist, wiederholt die Sequenz τὴν ἔμφυτον δωρεὰν τῆς διδαχῆς αὐτοῦ der Metapher in V 9a, daß die Christen die ganze Offenbarung Gottes besitzen (vgl. Barn 1,7; 5,3; 7,1) und durch ihre vom κύριος begründete pneumatische Begnadung (Barn 1,1–5) fähig sind, den in der Schrift bekundeten Willen Gottes zu erfassen. Weil ferner die Eulogie in Barn 6,10a nicht nur den Herrn für die ‚uns‘, d.h. jenen Christen, zu denen sich der Vf. selbst rechnet, geschenkte Befähigung preist, seine Geheimnisse zu verstehen, sondern damit zugleich bekennt, daß er ὁ σοφίαν καὶ νοῦν θέμενος ἐν ἡμῖν τῶν κρυφίων αὐτοῦ ist, und Barn 1,7a zufolge Gott (ὁ δεσπότης) ‚uns‘ alles offenbart hat, bezeichnet die Metapher ὁ τὴν ἔμφυτον δωρεὰν τῆς διδαχῆς αὐτοῦ θέμενος ἐν ἡμῖν Gott.[74] Er ist im Barn auch sonst der Ursprung der διδαχή (vgl. Barn 16,9a; 18,1a.b). Diese διδαχή ist den Christen kraft ihrer Geistbegnadung, in der Schrift, in den Rechtsforderungen und den Geboten aber auch in der Lehre von den zwei Wegen gegeben.

---

[72] Vgl. BLASS/DEBRUNNER, Grammatik § 447; BAUER/ALAND, Wörterbuch, Sp. 1019f.

[73] Vgl. S. 340–341.

[74] So auch BULTMANN, Theologie des Neuen Testaments 517.

Vor dem Hintergrund der auf den einzelnen Buchstaben in der Schrift abgestellten Auslegung in V 8c ist die Berufung des Vf., der sich mit ἔμαθεν ἀπ' ἐμοῦ zu Wort meldet, auf den κύριος im Grunde der Verweis auf den Wortlaut der Schrift. Der Einsatz dieser Qualifizierung beginnt im Stil einer Beschwörungs- oder Beteuerungsformel im Sinne von „Weiß Gott, … keiner hat eine unverfälschtere Aussage von mir gelernt."[75] Angesichts der Schriftauslegungen in den vorausgegangenen Kapiteln ist dieser euphemistische Kommentar (οὐδεὶς γνησιώτερον) zu seinem eigenen Schriftbeweis doch überraschend. Der Akzent liegt auf dem Komparativ γνησιώτερον. Authentischer als alle übrigen Auslegungen, d.h. gegenüber jedem Einwand gefeit, ist diese, insofern sie in der Schrift direkt gelesen werden kann. Der Vf. übersetzt die Zahlenangabe lediglich in das übliche Kürzelsystem und erkennt in den beiden ersten Zahlbuchstaben eine Chiffre für ‹'IH›(σοῦν). Noch offensichtlicher verhält es sich beim dritten Zahlbuchstaben. In Kombination mit dem nomen sacrum für Jesus genügt allein schon das bloße Buchstabenbild, um darin den Hinweis auf das Kreuz zu erkennen. Weil man also auf die Ankündigung des Christusereignisses stößt, wenn man die Schrift nur ‚beim Wort nimmt', ist jener, der diese in die Schrift gelegt hat, der κύριος, auch Bürge dieser Auslegung. Diese Erkenntnis besaßen bislang nur Abraham und der Vf. – jetzt aber auch seine Leser. Abraham und die Christen verbindet, daß sie, im Gegensatz zu den Juden (vgl. 14,1.4), würdig sind (ἄξιοί ἐστε), die Gnosis zu empfangen. Christen gewinnen diese Gnosis aus der Schrift. Und ebenso wie für Abraham ergibt sich aus ihr die Verpflichtung (vgl. 21,1), den Geboten Gottes zu gehorchen (21,8). Der großtönende Abschluß nimmt vielleicht eine alexandrinische Tradition auf, der zufolge der Auferstandene die „Zwölf" zu seinen Jüngern wählte, weil er sie hierzu für würdig erachtete.[76] Ἄξιος ist ein spezifischer Gnadenterminus, der jene kennzeichnet und auszeichnet, die vom κύριος zur Verkündigung des Evangeliums berufen sind.[77] Clem. str. VI 6,48,2 führt zu diesem Zweck ein Logion[78] aus KerPe[79] an: ἐξελεξάμην ὑμᾶς δώδεκα μαθητὰς κρίνας ἀξίους ἐμοῦ. In bezug auf die Leser gibt sie ἄξιος als die vom κύριος sich selbst erwählte und zur Mission berufene Nachfolgegemeinschaft zu erkennen. Im Grunde faßt ἄξιοί ἐστε den in Barn 1 den Lesern zugesprochenen Gnadenstand zusammen, wobei aus dem οἶδα und dem ὅτι der ebenfalls im Eröffnungskapitel gegenüber den Lesern (ὑμεῖς)

---

[75] Vgl. KLAUSER, Beteuerungsformeln. RAC 2 (1954) Sp. 222–224; ferner Barn 4,6.

[76] Diametral entgegengesetzt zu diesem in weisheitlicher Tradition beheimateten Motiv (vgl. Weish 3,5; 6,12–16; Clem. str. IV 16,104,1; VI 120,3) hebt Barn 5,9 das Übermaß des sündhaften Ungehorsams der vom κύριος erwählten Apostel hervor. Waren dem Vf. – ebenso wie Origenes und Kelsos? (vgl. Cels. I 63) – beide Begründungen der Wahl, Berufung und Beauftragung der Apostel bzw. der ‚Zwölf' bekannt, wäre die Annahme bekräftigt, daß der Nachdruck von 5,9 auf dem Erweis der Göttlichkeit Jesu liegt (τότε ἐφανέρωσεν ἑαυτὸν εἶναι υἱὸν θεοῦ).

[77] So auch FOERSTER, ἄξιος κτλ. ThWNT I (1933) 379.

[78] Vgl. RESCH, Agrapha 393f.

[79] Das ‚Kerygma Petri', von Clemens Alexandrinus fraglos als echt angesehen (erste Skepsis meldet Origenes), entstand wohl zwischen 100 und 120 in Ägypten. Zu den einleitungswissenschaftlichen Details vgl. NTApo⁵ 2,34–38; dort weitere Literatur.

entwickelte Verfasserschaftsanspruch herausgehört werden darf.[80] Der Vf. weiß um
die Begnadung seiner Leser. Es ist ihre vom κύριος stammende (pneumatische) Begnadung zur Gnosis,[81] die sie zur Verkündigung (vgl. 10,12) befähigt und zu bekennt-
nishaftem Handeln (vgl. 1,6) anhält. Das Gewicht dieses Zuspruchs erhellt im Vergleich zu Barn 14,1b.3c. Dort kennzeichnet die Unwürdigkeit (οὐκ ἐγένοντο ἄξιοι),
die auf der Sündhaftigkeit aufruht (διὰ τὰς ἁμαρτίας αὐτῶν), die Juden und erklärt,
weshalb sie die διαθήκη nicht empfangen haben.

Im Anschluß an Röm 1,17b (ὁ δὲ δίκαιος ἐκ πίστεως ζήσεται)[82] ist man versucht,
in dieses Habakukzitat καὶ γνώσεως einzufügen, und nicht nur der Abrahams-
sequenz (Barn 9,7f.), sondern dem Schreiben als Credo zu unterlegen.

Speisegesetze und Gottesgehorsam (10,1–12)

**Wenn aber Mose sagte: „Ihr sollt kein Schwein essen, weder Aasgeier noch
Habicht noch Raben noch irgendeinen Fisch, der keine Schuppen an sich
trägt,“ empfing er im (richtigen) Verständnis drei Lehren.**

**2 Schließlich sagt er ihnen im Deuteronomium: „Und ich werde mit
Rücksicht auf dieses Volk meine Rechtsforderungen erlassen.“ Folglich ist es
nicht ein Gebot Gottes, diese nicht zu essen, Mose hat vielmehr im geistlichen Sinn geredet.**

**3 Das Schweinchen hat er im Hinblick darauf genannt: Du sollst dich nicht
anschließen, meint er, solchen Menschen, die Schweinen ähnlich sind. Das
heißt, wenn sie üppig leben, vergessen sie den Herrn, wenn sie aber Mangel
leiden, erkennen sie den Herrn; wie auch das Schwein, wenn es frißt, den
Herrn nicht kennt, wenn es aber hungert, schreit und, hat es erhalten, wieder
verstummt.**

**4 „Nicht aber sollst du essen“, sagt er, „den Aasgeier und nicht den Habicht
noch den Hühnergeier noch den Raben.“ Ja nicht, meint er, sollst du dich anschließen noch angleichen solchen Menschen, die nicht wissen durch Mühe
und Schweiß sich Nahrung zu verschaffen, sondern in ihrer Gesetzlosigkeit**

---

[80] Vgl. Clem. *str.* VII 10,55,6: γνῶσις δὲ ἐκ παραδόσεως διαδιδομένη κατὰ χάριν θεοῦ τοῖς ἀξίους
σφᾶς αὐτοὺς τῆς διδασκαλίας παρεχομένοις οἷον παρακαταθήκη ἐγχειρίζεται, ἀφ᾽ ἧς τὸ τῆς
ἀγάπης ἀξίωμα ἐκλάμπει ἐκ φωτὸς εἰς φῶς.

[81] Vgl. Clem. *str.* V 9,56,4; 9,57,1f.

[82] Vgl. Hab 2,4b; Gal 3,11b; Hebr 10,38a. Nicht unbedeutend für den soteriologischen Zusammenhang
zwischen *hören*, *glauben* und eschatologischer *Rettung*, also auch für den Abschnitt Barn 8,7–10,12, ist der
Fortgang der von Clem. *str.* VI 6,48 zitierten Rede des Auferstandenen im KerPe: „Und ich sende die,
von denen ich überzeugt war, daß sie treue Apostel sein werden, in die Welt, um den Menschen auf der
ganzen Welt die frohe Botschaft zu verkünden, *daß sie erkennen*, es sei (nur) ein Gott, und *durch den
Glauben* (an Christus) *an mich das Zukünftige zu offenbaren* [διὰ τῆς τοῦ Χριστοῦ πίστεως ἐμῆς
δηλοῦντας τὰ μέλλοντα], auf daß, die *hören und glauben, gerettet werden* [ὅπως οἱ ἀκούσαντες καὶ
πιστεύσαντες σωθῶσιν], die aber, die nicht glauben, bezeugen, es gehört zu haben, und nicht zu ihrer
Entschuldigung sagen können: ‚wir haben es nicht gehört'" (NTApo[5] 2,40; vgl. BKV[2.2] 4,270).

Fremdes rauben und, als gingen sie in Reinheit, lauern und spähen, wen sie aus Gier ausplündern könnten. Weil auch allein diese Vogelart sich die Nahrung nicht selbst verschafft, sondern faul herumsitzt und danach späht, wie sie fremdes Fleisch auffressen könnte, verseucht von ihrer Bosheit.

5 „Auch sollst du nicht essen", sagt er, „die Muräne und nicht den Meerespolyp noch den Tintenfisch." Ja nicht, meint er, sollst du dich angleichen solchen Menschen, indem du dich (ihnen) anschließt, die abgrundtief gottlos sind und schon zum Tode verurteilt; wie auch allein diese Fischlein verflucht in der Tiefe schwimmen, ohne auf- und abzutauchen wie die übrigen, sondern am Grunde, unten, in der Tiefe wohnen.

6 Aber auch den Hasen sollst du nicht essen; warum? Ja nicht, meint er, sollst du ein Knabenschänder werden noch dich solchen angleichen; denn der Hase vermehrt jährlich den After; wie viele Jahre er nämlich lebt, so viele Öffnungen hat er.

7 „Aber auch die Hyäne sollst du nicht essen;" Ja nicht, meint er, sollst du ein Ehebrecher noch ein Schänder werden noch dich solchen angleichen. Warum? Weil dieses Tier jährlich seine Wesensart wandelt und bald männlich, bald weiblich wird.

8 Aber auch das Wiesel hat er zu Recht verabscheut. Ja nicht, meint er, sollst du wie so einer werden, noch (dich) solchen angleichen noch anschließen, von welcher Art wir hören, daß sie aus Lasterhaftigkeit Unzucht mit dem Mund treiben, noch schließe dich den Lasterhaften an, die Unzucht mit dem Mund treiben. Denn dieses Tier gebärt mit dem Maul.

9 Zwar hat Mose über die Speisen, indem er drei Lehrsätze empfing, so im geistlichen Sinn geredet, sie aber (haben es) der Begierde des Fleisches gemäß aufgefaßt, als (ginge) es ums Essen.

10 Erkenntnis derselben drei Lehrsätze empfing aber (auch) David und sagt ebenso: „Selig ein Mann, der sich nicht in die Ratsversammlung der Gottlosen begibt", wie die Fische sich im Finstern in die Tiefe begeben „und auf den Weg der Sünder nicht tritt", ebenso wie die, die den Herrn zu fürchten scheinen, (doch) sündigen wie das Schwein; „und auf dem Sitz Verdorbener nicht Platz nimmt", ebenso wie die Vögel, die zum Rauben sich setzen. Verhaltet euch vollkommen, auch was das ‚Essen' betrifft.

11 Wiederum sagt Mose: „Ihr sollt alle Spalthufer und Wiederkäuer essen." Was meint er? Daß es, erhält es Futter, seinen Ernährer kennt und (sich) über ihn, ruht es sich aus, zu freuen scheint. Trefflich hat er gesprochen im Blick auf das Gebot. Was also meint er? Schließt euch denen an, die den Herrn fürchten, an die, die darüber nachsinnen, was sie als besonderen Sinn des Wortes in das Herz empfangen haben, an die, die die Rechtstaten des Herrn verkünden und halten, an die, die wissen, daß das Nachsinnen ein Werk des Frohsinns ist und (an die,) die das Wort des Herrn wiederkäuen. Was aber (bedeutet) der Spalthufer? Daß der Gerechte zwar in dieser Welt wandelt, aber den heiligen Äon erwartet. Schaut, wie Mose das Gesetz gegeben hat. Trefflich!

12 Aber woher (sollten) jene das verstehen oder begreifen? Weil wir aber
die Gebote richtig verstanden haben, verkünden wir sie, wie (es) der Herr gewollt hat. Deshalb hat er unsere Ohren und die Herzen beschnitten, damit
wir das verstehen.

Textkritik

Eine Reihe handschriftlicher Varianten sind sofort als sprachliche Verbesserung aus der Diskussion auszuschließen, wie etwa in V 3 die Modusänderung der auf ὅταν folgenden Finita
ὑστεροῦνται, τρώγει, πεινᾷ. Insbesondere ist von Varianten bei Tiernamen abzusehen.[1] In
Barn 10 hat Λ durch Tilgung nicht etwa nur scheinbare Dubletten (ἢ συνιέναι V 12a) beseitigt, sondern, wie in V 12c durch den Wegfall der Klammer zu Barn 8,7b, die Komposition
aufgebrochen.[2] Für die Vv 1.9–12 steht den handschriftlichen Zeugen durch zwei wörtliche
Zitate bei Clemens Alexandrinus ein weiterer, wenn auch nur indirekter Zeuge zur Seite. Für
die Auslegung indes sind diese Zitate sowie die Anklänge an Barn 10 im Œuvre des Alexandriners primär unter wirkungsgeschichtlicher Rücksicht von Interesse.[3]
   1 Die Textwahl der Konjunktionen οὔτε oder οὐδέ im Zitat von V 1 ist aus zwei Gründen für
die Auslegung nicht von Belang. Erstens ist grammatisch und stilistisch die Fortsetzung von οὐ
mit οὔτε ebenso gut möglich wie mit οὐδέ und zweitens sind aufgrund der Reihung nur stilistische, aber keine inhaltlichen Differenzen an dieser textkritischen Option festzumachen. Ferner ist zu bedenken, zumal angesichts des widersprüchlichen Zeugnisses bei Clem. *str.* II 15,67,3
und *str.* V 8,51,2f., daß οὔτε und οὐδέ in Hss. auch sonst „öfters verwechselt sind".[4] Editorische
Präferenzen und stilistische Aspekte[5] leiten hier und in V 4a die Textwahl.   4 In V 4b fordert die
durch ἤ in H und *te nec* in Λ im Grunde gestützte Adversativkonjunktion οὐδέ in ℵ und G ein
der Sache und Struktur gemäßes Pendant zum Finitum κολληθήσῃ und zu der von ihm regierten Sequenz. Insofern ist ὁμοιωθήσῃ in ℵ, H und Λ (*similabis*) gegen G begründet.
5 Schwer zu entscheiden ist, ob nach ὁμοιωθήσῃ mit G und Λ (*adhaereus*) κολλώμενος zu
lesen ist (FB PK SB). Da wegen Form und Wortfolge kaum V 4b zugrundeliegt und mit Ausnahme von V 8 sonst nur eine der beiden Vokabeln herangezogen ist, mögen ℵ und H (w) aus

---

[1] Es begegnen 1. Korruptelen bei Tiernamen (V 1 ἀετός in H statt ἀετόν, χοίρειν in H statt χοῖρον in ℵ
und G, wobei H vielleicht nicht das Adj., sondern das Diminutivum χοιρίον meinte; vgl. V 3; ΜΕΡΙΔΑ
in ℵ* für λέπιδα in V 1), 2. vermeintliche Verbesserungen (κόρακαν ℵ und p statt κόρακα; aus Täuschung über das Genus von ἰχθύν schreibt G πᾶν anstelle von πάντα in ℵ und H) und 3. abweichende
Schreibweisen, zumal der weniger geläufigen Tierbezeichnungen (V 5 für πολύποδα in G scheinen ℵ
[πόλυπα] und H [πόλυπα] nicht πολύπους, sondern die sehr seltene poetische, und falsch akzentuierte Form πόλυπος [vgl. Pape, Wörterbuch 2,669] zugrundezuliegen).
[2] Die wichtigsten sind V 3 ὅμοιοι; bis τουτέστιν sowie ὅταν bis ὡς καί; V 4 οὐδὲ τὸν ἰκτῖνα; V 8 τὸ
γὰρ ζῷον bis κύει; V 11 διχηλοῦν καί; μετὰ τῶν φοβουμένων τὸν κύριον καὶ τηρούντων καὶ ἀναμαρυκωμένων bis ἐκδέχεται; V 12 ἢ συνιέναι δικαίως διὰ τοῦτο bis ἵνα συνιῶμεν ταῦτα.
[3] Clemens Alexandrinus bezieht sich auf neun Verse aus Barn 10. Die Vv 9.10.1 zitiert er in dieser Reihenfolge wörtlich in *str.* II 15,67,1–3 und die Vv 1.11f. in *str.* V 8,51,2–52,1. Ausgangspunkt für *paed.* II
10,83,4f. sind Vv 6f.; V 4 gibt zusammen mit Vv 1.3.9f. die Stichworte für die Komposition in *str.* V
8,52,1–3. Über den textkritischen Wert dieser ältesten Wirkungsgeschichte von Barn 10 vgl. S. 34f. unter
Punkt ,§ 2 Die indirekte Überlieferung'.
[4] Blass/Debrunner, Grammatik § 445; S. 375; vgl. Clem. sowie Barn 2,4; 12,6, wo keine Varianten
zu οὔτε vorliegen.
[5] Vgl. Haeuser, Barnabasbrief 63 Anm. 1, der H folgen will, „da Barnabas die Wesen der drei Tierrei-
che deutlich unterscheidet. … Während nämlich Σ [=ℵ] viermal οὔτε schreibt und dadurch alle Glieder
gleichsetzt, verbindet H nur die drei Vogelarten durch οὔτε und schreibt vor πάντα ἰχθύν· οὐδέ."

stilistischen Erwägungen getilgt haben. **8** Die Lesart φησίν γενηθῇς τοιοῦτος οἵους von ℵ (HG² GH FB W SB) und H (οἵος ist eine Verschreibung) einerseits, die Λ mit *eris inquit talis qui* stützt, und die Variante in G γὰρ φησίν ὁμοιωθήσῃ τοῖς τοιοῦτος οἵους andererseits raten zur Konjektur γένη φησίν τοιοῦτος οὐδὲ ὁμοιωθήσῃ τοῖς τοιούτοις οἵους (PK). Zum einen sind die Varianten nicht voneinander abzuleiten und zum anderen ist der innere Vorzug, den der Textbestand in G aufgrund seiner mit Vv 6b.7b ähnlichen Struktur hat, durch Λ sowie durch die gegenüber Vv 6b.7b zusätzliche und unisono bezeugte Mahnung mittels einer Form von κολλᾶν (κολληθήσῃ G [vgl. Λ *adhaerebis*], κολληθήσει ℵ* [PK notieren versehentlich κολλησθήσῃ], κολλήσῃ H) wettgemacht. Für die Konjektur von PK spricht schließlich die Metapher ‚Unzucht mit dem Mund treiben'. Mit ihr belegt die frühchristliche Ketzerpolemik Vertreter anderer christlicher Theologien. Barn 4 zufolge ist der Glaubensabfall die Gefahr der eschatologischen Zeit schlechthin, so daß sich gegenüber Vv 6b.7b die durch die Konjektur wiederhergestellte Dublette (ὁμοιωθήσῃ … κολληθήσῃ) innerhalb der dreifachen Warnung οὐ μὴ γένη … οὐδὲ ὁμοιωθήσῃ … οὐδὲ κολληθήσῃ als Pleonasmus erklärt, der Ernst und Reichweite der Heilsbedrohung herausstellt. Gegen das sichere ἀκούομεν in ℵ, H und G liest L *audit*. **10** In ℵ*, G und L schließt die Zitationseinleitung mit καὶ λέγει bzw. *et dicit* (w). Für die Ursprünglichkeit der Lesart von H καὶ λέγει ὁμοίως bürgt die Randkorrektur ℵᶜᵐᵍ (HG² GH FB PK SB). Βρώσεως ist durch ℵ, H und Λ (*escis*) gegen γνώσεως in G sicher bezeugt.[6] Im Kontext des Kapitels und im Blick darauf, daß noch zehn weitere Kapitel zur ‚vollkommenen Gnosis' mitgeteilt werden, macht γνώσεως überdies als Objekt des Ind. bzw. Imper. ἔχετε schwerlich Sinn.

Analyse und Auslegung

Thema und exegetische Regel (10,1.2)

1 Ὅτι δέ gibt Barn 10 als Fortführung[7] von Barn 9 zu erkennen. Diese Zuordnung beider Kapitel scheint dadurch gestützt, daß in V 1 keine formal gültige Themenangabe geschieht, sondern auf die Verklammerung mittels ὅτι δέ sogleich ein formgerecht eingeleitetes (Μωϋσῆς εἶπεν[8]) Schriftwort folgt, und daß mit dem Motiv des Empfangs dreier Lehren (τρία ἔλαβεν … δόγματα) der Konnex zu Barn 9,7 explizit angezeigt wird. Mit V 1 wechselt nicht Thema und Absicht, sondern das Beweisobjekt. Freilich nur insoweit, als es auch für Barn 10 innerhalb der Schrift (Μωϋσῆς εἶπεν) gefunden wird. Hinter dem Verbot οὐ φάγεσθε steht also die Autorität der

---

[6] DE MURALTO, Patres Apostolici 1,30, der nur L sowie die Hs. (c) verwenden konnte, vermutet im textkritischen Apparat zu V 10 – seiner Zählung gemäß „X,31": „γνώσεως] esis, βρώσεως?"

[7] Die Partikelverbindung ὅτι δέ begegnet noch in Barn 8,5 und 9,8b. Im Kapitel über das Reinigungswasser steht sie funktional neben διὰ τί δέ (8,4.6). Zur konsekutiven Färbung des bloßen ὅτι vgl. BAUER/ALAND, Wörterbuch, Sp. 1192; BLASS/DEBRUNNER, Grammatik § 446,2. L hat V 1 mit *quare (autem)* als Frage gefaßt. Doch kann *quare* auch konsekutiven Sinn haben (vgl. GEORGES, Handwörterbuch 2,2140). Die Funktion des Einsatzes entspricht wohl dem, „wie wenn ὅτι nach τοῦτο folgt … [1,4.5] oder nach τί δέ [7,11]." MÜLLER, Erklärung 235.

[8] Dieser Rekurs mittels εἶπεν auf die Zitationseinleitung in V 1 wiederholt sich in der Aufnahme dieses Zitationsverbs aus 10,11a in 10,11c. Der starke Aorist εἶπεν begegnet im Barn überhaupt nur als Zitationsverb und zwar stets mit Quellenangabe (ὁ θεός 5,5; κύριος 6,12b; Μωϋσῆς 10,1.11a; 12,7b; 14,3a; als Rekurs auf eine vorausstehende Zitationseinleitung in 10,3.11c; als Zitationsverb innerhalb einer mitzitierten Zitationseinleitung 12,10.11a; 13,2b.5bᵇⁱˢ); vgl. S. 91f. unter Punkt ‚§ 4 Struktur, Komposition und literarischer Charakter'.

Schrift. Diese Untersagung liefert den Anhaltspunkt zur Auffindung des Beweis-
und Demonstrationsgegenstands. Das Stichwort führt auf die mosaischen Vorschriften in Lev 11,1-23 und Dtn 14,3-21 über die als Speisen zugelassenen bzw. verbotenen
Tiere, wobei die Negation oὐ sogleich das Augenmerk auf letztere Gruppe[9] richtet.
Das Zitat ist ein Exzerpt aus den Verbotsreihen beider Kataloge[10], das für die Landtiere stellvertretend das Schwein (χοῖρος; vgl. ὗς Lev 11,7; Dtn 14,8)[11] nennt, für die
Vögel beispielhaft den Aasgeier (ἀετός; vgl. Lev 11,13; Dtn 14,12b)[12], den Habicht

---

[9] Verbotene Landtiere (Lev 11,4-8; Dtn 14,7.8), verbotene Wassertiere (Lev 11,10-12; Dtn 14,10), verbotene Vögel (Lev 11,13-23; Dtn 14,12-19). KORNFELD, Reine und unreine Tiere 136-146, der die als unrein
klassifizierten Tiere und Tierarten mittels eines religionsphänomenologischen und kultursoziologischen
Vergleichs ‚identifizieren' will, stellt auf dieser Basis drei Kriterien für eine Aufnahme eines Tieres oder einer Tierart in die Verbotskataloge heraus: 1. Raubtiere und Aasfresser, 2. chthonische Lebensweise, 3. Be-
wohner der Wüsten, öder Stätten und Ruinen. „Ihnen gemeinsam ist die Lebensfeindlichkeit ihrer Ge-
wohnheiten oder Lebensbereiche, und dies scheint der Hauptgrund zu sein, weshalb sie disqualifiziert
wurden" (ib. 146). Der literarische, genetische Aspekt der biblischen Texte, womit im Grunde das Pen-
tateuchproblem berührt ist, kommt in dieser religionsphänomenologischen Studie freilich nicht in den
Blick.

[10] Zur Frage der literarischen Beziehung zwischen Lev 11,1-23 und Dtn 14,3-21 vgl. ELLIGER, Leviticus
142-145, speziell 148: „Es war eine doch wohl schon schriftliche Form des Niederschlags einer Tradition,
die in einer räumlich oder zeitlich bedingten anderen Form Dt 14 vorliegt. Welche Form die ältere ist, läßt
sich nicht entscheiden. ... Dabei dürften die Listen im allgemeinen älter sein als die allgemeinen Formulierungen. ... Dem Redaktor lag ... ein durch die Zeiten hin gewordenes Konglomerat vor, stilisiert als
Anrede an ein 2. pl." Zu den Tiernamen vgl. NIELSEN, Deuteronomium 152-154.

[11] Ὁ χοῖρος und seine Derivate fehlen in den älteren griechischen Bibelübersetzungen. Symmachus
übersetzt חֲזִיר ‚Wildschwein, Eber' (KBL 286) in Jes 65,4; 66,3 mit χοῖρος statt ὗς, und ebenso liest die
Aldina (vgl. PROSTMEIER, Manutius. LThK³ 6 [1997] Sp. 1288) in Lev 11,7 und in Ps 79(80),14; ähnlich σ´
in Jes 66,17 κρέας τὸ χοίρειον satt κρέας ὕειον. Ältester Beleg in der jüdischen Gräzität scheint Josephus, Ap. 2,137 zu sein; Philo kennt nur das Adj. χοίρειος (Flacc. 96; Gai. 361). In den alttestamentlichen
Pseudepigraphen ist χοῖρος nur in T.Lev. 2,5 nachgewiesen. Innerhalb des neutestamentlichen Korpus
findet sich das Lexem einzig bei den Synoptikern, und zwar stets im direkten Konnex zu Jesus, nämlich
entweder innerhalb eines Logions (Mt 7,6) aus der Spruchsammlung (vgl. LUZ, Matthäus 1,382), einer
Gleichniserzählung aus dem lk Sondergut (Lk 15,15f.) oder der Dämonenaustreibung (Mt 8,30-32 par).
Bei den Apostolischen Vätern sind Barn 10,1.3ᵇⁱˢ.10 für χοῖρος und Barn 10,3 für das Diminutivum χοίριον die einzigen Belege. Die durch Lev 11,7 und Dtn 14,8 vorgegebene Vokabel ὗς fehlt bei Philo; er verwendet ausschließlich das Synonym ὁ σῦς (agr. 144; somn. 2,89; spec. 3,36.113; 4,101; prov. fr. 2,57), das die
älteren griechischen Bibelübersetzungen nur einmal als Variante zu ὗς in Ps 79(80),14 (HATCH/RED-
PATH, Concordance 1323a.1418b, notieren V 13, doch vgl. 1472a) für חֲזִיר bezeugen (א¹ B). Josephus kennt
σῦς (z.B. AJ 3,172; 12,254; Ap. 2,65f.106.142; BJ 1,35) und ὗς (Ant. 13,243). Zu ὗς (σῦς fehlt) in den griechisch überlieferten atl. Pseudepigraphen vgl. grHen 89,42f.; T.Aser 2,9, ferner S. 387 Anm. 60. In der
neutestamentlichen Literatur fehlt σῦς. Ὗς kehrt allein, allerdings ohne Bezug zu den Speisegesetzen, in
2 Petr 2,22 wieder. Beide biblischen Lemmata fehlen bei den Apostolischen Vätern. Χοῖρος und χοίριον
in Barn 10,1.3ᵇⁱˢ.10 meinen חֲזִיר aus Lev 11,7; Dtn 14,8. TREU, Überlieferung 550, erwägt, ob ὕαινα in
Phys.A. 24 (vgl. SBORDONE, Physiologus 85) eine Femininbildung zu ὗς ist, also ein Motionsfemininum
(vgl. BORNEMANN/RISCH, Grammatik § 301,1a) wie λέαινα zu λέων. Die Reserven gegenüber der
Hyäne führten dann auf Dtn 14,8 zurück, also auf das Verbot, Schweinefleisch zu essen.

[12] Die Bedeutung von ὁ ἀετός, in der Poesie auch αἰετός, ist uneinheitlich. PAPE, Wörterbuch 1,43, erklärt
das Lexem mit ‚Adler'; in diesem Sinn begegnet es in Offb 12,4. Die Bedeutung ‚Aasgeier', wofür sonst
entweder ὁ ὑπάετος bzw. ὁ ὀρειπέλαργος oder ὁ περκνόπτερος ἀετός steht, also mittels des Attributs
vom ‚Adler' abgehoben ist, scheint von seiner Charakterisierung in Ijob 39,27.30 herzurühren (vgl.
BAUER/ALAND, Wörterbuch, Sp. 36). In den griechischen Bibelübersetzungen steht ἀετός für נֶשֶׁר ‚Ad-

(ὀξύπτερος; vgl. Lev 11,16; Dtn 14,17 ἱέραξ)[13] und den Raben (κόραξ; vgl. Lev 11,15; Dtn 14,14) aufzählt sowie bei den Wassertieren das summarische Verbot aller Schuppenlosen (οὐκ ἔχει λεπίδα ἐν ἑαυτῷ; vgl. Lev 11,10; Dtn 14,10) wiederholt. Da in die Abfolge der Tierklassen die Vögel entgegen den biblischen Listen vor den Wassertieren rangieren[14] und zudem die Tiernamen differieren, wird dieses vorgebliche Zitat nicht unmittelbar aus den beiden biblischen Katalogen gewonnen sein.[15] Es ist vielmehr ein Merksatz, der mosaische Speiseverbote mit der Absicht zusammenfaßt und akzentuiert, daß seine triadische Struktur den sachlichen Konnex zu Barn 9, den das Motiv der drei Lehren mittels des ἔλαβεν für Mose reklamiert, zu erkennen gibt und gemeinsam mit den Stichworten den Erweis dieser τρία ... δόγματα, über die Barn 1,6 grundlegend Auskunft gab, vorbereitet. In diesem Dienst steht im Grunde auch das ἐν τῇ συνέσει. Zweimal, in Barn 21,5 und 2,3, also im Rahmen bzw. in einer Passage, die eng mit dem Rahmen verbunden ist,

---

ler, Geier' (KBL 640f.). Die Hapaxlegomena רָחָם in Lev 11,18 und רָחָמָה in Dtn 14,17, die vermutlich ,Aasgeier' meinen, sind mit κύκνος ,Schwan' bzw. ἱέραξ ,Habicht' übersetzt. Obwohl auch Λ (aquilam) die Bedeutung ,Adler, Fischadler' festhält, wird man wegen der in 10,4c.10c skizzierten ,Physis' des ἀετός bei der hergebrachten Übersetzung ,Aasgeier' bleiben dürfen. Hierfür spricht auch die Skizzierung der Eigenart des ἀετός in Phys.A. 6 (vgl. S. 378 Anm. 13), die sicher einen Adler beschreibt, sowie ihre theologische Deutung, die beide mit der Charakterisierung der Raubvögel in Barn 10,1.4.10 unvereinbar sind.

[13] Ὁ ὀξύπτερος fehlt in der griechischen Bibel sowie in der außerbiblischen, jüdischen Gräzität; christlicherseits ist das Lexem vor Barn 10,1.4 nicht belegt. Die Zitate aus Barn 10 bei Clemens Alexandrinus sind die zeitlich nächsten Zeugnisse für ὀξύπτερος. Die Physis, die diesen Vögeln mittels ἁρπάζουσιν und εἰς ἁρπάγην überhaupt beigelegt ist (Vv 1.3.10c), und ihre unmittelbare Deutung ὄντα λοιμὰ τῇ πονηρίᾳ αὐτῶν führt auf die Charakterisierung des ὀξύπτερος in einer der fünf Versionen bzw. Sammlungen der ersten Redaktion des griechischen Physiologus. Für ihre Datierung ins 2. Jh. gibt es gute Gründe (vgl. TREU, »Otterngezücht« 113–122; DIES., Datierung 101–104). Phys.A. 35a3 (SBORDONE, Physiologus 114f.; KAIMAKIS, Physiologus 101a) zufolge ist der ὀξύπτερος Sinnbild für ὁ ἀντικείμενος αὐτῶν διάβολος. Wie für den Habicht (ὀξύπτερος) die einzelne abgeirrte Taube (περιστερά) leichte Beute ist, so wird jeder irregeführte Christ (πᾶς χριστιανός), der die Versammlung Gottes (ἐπισυναγωγὴ τοῦ θεοῦ) verläßt, ein ,Raub des Bösen' (ἅρπαγμα τοῦ πονηροῦ). Wie im Physiologus fehlt auch in allen späteren Belegen für ὀξύπτερος der Bezug zu den Speisevorschriften. Ende des 4. Jh. folgen Gr.Naz. carm. (PG 37,1438) und Mac.Aeg. hom. 32,12; LIDDELL/SCOTT, Lexicon 1236. Suppl. 109, tragen Cyran. 95 nach. Welches Tier gemeint ist, geht aus Scholien hervor: Scholia in Aeschylum 207b1 erklärt κίρκος (,Habicht') mit ὀξύπτερος und Scholia in Aeschylum Persas 857 versteht offenbar „κίρκοι, ὀξύπτεροι, ἀετοί" als Synonyma; ähnlich notiert Scholia in Homeri Odysseam 13,87: κίρκος· οἶμαι ὃν λέγουσι νῦν ὀξύπτερον. Der ὀξύπτερος in Barn 10,1.4 vertritt den ἱέραξ aus Lev 11,16 und Dtn 14,17; seine Physis in 10,4c verrät Kenntnis einer auch im Phys.A. überlieferten, volkstümlichen Tierbeschreibung und deren theologischer Allegorese. Zur Etymologie von ὀξύπτερος vgl. die Hinweise bei MÜLLER, Erklärung 236f.

[14] Anders Philo, spec. 4,100f.110.116, der bei seiner Allegorese der Speisevorschriften strikt den biblischen Anlagen folgt.

[15] Sind Lev 11,1–23 und Dtn 14,3–21 nur biblischer Anknüpfungspunkt, nicht aber unmittelbare literarische Vorlage für Barn 10, dann nimmt es auch nicht wunder, daß im Barn 10 die formelhaften Erklärungen und Begründungen ihrer Einzelverbote (βδελύξεσθε, βδέλυγμα ἐστι, ἀκάθαρτον τοῦτο ὑμῖν, ταῦτα ἀκάθαρτα ὑμῖν, ἀκάθαρτος ἔσται) nicht erscheinen (vgl. auch S. 381–383). Thema in Barn 10 ist folglich nicht ,reine und unreine Tiere'. Von Interesse sind einzig die Verbote οὐ φάγεσθε (V 1) bzw. οὐ(δὲ) φάγῃ (Vv 4a.5a.6a.7a.8a) und die Vorschrift φάγεσθε (V 11), denn sie sind für die Demonstration der Verbindlichkeit aller Rechtsforderungen des κύριος verwertbar. Vgl. S. 392 Anm. 92.

steht σύνεσις in der Reihe mit σοφία, ἐπιστήμη, γνῶσις.[16] Wie diese drei ist auch
die σύνεσις Gabe Gottes (21,5; vgl. 1 Kön 3,9; Ps 119[120],34; Dan 2,21)[17], und zwar
für die Christen. Voraussetzung ist die gläubige Haltung gegenüber dem κύριος
(2,3; vgl. 6,10b). Sie spricht Barn 10,1 Mose zu. Dies bestätigt sich sogleich, wenn
das Nomen im Konnex mit συνίημι gesehen wird. In Barn 4,8; 14,3 macht das
Verb Mose als den kenntlich, der den Willen Gottes verstanden und demgemäß,
nämlich prophetisch, gehandelt hat. In gleicher Weise urteilt Barn 12,10 über David. Das Verstehen des Willens Gottes, das der Vf. für sich und die Leser in Anspruch nimmt, ist Barn 10,12b gemäß zuerst Gnade. Sie geht als Befähigung der
Aufgabe der Leser, nämlich zu verstehen (4,6), voraus. Dieser Gnadenstand begründet zugleich den Anspruch des Schreibens, den Lesern helfen zu wollen zu
verstehen (6,5). Durch V 12a, wo συνίημι synonym mit νοέω verwendet[18] und
durch das vorangestellte ἡμεῖς δέ als Kennzeichen der Christen gegenüber den Juden (ἐκείνοις) hinsichtlich des Verstehens der Gebote Gottes hervorgehoben ist,
wird überdies deutlich, daß der κύριος, indem er, wie einst dem Mose und dem
David, nun den Christen σύνεσις geschenkt und συνιέναι als Aufgabe gestellt hat,
die Kirche als den verheißenen und erwählten Bereich seiner Gnade ausgezeichnet
hat. Durch den Wortsinn von σύνεσις und συνίημι[19] im Barn gefordert, beschreibt
der Ausdruck ἐν τῇ συνέσει in 10,1 also die Art und Weise,[20] nicht aber den Grund
oder die Bedingung des Empfangs der drei Lehren. Der Modus des rechten Verstehens (vgl. δικαίως V 12a) ist die auf der Gnade Gottes beruhende Haltung gegenüber seinem Willen.[21] Objekt der σύνεσις sowie von συνίημι sind also die Gebote
Gottes (10,2.12) oder allgemein seine δικαιώματα (2,3; 10,2; 21,5; vgl. Ps 28[29],5;
111[112],10; Ijob 36,29; Spr 2,1–9). Das ‚Organ‘, mit dem diese verstanden werden,
nennt V 12b: das Herz (vgl. Jes 6,6f; Kol 2,2; Herm *mand.* X 1,6 [40,6]), das der
κύριος selbst „beschnitten" hat (vgl. 9,1a.3d; 10,12b). Es ist also der christliche
Heilsstand der Geistbegnadung, der die σύνεσις ermöglicht. V 1 hat demzufolge
fünf Funktionen: Er stellt *erstens* mittels τρία ... δόγματα die Weichen für die Anlage[22] und begründet sie mittels ἔλαβεν von Gott her, er knüpft *zweitens* mittels

---

[16] Dieser Rahmenbezug deutet entweder darauf hin, daß der Vf. auch in den als „traditioneller Grundbestand" (WENGST, Tradition 38; vgl. WINDISCH, Barnabasbrief 357) anerkannten Sequenzen (Konsens besteht für Vv 1.3–5.9) eingegriffen hat, oder daß V 1 nicht schon mit jener Tradition verbunden war,
auf der Vv 3–5 beruhen. Die Funktion von V 1 legt letzteres nahe.

[17] Vgl. auch Arist. 139,2.

[18] Vgl. Herm *mand.* X 1,6 (40,6)· κολλήθητι οὖν τῷ κυρίῳ, καὶ πάντα συνήσεις καὶ νοήσεις. Der
Gedanke stammt aus der Weisheit; vgl. Sir 2,3 κολλήθητι αὐτῷ [sc. τῷ κυρίῳ] καὶ μὴ ἀποστῇς, ἵνα
αὐξηθῇς ἐπ᾽ ἐσχάτων σου.

[19] Vgl. CONZELMANN, συνίημι κτλ. ThWNT 7 (1964) 888–894.

[20] Vgl. BLASS/DEBRUNNER, Grammatik § 198.

[21] Vgl. Herm *mand.* X 1,6 (40,6) sowie S. 270 die Auslegung von Barn 6,10.

[22] Während in Vv 1.3–7 eine Form von ἐσθίειν, der eine Negation beigestellt ist, bestimmte Speisen
untersagt und dabei mittels der direkten Rede den Anschein eines Schriftzitats erweckt, ist die letzte Instruktion des zweiten Dreierblocks (V 8a) in indirekte Rede gefaßt, wobei mit ἐμίσησεν bereits eine Deutung in das insinuierte Verbot, das Wiesel zu essen, hineingenommen ist. Das Verb ἐμίσησεν führt auf
Sir 25,2. Der Weisheitslehrer rubriziert ‚drei Gruppen von Menschen, die ihm verhaßt (ἐμίσησεν) sind,

des Motivs der τρία δόγματα den Konnex zu Barn 1,6, er legt *drittens* mittels ἐν τῇ συνέσει die hermeneutische Regel für die folgenden Auslegungen fest, bestimmt *viertens* durch die Zitationseinleitung Μωϋσῆς εἶπεν die Schrift, näherhin den Pentateuch als Auslegungsgegenstand und grenzt diesen *fünftens* anhand des Eingangszitats auf die mosaischen Speisevorschriften ein; letzteres bestätigen die expliziten Themenangaben in Vv 9.10c.

2 Die für den Barn typische[23] Wendung πέρας γέ τοι (vgl. 5,8; 12,6; 15,6.8; 16,3) führt das folgende, formgerecht eingeleitete Zitat zugleich als „etwas Bekanntes ein."[24] In Verbindung mit der Zitationseinleitung hat die Wendung eine Doppelfunktion. Sie bestimmt das Zitat als Schriftbeweis für die Behauptung von V 1, Mose habe anhand der Speiseverbote drei Lehren empfangen, und unterstellt seitens der Leser Kenntnis des Schriftworts sowie Konsens über dessen Sachbezug. Dieser rhetorische Kniff sowie die ungewöhnliche Quellenangabe ἐν τῷ Δευτερονομίῳ wollen die Authentizität des Schriftbeweises herausstellen. Textgrundlage ist die Gottesrede in Dtn 4,1. Die Beweiskraft basiert auf dem Widerhalt für das Demonstrativpronomen. Bezugspunkt ist die Gnosis aus Barn 8,7–9,9 hinsichtlich der Frage, wer das Volk Gottes ist. Für die Leser mußte durch die Kombination der Aussagen von Barn 9,3d mit 9,5c und 9,9a außer Frage stehen, daß πρὸς τὸν λαὸν τοῦτον auf sie selbst zu beziehen ist. Die Adversativkonstruktion περὶ μὲν ... Μωϋσῆς ... ἐλάλησεν· οἱ δέ κτλ. in Barn 10,9 gibt schließlich darüber Sicherheit, daß die Rechtsforderungen nicht mit Rücksicht auf die Juden, sondern auf die Christen erlassen wurden. Scopus der Speisegesetze war immer schon die Kirche.

Ist der durch das genus verbi von διαθήσομαι angezeigte zusätzliche Bezug auf das Subjekt mitzuhören, dann stehen die folgenden δικαιώματα funktional neben den Vorschriften für den Versöhnungstag (7,3–11) und für das Reinigungswasser (8,1–6), weil durch die konsekutive Anbindung der κύριος wie schon in den Schriftzitaten von Barn 9 sowie bei dem οἶδα in 9,9a als Subjekt einzusetzen ist. Das Medium διαθήσομαι steht parallel zu ἐνετείλατο (7,3b.6) und ἐντέταλται (8,1). Indem der κύριος im Blick auf die Kirche (πρὸς τὸν λαὸν τοῦτον) seine δικαιώματα erläßt, offenbart er sich als Herr der Kirche.

Weil nun Scopus und Widmung des Zitats im Widerspruch stehen, denn αὐτοῖς meint die Juden, tritt bereits in V 2 eine massive antijüdische Polemik hervor. Der κύριος selbst hat die Juden durch Mose wissen lassen, daß er seine Rechtsforderungen nicht für sie erlassen wird (διαθήσομαι), sondern daß auch das Gesetz des Mose jene prophetische, gleichnishafte Signatur trägt, mit der sich die Schrift insgesamt als Verheißung zu erkennen gibt, die in und durch die Kirche ihre Erfüllung

---

und deren Lebensweise er verabscheut', u.a. den *ehebrecherischen* (vgl. Barn 10,7) Greis ohne Verstand (γέροντα μοιχὸν ἐλαττούμενον συνέσει). Kann die Dreierstruktur in Barn 10 nicht nur von Barn 9,7, mithin auch von Barn 1,6 her inspiriert sein, sondern durch dieses weisheitliche, numerische Gliederungsschema (vgl. Sir 26,5.28)?

[23] Vgl. WENGST, Tradition 37, der πέρας γοῦν in MartPol 16,1 als die einzige vergleichbare Wortverbindung angibt. Doch vgl. in Barn 16,3 die vl πέρας γοῦν von G anstelle von πέρας γέ τοι in ℵ und H.

[24] MÜLLER, Erklärung 142; vgl. ferner oben S. 246f. die Anmerkungen zur Formel πέρας γέ τοι in der Auslegung von Barn 5,8.

findet. Diese Folgerung (ἄρα οὖν; vgl. 9,6) führt der zweite Halbvers aus. Er interpretiert das οὐ φάγεσθε aus V 1; es ist von Mose ἐν πνεύματι gesprochen, also von dem, über den V 1 festgestellt hat, daß ihm die σύνεσις geschenkt ist (vgl. 4,8c; 14,3b)[25], anhand der Speiseverbote drei Lehren zu empfangen. Die unmittelbare Folgerung, daß die Speisevorschriften nichts mit Essen[26] zu tun haben (vgl. Barn 10,9b; Arist. 143f.169), verwirft jüdische Lebens- und Glaubenspraxis von Grund auf, und zwar mit der Autorität der Schrift und des Mose. Die Vv 3–5 demonstrieren dies an den in V 1 vorgezeichneten Tierklassen.

Liest man die δικαιώματα für die Speisen wie Gott sie gemeint hat (vgl. V 12a), nämlich nicht als Gebote fürs Essen (οὐκ ἔστιν ἐντολὴ θεοῦ τὸ μὴ τρώγειν; V 2a), sondern wie Mose sie verstanden (ἐν τῇ συνέσει) und verkündet (ἐν πνεύματι ἐλάλησεν) hat (vgl. V 12a), dann geben sie sich als Mahnungen (οὐ μὴ *und* κολληθήσῃ bzw. ὁμοιωθήσῃ) zur Glaubenstreue (V 3), Rechtschaffenheit (V 4) und Gottesfurcht (V 5) zu erkennen. Das Gesetz ist also, obwohl kein Heilsweg, in seinem ethischen Anspruch, nämlich Gott zu gehorchen, bindend.[27]

Ethische Deutung sechs mosaischer Speise*verbote* (10,3–8)

1. Aufbau: Die gleichsinnige Struktur der Vv 3–5 hebt sie als zusammengehörige Einheit hervor. Ein Schriftzitat (Vv 4a.5a) oder ein Rekurs auf ein Schriftwort (V 3a) nennt gemäß den Vorgaben des Zitats in V 1 Beispiele für Speiseverbote. Textsignal ist οὐδὲ φάγῃ φησίν bzw. οὐ φάγῃ φησίν. Diesen Einsatz, der wohl im Traditionsstück vorlag, hat der Vf. in V 3a geändert. Indem er mittels des Zitationsverbs εἶπεν auf die Zitationseinleitung in V 1 und anhand des Diminutivums χοιρίου auf das erste Glied des Themenzitats zurückgreift, bestimmt er Mose als Subjekt des φησίν und unterstellt die drei Einzelverbote dem in Vv 1.2 entwickelten hermeneutischen Grundsatz. Die Konstanz der beiden folgenden Teile bestätigt diese Funktion. Sie zeigt aber auch, daß der durch die Änderung in V 3a noch auffälliger gewordene Wechsel zur 2. Pers. Sg. Erkennungsmerkmal des Traditionsstücks ist. Ein weiteres Unterscheidungsmerkmal ist die für Barn unübliche Bedeutung von φησίν. Das Finitum, das im Barn, wie ebenso im zweiten Teil dieser Anlage (Vv 3b.4b.5b; vgl. Vv 6b.7b.8b), regelmäßig den Beginn der Auslegung anzeigt,[28] fungiert in Vv 4a.5a zugleich als Zitationsverb. Diese doppelte Semantik und Funktion der Vokabel weist darauf hin, daß auch der

---

[25] „Es ist der Sache nach dasselbe damit gemeint, was [sic: wie] mit ἐν πνεύματι" (MÜLLER, Erklärung 237). Vgl. oben S. 367 Anm. 58.

[26] Im Kontext der mosaischen Speiseverbote ist τρώγειν (vgl. 10,3) im Vergleich zu den sonst von Barn verwendeten Formen von ἐσθίειν ein eher kruder, wenn nicht gezielt pejorativer Ausdruck, ein „vulgärer Ersatz für ἐσθίειν" (BLASS/DEBRUNNER, Grammatik § 101), weil er sich üblicherweise auf rohe Speisen bezieht (vgl. PAPE, Wörterbuch 2,1158). Vgl. dazu Barn 7,8, wo τρώγειν auf den Verzehr von Brombeeren bezogen ist. Von der pejorativen Note der Vokabel τρώγειν ist der Sprachgebrauch in Mt 24,38 und Joh 6,54.56–58; 13,18 abzuheben; vgl. LUZ, Matthäus 3,450; SCHNACKENBURG, Johannesevangelium 2,92.

[27] Die Ansicht scheint auch noch DidascSyr 108 (TU 10/2,129,17–37) zu vertreten, indem sie wegen des Logions Mt 5,18 den Dekalog, der „allein auf die Leitung der Kirche und auf die Nichtbeschneidung des Fleisches" (DidascSyr 108 [TU 10/2,129,35–37]) hinweist, beläßt. Die Verfasserschaftsfiktion in DidascSyr 102 (TU 10/2,122,9–11) zeigt überdies, daß im 3. Jh. die Beachtung der mosaischen Speisevorschriften sowie der übrigen Verpflichtungen des Gesetzes das Profil einzelner Kirchen bestimmt hat.

[28] Vgl. S. 98 f. unter Punkt ‚§ 4 Struktur, Komposition und literarischer Charakter'.

von ihr initiierte, auf das vermeintliche Schriftzitat folgende *Auslegungsteil* aus der Tradition stammt. Demzufolge ist nicht nur das Verbot, sondern auch dessen Allegorese übernommen worden. Ihre kohärente Gestaltung in den drei Versen ist hierfür Indiz: Einer mit οὐ μή als Warnung gefaßten Mahnung, die φησίν als Auslegung des vorausgehenden Verbots zu erkennen gibt, folgt mit κολληθήσῃ bzw. ὁμοιωθήσῃ ihre inhaltliche Bestimmung und mit ἀνθρώποις τοιούτοις das Objekt, das ein mittels οἵτινες angeschlossener Relativsatz näher beschreibt. Im dritten Glied folgt eine *naturkundliche Beschreibung* eines Wesenszugs des Tieres bzw. der Tierart. Ὡς καί markiert den Beginn dieser Naturgeschichten und signalisiert, daß der Vergleich mit besonderen Merkmalen und Eigenarten des Tieres bzw. der Tierart, das bzw. die zu essen Mose verboten hat, die theologisch-allegorische Auslegung wenn nicht begründet, so doch plausibel macht.

    2. *Außerbiblische Tradition:* Die dreigliedrige Anlage berührt sich eng mit Tiergeschichten und deren christlichen Allegoresen, die erstmals im 2. Jh. unter dem Titel Physiologus gesammelt werden. Parallelen zum Barn begegnen vor allem, wenn in diesem frühchristlichen Erbauungsbuch vermutlich alexandrinischen Ursprungs[29] eine Bibelstelle den Anknüpfungspunkt für die Skizzen angeblicher Eigenheiten des betreffenden Tieres[30] abgibt.[31] Einzelne Motive in der Merkmalsbeschreibung der Raubvögel (V 4), und bei der Hyäne (V 7) sogar eine Wendung[32] im Begründungteil, gleichen entsprechenden Passagen im Physiologus. Doch wie Treu am Beispiel der konkurrierenden Fabeln vom Wiesel gezeigt hat, gestatten bloße Affinitäten keineswegs, eine Abhängigkeit zu konstatieren, „wenn nicht die Fabel dieselbe ist."[33] Das gilt insbesondere für das literarische Verhältnis zwischen Physiologus und Barn. Denn es ist erstens (nach wie vor) ungewiß, ob die Kompilation bzw. erste Redaktion dieser Tiergeschichten inklusive ihrer erbaulich-religiösen Auslegungen und paränetischen Umsetzungen schon um 140 anzusetzen ist, oder erst im zeitlichen Umfeld von Origenes, der allem Anschein nach Phys.A. 9(10) περὶ ἐχίδνης ‚Von der Natter‘ kennt.[34] Zweitens ist auffällig, daß im Physiologus nur das Wiesel (Phys.A. 21) und die Hyäne (Phys.A. 24) mit Speisevorschriften verbunden sind, und zwar beidemale durch das identische Verbot, sie oder ähnliche zu essen (μὴ φάγῃς … μηδὲ τὸ ὅμοιον αὐτῆς). Formgerecht führt es die Zitationsformel ὁ νόμος λέγει ein und benennt das Gesetz als dessen autoritative Quelle.[35] Drittens sind auch im Physiologus einige Tiere nicht genannt, die Barn 10 erwähnt (χοῖρος bzw. χοιρίον[36],

---

[29] Über die einleitungswissenschaftlichen Fragen zum Physiologus vgl. das ‚Nachwort‘ bei TREU, Physiologus 111–132.

[30] In den 48 Kapiteln der älteren Sammlungen bzw. Versionen der ersten der drei griechischen Redaktion sind neben 42 Tieren zwei Pflanzen und vier Steine Thema. SAUSER, Physiologus. LThK² 8 (1963) Sp. 489, spricht die bei SBORDONE, Physiologus 303–325, im Appendix angeschlossenen, in der Regel nur einmal bezeugten 39 Tiergeschichten nicht recht zutreffend als vierte Redaktion an.

[31] Vgl. TREU, Zur biblischen Überlieferung im Physiologus 550.

[32] Barn 10,7   Phys.A. 24

καὶ	ποτὲ μὲν	ἄρρεν,	ποτὲ μὲν	τὴν ἄρρενα,
	ποτὲ δὲ	θῆλυ γίνεται.	ποτὲ δὲ	τὴν θήλειαν φύσιν ἀσπαζόμενος.

Vgl. TREU, Zur biblischen Überlieferung im Physiologus 550f.

[33] TREU, Das Wiesel im Physiologus 276.

[34] Vgl. TREU, »Otterngezücht« 113–117.122; DIES., Datierung 103. Treu zufolge hat die von LAUCHERT, Geschichte des Physiologus 64f., vertretene Frühdatierung auf 140 „heute, da wir … die Literatur des 2. Jahrhunderts besser kennengelernt haben, … an Glaubwürdigkeit eher zugenommen."

[35] Über den Ibis weiß der Physiologus, daß er gemäß dem Gesetz unrein ist (ἀκάθαρτός ἐστι κατὰ τὸν νόμον ἡ ἶβις Phys.A. 40).

[36] Vgl. S. 376 Anm. 11.

ἰϰτῖνος, σμύραινα, πολύπους, σηπία, δασύπους bzw. λαγωός), oder ihnen sind völlig andere Eigenarten beigelegt, so daß auch der jeweilige Auslegungsteil ohne Bezug zum Barn ist. Dies gilt für den ἀετός, der in Phys.A. 6 als Adler verstanden ist und im naturkundlichen und allegorischen Profil überhaupt nicht zu den Raubvögeln in Barn 10,1.4.10 paßt[37] sowie von dem nur in der Hs. s genannten Hasen (ἡ μήδεια Phys.A.suppl.2. 7)[38], der mit dem δασύπους bzw. λαγωός in Barn 10,6 nichts gemein hat. Es scheint, daß im Gestaltungsraum jener Traditionen, die Barn 10 vorausliegen, Fabeln bekannt waren, die mitunter auch in einen Physiologus Eingang fanden, und daß man dort mit dem für diese frühchristlichen Sammlungen kennzeichnenden literarischen Umgang mit Tiergeschichten vertraut war sowie um die biblischen Verbote wußte, bestimmte Tiere zu essen. Die Differenzen im Detail indes weisen darauf hin, daß dem Vf. des Barn ein Physiologus nicht vorgelegen hat.[39] Barn 10 näher als der Physiologus liegen die Verse 142–169 des Aristeasbriefs[40], und zwar nicht nur Arist. 145–148 über die Vögel (Barn 10,4.10c), Arist. 144,2; 163,2f.; 165–167 über das Wiesel (Barn 10,8), Arist. 150,2–153,4 über die Paar- bzw. Spalthufer (Barn 10,11d) und Arist. 154f. über die Wiederkäuer (Barn 10,11a–c), sondern die gesamte Perspektive (vgl. Arist. 142–144. 150,1f.; 168,2–169,4). Mose hat, von Gott zur ἐπίγνωσις befähigt (Arist. 139), die „heiligen Gebote nur zum Zweck der Gerechtigkeit erlassen, um fromme Gedanken zu wecken und den Charakter zu bilden." Mose gab „alle Vorschriften über erlaubte Speisen ... in sinnbildlicher Rede" (Arist. 150,1f.; vgl. 171,1f.). „So bezieht sich die ganze Verordnung (πᾶς λόγος) über Speisen und unreine, schädliche Tiere auf Gerechtigkeit (πρὸς δικαιοσύνην) und den gerechten Wandel der Menschen (τὴν τῶν ἀνθρώπων συναναστροφὴν δικαίαν)" (Arist. 169). Philo, *spec.* 3,100–118, schließlich zeigt, daß in Alexandrien die Allegorese der mosaischen Speisegesetze Heimrecht hatte. Ihre ethische Deutung als Vorschriften, die auf die Begierde (vgl. Barn 10,9) gerichtet sind (περὶ τῶν εἰς ἐπιθυμίαν ἀναφερομένων), ist nur ein Spezialfall (*spec.* 3,132), der den Sinn des ganzen Gesetzes aufscheinen läßt: Es leitet und ermahnt zu „vernünftiger Einsicht, Gerechtigkeit, Gottesfurcht", auf daß jeder (τὸ ψυχῆς ὄργανον) zu einer tugendhaften Lebensführung findet (vgl. *spec.* 3,134).

---

[37] Vgl. S. 377 Anm. 12.

[38] Angesichts der Bedrohung durch widergöttliche Mächte soll der Christ wie der Hase aufwärts in Richtung der Felsen flüchten, des sicheren Fundaments wegen, wo ihm – wie dem Hasen – Hilfe verheißen ist. Griechischer Text bei SBORDONE, Physiologus 317f.; KAIMAKIS, Physiologus 144b–145a; deutsche Übersetzung bei TREU, Physiologus 103. Die sichere Bewegung in felsiger Landschaft ist allerdings mehr noch Merkmal der äußerlich dem Hasen nicht unähnlichen Gruppe der Klippschliefer (*Hyracoidea*; vgl. Ps 103[104],18b über den ‚Klippdachs'), die in über 30 Unterarten in Nordafrika und dem Nahen Osten beheimatet ist. Dies mag die Physis des μήδεια in Phys.A.suppl.2. 7 und vielleicht auch in der biblischen Überlieferung den Wechsel zwischen δασύπους, λαγωός und χοιρογρύλλιος als Bezeichnung für den Hasen erklären (vgl. S. 395 Anm. 105). Die Physis des λαγωός in Barn 10,6c erfährt durch die Lebensweise der Klippschliefer freilich auch keine Aufklärung.

[39] Ist der Barn zwischen 130 und 132 und vielleicht sogar in Alexandrien abgefaßt, dann ist ohnedies wahrscheinlicher, daß ein Sammler oder die Redaktion des Physiologus auch den Barn kannte und sich partiell von ihm inspirieren ließ.

[40] Zu den Abfassungsverhältnissen (40 v.Chr. bis 30 n.Chr.?; in Ägypten, vielleicht Alexandrien?) vgl. KAUTZSCH, Pseudepigraphen 1,1–4; DENIS, Introduction 108–110; griechischer Text bei DENIS, Concordance 880–892; deutsche Übersetzung bei RIESSLER, Schrifttum 193–233; KAUTZSCH, Pseudepigraphen 1,4–31.

Glaubenstreue, Rechtschaffenheit und Gottesgehorsam (10,3–5)

3 Der Teilvers 3a stellt mit χοιρίον und εἶπεν[41] die Verbindung zum Verbot in V 1 her. Das Diminutivum χοιρίον ist wie auch παραφυάδιον in Barn 4,5 und τὰ ἰχθύδια in Barn 10,5 keine Koseform, sondern unterlegt der Sache sogleich eine pejorative Note.[42] Πρὸς τοῦτο kündet, „wie sonst πρὸς τί"[43], ein erstes Beispiel dafür an, daß Mose ἐν πνεύματι gesprochen hat. Die Mahnung οὐ μὴ κολληθήσῃ zeigt sogleich, daß das mosaische Verbot eine Verhaltensmaßgabe für den Kontakt mit bestimmten Personengruppen (ἀνθρώποις τοιούτοις) meint. Das Lexem κολλᾶσθαι (Barn 10,4.5.8.11) mit vorangestellter Negation führt auf die Zwei-Wege-Lehre (Did 3,9 mit Barn 19,6 und 19,2; in Umkehrung von Röm 12,9 vgl. Did 5,2 mit Barn 20,2c). Gewarnt wird vor ‚Hochmütigen' (Did 3,9; Barn 19,6), vor jenen, die den ‚Lohn der Gerechtigkeit nicht kennen' (οὐ γινώσκοντες μισθὸν δικαιοσύνης; Barn 20,2c; Did 5,2) und auf dem ‚Weg des Todes wandeln' (Barn 19,2). Wem man sich anschließen soll, steht in Herm *mand.* X 1,6 (40,6): dem κύριος. Auch im Barn streben die Mahnungen auf diese Aussage zu. Und die Wirkung ist exakt jene, die Barn 10,1 für Mose reklamiert hat: Man wird begreifen und verstehen (vgl. Sir 2,3). Wer sich nicht ἀνθρώποις τοιούτοις, sondern dem κύριος anschließt, gehört Herm *sim.* IX 26 (103,3) gemäß zu τοῖς δούλοις τοῦ θεοῦ; mit ihnen hält man Gemeinschaft. Mit κολλᾶσθαι ist also erstens die Entscheidung für oder gegen den κύριος in den Blick genommen. Auf den zweiten Aspekt macht die Auslegungsfloskel φησίν aufmerksam. Denn φησίν führt die Entscheidungssituation auf ein Schriftzitat zurück und gebietet von dort her die Verhaltensregel (οὐ μὴ κολληθήσῃ mit dem Dat. der Pers.[44]) mit der Autorität der Schrift. Diesem hohen Anspruch korrespondiert der energische Prohibitiv οὐ μή[45], der Tragweite und Ernst einschärft. Gehorsam gegenüber dem Gesetz des Mose bedeutet, ein bestimmtes Verhalten zu meiden, oder auch nur einen bestimmten Umgang, weil diese nicht auf den κύριος ausgerichtet sind. In diesem ethischen Sinn ist die Vorschrift οὐ φάγεσθε χοῖρον (V 1) verbindlich und heilsrelevant. Daß das Gebot nicht durch einen einmaligen Akt der Hinwendung an den κύριος erfüllt ist, sondern zu einem konsistenten Verhalten mahnt, das beständig vom Glauben an den κύριος zeugt, darf und muß als Kontrast der iterativen[46] Fassung, in der die Eigenart des Schweines beschrieben ist, entnommen werden. Mit οὐ φάγεσθε χοῖρον hat der κύριος durch Mose den Gehorsam gegenüber seinem Willen nicht an ein bestimmtes, rituelles Verhalten, nämlich kein Schweinefleisch zu essen, gebunden, sondern die Glaubenstreue als Norm jedweden

---

[41] Vgl. S. 376 Anm. 8.
[42] Vgl. BORNEMANN/RISCH, Grammatik §§ 29,2c; 301,2.
[43] MÜLLER, Erklärung 238.
[44] Vgl. BAUER/ALAND, Wörterbuch, Sp. 857.
[45] Die Verbindung der beiden Negationspartikel ist die „entschiedenste Form der verneinenden Aussage über Zukünftiges" (BAUER/ALAND, Wörterbuch, Sp. 1047).
[46] Vgl. BLASS/DEBRUNNER, Grammatik § 382,4b. Von daher gewinnen die von א und z.T. von H überlieferten Verbindungen der Temporalkonjunktion ὅταν mit den Ind. σπαταλῶσιν und ὑστεροῦνται sowie τρώγει und πεινᾷ anstelle von Konj. einen guten Sinn; vgl. S. 375 die Textkritik z.St.

Verhaltens vorgeschrieben. Allein schon weil der Gegenpol zu dem Personenkreis
fehlt, der mit Schweinen verglichen ist, aber auch aufgrund der biblischen Konnotation von σπαταλᾶν (und σπαταλή) mit Torheit und Sünde[47] wird das Erscheinungsbild der ἄνθρωποι τοιοῦτοι nicht in einer stigmatisierenden Gesellschaftskri-
tik an reichen Prassern aufzulösen sein. Vielmehr ist durch die Konturierung der
ἄνθρωποι τοιοῦτοι mit σπαταλῶσιν und ὑστεροῦνται die naturkundliche Skizze
über das Schwein (τρώγει; πεινᾷ, κραυγάζει) in die Allegorese des mosaischen
Verbots eingedrungen. Heilsbedeutsam ist diese Verklammerung durch die Motive
des Vergessens und Erkennens des Herrn, die der Physiognomie so beschaffener
Menschen angeschlossen sind. ‚Gott vergessen‘ ist eine Metapher für Israels Ungehorsam gegenüber dem Willen Gottes, die formelhaft und innerhalb verschiedener
Gattungen begegnet. Mehrmals gibt der Psalter das Motiv, daß der Beter oder das
Volk Gott, sein Wort und Gesetz, seine Urteile, Rechtstaten und Gebote nicht ver-
gessen hat, als Grund des Vertrauens auf Erhörung und der Hoffnung auf Rettung
zu erkennen.[48] Häufiger allerdings begegnet die Metapher ‚Gott vergessen‘ als pro-
phetischer Warn- und Drohruf oder im Prophetenspruch als Gerichtswort über Israel,
Jerusalem oder Priester.[49] Die Metapher zielt auf den Kern des Gottesverhältnisses.[50]
Vergißt Israel Gott, bricht es die בְּרִית und mißachtet die תּוֹרָה.[51] Entsprechend wird
Gott jene erhören, die seine בְּרִית, Gebote und Rechtssatzungen ‚nicht vergessen‘.
Vor diesem Hintergrund ist es beachtlich, daß im Kontext der Droh- und Gerichtsworte regelmäßig auf den Bruch der בְּרִית am Sinaï-Horeb angespielt wird, sei es direkt, oder dadurch daß Israels Handeln mit dem Bruch der בְּרִית am Sinaï-Horeb
gleichgestellt wird.[52] ‚Gott vergessen‘ ist eine nicht seltene Physiognomik für Frevler
und Hochmütige.[53] Die Drohpredigt in Hos 8,14a und in Bar 4,8 verbindet mit ‚Gott
vergessen‘ zwei weitere Metaphern, die der Beschreibung der ἄνθρωποι τοιοῦτοι
in Barn 10,3 und dem Erscheinungsbild nahestehen, das dem κύριος durch den naturkundlichen Vergleich unterlegt ist. ‚Gott vergessen‘ folgt nach Ausweis der Got-

---

[47] Vgl. Sir 21,15; 27,13; Ez 16,49; 1 Tim 5,6; Jak 5,5; ferner Herm *sim.* VI 1,6 (61,6); VI 2,6 (62,6). Vgl. dazu
die Erklärung bei Hsch. σ 1430: σπαταλᾷ· τρυφᾷ. Das Lexem fehlt bei Philo, Josephus und den griechisch überlieferten, alttestamentlichen Pseudepigraphen. Barn 10,3 scheint in der außerbiblischen jüdischen wie christlichen Literatur der älteste Beleg für σπαταλᾶν zu sein. Sache und Urteil ist indes Philo,
zumal in bezug auf die mosaischen Speisevorschriften, durchaus bekannt (*spec.* 4,101f.). Wegen des Bildes
vom Erleiden von Mangel, der erst die Hinwendung an der κύριος bewirkt, kann man vermuten, daß die
Drohrede Ezechiels gegen das sich von Gott entfremdete Jerusalem die Gestalter der Tradition inspiriert
hat. Torheit gehört wie Eitelkeit (vgl. Arist. 134–137), Irrtum und böse Werke zum Repertoire für die Etikettierung und Stigmatisierung der anderen als Sünder, Frevler, Hochmütige usw.; vgl. S. 392 Anm. 95.

[48] Vgl. Ps 43(44),17.19; 102(103),2; 118(119),16.30.61.83.93.109.141.153.176b; vgl. Dtn 26,13.

[49] Vgl. Ijob 8,13; Ps 9,18; Spr 4,4–6; Jes 51,13; 65,11; Jer 2,32; 3,21; 13,25; 18,15; Ez 22,12c; Hos 4,6a.

[50] Vgl. Dtn 4,9.23; 6,12; 8,11.14; 32,18; Ri 3,7; 1 Sam 12,9; 2 Kön 17,38 passim.

[51] Vgl. insbesondere das konturierte Bekenntnis οὐκ ἐπελαθόμην (bzw. οὐκ ἐπιλήσωμαι, οὐ μὴ ἐπι-
λάθωμαι) des (jeweiligen) Frommen in Ps 118(119),16 (τῶν λόγων σου). 30 (τὰ κρίματα σου). 61.109.153
(τοῦ νόμου σου). 83.141 (τὰ δικαιώματά σου). 93 (τῶν δικαιωμάτων σου). 176b (τὰς ἐντολάς σου);
dazu Kraus, Psalmen 820–823.829.

[52] Vgl. Ri 3,7; Ps 105(106),13–21; Jer 18,15.

[53] Vgl. Ps 9,23(10,11); 49(50),22a.

tesrede in Hos 8,14a aus Israels Sattheit und Überheblichkeit im Herzen, und Bar 4,8 hält Israel vor, es habe ‚seinen Ernährer, den ewigen Gott, vergessen'. Demzufolge hat das in Barn 10,3 im Konnex mit σπαταλῶσιν beschriebene Verhaltensmuster einen Anhalt in der prophetischen Kritik.[54] Wird nun ferner bedacht, daß auch fehlende Erkenntnis, Mangel an Weisheit etc. in der weisheitlichen sowie in der prophetischen Literatur[55] sachlich parallel zur Metapher ‚Gott vergessen' genannt werden, dann greift Barn 10,3 mit σπαταλῶσιν ἐπιλανθάνονται τοῦ κυρίου und mit ὑστεροῦνται ἐπιγινώσκουσιν τὸ κύριον ein und dasselbe, in seiner Grundhaltung dem Modell des Mose (V 1) entgegengesetzte Verhalten auf, das typisch ist für jene Menschen, die Gottes „eigene und von allen menschlichen Vorstellungen und Erwartungen grundverschiedene Wirklichkeit nicht … kennen".[56] Aufgrund des ersten Teils der Profilierung der ἄνθρωποι τοιοῦτοι als solche, die den κύριος vergessen, wird mit ἐπιγινώσκουσιν nicht ein erstmaliges Erkennen, sondern ein nur durch die Umstände (ὅταν δὲ ὑστεροῦνται) erzwungenes ‚Wiedererkennen' im Sinne eines ‚sich Erinnerns an den Herrn' ins Visier genommen sein. Die Betonung liegt also auf der Präposition.[57] Doch mag auch das Stilgefühl des Vf. oder der Tradition die Wahl des zu ἐπιλανθάνονται parallelen ἐπιγινώσκουσιν befördert haben. Durch diesen Parallelismus, der von den korrespondierenden Skizzen der Lebensumstände (σπαταλῶσιν versus ὑστερῶνται[58]) getragen ist, gewinnt die Allegorese den Nimbus eines Schriftworts, der jedenfalls gut zur biblischen Folie paßt, auf der wie schon von ἐπιλανθάνονται auch der Sprachgebrauch von ἐπιγινώσκουσιν zu deuten ist. Wie alle Belege für γινώσκειν im Barn zeigen, konstatieren sie keinen objektiven Sachverhalt oder kognitiven Konsens, sondern sie meinen im ursprünglich biblischen Sinn „die Einsicht in Gottes fordernden oder begnadenden Willen, die primär Anerkennung, gehorsame oder dankbare Beugung unter das Erkannte ist."[59] Exakt schließt das Compositum daran an, wobei es diese Einsicht als bloß durch die Um-

---

[54] Dies belegt und verdeutlicht Ezechiels Gerichtsankündigung gegen ‚die Tochter Jerusalem', in der mit den zwei Bildern, zum einen dem Vergessen ihrer von Gott umfangenen Jugend (Ez 16,22) und zum anderen der Überbietung der vom Hochmut zeugenden Schwelgerei ihrer ‚Schwester Sodom' (Ez 16,48–51), beide Motive aus Barn 10,3 nebeneinander stehen. Beides versinnbildlicht Israels Untreue und steht für fehlenden Gehorsam gegenüber Gottes Geboten. Untreue wie Ungehorsam verwirken Gottes Heilszusicherung.

[55] Vgl. Spr 2; speziell Spr 2,17; Hos 4,6. Daß Schwelgerei trügerisch ist und von Unverstand zeugt, weiß auch Herm *sim.* VI 5,3 (65,3).

[56] KRAUS, Psalmen 380.

[57] Im Unterschied zum Simplex γινώσκειν (7,1; 9,1; 11,4.7; 12,3; 14,7; 16,2; 19,11; 20,2[bis]) begegnet das Compositum ἐπιγινώσκειν nur in Barn 10,3. In den griechischen Bibelübersetzungen, in der frühchristlichen Literatur ebenso wie von Philo werden beide Vokabeln „oft unterschiedslos gebraucht" (BULTMANN, γινώσκω. ThWNT 1 [1938] 703, der auf Barn 10,3 allerdings nicht zu sprechen kommt). Nicht selten steht das Compositum nur aus stilistischen oder rhetorischen Gründen anstelle von γινώσκειν. Stammt der Parallelismus in 10,3 nicht aus der Tradition, dann hat der Vf. die Allegorese gezielt komponiert – vielleicht um dieses (Wieder-)Erkennen des Herrn von dem auch im Barn semantisch gefüllten und für die Leser signifikanten Term γινώσκειν abzuheben.

[58] Vgl. WILCKENS, ὕστερος κτλ. ThWNT 8 (1969) 599, der fälschlich durch σπαταλῶσιν und ὑστεροῦνται in Barn 10,3 zwei verschiedene Personengruppen ins Visier genommen sieht.

[59] BULTMANN, γινώσκω. ThWNT 1 (1938) 704.

stände bewirktes, also angebliches ‚Wiederfinden' dieser lebensprägenden, gläubigen Haltung zum κύριος inkriminiert. Grund und Scopus des ἐπιγινώσκειν ist nicht der κύριος, sondern ὑστερεῖν. Weil also ἐπιγινώσκουσιν τὸν κύριον weder Umkehr noch Buße beinhaltet, entbehrt dieses Besinnen auf den Herrn konstitutiv sittlicher Güte. Es ist nicht nur lau, unaufrichtig und unbeständig, sondern von Grund auf übel.[60]

Die sprachlich zu Barn 10,3 nächstliegende Fassung der engen Verbindung von törichtem, üppigem Lebenswandel (σπαταλῶσιν) bzw. sündiger Schwelgerei (τρυφή) mit dem Motiv ‚Gott zu vergessen' (ἐπιλανθάνομαι) ist indes nicht in der biblischen Literatur zu finden, sondern in Herm *sim.* VI 2,2 (62,2).[61] Diesem Gleichnis zufolge ist die Gebote Gottes zu vergessen „die bedenklichste Version christlichen Versagens."[62] Was ‚so beschaffenen Menschen' fehlt, ist der Gehorsam gegenüber den Geboten Gottes. Weil mit der Metapher ‚Gott vergessen' das Gottesverhältnis in seinem Innersten betroffen ist, geht es freilich nicht nur um die Glaubenstreue, sondern um die Bedingung eschatologischer Rettung überhaupt. Wer durch Ungehorsam gegenüber Gottes Geboten zu erkennen gibt, daß er Gott vergessen hat, befindet sich außerhalb des von Gott bestimmten Heilsbereichs und hat selbst alle Heilszusicherung verwirkt. Wird bedacht, daß dieses Heil, das, im Christusereignis angebrochen, Verheißung an die Kirche ist, dann erweist sich die Kirche in der umfassenden Treue zum κύριος.[63]

Es muß nun auffallen, daß zwar der Allegorese kraft des Verweises auf die Physis des Schweines[64] Plausibilität verliehen, doch das angemahnte Verhalten selbst weder begründet noch motiviert wird. Gewiß ist für V 3 zu berücksichtigen, daß Glaubenstreue zu bekunden, und zwar unabhängig davon, ob die Gelegenheit sie fordert, als fraglos anerkannte Basisnorm gegolten haben wird. Doch fehlen Begründung und Motivation auch bei den übrigen Mahnungen beider Dreierblöcke

---

[60] Diese Haltung prangert auch T.Aser 2 an (2,1f. ἔστιν οὖν ψυχὴ λέγουσα φησί τὸ καλὸν ὑπὲρ τοῦ κακοῦ καὶ τὸ τέλος τοῦ πράγματος εἰς κακίαν ἄγει. ἔστιν ἄνθρωπος …), wobei beachtlich ist, daß es erstens derartige (Menschen; vgl. 2,3a) als Schweine und Hasen bezeichnet (2,9 οἱ τοιοῦτοι ὡς ὕες εἰσί δασύποδες, ὅτι ἐξ ἡμισείας εἰσί καθαροὶ τὸ δὲ ἀληθὲς ἀκάθαρτοί εἰσιν) und zweitens sich für dieses Urteil auf Gott beruft, der dies auf den ‚Tafeln des Himmels' – gemeint sind die ‚Tafeln der בְּרִית – gesagt hat (2,10 καὶ γὰρ ὁ θεὸς ἐν ταῖς πλαξὶ τῶν οὐρανῶν οὕτως εἶπεν). Die δασύποδες sind hier Exempel für die Spalthufer.

[61] Die zeitlich nächste enge sprachliche Fassung stammt aus dem 4. Jh.: Chrys. *Laz.* 1–7 (PG 48,974) notiert, Mose habe geboten, achtzugeben beim Essen und Trinken und nicht Gott, den Herrn, zu vergessen. Ähnlich Ps.-Chrys. *poenit.* 1 (PG 60,697). Der Sache nach kennt die Verbindung freilich Philo, wie seine Auslegung der Landtiere (*spec.* 3,100–109) und der schuppenlosen Fische (*spec.* 3,110–112) sowie im unmittelbaren Anschluß (*spec.* 3,126) die Deutung der Gier im Kontext des ‚Wachtelwunders' (Num 11,4–34) zeigen.

[62] BROX, Hermas 336.

[63] Dieses Motiv ist in seiner Wirkung kaum zu überschätzen. Hierbei ist nicht zuerst und keineswegs ausschließlich an Glaubens- und Lebensumstände zu denken, in denen Pogrome stattfinden. Es geht um die unbedingte Glaubenstreue als eine Haltung, die sich in einem signifikanten Handeln dokumentiert, das im Alltag der Welt ebenso wie unter dem Eindruck von Anfeindung und Verfolgung seinen Platz hat; vgl. LONA, »Treu bis zum Tod« 442–461.

[64] Zum Sprachgebrauch von τρώγειν, πεινάω, κραυγάζω und σιωπάω vgl. MÜLLER, Erklärung 239. Jedenfalls ist πάλιν „mit σιωπᾷ zu verbinden, interpungire [sic] man nun oder nicht" (ib.).

sowie bei denen der Trias in V 10. Der Grund hierfür mag die Herkunft und damit
die Autorität der per Allegorese herausgeschälten δόγματα sein. Demzufolge sind
die Mahnungen durch den im Gesetz bekundeten Heilswillen begründet und
durch die mit ihm evozierte Heilszusicherung motiviert. Dies läßt die Verbindlichkeit des Gesetzes hervortreten. Weil die Schrift, die in allen Facetten auf Christus
und die Christen weist, im Christusereignis als gültig erwiesen ist und sich in der
Kirche erfüllen wird, sind auch die Forderungen in der Schrift, und zwar wie der
κύριος sie gewollt und Mose sie verstanden hat (vgl. Barn 10,1.11c.e), verbindlich
für die Kirche.[65] Das Gesetz ist also Grundlage christlicher Ethik (vgl. V 12a).

4 Vom Thema- und Gliederungszitat in V 1 vorgegeben, folgt auf das Verbot des
Genusses von Schweinefleisch in einer ‚akkusativischen Liste'[66] das Verbot, bestimmte Vögel zu essen (οὐδὲ φάγῃ). Im Unterschied zu V 1 ist der Hühnergeier
(τὸν ἰκτῖνα) als viertes Exempel dem Raben vorausgestellt. Ebenfalls abweichend
von V 1 haben alle Vogelnamen wie in den biblischen Katalogen den generischen
Artikel. Dies unterstreicht zum einen den Exzerptcharakter[67] des Zitats in V 1, und
zum anderen ist es ein Indiz dafür, daß sich die Instruktion in V 4a auf die biblischen Grundlagen berufen will. Die Auslegung (φησίν) im Teilvers 4b folgt dem
Vorbild aus V 3b, jedoch mit dem Unterschied, daß mit οὐδὲ ὁμοιωθήσῃ Gewicht
und Ernst der Mahnung (οὐ μή) betont ist. Man soll mit solchen Menschen überhaupt nichts gemein haben. Οἵτινες leitet wie in V 3b die Charakterisierung der so
beschaffenen Menschen (ἄνθρωποι τοιοῦτοι) ein. Mit Formen von οἶδα ist im
Barn auf ein Wissen abgehoben, das prophetisch auf die Christen weist (9,9a; 13,5),
das die Leser kennzeichnet (10,11c) und sie ermahnt (19,6), und das mithin vom Vf.
vermittelt (9,9b) wird. Geht der Vokabel οἶδα ein οὐκ voraus (10,3.4), ist bildhaft
eine für Christen inakzeptable, weil dem κύριος entfremdete Haltung ins Visier
genommen. Dies geht aus der Beschreibung der Art und Weise hervor, der gemäß
die zu essen verbotenen Vögel sich Nahrung beschaffen. Sprichwörtlich ist κόπου
καὶ ἱδρῶτος.[68] Gut möglich ist, daß eine Anspielung auf Gen 3,17–19 vorliegt.[69]
Οὐκ οἴδασιν negierte dann nicht nur das von Gott festgesetzte Arbeitsideal. Die
bildlich anhand der Raubvögel entwickelte Haltung bedeutete Blasphemie, weil
solcherart Menschen, in Verkennung Gottes, die für ihn kennzeichnende Mühe-
losigkeit, mit der er geschaffen hat (vgl. Philo, *sacr.* 40), beanspruchen.[70]

---

[65] Ein Hinweis an dieser Stelle auf Mt 5,18 verkennt die Probleme des Logions; vgl. Luz, Matthäus 1,236f.

[66] Vgl. NIELSEN, Deuteronomium 151.

[67] Vgl. S. 379 Anm. 16.

[68] Vgl. Eus. *d.e.* VII 1,34; Gr.Naz. *carm.* 820; Gr.Nyss. *hom. 8 in Eccl.* (PG 5,292); Chrys. *hom. 2 in 2 Cor.*; *terr.mot.* 1 (PG 50,713); ferner erklären Suid. ι 107 (Ἰδίειν· ἱδροῦν· κοπιᾶν. καὶ Ἴδεος, καύ-ματος, ἱδρῶτος) und Hippiatr. 27,10 (Ἡ δύσπνοια γίνεται ἐκ πλείστου ἱδρῶτος καὶ ἐκ κόπου καὶ ἀσθματος). Zu κόπος καὶ ἱδρώς wies m.R. schon WINDISCH, Barnabasbrief 306, auf 2 Makk 2,26.

[69] WINDISCH, Barnabasbrief 360, verweist ferner auf Spr 6,6–11; 22,29; Koh 5,11; Ps 127(128),2; 2 Thess 3,10; Ps.-Phoc. 154–156; Josephus, *Ap.* 2,31f.; Did 12,3–5. Hellenistisch-römische Positionen notiert MÜL-LER, Erklärung 240.

[70] In seiner Allegorese von Ex 2,11f. bestimmt Philo, *all.* 3,38, die ‚Mühsal' (τὸν πόνον) als Signum des ‚Gottessehenden' (τοῦ τὸν θεὸν ὁρῶντος).

Der Dat. ἀκεραιοσύνῃ in Barn 3,6; 10,4 und ebenso bei Suid. α 837 sind die einzigen Belege[71] für dieses vom Adj. ἀκέραιος abgeleitete Abstractum[72]; ἀκεραιοσύνη meint ‚Reinheit, Unvermischtheit‘. Wegen Barn 3,6 wird das Subst. eine Bildung des Vf. sein. Die Semantik könnte auf den Doppelvergleich Mt 10,16b zurückgehen, der an das aus der Spruchsammlung rezipierte Logion[73] in Mt 10,16a (par Lk 10,3) angefügt ist und für die Mission Klugheit der Schlange sowie Wehr- und Arglosigkeit der Taube als allgemeine Verhaltensgrundsätze empfiehlt. Der zweite Teil dieses vormatthäischen Zusatzes[74] kehrt unter dem Titel περὶ περιστερᾶς als Themazitat (ὁ κύριος πάλιν ἔφησε· καὶ ἀκέραιοι ὡς αἱ περιστεραί) in einer frühen Redaktion des Physiologus wieder (Phys.A. 35b). Philo, der es nur einmal verwendet, dient es in *Gai.* 334, um die Heimtücke der Anweisungen in Gaius’ Reskript anzuzeigen.[75] Bei den griechischen, alttestamentlichen Pseudepigraphen sind Arist. 31,2; 196,2; 264,3 die einzigen Fundorte für das Adj. Der bereits bemerkte traditionsgeschichtliche Konnex zwischen Barn 10, frühen Redaktionen des Physiologus und entsprechenden Sequenzen im Aristeasbrief sowie bei Philo erfährt durch die seltene Vokabel ἀκέραιος somit eine weitere Stütze. Abgesehen vom Zitat Mt 10,16b in IgnPolyc 2,2, stellen die wenigen Nachweise in der frühchristlichen Briefliteratur ἀκέραιος neben ἄμεμπτος ‚untadelig‘, ἄμωμος ‚makellos‘ (Phil 2,5), σοφός ‚weise‘ (Röm 16,19), εἰλικρινής ‚lauter‘, ἀμνησίκακος ‚ohne nachzutragen‘ (1 Clem 2,5; vgl. auch den Frauenspiegel 1 Clem 21,7)[76]. Dieser Sprachgebrauch trifft sich mit den griechischen Bibelübersetzungen.[77] In der frühchristlichen Literatur ist ἀκέραιος ein Signum der Kirche (1 Clem 2,5),[78] zumal inmitten eines latent feindlichen, nichtchristlichen Lebens- und Glaubensumfelds (Phil 2,5) sowie in Front zum Bösen (Röm 16,19). In diesem kirchenkennzeichnenden Sinne verwendet Barn 3,6 das Subst. ἀκεραιοσύνη in bezug auf die Leser.

---

[71] PAPE, Wörterbuch, verzeichnet ἡ ἀκεραιοσύνη nicht und LIDDELL/SCOTT, Lexicon 49, verweisen auf Suidas (Ἀκεραιοσύνη· ἀκερωσύνη δέ.).

[72] Vgl. BLASS/DEBRUNNER, Grammatik § 10,4. Die Grundbedeutung des Adj. leitet sich von κεραίω (auch κεράννυμι und κεραννύω) ‚mischen‘ her. Das α-privativum kehrt indes diesen Sinn nicht einfach nur um. Ἀκέραιος meint ‚ungemischt‘, aber auch ‚unversehrt‘ und im ethischen Sinn ‚integer, lauter‘. LUZ, Matthäus 2,109 Anm. 27, versteht es parallel zu ἁπλοῦς.

[73] „Mt 10,16a deutet die Verfolgungssituation nur allgemein an; es gibt keine zwingenden Gründe, dieses Logion Jesus abzusprechen“ (LUZ, Matthäus 2,106; vgl. BOVON, Lukas 2,50f.).

[74] Vgl. LUZ, Matthäus 2,105.109.

[75] Josephus kennt ἀκέραιος vermutlich von Philo, denn in *BJ* 7,183 bezieht er sich explizit auf *Gai.* 334; vgl. ferner *AJ* 1,61.130; 5,47; 12,37; 17,94; *BJ* 1,621; 3,257; 5,283.

[76] Vgl. LONA, Clemensbrief 133.282f.

[77] Das Adj. begegnet in Est 8,13(12f.) im Sinne des ‚lauteren Wohlwollens‘. Symmachus übersetzt den Term תָּמָתִי (vom Adj. תָּם ‚ganz, recht, friedlich‘ [KBL 1030]) in Hld 6,8(9) mit ἀκέραια μου ‚meine Makellose‘ anstelle von τελεία μου ‚mein Alles‘ oder ‚meine Vollkommene‘ in den älteren Hoheliedübersetzungen. Diese Variante erklärt sich kaum allein daraus, daß die Taube (יוֹנָה) sowohl Griechen wie Juden als Inbegriff für Wehrlosigkeit, Lauterkeit und Reinheit galt (vgl. GREEVEN, περιστερά. ThWNT 6 [1959] 65f.). Vielleicht wußte Symmachus von der alexandrinischen (und vormt) Konnotation von περιστερά und ἀκέραιος.

[78] Einem Midrasch zufolge ist Israel vor Gott תְּמִימִם (‚untadelig‘ KBL 1031f.) wie eine Taube, unter den Heiden listig wie eine Schlange (Midr HL 2,14 [101a] = Bill. 1,574f.). Zu 1 Clem 2,5 vgl. LONA, Clemensbrief 133.

Durch die Vergleichspartikel ὡς sowie durch die beiden Verhaltensprofile ‚lauern und spähen' (ἐπιτηροῦσιν[79] … καὶ περιβλέπονται[80]) schlägt in Barn 10,4 das Aussageziel nach der bei Philo zuerst beobachteten pejorativen Seite um. Zu der mit ‚lauern und spähen' umschriebenen Heimtücke, in der sich die Raubvogeleigenart des Ausschauhaltens (ἐκζητεῖ) widerspiegelt,[81] fügt der Vergleich ὡς ἐν ἀκεραιοσύνῃ den Aspekt der Scheinheiligkeit als Kennzeichen des Lebenswandels der ἄνθρωποι τοιοῦτοι hinzu. Heimtücke und Scheinheiligkeit der οἵτινες bekunden sich in ihrem eklatant unmoralischen Verhalten gegenüber den Nächsten. Weil auch die Teilverse 4b.c in der Absicht komponiert sind, die Allegorese des mosaischen Verbots anhand der Physis von Raubvögeln einsichtig zu machen, gilt die verworfene Handlungsweise solcher Menschen exemplarisch für jedwedes Verhalten, das nicht auf der von Gott bestimmten Ordnung gründet.[82] Über die gottfremde Grundlage ist mit ἐν ἀνομίᾳ αὐτῶν das Urteil gesprochen.[83] Auffällig sind ἑαυτοῖς πορίζει[ν] τὴν

---

[79] Die Vokabel ἐπιτηρεῖν begegnet in den griechischen Bibelübersetzungen nur in Jdt 13,3 im Sinne von ‚warten' und in Ps 70(71),10b σ' anstelle des von den älteren griechischen Psalmübersetzungen bezeugten οἱ φυλάσσοντες. Die griechisch überlieferten alttestamentlichen Pseudepigraphen sowie die neutestamentlichen Schriften kennen ἐπιτηρεῖν nicht; bei den Apostolischen Vätern ist die Form ἐπιτηροῦσιν in Barn 10,4 einziger Beleg. Die Variante περιτηροῦσιν in א fehlt in allen Corpora. Das Compositum ἐπιτηρεῖν geht wohl auf das alexandrinische Judentum zurück. Philo, all. 3,189, erklärt seine Bedeutung vom biblisch gut bezeugten Simplex τηρεῖν her: τὸ δὲ »τηρήσει« δύο δηλοῖ· ἓν μὲν τὸ οἷον διαφυλάξει καὶ διασώσει, ἕτερον δὲ τὸ ἴσον τῷ ἐπιτηρήσει πρὸς ἀναίρεσιν. Die zweite, negative Bedeutung (‚auflauern in der Absicht zu vernichten') scheint vor allem noch in Gai. 122 durch; vgl. ferner Jos. 33; spec. 3,33; virt. 157; quest. Gen. 3 (fr. 61). Die Bedeutung des feindseligen Belauerns bezeugt auch Josephus, BJ 5,284; vgl. auch BJ 1,146.573; AJ 16,400; Vit. 126.

[80] Bei den Apostolischen Vätern begegnet die Vokabel περιβλέπειν ebenso wie ἐπιτηρεῖν nur in Barn 10,4. Die neutestamentlichen Belege sind auffällig bei Mk konzentriert (3,5.34; 5,32; 9,8; 10,23; 11,11) bzw. von ihm entlehnt (Mk 3,5 par Lk 6,10). Nur in der Verklärungsszene blicken sich die Jünger um; sonst ist es stets Jesus. Ist Jesus Subjekt, folgt bis zum Einzug in Jerusalem stets ein Wort Jesu, mit dem er sich als jener bekundet, dessen Qualifizierung in Verklärungs- sowie in Einzugsszene mittels Schriftzitaten geschieht und dem περιβλεψάμενοι der Jünger bzw. dem περιβλεψάμενος πάντα Jesu in Jerusalem vorausgeht. Während bei diesem mk Vorzugswort stets das Heilsgeschehen Jesu Christi im Blick ist, liegt der Vokabel in den griechischen Bibelübersetzungen mit Ausnahme von Bar 4,36; 5,5 der Aspekt zugrunde, daß περιβλέπειν Heil verwirkt (Gen 19,17b), einem Verstoß gegen Gottes Ordnung vorausgeht (Ex 2,12) oder auch jenen kennzeichnet, der nicht weise ist (Sir 9,7). Die Verbindung beider Vokabeln ist außer in Barn 10,4 nur noch in wenigen Scholien belegt. Signifikant ist A. Pr. 330a: σὺ δ' ἐπιτήρει καὶ περίβλεπε μή τι ἐν τῇ ὁδῷ βλαβήσῃ.

[81] Vgl. auch die Kritik an der „eitlen Unterscheidung der Speisen" bei Aphrahat, Darlegungen 15,5 (FC 5/2,400), wobei freilich dem Raben eine völlig andere Eigenart zugesprochen ist; er ist der vertrauenswürdige Überbringer der Speise an Elija (1 Kön 17,6). Bei anderer Gelegenheit indes gelten die Vögel als „böse und räuberisch" (ib. 14,46 [FC 5/2,388]).

[82] Belauern und Ausspähen anderer profiliert auch in Qumran Gottlose. Vgl. zu Ps 37,32f. („Der Gottlose späht nach dem Gerechten und [sucht ihn zu töten.]") den Pescher in 4 QpPs 37 VI,8f.: „Seine Deutung bezieht sich auf [den] gottlosen [Prie]ster, der aus[späh]te nach dem Gerech[ten und suchte], ihn zu töten […] und das Gesetz, um dessentwillen er zu ihm gesandt hat."

[83] Zu ἀνομία (4,1bis; 5,2; 10,4; 10,8bis; 14,5; 15,7; 18,2) und ἀνομέω vgl. S. 195f.214f.469 die Auslegungen von Barn 4,1.8 und 14,5. Zur pejorativen Einschätzung dieser Vögel vgl. auch Tat. orat. 1,3, der mit dem von κόραξ abgeleiteten κορακόφωνος ‚Rabenkrächzer' Sophisten ob ihrer Weisheit, die nicht von Gott stammt, schmäht.

τροφήν (Vv 4a.b) sowie ἁρπάζουσιν τὰ ἀλλότρια … ἐκδύσωσιν (V 4a) und ἀλλοτρίας σάρκας καταφάγῃ (V 4b). Mit ἐκδύειν kann auf die Exposition des Gleichnisses vom barmherzigen Samariter (Lk 10,30b) oder auf die Verspottungsszene Mt 27,28.31 par angespielt sein. Der Pl. σάρκας ist nicht von Barn 5,13 her auf die σάρξ des κύριος zu deuten. Eher ist auf die Unheilspredigt Ez 39,4b.17–20 (vgl. Offb 19,17f.) angespielt. Die Handlungsweisen der ἄνθρωποι τοιοῦτοι sind eschatologisches Zeichen. Die soteriologische Dimension tritt durch die an den Teilvers 4c angeschlossene[84] Erklärung hervor. Indem sie diesen ‚ungesetzlichen' Lebenswandel mit dem Verdikt des Widergöttlichen (τῇ πονηρίᾳ) belegt und durch das seltene, vermutlich aus dem Zitat von Ps 1,1c antizipierte Adj. λοιμός (vgl. λοιμῶν 10,10; λοιμοτέρους IgnPolyc 2,1) als umfassenden und schuldhaft erlangten (αὐτῶν) Unheilszustand ausweist, bekräftigt sie die Mahnung vollkommener (οὐ μὴ … κολληθήσῃ οὐδὲ ὁμοιωθήσῃ) Trennung von gottfeindlich gesonnenen Menschen (V 4b).[85] Vor dem Hintergrund dieses schroffen Kontrastmodells sowie mit Rücksicht auf die Feststellung in V 3, daß das Gesetz Grundlage christlicher Ethik ist, empfing Mose durch das in V 4a referierte Verbot daher als zweites δόγμα die Mahnung zur δικαιοσύνη[86]. Rechtschaffenheit ist Lebensvoraussetzung und Zeugnis des Glaubens.

5 Mit καὶ οὐ φάγῃ kommt der Vf. zu den Wassertieren und damit zum letzten der τρία δόγματα, die Mose empfing; καί zeigt den Zusammenhang mit Vv 3f. an und führt fort[87]. Die drei Tiernamen Muräne (σμύραινα), Meerespolyp (πολύπους) und Tintenfisch (σηπία) sind biblisch und in der jüdischen Traditionsliteratur[88] nicht belegt.[89] Das in Barn 10,5a kraft φησίν als Schriftzitat deklarierte Verbot,

---

[84] Der Numeruswechsel in V 4c signalisiert, daß dieser Teilvers selbst einen Wachstumsprozeß durchgemacht hat. Die Sg. ἐκζητεῖ und καταφάγῃ zeigen, daß der Pl. τὰ ὄρνεα ταῦτα als Abstractum aufgefaßt ist: „diese Vogel*art*". Der Num. des Part. (ὄντα) und des Pronomens (αὐτῶν) in der abschließenden Erklärung fordern indes, τὰ ὄρνεα ταῦτα konkret aufzufassen. Das scharfe Urteil zielt denn wohl auch nicht auf τὰ ὄρνεα ταῦτα, sondern ist das in anthropomorpher Sprache gefaßte Verdikt für solcherart Menschen.

[85] Vor dem Hintergrund des Sprachgebrauchs von ἐκζητεῖν in Barn, nämlich als ein auf die δικαιώματα κυρίου (vgl. 2,5; 4,1) und seine Gebote (vgl. 21,6.8) gerichtetes Nachsinnen, das erst gottgehorsames Handeln ermöglicht (vgl. 19,10) und damit Teilhabe am eschatologischen Heil in Aussicht stellt, mag in der pejorativen Fassung der Vokabel in Barn 10,4 die Warnung vor Bespitzelung mitschwingen. Mit ἀλλοτρίας σάρκας wäre folglich die Gnosis umschrieben, die der Vf. seinen Lesern (exemplarisch) mitteilen will. Καταφάγῃ sowie die Profilierung dieser „Spitzel" würde diese einer doppelten Polemik aussetzen: Erstens, daß ihnen überhaupt die Befähigung fehlt, durch Nachsinnen eine zum Heil führende Gnosis zu erlangen, vielmehr sind sie hierfür auf den Vf. und seinesgleichen angewiesen. Daher sind sie zweitens nur dem Schein nach Gott gehorsam.

[86] Vgl. Barn 1,4.6[bis]; 3,4; 4,12; 5,4; 13,7; 14,7; 20,2.

[87] Die Fortführung mit καὶ οὐ φάγῃ wird kaum auch noch auf den mit καὶ οὐ φάγῃ ἐξ αὐτοῦ umschriebenen Fluch über den Ungehorsamen in Dtn 28,31a – dem einzigen Fundort für καὶ οὐ φάγῃ in den griechischen Bibelübersetzungen – anspielen.

[88] Zwei Traktate des Babylonischen Talmuds, bTSchab 109a und bTK[e]th 77a (vgl. MK[e]th 7, TosafothK[e]th 7a; TosafothJ[e]b 64a; ferner die Raschi-Kommentare), belegen zwar das Lehnwort פוליפוס, jedoch nicht als Bezeichnung für den Kopffüßler, sondern ausschließlich in medizinischem Sinn.

[89] Philo, *migr.* 64f.69, und *spec.* 4,113, teilt auf der Basis von Lev 11,10.42 die Reserven gegenüber Vielfüßlern wie den Polypen. Der Farbwechsel des Polypen gilt Clem. *paed.* III 11,80f. zufolge als Sinnbild für jene Christen, die ‚die gottergebene Haltung, die sie in der Versammlung zeigen, ablegen, sobald sie dar-

diese Meerestiere zu essen, ist erfunden. Der Barn verfährt diesbezüglich wie die Physiologustradition, die sich ebenfalls nicht scheut, die Schrift ihren Bedürfnissen anzupassen.[90] Barn 10,5a illustriert das summarische Verdikt βδέλυγμά ἐστιν in Lev 11,10 über schuppenlose[91] Wassertiere bzw. ἀκάθαρτα ὑμῖν ἐστιν in Dtn 14,10. Barn nimmt diese kultische Terminologie hier wie auch bei den anderen Speiseverboten nicht auf.[92] Dies signalisiert, daß dem Vf. (oder seiner Vorlage) von vornherein am ethischen Gehalt dieser Vorschriften gelegen ist. Das zweite φησίν kennzeichnet die mit οὐ μή bekräftigte Mahnung als Auslegung des Zitats. Auch dieses Speiseverbot warnt vor der an solchen Menschen festgemachten Haltung und Handlungsweise; οἵτινες markiert wieder den Beginn der Verhaltensbeschreibung. Ihr Merkmal ist die Gottlosigkeit (ἀσεβεῖς; vgl. V 10a), und zwar ‚abgrundtief‘ (εἰς τέλος)[93]. Das Part. κεκριμένοι und der Instrumentalis τῷ θανάτῳ zeigen die eschatologische Dimension an, wobei das Adv. ἤδη signalisiert, daß die eschatologische Verwerfung (τῷ θανάτῳ) aller, die jetzt gottlos sind, auf dem eschatologischen Tun-Ergehen-Zusammenhang basiert. Daher wird ἤδη nicht auf eine Heilsunfähigkeit solcher Menschen abheben, sondern mit der Metapher des schon verhängten Todesurteils[94] vielmehr den eschatologischen Belang gegenwärtigen Unglaubens sowie dessen Ausweis, den Ungehorsam, hervorheben. Im Blick ist die hartnäckige Verweigerung gegenüber dem Heilswillen Gottes. Wie zur eschatologischen Heilssetzung Gottes in Jesus keine neutrale, unbeteiligte Haltung möglich ist, so auch nicht bezüglich des im Gesetz bekundeten Heilswillens Gottes, d.h. gegenüber dem ethischen Anspruch des Gesetzes (vgl. Röm 1,32; 1 Tim 1,8–11).

---

aus fortgegangen sind, … und sich draußen sofort mit Gottlosen herumtreiben (ἔξωθεν δὲ ἄρα μετὰ τῶν ἀθέων ἀλύουσι)‘. Ps.-Phoc. 48–50 teilt die Vorbehalte, wobei beachtlich ist, daß die Physis des Polypen, die V 49 beschreibt, im Grundmotiv mit Clem. *paed.* III 11,80f. übereinstimmt und als Kontrastbild zu der in den rahmenden Sprüchen 48 und 50 angemahnten Aufrichtigkeit (πᾶσιν δ᾽ ἁπλόος ἴσθι) fungiert. Die Muräne (σμύραινα) und der Tintenfisch (σηπία) sind in der jüdischen Gräzität bzw. in den griechisch überlieferten alttestamentlichen Pseudepigraphen nicht belegt.

[90] Zwar folgt der Wortlaut der Zitate im Physiologus „im allgemeinen der uns bekannten biblischen Überlieferung" (TREU, Zur biblischen Überlieferung im Physiologus 550), doch wie Treu im folgenden zeigt, nimmt sich der Physiologus die Freiheit nicht nur zur Mischung verschiedener Bibelworte, sondern auch zur sinnentstellenden Veränderung (vgl. ib. 551f.; DIES., Das Wiesel im Physiologus 275).

[91] Das Verbot der flossenlosen Wassertiere (Lev 11,10; Dtn 14,10) ist übergangen.

[92] Die formelhafte Prägung der Parallelen beider genannten Urteile in Lev 11,4.5.7.8.26.27.29.31 und Dtn 14,8.10.19, nämlich eine Form des Adj. ἀκάθαρτος, dem das Personalpronomen ὑμῖν vorausgeht oder folgt und dessen Sachbezug oft ein Demonstrativpronomen festhält – zugrunde liegt טָמֵא הוּא לָכֶם oder טְמֵאִים הֵם לָכֶם הוּא – sowie die auf den Stichworten βδέλυγμα bzw. βδελύσσομαι basierende Verwerfung in Lev 11,10.11.12.13.20.23 שֶׁקֶץ הוּא לָכֶם (kultisch abscheulich) und in Dtn 14,3 לֹא תֹאכַל כָּל־תּוֹעֵבָה (kultisch und moralisch abscheulich) bekräftigt die kultische, priesterliche Herkunft. Zu βδέλυγμα vgl. auch die Auslegung zu Barn 4,3.

[93] Vgl. die dreifache, d.h. pleonastische Beschreibung des Aufenthaltsorts dieser Tiere.

[94] Der Vorstellung liegt ein eschatologisierter Tun-Ergehen-Zusammenhang zugrunde, der Gegenwart und Eschaton auf dem Feld der Ethik mit motivierender Absicht derart stringent koppelt, daß allein schon durch das jeweilige Handeln eine bindende, irreversible und jetzt bereits wirksame Entscheidung gefallen ist; vgl. Jub 37,17 („Du hast den Eid gebrochen. Und in der Stunde, da du deinem Vater geschworen hast, bist du gerichtet worden.") und Joh 3,18a („Wer an ihn glaubt, wird nicht gerichtet; wer nicht glaubt, ist schon gerichtet.").

Ausmaß und Festhalten am ungehorsamen, sündigen Lebenswandel[95] hindert die Umkehr.[96] Denn der Gottlose unterliegt der Grundsünde, der Abkehr von Gott, die sich in Unglauben und Ungehorsam äußert.[97] Durch beide hat er sich in eine Lage manövriert, aus der er sich nicht selbst freimachen kann. Dies illustriert das Kontrastbild zu den anderen, den auf- und abtauchenden Fischen (τὰ ἰχθύδια … τὰ λοιπά)[98]. Die dreifache Beschreibung des Aufenthaltsorts der schuppenlosen Wassertiere, nämlich am Meeresgrund (ἐν τῇ γῇ), unten (κάτω), in der Tiefe (τοῦ βυθοῦ), sowie der Beharrlichkeit, mit der diese Tiere ihrem Lebensraum verhaftet bleiben (κατοικεῖ), sind unbeschadet davon, daß das Lokaladv. κάτω und τοῦ βυθοῦ[99] Attribute der γῆ bzw. von ἐν τῇ γῇ … κατοικεῖ sind, als Pleonasmus anzusehen, der ein Höchstmaß an Verweigerung und Ungehorsam gegen Gott ausdrücken soll.[100] Physis und Allegorese korrespondieren mit Blick auf die Verurtei-

---

[95] Gottlosigkeit (ἀσέβεια, ἀσεβεῖν, ἀσεβής; vgl. ἀνόμοι in T.Lev. 17,11) und unmoralisches Verhalten, insbesondere fleischliche, und überhaupt weltliche, irdische Begierden (regelmäßig aufgelistet werden Ehebruch, Knabenschändung, Wollust; vgl. Did 2,2; Barn 19,5, ferner ἀνομία in Barn 10,8b), sind eine feste und signifikante Verbindung, die zur Etikettierung von Irrlehrern dient (Röm 1,18–32; 1 Tim 1,8–11; 2 Tim 2,16.22; Tit 2,12; Jud 4.15f.18f.; 2 Clem 17,6f.; T.Lev. 17,11).

[96] Röm 1,18–32; Jud 4.15.18; 2 Petr 2,9.10a und Herm *sim.* VI 2,2–4 (62,2–4) führen vor, daß die Alte Kirche die im Handeln bekundete Abkehr von der Heilsordnung Gottes, d.h. den Ungehorsam gegen Gottes Weisungen, als demonstrative Gotteslästerung aufgefaßt hat, kraft der jede Umkehrmöglichkeit verwirkt scheint (2 Petr) oder ist (Herm). Näheres vgl. VÖGTLE, Petrusbrief 192–196; PAULSEN, Petrusbrief 135f.; BROX, Hermas 336.

[97] Daß Unglaube und Ungehorsam gegenüber dem Gesetz zusammengehören zeigt T.Lev. 17,11, wo ἀνόμοι ‚Gottlose‘ meint; pleonastisch stehen ἁμαρτωλοί, ἀσεβής und ἀνόμοι in grHen 22,13. Aus T.Lev. 17,11 geht zudem hervor, daß Gottlose in eine Reihe gehören mit Götzendienern (εἰδωλολατροῦντες; vgl. εἰδωλολατρία in Barn 20,1b), Streitsüchtigen, Geldgierigen (vgl. Barn 19,6a.b), Übermütigen (vgl. Barn 19,4d), Wollüstlingen und Knabenschändern (παιδοφθόροι; vgl. Barn 10,6; 19,5; φονεῖς τέκνων, φθορεῖς πλάσματος θεοῦ in Barn 20,2i). Vgl. auch Sib 3,38, ferner die Profilierung des Zeus bei Clem. *prot.* II 16,1; 37,1–3; Thphl.Ant. *Autol.* I,9 (τὰς δὲ λοιπὰς πράξεις αὐτοῦ, περί τε ἀδελφοκοιτίας καὶ μοιχείας καὶ παιδοφθορίας, ἄμεινον Ὅμηρος καὶ οἱ λοιποὶ ποιηταὶ περὶ αὐτοῦ ἐξηγοῦνται).

[98] Anders als in der ‚gehobenen Sprache‘ wird zumindest in der neutestamentlichen Literatur (vgl. Mt 15,34 par Mk 8,7) das Diminutivum ἰχθύδιον nicht als unpassend empfunden; vgl. BLASS/DEBRUNNER, Grammatik § 111,6. Dies dürfte grundsätzlich auch für den Pl. τὰ ἰχθύδια gelten. Durch den Kontext bedingt ist diese Diminutivbildung ebenso wie χοιρίον in V 3 keine Koseform, sondern ist verächtlich gemeint (vgl. BORNEMANN/RISCH, Grammatik §§ 29,2c; 301,2). Hierauf mag in Barn 10,5 die Voranstellung des Demonstrativums ταῦτα vor die bestimmte Bezeichnung τὰ ἰχθύδια weisen; gemeint ist also: „Dieses ‚Fischgetier‘ da!"

[99] Τοῦ βυθοῦ ist Gen. appositivus; vgl. BLASS/DEBRUNNER, Grammatik § 167,2.

[100] Weder die Subst. ὁ βυθός (Barn 10,5) und τὸ βάθος (Barn 10,10a) noch das Adj. βαθύς sind in der jüdischen und christlichen Literatur per se pejorativ. Das in griechischen Bibelübersetzungen sehr seltene ὁ βυθός dient immer und τὸ βάθος oft zur Wiedergabe von מְצוּלָה oder מְצוֹלָה (KBL 556), wobei das Neutrum das größere semantische Spektrum abdeckt. Das Adj. steht meist für Formen der Wurzel עמק (KBL 716f.). Im übertragenen Sinn drücken Subst. wie Adj. eine nicht sogleich übersehbare Fülle, Vollständigkeit und Ganzheit aus (vgl. ‚tief Verborgenes bringt er ans Licht‘ Ijob 12,22; den tieferen Sinn [λόγον βαθύν] der Speisevorschriften kündigt Arist. 142f. an; ferner ‚tiefer Friede‘ bei D.H. *Antiquitates* VI 1,4; 4 Makk 3,20; Philo, *post.* 185; *somn.* 2,147.229; *ebr.* 97; *Gai.* 90; Josephus, *BJ* 1,418; *AJ* 7,305; 1 Clem 2,2). Ihre negative, mithin widergöttliche Note rührt vom Kontext (vgl. Ex 15,5; Neh 9,11b [2 Esdr 19,11b]; Spr 18,3; Jona 2,4f.; Mi 7,19b) bzw. vom bezeichneten Nomen her (τὰ βαθέα τοῦ σατανᾶ Offb 2,24). Insofern in Barn 10,5 der abgründige Lebensraum der schuppenlosen Meerestiere Signum ihrer Verwerfung

lung; ἐπικατάρατα[101] steht sachlich parallel zu κεκριμένοι ἤδη τῷ θανάτῳ und erläutert es. Beide meinen die selbst verschuldete, umfassende Verwerfung durch Gott.[102] Nach Ausweis von Barn 7,3–11 und überhaupt wegen des eschatologischen Vorbehalts, den der Vf. mehrmals betont, steht auch die über solchen Menschen verhängte Endgültigkeit ihrer Trennung von Gott unter dem Vorbehalt des Gerichts[103] und damit der Gnade Gottes. Diese selbst gewählte, grundsündige Abkehr von Gott, die sich als Unfähigkeit zur Umkehr darstellt, darf also nicht den Blick dafür verstellen, daß die letzte Entscheidung über die Partizipation am eschatologischen Heil erst geschieht, wenn der Gekreuzigte als königlicher Richter und Hoherpriester wiederkommt (vgl. Barn 7,3–11; 15,7). Bis dahin ist die durch solche Menschen wachgehaltene Lebensorientierung die beständige Gefahr für die Frommen (vgl. 2 Tim 2,16–18).

Das Versuchungspotential der gegenwärtigen Zeit, das Barn 4,1–5.9b–14 mit biblischem, apokalyptischem Material geschildert hat, konkretisiert also Barn 10,3–5 an drei Verhaltenstypen. Deren Profil ist durch die Ketzerpolemik in Röm 1,18–32 sowie aus neutestamentlichen Spätschriften (Past, Jud, 2 Petr) hinlänglich bekannt. Barn 10,3–5 illustrieren es an der Eigenart von Tieren, deren Verzehr durch das mosaische Gesetz verboten ist. Die angeprangerten Handlungsweisen und die durch sie bekundete Haltung sind also mit der Autorität der Schrift als widergöttlich geoffenbart und verurteilt. In den Vv 6–8 sind drei weitere Bedrohungstypen und Gefährdungsbereiche angefügt.

Unzucht (10,6–8)

Die Vv 6–8 folgen dem triadischen Schema in Vv 3–5; die sprachliche Fassung indes hebt sie als Einheit von den Vv 3–5 ab. Gliederungssignal dieser Trias und äußeres Kennzeichen gegenüber dem vorangegangenen Dreierblock sind ἀλλὰ καί und einfaches ἀλλά. Anstelle der mit οἵτινες angefügten Beschreibungen der ἄν-

---

(ἐπικατάρατα) ist, trifft sich die Semantik mit dem εἰς τέλος der Gottlosigkeit (vgl. Spr 18,3). Aufschlußreich ist Mi 7,19b: τὰ βάθη τῆς θαλάσσης ist der Ort, wohin Gott πάσας τὰς ἁμαρτίας ἡμῶν wirft. Τὸ βάθος und ὁ βυθός kennzeichnen den Hort aller Sünden, den Bereich der Gottferne. Gegenteilig urteilt Phys.A. 40 (περὶ ἴβεως) über Meerestiere in der Tiefe: Dort schwimmen die reinen Fische, die der nach dem Gesetz unreine Ibis nicht erreichen kann (καὶ οὐ δύναται εἰσελθεῖν εἰς τὰ βάθη, ὅπου οἱ καθαροὶ ἰχθύες νήχονται).

[101] Zu ἐπικατάρατα vgl. S. 303–305.309 die Auslegungen zu Barn 7,7a.9a. WINDISCH, Barnabasbrief 360, verweist für diesen Fluch auf die Verwerfung der Schlange in Gen 3,14. Weil aber Kriechtiere im Barn überhaupt ausgespart sind, besteht eine solche Verbindung allenfalls mittelbar. Die Allegoresen der Speisevorschriften bei Philo, spec. 4,110–115, zeigen, daß derartige Verschmelzungen vorkamen. Am ehesten ist dieser Rekurs auf Gen 3,14 dem theologischen Ambiente zuzutrauen, dem zum guten Teil auch Arist. und der Physiologus ihre Motive verdanken. An Texten nachweisen läßt sich diese Rückbesinnung auf die Urgeschichte im Zusammenhang der Speisegesetzauslegung freilich nicht.

[102] Die Verbindung von Gottlosigkeit und Verurteilung zum Tod begegnet auch Röm 1,32b; Jud 7c; 2 Petr 3,6f.; Barn 15,7; Clem. paed. III 11,81; T.Zab. 10,3; Sib 4,41–44. Daß die Gottlosen der Fluch trifft, kündigt grHen 5,7 an.

[103] Vgl. 2 Petr 2,9.10a; 3,7; grHen 22,13 zufolge werden die (Seelen der) Gottlosen am Gerichtstag zwar nicht bestraft, aber auch nicht auferweckt – gerade dies wird freilich als ihre Bestrafung erkannt.

ϑϱωποι τοιοῦτοι ist in diesem Dreierblock zweimal die Sache beim Namen genannt: παιδοφϑόϱος (V 6b), μοιχὸς οὐδὲ φϑοϱεύς (V 7b). Nur in V 8b liegt, eingeführt vom Relativum οἵους, eine mit Vv 3b.4b. 5b vergleichbare Sequenz vor. Die Begründungsfunktion des Abschnitts über die Physis des Tieres tritt durch ὅτι (Vv 6c.7c) und γάϱ (V 8c) deutlicher hervor. Die rhetorischen Fragen πϱὸς τί in V 6a.7b verraten die Hand des Vf. und seine didaktische Absicht (vgl. 6,17; 7,4.5.9.11; 8,4.6; 9,8b). Dies gilt auch für das καλῶς in V 8a (vgl. V 11c.e)[104].

6 Das frei wiedergegebene Verbot, den Hasen (δασύπους[105]) zu essen, greift auf Lev 11,5f. und Dtn 14,7 zurück. Der standardmäßig mit οὐ μή eröffneten und durch φησίν als Auslegung des Zitates qualifizierten Mahnung zufolge hat – im (richtigen) Verständnis (V 1) – Mose vor sexuellem Fehlverhalten gewarnt. Das Compositum παιδοφϑόϱος (Λ *corruptor puerorum*) ist vor Barn nur durch die griechische Übersetzung von T.Lev. 17,11 belegt.[106] Für die durch das genus proximum φϑόϱος

---

[104] Vgl. S. 405 Anm. 152 und S. 405 Anm. 153.

[105] Die Bedeutung der Lexeme δασύπους (in der jüdischen und christlichen Literatur vor Barn nur in Lev 11,5; Dtn 14,7; T.Aser 2,9) und χοιϱογϱύλλιος ist uneinheitlich. Mit δασύπους geben die griechischen Bibelübersetzungen in der Regel (Dtn 14,7; Ps 103[104],18b; Spr 30,26 [24,61]) אַרְנֶבֶת von der Wurzel אבנ wieder und bezeichnen damit wie in der Profangräzität den Hasen bzw. die Häsin; an diesen Stellen steht χοιϱογϱύλλιος für שָׁפָן, das im Profangriechischen ‚Stachelschwein' meint und von der Einheitsübersetzung mit ‚Klippdachs' wiedergegeben wird. In Lev 11,5f. [LXX] hingegen ist die Bedeutung vertauscht: Mit δασύπους geben die griechischen Bibelübersetzungen zunächst שָׁפָן und das darauf folgende אַרְנֶבֶת mit χοιϱογϱύλλιος wieder; die Einheitsübersetzung folgt an dieser Stelle dem hebräischen Text. Sollten Barn in 10,6f. die Speisevorschriften in Lev 11,4b–6 bzw. Dtn 14,7 vor Augen gestanden haben, dann hat er δασύπους gemäß dem üblichen Sprachgebrauch als Terminus für Hase verstanden. Hierfür spricht seine Erklärung der Vorschrift in Barn 10,6b, wo er anstelle des zitierten δασύπους das ionische, vor allem in der Epik benutzte Synonym λαγωός für ‚Hase' verwendet (L beidemale *lepus*). Wegen des Kontextes ist es unwahrscheinlich, daß dieser Wechsel nicht von Barn stammt, sondern daß Barn hier eine für Ps 103[104],18 bezeugte Lesart rezipiert, die der Cod. Alexandrinus (A) überliefert und ein Korrektor (א²) in den Cod. Sinaiticus eingetragen hat. Insofern Clem. aus Barn 10,6f. zitiert und dabei anstelle des ὁ λαγωός die attische Variante ὁ λαγώς verwendet, bestätigt er nicht nur, daß Barn δασύπους im landläufigen Sinn als Hase verstanden hat, sondern dies deutet auch darauf hin, daß beiden, jedenfalls aber Barn, hebräische Schrifttexte, mindestens aber hebräische Versionen von Lev 11,5f. *und* Dtn 14,7 nicht vorgelegen haben. Welches Tier die biblischen Schriftsteller indes mit שָׁפָן bezeichnen wissen wollten (vgl. DIEBNER, Klippschliefer. NBL 2/9 [1994] Sp. 503; DERS., Klippschliefers Einschleichen in den Bibeltext 258, der mit ‚Hase' übersetzen möchte, was aber wegen des Kontexts mit אַרְנֶבֶת Probleme aufwirft), ist völlig ungewiß. Suid. χ 598 erklärt: Χοιϱογϱύλλιος· ὕστϱιξ, ἀκανϑόχοιϱος. τουτέστιν ἐχῖνος χεϱσαῖος. Zur (lateinischen und deutschen) Übersetzungsgeschichte von שָׁפָן vgl. DIEBNER, Klippschliefers Einschleichen in den Bibeltext 246–258; GÖRG, Von der „Bergmaus" zum „Klippdachs" 9–12. Da die beiden Alttestamentler nur dem Lexem שָׁפָן nachgehen, kommen die widersprüchlichen Übersetzungen der griechischen Bibelübersetzungen ebensowenig in den Blick wie die patristische Wirkungsgeschichte. Neben Barn und Clem. vgl. zu שָׁפָן bzw. χοιϱογϱύλλιος Ps.-Ath. *synops.* (PG 28,300,49); Caes.Naz. *dial.* 148 und mit Bezug auf Spr 30,26[24,61] Evagr.Pont. *cap.* 18.

[106] Nur sofern für παιδοσποϱοῦντες in Philo, *Abr.* 135, παιδοφϑοϱοῦντες zu emendieren ist (vgl. den Hinweis bei COHN, Philo von Alexandrien 1,125 Anm. 1), wofür seitens der handschriftlichen Überlieferung von *Abr.* freilich keinerlei Anhalt existiert (vgl. den Apparat bei COHN, Philonis Alexandrini 4,31), wäre die Wortbildung auf den Alexandriner zurückzuführen. Clemens Alexandrinus, dem Barn 10,6f. die Stichworte für zwei längere Abschnitte über den Sinn der Gebote, weder Hase noch Hyäne zu essen (Clem. *paed.* II 10,83,4–88,3), liefert, bietet zugleich das zeitlich nächste Zeugnis für παιδοφϑόϱος. Vgl. S. 34f. unter Punkt ‚§ 2 Die indirekte Überlieferung'.

,Verderber'[107] eindeutig pejorative Sache steht sonst παιδεραστής, das von ἐραστής her den von Barn 10,6 gemeinten Sinn nicht sogleich anzeigt.[108] Der Kontext in T.Lev. 17,11,[109] die Einbettung des sachgleichen Verbums παιδεραστεῖν in Barn 19,4f. und die Warnungen in Barn 10,6f., weder ein μοιχός noch ein φθορεύς (vgl. Barn 20,2) zu werden oder mit Unreinen Umgang zu pflegen, bestärkt in der Annahme, daß der zweite Dreierblock exemplarische Konkretisierungen auflistet, in denen sich Gottvergessenheit, Gesetzlosigkeit und Gottlosigkeit aufdecken.[110] Es sind tadelnswerte, gesetzeswidrige Handlungen[111], über deren Unsittlichkeit Konsens erwartet ist, wie zumal die rhetorischen Fragen πρὸς τί (Vv 6a.7b) und der zustimmende Ausruf καλῶς[112] (V 8a) unterstreichen. Anders als in den biblischen Vorschriften wird das Verbot nicht damit erklärt, daß dem Hasen eines der Klassifikationsmerkmale aller Tiere, die zum Verzehr zulässig sind (διχηλοῦν καὶ μαρυκώμενον; vgl. Barn 10,11a; Lev 11,3f.; Dtn 14,6), fehlt. Die mit ὅτι angefügte Begründung wirkt gesucht.[113] Hierauf weist der Wechsel von δασύπους zu λαγωός hin. Das Gewicht liegt aber ohnedies auf der Rhetorik. Am Beispiel des Verbots, Hasen zu essen, läßt sich zeigen, daß das Gesetz in seinem ethischen Anspruch mit

---

[107] Das Lexem ist in der biblischen Literatur, den griechischen, alttestamentlichen Pseudepigraphen und den Apostolischen Vätern nicht belegt. Das Synonym ὁ φθορεύς begegnet fünfmal bei Philo, u. a. im Abschnitt περὶ φθορᾶς in *spec.* 3,65–71. Zweimal steht φθορεύς in einer Lasterliste neben Ehebrecher, Knabenschänder, Anhänger der Zügellosigkeit und Ausschweifung (*spec.* 4,89; *decal.* 168). Φθορεύς ist, wie Philo, *all.* 3,220, zeigt, Antonym zu Gesetzlichkeit und Gesetzesgehorsam. Daß die Wortschöpfung παιδοφθόρος durch die Lektüre etwa von Philo, *decal.* 168 (τῆς δ' ἑτέρας πρῶτόν ἐστι κεφάλαιον τὸ κατὰ μοιχῶν, ᾧ ὑποτέτακται πλεῖστα διατάγματα, τὸ κατὰ φθορέων, τὸ κατὰ παιδεραστῶν, τὸ κατὰ τῶν λαγνίστερον βιούντων ὁμιλίαις τε καὶ μίξεσιν ἐκνόμοις καὶ ἀκολάστοις χρωμένων), inspiriert ist, und daß sie ferner, wenn nicht vom Vf., so doch im schulischen Ambiente, dem er entstammt, zustandekam, ist nur eine Vermutung. Der sehr ähnliche Lasterkatalog in *spec.* 4,89 geht jedenfalls unmittelbar Philos Allegoresen der mosaischen Speisegesetze voraus. Vgl. auch S. 393 Anm. 97. Zu den Lasterkatalogen allgemein vgl. VÖGTLE, Tugend- und Lasterkataloge 92–113; WIBBING, Tugend- und Lasterkataloge 23–42.92–94.

[108] Nicht als Pejorativum begegnet ὁ παιδεραστής in Pl. *Smp.* 192b, doch ist die Metaphorik in der Rede, die Plato Aristophanes halten läßt, zu beachten. In der biblischen Literatur, den griechischen, alttestamentlichen Pseudepigraphen und den Apostolischen Vätern sind παιδεραστής sowie παιδεραστεῖν nicht belegt. Philo, *spec.* 4,89; *decal.* 168, kennt es neben φθορεύς und μοιχός. Mit derselben Intention wie der Neologismus παιδοφθόρος tritt in der Zwei-Wege-Tradition anstelle von παιδεραστεῖν das Derivat παιδοφθορεῖν; älteste Belege sind Did 2,2 und Barn 19,5 mit dem Verbot οὐ παιδοφθορήσεις. Vgl. NIEDERWIMMER, Didache 118 Anm. 7; jüdische und christliche Belege für die strikte Verwerfung der Knabenliebe registriert BAILEY, Homosexuality and the western Christian tradition, London 1955.

[109] T.Lev. 17,11: ἐν δὲ τῷ ἑβδόμῳ ἑβδοματικῷ ἥξουσιν οἱ ἱερεῖς εἰδωλολατροῦντες μάχιμοι φιλάργυροι ὑπερήφανοι ἄνομοι ἀσελγεῖς παιδοφθόροι καὶ κτηνοφθόροι.

[110] Hierfür spricht T.Aser 2,9, wo das Schwein und der Hase parallel stehen; vgl. S. 387 Anm. 60.

[111] Vgl. Philo, *conf.* 48 (φθορεὺς ἀγαθῶν); *all.* 3,220.

[112] Die Verwendung des Adv. καλῶς als Interjektion ist nicht ungewöhnlich; vgl. BLASS/DEBRUNNER, Grammatik § 107,2, wo auf Mk 12,32 und Röm 11,20 verwiesen wird.

[113] Vgl. die Hinweise bei MÜLLER, Erklärung 246, über entsprechende „naturkundliche" Notizen bei Plin. *nat.* VIII 81,218 (*Archelaus auctor est, quot sint corporis cavernae ad excrementa leporis, totidem annos esse aetatis*), Ael. *NA* 2,12 und Varro, *de re rust.* 3,12. Novatian, *de cib. Iud.* 3, schließlich „schreibt dem Hasen die Natur der Hyäne … zu" (WINDISCH, Barnabasbrief 360). Näheres vgl. SCHULZ, Der Hase als Wiederkäuer 12–17.

den üblichen sittlichen Urteilen über Knabenschänder, Ehebrecher, Verderber (womit wohl nicht Abtreiber gemeint sind)[114] und solche, die ‚Unzucht mit dem Mund treiben', konform ist. Von dieser rhetorischen Absicht her geht es bei der Physis des Hasen (V 6c), aber ebenso bei jener der Hyäne (V 7c) und des Wiesels (V 8c), vor allem um die Fremdartigkeit oder Absurdität der dem Tier beigelegten Eigenart, auf daß die angemahnte Distanz zur Lebensorientierung der mit dieser Physis umschriebenen Personengruppe sowie der Ernst der Mahnung plausibel erscheint. Das Gesetz ist also auch deshalb verbindlich, weil es als ethischen Standard vorschreibt, worüber gemeinhin sittlicher Konsens besteht. Die Beweisführung gleicht einem argumentum ad hominem: Die Lebenspraxis der Leser und ihre Sittlichkeit erweist bereits die Verbindlichkeit des Gesetzes als Grundlage christlicher Ethik.[115] Diesen Erweis führt V 7 fort.

7 Ein Verbot, die Hyäne[116] zu essen, kennt auch Phys.A. 24. Dort ist es explizit als Gesetzeswort eingeführt (ὁ νόμος λέγει); hier ist dieser Bezug einschlußweise mitzulesen. Die Vorschrift ist indes in der Schrift nicht belegt. Der Anknüpfungspunkt des erfundenen Verbots kann in Lev 11,27a gesehen werden, wo alle Vierfüßler, die Pfoten haben,[117] für unrein erklärt sind. Für die Auslegung ist an Sir 13,18 zu denken, wo u. a. die Unverträglichkeit zwischen Hyäne und Hund als Beispiel dient, um die Unvereinbarkeit zwischen Frevler und Gerechtem vorzuführen. Durch den näheren Kontext dieses Vergleichs (Sir 13,13–20) erscheint die Hyäne als Sinnbild und Illustration im Kreis unsittlicher Verhaltensweisen und Haltungen, die auf jeden abfärben, der mit solchen Menschen Umgang pflegt. Deshalb muß man achtgeben, vorsichtig sein und diese Personen meiden (Sir 13,16). Φησίν zeigt die Auslegung an. Das durch den Kontext als mosaisch insinuierte Speiseverbot ist nachdrücklich (οὐ μή) auf Ehebrecher[118] und Schänder[119] (μοιχὸς οὐδὲ φθορεύς)

---

[114] Vgl. S. 397 Anm. 119.

[115] Falls man im Barn eine apologetische Nebenabsicht finden möchte, dann hier.

[116] Mit ἡ ὕαινα geben die älteren griechischen Bibelübersetzungen צָבוּעַ (KBL 791) wieder. Das Lexem begegnet als Bezeichnung des Tieres in Sir 13,18 und Jer 12,9, wo der Cod. Alexandrinus mit der Variante λῃστῶν wohl den ursprünglichen Sinn ‚Räuberhöhle' festgehalten hat, sowie als Ortsbezeichnung ‚Hyänental' (גֵּיא הַצְּבֹעִים) in 1 Sam 13,18 αʹ (die älteren Übersetzungen haben die Transliteration Γαι τὴν Σαβιν). Abgesehen von diesen drei Belegen und Phys.A. 24, ist jüdischer- wie christlicherseits das Lexem vor Barn 10,7 nicht belegt.

[117] Vgl. die Verallgemeinerung des Verbots in Phys.A. 24 (μηδὲ τὸ ὅμοιον αὐτῆς) und ebenso in bezug auf das Wiesel bzw. den Maulwurf (Phys.A. 21); ähnlich Arist. 144,2 (μυῶν καὶ γαλῆς ἢ τῶν τοιούτων). Treu, Überlieferung 550, vermutet, das Verbot, die Hyäne zu essen, basiere auf der Femininbildung ὕαινα zu ὗς wie λέαινα zu λέων, so daß an Dtn 14,8 gedacht sei. Vgl. S. 377 Anm. 11.

[118] Ehebrecher, Unzüchtige und Ungerechte treten üblicherweise zusammen auf; vgl. Lk 18,11 (ἅρπαγες, ἄδικοι, μοιχοί); 1 Kor 6,9f. (ἄδικοι ; οὔτε πόρνοι οὔτε εἰδωλολάτραι οὔτε μοιχοὶ οὔτε μαλακοὶ οὔτε ἀρσενοκοῖται ¹⁰οὔτε κλέπται οὔτε πλεονέκται, οὐ μέθυσοι, οὐ λοίδοροι, οὐχ ἅρπαγες); Hebr 13,4b (πόρνους γὰρ καὶ μοιχοὺς κρινεῖ ὁ θεός); 1 Clem 35,8 (= Ps 49[50],18); Herm sim. VI 5,5 (65,5); ferner Sir 25,2; Jes 57,1b–4; Jer 23,10f.

[119] Das Lexem φθορεύς, das in den griechischen Bibelübersetzungen und in der neutestamentlichen Literatur fehlt, begegnet im Barn noch einmal innerhalb der Zwei-Wege-Lehre (Barn 20,2 par Did 5,2). Dort ist an Abtreiber gedacht (Niederwimmer, Didache 151, beruft sich hierfür auf auortuantes in der Doctr., woraus abortantes emendiert ist). Nur grob in diese Richtung geht in der griechischen Bibel

bezogen und birgt eine zweifache Mahnung, die mit der Autorität eines Schriftworts versehen ist: Man soll weder selbst Ehebrecher oder Schänder werden (γένῃ) noch sich solchen gleichmachen (ὁμοιωθήσῃ). Mit ὅτι ist die althergebrachte
Vorstellung einer sexuellen Metamorphose der Hyäne angefügt. Diese Tierdichtung soll die Allegorese des Verbots plausibel erscheinen lassen. Ihre sprachliche
Fassung stimmt abgesehen vom Num. beinahe wörtlich mit Aesop. *fab.* 240 überein.[120] Im Sg. begegnet der zweite Teil (ποτὲ μὲν κτλ.), also ohne die Bestimmung
des Zeitraums (παρ' ἐνιαυτόν), in Phys.A. 24.[121] Christlicherseits scheinen Barn
10,7c und (dann) Phys.A. 24 die beiden ältesten Rezeptionen dieser verbreiteten Fabel zu sein. Während aber Phys.A. 24 mittels des Zitats von Röm 1,27 das Speiseverbot exklusiv als Warnung vor bisexuellem Verhalten auslegt, wozu die Physis dann
auch paßt, sperrt sich in Barn 10,7 das semantisch begrenzte μοιχός gegen diese
naturkundliche Begründung der Auslegung. Zur Not ließe sich die Eigenart der
Hyäne dem semantisch offenerem φθορεύς unterlegen. Diese nur partielle Plausi-
bilisierung der Auslegung weist auf zweierlei hin: Erstens ist Barn 10,7 – und vermutlich der gesamte zweite Dreierblock – nicht in einem Zug entstanden und
zweitens ist das Interesse auch hier wieder darauf konzentriert, unter der Voraus-

---

4 Makk 18,8, wo φθορεύς Vergewaltiger meint (vgl. Philo, *spec.* 3,70). Daß der Begriff indes allgemeiner
gefaßt sein kann, zeigt Did 16,3. Demzufolge gehört das Auftreten von Verderbern (οἱ φθορεῖς) zum Erscheinungsbild der Endzeit; es ist festes Signum in den letzten Tagen (ἐν ταῖς ἐσχάταις ἡμέραις) wie der
Trug von Lügenpropheten und die Gesetzlosigkeit überhaupt, wie Haß, Verfolgung, Verrat und Frevel-
taten (Did 16,3f.). Barn 10,7 zielt mit φθορεύς auf Personen, denen in Lasterkatalogen (vgl. Philo, *Jos.* 84;
decal. 168; *spec.* 4,89; Clem. *prot.* II 16,1; 37,1–3; Thphl.Ant. *Autol.* 1,9, beide in bezug auf Zeus; ferner
S. 396 Anm. 107 und S. 396 Anm. 108) regelmäßig ein Stammplatz im Kreis von Ehebrechern, Knabenschändern, Scheinheiligen sowie Schmeichlern, Schlemmern, Anhängern der Zügellosigkeit und der Ausschweifung zugesprochen wird (vgl. auch die Lasterliste in Röm 1,18–32). Φθορεύς meint (in Barn 10,7b)
jenen, der gesetzeswidrig und deshalb unsittlich handelt (vgl. Philo, *conf.* 48; *all.* 3,220).

[120] Aesop. *fab.* 240 weiß folgende Fabel über die Hyäne: τὰς ὑαίνας φασὶν παρ' ἐνιαυτὸν ἀλλάττειν
τὴν φύσιν καὶ ποτὲ μὲν ἄρρενας γίνεσθαι, ποτὲ δὲ θηλείας. Beachtlich ist vor allem, daß Aesop. *fab.*
241 in bezug auf die Hyäne *und* den Fuchs (ἀλώπηξ) eben diese Tierdichtung wiederholt. Diese Physis
der Hyäne war also im Grunde auf alle Tiere anwendbar, die ihr im Erscheinungbild gleichen. Der Physiologus verallgemeinert denn auch das zitierte Verbot und damit auch die naturkundliche Notiz auf alle
Tiere, die der Hyäne ähnlich sind (vgl. S. 397 Anm. 117); vgl. ferner Arist. *HA* 579b15–30; *GA* 757a2–13;
Ovid *Met.* 15,408–410; Plin. *NH* 8,44; Ael. *NA* 1,25; Clem. *paed.* II 10,83–88; Tert. *Pall.* 3.2; Ps.-Clem. *re-
cog.* 8,25; Opp. *C.* 3,288–292; Phot. *Bibl.* 244,379a18. Weitere in Frage kommende Quellen für die naturkundliche Erklärung sind bei SBORDONE, Physiologus 85f., KAIMAKIS, Physiologus 73b, notiert. Daß
die Fabel sowie ihre Kritik seitens Arist. und Clem. durch die für Laien kaum sicher zu erbringende
Geschlechtsbestimmung von Hyänen bedingt ist, bespricht PENDERGRAFT, "Thou shalt not eat the
Hyena" 75–79. Ob diese Tierdichtung auch, wie sie meint, die Reserven gegenüber Hermaphroditismus
aufgenommen hat, weil dieser für das soziale Gefüge der patriarchalen, pyramidalen mediterranen Ge-
sellschaften untragbar sowie religiös durch die orphische Theologie mit Gewalttätigkeit konnotiert war,
wäre gesondert zu prüfen. Insbesondere wird man Ovids Metamorphosen, auf die Pendergraft hinweist,
nicht unbesehen sozialgeschichtlich auswerten dürfen. Andere Stimmen wären hier als Gegenkontrolle
darüber zu hören, ob Rollenkonfusion, und zwar auch von Geschlechterrollen, nicht nur Sujet des Dich-
ters, sondern auch ein gesellschaftliches Problem waren bzw. als solches wahrgenommen, besprochen
und bewertet wurden.

[121] Phys.A. 24: ὁ Φυσιολόγος ἔλεξε περὶ τῆς ὑαίνης ὅτι ἀρρενόθηλύ ἐστι· ποτὲ μὲν ἄρρην γίνεται,
ποτὲ δὲ θῆλυ.

setzung des Einvernehmens über die ethische Bewertung von Ehebrecher und Schänder (μοιχὸς οὐδὲ φθορεύς), die Verbindlichkeit des Gesetzes einsichtig zu machen. Im ‚richtigen Verständnis' binden die Prohibitive die Ehe als den von der Gesellschaft vorgesehenen und in seiner Sittlichkeit entsprechend gewürdigten Ort sexuellen Verhaltens sowie die gesellschaftlichen Garantien für Einheit, Stabilität und Kontinuität dieses Lebensraums an den im Gesetz hinsichtlich des Sittlichen manifesten Heilswillen Gottes.

8 Während in Vv 6a.7a jeweils ein Schriftwort erfunden wird, das verbietet, Hase oder Hyäne zu essen, stellt V 8a das Urteil des Rezitators über das Wiesel voraus, mit dem eine mit Vv 6a.7a gleichsinnige mosaische Vorschrift insinuiert wird. Biblischer Haftpunkt wird Lev 11,29 sein.[122] Der Aorist ἐμίσησεν[123] deutet demzufolge zum einen οὐ φάγῃ in Vv 6a.7a und zum anderen das biblische Verdikt aus dem Reinheitsgesetz (ταῦτα ὑμῖν ἀκάθαρτα). Das Finitum zeigt sogleich die Bedeutsamkeit der anhand dieser Speisevorschrift gewonnenen Mahnung im Teilvers 8b an. Der überraschende Pl. ἀκούομεν schließt Leser und Vf. zusammen und hebt sie von denen ab, die aus Unreinheit (δι' ἀκαθαρσίαν) Gesetzlosigkeit, Unzucht begehen (ἀνομίαν ποιοῦντας). Mit den Taten und der Gesinnung dieses Personenkreises haben beide nichts gemein, und so soll es auch bleiben. Die besondere Tragweite und den Ernst signalisiert die dreifache Mahnung (οὐ μὴ γένῃ … οὐδὲ ὁμοιωθήσῃ … οὐδὲ κολληθήσῃ). Zugleich deckt dieser Pleonasmus die große Gefahr auf, die von diesem Personenkreis ausgeht. Und zwar unabhängig davon, ob die Metapher ‚Unzucht mit dem Mund treiben' auf Handlungsweisen anspielt (vgl. V 7c), kraft derer sich jemand wie Knabenschänder, Ehebrecher und Schänder außerhalb sittlicher Standards bewegt, oder ob das Bildwort übertragen ein Ketzertitel ist (vgl. Arist. 167), der die Gefährdung durch andere zum Ausdruck bringt.[124] Daß hier an andere Christen zu denken ist, folgt aus 4,6. Weil diese Mahnung auf das Gesetz zurückgeführt ist, gilt unsittliches Verhalten zugleich als ge-

---

[122] Mit ἡ γαλῆ geben die griechischen Bibelübersetzungen הַחֹלֶד wieder; חֹלֶד und γαλῆ sind Hapaxlegomena. Wegen der dreiradikalen Wurzel חלד, die ‚graben, aushöhlen und kriechen' bedeutet, hat sich für חֹלֶד die Übersetzung ‚Maulwurf' (KBL 299) eingebürgert. Zusammen mit der Maus (ὁ μῦς) und der Dornschwanzeidechse (ὁ κροκόδειλος), dem Krokodil also, deklassiert ihn Lev 11,29 als unrein. Die griechischen Levitikusübersetzungen fassen ebenso wie „Targum Jon., Peschitta und der Talmud … חֹלֶד als ‚Wiesel' (*mustela niralis*) auf" (BEYSE, חֹלֶד. ThWAT 2 [1977] Sp. 960). In der Profangräzität bezeichnet das aus γαλέη kontrahierte γαλῆ entweder das Wiesel, den Marder oder als Maskulin den Hai (Ael. *HA* 15,11), wofür sonst ἡ πρῖστις oder ὁ καρχαρίας verwendet ist. Ältester Beleg in der außerbiblischen jüdischen Gräzität für γαλέη ist Arist. 144,2; 163,2; 165,5; bei Philo und Josephus sind γαλῆ und γαλέη nicht nachgewiesen. Barn 10,8 und dann Phys.A. 21 sind die ältesten Fundorte in der christlichen Literatur.

[123] Vgl. S. 379 Anm. 22.

[124] Das Motiv ‚Unzucht mit dem Mund treiben' begegnet in der Klage von Ps 35(36),4 über den Gottlosen (τὰ ῥήματα τοῦ στόματος αὐτοῦ ἀνομία καὶ δόλος, οὐκ ἐβουλήθη συνιέναι τοῦ ἀγαθῦναι'). Ebenso häufig wie auf diese pejorative Kennzeichnung des Frevlers ist bei den christlichen Rezeptionen des Motivs auf die Kennzeichnung des jesajanischen Gottesknechts als jenen, der „kein Unrecht getan hat, und kein trügerisches Wort in seinem Mund war" (Jes 53,9d; vgl. 1 Clem 16,10; Just. *dial.* 13,6; 102,7; *1 apo.* 51,2) rekurriert. Die Anklänge an Ps 31(32),2 in Röm 4,7; Hebr 10,17; Jak 5,20 (ἐκ πλάνης ὁδοῦ αὐτοῦ); Offb 14,5 (ψεῦδος) zeigen, daß ἀνομία im semantischen Feld von Irrtum und Lüge angesiedelt ist.

setzeswidrig und ist in seiner soteriologisch-eschatologischen Relevanz gleichbedeutend mit Glaubensabfall.

Die mit V 7c fast wörtlich übereinstimmende Einleitung (τὸ γὰρ ζῷον τοῦτο) zur erläuternden, naturkundlichen Sequenz signalisiert, daß auch die Begründung in V 8c aus der Tradition stammt.[125] Die Genese der Fabel hat Treu skizziert.[126] Ob Barn 10,8c der älteren, zuerst bei Anaxag. *fr.* 114 (Diels 31) greifbaren Version folgt,[127] der Vorstellung nämlich, daß das Wiesel mit dem Maul gebäre (vgl. Arist. 165), oder der jüngeren, in Phys.A. 21 überlieferten Variante, der zufolge das Wiesel mit dem Maul empfängt und durch die Ohren gebärt, hängt von der Bedeutung von κύειν ab. Denn die graphischen Formen κύω und κωέω können nicht nur ‚empfangen‘[128] heißen, sondern auch ‚schwanger gehen, gebären‘.[129]

Nur auf den ersten Blick scheint die Bedeutung ‚empfangen‘ den Sinn der Allegorese auf sexuelles Verhalten, über das Vf. und Leser nur vom Hörensagen (οἵους ἀκούομεν) wissen, einzugrenzen. Es muß aber auffallen, daß die Verhaltensbeschreibung nicht von πορνεία oder πορνεύω[130], sondern von ἀνομία spricht, und diese auf Unreinheit zurückführt (δι᾽ ἀκαθαρσίαν). Insofern diese Charakterisierung auf ein Verbot aus dem Reinheitsgesetz anspielt (vgl. V 8a), meint ἀκαθαρσία[131], das dort (Lev 11,29) die Kultunfähigkeit und damit die Nichtzugehörigkeit zum Bereich Gottes feststellt, die selbstverschuldete Unfähigkeit zur lebensprägenden Gottesgemeinschaft. Von Barn 19,4 her (ἐν ἀκαθαρσίᾳ τινῶν) kennzeichnet ἀκαθαρσία Menschen, die nicht disponiert sind, das Wort Gottes aufzunehmen (vgl. Arist. 166). Dieser vor Gott verschlossenen Lebensverfassung entsprechend ist auch die Lebensäußerung. Sie ist die Gesetzlosigkeit, das Unrecht (ἀνομία). Weil ἀνομία, die zwar in den Kreis der in V 6b.7b angeführten Laster gehört,[132] aber eben nur im weitesten Sinn πορνεία meint, ist der Instrumentalis ἐν τῷ στόματι so zu verstehen, daß sich die ἀνομία in den Reden jener Menschen bekundet, deren Gesinnung nicht im Einklang mit dem Willen Gottes steht.[133] Es sind des-

---

[125] Kann die Begründung in Barn 10,8c auf einem Mißverständnis von bTChull 70a basieren? Dort heißt es: „Raba fragte: … ‚Wie ist es, wenn ein Wiesel sie [sic: die Erstgeburt eines anderen Tieres] verschlungen und herausgebracht hat?‘" (GOLDSCHMIDT, Talmud 11,212).

[126] Vgl. TREU, Das Wiesel im Physiologus 275f.

[127] Vgl. TREU, Das Wiesel im Physiologus 276.

[128] BAUER/ALAND, Wörterbuch, Sp. 936.

[129] Vgl. PAPE, Wörterbuch 1,1525.1540.

[130] Das Lexem πορνεία sowie seine Synonyma ἀκολασία, ἀσέλγεια und κιναιδία fehlen im Barn; das Verb πορνεύω begegnet nur innerhalb der Zwei-Wege-Lehre (Barn 19,4; vgl. Did 2,2), gefolgt von der Warnung vor Ehebruch und Knabenschändung (vgl. Barn 10,7b und 10,6b).

[131] Das Nomen begegnet bei den Apostolischen Vätern nur in Barn 10,8 und 19,4, das Adj. ἀκάθαρτος nur in Barn 10,8 (ταῖς ἀκαθάρτοις) und Herm *vis.* I 1,7 (1,7).

[132] Vgl. S. 392 Anm. 95.

[133] Der Gerechte führt im Mund das Gesetz des Herrn (ὁ νόμος κυρίου; Ex 13,9b), das der κύριος durch die Propheten gab (Clem. *str.* II 5,21,5; vgl. Barn 1,7; 5,6), die zuverlässige Belehrung (νόμος ἀληθείας und νόμος ἐζητήσουσιν; Mal 2,6), den Namen des Herrn (Jer 51,26[44,26]), die Taten seiner Huld und seiner Treue (Ps 88[89],2). Aus dem Mund des Gerechten erschallen Loblieder (Jdt 15,14; Ps 33[34],2b; 108[109],30; 3 Makk 2,20). Das Wort (des Herrn), das der Gerechte im Mund führt, hat ihm Gott gegeben (δώσω τὸ ῥῆμά μου; Dtn 18,18), es ist in seinem Herzen und er vermag es zu halten (Dtn 30,14). Der κύριος führt im

halb verhängnisvolle Reden. Denn Unglaube gebärt diese Reden und Ungehorsam bekunden sie. Glaube und Handeln jener, die dies tun (ποιοῦντας), sind gottfremd. Doch nicht nur sie selbst sind von ihren Reden unheilvoll erfaßt, sie bedrohen auch andere. Solcherart Menschen verführen durch ihre gottfremde, gesetzlose Tat zum Abfall von Gott.[134]

Diese Fremdartigkeit will die Physis einsichtig machen, indem sie das Ungewöhnliche und Fremdartige der Fortpflanzung des Wiesels betont. Geht man hiervon aus, dann besteht unabhängig von der konkreten Bedeutung der Form κύει die Möglichkeit, das Charakterbild in V 8b als Umschreibung eines Gebarens zu verstehen, der der geforderten gläubigen Haltung gegenüber dem κύριος diametral entgegensteht. Die Offenbarung wird weder in der rechten Weise aufgenommen und bewahrt noch wiedergegeben. Barn 10,11c bekräftigt diese zweifache Bedeutung: Unglaube und Häresie gehen Hand in Hand. So ist die Fabel auch in Phys. A. 21 aufgefaßt. Die Gesetzlosigkeit, die Barn 10,6–8 in verschiedenen Spielarten vorführt, rundet das Bild, indem sie den Zusammenhang von Glaube und Handeln, von Gesinnung und Tat hervortreten läßt. Das kategorische Verbot festigt also nicht nur das Gesetz als Grundlage christlicher Ethik, sondern weist zugleich den (rechten) Glauben als Heilsbedingung aus.

Die Juden mißverstehen die Speiseverbote (10,9)

9 Die Partikelverbindung μὲν … δέ gliedert den Vers. Mit περὶ … τῶν βρωμάτων trägt der Halbvers 9a die Themenangabe nach, die V 1 mit dem Themawort φάγεσθε im Eröffnungszitat bereits andeutete. Thema sind die mosaischen Speisevorschriften. Das Part. λαβών drückt nicht den zeitlichen Vorrang des Empfangs der drei Lehren vor dem geistlichen Reden des Mose aus. Empfang und Verkündigung sind wie in V 1 gleichzeitig. Indem Mose die drei Lehren empfing, hat er so geredet. Die Dreizahl ist nach Vv 6–8 eines der Argumente für deren späteren Einschub. In der jetzigen Anlage mit den zwei Dreierblöcken autorisiert der Name Mose rückblickend auch die Zitate in Vv 6–8, denen der in Vv 3–5 mittels εἶπεν

Mund die Verheißungen (1 Kön 8,15.24). Was der Weise im Mund führt, geht von der Vernunft aus (ἀπὸ διανοίας ἀναπέμπεται; Philo, somn. 1,29). Christen führen im Mund das Bekenntnis (Röm 10,9), Sünder, Frevler hingegen Sünde (Jes 53,9; vgl. 1 Petr 2,22; 1 Clem 16,10; Polyc 8,1), Trug (Ps 31[32],2; Jes 53,9; 1 Clem 16,10), Lüge (Ez 33,3; Offb 14,5), Betrug (Mi 6,12). Sie lästern mit dem Mund (Ez 16,56), geifern (Ps 58[59],8), täuschen (Ps 77[78],36; Clem. str. IV 6,32,5), gefallen sich in großen Worten (Ps 48[49],14) und schmeicheln (Clem. paed. III 11,82,1), ihnen fehlt das wahre Wort (ἀλήθεια; Ps 5,10).

134 Vgl. Arist. 166. Um welche Charaktere es sich handelt, weiß Arist. 167: „Ich sprach: ‚Ich glaube, du meinst die Angeber; denn über diese verhängt er immer Martern und schmerzhaften Tod'. Er erwiderte: ‚Gewiß meine ich diese; denn das Lauern auf anderer Menschen Verderben ist gottlos'." Das Urteil wird sogleich (Arist. 168) begründet: „Unser Gesetz aber verbietet, jemanden durch Wort oder Tat zu schädigen." Ferner ist zu denken an Mk 7,20–23, Mt 13,41b (πάντα τὰ σκάνδαλα καὶ τοὺς ποιοῦντας τὴν ἀνομίαν), Mt 23,28 (οὕτως καὶ ὑμεῖς ἔξωθεν μὲν φαίνεσθε τοῖς ἀνθρώποις δίκαιοι, ἔσωθεν δέ ἐστε μεστοὶ ὑποκρίσεως καὶ ἀνομίας); Röm 6,19. Das Gegenbild hatte Barn 7,1f. festgehalten; vgl. ferner Röm 10,9 (ὅτι ἐὰν ὁμολογήσῃς ἐν τῷ στόματί σου κύριον Ἰησοῦν καὶ πιστεύσῃς ἐν τῇ καρδίᾳ ὅτι ὁ θεὸς αὐτὸν ἤγειρεν ἐκ νεκρῶν σωθήσῃ).

und φησίν eigens festgehaltene Personalbezug fehlt. Das Adv. οὕτως blickt (jetzt) auf die Vv 3–8. Es bekräftigt zunächst die Herkunftsangabe für die Speiseverbote. In Verbindung mit der auch in V 2b übernommenen Qualifizierung der Redeform (ἐν πνεύματι ἐλάλησεν) stellt οὕτως für die zitierten Speiseverbote fest, daß ihr Wortlaut einzig ἐν πνεύματι mit dem zu tun hat, was Mose empfangen hat. Wie die Väterverheißung ist also auch das Gesetz gleichnishafte und deshalb auslegungsbedürftige Rede (vgl. 6,10). Die einzig adäquate Hermeneutik ist jene, in der Mose seine Rede konstituiert hat: ἐν πνεύματι. Wer dazu außer den Patriarchen, Mose, David und allen Propheten befähigt ist, hat Barn 1 allen Auslegungen vorausgeschickt: die Christen. Wer sich als nicht fähig erwiesen hat (προσεδέξαντο), stellt der zweite Halbvers heraus. Weil die Christen das Gesetz verstehen, ist durch den sachlichen Gegensatz, der auf einer der Redeweise des Mose konträren und deshalb inadäquaten Verstehensregel basiert, die Identität der „οἵ" eindeutig: Die Juden mißverstehen das Gesetz. Sie haben es κατ᾽ ἐπιθυμίαν τῆς σαρκός ausgelegt, gemäß ihrer eigenen[135], von der σάρξ qualifizierten Begierde. Mit ἐν πνεύματι und κατ᾽ ἐπιθυμίαν τῆς σαρκός stehen sich indes nicht nur zwei Auffassungsweisen gegenüber (vgl. Gal 5,16; Eph 2,2; 1 Joh 2,16; Phil 3,19). Die für die Christen kennzeichnende Befähigung, das Gesetz so zu verstehen, wie es der κύριος gemeint hat, ist Gnade. Sie fehlt den Juden.[136] Der abschließende Vergleich signalisiert die Profanität des jüdischen Gesetzesverständnisses.[137] Sie fassen die Speisevorschriften krude auf, als ginge es um eine bloße Äußerlichkeit.[138] Dies zeigt der Vf. auch durch seine Wortwahl an: βρῶμα (Speise) ist auf die (mosaischen) Vorschriften bezogen, βρῶσις (vgl. Barn 10,2b) hingegen auf die konkrete Tätigkeit des Essens. Durch diesen Handlungsaspekt klingt abermals der Zusammenhang zwischen dem begnadeten, nur in der gläubigen Haltung gegenüber dem κύριος möglichen Verstehen des Gesetzes und dem daraus abgeleiteten Handeln an (vgl. Kol 2,20–23).[139]

---

[135] Zu κατά mit Acc. vgl. MÜLLER, Erklärung 251.

[136] DidascSyr 108f. (TU 10/2,130,17–131,14) zufolge ist die Unterscheidung der Speisen wie auch die Reinigungen, Waschungen und die Opfer jene Strafe, die Gott dem Volk wegen seines Abfalls am Sinai-Horeb auferlegte. Die Wiederholung des Gesetzes (δευτέρωσις) ist das Strafjoch für Unglauben und Ungehorsam (TU 10/2,132,5–11; 135,20–29; vgl. Aphrahat, *Darlegungen* 15,6 [FC 5/2,400f.]). ‚Häretiker' und ‚Feinde Gottes' sind alle, die „sich der Speisen enthalten, das Heiraten verbieten, an die Auferstehung des Leibes nicht glauben … Fliehet also und haltet euch fern von ihnen, daß ihr nicht mit ihnen umkommt" (TU 10/2,138,28–31.35f.).

[137] Vgl. die Kritik an den Juden in Joh 6,26f.63; Aphrahat, *Darlegungen* 15,4f. (FC 5/2,399f.).

[138] Gegen diesen Vorwurf protestiert 4 Makk 5,22–27, daß das Gesetz ‚Mäßigung lehrt, so daß wir über alle Lüste und Begierden herrschen', und daß ‚der Weltschöpfer, der seiner Natur nach mit uns empfindet, gestattet, das, was sich unserer Seele anpassen würde, zu essen". Vgl. auch ApcEl 21,13–22,2 (JSHRZ 5/3,225). Philo zeigt im Rahmen seiner Behandlung des Gebots οὐκ ἐπιθυμήσεις (*spec.* 4,79–135), daß die Speisegesetze zu einem Leben mahnen, das von irdischer Begierde und gottfremdem Begehren frei ist (*spec.* 4,100–131). In dieselbe Richtung weist die Warnung und grundsätzliche Deutung der Speisevorschriften in Arist. 144: „Verfalle ja nicht auf die längst aufgegebene Ansicht, Mose habe aus Rücksicht auf Mäuse, Wiesel oder ähnliches Getier diese Gesetze gegeben. Vielmehr wurden diese heiligen Gebote nur zum Zweck der Gerechtigkeit erlassen, um fromme Gedanken zu wecken und den Charakter zu bilden."

[139] Zum Problem und Frontverlauf vgl. auch 1 Tim 4,3; näheres dazu bei BROX, Pastoralbriefe 167f.

Bestätigung durch Davids Lobpreis auf den Gerechten (10,10)

10 bringt einen weiteren Schriftbeweis (Ps 1,1). Die drei Makarismen des Torapsalms geben V 10 eine triadische Struktur, in der Zitat und naturkundliche Allegorie alternieren. Nach Abraham (9,7f.) und Mose (10,1–9) ist David der dritte Zeuge für die drei δόγματα.[140] Die Zuordnung der in Vv 1.3–4 erwähnten Tiere bzw. Tierarten zu den drei Teilversen von Ps 1,1 „ist sehr künstlich"[141]; durch die Voranstellung der Meerestiere weicht die Abfolge zudem von Vv 1.3–4 ab. Die Seligpreisung μακάριος übersetzt die weisheitliche Gratulationsformel אַשְׁרֵי הָאִישׁ. Der Psalm „preist als den wahrhaft glücklichen Menschen den ‚Gerechten', der in Jahwes Thorah verwurzelt ist."[142] Die drei negativen Merkmale[143] des glücklichen Lebens in Jahwes Heilsbereich bilden den Ansatz für die mit καθώς eingeflochtenen Kurzcharakterisierungen der Tiere aus Barn 10,1.3–5. Gesegnet ist der Gerechte, sofern er sich von gottfeindlichen Menschen fernhält. Handeln bedeutet daher bekennen. Die Klimax der Merkmalsbeschreibung in Ps 1,1, die nicht schon durch die Etikettierungen (ἀσεβής, ἁμαρτωλός, λοιμός) vorgegeben ist, sondern durch zunehmende, lebensprägende Nähe zu diesen Personen (ἐπορεύθη ἐν βουλῇ, ἐν ὁδῷ … ἔστη, ἐπὶ καθέδραν … ἐκάθισεν) und damit unheilvolle Ferne von Gott zum Ausdruck kommt,[144] schlägt nicht auf die mittels der jeweiligen Physis verbundene Verhaltensbeschreibung in Barn 10,3–5 durch, denn die Zuordnung und damit die Abfolge ist durch Stichwort- bzw. Sachassoziation[145] bedingt. Mangelnde oder fehlende Rechtschaffenheit ist nicht die Spitze der Ungesetzlichkeit und des Ungehorsams, sondern signifikantes Merkmal. Entscheidend ist in den Teilversen 10a–c vielmehr der Aufweis, daß auch David in den drei Lehren mit Mose übereinstimmt, die im Kern zur vollständigen, in Glaube und Handeln vollzogenen Trennung von gottfremd gesonnenen Menschen mahnen.

---

[140] Die Qualifizierung des Davidpsalms durch einen mit Barn 10,2b.9 vergleichbaren Hinweis auf das πνεῦμα fehlt. Dies ist insofern auffällig, als David in 2 Sam 23,2 über sich sagt: ‚Der Geist des Herrn redet in mir.' (vgl. Mt 22,43 par Mk 12,36). Oder ist diese Autorisierung durch die an Abraham in Barn 9,7 und an Mose erinnernden Stichworte λαμβάνω, τρία δόγματα, ὁμοίως mitgedacht?

[141] WINDISCH, Barnabasbrief 362.

[142] KRAUS, Psalmen 3. Vgl. auch Jes 56,2a die Beglückwünschung μακάριος ἀνὴρ ὁ ποιῶν ταῦτα, nämlich die δικαιοσύνη. Die Wendung ὁ ποιῶν ταῦτα kehrt mit der Betonung auf dem Pronomen (ὁ ‹γὰρ› ταῦτα ποιῶν) in Barn 11,6 und 21,1b wieder.

[143] Für die Auslegung ist die textliche Durchführung der Negation des zweiten und dritten Teilverses von Ps 1,1 unerheblich. Ob mit א, H und G sowie den meisten Editoren der Konstruktion in den griechischen Bibelübersetzungen gemäß καὶ … οὐκ gelesen wird oder, durch L (nec) und Clem. begründet, mit PK οὐδέ den Vorzug erhält, ist vor allem von der Vorstellung über die Arbeitsweise des Vf. abhängig.

[144] Durch die Anordnung der drei Verben הלך (‚gehen' KBL 232–234) – עמד (‚stehen, stehen bleiben' KBL 712f.) – ישׁב hif. (‚sitzen, Platz nehmen' KBL 409f.) beschreibt der hebräische Grundtext eine Degression der Bewegung hin zur Statik, in der sich die Progression des Abfalls von Gott ausdrückt.

[145] Barn 10,10a ἐν βουλῇ ἀσεβῶν mit Barn 10,5b οἵτινες εἰς τέλος εἰσὶν ἀσεβεῖς; Barn 10,10b δοκοῦντες und φοβεῖσθαι τὸν κύριον mit Barn 10,3c κραυγάζει und τὸν κύριον οὐκ οἶδεν; Barn 10,10c λοιμῶν und ἐκάθισεν mit Barn 10,4c καθήμενα und λοιμά.

Der Teilvers 10d „ist offenkundig der ursprüngliche Abschluß des Kapitels βρώ-σις"[146]. Die (weisheitliche) Mahnung ἔχετε τελείως[147] nimmt vielleicht das Logion Mt 5,48a (ἔσεσθε οὖν ὑμεῖς τέλειοι) auf. Das Adv. τελείως bekräftigt im Barn stets Mahnungen, sich (gemeinsam) einer Haltung und Handlungsweisen zu versagen (φύγωμεν 4,1; μισήσωμεν 4,10), die sündhaft und, in subtiler antijüdischer Polemik, als typisch für Juden[148] dargestellt sind. Entsprechend wird die Form ἔχετε als Imper. aufzufassen sein. Das Adv. will diese Mahnung nicht nur motivieren (vgl. 4,1), sondern beinhaltet zugleich als Grundnorm, sich jetzt schon der zugesicherten Vervollkommnung (vgl. τελειωθῶμεν 6,19; ferner 1,4–7; 4,14; 15,7; 21,1–6; 1 Kor 2,6) gemäß zu verhalten. Essen ist hierfür nur ein Beispiel, durch das aber offenkundig wird, daß Christen, weil sie, vom κύριος selbst dazu befähigt, die Schrift verstehen, den Weisungen Gottes folgen.

Ethische Deutung eines Speisegebotes (10,11)

11 greift mittels der Zitationseinleitung ἀλλὰ εἶπεν Μωϋσῆς auf V 1 zurück. Den Speiseverboten (οὐ φάγεσθε) korrespondiert ein summarisches (πᾶν) Speisegebot (φάγεσθε). Biblische Grundlage sind Lev 11,3 par Dtn 14,6.[149] Von den drei Merk-

---

[146] WINDISCH, Barnabasbrief 362.

[147] Vgl. Dtn 18,13 (τέλειος ἔσῃ); Weish 6,15; 9,6, die Zusage Jdt 11,6, ferner die Mahnung Röm 12,2; Eph 4,13 und 1 Petr 1,13b sowie Did 6,2a, wo der Zuspruch τέλειος ἔσῃ an die Christusnachfolge geknüpft ist und deren Konsequenzen in Bezug auf Speisevorschriften (περὶ δὲ τῆς βρώσεως), speziell des Verzehrs von Götzenopferfleisch (Did 6,3), veranschaulicht wird. Verwandt mit dieser Mahnung in Barn 10,10d ist die Warnung in Hebr 9,9–14, daß Opfer (vgl. Barn 2,4–10), der Vollzug kultischer Vorschriften (vgl. Barn 7,3–8,6), die Beachtung von Speisegesetze etc., die Hebr 9,9a zufolge als ‚Sinnbild der gegenwärtigen Zeit' gelten, ohne soteriologischen Belang sind und mitnichten zur Vollkommenheit (μὴ δυνάμεναι ... τελειῶσαι) führen. Zum intransitiven Gebrauch von ἔχειν mit Adv. vgl. BLASS/DEBRUNNER, Grammatik § 308⁵; BAUER/ALAND, Wörterbuch, Sp. 674.

[148] Die Inkriminierung der Juden als ‚Gottlose', die von V 5 vorbereitet ist und hier durchscheint, erkennt in der jüdischen Befolgung der mosaischen Speisevorschriften nur deren Renitenz gegen den Willen des κύριος. Christlicherseits mag diese Polemik ihren Anhalt z.B. in den sieben, Gericht und Fluch ankündigenden Weherufen in Mt 23,13–33 haben (vgl. LUZ, Matthäus 3,316–348), oder in Pilatus' symbolischer Zuweisung der Verantwortung an die Juden für die Verurteilung eines zum Tode (Mt 27,23–25), oder auch in 1 Thess 2,15b, wo es von den Juden heißt: „Sie mißfallen Gott und sind Feinde aller Menschen". Im Grunde ist das christliche Verdikt der Gottlosigkeit die monotheistische Transformation eines alten heidnischen Vorwurfs, daß nämlich die Juden ‚den Göttern nicht gefallen' und ‚den Göttern verhaßt sind'; vgl. Tac. hist. 5,3 (gens hominum invisum diis); Plin. nat. XIII 4,46 (gens contumelia numinum insignis); Anosioi Judaioi. CPJ 2 (1960) 82–85.

[149] Die übereinstimmenden griechischen Übersetzungen von Lev 11,3; Dtn 14,6 versuchen eine peinlich genaue Wiedergabe dieser apodiktischen Rechtsvorschrift, wobei man eine größere Nähe zu Dtn 14,6 erkennen mag.

Lev 11,3 par Dtn 14,6	Dtn 14,6	Lev 11,3
πᾶν κτῆνος	וְכָל־בְּהֵמָה	כֹּל
διχηλοῦν ὁπλὴν	מַפְרֶסֶת פַּרְסָה	מַפְרֶסֶת פַּרְסָה
καὶ ὀνυχιστῆρας ὀνυχίζον δύο χηλῶν	וְשֹׁסַעַת שֶׁסַע שְׁתֵּי פְרָסוֹת	וְשֹׁסַעַת שֶׁסַע פְּרָסֹת
καὶ ἀνάγον μηρυκισμὸν	מַעֲלַת גֵּרָה	מַעֲלַת גֵּרָה
ἐν τοῖς κτήνεσιν	בַּבְּהֵמָה	בַּבְּהֵמָה
ταῦτα φάγεσθε	אֹתָהּ תֹּאכֵלוּ	אֹתָהּ תֹּאכֵלוּ

malen (Spalthufer, Paarhufer, Wiederkäuer) kehren nur das erste und dritte wieder. Näheres Zusehen gibt das formgerecht eingeführte Schriftzitat als Exzerpt[150] zu erkennen, das aus der Vorschrift neben der mit πᾶν verknüpften Apodiktik die Stichworte διχηλοῦν und μαρυκισμόν[151] sowie die Handlungsanweisung φάγεσθε wiederholt. In dieser Zusammenstellung war die Instruktion fraglos als Schriftzitat zu identifizieren. Drei didaktische Fragen (τί λέγει; τί οὖν λέγει; τί δὲ τὸ διχηλοῦν;) gliedern die Auslegung, wobei die Konjunktion οὖν den Mittelteil als Folgerung enger an die erste Sequenz, die Physis, anschließt und das Stichwortzitat τὸ διχηλοῦν den zweiten Auslegungsgang von der Auslegung des Merkmals μαρυκισμόν abgrenzt. Die mit τί λεγει eingeleitete naturkundliche Sequenz charakterisiert exklusiv Wiederkäuer. Zwei ihrer Eigenarten sollen auf die Bedeutung des Gebots (V 11c) führen: Diese Tierart kennt (οἶδεν) seinen Ernährer und freut sich über ihn (ἐπ' αὐτῷ ... εὐφραίνεσθαι). Dieser Wesenszug will im Gegenüber zur Physiognomie des Schweines in V 3c gelesen werden, das den Herrn nicht kennt und wieder verstummt (οὐκ οἶδεν ... πάλιν σιωπᾷ). Das Diktum, Mose habe wohlgesprochen im Blick auf das Gebot, ist der Sache nach aus Vv 2.9 abgeleitet und weist der Auslegung die Richtung. Im Unterschied zum Gebrauch der Wendung im Physiologus[152] erfaßt sie – ihrer Stellung im Vers entsprechend – sowohl das Schriftzitat[153] als auch

---

[150] Das Verbot in Lev 11,26 par Dtn 14,8, Tiere zu essen, die nicht Paarhufer sind ‚und Gekautes nicht wiederkäuen‘ (καὶ ὀνυχιστῆρας ὀνυχίζει καὶ μηρυκισμὸν οὐ μαρυκᾶται) zeigt, daß das Part. μαρυκισμόν als Terminus technicus anstelle des Ausdrucks ἀνάγον μηρυκισμόν treten konnte. Dieselbe Genese wird man für διχηλοῦν annehmen dürfen. Der sprachlichen Fassung des Exzerpts am nächsten kommt, abgesehen von den Zitaten in Clem. paed. III 11,76; str. V 8,51; Thdt. qu. 11 in 2 Reg. (τί σημαίνει τὸ διχηλοῦν καὶ μηρυκώμενον; PG 80,614). Auf das Merkmal der Paarhufigkeit verzichten indes bereits Arist. 153.161 und Philo, spec. 4,106–109, die auch in der Auslegung der beiden anderen Merkmale einen gemeinsamen Weg gehen. Ihre Stichworte für die Allegorese sind διαστολή ‚Unterscheidung‘ (Arist. 161,2; Philo, spec. 4,108) sowie μνεία ‚Erinnerung, Gedenken, Erwähnung‘ (Arist. 161,2) bzw. das weitgehend synonyme μνήμη ‚Erinnerung, Gedächtnis‘ (Arist. 153,4; Philo, spec. 4,107); vgl. ferner Hipp. fr. Cant. 22,1 (Muséon 77 [1964] 140–154); Or. sel. in Dt. (PG 12,812).

[151] Das Part. μαρυκώμενόν basiert auf der dorischen, in Dtn 14,8 (μαρυκᾶται) sowie in Lev 11,26 durch den Cod. Alexandrinus (ἀναμαρυκᾶται; vgl. ἀναμαρυκωμένων Barn 10,11c; ferner Arist. 154,1) belegten idiomatischen Form μαρυκάομαι (zuerst Hsch.; Ael. NA 2,54; vgl. BAUER/ALAND, Wörterbuch, Sp. 1002). Barn 10,11a, wovon Clem. paed. III 11,76; str. V 8,51 abhängen, Herm sim. IX 1,9 (78,9), doch ohne Bezug auf die Speisegesetze, sowie Or. Cels. VI 16, sind ihre zeitlich nächsten Nachweise.

[152] Der Satz καλῶς εἶπεν begegnet in Phys.A. 10.19.27 (SBORDONE, Physiologus 33.70.91) zusammen mit der Angabe der Quelle und z. T. des Sachbezugs als autorisierender Eröffnungssatz; ähnlich beginnt Phys.A. 4: καλῶς ὁ Δαυὶδ λέγει. Weit häufiger ist die zudem stabile Bestätigungs- und Schlußwendung; nämlich καλῶς οὖν, gefolgt von einer Quellenangabe entweder des Schriftzitats (vgl. Phys.A. 1: καλῶς οὖν ὁ Ἰακὼβ ἔλεγεν·) oder der Physis, also Φυσιολόγος, woran eine auf dieses Subjekt bezogene Vergangenheitsform von λαλεῖν oder λέγειν angeschlossen ist. Wenn der Φυσιολόγος als Quelle genannt wird, dann steht regelmäßig das Finitum ἔλεξε, worauf περὶ mit der Wiederholung des Titels (z. B. Phys.A. 3.4.5.7 passim [SBORDONE, Physiologus 14.16.22.28]) folgt. Beide Wendungen konstatieren prospektiv oder resümierend die besondere Aussagekraft des Auslegungsgegenstands, sei er ein Schriftwort oder eine Tierdichtung.

[153] Diese plakative Feststellung καλῶς über ein Schriftzitat ist philonischer Sprachgebrauch; weitere Beispiele für die Verwendung als Interjektion vgl. SCHRÖGER, Schriftausleger 287. Es ist Philos Beurteilung der Eignung einer Schriftstelle für die Autorisierung seiner Darlegung. Von daher ist die Doppelvalenz von καλῶς εἶπεν in Barn vorgezeichnet.

die folgenden beiden Auslegungen. Das Adv. bekräftigt vom Objekt her (τὴν ἐντολήν, vgl. V 2b) Funktionalität und Zweckmäßigkeit des mosaischen Speisegebots.
Hierdurch ist zugleich Mose als Subjekt des Finitums bestätigt. Deshalb kann auch
καλῶς εἶπεν keine nachgestellte Zitationseinleitung sein, die die Physissequenz als
Zitat bestimmt. Die Frage τί οὖν λέγει markiert den Beginn der Allegorese. Wie die
Speise*verbote* birgt auch das Speise*gebot* eine Mahnung. Bedingt durch die didaktische Frage, die Vf. und Leser gemäß der in Barn 1 entwickelten Kommunikationsstruktur einander zuordnet, folgt die Mahnung im Pl. Die Anfangsstellung des genus
verbi der Aufforderung κολλᾶσθε hebt mit dem Personalbezug die Verantwortung
eines jeden hervor, sich die nachfolgenden Charaktermerkmale zu eigen zu machen.
Die parataktische Auflistung signalisiert gleichen Rang, Wert und Bedeutung der einzelnen Merkmale. Das fünfte, mittels καί anstelle von μετά angeschlossene Glied
trägt kein neues Kennzeichen ein.[154] Vielmehr weist es anhand des Part. ἀναμαρυκωμένων die übertragene Bedeutung, die die Physis sowie die Allegorese der Wiederkäuer der Wortgruppe μηρυκάζω[155] unterlegten, den vorausstehenden vier Cha-
rakteristika im Ganzen zu. Durch diese Anfügung ergibt sich ein durch die ‚Furcht
vor dem Herrn‘ (a¹) und dem ‚Wiederkäuen des Wortes des Herrn‘ (a³) umfangener
konzentrischer Aufbau der Paränese, in dem signifikante Handlungsweisen (a¹ a² a³)
und Haltung (b¹ b²) alternieren. Für die Handlungsweisen ist der explizite Rekurs auf
den κύριος kennzeichnend. Die beiden Profile in a¹ (τῶν φοβουμένων) und a³
(ἀναμαρυκωμένων) rahmen die doppelte Aufgabe, zu verkünden und das Verkündete, nämlich die Rechtsforderungen des Herrn, (selbst) zu halten (τῶν λαλούντων
… καὶ τηρούντων). Wort und Tat der Leser sollen also konsistent sein. Die Syntax
weist überdies darauf hin, daß beide auf die Rechtsforderungen des Herrn (τὰ δικαιώματα κυρίου) auszurichten sind. Wort und Tat der Leser sollen von seinem
Heilshandeln zeugen (vgl. 5,4). Die beiden um diese Doppelaufgabe angeordneten
Merkmalsskizzen bestimmen die Haltung gegenüber den δικαιώματα κυρίου.
Beide Sentenzen sind durch Formen der Wortgruppe μελετάω[156] verbunden (τῶν
μελετώντων; ἡ μελέτη). Typisch für Christen ist, daß sie darüber nachsinnen (τῶν
μελετώντων), was sie empfangen haben. Der starke Aorist ἔλαβον und die Wendung ἐν τῇ καρδίᾳ zeigen, daß es um das die Christen kraft ihres Christseins unterscheidende Verstehen der Offenbarung,[157] also der Schrift, geht (vgl. Barn 1,7a; 9,3d).

---

[154] Die Phonetik der Glieder mag den konzentrischen Aufbau unterstreichen.
κολλᾶσθε

a¹	μετὰ τῶν φοβουμένων	τὸν κύριον,
b¹	μετὰ τῶν μελετώντων	ὃ ἔλαβον διάσταλμα ῥήματος ἐν τῇ καρδίᾳ,
a²	μετὰ τῶν λαλούντων	τὰ δικαιώματα κυρίου καὶ τηρούντων,
b²	μετὰ τῶν εἰδότων,	ὅτι ἡ μελέτη ἐστὶν ἔργον εὐφροσύνης,
a³	καὶ ἀναμαρυκωμένων	τὸν λόγον κυρίου.

[155] Vgl. Liddell/Scott, Lexicon 1129.
[156] Vgl. Liddell/Scott, Lexicon 1096f.
[157] Wie z. B. in 2 Sam 2,6 (ὅτι ἐποιήσατε τὸ ῥῆμα τοῦτο) überhaupt, so faßt der Sg. hier die Gesamtheit
der göttlichen Lehren zur Einheit zusammen (Bauer/Aland, Wörterbuch, Sp. 1472), so daß das Lexem ῥῆμα das Evangelium meinen kann; vgl. die Deutung des Zitats aus Dtn 30,14 (ἐγγύς σου τὸ ῥῆμα

Die Wendung ἐν τῇ καρδίᾳ steht sachlich parallel mit ἐν τὸ στόματι, insofern beide Male die Prägung durch eine Gabe des κύριος im Blick ist.[158] Von hieraus ist der Pl. ἔλαβον zu erklären. Im Konnex mit den Mahnungen in Barn 4,10f.; 21,1–6 gelesen, bestimmt er Schriftauslegung, ob der Begnadung zum Verstehen der Offenbarung, als Sache aller. Sofern ῥήματος auf τὴν ἐντολήν weist, nimmt der Ausdruck διάσταλμα[159] ῥήματος auf das in Barn 10 demonstrierte Ergebnis des Nachsinnens über das Gesetz Bezug. Die empfangene Befähigung erstreckt sich indes auf die ganze Schrift; sie ist das Objekt des Unterscheidens (διάσταλμα). Schriftauslegung genießt den hohen Rang, ist aber auch Anspruch, ein ‚Werk des Frohsinns' (ἔργον εὐφροσύνης) zu sein. Frohsinn[160] ist Folge und Zeugnis des Christseins (vgl. 1,6; 7,1; 15,9) und insofern Prolepse der eschatologischen Freude. Diese Qualifizierung des Nachsinnens der Christen grenzt die Erforschung der Rechtsforderungen (vgl. 2,1) also nicht nur gegenüber grüblerischer, mithin sektiererischer Schriftgelehrsamkeit ab (vgl. Barn 4,10f.; 21,1–6). Schriftauslegung gründet vielmehr in der Hoffnung auf den κύριος und kündet von ihr (vgl. 4,1). Eine Auslegung der Schrift, die geprägt ist von der für die Sphäre Gottes charakteristischen Freude (εὐφροσύνη), ist Proprium dieser Christen.

Der Teilvers 11d legt das mit τί δέ τό aufgegriffene Themenwort διχηλοῦν ‚Spalthufer' aus. Eine Mahnung ist aus dieser Vorschrift nicht zu erheben. Sie stellt vielmehr die Lebens- und Glaubenssituation des Gerechten dar. Zweierlei zeichnet den Gerechten aus: Leben und Glauben in den Strukturen und Vorgaben der Welt sowie Hoffnung auf eine künftige Heilszeit. Dabei ist die Relation so zu denken, daß diese Hoffnung lebensprägend ist und die Grenzen der Weltlichkeit sprengt.

Der Teilvers 11e wendet die Feststellung eingangs von V 11c in einen Aufruf an die Leser. Der Begehrungssatz erinnert zum einen wegen des betonten καλῶς an die Schluß- und Bestätigungsformel des Physiologus und zum anderen an die apologetischen Bemerkungen in Arist. 128–131.169–171 sowie an die davon bestimmte Mahnung Arist. 144. Versteht man den Imper. übertragen im Sinne von ‚erfaßt, begreift' (vgl. V 12a), dann ist das Adv. die Quintessenz der Allegoresen bezüglich der Verbindlichkeit des Gesetzes. Es ist verbindlich unter der Voraussetzung, daß seine Weisungen, Gebote usw. ἐν πνεύματι gegeben sind und deshalb adäquater Auslegung bedürfen. Demgemäß ist die Vergleichspartikel πῶς auf die durch das ἐν πνεύματι des Mose bedingte, sprachliche Fassung des Gesetzes bezogen. Die Aufdeckung der Art und Weise der mosaischen Gesetzgebung und ihre Deutung in Vv 3–8.11 gilt somit als exemplarisch für das Verstehen des Gesetzes insgesamt.

ἐστιν) durch Röm 10,8b (τοῦτ' ἔστιν τὸ ῥῆμα τῆς πίστεως ὃ κηρύσσομεν). Ῥῆμα entspricht hinsichtlich des Inhalts dem Lexem λόγος in Barn 9,3d.

[158] Vgl. S. 400 Anm. 133.

[159] Das Lexem ist außer durch das Zitat bei Clem. *str.* V 8,51,4 nicht mehr nachgewiesen. Der Sache nach entspricht es dem διαστολή in Arist. 161,2 und Philo, *spec.* 4,108; vgl. S. 405 Anm. 150. Näheres zur Herleitung vgl. MÜLLER, Erklärung 255.

[160] Das Lexem begegnet bei den Apostolischen Vätern außer in Barn 1,6; 7,1; 10,11; 15,9 (dort im kultischen Sinn) nur im Zitat von Ps 50(51),10b in 1 Clem 18,8. Apg 2,28; 14,17 sind die einzigen neutestamentlichen Belege. Der Sinn des Subst. wie auch von εὐφραίνω ist häufig von ihrer Verwendung bei Philo bestimmt; vgl. BULTMANN, εὐφραίνω, εὐφροσύνη. ThWNT 2 (1935) 770–773.

Erklärung für das Mißverstehen der Juden und Abschluß (10,12)

12 führt diese Aufforderung in einer rhetorischen Frage weiter, die in Front zu den Juden (ἐκείνοις) den Christen (ἡμεῖς) bescheinigt, das Gesetz (τὰς ἐντολάς) richtig (δικαίως) zu verstehen, und den Juden diesbezüglich ungebrochenes Unvermögen seit jeher (ἀλλὰ πόθεν) unterstellt.[161] Die Frage erwartet keine Antwort, sondern greift das seit Barn 4 festgefügte Urteil auf, daß den Juden die Grundvoraussetzung fehlt, um den Willen Gottes zu erfassen: die Gnade. Weil Christen die Gnade haben (vgl. Barn 1), ist ihr Verstehen und ihr Verkünden der Gebote des κύριος nicht nur konsistent, sondern beides ist auch authentisch. Mit dem direkten Rekurs auf den Herrn erreicht der Authentizitätsanspruch seinen unüberbietbaren Höhepunkt. Christen verstehen die Gebote exakt wie der κύριος sie gemeint hat. Wegen des exemplarischen Charakters von Barn 10 ist von diesem Anspruch die Schrift als Ganzes betroffen. Nur Christen, und zwar solche der Couleur des Vf., können die Schrift authentisch auslegen. Die mit διὰ τοῦτο eingeführte Folgerung liefert zugleich mit der Metapher der Ohrenbeschneidung die Erklärung, weshalb einzig Christen die Schrift richtig verstehen. Einsicht in den in der Schrift enthaltenen Willen des Herrn ist Folge des in Barn 9,1–3 konstatierten Heilshandelns, mit dem der κύριος selbst für die Erfüllung seiner Verheißung gesorgt hat. In der Schriftauslegung der Christen bekundet sich die Erfüllung der Verheißung.

Mit dem Stichwort συνίημι, das auf Barn 10,1 (ἐν τῇ συνέσει) rekurriert, ist wie in Barn 4,8 und 14,3 Mose als Modell vor Augen geführt. Mose war befähigt, den Willen des Herrn recht zu verstehen, und gab demgemäß ἐν πνεύματι das Gesetz, und ebenso sind die Christen durch den κύριος begnadet, seinen Willen aus dem Gesetz zu ersehen.

Der Pl. λαλοῦμεν korrespondiert dem betonten Einsatz mit ἡμεῖς. Der Num. des Personalpronomens ist weder Pluralis majestatis noch modestiae. Ebenso wie der Vf. zwischen sich und seinen Lesern keinen Unterschied macht, was die Gnade angeht, den Willen Gottes zu erfassen (vgl. V 12b), so auch nicht hinsichtlich der Berufung, diesen Willen zu verkünden.[162] Das Verkünden des in der Schrift geoffenbarten Heilswillens ist allen Christen aufgegeben, und zwar vom Herrn selbst (ὡς ἠθέλησεν κύριος). Im Konnex mit Barn 9,9 ist dieses Verkünden ihre Auszeichnung und ihr Kennzeichen als Nachfolgegemeinschaft. Die Gemeinschaft ist zugleich der Ort, wo dieses Verkünden – in verschiedenen Formen – geschieht

---

[161] Vgl. die vernichtende Kritik Joschijas an „den Vätern", die nicht dem Gesetz gemäß handelten (2 Kön 22,13b).

[162] Bis auf eine Ausnahme ist im Barn das Lexem κηρύσσειν für den κύριος reserviert; entweder hat er selbst (5,8.9) verkündet oder durch Propheten (6,13b; 14,9). Barn 8,3 spricht diese Aufgabe jenen zu, die das Evangelium verkünden, wobei wegen der Parenthese zuerst an den Zwölferkreis zu denken ist. Dieser Exklusivität unterliegen Formen von λαλεῖν hingegen nicht; vgl. ὅτι ἐν ὑμῖν λαλήσας (1,4), ὁ δεσπότης ... ἐλάλησεν (1,7), ὅτι κύριος ἐλάλησεν (9,3), Μωϋσῆς δὲ ἐν πνεύματι ἐλάλησεν (10,2b; vgl. 10,9.11) passim. Weil aber im Barn λαλεῖν zuerst durch den Inhalt der Rede, nämlich den aus der Schrift erfaßten Willen Gottes, qualifiziert ist, berührt sich diese Vokabel aufs engste mit κηρύσσειν. Wenn Christen den Willen Gottes verkünden, nehmen sie das wahr, was der κύριος den Zwölfen aufgetragen hat. Daher kann von ihnen auch gesagt werden, daß sie würdig sind (vgl. Barn 9,9).

(vgl. 4,10; 6,16; 15,9; 16,10; 21,1.4.8). Daß dies nicht der Beliebigkeit anheimgestellt ist, signalisiert der hortative Konj.[163] συνιῶμεν. Er nimmt das Wort und die Tat der Propheten, die vom κύριος geführt sind, zum Maß.

Insgesamt greift die Metapher auf den polemischen Schluß in Barn 8,7 und den analogen Auftakt in 10,2 zurück, wofür die Wiederholung der Signalworte περιέτεμεν, ἀκοή und καρδία bürgt.[164] Von dort wird ersichtlich, wodurch authentische Auslegung möglich ist: Die Christen ‚hören auf die Stimme des Herrn‘. Die glaubende Haltung gegenüber dem κύριος ist also die Grundbedingung, damit in der Schriftauslegung der Wille des Herrn zur Sprache kommt – und nur solche Auslegung ist authentisch.

Wasser und Kreuz (11,1–12,11)

11,1a **Untersuchen wir aber, ob dem Herrn daran lag, über das Wasser und über das Kreuz im voraus zu offenbaren.**

11,1b **Zunächst steht über das Wasser geschrieben in bezug auf Israel, daß sie die Taufe, die den Erlaß der Sünden bringt, gar nicht annehmen, sondern sich selbst (etwas) aufbauen werden.** 11,2 **Es sagt nämlich der Prophet: „Entsetze dich, Himmel, und mehr noch erschauere darüber die Erde, denn zwei schlimme Dinge tat dieses Volk: mich verließen sie, den lebendigen Quell des Wassers, und sich selbst haben sie eine Grube des Todes gegraben.** 11,3 **Ist denn ein öder Fels mein heiliger Berg Zion? Ihr werdet nämlich wie die Jungen eines Vogels sein, die auffliegen, des Nestes beraubt.“** 11,4 **Und ferner sagt der Prophet: „Ich werde vor dir hergehen, Berge einebnen, eherne Tore zerschmettern, eiserne Riegel zerbrechen und dir dunkle, verborgene, unsichtbare Schätze geben, damit sie erkennen, daß ich Gott, der Herr, bin.** 11,5 **Und du wirst wohnen in einer gewölbten Höhle eines festen Felsens mit seinem zuverlässigen Wasser. Einen König voll Herrlichkeit werdet ihr sehen, und eure Seele wird sinnen auf Furcht des Herrn.“** 11,6 **Und wiederum ein anderer Prophet sagt: „Wer das tut, wird sein wie der Baum, der an den Quellen der Wasser gepflanzt wurde, der seine Frucht bringt zu seiner Zeit und sein Laub nicht abfallen lassen wird, und alles, was er tut, wird gelingen.** 11,7 **Nicht so die Gottlosen, nicht so, sondern wie der Staub, den der Wind verweht vom Antlitz der Erde; deshalb werden die Gottlosen nicht auf(er)stehen im Gericht noch Sünder im Rat der Gerechten sein, denn der Herr kennt den Weg der Gerechten, und der Weg der Gottlosen wird vergehen.“** 11,8 **Versteht, wie er das Wasser und das Kreuz zugleich gekennzeichnet hat. Dies nämlich sagt er: „Selig sind die, die auf das Kreuz hoffend in das Wasser**

---

[163] Vgl. BLASS/DEBRUNNER, Grammatik §§ 364.371–373.

[164] Daß den Reinheitsgesetzen zufolge Essen und Hören, aber auch Trinken, Berühren und Sehen zusammengehören, betont und begründet Arist. 142f. Ihrem tieferen Sinn nach (λόγον βαθύν) sind alle gleichwertig, denn sie alle sind von der einen Kraft bestimmt (καθέστηκεν ὑπὸ μιᾶς δυνάμεως).

hinabgestiegen sind," denn vom Lohn sagt er: „zu seiner Zeit; dann", spricht er, „werde ich vergelten." Für die Gegenwart nun, über die er sagt: „Das Laub wird nicht abfallen", meint er dies: Jedes Wort, das von euch durch euren Mund ausgehen wird in Glaube und Liebe, wird vielen zur Bekehrung und Hoffnung (dienen). 11,9 Und wiederum ein anderer Prophet sagt: „Und das Land Jakobs war gepriesen vor der ganzen Erde." Das bedeutet: das Gefäß seines Geistes verherrlicht er. 11,10 Was sagt er dann? „Und ein Fluß zog zur Rechten hin, und es ragten aus ihm Bäume in schönster Reife, und wer von ihnen ißt, wird leben in Ewigkeit." 11,11 Das bedeutet, daß wir zwar hinabsteigen in das Wasser, voll von Sünden und Schmutz, doch wir steigen herauf, bringen Früchte, haben die Furcht im Herzen und die Hoffnung auf Jesus im Geist. „Und wer davon ißt, wird leben in Ewigkeit." Dies bedeutet: Wer immer, meint er, diese Reden hört und Glauben schenkt, wird leben in Ewigkeit.

12,1 Ebenso bestimmt er wiederum hinsichtlich des Kreuzes in einem anderen Propheten, indem er sagt: „Und wann wird das erfüllt werden? Der Herr sagt: Wenn ein Baum sich neigt und aufrichtet und wenn von dem Baum Blut tropft." Du hast abermals (eine Aussage) über das Kreuz und (über) den, der gekreuzigt werden soll.

12,2 Er sagt aber wiederum dem Mose, als Israel von den Fremdstämmigen bekämpft wurde, und damit er sie erinnere im Krieg, daß sie wegen ihrer Sünden in den Tod überliefert würden. Es sagt in das Herz des Mose der Geist, daß er ein Bild des Kreuzes herstelle sowie dessen, der leiden sollte, weil sie, meint er, wenn sie nicht auf ihn hofften, in Ewigkeit bekämpft werden würden. Mose legte also einen Schild auf den anderen inmitten des Faustkampfes und trat darauf; alle überragend streckte er die Hände aus, und so siegte Israel wieder. Dann, wann immer er (sie) herunternahm, wurden sie wieder getötet. 12,3 Wozu? Damit sie erkennen, daß sie nicht gerettet werden können, wenn sie nicht auf ihn hofften. 12,4 Und wiederum bei einem anderen Propheten sagt er: „Den ganzen Tag habe ich meine Hände ausgestreckt gegen ein Volk, das ungehorsam ist und das meinem gerechten Weg widerspricht."

12,5 Wiederum stellt Mose ein Bild Jesu dar, daß er leiden muß und selbst lebendig machen wird, von dem sie meinen werden, sie hatten ihn vernichtet – zum Zeichen, daß Israel zugrundegeht. Der Herr veranlaßte nämlich alle Schlangen, sie zu beißen, und sie starben – da ja die Übertretung durch die Schlange bei Eva veranlaßt war –, damit er ihnen beweise, daß sie wegen ihrer Übertretung in die Bedrängnis des Todes überliefert werden sollten. 12,6 Schließlich, (obwohl) Mose selbst befohlen hat: „Kein (Bild) soll euch, weder ein Gußbild noch ein Schnitzbild, als Gott (für) euch dienen", stellt er selbst (eines) her, auf daß er ein Bild Jesu zeige. Mose stellt nämlich eine Kupferschlange her und stellt sie prächtig auf und ruft das Volk durch Ausrufer zusammen. 12,7 Als sie zusammengekommen waren, baten sie Mose, daß er für sie eine Bitte darbringe um ihre Heilung. Mose aber sagte zu ihnen: „Wenn", spricht er, „einer von euch gebissen worden ist, solle er zu der Schlange kommen, die auf dem Holz liegt, und er erhoffe voll Glaubens, daß sie, die selbst tot ist, lebendig machen kann, und sogleich wird er geheilt werden"; und so taten sie. Du hast wiederum auch darin die Herrlichkeit Jesu, denn in ihm (ist) alles und auf ihn hin.

12,8 Was sagt wiederum Mose (zu) Jesus, dem Sohn Nuns, dem er, der ein Prophet war, diesen Namen gab, damit nur ja das ganze Volk höre, daß alles der Vater offenbart über den Sohn Jesus? 12,9 Mose also sagt (zu) Jesus, dem Sohn Nuns, dem er diesen Namen gab, als er ihn als Kundschafter des Landes sandte: „Nimm ein Buch in deine Hände und schreibe, was der Herr sagt, daß der Sohn Gottes das ganze Haus Amaleks mit Stumpf und Stil ausrotten wird am Ende der Tage." 12,10ᵃ Siehe, wiederum Jesus, nicht Menschensohn, sondern Sohn Gottes, als Vorbild aber im Fleisch erschienen.

12,10ᵇ Da sie gewiß sagen werden, „Christus ist Sohn Davids", verkündete David selbst, denn er fürchtete und begriff den Irrwahn der Sünder: „Der Herr sagte meinem Herrn: »Setze dich zu meiner Rechten, solange bis ich deine Feinde (als) Schemel deiner Füße niederlege.«"

12,11 Und ferner sagt ebenso Jesaja: „Der Herr sagt zu Christus meinem Herrn: »Dessen Rechte habe ich ergriffen, damit die Völker vor ihm gehorsam sind, und die Macht von Königen will ich zerbrechen«." Siehe, wie David ihn Herrn nennt und nicht Sohn nennt.

Textkritik

Die Kapitel 11 und 12 sind nur durch wenige textkritisch unsichere Lesarten belastet, die für die Auslegung von Belang sein können. Zu beachten sind die größeren Tilgungen in L: 11,6 καὶ πάντα ἂν ποιῇ κατευοδωθήσεται; 11,8 ἐν πίστει καὶ ἀγάπῃ; 11,11 τοῦτο λέγει· ὃς ἂν bis αἰῶνα; 12,2 τοῦ μέλλοντος πάσχειν; 12,7 τὸν ἐπὶ τοῦ ξύλου; 12,9 ὁπότε ἔπεμψεν αὐτὸν κατάσκοπον τῆς γῆς (hierfür *Ihesus et dixit*); 12,10 ἐπεὶ οὖν bis ἐστιν Δαυίδ und φοβούμενος bis ἁμαρτωλῶν sowie die Transponierung von ἔχεις bis αὐτόν aus 12,7 hinter 17,2 (*habes interim de maiestate Christi, quomodo omnia in illum et per illum facta sunt:* add. *cui sit honor, virtus, gloria nunc et in saecula saeculorum*).

11,1 gegen H und G, die Barn 11–12 mittels δέ nur locker an Barn 10 anschließen, weist ℵ mit ταῦτα explizit auf Barn 10,12, so daß Barn 11–12 primär Demonstrationen der in 10,12 konstatierten Befähigung und Verpflichtung wären. Für die Lesart δέ sprechen neben den äußeren Gründen die gleichartigen thematischen Einsätze in 8,1; 10,1; 13,1; 16,1. 11,2 δύο καί in ℵ, H und Clem., gestützt durch *duo* in L, steht, abgesehen von ℵ*, zugleich in allen Zeugen von Jer 2,13. Die pleonastische Wirkung des καί bekräftigt G, indem er der Konjunktion μεγάλα vorausschickt. Mit *aquae vitae* bezeugt L ὕδατος ζωῆς aus Jer 2,13, was freilich einer Korrektur zu verdanken sein kann. ℵ mag der doppelte Gen. gestört haben; er liest nur ζωῆς; ihm vertrauen GH FB K W SB. H führt mit ὕδατος ζῶσαν die an das Genus von πηγήν angepaßte vl (A ℵᶜ) ὕδατος ζῶντος von Jer 2,13. G stützt diese Variante mittels bloßem ζῶσαν; ὕδατος ist vielleicht nur versehentlich ausgefallen. Auch wenn H und G auf eine offenbar alexandrinische Lesart von Jer 2,13 zurückgehen, bürgt die gemeinsame Abweichung (ζῶσαν) zweier nicht stammverwandter Zeugen von Jer 2,13 für ὕδατος in Barn 11,2. Mit HG² und PK ist H zu folgen. Für βόθρον θανάτου in ℵ und H optieren alle Editoren.

G bietet die Lesart λάκκους συντετριμμένους aus Jer 2,13; L hält mit *lacus detritos* (add. *qui non possunt aquam portare*) sowohl den stemmatologischen Konnex mit G als auch den biblischen Ursprung fest. Die Übereinstimmung von א und H gegen die vermutlich korrigierten Lesarten von G und L untermauern zugleich die von H gebotene Variante ὕδατος ζῶσαν.

12,2 Die Einfügung ἐν vor τῷ Μωϋσῇ durch G und L (*in*) gleicht nur äußerlich der Quellenangabe in Barn 10,2 (ἐν τῷ Δευτερονομίῳ). Der Name ‚Mose' wird zur Abfassungszeit des Barn nicht bereits zur Korpusbezeichnung des Pentateuch erstarrt sein. א und H ist zu folgen (vgl. 13,7 λέγει τῷ Ἀβραάμ). א liest τοῦ σταυροῦ (FB W), in H und G fehlt der Artikel (GH K PK SB). Das artikellose τύπον ist kein Argument gegen א (vgl. 6,11; 7,11; 8,1; 12,5.6.10; 13,5; 19,7). א hält vielmehr den Scopus von τύπον fest, der durch τὸ πνεῦμα angezeigt und durch μέλλοντος πάσχειν eindeutig ist. Mose sollte nicht irgendein Kreuz prophetisch und zeichenhaft darstellen, sondern das Kreuz Jesu; so auch die folgende Auslegung. H liest richtig καθεῖλεν πάλιν; א hat es wohl nicht im Konnex mit dem iterativen ὁπόταν interpretiert und deshalb getilgt. Exakt diesen Sinn wollten G1.2 mit πάλιν καθεῖλεν πάλιν klarlegen. **12,8** L paraphrasiert ἐπιθεὶς bis μόνον mit *ut ostenderet Ihesum esse filium dei.* **12,9** Mit *clamauit Moyses* stützt L λέγει οὖν Μωϋσῆς Ἰησοῦ in א und H, das in G fehlt. **12,10** H und G neigen gegenüber א dazu, mittels Einfügung generischer Artikel Bezeichnungen und Namen titular zu qualifizieren. **12,11** א bzw. א* ist mit den drei Lesarten τῷ κυρίῳ μου (א*), ferner ἐκράτησεν (א) statt ἐκράτησα in G und L (*tenui*) sowie durch den Ausfall von ἔμπροσθεν (א*) nach ἐπακοῦσαι dem sicher bezeugten Text des Zitats aus Jes 45,1 am unähnlichsten; w vertraut stets א bzw. א*. Weil jedoch allen Zeugen gegen Jes 45,1 ὁ θεός nach κύριος fehlt, sind die Varianten nicht einfachhin als Korrekturen anhand eines Jesajatexts zu erklären. Nicht unberechtigt folgen daher GH FB K PK SB den durch G und weithin durch L bezeugten, mit dem biblischen Text übereinstimmenden Lesarten. Entscheidend ist ἔμπροσθεν in H, das auch א^c und G haben. Wäre das Adv. anhand eines Jesajatexts nachgetragen, erwartete man, daß H auch mit א^{2mg} und G1 τῷ Χριστῷ μου κύρω oder G2 (p) τῷ Χριστῷ μου κυρίῳ (GH FB PK SB) und mit G und L ἐκράτησα überliefert. Theologische Reserven gegen Χριστῷ μου können nach 12,10 für den Ausfall kaum in Betracht kommen. Eher erklären sich diesbezüglich א* und H als Angleichungen an das Zitat aus Ps 109(110),1 in Barn 12,10b. Der Personenwechsel seinerseits ist Folge davon, daß εἶπεν bis μου nicht als Zitationseinleitung und deshalb Ἡσαΐας falsch als Subjekt des ἐκράτησεν aufgefaßt werden konnte. Vermutlich hat L die ursprüngliche Lesart, die auch Jes 45,1 am nächsten steht, bewahrt. Πῶς λέγει Δαυὶδ (2–1 א H) αὐτὸν κύριον καὶ υἱὸν θεοῦ (add. λέγει א H L) in G folgt aus einem Lesefehler der Majuskelzeit: ΟΥ (א*) wurde als Sigel ΘΥ (א²) gelesen. א* H (L) haben den ursprünglichen Text.

Aufbau und Gliederung

Die hortativen Konj. ζητήσωμεν in 11,1a und ἴδωμεν in 13,1, die Vf. und Leser betont zusammenschließen (vgl. ἡμεῖς in 11,11a), sowie die thematischen Angaben mit περὶ c. Gen. heben die Kapitel 11 und 12 vom Kontext ab.[1] Das Ende dieses Abschnitts, das der Neueinsatz ἴδωμεν κτλ. anzeigt, bestätigt zudem die gleiche syntaktische Struktur des Einsatzes hier und in 13,1: Exhortativ[2] + δέ + indirekte

---

[1] Vgl. WENGST, Tradition 39.
[2] Vgl. BLASS/DEBRUNNER, Grammatik §§ 364.371–373.

Frage, eingeleitet mit εἰ.[3] Diesen abgegrenzten Komplex Barn 11–12 gliedert die doppelte Themenstellung in Barn 11,1a in zwei Abschnitte, nämlich περὶ … τοῦ ὕδατος (11,1b–11) sowie περὶ τοῦ σταυροῦ (12,1–11), wobei das kopulative καί sogleich deren sachlichen Konnex anzeigt; ihn bestätigt mit geänderter rhetorischer Emphase der leserbezogene Aufruf (αἰσθάνεσθε) Barn 11,8a. Die Anbindung zum Vorausgehenden ist mit δέ höchst locker (vgl. 8,1; 10,1; 13,1; 16,1).

Barn 11,1b greift mit περὶ … τοῦ ὕδατος das erste Thema auf und bestimmt mit „es steht geschrieben" (γέγραπται) die Schrift als Untersuchungsgegenstand, wobei die Partikel μέν bereits anzeigt, daß die Schrift auch Grundlage für die Untersuchung über das Kreuz sein wird. Durch die Untersuchungsaufgabe in V 1a vorgegeben, sind Schriftbelege im Blick, die auf die baptismale Bedeutung von Wasser in ebenso spezifischer Weise abheben wie auf die christliche Bedeutung des Kreuzes (εἰ ἐμέλησεν τῷ κυρίῳ προφανερῶσαι). Diese Sinngebung sowie Israels Verweigerung der Taufe ist der Scopus aller Schriftbelege in Barn 11. Vier Schriftzitate (Vv 2–7) sollen hierüber den Beweis führen. Drei förmliche Zitationseinleitungen (Vv 2.4.6) sowie das an der zweiten Zitationseinleitung (V 4) partizipierende καί (V 5) gliedern den Beweisgang. Waren die Zitate in Vv 2.7 Israel und in Vv 3–6 den Lesern gewidmet, so gelten ab dem leserbezogenen Aufruf αἰσθάνεσθε (V 8) alle Zitate und Auslegungen ausschließlich den Christen. V 8 stellt den Konnex von Wasser und Kreuz als maßgebliche Einsicht aus den vorausgehenden Schriftworten den folgenden vier, mit τοῦτο λέγει (Vv 8c.9b.11a.c) angezeigten Auslegungen voraus.[4] Zugleich zeigt er durch die Auslegung zweier Wendungen des vierten Schriftzitats, nämlich Ps 1,3, daß Eschaton wie Gegenwart durch Taufe und Kreuz geprägt sind.

Barn 12,1a schließt mit ὁμοίως an Barn 11 an und wendet sich dem zweiten Thema zu. Hauptbezugspunkt ist die Themenangabe in Barn 11,1a, doch zudem blickt das auffällige πάλιν auf Barn 11,8a, „da auch dort schon vom Kreuz die Rede war"[5]. Über das Kreuz wird, wie in Barn 11,1b mittels μέν signalisiert, wiederum anhand der prophetischen Offenbarung gehandelt. Barn 12,1b legt sogleich klar, daß eine Aussage über das Kreuz stets im Blick auf den Gekreuzigten, also auf das Christusereignis zu verstehen ist.

---

[3] Vgl. die syntaktisch verwandten Strukturen in 16,6a (ζητήσωμεν δέ, εἰ ἔστιν ναὸς θεοῦ;), den mittels ζητῶμεν duplizierten Einsatz in 14,1a (ἀλλὰ ἴδωμεν εἰ ἡ διαθήκη, … εἰ δέδωκεν, ζητῶμεν) sowie in 18,1a den Auftakt μεταβῶμεν δὲ καὶ ἐπὶ ἑτέραν γνῶσιν καὶ διδαχήν zum zweiten Hauptteil des Schriftstücks.

[4] Wäre das fünfmalige τοῦτο ‹γὰρ› λέγει (Vv 8a.c.9b.11a.c) als Adaption von עַל פְּשָׁרוֹ anzusehen, dann könnte als kompositorisches Rückgrat der Vv 8–11 bzw. 6–11 eine Schriftzitierung und -auslegung nach Art der Pescharim wie sie durch die Funde vom Toten Meer bekannt geworden sind (1 QpHab, 4 Q 169.171) vermutet werden. An der Aussage selbst änderte sich dadurch freilich nichts. Keinesfalls aber wäre auf einer derartigen Parallelisierung der Textstrukturen eine Bekanntschaft des Vf. oder seines traditionellen Hintergrundes mit Qumrânliteratur zu errichten, oder eine Abfassung des Barn in geographischer Nähe zu Khirbet Qumrân (vgl. S. 123f.) abzuleiten. Der Abschnitt Barn 11,6–11 ist jedenfalls ohne Anleihen aus Qumrân hinreichend erklärbar; vgl. auch S. 101f.

[5] WENGST, Tradition 41.

Drei prophetische Zeichenhandlungen Mose (Vv 2.3.4–7.8–10a) bilden den von Prophetenworten und deren Auslegung (Vv 1b.10b–11) umschlossenen Hauptteil. Die fünf Auslegungen (Vv 1b.3.7c.10a.11b) führen auf V 7c als die Mitte der Darlegungen περὶ τοῦ σταυροῦ, wie die an die Auslegung in 7c angeschlossene Begründung zeigt. Das Kreuz offenbart die Herrlichkeit Jesu, des Gekreuzigten (V 1b), als Retter (V 3), als Sohn Gottes (V 10a) und als Herrn (V 11b), „denn in ihm ist alles und auf ihn hin" (V 7c).

Das Strukturmuster der prophetischen Zeichenhandlung[6] tritt am deutlichsten in Vv 2f. hervor; Grundlage ist Ex 17,8–14.[7] Auf die Exposition in V 2a (πολεμουμένου τοῦ Ἰσραὴλ κτλ.; πολεμουμένους) folgen die drei selbständigen Gattungsmerkmale. V 2b enthält die *Befehle zur Ausführung* der symbolischen Handlung (λέγει εἰς τὴν καρδίαν Μωϋσέως τὸ πνεῦμα, ἵνα ποιήσῃ), V 2c den *Bericht über die Ausführung* (τίθησιν οὖν Μωϋσῆς ... καὶ σταθεὶς ... ἐξέτεινεν) und V 3 die *Deutung* der symbolischen Handlung (πρὸς τί; ἵνα γνῶσιν κτλ.). In dieses Gerüst sind verschiedene Elemente eingeflochten: in V 2a mündet die Exposition in eine begründende Deutung ein (ἵνα ὑπομνήσῃ αὐτοὺς ... ὅτι διὰ κτλ.), ebenso wie in V 2b der Befehl (ὅτι ἐὰν μή, φησίν, κτλ.); V 4 trägt für die Bedeutung der symbolischen Handlung einen Schriftbeleg nach.

Die zweite prophetische Zeichenhandlung Mose (Vv 4–7) ist komplexer; Grundlage ist Num 21,6–9, ergänzt um Dtn 27,15. In sie ist eine an die symbolische Handlung des Mose (V 6) anknüpfende prophetische Handlung Israels (V 7b) verwoben. Den gattungskonstitutiven Elementen gehen zwei Expositionen voraus (Vv 5a.b), denen jeweils eine begründende Deutung beigegeben ist. V 5a bereitet die erste Zeichenhandlung (V 6) vor. Mit Blick auf Exposition (τύπον τοῦ Ἰησοῦ) und Zweckangabe (ἐν σημείῳ πίπτοντος τοῦ Ἰσραήλ) vertritt das aus Dtn 27,15 entlehnte Bilderverbot den *Befehl zur Ausführung* der symbolischen Handlung (ἵνα ... δείξῃ). V 6b enthält den *Bericht über die Ausführung* (ποιεῖ οὖν Μωϋσῆς ... καὶ τίθησιν ... καὶ ... καλεῖ); hinzukommt αὐτὸς ποιεῖ aus V 6a. Durch die dritte Handlung vorbereitet, leitet V 7a zur zweiten prophetischen Zeichenhandlung dieses Abschnitts über. Sie nimmt Israel in den Dienst (τὸν λαόν ... εἶπεν δὲ πρὸς αὐτούς). V 7b formuliert mit zwei Imper. (ἐλθέτω ... ἐλπισάτω) den *Befehl zur*

---

[6] Zur Gattung vgl. FOHRER, Propheten 17–19.96–98.107–118. Durch Just. *dial.* 40,4; 111,1; 131,4f. ist belegt, daß knapp drei Dezennien nach Abfassung des Barn der bildliche, symbolhafte, auf Jesus weisende Charakter der Riten am Versöhnungstag (vgl. Barn 7,3–11), von Moses Ausstrecken der Hände in der Amalekiterschlacht (vgl. Barn 12,2–4) sowie der Bisemie des Namens Ἰησοῦς (vgl. Barn 12,8–10a) ohne Zögern in die antijüdische, apologetische Argumentation eingebracht werden konnte. Die Adaption bzw. Transformation dieser prophetischen Gattung geschah auf der Grundlage und in Anwendung christlicher Schriftallegorese.

[7] „Männern, die der späteren Zeit weithin als Propheten galten, [ist] mehrfach die Ausführung symbolischer Handlungen zugeschrieben" (FOHRER, Propheten 72) worden, z.B. Mose in Ex 17,8–14; Josua in Jos 8,18–35; Saul in 1 Sam 11,6–12. Parallel zur Adaption, jedoch nicht deckungsgleich mit ihr, vollzog sich eine Transformation, in der die prophetische Zeichenhandlung in Rede überging und zum Bild wurde, das eine unvollziehbare Handlung versinnbildlicht, z.B. Jer 25,15–29; Ez 2,8–3,3; Sach 11,4–14 (vgl. ib. 72f.).

Ausführung. Mit καὶ οὕτως ἐποίουν ist dessen Ausführung knapp *berichtet.* Die gemeinsame *Deutung* in V 7c bekräftigt den Zusammenhang beider prophetischer Zeichenhandlungen.

In der dritten prophetischen Zeichenhandlung Mose (Vv 8.9) fehlt ein förmlicher *Befehl zur Ausführung* der symbolischen Handlung; er wird von 12,2b her als vorausgesetzt zu gelten haben. Grundlage der Sequenz ist Num 13,16. Auf die Exposition (V 8) mit begründender Deutung (ἵνα μόνον κτλ.) folgt der *Bericht über die Ausführung* (ἐπιθεὶς αὐτῷ τοῦτο τὸ ὄνομα). Mose Schreibbefehl an Nun und ein prophetisches Drohwort an Amalek sind Erweiterungen auf der Basis von Jer 43(36),2 und Ex 17,14.16. Die gemeinsame *Deutung* in V 10a legt den auf das Christusereignis weisenden Zusammenhang zwischen prophetischer Tat (Namensänderung) und prophetischem Wort (ὁ υἱὸς τοῦ θεοῦ) offen.

Einen durch diese Deutung Jesu evozierten fiktiven oder realen Einwand führt V 10b als abschließendes Unterthema ein. Zwei Schriftzitate (Vv 10b.11a) sollen das Gegenargument liefern. Mahnend resümiert V 11b den Beweisgang.

11,1a	*Aufruf und Themenangabe:* Offenbarungen des Herrn über Wasser und Kreuz

1. THEMA

11,1b	a. Prophetien über Wasser meinen die Taufe b. Israels Verweigerung der Taufe
11,2–7	vier Schriftbelege
11,2	Drohrede gegen Israel
11,3–6	Verheißungen für ‚uns‘
11,7	Drohrede gegen Israel
11,8a	Mahnung an die Leser und summarische Auslegung: Wasser und Kreuz gehören zusammen
11,8b.c	drei Auslegungen: eschatologische und soteriologische Deutungen
11,9–11	drei weitere Auslegungen: ekklesiologische, soteriologische und eschatologische Deutungen

2. THEMA

12,1a	a. Im Kreuz ist die Zeit der Erfüllung angebrochen b. Das Kreuz offenbart die Herrlichkeit Jesu
12,1b	Prophetenwort zu a. und Auslegung: Aussagen über das Kreuz zielen auf das Christusereignis

1. prophetische Zeichenhandlung

12,2a	Exposition: begründende Deutung
12,2b	*Befehl zur Ausführung der Handlung:* Der Geist instruiert Mose:

Rekurs auf die Auslegung in V 12,1b.
begründende Deutung (hoffen)

12,2c   *Bericht über die Ausführung:*
Vollzug und Wirkung der Symbolhandlung

12,3   *Deutung der Handlung:*
mit Rekurs auf die begründende Deutung in V 12,2b
Das Kreuz ist Hoffnungs- und Heilszeichen

12,4   Schriftbeleg

2. prophetische Zeichenhandlung

12,5a   1. Exposition: Mose stellt ein Bild Jesu dar
begründende Deutung (Leiden und Tod sind Zeichen)

12,5b   2. Exposition: Schlangenbiß
a. begründende Deutung (Schrifterfüllung)
b. begründende Deutung (wegen ihrer Übertretung)

12,6a   *Befehl zur Ausführung der Handlung:*
Gebot des Mose
Begründung seines Zuwiderhandelns
durch Rekurs auf 1. Exposition

12,6b   *Bericht über die Ausführung:*

12,7a   Überleitung und Exposition

12,7b   *Befehl zur Ausführung der Handlung:*
Gebot des Mose an Israel (kommen, hoffen)
Bericht über die Ausführung:
(und so taten sie)

12,7c   *Deutung der Handlung:*
mit Begründung

3. prophetische Zeichenhandlung

12,8a   Exposition: (Namensänderung Nuns)
12,8b   begründende Deutung (auf daß das Volk höre)
12,9a   *Bericht über die Ausführung:*
12,9b   Schreibbefehl und prophetisches Drohwort
12,10a   *Deutung der Handlung* und des Drohwortes

12,10b   Einwand (der Juden) gegen diese Deutung
12,10b.11   Entgegnung mittels zweier Schriftbelege
12,11b   Mahnendes Resümee

Über das Wasser (11,1–11)

Analyse und Auslegung

1 Der Halbvers 1a ordnet die Kapitel 11 und 12 hinsichtlich Anspruch, Zweck und Verstehensvoraussetzung ein. Mit der Aufforderung ζητήσωμεν[1] kommt der Vf. inhaltlich und formal der in Barn 2,1 als Zeugnis und praktische Folge des Glaubens vorgeschriebenen Erforschung (ὀφείλομεν … ἐκζητεῖν)[2] der Rechtsforderungen des Herrn nach. Untersuchungsgegenstand sind auch in Barn 11–12 Prophetien (προφανερῶσαι)[3], die durch ihre Herkunft vom κύριος qualifiziert und als gleichnishafte Rede angekündigt sind. Daß diese Vorausankündigungen gnadenhaft und zugunsten der Christen erfolgten, mag zudem die gewählte Ausdrucksweise[4] ἐμέλησεν τῷ κυρίῳ andeuten. Hierauf weist jedenfalls in V 4 die auf die Juden gemünzte Änderung von γνῶς zu γνῶσιν. Neben diesem inhaltlichen Bezug auf Barn 1,7–2,3 korrespondiert der Num. von ζητήσωμεν auch in formaler Hinsicht mit der Instruktion in dieser Eröffnungssequenz, denn als kommunikativer Pl. bringt er die Erforschung der δικαιώματα als gemeinsame, Vf. und Leser in gleicher Weise angehende Aufgabe[5] in Erinnerung. Wegen dieser Verbindung wer-

---

[1] Zu Form und Funktion vgl. S. 412 ‚Aufbau und Gliederung'.

[2] Allein deshalb kommt nicht in Betracht, ζητήσωμεν als Herausforderung an die Adresse anderer Christen (4,6) bzw. fiktiv an die Juden zu interpretieren, über die Auslegung der Schriftstellen über Wasser und über Taufe zu disputieren.

[3] Das Kompositum προφανερόω, das L mit *ante ostendo* bzw. *ostendo* umschreibt, also sinngleich mit δείκνυμι (5,6b) interpretiert, ist ein Neologismus des Barn. Die Vokabel begegnet nur in der christlichen Literatur. Barn 3,6; 6,7a; 7,1a; 11,1a und MartPol 14,2 sowie Eus. *h.e.* IV 15,34, der MartPol 14,2 zitiert, scheinen die einzigen Belege zu sein. Inhalt dieser Vorausoffenbarungen ist im Barn konkret ‚das Leiden' (τὸ πάθος 6,7a), ‚das Wasser' und ‚das Kreuz' (11,1a.8a; 12,1a) oder summarisch ‚das Ganze' (περὶ πάντων 3,6; πάντα 7,1a), wobei kraft der zuvor verhandelten Themen, also der Abschnitte Barn 2,4–3,5 bzw. 5,1–6,19, das Gesamt der Offenbarung oder das Christusereignis (worauf wohl das Gebet MartPol 14,2 abhebt) mit im Blick sein mag. Weil als Subjekt von προφανεροῦν entweder ὁ μακρόθυμος (3,6) oder der κύριος genannt bzw. zu ergänzen ist (MartPol 14,2 preist ὁ ἀψευδὴς καὶ ἀληθινὸς θεός) und der jeweilige Inhalt stets den Christen zugedacht war, wird Akt und Inhalt des προφανεροῦν von Barn 1,7 her zu verstehen sein. Der Ausdruck versieht demzufolge diese Kundgaben mit der Autorität Gottes und zeigt sowohl retrospektiv (3,6; 7,1a) als auch prospektiv (6,7a; 11,1a) an, daß alles, was als Vorausoffenbarung angeführt ist, unter dem Vorzeichen der prophetischen, gleichnishaften Konstitution der Schrift steht. Ist mit προφανεροῦν auf eine Sequenz zurückgeblickt, folgt ein Finalsatz, der die Gnosis formuliert. Im anderen Fall (6,7a; 11,1a) schließen sich dem Konnex zu 1,7 gemäß Prophetenzitate an. Die Umschreibungen in L, insbesondere *ante ostendit* in 3,6 und *ante ostensa* 6,7a, die auf 4 Esra 13,32 („Wenn dies geschieht und die Zeichen eintreten, die ich dir früher verkündet habe, dann wird mein Sohn sich offenbaren, den du als den heraussteigenden Mann gesehen hast." [JSHRZ 5,396f.] / *et erit cum fient haec et contingent signa quae ante ostendi tibi et tunc revelabitur Filius meus quem vidisti virum ascendentem* [vg]) weisen, könnten anzeigen, daß προφανερόω in das apokalyptische Vorstellungsraster von Verheißung und eschatologischer Erfüllung gehört. Es wäre in Barn gezielt in Anspruch genommen, um Kirche als die verheißene Zeit der Erfüllung auszuweisen.

[4] Vgl. Barn 1,5 ἐὰν μελήσῃ μοι περὶ ὑμῶν. Die Konstruktion μέλει c. Dat. d. Pers. mit folgendem περὶ c. Gen. (vgl. BAUER/ALAND, Wörterbuch, Sp. 1013) weist auf den Vf. als Urheber von Barn 11,1a.

[5] Nur unter dieser Rücksicht ist ζητήσωμεν als Pluralis modestae anzusehen.

den die Grundregeln dieses Nachsinnens (vgl. 2,2.3) auch für die hier ganz konventionell mit περὶ c. Gen. gewählten beiden Themen gelten. Weil προφανερῶσαι Schriftworte über das Wasser und über das Kreuz als gleichnishafte Rede ankündigt, ist die gläubige Haltung gegenüber dem κύριος (vgl. 6,10) die maßgebliche Verstehensvoraussetzung. Da auf περὶ τοῦ ὕδατος hin nicht, was aufgrund des kopulativen καί als Pendant zu erwarten war, περὶ τοῦ ξύλου als weiteres Thema eingeführt wird, sondern das Kreuz, ist bereits an dieser Stelle entschieden, was der Halbvers ib sogleich bestätigen wird, daß ὕδωρ nicht irgendein Wasser meint. Durch die Gleichordnung der beiden Themenangaben mittels καί steht aufgrund der spezifischen Semantik von σταυρός, die bei christlichen Lesern als bekannt vorausgesetzt werden darf, von Anfang an außer Frage, daß für sie ὕδωρ ‚Taufwasser‘ bedeutet.[6]

Der Halbvers ib wendet sich dem ersten Thema zu, wobei das anakolutische μέν darauf hinweist, daß die folgende Feststellung γέγραπται sowie die Widmung für beide Themen gilt. Mit der Form γέγραπται (vgl. 4,3.14; 5,2; 14,6; 15,1; 16,6; 21,1) ist die Schrift als autoritative Grundlage der Argumentation bestimmt. Im Unterschied zu 6,7, wo die Zueignung ἐπὶ τὸν Ἰσραήλ auch auf ein prophetisches Drohwort führt (V 2), geht hier dessen Auslegung voraus. Die Fragepartikel πῶς

---

[6] Die Verbindung von ‚Wasser‘ im Sinne von Taufwasser mit ‚Holz‘, das das Kreuz Christi meint, begegnet auch in der Schlußsentenz ϹΤΑΥΡΟϹ der ἀκροστιχίς Sib 8,245–250. HAEUSER, Barnabasbrief 65–72, meint Barn 11 unter der Voraussetzung auslegen zu müssen, daß „die Verbindung von ὕδωρ und σταυρός und der ganze Gedankengang von Kapitel 5–12, dem zufolge [sic] der Verfasser gerne seine Lehren an einzelne Momente aus dem Leiden Jesu anknüpft, … an die Jo. 19,34 erwähnte Begebenheit" (ib. 66) erinnern. Doch schränkt Haeuser sogleich ein: „Ausdrücklich und unzweifelhaft bestimmt spricht der Verfasser von dem Wasser der Seitenwunde des Herrn allerdings nicht. Weniger der Text als der Kontext verlangt diese Deutung von τὸ ὕδωρ." Die Verbindung von αἷμα und ὕδωρ ist durch Reinigungriten in Lev 14,6.51f. bekannt. Von der Reminiszenz an die vom Reinigungsritus in Num 19 (vgl. Barn 8) abhängige Skizze in Hebr 9,19 abgesehen, ist diese Verbindung innerhalb der neutestamentlichen Literatur auf die johanneischen Schriften begrenzt (1 Joh 5,6). Redaktion (vgl. Joh 19,35–37) und joh. Tradition (vgl. οὗτός ἐστιν ὁ ἐλθὼν δι᾿ ὕδατος καὶ αἵματος, Ἰησοῦς Χριστός· 1 Joh 5,6) knüpfen an diese Verbindung von αἷμα und ὕδωρ weitreichende Deutungen. Nicht zuletzt deshalb ist auch die Auslegung von Joh 19,34 sehr umstritten (vgl. SCHNACKENBURG, Johannesevangelium 337–345; DERS., Johannesbriefe 230–233; KLAUCK, Der erste Johannesbrief 292–298). Gegen den Rekurs auf Joh 19,34 hat HOLTZMANN, Barnabas und Johannes 341, eingewandt, daß die laut Barn 5,13b verheißene und erfüllte Unversehrtheit des Gekreuzigten durch eine Stichwaffe mit dem joh. Motiv unvereinbar ist. HAEUSER, Barnabasbrief 72f. Anm. 2, hält entgegen, Barn 5,13b wolle nur erklären, „daß Christus nicht durch das Schwert fiel, d.h. daß er am Kreuze starb". Da der Vf. das Zitat von Ps 21(22),21 nicht auslegt, ist auch nicht erkennbar, ob ihm an diesem apologetischen Nebensinn gelegen war. Aufgrund von Barn 11,1a steht zwar von Anfang an fest, daß ὕδωρ mit dem Christusereignis, zumal mit der Passion zu tun hat, die johanneische Szenerie indes muß der Leser hinzudenken, denn auch das Motiv der ‚Besprengung mit seinem Blut‘ in Barn 5,1, worauf mittels der Erläuterung (τὸ ἄφεσιν ἁμαρτιῶν) zurückgegriffen ist, führt nicht unmittelbar auf Joh 19,34. Entscheidend aber ist: der Rekurs auf die Johannespassion ist für das Verständnis von Barn 11 nicht erforderlich. Daß Haeusers Voraussetzung überdies Folgen hat, zeigt seine Vermutung bezüglich ἐκ δεξιῶν in V 10, „ob hiermit nicht etwa an die *rechte* [kursiv von mir] Seitenwunde Jesu erinnert sein sollte?". Über die Körperseite des Lanzenstichs waren nach Ausweis der handschriftlichen Überlieferung der Evangelist und die Redaktion des Johannesevangeliums noch nicht unterrichtet.

steht wie auch in 14,6 in der Bedeutung von ὅτι;[7] πῶς τὸ βάπτισμα[8] ist also eine hermeneutische Anweisung: Immer wenn die Schrift von Wasser spricht, ist Taufwasser gemeint. Daß damit die Textauswahl und Auslegungsrichtung aber nur vordergründig festgelegt ist, geht aus den beiden mit οὐ μή und ἀλλά abgesetzten Satzteilen hervor. Zunächst ordnet die angeschlossene exegetische Bemerkung mittels Stichwortverknüpfung Barn 11 in den Gesamtkontext des Schreibens ein. Mit dem Motiv des ‚Erlasses der Sünden‘ (ἄφεσιν ἁμαρτιῶν), der in 5,1; 6,11; 8,3 (vgl. auch 16,8b) als soteriologischer Ertrag des Leidens und Kreuzes Christi aufgewiesen wurde, ist bereits vor aller Auslegung der Schriftworte über das Wasser ihr prophetischer, soteriologisch-ekklesiologischer Sinn und damit ihr untrennbarer Zusammenhang mit Kreuz und Gekreuzigtem festgeschrieben. Die beiden Fut. προσδέξονται und οἰκοδομήσουσιν legen Haltung und Handeln Israels bezüglich der Taufe als prophetisch angekündigten Ungehorsam aus, in dem sich Gottes zweifaches Verwerfungsurteil (ὅτι δύο καὶ πονηρὰ ἐποίησεν ὁ λαὸς οὗτος), nämlich Treuebruch (ἐμὲ ἐγκατέλιπον) und widergöttliche Gesetzlichkeit[9] (ἑαυτοῖς ὤρυξαν βόθρον θανάτου) bekunden. In der Nichtannahme der Taufe vollzieht Israel seine Abkehr von Gott und macht seine Gottverlassenheit offenkundig. Die entschiedene Verneinung οὐ μή zeigt die Totalität dieser Verweigerung an, wobei mittels προσδέξονται ebenso wie mit προσεδέξαντο in 10,9 nicht nur das Mißverstehen der Juden, sondern ihre durch Unglauben verursachte Unfähigkeit, die Offenbarung Gottes zu verstehen, angesprochen ist. Ihr Unvermögen und ihre Frontstellung dokumentiert sich darin, was ‚sie sich selbst errichten‘ (ἑαυτοῖς οἰκοδομήσουσιν)[10]. Die Selbstbezogenheit (ἑαυτοῖς) steht dem in Offenbarungen über Wasser und Kreuz bekundeten Heilswillen eklatant entgegen und zeitigt

---

[7] Vgl. Blass/Debrunner, Grammatik § 396,2[5]; ähnlich ὡς (vl πῶς) in Barn 16,1b.

[8] Die christliche Wortschöpfung τὸ βάπτισμα (vgl. Oepke, βάπτω κτλ. ThWNT 1 [1933] 527–544, spez. 543f.), in der neutestamentlichen Literatur meistens und bei den Apostolischen Vätern (Did 7,1.4; Barn 11,1; 2 Clem 6,9; IgnPolyc 6,2) stets mit generischem Artikel, begegnet im Barn nur hier. Doch ist die Sache, beginnend mit der Dahingabeformel τοῦ ἀγαπήσαντος ἡμᾶς in Barn 1,1, mehrfach angesprochen; vgl. insbesondere die Auslegung zu Barn 5,1.

[9] Vgl. hierzu die Verwerfung in Barn 2,6 μὴ ἀνθρωποποίητον ἔχῃ τὴν προσφοράν.

[10] Die Wendung ἑαυτοῖς οἰκοδομήσουσιν, die auf Gen 11,4 (δεῦτε οἰκοδομήσωμεν ἑαυτοῖς πόλιν καὶ πύργον; vgl. Jes 9,[9]10 οἰκοδομήσωμεν ἑαυτοῖς πύργον) anspielen mag, ist freilich zu allgemein, um mehr als das summarische Verdikt über eine ungehorsame, Gottes Heilswillen in jeder Weise zuwiderlaufende Haltung angesprochen zu sehen. Diesen Sinn der Wendung bestätigt Jos 22,16, wo der selbstmächtig errichtete Altar als Vergehen (πλημμέλεια) gegen den Gott Israels und Auflehnung wider den Herrn gedeutet ist. Haeuser, Barnabasbrief 67 Anm. 2, zufolge ist „überhaupt ein Wirken und Arbeiten in Selbstvertrauen und Selbstsucht und aus jenem Hochmut, dem der Fall notwendig folgen muß" ins Visier genommen. „Unter diesen selbstgeschaffenen Einrichtungen … die vielfachen Waschungen, Bäder, Reinigungen der Juden" (Müller, Erklärung 259; vgl. Hefele, Sendschreiben 92 Anm. 2; Funk, Opera patrum apostolorum 72; Völter, Die Apostolischen Väter 1,440) zu vermuten, so auch Windisch, Barnabasbrief 366, mit Hinweis auf Mk 7,1–23; spez. 7,3f., oder eine Anspielung auf die Wiedererrichtung des Tempelgebäudes zu erkennen (vgl. Kittel, Jakobusbrief 74, der sie gar als das τέλειον σκάνδαλον aus 4,3 sehen möchte), wofür immerhin spricht, daß die Form οἰκοδομήσουσιν in Barn 16,3 sowie im Kompositum ἀνοικοδομήσουσιν in 16,4a begegnet, und zwar mit derselben antijüdischen Zielsetzung, überläßt der Vf. den Lesern.

demgemäße Wirkung (vgl. V 2 ἑαυτοῖς ὤρυξαν βόθρον θανάτου). In der Sache liegt Barn 11,1b (ἀλλ᾽ ἑαυτοῖς οἰκοδομήσουσιν) auf einer Linie mit dem Verdikt (ἀνθρωποποίητον) über die jüdischen Opfer in Barn 2,6. Hier wie dort wird jede von Menschen gemachten Frömmigkeit zugunsten der von Gott bestimmten abgewiesen. Der Ersatz von ‚Zisternen mit Rissen‘ (λάκκους συντετριμμένους) durch ‚Grube des Todes‘ (βόθρον θανάτου) verschärft das Bild der Wertlosigkeit, indem es die Handelnden zu den Leidtragenden ihres eigenen Tuns macht, das sie in seiner Tragweite nicht abgesehen haben. Es bedroht sie in ihrer ganzen Existenz, weil es ein Leben ohne Gott ist (vgl. ἑαυτοῖς). Auch deshalb wird ἑαυτοῖς οἰκοδομήσουσιν nicht Waschungen etc. meinen,[11] sondern grundlegender die Abkehr von Gott. Der Fut. οἰκοδομήσουσιν bereitet somit nicht nur die folgenden Schriftzitate vor, sondern aufgrund des jüdischen Mißverstehens der Offenbarungen sind es die Juden selbst, die für die Erfüllung der prophetischen Drohworte (Vv 2.3.7) bei sich selbst (vgl. ἑαυτοῖς ὤρυξαν) sorgen. Durch ihre Verweigerung der Taufe trifft sie das angekündigte Unheil (βόθρον θανάτου; νοσσιᾶς ἀφῃρημένοι). Beides sind Bilder für einen gottfernen Zustand, ohne Gnade und bar jeder Hoffnung. Indem Israel ‚die Taufe nicht annimmt‘, fehlt ihm die Gnade, und indem es ‚sich selbst etwas aufgebaut‘, widerstrebt es Gottes Heilswillen und bringt sich selbst um das Heil. Entscheidend ist wohl, daß Israel Heil ohne Gott, und somit gegen Gott sucht. Wenn also in der Schrift περὶ τοῦ ὕδατος gehandelt wird, ist das Christusereignis als die eschatologische Heilssetzung Gottes im Blick, weil in der Taufe, auf die ὕδωρ immer weist, die gläubige Haltung gegenüber dieser Heilssetzung in Jesus bekundet wird und der Erlaß der Sünden, der den Zugang zur Sphäre Gottes auftut sowie die Teilhabe am verheißenen eschatologischen Heil eröffnet, im Christusereignis gründet. Anhand von Schriftworten über das Wasser – und über das Kreuz – läßt sich die soteriologische Relevanz des Christusereignisses als Erfüllung der Schrift und zugleich die Kirche als jener Gnadenbereich aufzeigen, in dem die Heilsverheißungen erfüllt werden. Die Fraglosigkeit, mit der für den Vf. Taufe und Erlaß der Sünden zusammengehören[12], zeigt, daß für ihn – und seine Leser – die Taufe eine Institution ist. Deren Vollzug ist, anders als in Did 7,1-4, kein Thema

---

[11] In diese Richtung geht die Auslegung bei Just. *dial.* 14, der freilich οὓς δὲ ὑμεῖς ὠρύξατε λάκκους ἑαυτοῖς, συντετριμμένοι εἰσί zitiert.

[12] Vgl. Mk 1,4 par Lk 3,3; Herm *mand.* IV 3,1-3 (31,1-3); Thphl.Ant. *Autol.* 2,16. SABER, Le Baptême dans L'Épître de Barnabé 194-215, vergleicht die Aussagen des Barn über die Taufe mit jenen in den Paulusbriefen, und zwar unter fünf Aspekten: 1. Vergebung der Sünden (209-207), 2. Der Tempel Gottes (207f.), 3. Die neue Schöpfung (206-204), 4. Die Natur der neuen Schöpfung (204-201), 5. Ein neues Volk (201-198). Weil anhand dieses Rasters ‚die Lehre des Barn von der Taufe einige Bezugsstellen in der Theologie des Paulus‘ hat, sich solche jedoch auch außerhalb seiner Briefe finden lassen, vermutet Saber eine ‚gemeinsame Quelle, aus der Paulus und Barn gleichermaßen schöpften‘ (ib. 195). Daß Barn paulinische Wendungen und Theologumena kannte, steht außer Frage. Ins Reich der Spekulation gehört aber wohl Sabers Annahme einer Paulus sowie dem Vf. des Barn gemeinsamen Quelle, die von ‚einem christlichen hellenistischen Kreis, in dem sich die konstitutiven Elemente der hellenistischen und der jüdisch-christlichen Zivilisation begegneten und aufeinander einwirkten‘ (ib. 195), getragen ist. – Für die Übersetzung dieses Artikels danke ich Herrn Prof. Dr. Adel Theodor Khoury.

(mehr), sondern, was die Didache nur en passant regelt[13], deren soteriologisch-eschatologische Relevanz. Sie anhand der Schrift aufzuweisen, ist hier das Ziel.

2f. folgt formgerecht eingeleitet eine Zitatenverbindung, die dem Diktum in V 1b die Schriftgrundlage liefert.[14] Beinahe wörtlich zitiert V 2 aus Jer 2,12f. und V 3 zitiert fast wörtlich Jes 16,1b.2a.[15] Die Umstellungen, Erweiterungen und Ersetzungen im Jeremiazitat[16] akzentuieren die prophetische Gottesrede als Verwerfungs-urteil wider Israel, dessen Haltung und Handeln V 1b mittels des Motivs der absoluten Verweigerung bereits als gottfremd zu erkennen gab. In diese Richtung weist auch die Änderung τὸ ἅγιόν μου Σινᾶ für θυγατρὸς Σιών im Jesajazitat[17], die möglicherweise von Ps 67(68),18 herrührt. „Vielleicht wollte er wieder beto-nen, daß die Juden von der Sinaïoffenbarung abgefallen seien vgl. 4,6–8; 14,1ff.; 15,1."[18] Jedenfalls liegt der Numeruswechsel des Fut. ἔσῃ zu ἔσεσθε in V 3b auf die-ser Linie. Verläßt Israel den ‚lebendigen Quell des Wassers‘[19], wird es sein wie Jungvögel, die des Nestes beraubt sind, d.h. gottlos. V 7 ist somit der Sache nach von V 3a vorbereitet. Die Akzentuierungen, die die Änderungen eintragen, weisen auf den Vf. als denjenigen, der die Zitate zusammenstellte und auf seine Auslegung hin bearbeitete. Anknüpfungspunkt und Grund für diese Unheilsprophetie nennt V 1b (πῶς τὸ βάπτισμα ... οὐ μὴ προσδέξονται, ἀλλ᾽ ἑαυτοῖς οἰκοδομήσουσιν).

4–6 Im Kontrast dazu gelten allen, die die Taufe annehmen und sich – so hat der Leser zu schließen – also nicht selbst etwas aufbauen, die Verheißungen in den

---

[13] Vgl. PROSTMEIER, Unterscheidendes Handeln 55–75.

[14] WINDISCH, Barnabasbrief 366, der mit ℵ (und G) ὕδατος streicht (vgl. die Textkritik z.St.), meint unter Hinweis auf den Sprachgebrauch ἔρημος in Ps 62(63),1f. und Ez 30,12, daß „nur wenn ἔρημος = ‚wasserleer‘ genommen werden kann, ... eine Beziehung zum Thema vorhanden" ist. Wichtiger als diese am Stichwort ὕδωρ und sachverwandter Termini orientierte Auffindung entsprechender Schriftworte so-wie deren Verknüpfung ist dem Vf., daß sich in Haltung und Handeln der Juden die Verwerfungsurteile der Prophetenzitate erfüllen.

[15] Jer 2,13 und Jes 16,1b sind auch bei Just. *dial.* 114,5 als freies Zitat verbunden. Wie Barn 11,2f. weicht auch Justin, der das Mischzitat als Ganzes Jeremia zuspricht, von den biblischen Vergleichstexten ab. Die einleitende Interjektion οὐαί und deren Widmung ὑμῖν zeigen, daß er diese Zitatenverbindung ebenso wie Barn als prophetisches Drohwort gegen die Juden verstanden hat, das sich bestens seiner apologeti-schen Absicht einfügt; vgl. die Hinweise bei RAHNER, Symbole der Kirche 214–216.

[16] Der Vok. οὐρανέ und die Erweiterung der Anrede des Himmels auf eine solche auch der Erde (vgl. Jes 1,2 ἄκουε οὐρανέ, καὶ ἐνωτίζου γῆ) weist auf die Übersetzungen durch Aquila (dort auch ἔκστηθι und φριξάτω) und Symmachus. Namentlich die Erweiterung ἡ γῆ im Zitat aus Jer 2,12 betont, daß Israel sich in seiner Verweigerung der Taufe vor aller Welt als gottfremd darstellt. „Weiter hat er ἐπὶ τούτῳ ins zweite Glied geschoben, σφόδρα λέγει κύριος gestrichen, für ὁ λαός μου absichtlich ὁ λ. οὗτος gesetzt vgl. 13,1.3" (WINDISCH, Barnabasbrief 366) und λάκκους συντετριμμένους (G L; vgl. Textkritik z.St.) durch βόθρον θανάτου ersetzt. Letzter Ausdruck ist in der frühchristlichen Literatur sonst nicht belegt. Man kann erwägen, daß er als Gegenbild zum fließenden, d.h. lebendigen Wasser eingeführt ist. Jeden-falls ist βόθρον θανάτου innerhalb des Zitats Kontrastmotiv zu πηγὴν ὕδατος ζῶσαν.

[17] Abgesehen von τὸ ἅγιόν μου Σινᾶ folgt Barn 11,3a (μὴ πέτρα κτλ.) den griechischen Übersetzungen von Jes 16,1b, die vom Sinn des hebräischen Textes, der Ansage von Moabs Untergang, abweichen.

[18] WINDISCH, Barnabasbrief 366.

[19] Zum Motiv vgl. den sachlich parallelen Ausdruck πηγὴ ζωῆς Ps 35(36),10; Joh 4,14; Offb 21,6; OdSal 11,6; ferner AJ 4,20–24 (NHC 2,2). Mit Blick auf Barn 1,3 wird man πηγὴν ὕδατος ζῶσαν auf den κύριος deuten dürfen; der Vf. freilich überläßt auch diese Auslegung den Lesern.

Vv 4–6. Für Vv 4.5 hat Wengst Gründe dafür beigebracht, daß die Zitatenkombi-
nation aus Jes 45,2f. und Jes 33,16.17a.18a bereits vorgelegen war;[20] vom Vf. wird indes die auf die Juden zielende Änderung von γνῶς in γνῶσιν stammen[21], wofür die
gleichlautende Wendung in 12,3 bürgt. Die Erfüllung der Verheißungen in der Kirche ist für Israel Mahnung, im Christusereignis die eschatologische Heilssetzung
Gottes zu erkennen.[22]

Die Vv 6f. sind ein formgerecht eingeleitetes Zitat von Ps 1,3–5. Die Quellennotiz ἐν ἄλλῳ προφήτῃ (vgl. 12,1) ist wie ἐν τῷ προφήτῃ (7,4; 9,1) als Lokativ
zu interpretieren.[23] Angesichts der namentlichen Herkunftsangabe für das Zitat
von Ps 1,1 in Barn 10,10 ist zwar auffällig, daß David nicht erwähnt ist, doch ist
zu bedenken, daß David bereits im Judentum als Prophet galt (vgl. R. Hona in

---

[20] Vgl. WENGST, Tradition 369f. Hierfür spricht wohl auch, daß der Vf. eine Reihe assoziativer Verbindungen zu vorausgehenden Sequenzen nicht ausgelegt hat; z.B. erinnert πέτρας ἰσχυρᾶς an das auf
den κύριος gemünzte στερεὰν πέτραν in Barn 5,14b; 6,3b und βασιλέα μετὰ δόξης ὄψεσθε läßt an
Barn 7,9b; 8,5 denken, wenngleich das Schauen des königlichen Richters dort den Juden drohend, doch
auch verheißend angesagt ist (vgl. die Auslegung z. St.). Der Vf. gibt nicht zu erkennen, ob aus der den
ersten Exodus überbietenden Schilderung des Deuterojesaja über die wundersame von Jahwe geebnete
Prozessionsstraße durch die Wüste, auf der er sein Volk gnadenhaft ins Land seiner Verheißung führen
wird (vgl. Jes 52,12; 56,6–8), eine Anspielung auf Barn 6,8–19 herausgehört werden sollte. Zur weisheitlichen Rezeption des Motivs vgl. Ps 106(107),16; PsSal 10,3.
[21] Zu den Änderungen innerhalb des Zitates in V 4 vgl. WINDISCH, Barnabasbrief 367. Clem. str.
V 10,64f. zitiert Jes 45,2f. in der Lesart von Barn 11,4; vgl. S. 34 ‚§ 2 Die indirekte Überlieferung'. Das Zitat in V 5, das aus Jes 33,16–18a stammt, „ist gekürzt und mit κατοικήσεις statt οὗτος οἰκήσει eingeleitet"
(WINDISCH, Barnabasbrief 367); Jes 33,17a ist wörtlich übernommen, V 18a folgt Barn (ebenso Justin)
den Lesarten des Cod. Alexandrinus und der hexaplarischen Gruppe ol. WINDISCH, Barnabasbrief 367,
unterstellt ὑμῶν und κυρίου fälschlich dem Barn. Geändert ist Jes 33,18a in Barn 4,11 (μελετῶμεν τὸν
φόβον τοῦ θεοῦ), wo es als gemeinsame Maßgabe für die Christen sachlich parallel zum ‚Ringen, seine
Gebote (τὰς ἐντολὰς αὐτοῦ) zu halten' steht.
[22] Nur mit Mühen stellen WINDISCH, Barnabasbrief 366, und WENGST, Tradition 39f. (‚einzigen Bezug zum Thema bildet das Wort ὕδωρ'), den Sachbezugs der Vv 4f. zur Taufe her. Im Anschluß an
SHUKSTER/RICHARDSON, Temple 17–31, hier 26, referiert CARLETON PAGET, Barnabas 155f., die
Möglichkeit, die Vv 4f. als versteckte Tempelkritik zu verstehen. Demzufolge meinen die πύλας
χαλκᾶς in V 5, die der κύριος zerschmettern wird, die Tore des Herodianischen Tempels. Insofern sei
βόθρον θανάτου in V 2 Bildwort für den Tempel, dessen Zerstörung Vv 4f. daher ankündigen. Ganz
abgesehen von der Datierungsfrage und der Auslegung von Barn 16,2f. sowie der Substitution von τὸ
ὄρος θυγατρὸς Σιών zu τὸ ὄρος τὸ ἅγιόν μου Σινᾶ, die diese Interpretation von Vv 4f., und im Grunde
auch von Vv 1b–3, als Polemik gegen den Tempel nicht gerade untermauern, geht sie von der noch nicht
als berechtigt erwiesenen Voraussetzung aus, daß das Thema „Tempel", die Frage nach dem Grund seiner Zerstörung, das Ärgernis der blasphemischen Nutzung des (heiligen) Ortes sowie die Hoffnung auf
seine Wiedererrichtung oder gar das Betreiben dieses Wiederaufbaus, die Glaubens- und Lebenssituation
der Leser nachhaltig bestimmt hat. Doch sogar wenn diese kommunikative Disposition der Leser vorauszusetzen ist, spricht die Tatsache, daß der Vf. weder hier noch in Kapitel 16 diese tempelzentrierte
motivliche Konnotation verwertet hat, dagegen, sie zum Ausgangspunkt für die Kommentierung zu
wählen. Aber ebensowenig gibt der Vf. zu erkennen, ob die ‚dunklen, verborgenen, unsichtbaren
Schätze', „die im Fels verborgenen Wasserquellen, die Taufe" (MÜLLER, Erklärung 262) meinen, oder
die Wirkung der Taufe (HEFELE, Sendschreiben 92 Anm. 7) oder eine „mysteriöse Hindeutung auf die
Taufe" (WEISS, Barnabasbrief 29) sein sollen. Mit Recht rät deshalb Weiß zur Zurückhaltung. – Das Motiv, daß Gott „der Frommen Wege ebnet", begegnet auch in PsSal 10,3.
[23] Vgl. BLASS/DEBRUNNER, Grammatik § 219,1[1].

bTSota 48b) und der Psalter insofern als (anderes) prophetisches Buch bezeichnet werden konnte. Entsprechend leitet in Barn 12,10b αὐτὸς προφητεύει Δαυίδ das Zitat aus Ps 109(110),1 ein.

Mit der Einfügung ὁ ταῦτα ποιῶν nach ἔσται rekurriert das sonst wörtliche Psalmzitat auf μελετήσει φόβον κυρίου im Schlußsatz Barn 11,5.[24] Dieser Konnex liegt bereits im Ps 1 vor, in dem auch das Nachsinnen (μελετήσει), und zwar über die Weisungen des Herrn, das Ps 1,2 zufolge den Gerechten kennzeichnet, unmittelbar dem Urteil über ihn in Ps 1,3 vorausgeht. Wenngleich dieser Zusammenhang auch in dem mit Ps 1,2 parallelen Vers Jos 1,8 (καὶ μελετήσεις ἐν αὐτῷ ... ἵνα συνῇς ποιεῖν τὰ γεγραμμένα) begegnet, spricht auf den ersten Blick der Pl. ταῦτα gegen diesen Bezug, zumal der Vf. auch Barn 21,1b seine Folgerungen mit ὁ γὰρ ταῦτα ποιῶν an die Zwei-Wege-Lehre als Ganzes und nicht nur an die letzten Mahnungen von Barn 19,12 anschließt. Zunächst ist festzuhalten, daß die Wendung ὁ ταῦτα ποιῶν in den griechischen Bibelübersetzungen und der jüdischen Gräzität überaus selten, und dann, abgesehen von Josephus, AJ 13,233, stets in der Fassung ὁ ποιῶν ταῦτα nachgewiesen ist (Jes 45,7b; 56,2; Am 9,12; PsSal 15,4). Christlicherseits ist das Zitat τοῦτο γὰρ ποιῶν aus Spr 25,22a in Röm 12,20b zeitlich nächste Parallele[25] zu Barn 11,6. Jes 56,2 und PsSal 15,4 zeigen, daß sich ταῦτα auf gehorsames Handeln, das als Ganzes auf die von Gott bestimmte Gerechtigkeit ausgerichtet ist, beziehen kann oder ebenso als Ganzes auf die Lobpreisungen, mit denen Gott für Heilstaten und Heilszusage gedankt wird. Angesichts der für V 1 aufgewiesenen Verbindung zu Barn 1,7-2,3 muß der Schlußsatz μελετήσει φόβον κυρίου in Barn 11,5 die Direktive 1,7b (ὀφείλομεν ... προσάγειν τῷ φόβῳ αὐτοῦ) sowie die Aufforderungen in 2,1 (ὀφείλομεν ... ἐκζητεῖν τὰ δικαιώματα κυρίου) und 2,9b (αἰσθάνεσθαι οὖν ὀφείλομεν ... πῶς προσάγωμεν αὐτῷ) in Erinnerung gerufen haben. Das Zitat von Jes 33,18a stellte sich für Leser somit als exklusive, auf sie gemünzte (ἡ ψυχὴ ὑμῶν) Verheißung dar, die jetzt in Erfüllung geht und ihre Glaubens- und Lebenssituation als Ganzes erfaßt. Und eben deshalb gelten ihnen die Heilszusicherungen Davids. Daher auch erklärt sich die vor Barn nicht belegte Fassung der in Ps 1,3 eingefügten Wendung ὁ ταῦτα ποῖων, die durch das Vorausstellen des Demonstrativpronomens den Akzent auf die Art und Weise des Tuns legt.[26] Es kommt also auf die Art und Weise des Nachsinnens an. Allein schon wegen des sonstigen Sprachgebrauchs von ἡ ψυχή im Barn[27], aber auch wegen des Personalbezugs mittels ὑμῶν, schließt ἡ ψυχὴ ὑμῶν jede Form des Nachsinnens aus, die nicht von der gläubigen Haltung gegenüber dem κύριος getragen ist. Wer in der Art und Weise nachsinnt, wie sie Barn 1,7-2,3 und Barn 6,10 vorgeschrieben haben, für den gelten die jesajanischen Heilszusagen in Vv 4f., und für

---

[24] Vgl. WENGST, Tradition 40.

[25] Vgl. ferner Or. Cels. V 51; comm. in 1 Cor. 6,8 (ἀλλ' ὑμεῖς ἀδικεῖτε καὶ ἀποστερεῖτε, καὶ τοῦτο ἀδελφούς. Πᾶς μὲν οὖν ὁ ταῦτα ποιῶν ἁμαρτάνει· 27,37; sel. in Ps. 68 (PG 12,1516); Clem. epit. A. 130,19; Hom. Clem. XVI 2,7.

[26] Mit dieser Akzentgebung kennt auch Philo, spec. 2,11 (ὁ γὰρ τοῦτο ποιῶν) die Wendung.

[27] Vgl. S. 195f. die Auslegung zu Barn 4,2.

ihn gelten die vier Verheißungen Davids. Die zweite Verheißung ‚zu seiner Zeit'
(ἐν καιρῷ αὐτοῦ) und die dritte ‚sein Laub wird nicht abfallen' (τὰ φύλλα αὐτοῦ
οὐκ ἀπορρυήσεται) erfahren in V 8b je eine Auslegung.

Neben den thematischen Stichworten ὕδωρ und ξύλον mag μελετήσει die Anfügung zumindest von Ps 1,3 begünstigt haben. Entweder sind die Verse Ps 1,4f. nur
mitzitiert oder gezielt aufgenommen, um für die Ausgangsthese diese Komposition aus Schriftbeweisen, die in Vv 2f. mit einer Drohbotschaft einsetzt, warnend
mit der Drohrede gegen die Gottlosen abzuschließen.

7 gilt demzufolge wieder γέγραπται ἐπὶ τὸν Ἰσραήλ. Diese Widmung von
Ps 1,4f. ist ein erneuter Höhepunkt in der antijüdischen Polemik. Denn ebenso wie
sich die Heilsansage von Ps 1,3 für die Christen erfüllt, so auch die Unheilsdroh-
nung für jene, die ‚die Taufe nicht annehmen' und ‚sich selbst etwas aufbauen'
(V 1b). David prophezeite das Unheil also über die Juden. Sie sind die Gottlosen,
sie sind Sünder, sie werden im Gericht[28] nicht auferstehen. Diese Bilder legt der Vf.
nicht aus. Doch aufgrund der Stichwortverbindung[29] mit Barn 10 dürfte für ihn wie
die Leser dieses dunkle Gegenbild zu Ps 1,3 besagt haben, daß die Juden in der Gegenwart und im Eschaton mit der Sphäre Gottes nichts gemein haben. Was sie sich
selbst aufgebaut haben, ist keine Existenzmöglichkeit auf Gott hin.

8 Der Halbvers 8a wendet sich mit dem Imper. αἰσθάνεσθε nun direkt an die
Leser. Alles folgende gilt ihnen. Wie die Ausgangsthese in V 1b en passant Schriftstellen, in denen von Wasser die Rede ist, eine Aussageabsicht über ‚Taufwasser'
unterlegte, bestimmt die auf V 6 bezogene exegetische Bemerkung, indem sie auf
die gemeinsame Erwähnung von ‚Wasser' und ‚Kreuz' aufmerksam macht, daß erstens ξύλον (stets) auf das Kreuz Christi weist[30] und zweitens, worauf das πῶς
weist, daß das Bild den untrennbaren, existentiellen Zusammenhang zwischen der
Heilsvermittlung in der Taufe und deren Grundlage in der Heilssetzung Gottes im
Christusereignis besagt. Diesen Zusammenhang, aus dessen Blickwinkel die Aussagen der Schrift περὶ τοῦ ὕδατος und περὶ τοῦ σταυροῦ gelesen werden wollen,
erläutert die folgende, mit τοῦτο γὰρ λέγει[31] konventionell eingeleitete Auslegung.[32] Im Makarismus mag Ps 1,1 (vgl. Barn 10,10) nachwirken. Der Pl. indes

---

[28] KRAUS, Psalmen 7f., diskutiert die möglichen Deutungen von מִשְׁפָּט (κρίσις) mit dem Ergebnis, daß
im zeitgeschichtlichen Horizont von Ps 1 an „Endgericht" und an die „messianische Gemeinde der neuen
Welt" gedacht ist.

[29] Vgl. ἀσεβής 10,5.10; 11,17; βουλή 10,10; 11,7.

[30] Vgl. die Sammlung von ξύλον-Stellen in Just. *dial.* 86.; vgl. ferner Sib 5,257; 8,245–250; Or. *Cels.* VI
34 sowie S. 330f. die Auslegung von Barn 8,5. Daß ξύλον-Stellen aus der Schrift in christliche Testimonien
περὶ τοῦ σταυροῦ gerne aufgenommen und mitunter dem christologischen Interesse angepaßt wurden,
ist nicht zu bezweifeln; vgl. die Hinweise bei DANIÉLOU, Études d'exégèse judéo-chrétienne 53–75.
Nicht mehr als eine Vermutung ist es indes, daß Barn 12 von einer derartigen Sammlung abhängt.

[31] Τοῦτο (γὰρ) λέγει will sagen: „*hic est sensus psalmi*" (GEBHARDT/HARNACK, Barnabae Epistula
51); weder hinter V 8a noch V 8c sind ein Logion zu vermuten (KÖSTER, Überlieferung 128).

[32] Unter Berufung auf RAHNER, Flumina de ventre Christi 177–235; LUNDBERG, La typologie baptismale 182f.; DANIÉLOU, Théologie du Judéo-christianisme 300f., DERS., Les symboles chrétiens primitifs
41, vermutet FISCHER, Taufmotiv 27–30, die Auslegung von Ps 1,3 greife auf „wohl noch dem 1. christlichen Jahrhundert angehörige judenchristliche Midraschim mit katechetisch-liturgischer Ausrichtung und

weist zunächst auf die Heilszusage Gottes für sein Volk in Jes 32,20, dann aber auf Jesu Seligpreisungen[33] und vor allem auf Röm 4,7f., ein Zitat von Ps 31(32),1f., sowie auf Offb 20,6a. Als mit Heil bedacht gelten jene, die dem Evangelium Jesu Christi glauben, denen die Sünden erlassen sind, die an ‚der ersten Auferstehung teilhaben'[34]. Die erste Bedingung für die Seligpreisung nimmt mit dem Part. ἐλπίσαντες das zentrale Kennzeichen des christlichen Glaubens auf. Grund und Gegenstand von Hoffen und Hoffnung der Christen sind in der eschatologischen Heilssetzung Gottes in Jesus verbunden. Ἐλπίζειν und ἐλπίς sind Schlüsselbegriffe im Barn, die die jeweilige Passage mit dem gesamten Schreiben vernetzen.[35] Entsprechend muß bei ἐπὶ τὸν σταυρόν alles mitgehört werden, was über das Christusereignis und seine soteriologische Relevanz bisher entfaltet wurde. Selig zu preisen ist, wer den ersten Grundsatz in Barn 1,6 beherzigt. Die erste Bedingung bestimmt den Sinn des Hinabsteigens in das Wasser und benennt hierdurch die Voraussetzung, daß dieses Geschehen Anlaß für den Zuspruch μακάριος bzw. μακάριοι wird. Der Ausdruck κατέβησαν εἰς τὸ ὕδωρ wird der Erzählung über die Taufe des Äthiopiers in Apg 8,38 zu verdanken sein.[36]

Die Auslegungen der zweiten und dritten Verheißung aus Ps 1,3, die V 8b kurz wiederholt, präzisieren den Zuspruch μακάριοι. Die Wendung ‚zu seiner Zeit' besagt in Ps 1,3 die Zuverlässigkeit ‚im Ertrag des Lebens'.[37] Von φησίν angezeigt, beginnt mit τότε die Auslegung. Durch das Zeitadv. wird der in der Zitationseinleitung eingeführte Gedanke des Lohnes zum eschatologischen Thema und zur Sache des κύριος. Τότε[38] führt im Barn zugleich auf die Offenbarung der Gottessohnschaft (5,9; 7,9) und des Gekreuzigten als Heilsbringer sowie auf die Parusie des Gekreuzigten als königlicher, eschatologischer Richter und Hohepriester (7,3–11) als auch auf die Verheißungen einer Neuschöpfung sowie der Rechtfertigung und Heiligung durch den κύριος. Exakt auf diese beiden Aspekte heben die Formen ἀποδῶ (5,7) und ἀποδώσω (11,8) ab. Auf letzteren sind die Zitate aus Jes 58,8.9 in Barn 3,4.5 und aus Jer 17,24.25 in Barn 15,2 bezogen. Das Motiv der Vergeltung durch den κύριος erinnert zwar an den prophetisch-weisheitlichen Tun-

---

deshalb stark sakramentalen Interesse zurück." Solcherart Ausrichtung und Interessenlage gibt der Vf. weder in Barn 11–12 noch an anderer Stelle zweifelsfrei zu erkennen. Eine Erklärung, die auf einen derart profilierten Psalmmidrasch rekurrierte, wäre vor allem hypothetisch.

[33] Vgl. Mt 5,3 par Lk 6,20.21.22; Mt 13,16 par Lk 10,23; Lk 11,28; Joh 13,17; 20,29b; ferner 1 Petr 3,14; 4,13; Offb 14,13b; 19,9.

[34] Vgl. ROLOFF, Offenbarung 193f.

[35] Das Verb ἐλπίζειν begegnet in 1,3; 12,7; 17,1; in der Verbindung ἐπί τινα in 6,9; 8,5; 16,1 (bzw. εἰς); ἐπί τινι in 12,2.3; 16,8; ἐπί τι in 11,8. Das Nomen ἐλπίς begegnet in 1,4.6; 4,8; 6,3; 11,11; 16,2.

[36] Der Ausdruck begegnet auch in Herm sim. IX 16,6 (93,6), dort allerdings für den Abstieg der Apostel und Lehrer zur Predigt an die verstorbenen Gerechten in den Bythos (Hades), damit diese zur Taufe ‚heraufsteigen'. Vgl. BROX, Hermas 434, ferner die Zitate bei Clem. str. II 43,5–44,3; VI 46,4–5.

[37] Vgl. KRAUS, Psalmen 6.

[38] In Schriftzitaten bezogen auf die Christen: Jes 58,8.9 in Barn 3,4.5; aus Jer 17,24.25 in Barn 15,2; aus Num 19 in Barn 8,1; bezogen auf die Juden: Sach 13,6.7 in Barn 5,12; bezogen auf die Offenbarung der Gottessohnschaft: Barn 5,9; 7,9; auf die Parusie des κύριος Barn 7,9b.10a.15,5 und auf deren soteriologischen Belang in Barn 15,7.

Ergehen-Zusammenhang (vgl. Barn 4,9b–14), der besonders in Barn 21,1.3 hervortritt, doch liegt diesem Vorstellungsraster die umfassende Eschatologisierung kraft
des Christusereignisses voraus.[39] Die Vergeltung, also der Lohn (11,8; 19,11b; 21,3),
ist zuallererst Gnade für den Gehorsam[40] im Glauben bzw. für den Dienst (1,5).[41]

Die erste Parusie, die u. a. zur Erfüllung der Väterverheißungen geschah (5,7),
und die zweite Parusie, die allen, die dem Evangelium glauben und danach handeln, die Teilhabe am eschatologischen Heil bringen wird, bestimmen Kirche als
die eschatologische Zeit der Erfüllung. Daß der Segen nicht nur verheißen ist, sondern die Gegenwart (νῦν wie τοῦ νῦν καιροῦ in 4,1 und καιροῦ τοῦ νῦν 18,2)
prägt und eben darin Heilsantagonismen[42], aber auch den eschatologischen Vorbehalt[43] offenlegt, ist der richtungsweisende Gesichtspunkt für die Auslegung der
dritten Verheißung aus Ps 1,3; τοῦτο λέγει leitet sie ein. Wenn die Leser bekennen
und bezeugen, wovon sie bereits erfaßt sind, nämlich Glaube und Liebe, wird solches Zeugnis andere zur Umkehr rufen[44] und zur Hoffnung, d.h. für den (christlichen) Glauben (vgl. 1,6a) gewinnen.[45] Glaube und Liebe, die gemäß Barn 1,4 die
Leser auszeichnen, sind die Bedingung für die Glaubwürdigkeit ihrer[46] Verkündigung. Wegen διὰ τοῦ στόματος ist mit πᾶν ῥῆμα vor allem die missionarische
Rede gemeint. Doch signalisiert ἐν πίστει καὶ ἀγάπῃ, daß mit πᾶν ῥῆμα[47] überhaupt eine Lebens- und Glaubenspraxis anvisiert ist, die von der im Christusereignis gründenden Hoffnung zeugt. Ziel dieser Verkündigung ist die Hoffnung (im
Glauben) auf Jesus. Somit ist die Trias πίστις, ἀγάπη, ἐλπίς, die der Vf. in Barn 1,6
als die drei Hauptlehrsätze seinen Auslegungen vorausgestellt hat, anhand der

---

[39] Vgl. S. 522f. ‚Anlaß und Absicht: Eschatologisierung der חוֹרָה‘.

[40] Die Zusage eschatologischer Vergeltung mittels τότε und ἀποδίδωμι begegnet christlicherseits zuerst
in Mt 16,27 (καὶ τότε ἀποδώσει ἑκάστῳ κατὰ τὴν πρᾶξιν αὐτοῦ). Über μισθός vgl. S. 223 f. die Auslegung zu Barn 4,12.

[41] Wegen der eschatologischen Verwerfung der ἀσεβεῖς in 11,7 (vgl. 10,5.10; 15,5) mittels οὐκ
ἀναστήσονται ... ἐν κρίσει mag man vermuten, daß demzufolge der Lohn, den die μακάριοι einst er-
stattet bekommen, ihre Auferstehung im Eschaton sein wird. Aber geschrieben hat der Vf. dies nicht.
Ebenso wie die Identifizierung der vom Psalter glücklich Gepriesenen mit den Christen nicht eigentlich
durchgeführt, vielmehr dem Leser zugemutet ist, stellt es der Vf. den Lesern frei, im verheißenen Lohn
ihre Auferstehung im Eschaton zu erblicken. Der Vf. jedenfalls hat die Zeit der Kirche von dieser Zusage
(τὰ φύλλα οὐκ ἀπορυήσεται) nicht ausgenommen, so daß sie auch als Beistands- und Bestandszusage
für die Zeit der Kirche gedeutet werden kann.

[42] Vgl. Barn 4,1.6.9b; 16,4; ferner 1 Petr 3,14; 4,13.

[43] Vgl. Barn 6,18.19; 15,6.8;

[44] WINDISCH, Barnabasbrief 368, verweist auf OdSal 10,2f. (FC 19,120f.)

[45] WINDISCH, Barnabasbrief 368, vergleicht das Motiv mit Dtn 8,3; dort ist es der Mund Gottes, von
dem all die lebenserhaltenden Worte (παντὶ ῥήματι) ausgehen; vgl. das Zitat in Mt 4,4.

[46] Vgl. WINDISCH, Barnabasbrief 368: „Die Aufgabe scheint er allen Lesern zuzuweisen.“

[47] Die Deutung des ‚Laubes‘ (τὰ φύλλα), das nicht welkt, aus Ps 1,3 – die griechischen Psalmüberset-
zung lesen τὸ φύλον αὐτοῦ – auf Worte, auf die Rede, auf das Gespräch also, kennt auch die rabbinische
Exegese; vgl. Sukka 2,1 fol. 21b = Aboda Zara 1,7 fol. 19b (GOLDSCHMIDT, Talmud 3,318; 9,494f.). Das
Nomen ῥῆμα kann jedoch auch die Bedeutung ‚Ereignis, Geschehen‘ annehmen, z.B. Lk 2,15: Καὶ
ἐγένετο ... οἱ ποιμένες ἐλάλουν πρὸς ἀλλήλους· διέλθωμεν ... καὶ ἴδωμεν τὸ ῥῆμα τοῦτο τὸ γε-
γονὸς ὃ ὁ κύριος ἐγνώρισεν ἡμῖν.

Schrift als Lebens- und Glaubensmerkmal der Kirche erwiesen. Die Stichworte πίστις καὶ ἀγάπη machen indes auch darauf aufmerksam, daß sich jene, auf die sich die dritte Verheißung aus Ps 1,3 bezieht, nicht nur im Blick auf ihre eschatologische Zukunft gesegnet wissen dürfen, „sondern daß sie auch von allem weltlich Wünschenswerten aus einfach »glücklich« genannt werden können."[48] Den Glaubenden ist die wahrhaft ideale Existenz in Gegenwart und Zukunft verheißen. Lebensglück und eschatologisches Heil gründen beide im Christusereignis.[49]

9 Als Quelle für das formgerecht eingeleitete Zitat in V 9a ist Zef 3,19a vermutet worden[50], woher immerhin die Zusage der Unbegrenztheit (ἐν πάσῃ τῇ γῇ) stammen könnte. Windisch empfahl stattdessen Ez 20,6.15,[51] wo die Verheißung des ‚Landes, in dem Milch und Honig fließen' erinnert und mit κηρίον ἐστὶν παρὰ πᾶσαν τὴν γῆν die Einzigartigkeit des verheißenen Landes festgestellt ist. Für diese Herkunft spricht zudem, was Windisch allerdings nicht bemerkte, daß dieser Qualifizierung die Erwähnung des ‚Hauses Jakob' in Ez 20,4 vorausgeht. Kraft hat auf syrBar 61,7 hingewiesen.[52] Weil aber dort u. a. Jakob nicht genannt ist, urteilt er zusammen mit Prigent dann doch: „Citation non identifiable."[53] Zieht man jedoch erstens die Namensänderung von Jakob zu Israel in Gen 32,29a und die damit verbundene Positionsänderung in Betracht, die der Segen Gottes (Gen 32,30), der Isaaks Segen (Gen 27,27–29) bestätigt, in der Gestalt bewirkt, daß Jakob-Israel als Gesegneter in Kanaan, also im Land bleibt, und beachtet man zweitens, daß הָלַל und שָׁבַח zwar in der Regel mit ἐπαινεῖν übersetzt sind, dafür aber αἰνεῖν und für הָלַל auch das ungleich häufigere, mithin synonyme, wenn auch semantisch weiter gefächerte εὐλογεῖν (Sir 38,18; 64,11[10]) eintreten kann, lassen sich vier weitere Schriftstellen benennen, die auf das Zitat in Barn 11,9a hinführen könnten. Am nächsten kommt wohl das Gebet Dtn 26,15a: „Segne dein Volk Israel und das Land" (εὐλόγησον τὸν λαόν σου τὸν Ισραηλ καὶ τὴν γῆν), wobei Dtn 26,15b sogleich diese γῆ als das verheißene, von Milch und Honig fließende Land präzisiert. Weiter ist Gen 48,3f. in Erwägung zu ziehen, wo der greise Jakob berichtet: ‚Gott hat mich gesegnet' (εὐλόγησέν με), und dann an Gottes Landgabe an ihn sowie an die Zusicherung des Landes an Jakobs Nachkommen erinnert. Jes 19,24 sagt voraus, daß Israel dem Bund Ägyptens und Assurs beitreten wird, ‚zum Segen für die (ganze) Erde' (εὐλογημένος ἐν τῇ γῇ), worauf V 25 erläutert: ἣν εὐλόγησεν κύριος σαβαωθ λέγων Εὐλογημένος ὁ λαός μου ὁ ἐν Αἰγύπτῳ ... καὶ ἡ κληρονο-

---

[48] WOLFF, Psalm 386.

[49] Daß solche Sätze wie V 8b gegen den Augenschein formuliert sein können, zeigen 1 Petr 3,14; 4,13 und vielleicht auch die mit apokalyptischer Bildersprache komponierte theologische Gegenwartsbestimmung in Barn 4.

[50] Vgl. MÉNARD, Sancti Barnabæ Apostoli 1.175; DRESSEL, Patrum Apostolicorum Opera 26 Anm. 27; HILGENFELD, Barnabae Epistula 108; GEBHARDT/HARNACK, Barnabae Epistula 51f. Anm. 9; HAEUSER, Barnabasbrief 70 Anm. 2.

[51] WINDISCH, Barnabasbrief 368; WENGST, Tradition 41 Anm. 79.

[52] Vgl. KRAFT, Barnabas 231 Anm. 18.

[53] PRIGENT/KRAFT, Épître de Barnabé 165 Anm. 2. Auf alle drei Stellen verweist nun SCORZA BARCELLONA, Epistola di Barnaba 107 Anm. 29.

μία μου Ισραηλ. Jesus Sirach schickt im Prolog voraus: ,Dafür ist Israel zu loben, wegen seiner Bildung und Weisheit' (ὑπὲρ ὧν δέον ἐστὶν ἐπαινεῖν τὸν Ἰσραηλ παιδείας καὶ σοφίας).

Von der mit τοῦτο λέγει eingeleiteten Auslegung her gesehen, bedurfte es eines Anhalts in der Schrift, der sowohl auf die Kirche wies, nämlich kraft der Metapher des gelobten Landes (Barn 6,8–16), als auch mit einem Akt der Verherrlichung konnotiert war (Barn 6,16), so daß ein Konnex zur Metapher τὸ σκεῦος τοῦ πνεύματος herzustellen war. Von Barn 7,3 aus gesehen ist τὸ σκεῦος τοῦ πνεύματος als σάρξ des Gekreuzigten[54] aufzufassen. Daher ist der κύριος aktives Subjekt des Verherrlichens (δοξάζει). Die Form ist analog zu δοξασθήσεται in Barn 21,1b, wo als Subjekt θεός einzusetzen ist, als passivum divinum aufzufassen. Objekt ist die Kirche, und zwar nicht, weil etwa mit dem Stichwort σάρξ unausgesprochen σῶμα[55] und die paulinische Leib-Metapher zur Anwendung gekommen wäre, sondern weil Kirche der gegenwärtige soteriologisch-eschatologische Ertrag des Christusereignisses ist.[56] Wiederum ist der die Kirche begründende, tragende und vollendende Konnex zur Heilssetzung Gottes in Jesus festgehalten.

10 Die Zitationseinleitung εἶτα τί λέγει (vgl. 6,3) geht auf den Vf. zurück. Wengst zufolge zeigt sie, „daß der Autor von Vv 9–11 das Zitat von V 10 unmittelbar hinter dem Zitat von V 9 vorfand, … also eine irgendwie geartete Zitatensammlung"[57] benutzte. Da die Auslegung in V 11 nicht nur V 10 aufnimmt, sondern mittels καταβαίνομεν εἰς ὕδωρ auf das erfundene Schriftzitat in V 8a und mittels καρποφοροῦντες auf τὸν καρπὸν αὐτοῦ δώσει in V 6 zurückgreift, wird indes kaum „das ganze Stück Vv 9–11 für traditionell zu halten"[58] sein. Wenn also auch nicht die Auswahl der Schriftstellen vom Vf. stammt, so doch ihre Anordnung und Auslegung sowie deren Vernetzung durch Stichwortaufnahme[59].

Grundlage des kraft εἶτα auf V 9 rekurrierenden und deshalb als Prophetenwort signierten Zitats mag aus der Vision Ezechiels über das neue Jerusalem die Passage

---

[54] Vgl. MÜLLER, Erklärung 268; GEBHARDT/HARNACK, Barnabae Epistula 52, die unter Hinweis auf Just. *dial.* 36 diktieren: „γῆ *est corpus Christi* (cf. 6,8.9), Ἰακώβ *est ipse Christus … σκεῦος est corpus Christi, quod crucifixum* (7,3; *cf.* 21,8) *praeclarum factum erit.*"

[55] Das Lexem σῶμα fehlt im Barn; σώματι in der Physisskizze des Wiesels in Barn 10,8c durch ℵ für στόματι (H, G, om. L) ist – vielleicht durch Hörfehler – korrupt. Deshalb deuten VEIL, Barnabasbrief 222, und VÖLTER, Die Apostolischen Väter 1,441, die beiden Bildworte γῆ τοῦ Ἰακώβ bzw. τὸ σκεῦος τοῦ πνεύματος αὐτοῦ kaum zu Recht auf den mystischen Leib des Herrn. Ἐπαινουμένη bezieht sich Völter zufolge auf die „getaufte Menschheit, die der Leib Christi ist, in welchem sein Geist wohnt und wirkt", und Veil erkennt darin die Wirkung Christi, „der in den Herzen der auf ihn Getauften Wohnung nimmt und sie zu Gefäßen seines Geistes macht … [und] sie in Tempel Gottes" verwandelt.

[56] Anders WENGST, Tradition 41 Anm. 80, der für τὸ σκεῦος innerhalb dieses Bildworts eine zweifache, überdies für Barn beidemale spezifische Semantik des Lexems annehmen muß, damit im Unterschied zum Fleischesleib Christi in 7,3, „das Gefäß seines Geistes' … die Gemeinde, die er durch die Sündenvergebung ‚verherrlicht'" bezeichnen kann.

[57] WENGST, Tradition 41 Anm. 79.

[58] WENGST, Tradition 41.

[59] Verbindet man ἐν τῇ καρδίᾳ nicht mit τὸν φόβον in V 11a, dann bezieht sich zudem τὸν φόβον … εἰς τὸν Ἰησοῦν auf φόβον κυρίου in V 5.

über die Tempelquelle sein, näherhin Ez 47,1c.7.12d.9. Das durch Ez 47,12d.9 nur mäßig gedeckte Motiv des Konditionalsatzes (καὶ ὃς ἂν φάγῃ κτλ.) steht sprachlich Joh 6,51b.58c auffällig nahe. Die Auslegung in V 11b spricht indes kaum dafür, daß dem Vf. Forderung (καὶ ὃς ἂν φάγῃ ἐξ αὐτῶν) und Verheißung (ζήσεται εἰς τὸν αἰῶνα) nur als exklusive eucharistische Formelsprache johanneischer Provenienz[60] geläufig war. Näher, und zwar auch sprachlich, steht Gen 3,22 (vgl. Gen 2,9). Die δένδρα ὡραῖα[61] wären im Anschluß an Ez 47,7 sowie πᾶν ξύλον βρώσιμον in Ez 47,12a als τὸ ξύλον τῆς ζωῆς in Gen 3,22 verstanden,[62] und wörtlich übernommen wäre καὶ φάγῃ sowie ζήσεται εἰς τὸν αἰῶνα. Ist Barn 11,10b im Lichte von Gen 3,22 komponiert[63], dann mag zudem das mit Versatzstücken der Tempelquellenvision aus Ez 47,1c.7 entworfene Bild des Halbverses 10a auf den Paradiesesstrom (Gen 2,10-14) anspielen.[64] Die Topographie des Paradieses, die in der Vision Ezechiels dazu dient, die verheißene neue Heilszeit mit in Szene zu set-

---

[60] Vgl. SCHNACKENBURG, Johannesevangelium 2,81f.96.

[61] Zum Adj. ὡραῖος („was eine bestimmte Zeit, bes. die Jahreszeit mit sich bringt u. reift‘ und ‚zur rechten, günstigen Zeit geschehend, der Jahreszeit entsprechend‘) vgl. PAPE, Wörterbuch 2,1413f. Der Ausdruck δένδρα ὡραῖα fehlt in den griechischen Bibelübersetzungen und in der neutestamentlichen Literatur. Er begegnet (zuerst?) in JosAs, und zwar im dem Abschnitt, der Asenats Turm und in Anlehnung an den Paradiesesgarten den von Mauern umschlossenen Hof um Pentephres‘ Haus schildert (JosAs 2,10-12). Die fragliche Stelle (JosAs 2,11b) lautet: Καὶ ἦσαν πεφυτευμένα [ἔσω τῆς αὐλῆς] παρὰ τὸ τεῖχος δένδρα ὡραῖα παντοδαπὰ καρποφόρα, καὶ πᾶς ὁ καρπὸς αὐτῶν πέπειρος, καιρὸς γὰρ ἦν τοῦ θερισμοῦ (PHILONENKO, Joseph et Aséneth. StPB 13. Leiden 1968). Christlicherseits scheinen Barn 11,10 und OdSal 11,16c (Ἐθεασάμην δένδρα ὡραῖα καὶ καρποφόρα) die ältesten Belege für δένδρα ὡραῖα zu sein. Auf die Stelle in den Oden wies zuerst LATTKE, Oden Salomos 32; BURCHARD, Unterweisung 731, hat beide christlichen Belege nicht bemerkt. Zwar ist nicht auszuschließen, daß der Ausdruck in Barn 11,10, wie WENGST, SUC 2,173 Anm. 187, befand, eine „Neubildung aus Ez 47,1f.6f.9.12 unter Einfluß von Gen 3,22" ist, aber OdSal 11,16c und JosAs 2,11b empfehlen doch, die Resonanz einer vielleicht auch in diesem beiden Schriften bewahrten Tradition ins Kalkül zu ziehen. Die Bezeugung des Ausdrucks und damit des Motivs in einer jüdischen Schrift, die „zur Originalliteratur der griechisch sprechenden Diaspora" (BURCHARD, Unterweisung 595; vgl. DERS., Untersuchungen 91-112) gehört, aus Ägypten stammen dürfte und zwischen 1. Jh. v.Chr. und sicher noch vor dem jüdischen Aufstand unter Trajan (ca. 115-117 n.Chr.) entstanden ist (ib. 614; vgl. DERS., Untersuchungen 140-151), rät allerdings auch dazu, auf den Ausdruck in der „Paradiesologie OdSal 11" keine literarische Abhängigkeit des Barn zu errichten und daran keine weitere Folgerung über den Bezug der Quellenangabe ἕτερος προφήτης in Barn 11,9 (betont nur mit Vorsicht von LATTKE, Oden Salomos 32, erwogen) oder den Abfassungsort des Barn zu knüpfen. Die nächste (patristische) Parallele scheint Chrys. catech. 4. (S. 174,6f.) zu sein: οὐκ ἔστιν ἐνταῦθα δένδρα καλὰ καὶ ὡραῖα ἰδεῖν, ἀλλ᾿ ἔστιν ἐνταῦθα χαρίσματα πνευματικά. Für Chrys. ist δένδρα ὡραῖα zweifelsohne ein baptismal konnotierter Ausdruck.

[62] HAGEMEIER, Baum. RAC 2 (1954) Sp. 25-28, belegt, daß die Entsprechung von (paradiesischem) Lebensbaum mit dem Kreuz (Christi) ein beliebter Topos der frühchristlichen Schriftauslegung (Just. dial. 86,4) ist, der u.a. in der staurozentrischen Deutung von Ps 1,3 zum Tragen kommt; vgl. S. 429 Anm. 64.

[63] Gen 2,9 scheidet wegen der beiden Wortparallelen mit Gen 3,22 aus.

[64] FISCHER, Taufmotiv 29, will darin bezüglich des Barn eine mit Just. dial. 86,4 zu vergleichende „staurozentrische Interpretation" erkennen, die die Wasserläufe in Ps 1,3 erstens als die Paradiesesströme auffaßt und sie zweitens vom Baum des Lebens hervorquellen läßt, um Kreuz und Taufe „geheimnisvoll vorbedeutet" in der Schrift zu verankern. In Barn 11,6.8.10f. scheinen dies eher Anspielungen zu sein, denn tatsächliche Gleichsetzungen. Es ist ein semantisches Potential, das der Vf. nicht ausschöpft.

zen, verwendet Sach 14,8 in gleicher Intention. Auch christlicherseits profiliert sie das Eschaton (Offb 22,1f.; 5 Esra 2,12; vgl. OdSal 11,16; PsSal 14,2f.)[65]. Sofern in V 10 typische Züge des Paradieses aufgenommen sind, kann dies nicht ohne Konsequenzen für die beiden Auslegungen in V 11 sein.

11 Von τοῦτο λέγει eröffnet und in zwei Teile gegliedert, folgen die Auslegungen der beiden Halbverse 10a und 10b, wobei jener von V 10b eine geringfügig variierte Wiederholung (ἀπὸ τούτων statt ἐξ αὐτῶν) des Halbverses voraussteht. Durch die apodiktische Formulierung des Konditionalsatzes ὃς ἄν sowie durch Pers. und Num. des ζήσεται bedingt, schließt sich der Vf. wieder im kommunikativen Pl. (ἡμεῖς) mit den Lesern zusammen. Fundamentum in re ist, daß allen Getauften die Verheißung gilt und sie gleichordnet. War in V 1b über „sie", die Juden, die Rede, so ist sie nun ausdrücklich über „uns". Wegen des baptismalen Abstieg-Aufstieg-Motivs steht μέν nicht anakoluthisch, sondern ist mit καί ungenau fortgeführt.[66] Möglich ist, daß der Vf. gezielt den Gegensatz von μὲν … δέ vermeidet, um die Zusammengehörigkeit beider Bewegungen (καταβαίνομεν … ἀναβαίνομεν) hervorzuheben.[67] Der Fluß (des Paradieses) ist das Taufwasser. Daß auch für Barn „die Taufe in fließendem Wasser das Normale"[68] ist, gibt die Auslegung nur her, wenn ὕδωρ im Horizont von V 2 (πηγὴν ὕδατος ζῶσαν), V 5 (πέτρας ἰσχυρᾶς τὸ ὕδωρ αὐτοῦ πιστόν) und V 6 (τὰς διεχόδους τῶν ὑδάτων) sowie Barn 1,3 (ἀπὸ τοῦ πλουσίου τῆς πηγῆς κυρίου) gelesen wird. Aber auch dann liegt der Akzent nicht auf diesem liturgischen Aspekt, sondern auf der Wirkung dieser rituellen Handlung.[69] Dies zeigt die Erweiterung der Beschreibung der präbaptismalen Konstitution. Neben Sünden prägen sie Schmutz. Ῥύπος[70] ist von Ijob 11,15 her im

---

[65] Vgl. ROLOFF, Offenbarung 207f., ferner die Allegorese des ‚Baumes des Lebens' bei Philo, op. 153f., der in dem Bild ‚die größte aller Tugenden, die Gottesfurcht' angedeutet findet. 5 Esra 2,13 kombiniert das Motiv des ‚Lebensbaums' mit dem des (göttlichen) Wohlgeruchs (vgl. S. 178–181 die Auslegung von Barn 2,10).

[66] Vgl. BAUER/ALAND, Wörterbuch, Sp. 1019f.

[67] Von dieser Zusammengehörigkeit der beiden übergeordneten Verben (καταβαίνομεν … ἀναβαίνομεν) her erklärt sich die Komposition des Verses. Durch ihre jeweilige Erweiterung mittels einer nachgestellten Partizipialkonstruktion (γέμοντες ἁμαρτιῶν καὶ ῥύπου … καρποφοροῦντες ἐν τῇ καρδίᾳ τὸν φόβον καὶ τὴν ἐλπίδα εἰς τὸν Ἰησοῦν ἐν τῷ πνεύματι ἔχοντες) stehen beide Satzhälften parallel. Anders jedoch als die aktionale Zusammengehörigkeit der tragenden Verben bilden die Partizipialkonstruktionen einen Gegensatz, der Anfang und Abschluß des mit καταβαίνομεν … ἀναβαίνομεν umschriebenen Geschehens bestimmt.

[68] So WINDISCH, Barnabasbrief 368, mit Verweis auf Did 7,1f.; Just. 1 apol. 61,2.

[69] Daher sind Barn 1 und 11 keine schlagkräftigen Belege dafür, daß „wie die Johannes-T., so … auch die christliche T. in fließendem Wasser vollzogen (Apg 8,36; Hebr 10,22; Barn 1,11 [sic: 1 und 11]" (DINKLER, Taufe, II. Im Urchristentum. RGG³ 6 (1962) 634) wurde. Vgl. dazu auch das Stichwort σφραγίς in Barn 9,6.

[70] Das Lexem ῥύπος begegnet viermal in den älteren griechischen Bibelübersetzungen: Ijob 9,31; 11, 15; 14,4 und Jes 4,4. Aquila verwendet es in Ex 32,25; Jes 30,22 und Theodotion in Spr 30,12. Christlicherseits ist 1 Petr 3,21, wo explizit festgehalten ist, daß Taufe nicht dazu dient, den Körper von Schmutz zu reinigen, ältester Beleg. Das Zitat von Ijob 14,4 in 1 Clem 17,5 und Barn 8,6 und 11,11 sind die zeitlich nächsten Nachweise. Die Verbindung ἁμαρτίαι und ῥύπος ist vor Barn 11,11 nicht nachgewiesen. Zeitlich am nächsten, aber ohne daß eine Verbindung zu Barn erkennbar wäre, stehen Or. sel. in Ps. 129,3 (PG

übertragenen Sinn als Umschreibung für Unrecht und Schlechtigkeit (Ijob 11,14) zu verstehen. Es ist Bild für die Blindheit und Überheblichkeit des Selbstgerechten oder wie in Ex 32,25 α΄ für den im Guß des Goldenen Kalbes offenkundigen Bruch der בְּרִית. Die mit ῥύπος gemeinte Schuld ist Jes 4,4 zufolge so gewaltig, daß sie einzig von Jahwe selbst getilgt werden kann. Bedingung ist die Umkehr zu Gott (Ijob 11,14a; Jes 30,22 α΄). Ῥύπος füllt ἁμαρτίαι mit biblischer Bildersprache, die die Taufe als göttliches Heilshandeln zu erkennen gibt, das aufgrund der Hinwendung zu Gott aus der Gottferne gnadenhaft in die Sphäre Gottes versetzt.[71] Die Wirkung der Taufe setzt mit dem Heraufsteigen aus dem Wasser ein. Das Part. Präs. ist weder instrumental noch final zu interpretieren. Die Früchte sind vielmehr beim Heraufsteigen bereits vorhanden.[72] Daß dieses Geschehen den Erlaß der Sünden beinhaltet, darf von V 1b her mitgehört werden.

Zieht man ἐν τῇ καρδίᾳ zu τὸν φόβον, ist zwar καρδία synonym mit πνεῦμα, was aber aufgrund der pneumatischen Verfassung, die Barn 1 zufolge den Christen eigen ist, keine Schwierigkeit beinhaltet, doch ist man der Problematik entledigt, τὸν φόβον, das sonst auf θεός oder κύριος bezogen ist, hier auf Jesus beziehen zu müssen. Ohne exklusiven Bezug auf Jesus meint τὸν φόβον allgemein die Gottesfurcht, die Haltung des Menschen vor Gott, dem „Objekt" des Glaubens. Εἰς τὸν Ἰησοῦν bestimmt demgegenüber Jesus nicht als Glaubensgegenstand im Sinne eines Glaubens an Jesus, sondern als Fundament, auf dem die christliche Hoffnung im Glauben (vgl. 1,6a) gründet. Die ἐλπὶς εἰς τὸν Ἰησοῦν besagt sinngleich mit den paulinischen Wendungen[73] πίστις Χριστοῦ Ἰησοῦ (Gal 2,16.20; 3,22; Röm 3,22.26; Eph 3,12; Phil 1,27; 3,9; Kol 2,12; 2 Thess 2,13), ἐν Χριστῷ Ἰησοῦ (Gal 3,26), πίστις πρὸς τὸν κύριον Ἰησοῦν (Phlm 5) oder πίστις εἰς Χριστόν (Kol 2,5), daß kraft des Christusereignisses diese Hoffnung – im Glauben (vgl. 1,6a) – gekommen ist. Sie folgt aus dem in Jesus Christus eröffneten Zugang zu Gott, den die Taufe vermittelt, und sie zeugt davon. Gottesfurcht, die ἐν τῇ καρδίᾳ als einen lauteren, verinnerlichten[74] Gottesgehorsam qualifizieren will, und Hoffnung, die im Christusereignis gründet, sind also zusammen die Haltung, mit der man aus dem Taufwasser heraufsteigt. Sie hat David verheißen (vgl. 11,5); ἔχοντες zeigt an, daß diese

---

12,1648); *hom.* 14 *in Lc.* (GCS 9,85), wo Origenes unter Berufung auf Ijob 14,4 und Jes 4,4 auf die Differenzierung zwischen ῥύπος und ἁμαρτία insistiert (vgl. 1 Petr 3,21b), und Hipp. *Dan.* IV 59.

[71] Das Motiv bezeugt, leicht variiert, auch Thphl.Ant. *Autol.* 1,3: τοῖς γὰρ ταῦτα πράσσουσιν ὁ θεὸς οὐκ ἐμφανίζεται, ἐὰν μη πρῶτον ἑαυτοὺς καθαρίσωσιν ἀπὸ παντὸς μολυσμοῦ. Anstelle von ὁ ῥύπος verwendet er zwar τὸ μόλυσμα, doch im Kontext des Aufweises, daß Gott nur mit den Augen des Geistes geschaut werden kann, besitzt auch diese Vokabel eine metonyme Bedeutung: „Schmutz", und damit die Unfähigkeit, Gott zu schauen, ist die Folge und das Kennzeichen mangelnder moralischer Integrität, und diese wiederum ist typisch für Nichtchristen. Daher meint τὸ μόλυσμα im Grunde ‚Sünde' und steht ebenso wie ὁ ῥύπος in Barn 11,11 in baptismalen Konnex.

[72] Von den durch WINDISCH, Barnabasbrief 369, angeführten Parallelen überzeugen IgnEph 14,2; Herm *sim.* VIII 3,7 (69,7); IX 28 (105).

[73] Vgl. SCHLIER, Galater 171f; LONA, Eschatologie 304f.

[74] Diese Akzentuierung der inneren Haltung, und zwar als Bedingung und zugleich als Ertrag der Taufe, mag zudem polemisch die Taufe von ihrer durch ῥύπου insinuierten Ähnlichkeit oder Gleichheit mit rituellen Waschungen abgrenzen. Ausgeführt ist diese Frontbegradigung freilich nicht.

Verheißung in den Getauften erfüllt ist, sein Tempus unterstreicht dies. Insofern mit ἀναβαίνομεν auf ἀνέβαινεν in 11,10a angespielt ist, sind die Getauften die δένδρα ὡραῖα.

Der zweite Auslegungsteil setzt mit der Wiederholung von V 10b ein. Bezog sich ἐξ αὐτοῦ in V 10b auf die δένδρα ὡραῖα als Ganzes, so nun ἀπὸ τούτων auf die Gottesfurcht und auf die Hoffnung im Glauben aus dem Christusereignis. Die wiederum mit τοῦτο λέγει einsetzende Auslegung deutet (φησίν) das auf τὸν φόβον und τὴν ἐλπίδα bezogene φάγῃ. Aus Vv 10a.11a ist der apodiktische Anspruch (ὃς ἄν) übernommen. Wer die zweifache Bedingung erfüllt, dem gilt die Verheißung ewigen Lebens (ζήσεται εἰς αἰῶνα). Barn 8,5 zufolge ist es das zentrale Heilsgut, das mit der Durchsetzung der Königsherrschaft Jesu jene erhalten werden, die ihre Hoffnung auf ihn setzen. Die beiden Konj. ἀκούσῃ und πιστεύσῃ bestimmen, was zu tun ist, um die Verheißung zu erlangen. Von Barn 8,5 her ist klar, daß dies im Eschaton sein wird. Die Konjunktion καί koordiniert beide Bedingungen und signalisiert, daß weder Hören noch Glauben gegeneinander aufzurechnen, sondern gleichwertig sind und zueinander gehören.[75] Inhalt des Hörens und Glaubens sind die Reden, die als Frucht der Taufe von der Gottesfurcht und der Hoffnung im Glauben, der auf Jesus ruht, künden.

Dieser zweite Teil der Auslegung des V 10 bestätigt die Deutung der δένδρα ὡραῖα auf die Getauften.[76] Greift auch diesbezüglich der Konnex des Zitats mit Gen 3,22, dann versetzt die Taufe in den ,Garten Gottes'. Hierfür spricht die Auslegung in V 11b. Die Getauften bringen ,Früchte', die exakt das verheißen, was den Menschen verwehrt war, seit Gott, der Herr, sie aus dem Paradies verwiesen hat (Gen 3,23a). Gott hat also in der eschatologischen Heilssetzung in Jesus Christus seinen Entschluß aus Gen 3,22 zugunsten der Menschen revidiert, und zwar mit eschatologischer Tragweite. Somit ist die Kirche der von Gott herbeigeführte, auf das paradiesische Eschaton ausgerichtete Heilsbereich. Die mit Bildern des Paradieses evozierte ungebrochene Gemeinschaft mit Gott bestimmt das eschatologische Wachstumsziel der Kirche. Die Kirche ist auch Barn 11,11 zufolge nicht das Paradies.

Über das Kreuz (12,1–11)

Analyse und Auslegung

1 greift das zweite Thema aus Barn 11,1a auf. Abgesehen von 2,9 steht das Adv. ὁμοίως stets in Zitationseinleitungen (4,5a; 10,10a; 12,1). In 12,1 signalisiert es zunächst die sachliche Verbindung zum Vorausgehenden, wodurch rückblickend hervorgehoben ist, daß in Barn 11 das nun explizit anstehende Thema virulent

---

[75] Die Trias ,hören, glauben, leben' klingt nur johanneisch; vgl. die Hinweise bei WINDISCH, Barnabasbrief 369.

[76] Der Paradiesesgarten und dessen Bäume sind PsSal 14,3b zufolge die Frommen (ὁ παράδεισος τοῦ κυρίου, τὰ ξύλα τῆς ζωῆς, ὅσιοι αὐτοῦ).

war (vgl 11,8a). In Verbindung mit seinem Bezugsverb kündigt ὁμοίως an, daß auch die Redeweise jener in Barn 11 gleicht. Die syntaktische Stellung des Adv.[1] zeigt, daß der Vf. auf beides Wert legt (vgl. 4,5a). Anders als in 4,5a und 10,10a ist nicht λέγει, sondern ὁρίζει das Bezugsverb (vgl. 11,8; 19,1a). Das Verb ὁρίζειν kommt im Barn noch in 11,8a und 19,1a vor. Subjekt ist immer der κύριος. Und darauf kommt es dem Vf. an. Bestimmt (ὁρίζειν) nämlich der κύριος selbst das Aussageziel der Schrift (περὶ τοῦ σταυροῦ), fungiert er also selbst als Hermeneut seiner Offenbarungen (ἐν ἄλλῳ προφήτῃ λέγοντι), dann sind nicht nur die Deutungen des Wassers als Taufwasser und des Holzes sowie von Kreuzsymbolen (vgl. 12,2c) als Kreuz Christi, sondern auch die hieran angeschlossenen Auslegungen authentisch und normativ. Weil diese Deutungen nicht auf der Findigkeit des Auslegers beruhen, sondern exakt der Aussageabsicht des κύριος folgen, sind sie auch über jeden Diskurs erhaben. Daß dieser Anspruch in bezug auf die Stichworte ‚Holz' und ‚Kreuz' in der Schrift zu Recht besteht, soll sogleich ein Prophetenzitat – ἐν ἄλλῳ προφήτῃ ist wie in 11,6 als Lokativ zu interpretieren – nachweisen. Mit Bezug auf diese formale Quellenangabe qualifiziert das Part. λέγοντι das folgende Zitat nicht nur durch seine Herkunft vom κύριος, sondern bekundet, daß er selbst das in 11,8a und hier mit ὁμοίως πάλιν περὶ τοῦ σταυροῦ ὁρίζει behauptete Aussageziel in der Schrift festgelegt hat, und zwar wiederum in gleichnishafter Form (ἐν ἄλλῳ προφήτῃ). Man muß also die richtige, d.h. passende Stelle finden, und man muß befähigt sein, sie im Sinne des Herrn zu deuten. Daß dem Vf. das folgende Zitat als dieser Schlüsseltext gilt, zeigen die beiden in V 1b daran angeschlossenen, sicher[2] von ihm stammenden demonstrativen Feststellungen (ἔχεις πάλιν κτλ.).

Das dreiteilige Zitat ist in der griechischen Bibel nicht nachzuweisen.[3] Weil sich die Frage[4] sowie das Bildwort vom ‚Baum, von dem Blut tropft' auffällig mit 4 Esra

---

[1] Vgl. BLASS/DEBRUNNER, Grammatik §§ 472,2; 474,2.3.

[2] Vgl. WENGST, Tradition 41f.

[3] MÉNARD, Sancti Barnabæ Apostoli 1.176–179, machte auf die Väterzeugnisse (Ps.-Gr.Nyss. test. 7; Hier. Comm. in Mc. 15,33) aufmerksam und sah in Eph 5; 1 Kor 15; Jes 6 und Jes 11 den biblischen Anhalt für das Zitat. Im Jahr 1774 vermutete bereits MOESL, Die aechten Werke Apostolischer Maenner 241: „In einem apocryphischen Buche. Uebrigens scheinen dieses sprichwörtliche Redensarten gewesen zu seyn."

[4] Die verzweifelte, klagende Frage aus der Situation der Gottverlassenheit nach dem Zeitpunkt (ἕως πότε + κύριε oder κύριε ὁ θεός μου) der ersehnten, heilschaffenden Zuwendung Gottes ist ein festes Gestaltungselement innerhalb der Gattung des individuellen Klagepsalms, z.B. Ps 12(13),2f. Näheres dazu vgl. KRAUS, Psalmen 98f. Das abschließende Dankelement, das das Eingreifen Gottes zugunsten des Beters (proleptisch) bejubelt, mag für die apokalyptische Literatur mit der Grund gewesen sein, daß sie unter eschatologischen Vorzeichen der Frage nach dem καιρός Gottes und den Erkennungszeichen seines Heilwirkens breiten Raum gewährt (syrBar 21,19; 4 Esra 6,7–28; LAB 19,14–16a). Unter dieser Rücksicht scheinen die Frage des Zitats in V 1a (zu συντελεσθήσεται vgl. DELLING, συντελέω. ThWNT 8 [1969] 63–65; zur Form vgl. die Auslegung von Barn 15,4e) sowie die Bestimmung der beiden konditionalen (ὅταν) Erkennungsmerkmale durch Barn 5,8–14 vorbereitet zu sein. Dort sind auf die Feststellung hin, daß sich im Christusereignis Gottes Wille und Verheißung erfüllt (5,1–7), die damit verbundenen ‚Erkennungsmerkmale für die Zeit der Erfüllung' genannt: Zeichen und Wunder (V 8); Vergebung der Sünden (V 9); die Fleischwerdung als Gnade (V 10); die Bestimmung der Zeit der Erfüllung

4,32(33)a *quo et quando haec* und 5,5a *et de ligno sanguis stillabit* berührt,[5] wird vielfach eine darauf basierende christliche[6] Komposition vermutet,[7] die durch den Zusatz[8] ὅταν ξύλον κλιθῇ καὶ ἀναστῇ als Prophetie[9] auf das Kreuz Christi[10] profiliert wurde. Exakt für diesen Zusatz sowie für die ungeduldige, klagende Frage nach dem Zeitpunkt und für die Zitationsformel λέγει κύριος hat Kister auf 4 Q385 *fr.* 2 aufmerksam gemacht[11]. Weil jedoch das Bruchstück mit ויזקף[12] (ἀναστῇ) endet, ist für den dritten Teil des Zitats in Barn 12,1a die Herkunft aus 4 Esra 5,5 nicht zwingend ausgeschlossen.

Licht in die Sache kann vielleicht die mit περὶ τοῦ σταυροῦ καὶ τοῦ γενομένου σκότους überschriebene Sammlung bei Ps.-Gr.Nyss. *test.* 7 bringen, in der das Zi-

---

als die Zeit der Entscheidung über das eschatologische Heil, die Krisis (V 11); Leiden und Kreuzestod (Vv 12–14). Aus dieser Perspektive stellen sich die beiden Bildworte des Zitats als Zusammenfassung dieser Merkmalsskizze dar.

[5] Auf 4 Esra 5,5 wies bereits DRESSEL, Patrum apostolicorum opera 28 Anm. 3, hin; vgl. HEFELE, Sendschreiben 224f.; HILGENFELD, Die Apostolischen Väter 25.

[6] Vgl. VON UNGERN-STERNBERG, Schriftbeweis 272 Anm. 1; ALON, Ha-halacha be-iggeret Bar Naba 37 Anm. 38. Die auf κύριος in Barn 11,1 rekurrierende Zitationsformel schließt aus, das Zitat aus dem Traditionsgefüge etwa der sibyllinischen Orakel herzuleiten.

[7] In diesem Zusammenhang wurde und wird nicht nur die Zuweisung der Zitatteile an 4 Esra disparat beurteilt, sondern auch, ob das Zitat aus einer oder zwei Quellen geschöpft ist, ferner ob 4 Esra eine dieser Quellen ist, und zwar wie uns diese Schrift überkommen ist, oder ob der Zitation eine christlich umgearbeitete Version von 4 Esra vorauslag. Vgl. GEBHARDT/HARNACK, Barnabae Epistula 52f; VEIL, Barnabasbrief 222; KRAFT, Barnabas 232; PRIGENT, Les testimonia 116–119.

[8] WINDISCH, Barnabasbrief 369, findet eine „Sachparallele" des Zusatzes in Ijob 14,7. HARRIS, Rest of the words of Baruch 42ff., nimmt ein Textverderbnis in 4 Esra an und verweist auf Hab 2,11f. Bloße Vermutung ist der Vorschlag von BENSLY, The fourth Book of Ezra XXVIIIf., für den Zusatz käme eine hebräische Sonderlesart von Hab 2,11f. in Betracht. DANIÉLOU, Testimonium sur la vigne 389–399, vermutet einen Midrasch zu Jes 5,1, ohne jedoch den Anfang des Zitats noch die mögliche Beziehung zu 4 Esra 4,32(33)a; 5,5 in Erwägung zu ziehen.

[9] WINDISCH, Barnabasbrief 369, versteht das Motiv aus der Vorstellungswelt der Apokalyptik als „Schreckenswunder …, die die Nähe des Endes ankündigen", und die Barn im Horizont von Joh 19,34 als „eine Weissagung auf Christi Erniedrigung und Auferstehung und auf seine Kreuzigung" sieht.

[10] Diese Intention verlängern RESCH, Agrapha 320; PRIGENT, Les testimonia 116–118; DANIÉLOU, Testimonium sur la vigne 389–399, PRIGENT/KRAFT, Épître de Barnabé 166f., unter Akzentuierung der beiden Bewegungen κλιθῇ und ἀναστῇ in Richtung einer Aussage über Kreuz und Auferstehung Christi. Daß man das Bild sehr früh schon auf diese Weise deutete, belegt die Lesart in L *cum lignum inclinatum fuerit et resurrexerit*.

[11] Vgl. KISTER, 4Q Second Ezekiel 63–67. Kister (ib. 64) interpretiert ebenso wie MAIER, Qumran-Essener 2,349, עץ in Linie 10 nicht kollektiv, sondern als einzelnen Baum (KBL 724f.); Maiers Übersetzung von 4 Q385 *fr.* 2,9f. lautet:

    [(Leer) Und] ich sprach: „JHWH! Wann sollen diese Dinge geschehen?"   ואמרה יהוה מתי יהיו

    Und JHWH sagte zu m[ir: אלה ויאמר יהוה אל[י

    „– –] … und ein Baum wird sich krümmen (?) und aufrichten [– –]"   [– –]יכף עץ ויזקף[[...]׳ים [ו]׳

[12] Neben den von BROWN, Lexicon 279, und KBL 264 registrierten Fundorten der hebr. Wurzel זקף (‚aufrichten, ermuntern') in Ps 144(145),14; 145(146),8, wo sie beidemale Jahwe (κύριος) als jenen kennzeichnet, der die bzw. alle Gebeugten aufrichtet, begegnet auch die aram. Form זְקַף ‚gepfählt, aufgerichtet' (ὠρθωμένος) in (2) Esra 6,11 (KBL 1072). Diese Stelle ist insofern beachtlich, als der Balken (ξύλον), der aus dem Haus herausgerissen wird, als Pfahl dienen soll.

tat von Barn 12,1a wörtlich wiederkehrt.[13] Beachtlicherweise ist es dort mit καὶ πά-λιν an ein beinahe wörtliches Zitat von Jes 65,2 angefügt, von dessen drei Beson-derheiten in Barn 12,4 zwei ebenfalls begegnen (vgl. die Auslegung von Barn 12,4). Die zwar geringfügigen, aber doch unübersehbaren Abweichungen beider Zitate gegenüber Barn 12,1 zum einen und Jes 65,2 bzw. Barn 12,4 zum anderen, ferner die im Vergleich mit Barn 12,1.4 vertauschte Abfolge der Zitate sowie die Zuweisung des Zitats von Barn 12,1a an Jesaja spricht dagegen, daß der Sammler den Barn kannte. Vielmehr ist anzunehmen, daß beide diese Zitate vorfanden, worauf in Barn zum einen die Zitationseinleitung hinweist und zum anderen die nach 11,11b überraschende Frage nach dem Zeitpunkt. Weil in Ps.-Gr.Nyss. *test.* 7 die Zitate unkommentiert aufeinanderfolgen, wird eher diese Reihenfolge die ursprüngliche sein. Demzufolge hat Barn die Stücke seiner Interessenlage gemäß geordnet. An der (vorausliegenden) Komposition und der Zusammenstellung war er selbst wohl nicht beteiligt.

Für die Auslegung ist daher dreierlei zu beachten: 1. Das Zitat ist eine Kompo-sition, die vermutlich an ein gekennzeichnetes Zitat aus Jes 65,2, das der Vf. in Barn 12,4 wiedergibt, angeschlossen war. Von daher galt dem Vf. die Komposition frag-los als Prophetenzitat. 2. Das Bruchstück aus Qumrân (4 Q385 *fr.* 2) bezeugt eine frühere oder parallele Bearbeitung und Entfaltung von Motiven, die z.T. auch in 4 Esra überliefert sind. Die Übereinstimmung zwischen Barn 12,1.4 und Ps.-Gr.Nyss. *test.* 7 sprechen jedoch dagegen, daß Barn 12,1a direkt von 4 Q385 Frag. 2 herrührt. Dies gilt auch unter der Rücksicht, daß 4 Q385 Frag. 3 sich eng mit Barn 4,3b berührt. 3. Die lateinische Übersetzung von Barn 12,1a ebenso wie die Rezep-tion bei den Vätern zeigt, daß dieses Prophetenwort reichlich Raum für Spekula-tionen über seine Aussageabsicht und seine Aussagedimensionen bereitstellt. Der Vf. legt indes durch seine Zitationseinleitung und durch ihren Vorspann (ὁμοίως … περὶ τοῦ σταυροῦ ὁρίζει) die Funktion des Zitats auf die Autorisierung seiner hermeneutischen Regel für die Deutung der folgenden Schriftstellen fest und be-stimmt in V 1b überdies die Grenzen, innerhalb derer das Zitat im Kontext von Barn 11 und 12 zu verstehen ist: als Hinweis auf das Kreuz Christi und den Gekreu-zigten, also auf das Christusereignis.

Das πάλιν in 12,1b verknüpft diese Feststellung zuerst mit 9,7. Dort und ebenso in 12,7c konstatiert der Vf. mit ἔχεις die Evidenz, mit der in der Schrift auf Jesus hingewiesen ist. Durch die zweite Feststellung in 12,1b, derzufolge alle Aussagen über Holz und Kreuz zugleich den Gekreuzigten im Blick haben, sowie durch die Jesus zugesprochene Herrlichkeit (τὴν δόξαν τοῦ Ἰησοῦ) 12,7c steht außer Frage, daß die Schrift mit ξύλον und σταυρός immer vom Christusereignis spricht. Da-

---

[13] Ps.-Gr.Nyss. *test.* 7: Καὶ πάλιν, „Καὶ τότε ταῦτα συντελεσθήσεται, λέγει Κύριος, ὅταν ξύλον ξύλων κλιθῇ, καὶ ἀναστῇ, καὶ ὅταν ἐκ ξύλου αἷμα στάξει" (PG 46,213,48–50; 216,1; *om.* 214f.). Wei-tere patristische Anklänge, die aber mit Ps.-Gr.Nyss. *test.* 7 nicht in Konkurrenz treten können, sind bei GEBHARDT/HARNACK, Barnabae Epistula 52f.; HEER, versio latina 68; WINDISCH, Barnabasbrief 369, registriert.

her ist die Form συντελεσθήσεται[14] (vgl. Barn 15,4e) als passivum divinum anzusehen. Das Christusereignis findet also sein festgelegtes (ὁρίζει) Ziel von Gott her.

   Auf den Schriftbeleg hin, daß prophetische Rede mit dem Stichwort ξύλον immer das Kreuz Christi und damit zugleich den Gekreuzigten meint, folgt in Vv 2–4
der Nachweis, daß dieser Sinn auch Scopus prophetischer Tatverkündigung ist.

1. prophetische Zeichenhandlung – Mose in der Amalekiterschlacht (12,2–4)

2 Der Dat. τῷ Μωϋσῇ ist weder als Instrumentalis (durch Mose) noch als Dativus
loci (im Mose, d.h. im Gesetz) zu interpretieren, sondern bestimmt Mose als die
von dem λέγει betroffene Person. Ein Pentateuch-Zitat ist deshalb zwar nicht erwartbar[15], aber immerhin eine Anspielung auf die Tora. Der prophetischen Zeichenhandlung, nämlich Moses Darstellung von Kreuz und Gekreuzigten in V
2b.c, geht eine knappe Situationsangabe voraus. Die *Exposition* erinnert mit gering-
stem Aufwand an eine bekannte und vor allem unstrittige Begebenheit aus der Geschichte Israels: die Amalekiterschlacht (Ex 17,8–16)[16]. Rhetorisches Ziel ist, die
argumentative Basis der folgenden Auslegung festzulegen. Somit kommt die Exposition der ausdrücklich auf die Schrift rekurrierenden Einleitung γέγραπται
gleich. Schwer zu bestimmen ist die inhaltliche Reichweite des Finalsatzes. Ist angedeutet, daß Gott die Amalekiter in den Dienst genommen hat, um Israel durch
die Bekriegung auf sein sündhaftes[17], von Gott entferntes Handeln aufmerksam zu
machen und zur Umkehr zu bewegen? Ist Israels Bekriegung selbst prophetisches
Mahnzeichen für Israel? Oder ist der Satzteil καὶ ἵνα κτλ. nur Teil der Exposition?
Zeigt der Numeruswechsel zwischen Exposition und Finalsatz an, daß die Präzisierung des Part. πολεμουμένους auf dem Hintergrund von V 2b.c in der erwähnten rhetorischen Absicht nachgetragen ist? Die Begründung, die in V 5b unter Aufnahme des Stichworts ‚Übertretung‘ (παράβασις) aus der Parenthese, die auf den
ersten Abfall von Gott (Gen 3,4–6) anspielt, wiederkehrt, scheint eher dafür zu
sprechen, daß erstens die Bekriegung selbst ein prophetisches Zeichen sein und
zweitens die Exposition ‚als Israel von den Heiden bekämpft wurde‘ diesem Zeichen einen konkreten Anhalt in der Geschichte geben sollte. Im Rückblick stellt
sich nun die vermeintliche Zitationseinleitung als Einführung des Protagonisten
der prophetischen Zeichenhandlung, Mose, dar. Er weiß von Anfang an über den
Grund Bescheid, weshalb Israel mit Krieg bedroht ist, und er kennt die Bedeutung
der symbolischen Handlungen, die ihm befohlen werden. Person und Numerus
der folgenden Anweisung an Mose sprechen dagegen, λέγει εἰς τὴν καρδίαν
Μωϋσέως als Zitationseinleitung aufzufassen. Das Subjekt dieser Einleitung τὸ
πνεῦμα signalisiert vielmehr, daß der in indirekter Rede (ποιήσῃ) angeschlossene

---

[14] Vgl. DELLING, συντελέω. ThWNT 8 (1969) 63–65.

[15] Anders HELM, Studien 25.

[16] Vgl. GÖRG, Amalek. NBL 1 (1991) Sp. 83.

[17] Die Begründung διὰ τὰς ἁμαρτίας αὐτῶν fehlt zwar in Ex 17, entspricht aber, wie Lev 26,25 und
2 Makk 6,12–17 zeigen, ‚alttestamentlich jüdischer Geschichtsanschauung‘ (vgl. WINDISCH, Barnabasbrief 370).

Befehl zur Ausführung zweier symbolischer Handlungen autorisiert werden soll. Die Handlungsanweisungen, nämlich ,ein Bild des Kreuzes' sowie ,dessen, der Leiden sollte' herzustellen, geben sogleich das Christusereignis als Scopus beider symbolischer Handlungen zu erkennen. Angesichts des sonstigen Sprachgebrauchs von τύπος in Barn sind diese Handlungen prophetisch; sie verheißen das Christusereignis. Deshalb aber fehlt dem, was Mose tut, eine eigene, von dieser prophetischen Funktion unabhängige Dignität. Bestätigt wird dies durch ἐπ' αὐτῷ im folgenden, mittels ὅτι als Erläuterung angeschlossenen Konditionalsatz, das Bedingung (ἐὰν μὴ κτλ.) und Folge (πολεμηθήσονται) an der Haltung gegenüber Kreuz und Gekreuzigtem ausrichtet. Die Haltung gegenüber dem Gekreuzigten ist die allgemein- und die letztgültige (εἰς τὸ αἰῶνα) Bedingung. En passant sind Kreuz und Gekreuzigter als eschatologische Ereignisse ausgewiesen. Das vom Fut. πολεμηθήσονται evozierte Bild wird von V 2a her zu erklären sein. Wegen des eschatologischen Horizonts wird die mit παρεδόθησαν εἰς θάνατον aufgenommene letztgültige Nichtzugehörigkeit zur Lebenssphäre Gottes Anknüpfungspunkt sein. *Ausführung* und Wirkung beider symbolischer Handlungen berichtet der Teilvers 2c. Biblischer Anhalt des Berichts sind Ex 17,9.11. Der Einsatz mittels τίθησιν korrespondiert nicht nur im Tempus dem λέγει in V 2b, sondern, wie die syntaktische Stellung der Form signalisiert, auch in der Funktion. Ebenso wie der von λέγει regierte Satzteil in V 2b den Befehl vorbereitet, so führt in V 2c die von τίθησιν beherrschte Sequenz auf den mit Tempora der Vergangenheit gefaßten Bericht über die Ausführung (σταθείς; ἐξέτεινεν[18] ... καθεῖλεν) und deren Wirkung (ἐνίκα ... ἐθανατοῦντο) hin. Die ausgestreckten Hände des Mose weisen auf das Kreuz, er auf den Gekreuzigten. **3** Die leserzentrierte Frage πρὸς τί leitet die *Deutung* ein. Sie sowie zum einen der Numeruswechsel und zum anderen, daß ἵνα γνῶσιν in Barn 11,4 wohl auch auf den Vf. zurückgeht, weisen auf den Vf. als Urheber. Als biblischer Haftpunkt ist Ex 17,14 zu erwägen. Was die Juden – die Form γνῶσιν läßt nur an sie denken – aus Moses Handlungen ersehen konnten, stellt ein Konditionalsatz fest. Die nachgestellte Protasis, die aus V 2b übernommen ist, scheint die Aussage der Apodosis akzentuieren zu wollen. Aus beiden prophetischen Zeichenhandlungen ist ersichtlich, daß Rettung nur zuteil werden kann, wenn Kreuz und Gekreuzigter als Hoffnungszeichen und Heilbringer erkannt, d.h. geglaubt[19] werden. Barn 12,2–3 zufolge ist, zudem mit Blick auf Barn 5–8, das Kreuz Christi Heilsereignis, in dem sich die prophetische Verheißung

---

[18] Für das Motiv von Moses Ausstrecken der Hände vergleicht WINDISCH, Barnabasbrief 370, Philo, *Mos.* 1,216–218; für die Deutung auf das Kreuz Christi verweist er auf Joh 21,18; Just. *dial.* 90,4f; 111,1f.; Iren. *haer.* IV 33,1 (vgl. auch Iren. *Epid.* 79 [FC 8/1,85]); Tert. *adv. Marc.* 3,18; *adv. Jud.* 10; Cypr. *Testim.* 2,21; Or. *mart.* 8; Firm. *Mat de err. prof. relig.* 21,6; OdSal 27; 42,1–3; Sib 8,251–256.

[19] Der Text in Barn 12,4 hebt sich erstens durch Voranstellung des Ausdrucks ὅλην τὴν ἡμέραν vor das Verb und zweitens durch die Paraphrase des Relativsatzes Jes 65,2b (οἳ οὐκ ἐπορεύθησαν ὁδῷ ἀληθινῇ, ἀλλ' ὀπίσω τῶν ἁμαρτιῶν αὐτῶν) mittels ὁδῷ δικαίᾳ Ἰησοῦ vom Jesajatext ab. Anstelle von ἐξεπέτασα (vgl. in Barn die Hss. ℵ G L *expandi*) bezeugt in Barn die Hs. H διεπέτασα (PK); so auch Ps.-Gr.Nyss. *test.* 7. Das Verb ist die Lesart der haxaplarischen Rezension *oII*, die auch in diesem Fall eine genauere Wiedergabe von 𝔐 ist (vgl. ZIEGLER, Isaias 38).

erfüllt, und zwar mit singulärem eschatologischem Belang. Hoffnung, die im Christusereignis gründet, entscheidet über die eschatologische Zugehörigkeit zur Sphäre Gottes.[20] **4** ist ein freies, formgerecht eingeleitetes Zitat aus Jes 65,2a. Das Attribut ἑτέρῳ der Quellenangabe, die wiederum als Lokativ zu interpretieren ist (vgl. 11,6; 12,1a), signalisiert, daß die Deutung in V 3 durch einen weiteren, autoritativ ebenbürtigen (πάλιν) Beweis untermauert werden soll. Subjekt des Zitationsverbs ist der κύριος. Deshalb mußte die Passage aus Tritojesaja als Gottesrede verstanden werden. Demzufolge hat Gott selbst auf das Kreuz hingewiesen. Während der Kontext in Tritojesaja dieses Ausstrecken der Hände wider das Volk, das sich Gott widersetzt, als Züchtigung zu verstehen gibt, liegt dem Vf. einzig am Gestus selbst. „Die Ausbreitung der Hände ist die Offenbarung des Kreuzes."[21] Zwei aus Jes 65,2a übernommene Part. profilieren, was es heißt, ‚nicht auf ihn zu hoffen' (Vv 2b.3). Es ist die hartnäckige Verweigerung gegenüber Gottes Heilswillen und eschatologische Heilssetzung in Jesus.

2. prophetische Zeichenhandlung – die Kupferschlange auf dem Holz (12,5–7)

5 entspricht rhetorisch und funktional V 2a; πάλιν schließt durch seine Stellung V 5 demonstrativ am Vorausgehenden an. Μωϋσῆς ποιεῖ kündigt wiederum eine prophetische Tat Mose an, die zeichenhaft auf Jesus weist (τύπον τοῦ Ἰησοῦ). Was der Typos Jesu darstellen soll, sagt der ὅτι-Satz. Das unpersönliche Verb δεῖ mit folgendem Inf., das auch hier gegenüber der Konstruktion mit ὀφείλομεν (vgl. 1,7; 2,1.9.10; 5,3; 6,18; 7,1) die innere Notwendigkeit betont (vgl. 4,1; 5,6.13; 7,5.11; 12,5), gibt erstens das Leiden Jesu als Moment der Erfüllung prophetischer Verheißung und zweitens als Ereignis zu erkennen, dessen Grund und Ziel Gott ist. Das Leiden ist konstitutiver Teil der Heilssetzung Gottes in Jesus. Während das Stichwort παθεῖν durch die Vv 1–4 vorbereitet ist, überrascht das durch kopulatives καί angeschlossene ζωοποιήσει. Aufgrund des homologischen Resümees aus Barn 5–6 in Barn 7,2 darf allerdings diese Verbindung des ‚Leidens des κύριος' mit dessen ‚lebensschaffendem Potential' als eine feste Vorstellungseinheit vorausgesetzt werden. Die prädikative Stellung des Personalpronomens versichert denn auch sogleich, daß sich die Heilssetzung Gottes in Jesus nicht in seinem Leiden erschöpft, sondern im Eschaton ihr verheißenes Ziel finden wird. Was in Barn 5,6 über den κύριος festgehalten wurde, trifft auch auf Jesus zu. Im Fut. ζωοποιήσει (vgl. 6,17; 12,7b) mag insbesondere die Zusage aus Barn 11,10f. ζήσεται εἰς τὸν αἰῶνα nachwirken. Die Zuweisung beider Ereignisse an Jesus sowie ihre Gleichordnung von der Heilssetzung Gottes her bekennt nicht nur, daß Leiden und Tod Jesu, das Kreuz, nicht das letzte Wort über Jesus

---

[20] Vgl. Mk 16,16; Joh 3,15; 1 Clem 11,1; AscJes (TestHis) 3,18.

[21] WINDISCH, Barnabasbrief 370. Er will überdies das Jesajazitat als „ein Wort des am Kreuz die Hände ausstreckenden Herrn selbst" (ib.) aufgefaßt wissen. Der Text bietet indes keinen Anhalt, daß Jes 65,2a als Logion begriffen worden wäre. Vielmehr bestimmt die Zitationseinleitung die Herkunft des Zitats aus der Schrift. Freilich ist der κύριος Subjekt des λέγει, doch liegt der Akzent darauf zu erweisen, daß prophetisches Wort und prophetische Tat übereinstimmend das Kreuz Jesu als eschatologisches Heilsereignis offenbaren.

ist, sondern bestimmt vielmehr, daß die Zeit der Kirche vollends von der Heilssetzung in Jesus umfangen ist. Beides, Leiden, und zwar bis zum Tod, und Lebendig-
machen, erfüllen die Verheißung. Daß dieser Glaube gegen den Augenschein und
wider die Überzeugung der Juden steht, bekundet der folgende Relativsatz. Allein
deshalb wird er kaum auf Mose zu beziehen sein; Jesus ist gemeint.[22] Subjekt von δό-
ξουσιν sind also die Juden. Aus ihrer Perspektive nimmt der Relativsatz das Schicksal Jesu in den Blick (vgl. Lk 24,19b–21). Der Inf. ἀπολωλεκέναι präzisiert, daß mit
παϑεῖν als Merkmalsbestimmung des darzustellenden Typos Jesus nicht speziell auf
Leiden oder Leidensweg Jesu abgehoben ist, sondern auf das Kreuz, denn die Vokabel ἀπόλλυμι in Barn 4,6.8; 5,4.12; 11,1; 20,1 (vgl. συναπολεῖται in 21,1b.3) meint
stets das Verderben im Tod. Der folgende Satzteil ist eine Parenthese, denn ἐποίησεν
ist durch γάρ syntaktisch als Einsatz angezeigt. Fraglich ist, ob dieser Einschub nur
den Relativsatz deutet oder die divergenten Urteile über Jesus. Gilt auch das im Bekenntnis αὐτὸς ζωοποιήσει erhoffte Ereignis für Israel als Zeichen seiner Verfallenheit[23], dann ist mittels des Relativsatzes sowie der Parenthese auf das eschatologische
Erschrecken in 7,9 angespielt. Die Christen und die Hoffnung, die sie trägt, sind
demzufolge Zeichen für Israels eschatologische Schuld, die es sich in seiner ablehnenden Haltung gegenüber Jesus aufgeladen hat, setzte doch mit dem Christusereignis
die Erfüllung aller Prophetie ein (vgl. die Weissagung Simeons in Lk 2,34)[24]. Ebensowenig wie in 7,9 aus ὄψονται und ἐροῦσιν ist hier aus dem Part. πίπτοντος zu erheben, daß nach Ansicht des Vf. Israel als Heilsgröße je existierte oder Israel bis zum
Eschaton bleibt. Mit dieser begründenden Deutung ist vielmehr grundsätzlich Israels
Abwendung von Gott gemeint[25], die im Bruch der בְּרִית ihren Anfang nahm, und die
sich als hartnäckige Verweigerung gegenüber Gottes Heilswillen darstellt, indem sie
daran Anstoß nimmt, worin sich dieser Heilswille konkretisiert: Person und Anspruch Jesu. Die Ablehnung Jesu bekundet Israels selbstverschuldete Verfallenheit in
die Gottesferne. Die zweite Exposition bereitet mit dem aus Num 21,6 berichteten
tödlichen Giftschlangenbiß die prophetische Zeichenhandlung Israels in V 7b vor.[26]

---

[22] Die Deutung auf den ‚sterbenden Israeliten‘, die WINDISCH, Barnabasbrief 371, erwägt, ist also
kaum möglich.

[23] Das Simplex πίπτειν im Barn nur hier; außer παράπτωμα in Barn 19,4 (vgl. Did 4,3) fehlen auch die
bekannten Komposita der Wortgruppe; vgl. MICHAELIS, πίπτω κτλ. ThWNT 6 (1959) 161–167.173. Die
außerbiblisch belegte übertragene Bedeutung von πίπτειν, eigentlich ‚fallen, stürzen‘, als ‚untergehen,
zugrundegehen, vergehen‘ ist auch für die griechischen Bibelübersetzungen maßgeblich. Die soteriologisch-eschatologische Vertiefung der Semantik im Sinne von ‚verderben, des Heils verlustig gehen, sündigen‘ ist christlich. In „Lk 16,17 liegt die Bedeutung *ungültig* oder *hinfällig werden, außer Kraft gesetzt
werden* vor" (ib. 164). In theologischen Kontext ist mit der Vokabel πίπτειν auf die selbstverschuldet
Gottferne, in die jemand verfallen ist, abgehoben.

[24] Vgl. BOVON, Lukas 1,146f.

[25] Symbolische Handlungen sind Warnzeichen für Israel, so die Deutung in Ez 4,3c: σημεῖόν ἐστιν
τοῦτο τοῖς υἱοῖς Ισραηλ.

[26] Die Auslegungen von Num 21,4–9 in Weish 15,5–14 sowie in der frühen außerbiblischen jüdischen und
christlichen Literatur hat ausführlich MANESCHG, Schlange 59–384, untersucht; auf Barn 12,5–7 kommt er
nur kurz zu sprechen (ib. 444–446). WINDISCH, Barnabasbrief 370, vergleicht ferner Just. *1 apol.* 60; *dial.*
91,4; 94; 112,1–3; Tert. *adv. Marc.* 3,18; *adv. Jud.* 10; *de idol.* 5; Ps.-Tert. *Carmen adv. Marc.* 2,166–171. HE-

Die Parenthese erläutert, weshalb der κύριος diese Lebensbedrohung veranlaßte. Diesem durch Stichwortassoziation gefundenen Rekurs auf Gen 3,22 zufolge sind die tödlichen Schlangenbisse Erinnerungszeichen an die Grundsünde: an den Glaubensabfall von Gott, der sich im Ungehorsam gegenüber Gottes Geboten und seiner Ordnung äußert.[27] Hierfür steht sachlich übereinstimmend mit παραβαίνειν in 9,4 das Verdikt παράβασις (vgl. 20,1 sowie παράπτωμα in Barn 19,4). Der Finalsatz greift auf die Deutung der tödlichen Schlangenbisse als Umkehrruf in Num 21,7a zurück. Der Akzent liegt hier jedoch auf dem Zeichencharakter. Die mit dem Impf. ἀπέθνησκον berichtete Wirksamkeit streicht den Ernst und παράβασις den sachlichen Kern des Zeichens heraus. **6** Mit πέρας γέ τοι kündigt der Vf. etwas Bekanntes an[28], worüber mit den Lesern auch Konsens besteht[29]: das mosaische Bilderverbot aus Dtn 27,15. Das Part. ἐντειλάμενος bestimmt die Verbindlichkeit des Verbots. Der *Befehl zur Ausführung* der symbolischen Handlung ist ein Verbot des Gesetzes, dem Mose Num 21,8 zufolge auf Geheiß des Herrn zuwiderhandelte. In Barn 12,6 ist diese Anweisung des κύριος nicht erwähnt. Gemäß V 7b ist denn auch nicht die Schlange, sondern das Holz, auf dem die Schlange mit Gepränge angebracht ist, das Hoffnungszeichen. Angesichts Num 21,8 stellt sich Barn 12,6a als ein vom Beweisziel motivierter Einschub dar, demzufolge Mose gegen das Gesetz verstieß, um die Gottheit Jesu anzuzeigen.[30] Prophetie auf Jesus hin steht über dem Gesetz (vgl. 7,3). Die *Ausführung* ist mit αὐτὸν ποιεῖ kurz berichtet. Scopus des zwar gesetzeswidrigen, aber dennoch gottgehorsamen Handelns Mose ist, auf Jesus hinzuweisen. Der Finalsatz ἵνα ... δείξῃ spielt wohl auf Barn 5,6.7.9 an. Vor allem begründet er durch den Rekurs auf V 5a, weshalb Mose gegen das Gesetz ein Gußbild herstellte. Moses Tun soll das Christusereignis als die vom κύριος verheißene und durch ihn selbst zur Erfüllung gebrachte Heilssetzung anzeigen. Der Halbvers 6b schließt mittels ποιεῖ οὖν an den *Bericht über die Ausführung* der symbolischen Handlung an und präzisiert sie durch ein Zitat aus Num 21,9a. Herstellung und herrliche (vgl. ἐνδόξως in 16,6.8) Aufrichtung der Kupferschlange haben dort ihren Anhalt.[31] Die Einberufung des Volkes indes, die Mose veranlaßte, wird als literarische Klammer zur folgenden prophetischen Zeichenhandlung Israels zu verstehen

---

FELE, Sendschreiben 251f.267, wollte durch Barn 12,3.5b das Thema ‚Erbsünde‘, den ‚geistigen Tod‘ als ‚Sündenfolge und Sündenstrafe‘ aufgegriffen wissen; schwerlich zutreffend.

[27] Vgl. Philo, *all.* 79; *agr.* 95f.; 2 Kor 11,3; Just. *dial.* 91. Das unheilvolle Zusammenspiel von ‚Übertretungen‘, wenn auch nicht durch ‚die Schlange‘ verursacht, und ‚Abfall vom lebendigen Gott‘ kennt auch Herm *vis.* II 3,1f. (7,1f.). Daß Hermas nicht abgefallen ist, rettet ihn.

[28] Vgl. MÜLLER, Erklärung 142.

[29] Vgl. Barn 5,8; 10,2; 12,6; 15,6.8 sowie πέρας γέ τοι πάλιν in 16,3.

[30] Der Anspruch dieser Erklärung kann kaum überschätzt werden: Der Erzprophet und Gesetzgeber Mose hat selbst gegen das Gesetz verstoßen, um den funktionalen, auf Christus und die Christen weisenden Charakter des Gesetzes aufzudecken. Der spektakuläre Dissens ist wie auch in Barn 7,3 auf der Grundlage der hermeneutischen Regel konstruiert, daß Widersprüche und Aporien in der Schrift nur scheinbare sind und vielmehr auf einen ‚höheren Sinn‘ aufmerksam machen (vgl. SIEGFRIED, Philo 337).

[31] Vgl. MANESCHG, Schlange 445, der unter der Vorgabe, daß τίθησιν ἐνδόξως mit „stellt sie in sichtbare Lage" zu übersetzen ist, in diesem Motiv einen Anklang an die Targume von Num 21,6 findet.

sein.[32] **7** Der Teilvers 7a referiert die Exposition aus Num 21,7a und fügt daran aus Num 21,7b sogleich die Bitte an Mose um Fürsprache an. Der Form nach setzt der Teilvers Barn 12,7b mit einer Zitationseinleitung ein. Das Zitat indes ist in dieser Fassung nicht nachzuweisen. Es handelt sich um eine freie Wiedergabe der Gottesrede aus Num 21,8b, die dem *Befehl zur Ausführung* der symbolischen Handlung das Gerüst liefert. Die Änderungen gegenüber der biblischen Grundlage sind freilich erheblich.[33] Während in Num 21,8b nur geboten ist, die Schlange[34] anzusehen (ἰδών), um am Leben zu bleiben (αὐτὸν ζήσεται), schreiben die Imper. ἐλθέτω und ἐλπισάτω in V 7b eine unmittelbare Annäherung an das Hoffnungszeichen vor, die zudem von einer entsprechenden Haltung getragen sein muß. Anders als in Num 21,9 symbolisiert nicht die Kupferschlange (נְחַשׁ שׁ נְחֹשֶׁת)[35] als solche die Rettung, sondern ihre (herrliche) Plazierung auf dem Holz. Aus Barn 5–8 und 11,1–12,4 ist hinlänglich bekannt, daß mit Holz immer auf die Heilssetzung und Heilsverheißung in Jesus angespielt ist; „τὸν ἐπὶ τοῦ ξύλου ἐπικείμ. ist absichtlich zugefügt, um den τύπος τοῦ μέλλοντος σταυροῦσθαι noch mehr zu verdeutlichen"[36]. Die Haltung, zu der ἐλπισάτω anhält, ist die Hoffnung im Glauben (ἐλπισάτω πιστεύσας) auf eschatologisches Leben (δύναται ζωοποιῆσαι). Mit der Zusage, wer der Weisung des Herrn folgt, werde gerettet werden (σωθήσεται), ist die prophetische Zeichenhandlung dem Hauptthema des Barn, nämlich der Soteriologie, eingeordnet. Überhaupt vernetzen die Stichworte ξύλον, ἐλπίζω, ζωοποιέω, σῴζω diese Instruktion mit dem gesamten Schriftstück. Num 21,9b ist die Grundlage für den *Bericht über die Ausführung* (καὶ οὕτως ἐποίουν). Die *Deutung* der symbolischen Handlungen ist mehr eine demonstrative Feststellung (ἔχεις πάλιν κτλ.). Mit der Konjunktion καί mag sie gezielt auf den gleichlautenden Einsatz in 12,1b zurückgreifen. Die beiden mittels ἐν τούτοις erfaßten Vollzüge, das Herstellen der Kupferschlange und Israels Hoffnung, künden im Grunde vom Kreuz und vom Gekreuzigten. Mose und Israel zei-

---

[32] Aus dieser kompositorischen Absicht ist die Umstellung in Barn 12,6.7a gegenüber Num 21,7–9 zu erklären, wo erst infolge der Bitte des Volkes und auf Moses Gebet hin Mose von Gott den Befehl erhält, eine Schlange auf einer Stange aufzurichten.

[33] „Von καὶ ἐλπισάτω bis σωθήσεται ist alles frei erfunden" (WINDISCH, Barnabasbrief 371).

[34] MANESCHG, Schlange 445, übergeht in Barn 12,7b τὸν ὄψιν und kann daher ἐλθέτω anstatt auf die Schlange, auf den Gekreuzigten („zu dem am Baum Aufgestellten") sowie ὅν νέκρος δύναται ζωοποιῆσαι auf Christus beziehen. Abgesehen vom textkritischen Problem unterstellt diese Deutung, daß bereits Israel auf den Gekreuzigten seine Hoffnung setzte; dies wäre dann konsequent aus der Vollzugsmeldung καὶ οὕτως ἐποίουν zu entnehmen.

[35] Die explizite Verbindung נָחָשׁ ,Schlange' mit נְחֹשֶׁת ,Kupfer' (vgl. KBL 610) ist biblisch sonst nicht mehr belegt. Im Salomonischen Tempel wurden 2 Kön 18,4 zufolge vor einer ,Kupferschlange' Weihrauch dargebracht und laut Hos 6,1f. „verehrten sie die Israeliten als Abbild des Leben und Heilung spendenden Jahwe" (VAN IMSCHOOT/HAAG, Schlange. BL² Sp. 1540; vgl. BUSINK, Tempel 287f.). Der in Barn 12,7 berichtete prophetische Zeichenhandlung wäre somit ein symbolischer Hinweise auf die Göttlichkeit Jesu inhärent. Der Vf. hat dieses semantische Potential nicht verwertete. Vielmehr überläßt er es wiederum seinen Lesern, die soteriologische und theologische Konnotation des Symbols auf Jesus zu übertragen. – Wegen Num 21,6 ist ausgeschlossen, daß in Num 21,9 נְחֹשִׁי נַחַשׁ zu lesen ist, so daß ,Kupferbannspruch' (נַחַשׁ ,böses Zeichen, Bannspruch'; vgl. KBL 610,1) oder auch ,Amulett' zu übersetzen wäre. Der Sache nach ist freilich ein derartiger apotrophäischer Schild gemeint.

[36] WINDISCH, Barnabasbrief 371.

gen die Herrlichkeit Jesu an. Den Grund liefert die hymnische Allformel.[37] Sie ist
freilich nicht nur eine hermeneutische Regel für die Auslegung der Schrift.[38] Auf
seine Feststellung ἔχεις πάλιν κτλ. hin nimmt der Vf. mit dem ὅτι-Satz in hymni-
scher Sprache vielmehr das Fundamentum in re in den Blick. Der „kopulalose"[39] Be-
gründungssatz mag Bestand und Präsenz von Gottes Heilshandeln signalisieren,
indem er Jesus als dessen Anfang und Ziel bekennt. Die Präposition ἐν bestimmt
demgemäß Jesus, wie 5,5 den κύριος, als Schöpfungsmittler, und εἰς bestimmt ihn
als Heilsmittler. Darüber hinaus versichert das zentrisch plazierte Adj. πάντα, daß
nichts von dieser Heilssetzung in Jesus ausgenommen ist. Jesus ist der heilsgeschicht-
lich-personale Scopus (ἐν αὐτῷ ... εἰς αὐτόν)[40] der gesamten (πάντα)[41] Heilsver-
anstaltung Gottes.[42] Gottes Heilssetzung in Jesus ist also das von Jesus Christus um-
fangene Gnadenhandeln zum Heil der Menschen.[43]

---

[37] Die Formel begegnet in der neutestamentlichen Literatur als ‚christliche Welt- und Geschichtsbe-
trachtung'; WINDISCH, Barnabasbrief 371, vergleicht Röm 11,36a (vgl. Or. Cels. VI 65); Kol 1,16; Hebr
2,10. Der Sache nach gehören auch Röm 5,17; 1 Kor 8,6b; 15,26–28; Eph 1,10; 4,6; Phil 2,10f. hierher. Am
nächsten kommt dem ὅτι-Satz in Barn 12,7c der Hymnus in Kol 1,16 (vgl. LOHSE, Kolosser 77–92;
SCHWEIZER, Kolosser 50–52.54–63). Im Vergleich mit diesem Vers wirkt die Formel in Barn 12,7c wie ein
Exzerpt. Daß dieser Christushymnus im kirchlichen Leben präsent war, könnte die nachhaltige kirchli-
che Resonanz signalisieren, die Kol 1,16, bisweilen ergänzt um Kol 1,15.17 sowie um Kol 2,9 und Eph 1,10,
u. a. in christologischen und trinitarischen Diskursen gewinnt; vgl. Ath. decr. 17,8; Ar. 1–3 (PG 26,244);
Didym. Trin. I 15,94; 27,50; III (PG 39,829.833.897.936); Epiph. anc. 65,6; haer. (PG 3,277.315); Eus. d.e. V
PROŒM 34; e.th. I 9,2; 20,70; III 6,5; Iren. haer. I 1,5; Chrys. hom. 2 in Gen. (PG 53,29); hom. 31 in Gen
(PG 53,284); serm. 1 in Gen. (PG 54,583); exp. in Ps. 138 (PG 55,412); hom. 1 in Eph. (PG 62,15); hom. 3. in
Col. (PG 62,317. 319f.); Jo.D. haer.Nest. 36,4. 7; Co. (PG 95,888f.); B.J. 140; Or. Jo. II 14,104; fr. 1 in Jo.;
Thdt. h.e. 15,9; inc. (PG 75,1457); Ezech. (PG 81,829); haer. (PG 83,473). Daß die in Barn 12,7c vorfindliche
Formel auch außerbiblisch bekannt war, könnten Plot. Enn. V 5,9 und Procl. Theol. Plat. (PG 5,126) zei-
gen. Über die Funktion dieser ‚Allformeln' bei der exegetischen Fundierung in Origenes' „Lehre" von
der Allversöhnung vgl. MÜLLER, Apokatastasis 180–190.

[38] WINDISCH, Barnabasbrief 371, findet darin „ein treffliches Motto für die altchristliche Erklärung des
AT", wofür er als Sachparallelen auf 2 Kor 1,20; Canon Muratori 44f.; Ps.-Tert. Carmen adv. Marcion 3,65;
Avg. civ. 17,9 verweist. Auf den hermeneutischen Aspekt konzentrieren sind auch WENGST, SUC 2,43,
und CARLETON PAGET, Barnabas 160: „The meaning of the words seems to be that all things contained
within the Old Testament have their primary reference to Christ. ... Their primary and almost exclusive
reference is Christ." In Lk 24,44 wird dieser Grundsatz durch das Wort des Auferstandenen legitimiert.
Die (exklusive) Ausrichtung dessen, was Mose und David geweissagt haben, auf Christus ist älteste Regel
christlicher Schriftauslegung (z.B. Lk 24,27; Joh 1,45; 5,46; Apg 3,22; 7,37).

[39] BORNEMANN/RISCH, Grammatik § 255; vgl. BLASS/DEBRUNNER, Grammatik § 127.

[40] Zu εἰς αὐτόν vgl. S. 431 Anm. 73 die Auslegung zu εἰς τὸν Ἰησοῦν in Barn 11,11a.

[41] Vgl. WILCKENS, Römer 2,272–274, der in Anm. 1209 unter Berufung auf KÄSEMANN, Römer 307f.,
auf den jüdischen Hintergrund von (τὰ) πάντα (לכה), insbesondere in Qumrântexten (1 QS 21,7; 1 QH
1,23–25; 16,8), hinweist. Auch für den Fall, daß der Vf. die Formel in Barn 12,7c selbst geprägt hat, gilt für
ihn, was bereits für Paulus sehr wahrscheinlich ist: daß er, wie „Paulus die Formel in Röm 11,36a durch
Vermittlung des hellenistischen Judentums kennengelernt hat" (ib. 273), wobei ihm zudem christliche
Adaptionen der Formel bekannt sein konnten.

[42] Weil ἔχεις πάλιν καί das Einvernehmen über die δόξα Jesu, die der adnominale Gen. als solche
konstatiert, in Erinnerung ruft, dabei aber die δόξα Jesu nicht preist, ist Barn 12,7c auch keine christologisch bestimmte Doxologie, wie sie wohl zuerst in 2 Petr 3,18 (Ἰησοῦ Χριστοῦ. αὐτῷ ἡ δόξα καὶ νῦν
καὶ εἰς ἡμέραν αἰῶνος. [ἀμήν.]) begegnet (vgl. VÖGTLE, Petrusbrief 265; PAULSEN, Petrusbrief 175),
denn die Doxologie in 1 Clem 50,7 (ὑπὸ τοῦ θεοῦ διὰ Ἰησοῦ Χριστοῦ τοῦ κυρίου ἡμῶν· ᾧ ἡ δόξα εἰς

3. prophetische Zeichenhandlung – die Umbenennung von Nuns Sohn (12,8–11)

8 Der Halbvers 8a setzt mit einer um die Aufmerksamkeit werbenden Frage an die Leser ein; πάλιν stellt wie in V 4 die Verbindung zum vorausgehenden sicher. Die Parenthese ἐπιϑεὶς αὐτῷ τοῦτο τὸ ὄνομα stellt klar, daß die Frage τί λέγει Μωϋσῆς nicht unmittelbar ein Zitat einleitet, sondern auf eine weitere Begebenheit hinführen will, in der Mose einen Typos Jesu darstellte. Schriftgrundlage für diese Exposition ist Num 13,16b: die Umbenennung von Hoschea in Josua. Das Wortspiel in der Umbenennung von הוֹשֵׁעַ, dem Sohn Nuns, in יְהוֹשֻׁעַ (sonst יְהוֹשׁוּעַ; vgl. KBL 370), den ersten geschichtlichen Eigennamen, „der Jahve als theophores Element enthält"[44], ist hier bereits vergessen. Für Barn 12,8–10a ist vielmehr die durch die griechischen Übersetzungen von Num 13,16b (καὶ ἐπωνόμασεν Μωυσῆς τὸν Αυση υἱὸν Ναυη Ἰησοῦν) ermöglichte Bisemie des Namens Ἰησοῦς der Ansatzpunkt[45] für seine christologische Auslegung[46]. Mit ὄντι προφήτῃ wird Josua, vielleicht in Anspielung auf seine Beauftragung (Jos 1,1–9), als Prophet in Erinnerung gebracht (vgl. Sir 46,1). Vor Barn ist diese auffällige Qualifizierung Josuas, die im übrigen der Vf. nicht eigens auswertet, nicht nachgewiesen. In formaler Entsprechung zu Vv 2.5b begründet der Halbvers 8b seine Umbenennung mit einem Finalsatz, und der darauf abgestellte ὅτι-Satz deutet sie. Die Umbenennung war ein prophetisches Zeichen für Israel, und zwar zu einem einzigen und für ganz Israel gültigen Zweck: Es soll hören. Im Grunde mahnt das Zeichen, worauf der Konj. ἀκούσῃ bereits weist, auf die ‚Stimme des Herrn' zu hören. Kraft dieses Stichworts ist Barn 12,8 mit Barn 8,7–10.12 verknüpft. Aus der Umbenennung sollte Israel entnehmen, daß erstens über Jesus geoffenbart ist, wobei an die Schrift gedacht sein wird, und zwar zweitens alles[47], daß er drittens ‚Sohn' dessen ist, der über ihn geoffenbart hat[48], und daß viertens dieser Offenbarer der Vater[49] ist. Die Umbenennung birgt demzufolge eine vierfache Botschaft über Jesus. **9** Der V 9 nimmt die zweiteilige Exposition aus V 8a auf. Die Modifikation des ersten Teils von einer Frage zu einer Aussage will nun tatsächlich ein Zitat einleiten. Wörtlich übernom-

---

τοὺς αἰῶνας τῶν αἰώνων. Ἀμήν) weist ebenso wie die Schlußdoxologie in Hebr 13,21 (διὰ Ἰησοῦ Χριστοῦ, ᾧ ἡ δόξα εἰς τοὺς αἰῶνας [τῶν αἰώνων]· ἀμήν) auf Gott selbst zurück (MICHEL, Hebräer 364f.; KUSS, Hebräer 126; LONA, Clemensbrief 537f.). Die Feststellung der δόξα Jesu rückt Barn 12,7c, zumal im Blick auf die hymnische Allformel, vielmehr in die Nähe von Joh 2,11 (ταύτην ἐποίησεν ... ὁ Ἰησοῦς ... καὶ ἐφανέρωσεν τὴν δόξαν αὐτοῦ) und Joh 8,54b (ἀπεκρίθη Ἰησοῦς ... ἔστιν ὁ πατήρ μου ὁ δοξάζων με); vgl. SCHNACKENBURG, Johannesevangelium 1,338; 2,296f. Der Vf. des Barn will „Christus als Anfang, Mitte und Ende der biblischen Offenbarung erweisen" (MAURER, Kirche und Synagoge 20).

[43] Der Vf. des Barn zieht die Linie nicht aus, die sich in Verbindung mit Barn 7,9 und 8,5 ergäbe: Weil nämlich die Schöpfung auf Christus ausgerichtet ist (12,7) und in seine (zweite) Parusie mündet (7,9), und weil im Eschaton alle (wenn auch voll Schrecken) dazu kommen werden, ihn als ‚Sohn Gottes' zu bekennen (7,9), werden alle durch ihn Erlösung erfahren (8,5).

[44] GRESSMANN, Mose und seine Zeit 432.

[45] Zum leitenden hermeneutischen Prinzip vgl. die Auslegung von Barn 6,8f.

[46] Vgl. Hebr 4,8; Just. dial. 75,1–3; 113; ferner die Hinweise von WINDISCH, Barnabasbrief 372.

[47] Vgl. Barn 1,7; 5,3; 7,1.

[48] Zur Funktion vgl. Mt 11,25–27 par Lk 10,21f.; Joh 5,32; 8,18; 10,15.

[49] Zur Bezeichnung Gottes als πατήρ Jesu Christi vgl. Barn 14,6.

men ist die Schilderung der Umbenennung Hoseas. Weil der Sachverhalt aus V 8a bekannt ist, wird diese Wiederholung aus formalen Gründen erfolgt sein. Die Umbenennung ist eine symbolische Handlung, deren Ausführung der erste Teil einer auf Jesus gerichteten Prophetie ist. Die angeschlossene Notiz aus Num 13,16a über Josuas Entsendung als Kundschafter in das Land der Verheißung verortet den *Bericht über die Ausführung* in der Geschichte Israels. V 9b enthält den zweiten prophetischen Teil, ein freies Zitat auf der Grundlage von Ex 17,14.16. Für den Schreibbefehl ist zudem Jer 43(36),2.4 zu vergleichen. Während für die Autorisierung der Drohrede mittels ἃ λέγει κύριος immerhin auf Jer 43(36),4 verwiesen werden kann, ist ὁ υἱὸς τοῦ θεοῦ gezielter selbständiger Ersatz für κύριος bzw. θεός in Ex 17,14.16 und ἐπ᾽ ἐσχάτων τῶν ἡμερῶν eine Erweiterung[50], die die restlose Verwerfung Amaleks dem eschatologischen Gericht vorbehält, zu dem der Sohn Gottes mit den Insignien des königlichen Richters und Hohenpriesters wiederkommen wird (vgl. 7,9). Das Fut. ἐκκόψει zeigt zum einen, daß in Barn 12,2 Josuas Sieg über Amalek (Ex 17,13) mit Bedacht nicht berichtet ist. Die Vernichtung Amaleks ist vielmehr erst angesagt. Sie ist ein eschatologisches Zeichen[51], das den Herrschaftsantritt des Sohnes Gottes ankündigen wird[52]. Der Kampf unter dem Zeichen des Kreuzes wogt nämlich in dem Sinn, den die Deutung in V 3 hervorhebt: Wessen Hoffnung nicht im Christusereignis gründet, kann keine Rettung erlangen. Zum anderen ist dem Fut. ἐκκόψει zu entnehmen, daß weder die Amalekiterschlacht noch ihr literarischer Niederschlag in der Schrift heilsgeschichtliche Dignität besitzen. Das Ereignis und seine sprachliche Fassung dienten nie einem anderen Zweck denn prophetische Zeichen auf die erste und zweite Parusie des Sohnes Gottes zu sein. **10a** ἴδε πάλιν (vgl. V 11b) gleicht ἔχεις πάλιν in Vv 1b.7c. Auch diese *Deutung* ist mehr eine Konstatierung. Sie zeigt allererst, daß es dem Vf. keineswegs um den Schreibbefehl oder die Drohbotschaft wider das Haus Amaleks geht. Sein Interesse ist darzulegen, daß Mose prophetisch auf Jesus und zugleich auf dessen Gottessohnschaft wies, wobei letztere Offenbarung als Gottesrede (ἃ λέγει κύριος) aus sich schon unbedingte Autorität beansprucht. ‚Menschensohn‘ ist nicht titular verwendet, sondern zielt auf eine Deutung Jesu, die υἱὸς ἀνθρώπου als ἄνθρωπος ἐξ ἀνθρώπων auffaßt.[53] Von daher erklärt sich die objektive Negation[54] des urchrist-

---

[50] Vgl. die Auslegung des sachverwandten Ausdrucks ἐν ταῖς ἐσχάταις ἡμέραις in Barn 4,9b.

[51] Vgl. T.Sym. 6,3b (ἐγκατάλειμμα οὐκ ἔσται τῷ Ἀμαλήκ); Jub 24,33. Es ist nicht nur „nicht sicher", daß Barn wie Tert. *adv. Jud.* 10 „bei Amalek an den Teufel denkt" (WINDISCH, Barnabasbrief 372), es deutet vielmehr nichts darauf hin.

[52] Vgl. T.Sym. 6,5 (τότε Σὴμ ἐνδοξασθήσεται ὅτι κύριος ὁ θεὸς μέγας τοῦ Ἰσραὴλ φαινόμενος ἐπὶ γῆς ὡς ἄνθρωπος καὶ σῴζων ἐν αὐτῷ τὸν Ἀδάμ).

[53] Vgl. Herm *sim.* V 6,5–7; Hipp. *haer.* VII 34 sowie die Hinweise bei WINDISCH, Barnabasbrief 373, auf altkirchliche Bestimmungen des Verhältnisses zwischen Gottessohn und Menschensohn. Diese Probleme haben nicht (mehr) Just. *dial.* 126,1f. und Clem. *str.* I 3,23,2f., der z.B. das Logion vom Menschensohn in Mt 8,20 par Lk 9,58 bereits ohne Zögern als Wort des ‚gütigen und milden Logos‘ (ὁ χρηστὸς καὶ ἥμερος λόγος), den er freilich mit Jesus Christus, Sohn Gottes, Herr, identifiziert, anführt (vgl. *str.* III 6,49,5; 6,52,4; IV 6,35,3; 9,70,1). Näheres vgl. GRILLMEIER, Jesus der Christus 1,40–56.

[54] Anders IgnEph 20,2, wo die Entgegensetzung ‚Menschensohn und Gottessohn‘ nicht ausschließend, sondern, wie IgnEph 7,2 zeigt, einschließend aufzufassen ist; vgl. Did 16,8 (Georg.); OdSal 36,3.

lichen Hoheitstitels[55] und seine strikte Entgegensetzung (οὐχ … ἀλλ᾽) zu υἱὸς τοῦ θεοῦ. Andere Interpretationen dieser Ablehnung, etwa durch den Hinweise auf Reserven gegen die Inkarnation[56] oder gegen eine im Menschensohntitel mitgehörte spezifisch jüdische Hoffnung, sperren sich mit der Betonung der Heilsrelevanz von Leiden und Kreuz Jesu sowie mit dem Grundgedanken, daß das Christusereignis in allen Facetten Erfüllung prophetischer Verheißung ist.[57] Wegen der Bisemie von Ἰησοῦς kann man überlegen, ob der Typos, der im Fleisch erschienen ist (τύπῳ δὲ ἐν σαρκὶ φανερωθείς), auf den Sohn Nuns bezogen ist[58] oder auf Jesus von Nazaret. Ist die Menschwerdung gemeint[59], entspräche nach Vorschlag von Windisch[60] τύπῳ … ἐν σαρκί dem ἐν ὁμοιώματι σαρκός in Röm 8,3. Jesus ist demzufolge Sohn Gottes, aber zugleich Typos des als königlicher Richter und Hoherpriester kommenden Gottessohnes, mit dessen Ankunft die Königsherrschaft zum Durchbruch gelangt. Jesus, genauer das Christusereignis, ist folglich selbst prophetische Verheißung der Vollendung von Gottes Heilshandeln im Eschaton.

10b–11a Die Konjunktion οὖν ist nicht nur eine Übergangsfloskel. Vielmehr bestätigt der Halbvers, daß in Vv 8–10a u. a. einer Fehldeutung des Menschensohntitels gewehrt werden soll. Aus einer Fehldeutung von υἱὸς ἀνθρώπου ergibt sich die ebenso gelagerte Auffassung von der Davidssohnschaft[61]. Der konsekutive Sinn der Partikel erklärt auch, weshalb der Halbvers 10b en passant anstelle von Jesus nun von Christus spricht. Die Gottessohnschaft Jesu vorausgesetzt, macht es für den Vf. keinen Unterschied, von Christus als Sohn Davids zu sprechen. Wessen Meinung mit ὅτι Χριστὸς υἱός ἐστιν Δαυίδ zitiert[62] ist, kann nur vermutet

---

[55] Innerhalb der neutestamentlichen Literatur ist, von den Evangelien abgesehen, die Bezeichnung ‚Menschensohn‘ nur in Apg 7,56; Hebr 2,6 und Offb 1,13 belegt. Bei den Apostolischen Vätern sind Barn 12,10 und IgnEph 20,2 die einzigen Fundorte. Vgl. AJ 3,14.17f.24–28 (NHC 2,1); SJC 117f. (NHC 3,4).

[56] Gegen eine doketische – zum Begriff vgl. Brox, „Doketismus" 301–314 – Deutung Jesu wie sie z.B. Völter, Die Apostolischen Väter 458f., im Barn festzustellen meinte, hat bereits Windisch, Barnabasbrief 331, überzeugende Argumente eingewandt.

[57] Auch aus inneren Gründen ist somit der Lesart οὐχ ὁ υἱὸς ἀνθρώπου in H und G2.3 nicht zu folgen; vgl. S. 412 die Textkritik z.St.

[58] Vgl. Hilgenfeld, Die Apostolischen Väter 26 Anm. 31.

[59] Vgl. T.Sym. 6,3b.5 die Verbindung der Vernichtung Amaleks als eschatologisches Zeichen und Ereignis mit der Ansage des Erscheinens der Herrn auf Erden wie ein Mensch, um die Menschen zu retten.

[60] Vgl. Windisch, Barnabasbrief 373.

[61] In der neutestamentlichen Literatur begegnet der Ausdruck ‚Sohn Davids‘, ohne Artikel oder auch titular für Jesus Christus, nur bei den Synoptikern; Mt ist sein häufigster Zeuge; vgl. Mt 1,1; 1,20 (vgl. Lk 2,4); 9,27b (= 20,30b par Mk 10,47b.48; Lk 18,38f.); 12,23; 15,22; 21,9b; 21,15; 22,42.45 (par Mk 12,35b.37a; Lk 20,41.44). Bei den Apostolischen Vätern kennt den Ausdruck nur Barn 12,10. Die Davidssohnschaft konnte freilich auch umschrieben werden, z.B. mit der vom locus classicus 2 Sam(2 Kön) 7,12b abgeleiteten Herkunftsformel (γίνεσθαι) ἐκ σπέρματος Δαυίδ (Röm 1,3b; 2 Tim 2,8; AscJes [TestHis] 11,2) und ihren Varianten (vgl. IgnTrall 9,1). Ob diese titulare Herkunftsformel den von Barn ins Visier genommenen Christen das Argument lieferte? Jedenfalls geht die Diagnose des Vf. bezüglich der Parole ‚Christus ist Sohn Davids‘ in die Richtung, daß sie die Davidssohnschaft Christi κατὰ σάρκα verstehen. Tatians Tilgung der Davidssohnschaft aus Mt 1,20 im Diatessaron (vgl. Harnack, Marcion 255) zeugt von der Konstanz christologischer Reserven, wie sie sich in Barn 12,5 zu Gehör bringen.

[62] Liegt Mk 12,35b zugrunde, dann ist die Konjunktion als ὅτι-recitativum aufzufassen (vgl. Blass/ Debrunner, Grammatik §§ 397,5; 470,1).

werden. Die Formulierung stimmt jedenfalls mit der alexandrinischen Lesart[63] von Mk 12,35b überein. Einerseits ist mit diesem Rückgriff eine dreifache Schwierigkeit verbunden: das Wort von der ‚Davidssohnschaft des Christus' ist 1. ein Logion, das 2. die Meinung der Schriftgelehrten wiedergibt (vgl. Lk 20,39.41) bzw. diese Meinung von den Phärisäern erfragt (vgl. Mt 22,41f.), und das 3. diese Meinung der jüdischen Repräsentaten an sie wiederum als Frage richtet. Andererseits bereitet dieser rhetorische Auftakt bei den Synoptikern ebenso wie bei Barn das wörtliche Zitat von Ps 109(110),1 vor (vgl. Apg 2,34b.35)[64], das speziell bei Mk überdies eine beinahe wörtlich mit dem ersten Teil des Resümees in Barn 12,11b übereinstimmende Auslegung durch Jesus erfährt. Der zweite Teil, die Negation καὶ υἱὸν οὐ λέγει (Barn 12,11b), stellt gegenüber der verwunderten, gar Befremden signalisierenden Frage in Mk 12,37b eine Verschärfung und Klarstellung[65] dar, wogegen Mt 21,45b par Lk 20,44b mit πῶς eher zum Diskurs ermuntern.

Das entscheidende Argument, daß die Ablehnung der Davidssohnschaft[66] in Barn 12,11b auf ihrer in mk bzw. synoptischer Tradition verwurzelten Relativierung[67] beruht, ist das αὐτόν in V 11b. Durch das Pronomen ist der Christustitel aus Mk 12,35b (par Mt 21,42a; Lk 20,41a; vgl. Barn 12,10b) mit dem κύριος Mk 12,37a (par Mt 21,45a; Lk 20,44a; vgl. Barn 12,11b) verbunden und vom Davidssohn abgesetzt.[68] Weil diese Aussage in Ps 109(110),1 ihren anerkannten Schriftbeleg hat, zitiert Barn diesen Psalmvers.

11a Stichwortassoziation[69] hat die Anfügung des gleichsinnigen Zitats von Jes 45,1a verursacht und die gewichtige Änderung von Κύρῳ zu κυρίῳ befördert.[70]

---

[63] Für ὅτι Χριστὸς υἱὸς Δαυίδ ἐστιν lesen A W 𝔐 syʰ ὅτι Χριστὸς υἱὸς ἐστι Δαυίδ; letzterer Lesart geben z.B. HODGES/FARSTAD, The Greek New Testament. Nashville u.a. 1982, den Vorzug.

[64] Das titulare ὁ κύριος belegen alle Hss. des Barn. Die Textzeugen der neutestamentlichen Zitationen von Ps 109(110),1a gehen bisweilen mit dem griechischen Psalmtext der abendländischen Rezension (R), in der der Artikel fehlt, zusammen. Der Artikel fehlt immer in B und D; in Apg 2,34b fehlt er stets in B* und D, hingegen liest ihn der für uns interessante ℵ in Mk 12,36 par Lk 20,42 und Apg 2,34b, also in Passagen, die auch vom Schreiber A stammen.

[65] Vgl. GNILKA, Markus 2,171, in bezug auf die scheinbar alles offenlassende Schlußfrage καὶ πόθεν αὐτοῦ ἐστιν υἱός;

[66] Dieselbe Ablehnung findet WINDISCH, Barnabasbrief 373, in Hom.Clem. 18,13.

[67] KÖSTER, Überlieferung 145f., zufolge ist „keine spezielle Verwandtschaft zu einer der drei synoptischen Parallelen" (Mk 12,35; Mt 22,42; Lk 20,42f.) nachzuweisen. Vielmehr repräsentieren Mk 12,35ff. par eine Strömung in den Gemeinden und speziell die Polemik bestimmter Kreise, „die die Davidssohnschaft Jesu zugunsten seiner Gottessohnschaft ausdrücklich" ablehnten und die hierzu mit probaten Schriftbelegen agierten; vgl. LUZ, Matthäus 3,286–288.

[68] Vgl. GNILKA, Markus 2,171, unter Berufung auf HAHN, Hoheitstitel 113.

[69] Vgl. näherhin: κύριος, Χριστός, ferner τῷ κυρίῳ μου und τῷ Χριστῷ μου, ἐκ δεξιῶν μου und τῆς δεξιᾶς αὐτοῦ, τοὺς ἐχθρούς σου und ἔθνη. Unentschieden ist, doch mit Blick auf die Funktion auch sekundär, ob V 11a eine Glosse ist, oder der Vf. sie „noch rasch aus seiner Testimonienvorlage nahm" (WINDISCH, Barnabasbrief 373).

[70] Die Lesart ΚΥΡΩ in Jes 45,1a findet sich nicht, wie WINDISCH, Barnabasbrief 373, (noch) behauptete, nur in den Hss. ℵᶜ und B, sondern in allen Hss. (vgl. ZIEGLER, Isaias 100). Barn 12,11a ist das älteste Zeugnis dieses innergriechischen Textverderbnisses. Aufgrund der sonstigen Freiheit im Umgang mit der Schrift darf dem Vf. diese messianische Umdeutung von Jes 45,1a zwar durchaus zugetraut werden, doch wegen des gleichlautenden Zitates in Just. dial. 127,5 ist nicht auszuschließen, daß er nur eine christliche

Das Verhältnis zwischen Barn und dieser mk bzw. synoptischen Tradition wird man sich ähnlich wie in Barn 7,5 beim Motiv der ‚Tränkung Jesu mit Essig' und in Barn 7,9 hinsichtlich der ‚Kleidung des Wiederkommenden' vorzustellen haben, nämlich daß auch diese Sequenz parallel zu den synoptischen oder unabhängig von diesen, mithin szenisch gelöst, überliefert wurde und in sprachlich eigenständiger Fassung rezipiert und neu kombiniert werden konnte (z. B. das Zitat von Jes 45,1a).

Übersetzt Χριστός nicht nur Messias, sondern ist das Wort christologischer Titel, dann ist die inkriminierte Losung ein Theologumenon vielleicht jener Christen, die Barn 4,6 als Sünder profilierte. Die Wendung μέλλουσιν λέγειν zeigt folglich, daß der Vf. seitens dieser (kirchlichen)[71] Christen den Einwand der Davidssohnschaft erwartet. Ihnen hält der Vf. nach dem Vorbild der synoptischen Tradition eine Prophetie Davids entgegen, die nicht nur den Einwand der Sache nach entkräftet, sondern dieses Theologumenon als bereits von David erwarteten Irrtum desavouiert. Nur in diesem Sinn ist μέλλουσιν λέγειν „vom Standpunkt Davids aus gesagt"[72]. Der befürchtete Irrtum, dem die Sünder erliegen, besteht darin, die Davidssohnschaft gegen die Gottessohnschaft auszuspielen. Für den Vf. ist die titulare Anwendung der Davidssohnschaft auf Jesus auch deshalb inakzeptabel, weil dieser Prädizierung die Grundthese inhäriert, eine dem Christusereignis vorausgehende, auf dieses Heilsereignis führende Heilsgeschichte anzunehmen. Diese Implikation steht jedoch in eklatantem Widerspruch zu Barn 4 und 14. Die Rede von der Davidssohnschaft Jesu mußte ihm daher als schriftwidrig erscheinen. Aus der Sicht des Vf. ist die Frage der Sohnschaft des Christus allein dadurch entschieden, daß Jesus Sohn Gottes ist (vgl. 12,10a). Dies belegt ältester christlicher Tradition zufolge Ps 109(110),1 sowie nach Meinung des Vf. das in V 11a formgerecht eingeleitete, gleichsinnige Zitat von Jes 45,1a.

11b konstatiert gemäß dem Vorbild von V 10a, daß die Schrift Christus als den (erhöhten)[73] κύριος prophezeit und die als ἄνθρωπος ἐξ ἀνθρώπων verstandene Davidssohnschaft negiert.

Lese- und Auslegungstradition wiedergibt. Auf jeden Fall kam ihm die vl κυρίῳ für seine Beweisabsicht zupaß. Der Apparat bei Ziegler belegt, daß diese Lesevariante auch bei den lateinischen Vätern als Weissagungsbeweis hoch im Kurs stand; vgl. den Hinweis bei ZIEGLER, Isaias 100. Ist tatsächlich Barn der Urheber dieser Lesart, dann hat er vielleicht in ihr seine bedeutendste Wirkungsgeschichte erlangt. Aufgefallen ist dieses Textverderbnis zuerst HIER. *Comm. in Is.* zu 45,1 (PG 24,440f.), und er hat es auch richtiggestellt.

[71] Vgl. HARNACK, Geschichte 1,417f.

[72] WINDISCH, Barnabasbrief 373.

[73] Die Deutung von Ps 109(110),1, einer der in der neutestamentlichen Literatur am häufigsten zitierten Schriftstellen, auf den erhöhten Herrn begegnet in Apg 2,34f; 1 Kor 15,25; Hebr 1,13. Mehr noch als bei diesen Stellen ist das Motiv, daß der κύριος der Erhöhte ist, eine Interpretation, die der Leser aus den beiden Schriftworten abzuleiten hat.

‚Erbvolk' und Heilszusicherung (13,1–14,9)

13,1 Sehen wir nun, ob dieses Volk erbt oder das erste, und ob die Heilszusicherung uns oder jenen (gilt).

13,2 Hört also, was die Schrift über das Volk sagt: „Isaak bat aber für Rebekka, seine Frau, denn sie war unfruchtbar; und sie empfing." Dann: „Rebekka ging hinaus, um vom Herrn Auskunft zu erhalten, und der Herr sagt zu ihr: »Zwei Nationen (sind) in deinem Mutterleib und zwei Völker (sind) in deinem Schoß und ein Volk wird (das andere) Volk übertreffen, und das ältere wird dem jüngeren dienen.«" 13,3 Verstehen müßt ihr, wer Isaak und wer Rebekka ist und an welchen er gezeigt hat, daß dieses Volk größer ist als jenes.

13,4 Und in einer anderen Prophezeiung spricht Jakob offenkundiger zu Josef, seinem Sohn, indem er sagt: „Siehe, der Herr hat mich deines Antlitzes nicht beraubt. Bringe mir deine Söhne, damit ich sie segne." 13,5 Und er brachte Efraim und Manasse, den Manasse in der Absicht, daß er gesegnet werde, weil er älter war; denn Josef führte ihn zur rechten Hand des Vaters Jakob. Jakob aber sah ein ‚Bild im Geist' des späteren Volkes. Und wie heißt es? „Und Jakob kreuzte seine Hände und legte die Rechte auf das Haupt Efraims, des zweiten und jüngeren; und er segnete ihn." Und Josef sagte zu Jakob: „Lege deine Rechte hinüber auf das Haupt Manasses, denn er ist mein erstgeborener Sohn." Und Jakob sagte zu Josef: „Ich weiß, Kind, ich weiß, aber der ältere wird dem jüngeren dienen, und dieser eben soll gesegnet werden." 13,6 Seht, an welchen er festgelegt hat, daß dieses Volk das erste ist und Erbe der Heilszusicherung.

13,7 Wenn (es) nun auch noch durch Abraham in Erinnerung gebracht ist, haben wir das Vollmaß unserer Erkenntnis empfangen. Was also sagt er zu Abraham, als (er) allein (wegen) des Glaubens zur Gerechtigkeit bestimmt wurde? „Siehe, ich habe dich bestimmt, Abraham, zum Vater der Völker, die trotz Vorhaut an Gott glauben."

14,1 Doch laßt uns sehen, ob die Heilszusicherung, von der er den Vätern geschworen hat, sie dem Volk zu geben, ob er sie gegeben hat, laßt uns untersuchen.

Er hat sie gegeben; sie aber erwiesen sich wegen ihrer Sünden nicht würdig, sie zu empfangen. 14,2 Es sagt nämlich der Prophet: „Und Mose fastete auf dem Berg Sinaï, um die Heilszusicherung des Herrn an das Volk zu empfangen, vierzig Tage und vierzig Nächte, und Mose empfing vom Herrn die zwei Tafeln, die beschrieben waren mit dem Finger der Hand des Herrn im Geist, und als Mose sie empfangen hatte, brachte er sie herab, um sie an das Volk zu geben." 14,3 Und der Herr sagte zu Mose: „Mose, Mose, steige eiligst herab, denn dein Volk, das du aus dem Land der Ägypter herausgeführt hast, hat gesetzeswidrig gehandelt"; und Mose begriff, denn sie hatten sich selbst Gußbilder gemacht, und er warf die Tafeln aus seiner Hand, und es zerschlugen die Tafeln der Heilszusicherung des Herrn. 14,4ᵃ Mose hatte sie zwar empfangen, sie aber erwiesen sich nicht als würdig.

14,4ᵇ Wie aber haben wir sie empfangen? Lernt. Mose empfing sie als Diener, der Herr selbst aber gab sie uns, dem Erbvolk, indem er unsretwegen duldete. 14,5 Er erschien aber, damit jene das Sündenmaß erfüllt bekämen und wir durch den Erben die Heilszusicherung des Herrn Jesus empfingen, der dazu bereitet worden ist, damit er durch sein eigenes Erscheinen unsere bereits zu Tode erschöpften und der Gesetzlosigkeit des Irrwahns überlieferten Herzen erlöse aus der Finsternis und unter uns eine Heilszusicherung mit dem Wort verfüge.

14,6 Denn es steht geschrieben, daß ihm der Vater gebietet, uns zu lösen aus der Finsternis und sich selbst ein heiliges Volk zu bereiten. 14,7 Der Prophet sagt also: „Ich, der Herr dein Gott, habe dich berufen in Gerechtigkeit, und ich will deine Hand ergreifen und dich stark machen, und ich habe dich als Heilszusicherung an die Menschen eingesetzt, zum Licht der Völker, zu öffnen die Augen von Blinden und herauszuführen aus Banden die Gebundenen und aus dem Gefängnishaus, die in Finsternis sitzen." Wir erkennen also, wovon wir erlöst sind. 14,8 Ferner sagt der Prophet: „Siehe, ich habe dich zum Licht der Völker bestimmt, um zum Heil zu sein bis ans Ende der Erde. So spricht der Herr, der Gott, der dich erlöst hat." 14,9 Ferner sagt der Prophet: „Geist des Herrn ist auf mir; deswegen salbte er mich; Gnade den Demütigen zu verkünden hat er mich gesandt; zu heilen, die zerbrochenen Herzens sind, laut zu verkünden Gefangenen die Entlassung und Blinden das Augenlicht, auszurufen ein günstiges Jahr des Herrn und den Tag der Vergeltung, zu trösten alle, die trauern."

Textkritik

13,1 Der Lesart κληρονομεῖ in ℵ (GH FB K W SB) zufolge erbt dieses Volk, laut der vl κληρονόμος in H und G (HG² PK) ist οὗτος ὁ λαός selbst das Erbe. L zeigt mit *hereditatem capit* die Genese der Lesarten an. Ebenso wie hier ist auch im folgenden ℵ zu vertrauen, der mit G (GH FB K W PK SB) ἢ ὁ πρῶτος liest. H (HG²) hat mittels des auch sonst für die Juden verwendeten ἢ ὁ ἐκεῖνος geglättet (vgl. den zweiten Satzteil). Gemäß dieser vl meint οὗτος ὁ λαός in H zweifelsfrei die Kirche. Innere Gründe stehen dieser vl entgegen. Ihr zufolge wäre die Kirche das Erbe. Dem steht die mehrfache Betonung des eschatologischen Vorbehalts und Bestimmung der Kirche als ,Erbvolk' der διαθήκη[1] (14,4f.) entgegen. Vielmehr wird der ,Geliebte' sein Erbe, nämlich seine Königsherrschaft (8,5f.), bei der Parusie antreten (4,3). Die Kirche ist aber ebensowenig diese Königsherrschaft, wenngleich diese in ihr anbricht, wie sie das Erbe ist. Bedingt durch die Tilgung von ἢ ὁ πρῶτος in L, wodurch der Parallelismus der Doppelfrage zerbrochen ist, vertauscht L im zweiten Glied der Doppelfrage mit *in illis est aut in nobis* die Abfolge und Zuordnung εἰς ἡμᾶς ἢ εἰς ἐκείνους. **13,2** L tilgt die Themenangabe περὶ τοῦ λαοῦ und καὶ συνέλαβεν. Ob mit ℵ (HG GH FB K W SB) nur

---

[1] Zur Bedeutung des Begriffs διαθήκη im Barn vgl. S.208–211 die Auslegung von Barn 4,6b; dort auch weiterführende Literaturhinweise.

εἶτα oder mit H und G (DR HG² PK) εἶτα καί zu lesen ist, hängt u. a. davon ab, wie *et* in L zu interpretieren ist. Weil L in 6,3 εἶτα mit *et* übersetzt, es in 11,5 tilgt, und in 11,10 sowie 12,2 dafür *deinde* steht, bekräftigt *et* in 13,2 die vl von ℵ, zumal erstens eine wortgetreue Übertragung mit *tum et* oder *deinde et* sprachlich möglich[2] gewesen wäre und zweitens ℵ, H und G übereinstimmend εἶτα führen, weshalb es auch im Prototyp von L kaum gefehlt haben wird. Das Adv. ist dann funktional mit καί in 11,5 zu vergleichen: Es fügt die Halbverse 2a.b aneinander und zeigt vor allem, daß sie inklusive der in Gen 25,21f. fehlenden Übergänge (καὶ συνέλαβεν ... καὶ ἐξῆλθεν Ῥεβέκκα) als Zitate aufgefaßt sind. Hingegen ließe εἶτα καί (,und hierauf') zu, die Nahtstelle auf den Vf. zurückzuführen. Wie in V 1 tilgt L den Parallelismus, und zwar hier das erste Glied innerhalb der Verheißung an die Patriarchenfrau (καὶ ὑπερέξει λαὸς λαοῦ). **13,4** L paraphrasiert die Zitationseinleitung mit *iterum dixit Iacob Ioseph filio suo* **13,5** „Im ganzen Vers ist S [ℵ] in den Namen sehr konfus."[3] ML, HG und WI konjizieren nach προσήγαγεν 2° αὐτόν (L *illum*). Gegen ℵ, H und L fehlt (aus Versehen) in G τὴν δεξιάν 2; H (HG²) ergänzt αὐτοῦ. L tilgt zur Glättung mit V 6 τοῦ δευτέρου **13,6** Das starke Perf. ἔοικεν in ℵ trägt eine pejorative Note ein, die nicht anders als auf Manasse zu beziehen ist. Der Sinn wäre also: ‚Indem er Manasse nicht segnete, ließ er zu, daß dieses Volk ...'. Die vl *voluerit* in L basiert vielleicht auf ἤθελεν. Verläßlich und passend ist einzig τέθεικεν in H, G1.3 und G2 (f). L tilgt τὸν λαόν.

14,1 Die Partikel ναί fehlt in H und L (HG² GH). Ob sie mit ℵ und G (FB K PK W SB) zu lesen ist, hängt auch davon ab, ob mit ℵ und H (HG² K FB PK W SB) ἴδωμεν εἰ (vgl. 13,1) gelesen wird. Konsequent führt G, in dem ebenso wie in L ἴδωμεν εἰ fehlt (GH), anstelle von ἡ διαθήκη in ℵ und H (HG² FB K PK W SB) den Akk. (GH); L ist diesbezüglich mit *testamentum* keine Hilfe. „Vielleicht ist der Text ursprünglich, der das Anakoluth am stärksten zeigt, also C [H]."[4] Wegen der sinngleichen Aufrufe in 11,1 und 16,6 konjizieren alle Editoren anstelle des Ind. ζητοῦμεν in H und G, der von L mit *queramus* gestützt wird, den Konj. ζητήσωμεν; das Wort fehlt in ℵ. **14,2** L tilgt τὸν λαόν 1°; δύο; τῷ δακτύλῳ; ἐν ⟨τῷ⟩ πνεύματι. Die Varianten ἐν πνεύματι in ℵ und G (GH K PK W SB) und τῷ πνεύματι (vgl. 13,5; 19,2) in H (HG²) sind insofern unerheblich, als πνεύματι instrumentalis ist. Für τῆς χειρὸς κυρίου liest L *manu dei*. **14,3** L tilgt τῆς διαθήκης κυρίου. **14,4** L tilgt Μωϋσῆς θεράπων ὧν ἔλαβεν. Der Artikel vor κύριος in H und G (HG² HR K SB) ist theologisch motiviert, um mit dem Geber der διαθήκη ihre Unmittelbarkeit sicherzustellen; κύριος *om.* L. Gegen den Aorist ἔδωκεν in ℵ und G (GH K FB PK W SB) erinnert H (HG²) das Perf. δέδωκεν aus V 1. **14,5** Durch H und G ist κυρίου Ἰησοῦ gesichert; L bekräftigt mit *domini nostri Iesu*. ℵ* hatte K̄Ȳ ῙῩ, ℵ¹ korrigierte K̄Ȳ X̄Ȳ, und ℵ²ᵐᵍ setzte an den Rand wieder K̄Ȳ ῙῩ (fol. 339ʳᵃ9). G fügt an λάβωμεν V 8 (πάλιν ὁ προφήτης bis θεός). In G2 (p) ist nach ἐκ τοῦ σκότους in V 5 aus Unachtsamkeit διάθηται ἐν ἡμῖν bis ἐκ τοῦ σκότους in V 6 ausgefallen. Für den schwierigen Dat. λόγῳ in ℵ und G (HG² GH K FB WI PK W SB) liest L *servorum* (ΔΟΥΛΩΝ in Λ?). HG konjizierte mit Blick auf διαθήκην γένους in V 7 λαοῦ (ML). H verbessert mit λέγω, das dann mit dem folgenden γέγραπται γάρ verbunden ist. In dieser Weise meldet sich jedoch der Vf. sonst nie zu Wort. Der Dat. ist also auch von H gestützt. Ihn mit πλαξί in Vv 2f. zu verbinden, zwingt nichts (gegen ML). **14,6** Das Stichwort ‚Vater' in dem Bericht

---

[2] Zu „*tum et*" vgl. etwa Cic. *Quinct.* 69,7; *Verr.* II 1,152; IV 4,116; *de orat.* 2,109; *off.* 3,121; Colum. II 9,12; IV 28,1; VI 3,1; Sen. *epist.* 84,1. Zu „*deinde et*" vgl. Cic. *orat.* 154; *Tim.* 29; Colum. VII 2,5; IX 14,7; XI 2,16; Sen. *epist.* 15,2.

[3] WINDISCH, Barnabasbrief 377.

[4] WINDISCH, Barnabasbrief 378, der freilich inkonsequent das in H (und L) nicht bezeugte ναί übersetzt. Zu bedenken ist, ob die Partikel unkonventionell einer Interjektion nahesteht.

πῶς αὐτῷ ὁ πατὴρ ἐντέλλεται hat H zur Präzisierung des Pronomens bewogen (πῶς ὁ πατὴρ ἐντέλλεται τῷ υἱῷ). **14,7** L tilgt καὶ ἐξ bis σκότει. G (PK) γινώσκετε und L (*scitote*) verstehen das Schlußwort als Mahnruf an die Leser. Weil sich der Vf. in seinen Resümees auch sonst mit den Lesern im kommunikativen Pl. zusammenschließt, um den gemeinsamen Heilsstand festzuhalten, ist mit ℵ und H γινώσκομεν zu lesen. **14,8** G *transp. ad* 14,5b; ℵ* *transp. post* 14,9; hic ℵ2mg H und L. ℵc und G (HG2 GH K SB) lesen mit Jes 49,6 εἶναι σε; das Personalpronomen fehlt in ℵ* und H (FB PK W). Durch die Kürzungen des Jesajazitats ist εἶναι σε lectio difficilior. Weil zudem L mit *tua* auf diese vl weist, ist ℵc und G zu vertrauen. Aus Jes 49,7 hatte ℵ θεὸς Ἰσραήλ (ΘCΙΗΛ) in Erinnerung. H, G und L haben nur θεός (*deus*). **14,9** καὶ πάλιν in ℵ2, H und G (HG2 GH K FB PK SB) kann der ursprüngliche Anfang sein; ℵ* und L (W) fehlt καί. Der Lesart πτωχοῖς in ℵ (ML HG2 W) steht G (MÉ HF DR GH K FB WI PK SB) mit ταπεινοῖς χάριν gegenüber. Auf einer altlateinischen Jesajaübersetzung, „die irrtümlich ΑΝΟΙC statt ταπΕΙΝΟΙC"[5] las, basiert *hominibus* in L; die vl ist also keine Verschreibung aus *humilibus*. H hat an der Stelle eine Lücke. Aufschlußreich sind die vl von Jes 61,1: ℵ* las ταπεινοῖς (עֲנָוִים)[6], das ℵc in πτωχοῖς korrigierte (Qmg Sa Syhmg מסכן [superl. punktiertes o] Tert. Iren.). Diese Jesajalesarten sprechen für G; χάριν wäre folglich Erweiterung des Barn. Inhaltlich belangvoll ist eine Interpunktionsvariante, die wohl auf HG2 zurückgeht. Anstelle des Kolons, mit dem die kritische Jesajaedition[7] *nach* ἔχρισέν με in Jes 61,1 interpungiert (Kolon auch in H und G; *om.* in ℵ und L; Komma bei MÉ HF DR; *om.* CU) sowie anstelle des Kommas *nach* ἀπέσταλκέν με (Komma auch in G; *om.* in ℵ und L; Komma bei MÉ HF), setzen die neueren Editionen des Barn *vor* ἀπέσταλκέν με ein Komma (HG2 CU GH FB K PK W SB; Kolon in G; *om.* ℵ, H und L; vgl. Kolon bei HF DR). Der Inf. εὐαγγελίσασθαι ist hierdurch von den vier folgenden Inf. (ἰάσασθαι, κηρύξαι, καλέσαι, παρακαλέσαι) abgetrennt. Die Salbung ihrerseits erscheint somit als Bedingung für εὐαγγελίσασθαι und εὐαγγελίσασθαι … ἀπέσταλκέν με als ihr unmittelbarer Zweck. Ohne Salbung keine Sendung zur Verkündigung. In Zieglers Jesajaausgabe hingegen sind Salbung und Sendung gleichgeordnete Folgen (οὗ εἵνεκεν[8]) der Eingangsfeststellung über die Geistbegabung. Die folgende Viererreihe illustriert, was εὐαγγελίσασθαι im Blick auf die πτωχοῖς bzw. ταπεινοῖς bedeutet. Vertraut man der Lesart ταπεινοῖς χάριν in G, scheint es nur konsequent, der Interpunktion von G zu folgen (MÉ HF), zumal die Zeichensetzung der neueren Editionen in Hss. des Barn keinen Anhalt haben. L tilgt καὶ ἡμέραν bis πενθοῦντας.

Aufbau

Der Exhortativ[9] ἴδωμεν sowie die beiden hypothetisch mit εἰ … ἤ aufgeworfenen Alternativen markieren einen thematischen Neuansatz (vgl. 11,1a; 16,6a; 18,1a). Diese Gliederung unterstreicht ἴδωμεν in Kombination mit den beiden Partikeln δέ (13,1) und ἀλλά (14,1). Zugleich signalisieren ἴδωμεν δέ und ἀλλά ἴδωμεν die

---

[5] HEER, versio latina 132, zu pag. 81,1; dort Beispiele ähnlicher Fehler.

[6] Das Adj. ταπεινοῖς steht dem von ענה abgeleiteten עָנָו (Gott gegenüber ‚gering, demütig, sanftmütig' KBL 720) näher als πτωχοῖς. Für MÉNARD, Sancti Barnabæ Apostoli 192, der nur G3 (c) und L sowie aus Jes 61,1 πτωχοῖς kannte, war dieses semantische Argument maßgeblich, um sich für ταπεινοῖς χάριν zu entscheiden.

[7] Vgl. ZIEGLER, Isaia. Göttingen 31983; die Interpunktion ebenso bei RAHLFS, Septuaginta II. Stuttgart 91935.

[8] WENGST, SUC 2,180, akzentuiert versehentlich εἵνεκεν.

[9] Vgl. BLASS/DEBRUNNER, Grammatik §§ 364.371–373.

Zusammengehörigkeit beider Kapitel. Hierfür bürgt auch der folgende thematische Neuansatz ἔτι οὖν περὶ τοῦ σαββάτου in 15,1, der in 16,1 sein Pendant hat.
Wiederum höchst locker gestaltet δέ die Verbindung zum Vorausgehenden (vgl.
8,1; 10,1; 11,1; 16,1). Der Vf. und Leser einende Konj. ἴδωμεν rekurriert auf die Direktive in Barn 2,1. Insofern ihr der Vf. mit folgendem Beweisgang nachkommt
und in der didaktisch akzentuierten Zitationseinleitung mittels des Lemmas ‚die
Schrift‘ das Untersuchungsobjekt festgelegt, bestimmt er zugleich die Autorität,
die die Auslegung beanspruchen darf. Die aufgeworfenen Alternativen (εἰ ... ἤ)
rücken Schriftpassagen in den Blick, anhand derer signfikante Bestimmungen über
das ‚Erbvolk‘ und die ‚Heilsverheißung‘ zu erweisen sind. Wer das (verheißene)
‚Erbvolk‘ ist, wird aus der Patriarchengeschichte aufgezeigt. Von daher ergibt sich
für Barn 13,2–7 ein dreigliedriger Aufbau: Vv 2f. Beweis aus der Geschichte Isaaks;
Vv 4–6 Beweis aus der Geschichte Jakobs; V 7 Beweis aus der Geschichte Abrahams. Daß es auf diese Trias ankommt, bestätigt τέλειον in V 7a.[10] Analog evoziert das Stichwort διαθήκη, daß in 14,1–4a Mose und damit die Sinaï-Horeb-Epi-
sode angeführt wird (vgl. 4,6a–9). Dem Nichterhalt der διαθήκη seitens der Juden
korrespondiert die Einsetzung der Christen in die διαθήκη (14,4b–9). Der Modus
(πῶς δὲ ἡμεῖς ἐλάβομεν, μάθετε) dieser Heilszusicherung, den im übrigen die
Propheten angekündigt haben (14,7–9), ist das Erlösungswerk Christi. Gemeinsames Untersuchungsziel (ἴδωμεν) ist die Identifizierung der Kirche als Volk Gottes;
sie ist gesegnet und ihr gilt die Heilszusicherung. Für die sachliche Kohärenz beider
Kapitel bürgt zum einen das kopulative καί in 13,1; es ordnet beide Argumentati-
onsgänge, deren Einsätze ἴδωμεν δέ in Verbindung mit ἀκούσατε (13,2a) und
ἀλλὰ ἴδωμεν signalisieren, gleich und bezieht sie aufeinander. Zum anderen verbindet Barn 13,6 das Motiv des ‚Erbvolks‘ mit der διαθήκη.

Wiederum scheint das Strukturmuster der prophetischen Zeichenhandlung als
kompositorisches Gerüst den ersten beiden der drei Schriftbeweise aus der Patriarchengeschichte sowie der Sinaï-Horeb-Erzählung zugrundezuliegen.[11] In der
Isaak-Episode (13,2f.) vertritt Isaaks Bitte an Gott (V 2a) den Befehl zur Ausführung der symbolischen Handlung. Der Aorist συνέλαβεν berichtet, daß Isaaks
Gesuch für Rebekka erhört wurde. Auf die Initiative Rebekkas erfolgt die Deutung
des Ereignisses, und zwar durch den κύριος selbst; V 2b zitiert sie. V 3 ist eine leserzentrierte (αἰσθάνεσθαι ὀφείλετε) exegetische Bemerkung, die zugleich den
zweiten Beweisgang vorbereitet, denn ἐπὶ τίνων sind Esau und Jakob. Der Aufbau
der Jakobsepisode ist komplexer, weil die prophetische Zeichenhandlung, Jakobs
Kreuzen der Hände und seine Segnung Efraims, innerhalb eines Dialogs zwischen
Jakob und Josef ausgeführt wird. Der äußeren Exposition zufolge ist ihr Scopus
das deutende Wort Jakobs an Josef (V 5e). Im Ganzen handelt es sich um eine Prophezeiung, die der Komparativ φανερώτερον nachdrücklich in Relation und Ver-
längerung zur Isaakssequenz sieht. Bedingt durch die Dialogsituation, geht dem

---

[10] Vgl. WINDISCH, Barnabasbrief 377.
[11] Zur Gattung vgl. FOHRER, Propheten 17–19.96–98.107–118.

Befehl eine innere Exposition voraus. Mittels des Imper. προσάγαγε wird die Voraussetzung für die prophetische Zeichenhandlung geschaffen, die der Finalsatz mittels des Fut. εὐλογήσω ankündigt. Der starke Aorist προσήγαγεν V 5a berichtet die exakte Ausführung der Vorbereitungen. Die Erläuterung (τὸν Μανασσῆ θέλων ...) und nähere Beschreibung (εἰς τὴν δεξιὰν χεῖρα) der Ausführung, die mit ὅτι πρεσβύτερος ἦν den Erwartungshorizont referiert, bereitet die prophetische Zeichenhandlung Jakobs unmittelbar vor. V 5b ist eine exegetische Bemerkung, die den ausschließlich symbolischen, prophetischen Charakter der Segnung festschreibt. V 5c berichtet die Ausführung der prophetischen Zeichenhandlung. Der Einwand Josefs (V 5d), der auf den Erwartungshorizont rekurriert, bereitet die in V 5e folgende Deutung der symbolischen Handlung vor. Ebenso wie bei der Isaakssequenz fügt sich an die Deutung eine leserzentrierte (βλέπετε) exegetische Bemerkung an (V 6). V 7 schließt und krönt (τέλειος) mit einem sinngleichen (ἔτι καί) Bericht und einem Schriftzitat (V 7b) über Abraham die Beweisführung zur Frage des ‚Erbvolks'.

Barn 14,1a greift die Frage nach der διαθήκη auf und knüpft mit dem einigenden Aufruf ζητῶμεν an die Direktive Barn 2,1 an. V 1b formuliert die grundlegende These, die in Vv 2-4a mittels der Schrift erwiesen wird. Anders als in Barn 13, wo anhand allegorisch ausgelegter Schriftzeugnisse dreimal gezeigt ist, „daß die Juden zurückzutreten haben und die Christen den Vorrang besitzen"[12], beweist der Vf. „hier zunächst direkt aus dem entsprechenden Geschichtsbericht, daß die Juden ... die δ. verloren haben [Vv 1-3c], um dann erst auszuführen, wie wir Erben der δ. geworden sind"[13] (Vv 4a-5). Für dieses Erlösungswerk liefern Vv 6.7a den Anhalt in der Schrift. V 7b resümiert die Gnosis daraus. Stichwortassoziation (φῶς ἐθνῶν ... τυφλῶν und τυφλοῖς ... λυτρωσάμενος) veranlaßt den Anschluß zweier Jesajazitate in Vv 8f.

Die Vv 1b-3c sind eine Dublette zu Barn 4,6b-8. Es handelt sich um ein Traditionsstück[14], dessen biblische Grundlagen in Ex 24,18; 32,7.19; 34,28 gesucht werden; näher zu liegen scheinen indes Dtn 9,9.10a.12.17.18c. War in Barn 4 der Anlaß für den Aufweis, daß die Juden die διαθήκη nicht empfangen haben, eine in ihrer Folge soteriologisch defizitäre Christologie, die es unzweifelhaft (ἐκεῖνος οὕτως εἰς τέλος ἀπώλεσαν αὐτήν) abzuweisen galt (4,6b.7a), so zielt derselbe Schriftbeweis in Barn 14 darauf, schließlich die Kirche als erstes und einziges Volk Gottes auszuweisen (vgl. 14,4-9). Das jeweilige Beweisziel mag zum guten Teil die unterschiedliche Ausprägung des Materials, Kürzungen, Umstellungen und deutende Erweiterung (vgl. 4,8b par 14,3b; 14,1b.3c) erklären. Zumindest dies kann eine Gegenüberstellung von Dtn 9,9.10a.12.17 mit den beiden Versionen in Barn 4 und 14 verdeutlichen.

---

[12] WINDISCH, Barnabasbrief 378.
[13] WINDISCH, Barnabasbrief 378.
[14] Vgl. WINDISCH, Barnabasbrief 320.408-410; WENGST, Tradition 20f.; KRAFT, Epistle of Barnabas 130-139; CARLETON PAGET, Barnabas 114-124.

Dtn 9,9.10a.12.17.18c	Barn 4,6b-8	Barn 14,1-3
	(ἡ διαθήκη ἐκείνων καὶ ἡμῶν· vgl. 6b)	1a Ἀλλὰ ἴδωμεν εἰ ἡ διαθήκη, ἣν ὤμοσεν τοῖς πατράσιν δοῦναι τῷ λαῷ, εἰ δέδωκεν, ζητῶμεν.
18c περὶ πασῶν τῶν ἁμαρτιῶν ὑμῶν	6b προσέχειν νῦν ἑαυτοῖς καὶ μὴ ὁμοιοῦσθαί τισιν ἐπισωρεύοντας ταῖς ἁμαρτίαις αὐτῶν ὅτι ἡ διαθήκη ἐκείνων καὶ ἡμῶν.	1b Δέδωκεν· αὐτοὶ δὲ οὐκ ἐγένοντο ἄξιοι λαβεῖν διὰ τὰς ἁμαρτίας αὐτῶν.
	7a Ἡμῶν μέν· ἀλλ᾽ ἐκεῖνοι οὕτως εἰς τέλος ἀπώλεσαν αὐτὴν λαβόντος ἤδη τοῦ Μωϋσέως.	(vgl. 3c)
9 ἀναβαίνοντός μου εἰς τὸ ὄρος λαβεῖν τὰς πλάκας τὰς λιθίνας, πλάκας διαθήκης, ἃς διέθετο κύριος πρὸς ὑμᾶς· καὶ κατεγινόμην ἐν τῷ ὄρει	7b Λέγει γὰρ ἡ γραφή·	2a Λέγει γὰρ ὁ προφήτης·
	Καὶ ἦν Μωϋσῆς ἐν τῷ ὄρει νηστεύων	Καὶ ἦν Μωϋσῆς νηστεύων ἐν ὄρει Σινᾶ, τοῦ λαβεῖν τὴν διαθήκην κυρίου πρὸς τὸν λαόν,
τεσσαράκοντα ἡμέρας καὶ τεσσαράκοντα νύκτας· ἄρτον οὐκ ἔφαγον καὶ ὕδωρ οὐκ ἔπιον.	ἡμέρας τεσσαράκοντα καὶ νύκτας τεσσαράκοντα.	ἡμέρας τεσσαράκοντα καὶ νύκτας τεσσαράκοντα.
10a καὶ ἔδωκεν κύριος ἐμοὶ τὰς δύο πλάκας τὰς λιθίνας γεγραμμένας ἐν τῷ δακτύλῳ τοῦ θεοῦ	10a καὶ ἔλαβεν τὴν διαθήκην ἀπὸ τοῦ κυρίου πλάκας λιθίνας γεγραμμένας τῷ δακτύλῳ τῆς χειρὸς τοῦ κυρίου.	2b Καὶ ἔλαβεν Μωϋσῆς παρὰ κυρίου τὰς δύο πλάκας γεγραμμένας τῷ δακτύλῳ τῆς χειρὸς κυρίου ἐν πνεύματι· 2c καὶ λαβὼν Μωϋσῆς κατέφερεν πρὸς τὸν λαὸν δοῦναι.
12a καὶ εἶπεν κύριος πρός με· 12b Ἀνάστηθι κατάβηθι τὸ τάχος ἐντεῦθεν, ὅτι ἠνόμησεν ὁ λαός σου, 12c οὓς ἐξήγαγες ἐκ γῆς Αἰγύπτου·	8b Λέγει γὰρ οὕτος κύριος· Μωϋσῆ Μωϋσῆ, κατάβηθι τὸ τάχος, ὅτι ἠνόμησεν ὁ λαός σου, οὓς ἐξήγαγες ἐκ γῆς Αἰγύπτου. Καὶ συνῆκεν Μωϋσῆς	3a Καὶ εἶπεν κύριος πρὸς Μωϋσῆν· Μωϋσῆ Μωϋσῆ, κατάβηθι τὸ τάχος, ὅτι ὁ λαός σου ὃν ἐξήγαγες ἐκ γῆς Αἰγύπτου, ἠνόμησεν. 3b Καὶ συνῆκεν Μωϋσῆς,
17 ἐποίησαν ἑαυτοῖς χώνευμα. καὶ ἐπιλαβόμενος τῶν δύο πλακῶν ἔρριψα αὐτὰς ἀπὸ τῶν δύο χειρῶν μου καὶ συνέτριψα ἐναντίον ὑμῶν.	8c καὶ ἔρριψεν τὰς δύο πλάκας ἐκ τῶν χειρῶν αὐτοῦ, καὶ συνετρίβη ἡ διαθήκη αὐτῶν (vgl. 7a) (vgl. 7a)	ὅτι ἐποίησαν ἑαυτοῖς πάλιν χωνεύματα, καὶ ἔρριψεν ἐκ τῶν χειρῶν τὰς πλάκας, καὶ συνετρίβησαν αἱ πλάκες τῆς διαθήκης κυρίου. 3c Μωϋσῆς μὲν ἔλαβεν, αὐτοὶ δὲ οὐκ ἐγένοντο ἄξιοι.

Gliederung

Über das ‚Erbvolk' (13,1–7)

Analyse und Auslegung

1 Wie in Barn 11,1a mit dem hortativen Konj. ζητήσωμεν kommt der Vf. hier mittels ἴδωμεν inhaltlich und formal der Direktive in 2,1 nach. Ebenso wie dort ordnet die Aufforderung ἴδωμεν δέ, der ἀλλὰ ἴδωμεν in 14,1a korrespondiert, en passant die Kapitel 13 und 14 hinsichtlich Anspruch, Zweck und Verstehensvoraussetzung ein.[1] Seiner Semantik und rhetorischen Prägung[2] gemäß kündet ἴδωμεν in 13,1 und 14,1 die folgenden Aufweise nicht nur als nachvollziehbar, sondern als evident an[3]. Zwei Doppelfragen (εἰ ... ἤ ... καὶ εἰ ... ἤ) geben V 1 als Überschrift für die Kapitel 13 und 14 zu erkennen.[4] Die sachliche, inhaltliche Kohärenz dieser zunächst äußerlichen Verbindung wird V 6 eigens hervorheben. Mit den beiden Disjunktiven klingt bereits der sonst mit ἡμεῖς versus ἐκεῖνοι deutlicher profilierte, unüberbrückbare Dissens zwischen Christen und Juden an. Weil vor dem Hintergrund dieses rhetorischen Programms im zweiten Glied der Doppelüberschrift εἰς ἡμᾶς dem sonst für die Juden reservierten εἰς ἐκείνους (vgl. 2,9; 3,6; 4,7a; 8,7b; 10,12a; 13,3) betont entgegensteht, meint aufgrund des Parallelismus beider Glieder οὗτος ὁ λαός zweifelsfrei die Kirche. Barn 13,3.6 stellen überdies sicher, daß auch die pejorative Note von οὗτος ὁ λαός fehlt, die Formen der Verbindung des Demonstrativpronomens οὗτος mit ὁ λαός zugrundeliegt, sofern diese im Barn auf Israel be-

---

[1] Näheres dazu vgl. die Auslegung von Barn 11,1a.

[2] Der kommunikative Pl. ἴδωμεν begegnet mehrfach bei Philo. Stets markiert der hortative Konj. einen Neuansatz, und zwar mit der Absicht, die Aufmerksamkeit auf die nun folgende Darlegung, etwa eines bislang nur gestreiften Aspekts, zu lenken; vgl. insbesondere Philo, *all.* 3,115: ἔτι δὲ ἀκριβέστερον ἴδωμεν τὸ δηλούμενον. Der oft mit περί c. Gen. hergestellte thematische Bezug (*Jos.* 80; *aet.* 131) ist entweder durch ein Relativpronomen (*migr.* 109; *her.* 113; *somn.* 1,25; *Abr.* 238; vgl. Josephus, *Ap.* 2,33; Lk 2,15) oder durch eine Fragepartikel verknüpft: πῶς (*all.* 2,7.26; 3,4; vgl. 1 Clem 21,3), ὡς (*all.* 3,111), τί, τίνα (*all.* 3,222; *fug.* 133; vgl. 1 Clem 7,3; 31,1; Herm *sim.* IX 9,6). Freier gestaltet ist der Einsatz bei Josephus, *AJ* 11,51; *Ap.* 1,260; 2,157; 1 Clem 19,3; 24,2; 25,1; 33,7; Herm *sim.* IX 7,7; Clem. *str.* VIII 4,10,1; 6,18,1. Mit der Fragepartikel εἰ begegnet die Form außer in Barn 13,1 und 14,1 in Hld 7,13; Weish 2,17; 1 Makk 10,56; ferner Mt 27,49 par Mk 15,36.

[3] Bezeichnend ist die Verknüpfung von ‚sehen' und ‚glauben' in Mk 15,32 und Joh 6,30.

[4] Vgl. WENGST, Tradition 44.

zogen sind (vgl. 9,5c; 10,2; 11,2).[5] In V 1 ist mit ὁ πρῶτος demzufolge Israel als das zeitlich erste Volk gemeint[6]; anders in V 6. Barn 13 und 14 handeln über ὁ λαός (vgl. 13,2a), das ohne nähere Qualifikation Volk Gottes meint, unter zwei innerlich verbundenen (vgl. V 6) Gesichtspunkten: dem des ,Erbvolks' (κληρονομεῖ)[7] und dem des ,Bundesvolks' (ἡ διαθήκη).[8] Zuerst soll in Barn 13 anhand der Frage des ,Erben' die Kirche als Volk Gottes identifiziert werden. Prüfstein sind die Väterverheißungen, nämlich erstens die Verheißung an die Patriarchenfrau über die vom κύριος gewollte Hierarchie ihrer Nachkommen (Vv 2f.), zweitens die Segensverheißung, die, durch Geistbegnadung autorisiert, prophetisch dem Zweitgeborenen zuteil wird (Vv 4–6)[9] und drittens die Abrahamskindschaft, die den Unbeschnittenen, die an Gott glauben, verheißen ist (V 7).

1. prophetische Zeichenhandlung – Isaak und Rebekka (13,2–3)

2 Mit dem Aufruf an die Leser, zu hören, wechselt die Kommunikationsstruktur. Vf. und Leser stehen sich im folgenden entsprechend dem in der apostolischen Selbstempfehlung entworfenen und in rahmenbezogenen Einsprengungen mehrfach bestätigten kommunikativen Gefälle gegenüber, in dem der Vf. vor den Lesern als autorisierter Tradent und Sachwalter authentischer Überlieferung auftritt. Die kommunikativ gleichsinnigen Aufrufe αἰσθάνεσθαι ὀφείλετε (V 3) und βλέπετε (V 6) zeigen, daß das Tempus von ἀκούσατε (V 2a) wie ein epistularer Aorist aufzufassen ist. Der Aufruf selbst hat im Einsatz 7,3b eine Parallele (9,3b.c sind Zitate). Auch hier geht ihm die allgemeine Themenangabe voraus, die mit περὶ c. Gen. aufgenommen wird; οὖν signalisiert den Konnex. Thema ist das Volk (περὶ τοῦ λαοῦ), wobei näherhin das ,Volk Gottes' gemeint ist. Im Unterschied zu 7,3b folgt eine als Frage gefaßte konventionelle Zitationseinleitung. Indem sie die Schrift als Quelle und Untersuchungsgegenstand περὶ τοῦ λαοῦ festlegt, erhebt sie, kongruent mit dem im Imper. ἀκούσατε geborgenen Verfasseranspruch, für die folgende Beweisführung autoritative Geltung. Aus Gen 25,19–26 wird der theozentrische Kern der Erzählung über die Geburt Esaus und Jakobs angeführt, nämlich die Bitte Isaaks für Rebekka, die Erhörung der Bitte in Gestalt der Empfängnis und die Deutung von Rebekkas Schwanger-

---

[5] In den griechischen Bibelübersetzungen und in der neutestamentlichen Literatur ist „dieses Volk" häufige und keineswegs pejorative Bezeichnung für die Juden (vgl. Jes 29,13, zitiert in Mk 7,6 par).

[6] Eine von WINDISCH, Barnabasbrief 375, erwogene Präexistenzaussage über die Kirche ist nicht beabsichtigt, auch nicht in 13,6 und 14,8.

[7] Zur Bedeutung der Wortgruppe κληρονόμος vgl. S. 257 die Auslegung zu Barn 6,6f.

[8] Präziser formuliert findet WINDISCH, Barnabasbrief 376, dieses Doppelthema bei Cyprian, *Test.* 1,19 inscr.

[9] Die ersten beiden Väterbeweise sind auch bei Philo, *all.* 3,88–93 verbunden. Christlicherseits ist Barn 14,2–6 der einzige Beleg für die Verbindung von Gen 25,19–26 mit Gen 48,8–19; vgl. auch CARLETON PAGET, Barnabas 167. Zum Verhältnis zwischen Barn 14,2–6 und Philo, *all.* 3,88–93, vgl. HELM, Studien 38f. Iren. *haer.* IV 21 stellt den dritten Schriftbeweis, die Abrahamskindschaft, der Isaak-Episode voraus; den Part über den Segen Jakobs für Efraim ersetzt allerdings ein anderes Beispiel der Jakobsgeschichte. Zur separaten Verwendung der Referenzstellen bei Philo vgl. die Hinweise bei CARLETON PAGET, Barnabas 163 Anm. 295.

schaft[10] mit den Zwillingen Esau und Jakob, und zwar durch den κύριος.[11] Die Vokabel δέδειχεν in der exegetischen Bemerkung V 3 bestätigt auch der Form nach, daß diese Trias insgesamt als zeichenhaftes, prophetisches Geschehen aufgefaßt ist. Demgemäß vertritt die Bitte Isaaks, die wörtlich aus Gen 25,21a zitiert ist, den *Befehl* Gottes, der innerhalb der prophetischen Zeichenhandlung die Handlung in Gang setzt. Mit seiner Bitte unterstellt sich Isaak mit Rebekka dem κύριος. Die knappe Meldung ‚und sie empfing‘ paraphrasiert den Halbvers Gen 25,21b, der die Erhörung von Isaaks Bitte und die Schwangerschaft Rebekkas bekundet. Der Aorist συνέλαβεν *berichtet* formgerecht die Ausführung des zeichenhaften Geschehens. Die Einleitung zum Halbvers 13,2b ist wiederum ein fast wörtliches Zitat von Gen 25,22c sowie der Zitationseinleitung aus Gen 25,23a. Ebenso wie Rebekkas Schwangerschaft auf den Heilswillen des κύριος zurückweist, ist der Herr auch der Hermeneut dieses zeichenhaften Geschehens. Entsprechend feierlich ist die *Deutung* gestaltet. Bereits die Konstatierung des Sachverhalts im ersten Parallelismus sprengt mit dem Hinweis auf ἔθνος und λαός die noch im Bericht über die Ausführung des Befehls gewahrten Grenzen einer Schwangerschaft, indem sie Rebekka zur Ahnfrau erheben. Auf diese erste Verheißung einer reichen Nachkommenschaft folgt im zweiten Parallelismus die Deutung des Numerale δύο. Die beiden parallelen Fut. ὑπερέξει und δουλεύσει geben die Hierarchie der beiden Völker als Verheißung aus. Das Schlußglied der zweiten Verheißung (ὁ μείζων δουλεύσει τῷ ἐλάσσονι) kehrt als Deutung des Jakobssegens wieder (V 5e).[12] **3** Der Inf. αἰσθάνεσθαι ist im Barn stets mit ὀφείλετε verbunden (2,9; 6,18c). Von daher ist festgelegt, daß das von den Lesern geforderte Verstehen seinen Grund und sein Ziel im κύριος hat. Entsprechend ist er Subjekt des Perf. δέδειχεν. Semantik (vgl. 5,6.9; 7,5; 12,6) und Form von δέδειχεν bestätigen den zeichenhaften, prophetischen Charakter des Geschehens, dessen Dignität einzig in seinem Verheißungspotential besteht. Die durch ἴδωμεν vollzogene Einordnung der gesamten Beweisführung findet hierin ihren ersten Widerhall. Die Verlockung ist groß, „hinter τίς … τίς … ἐπὶ τίνων … Geheimnisse zu suchen“[13]. Doch wie die fehlende Kopula[14] signalisiert, ist vor

---

[10] Der Parallelismus ἐν τῇ γαστρί σου … ἐν τῇ κοιλίᾳ σου (בְּבִטְנֵךְ … מִמֵּעַיִךְ) schließt die übertragene Bedeutung von κοιλία als ‚Innerstes, Herz‘, wie sie die griechischen Bibelübersetzungen kennen, sowie einen pejorativen Nebensinn (‚entfesselte Sinnlichkeit‘) aus, wie er bei Paulus durchscheint (z.B. in 1 Kor 6,13); vgl. Behm, κοιλία. ThWNT 3 (1938) 786–789.
[11] Der erste Teil dieser Deutung gilt Philo, *sacr.* 4, als Schriftbeweis für die endgültige Scheidung von Gutem und Bösem. Sehr ähnlich begegnet das Motiv in Röm 9,10f. Windisch, Barnabasbrief 376, vergleicht ferner Tert. *adv. Jud.* 1; *de pud.* 8; Ps.-Cypr. *de mont. Sina et Sion* 3.
[12] Ältester außerbiblischer Beleg für den Teilvers Gen 25,23d ist Philo, *all.* 3,88, und christlicherseits Röm 9,12b. Die erste vollständige Wiedergabe von Gen 25,23 in Barn 13,2b ist von beiden unabhängig. Die thematische und argumentative Einbettung der Textstelle mag indes aus Röm 9,6–12 bekannt gewesen sein, was nicht heißen muß, daß der Vf. diesen Paulusbrief kannte.
[13] Windisch, Barnabasbrief 376: „μείζων ὁ λαὸς οὗτος gibt offenbar schon die ganze Lösung.“ Müller, Erklärung 289, verknüpft die Stelle mit Barn 7,3 und folgert: Isaak ist „ein Vorbild auf Jesus, Rebekka also auf die Menschheit, aus der die beiden Völker kommen sollen“. Daß Isaak, Rebekka und die Söhne τύποι seien, steht nicht da, sondern nur, daß der κύριος etwas gezeigt hat (δέδειχεν).

dem Hintergrund des mit αἰσθάνεσθαι ὀφείλετε evozierten Anspruchs die Lösung einfach zu deduzieren: τίς ... τίς sind Patriarch und Patriarchenfrau, mit ἐπὶ τίνων sind Esau und Jakob gemeint und mit ὁ λαὸς οὗτος die Kirche.[15] „Wie Paulus Gal 4,21–31 die Juden zu Ismael stellt, stellt Barn. sie zu Esau."[16]

2. prophetische Zeichenhandlung – Ephraim und Manasse (13,4–6)

4 Der erste Halbvers ist Exposition und Zitationseinleitung zugleich. Der Ausdruck ἐν ἄλλῃ προφητείᾳ kündigt durch das Adj. einen Neuansatz an und bestimmt zugleich, daß V 2 als Prophetie zu deuten war.[17] Letzteres unterstreicht der Komparativ φανερώτερον[18], der überdies die literarische Integrität signalisiert.[19] Doch besagt er vor allem, daß der folgende Schriftbeweis (vgl. V 2a) wiederum prophetisch die Kirche als Volk Gottes anzeigt und zudem weitaus deutlicher. Was Jakob seinem Sohn Josef sagt, ist prophetische Rede, was Jakob tut, ist prophetisches Zeichen. Aus dieser Exposition einer Gesprächssituation, die auf Gen 48,11a basiert, nimmt das Part. λέγων das Zitationsverb λέγει auf und leitet den Schriftbeweis förmlich ein. Das Zitat kombiniert wortgetreue Exzerpte[20] aus Gen 48,8f.11a.[21] Die erste, aus Gen 48,11a entnommene Sequenz skizziert die Dialogsituation. Mit der *Anweisung* προσάγαγέ μοι τοὺς υἱούς σου, eine Verbindung von Gen 48,8b und Gen 48,9c, setzt Jakob die prophetische Zeichenhandlung in Gang. Der Finalsatz aus Gen 48,9d stellt sogleich klar, daß das Herbeibringen der Enkel die zeichenhafte Handlung nur vorbereitet. Scopus ist vielmehr, wie das Fut. εὐλογήσω[22] signalisiert, der Segen, und zwar für Jakobs Enkel Efraim. Dem steht der Pl. αὐτούς nur auf den ersten Blick entgegen. Die Erläuterung zur Ausführung des Befehls an Josef in V 5a (ἵνα εὐλογηθῇ) sowie der Bericht über die symbolische

---

[14] Zur fehlenden Kopula vgl. BLASS/DEBRUNNER, Grammatik § 127f.

[15] Zum Stil, nämlich 1. Aufruf in der 2. Pers. Sg. zu erkennen, 2. Rekurs auf die beiden Alternativen der Rede bzw. Erzählung mittels τίς ... (καὶ) τίς ..., 3. Erweiterung mit καὶ, und 4. Feststellung des zu Erkennenden mittels eines ὅτι-Satzes, vgl. Philo, *sacr.* 20, dort mit Bezug auf die Bestimmung über das Erstgeburtsrecht laut Dtn 21,15-17. Vgl. auch 1 Clem 7,3: καὶ ἴδωμεν, τί καλὸν καὶ τί τερπνὸν καὶ τί προσδεκτὸν ἐνώπιον τοῦ ποιήσαντος ἡμᾶς; dazu LONA, Clemensbrief 176.

[16] WINDISCH, Barnabasbrief 376.

[17] Der Sache nach entspricht der Ausdruck den kopulativen Wendungen ὁ ἄλλος προφήτης (6,8), ἐν ἄλλῳ προφήτῃ (11,6a; 12,1a) und ἕτερος προφήτης (11,9a), ἐν ἑτέρῳ προφήτῃ (6,14a; 12,4).

[18] Innerhalb der jüdischen und christlichen Gräzität ist der Komparativ vor Barn nur im Arist. 21,3 (φανερωτέρα) und bei Josephus, *AJ* 6,279; 19,267; *Ap.* 2,190; *BJ* 1,447; 2,626; 4,256 belegt. Christlicherseits scheint die Form erst wieder bei Clem. *paed.* I 9,77; II 10bis,113; *str.* V 8,55,1; 14,111,6 auf.

[19] Vgl. WENGST, Tradition 45: „Demnach spricht in V 4 derselbe Verfasser wie in Vv 1.3, also Barnabas."

[20] HELM, Studien 42, unterscheidet in diesem Auswahlverfahren 1. Reduktion des Stoffes (namentlich von Gen 48,15f.), 2. Umstellung (Gen 48,11a vor Gen 48,9a), 3. Unterdrückung der Tatsache, daß auch Manasse gesegnet wurde (Auslassung von Gen 48,13b.14b), 4. Ersetzung von Gen 48,19b durch Gen 25,23c, und 5. Änderung von αὐτούς in Gen 48,15 in αὐτόν (Barn 14,5c).

[21] WINDISCH, Barnabasbrief 376, verweist auf Hippolyts Schrift ‚Über die Segnungen Jakobs' 19 (TU 38/1 [1911] 1-43, hier 23-25).

[22] Vgl. PROSTMEIER, Eulogie. LThK³ 3 (1995) Sp. 987.

Handlung in V 5c (καὶ εὐλόγησεν αὐτόν)[23] bekräftigen vielmehr die, wenn auch gegenläufige, Ausrichtung des Segens auf einen Enkel. 5 setzt mit dem *Bericht* über Josefs Ausführung des Befehls zur Vorbereitung der symbolischen Handlung ein. Grundlage ist Gen 48,13–19. Der Modus der Ausführung, die der starke Aorist προσήγαγεν wiederum als exakte Erfüllung von Jakobs Befehl (προσάγαγε) ausweist, wird im voraus[24] mit der Segensabsicht erläutert (ἵνα εὐλογηθῇ) und durch das Erstgeburtsrecht (vgl. Dtn 21,17) begründet (ὅτι πρεσβύτερος ἦν)[25]. Der Finalsatz bedingt den Ausführungsmodus, daß also Josef seinen Erstgeborenen zur rechten Hand, zur Segenshand Jakobs führt. Biblische Grundlage ist Gen 48,13b.[26] Die Erläuterung (τὸν Μανασσῆ θέλων ἵνα εὐλογηθῇ ... ὁ γὰρ Ἰωσὴφ προσήγαγεν κτλ.) und die Begründung (ὅτι πρεσβύτερος ἦν), die vom Vf. stammen werden[27], sowie die Ausführung zeigen, daß dem Befehl nicht nur den Konventionen nach Folge geleistet ist, sondern auch seiner Intention entsprochen ist. Die aller Konvention und Erwartung (vgl. Dtn 21,17) zuwiderlaufende Segnung Efraims bereitet der Teilvers 5b vor. Mit τοῦ λαοῦ μεταξύ[28] ist sogleich außer Frage gestellt, daß die Segnung eine symbolische Handlung ist, die im Grunde nicht nur über Efraim hinausweist, sondern von diesem völlig unabhängig ist. Denn die Dignität dieser Segnung Efraims beruht exklusiv auf ihrem prophetischen Charakter[29]. Ihn trägt das τῷ πνεύματι ein, das, indem es das εἶδεν qualifiziert, erstens Jakobs Tun und Wort prophetisch kennzeichnet[30] und zweitens das Lexem τύπος diesen prophetischen Status zuweist. Was als Typos in Erscheinung tritt (7,3c.11) oder herge-

---

[23] Am Gestus selbst, dem Kreuzen der Hände, ist erst Tert. *de bapt.* 8 (vgl. Cyprian *Test.* 1,21) interessiert. Vielleicht erklärt sich dies damit, daß Jakobs Gestus erstens durch den Einwand Josefs Teil der Vorbereitungs- und Begleithandlung ist und zweitens das Interesse auf die mit dem Segen konnotierten Verheißungen gerichtet ist.

[24] Zur Prolepse vgl. BLASS/DEBRUNNER, Grammatik § 476.

[25] Der Vf. gibt nicht zu erkennen, daß ihm mit dieser Begründung an einer (feinen oder pikanten) Anspielung auf Esaus Verkauf seines Erstgeburtsrechts an Jakob (Gen 25,29–34) gelegen war. Wie mit der kultursoziologischen und naturkundlichen Bemerkung in Barn 7,8c gibt der Vf. Raum für die Phantasie der Leser.

[26] Vgl. Philo, *all.* 3,90; *sobr.* 27.

[27] Hierauf weist u.a. hin, daß die Begründung nicht, wie es in Barn 13,5d durch das Zitat aus Gen 25,11a geschieht, den Terminus technicus πρωτότοκος aus Dtn 21,15–17 verwendet, sondern nur allgemein das höhere Alter (πρεσβύτερος) nennt. Von einer Einfügung geht auch WINDISCH, Barnabasbrief 376, aus.

[28] Das Adv. μεταξύ ist Antonym zu πρῶτος; es bezeichnet in Verbindung mit (ὁ) λαός also das spätere Volk, die Kirche, im Gegensatz zu den mit πρῶτος signierten Juden (V 1a). Der Ausdruck ὁ λαός μεταξύ indes findet sich erst wieder bei Socr. *h.e.* 7,7 (Στάσεως δὲ διὰ τοῦτο μεταξὺ τοῦ λαοῦ κινηθείσης, συνελαμβάνετο τῷ μέρει Τιμοθέου ὁ τοῦ στρατιωτικοῦ τάγματος ἡγεμὼν Ἀβουνδάτιος), aber auch dort nicht als Bezeichnung für die Kirche.

[29] Vgl. dazu die formal übereinstimmenden und in der Sache nahestehenden Auslegungen von Gen 18,10 (Ankündigung der Geburt Isaaks); 21,12 (Isaak); 25,23 (Jakob und Esau) in Röm 9,6–13, die Paulus ausdrücklich unter der Maxime deutet, daß die Schrift als Verheißung verstanden werden muß (V 9a: ἐπαγγελίας γὰρ ὁ λόγος οὗτος), weshalb nur die ‚Kinder der Verheißung‘ die ‚Kinder Abrahams‘ und ‚Kinder Gottes‘ sind. Paulus zufolge ist die Gültigkeit des Wortes Gottes, also der Schrift, durch diese Auslegung überhaupt nicht in Frage gestellt (οὐχ οἷον δὲ ὅτι ἐκπέπτωκεν ὁ λόγος τοῦ θεοῦ; Röm 9,6a), vielmehr gibt sie sich durch sie zu erkennen.

[30] Vgl. WINDISCH, Barnabasbrief 377, und seinen Hinweis auf Philo, *sobr.* 27.

stellt wird (12,2b.5f.10), rührt stets vom πνεῦμα her,[31] weil im Barn jeder Typos im Dienst der vom Herrn mit dem Geist begnadeten, auf Christus und die Kirche ausgerichteten Prophetie steht und daher kein einziger eine davon unabhängige Dignität und Dynamik besitzt. Die Erfüllung des vom πνεῦμα getragenen Typos bricht kraft des Christusereignisses in der Kirche an (6,11; 7,3c.11). Der Typos verweist daher auf die Sphäre Gottes. Das Pneuma durchbricht den Erwartungshorizont und Plan, den Vv 4.5a referieren. Wie Efraim nicht aus Versehen, sondern aufgrund der auf den κύριος weisenden pneumatischen Begnadung Jakobs (εἶδεν ... Ἰακὼβ ... τῷ πνεύματι) gesegnet wird, so zielen vom κύριος her auch alle Verheißungen für das Volk Gottes auf die Kirche. Leserzentriert mit καὶ τί λέγει als Zitat eingeführt, folgt im Teilvers 5c auf der Grundlage von Gen 48,14.15a der *Bericht* über die Ausführung der symbolischen Handlung. Der durch diese Rhetorik als die Hauptsache angekündigte Part weist gegenüber Gen 48,14.15a zwei bedeutende Änderungen auf: zum einen die Präzisierung des Komparativs νεωτέρου durch τοῦ δευτέρου und zum anderen die Begrenzung des Segens auf Efraim (αὐτόν). Den Typos, den Jakob sah, und zwar kraft des Geistes bzw. im Geist, findet der Vf. exklusiv in der Segnung Efraims.[32] Die gewichtige Konsequenz daraus für die Juden hält V 6 fest. Der Teilvers 5d, der den Einwand Josefs aus Gen 48,18 wiederholt, bereitet die *Deutung* der symbolischen Handlung in V 5e vor. Die Zitationseinleitung sowie die Anrede und Abweisung von Josefs Einwand stammen aus Gen 48,19a. Aus dem bereits in Barn 13,2b zitierten Halbvers Gen 25,23b stammt die Verheißung, die die Handlung Jakobs als symbolisch und prophetisch deutet. Entscheidend an dieser Verheißung, die das Fut. δουλεύσει ausspricht, ist primär nicht die Begründung des Segens für Efraim, sondern daß der Vorrang der Kirche als des zweiten, jüngeren Volks in der Schrift verheißen und kraft des Geistes vom κύριος her (V 5b) symbolisch im Segen für Efraim besiegelt ist. Von dieser Zielsetzung her entscheidet sich zugleich die Übersetzung des καί im zweiten Glied der Deutung und damit der Bezug des Demonstrativums οὗτος. Gesegnet werden sollte und wurde der jüngere Enkel, Efraim.[33] Nur wenn οὗτος auf τῷ ἐλάσσονι bezogen bleibt, stimmen der Bericht über die Ausführung der auf Efraim begrenzten symbolischen Handlung (εὐλόγησεν αὐτόν) und deren Deutung überein, und nur dann ist die exegetische Bemerkung in V 6 nicht verwirrend.

---

[31] Vgl. S. 271 die Auslegung zu Barn 6,11.

[32] Vgl. WINDISCH, Barnabasbrief 377.

[33] Bezeichnend für das Anliegen der auf Manasse bezogenen Übersetzung von καὶ οὗτος δὲ εὐλογηθήσεται mit „doch auch dieser wird gesegnet werden" durch THIEME, Kirche und Synagoge 51, ist deren Begründung (Anm. 69 und 22): „Barnabas ... denkt nicht daran, St. Paulus (Röm 11,25ff.) und der gesamten neutestamentlichen Offenbarung zu widersprechen, wonach sich zuletzt auch das ganze »Israel nach dem Fleisch« bekehren wird." (ib. 228; vgl. 233). Auch Barn 7,9f. sagt zuallererst nicht die Bekehrung der Juden an, sondern das eschatologische Erschrecken über die Identität des Wiederkommenden. Weitere Übersetzungen, die in dieselbe Richtung gehen, registriert HVALVIK, Scripture 138 Anm. 119.

6 korrespondiert V 3. Im Unterschied zu V 3, wo δέδειχεν den prophetischen Charakter akzentuiert, ist hier durch Semantik und Form des τέθεικεν auf die Erfüllungsgewißheit abgehoben, die aus der Verbindlichkeit und Irreversibilität (vgl. Gen 27,30–40), die der Segen bekundet, folgt. In ihm hat der κύριος sich symbolisch auf die Kirche als Volk Gottes festgelegt. Auch von daher ist die nach V 1 überraschende Anwendung von πρῶτος auf die Kirche, die mit τὸν λαὸν τοῦτον einzig gemeint sein kann, zu erklären. Vor allem trägt sich hier aus, daß die Segnung Josefs und Manasses nicht berichtet wird. Es gibt nur *ein* Volk Gottes, die Kirche. Die Juden hingegen waren *nie* Volk Gottes. Der Grund hierfür ist das Christusereignis. Erst durch die eschatologische Heilssetzung Gottes in Jesus ist die Erfüllung dessen angebrochen, was Jakob in der Segnung Efraims angezeigt und verheißen hat. Daher kann der Vf. folgern, daß ‚dieses Volk‘, das Gottes erstes und letztes Volk ist, Erbe der Heilszusicherung ist. Unüberhörbar ist die antijüdische Polemik, die den Juden mit der Autorität der Schrift und dem Zeugnis des Erzvaters Jakob abspricht, je Gottesvolk gewesen zu sein, und ihnen jede Hoffnung auf Heil nimmt, die nicht im Christusereignis gründet. Für die Juden werden sich die Verheißungen an die Väter nie erfüllen.[34]

Prophetisches Zeichen – Volksverheißung an Abraham (13,7)

7 Vor dem Hintergrund dieser schroffen Ausgrenzung ist die Einleitung (V 7a) zum dritten Schriftbeweis zu sehen, die ob der Gewißheit der Beweiskraft bereits triumphiert. Als Subjekt von ἐμνήσθη[35] ist ὁ λαός ἡμῶν zu denken. Geschickt ist zwischen Vf. und Leser Konsens darüber unterstellt, daß die durch εἰ eingeführte Bedingung (διὰ Ἀβραάμ ἐμνήσθη) erfüllt ist, weshalb fraglos die Folgerung (ἀπέχομεν)[36] gilt. Der Vf. knüpft an Barn 9,7f. an[37], wo aus der Schrift erwiesen worden war, daß Abraham zeichenhaft Christus und die Christen prophezeite.

---

[34] Aus der Anwendung von πρῶτος auf die Kirche ist also weder mit Weiss, Barnabasbrief 38, auf die Tätigkeit eines Redaktors zu schließen, noch geht aus ihr die „schriftstellerische Ungeschicklichkeit des Barn" (Helm, Studien 25 Anm. 176) hervor. Es ist deshalb auch nicht vollends zutreffend, wenn Helm, Studien 38, schreibt: „die Frage des Erbvolkes behandelt Barn in dem Schema ‚Älteres Volk‘ (Juden) – ‚Jüngeres Volk‘ (Christen)." Die Juden waren aus der Sicht des Vf. vielmehr nie Volk Gottes, fehlte ihnen doch selbstverschuldet die בְּרִית. Deshalb greift auch der Hinweis auf die Bezeichnung οὗτος ὁ λαός in Barn 13,1 nicht. Der Kontrast ist viel schroffer und die Polemik schärfer, als Helm vermutet. Zur Polemik vgl. Wirth, Verwerfung 33–52, ferner S. 195–197 die Auslegung von Barn 4,2.

[35] Zum passivischen Gebrauch vgl. Blass/Debrunner, Grammatik § 311.

[36] Das Lexem ἀπέχειν begegnet im Barn nur hier. Abgesehen von neutralen Verwendungen wie in Mt 14,24 ist die negative Konnotation der Vokabel in der neutestamentlichen Literatur durch Jesu formelhaftes Verwerfungsurteil in Mt 6,2.5.16 (ἀπέχουσιν τὸν μισθὸν αὐτῶν) und Lk 6,24 bestimmt. Am nächsten kommen Barn 13,7 vielleicht noch Phil 4,8 und 1 Tim 4,3; zu vergleichen ist ferner Arist. 322,1 σὺ δὲ καθὼς ἐπηγγειλάμην ἀπέχεις τὴν διήγησιν ὦ Φιλόκρατες. Windisch, Barnabasbrief 377, notiert versehentlich Mt 6,3.

[37] „Da 9,7 sicher Barnabas zuzuschreiben ist, dürfte auch die Zwischenbemerkung auf ihn zurückgehen" (Wengst, Tradition 46). Hierauf weist auch der Anschluß mit εἰ οὖν ἔτι καί, der die auch sonst vom Vf. zum Übergang und Neuansatz gebrauchte Wendung ἔτι δέ bzw. ἔτι οὖν aufnimmt (vgl. 4,6; 5,5; 15,1; 16,1).

Die Details und der Sachzusammenhang, also die Beschneidung, sind hier nicht von Interesse, sondern nur das Ergebnis des Schriftbeweises und seine Evidenz, die jedem Einwand allein durch den Wortlaut der Schrift die Spitze nimmt. Wenn die drei Patriarchen übereinstimmen (εἰ οὖν ἔτι καί)[38], ist nicht nur der Aufweis für die Gottesvolkschaft der Kirche lückenlos und in seiner Autorität unantastbar (vgl. 8,4), sondern zugleich ist das allgemeine Ziel des Vf., nämlich vollkommene Gnosis (τὸ τέλειον τῆς γνώσεως) zu vermitteln (1,5), verwirklicht (ἀπέχομεν). Weil dieses Anliegen dem hortativen ἴδωμεν in 13,1 zufolge die einigende Aufgabe von Vf. und Leser ist, wechselt mit ἀπέχομεν für einen Moment die in V 2a aufgenommene Kommunikationsstruktur. Mit der leserzentrierten Frage τί οὖν λέγει τῷ Ἀβραάμ kehrt der Vf. in jene Struktur zurück, die von den an die Leser gerichteten Imper. bestimmt ist. Abrahams Mittlerschaft (διά c. Gen. der Pers.) in bezug auf ‚unsere‘ vollkommene Gnosis (V 7a) besteht der Zitationseinleitung (τί οὖν λέγει τῷ Ἀβραάμ;) zufolge in dem mit ihm verbundenen prophetischen Wort. Der von ὅτε eröffnete Satzteil rekurriert mit den Stichworten πιστεύσας und εἰς δικαιοσύνην[39] auf Gen 15,6 (vgl. Neh 9,8; Röm 4,3.22; Just. *dial.* 119,6) und damit auf den gesamten Komplex der abrahamitischen Verheißungen in Gen 15,18f. und der בְּרִית. Diese in der בְּרִית besiegelte Verheißung der Nachkommenschaft an ‚Abram‘ ist der Anknüpfungspunkt für den aus Gen 17,4f. zusammengestellten ersten Teil des Schriftbeweises über die Abrahamskindschaft. Wem sie gilt, hat der Vf. im zweiten Teil des Zitats mit der Autorität der Schrift festgelegt.[40] Allen nämlich, die im Zustand der Unbeschnittenheit (δι᾿ ἀκροβυστίας; vgl. Röm 4,11) an Gott glauben. Das Interesse des Vf. ist nicht darauf gerichtet, daß den Unbeschnittenen der Glaube wie einst Abrahams Glaube an die Zuverlässigkeit des Gotteswortes als Gerechtigkeit (εἰς δικαιοσύνην) angerechnet wird (vgl. Röm 4; Hebr 11,8–18). Es geht vielmehr um den Anspruch auf die Abrahamskindschaft, weil in ihr alle Verheißungen für das Volk Gottes grundgelegt sind. Mit der nicht überbietbaren Autorität einer Gottesrede (τί οὖν λέγει τῷ Ἀβραάμ ... ἰδού, τέθεικά σε ...) wird sie den Christen zugesprochen. Dabei ist zu beachten, daß der Scopus der Argumentation nicht die Frage der Beschneidung, sondern der Identifizierung des Gottesvolks ist.[41] Und für die Zugehörigkeit zum Volk Gottes

---

[38] Der Konsens der drei Erzväter (vgl. 8,4) kann als schlagendes Argument in unterschiedlichen Bereichen und auf verschiedenen Ebenen gefunden und eingesetzt werden. In Philos Allegorese, z.B. Philo, *sacr.* 4–6, bedeuten sie drei Arten, göttliche Erkenntnis und vollkommene Tugend zu erlangen. Abraham erwirbt sie durch Lernen, Isaak ist von Gott dazu begnadet, und Jakob erwirbt sie durch Übung. Zur Patriarchentrias vgl. ferner Röm 9,6–12; Hebr 11,8–22; 1 Clem 31,2f. (vgl. LONA, Clemensbrief 339–341); Just. *dial.* 119,6; 120,1.

[39] WENGST, Tradition 46, hält Zitat und Situationsangabe in V 7b für „Fremdgut", weil das Interesse des Vf. nur am Zitat liegt und δικαιοσύνη sonst im Barn nie auf den Glauben bezogen ist. Doch ist nicht auch damit zu rechnen, daß Vf. und Leser letztere Verbindung bereits als feste, mit Abraham verbundene Personaltradition vertraut war? Vgl. VAN DER HEIDE, Berufung Abrahams 17–24.

[40] Gut möglich ist, was WINDISCH, Barnabasbrief 377f., vermutet, daß dieser Zusatz aus Röm 4,11 stammt. Daraus wird man jedoch kaum ableiten dürfen, daß dem Vf. des Barn dieser Paulusbrief vorlag.

[41] An der Sache vorbei geht deshalb die von WINDISCH, Barnabasbrief 378, behauptete Ignorierung der Judenchristen.

ist allein der Glaube maßgeblich.[42] An der Beschneidung liegt nichts. Weil aber dieser Glaube sein Fundament im Christusereignis hat, ist mit dieser Profilierung der Abrahamskindschaft von Gott festgelegt (τέθεικα), daß sie sich erst in der Kirche verwirklicht.

Über die Heilszusicherung (14,1–9)

Analyse und Auslegung

Die Juden haben die διαθήκη nicht empfangen (14,1)

1 Mit dem hortativen ἀλλὰ ἴδωμεν greift der Halbvers 14,1a auf Barn 13,1 und die dort getroffenen Festlegungen über Anspruch, Zweck und Verstehensvoraussetzung zurück. Die Frage εἰ ἡ διαθήκη nimmt sich des zweiten Themas an.[1] Die Satzhälften[2] des Relativsatzes verknüpfen mit ἡ διαθήκη das Gesamt der Väterverheißungen an das Volk Gottes. Subjekt des ὤμοσεν (vgl. 6,8) ist selbstverständlich Gott und folglich auch des Perf. δέδωκεν; die Juden sind als Dativobjekt zu ergänzen[3]. Zunächst gilt das Augenmerk der Frage, ob Gott (den Juden) diese Heilszusicherung gegeben hat (εἰ δέδωκεν); ἀλλὰ ἴδωμεν und ζητῶμεν umschließen die Frage. Hieraus ist bereits ersichtlich, was V 4a bestätigen wird und durch Barn 4,6b.8c hinlänglich bekannt ist: Es gibt nur eine διαθήκη. Auf die erwartungsgemäße Feststellung δέδωκεν zu Beginn des zweiten Halbverses folgt die These, daß die Heilszusicherung dennoch nicht empfangen wurde. Der Pl. αὐτοί meint nicht die Väter, denen Gott die διαθήκη zuschwor (vgl. 6,8), sondern die Juden. Zum einen macht nur so die zweite Qualifizierung der διαθήκη mit δοῦναι τῷ λαῷ in V 1a Sinn und zum anderen sperren sich die These οὐκ ἐγένοντο ἄξιοι[4] und die Begründung mit der Sündhaftigkeit (διὰ τὰς ἁμαρτίας αὐτῶν; vgl. 4,6b; 12,2) gegen das Profil der Patriarchen in Barn 13, speziell aber gegen die Auszeichnung

---

[42] ,Abraham als Vater der Gläubigen' vgl. Sir 44,19–21; Weish 10,5; 1 Makk 2,52; Röm 4,11; Jak 2,21a; ferner Just. *dial.* 119,6: „Das Volk also, welches Gott dem Abraham verheißt, glaubt gleich Abraham, fürchtet Gott, ist gerecht und erfreut den Vater. Da euch der Glaube fehlt, so seid nicht ihr [sic. die Juden] jenes Volk."

[1] Schriftgrundlage wird Jer 11,5 sein, wenngleich auch Barn 6,8 nicht außer Acht gelassen werden darf. In freier Wiedergabe findet sich das Prophetenwort auch in Lk 1,72f., wovon Barn 14,1 jedoch nicht abhängt (vgl. KÖSTER, Überlieferung 129).

[2] V 1a ist als Ganzes ein Anakoluth: Der Selbstaufforderung im kommunikativen Pl. folgt ein εἰ-Satz, doch bevor er endet, setzt ein neuer ein, dem wiederum zwei konkurrierende pluralische Selbstaufforderungen folgen. WENGST, Tradition 47, erkennt in dieser Syntax den Hinweis auf die (letztlich inkonsequente) Überarbeitung eines Traditionsstücks. Daß Barn 14 vorgefundenes Material heranzieht, steht schon wegen der Dublette von 14,1b–3c mit Barn 4,6b–8c außer Frage. Wengst zufolge waren „für Barnabas die Verse 1–9 schon eine Einheit" (ib. 48 Anm. 98); vom Vf. stammte das Anakoluth, das hauptsächlich durch die zweimalige Eintragung des Fragepartikels εἰ entstand, sowie die Bemerkung V 7b.

[3] Vgl. BLASS/DEBRUNNER, Grammatik § 187.

[4] Die Wortwahl erinnert den in Barn 9,8 entworfenen Dissens zwischen Juden und Christen.

Abrahams in 13,7a als von Gott gerecht Befundenen. Anders das Volk. Es hat die Heilszusicherung nicht empfangen, und zwar selbstverschuldet. Denn durch ihre Sünden haben sich die Juden aus der Heilssphäre Gottes selbst ausgeschlossen und sich damit allen Verheißungen an die Väter als unwürdig (ἄξιοι) erwiesen.[5] Das Adj. ἄξιοι will vor allem im Konnex mit Barn 9,9 gelesen werden. Demzufolge fehlt den Juden, was das Volk Gottes auszeichnet: die Gnade. Da die Frage in V 4a den Blick auf die Christen richtet, rahmt die Wiederholung des Verdikts αὐτοὶ οὐκ ἐγένοντο ἄξιοι in V 3c den gesamten Schriftbeweis über den Nichtempfang der διαθήκη seitens der Juden. Hierdurch erscheint die den Juden fehlende Gnade als maßgebliches theologisches Argument gegen ihren Anspruch, Volk Gottes zu sein. Anhand der Schrift ist dies die erste und abschließende Gnosis, die der Vf. über die Identität des Gottesvolks mitzuteilen weiß.

Prophetische Zeichenhandlung – Zerbrechen der Tafeln (14,2-3)

2 setzt mit einer konventionellen Zitationsformel ein (vgl. 4,7b). Das folgende Zitat verschmilzt Sequenzen aus Dtn 9,9 (Ex 24,18 bzw. Ex 34,28) und Dtn 9,10a (Ex 31,18) mit eigener Prosa zu einer Nacherzählung der Ereignisse am Sinaï-Horeb. Die themazentrierten Einfügungen πρὸς τὸν λαόν (V 2a), ἐν πνεύματι (V 2b) sowie der gesamte Teilvers 2c, die im Parallelabschnitt Barn 4,6b-8c kein Pendant haben, legen die Funktion des durch die Gnosis bereits festgelegten Beweisziels im Kontext des Doppelkapitels 13 und 14 offen: der dezidierte Nachweis, daß das Volk am Sinaï-Horeb die Heilszusicherung nicht empfangen hat. Er bekräftigt und verlängert die drei Aufweise in Barn 13, denen zufolge nie die Juden, sondern immer schon die Kirche Empfänger der Väterverheißungen war. Die Einfügung ἐν πνεύματι kann zu ἔλαβεν Μωϋσῆς[6] oder zu γεγραμμένας gezogen werden. Für erste Verbindung spricht erstens, daß auch in Barn 10,1.2.9 Formen von λαμβάνω mit ἐν πνεύματι[7] – zumindest in der Sache – verbunden sind, um Mose als den auszuweisen, dem durch den κύριος der prophetische Sinn des Gesetzes offengelegt wurde, und zweitens, daß speziell in 14,2 durch die syntaktische Stellung von ἔλαβεν und ἐν πνεύματι die Prägekraft des letzteren für ἔλαβεν Μωϋσῆς hervortritt. So gesehen bereitete der Zusatz ἐν πνεύματι die Deutung συνῆκεν Μωϋσῆς in 14,3b (vgl. 4,8b) vor. Für eine Verbindung des ἐν πνεύματι mit dem Part. γεγραμ-

---

[5] Das Augenmerk der Aussage ist zuallererst darauf gerichtet zu erklären, weshalb Gottes bindende (ὤμοσεν) Heilszusicherung an die Väter nicht ihr verheißenes Ziel erreichte. Der Vf. will durch den Nichtempfang der διαθήκη seitens der Juden deren Anspruch auf die Gottesvolkschaft annullieren. Daß Gottes Treue davon unberührt bleibt, dafür sorgt zum einen die Interpretation des gesamten Geschehens als prophetische Zeichenhandlung, die dem Ereignis selbst keine eigene Dignität beläßt, und zum anderen, daß Gottes Treue durch seine Heilsetzung in Jesus eschatologisch manifest wird. Innerhalb der Konzeption des Barn ist die von WINDISCH, Barnabasbrief 378, mit Blick auf Lk 1,72f. bemerkte Aporie des δέδωκεν der διαθήκη einerseits und dem οὐκ ἐγένοντο ἄξιοι λαβεῖν folglich nicht allzu groß. Die Gabe der διαθήκη scheitert durch die Juden, und zwar scheitert sie, gegen Ex 34, für die Juden endgültig, weil dies vom Beweisziel gefordert ist.

[6] Vgl. MÜLLER, Erklärung 296.

[7] Zu ἐν πνεύματι vgl. S. 367f. die Auslegung von Barn 9,7.

μένας spricht zwar, daß hierdurch der Anthropomorphismus[8] abgeschwächt wird, doch steht diesem Argument die Parallelstelle Barn 4,7b entgegen, in der eine solche Milderung unterbleibt. Eine Entscheidung zugunsten der zweitgenannten Verbindung ergibt sich vielmehr vom Sprachgebrauch des ἐν πνεύματι her. Der Ausdruck bestimmt das Christusereignis und die Kirche als den Fokus, auf den alle Worte und Taten hinweisen und zustreben, die der κύριος initiiert hat. Insofern war das Beschreiben (γέγραμμένας) der ,Tafel der בְּרִית' durch den κύριος selbst eine prophetische Handlung. Die ,Tafel der בְּרִית' waren ἐν πνεύματι, d.h. mit ,pneumatischen Hintersinn', im Blick auf die Zeit der Kirche beschrieben.[9] Der κύριος hat also nicht nur in ,Gleichnissen gesprochen' (vgl. Barn 6,10a), sondern auch sein ,Handeln' ist von diesem gleichnishaften, prophetischen Format. Daher ist die ganze Verkündigung, d.h. die Worte und die Taten, von denen die Schrift berichtet, als Gleichnis auszulegen. Unter dieser Voraussetzung war es freilich nicht nur durch die gottentfremdete Haltung und das ungesetzliche Handeln des Volkes, das Mose aus Ägypten an den Fuß des Gottesberges geführt hat, ausgeschlossen (14,3a), diesem Volk die בְּרִית zu geben. Aufgrund der prophetischen Signatur, d.h. des auf Christus und das Volk, das Gott durch seinen Geliebten bereitet hat (vgl. 3,6; 6,16; 14,6), weisenden Charakters dieser vom Herrn ἐν πνεύματι beschriebenen Tafeln, war es per se ausgeschlossen, daß Mose sie ,seinem Volk' (vgl. ὁ λαός σου κτλ.) aushändigt. Laut 14,3b (vgl. 4,8b) hat der Erzprophet sowohl den prophetischen Scopus, der durch die kraft der Art der Ausfertigung (γέγραμμένας … ἐν πνεύματι) bedingten Konstitution der ,Tafel der בְּרִית' bestimmt ist, sowie die Gründe gegen die Aushändigung ,Tafel der בְּרִית' an ,sein' Volk erfaßt (καὶ συνῆκεν Μωϋσῆς). **3** Auf die Exposition zur Beweisführung folgt in den beiden Teilversen 3a.b der Bericht über eine prophetische Zeichenhandlung Mose; die Zitationseinleitung führt sie als Schriftbeweis ein. Abgesehen von Abweichungen in der Wortstellung unterscheidet diese Dublette zu Barn 4,8 der ὅτι-Satz. Er erläutert, worauf das Verdikt αὐτοὶ οὐκ ἐγένοντο ἄξιοι gründet. Wie in Barn 4,8a ist es der Glaubensabfall, der den Empfang der διαθήκη verhindert bzw. ihren „Verlust" verursacht. Aufgrund der Eintragungen in 14,2a.c, die das Thema ,Volk Gottes' hervortreten lassen, ist hier das Verdikt ἠνόμησεν ὁ λαός σου deutlicher als in 4,8 als Gottes endgültiges Urteil über das ihm entfremdete Volk[10] erkennbar. Zunächst konstatiert der Aorist ἠνόμησεν, daß die Heilsordnung Gottes willentlich verlassen wurde. Deshalb sind sie, die Juden, sündhaft, deshalb sind sie nicht

---

[8] Vgl. WINDISCH, Barnabasbrief 378.

[9] Eine entfernte Parallele liegt bei Iren. *Epid.* 26 vor, wo der aus Ex 31,18 bzw. Dtn 9,10a entlehnte Ausdruck ,Finger Gottes' mittels des Ausgriffs auf den Heiligen Geist (Ունըրր Հոգիʼս), vielleicht in Rekurs auf Joh 15,26 (τὸ πνεῦμα … ὃ παρὰ τοῦ πατρὸς ἐκπορεύεται), erläutert wird: „Der Finger Gottes aber ist das, was vom Vater zum Heiligen Geist ausgestreckt ist" (FC 8/1,51). Die von FROIDEVAUX, Démonstration 73f. Anm. 2, und ROUSSEAU, Démonstration 263, notierten Deutungsmöglichkeiten für diese Passage, die sich nicht zuletzt aufgrund der textkritischen Probleme des nur armenisch überlieferten Textes eröffnen und sich u. a. in divergierenden griechischen Rückübersetzungen bekunden, zeigen, daß den Christen die Frage, was das biblische Bild ,Finger Gottes' bedeuten soll, Probleme bereitete.

[10] Vgl. WINDISCH, Barnabasbrief 322.

würdig (V 1b). In Verbindung mit dieser Feststellung distanziert der κύριος mit dem auf Mose bezogenen Personalpronomen σοῦ das Volk nicht erst nachdrücklich von sich, sondern signalisiert, daß es auch zuvor nicht sein Volk war. Der Guß des Kultbilds dokumentiert nur noch, daß die Juden nicht das Volk Gottes sind. Innerhalb der Beweisführung indes resultiert der Nichtempfang der διαθήκη daraus, daß Mose, vom κύριος befähigt, die ganze Tragweite des Moments erkannte (καὶ συνῆκεν Μωῦσῆς) und konsequent und demonstrativ handelte. Aufgrund der Akzentverschiebung, die die Deutung gegenüber den biblischen Vorlagen einträgt, ist dieser Nichtempfang nun Funktion der prophetischen Ankündigung der Erlösung kraft des Christusereignisses (Vv 4–7) als jene Heilszusicherung, auf die die Ereignisse am Sinaï bzw. am Horeb hinweisen und zustreben. Das Zerbrechen der ‚Tafeln der בְּרִית‘ ist als prophetische Zeichenhandlung interpretiert, die auf Christus und die Christen hinweist und offenlegt, was durch die Verbindung des ἐν πνεύματι mit dem Part. γέγραμμένας vorgezeichnet ist, daß die Juden nicht Volk Gottes sein können – sonst hätten sie die διαθήκη empfangen. Deckungsgleich mit Barn 4,8 ist demzufolge Μωῦσῆ, Μωῦσῆ, κατάβηθι τὸ τάχος der ‚Befehl zur Ausführung der symbolischen Handlung‘; der erste ὅτι-Satz ist die ‚Deutung‘ und καὶ ἔρριψεν κτλ. der ‚Bericht über die Ausführung‘. Aufgrund dieser Struktur sind καὶ συνῆκεν Μωῦσῆς sowie καὶ συνετρίβησαν κτλ. in V 3b als Zusätze zu erkennen. Beides sind Deutungen des Auftrags bzw. der gesamten prophetischen Zeichenhandlung, die Mose der Zitationseinleitung zufolge auf Geheiß des κύριος vollbrachte. Wie die Patriarchen[11] hat auch Mose erfaßt und angezeigt, daß nicht das Volk am Sinaï-Horeb das Volk Gottes ist, daß es also nicht die Juden sind. V 3c zeigt die ‚Beziehung der prophetischen Handlung zum symbolischen Geschehen‘[12] auf und rekapituliert zur Bestätigung die eingangs konstatierte Gnosis: die den Juden fehlende Gnade. Mit Blick darauf, daß in Apg 13,46f. sowohl sachlich parallel zu V 3c das Urteil αὐτοὶ δὲ οὐκ ἐγένοντο ἄξιοι über die Juden angeführt als auch Jes 42,6f. zitiert ist, das in V 7 als erläuternder Schriftbeweis aufgenommen ist, mag hier allerdings nicht nur das Moment des einstigen Glaubensabfalls am Sinaï-Horeb im Visier sein, sondern der im Kreuz Christi offenbar gewordene Unglaube der Juden, die beide Ausdruck der fehlenden Gnade sind.[13]

Die Christen haben die διαθήκη empfangen (14,4–9)

4 auf den Erweis hin, daß zwar Mose, nicht aber die Juden die διαθήκη empfangen haben und deshalb nicht Volk Gottes sind, wird nun die Frage in bezug auf die Christen aufgeworfen. Daß die Christen die διαθήκη haben, deren wirksame Gabe durch den κύριος V 1b mit δέδωκεν konstatierte, steht offenkundig außer

---

[11] Vgl. Abraham in 9,7; Jakob in 13,5; sowie Mose selbst in 10,2.9 und David in 10,10.

[12] Diese deutende Bezugnahme ist ein regelmäßiges, jedoch unselbständiges Element (vgl. Barn 4,8; 7,3–5.6–11 und Barn 12) dieser prophetischen Gattung; vgl. FOHRER, Propheten 17–19.

[13] Zu der alle Zeiten und jeden mahnenden Wirkungsgeschichte des Motivs der ‚Schlechtigkeit der Juden‘ vgl. die Hinweise bei SCHUBERT, Gottesvolk – Teufelsvolk – Gottesvolk 30–52, bes. 35–37; zu ἄξιος vgl. die Auslegung von Barn 9,8.

Frage, denn von Interesse ist einzig der Modus des Empfangs (πῶς δὲ ἡμεῖς ἐλάβομεν;). Mit dem Motiv der Mittlerschaft des Mose (Μωϋσῆς θεράπων ὤν)[14] greift der Vf. summarisch auf Vv 1b–3 zurück. Dieser mittelbaren und von den Empfängern her defizitären Heilszusicherung steht die direkte, vollzogene (ἔδωκεν) und insofern vollkommene Gabe der διαθήκη durch den Geber selbst, den κύριος, gegenüber. Das prädikative αὐτός stellt klar, daß alles auf den κύριος ankommt. Der abschließende Partizipialsatz erklärt den Aorist ἔδωκεν und somit zugleich das πῶς. Mit dem Stichwort ὑπομένειν (vgl. 5,1.5.6.12) ist auf den Ausweis von Inkarnation und Passion des κύριος als Erfüllung prophetischer Verheißung sowie seines Willens (vgl. prädikatives αὐτός in 5,7) abgehoben. Der Aorist ὑπομείνας nimmt dieses Ereignis als Ganzes in den Blick, das δι᾽ ἡμᾶς als Heilsereignis anzeigt. Mit dem Christusereignis geschah dem gemeinsamen Tempus von ὑπομείνας und ἔδωκεν zufolge auch die Gabe der διαθήκη. Weil δι᾽ ἡμᾶς ὑπομείνας Fleischwerdung und Passion des κύριος zusammen als Gnadenereignis zu verstehen gibt, ist auch die Gabe seiner διαθήκη Gnade.[15] Als Gnadengabe eröffnet und bewirkt das Christusereignis die Erfüllung der von Mose zeichenhaft verheißenen Heilszusicherung. Die Parenthese εἰς λαὸν κληρονομίας konstatiert somit die soteriologische Konsequenz des ἔδωκεν. Das Personalpronomen ἡμῖν verankert sie ekklesiologisch. Weil die Kirche auf dem Christusereignis ruht, gilt ihr die Gnade der Heilszusicherung und gelten ihr alle Verheißungen. Sie ist also gnadenhaft Volk Gottes. Durch die Fundierung der διαθήκη im Christusereignis steht die Heilszusicherung nicht nur unter dem eschatologischen Vorbehalt, sondern mit ihr ist auch das Wachstumsziel der Kirche bestimmt: das eschatologische Heil. Eine zweigliedrige Homologie, der ein Schriftbeweis folgt, entfaltet diese Antwort auf das πῶς. **5** Die beiden Aorist Pass. ἐφανερώθη und ἡτοιμάσθη gliedern den Vers; je ein Finalsatz schließt sich an. Mit Ausnahme von 15,9, wo φανερωθείς das Erscheinen des Auferstandenen meint, ist das Verb φανεροῦν im Pass. stets auf die Inkarnation bezogen (5,6; 6,7.9.14; 7,7; 12,10; 14,5). Aber auch in seiner aktiven Bedeutung bezeichnet die Vokabel entweder die auf Christus und die Christen weisende Offenbarung (2,4), die Offenbarung der Gottessohnschaft (5,9; 12,8) durch den κύριος oder die Offenbarung des Gekreuzigten als Heilsbringer (7,3). Dieser christologischen Prägung des Lexems gemäß hebt der Finalsatz zum einen den eschatologischen Rang und zum anderen die soteriologische Relevanz des Christusereignisses heraus. Im Anschluß an Barn 5,11b wird Kommen und Leiden des κύριος als jenes Ereignis in Erinnerung gebracht, das die Gegen-

---

[14] Zur Auszeichnung Mose als Diener (Knecht) des Herrn bzw. Gottes vgl. Num 12,7 (vgl. ApcMos 1; 1 Clem 43,1b; 53,5 [vgl. LONA, Clemensbrief 449f.]; Just. *dial.* 56,1; Iren. *haer.* II 2,5; Thphl.Ant. *Autol.* 3,18.23); Jos 1,2. Auch Ijob wird diese Ehrung zuteil (Ijob 42,7.8b; T.Hiob 4,2; 37,8; 42,5). Weish 18,21 meint θεράπων den Diener als messianischer Retter. Hebr 3,5 zufolge zeugt das Dienersein des Mose von den künftigen Offenbarungen. Philo, *Jos.* 104, weiß von Josef als ‚hebräischen Diener‘ und Ex 33,11 nennt Ἰησοῦς υἱὸς Ναυη Diener des Mose. Scopus all dieser Qualifizierungen ist der vorbildliche Gottesgehorsam; und in diesem Sinne gilt auch Abraham als „Freund", d.h. Diener Gottes (vgl. 2 Chr 20,7; Jes 41,8).
[15] Vgl. Mt 26,28a par Mk 14,24; vgl. Lk 22,20b; 1 Kor 11,25b; ferner Hebr 9,15.

wart bis zu ihrem Ende als die Zeit der Erfüllung und die Zeit der Krisis bestimmt hat. Als Zeit der Kirche ist sie also die eschatologische, letzte Phase vor der Parusie und zugleich Heils- und Entscheidungszeit für oder gegen Gott. Indem die Juden (κἀκεῖνοι) in der Ablehnung Jesu ihre schuldhafte Verweigerung gegenüber dem Heilswillen Gottes besiegeln, wird offenkundig, daß sie nicht Volk Gottes sind. Zwar auf gleicher Ebene (καί), aber teleologisch den κἀκεῖνοι diametral entgegen, stehen die Christen (ἡμεῖς). Der starke Aorist λάβωμεν ist sachlich parallel mit ἐγκατασφραγισθῇ εἰς τὴν καρδίαν ἡμῶν in Barn 4,8 zu erklären. Wird ferner bedacht, daß hier wie dort der Geber für die Unverbrüchlichkeit der Gabe bürgt, und daß die singuläre Bezeichnung ‚Herr Jesus‘ in 14,5 der auf den κύριος bezogenen Umschreibung τοῦ ἠγαπημένου Ἰησοῦ in 4,8 korrespondiert, dann ist mit λάβωμεν auf die Taufe abgehoben. Der Empfang der διαθήκη ist, wie die Genetivbestimmung κυρίου Ἰησοῦ anzeigt, baptismales Geschehen. Die Heilszusicherung des κύριος Ἰησοῦς ist eine Konstituente der Kirche. Hieran fügt sich das zweite Teil dieser Homologie. Sein Schlüssel- und Gliederungswort ἑτοιμάζειν ist sonst explizit mit ὁ λαός verbunden (3,6; 5,7; 14,6) oder zielt auf die vom Geist berufene Gemeinschaft (19,7). Das Stichwort in bezug auf ‚uns‘ ist λυτρωσάμενος (vgl. V 7b); es ist zugleich assoziativer Anknüpfungspunkt für die folgenden Zitate. Das Motiv der ‚zu Tode erschöpften Herzen‘ sowie ‚das Erlösen aus der Finsternis‘ ist an 19,2 (λυτρωσάμενον ἐκ θανάτου) angelehnt. Die Vergangenheit (τῇ τῆς πλάνης ἀνομίᾳ), die für das Heil als höchst gefahrvoll (ἤδη δεδαπανημένας … τῷ θανάτῳ), freilich aber als überwunden erinnert wird, scheint durch den Personalbezug (ἡμῶν καρδίας) Vf. und Leser als Heidenchristen zu entschlüsseln. Maßgeblich für dieses Urteil ist die Annahme, Judenchristen könnten ihre jüdische Vorgeschichte nicht mit dem Verdikt ‚Irrtum der Gesetzlosigkeit‘ belegen.[16] Entscheidend ist hingegen der im Christusereignis grundgelegte soteriologische Aspekt (vgl. 2 Clem 3,3–7). Und von dieser Warte aus fehlte allen, abgesehen von den begnadeten Vätern und Propheten, die pneumatische Befähigung und damit die Voraussetzung für die Gnosis zu Gott gehorsamem Handeln. „Der κληρονομῶν … ist Christus.“[17] Dem Relativsatz (ὃς εἰς τοῦτο ἡτοιμάσθη[18]) zufolge ist die Kirche unmittelbarer Zweck des Christusereignisses (ἵνα αὐτὸς φανείς) und in ihm verwurzelt. Diese Bestimmung entfaltet sich in der Erlösung (λυτρωσάμενος) und der Zusicherung (διαθῆται) und Verkündigung des Heils (διαθήκη). Für die

---

[16] Vgl. MÜLLER, Erklärung 298f., der hierfür auf ἐπήλυτοι in Barn 3,6 und οἱ ἄνομοι in 1 Kor 9,21 als Etikett für die Heiden verweist. Judenchristen als Leser vermutete hingegen VON WEIZSÄCKER, Kritik 37.

[17] WINDISCH, Barnabasbrief 379.

[18] „ἡτοιμάσθη von Christus nur hier“ (WINDISCH, Barnabasbrief 379); zur Verwendung vgl. noch Ps.-Epiph. hom. in laudes deipare (PG 43,488). Die Vokabel ἑτοιμάζειν ist in Barn sonst (3,6; 5,7; 14,6; 19,7b) im Aktiv verwendet; sie weist stets auf Gott zurück als Urheber des Bereitens, dessen Ausführung allerdings durch „seinen Geliebten“ (3,6), den κύριος (5,7), den ‚Herrn Jesus‘ (14,6) oder das Pneuma (19,7b) geschieht. Insofern ist ἡτοιμάσθη in Barn 14,5 als passivum divinum anzusehen. Die These eines „modalistischen Monarchianismus“ im Barn (vgl. HÜBNER, Εἷς θεὸς Ἰησοῦς Χριστός 326–328.335f.) erfährt hierdurch schwerlich eine Stütze.

Erlösung hat der Vf. drei Bildworte: Die Christen sind erstens erlöst vom Verhängnis des Todes[19], zweitens von einem Leben in Gottlosigkeit und Irrtum[20], und drittens von der ‚Finsternis'[21]. Mittels des Lexems διατίθημι[22] gibt die zweite Bestimmung den Geber als den Souverän der mit seiner Heilszusicherung begnadeten Kirche zu erkennen. Der instrumental zu interpretierende Dat. λόγῳ steht für das Evangelium Jesu Christi. Der Erfüllung der Verheißung, die durch Gottes Heilssetzung in Jesus Christus stattfand, folgt und korrespondiert die Botschaft von dieser Erfüllung (vgl. Hebr 9,15). Die Heilszusicherung durch das Wort ist somit die Verkündigung der Kirche (vgl. Barn 11,8bc.11). ὁ γάρ schließt ausdrücklich an V 5 an. Γέγραπται ist zuerst mit der Zitationseinleitung λέγει οὖν ὁ προφήτης in V 7a zu verbinden. Der Einsatz mit πῶς αὐτῷ spricht dagegen, daß γέγραπται γάρ bereits selbst eine förmliche Zitationseinleitung ist. Es handelt sich um eine formale Entsprechung zu περὶ οὗ γέγραπται in Barn 4,3. Γέγραπται γάρ konstatiert einfach, in der Schrift sei vielfach belegt, *daß*[23] erstens ‚der Vater' ‚ihm gebietet',[24] und zwar zweitens ‚uns zu erlösen' und sich dadurch drittens ‚ein heiliges Volk zu bereiten'. Alle drei Glieder haben im Barn selbst ihren Rückhalt. Das erste Glied knüpft an Barn 12,8 an. Demzufolge steht erstens das Personalpronomen αὐτῷ für ‚Sohn Gottes', für Jesus, und damit ὁ πατήρ für ὁ θεός, und zweitens ist durch den Kontext von Barn 12,8 mit ἐντέλλεται das gesamte Heilswerk Jesu auf Gott zurückgeführt. Worin es für uns besteht, sagt das zweite Glied; es zitiert aus V 5b die Metapher vom ‚Erlösen aus der Finsternis'. Alleiniges Ziel des Christusereignisses ist demgemäß die Erlösung aus der Gottferne[25]. Das dritte Glied nimmt Barn 5,7 auf (vgl. 3,6). Wiederum durch den Kontext der Referenzstelle bedingt, ist erstens

---

[19] Vgl. S. 243f. die Auslegung von Barn 5,6. WINDISCH, Barnabasbrief 379, verweist überdies auf Hebr 2,15; 2 Clem 1,6f; Herm *sim*. IX 14,3.

[20] Vgl. S. 195 und 392–394 die Auslegungen von Barn 4,1; 10,5; 15,6. WINDISCH, Barnabasbrief 379, verweist überdies auf 1 Petr 1,18 (vgl. BROX, Petrusbrief 80f.; GOPPELT, Petrusbrief 121-124); A.Thom. B 67.

[21] Zu σκότος vgl. S. 240f.403f. die Auslegung von Barn 5,4; 10,10. WINDISCH, Barnabasbrief 380, verweist überdies auf Kol 1,13; Eph 5,8; 1 Petr 2,9; Lk 1,79; Apg 26,18; 1 Clem 38,3; 59,2. Alle drei Bildworte (oder Bezeichnungen) für Erlösung begegnen auch in den koptisch und äthiopisch überlieferten ‚Gesprächen Jesu' 21 (TU 43,74).

[22] Die Verbindung von διατίθημι und διαθήκη stammt aus prophetisch-deuteronomistischer Tradition. Sie begegnet auch Apg 3,25, ein Mischzitat aus Gen 22,18; 26,4; Ez 30,5; PsSal 17,15 (vgl. Apg 1,72f.) sowie in Hebr 8,10; 10,16, beidemale ein Zitat aus Jer 38(31),33a. Der Akzent liegt auf der durch das Christusereignis eröffneten Erfüllung der Heilszusicherung an die Väter.

[23] Die Fragepartikel πῶς, die auf den Ind. ἐντέλλεται bezogen ist, also auf ein Verb des ‚Sagens', hat hier wie in Barn 11,1 die Bedeutung von ὅτι; vgl. BLASS/DEBRUNNER, Grammatik § 396,1⁵; BAUER/ALAND, Wörterbuch, Sp. 1465.

[24] WINDISCH, Barnabasbrief 380, bemerkt unter Verweis auf den Naassenerhymnus (Hipp. *Elech*. V 10), diese Einleitung gebe „genau den Zeitpunkt an (vgl. 6,1), zu dem die Worte gesprochen sind". Die nachfolgenden Prophetenzitate weisen indes darauf hin, daß hier anders als in 5,5 keine Präexistenzaussagen beabsichtigt sind, sondern mit der soteriologischen Kategorie von Verheißung und Erfüllung, von Heilswille und Heilshandeln argumentiert ist.

[25] Vgl. dazu den Mahnruf in Barn 10,10 zu einer in Glaube und Handeln vollzogenen Trennung von Menschen, die gottfremd gesonnen sind.

das Volk Gottes an das Christusereignis gebunden (ἑτοιμάσαι ἑαυτῷ), zweitens als Gnadenereignis bestimmt, drittens als das eschatologische Gottesvolk (λαὸν ἅγιον; vgl. τὸν λαὸν τὸν καινόν 5,7)[26] und viertens Jesus Christus als dessen Herr und eschatologischer Richter ausgewiesen. V 6 faßt also in drei Sentenzen das theologische und christologische Fundament ‚unseres‘ Heils sowie dessen ekklesiologisch-eschatologischen Belang zusammen.[27] Ziel ist, die Kirche unmittelbar und bindend auf Gottes Heilswillen und Heilshandeln zu gründen. Vv 7–9 treten hierfür – exemplarisch – den Schriftbeweis an. So gesehen bezieht sich γέγραπται γάρ auf alle drei Stellen.

7 Auf die formgerechte Einleitung mit λέγει οὖν ὁ προφήτης zitiert der Halbvers 7a wörtlich[28] Jes 42,6f. Diese Gottesrede aus dem ersten Gottesknechtlied (Jes 42,1–9) legitimiert und begründet die Aufgabe des Knechtes mit seiner Erwählung. Entscheidend daran ist dreierlei: Erstens läßt sich diese Erwählung und Berufung nicht weiter begründen, sondern nur als Gnade deuten, zweitens hat der königliche Knecht die Aufgabe, das von Gott verfügte Recht zu bringen, und drittens soll er darin Gottes Wirken zu erkennen geben. Weil durch die Einführung von V 6 die Zusagen an Jesaja eine Verheißung auf Christus sind, bindet καὶ ἔδωκά σε εἰς διαθήκην γένους die Heilszusicherung an Christus und gibt damit ihn als den zu erkennen, der die διαθήκη seinem Volk gibt. Die Verheißung für den Gottesknecht identifiziert also die Kirche als das Gottesvolk. V 7b stellt fest, was Christen, der Vf. schließt sich wieder im kommunikativen Pl. mit den Lesern zusammen, dem Prophetenwort zu entnehmen haben. Wegen der Bilder des Zitats aus Deuterojesaja ist man geneigt, das Adv. lokal oder zeitlich aufzufassen. Diese Interpretation bezöge sich auf den mit den Bildern umschriebenen „früheren sündhaften, besonders heidnischen, aber auch jüdischen, Zustande"[29]. Ebenso gut kann aber πόθεν auch auf den Ursprung der erlangten Erlösung bezogen sein. Für diese Interpretation des πόθεν spricht die Form ἐλυτρώθημεν, die in dem Fall, durchaus passend, passivum divinum ist. Aus der Schrift erkennen Christen, daß Gott sie erlöst hat,[30] und zwar – was mitgehört werden darf – aus der Gottferne der ‚Finsternis‘. 8 Πάλιν ὁ προφήτης λέγει leitet aus

---

[26] Zur Sache und zur Bezeichnung der Kirche als λαὸς ἅγιος vgl. auch Lk 1,17b (ἑτοιμάσαι κυρίῳ λαὸν κατεσκευασμένον); 1 Petr 2,5 (οἰκοδομεῖσθε οἶκος πνευματικὸς εἰς ἱεράτευμα ἅγιον); 1 Petr 2,9a (Ὑμεῖς δὲ γένος ἐκλεκτόν, βασίλειον ἱεράτευμα, ἔθνος ἅγιον, λαὸς εἰς περιποίησιν). Grundlage mag Jes 62,12 (καὶ καλέσει αὐτὸν λαὸν ἅγιον λελυτρωμένον ὑπὸ κυρίου) sein; vgl. Just. dial. 119,3.

[27] Die von CARLETON PAGET, Barnabas 168, herausgestellte „evidence of theological perspective different from that of Barn" der drei Jesajazitate unterschlägt die hermeneutische Funktion von V 6 und V 7b. Die drei Prophetenworte beweisen aus der Sicht des Vf. exakt, daß die Christen durch das Christusereignis erlöst und Empfänger der διαθήκη sind. Anderes interessiert ihn an diesen Schriftbelegen nicht.

[28] Die drei Abweichungen sind unerheblich: nach ὁ θεός (Jes 42,6) liest Barn das Possessivum σου, ferner καὶ vor ἔδωκά σε (so auch Just. dial. 26,2; 65,4; ferner Cyprian; Lactant. Epit. inst. div. 43; Ps.-Gr.Nyss. test. 16; 𝔐) sowie πεπεδημένους (so auch Just. dial. 26,2; vgl. SKARSAUNE, Prophecy 62) anstelle von δεδεμένος in Jes 42,7. Weitere patristische Belege notiert WINDISCH, Barnabasbrief 380; versehentlich weist er εἰς φῶς ἐθνῶν als Zugabe des Barn aus.

[29] So MÜLLER, Erklärung 300.

[30] Zur christologischen Relevanz des Motivs vgl. HÜBNER, Εἷς θεὸς Ἰησοῦς Χριστός 335f., ferner S. 334ff. den Exkurs ‚Christologie und Soteriologie im Barnabasbrief‘.

dem zweiten Gottesknechtlied (Jes 49,1–9c) ein wörtliches Zitat von Jes 49,6b.7a ein.[31] In der Wendung εἰς φῶς ἐθνῶν wird man das assoziative Bindeglied zu V 7a zu sehen haben.[32] Die Variante ὁ λυτρωσάμενός σε anstelle von ὁ ῥυσάμενός σε mag zum einen Resonanz der mit λυτρωσάμενος gebildeten Formel in Jes 43,14a; 44,24a sein[33], zum anderen wird sich vom Beweisziel her nahegelegt haben, mittels dieses Terms aus Barn 14,5b.6 den Schriftbeweis stringent anzuknüpfen. Dieses Zitat aus Deuterojesaja erfährt keine eigene Auslegung, doch scheinen das Stichwort λυτρωσάμενος[34] sowie das Antonym φῶς zu σκότος einen speziellen Bezug zur zweiten Sentenz in V 6 anzuzeigen. ‚Unsere' Erlösung würde somit zugleich eine universale und eschatologische Dimension umfassen, die sich zuallererst in der missionarischen Aufgabe der Kirche bekundet (εἰς φῶς ἐθνῶν). 9 Καὶ πάλιν ὁ προφήτης λέγει leitet das dritte Jesajazitat ein. Sachlicher Konnex zum vorausgehenden Jesajazitat ist ἄφεσις[35]; es kündet wie λυτρωσάμενος von der Erlösung, die im Christusereignis gründet und in der Taufe vermittelt wird. Ebenso wie die beiden vorausgegangenen Jesajazitate erfährt dieses wörtliche[36] Zitat von Jes 61,1f. keine se-

---

[31] Nach Apg 13,47b ist Barn 14,8 ältestes Zeugnis für die wohl ursprüngliche Lesart τέθεικά σε. Das Pronomen σε nach εἶναι fehlt in Übereinstimmung mit 𝔐 auch in zwei Minuskeln des Jesajatexts.

[32] Vgl. Lk 2,30–32; Joh 8,12.

[33] Vgl. Jes 43,14a (Οὕτως λέγει κύριος ὁ θεὸς ὁ λυτρούμενος ὑμᾶς ὁ ἅγιος Ἰσραήλ); 44,24a (Οὕτως λέγει κύριος ὁ λυτρούμενός σε καὶ ὁ πλάσσων σε ἐκ κοιλίας).

[34] Die griechischen Bibelübersetzungen geben mit Formen von λυτροῦν und λυτρωτής Formen der Wurzel גאל (qal.) wieder (KBL 162f.); die Übersetzung von גאל (qal.) mittels ῥύεσθαι erfolgt außer in Gen 48,16 nur in Deuterojesaja. In Verbindung mit dem Lexem יהוה begegnet גאל nur viermal, nämlich in der geprägten Wendung גאל יהוה כֹּה־אָמַר, mit der in Jes 43,14; 44,24; 48,17; 49,7 die feierliche Eröffnung der Gottesreden einsetzt. Außer in Jes 44,24 folgt auf diesen die Titulation קְדוֹשׁ יִשְׂרָאֵל (Jes 43,14; 48,17) bzw. יִשְׂרָאֵל קְדוֹשׁ (Jes 49,7a). Die Wiedergabe des an die Radikale גאל angeschlossenen Pronomens suffixum in Jes 43,14 (גֹּאַלְכֶם/ὁ λυτρούμενος ὑμᾶς) sowie in Jes 44,24 (גֹּאֲלֶךָ/ὁ λυτρούμενός σε) und 48,17 (גֹּאֲלֶךָ/ὁ ῥυσάμενός σε) durch die Akkusative ὑμᾶς bzw. σέ zeigt, daß die (älteren) griechischen Jesajaübersetzungen die Bezeichnungen (ὁ) λυτρούμενος und (ὁ) ῥυσάμενος nicht substantivisch, sondern als Verba aufgefaßt wissen wollten, deren Objekte die Pronomina sind. Daher macht ὁ λυτρούμενος ὑμᾶς bzw. ὁ λυτρούμενός σε eine Aussage darüber, was von יהוה bzw. vom κύριος her an den Adressaten der Gottesrede geschieht bzw. in der Variante ὁ ῥυσάμενός σε, was an ihnen bereits geschehen ist. Letzteren Aspekt bringt Barn 14,8b mittels des Part. Aorist Pass. λυτρωσάμενος exakt zum Ausdruck. Eine Aussage über den κύριος ist daher nur qua Auslegung dieser Heilszusage an die Adressaten der Gottesrede zu gewinnen. Dies scheint auch für die übrigen Fundorte für ὁ λυτρούμενός/ῥυσάμενός + Pron. (z.B. Jes 41,14; 43,14; 49,26b; Jer 27[50],34) zu gelten, die eine Form von גאל + Pronomen suffixum wiedergeben. Für die Profilierung der Christologie im Barn bleibt es daher nur eine Vermutung, daß der Vf. des Barn diese Passage aus Deuterojesaja dazu zitiert, weil dem κύριος mittels ὁ λυτρωσάμενος geradezu die förmliche Gottestitulation als „Erlöser" beigelegt wird und somit der κύριος, und zwar der Inkarnierte und Gekreuzigte, kraft dessen ‚wir' die Erlösung erhalten, (en passant) als ὁ θεός ausgewiesen ist. Sofern dem Zitat über seine argumentative Funktion eine weitergehende theologische Intention beigegeben ist, dürfte auch hier die Soteriologie im Vordergrund stehen (vgl. S. 85f.337f.).

[35] Zur Wortgruppe ἄφεσις (5,1; 6,11; 8,3; 11,1; 14,9; 16,8) und ἀφίημι sowie ihrem Konnex zu ἁγνίζω (5,1; 8,1) und λυτροῦν (14,5b.6.7b.8; 19,2a) vgl. die Auslegung zu 5,1.

[36] Zur Lesart ταπεινοῖς anstelle von πτωχοῖς vgl. die Textkritik z.St. Zugabe des Barn ist χάριν (vgl. G). Für die von allen Hss. des Barn bezeugte Erweiterung τὴν καρδίαν nach τοὺς συντετριμμένους ist Barn, abgesehen von einer vl für Lk 4,18f., zwar ältester, aber keineswegs einziger Beleg im Blick auf Jes 61,1 (B L'' -147-233 87-309 198 534 544 Eus. Cyr.). Die von A Θ Ψ 0102 ¹ 𝔐 f vgᶜˡ syᵖ·ʰ boᵐˢˢ; Irˡᵃᵗ be-

parate Auslegung.[37] Man ist versucht, diese Stelle aus Tritojesaja auf λαός ἅγιος in der dritten Sentenz von V 6 zu beziehen. Es würde somit die Kirche als den Heilsbereich kenntlich machen, in dem die messianische Hoffnung des Tritojesaja in Erfüllung geht[38] und zugleich die missionarische Aufgabe der Kirche, die ihr durch das Zitat in V 8 aufgetragen ist, präzisieren. Λαὸς ἅγιος ist die Kirche insofern, als durch sie das Heil schon jetzt die Menschen (ταπεινοῖς) erreicht. Εὐαγγελίσασθαι ταπεινοῖς χάριν kann von ἔχρισέν με oder von ἀπέσταλκέν με abhängen.[39] Bei letzterer Variante sind Salbung und Sendung gleichgeordnete Folgen der Geistbegabung, wobei die fehlende Kopula die Konstanz der Begnadung des Gesalbten mit dem Geist ausdrückt. Die durch vier Inf. Aoriste ἰάσασθαι, κηρύξαι, καλέσαι und παρακαλέσαι gegliederte Reihe illustriert, was εὐαγγελίσασθαι im Blick auf ταπεινοῖς χάριν bedeutet. Das vom ersten und zweiten Glied herausgestellte Ethos, das in der tätigen mitmenschlichen Verantwortung und Sorge spürbar wird, profiliert die frohe Botschaft an die Demütigen nur zum Teil. Das dritte Glied, nämlich ,ein willkommenes Jahr des Herrn und einen Tag der Vergeltung' anzukündigen, zeigt sogleich, daß die frohe Botschaft, nämlich die Verkündigung der ἄφεσις, jede menschliche Verheißung überragt. Die Gestalt des Gesalbten (πνεῦμα κυρίου ἐπ᾽ ἐμέ) und seine frohe Botschaft in Tat (ἰάσασθαι) und Wort (κηρύξαι, καλέσαι, παρακαλέσαι) entschlüsseln seine ,Bereitung eines heiligen Volkes' (V 6) vielmehr als Teil der eschatologischen Erfüllung des Willens Gottes.

---

[37] zeugte vl ἰάσασθαι τοὺς συντετριμμένους τὴν καρδίαν zu Lk 4,18f. ist für Barn 14,9 insofern interessant, als sie seine Lesart von Jes 61,1b als gängige Variante bestätigt. Dabei ist freilich zu beachten, daß Lk 4,18f. ein Mischzitat aus Jes 61,1f. und Jes 58,6c ist. Barn 14,9 steht jedenfalls dem Wortlaut griechischer Jesajaübersetzungen näher als dem Zitat bei Lk 4,18f. (vgl. auch KÖSTER, Überlieferung 128; SANDER, From Isaiah 61 to Luke 4, S. 87–91).

[37] In 1 QH 23,14f. (= 18,14f.) und 11 Q13 Kol. 2,9.20 (= 11 QMelchizedek 2,9.20) ist auf Jes 61,1f. angespielt. Letzterer Bezug ist insofern beachtenswert, als dort die jesajanische Segensverheißung mit der Ausrufung und dem Beginn des Jobeljahres sowie der Hoffnung auf einen priesterlichen Messias verbunden ist. Diese Hoffnung ist außerhalb der Qumrânliteratur traditionell mit der davidisch-dynastischen Verheißung verklammert; vgl. 2 Sam 7,12–16; Ps 17(18),51b.c; Jes 11,1.10; T.Jud. 24,1.4f. PsSal 17,4(5).21 (23).32(35); 18,5(6). Mit Blick auf Barn 12,10f., wo die christologische Deutung Jesus als Nachkomme Davids verworfen ist, versteht sich nicht nur, daß eine mit 11 Q13 Kol. 3,13f. (= 11 QMelchizedek 3,13f.) vergleichbare Auslegung des Zitates aus Tritojesaja unterbleibt, sondern es wird zugleich der theologische Abstand zwischen dem Vf. und der Literatur von Qumrân deutlich.

[38] Vgl. die Auslegung des Zitats aus Jes 61,1f. in Lk 4,21b, derzufolge die Verheißung des Tritojesaja heute, d.h. für die lk Gemeinde, erfüllt ist, und zwar in der Botschaft von Jesus (Σήμερον πεπλήρωται ἡ γραφὴ αὕτη ἐν τοῖς ὠσὶν ὑμῶν). Näheres dazu vgl. BOVON, Lukas 1,212f.

[39] Letzterem Bezug folgt die Interpunktion in der Göttinger Jesaedition (vgl. die Textkritik z.St.). SCHMID, Lukas 86f., und BOVON, Lukas 1,212, wählen diese Abgrenzung auch für Lk 4,18f.

Sabbat und achter Tag (15,1–9)

Weiter steht nun in den zehn Gesetzesworten auch über den Sabbat geschrieben, von denen er auf dem Berg Sinaï zu Mose von Angesicht zu Angesicht geredet hat. „Und heiligt den Sabbat des Herrn (mit) reinen Händen und reinem Herzen." 2 Und an anderer (Stelle) sagt er: „Wenn meine Söhne den Sabbat beachten, dann will ich mein Erbarmen auf sie legen." 3 Den Sabbat nennt er am Anfang der Schöpfung: „Und Gott hat in sechs Tagen die Werke seiner Hände erschaffen, und vollendete ‚es' am siebten Tag und ruhte an ihm und heiligte ihn."

4 Achtet darauf, Kinder, was es bedeutet: „Er vollendete in sechs Tagen"; das bedeutet: In sechstausend Jahren wird der Herr das All vollenden; denn ein Tag bei ihm bedeutet tausend Jahre. Er selbst aber bezeugt es mir, indem er sagt: „Siehe, ein Tag des Herrn wird sein wie tausend Jahre." Also, Kinder, in sechs Tagen, (=) in sechstausend Jahren, wird das All vollendet werden. 5 „Und er ruhte den siebten Tag." Das bedeutet: Wenn sein Sohn gekommen ist, wird er die Zeit der Gesetzlosigkeit beenden, die Gottlosen bestrafen und die Sonne, den Mond und die Sterne verwandeln, dann wird er in rechter Weise ruhen am siebten Tag.

6 Schließlich heißt es: „Du sollst ihn heiligen mit reiner Hand und reinem Herzen." Wenn nun einer den Tag, den Gott geheiligt hat, jetzt zu heiligen vermag, da er reinen Herzens ist, sind wir in allem in die Irre gegangen.

7 Wenn aber nicht jetzt, werden wir also dann in rechter Weise ruhen und ihn heiligen, nachdem wir es können, (wenn wir) selbst gerechtfertigt wurden und die Verheißung empfangen haben, (wenn) nicht mehr Gesetzlosigkeit herrscht, vielmehr alles neu geworden ist vom Herrn, dann werden wir ihn heiligen können, (wenn) wir selbst zuvor geheiligt worden sind.

8 Schließlich sagt er ihnen: „Eure Neumonde und die Sabbate ertrage ich nicht." Seht, wie er es meint: „Nicht die jetzigen Sabbate sind mir willkommen, sondern der, den ich schaffen werde, an dem ich, ist das All zur Ruhe gebracht, einen Anfang, einen achten Tag schaffen werde, d.h. einer anderen Welt Anfang."

9 Deshalb auch begehen wir den achten Tag in Frohsinn, an welchem auch Jesus auferstanden ist von den Toten und, nachdem er erschienen war, in die Himmel aufgestiegen ist.

Textkritik

1 Bedingt durch die Transposition von Barn 14,8 hinter 14,9 eröffnet in ℵ der Halbvers 14,8b (fol. 339ʳᵇ20–26) das Thema ‚Sabbat und achter Tag'. Auf diese Zugehörigkeit von 14,8b zum Kapitel 15 weist zum einen in 14,8a das Kolon nach ΤΗϹΓΗϹ (fol. 339ʳᵇ26) und zum anderen, daß sowohl nach ΠΕΠΝΘΟΥ[Ν]ΤΑϹ (14,9) als auch nach ΤΗϹ ΓΗϹ (14,8a) in der Linie nicht weiter geschrieben ist. In ℵ seht daher Barn 15,1 eine Kombination aus Verbindungs- und Zitationsformel mit einer Homologie voraus: ΟΥΤШϹ ΛΕΓΕΙ ΚϹ Ο

ΛΥΤΡШCΑΜΕΝ ΟC CΕ ΘC IΗΛ ΟΤΙ ΟΥΝ ΚΑΙ ΠΕΡΙ ΤΟΥ CΑΒΒΑΤΟΥ ΓΕΓΡΑΠΤΑΙ
κτλ. Wegen οὖν ist ausgeschlossen, daß καὶ περὶ τοῦ σαββάτου κτλ. eine durch ein ὅτι-recitativum angezeigte Gottesrede ist. Die überaus seltene Verbindung ὅτι οὖν καί ist vielmehr ein demonstativer Satzanfang (vgl. Just. *1 apol.* 47,1; *dial.* 56,12; 64,3; Jo.Philop. *in Ph.*
17,689; Simp. *in Ph.* 9,731; *in Epict.* c. 1 § 3 [18,4]), vergleichbar mit ὅτι μὲν οὖν. Man hätte
daher zu übersetzen: „Ebenso spricht der Herr, der dich erlöst hat, der Gott Israels. Die Tatsache nämlich, daß auch über den Sabbat geschrieben steht ...". κ übergeht gegen alle Hss.
καθαρᾷ. G und L stützen die vl οἱ υἱοί μου in א* gegen μου οἱ υἱοὶ in H. H wiederum
bestärkt darin, daß ΟΙ ΥΙΟΙ IΗΛ sekundär ist (אᶜ). L tilgt κατὰ πρόσωπον. **3** G liest ἐν τῇ
ἡμέρᾳ, wofür L mit *in die* bürgt. א stützt G mit τῇ ἡμέρᾳ; in H ist der Artikel ausgefallen.
Reserven gegen einen Anthropomorphismus mögen L zur Tilgung von τῶν χειρῶν αὐτοῦ
veranlaßt und theologische Präferenzen zur Beseitigung von καὶ ἡγίασεν αὐτήν bewogen
haben. **4** א und H lesen ὅτι ἐν ἑξακισχιλίοις ἔτεσιν συντελέσει κύριος τὰ συμπάντα.
Anstelle des Fut. συντελέσει (L *consummabit*) liest G den Ind. Präs., und für τὰ συμπάντα
lesen G und L (*omnia*) τὰ πάντα. Beidemal ist א und H zu folgen. Die auf die Auslegung folgende Erläuterung in V 4c (ἡ γὰρ ἡμέρα παρ᾽ αὐτῷ σημαίνει [*om.* G L] χίλια ἔτη) hat,
zumal durch die Zeitangabe χίλια ἔτη, bei א²ᵐᵍ den Ps 89(90),4 in Erinnerung gerufen und
dessen Eintragung sowie Ausweis als Psalmzitat mittels μαρτυρεῖ γάρ μοι δᾱδ λέγων veranlaßt. Gegen σήμερον ἡμέρα in G und L (*hodiernus dies*) (GH) sind א und H mit ἡμέρα
κυρίου (HG² K FB WI PK W SB) vorzuziehen (vgl. auch vl in 2 Petr 3,8). **5** Anstelle des Fut.
καταργήσει in א, G und L (*amputabit*) liest H (HG²) den Konj.; ebenso präferiert HG² anstelle κρινεῖ den Konj. κρίνη aus H. Die Übereinstimmung zwischen א, G und L in diesen
beiden Fällen sowie der Konsens aller Zeugen beim folgenden καταπαύσεται sprechen dafür, wiederum mit א, G₃ und L ἀλλάξει zu lesen (DR VS ML HG GH K FB PK W SB), obwohl
der Konj. in H diesmal durch G1.2 gestützt ist (HG²). Als Rückübersetzung von *iniquitatis* in
L hatte daher ΜΈ (HG W) τῆς ἀνομίας konjiziert. א und H haben an der Stelle eine Lücke;
versehentlich notierten GH τοῦ ἀνόμου für H. Diese vl konjizierte HG² auf der Basis von L
(*iniquitatis*) und G αὐτοῦ (K GH HR FB PK SB). Innere Gründe geben keiner der beiden Konjekturen den Vorrang. Den Ausschlag gibt vielmehr G. Denn L verwendet *iniquitas* keineswegs exklusiv für ἀνομία, sondern er übersetzt damit auch ματαιότης (4,10). Das Pronomen in G hingegen ist nicht von τῆς ἀνομίας ableitbar und auch als Dublette zu ὁ υἱὸς
αὐτοῦ nicht recht zu erklären, zumal kaum gemeint sein wird, daß mit dem Kommen des
Sohnes seine Zeit wiederum beendet wird. G ist also eine Korruptele aus τοῦ ἀνόμου, und L
ist eine theologisch motivierte Korrektur, die das Motiv einer ‚gesetzlosen Macht' (sonst *ini-
quus*) als anstößig empfand und durch die Charaktereigenschaft der ‚Gesetzlosigkeit' mil-
derte. Für τὴν σελήνην καὶ τοὺς ἀστέρας in H, G und L überliefert א die Stellung
4-5-3-1-2. **6** H und G1.2 lesen νῦν τίς, G₃ liest νῦν τί, L hat *quem*. Alle Editoren wählen
hingegen aus inneren Gründen den Nom. des indefiniten Fragepronomens, wofür א mit
ΝΥΝΤΙC allerdings nur ein schwacher Zeuge ist. Maßgebend für die Bevorzugung der Lesart νῦν τις ist, daß nur hierdurch die vom Halbvers als Argument eingeholte Falsifikation (εἰ
... νῦν τις κτλ.) zweifelsfrei ausgesagt ist, derzufolge die Heiligung so lange als ausgeschlossen und unmöglich gilt, als ihr Nachweis aussteht. Gegen א* und H (HG² K FB WI PK W SB)
bezeugen אᶜ, G und L (*modo nisi*) εἰ μή vor καθαρός (GH). G und L haben mit Blick auf die
reinigende Wirkung der Taufe die Christen von dieser Falsifikation ausgeschlossen. Die semantisch offenere Lesart in א* und H ist vorzuziehen. HG² emendiert nach καρδίᾳ ein Fragezeichen. Die Frage εἰ οὖν bis καρδίᾳ nähme demzufolge einen (denkbaren oder gehörten)
Einwand vorweg und ἐν πᾶσιν πεπλανήμεθα wäre die Entgegnung, die rhetorisch von der
Gewißheit getragen ist, daß die Leser sicher nicht darin zustimmen werden, in die Irre ge-

gangen zu sein. Diese rhetorischen Pointen sprechen gegen die Interpunktionsemendation von HG², zumal die Grundstruktur der Aussage auch ohne Eingriff in den Text gewahrt ist. 7 ℵ* liest ΕΙΔΕΟΥ, ℵ² ΕΙΔΕΟΥΝ, H εἰ δὲ ὅτι, G εἰ δὲ οὐδ᾽, L *videns ergo*, wofür ἴδε οὖν Vorlage gewesen sein kann; letztere vl wählen GH. Auf Grundlage von H und L folgen HG² K FB der Konjektion ἴδε ὅτι, wohingegen PK W SB auf der Basis von ℵ* bzw. ℵ² der Konjektur εἰ δὲ οὐ ⟨νῦν⟩ den Vorzug geben. Weil indes L Hörfehler einer auch durch ℵ* bzw. ℵ² bezeugten, in scriptio continua vorgelegenen Majuskellesart sein kann, stützt G die vl in ℵ* bzw. ℵ² und die Fortführung in L mit *quia*, die auf H weist. Gegen eine Konjektur, die auf H aufbaut, spricht, daß G aus ℵ* zu erklären ist, aber G, ℵ und L nicht aus H. Das Adv. νῦν ist durch ℵ² insofern berechtigt, als es im vorhergehenden Vers sicher belegt ist und der Sache nach gut paßt. Gedanklich wird es ohnedies ergänzt. Gegen καταπαυόμενοι ἁγιάσομεν in ℵ und H (HG² K GH FB W SB) lesen G1 καταπαυόμενος ἁγιάζῃ, G2.3 καταπαυόμενος ἁγιάζει und PK konjizieren wegen L *refrigerans sanctificavit* (frt. leg. *sanctificabit*, wofür ἁγιάσει vermutet ist) καταπαυόμενος ἁγιάσει. Wenn G und L sekundär sind, muß die Variantenbildung des Sg. noch in der Majuskelzeit ihrer gemeinsamen Vorlage Λ geschehen sein. Gegen den Sg. spricht indes, daß er an V 3b angeglichen sein kann. Demgegenüber gilt zugunsten des Pl., den ℵ und H überliefern, daß er sich in die Thematik des V 7, der Heilsstand nach Beseitigung des eschatologischen Vorbehalts, einfügt. Der Konjektur von PK zufolge ist nicht nur die Ruhe Gottes selbst eschatologisches Gut, sondern das Zitat aus Gen 2,3c in Barn 15,3 wäre insgesamt prophetisch zu verstehen, so daß die Heiligung, die durch Gottes Ruhe geschah, selbst auch nur prophetisches Zeichen ohne eigene Dignität wäre.

Aufbau und Gliederung

Die Wendung ἔτι οὖν καί in 15,1 korrespondiert dem ἔτι δὲ καί in 16,1. Im Unterschied zu ἔτι δὲ καὶ τοῦτο in 4,6.14; 5,5 und οὖν ἔτι καί in 13,7, wo die Wendung nur den Übergang zu einem neuen Ansatz anzeigt[1], jedoch kein Thema eröffnet, markiert sie in Barn 15,1 und 16,1 zusammen mit der jeweils folgenden Themenangabe durch περί c. Gen. auch thematische Neuansätze. Zugleich bestimmt sie, daß die Auslegungen über den Sabbat und über den Tempel der Sache nach zum Vorausgehenden hinzugehören[2] und diesen Komplex ergänzen[3]. Die Eröffnungswendung verbindet also Barn 15 mit Barn 16 und fügt sie an Barn 2–14 an[4]; ihre „Aufeinanderfolge ist Werk des Barnabas"[5]. Somit grenzt ἔτι δὲ καί in 16,1 das Kapitel

---

[1] Vgl. S. 234 die Anmerkung zur Übergangsfloskel ἔτι δὲ κἀκεῖνο.

[2] Durch ἔτι οὖν καί ist weder Barn 15 in Relation zum Vorausgehenden noch Barn 16 im Rekurs auf Barn 15 als „Steigerung" (vgl. MAYSER, Grammatik § 164,10. 2b) angezeigt, vielmehr fügt ἔτι οὖν καί seinem Grundsinn nach Barn 15 zu Barn 1–14 sowie Barn 16 zu Barn 15 hinzu (vgl. ib. § 137,42).

[3] Vgl. BAUER/ALAND, Wörterbuch, Sp. 639f.

[4] Deshalb und weil Barn 15 isoliert in sich verständlich ist, kann WENGST, Tradition 48, zufolge das Kapitel „schon vor Abfassung des Briefes fertig gewesen sein". In diesem Fall wird wegen der singulären Zitationseinleitung in V 4d, durch die sich explizit der Vf. zu Wort meldet, aber kaum auszuschließen sein, daß der Vf. des Barn wenn nicht allein, so doch immerhin maßgeblich an der Vorlage zu Barn 15 mitgewirkt hat. Führen aber die literarkritischen Beobachtungen so oder so auf den Vf. des Barn als Schöpfer von Kapitel 15, dann ist die Frage nach Etappen der Genese des zweifelsfrei Traditionen aufnehmenden Stückes eher müßig.

[5] WENGST, Tradition 48.

15 als Texteinheit ab. Das 15. Kapitel selbst ist „eine Komposition des Barnabas"[6]. Auf die Eröffnung beider Kapitel mittels des Halbverses 1a folgen drei Zitate zum Thema ‚Sabbat' (Vv 1b–3).[7] Mit dem stets leserzentrierten Aufruf προσέχετε setzt der Auslegungsabschnitt ein. Gegenstand der Auslegung ist zunächst nur das Zitat aus Gen 2,2f. in Barn 15,3; die Auslegungsformel τοῦτο λέγει markiert die beiden Teile dieser Auslegung. Durch die τέκνα-Anrede gerahmt, greift V 4 mittels eines leicht variierten Zitats aus V 3 den Aspekt der ‚Vollendung des Alls' auf. Wie dort geht auch V 5 ein geändertes Teilzitat aus V 3 der Auslegung des Aspekts der ‚Ruhe' voraus. Mittels des Zeitadv. τότε folgt eine Klammerung mit den beiden thematischen Einsätzen Vv 4a.5a, die diesen Auslegungsteil zusammenschließt. Die Überleitungswendung πέρας γέ τοι markiert den Anfang des zweiten Auslegungsteils; τότε fungiert wiederum als Klammer und grenzt zusammen mit dem neuerlichen πέρας γέ τοι diese Passage ab. Die Vv 6.7 nehmen das Themazitat in V 1b auf, wobei die Stichworte ἡγίασεν (V 6b) und καταπαυόμενοι ἁγιάσομεν (V 7a) freilich zu V 3 Verbindung halten und insbesondere der Bedingungskatalog in V 7a zu den eschatologischen Akten in V 5b komplementär ist. V 8a trägt für die Eschatologisierung der Sabbatheiligung einen Schriftbeweis nach, der bereits in Barn 2,5 gegen die Opfer der Juden angeführt wurde. V 8b legt dieses Jesajazitat in Anknüpfung an V 7 aus. V 9 benennt den liturgischen Ertrag der Beweisführung.

1a	*Überschrift* und *Thema*
	Schriftworte über den ‚Sabbat'
1b	Erstes Themazitat
2	Zweites Themazitat
3	Drittes Themazitat
	Auslegungsgang zum dritten Themazitat: ‚Vollendung' und ‚Ruhe'
4	Auslegung der Vollendung in sechs Tagen
5	Auslegung der Ruhe am siebten Tag
	Auslegungsgang zum ersten Themazitat: ‚Heiligung'
6	Die Unmöglichkeit der Heiligung in der Gegenwart
7	Die gnadenhafte eschatologische Heiligung
8a	*Schriftbeweis* für die ‚Nichtigkeit des gegenwärtigen Sabbats'
8b	Auslegung
	Gott wirkt den eschatologischen Sabbat
9	*Deutung* des ‚achten Tages'

---

[6] Wengst, Tradition 51, der ferner feststellt: „Obschon ganz von Barnabas geschrieben, ist das Stück c 15 wohl doch sukzessiv entstanden: Den Grundbestand vv 3–5 erweiterte Barnabas zunächst um vv 6f, dann um vv 8f und stellte seinen Darlegungen schließlich vv 1f voran. Seinen jetzigen Umfang kann das Stück schon vor Abfassung des Briefes erreicht haben, da es … eine in sich verständliche Einheit bildet."

[7] Wengst, Tradition 50, meint, die Vv 1.2 könnten „erst nachträglich dem übrigen Stück vorangestellt" worden sein; vgl. hierzu S. 483f. die Auslegung von Barn 15,3.

Analyse und Auslegung

Schriftworte über den ‚Sabbat‘ (15,1–3)

1 Die Wendung ἔτι οὖν καί fügt Barn 15 nicht als Folgerung, sondern als sachliche Parallele[8] an das Vorausgehende an[9]; wegen der Korrespondenz mit ἔτι δὲ καί in Barn 16,1 gilt dies zugleich für Barn 16. Die Themen ‚Sabbat‘ und ‚Tempel‘ sind also keine Unterthemen zu Barn 13 und 14, die die prinzipielle Klärung der Frage, wer das ‚Erbvolk‘ (Barn 13) ist und wem die Heilszusicherung gilt (Barn 14), anhand des Kultes in Familie und Öffentlichkeit erläutern und bekräftigen würden. Die formgemäße Themenangabe περὶ τοῦ σαββάτου[10] sowie dessen Pendant περὶ τοῦ ναοῦ in 16,1 signalisieren vielmehr die Eigenständigkeit beider Themen.[11]

Das Perf. γέγραπται (vgl. 14,4; 16,6) lenkt den Blick sogleich auf spezifische Aussagen der Schrift über den Sabbat. Der Lokativ ἐν τοῖς δέκα λόγοις sowie der Aorist ἐλάλησεν inklusive der folgenden Situierung zeigen, daß die Form γέγραπται nicht selbständiges Zitationsverb ist, sondern wie auch sonst im Barn (4,3.14; 5,2; 11,1; 14,6; 16,6; 21,1) summarisch die Schrift als autoritative Grundlage des mit περὶ c. Gen. angegebenen Themas feststellt. Diesem allgemeinen Rekurs zufolge ist die Schrift nicht nur für Juden, sondern nach wie vor auch für Christen unstrittig die autoritative Argumentationsbasis. Ferner gelten wegen der Korrespondenz und des Konnexes von Barn 15 und 16 diese Begrenzung für die Entfaltung des Themas auf Aussagen der Schrift sowie der mit den Auslegungen verbundene Anspruch für beide Kapitel. Untersuchungsgegenstände sind also weder die Sabbatpraxis noch der (vergangene) Kult am Jerusalemer Tempel, sondern wiederum die δικαιώματα (vgl. Barn 2,1), die bezüglich Sabbat und Tempel in der Schrift geoffenbart sind, und zwar „uns" (vgl. Barn 1,7). Die Situierung des ersten Zitats mittels ἐν τῷ ὄρει Σινᾶ, dessen Adressierung mit πρὸς Μωϋσῆν sowie dessen Au-

---

[8] MÜLLER, Erklärung 302.

[9] Vgl. MAYSER, Grammatik § 164,10. 2b; BAUER/ALAND, Wörterbuch, Sp. 639f.

[10] Bei den Apostolischen Vätern begegnet das Lexem nur in Did 8,1, wo es als überkommene (jüdische bzw. judenchristliche) Wochentagsbezeichnung für Montag (δευτέρα σαββάτων) angeführt ist sowie im Barn. Sachbezug haben strenggenommen nur Barn 15,1[bis].2.3.8, denn das wörtliche Zitat von Jes 1,13 in Barn 2,5, das in Barn 15,8 wiederkehrt, ist im Rahmen der allgemeinen Opfer- und Festkritik von Barn 2,4–10 zu lesen. Zu Sabbat allgemein vgl. NOWACK, Schabbat 8–24; KUTSCH, Sabbat. RGG[3] 5 (1961) 1259f.; HAAG, שַׁבָּת. ThWAT 7 (1993) Sp. 1047–1057; zu Sabbat und Sonntag in der Alten Kirche vgl. BAUCKHAM, Sabbath and Sunday 251–298, spez. 262–264; BAUER, Vom Sabbat zum Sonntag 106–110; DELHAYE, Dimanche et Sabbat 3–14; KRAFT, Sabbath Observance 18–33; TRÉMEL, Du sabbat au jour du Seigneur 29–49; ferner RORDORF, Der Sonntag. Zürich 1962; DERS. (Hg.), Sabbat und Sonntag. Zürich 1972; zur Feier des Sabbats nach der Zerstörung des zweiten Tempels gemäß jüdischer Quellen vgl. ELBOGEN, Der jüdische Gottesdienst 107–122.155–231.250–260; HRUBY, La célébration du Sabbat 435–462.55–86; KLINGHARDT, Feiertag 206–233; GRÜNWALDT, Exil 218f.

[11] MÜLLER, Erklärung 302, verweist für Barn 15 darauf, daß die in Barn 13 und 14 prägenden Stichworte λαός und διαθήκη nicht begegnen. Dies gilt im Grunde auch für Barn 16, denn ὁ λαός Ἰσραήλ in 16,5a ist wegen ἔμελλεν … παραδίδοσθαι zweifelsohne nicht in bezug auf die Christen und überdies pejorativ gemeint.

thentizität, die durch κατὰ πρόσωπον[12], das die Unmittelbarkeit des Mitgeteilten versichert, festgehalten ist, kennzeichnen das Zitat als Gottesrede. Zugleich stellen diese Angaben das Thema in den Horizont der בְּרִית, in den es prophetischer Tradition gemäß ausdrücklich gehört (vgl. Jes 56,4–8). Für diesen thematischen Konnex bürgt im Barn nicht zuletzt die Quellenangabe ἐν τοῖς δέκα λόγοις[13]. Diese *beschreibende* Fundortnotiz, durch die der Gegenstand nachdrücklich mit den Kernforderungen[14] der בְּרִית verknüpft wird, entspricht dem Terminus technicus δεκάλογος, der zuerst bei Ptol. *ep.* 3,2 und Iren. *haer.* IV 15 begegnet[15]. Mit der Anknüpfung des Sabbatgebots an den Dekalog steht der Barn innerhalb der christlichen Literatur des zweiten Jahrhunderts indes einzig da.[16] Exakt mit dieser kaum überbietbaren Verbindlichkeit gilt, was die Auslegung des Vf. als Aussage des Gebots herausstellt. Die Sabbatobservanz ist Prüfstein des Jahweglaubens.

Das Zitat im Halbvers 1b verschmilzt ein formal an Jer 17,22bα (<καὶ> ἁγιάσατε τὴν ἡμέραν τῶν σαββάτων) angelehntes[17] Exzerpt des Sabbatgebots, wie es in Ex 20,8 und Dtn 5,12.15 begegnet,[18] mit einem freien Zitat von Ps 23(24),4a. ‚Heiligung‘ und ‚kultische Reinheit‘ stehen, zumal in prophetischer Tradition (vgl. Jes 58,13f.), in fester Konnotation mit dem Sabbat. Erstere ist als generalisierende Bestimmung[19] des Sabbats aufzufassen, wie sie aus den kultischen Anordnungen über den Sabbat in Ex 31,12–17 (vgl. Ex 35,2) folgt. Dieser unüberbietbaren Ausrichtung des

---

[12] Die Wendung κατὰ πρόσωπον ist in den griechischen Bibelübersetzungen 103mal belegt; vgl. ferner Philo, *fug.* 211; Lk 2,31; Apg 3,13; vl 16,9; 25,16; 2 Kor 10,1.7; Gal 2,11; Polyc 3,2; Did 4,10 par Barn 19,7c. Es handelt sich um „eine hebräisierende Umschreibung" (BLASS/DEBRUNNER, Grammatik § 217,3) für die Präp. ‚vor‘ (vgl. Num 17,8), hier also πρός oder εἰς c. Akk. Ist jedoch wegen der Verbindung mit Mose als traditioneller Hintergrund Dtn 34,10 (καὶ οὐκ ἀνέστη ἔτι προφήτης ἐν Ἰσραὴλ ὡς Μωϋσῆς, ὃν ἔγνω κύριος αὐτὸν πρόσωπον κατὰ πρόσωπον) zu denken, dann vertritt diese Wendung in Barn 15,1a genauer eine Ableitung des Ausdrucks ἐνώπιόν τινος.

[13] Der Ausdruck ist vor Barn 15,1 nur durch Philo, *mut.* 23 (ὡς ἐν δέκα λόγοις); *decal.* 154 (οἱ δέκα λόγοι κεφάλαια νόμων εἰσὶ τῶν ἐν εἴδει παρ' ὅλην τὴν νομοθεσίαν ἐν ταῖς ἱεραῖς βίβλοις ἀναγραφέντων); *spec.* 1,1 (οἱ προσαγορευόμενοι δέκα λόγοι) belegt. Nach Barn 15,1 ist diese Bezeichnung in der Alten Kirche nur noch in Ptol. *ep.* 3,2 (καὶ ἔστι μὲν ὁ τοῦ θεοῦ νόμος, ὁ καθαρὸς καὶ ἀσύμπλοκος τῷ χείρονι, αὐτὴ ἡ δεκάλογος, οἱ δέκα λόγοι ἐκεῖνοι οἱ ἐν ταῖς δυσὶ πλαξὶ δεδιχασμένοι) nachzuweisen. Der Ausdruck begegnet erst wieder bei Nicephorus Gregoras, also im 13./14. Jh.; vgl. SCHOPEN/BEKKER, Historia Romana 3,135 (CSHB 3).

[14] Vgl. Philo, *decal.* 154.

[15] Weitere Fundorte in zeitlicher Nähe sind: Clem. *paed.* III 12,89,1; *str.* VI 16,133,1.3.4.5; 16,137,2; 16,145,7; Or. *Cels.* II 74; *fr. 62 in Jer*; *hom. in Ex.* (GCS 218,32); *adnot. in Dt.* 3,12; *comm. in Mt.* 11,9f.; *comm. in Eph.* 31,33.41; Hipp. *comm. in Zach.* 3,65; *comm. in Pss. 20–26.10* (Cod. 69,2); *comm. in Pss. 40–44.4* (Cod. 335,13); *fr. 1231,58 in Ps.* 140,5e.8a; *fr. 1249,2 in Ps.* 143,9b.10.

[16] Vgl. BAUCKHAM, Sabbath and Sunday 262.

[17] Vgl. WINDISCH, Barnabasbrief 381. Nicht wenige Zeugen des griechischen Jeremiatextes lesen vor dem Verb ein καὶ (O–233 L'–538 106[(mg)] Aeth Arm Cyr. VI648P), so daß der Einsatz des Zitats im Barn von dort herrühren könnte.

[18] Die Verbindung des Imper. ἁγιάσατε mit dem Nom. Sg. τὸ σάββατον ist sonst nicht mehr belegt; am nächsten kommen Neh 9,14 (2 Esdr 19,14) und 2 Makk 12,3b. Ebenso fehlen Belege für die signifikante Qualifizierung von τὸ σάββατον durch κυρίου, wenngleich sie, wie z.B. das Bußgebet Neh 9,6–37 (2 Esdr 19,6–37) zeigt, als problem- und fraglos vorausgesetzt werden darf; vgl. Jub 2,24–32; LAB 11,8a.

[19] Vgl. S. 482 Anm. 33.

Sabbats entspricht die aus der Toraliturgie[20] Ps 23(24),4a angeschlossene umfassende Bedingung für die bestimmungsgemäße Feier des Sabbats.[21] Durch die Änderung von ἀθῷος[22] χερσίν in χερσὶν καθαραῖς trägt das freie Zitat in Barn 15,1a in subtiler Weise in die von Ps 23(24),4a mittels kopulativem καί angezeigte Gleichwertigkeit[23] der „Reinheit und Lauterkeit des äußeren Tuns und der innersten Herzensbewegung"[24] hinsichtlich der kultischen Reinheit[25] einen nur durch Gott einzulösenden Anspruch ein. Hierauf weist die Klage in Ijob 9,30, derzufolge keine Reinheit der Hände, die ein Mensch bewirkt, vor Gott bestehen kann.[26] Ijobs Einspruch steht die Zusage Elifas' in Ijob 22,30 gegenüber, daß die Reinheit der Hände, die Gott bewirkt, auch retten wird. Diese ‚Reinheit der Hände' (τὴν καθαριότητα τῶν χειρῶν) ist in der Doppelüberlieferung 2 Sam 22,21.25 und Ps 17(18),21.25 Synonym für die von Gott vergoltene δικαιοσύνη (צִדְקָה bzw. צֶדֶק)[27] also für den in der Ordnung seiner בְּרִית und dem Gehorsam gegenüber der תּוֹרָה geführten Lebenswandel (vgl. Ps 14[15],2). Ethisch akzentuiert findet letzterer Aspekt in Jak 4,8b als parallele Doppelmahnung (καθαρίσατε χεῖρας ... καὶ ἁγνίσατε καρδίας) an Sünder und ungläubige Beter (δίψυχοι) Aufnahme.[28] Von daher er-

---

[20] Vgl. Kraus, Psalmen 194f.197.

[21] Ps 24(23),4a   Ps 23(24),4a   Barn 15,1b

נְקִי כַפַּיִם   ἀθῷος χερσὶν   χερσὶν καθαραῖς
וּבַר־לֵבָב   καὶ καθαρὸς τῇ καρδίᾳ.   καὶ καρδία καθαρᾷ.

[22] Mit ἀθῷος (vgl. Pape, Wörterbuch 1,48f.) geben die griechischen Bibelübersetzungen in der Regel נָקִי (‚ledig, frei' KBL 632) wieder, wobei mehrheitlich die Bedeutung ‚ohne Schuld, schuldlos' im Vordergrund steht. Aus den sieben Sonderübersetzungen ragen καθαρισμός in Num 14,18 und δίκαιος in Spr 6,17; Joël 3(4),19; Jona 1,14 heraus. In keinem Fall ist eine Form von נָקִי mit καθαρός übersetzt, wie auch eine Verbindung von בַּר ‚lauter, ungetrübt (rein)' (KBL 146 [II]) mit כַּפַּיִם ‚Hände' biblisch nicht belegt ist bzw. בַּר mit dem Sg. כַּף nie im Sinne von ‚reine, lautere Hand' verwendet ist.

[23] Anders Müller, Erklärung 303, der beide Momente gegeneinander ausspielt und für Barn nur die „moralische Reinheit" betont wissen will.

[24] Kraus, Psalmen 196. Christlicherseits wird der Ausdruck ‚reines Herz' freilich sogleich die fünfte Seligpreisung Mt 5,8 (μακάριοι οἱ καθαροὶ τῇ καρδίᾳ, ὅτι αὐτοὶ τὸν θεὸν ὄψονται) und die Petrusrede Apg 15,8f., derzufolge Gott durch den Glauben die Herzen der Heiden gereinigt hat, in Erinnerung gerufen haben. Gestützt durch Psalmenfrömmigkeit (Ps 23[24],4; 50[51],12; vgl. 1 Clem 18,10) und Spruchweisheit (Spr 20,6) war das Motiv des ‚reinen Herzens' als eschatologische Gnadengabe aufzufassen (vgl. Luz, Matthäus 1,212). Allein durch die Zitatenverschmelzung in V 1b war festgelegt und bereits vor jeder Auslegung offenkundig, daß das Sabbatgebot unter eschatologischem Vorbehalt zu verstehen ist und nur durch ein Eingreifen Gottes erfüllbar wird. Im Hirten des Hermas ist ‚reines Herz' Signum dessen, der Buße getan hat, z.B. Herm vis. III 9,8; IV 2,5; V 7; mand. XII 6,5; sim. V 1,5; 3,6; VI 3,6; 5,2; VII 6; VIII 3,8; 6,2; 11,3; vgl. ferner Ijob 11,13; Sir 33,3.

[25] Die (kultische und moralische) ‚Reinheit' als selbstverständliche, unabdingbare Voraussetzung der (rechten) Feier des Sabbats nennen u.a. Neh 9,14 (2 Esdr 19,14) und 2 Makk 12,38b.

[26] Vgl. Horst, Hiob 152f.

[27] Die griechischen Bibelübersetzungen geben כְּצֶד קִ in Ps 17(18),21.25 und כְּצִדְקָתִי in 2 Sam 22,21.25 (vgl. KBL 794) übereinstimmend mit κατὰ τὴν δικαιοσύνην μου wieder. Zum Verhältnis der beiden Überlieferungen, insbesondere der Textabweichungen vgl. Schmuttermayr, Psalm 18, S. 93–99.

[28] Wo die ursprünglich kultische oder rituelle Forderung reiner bzw. heiliger Hände „im Urchristentum auftritt, wird die kultische Bedeutung gern auf das Leben angewendet" (Dibelius, Jakobus 270f.), z.B. 1 Tim 2,8; 1 Clem 2,3; 29,1 (vgl. Lona, Clemensbrief 133.319f.). Diese ethische Akzentuierung des kultischen Motivs kommt der allgemeinen und ebenso ethisch verstandenen Forderung eines vor Gott „rei-

schließt sich sowohl die feierliche Einleitung[29] des Zitats in V 1a als auch die Forderung des Zitats selbst.

Zum einen hat Gott selbst die Heiligung des Sabbats einer Bedingung unterstellt, die nur er erfüllen kann (vgl. das passivum divinum δικαιωθέντες in Barn 15,7b). Gleich zu Beginn ist festgestellt, und zwar mit der Autorität einer Gottesrede, daß auch das Sabbatgebot unter prophetischen Vorzeichen verstanden werden will. Insofern ist die Situierung des Zitats eine Leseanweisung, die alle Schriftworte über den Sabbat dem gleichordnet, was für die Frage nach der בְּרִית bereits aufgewiesen worden ist (vgl. Barn 4,6–9; 14)[30]. Das Sabbatgebot ist wie die διαθήκη eine Verheißung, deren Erfüllung einzig Gott ermöglichen kann. Unter dieser Rücksicht macht dann auch der gegenüber den biblischen Sabbatgeboten geänderte Numerus Sinn[31]. Weil einzig Gott die Voraussetzung für die Erfüllung des Gebots bewirken kann, nämlich die Reinheit, ist mit der Einlösung seiner Verheißung auch die Erfüllung des Sabbatgebots möglich. In der Sicht des Vf. wird dann der Sabbat erstmals (vgl. 15,7) und zugleich vollkommen gehalten. Insofern die Erfüllung aller Verheißungen Signum des Eschatons ist, kennzeichnet die zweifache Vorbedingung für die Befolgung des Gebots die Heiligung des Sabbats selbst als singuläres Ereignis.

Zum anderen aber birgt die aus Ps 23(24),4a entlehnte Bedingung zugleich eine Forderung, denn mit Blick auf 2 Sam 22,21.25 und Ps 17(18),21.25 folgen die Reinheit der Hände und des Herzens aus dem Gottesgehorsam. Da die Heiligung des Sabbats Gottes Heilshandeln voraussetzt, ist mit der Zusage der Erfüllung dieses als prophetische Verheißung eingeführten Gebots der Ruf zur gläubigen Haltung gegenüber dem κύριος verbunden.

2 führt formgerecht einen weiteren Schriftbeleg an[32], der an die Erfüllung des

---

nen bzw. heiligen" Lebenswandels und der ‚lauteren' Haltung ihm gegenüber gleich und hat deshalb eine Vielzahl von Sachparallelen (T.Nep. 3,1; 1 Tim 1,5; 2 Tim 2,22; Jak 1,27; 1 Petr 1,22; 1 Joh 3,3; Barn 5,1; 8,3). Nicht selten nehmen die entsprechenden Mahnungen bei den Propheten und im Psalter (z.B. Ps 23[24],4; 72[73],12; Jes 1,16; Jer 4,14) Anleihen (vgl. SCHNIDER, Jakobusbrief 103).

[29] Vgl. WINDISCH, Barnabasbrief 381.

[30] Den Sabbat zu halten, ist für Tritojesaja gleichbedeutend mit dem Festhalten an der בְּרִית und verspricht wie dieses Heil (vgl. Jes 56,6f.).

[31] Vgl. auch Jub 2,17–33, wo stets der Sg. ‹τὸ› σάββατον verwendet ist.

[32] Weil die Wortfügung καὶ ἐν ἑτέρῳ λέγει auffällig der in rabbinischer Schriftauslegung beheimateten Zitationsformel אחר מקרא ומקרא אומר (vgl. bTSoṭa 5,3) entspricht (vgl. SCHRÖGER, Schriftausleger 273; zum Ganzen, MAASS, Schriftauslegung 129–161), könnte vermutet werden, daß die Zitationseinleitung zusammen mit dem Zitat eine rabbinische Tradition wiedergibt; die vl ΙΗΛ in א^c wäre hierfür als Stütze zu werten. Dieser These steht allerdings entgegen, daß die Zitationsformel καὶ ἐν ἑτέρῳ λέγει auch in Apg 13,35a und Hebr 5,6 sowie leicht variiert in 1 Clem 8,4; 29,3; 46,3 (καὶ ‹πάλιν› ἐν ἑτέρῳ τόπῳ λέγει ‹οὕτως›), Barn 6,14a (καθὼς πάλιν ἐν ἑτέρῳ προφήτῃ λέγει) und Barn 12,4 (καὶ πάλιν ἐν ἑτέρῳ προφήτῃ λέγει) begegnet. Diese Zeugnisse und zumal die Präzisierungen des ἐν ἑτέρῳ mittels τόπῳ bzw. προφήτῃ signalisieren, daß die Zitationsformel in Barn 15,2, mag ihr auch eine rabbinische Wendung vorausliegen, bereits zum festen Bestand frühchristlicher Schriftauslegung gehört. Daher bürgt die Übereinstimmung mit der rabbinischen Formel nicht für eine direkte Abhängigkeit dieses Verses von rabbinischer Tradition, sondern zeigt vielmehr, daß die Schriftauslegung der Alte Kirche nicht exklusiv vom hellenistischen Judentum her geprägt ist. Jedenfalls fehlt diese Zitationsformel in den griechischen Bibelübersetzungen und den alttestamentlichen Pseudepigraphen sowie bei Philo und Josephus; Justin, Cle-

Sabbatgebots eine Heilsverheißung knüpft.[33] Als biblische Grundlage am nächsten kommt Ex 31,16a. Hierauf weist jedenfalls ℵ^c, der das Pronomen μου durch das Sigel IHΛ̄ ersetzt hat. Wohl in Anpassung an V 1b ist τὰ σάββατα in den Sg. geändert. Für den zweiten Teil des Schriftbeweises[34] kommt Jes 56,1f. in Betracht. Für dessen Einflechtung mögen φυλάξωσιν und τὸ σάββατον die Stichworte gegeben haben. Aus Tritojesaja stammte demzufolge die Bedingung ἐάν sowie die Heilszusage (τὸ ἔλεός μου). Für die Umformung der jesajanischen Verheißung, ,die Gerechtigkeit' bzw. ,das Erbarmen' (τὸ ἔλεός μου) des κύριος werde sich bald offenbaren (ἤγγισε ... ἀποκαλυφθῆναι), könnte Jes 44,3b verantwortlich sein, wo der κύριος seinen Geist und Segen an Jakob/Israel und dessen Nachkommen und Kinder verheißt (ἐπιθήσω τὸ πνεῦμά μου ἐπὶ τὸ σπέρμα σου καὶ τὰς ἐν λογίας μου ἐπὶ τὰ τέκνα σου). Gut möglich ist, daß die Komposition dieses Mischzitats nicht erst bei der Abfassung des Schriftstücks erfolgte.[35] Jedenfalls schließt es die Zitationseinleitung zum einen durch das καί, zum anderen mittels des ἐν ἑτέρῳ ausdrücklich an V 1b an. Im Blick zurück auf dessen eschatologischen Vorbehalt akzentuiert V 2 die Verheißung, die dem Zitat in V 1b inhäriert, indem die Protasis das Gebot in V 1b insgesamt als Bedingung (ἐὰν φυλάξωσιν) künftigen (τότε) Heils vom κύριος her ausweist.[36] Die Heilszusage der Apodosis (τὸ ἔλεός μου) verknüpft demzufolge die persönliche Heilszukunft mit der Heilsinitiative und Heilssetzung Gottes, die erst das ἁγιάσατε und das φυλάξωσιν ermöglicht (vgl. V 7b) und das durch Gott selbst verheißene Heilsprädikat οἱ υἱοί μου zuerkennt,

---

mens Alexandrinus, Origenes und Irenäus verwenden sie ebenfalls nicht. Nach Barn scheinen Hipp. *antichr.* 17,1; *Noët.* 2,6; 5,1 und Ps.-Hipp. *fr. 9 in Pss.* die ältesten christlichen Belege zu sein.

[33] Vgl. EvThom 27b (P.Oxy. 1, fol. 11^r8–11): „wenn ihr nicht sabbatlich heiligt den Sabbat, werdet ihr nicht sehen den Vater" (NTApo⁶ 1,103).

[34] Die Wendung τότε ἐπιθήσω τὸ ἔλεος μου ἐπ᾽ αὐτούς ist biblisch (vgl. WINDISCH, Barnabasbrief 381) sowie in der außerbiblischen jüdischen und christlichen Gräzität sonst nicht belegt, doch kennt die Alte Kirche für die „spiritualisation du sabbat" nicht wenige, freilich sprachlich anders gefaßte Parallelen (vgl. die Hinweise bei PRIGENT/KRAFT, Épître de Barnabé 183 Anm. 3), wobei insgesamt Philo, *decal.* 98; *Mos.* 2,215f.; *spec.* 2,61f. den Weg gewiesen haben kann; Näheres dazu vgl. MARTÍN, Allegorica 176–178. WINDISCH, Barnabasbrief 381, erwägt deshalb für diesen zweiten Zitatteil eine allgemeine Zusammenfassung von Jer 17,24ff. als Grundlage; Windisch hat nicht, wie CARLETON PAGET, Barnabas 168, versehentlich notiert, auf Jer 25 verwiesen. Carleton Paget selbst will in der Sequenz die Zusammenfassung eines Zitats erkennen, das auf die Wohltaten für Israel Bezug nimmt, wenn es Sabbat feiert. Freilich ist ἔλεος im Zusammenhang mit σάββατον bzw. σάββατα in griechischen Bibelübersetzungen und der außerbiblischen jüdischen Gräzität nicht belegt.

[35] Eine Variante von Jes 56,4b bei Clem. *str.* III 15,98,1 (ἐὰν φυλάξητε τὰ σάββατά μου καὶ ποιήσητε πάντα ὅσα ἐντέλλομαι, δώσω ὑμῖν τόπον κρείττονα υἱῶν καὶ θυγατέρων), die Ziegler in seiner Jesajaedition allerdings nicht notiert hat, zeigt erstens, daß dieser Text aus Tritojesaja eine größere Varianz besaß als die handschriftliche Überlieferung des griechischen Jesajatextes bezeugt, zweitens, daß das Mischzitat in Barn 15,2 nicht zwingend einer thematischen, wie PRIGENT, Les testimonia 183, vermutet, mit Barn 2.3 verbundenen, kultkritischen Sammlung entstammen muß und drittens, daß der Vers als Verheißung für die Christen aufgefaßt wurde. KRAFT, Barnabas 260 Anm. 6, verwies versehentlich auf Clem. *str.* III 14,98,1.

[36] Bezüglich dieses konditionalen Verhältnisses zwischen Sabbatheiligung und Heil hat der Hinweis auf Jer 17,24f. seine Berechtigung.

„womit hier … die Christen gemeint sind"[37]. Der Gnadencharakter dieses zukünftigen Heils und dessen sprachliche Bindung an das Lexem ἔλεος läßt für das zweite Glied des Zitats auch an den weisheitlichen Hymnus in Sir 18,1–14 sowie an die Preisung dessen denken, dem die Gebote (τὰ κρίματα) des κύριος Richtschnur seines Lebens sind (vgl. Sir 18,14) und dem deshalb der Herr sein Erbarmen schenkt (vgl. Sir 18,11.13). Dieser soteriologische Zusammenhang zwischen Gottesgehorsam und Erbarmen des Herrn ist in PsSal 15,13(15) auf den Punkt gebracht: „Erbarmen finden, die den Herrn fürchten, und leben in der Gnade ihres Gottes." 3 nimmt mit τὸ σάββατον betont das Thema auf und gibt dem folgenden Zitat, in dem das Themawort nicht begegnet, die Auslegungsrichtung vor, wobei die Begründung des Sabbats mit Hilfe der ätiologischen Deutung von Gen 2,2b.3b (vgl. Ex 20,11; 31,12–17; 35,1–3)[38] zum Tragen kommt.[39] Daß der Vf. diese Sinngebung von Gen 2,2f. nur en passant, im Rahmen seiner Zitationseinleitung notiert, zeigt, daß dieser Begründungszusammenhang für ihn und seine Leser außer Frage steht.[40] Mittels ἐν ἀρχῇ τῆς κτίσεως geschieht keine Zeitangabe[41]. Es ist eine im Barn singuläre, aber der Form nach in Zitationseinleitungen übliche lokativische Quellennotiz, die in diesem Fall auf den priesterschriftlichen Schöpfungsbericht verweist.

Grundlage des Zitats ist Gen 2,2f. In Übereinstimmung mit dem hebräischen Text von Gen 2,2 und hexaplarisch bezeugten (οἱ λ'), jüngeren griechischen Genesisübersetzungen[42] schreibt Barn 15,3 das Vollenden erst dem siebten Tag (בַּיּוֹם הַשְּׁבִיעִי)

---

[37] WENGST, Tradition 50; vgl. hierzu die paränetisch verwendete Selbsttitulation ὡς πρέπει υἱοῖς θεοῦ in Barn 4,9b.

[38] Vgl. die Hinweise bei WESTERMANN, Genesis 1,237.

[39] Seit dem Exil kommen die verschiedenen Begründungen des Sabbats, zum einen die in Barn 15,3 aufgenommene, priesterschriftliche Grundlegung, die in Gottes Ruhe am Ende der Schöpfung das Urbild des Sabbats erblickt (speziell Ex 20,11; 31,17), zum anderen die in deuteronomistischen Kreisen präferierte, die den Sabbat an den Exodus knüpft (Dtn 5,15; Näheres vgl. NIELSEN, Deuteronomium 78), sowie seine Wertung als Zeichen der בְּרִית (vgl. Ex 31,13.17; Ez 20,12.20) darin überein, daß die Beobachtung des Sabbats wie die Beschneidung ein konfessorischer Akt mit sezessionistischer Wirkung ist, der Israel von seiner Umwelt abgrenzt, auf daß es seine Kult- und Heilsfähigkeit wahrt. Zum Ganzen vgl. KUTSCH, Sabbat. RGG³ 5 (1961) 1259f.; ferner S. 339–345 die Einführung zu Barn 9 und 10.

[40] Deshalb ist der fehlende Rekurs auf das Thema in Vv 1.2 kein Indiz (vgl. S. 477 Anm. 7), daß die Vv 1.2 dem Stück 3–9 nachträglich vorangestellt wurden.

[41] Anders WINDISCH, Barnabasbrief 381, der zur Erläuterung auf Mk 10,6 (ἀπὸ δὲ ἀρχῆς κτίσεως) verweist. Doch stehen, strenggenommen, ja weder die Schöpfung der Menschen als Mann und Frau (Mk 10,6) noch die Vollendung, Ruhe und Heiligung des Sechstagewerks ‚am Anfang der Schöpfung', sondern am Schluß des priesterschriftlichen Schöpfungsberichts. Der durch τῆς κτίσεως bestimmte Dat. ἐν ἀρχῇ ist auch in diesem Fall ein Lokativ.

[42] ‹Τῇ ἑβδόμῃ (für הַשְּׁבִיעִי) lesen M 17-135 127–344 (vid); ferner Vulg. conplevitque Deus die septimo opus suum quod fecerat. WINDISCH, Barnabasbrief 381, KRAFT, Barnabas 263, und PRIGENT/KRAFT, Épître de Barnabé 184f. Anm. 2, verweisen zudem auf den TgOnqelos; Philo, Mos. 1,207; spec. 2,59; Thphl.Ant. Autol. 2,23; Ath. qu. Ant. 5,1 (PG 28,629) und HAEUSER, Barnabasbrief 82 Anm. 2, überdies auf den ‚arabischen Pentateuch des R. Saadia'. In Übereinstimmung mit dem Samaritanischen Pentateuch (הַשִׁשִּׁ ;ш); vgl. VON GALL, Der Hebräische Pentateuch der Samaritaner. Berlin 1966) lesen die älteren griechischen Bibelübersetzungen τῇ ἕκτῃ; vgl. ferner Pesch. (Gen 2,2 ܣ); Jub 2,16; Philo, all. 1,2f.; spec. 2,59; Iren. haer. V 28,3; Thphl.Ant. Autol. 2,11.19. MÜLLER, Erklärung 305, erwägt unter Hinweis auf Joh 5,7 und Hier. ad

zu (καὶ συνετέλεσεν ἐν τῇ ἡμέρᾳ τῇ ἑβδόμῃ). Die Komposition basiert auf Worttausch und Tilgung[43]. In den beiden aus Gen 2,2 rezipierten Sequenzen mag die Änderung von καὶ συνετέλεσεν ὁ θεός zu καὶ ἐποίησεν ὁ θεός, die von dem textkritisch gesicherten, erklärenden Relativsatz[44] ἃ ἐποίησεν in Gen 2,2a herrühren wird,[45] in dem Zitatteil aus Gen 2,2b den Ersatz des κατέπαυσεν in bezug auf τῇ ἡμέρᾳ τῇ ἑβδόμῃ durch συνετέλεσεν verursacht haben. In dem Abschnitt aus Gen 2,3 ist die Sequenz καὶ ἡγίασεν αὐτήν in Gen 2,3a mit ἐν αὐτῇ κατέπαυσεν in Gen 2,3b wohl in der Absicht vertauscht worden, Gottes heiligendes Handeln als Abschluß des Ganzen hervorzuheben. Zugabe dessen, der diese Splitter verbunden hat, wäre auf jeden Fall nach dem τὰ ἔργα das anthropomorphistische τῶν χειρῶν. In der vorliegenden parataktischen Komposition (καὶ ἐποίησεν ... καὶ συνετέλεσεν ... καὶ κατέπαυσεν ... καὶ ἡγίασεν) fallen die letzten drei der vier Schöpfungsakte auf den siebten Tag (vgl. aber V 4a). Gemeinsames handelndes Subjekt ist ὁ θεός. Gottes Vollenden (vgl. Gen 2,2a), sein Ruhen (vgl. Gen 2,2b.3b) und sein Heiligen (vgl. Gen 2,3a), die den siebten Tag, den die themenzentrierte Zitationseinleitung als Sabbat entschlüsselt hat, vor allen anderen Tagen auszeichnen[46], legen die Vv 4–7 sukzessive aus. Für die Auslegung des vierten Aktes, Gottes Heiligen (V 3), liefert das zweite Glied des Zitats aus V 1b, das V 6a leicht variiert nochmals anführt, mittels der Weisung ἁγιάσεις das Stichwort.

Diese Verflechtung des Sabbatgebots mit der Auszeichnung des siebten Tages sowie überhaupt die Verknüpfung der Zitate mit den Auslegungsteilen rät dazu, die Komposition des Materials dem Vf. zuzusprechen. Diesbezüglich ist zu bedenken, daß der Vf. in V 5 drei eschatologische Akte unterscheidet, denen in V 7 wiederum drei soteriologische Akte korrespondieren[47], durch die die Möglichkeit zur Erfüllung des Sabbatgebots geschaffen wird. Von daher kann erwogen werden, daß die Hinübernahme des συνετέλεσεν zum siebten Tag einer auf die Dreiheit ausgerichteten kompositorischen Absicht folgt. Auf die Gestaltung des Kapitels durch den Vf. könnte auch weisen, daß in V 3 Gottes Segen für den siebten Tag (Gen 2,3a) unerwähnt bleibt, wäre doch durch dieses weitere Glied die Trias der Auszeichnungen für den siebten Tag aufgebrochen worden.

Gen. 2,842, daß „ursprünglich τῇ ἑβδόμῃ gestanden habe, und τῇ ἕκτῃ erst später von den Juden corrigirt wurde", als Christen „den strengen Jüdischen Sabbatsregeln gegenüber, sich auf das Schaffen Gottes am siebten Tage" (ib.) beriefen. Vom kirchengeschichtlichen Aspekt abgesehen, ist dies auch die Meinung von WESTERMANN, Genesis 1,233.

[43] Es fehlen aus Gen 2,2b.3a ἀπὸ πάντων τῶν ἔργων αὐτοῦ, ὧν ἐποίησεν. καὶ ηὐλόγησεν ὁ θεὸς τὴν ἑβδόμην sowie aus Gen 2,3b der Schluß ἀπὸ πάντων τῶν ἔργων αὐτοῦ, ὧν ἤρξατο ὁ θεὸς ποιῆσαι.

[44] Vgl. BORNEMANN/RISCH, Grammatik § 289.

[45] Aufgrund der Zitationseinleitung, die mit ἐν ἀρχῇ die ersten beiden Worte der griechischen Bibel aufnimmt, ist es zwar möglich, daß hier Gen 1,1 (ἐν ἀρχῇ ἐποίησεν ὁ θεός) nachwirkt, doch steht diesem kompositorischen Konnex das einleitende καί, das auf Gen 2,2a führt, entgegen.

[46] Daher kann Philo, *Cher.* 90, folgern, daß die Sabbate und Feste dem Schöpfer, nicht den Menschen gehören.

[47] Vgl. dazu auch die Trias von Jesu Auferstehung, seinem Erscheinen und seiner Himmelfahrt in V 9b, die die Begehung des achten Tages erklären und begründen soll.

Neben der Verlegung des Vollendens auf den siebten Tag ist für die erste Auslegung (V 4) der Ersatz der Ordinalzahl τῇ ἕκτῃ in Gen 2,2a durch die Kardinalzahl ἕξ bedeutsam. Barn 15,3.4a unterscheiden sich von beiden Versionen der Datierung der Vollendung dessen, was Gott geschaffen hat (ἃ ἐποίησεν), dadurch, daß in beiden Versen das präzise Datum (ἐν τῇ ἡμέρᾳ τῇ ἕκτῃ bzw. ἑβδόμῃ) durch den Zeitraum (ἐν ἕξ ἡμέραις)[48] ersetzt ist (vgl. Jub 2,25; LAB 11,8). Vor Barn findet sich diese Fassung nur noch bei Philo, *op.* 13, der jedoch ausdrücklich festhält, daß damit kein Zeitraum bemessen ist, sondern, weil „Gott alles auf einmal bewirkt", eine bestimmte Ordnung konstatiert ist, die für „die Entstehung der Dinge … nötig war. Zur Ordnung aber gehört die Zahl, und von den Zahlen ist nach den Gesetzen der Natur die für die Schöpfung passendste die Sechs (ὁ ἕξ)"[49]. Die Kardinalzahl steht also für das Gesamt des Sechstagewerks und dessen Bezogenheit zum Schöpfer. Für Barn 15,3.4a ist nun ferner beachtlich, daß Philo im ersten Buch seiner allegorischen Erklärungen Gen 2,2a in der Version der älteren griechischen Bibelübersetzungen zitiert, also καὶ συνετέλεσεν ὁ θεὸς τῇ ἡμέρᾳ τῇ ἕκτῃ τὰ ἔργα αὐτοῦ ἃ ἐποίησεν, und daß er dort dem συνετέλεσεν den Doppelsinn von ‚vollenden' und ‚vollkommen' unterlegt. In bezug auf das Werk konstatiert συνετέλεσεν, daß es abgeschlossen, fertiggestellt, zustande gebracht wurde. Daher ist συνετέλεσεν in Verbindung mit ἐν ἕξ ἡμέραις gleichbedeutend mit ἐποίησεν.[50]

Wird für Barn 15,3.4a diese in der Profangräzität[51] übliche, aber in bezug auf Gen 2,2f. spezifische sprachliche Prägung von συντελεῖν angenommen, löst sich die scheinbar unüberbrückbare Spannung, in der auf den ersten Blick das Themenzitat in V 4a im Verhältnis zu V 3 steht.[52] V 4a zwingt dann aber auch nicht zu literarkritischen Operationen. Für eine Anknüpfung von συνετέλεσεν ἐν ἕξ ἡμέραις an philonischer Ausdruckweise spricht schließlich das Fut. συντελεσθήσεται (V 4a) sowie dessen Objekt: τὰ συμπάντα.

Die gegenläufige Verwendung von συνετέλεσεν in V 3 und V 4a signalisiert dessen faktische Synonymie. Durch sie ist bestätigt, daß das Augenmerk in Barn 15 nicht dem gruppenbildenden Dissens über die Sabbatruhe gilt, der in den beiden divergierenden, von Barn 15,3.4a bezeugten Texttraditionen von Gen 2,2a zum Ausdruck kommen mag, und damit ebensowenig dem soteriologischen Rang des Sabbats. Vielmehr bekundet sich hierin, wie schon der Tausch von ἀθῷος χερσίν

---

[48] Vgl. BAUER/ALAND, Wörterbuch, Sp. 524f.

[49] Damit stimmt die Auslegung des Sechstagewerks in Philo, *all.* 1,2–5, überein; vgl. ferner Philo, *decal.* 159 (ἑβδόμην δὲ λέγω καὶ τὴν σὺν ἑξάδι τῇ γονιμωτάτῃ καὶ τὴν ἄνευ ἑξάδος) – demzufolge ist „die Sechs" die „schöpferischste Zahl". Anders liegen die Dinge in LAB 11,8, wo der Zeitraum der sechs Tage dazu dient, den Sabbat von der Arbeitswoche abzuheben.

[50] Die Auslegung von Gen 2,2 in Philo, *all.* 1,3f., kann nur dann, wie WINDISCH, Barnabasbrief 382, will, nachdrücklich von Barn 15,4 abgehoben werden, wenn Philo, *op.* 13; *all.* 1,1 unberücksichtigt bleiben.

[51] Vgl. PAPE, Wörterbuch 2,1034, der als erste Hauptbedeutung ‚mit, zugleich, zusammen endigen, vollbringen, zu Stande bringen [sic]', ‚eine aufgetragene Arbeit vollenden, von einem Künstler' und ‚gemeinschaftlich feiern, begehen' notiert; ferner BAUER/ALAND, Wörterbuch, Sp. 1579f., 1. ‚vollenden, zu Ende bringen, abschließen', 2. ‚ausführen, erfüllen'; DELLING, συντελέω. ThWNT 8 (1969) 63–65.

[52] Weniger problematisch sah MÜLLER, Erklärung 304, die Differenz: „Am sechsten Tag hörte Gott auf, und vollendete die Schöpfung, – am siebenten ruhte er, und hörte auf zu schaffen."

durch χερσὶν καθαραῖς in Barn 15,1b anzeigte, die weitergehende Absicht, die Erfüllung des Sabbatgebots unter eschatologischen Vorbehalt zu stellen. Aus der Sicht des Vf. ist das Problem nicht der Sabbat, sondern der Glaube und die Hoffnung, die sich mit dem Sabbatgebot und seiner Begründung verbinden. Das Mittel des Vf., die Gültigkeit des Gebots und seinen Begründungszusammenhang zu wahren, ist die Schriftauslegung, seine Lösung ist die Eschatologisierung von Gen 2,2f. zu einer prophetischen Verheißung.[53]

,Vollendung' und ,Ruhe' (15,4–5)

4 dreifach wird auf den Beginn der Auslegungen hingewiesen: erstens durch den bekannten, leserzentrierten Aufruf προσέχετε (vgl. 7,4.6.7.9; 16,8), zweitens durch die Leseranrede mit τέκνα (vgl. 7,1; 9,7; 21,9), mittels derer der Vf. den in Barn 1 entwickelten und in rahmenbezogenen Sequenzen bekräftigten Anspruch gegenüber seinen Lesern artikuliert, und drittens durch die didaktische, auf die Zitate rekurrierende Frage τί λέγει τό (vgl. 9,5b; 10,11b). Unter dem Vorzeichen philonischen Sprachgebrauchs nimmt das Themazitat in V 4a die erste Sequenz der Zitatkomposition in V 3 auf; τοῦτο λέγει in V 4b, das der Frage (τί λέγει τό κτλ.) antwortet, und das ὅτι-recitativum markieren den Beginn ihrer Auslegung. Die Begründung (V 4c) der Auslegung in V 4b mittels des Lehrsatzes, der Tag bedeute im Zeitmaß des Herrn tausend Jahre, zeigt, daß V 4b zum einen nur die Umrechnung der Zeitangabe des Themazitats ist, zum anderen aber mittels des Fut. συντελέσει, dessen Subjekt der κύριος ist, Gen 2,2f. unversehens in eschatologische Dimensionen stellt. Diese weitreichende Deutung soll das folgende Schriftzitat legitimieren und autorisieren, und zwar indem es die in V 4b angewandte Umrechnungsformel in der Schrift festmacht. Das Gewicht des Auslegungsteils liegt denn auch auf dem mit αὐτὸς δέ μοι μαρτυρεῖ λέγων ungewöhnlich eingeleiteten Zitat in V 4d. Schriftgrundlage für die eigentümliche Auswertung[54] des ersten Zitatglieds von V 3 ist die aus jüdischer Tradition stammende Umkehrung[55] von Ps 89(90),4 (vgl. Jub 4,30; 11 QJub 2 [= 11 Q12 *fr.* 4,2]) in den Grundsatz, demzufolge ,ein Tag des Herrn tausend Jahren gleicht'. „In diesem Sinn findet sich die Tradition auch in der [christlichen] Literatur des zweiten Jahrhunderts."[56] Der reziproken Fassung

---

[53] Vgl. S. 460 zur Auslegung von Barn 13,5.

[54] Vgl. WINDISCH, Barnabasbrief 382.

[55] Vgl. Sir 18,9f.; syrBar 48,13; LAB 19,13a; ferner die Hinweise auf Parallelen der reziproken Fassung in der jüdischen Traditionsliteratur bei Bill. 3,773f. und PAULSEN, Petrusbrief 164f. Sie belegen, und zwar nicht nur in bezug auf 2 Petr 3,8, „daß die Umkehrung des Satzes von Ps 90,4 … nicht notwendig auf eine Traditionslinie zurückgeführt werden *muß*" (ib. 165). Hierauf weisen zumal die Unterschiede in den Formulierungen der Auslegungsregel bzw. Umrechnungsformel in Barn 15,4c und 15,4d. Die Vorstellung ist auch in der Profangräzität belegt: Die Theosophie des Aristokritios zitiert als Orakel des Hystaspes: ἐπεὶ γὰρ γέγραπται, φησί, ὅτι χίλια ἔτη παρὰ κυρίῳ ὡς ἡμέρα μία, ἐν ἓξ δὲ ἡμέραις ὁ θεὸς τὸν κόσμον ποήσας τῇ ἑβδόμῃ κατέπαυσε, πάντως χρὴ μετὰ τὴν παρέλευσιν τῶν ἑξακισχιλίων ἐτῶν, ἅπερ ἀντὶ ἓξ ἡμερῶν λογίζεται, τὰ πάντα καταπαῦσαι (BURESCH, Klaros 95).

[56] PAULSEN, Petrusbrief 164f.; vgl. VÖGTLE, Petrusbrief 230. Neben 2 Petr 3,8b ist Barn 15,4d ältester christlicher Beleg dieser Rezeption, wobei Barn 15,4d ebenso wie Just. *dial.* 81,3 (Vögtle notiert unrichtig

in Barn 15,4d am nächsten steht die Zitation (ὅτι-recitativum) des Lehrsatzes in Just. *dial.* 81,3 (ἡμέρα κυρίου ὡς χίλια ἔτη). In Barn signiert das vorausgestellte ἰδού dieses ursprünglich hymnische, in psalmistischer Tradition (vgl. Ps 83[84],11) beheimatete Stück zudem als Prophetenwort. Die vom Mosepsalm eröffnete Unvergleichbarkeit von Gottes Ewigkeit und der Zeit der Menschen[57], die durch die Reziprozität nicht tangiert ist, birgt also eine Verheißung. Gen 2,2f. gewinnt hierdurch eschatologische Bedeutung und dementsprechend „werden die Aoriste in Futura umgesetzt"[58]. Von dieser Ausrichtung des Zitats in V 3 sowie des Grundsatzes in V 4a her erklärt sich auch das für die Auslegung schwierige Fut. ἔσται. Mit Blick auf die Aussage συντελέσει κύριος τὰ σύμπαντα ist die Form συντελεσθήσεται als passivum divinum aufzufassen. Daher verheißt die traditionelle Umrechnungsformel in Barn 15,4, zumal im Rekurs auf den Korachiterpsalm[59] 83(84),11, das mit Formen von συντελεῖν bezeichnete Geschehen als gnadenhafte, heilvolle, menschlichem Zugriff entzogene Zuwendung Gottes. Versteht man ferner den Aorist συνετέλεσεν des Themazitats in V 4a vom philonischen Sprachgebrauch her, dann akzentuieren συντελέσει und συντελεσθήσεται ein Dreifaches: erstens, daß der κύριος auch selbst – συντελεσθήσεται ist wie in Barn 12,1 als passivum divinum aufzufassen – sein Werk zum Abschluß bringen wird, daß zweitens, worauf das Objekt des συντελεῖν weist, dieses Geschehen umfassend[60] und insofern ausnahmslos Gnade sein wird, und daß dies drittens gemäß dem in der Schrift geoffenbarten, indes menschlichem Trachten sowie Erfassen entzogenen Plan Gottes geschehen wird. Hierauf weist zumal das passivum divinum συντελεσθήσεται hin. Die Souveränität des κύριος und die feste Zuversicht auf die Durchsetzung seines Heilswillens sowie des diesbezüglich absoluten eschatologischen Vorbehalts Gottes sind die Folgerungen (οὐκοῦν), d.h. die Gnosis, die die Leser (τέκνα) der Auslegung entnehmen sollen (V 4e). Deshalb und weil die Schrift insgesamt prophetisch ist, liegt das *Gewicht* der Aussage *nicht* darauf, „daß das συντελεῖν im Sinne einer *creatio continua* durch die ganze 6000jährige Periode sich hinziehe"[61] – sofern dieser Aspekt überhaupt auszumachen ist. Scopus des wohl auf den Vf. zurückgehenden[62] Schriftbeweises ist nicht die Legitimie-

---

Just. *dial.* 81,8) und Iren. *haer.* V 23,2 von 2 Petr 3,8b unabhängig sind (vgl. OTTO, Barnabas 526–529; SCHRAGE, Petrusbrief 268). Unter Berufung auf Ps 89(90),4 beziehen Just. *dial.* 81,3; Iren. *haer.* V 23,2; Hipp. *Dan.* IV 23,5f. und ganz ähnlich auch Jub 4,30 den ‚Tag' von Gen 2,17 auf ein Jahrtausend.

[57] Vgl. KRAUS, Psalmen 630.

[58] WINDISCH, Barnabasbrief 382.

[59] Vgl. KRAUS, Psalmen 586.

[60] Inwiefern darin, zumal wegen des Objekts dieser verheißenen Heilszuwendung, das All (zu τὰ σύμπαντα als Bezeichnung für das All vgl. Ps 103[104],28; Koh 3,11), der Gedanke einer eschatologischen (vgl. Mal 3,23f.), mithin ekklesiologisch gewendeten (vgl. LONA, Eschatologie 274–277) Allversöhnung (vgl. Apg 3,21; Kol 1,20; Eph 1,10) mitschwingt, muß offenbleiben. Aufgrund der in Barn 7,9 gewahrten Möglichkeit einer eschatologischen Umkehr für die als Gegenbild profilierten Juden ist diese Allerlösung durch Gottes Heilshandeln nicht rundweg auszuschließen; vgl. auch Sir 18,13a (ἔλεος ἀνθρώπου ἐπὶ τὸν πλησίον αὐτοῦ, ἔλεος δὲ κυρίου ἐπὶ πᾶσαν σάρκα).

[61] WINDISCH, Barnabasbrief 382.

[62] Vgl. WENGST, Tradition 49, der dies wohl nicht zu Unrecht in dem betonten μοι indiziert sieht.

rung seiner Umrechnung der Zeitangabe, sondern seiner auf die Soteriologie gerichteten eschatologischen Auslegung von Gen 2,2. 5 Eine durch den Ersatz von ἐν αὐτῇ mittels τῇ ἡμέρᾳ τῇ ἑβδόμῃ präzisierte Wiederholung der zweiten Sequenz des Zitats in V 3 gibt der Auslegung das Thema; wiederum führt sie τοῦτο λέγει ein.[63] Weil Gott Subjekt des Ruhens am siebten Tag ist, meint ὁ υἱὸς αὐτοῦ ,Sohn Gottes'.[64] Diesen Sinn bestätigt Barn 5,11; ὁ υἱὸς τοῦ θεοῦ erklärt also das ὁ υἱὸς αὐτοῦ.

Barn 15,5b scheint das älteste Zeugnis für die Vorstellung zu sein, daß der Sohn Gottes ,kommt' bzw. ,kommen wird'. Martas Bekenntnis[65] in Joh 11,27 zeigt die jüdischen Wurzeln dieser Vorstellung und Erwartung an, ist aber, weil Marta mittels ὅτι σὺ εἶ … ὁ ἐρχόμενος verwundert bereits die Erfüllung konstatiert, keine Parallele. Joh 11,27 weist vielmehr auf die Feststellung in Barn 5,11, daß der Sohn Gottes ,gekommen ist' (ὁ υἱὸς τοῦ θεοῦ … ἦλθεν)[66], die zumindest dem Klang nach mit dem christologischen Credo[67] in 1 Joh 5,20a.b zusammenstimmt.

---

[63] In dieser Fassung stimmt das Zitat mit nicht wenigen Textzeugen für Gen 2,2bγ, die auch das ἐν vor τῇ ἡμέρᾳ tilgen, überein. Ihr nahe steht Hebr 4,4b, wo wiederum in Übereinstimmung mit nicht wenigen Textzeugen der griechischen Genesisübersetzung mittels ὁ θεός nach κατέπαυσεν dessen Subjekt präzisiert ist. Insgesamt steht Hebr 4,4b dem Grundtext von Gen 2,2b näher. Ebenso wie die scheinbare Übereinstimmung zwischen Barn 15,5a mit Hebr 4,4b sind auch andere Entsprechungen nur motivliche Berührungen: z. B. das Gegensatzpaar ,uns – jene' (Hebr 4,2.4), die ,Rede von einem anderen, einem Tag danach' (Hebr 4,8b), die zur Not mit jener vom ,achten Tag' verglichen werden kann, oder auch die Deutung von Gottes Ruhen am siebten Tag, die mit der Ruhe der Christen im Eschaton in Relation gebracht scheint. Hierauf weist insbesondere, daß im Barn das Sabbatgebot wie auch die es mitbegründende Ruhe Gottes am siebten Tag prophetisch aufgefaßt und als Ansage einer eschatologischen Erfüllung ausgelegt werden, wogegen im Hebr neben der zukünftigen auch die gegenwärtige Ruhe hervorgehoben ist; vgl. Hebr 4,3a εἰσερχόμεθα γὰρ εἰς τὴν κατάπαυσιν. In Hebr 4,1–11 ist die tragende Idee der Eintritt ins ,gelobte Land'; καταπαύειν und κατάπαυσις sind hierfür die Schlüsselbegriffe. Diese Sache begegnet in Barn 6,8–19 unter dem verwandten Thema des ,Landes der Verheißung', wobei jedoch die beiden Leitworte aus Hebr 4,1–11 nicht verwendet sind. Vgl. CARLETON PAGET, Barnabas 220f.; GRÄSSER, Hebräer 1,209–211.

[64] Vgl. MÜLLER, Erklärung 306: „Αὐτοῦ begreift sich sogleich wegen κατέπαυσεν."

[65] Vgl. SCHNACKENBURG, Johannesevangelium 2,417.

[66] Nach Barn sind Ath. inc. et c. Ar. 2 (PG 26,1120.1141bis) die nächsten Belege für die Verbindung von ἦλθεν mit ὁ υἱὸς τοῦ θεοῦ, wobei sich die Aussage aber auf die erste Parusie bezieht. Dieser Bezug liegt auch in den ebenso seltenen, zeitlich nur wenig späteren Zeugnissen für die Verbindung von ἐλθών mit ὁ υἱὸς τοῦ θεοῦ vor, die bereits formelhaft für die erste Parusie zu gelten scheint, und die weitere christologische Aussagen an sich zieht; z. B. Epiph. haer. (GCS 3,195.435); Chrys. prod. Jud. 2 (PG 49,391); hom. 4 in Col. (PG 62,322); ecl. 46 (PG 63,894); CEph. ep. (ACO 1.1.5,97bis.106).

[67] Das zweite Motiv des zweigliedrigen Bekenntnisses ὁ υἱὸς τοῦ θεοῦ ἥκει in 1 Joh 5,20a.b knüpft das ,Gekommensein' an Joh 8,42 an. Die Vokabel ἥκειν, die ,,in kultisch-sakraler Sprache das Kommen der Gottheit zu den Menschen bezeichnen kann und in der LXX teils für das endzeitliche Kommen Gottes gebraucht wird" (KLAUCK, Der erste Johannesbrief 338), nimmt einen für damalige Ohren klangvollen religiösen Terminus auf (SCHNACKENBURG, Johannesbriefe 260). Vgl. die Hinweise bei SCHNEIDER, ἥκω. ThWNT 2 (1935) 929f., insbesondere auf Ps 49(50),2f., wobei allerdings die Interpunktion entscheidet, ob die Stelle ein Beleg für das ,Kommen Gottes' ist, und auf OdSal 4,3; PsSal 3,5 (vgl. Hab 3,3a) Sach 14,5d; Jes 35,4; Jer 26(46),18. Die Prägekraft und die Verbreitung dieser sprachlichen Fassung mittels ἥκειν geht zumal aus den Sibyllinen hervor; vgl. Sib 3,49.307 vom ,Kommen Gottes'; Sib 3,61.742; (vgl. Jes 3,14; Dan 4,20.23) vom ,Gericht Gottes'; Sib 3,374.743 von ,Gerechtigkeit' und vom ,Glück'. Die Verbindung des Lexems ἥκειν mit der Bezeichnung ,Menschensohn' begegnet in der Anrede 2 Sam 8,7b (ἥκει ὁ ἄνθρωπος τοῦ θεοῦ ἕως ὧδε), womit konkret Elischa gemeint ist.

Grundlage der sprachlichen Fassung dieser Vorstellung mittels Formen von ἔρχεσθαι[68] ist christlicherseits vielmehr die synoptische Tradition. In ihr ist die Vokabel allerdings nicht in bezug auf den ‚Sohn Gottes' verwendet, sondern betrifft ausschließlich den ‚Menschensohn'. Im Gegensatz zum Gekommensein des Menschensohns, das mittels des Aorists ἦλθεν[69] formelhaft konstatiert wird, ist die Ansage seines Kommens deutlich variantenreicher[70], doch nur in Lk 18,8b ist hierfür wie in Barn 15,5b das Part. ἐλθών verwendet (vgl. Clem. str. III 6,49,5).[71] Die apokalyptisch gefärbten Begleitumstände und Folgen sowie der soteriologische Ertrag dieses Kommens[72], die beide zum „Vorstellungskreis göttlicher Epi-

---

[68] Sib 4,41f. zeigt, daß die Vokabeln ἥκειν und ἔρχεσθαι in bezug auf das eschatologische Kommen Gottes, seines Gerichts usw. austauschbar sind. Martas Bekenntnis in Joh 11,27 und die Konstatierung in 1 Joh 5,20a.b belegen dies auch in bezug auf den Sohn Gottes. Die Komposita von ἔρχεσθαι sowie die Synonyma ἰέναι und ἀφικνεῖσθαι sind indes nie Prädikate von ὁ ἄνθρωπος τοῦ θεοῦ bzw. ὁ υἱὸς τοῦ θεοῦ. Freilich kann dieses Kommen des Menschensohns auch in einer Verbindung mit ἔσται umschrieben werden; vgl. S. 489 Anm. 70.

[69] Die Form ἦλθεν begegnet in bezug auf ὁ υἱὸς τοῦ ἀνθρώπου in Mt 11,19 (vgl. Clem. paed. II 2,32,4; str. III 6,52,4) par Lk 7,34, wo statt des Aorists das starke Perf. ἐλήλυθεν verwendet ist; ferner Mt 20,28 par Mk 10,45; Lk 19,10 (vgl. vl Mt 18,10). Nicht in Betracht kommen Mt 14,41, wo ἦλθεν auf die ‚gekommene Stunde' bezogen ist, in der der Menschensohn ausgeliefert wird, sowie Joh 12,23; 17,1, wo das Gekommensein (ἐλήλυθεν) nicht auf den Menschensohn, sondern auf die Stunde (Jesu) bezogen ist, die dem Menschensohn die δόξα (Joh 12,23) bzw. das Verherrlichen „des Sohnes" bringt (Joh 17,1). BOUSSET, Kyrios Christos 6, zufolge ist ἦλθεν ὁ υἱὸς τοῦ ἀνθρώπου eine Formel, die „den Eindruck einer hieratischen Stilisierung" macht. Zu den ἦλθεν-Sprüchen allgemein vgl. SCHNEIDER, ἔρχομαι. ThWNT 2 (1935) 664–672.

[70] Die Form ἔλθη begegnet in Mt 10,23b; 25,31. Mk 8,38b par Lk 9,26 (vgl. T.Aser 7,3) bezeugen ἔλθη anstelle der Konstruktion μέλλει … ἔρχεσθαι in Mt 16,27; diese Akzentuierung schwingt auch in den Konstruktionen mit ἐρχόμενον in Mt 16,28; 24,30b par Mk 13,26; Lk 21,27 mit; vgl. auch Did 16,8 vom ‚Kommen des κύριος'. Ausdrücklich betont die Zukünftigkeit des Kommens Mt 24,37 (vgl. 24,27) mittels ἔσται ἡ παρουσία τοῦ υἱοῦ τοῦ ἀνθρώπου, wofür Lk 17,26 ἔσται ἐν ταῖς ἡμέραις τοῦ υἱοῦ τοῦ ἀνθρώπου liest (vgl. Lk 17,24b).

[71] Daß ἐλθών in bezug auf den Menschensohn nicht immer sein bevorstehendes Kommen besagen muß, zeigt die freie Wiedergabe von Lk 19,10 in Clem. str. IV 6,35,3 (BKV²·² 19,31 notiert das ‚Zitat' unter str. IV 6,35,2), wo das ἦλθεν aus Lk 19,10 durch ἐλθὼν σήμερον ersetzt ist. Vgl. ferner Prop. 24,1 (ἄνθρωπος τοῦ θεοῦ ὁ ἐλθὼν ἐκ γῆς Ἰούδα εἰς Ἰερουσαλὴμ πρὸς ἱεροβοάμ); T.Hiob 3,5.

[72] Im Anschluß an die ἦλθεν-Formel wird entweder ein demonstratives Verhalten (Jesu) genannt, mit dem der Anspruch, der der Menschensohnhoffnung innewohnt, offenkundig wird (Mt 11,19), oder es folgt die Angabe des soteriologischen Zwecks seines Gekommenseins, nämlich seine Lebenshingabe (Mt 20,28 par Mk 10,45) zugunsten der Rettung der Christen (Lk 19,10; vl Mt 18,10; vgl. Jes 35,4 in bezug auf das ‚Kommen Gottes'). Mit der Ansage des Kommens hingegen ist entweder die aus apokalyptischer Tradition gespeiste Skizzierung der lebens- und glaubensfeindlichen Etappe bis zum Kommen des Menschensohns verbunden (Mt 10,23b), oder es werden Begleitumstände und soteriologisch-eschatologischer Ertrag des Kommens des Menschensohns genannt. Die Zeichen des Kommens tragen das Profil des apokalyptischen Hereinbrechens von Gottes Heil. Hierauf weisen das Erscheinungsbild des Kommenden, das von der δόξα (des Vaters) erfüllt ist (Mt 16,27 par Mk 8,38b par Lk 9,26; Mt 25,31), sowie die sich durch Zeichen eines kosmischen Umbruchs (Mt 24,30b par Mk 13,26 par Lk 21,27) ankündigende, nahe bevorstehende (Mt 16,28) und umfassende Neuordnung (Mt 24,26f. par Lk 17,24b.26) hin. Der Ertrag ist zum einen die Königsherrschaft des Menschensohns (Mt 16,28; 25,31; vgl. Apg 7,56) und zum anderen die Vergeltung im Gericht (Mt 16,27; Lk 18,8b).

phanie"[73] gehören, gleichen jenen, die Barn 15,5–8 für das Kommen des Sohnes
Gottes ankündigt: die Beseitigung aller Heilsantagonismen, die Rechtfertigung vor
Gott und der Beginn einer neuen Heilszeit vom κύριος her. Weil also sowohl in
Barn 5,11 als auch Barn 15,5b das Gekommensein bzw. Kommen des Sohnes Gottes
eschatologische Ereignisse sind und in Barn 15,5b zudem die in Barn 7,9f. entwik-
kelte eschatologische Richterfunktion des Wiederkommenden im Blick ist, wird
im Barn eine Überlieferung aufgenommen sein, die christlicherseits in Lk 18,8b ihren nächsten und ältesten Beleg hat.

Die Änderung von ὁ υἱὸς τοῦ ἀνθρώπου zu ὁ υἱὸς τοῦ θεοῦ in Barn 5,11, dem ὁ
υἱὸς αὐτοῦ in Barn 15,5b entspricht, erklärt sich aus der vehementen Ablehnung
der titularen Anwendung von υἱὸς ἀνθρώπου auf Jesus in Barn 12,10a und damit
verbunden aus der Zurückweisung der Davidssohnschaft in 12,10b.11 sowie durch
die Verheißung, daß der Gekreuzigte bei seiner Parusie mit den Insignien des Hohenpriesters und königlichen Richters als Sohn Gottes wiedererkannt werden wird
(vgl. 7,9f.).

Diese kompositorische Erklärung berührt freilich nur die Oberfläche. Den Änderungen liegen vielmehr Reserven gegen die jüdische Eschatologie und ihrer Erwartung eines erst zukünftigen Kommens des Messias bzw. des Menschensohnes[74]
zugrunde, denn mit der Übertragung des jüdisch gefaßten Menschensohntitels ist
im Kern die Heilsbedeutung Jesu, und in der Folge auch die Ekklesiologie, nachhaltig tangiert. Eine derartige Übernahme der jüdischen Messias- bzw. Menschen-
sohnerwartung würde die spezifisch jüdische heilsgeschichtliche Grundlage dieser
Hoffnung, nämlich die בְּרִית, en passant in die Soteriologie des Barn eintragen.
Doch haben Barn 4 und 14 unmißverständlich festgestellt, daß es keine Heilsgeschichte gibt, die dem Christusereignis vorausgeht.

Statt nun den Menschensohntitel von seiner Prägung durch die jüdische Eschatologie dadurch zu lösen, daß das Gekommensein des Menschensohnes konstatiert
wird, so daß in Anwendung auf Jesus „sein Kommen, sein Kreuz und seine Auferstehung bzw. Erhöhung den Sinn eschatologischen Geschehens"[75] gewinnt, eliminiert der Vf. radikal jeden Anklang an die jüdische Menschensohn- bzw. Messias-
hoffnung. Weil der Vf. die Voraussetzung dieser jüdischen Hoffnung nicht teilen
will, tilgt er die Hoffnung selbst. Gekommen ist und kommen wird einzig der Sohn
Gottes. Damit ist das Heilsgeschehen von Anfang an, umfassend und exklusiv auf
die Gnade Gottes zurückgeführt und die Heilssetzung Gottes in Jesus als Geschehen bestimmt, das die eschatologische Zeit, die die Zeit der Kirche ist, umschließt.

Deshalb sowie wegen der Futura (καταργήσει … καὶ κρινεῖ … καὶ ἀλλάξει),
zumal in Anbetracht des durch die beiden ersten Fut. eingetragenen Gerichts-
motivs, bezieht sich die von Gen 2,2 genannte Ruhe am siebten Tag auf die zweite
Parusie. Drei eschatologische Akte[76], nämlich die Beendigung der Zeit der Gesetz-

---

[73] SCHNEIDER, ἔρχομαι. ThWNT 2 (1935) 664.
[74] Vgl. die Hinweise bei SCHNEIDER, ἔρχομαι. ThWNT 2 (1935) 663–672.
[75] BULTMANN, Theologie des Neuen Testaments 39.
[76] Vgl. WINDISCH, Barnabasbrief 382; dort Hinweise auf biblische und außerbiblische Parallelen.

losigkeit[77], das Richten der Gottlosen[78] und die Verwandlung der Gestirne[79], werden mit der Parusie einhergehen und die Voraussetzung für die zukünftige Ruhe (καταπαύσεται) am siebten Tag schaffen. Während die beiden ersten Akte Heilsantagonismen beseitigen, deutet die Verwandlung von Sonne, Mond und Sterne auf die in V 7a.8 in den Blick genommene Neuschöpfung durch den κύριος (vgl. 16,8b; 4 Esra 6,6b). Weil hier die zweite Parusie gemeint ist und das Objekt der Neuschöpfung im Eschaton, die mit der Parusie Hand in Hand geht, nicht die Christen allein sind, sondern das All ist, kann die Deutung der Taufe als Neuschöpfung in Barn 6,11–14 nicht zum Vergleich herangezogen werden. Ebenso wie das συνετέλεσεν des Sechstagewerks künftiges Heilshandeln verheißt, sagt die den siebten Tag auszeichnende Ruhe eine vom κύριος heraufgeführte Heilszeit an, die nicht nur bar aller jetzigen Heilsantagonismen sein wird, sondern allem Gegenwärtigen unvergleichlich überlegen sein wird. Mit dem Kommen (ἐλθών) des Sohnes Gottes[80] verbindet sich daher die Erwartung[81] einer Neuschöpfung. Ist aus dem Genus verbi des Fut. καταπαύσεται ein zusätzlicher Bezug auf ὁ υἱὸς αὐτοῦ zu entnehmen, dann ist der Sohn Gottes als der κύριος dieser neuen Heilszeit ausgewiesen. Kraft des Konnexes von ‚Sohn Gottes‘ und ‚Gekreuzigtem‘ ist darin zugleich angezeigt, daß sich die Gottheit Jesu im Eschaton auftun wird. Hierfür spricht zum einen, daß Gott, der in den drei eschatologischen Akten handelndes Subjekt ist[82], sich durch sie als jener erweisen wird, der seinen Verheißungen treu bleibt, indem er selbst für ihre Erfüllung sorgt. Zum anderen weist darauf die Korrelation der Temporalpartikel ὅταν mit dem Zeitadv. τότε,[83] wodurch die Aussage als Ganzes umschlossen ist, so daß die eschatologischen Werke und die eschatologische Ruhe[84] an das ‚Kommen des Sohnes Gottes‘ (vgl. 5,11) gebunden sind.[85]

---

[77] Zum Ausdruck ὁ καιρὸς τοῦ ἀνόμου vgl. S. 195 die Auslegung von Barn 4,1. Sachlich parallel dazu ist der Ausdruck ὁ δὲ ἄρχων τοῦ καιροῦ τοῦ νῦν ἀνομίας in Barn 18,2 (vgl. Joh 12,31; 16,11; 2 Thess 2,8).

[78] Zur Verwendung und Semantik des Lexems ἀσεβής im Barn vgl. S. 392–394 die Auslegung von Barn 10,5. Vgl. ferner Barn 5,7; 7,2; 11,7; 4 Esra 12,32f.

[79] Vgl. Mt 24,29 par Mk 13,24f.; Lk 21,25f.; ferner Jer 13,10; Joël 2,10; 2 Petr 3,10b–13; Offb 6,12f.; 21,1; 4 Esra 7,38b–44; syrBar 59,5; AssMos (T.Mos) 10,5; Just. *dial.* 113,4f.

[80] Vor Barn 5,11 und 15,4 begegnet die Verbindung von ὁ υἱός mit Formen der 3. Pers. Sg. von ἔρχομαι, näherhin des Part. Aorists ἐλθών oder des starken Aorists ἦλθεν, stets in bezug auf das ‚Kommen des Menschensohnes‘.

[81] Zu dieser Bedeutung von Futura nach ὅταν vgl. Blass/Debrunner, Grammatik § 382,4b.

[82] Vgl. Müller, Erklärung 307.

[83] Vgl. Bauer/Aland, Wörterbuch, Sp. 1190,1b; 1642,2.

[84] Weder die Übersetzung von καλῶς (vgl. V 7) mit „in Ehren" durch Haeuser, Barnabasbrief 82, noch die Deutung von V 5, „daß dem Ausruhen des Herrn eine Schreckensherrschaft des Bösen vorhergeht", treffen den Sachverhalt. Zwar drücken die Gottlosen ihren Stempel der Gegenwart auf, so daß sie insgesamt als Zeit der Gesetzlosigkeit erscheint, aber als „Schreckensherrschaft des Bösen" hat der Vf. dies nicht gedeutet. Ebensowenig liegt in V 5 der Akzent auf dem Trost, daß diese Zeit befristet ist und ihr von Gott her, nämlich durch die zweite Parusie seines Sohnes, ein Ende gesetzt werden wird. Vor allem steht nicht da, daß „auch Gott, der ewig heilige, sechstausend Jahre warten muß, bis er seinen Sabbat feiert" (ib. 84 Anm. 1). Das Interesse des Barn ist, anhand der Schrift nachzuweisen, daß Gott bzw. der κύριος für die Erfüllung aller Verheißungen gnadenhaft Sorge trägt.

Hierbei signalisiert καταργήσει[86] erstens, daß diese künftige Aufhebung vom göttlichen Heilswillen getragen ist (vgl. ποιήσω in V 8b) und zweitens, wie die Verbindung des Ind. Fut. mit ὅταν zeigt, daß dieser Akt singulär ist und bleiben wird. Im übrigen gibt ὅταν, das als ἐάν aufzufassen ist[87], zu erkennen, daß das Kommen des Sohnes Gottes nicht nur erhofft, sondern mit Gewißheit erwartet ist, und daß dies auch für die Begleitumstände gilt. Im Grunde sind durch diese futurische Fassung des Sabbats die Vv 8f. bereits vorbereitet.

,Heiligung' (15,6–7)

6 Die für den Vf. typische Wendung πέρας γέ τοι (vgl. 5,8; 10,2; 12,6; 15,8; 16,3) leitet die Wiederholung des Zitats von V 1b ein, das der folgenden Auslegung die Stichworte liefert; „πέρας γέ τοι führt den Gedanken von Christus auf die Christen über"[88]. Die Änderung von ἁγιάσατε τὸ σάββατον κυρίου zu ἁγιάσεις αὐτήν[89] nähert das erste Glied des Zitats nur scheinbar den ersten beiden Auslegungen an, in denen die Futura jeweils die Aoriste des Verbstamms innerhalb des Genesiszitats in V 3 auslegen. Diese Verbindung, die im Halbvers 6b mittels des aus V 3 zitierten ἡγίασεν und dem Opt. ἁγιάσαι (Vv 6b.7b) zwar bereits anklingt, tritt erst in V 7 durch das zweimalige δυνησόμεθα zutage. Der Halbvers 6b legt indes nicht nur das Themazitat aus, sondern greift mittels des Stichworts ἁγιάσεις zugleich die abschließende Auszeichnung des siebten Tages in V 3 auf. Der relative Nebensatz (ἣν ὁ θεὸς ... ἡγίασεν) erläutert demzufolge das αὐτήν, das auf den Sabbat in V 1b rekurriert. Diese Erläuterung setzt die ätiologische Begründung des Sabbatgebots mittels Gen 2,2f. voraus, wie sie in Ex 31,12–17; 35,1–3 erfolgt. Das Augenmerk des Vf. gilt jedoch nicht der Begründung, sondern dem Anspruch, der aus der durch die en passant vollzogenen Parallelisierung der beiden Subjekte des Heiligens und damit des Heiligens selbst folgt. Während „allein Gottes Heiligen den siebten Tag heraussondert"[90], ist immer, wenn „im Zusammenhang des Sabbatgebotes vom Heiligen des Sabbats die Rede ist, ... der Mensch Subjekt dieses Heiligens"[91]. Wegen des Begründungszusammenhangs, der Vv 1–4 entwickelt ist, gilt nun aber Gottes Heiligen als Maß für das den Menschen aufgetragene Heiligen des Sabbats. Laut Vv 1–4 vermögen Menschen aus sich heraus nicht, die Voraussetzungen für eine derartige Sabbatheiligung zu erbringen. Daher mag Gottes Heiligen des siebten Tages dazu gezwungen haben, daß sich die Beweisführung auf das reine, d.h. heiligmäßige Herz, also auf die Gesinnung konzentriert.

---

[85] Vgl. WINDISCH, Barnabasbrief 382: „Ausdrücklich wird Werk und Ruhe dem Sohne Gottes zugewiesen."

[86] Zur Verwendung und Semantik des Lexems καταργέω im Barn vgl. S. 358 die Auslegung von Barn 9,4.

[87] Vgl. BLASS/DEBRUNNER, Grammatik § 382,4b.

[88] HAEUSER, Barnabasbrief 83 Anm. 1.

[89] Wegen des anders gelagerten Kontexts liegt der Änderung kaum Jes 40,9 zugrunde.

[90] WESTERMANN, Genesis 1,236.

[91] WESTERMANN, Genesis 1,236.

Diesen Anspruch nun, nämlich Gottes Auszeichnung des siebten Tages gemäß den Sabbat zu heiligen, nimmt die Hypothese εἰ οὖν auf und stellt ihm die durch das Sabbatgebot selbst erhobene Voraussetzung (καθαρὸς ὢν τῇ καρδίᾳ), um den Sabbat recht zu halten (V 1b), als Falsifikationsprinzip (τις δύναται) entgegen. Die zeitliche Fixierung dieser ausschließenden Bedingung mittels des Zeitadv. νῦν korrespondiert dem τότε in V 7b, so daß alles Heiligen durch den Menschen unter dem Vorbehalt der in V 7 präzisierten Befähigung von Gott her[92] steht. Die eschatologische Ausrichtung erklärt, daß der Vf. mit der Möglichkeit eines gegenwärtigen Heiligens des Sabbats seine Auslegung der Offenbarung und seinen Glauben, die ihn mit den Lesern verbinden, im Ganzen zur Disposition gestellt sieht. Das ist z. T. Rhetorik, denn die Unmöglichkeit dieses Heiligens ist selbstredend als Konsens vorausgesetzt. Aber es ist vielleicht doch nicht nur beredte Polemik, die die Glaubens- und Lebenspraxis von anderen Christen gleich der von Juden als irrig etikettiert, weil sie gottfremd ist und vom Heil wegführt. Es mag auch eine Mahnung an die eigene Adresse mitschwingen, die pneumatische Begnadung und die Gnosis, die der Vf. mit seinem Schriftstück vermittelt und die erst Glauben in der rechten Gottesfurcht ermöglicht, nicht mit jener zu verwechseln, die erst durch die Rechtfertigung im Gericht erlangt wird. Daß V 6b diese gruppenspezifische, paränetische Dimensionen beinhaltet, bestätigt erstens der sinngleiche Personalbezug in V 7, zweitens der ausschließliche Zugriff auf den Anspruch, den V 6b dem Sabbatgebot unterlegt hat, und drittens die Betonung, daß die Befähigung zum Heiligen des Sabbats ein Gnadenhandeln des Herrn voraussetzt. Ohne Gnade ist jedes Bestreben, den Sabbat zu heiligen, irrig. Neben der rhetorischen Komponente beeinhaltet die Wendung ἐν πᾶσιν πεπλανήμεθα aufgrund ihres Konnexes mit Barn 2,10; 3,6 und 16,1 die vollständige Verwerfung jedes gegenwärtigen Haltens des Sabbats. 7 Wie der Vf. in Barn 6,19 die von Barn 6,18 aufgewiesene Unmöglichkeit, ‚sich durch Befehlen als Herr zu erweisen‘, als Hinweis auf die künftige, jetzt aber noch ausstehende Befähigung auslegt, erkennt er in dem hohen Anspruch, der V 6b zufolge mit dem Sabbatgebot einhergeht, wiederum den Hinweis, daß das Gebot prophetisch auf eine künftige Vervollkommnung hindeutet, die erstens vom κύριος bewirkt werden wird und zweitens ausschließlich den Christen verheißen ist. Diesen Sachverhalt erläutert V 7 im Gewand eines Konditionalsatzes. Der Vf. weiß ganz bestimmt (εἰ δὲ οὐ νῦν, ἄρα τότε), daß die Verheißung verwirklicht wird, und er kennt die Konditionen (ὅτε δυνησόμεθα ... τότε δυνησόμεθα). Überraschend steht das Ruhen neben dem Heiligen als Kennzeichen für das Halten des Sabbats. Die mit ἄρα τότε aufgenommene eschatologische Perspektive spricht dagegen, daß hierdurch gezielt der Sabbat als wöchentlicher Ruhetag torpediert oder etwa ersetzt werden sollte. Vielmehr zeigt die Präzisierung des Part. καταπαυόμενοι mittels des Adv. καλῶς, daß aus der Praxis des wöchentlichen Ruhetags keinesfalls abzuleiten ist, das Sabbatgebot würde faktisch erfüllt. Eine Ruhe, die sich καλός nennen darf, steht unter dem eschatologischen

<hr>

[92] Vgl. S. 480 Anm. 24.

Vorbehalt des Gebots zur Sabbatheiligung insgesamt; sie ist durch dieselbe Heilssetzung bedingt, die das Heiligen des Sabbats erst ermöglicht. Die gegenwärtige Sabbatruhe besitzt also keine Dignität, und sie beweist nichts. Der mit ὅτε δυνησόμεθα eröffnete Satzteil korreliert mit dem ἄρα τότε und nennt die Voraussetzungen für das Heiligen des Sabbats und das rechte Ruhen an ihm. Gerechtmachung durch den κύριος, Empfang der Verheißung sowie das Fehlen von Gesetzlosigkeit sind die soteriologischen Merkmale einer umfassenden Neugestaltung, deren Grund der κύριος ist. Das apokalyptische Szenarium, das V 5 mit dem ‚Kommen des Sohnes Gottes' verknüpft hat, ist in V 7 ins Positive gewendet und dem κύριος zugeschrieben. Dies zeigen die Parallelen.

V 5b	V 7a
τότε καλῶς καταπαύσεται	τότε καλῶς καταπαυόμενοι
καταργήσει τὸν καιρὸν τοῦ ἀνόμου	μηκέτι οὔσης τῆς ἀνομίας
ἀλλάξει τὸν ἥλιον καὶ τὴν σελήνην καὶ τοὺς ἀστέρας	καινῶν δὲ γεγονότων πάντων

Im Blick auf die Erlösung macht es für den Vf. keinen Unterschied, in V 5b ὁ θεός als handelndes Subjekt der drei eschatologischen Akte einzusetzen und in V 7 für die entsprechenden soteriologischen Taten im Eschaton den κύριος in Anspruch zu nehmen. Das Allumfassen der Neugestaltung signiert das Geschehen ohnedies als Hereinbrechen des Heilswillens Gottes. Diesen Sachzusammenhang kann der Halbvers 7b anzeigen, der mit τότε δυνησόμεθα die Korrelation aufnimmt und mittels αὐτοὶ ἁγιασθέντες πρῶτον themenzentriert die in V 7a aufgezählten Voraussetzungen für das Halten des Sabbats resümiert. Die Begnadung der Leser, für die sie in Barn 1 beglückwünscht werden, findet ihre Vollendung erst im Eschaton, nämlich in ihrer Heiligung durch den κύριος. Das ὑπὸ κυρίου nennt die Ursache der Heiligung und gibt daher auch die beiden gleichgeordneten Part. δικαιωθέντες καὶ ἀπολαβόντες als Gnadentermini zu erkennen. Rechtfertigung und Empfang der Verheißung versetzen in die Heilssphäre Gottes, und zwar aus Gnade. Aufgrund des Gleichklangs mit Barn 6,18f. erklärt sich ἐπαγγελία inhaltlich von διαθήκη her, wobei hier der Akzent auf der Heiligung liegt. Das Sabbatgebot bestimmt somit erstens, daß die Kirche bis zum Eschaton Bestand hat, es birgt zweitens ein Wachstumsziel, das Gott durch seine Heilssetzung in Jesus verheißen hat und für dessen Verwirklichung er gnadenhaft sorgen wird, und es ist drittens die Verheißung der sündlosen „Zuständlichkeit der Christen in der künftigen Welt"[93].

Nichtigkeit des gegenwärtigen Sabbats (15,8)

8 Wie in V 6a πέρας γέ τοι λέγει das Zitat des Heiligungsgebots für den Sabbat eingeleitet hat, so nun Gottes Verwerfung der Sabbate und Neumonde. Die dezidierte Widmung an die Juden (αὐτοῖς) zeigt, daß V 6a (immer schon) an die Christen ge-

---

[93] WENGST, Tradition 50. Hierauf weist zumal die Transformation der Wendung τότε καλῶς καταπαύσεται aus V 5b zu τότε καλῶς καταπαυόμενοι; das eschatologische Ruhen ist Maß und Bedingung der den Christen prophetisch aufgetragenen Sabbatheiligung.

richtet war. Für die Eschatologisierung des Sabbatgebots, die die Vv 6f. unter dem Stichwort des Heiligens entwickeln, findet der Vf. in der Kritik Jesajas an falscher Frömmigkeit die Schriftgrundlage. Das wörtliche Zitat aus Jes 1,13b ist bereits in Barn 2,5 mit dem Schriftbeweis für die Annullierung der jüdischen Opfer und Feste mitangeführt worden.[94] Mit ὁρᾶτε πῶς λέγει eingeführt und betont an die Leser gewandt, legt V 8b dieses Zitat in Anknüpfung an V 7 aus. Ungewöhnlich wie die Einleitung ist die Auslegung selbst. Faßt man ὁρᾶτε πῶς λέγει indes nicht als Auslegungs-, sondern als Zitationseinleitung[95], bereitet weder das Personalpronomen, noch der Personalbezug der Finita Probleme. V 8b erscheint dann als Gottesrede, die, inspiriert etwa durch die Fastenkritik und die Fastenvorschrift des Tritojesaja, welche in Barn 3,1–5 zitiert sind, nun themazentriert auf das Jesajazitat in V 8a hin komponiert ist. Funktional gleicht diese Komposition der Ich-Rede des κύριος in Barn 7,5. Unter dieser Voraussetzung ist der erste Teil dieser Gottesrede und damit auch τὰ νῦν σάββατα, „vom Standpunkt des Jesaia gesagt"[96]. Das Diktum οὐ … ἐμοὶ δεκτά[97] paraphrasiert οὐκ ἀνέχομαι und das Adv. νῦν verbindet dieses Verdikt mit der ab V 6b angestrebten Annullierung von Glaube und Hoffnung, die an alle gegenwärtigen Sabbatfeiern geknüpft sind. Das Augenmerk ist freilich darauf gerichtet, im Kontrast dazu den einen Sabbat, der im zweiten Teil dieser Komposition mit der Autorität einer Gottesrede qualifiziert und verheißen wird, als den Gott einzig wohlgefälligen Sabbat auszuzeichnen. Insofern inhäriert schon dem aus Jes 1,13b übernommenen Pl. τὰ σάββατα eine pejorative Note, die durch das νῦν schließlich offengelegt wird. Weil der zukünftige, der achte[98] Tag, nicht nur dem Sechstagewerk, sondern auch dem siebten Tag gegenübersteht, nimmt das Perf. πεποίηκα nicht nur ἐποίησεν, sondern auch die drei den siebten Tag auszeichnenden Aoriste in V 3 in den Blick. Das Dilemma, daß das Perf. im Grunde τὰ νῦν σάββατα „als göttliche Stiftung kennzeichnen müßte"[99], löst die Form

---

[94] Zum ionischen Idiom νεομηνίας vgl. die Anmerkung in der Auslegung von Barn 2,5. Speziell für Barn 15,8 ist der Numeruswechsel in den griechischen Übersetzungen von Jes 1,13b bedeutsam; ohne vl bezeugen sie τὰς νεομηνίας … καὶ τὰ σάββατα anstelle der beiden Sg. וְחֹדֶשׁ שַׁבָּת. Vor dem Hintergrund des Sabbatgebots und dessen ätiologischer Verankerung im priesterschriftlichen Schöpfungsbericht ist die Pluralfassung nur pejorativ zu verstehen. Diese Entwertung jüdischer Feste kommt ebenso mittels des ὑμῶν zum Ausdruck. Das Pronomen unterlegt der Gottesrede einen expliziten Anredecharakter, der die entwertende Distanz Gottes gegenüber allen ihm geltenden Festen anzeigt noch bevor sein Verwerfungsurteil (οὐκ ἀνέχομαι) über sie definitiv ergeht.

[95] Prigent, Les testimonia 69, zufolge könnte V 8b ein nicht gekennzeichnetes Zitat (FrAn. B.15,8; vgl. Denis, Concordance 924) sein, daß mit der christlichen Einsprengung slavHen 33,1f. verwandt ist; deutscher Übersetzung bei Windisch, Barnabasbrief 386.

[96] Windisch, Barnabasbrief 384.

[97] Das Adj. δεκτός begegnet im Barn stets innerhalb von Gottesurteilen (3,2; 14,9; 15,8b). Windisch, Barnabasbrief 384, vergleicht für den Pl. Jes 56,7; 58,5; 60,7; Jer 6,20. Das Lexem begegnet bei den Apostolischen Vätern sonst nur noch bei Herm sim. II (51,7) ,Gott wohlgefälliges Werk'; sim. V 1 (54,3.5) ,Gott wohlgefälliges Fasten'; sim. V 3 (56,8) ,Gott wohlgefälliges Opfer'.

[98] Zur Genese und Rezeption des vielleicht ursprünglich judenchristlichen Symbols der Acht vgl. Staats, Ogdoas als ein Symbol der Auferstehung 29–52; O'Hagan, Material Re-creation in the Apostolic Fathers 64. Vgl. Lohse, σάββατον. ThWNT 7 (1964) 1–35, spez. 6f.31–34.

[99] Windisch, Barnabasbrief 384.

ποιήσω sogleich als eschatologische Ansage auf. Der Sabbat, den das Perf. als bereits geschaffen ausweist, hat also Bestand im Eschaton. Allerdings ist diese Konstanz strikt prophetisch zu verstehen. Bestand hat im Grunde das schöpfende Wort Gottes. Durch jenen Sabbat, von dem in der Gottesrede von V 8 das ποιήσω ausgesagt wird, erfüllt sich der Wille des Schöpfers. Alle gegenwärtigen Sabbate erfüllen diesen Willen Gottes nicht; sie haben mit Gott nichts zu tun. Der Sabbat hat nur als Verheißung Bestand[100], also ausschließlich deshalb, weil Gott allen seinen Verheißungen treu bleiben wird. Hierfür bürgen – nicht zuletzt – das Christusereignis und die Kirche. Weil der κύριος handelndes Subjekt des ποιήσω ist, und weil ἀλλά konträr zur Verwerfung οὐ ... δεκτά eine Heilsansage vorbereitet, ist die Semantik des Fut. von seiner Prägung als Terminus der Väterverheißung sowie der Heilsprophetie des Deuterojesaja[101] zu fassen. Daher zielen alle Verheißungen auf den achten Tag; sie alle erfüllt der κύριος in der Neuschöpfung im Eschaton. Wie selbstverständlich[102] (διὸ καί; V 9a) begründet diese Verheißung die liturgische Begehung des achten Tages und profiliert sie als Prolepse (εἰς εὐφροσύνην).

Schwierigkeiten für die Auslegung ergeben sich, sobald die Umrechnungsregel aus V 4 in V 8b angewandt wird. Dafür bietet freilich der Text keinen Anhalt, denn der Vf. stellt diese Rechnung weder für den siebten[103] noch für den achten Tag an.[104] Der zukünftige ‚Weltensabbat‘, den Gott schaffen wird (ποιήσω), ist viel-

---

[100] Dies markiert den Unterschied zu Jes 66,23, wonach die regelmäßigen Festfeiern, die Neumonde und Sabbate, Signum der Tempelgemeinde im künftigen Äon sein werden, der Sammlung aller Frommen in Jerusalem ‚unter dem neuen Himmel und auf der neuen Erde‘, auf welche die ganze Heilsgeschichte zustrebt; näheres dazu vgl. DUHM, Jesaia 458; FELDMANN, Isaias 296f.; KESSLER, Gott geht es um das Ganze 103–105; HAAG, שַׁבָּת. ThWAT 7 (1993) Sp. 1056.

[101] Die Form ποιήσω begegnet innerhalb der jüdisch-christlichen Gräzität zuerst in Gen 12,2a (vgl. 1 Clem 10,3); ihr Subjekt ist der κύριος und ihr Inhalt seine erste Verheißung an Abram: das Volkwerden. Mit Gottes ποιήσω beginnt Heilsgeschichte. Diese grundlegende Verheißung ποιήσω σε εἰς ἔθνος μέγα begegnet noch fünfmal, und zwar nur im Pentateuch: zweimal als Verheißung für Ismael (Gen 21,13.18), bei der Bestätigung des Segens an Jakob (Gen 46,3; vgl. 46,4) und verbunden mit der בְּרִית am Sinai-Horeb (Ex 32,10b; Dtn 9,14; vgl. 1 Clem 53,3). Aber auch unabhängig von dieser Formel sagt Gottes ποιήσω sein Heilshandeln wirksam zu. Zuerst in der Verheißung von Nachkommen für Abram, die die Volksverheißung bestätigt und konkretisiert, ferner in der Zusage der Obhut Gottes für Jakob und seine Nachkommen (Gen 30,10.13) sowie der Heilsgegenwart Gottes für das Volk (Ex 24,10). Im Moselied kündigt sich schließlich mittels ποιήσω neben dem Aspekt des lebensumspannenden Heilswirkens Gottes sein zukünftiges Heilshandeln (Dtn 32,39b) an. Hier knüpft Deuterojesaja an, der mit Gottes ποιήσω die wunderbare Erneuerung (Jes 42,18; 43,19a; vgl. hierfür καθαρίσατε in Jes 57,14) des Volkes und dessen Heimführung verbindet (Jes 42,16). Gottes ποιήσω kündet (Jes 46,10a) und wirkt (Jes 46,10b; 48,11) die Erfüllung seiner Verheißungen, allen voran das Gottsein für Israel (Jes 43,13) und die Landverheißung. Daß Gott selbst für die Erfüllung seiner Verheißung sorgt, verkündet auch Ez 36,36b; 37,14b. Allerdings kann ποιήσω auch Unheil und Gottes Gericht ansagen, für einzelne, für Israel oder für die Völker (z.B. Num 14,28.35; 33,56; Hos 11,9; Am 4,12; Mi 5,14; Jes 1,24; 5,4.5; 10,11; Ez 5,8.9.10; 7,27; 8,18; 11,19; passim).

[102] Vgl. BLASS/DEBRUNNER, Grammatik § 442,12.

[103] Vgl. z.B. WENGST, Tradition 49: „Der Sabbat erfolgt erst am 7. Tag, also im 7. Jahrtausend."

[104] Es trifft also nicht zu, was WINDISCH, Barnabasbrief 384, konstatiert: „Dennoch bleibt bestehen, daß der Anfang der neuen Welt 1000 Jahre später angesetzt ist als in 5." Unter Hinweis auf HERMANS, Le Pseudo-Barnabé est-il millénariste? 849–876, konstatiert WENGST, Tradition 50 Anm. 102, es sei unbegründet, „aufgrund dieser Stelle ... von der Vorstellung eines messianischen Zwischenreiches zu spre-

mehr Bild eines Anfangs (ἐν ᾧ ... ἀϱχὴν ... ποιήσω), der kraft seiner zweifachen Absetzung von der jetzigen Schöpfung (καταπαύσας τὰ πάντα; ἡμέϱας ὀγδόης) als Neuschöpfung qualifiziert ist. Er wird eine ἀϱχή sein. Mit Fortführung der Konstruktion – das zweite ἀϱχήν schließt als Apposition zum vorherigen an – besagt der zweite Teil von V 8b eben exakt das, was mit ὅ ἐστιν (vgl. Barn 5,1; 16,9b) konventionell als Erläuterung[105] dieser zweiten Satzhälfte eingeführt ist. Gott be-

---

chen.“ Vgl. auch BAUCKHAM, Sabbath and Sunday 263: „Barnabas ist not a chiliast.“ Zu den sachlich gleichsinnigen Begriffen Chiliasmus und Millenarismus vgl. BOUWMANN, Chiliasmus. BL² (1968) Sp. 290. Ziel des ganzen Auslegungsgangs ist V 9: die Begründung der liturgischen Begehung des ‚achten Tages‘, und zwar anstelle des Sabbats. Hierfür weiß der Vf. Gründe aus der Schrift und dem altkirchlichen Credo. Einer chiliastischen Konzeption stehen schließlich Barn 6,8–19 und 16,6–10 entgegen. Laut beiden Passagen geht alles Heil, das der Kirche verheißen ist, im Eschaton in Erfüllung. Durch nichts ist angezeigt, daß zwischen der Zeit der Kirche und dem Eschaton, unter dessen Vorbehalt gegenwärtiges Heil steht, eine weitere Etappe sein wird. Ferner ist zu bedenken, daß in den drei eschatologischen Akten in Vv 5b.7b jeweils der κύϱιος handelndes Subjekt ist, nicht der Sohn Gottes. Somit ist sicher auch in V 5b für den siebten Tag nicht an ein zeitliches und terminiertes Königtum Christi gedacht. V 5b ist zum einen mit Blick auf Vv 8f. logisch zwingend, zum anderen ist wegen der in Barn 6,19; 7,9 angekündigten zweiten Parusie mit dem Motiv des ‚Kommens des Sohnes Gottes‘ (Barn 15,5a) per se das apokalyptische Endzeitszenarium mit Gericht und Hereinbrechen einer neuen Heilszeit im Blick. Die Erwartung der zweiten Parusie, die HEID, Chiliasmus 83, der im Barn eine chiliastische Hoffnung erkennen will, explizit nicht bemerkt, vor allem jedoch die Kohärenz zwischen den für die Wiederkunft des Gekreuzigten erwarteten Ereignissen inklusive dem Erscheinungsbild des Wiederkommenden (Barn 7,9) und jenen, die das ‚Kommen des Sohnes Gottes‘ (Barn 15,5.7) begleiten und auf es folgen, sprechen gegen eine chiliastische Hoffnung im Barn. Auch besteht die wichtigste Aussage der Allegorese der Landverheißung in Barn 6,8–19 nicht darin, „in Christus selbst in seinem Erdenwirken während der ersten Parusie das verheißene Land zu erkennen (Typos und Wahrheit)“ (ib. 84). Das Land ist vielmehr die Kirche. Zwar datiert die durch das Genesiszitat verursachte Auslegung der Beauftragung der Menschen, über die Tiere zu herrschen, die Erfüllung dieser Verheißung auf die Wiederkunft Christi, doch gilt für diese Verheißungen ebenso wie für die γῆ die gleichnishafte Konstitution der ganzen Schrift. Sie künden also nicht die ‚irdisch-chiliastische Landnahme‘ (vgl. ib. 84) an, die bei der Wiederkunft Christi geschehen würde und uns in die Lage versetzte, sich durch Befehlen als Herr zu erweisen, sondern stellen den in der Taufe gewonnenen Heilsstatus unter den eschatologischen Vorbehalt, daß die Bedingung in Barn 6,19, nämlich unser vollendet werden, erfolgt ist. Daß zwischen der Taufe und dieser Vollendung eine (zeitlich befristete) Heilsinitiative sein wird, steht nicht da. Die Vollendung geschieht erst und ein für allemal bei der Parusie des Gekreuzigten. Zur ganzen Diskussion vgl. CARLETON PAGET, Barnabas 171, dort weitere Literatur. Zur älteren Diskussion über die (religions- und traditionsgeschichtlichen) Bezüge und chiliastischen Auslegungen von Barn 15,4f. vgl. die Exkurse bei MÜLLER, Erklärung 315–320; WINDISCH, Barnabasbrief 385f.; ferner die Literaturhinweise bei HAEUSER, Barnabasbrief 88f. Anm. 3.

[105] Die Floskel ὅ ἐστιν leitet im Mk entweder die Übersetzung eines hebräischen oder aramäischen Namens (Mk 3,17; 15,22 par Mt 27,33; 15,42), einer Bezeichnung (Mk 7,11; 12,42) oder eines aramäischen Ausdrucks (Mk 5,41; 7,34; 15,34) ein, oder eine topographische Erläuterung (Mk 15,16). Diese Verwendung von ὅ ἐστιν findet sich in der neutestamentlichen Literatur sonst nur noch in Mt 1,23 (Ἐμμανουήλ); Joh 1,41 (τὸν Μεσσίαν); Apg 1,12 (Ἐλαιῶνος); 4,36 (Βαϱναβᾶς). Was vor ὅ ἐστιν steht, ist den Lesern nicht oder nicht mehr verstehbar, entweder weil sie die Sprache des jeweiligen Terms nicht verstehen, oder weil ihnen die Topographie Palästinas (Apg 1,12) sowie landesübliche Bezeichnungen (Mk 15,16) nicht vertraut sind. Als Einleitung einer Auslegung begegnet die Floskel zuerst in neutestamentlichen Spätschriften, bei den Deutero- und Tritopaulinen (Kol 1,24.27; 3,14; Eph 5,5; 6,17; 2 Tim 1,6; nicht in Betracht kommt 2 Thess 3,17), ferner in Hebr 7,2; 1 Petr 3,4; 1 Joh 2,8; Offb 2,7; 20,12; 21,8.17. Zugrunde liegt die bereits von Paulus verwendete Form ὅς ἐστιν (Röm 1,15; 4,16; 5,14; 16,5; 1 Kor 3,11; 4,16); die Form ἥ ἐστιν verwendet christlicherseits zuerst Just. *dial.* 58,8, um die Übertragung des Städtenamens Luza einzuleiten; ἅ

wirkt eine Neuschöpfung, die mit seiner gegenwärtigen Schöpfung einzig darin übereinkommt, daß auch sie ausschließlich Gottes Werk sein wird. Exakt diese Unableitbarkeit und gänzliche Neuheit des Anfangs ist mit ἡμέρας ὀγδόης festgehalten; nur in diesem Sinne bestimmt der Gen. das ἀρχήν. Über die Dauer dieser anderen Welt (ἄλλου κόσμου) ist nichts ausgesagt. Es ist also ein Bildwort für ἄλλου κόσμου.[106] Und in diesem übertragenen Sinn korrespondiert Gottes ποιήσω als Summe und Überbietung seinem vergangenen ἐποίησεν inklusive dem dreifach ausgezeichneten siebten Tag. Der entscheidende – und verbindende – Aspekt ist die Theozentrik des Geschehens. Aufgrund dieser Akzentuierung, die zumal durch die Komposition dieser „Auslegung" als Gottesrede zum Ausdruck kommt, ist es nur eine vordergründige Diskrepanz[107], daß V 5 zufolge die Welterneuerung im Übergang vom sechsten zum siebten, gemäß V 8b aber am Eingang zum achten Tag erfolgt. Diese Widersprüchlichkeit tritt nur unter drei Voraussetzungen hervor: Erstens muß die in V 4 aufgemachte Umrechnung weitergeführt und zweitens dürfen die Bildworte vom zukünftigen ,Weltensabbat' und vom ,achten Tag' nicht als solche verstanden werden. Ferner muß die durch das Bildwort vom achten Tag als umfassend und vollkommen angezeigte Neuschöpfung qualitativ, nach Art oder Urheber, von jener abgehoben werden, die V 5b für die zweite Parusie des Sohnes Gottes ankündigt bzw. die V 7a dem κύριος zuweist. Eine Scheidung zwischen dem siebten und achten Tag bringt vor allem die gewichtige Schwierigkeit mit sich, hinsichtlich der Folgerung in V 9 erklären zu müssen, weshalb nicht auch der siebte Tag, also der Sabbat, im Blick auf die mit dem siebten Tag

---

ἐστιν ist in Offb 4,5 vl zu αἵ ἐστιν bzw. ὅ ἐστιν. Neben Lk 2,11 begegnet die Maskulinform in Kol 1,7.15.18b; 2,10b; 4,9; Eph 1,4; 1 Tim 4,10; 1 Petr 3,22; Offb 20,2; sie fehlt im Barn. Abgesehen von Barn 5,1; 15,8b; 16,9b ist die Floskel bei den Apostolischen Vätern nur noch durch die Ignatianen bezeugt, und zwar in beiden grammatischen Formen (ὅ ἐστιν in IgnEph 17,2; 18,1; IgnMagn 7,1; 10,2; IgnTrall 8,1bis; 11,2 IgnRom 5,1; 7,2bis; IgnSm 5,3; ὅς ἐστιν in IgnEph 9,1; 20,2; IgnMagn 8,2; 15,1) und stets als Einleitung zu einer prägnanten Auslegung. Barn 15,8b sprachlich am nächsten kommt die auf den Sohn (Kol 1,13) bezogene zweite Strophe ὅς ἐστιν ἀρχή, πρωτότοκος ἐκ τῶν νεκρῶν in Kol 1,18 (vgl. Or. *fr. 1 in Jo.* 43f.; für Christus als Urgrund vgl. ferner Clem. *ecl.* 4,2; Or. *Cels.* V 33). Für die Interpretation von Barn 15,8b ist erstens die Beobachtung bedeutsam, daß die Funktion dieser Floskel als Auslegungseinleitung von Paulus vorbereitet (1 Kor 3,11; 4,16) ist, wenngleich sie erst in der paulinischen Tradition Gestalt annimmt, und daß sie zweitens dort wie auch in den übrigen neutestamentlichen Spätschriften und in den Ignatianen nicht selten eine nur kurze, prägnante Auslegung und Erläuterung von Bildworten einführt. Exakt diese auch sonst übliche Funktion hat ὅ ἐστιν im Barn. Mit ihr vergleichbar ist τουτέστιν bzw. τοῦτο ἐστιν in Barn 6,14; 10,3; 16,10; zur variierenden Schreibweise vgl. BLASS/DEBRUNNER, Grammatik § 12,2c; zum Ganzen ib. § 132,2.

[106] Die übertragene Bedeutung von ἡμέρας ὀγδόης ahnt freilich auch WINDISCH, Barnabasbrief 384, wenn er auf Philos Metapher γενέθλιος τοῦ κόσμου für den Sabbat (*spec.* 2,59) verweist und damit Barn vergleicht, der „den Sonntag als Beginn der neuen Welt" bezeichnet. Nur in diesem übertragenen Sinn gilt die Gleichung von MÜLLER, Erklärung 310: „κόσμος steht hier für αἰών"; zu αἰών vgl. Barn 4,3; 8,5; 9,2; 10,11; 11.10.11; 12,2; 18,2. „Diese Argumentation c. 15 wird nicht richtig aufgefasst, solange man die christliche Sonntagsfeier unmittelbar als die wahre Sabbatfeier versteht ... Dem wahren Sabbat der Zukunft stehen die falschen, jüdischen Sabbate der Gegenwart schlechthin entgegen" (HILGENFELD, Die Apostolischen Väter 28 Anm. 36). Vgl. ferner Ps.-Ath. *sabb.* (PG 28,137,43–45).

[107] Eine solche will SHEA, Sabbath 168f., sehen.

verknüpfte Verheißung einer umfassenden Neuschöpfung (Vv 5–7) gefeiert werden kann, wie der achte Tag vom Vf. und den Lesern begangen wird (ἄγομεν). Verzichtet man auf die Scheidung beider Tage, besteht zwar die Schwierigkeit, daß καταπαύσας τὰ πάντα mit κατέπαυσεν τῇ ἡμέρᾳ τῇ ἑβδόμῃ identifiziert werden muß, doch wird diese dadurch aufgewogen, daß sowohl die in Vv 5b.7 als auch in V 8b genannten Ereignisse dem Eschaton zugehören.[108] Faßt man also den achten Tag als Bildwort dafür auf, daß die Neuschöpfung, die mit dem ‚Kommen des Sohnes Gottes‘ einsetzt, einzig durch ihre Herkunft von Gott mit der gegenwärtigen Schöpfung verbunden ist, dann meint die auf den siebten Tag fixierte Allerneuerung durch den κύριος das Hereinbrechen des Heils, das nicht aus der gegenwärtigen Schöpfung ableitbar ist, sondern von jenseits der Geschichte in die Königsherrschaft Jesu führt (vgl. Barn 8,4f.). Was Vv 5–7 zufolge am siebten Tag und gemäß V 8b am achten Tag geschieht, sind beides Verheißungen. Dies zeigt die liturgische Erklärung in V 9b, die für die Begehung des achten Tages eine von Schöpfungsmotiven unabhängige Begründung in der Auferstehung Jesu findet. Die Begehung des achten Tages gründet somit in der Heilssetzung Gottes in Jesus. Hingegen fehlt allen jetzigen Sabbatfeiern jedwede Dignität, gibt es doch vor Jesus keine Heilsgeschichte.[109] Der achte Tag ist Bild für den auch sonst im Barn betonten eschatologischen Vorbehalt. Die ‚andere Welt‘ ist ‚künftig‘.[110]

Deutung des ‚achten Tages‘ (15,9)

9 διὸ καί (vgl. 1,3a) gibt das Begehen des achten Tages durch die Christen als selbstverständliche Folgerung[111] der Verheißung in Vv 5–8 und daher als Prolepse der künftigen Heilszeit zu erkennen. Das Merkmal dieser wöchentlichen Begehung ist jene εὐφροσύνη, die Christen überhaupt auszeichnet (vgl. 1,6; 7,1).[112] Den achten Tag feiern daher jene, die Gott begnadet hat und die nach Maßgabe des κύριος (vgl. 1,6) bekennen (vgl. 7,1) und handeln[113], nämlich Vf. und Leser. Daher ist auch der Pl. ἄγομεν nicht kommunikativ gemeint. Er stellt vielmehr diese Begehung als verbindendes Moment fest und spricht ihr mittels des Lexems ἄγειν zugleich die

---

[108] Vgl. syrBar 74,2: „Denn jene Zeit wird sein das Ende dessen, was vergänglich ist, und Anfang dessen, was da unvergänglich ist." Daß das Ende der Schöpfung und die Neuschöpfung in einem übergangslosen Akt geschehen, betont auch 4 Esra 6,7–10. In bezug auf Barn erklärt KROMMINGA, Millennium 35: „There can be not doubt about the identity of his seventh and his eighth day."

[109] „Die Christen wollten den Anfang, nicht das Ende einer Schöpfung feiern" (MÜLLER, Erklärung 311).

[110] Vgl. die Hinweise bei WINDISCH, Barnabasbrief 384, auf Sib 7,140; 4 Esra 6,7f.; 7,9f.21; 8,1; Offb 21,1; 2 Petr 3,13.

[111] Vgl. BLASS/DEBRUNNER, Grammatik § 442,12.

[112] Im Blick auf die Gleichsetzung von εὐφροσύνη mit ἀγαλλίασις in Barn 1,6 betont WINDISCH, Barnabasbrief 385, „den fröhlichen Charakter des Sonntags", der SCHÜRER, Geschichte 2,554, zufolge für Juden auch den Sabbat kennzeichnet. Daß im Barn mit der εὐφροσύνη freilich mehr gemeint ist, als nur eine fröhliche, gelöste Stimmung, zeigen die Auslegungen von Barn 1,6 und 7,1f. Für die Merkmalsbestimmung vgl. ferner die Hinweise von Windisch auf Tert. apol. 16; CA V 20,19.

[113] Vgl. S. 156–158 die Auslegung von Barn 1,6.

Feierlichkeit und Verbindlichkeit[114] eines liturgischen Datums zu.[115] Daß die Begehung des achten Tages nicht durch die Heiligung, sondern die εὐφροσύνη charakterisiert ist[116], macht auf den eschatologischen Vorbehalt aufmerksam, denn eine Heiligung setzt die Neuschöpfung voraus (vgl. 15,7). Hierdurch gewinnt die Feier des achten Tages selbst prophetische Züge. Der Relativsatz liefert für sie eine dreigliedrige liturgische Erklärung: erstens ist Jesus[117] an diesem Tag[118] von den Toten

---

[114] In dieser Funktion begegnet die Vokabel z.B. in 1 Esdr 1,1.17.19–22 (⑥), wo sie das Pascha auszeichnet, sowie in der Kultätiologie für das Purimfest in Est 9,17–19.21f.28; in KerPe II 14,28 ist ἄγειν in bezug auf ‚den Sabbat‘ und in KerPe II 14,29 für ‚die Neumonde‘ verwendet. Dieser kultische Bezug der Vokabel ἄγειν begegnet auch in 1 Makk 4,49; 7,49; 13,52; 2 Makk 2,16; 10,6; 15,36 und IgnPolyc 7,2. In der neutestamentlichen Literatur ist ἄγειν nur in 1 Kor 12,2 verwendet, und zwar pejorativ. Daneben gebraucht Paulus ἄγειν aber auch für das Geführtsein durch den Geist Gottes (vgl. Röm 8,14; Gal 5,18).

[115] Dieser achte Tag, an dem Just. *1 apol.* 67,7b zufolge die Christen ihre Zusammenkunft (συνέλευσις) halten, und mit dem er die Schöpfung des Kosmos verknüpft, nennt Justin abhängig von seinen Adressaten bzw. seinem Gegenüber mit dem paganen, astrologischen Wochennamen ἡλίου ἡμέρα, oder er verwendet die jüdisch-christliche Terminologie für den Sabbat, rechnet diesen als siebten Tag und stellt den ersten Tag als den zukünftigen achten Tag heraus (*dial.* 41,4). Did 4,1 verwendet für das gleiche Datum κυριακὴ κυρίου; vgl. EvPe 9,35 ‚in der Nacht aber, in welcher der Herrntag aufleuchtete‘; 12,50 ‚in der Fühe des Herrntages‘ (NTApo⁶ 1,187); ferner A.Paul 3,9, wo κατὰ κυριακὴν ζῆν wie auch in IgnMagn 9,1 dem σαββατίζειν gegenübergestellt ist.

[116] Zur Verbindung einer kultischen Versammlung am ‚achten Tag‘ und ihrer mit εὐφραίνειν umschriebenen Wirkung vgl. 2 Chr 7,9.10b (καὶ ἐποίησεν ἐν τῇ ἡμέρᾳ τῇ ὀγδόῃ ἐξόδιον, ὅτι ἐγκαινισμὸν τοῦ θυσιαστηρίου ἐποίησεν ἑπτὰ ἡμέρας ἑορτήν. … εὐφραινομένους καὶ ἀγαθῇ καρδίᾳ ἐπὶ τοῖς ἀγαθοῖς). Zur εὐφροσύνη als Kennzeichen des Eschatons vgl. Sib 3,784–787.

[117] Dezidiert vom Auferstandensein *Jesu* bzw. von seiner Auferstehung spricht vor Barn 15,9b nur 1 Thess 4,14 (Ἰησοῦς ἀπέθανεν καὶ ἀνέστη); vgl. HOLTZ, Thessalonicher 190. Aufgrund von Mk 16,19 ist hingegen in Mk 16,9 κύριος Ἰησοῦς Subjekt von ἀναστάς. Apg 4,33 spricht von τῆς ἀναστάσεως τοῦ κυρίου Ἰησοῦ, und 1 Petr 1,3 preist Gott für unsere lebendige Hoffnung δι’ ἀναστάσεως Ἰησοῦ Χριστοῦ ἐκ νεκρῶν. In Joh 20,9 ist das Subjekt von ἀναστῆναι nicht sicher: der κύριος (V 2b) oder Jesus (V 7a)? Apg 10,40.41b kombiniert Auferweckung und Auferstehung und in Apg 17,3 fungiert der Messias als Zwischenglied des Bekenntnisses. Alle anderen neutestamentlichen Zeugnisse sprechen entweder vom Auferstandensein bzw. von der Auferstehung Christi oder verwenden Formen von ἐγείρειν bzw. ἔγερσις (Mt 27,53; vgl. KerPe 4 S. 15,35 passim). Bei den Apostolischen Vätern ist das Nomen nicht belegt; das Verb begegnet in bezug auf die Auferweckung Jesu Christi nur in IgnTrall 9,2; IgnSm 7,1; 2 Polyc 2,2. Aus späterer Zeit steht Just. *1 apol.* 46,5 (καὶ Ἰησοῦς ἐπωνομάσθη, καὶ σταυρωθεὶς ἀπoθανὼν ἀνέστη καὶ ἀνελήλυθεν εἰς οὐρανόν) Barn 15,9b am nächsten (vgl. Just. *1 apol.* 42,4; 67,7b, wo er Ἰησοῦς Χριστός verwendet).

[118] Unter Hinweis auf Lk 24,51; Mk 16,19; EvPe 13,56; Tert. *adv. Jud.* 13; Hier. *in die domin. paschae ad Ps* 117,24 konstatiert WINDISCH, Barnabasbrief 385: „Offensichtlich folgt der Vf. der Tradition, daß die Himmelfahrt an einem Sonntag und zwar am Ostersonntag erfolgte." Weitere patristische Belege bei MÜLLER, Erklärung 313f. Vgl. hierzu auch Or. *sel. in Ps.* (PG 12,1061): Δι’ ἣν ἀνάστασιν τοῦ Κυρίου τῇ μετὰ τὸ Σάββατον ἡμέρᾳ, ἥτις ἦν ὀγδόη, γενομένῃ, εἰς τύπον καινῆς ζωῆς, τοιαύτης οἶμαι προγραφῆς τὸν ψαλμὸν ἠξιῶσθαι. Zu Barn 15,9b vgl. ferner die Sachparallelen Lk 9,51; 14,51; Joh 20,17; Apg 1,2.11.22; 1 Tim 3,16; zum Ausdruck ἀνέβη εἰς οὐρανούς selbst vgl. 1 Sam 2,10; OdSal 3,10 (κύριος ἀνέβη εἰς οὐρανοὺς καὶ ἐβρόντησεν); Spr 30,4 (τίς ἀνέβη εἰς τὸν οὐρανὸν καὶ κατέβη;); Bar 3,29. Ungeachtet der sprachlichen Fassung (vgl. S. 500–501 Anm. 117.119.120.121) kann das Gerüst zu Barn 15,9b eine Tradition sein, in der hymnisch und konfessorisch Auferstehung und Himmelfahrt ohne weitere Angaben aufgezählt wurden. Unter Berufung auf KÖSTER, Überlieferung 146–148, verweist WENGST, SUC 2,201, hierfür auf 1 Tim 3,16; 1 Petr 3,18.22; Just. *1 apol.* 21,1; *dial.* 85,2. Demgegenüber wollte ZAHN, Geschichte 1/2,925, dem sich HAEUSER, Barnabasbrief 87 Anm. 1, anschließt, nur erkennen, daß Barn

(vgl. 5,6b) auferstanden[119], zweitens als Auferstandener erschienen[120] und drittens in den Himmel aufgestiegen[121]. Scopus dieser Trias ist Jesus. Er ist handelndes Subjekt der drei Akte. Daher ist Jesus soteriologisches Bekenntniswort. Von Gott ‚im Anfang' verheißen und festgelegt, ist das Ziel der Schöpfung Jesus Christus, sein Heilshandeln und seine Königsherrschaft. Die Kirche bekennt dies, indem sie anstelle des Sabbats ‚den achten Tag' begeht.

Rechtes Verständnis des Tempels (16,1-10)

Aber auch noch über den Tempel will ich euch sagen, daß die Unglückseligen dem Irrtum verfallen (und) auf das Bauwerk ihre Hoffnung setzten, und nicht auf ihren Gott, der sie geschaffen hat, als wäre es ein Haus Gottes. 2 Beinahe nämlich wie die Heiden haben sie ihn durch den Tempel geweiht. Doch wie spricht der Herr, indem er ihn beseitigt? Lernt. „Wer hat den Himmel mit der Spanne ausgemessen oder die Erde mit der Hand? Nicht ich." Der Herr spricht: „Der Himmel ist mir Thron, die Erde aber Schemel meiner Füße. Welches Haus wollt ihr mir errichten oder was (soll) Ort meiner Ruhe sein?" Ihr habt erkannt, daß ihre Hoffnung nichtig ist. 3 Daher sagt er wiederum: „Siehe, die diesen Tempel niedergerissen haben, werden ihn selbst aufbauen." 4 Es geschieht: Denn wegen ihres Kriegführens wurde er niedergerissen von den Feinden. Jetzt werden auch die Gehilfen der Feinde selbst ihn wieder aufbauen. 5 Wiederum ist geoffenbart worden, wie die

---

zwar die drei Ereignisse an einem Sonntag geschehen wissen will, nicht notwendig aber an ein und demselben Sonntag, wofür er auf die „kirchliche Sitte" verweist, „das Pfingstfest, das stets an einem Sonntag gefeiert wurde, zugleich als Himmelfahrtsfest zu feiern" (ib.). Das Interesse des Barn gilt auch hier nicht der liturgiegeschichtlichen Frage, sondern daß die im Christusereignis angebrochene eschatologische Zeit, die in die vollendete Königsherrschaft münden wird, ebenso dreifach ausgezeichnet als Gottes Gnadengeschenk hervortritt, wie dieses zukünftige Geschehen gemäß der Schrift durch Gottes dreifaches Auszeichnen des siebten Tages verheißen ist.

[119] Vgl. Mk 16,9; Joh 20,9; 2 Thess 4,14; Just. *1 apol.* 42,4; 46,5; 67,7b; *dial.* 41,4. Zur neutestamentlichen ἐκ νεκρῶν-Formel vgl. HOFFMANN, Die Toten in Christus 180-185.

[120] Innerhalb des neutestamentlichen Korpus umschreibt nur der sekundäre, lange Markusschluß die Christophanie des Auferstandenen mit der Vokabel φανεροῦν. GNILKA, Markus 2,354 Anm. 19, weist versehentlich auf IgnMagn 6,1 als Beleg, daß das Verb „in der frühchristlichen Literatur für das erste Auftreten Christi, der sich von der jenseitigen Welt her sehen läßt, verwendet" wurde. Nach Mk 16,9 scheint vielmehr Barn 15,9b der älteste Beleg für diesen Sprachgebrauch zu sein, worauf es in dieser Funktion erst wieder bei Just. *1 apol.* 67,7b begegnet (καὶ τῇ μετὰ τὴν κρονικήν, ἥτις ἐστὶν ἡλίου ἡμέρα, φανεὶς τοῖς ἀποστόλοις αὐτοῦ καὶ μαθηταῖς). Für Barn 15,9b ist überdies zu beachten, daß die Vokabel im Barn überaus oft, nämlich 13mal begegnet (in den griechischen Bibelübersetzungen nur in Jer 40[33],6), und nur in Barn 2,4 und 16,5 das Offenbaren eines Sachverhalts (Opfer, Feste, Tempel) gemeint, während sie sonst stets christologisch konnotiert ist. Von Barn 15,9b abgesehen, besagt sie in Barn 5,9; 7,3.7; 12,8; 14,5 das Offenbarwerden Jesu als des Leidenden, als κύριος, als Sohn Gottes und in 5,6; 6,7.9.14; 12,10 speziell sein Erscheinen ἐν σαρκί.

[121] Vgl. Just. *1 apol.* 42,4 (ἀνελθὼν εἰς οὐρανόν); 46,5 (ἀνελήλυθεν εἰς οὐρανόν).

Stadt, der Tempel und das Volk Israel dahingegeben werden sollten. Die Schrift sagt nämlich: „Und es wird sein am Ende der Tage, und der Herr wird dahingeben die Schafe der Weide, die Pferche und ihren Turm ins Verderben. Und es geschah so, wie der Herr gesagt hatte."

6 Untersuchen wir aber, ob ein Tempel Gottes existiert. Er ist da, insofern er selbst sagt, ihn zu schaffen und zu vollenden. Es steht nämlich geschrieben: „Und es wird sein, wenn die Woche sich vollendet, wird ein Tempel Gottes herrlich errichtet werden im Namen des Herrn." 7a Ich finde also, daß ein Tempel existiert.

7b Wie nun wird er im Namen des Herrn errichtet werden? Lernt. Bevor wir zum Glauben an Gott gelangten, war die Wohnstätte unseres Herzens vergänglich und schwach wie tatsächlich ein von Hand erbauter Tempel, denn es war voll Götzendienst und ein Haus der Dämonen, weil es alles tat, (was) Gott zuwider war. 8 Er wird aber errichtet werden im Namen des Herrn. Gebt aber acht, damit der Tempel Gottes herrlich errichtet werde. Wie? Lernt. Indem wir den Erlaß der Sünden empfingen und auf den Namen Hoffnung setzten, wurden wir neu, nochmals von Grund auf geschaffen; deshalb wohnt in unserer Wohnstätte wahrhaft Gott in uns. 9 Wie? Das Wort des Glaubens an ihn, die Berufung zu seiner Verheißung, die Weisheit der Rechtsforderungen, die Gebote der Lehre – (indem) er selbst in uns prophezeit (und) er selbst in uns wohnt; er führt die dem Tod Unterworfenen, indem er uns das Tor des Tempels, d.h. den Mund, öffnet und uns Umkehr gibt, in den unvergänglichen Tempel.

10 Wer nämlich ersehnt, gerettet zu werden, blickt nicht auf den Menschen, sondern auf den, der in ihm wohnt und redet, darüber außer sich, daß er noch niemals die Worte, weder aus dessen Mund, der redet, gehört hat, noch selbst irgendwann zu hören begehrt hat. Dies ist der geistige Tempel, der dem Herrn errichtet wird.

Textkritik

1 ℵ und H (HG² FB K W SB) lesen ἐρῶ ὑμῖν ὡς, G (GH PK) liest ἐρῶ ὑμῖν πῶς. L stützt mit *dicemus quomode* immerhin die Fragepartikel πῶς. Für die vl von G spricht, daß er mit L πῶς bezeugt, obgleich G und L im Num. des Finitums differieren und L ὑμῖν übergeht. Πῶς scheint lectio difficilior zu sein. Wegen des Ind. ἐρῶ haben jedoch πῶς und ὡς den Sinn von ὅτι[1], zumal auch im folgenden weder die grundsätzliche Möglichkeit des skizzierten Irrtums noch der Modus, wie die Irrung entstand, thematisiert sind, vielmehr einzig der Irrtum konstatiert ist. Dann aber ist *quomodo* in L, das die Art und Weise oder den Vergleich akzentuiert, die semantisch engere Lesart; ihr fehlt die Bedeutung ὅτι, die hier πῶς bzw. ὡς haben. G steht also allein gegen ℵ und H. Deshalb sowie aus den genannten inneren Gründen gebührt ἐρῶ ὑμῖν ὡς in ℵ und H der Vorzug. 2 Für Übersetzung und Auslegung nicht belanglos ist die Interpunktion im Übergang des Zitats aus Jes 40,12αβγ und Jes 66,1. ℵ fällt zwar für die Interpunktionsfrage

---

[1] Vgl. BAUER/ALAND, Wörterbuch, Sp. 1465 (2a). 1793 (4).

aus, er zeigt aber, daß der Wortbestand am Übergang, nämlich τίς τὴν γῆν δρακὶ οὐκ ἐγώ λέγει κύριος ὁ οὐρανός μοι θρόνος κτλ. textkritisch außer Frage steht. H setzt nach κύριος ein Kolon, ihm entspricht L mit *nonne mihi dicit dominus*; HR fügte nach *mihi* sowie anstelle des Kolon nach *dominus* jeweils ein Komma. Die Familie G1 setzt nach δρακὶ trotz des Gravis einen Punkt und nach κύριος ein Komma. Deutlicher als H, der οὐκ ἐγώ λέγει κύριος zu Jes 40,12aβγ zieht, gibt G das οὐκ ἐγώ als Antwort des κύριος aus, die der Prophet referiert (λέγει κύριος), so daß das Jesajazitat als eine rhetorische Frage des κύριος an sich selbst erscheint. Laut handschriftlichem Zeugnis enthält οὐκ ἐγώ also keinen besonderen Leserbezug. Dennoch fügen HG² GH K W nach δρακί und οὐκ ἐγώ ein Fragezeichen und nach κύριος einen Punkt ein; FB und SB wählen statt des Punktes ein Kolon (H). Von L ausgehend setzen PK nach δρακί ein Fragezeichen, nach οὐκ ἐγώ ein Komma und konjizieren nach κύριος ein Fragezeichen. Während also die Majorität der Editoren οὐκ ἐγώ als lesergerichtete Frage des κύριος gelten lassen wollen, legt die Konjektur von PK den Ton auf κύριος; die Frage ist somit, ob der Herr οὐκ ἐγώ gesagt hat. Für eine Entscheidung ist vor allem zu bedenken, daß λέγει κύριος aus der Zitationseinleitung (οὕτως λέγει κύριος [*om.* in א* wegen homoiot. zu λέγει κύριος in Jes 65,26fin.]) zu Jes 66,1 übernommen sein kann, und hier wie dort diese Funktion hat. Οὐκ ἐγώ steht dann separat und ist einzig auf das vorausgehende Zitat aus Jesaja 40,12a bezogen. Mit Blick auf die rhetorische Absicht in Jes 40,12–17 vertritt οὐκ ἐγώ in Gestalt einer Gottesrede die auf die weisheitliche Frage von Jes 40,12a erwartete Antwort, nämlich ,niemand'[2]. Daß man mit der Frage des Deuterojesaja nur schwer zu Rande kam, zeigt schon die Ergänzung in ⊄.[3] Ist οὐκ ἐγώ Gottesrede, dann schreibt sie die erwartete Antwort ,niemand' nicht nur fest, sondern ruft dazu, angesichts der sich in der Schöpfung offenbarenden Herrlichkeit und Majestät Gottes die einzig gemäße Haltung vor Gott einzunehmen: Gehorsam und Verehrung. 4 γίνεται in G, gestützt durch *et fiet* in L, fehlt in א und H. Seit der Editio princeps gilt allen Editoren γίνεται als ursprünglich; als erster schloß WZ im Vertrauen auf א γίνεται als Glosse aus.[4] Neben dem Zeitadv. νῦν weist auf die Ursprünglichkeit von γίνεται auch der von H und G belegte Fut. ἀνοικοδομήσουσιν, der nicht wie א (ἀνοικοδομήσωσιν) die Möglichkeit, sondern in Verbindung mit νῦν die tatsächliche Ausführung besagt; vgl. L *ab initio aedificant*. Hinzu kommt, daß V 5c (καὶ ἐγένετο καθ᾽ ἃ ἐλάλησεν κύριος) den durch γίνεται behaupteten Sachverhalt als Erfüllung prophetischer Verheißung zu erkennen gibt. Weil γίνεται nur die Tatsache unterstreicht, daß Jesajas Prophetie im Begriff ist, sich eben jetzt zu erfüllen (νῦν), also für den Sachverhalt nicht unbedingt nötig ist[5], verdient es Vertrauen. Für die Auslegung und für die kirchengeschichtliche Einordnung des Barn bedeutsamer ist die von H und G bezeugte Lesart νῦν καὶ αὐτοὶ οἱ τῶν ἐχθρῶν ὑπηρέται, die L mit *nunc et ipsi inimicorum ministri* stützt, und die in Übereinstimmung mit dem Zitat V 3 nur von einer einzigen Gruppe von Wiedererbauern spricht. Wegen ihrer Identifizierung in V 3 mit den Zerstörern des Tempels – schon wegen V 5a läßt τὸν ναὸν τοῦτον an keinen anderen als den zweiten Jerusalemer Tempel denken – ist hierbei an Heiden gedacht. Der von א überlieferte Text νῦν καὶ αὐτοὶ καὶ οἱ τῶν ἐχθρῶν ὑπηρέται nennt darüber hinaus eine zweite Gruppe. Die Baumaßnahme, die א freilich eher als Möglichkeit erwägt (ἀνοικοδομήσωσιν), wäre seinem Text zufolge wohl ein Gemeinschaftswerk von Juden und Heiden (WZ ML GH VE). Bei der Lesart von H, G und L „liegt es am nächsten an den Tempel des Juppiter Capitolinus zu denken, während

---

[2] Vgl. S. 509 Anm. 27.
[3] Vgl. S. 509 Anm. 29.
[4] Vgl. VON WEIZSÄCKER, Kritik 22; ihm folgt VEIL, Barnabasbrief 229–235.
[5] Vgl. WINDISCH, Barnabasbrief 388.

S [ℵ] auf einen Plan, den jüdischen Tempel zu erneuern, hindeutet."[6] Da der Bau eines dritten jüdischen Tempels in jüdisch-römische Kooperation nur vor dem Bar Kokhbar-Aufstand denkbar ist[7], wäre somit der Barn präzise zwischen Hadrians Gründungsbefehl und dem Ausbruch des Aufstands zu datieren. Harnack hat die drei entscheidenden Argumente gegen ℵ benannt: „καί ist erstlich nicht genügend bezeugt, zweitens gibt es einen so prägnanten und auffallenden Sinn …, dass man erwarten müsste, der Verf. würde sich umständlicher ausgedrückt haben, wenn ihm an diesem Sinn gelegen wäre, drittens besagt die Weissagung nur, dass die Feinde den Tempel wieder aufbauen werden."[8] 7 ἡμᾶς in G (vgl. Clem. str. II 20,116,4), das L mit *crederemus* stützt, ist gegen ὑμᾶς in ℵ und H allein schon wegen des folgenden ἡμῶν zu halten. 8 Statt ὁ ναὸς τοῦ θεοῦ in ℵ, H und L (*templum deo*) liest G (HG² GH K) ὁ ναὸς τοῦ κυρίου (vgl. ὁ ναὸς κυρίου Clem. str. II. 20,117,2). Trotz der frühen Bezeugung durch Clem. gebührt der vl von ℵ, H und L auch wegen ναὸς θεοῦ in Barn 16,6a.b der Vorzug (FB W PK SB). Die vl von G und ℵ²ᵐᵍ zu καὶ ἐλπίσαντες ἐπὶ τὸ ὄνομα sind Präzisierungen bzw. Angleichungen an den Teilvers 8a. 9 Gegen διδαχῆς in ℵ, H, G und Clem. str. II 20,117,4 überliefert L *testamenti;* wegen der vorausgehenden Reihe (ἡ κλῆσις αὐτοῦ τῆς ἐπαγγελίας, ἡ σοφία τῶν δικαιωμάτων, αἱ ἐντολαί) mag ihm διαθηκῆς in den Sinn gekommen sein. In H fehlt αὐτὸς ἐν ἡμῖν προφητεύων. Die inneren Gründe, die H zur Tilgung bewegten, hat Haeuser[9] genannt. ℵ erläutert mit τοῖς τῷ θανάτῳ δεδουλωμένοις das Objekt der Einwohnung, wogegen der Akk. in H, G und L einen Neuansatz markiert; für ihn optieren alle Editoren. L paraphrasiert στόμα mit *os sapientiae* und tilgt μετάνοια διδοὺς ἡμῖν. 10 L tilgt καὶ λαλοῦντα, ναός und τῷ κυρίῳ.

Aufbau und Gliederung

Ἔτι δὲ καί mit folgender, konventioneller Themenangabe (περί c. Gen.) markiert komplementär zu Barn 15,1 den Beginn des Abschnitts, das Resümee in 17,1 grenzt ihn nach hinten ab. Barn 16,1–5 handeln am Beispiel des Tempels über Israels eschatologische Verwerfung. Die Distanz zur Heilssphäre, die ihnen der Vf. unterschiebt, mag allein daran ermessen werden, daß im Unterschied zu vorausgehenden Kapiteln nicht einmal mehr die Schriftworte, die die betreffende Sache annullieren, hier also den Jerusalemer Tempel, den Juden gewidmet werden. Die Juden fungieren nur als Beispiel der Gottferne, über die berichtet wird. Drei formgerecht mittels λέγει eingeführte Zitate (Vv 2b.3.5b) sollen die Beseitigung des Jerusalemer Tempels und in der Folge auch jene von Jerusalem und ganz Israel (V 5a) als schriftgemäß aufweisen. V 6a signalisiert in Anlehnung an 11,1a; 13,1a und 14,1a mittels des Exhortativs ζητήσωμεν, gefolgt von δέ und einem themagebenden Fragesatz (εἰ κτλ.) einen Neueinsatz; dieser Abschnitt reicht bis V 10. Analog zu V 2 folgt auf den unspezifischen, begründenden Schriftrekurs mittels γέγραπται γάρ eine richtungsweisende Auslegung (V 7a). Dieser ersten Auslegung, die die prinzipielle Verheißung einer Tem-

---

[6] WINDISCH, Barnabasbrief 388.

[7] Vgl. SCHÄFER, Bar Kokhba-Aufstand 33.

[8] HARNACK, Geschichte 1,424, der damit den von Gebhardt für die gemeinsame Edition einst gewählte vl des ℵ revidiert.

[9] Vgl. HAEUSER, Barnabasbrief 97 Anm. 3, der freilich H vertraut. Sein Hinweis auf Clem. str. II 20,117 trägt nicht, denn weshalb hätte der Alexandriner auch Barn 16,9b zitieren sollen?

pelerrichtung als erfüllt konstatiert, folgen zwei weitere, die sich der Modi dieser Errichtung annehmen: V 7b die Errichtung im Namen des Herrn und Vv 8b.9 die
herrliche Errichtung. Die beiden leserzentrierten Fragen πῶς, gefolgt vom Aufruf
μάθετε, markieren die Einsätze der zweiten und dritten Auslegung. Im Unterschied
zu V 7a greift V 8a gesondert auf das dritte Stichwort des Schriftbelegs in V 6b zurück (ἐνδόξως) und gibt damit der dritten Auslegung das Thema. Wie im ersten Abschnitt durch V 5a, so erfolgt auch hier vor der dritten Auslegung ein thematischer
Rekurs. Die für die Wirkung der Taufe eingeführte Metapher der Einwohnung Gottes provoziert eine Erläuterung; sie erfolgt, wiederum mittels πῶς leserrelevant signiert, in V 9. Für das forsche ἔστιν ναός der ersten Auslegung (V 7a; vgl. V 6a) liefert V 10 anhand von Eindruck und Wirkung der prophetischen, missionarischen
Rede (V 10a) einen abschließenden Aufweis. Hieran fügt V 10b die Deutung des als
Kontrast zum zerstörten und nun wiedererstehenden Tempel in Jerusalem formu-
lierten Bildes vom unvergänglichen Tempel (V 9).

Der verworfene jüdische Tempel

1a	Themenangabe	
1b.2a	These: *Wertlosigkeit des Tempels und die irrige Hoffnung der Juden*	
2b–5	Drei Schriftbelege	
2b	1. Schriftbeweis	
2c		Auslegung: Die Nichtigkeit der Hoffnung
3	2. Schriftbeweis	
4		Auslegung: Die Zerstörung und der Aufbau des Tempels zeigen die Wertlosigkeit
5a		Thematischer Rekurs auf V 2b
5b	3. Schriftbeweis	
5c		Auslegung: Die Zerstörung des Tempels zeigt Israels Verwerfung

Die Christen als Tempel Gottes gemäss der Schrift

6a	Themenangabe und These: *Der Tempel existiert gemäß der Schrift*	
6b	Schriftbeleg	
7–8	Drei Auslegungen und eine Erläuterung	
7a		Thematischer Rekurs auf V 6a und
		1. Auslegung: Der Tempel existiert
7b		2. Auslegung: Die Errichtung geschah im Glauben
8a		Thematischer Rekurs auf V 6b
8b		3. Auslegung: Die Errichtung ist unsere Neuschöpfung
9		Erläuterung zur dritten Auslegung
10a	Aufweis durch die missionarische Wirkung	
10b	Abschließende Deutung des Tempels	

Analyse und Auslegung

Der verworfene jüdische Tempel (16,1–5)

1 Die Wendung ἔτι δὲ καί fügt Barn 16 über Barn 15 als sachliche Parallele[10] an das Vorausgehende[11] an und markiert zusammen mit der konventionellen Themenangabe περί c. Gen. einen Neuansatz; Thema ist der Tempel[12]. Ganz ungewöhnlich ist hingegen, daß sich der Vf. bereits in diesem Abschnitt selbst ins Spiel bringt (ἐρῶ). Wegen des Ind. Fut. ἐρῶ ist ὡς im Sinne eines ὅτι aufzufassen.[13] Daher kündet der Halbvers 1b nicht eine Skizze darüber an, wie es dazu kam, daß die Hoffnung am Tempelgebäude festgemacht wurde. Es handelt sich vielmehr um eine These, zu deren Urheberschaft sich der Vf. mittels der Form ἐρῶ bekennt und die er im folgenden seinen Lesern (ὑμῖν) erweisen will.[14] Die verfehlte, nämlich nicht auf Gott gerichtete Hoffnung wird als der grundlegende Irrtum der Juden behauptet. Dem Vf. zufolge wird dieser durch die Bedeutung offenkundig, die die Juden[15] dem Tempel beimessen. Ihre tempelorientierte, d.h. auf das Gebäude gerichtete Hoffnung (εἰς τὴν οἰκοδομήν), die der Aorist ἤλπισαν als vergangen konstatiert[16], ist unvereinbar (καὶ οὐκ) mit einer Hoffnung, die auf Gott baut (ἐπὶ τὸν θεόν). Das Possessivum αὐτῶν läßt, wenn auch nicht betont, das Moment des Ungehorsams anklingen und τὸν ποιήσαντα αὐτούς die Kritik an der Hybris, mit der das Geschöpf seinen Schöpfer auf einen Ort begrenzen will.

Für die kirchengeschichtliche Situierung gewichtiger ist die durch τὸν θεὸν αὐτῶν im Verbund mit dem Pejorativum οἱ ταλαίπωροι[17] aufscheinende Distanz zum Judentum. Dieser Frontverlauf, der erstmals in den adversativen Widmungen

---

[10] Vgl. MÜLLER, Erklärung 302.

[11] Vgl. S. 476 Anm. 2; BAUER/ALAND, Wörterbuch, Sp. 639f.

[12] Vgl. BAIER, Tempel. BL² (1968) Sp. 1720–1729; MICHEL, ναός. ThWNT 4 (1942) 886–895.

[13] Vgl. MAYSER, Grammatik § 155,1a; BAUER/ALAND, Wörterbuch, Sp. 1465 (2a).

[14] Die Anrede ἐρῶ ὑμῖν begegnet vor Barn 16,1a an herausragender Stelle, nämlich als Teil des Logions innerhalb der Perikope über die Vollmacht Jesu (Mt 21,24 par Mk 11,29b). Unergiebig ist der Vergleich mit 9,1a bei HAEUSER, Barnabasbrief 90 Anm. 1; dort ist das Subjekt von λέγει γὰρ πάλιν der κύριος, hier aber ist der Vf. Agens. An dieser Differenz ändert auch nichts, daß beidemale eine Themenangabe mit περί c. Gen. folgt.

[15] Die „Juden" und jüdische Tempelfrömmigkeit dienen auch in Barn 16 wieder nur als Kontrastfolie, um den binnenchristlichen Frontverlauf (vgl. Barn 4,6) schärfer zu ziehen.

[16] Vgl. WINDISCH, Barnabasbrief 386.

[17] Das Adj. ταλαίπωρος begegnet im Barn nur hier; bei den Apostolischen Vätern sonst allein noch in dem wohl frei komponierten Zitat (FrAn. A.2.11,2; vgl. DENIS, Concordance 924) 1 Clem 23,3a, das 2 Clem 11,2 wiederholt (vgl. LONA, Clemensbrief 289f.), wovon sicher 2 Clem 11,1 herrührt und vielleicht auch ἄφρον καὶ δίψυχε καὶ ταλαίπωρε ἄνθρωπε in Herm sim. I 3 (50,3) abstammt. Innerhalb der neutestamentlichen Literatur ist das Lexem durch die Klage in Röm 7,24 (vgl. auch das Nomen in Röm 3,16) und die Verwerfung der Gemeinde von Philadelphia in Offb 3,17b belegt. Dem Gebrauch in Barn 16,1b am nächsten kommt die Anklage des Toren in Weish 13,10a (ταλαίπωροι δὲ καὶ ἐν νεκροῖς αἱ ἐλπίδες αὐτῶν), die diametral der Hochschätzung und dem Lob des Weisen, wie sie das μακάριος ἀνήρ in Ps 1,1 bekundet (vgl. die Auslegung von Barn 10,10a), entgegensteht. Ταλαίπωροι ist, wer nicht in der Heilssphäre Gottes lebt. Vgl. ferner die Klagen ob der Verlassenheit, des Todes oder des Gerichts in Arist. 130,3; JosAs 6,2.4; 11,16.18; Sedr. 11,15f.; 4 Makk 16,7.

der Schriftbeweise in Barn 2,4–3,6 zum Tragen kam und in 4,6 maßgeblich binnen-christlich profiliert wurde, macht es wahrscheinlich, daß Vf. und Leser ihr Christsein unabhängig vom Judentum begreifen; beide waren wohl keine Judenchristen. Hier-für spricht zumal die Skizzierung ihrer gemeinsamen (πρὸ τοῦ ἡμᾶς πιστεῦσαι τῷ θεῷ) vorchristlichen Verfassung in V 7b. Andernfalls würde die distanzierende Re-deweise die eigene jüdische Vergangenheit sowie die der Leser als verwerflich inkri-minieren, und das würde die Akzeptanz des Schreibens desavouieren. Dem steht auf den ersten Blick V 2a entgegen, da er anscheinend die jüdische Tempelfrömmigkeit mit der Haltung von Heiden gleichsetzt (ὡς τὰ ἔθνη). Doch ist dem Vf. für die Be-urteilung seiner vorchristlichen Vergangenheit sowie jener seiner Leser einzig ihr ge-genwärtiges Christsein ausschlaggebend. Die Leser sind also keine Neubekehrten und Ebengetauften (vgl. 1,1–5), doch haben sie eine nichtchristliche Biographie (V 7b), auf die sie angesprochen werden können. Aus der Perspektive ihres Christseins ist ihre Distanz zum Judentum nicht minder signifikant und bestimmend als zu Hei-den. Für das Profil ist allerdings zu bedenken, daß aus der Sicht des Vf. von einem ‚Glauben an Gott' vor dem Christusereignis nicht recht die Rede sein kann, fehlte doch in jeder Hinsicht die Gnade. Dennoch wird Jüdisches in der Biographie des Vf. und seiner Leser nicht die Dominanz besessen haben.[18]

Ὡς ὄντα οἶκος θεοῦ unterstellt, daß der Tempel, entgegen jüdischem Verständ-nis (vgl. 2 Sam 7,4–16; 24,18–25; 1 Chr 21,25; 22,1; 2 Chr 3,1; Jes 56,7a; ferner Joh 2,16), nie ‚Erscheinungsstätte Jahwes' (vgl. 1 Chr 22,1; 2 Chr 3,1; Jer 4,1–15; Apg 7,44–50) war; er ist mitnichten „die Mitte des Nabels der Welt" (Jub 8,19). Diese Selbsttäu-schung bereitet die Disqualifizierung der jüdischen Tempelfrömmigkeit in V 2a und den dreifachen Schriftbeweis gegen die Auffassung des Tempels als ‚Ort der Gegen-wart Gottes'[19] und damit der ‚Gegenwart des Heils' (vgl. Hag 2,4f.15–19) vor. **2** Dem Halbvers 2a zufolge ist die jüdische Hoffnung im Grunde von der heidnischen kaum unterscheidbar. Allerdings werden jüdische Tempelfrömmigkeit mit Götzendienst wie auch der Jerusalemer Tempel mit dem heidnischen ‚Haus der Dämonen' nicht gleichsetzt (vgl. V 7b). Vielmehr signalisiert die Vergleichspartikel ὡς, daß Rang und Funktion heidnischer Tempel sowie die ihnen gegenüber gezeigte Haltung die jüdi-sche Tempelfrömmigkeit und die Bedeutung des Jerusalemer Tempels erläutern. Ausdruck der jüdischen Hoffnung war die Verehrung (ἀφιέρωσαν)[20] Gottes im Tempel. Wegen des erläuternden Vergleichs ὡς τὰ ἔθνη ist mit ἀφιέρωσαν auch schon die Begrenztheit dieser Hoffnung angezeigt. Im Vergleich mit der Begründung des Tempels in der Heilszusage Gottes an das Haus Davids (2 Sam 7,4–16)[21] tritt

---

[18] Vgl. S. 130f. unter Punkt ‚3. Verfasser und Titel'.

[19] Vgl. KRAUS, Das Evangelium des unbekannten Propheten 244.

[20] Innerhalb der jüdischen Gräzität begegnet die auch in der Profangräzität überaus seltene Vokabel ἀφιέρουν nur in 4 Makk 13,13 (ἀφιερώσωμεν) sowie als vl der Aldina in Num 6,18; christlicherseits ist ἀφιεροῦν vor Barn 16,2a nicht belegt. Anders als das Simplex ἱεροῦν (‚zum Opfer schlachten'; vgl. PAPE, Wörterbuch 1,1240), meint das Kompositum ἀφιέρουν ‚entsühnen, reinigen, weihen, durch Wei-hung absondern'. „Das Verbum scheint absichtlich hier gewählt, um Gott im Tempel als ein Weihege-schenk darzustellen, gleichsam als einen Figuranten" (MÜLLER, Erklärung 323).

[21] Zur Sache vgl. STOEBE, Das zweite Buch Samuelis 214f.227f.

durch das ‚Weihen' aber vor allem die Blasphemie und Hybris zutage. Verhieß Gott,
den Tempel in Jerusalem als den ‚Ort seiner Gegenwart' zu wählen, so sind es hingegen in Barn 16,2a die Juden, die Gott im Tempel lokalisieren. Durch die Vertauschung der Zuordnung von Subjekt und Objekt des ἀφιέρωσαν bestimmt also der
Kult die Gegenwart Gottes. Auf diese polemische Note der These weist die lokative
Bedeutung des Dat. ἐν τῷ ναῷ. Das ἀφιέρωσαν der Juden ist demzufolge mit der
für heidnische Tempelkulte charakteristischen Dedikation an eine Gottheit vergleichbar. So anmaßend wie dieser Kult, so wertlos ist der jüdische Tempel und so irrig ist
die auf ihn gerichtete Hoffnung.

Mit dem Halbvers 2b setzt der Vf. zu seinem dreifachen Aufweis für die Wertlosigkeit des Tempels an; λέγει κύριος stellt klar, daß es sich um Schriftbeweise
handelt. Gleich eingangs signalisiert das adversative ἀλλὰ πῶς die feste Überzeugung, daß das folgende Zitat der These von Vv 1b.2a die Schriftgrundlage liefern
wird. Zugleich aber unterstellt es, freilich in didaktischer Absicht, die Bekanntheit
der Leser mit einschlägigen Aussagen der Schrift über den Tempel (ὡς λέγει κτλ.)
sowie den Konsens darüber, daß diese Schriftbelege die Wertlosigkeit der jüdischen, tempelbezogenen Hoffnung aufdecken. Die thematisch erweiterte Zitationseinleitung (καταργῶν αὐτόν) scheint vorauszusetzen, daß die Verheißung an
das Haus Davids in Gestalt des ersten Tempels erfüllt war. Aufgrund der Eingangsthese ist diese Auffassung allemal ausgeschlossen, wie überhaupt „Bibelstellen, die
auch dem Tempel entschieden positiven Wert und göttliche Sanktion zusprechen"[22], ebenso konsequent ignoriert sind wie in Barn 4 und 14 die Erneuerung der
בְּרִית laut Ex 34, oder in Barn 2,4–3,6 die Opfergesetzgebung und in Barn 9,4 die
priesterschriftliche Deutung der Beschneidung. Im Vordergrund steht das Faktum
des καταργῶν sowie dessen Subjekt; der Herr selbst hat den Tempel verworfen[23].
Die in der Rechtssprache beheimatete Vokabel καταργεῖν dient auch sonst im
Barn (vgl. 2,6; 5,6; 9,4; 15,5) dazu, die von Gott oder vom Herrn verfügte bzw. bereits vollzogene Annullierung aller signifikant jüdischen, vermeintlich heilverbürgenden Einrichtungen festzustellen oder die Beseitigung aller Heilsantagonismen
als eschatologischen Akt, der bei der Parusie geschieht, anzusagen.[24] Die temporale Koinzidenz in V 2b zwischen dem vom κύριος ausgesagten λέγει und dem
durch das Part. Präs. καταργῶν konstatierten Vollzug der Außerkraftsetzung gibt
hierbei erstens das Wort des Herrn als wirkmächtig zu erkennen und zweitens den
κύριος als jenen, der seinen Verheißungen treu bleibt, indem er selbst ihre Erfüllung wirkt. Der Satzteil καταργῶν αὐτόν ist daher nicht nur thematischer Rekurs,
sondern er bestimmt vor allem das Beweisziel des Schriftzitats. Das sollen die Leser lernen (μάθετε). Wie in 5,5; 14,4a; 16,7.8b folgt dieser Aufruf auch hier auf eine
durch die Fragepartikel πῶς eingeleitete bzw. aufgenommene (16,8) thematische
Akzentuierung. Frage und Aufruf markieren nicht nur den unmittelbaren Beginn

---

[22] WINDISCH, Barnabasbrief 387, der auf Jes 56,7; 60,7; Mk 11,17 par verweist.
[23] Vgl. das Diktum von HILGENFELD, Die Apostolischen Väter 28: „Und doch hat Gott den Tempelbau ausdrücklich verworfen (Jes 40,12; 66,1)."
[24] Zum Lexem καταργεῖν vgl. S. 358 die Auslegung zu Barn 9,4.

der Auslegung oder des Aufweises und gliedern insofern den Argumentationsgang, sondern bilden eine in gesteigerter didaktischer Emphase gehaltene Anrede, die den Lesern wiederum eine Gnosis ankündigt, die ihnen in 1,5 versprochen wurde. Dieser Konnex sowie die Funktion dieser vor Barn nicht belegten Verbindung[25] weisen darauf, daß Barn 16 vom Vf. komponiert ist.

Der Schriftbeweis kombiniert ein gekürztes[26] Zitat von Jes 40,12a[27] mit einem wörtlichen Zitat von Jes 66,1;[28] an ihrer Nahtstelle ist οὐκ ἐγώ eingefügt[29]. Dem Lernaufruf korrespondiert das ἐγνώκατε; funktional entspricht es γινώσκομεν οὖν in Barn 14,7b. Daher wird das Perf. betonen, daß der Inhalt des Kausalsatzes eben[30] erst, also anhand des Schriftbelegs, erkannt wurde und daß diese Erkennt-

---

[25] Diese Verbindung von πῶς + thematischer Akzentuierung + μάθετε begegnet in der biblischen Literatur sowie in der außerbiblischen jüdischen und christlichen Gräzität vor Barn nicht; sie fehlt auch für καταμάθετε, das im Grunde nur das Simplex verstärkt (‚erlernt, begreift, bemerkt‘), sowie für das Kompositum μεταμάθετε, das sich semantisch freilich nur partiell (‚werdet eines Besseren belehrt‘) mit dem Simplex trifft. Zeitlich nächster Fundort für die Fassung im Barn ist das Zitat von Barn 16,8 bei Clem. *str.* II 20,117,2; nur entfernt verwandt sind Or. *Cels.* II 7; *comm. in Mt.* 15,7. Barn am nächsten kommt wohl Ath. *Ar. 3* (PG 26,441): Περὶ δὲ τοῦ λέγειν αὐτόν, εἰ δυνατόν, παρελθέτω τὸ ποτήριον, μάθετε πῶς ταῦτα εἰρηκὼς ἐπετίμα τῷ Πέτρῳ, λέγων.

[26] Die Dreiheit ‚Meer–Himmel–Erde‘ in Jes 40,12a, die in weisheitlicher wie psalmistischer Tradition vielfach bezeugt ist, wird durch die Tilgung von Jes 40,12aα, also des ersten Gliedes, zur Dyas, die zusammen mit den vier Gliedern aus Jes 66,1 zu einer Doppeltrias aufgefüllt und erweitert wird.

[27] Jes 40,12a ist die thetische Basis der folgenden Argumentation, die in Jes 40,17 ihr Ziel hat. Die weisheitliche Prägung dieser Disputationseröffnung als Frage, auf die eine einvernehmliche Antwort erwartet wird, signalisiert, daß dieser Eingangsstichos eine allgemein anerkannte Überzeugung wiedergibt. Wegen des Scopus der drei Strophen Jes 40,12–17 lautet „die Antwort auf die Frage von 12 … nicht: ‚Jahwe‘ …, sondern ‚niemand‘" (ELLIGER, Deuterojesaja 1,47; vgl. ib. 49). Diese gemeinsame Überzeugung der Disputanten besagt, daß kein Mensch imstande ist, „die in der bestehenden Schöpfung anschaubare Größe, Kraft und Herrlichkeit Gottes mit seinen eigenen kümmerlichen Mitteln wirklich zu erfassen und zu begreifen" (ib. 47). Unabhängig davon, ob die Antwort auf das „Wer?" in Jes 40,12a (vgl. Sir 1,2.3) ‚Jahwe‘ (vgl. Sir 1,8.9; ferner grEsdr 7,5: „Ewiger Gott, Schöpfer aller Kreaturen, der du den Himmel mit der Spanne gemessen hast und die Erde im Griff festhältst.") oder ‚niemand‘ lautet, wird sie dem Antwortenden angesichts der sich in der Schöpfung offenbarenden Majestät Gottes sogleich zum Anruf, jene Haltung vor Gott einzunehmen, die per se durch die Einsicht gefordert ist, die den beiden möglichen Antworten vorausgeht: Gott zu verehren und sich vor ihm zu verneigen. Und hierauf kommt es dem Vf. des Barn an, denn diese Haltung fehlt den Juden seit jeher und fehlt allen, die ihre Hoffnung auf den Tempel richten.

[28] Das Zitat aus Tritojesaja begegnet ebenfalls wörtlich in Apg 7,49. Weil in Apg 7,49 die von Barn 16,2b aus Jes 66,1 übernommene Zitationseinleitung λέγει κύριος durch καθὼς ὁ προφήτης λέγει, und damit gemäß dem Sachverhalt in Jes 40,12a, wo der Prophet in der dritten Person von Jahwe spricht, ersetzt ist, wird der Schriftbeleg in Barn 16,2b trotz der thematischen Affinität zu Apg 7,44–50 nicht von dort herrühren. Ebensowenig ist Just. *dial.* 22,11 von Apg 7,49 bzw. Barn 16,2b abhängig, denn er stellt den Halbvers Jes 66,1b dem λέγει κύριος voraus, tilgt die zweite Satzhälfte von Jes 66,1a und ersetzt das Fut. durch den Aorist ᾠκοδόμησατε.

[29] Diese Einfügung hat einen schwachen Anhalt in den Targumen; ℭ ergänzt „den Text im Bestreben, eine Brücke zum Vorausgehenden zu bauen: ‚Wer hat das gesagt? Der Ewige hat es gesagt und getan, vor dem alles Wasser der Welt wie ein Tropfen in der hohlen Hand gilt usw.‘" (ELLIGER, Deuterojesaja 1,38).

[30] HAEUSER, Barnabasbrief 91, findet in dem Perf. angezeigt, daß „die Adressaten … ihr Wissen als Augenzeugen der Katastrophe in Jerusalem oder doch als Zeitgenossen der schwergeprüften Einwohner der jüdischen Hauptstadt erworben" hatten. Ihnen ist „die wahre Bedeutung des jüdischen Tempels bekannt,

nis von bleibender Gültigkeit ist. Wer erkannt hat, wie es um Tempel und Hoffnung der Juden bestellt ist, kann hinter diese Einsicht nicht mehr zurück. Jetzt
noch immer wie Juden auf den Tempel die Hoffnung auszurichten, wäre nicht nur,
was es im Grunde von jeher war, gegen den Willen Gottes, sondern auch gegen die
‚Gnosis‘. Somit hat sich die These aus V 1b als schriftgemäß erwiesen. Deshalb ist
auch die implizite These der Zitationseinleitung in V 2b zutreffend: Gottes Wort ist
wirkmächtiges Wort. Indem Gott durch den Propheten den Widerwillen gegen alle
Versuche offenlegt, einen ihm gemäßen Ort seiner Gegenwart zu schaffen, sind
diese nichtig, und zwar kraft seines Bekundens.

Da im Barn die beiden in der Ketzerpolemik geschärften Etikettierungen ‚Irrtum‘
(16,1b) und ‚Eitelkeit‘ darin verbunden sind, daß sie die Sünder profilieren (4,10;
12,10; 14,5; vgl. Arist. 134–137), kennzeichnet das Adj. ματαία (2,5; 16,2 [beidemale
aus Jes 1,13]; 19,5; 20,2; vgl. ματαιότης in 4,10; 20,2) die Hoffnung der ‚Unglückseligen‘ als Verweigerung gegen Gottes Heilswillen. Gegen diese Tempelfrömmigkeit,
die allein im Tempel die Gegenwart des Heils garantiert sieht (Hag 2,4f.15–19), wendet die spätere Prophetie ebenso wie die deuteronomistische Theologie unter Aufnahme ältester kultkritischer Traditionen (2 Sam 7,5; 1 Kön 8,27) die Größe Jahwes
ein und, daß die ganze Schöpfung als Ort seiner Gegenwart zum Gottesdienst aufgerufen ist.[31] Ebenso wie die These wird auch diese Auslegung des Mischzitats vom
Vf. stammen. Hierauf weist das Gegenstück zu dieser jüdischen Hoffnung in Barn
12,3, also die Deutung des Kreuzes, das Mose in der Amalekiterschlacht darstellte, im
Sinne der prophetischen Anzeige des Gekreuzigten als Heilsbringer. Dem Sprachgebrauch von γινώσκειν im Barn[32] zufolge, insbesondere aber der konträren Zielrichtung der christlichen Hoffnung, die Barn 12,3 artikuliert, hebt der ὅτι-Satz die auf
dem Christusereignis gründende Hoffnung, an der sich die eschatologische Zugehörigkeit zur Sphäre Gottes entscheiden wird, von jeder Hoffnung ab, die sich auf Prärogative Israels beruft oder richtet. Für dieses Verdikt liefert der Barn im weiteren
Kontext zwei Gründe: Erstens ist die ganze Schrift gleichnishaft zu verstehen, wobei
sie prophetisch Christus und die Christen ankündigt, weshalb zweitens eine Heilsgeschichte, die dem Christusereignis vorausliegt, ausgeschlossen ist.[33] Insofern ist

---

weil sie bereits das Ende seiner Geschichte kennen“. Daran ist richtig, daß die Zerstörung des Tempels im
Jahre 70 bald reichsweit Juden und Christen bekannt gewesen sein wird, wie etwa das Matthäusevangelium belegt. Haeuser übersieht erstens, daß gemäß des Grundsatzes von Barn 1,7 die Christen durch die
Schrift alle Offenbarung bereits besitzen, zweitens daß das rhetorische ἀλλὰ πῶς in V 2b Kenntnis der
nachfolgend zitierten jesajanischen Tempelkritik und Vertrautheit mit ihrer christlichen Auslegung voraussetzt und drittens die Verschränkung zwischen Wort und Tat Gottes, auf die die Einleitung zum Zitat
in V 2b abhebt.

[31] Vgl. KRAUS, Das Evangelium der unbekannten Propheten 244–246.

[32] Neben Barn 16,2b vgl. 7,1.2; 9,1; 11,4.7; 12,3; 14,7; ferner 19,11; 20,2. Das Christusereignis ist Grundlage dafür, daß Christen erkennen können. Der Inhalt dieses Erkennens ist die Einsicht in dieses Geschehen als Erfüllung des geoffenbarten Willens Gottes (9,1; 11,4), seine soteriologische Deutung (7,1.2; 12,3;
14,7) und die tröstende, mahnende und ermutigende Zusage, daß der κύριος im Gericht vergelten wird
(11,7).

[33] Vgl. insbesondere S. 259.267–270 die Auslegung zu Barn 6,10 (dort weitere Hinweise) sowie S. 334f.
im Exkurs zu Christologie und Soteriologie im Barnabasbrief.

jede Hoffnung, die nicht im Christusereignis gründet, per se ein Irrtum und nichtig. Sie kennzeichnet die Fatalität der Gottesferne.

3 Mit der für den Vf. typischen Übergangsfloskel πέρας γέ τοι (5,8; 10,2; 12,6; 15,5.8; 16,3) ist der zweite Schriftbeweis eingeleitet, der in V 4 eine Auslegung erfährt. Als Grundlage des vorgeblichen Zitats wird Jes 49,17a erwogen[34], wozu in Tob 14,5 und T.Lev. 17,10 Parallelen gesehen werden.[35] Die Identität der Zerstörer (οἱ καθελόντες) mit den Wiedererbauern (αὐτοὶ αὐτὸν οἰκοδομήσουσιν) weist jedenfalls darauf, daß dieses Zitat von einer griechischen Jesajaübersetzung abstammt.[36] Entscheidend aber ist, daß V 3 im Blick auf die Erfüllung komponiert ist[37], die V 4 mittels γίνεται und νῦν „so bestimmt wie möglich"[38] deklariert. Beide Verse sind (auch) vor dem Hintergrund der allgemeinen Beschreibung des Zustands und der Aufgabe der Kirche in Barn 1,7 zu sehen. Liegt diese theologische Deutung der (kirchlichen) Gegenwart als jene Phase, in der sukzessive all das eintritt, was die Propheten angekündigt haben, der Komposition voraus, dann ist die durch die beiden Fut. οἰκοδομήσουσιν und ἀνοικοδομήσουσιν, die einander im Sinne von Verheißung und Erfüllung korrespondieren, als bevorstehend bestimmte Wiedererrichtung des Tempels als Ereignis aufgefaßt, in dem augenfällig werden wird, daß alle Prophetien erfüllt werden. Der Wiederaufbau des Tempels fügt sich dabei ins Bild von Barn 1,7; er ist einer jener zukünftigen Ereignisse (vgl. 1,7; τῶν μελλόντων), die unbeirrt Gegenwart werden. Hierauf weisen die syntaktischen Bezüge. Weil das rekursive Demonstrativum τοῦτον in V 3 sowie die beiden Pronomina αὐτόν in V 3f. die Gleichartigkeit des zerstörten Tempels mit jenem Tempel, dessen Errichtung prophezeit (V 3) ist, und der nun gebaut werden soll (νῦν ... ἀνοικοδομήσουσιν), sicherstellt, kann V 2b zufolge auch mit dieser Wiedererrichtung nur ein „als-ob-Gotteshaus"[39] (ὡς ὄντα οἶκος θεοῦ; vgl. V 1b) entstehen. Daher wird die Verwirklichung dieses Vorhabens *eines* jener endzeitlichen Ärgernisse[40] sein, die der Herr für das Nahen der Heilszeit angekündigt hat (vgl. V 5c). Somit wird auch die Haltung gegenüber diesem restaurierten Tempel Indikator für die Teilhabe am eschatologischen Heil sein, wird doch die Wiedererrichtung nur die Verweigerung des Gehorsams gegenüber Gott blasphemisch wiederholen, die einst an jenem Tempel, der jetzt noch zerstört daliegt, manifest

---

[34] Vgl. VEIL, Barnabasbrief 223.

[35] Vgl. WINDISCH, Barnabasbrief 387.

[36] Sprachlich am nächsten liegen die jüngeren griechischen Jesajaübersetzungen.

[37] Vgl. WINDISCH, Barnabasbrief 387; WENGST, SUC 2,51–53. WEISS, Barnabasbrief 45, zufolge ist das Zitat in V 3 jenem in V 2 entgegengestellt. Weil erst V 6 auf die dadurch aufgebrochene Aporie antwortet, wie Verurteilung des Tempels und Verheißung seiner Wiedererrichtung zusammenpassen, gilt ihm V 5 als Interpolation. Demgegenüber wollten HEYDECKE, Dissertatio 64–67 und VÖLTER, Die apostolischen Väter 358, die Vv 3f. einem Überarbeiter zusprechen.

[38] HARNACK, Geschichte 1,425.

[39] WENGST, Tradition 53.

[40] Kaum zu Recht wollte VEIL, Barnabasbrief 233f., τὸ τέλειον σκάνδαλον, dessen unmittelbare Nähe Barn 4,3 mittels des Perf. ἤγγικεν konstatierte, mit der bevorstehenden Wiedererrichtung des Jerusalemer Tempels identifizieren. Vielleicht nur zeittypisch, aber dennoch sehr zu bedauern ist seine Deutung von Barn 4,14.

geworden war. Überdies bestätigt die Prophetie, daß der Tempel gemäß der These in V 1b bloß ein Bauwerk war. **4** liefert auf das unpersönliche γίνεται[41] hin, das die Weissagung Jesajas als sich eben vollendend ausgibt, die Erklärung für die Zerstörung, die die Aoriste καθελόντες (V 3) und καθῃρέθη konstatieren. Wegen des ὑπὸ τῶν ἐχθρῶν, das auf οἱ καθελόντες τὸν ναὸν τοῦτον (V 3) zu beziehen ist[42], wird διὰ γὰρ τὸ πολεμεῖν αὐτούς auf den jüdischen Aufstand[43] und das καθῃρέθη auf die Zerstörung des zweiten Jerusalemer Tempels unter Vespasian (69–79) abheben. Die Römer sind daher οἱ καθελόντες und wegen des betonten αὐτοί zweifelsohne die Bauträger der Restauration des Tempels.

Die Frage ist, welcher Tempel wieder aufgebaut werden soll und wer die den Römern zugehörigen οἱ ὑπηρέται[44] sind. Die präzise Zuordnung der Zerstörer mittels des demonstrativen Rekurses auf den Tempel der Juden (τὸν ναὸν τοῦτον), dem Gottes καταργῶν galt (V 2b), als Objekt ihrer Zerstörung läßt scheinbar keinen anderen Schluß zu, als daß ἀνοικοδομήσουσιν αὐτόν die Restaurierung des zerstörten zweiten Jerusalemer Tempels meint. Indes ist zu bedenken, daß dem Vf. bereits dieser zerstörte Tempel gleich unwert einem heidnischen Tempel galt (Vv 1b.2a). Sofern οἱ ὑπηρέται ‚jüdische Arbeitskräfte‘ meint, die von den Römern zum Tempelbau herangezogen wurden, dann sind die Wiedererbauer mit den Ersterbauern ‚qualitativ identisch‘ und „ist der heidnische Charakter des alten Tempels erwiesen"[45]. Die Regie der Römer deckt Gottes καταργῶν über die jüdische Hoffnung auf. Hierzu führte V 2b den Schriftbeweis und hierauf weisen auch die syntaktischen Bezüge zwischen Vv 1–4 sowie die argumentative Strategie des gesamten Kapitels. Weil also das Augenmerk dem Aufweis gilt, daß durch den in Angriff genommenen Tempelbau nichts anderes, als ein „als-ob-Gotteshaus", das der zerstörte jüdische Tempel war, zustandekommen kann, ist dieser Neubau in der Sache eine Wiedererrichtung.

---

[41] Näheres dazu vgl. MAYSER, Grammatik § 145Bb; er übersetzt die Form mit ‚es kommt vor, begibt sich‘.

[42] Vgl. WINDISCH, Barnabasbrief 388.

[43] Der Vf. gibt nicht zu erkennen, daß er mit τὸ πολεμεῖν αὐτούς überdies gezielt auf Barn 12,2 anspielt, wo ebenfalls die ἐλπίς zur Sprache kommt und fehlendes Hoffen ἐπ᾽ αὐτῷ mit ewiger Bekämpfung (εἰς τὸν αἰῶνα πολεμηθήσονται), d.h. Gottesferne, bedroht ist. Diese Kombination überläßt der Vf. seinen Lesern.

[44] Zur Frage, ob es sich um eine Gruppe von Wiedererbauern, nämlich οἱ ὑπηρέται, oder um zwei Gruppen handelt, nämlich die Feinde selbst *und* οἱ ὑπηρέται, vgl. die Textkritik S. 503f. VEIL, Barnabasbrief 224, findet mit οἱ ὑπηρέται die Werkleute beim Tempelbau bezeichnet. HARNACK, Geschichte 1,425, hält an der Grundbedeutung fest und übersetzt den Ausdruck mit „die, welche schwere Handarbeit thun". SCHLATTER, Die Tage Trajans und Hadrians 64, erblickt darin den römischen Statthalter in Judäa und seine Beamten. STEGEMANN, Les Testimonia 150, mag recht haben, daß es sich um ‚jüdische Arbeitskräfte‘ handelt, die von den Römer zum Bau herangezogen wurden. Jene, die Vv 3.4 auf den geistigen Tempel beziehen, verstehen auch οἱ ὑπηρέται im übertragenen Sinn. HILGENFELD, Entdeckungen 285–287, zufolge werden „die Diener der Feinde, welche das Heiligthum zerstört haben, dasselbe (als gläubige Heiden) wieder aufbauen" (ib. 285), und zwar als ‚geistigen Tempel‘, der „durch die Ausbreitung des Christenthums unter den Heiden des Römerreichs" (ib. 287) entsteht; vgl. DERS., Die Apostolischen Väter 28, wo er οἱ ὑπηρέται auf „die Gläubigen aus der Heidenwelt", „die Christen" deutet. BARDENHEWER, Geschichte 1,110, zufolge meint οἱ ὑπηρέται „die Christen, die Untertanen des Römerreiches".

[45] STEGEMANN, Les Testimonia 150.

Die Vokabel ἀνοικοδομήσουσιν besagt daher zuallererst theologisch die Hinfälligkeit des anstehenden Tempelbaus. Folglich ist aus νῦν καὶ αὐτοὶ … ἀνοικοδομήσουσιν αὐτόν eine kurz bevorstehende Errichtung eines dritten jüdischen Tempels nicht mit Sicherheit abzuleiten.[46] Greifbar ist nur das Vorhaben seiner Zerstörer, nächstens einen Tempel zu bauen, der bereits als blasphemisch angekündigt und erkannt ist. Die zeitgeschichtlichen Anspielungen in den Vv 3f. sowie die prophetisch geprägte Vokabel ἀνοικοδομήσουσιν führen unabhängig davon, ob sich in diesen bestimmten Angaben γίνεται und νῦν jüdische Bestrebungen zu Gehör bringen, einen dritten jüdischen Tempel zu errichten (Midr GnR 64)[47], oder, was wahrscheinlich ist, die Erwartung, daß die Restaurierung Jerusalems und seine römische Neugründung als *Colonia Aelia Capitolina* mit der Erbauung eines Zeus- bzw. Jupitertempels[48] abgeschlossen werden wird (Eus. *h.e.* IV 6; D.C. 69,12,1f.; *Chron. Pasch.* 1,474; Epiph. *mens.* 14)[49], „auf Bewegungen der Aufstandszeit"[50].

Entscheidend daran ist, daß die Destrukteure des (zweiten) Tempels jetzt auch die Konstrukteure sein werden. Dadurch bewahrheitet sich erstens, daß der zer-

---

[46] Zur Kritik an der von Cotelier sowie in den Prolegomena von GALLAND, Bibliotheca veterum Patrum XXXIII (PG 2,693f.), vorgeschlagenen Interpunktion nach νῦν, wodurch eine Datierung in die Jahre 71–73 angezeigt scheint, vgl. HEFELE, Sendschreiben 115 Anm. 7; 139f.

[47] Weitere, zumal patristische Hinweise notiert WINDISCH, Barnabasbrief 388f., und gelangt zum Ergebnis: „Bezeugt ist … nur, daß unter Hadrian die Juden Anstalten trafen, den Tempel wieder aufzubauen" (ib. 389); vgl. auch die Diskussion der Quellenlage bei HARNACK, Geschichte 1,425–427; ferner VEIL, Barnabasbrief 229–235; HAEUSER, Barnabasbrief 94 Anm. 1.

[48] Der Restaurierung Jerusalems und dessen Neugründung als Aelia Capitolina sowie der absehbare Bau eines Tempels auf dem Zion, den Hadrian τῷ Διὶ ἕτερον (vgl. D.C. 69,12,1) dedizierte, also dem Zeus (so die Übertragung der Stelle durch HARNACK, Geschichte 1,426 Anm. 1) bzw. dem ‚capitolinischen Jupiter' (vgl. SCHÜRER, Geschichte 1,700), so daß Hadrian an diesem Ort gar selbst als (Ζεὺς) Καπιτωλιεύς göttliche Verehrung empfangen sollte (vgl. WEBER, Hadrianus 209 Anm. 739; 241: „Hadrian ist Καπιτωλιεύς wie er σωτὴρ τοῦ κόσμου auf vielen Inschriften genannt wird, ist also selbst Jupiter."), gesteht HEID, Chiliasmus 83, wohl doch eine sehr hohe Relevanz zu, wenn er in diesen für Juden zweifelsohne frevelhaften Vorhaben und Ereignissen „den zeitgeschichtlichen Hintergrund, auf dem eine durchgehende Allegorisierung alttestamentlicher Schrifttexte stattfindet" (ib.), erkennen will, also gewissermaßen den hermeneutischen Schlüssel für den Barn (vgl. dazu auch S. 522 in der Auslegung von Barn 15,1 die Anmerkungen zur Situierung).

[49] Vgl. die Hinweise und die Diskussion der Quellen bei HARNACK, Geschichte 1,426f.; WINDISCH, Barnabasbrief 388f.; WEBER, Hadrianus 240–244; SCHÄFER, Bar Kokhba-Aufstand 10–38. Bezüglich des Barn hat GUNTHER, Final Rebuilding 143–151, die bekannten Belege und Forschungsmeinungen (vgl. auch HAEUSER, Barnabasbrief 94 Anm. 1) zusammengestellt. Er optiert für die zuerst von Hilgenfeld und Funk vorgeschlagene metaphorische Interpretation des Tempels in Barn 16,4 (ib. 151), wonach der zerstörte und nun im Entstehen begriffene Tempel „die Gläubigen aus der Heidenwelt" (HILGENFELD, Die Apostolischen Väter 28f. Anm. 37) meint. Gunther berücksichtigt nicht, daß nach Meinung des Barn nicht nur beide jüdischen Tempel immer schon soteriologisch bedeutungslos waren, sondern jeder von Menschen erbaute Tempel, weshalb es belanglos ist, ob auf dem Zion ein Zeus- bzw. Jupitertempel errichtet wird oder der herodianische Tempelbau wiedererstehen soll. Die absehbare Baumaßnahme ist in jedem Fall Indiz, daß sich die Schrift erfüllt und zwar wie Barn 1,7 allen Schriftbeweisen im Barn vorausschickt, sukzessive, unbeirrt und verläßlich. Zerstörung und nahe Wiedererrichtung des Tempels versichern den Lesern, daß der κύριος die bereits geschehene und gerade jetzt beobachtbare Erfüllung seiner Verheißung nächstens zur Vollendung bringen wird (vgl. Barn 4), wozu laut Barn 16,5 auch die Dahingabe Israels gehören wird.

[50] WINDISCH, Barnabasbrief 389.

störte Tempel kein kultisch hervorgehobener Ort war und ein solches Bauwerk nie ein Topos Gottes, sondern immer bloßes Mauerwerk sein wird. Zweitens erweist sich darin die unbedingte Gültigkeit der Schrift (vgl. V 5c).[51] Mit Blick auf Barn 4,14 bekundet sich schließlich durch die Haltung gegenüber dieser Baumaßnahme, wer von Gott verlassen ist.

5 Der Teilvers 5a greift zweifach auf V 2b zurück: zum einen durch ἐφανερώθη auf das Zitat als Ganzes[52], zum anderen mittels ἔμελλεν … παραδίδοσθαι auf καταργῶν. Die von V 2b erwiesene Nichtigkeit einer auf den Tempel gerichteten Hoffnung war durch seine Zerstörung (Vv 3.4a) offenkundig und zugleich besiegelt worden. Dem Aufweis anhand der Schrift (λέγει γὰρ ἡ γραφή), daß die Tempelzerstörung ein vom κύριος für das Eschaton (ἐπ' ἐσχάτων τῶν ἡμερῶν) verheißenes Ereignis (καὶ ἔσται) war[53], geht dessen Deutung voraus. Die Beseitigung des Tempels durch den κύριος, die V 2b aufzeigte, ist Teil einer umfassenden Verwerfung, die ganz Israel erfaßt hat (ἔμελλεν); παραδίδωμι liefert hierfür der theologischen Deutung das Stichwort. Mit Blick auf das γίνεται scheint V 5a eine Unrichtigkeit zu besagen. Zwar waren Stadt und Tempel, deren Wiedererrichtung im Gange bzw. abzusehen ist, zerstört, das Volk Israel aber keineswegs vernichtet. Diese Spannung behebt V 5c. Das Schriftwort in V 5b, das in formaler, wenn auch leicht versetzter Entsprechung[54] zur Trias[55] in V 5a die Umfassendheit der escha-

---

[51] Vgl. S. 359–362 die Auslegung zu ἄγγελος πονηρός und zur (antijüdisch-antijudenchristlichen) Polemik des Motivs in Barn 9,4. Zur Gültigkeit und Verbindlichkeit der Schrift vgl. S. 460 zu Barn 13,5; ferner HARNACK, Marcion 203: „Nur dieses Buch hat für Christen Gültigkeit".

[52] WINDISCH, Barnabasbrief 390, erwägt unter Hinweis auf Aphrahat, *Darlegungen* 19,13 (FC 5/2,459), die Vokabel wie in Barn 5,6; 6,7; 14,5 auf Christus zu beziehen; „dann wäre die feine Bemerkung gemacht, daß Christus gerade noch kurz vor dem Untergang von Stadt, Tempel und Volk erschien". Für diese Auffassung spricht, daß φανεροῦν in der Form als Aorist auch sonst stets passivisch verwendet ist und die Inkarnation bzw. Ankündigung des Christusereignisses ins Auge faßt. Gegen die Deutung von ἐφανερώθη als „feine Bemerkung" über das Christusereignis und dessen Terminierung spricht, daß dann das Erscheinen Christi eher ein Begleitumstand der Dahingabe von Stadt, Tempel und Volk ist, nicht aber Zielpunkt aller Offenbarung. Auch wegen des sachlichen Konnexes zu V 2b ist ἐφανερώθη wohl doch nur auf das folgende Zitat zu beziehen.

[53] Zu καὶ ἔσται ἐπ' ἐσχάτων τῶν ἡμερῶν vgl. Mi 4,1; Ez 38,16; Jes 2,2; Apg 2,17. Der fehlende Artikel vor dem substantivierten Adj. ἐσχάτων ist üblich; vgl. BLASS/DEBRUNNER, Grammatik § 264,5[7].

[54]

V 5a		V 5b
πάλιν		λέγει γὰρ ἡ γραφή·
	ὡς ἔμελλεν	καὶ ἔσται ἐπ' ἐσχάτων τῶν ἡμερῶν
		καὶ παραδώσει κύριος
	ἡ πόλις	τὰ πρόβατα τῆς νομῆς
	καὶ ὁ ναὸς	καὶ τὴν μάνδραν
	καὶ ὁ λαὸς Ἰσραήλ	καὶ τὸν πύργον αὐτῶν
παραδίδοσθαι		εἰς καταφθοράν.
ἐφανερώθη.		

[55] Die Reihe ἡ πόλις καὶ ὁ ναὸς καὶ ὁ λαὸς Ἰσραήλ ist in dieser Prägnanz in der biblischen Literatur sowie in der jüdischen und christlichen Gräzität vor Barn nicht belegt, doch zeigt die Selbstanklage in Mal 2,11, daß diese drei Größen zusammengehören und als Gesamt der Gegenstand von Gottes בְּרִית sind (vgl. auch Aphrahat, *Darlegungen* 19,5 [FC 5/2,449]). Weil auch das vorgebliche Schriftzitat in V 5b eine Komposition ist, die für die Schafe und den Turm in äthHen 89,56–59 einen motivlichen (HILGENFELD,

tologischen Annullierung durch drei Verderbnisse ankündigt, wird vom starken Aorist ἐγένετο (V 5c) als erfüllt hingestellt, und zwar in strikter Entsprechung (καθ') zur Ankündigung in der Schrift (ἃ ἐλάλησεν). Kraft des verläßlichen Wortes des κύριος[56], demgemäß Stadt und Tempel zerstört wurde, ist Israel, wiewohl faktisch existent, aus theologischer Rücksicht bereits ins Verderben gegeben. Γίνεται und νῦν in V 4 melden die Gültigkeit des Verwerfungsurteils in der Schrift und künden davon, daß Israels Bestand trügerisch ist, weil ohne Gott, daß vielmehr die seit jeher falsche, an den Tempel gebundene Hoffnung die umfassende Dahingabe des Volkes zeitigen wird. Mit Blick auf die sachlich gleiche Trias in Mal 2,11, wo die Greuel in Juda und Jerusalem sowie die Entweihung des Heiligtums als Treulosigkeit und als Bruch der בְּרִית gedeutet sind (vgl. Mal 2,8f.10), ist der Grund für diesen Fall ins Verderbnis die Verweigerung gegenüber der im Christusereignis festgemachten Heilszusicherung. In verderbliche Gottferne gerät, wer sich der Gnade verschließt.

Die Christen als Tempel Gottes gemäß der Schrift (16,6–10)

6 Anders als in Barn 11,1 und den sehr ähnlichen Einsätzen[57] in 13,1 und 14,1 ist ζητήσωμεν δέ, εἰ hier kein Auftakt zu einem neuen Thema, sondern leitet zu einem weiteren Aspekt περὶ τοῦ ναοῦ über, der durch den Vergleich ὡς ὄντα οἶκος θεοῦ (V 1b) entfernt angeklungen war. Mit dem Aufweis in Vv 1b–5, daß der Jerusalemer Tempel nie Haus Gottes war, weshalb die mit dem Tempel verbundene Hoffnung irrig und für das Heil fatal ist, war zugleich die Frage nach der Gegenwart Gottes brisant geworden. Genau diesen Gesichtspunkt des Themas hebt die Genitivbestimmung ναὸς θεοῦ hervor, die damit den folgenden Passus als Kontrapunktion nachdrücklich von den Vv 1b–5 abhebt[58]. War aus der Schrift die umfassende Verwerfung des Jerusalemer Tempels als Ort des Erscheinens Gottes gefolgt, so geht aus ihr auch seine Existenz hervor. Dies ist die grundlegende Aussage

---

Entdeckungen 287 Anm. 1; WINDISCH, Barnabasbrief 390), aber keinen formalen Anhalt und zudem einen thematischen Überhang hat, kann der ganze Vers traditionell sein (vgl. WENGST, Tradition 52). Wegen der Trias in V 5a und jener in V 5b, der Deutung der Zerstörung als eschatologisches Ereignis und deren Rückführung auf den Willen Gottes bzw. auf den κύριος ist indes anzunehmen, daß der Vf. dieses Stück nicht nur hier eingesetzt hat, um komplementär zum zweiten Abschnitt (Vv 6–9) anhand dreier Schriftzeugnisse jeder an den Jerusalemer Tempel gebundenen Hoffnung die Grundlage zu entziehen, sondern es auch selbst komponierte.

[56] Die Kongruenz zwischen Gottes verheißender Rede und seiner Tat sowie zwischen seinen Verheißungen und ihrer Erfüllung, für die er selbst sorgt, ist topisch. Für die Fassung dieser Zuversicht wie sie in Barn 16,5c vorliegt, wies WINDISCH, Barnabasbrief 390, zu Recht auf Gen 21,1; 24,51; 1 Sam 28,17; 2 Kön 4,17; 7,17; 2 Chr 6,10; 23,3.

[57] WENGST, Tradition 52, zieht nur Barn 11,1 und 14,1 zum Vergleich heran. Funktional ist aber auch der Einsatz in 13,1 mittels ἴδωμεν δέ, εἰ ... καὶ εἰ ... von den Einsätzen in Barn 11,1 und 14,1 nicht zu unterscheiden.

[58] PRIGENT, Les testimonia 78f., erkennt wegen der beiden vermeintlichen Henochzitate Vv 5.6 als zusammengehöriges Stück. Dem steht zum einen der Einsatz ζητήσωμεν δέ, εἰ κτλ. entgegen, wobei das emphatische δέ den Argumentationsgang Vv 6–10 betont abgrenzt (vgl. CARLETON PAGET, Barnabas 173), und zum anderen, daß beide Zitate keineswegs mit jener Signifikanz auf äthHen 89,56–74 und 91,13 weisen, die Prigent versuchte aufzuzeigen.

der Schrift. Sogleich wird erklärt, in welchem Sinn das ἔστιν gilt: als Verheißung. Auch hier kommt also der Grundsatz zum Tragen, daß das Wort Gottes verläßlich und wirkmächtig (ποιεῖν καὶ καταρτίζειν)[59] ist, mittels dessen im ersten Abschnitt die Zerstörung des Tempels als Erfüllung des Willens Gottes gedeutet wurde. Was Gott verheißt, ist im Grunde bereits Wirklichkeit; ein Tempel Gottes ist da, insofern der Herr es sagt. Sowohl die beiden Inf. ποιεῖν und καταρτίζειν[60] als auch deren handelndes Subjekt, der κύριος, stellen sogleich außer Frage, daß dieser verheißene Tempel Gottes kein Bauwerk ist, das einfachhin, von Menschenhand, zerstört und wieder aufgebaut werden könnte. Beides führt den hier in Rede stehenden Tempel konstitutiv auf Gott zurück (vgl. Hebr 13,20f.). Neben dem Aspekt der Verheißung greift hier die gleichnishafte Bedeutung der gesamten Schrift. Somit ist vor aller Auslegung klar, daß alles, was über die Errichtung des Tempels Gottes geschrieben steht, keinesfalls ein Gebäude meint und stets auslegungsbedürftig ist. Für die grundlegende These, es gibt einen Tempel Gottes, weil er verheißen ist, führt V 6b mit γέγραπται γάρ summarisch das Zeugnis der Schrift an. Der Fut. ἔσται bestätigt sogleich die prophetische Signatur des in V 6a behaupteten ἔστιν. Daß damit die Errichtung des Tempels Gottes weniger als zukünftig verheißen, vielmehr theologisch als Ereignis, das unter eschatologischem Vorbehalt steht, gedeutet werden soll, geht aus der an Barn 15 erinnernden Bedingung τῆς ἑβδομάδος συντελουμένης hervor. Sie bestimmt das ἔσται. Ist diese vielleicht von Dan 9,24 oder äthHen 91,12f.[61] inspirierte Kondition im Konnex mit dem im Christusereignis grundgelegten und auf die zweite Parusie ausgerichteten eschatologischen Vorbehalt zu lesen, der dort mit dem Bildwort des achten Tages zum Ausdruck kommt, dann ist auch die Errichtung des Tempels Gottes an das Christusereignis gebunden und schon deshalb ein eschatologisches Geschehen. Die dreigliedrige Verheißung, nämlich daß der Tempel Gottes erstens errichtet werden wird (οἰκοδομηθήσεται), und zwar zweitens herrlich (ἐνδόξως) und drittens im Namen des Herrn (ἐπὶ τῷ ὀνόματι κυρίου), wird in den Vv 7–9 sukzessive ausgelegt. 7 Den Anfang macht V 7a mit der Auslegung der ersten Verheißung; für sie wird Dan 9,24f. und Tob 14,5 verglichen[62]. Wie auch in V 1a mittels ἐρῶ bringt sich der Vf. hier mittels εὑρίσκω demonstrativ ins Spiel und bestimmt, indem er seine Auslegung als direkte Folge (οὖν) an V 6b anfügt, daß seine Eingangsthese schriftgemäß ist. Der Halbvers 7b greift die dritte Verheißung auf und

---

[59] Die Verbindung von Formen von ποιεῖν und καταρτίζειν ist innerhalb der biblischen und außerbiblischen jüdischen sowie christlichen Gräzität zuerst durch Hebr 13,21 belegt. Nach Barn 16,6a scheint Or. Jo. XXXII 16,187 (Πρῶτον πάντων πίστευσον ὅτι εἷς ἔστιν ὁ θεός, ὁ τὰ πάντα κτίσας καὶ καταρτίσας καὶ ποιήσας ἐκ τοῦ μὴ ὄντος εἰς τὸ εἶναι τὰ πάντα) ältester Beleg zu sein. Wie schon die alleinige Verwendung von καταρτίζειν in Ps 73(74),16; 88(89),37 auf den Schöpfer und in 2 Kor 13,11 und 1 Petr 5,10 überhaupt auf Gott führt, gilt dies für die Kombination ποιεῖν καὶ καταρτίζειν allemal.

[60] Die Vokabel begegnet im Barn nur hier. In IgnEph 2,2; IgnPhld 8,1; IgnSmyr 1,1 scheint sie beinahe ein Synonym für die ἕνωσις zu sein, und in Herm vis. II 4 (8,1); mand. I (26,1) ist sie ein Merkmal der Schöpfung bzw. des Schöpfers.

[61] Auf diese Stelle wies zuerst VÖLTER, Die apostolischen Väter 379.

[62] Vgl. HAAG, Daniel 69–71; SCHUMPP, Das Buch Tobias 264f.

legt sie aus. Die verfassertypische Verbindung eines durch die Partikel πῶς als Frage gefaßten thematischen Aspekts mit dem Lernaufruf μάθετε, die leicht variiert und mit neuer thematischer Akzentuierung in V 8a.b wiederkehrt, grenzt V 7b formal und inhaltlich ab; μάθετε bestimmt, daß die folgende Auslegung jene Gnosis ist, die der Vf. laut 1,5 seinen Lesern mitteilen will. Auslegungsgegenstand ist der mit ἐπὶ τῷ ὀνόματι κυρίου bestimmte Modus der Erbauung des Tempels. Mit der Wendung ἐπὶ τῷ ὀνόματι κυρίου geben die griechischen Bibelübersetzungen meist[63] בְּשֵׁם יְהוָה wieder. Abgesehen von dem speziellen Bezug auf die Errichtung des salomonischen (1 Kön 3,2; 8,17.20; 1 Chr 22,7; 2 Chr 6,7.10) bzw. des zweiten Tempels (1 Esdr 6,1), wo ἐπὶ τῷ ὀνόματι κυρίου eine Art Widmung und Funktionsbestimmung des Gebäudes ist, faßt die Wendung die Haltung gegenüber Gott ins Auge. Entweder autorisiert und legitimiert sie kultisch-liturgische Vollzüge durch ihre Begründung und Ausrichtung auf den κύριος (vgl. Gen 12,8; Dtn 10,8; 17,12; 18,5.22; 1 Chr 23,13; 2 Chr 33,18) oder sie steht in prophetischem Kontext (Jes 26,8; 50,10; Jer 11,21; 20,9; 33[26],16b; vgl. Dtn 18,22). Während bei Jeremia ἐπὶ τῷ ὀνόματι κυρίου eng auf die qualifizierende Beauftragung und Restriktion seines prophetischen Dienstes konzentriert scheint, mahnt Jes mit dieser Wendung den Grund allen Hoffens an. Auf den Namen des Herrn zu hoffen bedeutet daher die Geborgenheit der Lebenshoffnung in Gottes Heilszusicherung und die Ausrichtung der Lebensführung an seinen Geboten, den δικαιώματα. Der Eingang der Auslegung in Barn 16,7b sowie die Anamnese der Zeit „bevor wir zum Glauben an Gott gelangten" zeigen, daß diese seltene Wendung auf der Linie des Deuterojesajas verstanden ist. Die Errichtung des Tempels Gottes, die die Schrift verheißt (V 6b), geschah aufgrund des Glaubens.[64] Er verbindet Vf. und Leser und hebt sie gemeinsam von ihrer vergangenen Konstitution ab. Der strikten zeitlichen Abgrenzung durch die Präp. πρό, der die inhaltliche und personelle[65] Distanzierung

---

[63] Vgl. Gen 12,8; Dtn 18,5.22; 2 Chr 33,18; Jes 50,10; Jer 11,21b; 20,9; 33(26),16b. In bezug auf den Tempel begegnet die Wendung in der Verbindung בֵּית לְשֵׁם יְהוָה (1 Kön 3,2; 8,17; 1 Chr 22,7; 2 Chr 6,7) und הַבַּיִת לְשֵׁם יְהוָה (1 Kön 8,20b; 2 Chr 6,10b). Die Übersetzung ἐπὶ τῷ ὀνόματι κυρίου (τοῦ θεοῦ σου) kommt auch in Dtn 10,8 (לִפְנֵי יְהוָה לְשָׁרְתוֹ וּלְבָרֵךְ בִּשְׁמוֹ) und Dtn 17,12 (אֶת־יְהוָה) zum Zug. Es handelt sich um einen Septuagintismus, der in der außerbiblischen jüdischen sowie in der christlichen Gräzität vor Barn 16,6b.7a.8a nicht belegt ist. Die zeitlich nächsten Zeugnisse innerhalb der christlichen Literatur finden sich dann gehäuft bei Origenes in seinen Homilien zu Jeremias.

[64] VIELHAUER, Oikodome 163f., betont den auf das Individuum konzentrierten Charakter des οἰκοδομεῖν und damit das „Verschwinden des Kirchengedankens", den der Sprachgebrauch des Lexems bei Paulus mit umfaßt. Dies trifft insofern zu, als Gott Subjekt des οἰκοδομεῖν ist und die Umkehr, die die Bedingung und das Ereignis des οἰκοδομεῖν ist, stets individuell geschehen muß. Doch ist zu beachten, daß der Barn seine Leser ebenso beständig als Ganzheit anspricht oder sich mit ihnen zusammenschließt. Weil zudem diese Umkehr zum Glauben an Gott keineswegs in die Separation führen darf (vgl. Barn 4,11), sondern ausdrücklich die prophetische und missionarische Rede hervorbringen soll, profiliert Gottes οἰκοδομεῖν, durch die er den einzelnen begnadet, zwar nicht zuerst, aber zugleich und immer Kirche. Zum weiteren Sprachgebrauch vgl. MICHEL, οἶκος κτλ. ThWNT 5 (1954) 139–147.

[65] Wegen dieser personellen Abgrenzung greift der Einwand nicht, daß der Vf. schließlich keine Heilsgeschichte kennt, die dem Christusereignis vorausgeht, weshalb auch oder gerade einem judenchristlichen Vf. zuzutrauen ist, daß er seine nichtchristliche Biographie und die seiner – ebenfalls judenchristlichen – Leser radikal als widergöttlichen Zustand bebildert. Überhaupt paßt eine derart verletzende

hinsichtlich der Hoffnung in V 1 zur Seite steht, sowie die Kennzeichen dieser zurückliegenden Periode sprechen dafür, daß Vf. und Leser ehedem Heiden waren[66] und sich nun im Glauben an Gott verbunden (ἡμᾶς) wissen. Ihre heidnische Vergangenheit ist ihnen ebenso fremd geworden wie der bei den Juden diagnostizierte Irrtum und ihre verfehlte Hoffnung. Entscheidend ist, was der Aorist Inf. konstatiert: daß dieser Glaube erlangt ist. Der durch das Präp. πρό ins Visier genommene Zustand wird viermal durch das Imperf. ἦν als abgeschlossen festgestellt.[67] Die Metapher ‚Wohnstätte des Herzens‘ ist vor Barn 6,15; 16,7 nicht belegt. Verwandt mit ihr ist κατοικητήριον τῆς ψυχῆς[68]; sachlich näher steht jedoch Barn 4,11 (γενώμεθα ναὸς τέλειος).[69] Das Bild vom inneren Tempel ist von den beiden Genitivbestimmungen καρδίας und ψυχῆς her zu erklären. Im Barn berühren sich die Lexeme ψυχή[70] und καρδία aufs engste; es sind synsemantische Bezeichnungen für das Innerste des Menschen, für das, was ihn gottebenbildlich macht, das woran die Taufe ihre Wirkung in der Neuschöpfung (6,11) zeitigt. Das Bildwort τὸ κατοικητήριον τῆς καρδίας steht für die tragende Lebensorientierung des Men-

---

Disqualifizierung wie in V 7b zum einen nur schwer zu den rhetorischen Finessen, die der Vf. in den beiden großen Rahmenkapiteln und in der Komposition der einzelnen thematischen Abschnitte an den Tag legt. Zum anderen mußte der Vf. doch damit rechnen, daß bei judenchristlichen Lesern, die dann auch V 7b auf sich zu beziehen hätten, diese Skizzierung ihrer Vergangenheit als grobe Verunglimpfung aufgefaßt und damit die Rezeption seiner Schrift insgesamt in Frage gestellt werden würde. Vf. und Leser sind zwar keine Neugetauften, aber sie haben eine vorchristliche Biographie, in der jüdische Propria nicht dominant sind. Anders liegen die Dinge in Eph 2,10-13, wo in V 12b das heidenchristliche Teil der Adressaten u.a. mit der zu Barn 16,7b sachlich verwandten Formulierung καὶ ἄθεοι ἐν τῷ κόσμῳ an ihre Konsitution vor der Taufe erinnert wird (vgl. LONA, Eschatologie 262) und hierdurch der Vf. implizit seine judenchristliche Herkunft zu erkennen gibt.

[66] Vgl. S. 507 die Auslegung zu Barn 16,1; ferner WINDISCH, Barnabasbrief 391.

[67] Diese Grenzziehung hebt den Vf. des Barn und dessen Leser von der inhaltlich sonst nahe verwandten, durch Clem. str. VI 15,128,2 erhaltene Passage KerPe 4.a (NTApo⁵ 2,40f.) ab, die von einer Kontinuität im Glauben an Gott ausgeht: „Da wir das nun erkannten, glaubten wir Gott durch das, was geschrieben ist (als Hinweis) auf ihn [Jesus].“ Im Unterschied zum Barn grenzt sich das KerPe gegenüber den Juden (primär) in der Art der Gottesverehrung ab (KerPe 2.a.b); seine Hörer mahnt ‚Petrus‘: „So lernt auch ihr fromm und gerecht das, was wir euch überliefern, und bewahrt es, indem ihr Gott durch Christus auf neue Weise verehrt“ (KerPe 2.b; NTApo⁵ 2,40). Die Christen des KerPe sind offenkundig nicht mit den als Sünder inkriminierten Christen in Barn 4,6 identisch. Beachtenswert sind beide Stellen, weil das KerPe etwa zur selben Zeit (80–140 bzw. 100–120) verfaßt wurde wie der Barn, und – die Alexandrinische Herkunft des Barn vorausgesetzt – zudem am selben Ort. Sie zeugen somit von einem Facettenreichtum des Alexandrinischen Christentums, der einer Metropole alle Ehre macht.

[68] Vgl. Mac.Aeg. hom. 19; 56,1,4; Jo.D. parall. 2,6 (Ἀδελφέ, μετὰ ἀκριβείας τέλεσαι τὰς ἐντολὰς ταύτας, ἵνα μὴ γένηται ἡ ψυχή σου κατοικητήριον παντὸς πάθους). Or. sel. in Ps. 75 (PG 12,1536) definiert: Τόπος Θεοῦ, ψυχὴ καθαρά· κατοικητήριον δὲ Θεοῦ, νοῦς θεωρητικός. Das Nomen κατοικητήριον kann auch einfache Umschreibung für den Jerusalemer Tempel sein (vgl. Ath. exp. Ps. 75: Καὶ τὸ κατοικητήριον αὐτοῦ ἐν Σιών [PG 27,341]).

[69] Als weitere Varianten dieser jüdischen Vorstellung notiert KÖSTER, Überlieferung 131, unter Berufung auf HOLTZMANN, Johannes 343f., und HILGENFELD, Barnabae Epistula 81: Mt 12,43f.; 1 Kor 3,16f.; 6,19; 1 Petr 2,5; 4,17; Hebr 3,6; IgnPhld 7,2; IgnEph 15,3; Herm mand. V 2,7. „In jedem Falle ist bei so verbreiteten Anschauungen an eine literarische Abhängigkeit einzelner Stellen … nicht zu denken“ (KÖSTER, Überlieferung 131).

[70] Zu ψυχή vgl. S. 195 die Auslegung von Barn 4,2.

schen. Weil ohne oder gar wider Gott alles hinfällig ist, trifft (ἀληθῶς) der Vergleich einer solchen Lebensorientierung mit einem von Menschen gebauten Tempel (vgl. Mk 14,58). Eine ,Wohnstätte des Herzens' ohne Glauben an Gott ist vergänglich und schwach, weil in ihr die Gnade Gottes fehlt, die prägende und bleibende Gegenwart Gottes. Entsprechend rühren Hinfälligkeit und trügerische Hoffnung von Gottlosem und damit Widergöttlichem her. Für den ehemaligen (ἦν) Götzendienst (εἰδωλολατρεία; vgl. Barn 20,1) und die einstige (ἦν) Einwohnung von Dämonen, die den Stand vor der Bekehrung zum Glauben an Gott kennzeichnen[71], waren der Ungehorsam gegen die Gebote Gottes das Einfallstor und zugleich Signet[72]. Ursache (διὰ τό c. inf.)[73] für diesen Charakter jedes von Menschen erbauten Tempels ist die widergöttliche Haltung und die in ihr begründete Tat (τὸ ποιεῖν ὅσα ἦν ἐναντία τῷ θεῷ). **8** Ein thematischer Rekurs auf V 6b, der sich nur durch ein δέ nach dem Fut. vom Themazitat in V 7a unterscheidet. Nach wie vor steht also die Errichtung des Tempels Gottes im Blick. Von V 8a aus ergibt sich, daß V 7b die Bekehrung zum Glauben an Gott als Antwort auf die Frage nach der prinzipiellen Möglichkeit einer Erfüllung des Schriftworts gefunden hat und daß ihr die Replik auf den vergangenen Unheilszustand der Gottferne funktional zugeordnet ist. Anhand dieses Kontrastbilds sollen der davon völlig verschiedenen Prägung durch den Glauben an Gott erste Konturen verliehen werden. Der in Parenthese stehende (vgl. Barn 7,4), bekannte leserzentrierte Aufruf προσέχετε markiert gemeinsam mit der didaktischen Verbindung πῶς mit μάθετε den Beginn der dritten Auslegung. Die Errichtung ἐπὶ τῷ ὀνόματι κυρίου ist der Modus, in dem einzig der Tempel Gottes erstehen kann. Folglich erfüllt sich nur unter der Voraussetzung des Glaubens an Gott das ἐνδόξως; nur dann wird der Tempel Gottes sein (vgl. V 6b ἔστιν ναός), durch den sich sein Wille erfüllen wird. Dem parenthetischen προσέχετε und dem sich ihm anschließenden Finalsatz[74] zufolge ist die schriftgemäße Errichtung indes nicht nur Gnadengeschehen, worauf das Fut. οἰκοδομηθήσεται, das als passivum divinum aufzufassen ist, hinweist, sondern Aufgabe (vgl. V 9). Grundlegend, zielbestimmend und verpflichtend ist hierbei die im Themazitat bereits enthaltene Feststellung, daß das, was herrlich und im Namen des Herrn erbaut werden wird, der Tempel Gottes ist. Im Gegenüber zum Kontrastbild in der zweiten Auslegung (V 7b) fragt πῶς nun nochmals nach der prinzipiellen Möglichkeit einer Errichtung ἐπὶ τῷ ὀνόματι κυρίου. Der Personalbezug und der Aspekt von ἐγενόμεθα bestimmen sogleich, daß diese Errichtung auf Gnade beruht. Der Ausdruck οἰκοδομηθήσεται ‹δὲ› ἐπὶ τῷ ὀνόματι κυρίου verheißt also ein Gnadengeschehen. Worin es besteht, ist mit zwei gleichgeordneten Partizipialsätzen festgehalten. Der Ausdruck τὴν ἄφεσιν τῶν ἁμαρτιῶν, der

---

[71] Vgl. auch 1 Petr 4,3.
[72] WINDISCH, Barnabasbrief 391, läßt nur letzteren Aspekt gelten, doch ist zu beachten, daß wiederholt in Barn 10 gottwidriges Handeln die Verwerfung durch Gott nach sich zieht. Zur Sache vgl. S. 359–362 die Auslegung von ἄγγελος πονηρός in Barn 9,4.
[73] Vgl. MAYSER, Grammatik § 157,I b,1.
[74] Vgl. BLASS/DEBRUNNER, Grammatik § 392,1b[3a].

selbstverständlich im Konnex mit Barn 5,1; 6,11; 7,5; 8,2; 11,1 zu verstehen ist, legt sofort klar, daß diese Gnade im Christusereignis gründet. Daher ist die Errichtung des Tempels Gottes ἐπὶ τῷ ὀνόματι κυρίου eine Umschreibung für den soteriologischen Ertrag der Taufe. Der zuvorkommenden Gnade korrespondiert die gläubige Haltung; ἐλπίσαντες ἐπὶ τὸ ὄνομα profiliert diesen Glauben an Gott durch die Hoffnung, deren Grund das Christusereignis ist (vgl. Barn 1,6; Eph 3,17). Die Trias καινοί, ἐξ ἀρχῆς und κτιζόμενοι[75] signalisiert die umfassende, konstitutionelle Andersartigkeit, die der Empfang des Sündenerlasses und das Hoffen bewirkten, wobei das Part. Pass. nun sowohl den Erlaß der Sünden als auch die Hoffnung, die Barn 1,6 zufolge ‚Anfang und Ziel unseres Glaubens‘ ist, auf Gott zurückführt. Unter Aufnahme des Bildworts der inneren Wohnstätte (V 7b) folgert der Teilvers 8c den Ertrag des Geschehens: die Einwohnung Gottes.[76] Wie zuvor das Adv. ἀληθῶς die völlige Bedeutungslosigkeit jedes ohne oder gar gegen Gott errichteten Tempels konstatierte, so nachdrücklich bekräftigt es hier Prägekraft und Irreversibilität der mit dem Bild der Einwohnung umschriebenen Begnadung. Durch die Taufe sind die Christen in ihrem Innersten, und damit lebensprägend und soteriologisch maßgeblich, von Gott und seinem Heilswillen erfaßt. In seiner Einwohnung erweist sich die Treue Gottes.

9 πῶς bezieht sich auf ἀληθῶς ὁ θεὸς κατοικεῖ ἐν ἡμῖν. Mittels vier kopulaloser Nominalsätze[77] erläutert der Halbvers 9a, wodurch Gott in uns wohnt. V 9b beschreibt sentenzartig, worin sich seine Präsenz bekundet und worauf sie zielt (εἰσάγει εἰς τὸν ἄφθαρτον ναόν).[78] Die syntaktische Anlage von V 9a verleiht den vier Aussagen den Rang allgemein anerkannter Wahrheiten[79], so daß dieser soteriologische Belang des Christusereignisses beinahe als lehrhafte Formel erscheint. Für ὁ λόγος αὐτοῦ τῆς πίστεως vergleicht Windisch[80] Röm 10,8.14–17 und 1 Tim 4,6. ‚Das Wort des Glaubens an ihn‘ ist das Evangelium Jesu Christi. „Die κλῆσις erfolgt in der Eröffnung der ἐπαγγελία.“[81] Das dritte Glied spielt mit dem Stichwort δικαιώματα auf Barn 1,2; 2,1 an. Daher meint die Weisheit der Rechtsforderungen die prophetische, auf Christus und die Christen gerichtete Signatur der Schrift. Mit αἱ ἐντολαὶ τῆς διδαχῆς weist der Vf. „wohl schon auf 18–20“[82]. Im Prophezeien wird die Einwohnung Gottes in den Christen offenkundig; es ist „ein

---

[75] Die Verbindung einer Form von καινός mit ἐξ ἀρχή findet sich nur noch in Diog 2,1 (γενόμενος ὥσπερ ἐξ ἀρχῆς καινὸς ἄνθρωπος). Die baptismale Konnotation dieser Verbindung bestätigt das Part. κτιζόμενοι. Mit der Vokabel κτίζειν, die im Barn nur hier begegnet, umschreiben die Deuteropaulinen (Eph 2,10.15; 4,24; Kol 3,10) den konstitutionellen Rang der Taufe.

[76] Zum Motiv vgl. S. 223.277–277 die Auslegungen zu 4,11 und 6,15.

[77] Vgl. BORNEMANN/RISCH, Grammatik § 255; BLASS/DEBRUNNER, Grammatik § 127.

[78] Insofern betont HAEUSER, Barnabasbrief 97f. Anm. 4, zu Recht, daß εἰσάγει εἰς τὸν ἄφθαρτον ναόν nicht auf die beiden πῶς (Barn 16,8b.9a) antwortet. Richtig sieht er auch, daß „die Antwort auf das πῶς … am Anfang von 16,9 … schon vor αὐτὸς ἐν ἡμῖν κατοικῶν abgeschlossen" ist. Kein Argument ist indes, daß Clem. str. II 20,117 den Halbvers Barn 16,9b nicht zitiert.

[79] Vgl. MAYSER, Grammatik § 146,1.

[80] Vgl. WINDISCH, Barnabasbrief 392.

[81] WINDISCH, Barnabasbrief 392.

[82] WINDISCH, Barnabasbrief 392.

besonderer Beweis für den Tempelcharakter des Christen"[83]. Die Prophetie ist indes nicht nur kirchenkennzeichnend (vgl. 1 Kor 12,10.28–30; 14,1f.; IgnEph 15,2f.; Iren. *haer.* II 32,4; OdSal 42,6), sondern weil sich hierin die Verheißung erfüllt (Joël 3,1–5; Apg 2,17–21), ist sie kirchenkonstitutiv. Daher ist kirchliche Rede prophetisch, wenn sie die durch die vier Nominalsätze erläuterte Gegenwart Gottes zur Sprache bringt. Dann gilt und wird offenkundig, daß „er selbst in uns wohnt" (vgl. Eph 3,17). Scopus der Kirchenkonstituenten und zugleich ‚Königsweg', um von ihnen Zeugnis zu geben sowie der im Fut. οἰκοδομηθήσεται (V 8) mitenthaltenen Aufgabenzuweisung Folge zu leisten, ist die μετάνοια[84]. Mit Rekurs auf Barn 14,5b, wozu das Bild der dem ‚Tod Unterworfenen' berechtigt, steht diese Umkehr unter dem Siegel der Erlösung, die mit dem Christusereignis geschah und verbürgt ist. Weil man als Subjekt von διδούς Gott bzw. κύριος einzusetzen hat, ist die Umkehr selbst ein Gnadengeschenk. Weil ferner die Umkehr zur bleibenden Gegenwart Gottes, also zur Teilhabe am eschatologischen Heil, führen will, die das zu τὸ κατοικητήριον … φθαρτόν (V 7b) konträre Bild εἰσάγει εἰς τὸν ἄφθαρτον ναόν meint[85], ist der Kern der μετάνοια der Glaube an Gott. Der Anamnese in V 7b (πρὸ τοῦ ἡμᾶς πιστεῦσαι τῷ θεῷ) und der Maßgabe in V 8 (ἐλπίσαντες ἐπὶ τὸ ὄνομα) zufolge kann dieser Glaube kein anderer sein als jener, der im Christusereignis sein Fundament hat.

10 Der erste Halbvers rekurriert auf die prophetische Beschaffenheit der Kirche. Er führt die missionarische Wirkung ihrer prophetischen Rede als Erweis für die Gegenwart Gottes in ihr an und bestimmt die Bedingung, um Erlösung zu verlangen. Die apodiktische Voraussetzung (ὁ γὰρ ποθῶν σωθῆναι) ist die unbedingte Ausrichtung auf Gott (βλέπει οὐκ εἰς τὸν ἄνθρωπον ἀλλ' εἰς τὸν ἐν αὐτῷ κατοικοῦντα καὶ λαλοῦντα); V 9b zufolge ist dies die μετάνοια.[86] Die Skizzie-

---

[83] WINDISCH, Barnabasbrief 392.

[84] Das Lexem begegnet im Barn nur hier.

[85] Nicht nur der Ausdruck ἄφθαρτος ναός ist vor Barn 16,9b jüdischer- und christlicherseits nicht belegt, es fehlen auch, abgesehen vom kürzeren Markusschluß (τὸ ἱερὸν καὶ ἄφθαρτον κήρυγμα τῆς αἰωνίου σωτηρίας; vgl. JosAs 8,5) Verbindungen von ἄφθαρτος mit direkten Synonyma zu ναός oder auch nur semantisch nahestehenden Bezeichnungen (νεώς, ἱερόν, τέμενος, ἄδυτον, ἄβατον). In der griechischen Bibel begegnet das Lexem nur in Weish 12,1; 18,4; beidemale ist ἄφθαρτος ein Attribut, das auf Gott weist. Philo und Josephus verwenden es häufig. Innerhalb der neutestamentlichen Literatur begegnet die Vokabel ἄφθαρτος siebenmal. Das Adj. dient als Gottesattribut (vgl. Röm 1,23; 1 Tim 1,17); unter eschatologischer Konnotation (1 Kor 9,25; 15,52; 1 Petr 1,4.23; 4 Esra 4,36) steht auch ihre Verwendung in soteriologischen Aussagen (1 Petr 3,4; vgl. IgnTrall 11,2). Auch die Kontrastierung von φθαρτός und ἄφθαρτος, wie sie in Barn 19,8 begegnet (vgl. IgnRom 7,3; 2 Clem 6,6), ist neutestamentlich belegt (Röm 1,23; 1 Kor 9,25 [zitiert in 2 Clem 7,3]; 1 Petr 1,23). Alles, was als ἄφθαρτος bezeichnet werden kann, gehört zur Sphäre Gottes oder wird im Eschaton dazu gehören. Daher kann das Lexem auch Paränese motivieren (1 Kor 9,25; 1 Petr 3,4; 2 Clem 6,6; 7,3). Vgl. ἄφθαρτος als Bezeichnung für den Sohn Gottes in Diog 9,2 sowie die Polemik in Diog 2,4f., daß vergängliche Dinge Götter genannt werden. Zum Sprachgebrauch insgesamt vgl. HARDER, φθείρω κτλ. ThWNT 9 (1973) 100–106.

[86] VEIL, Barnabasbrief 164, will ἄνθρωπος auf den Kreis der Verkünder des Evangeliums eingrenzen. Hiergegen spricht erstens, daß abgesehen von traditionell gesondert beachteten Gruppen und Ständen, z.B. Witwen und Waise, Arme (vgl. Barn 20,2), sowie abgesehen von der brieftopisch üblichen Grußadresse an ‚Wohlhabende' (vgl. Barn 21,2) die Leser soziologisch nicht profiliert sind. Zweitens spricht

rung der Wirkung gibt die christliche Missionspredigt als inspiriert zu erkennen.[87] Τοῦτό ἐστιν leitet den Halbvers 10b als Auslegung ein. Der in der Schrift verheißene Tempel Gottes ist die vom πνεῦμα erfüllte Kirche[88]. Das passivum divinum οἰκοδομούμενος und der dat. ethicus τῷ κυρίῳ geben die Kirche als Gnadenbereich und den κύριος als ihren Souverän zu erkennen.

Anlaß und Absicht: Eschatologisierung der תּוֹרָה

Es stellt sich nun erstens die Frage, weshalb der Vf. beide Themen – ‚Sabbat' und ‚Tempel' – aufgreift, und zweitens, ob ihre Plazierung an den Schluß seiner Schriftauslegungen einer kompositorischen Absicht folgt. Im Rekurs auf Barn 4,6 und der Verwerfung des Credos anderer Christen als soteriologisch und infolge davon christologisch defizitär könnten beide Themen den Blick freigeben auf die Situation der Leser. Die Feier des Sabbats wie sie jetzt geschieht (τὰ νῦν σάββατα; vgl. 15,6b.8b) und ebenso eine Haltung, die dem Tempel in Jerusalem und damit auch dem Tempelkult überhaupt Bedeutung beimißt und insofern deren Restaurierung wünscht, voller Hoffnung entgegensieht oder gar betreibt (vgl. 16,1–5), wären demzufolge die konkreten Reibungsflächen zwischen den Lesern und den anderen Christen. Indem jene Christen durch das Halten des Sabbats zum Christentum weiter das Judentum hinzupraktizieren, wird aus der Sicht des Vf. deren defizitärer Glaube offenkundig. Diesen wöchentlichen Dissens mit jenen Christen, die in Barn 4,6 als Sünder disqua-

---

gegen diese Verengung, daß prophetische, missionarische Rede und Tat ebenso die gemeinsame Begnadung ausdrücken, wie die μετάνοια Aufgabe aller ist.

[87] Vgl. WINDISCH, Barnabasbrief 392, der auf Joh 7,16; 2 Petr 1,21 verweist.

[88] Der Ausdruck πνευματικὸς ναός ist sonst nicht belegt; ihm entspricht der οἶκος πνευματικός in 1 Petr 2,5. Angesichts der altkirchlichen Deutung dieser Metapher als Tempel bzw. als ἱεράτευμα (vgl. BROX, Petrusbrief 98; GOPPELT, Petrusbrief 145-147; mit Bezug auf 1 Petr 2,5 vgl. Or. Cels. VIII 19; sel. in Gen [PG 12,128]; fr. in Ps. 39,3; comm. in 1 Cor. [sec 16,6]; Chrys. exp. in Ps. 110 [PG 55,648]; ferner Hipp. Dan. 1.18,7; Ath. exp. Ps. 112,9a; 117,26b; Didym. comm. in Zech. 3,9-10a; 4,13; comm. in Eccl. fr. 74; Eus. ecl. 36; Ps. 2 [PG 23,632]; Gr.Naz. or. 2,116) erscheint Barn 16,10a als Kurzformel für die hoffnungsbegründende und lebensbestimmende Zugehörigkeit zu der in der Taufe eröffneten Sphäre Gottes; vgl. insbesondere Hipp. Dan. 1.18,7, demzufolg die Kirche das geistige Haus ist, das auf Christus gründet. In Barn 16,10b mag das Nomen ναός anstelle von οἶκος gewählt worden sein, damit der πνευματικὸς ναός, der auf Christus basiert, von jedem pejorativen Odium freigehalten bleibt, mit dem durch die Verwerfung des οἶκος θεοῦ in Barn 16,1 sowie durch das Bildwort οἶκος δαιμονίων in Barn 16,7b die Vokabel ‚Haus' konnotiert ist. Insofern drückt πνευματικὸς ναός analog zu jenen Verbindungen des Adj. mit οἶκος und θυσία den, im Unterschied zum herkömmlichen Kult und Kultort, durch den Geist gegebenen, also auf Gott weisenden Charakter aus; vgl. SCHWEIZER, πνεῦμα, πνευματικός. ThWNT 6 (1959) 435 Anm. 706. Wegen der semantischen Konnotationen beider Lemmata ist πνευματικὸς ναός eine zweifache Metapher für die Gegenwart Gottes sowie für die Prägung und Bestimmung der Kirche durch ihre Gründung. Diese von der Metapher aufgegriffene Geistbegnadung (vgl. Barn 1,5) besitzt Verpflichtungscharakter, d.h. die Kirche ist in ihren Lebensäußerungen durch ihr Wachstumsziel, die Errichtung eines Tempels Gottes, irreversibel bestimmt. Diesen paränetischen Aspekt der Begnadung hatte schon Barn 4,11 (γενώμεθα πνευματικοί, γενώμεθα ναὸς τέλειος τῷ θεῷ) betont. Mit der Einwohnung des κύριος geht die Weissagung der Propheten (Ez 43,1ff.; Hag 2,7; Sach 8,3) über den Einzug des Herrn im Tempel in Erfüllung.

lifiziert sind, krönt (nun)[89] deren hoffnungsvolles Blicken auf den Tempel[90]. Liegt beiden Themen dieser gruppenbildende Dissens zugrunde oder zumindest als Bedrohungspotential voraus[91], dann wäre durch ihn sowie mittels der Behandlung der Themen zugleich der kirchengeschichtliche Ort des Schreibens zu profilieren.[92] Die disharmonischen, mithin divergierenden Orthopraktiken, die durch die *gruppenbildende Feier des Sabbats als kirchengeschichtlicher Hintergrund* soziologisch wirksam und greifbar sind, sowie die *unterscheidende Hoffnung* auf den Tempel sind Ausdruck des Dissenses über die Frage nach der *Heilsbedeutung Jesu* und dem *Verstehen der Schrift* überhaupt. Die Gleichrangigkeit von Barn 15 und 16 mit dem Vorhergehenden zeigt hierbei das Bestreben, auf diese Kernfrage eine *für Glaube wie Handeln konsistente Antwort* zu geben. Barn 15 und 16 bestätigen daher nicht nur die Soteriologie als das tragende theologische Thema, auf das hin das Schriftstück disponiert ist[93], sondern verankern die soteriologische Frage kirchengeschichtlich in der *Separation vom Judentum*. Charakteristisch für den Barn ist, daß diese Lösung aus dem Judentum mit den Mitteln der Schriftauslegung betrieben, also letztlich mit der Schrift selbst begründet wird. Offenkundig wird diese Eigenart des Barn im Vergleich mit der Did. Während diese älteste Kirchenordnung, die, ohne theologische Gründe zu nennen, der strukturellen Lösung aus dem jüdischen Religionsverband programmatischen Rang zubilligt, diese Sezession dadurch en passant geschehen lassen will, daß sie jüdische Fastenpraxis rezipiert und in Bestimmungen über das präbaptismale Fasten derart modifiziert, daß erstens am Sabbat gefastet und vorzugsweise Sonntags getauft wird[94], erstrebt Barn diese Trennung, indem er mit der Autorität der Schrift jüdischer Glaubens- und Lebenspraxis jegliche Dignität von jeher abspricht und zugleich die Schrift für die Christen rettet, nämlich als eine einzige Verheißung des Christusereignisses und der Christen. Exakt aus dieser eschatologischen Perspektive sind die Rechtsforderungen für den Sabbat Verheißungen für das Eschaton, weshalb die Kirche, in und mit der die eschatologische Zeit angebrochen ist, diesen eschatologischen Sabbat proleptisch am achten Tag feiert (vgl. 15,9); und in dieser Sichtweise kann ebenso konstatiert werden, daß es einen Tempel Gottes gibt (vgl. 16,6). Stehen jedoch die gottgefällige Feier des Sabbats und die Errichtung des Tempels unter dem eschatologischen Vorbehalt, dann fehlt der Glaubens- und Lebenspraxis der anderen Christen nicht nur die Grundlage, sondern sie legt überdies die hartnäckige Verweigerung gegen den Willen Gottes offen. Wer auch immer jetzt Sabbat feiert und seinen Sinn auf den Tempel in Jerusalem richtet, zeigt, daß ihm die Gnade fehlt, die Weisun-

---

[89] Vgl. S. 511 die Auslegung von Barn 16,3f.

[90] Letzteres betonen SHUKSTER/RICHARDSON, Temple 17–31, und sehen darin auch den Antrieb für eine weitreichende Polemik wider den Tempel; vgl. dazu auch S. 421 zur Auslegung von Barn 11,4f.

[91] Nur eine Gefährdung der Leser, den Sabbat zu halten, will SHEA, Sabbath 170f. gelten lassen, dem allerdings der Konnex zu 4,6 und die Zusammengehörigkeit von Barn 15 und 16 entgangen ist.

[92] BAUCKHAM, Sabbath and Sunday 263, erblickt darin geradezu den Anlaß des Schriftstücks: „Barnabas' writes … against the observance of Jewish practices to discourage his fellow Christians form persisting in or adopting them."

[93] Vgl. S. 85 unter ‚§ 4 Struktur, Komposition und literarischer Charakter'.

[94] Vgl. PROSTMEIER, Unterscheidendes Handeln 70–74; dort weitere Literatur.

gen Gottes recht zu erfassen, und begibt sich demonstrativ außerhalb der Sphäre Gottes. Unabhängig davon, wie nachhaltig andere Christen durch ihre Feier des Sabbats die Glaubens- und Lebenssituation der Leser tangierten, sind ‚Sabbat' und ‚Tempel' indes nicht nur Themen zur Frontbegradigung. Vielmehr wird an ihnen unzweideutig offenkundig, daß erstens alles, was dem Christusereignis vorausgeht, Verheißung ist, nämlich von Christus und den Christen, und daß zweitens wie die Heilsgegenwart Gottes in der Kirche so auch die eschatologische Vollendung Teil jenes Gnadengeschehens ist, das in der Heilssetzung Gottes in Jesus ihr Fundament hat. Ohne Heilsgeschichte und bar jeder Heilszukunft sind Sabbat und Tempel nicht einfachhin bedeutungslos, sondern die Feier des Sabbats und die Hoffnung auf den Tempel sind soziologisches, kirchengeschichtliches Signum der durch die Topoi der Gottlosigkeit (15,5.6b; vgl. 10,5.10; 11,7) und des Irrtums (16,1; vgl. 2,9f.; 4,1; 12,10; 14,5; 15,6b) profilierten unheilvollen Ferne von Gott (οἱ ταλαίπωροι; 16,1).

Weil die ganze Schrift einzig Christus und die Christen prophezeit, gibt es keine Heilsgeschichte, die der Heilssetzung Gottes in Jesus vorausgeht. Alles damalige Geschehen besitzt keinen eigenen Wert wie ebenso die Tora bloße Anzeige ist. Aufgrund der auf die Christen ausgerichteten prophetischen Signatur der Schrift ist sie die Schrift der Kirche. Unter der Maßgabe, daß das Christusereignis der Kern der ganzen Schrift ist und die Zeit der Kirche qualifiziert, ist die Schrift für die Kirche unverzichtbar. Die Annullierung aller jüdischen Prärogative ermöglicht zugleich die *Rettung der Schrift* der Juden für die Kirche. Der Synagoge ist hierdurch „nicht nur ihr heiliges Buch, ihr ist auch die eigene Geschichte, das Verständnis der israelistischen Volksgeschichte als Gottesgeschichte entrissen worden"[95].

Alles, was ‚Juden' glauben und aus Glauben tun, ist daher – aus der Sicht des Vf. des Barn – im günstigsten Fall prophetischer Hinweis auf das Christusereignis und die Kirche, schlimmstenfalls Blasphemie. Das bedeutet aber auch, daß analog alles, was ‚Juden' widerfährt, also auch das *Leid*, einzig unter diesem Vorzeichen steht. Ein Indiz dafür, daß der Vf., wenn auch nicht reflektiert, alle Widerfahrnisse ins Kalkül zieht, sind die Bemerkungen über Israels Bekriegtwerden in Barn 12, die Zerstörung des Tempels, der Auslieferung der Stadt und des Volks sowie überhaupt die Verwerfung Israels in die Gottferne, bar jeder Heilshoffnung und widergöttlichem Einfluß ausgesetzt.

Kirchengeschichtlich überaus folgenreich ist die *Aufgabe der kultischen Gemeinschaft*. Die Kirche glaubt nicht nur anders, sie betet und feiert anders als das Judentum. Der Gottesdienst der Kirche ist an einem anderen Termin, weil ihre Liturgie ihren Grund in der eschatologischen Heilssetzung Gottes in Jesus hat. Im Unterschied zur Did, die die Begehung des Sabbat noch als gemeindliche Wirklichkeit bezeugt und freilich für den Herrntag optiert, ist Barn 15 zufolge das Halten des Sabbats mit dem Christsein unvereinbar. Kirche und Judentum schließen sich aus.

Die Unvereinbarkeit von Judentum und Kirche ergibt sich aus der Schrift. Im Anschluß an Barn 5–8, wo erstens auf der Basis von Gen 1,26 die Präexistenz und

---

[95] MAURER, Kirche und Synagoge 20.

Gottessohnschaft des κύριος sowie zweitens dessen soteriologischer Belang, nämlich Gottes Heilszusicherung an die Christen, als der Anfang aller Offenbarung
erwiesen wurde, und woran in Barn 8 die im Christusereignis geschehene und verbürgte Verheißung der Gnade Gottes an die Kirche als dritte grundlegende Offenbarung geknüpft worden war, gibt nun Barn 15 die *Unvereinbarkeit zwischen Judentum und Kirche* als vierte grundlegende Offenbarung der Schrift zu erkennen.
Durch den Rekurs auf Gen 2,2f. ist diese Gnosis ebenso wie die ersten beiden als
Anfang aller Offenbarung ausgewiesen. Und wie in Barn 5–8 ist auch die vierte Offenbarung der Schrift als Gottesrede qualifiziert. Es ist also der von Anfang an bekundete Wille Gottes, daß Judentum und Kirche nichts gemein haben. Das ist die
Gnosis, die die Leser aus Barn 15 und Barn 16 sowie im Rückblick auf die Kapitel
1–14 als Essenz dem gesamten ersten Teil des Schreibens entnehmen sollen.

Überleitung (17,1.2)

**Soweit es möglich war, euch auch in Schlichtheit Aufschluß zu geben, hoffe
ich, nicht irgendetwas wegzulassen zu haben. 2 Wenn ich nämlich über Gegenwärtiges oder Zukünftiges euch schreibe, gewiß würdet ihr nichts verstehen, da es in Gleichnissen vorliegt. Darüber ist es damit genug.**[1]

Textkritik

1 ἐλπίζει μου ἡ ψυχή in ℵ* und H ist in G (GH FB) mit τῇ ἐπιθυμίᾳ μου erweitert,
ℵ[2mg] hat ἐλπίζει ὁ νοῦς καί μου ἡ ψυχὴ τῇ ἐπιθυμίᾳ μου. In L fehlt die ganze Sequenz; die
Person von ἐλπίζει ist in *non intermisi quicquam* eingegangen. Weil einerseits ἡ ψυχή in Verbindung mit μου lediglich den Personalbezug bekräftigt, andererseits L die Zugaben von
G und ℵ[2mg] bzw. ℵ[c] nicht bezeugt, stützt er ℵ* und H (HG[2] K PK W SB). Ebenso erscheinen
gegenüber ℵ*, H und L (HG[2] PK W SB) die Schlußsequenzen τι τῶν ἀνηκόντων ὑμῖν εἰς
ἐνεστότων in G (vgl. περὶ τῶν ἐνεστότων 17,2a) sowie τι τῶν ἀνηκόντων εἰς σωτηρίαν
(vgl. 1 Clem 45,1; Did 16,2a) in ℵ[2] (GH K FB) als Erweiterungen; gegen G spricht allein schon
die auf περὶ τῶν ἐνεστότων bezogene Auskunft οὐ μὴ νοήσητε. 2 L transponiert ἔχεις
bis αὐτόν aus 12,7 hinter ταῦτα μὲν οὕτως (*habes interim de maiestate Christi, quomodo
omnia in illum et per illum facta sunt*) und fügt daran die Doxologie: *cui est honor, virtus, gloria
nunc et in saecula saeculorum.*[2]

---

[1] HOLMES, The Apostolic Fathers 184, übersetzt die Floskel ταῦτα μὲν οὕτως mit: „So much, then,
for these things." Vgl. auch die treffliche Übersetzung bei SCORZA BARCELLONA, Epistola di Barnaba
119, der die Überleitungsfloskel allerdings zu Barn 18,1 nimmt: „Basta con tali argomenti."

[2] Zur Traditionsgeschichte und zu den Parallelen dieses Schlusses in der christlichen Latinität vgl. die
Hinweise bei HEER, versio latina 89.

Analyse und Auslegung

1 Die Wortverbindung ἐφ' ὅσον, die per se Vorausgehendes als Ganzes in den Blick nimmt[3], gehört zum Wortschatz des Vf. (vgl. 4,11). Aufgrund des durch μου und γράφω (V 2) sichergestellten Personalbezugs bestimmt ἐφ' ὅσον die beiden Verse als Bilanz des Vf. Ihr Bezugspunkt ist der verbindende Aufruf in Barn 2,1, den Rechtsforderungen des Herrn nachzuforschen. Barn 17,1f. konstatiert also rein formal, daß diese Erforschung nun zu Ende ist und daß der Vf. hierdurch der Verpflichtung (Barn 1,5; vgl. Apg 20,27) nachgekommen ist, Gottes Willensbekundungen zu erforschen, um dem Herrn noch reicher und in höherem Maße Gehorsam leisten zu können (vgl. 1,7b).[4] Den Modus, demgemäß der Vf. diese Aufdeckung des Willens Gottes in Barn 2,4–16,10 erstrebt hat, beschreibt er mittels dreier Gesten der Selbstbescheidung (ἣν ἐν δυνατῷ[5], ἁπλότητι[6] δηλῶσαι, μὴ παραλελοιπέναι τι). Durch sie gibt sich der Vf. als Tradent aus und bestimmt den Inhalt seines Schreibens als authentisch und vollständig. Auf das Konto der Rhetorik geht auch das emphatische ἐλπίζει μου ἡ ψυχή.[7] Allerdings wollen die Demutsgesten mehr sein als nur rhetorische Artigkeiten. Mit der ersten Geste erfolgt eine zweifache ausdrückliche Bindung der Mitteilungen an den Vf. Er bürgt für die Authentizität und steht damit für die Autorität des Mitgeteilten, und er hat diese Schrift einzig zugunsten seiner Leser verfaßt. Die zweite Geste ist im Rahmen der wiederholten Bestrebungen des Vf. zu sehen, sein Schreiben von jedweder Lehrermeinung abzuheben. Die Leser bedürfen keiner angestrengten und komplizierten Hilfestellung durch einen Lehrer, um zu erkennen, wovon die Schrift kündet. Der Vf. preist seine Mitteilung nicht als seine Entdeckung, sondern als Tradition, die er getreu überliefert.[8] In diesem Sinn signalisiert ‚Schlichtheit' die von der gläubigen Haltung gegenüber dem κύριος geprägte ‚Einfalt', die ‚Selbstlosigkeit' der Mit-

---

[3] BAUER/ALAND, Wörterbuch, Sp. 587 III,3, übersetzen ‚in dem Maße als, soviel als'. HAEUSER, Barnabasbrief 101, will – kaum zu Recht – die Wendung zeitlich fassen und folgert: „d.h. sowie die Kürze der Zeit und die zum raschen Schreiben drängenden äußeren Verhältnisse es gestatten". Über die Abfassungsverhältnisse gibt der Barn leider keine historisch verläßliche Auskunft.

[4] „Zugrunde liegt die Idee, daß der Seelsorger für Unterlassungen zur Rechenschaft gezogen wird" (WINDISCH, Barnabasbrief 396).

[5] Vgl. BAUER/ALAND, Wörterbuch, Sp. 420 1,d. HAEUSER, Barnabasbrief 101, zufolge wird „der Alte Bund mit seinen Satzungen … δυνατόν genannt." Vgl. auch ib. Anm. 2.

[6] Zum Ausdruck vgl. Barn 8,2, wo der κύριος Subjekt der Rede ἐν ἁπλότητι ist. Deshalb sowie wegen Barn 17,2 liegt der Akzent von ἁπλότης nicht wie im Corpus Paulinum, wo das Lexem innerhalb der neutestamentlichen Literatur einzig begegnet, auf dem Aspekt der Selbstlosigkeit (2 Kor 8,2) sowie der Lauterkeit und Einfalt (Röm 12,8; 2 Kor 1,12; 9,11.13; 11,3; Eph 6,5) gegenüber Christus, wenn auch die Letzteren beiden mitschwingen mögen. Gemeint ist die Darstellungsweise.

[7] Zum Sprachgebrauch von ψυχή vgl. S. 195.

[8] Diese gilt auch unter Rücksicht auf das „stolze" ἔχεις Ἰησοῦν in Barn 9,8b, denn es war nichts Neues zu entdecken in der Schrift, sondern sie mußte nur exakt gelesen werden. Während sich der Vf. sonst der Autorität der Tradition, als deren authentischer Sachwalter er auftritt, bedient, so hält er hier der an die Beschneidung geknüpften Hoffnung die fraglose Autorität nicht nur des Wortlauts der Schrift, sondern sogar das Schriftbild (ΙΗΤ) entgegen. Getreuer und überzeugender, als es in Barn 9,4–8 geschieht, sind nach Meinung des Vf. die δικαιώματα κυρίου nicht auslegbar.

teilung und die ‚Lauterkeit' des Mitgeteilten.[9] Aufgrund des Konnexes zu ἐν ἁπλότητι in Barn 8,2 und von δηλῶσαι zu δηλοῖ in 9,8 reiht der Vf. sein Schreiben der vom κύριος bzw. Abraham vorgegebenen Form ein, den Willen Gottes zu bekunden. Zur Authentizität gehört die Vollständigkeit. אֲ[2] bzw. אֲ[c] hat den durch diese karge formale Klammerung mit Barn 1,1–2,3 umschlossenen ersten Hauptteil seinem inhaltlichen Scopus nach mit τῶν ἀνηκόντων εἰς σωτηρίαν präzisiert. Unter Rückgriff auf Barn 1,7 und 17,2 akzentuierte G hingegen den Richtungssinn von Barn 2,4–16,10 im Gegenwartsbezug. **2** Die zweifache Sachangabe περὶ τῶν ἐνεστότων ἢ μελλόντων der Protasis scheint der Dreizeitenformel in Barn 1,7a, derzufolge den Christen alle Offenbarung gegeben ist, sowie Barn 1,7b, wonach diese Offenbarungen sukzessive und unbeirrt Gegenwart werden, zu widersprechen. Dieser Dissens löst sich von der Dreizeitenformel her, denn die ‚Offenbarung' ist für den Vf. – primär unter formaler Rücksicht[10] – das, was geschrieben steht, die Schrift. Und über sie schreibt er, nicht über die Gegenwart der Leser, nicht über ihre Zukunft. Die Schrift ist daher für den Vf. eine feste Größe; in ihr haben die Christen ‚alle Offenbarung'.[11] Während in der formelhaften Trias von Barn 1,7a das substantivierte τὰ ἐνεστῶτα im Verbund mit τὰ παρεληλυθότα und τῶν μελλόντων die Ganzheit und Vollständigkeit der Offenbarung in der Schrift besagt, bezieht sich die substantivierte Form τῶν ἐνεστότων in Barn 17,2 auf die Lebens- und Glaubenssituation von Vf. und Leser. Die der Protasis inhärente Aussage, daß der Vf. in Barn 2,4–16,10 ausschließlich über ‚Vergangenes' geschrieben habe, trifft also deshalb zu, weil der Gegenstand des ersten Hauptteils die den Christen bereits vorliegende prophetische Offenbarung ist. Mit γράφω ὑμῖν rekurriert der Vf. auf die im Rahmen und in rahmenbezogenen Einsprengungen ausgeführte Signierung seines schriftstellerischen Projekts als Brief. Die Unfähigkeit der Leser (οὐ μὴ νοήσητε) erklärt, weshalb der Vf. sich nur auf die Schrift bezieht. Daß die Leser dazu befähigt sind, die Offenbarungen in der Schrift recht zu verstehen, ist ihnen in Barn 1 zugesagt worden und hat den Vf. nicht nur ermutigt, sondern ihn verpflichtet, seinen Lesern das rechte Schriftverständnis mitzuteilen, nämlich die Gnosis. Die auf die δικαιώματα geeichte Befähigung der Leser und die gleichnishafte Konstitution von allem Gegenwärtigen und Zukünftigen sollen begründen (διὰ τὸ ἐν παραβολαῖς κεῖσθαι), weshalb der Vf. über beides nicht schreibt. In dieser Bestimmung von Gegenwärtigem und Zukünftigem liegt ein zweifacher Widerspruch vor: Zum einen ist Barn 6,10b zufolge die Schrift insgesamt und zudem vom κύριος selbst als παραβολή ausgewiesen, also auch das, worüber der Vf. ge-

---

[9] Zu ἁπλότης in Verbindung mit ἀκακία bzw. ἐγκράτεια vgl. Herm *vis*. I 2,4; II 3,2; III 1,9; 8,7; *mand*. II 7. Die ἁπλότης als gläubige Haltung betont die Verbindung mit καρδία, z.B. 1 Chr 29,17b (ἐν ἁπλότητι καρδίας); Weish 1,1c; Eph 6,5; Kol 3,22. Weitere Hinweise bei Haeuser, Barnabasbrief 101 Anm. 1.

[10] Vgl. S. 334f. unter Punkt ‚1. Die gleichnishafte und christozentrische Konstitution der Schrift'.

[11] Aus diesem summarischen Rekurs auf die Schrift ist keine „kanonische" Einstufung der griechischen Bibelübersetzung abzuleiten. Dem stehen z.B. Barn 10; 12,1 aber auch der mitunter überaus freie Umgang mit den biblischen Quellen entgegen. Die Schrift enthält einfach die Offenbarung, die der κύριος durch Propheten ‚uns' hat wissen lassen.

schrieben hat, und zum anderen hat der Vf. „tatsächlich auch über ἐνεστῶτα und μέλλοντα ausführliche Mitteilungen gemacht ... 4,3f.; 6,18f.; 15,4ff."[12] und ausdrücklich von der gemeinsamen, vom κύριος stammenden Befähigung geschrieben, diese Mitteilungen zu verstehen (Barn 5,3; vgl. 4,6; 1,7). Windisch hat darauf verwiesen, daß es sich hierbei „um einen apokalyptischen Topos"[13] handelt. Entscheidend aber ist, daß im Barn die durch das Christusereignis irreversibel bestimmte Gegenwart und Zukunft der Christen aus der Schrift gedeutet werden[14]. Sie ist das Forschungsobjekt (vgl. Barn 2,1). Aus der Schrift ergibt sich, daß die Zeit der Kirche vom Christusereignis umschlossen ist. Mehr ist über Gegenwärtiges und Zukünftiges nicht zu sagen. Das Motiv akzentuiert also den eschatologischen Vorbehalt im Blick auf die Offenbarung.

Ταῦτα μὲν οὕτως (*haec autem sic sunt*) ist eine Überleitungsfloskel, die ihren angestammten Platz in der antiken Geschichtsschreibung[15] und Kommentarliteratur[16] hat.[17] Sie markiert das Ende einer Darlegung oder eines Argumentationsgangs[18], zu-

---

[12] WINDISCH, Barnabasbrief 396.

[13] WINDISCH, Barnabasbrief 396. Er verweist auf Joh 3,12; IgnTrall 5,1; 4 Esra 4,21; Iren. *haer.* V 26,2; AscJes (TestHisk) 4,20 (NTApo⁵ 2,553). Formal vergleichbar ist Weish 9,16, ferner die Bildrede in 1 Kor 3,1–3. Nur eine entfernte Parallele ist die Gegenüberstellung der Anfangslehre über Christus und der Darlegung an bereits „Erleuchtete" in Hebr 6,1f. WENGST, Tradition 13, will in dieser Aporie nur eine Redensart sehen, „mit der Barnabas nicht mehr sagen will, als daß er noch mehr weiß". Wengst begründet seine Interpretation mit dem Verweis auf die Ankündigung des Vf. in Barn 1,5, nur eine Auswahl dessen, was er empfangen hat, zu schreiben. Dabei ist zu beachten, daß diesem Selektionsmotiv unmittelbar der rhetorische Topos des Hinweises auf die Kürze der nachfolgenden Mitteilung angeschlossen ist und dem Motiv überhaupt die Versicherung in Barn 17,1, nichts weggelassen zu haben, entgegensteht. Joh 16,12f. ist nur entfernt vergleichbar.

[14] Der Sinn des Eventualis ist also nicht, wie HAEUSER, Barnabasbrief 100, meint: „Wenn ich nämlich euch schreibe über Gegenwart und Zukunft, ohne die Vergangenheit zu berücksichtigen, dann wollt ihr ja doch nicht begreifen, denn ihr hängt vollständig an den Parabeln, d.i. den ... Einrichtungen und Verordnungen des Alten Bundes."

[15] Vgl. Plb. I 88,12,5; XXVIII 1,9,5; D.C. 42,27,1; 48,24,1; 51,17,6; 55,2,1; 55,21,3; 63,6,3; 64,14,2; 66,1,1 passim; Plu. *fr.* 42,16; X. *Hellenica* IV 5,18,1; 8,19,10; VI 1,19,9. Vergleichbar sind die Floskeln ἀλλὰ ταῦτα μὲν ἐχέτω ταύτῃ (Eus. *h.e.* I 11,9), ταῦτα μὲν οὖν περὶ τῶνδε (Eus. *h.e.* I 12,5), τοσαῦτα ὁ Κλήμης (Eus. *h.e.* VI 14,8) oder καὶ ταῦτα μὲν τοιαῦτα (Eus. *h.e.* VI 14,10), mit denen Euseb den Schluß seines Referats über Personen bzw. Sachverhalte oder das Ende eines Zitats anzeigt.

[16] Vgl. Alex.Aphr. *in Metaph.* 500,33; 772,8; 786,2; Ascl. *in Metaph.* 101,19; Dam. *Pr.* 1,76,7; David *Proll.* 66,23; Democr. *fr.* 300,18, li. 22; Paus. VII 24,4,9; ferner die Kommentare zur Ilias (Eust. *Comm. ad Homeri Iliadem* passim), zu den Attikern (Phlp. *in Apo.* 13,1. p. 337,1; *in GC* 14,2. p. 200,8; *in GA* 14,3. p. 8,13; p. 15,13; p. 58,35; passim; Procl. *in Prm.* 890,15; Simp. *in Cat.* VIII 238,32; 358,38; *in Ph.* IX 285,12; Them. *in Ph.* 5,2. p. 49,26; Eustr. *in Apo.* II 14,21n; 25/20; VI 258,27; 289,1; Mich. *in EN* IX–X, p. 595,8 *in PA* 39,20; 45,21; 97,35; 114,22) sowie medizinische Fachliteratur (z.B. Gal. *Hippocratis* 3 vol. 17a,11,17) und die Belege in den Scholien zur Altgriechischen Kunst- und Fachliteratur.

[17] Die zeitlich nächste Parallele innerhalb der jüdischen und christlichen Gräzität ist Josephus, *AJ* 10,130; *Ap.* 1,142; *BJ* 3,521 (ταῦτα μὲν οὕτως φύσεως ἔχει); vergleichbar mit ihr ist τούτων μὲν δὴ περὶ τοσαῦτα (Philo, *spec.* 1,1,12) oder τούτων μὲν δὴν ἅλις (Philo, *spec.* 3,133,5). Christlicherseits folgen Hipp. *fr. in Pss.* (sec. 8,1); *Hom.Clem* IV 4,1; XVII 4,1; *Clem.epit.* A 155,1; Ath. *gent.* 19,34; ACO 1,1,1 p. 23,29; Didym. *Trin.* 2.8–27 (PG 39,664); Ephiph. *haer.* (GCS 3,23); Eus. *h.e.* VI 11,4; Gr.Nyss. *anim. et res.* (PG 46,80); fr. (Doctr.Patr. 130,260); Ps.-Chrys. *haer.* (PG 59,714).

[18] Vgl. Alex.Aphr. *in Metaph.* 772,8; Amph. *hom in Mt.* 26,39 (= or. 6) li. 380; Anna Comnena *Alexias* I 5,4; Anon.Lond. Nr. 137/3,7; 26,19;

gleich aber, zumal wenn ihr καί oder ἀλλά vorausgeht, den Beginn einer neuen Darlegung oder eines neuen Themas[19], ohne daß dabei die Verbindung zum Hauptthema verlorengeht;[20] in aller Regel steht ταῦτα μὲν οὕτως *nicht* am Schluß eines Werkes. Weil ταῦτα μὲν οὕτως fast ausschließlich innerhalb von Fachliteratur verwendet ist, wird nochmals deutlich, daß die epistularen Elemente in Barn eine im Grunde traktatartige, sach- und themenorientierte Darlegung einkleiden. Kraft der außerchristlichen Prägung dieser Wendung steht zudem außer Frage, daß die Zwei-Wege-Lehre und der epistulare Schluß ursprünglich sind; L ist defekt. Die von ταῦτα μὲν οὕτως geforderte, dem Hauptthema und Anliegen subsumierbare Fortsetzung, ist durch μεταβῶμεν δὲ καὶ ἐπὶ ἑτέραν γνῶσιν καὶ διδαχήν in Barn 18,1a und damit unter Wahrung des Konnexes zu Barn 1,5–8 angekündigt. Der Leitbegriff im zweiten Hauptteil ist somit weiterhin ‚Gnosis‘ und zwar unter soteriologischer Hinsicht.

Die Zwei-Wege-Lehre (18,1–20,2)

18,1[a] **Gehen wir aber nun zu einer anderen Erkenntnis und Lehre über.** 1[b] **Zwei Wege der Lehre und der Macht gibt es, sowohl den des Lichts als auch den der Finsternis.** 1[c] **Der Unterschied aber der zwei Wege ist groß.** 1[d] **Über den einen nämlich sind lichtspendende Boten Gottes gesetzt, über den anderen Boten des Satans.** 18,2 **Und der eine ist Herr von Ewigkeit zu Ewigkeit, der andere Fürst der jetzigen Zeit der Gesetzlosigkeit.**

19,1[a] **Der Weg nun des Lichts ist dieser: Wenn einer beabsichtigt, den Weg zu dem festgesetzten Ort zu gehen, bemühe er sich (mit) seinen Werken.** 1[b] **Die Erkenntnis nun, die uns gegeben wurde, um in ihr zu wandeln, ist so beschaffen:**

19,2[a] **Du sollst den lieben, der dich geschaffen, den fürchten, der dich gebildet hat, den preisen, der dich errettet hat vom Tod.** 2[b] **Sei schlichten Herzens und reichen Geistes.** 2[c] **Du sollst nicht denen anhängen, die auf dem Weg des Todes wandeln.** 2[d] **Du sollst alles verabscheuen, was Gott nicht wohlgefällig ist.** 2[e] **Du sollst jede Heuchelei verabscheuen.** 2[f] **Niemals sollst du Gebote des Herrn verlassen.**

19,3[a] **Du sollst dich nicht selbst erhöhen, vielmehr in allem demütig sein.** 3[b] **Du sollst dir selbst keine Ehre anmaßen. Du sollst keine böse Absicht gegen deinen Nächsten hegen. Du sollst nicht anmaßend sein.**

---

[19] Vgl. Alex.Aphr. *in Metaph.* 500,33; 786,2; Anna Comnena *Alexias* I 16,7; XIV 7,1; Anon. *in EN* 116; Anon.Lond. Nr. 137/9,34; Aristid.Quint. III 8,48; Aristid. *Or.* 309,18. Insofern ist es möglich und berechtigt, aber nicht zwingend, mit PRIGENT/KRAFT, Épître de Barnabé 194, ταῦτα μὲν οὕτως zu Barn 18 hinüber zu nehmen. Die grammatische Regel, daß „dem μέν ein δέ folgen muß" (HAEUSER, Barnabasbrief 102), ist hierfür kein Grund.
[20] Vgl. Or. *Cels.* III 38,29; *philoc.* 19,1 (ἀλλὰ γὰρ περὶ τούτων ἅλις) und etwas freier *Cels.* IV 68,19f. (ἐπεὶ μὴ κατὰ τὸν παρόντα καιρὸν καὶ τὴν ἐνεστηκυῖαν πρόθεσιν ἁρμόζει ἐν τούτοις πλεονάσαι).

19,4ª Du sollst nicht Unzucht treiben, nicht Ehebruch begehen, nicht Knaben schänden. 4ᵇ Keinesfalls gehe von dir das Wort Gottes aus vor irgendwelchen Unreinen. 4ᶜ Du sollst nicht auf die Person sehen, um jemanden
bei einem Vergehen zurechtzuweisen. 4ᵈ Du sollst sanftmütig sein, ruhig,
ehrfürchtig (vor) den Worten, die du gehört hast. 4ᵉ Du sollst deinem Bruder nichts Böses nachtragen.

19,5ª Keinesfalls sollst Du zweifeln, ob es sein wird oder nicht. 5ᵇ Keinesfalls sollst du den Namen des Herrn zu Eitlem benutzen. 5ᶜ Du sollst deinen
Nächsten mehr lieben als dich selbst. 5ᵈ Du sollst kein Kind durch Abtreibung töten, noch ein Geborenes wieder beseitigen. 5ᵉ Keinesfalls sollst du
deine Hand von deinem Sohn oder von deiner Tochter wegziehen, sondern
von Jugend an sollst du sie die Furcht des Herrn lehren.

19,6ª Keinesfalls sollst du (auf) deinen Nächsten begierig werden. 6ᵇ Keinesfalls sollst du habgierig werden, noch schließe dich (innerlich) Hochmütigen an, vielmehr sollst du inmitten Gerechter und Demütiger verkehren.
6ᶜ Fügungen, die dir zustoßen, sollst du im Guten annehmen, im Wissen,
daß ohne Gott nichts geschieht.

19,7ª Du sollst nicht wankelmütig sein noch doppelzüngig, denn eine
Schlinge des Todes [ist] die Doppelzüngigkeit. 7ᵇ Du sollst den Herren gehorchen als ein Abbild Gottes in Respekt und Ehrfurcht. 7ᶜ Keinesfalls sollst
du deinem Sklaven oder einer Sklavin, die auf denselben Gott hoffen, im
Zorn gebieten, (damit) sie niemals ablassen, den Gott beider zu fürchten, da
er nicht gekommen ist, um nach dem Ansehen zu berufen, sondern zu (denen), die der Geist bereitet hat.

19,8ª Du sollst an allem deinem Nächsten Anteil gewähren und nicht sagen, es sei dein eigen; wenn ihr nämlich Genossen im Unvergänglichen seid,
wieviel mehr im Vergänglichen. 8ᵇ Du sollst nicht vorlaut sein, denn eine
Schlinge des Todes [ist] [ein] vorlauter Mund. 8ᶜ Soviel du kannst, halte dich
um deiner selbst willen rein.

19,9ª Werde nicht (einer), der zwar zum Nehmen die Hände ausstreckt,
zum Geben aber einzieht. 9ᵇ Du sollst jeden, der dir das Wort des Herrn verkündet, lieben wie deinen Augapfel.

19,10 Du sollst Nacht und Tag des Gerichtstages gedenken und täglich
nachforschen, indem du dich entweder wegen des Wortes mühst und gehst,
um zu ermahnen und Sorge trägst, jemanden (durchs) Wort zu retten, oder
du mögest durch deine Hände arbeiten zum Lösegeld deiner Sünden.

19,11ª Du sollst weder zögern zu geben, noch murren, wenn du gibst. Du
sollst aber erkennen, wer der gute Entlohner ist. 11ᵇ Du sollst beachten, was
du empfangen hast; weder füge etwas hinzu noch nimm etwas weg. 11ᶜ Ganz
und gar sollst du das Böse verabscheuen. 11ᵈ Du sollst gerecht urteilen.

19,12ª Du sollst keine Spaltung verursachen, vielmehr sollst du Frieden
bringen, indem du Streitende zusammenführst. 12ᵇ Bekenne deine Sünden.
12ᶜ Du sollst nicht mit schlechtem Gewissen zum Gebet kommen.

20,1ᵃ Der Weg des Schwarzen aber ist krumm und voll von Fluch. 1ᵇ In jeder Hinsicht nämlich ist er ein Weg ewigen Todes mit Strafe, auf dem das ist, was ihre Seele ins Verderben bringt: 1ᶜ Götzendienst, Dreistigkeit, Machtdünkel, Heuchelei, Doppelsinnigkeit, Ehebruch, Tötung, Raub, Hochmut, Übertretung, Betrug, Schlechtigkeit, Selbstgefälligkeit, Giftmischerei, Zauberei, Geiz, Mangel an Gottesfurcht;

20,2ᵃ Verfolger der Guten, 2ᵇ (die) die Wahrheit hassen, die Lügen lieben, 2ᶜ nicht den Lohn der Gerechtigkeit erkennen, nicht Gutem anhängen, 2ᵈ noch gerechtem Gericht, (sich) um Witwe und Waise nicht kümmern, 2ᵉ die nicht auf Gottesfurcht achten, sondern auf das Böse, denen Sanftmut und Geduld weit und entfernt liegen, 2ᶠ die die Eitelkeit lieben, Vergeltung erstreben, sich nicht (für) einen Armen erbarmen, 2ᵍ nicht sich bemühen um den Geplagten, 2ʰ die leichtfertig im Verleumden sind, den nicht erkennen, der sie geschaffen hat, 2ⁱ Kindermörder, Schänder der Geschöpfe Gottes, 2ʲ die sich abwenden von dem Bedürftigen, den Bedrängten quälen, 2ᵏ der Reichen Fürsprecher, der Armen gesetzwidriger Richter, (die) ganz und gar sündig sind.

Textkritik

Mit Barn 17,2 war die lateinische Übersetzung abgebrochen. Für Barn 19,1f.8; 21,1 steht das Fragment einer syrisch-jakobitischen Übersetzung (Sy) der Zwei-Wege-Lehre des Barn zur Verfügung.[1] **19,1** Anstelle von τοιαύτη in ℵ, H und G kann der syrische Übersetzer ὅτι gelesen haben.[2] Ist diese Konjunktion nicht als ὅτι-recitativum aufzulösen, dann fügt sie Barn 19,2–12 subordinierend an und gibt den ‚Weg des Lichts' betont als Konsequenz der Gnosis von V 1a aus. **2** Sy bestätigt φοβηθήσῃ τὸν σε πλάσαντα in ℵ und H; G hat also getilgt. **3** H transponiert οὐ δώσεις bis θράσος vor οὐκ ἀρεῖς und fügt in **4** nach ἤκουσας den Teilvers 5b (οὐ μὴ λάβῃς bis τὸ ὄνομα κυρίου) ein. Der Ind. Fut. μνησικακήσεις in ℵ und H ist wegen der drei Fut. in V 4a dem Konj. Aorist in G vorzuziehen. Ebenso gebührt der einfachen Negation οὐ der Vorzug vor der strikten Verneinung οὐ μή in G. Ob mit G οὐ μὴ μνησικακήσῃς oder mit ℵ und H οὐ μνησικακήσεις zu lesen ist, hängt auch von der Beurteilung der Lesarten οὐ μὴ διψυχήσῃς durch G in V 5a und οὐ ‹μὴ› διψυχήσεις in ℵ (HG²) und H ab. In V 5a bieten ℵ und H wegen des folgenden ἔσται die schwierigere vl, so daß διψυχήσεις eher als stilistische Angleichung an das Fut. in V 4 zu erklären ist. Umgekehrt bereitet G weder in V 5a noch in V 4 Probleme, sondern fügt sich in den Duktus ein. Deshalb wird in V 5a G und in V 4 ℵ und H zu vertrauen sein. **5** Die beiden nicht-stammverwandten Textzeugen H und G lesen ὑπὲρ τὴν ψυχήν σου. ℵ* hatte (vielleicht) Mt 5,43 im Ohr und ersetzte in Umkehrung der sechsten Antithese τὴν ψυχήν durch τὸν ἐχθρόν. ℵ¹ stellte die auch von H und G bezeugte vl her. ℵ² schließlich korrigierte in Anlehnung an Lev 19,18 (ὡς σεαυτόν) mit ὡς ἑαυτόν. ℵ liest ἀποκρενεῖς; ihm vertrauen ML HG GH K FB PK SB, zumal auch Did, und davon abhängig CA und CEA, diese Vokabel be-

---

[1] Vgl. Baumstark, Der Barnabasbrief bei den Syrern 236–240; syrischer Text ib. 236 Anm. 2 und bei Wright, Catalogue of the syriac manuscripts 2,601f.; deutsche Übersetzungen bei Windisch, Barnabasbrief 397.401.403; vgl. ferner S. 32f.

[2] Vgl. Baumstark, Der Barnabasbrief bei den Syrern 239.

zeugen. G und H führen das in der Sache schwächere ἀνελεῖς (HG² w). Aufgrund des vorausgehenden φονεύσεις ist eine Angleichung in der Sache mittels ἀποκτενεῖς wahrscheinlich. Hierfür spricht, daß das πάλιν, das in Verbindung mit ἀποκτενεῖς störend wirkt, in der Zwei-Wege-Lehre der Did und deren Rezeptionen fehlt. Die Verschärfung und Präzisierung von ἀνελεῖς mittels ἀποκτενεῖς ist die erste Etappe hin zu jener Version, die für Did 2,2 unisono belegt ist. G und H ist zu folgen. א liest mit Did und CA φόβον θεοῦ (ML HG GH K FB SB), H und G mit Doctr. und CEA φόβον κυρίου (HG² PK). Wieder sind innere Gründe entscheidend. Weil erstens der Ausdruck φόβον κυρίου auch in Barn 11,5 begegnet, wo der Gen. das aus Jes 33,18a zitierte φόβον präzisiert, und zweitens V 5e überdies von Ps 33(34),12b (φόβον κυρίου διδάξω ὑμᾶς) beeinflußt sein kann, wird mit HG² und PK der vl φόβον κυρίου Vorrang einzuräumen sein. 6 Der Teilvers 6a fehlt in H. Die Fortführung des Satzes gibt οὐδὲ οὐ μή durch G1 (v) als stilistische Besserung gegenüber א und H zu erkennen. Ἀναγραφήσῃ in H ist Verschreibung von ἀναστραφήσῃ (א und G). In H fehlt zwar δικαίων καί, doch zeigt seine vl μετὰ ταπεινῶν ἀναγραφήσῃ, daß wohl doch G (vgl. Doctr. Did CEA) mit μετὰ δικαίων καὶ ταπεινῶν ἀναστραφήσῃ die richtige Wortfolge gegenüber א (3–2–1–4) überliefert (vs DR PK). Durch innere Gründe ist diese Option allerdings nicht zu stützen, da ταπεινῶν als substantiviertes Adj. aufgefaßt werden kann (H), also nicht zwingend als Part. (א G), so daß μετά nicht sicher nur den Gen. δικαίων erwarten läßt. G hat εἰδώς, ὅτι bis γίνεται getilgt. 7 Gegen γλωσσώδης in א (GH w) wird δίγλωσσος in H und G (vgl. Did CA CEA) zu halten sein (HG² K WI FB PK SB). Abgesehen von der Personalendung stützt G mit οὐ φοβηθήσῃ die vl οὐ μὴ φοβηθήσονται in א (vgl. Did; GH K FB W SB); der Konj. Aorist φοβηθῶσιν in H ist demgegenüber eine sprachliche Vereinfachung. Äußere und innere Gründe sprechen für א. Schwer zu entscheiden ist, ob παγὶς γὰρ θανάτου ἐστὶν ἡ διγλωσσία in G (vgl. Did Doctr. CA CEA; HG² K FB PK SB), das in א und H (GH w) fehlt, ursprünglich ist. Für G spricht die verwandte Erklärung in Barn 19,8b (Sy). H könnte es als Korruptele zu οὐδὲ δίγλωσσος aufgefaßt haben und für א mag es wegen οὐδὲ γλωσσώδης unverständlich gewesen sein. Gegenüber H und G stellt die Wortfolge οὐκ ἦλθεν in א den Bezug der Negation sicher. 8 παγὶς γὰρ στόμα θανάτου in H und G ist mißverständlich. א hat mit παγὶς πὰρ τὸ στόμα θανατου eine erste Klärung versucht. Sy bezeugt παγὶς γὰρ θανάτου στόμα πρόγλωσσος (ܬܘܩܠܬܐ ܓܝܪ ܕܡܘܬܐ ܦܘܡܐ ܠܥܙܐ); HG² w PK folgen Sy, lassen aber in Anschluß an die Rückübersetzung von Sy durch Baumstark πρόγλωσσος weg. Mit Rücksicht auf die vl von G in Barn 19,7 (παγὶς γὰρ θανάτου ἐστὶν ἡ διγλωσσία) mag Sy zu folgen sein. 10 In א* und H (HG² PK SB) fehlt τὰ πρόσωπα τῶν ἁγίων, das von G überliefert, durch א²ᵐᵍ nachgetragen und überdies aus Did (vgl. CA CEA) bekannt ist. א* und H bedingen, daß eine Tilgung bereits in einem gemeinsamen Archetyp Ψ geschehen war, während die vl in G und א²ᵐᵍ Resonanz der CA, und damit der Did bzw. der CEA sein kann. Vor allem dieser Gleichklang von G und א²ᵐᵍ mit Did, CEA und CA spricht für die Ursprünglichkeit von א* und H. Analog gebührt λύτρον in א und H (HG² FB W PK) vor λύτρωσιν in G (vgl. Did CA; WI K SB) der Vorzug. 12 Der Abschluß αὕτη ἐστὶν ἡ ὁδὸς τοῦ φωτός in G und א²ᵐᵍ (vgl. Doctr. Did CA CEA; HG² GH K FB WI) fehlt in א* und H (PK W SB); ihnen ist wie in Barn 19,10 zu folgen.

20,1 Die Lesart ὅλως γὰρ ἐστιν ὁδός in Sy (ܐܝܬܘܗܝ ܓܝܪ ܐܘܪܚܐ ܟܠܗ ܗܕܐ) ist ursprünglich (PK); einzig aus ihr lassen sich die übrigen vl erklären, nämlich als Lesefehler (א verwechselte Λ mit Δ und notierte ΟΔΟC) bzw. Hörfehler (ὅλος κτλ.), die Tilgungen und Umstellungen gefolgert haben: א liest ὁδὸς γὰρ ἐστιν (HG² GH K FB W SB), H ὅλος γὰρ ἐστιν (ML HG), G ἔστι γὰρ ὁδός. 2 Weil der Pl. ψεύδη in א (GH w) anstelle von ψεῦδος in H (vgl. Did; HG² K FB PK SB), om. G, kaum eine Verschreibung und angesichts des Sg. im Kontext kaum als gezielte Korrektur zu erklären sein wird, ist ℵ zu folgen. Πανθαμάρτητοι in H (HG² GH FB K w SB; vgl. Did 5,2; CA VII 18) ist eine wohl durch Hörfehler entstandene Korruptele des Neologismus πανταμάρτητοι[3] (ℵ und G; ML PK).

Gliederung

Übergang und Einleitung (18,1.2)

1a	*Überleitung*
1b–2	*Einleitung:* Die zwei Wege und ihre Machthaber

Der Weg des Lichts (19,1–12)

1	*Einleitung*
2	*Grundgebote:* Glaube und Handeln
2a	Gottesliebe, Gottesfurcht, Gotteslob
2b	Gottesgehorsam und Gebote des Herrn
3–12	*Entfaltungen des Gottesgehorsams in der Nächstenliebe*
3–7a	Demut, Warnung vor Anmaßung, Mahnung zur Gerechtigkeit, Vergebung, Ehrfurcht, Warnung vor Unzucht, Schutz von Ehe, Leben und Eigentum
7b	Sklaven- und Herrenpflichten
8a–9a	Wohltätigkeit, Demut und persönliche Integrität
9b	Liebe zu den Verkündern des Wortes des Herrn
10	Pflichten des Lehrers
11a	Wohltätigkeit
11b	Beachtung und Bewahrung der Überlieferung
11c.d	Aufrichtigkeit, Gerechtigkeit
12	Sorge um die Einheit der Gemeinde, Sündenbekenntnis, gemeinsames Gebet

Der Weg des Schwarzen (20,1.2)

1a	*Einleitung*
1b.2	*Zwei Lasterreihen*
1b	Aufzählung von 17 Lastern
2	Aufzählung von 22 Arten oder Attributen von Sündertypen

---

[3] Vgl. PAPE, Wörterbuch 2,462; BAUER/ALAND, Wörterbuch, Sp. 1229, notieren πανθαμάρτητος sowie mit Bezug auf 2 Clem 18,2 πανθαμαρτωλός.

Analyse und Auslegung

Übergang und Einleitung (18,1.2)

1a Der hortative Konj.[1] μεταβῶμεν markiert einen Neuansatz. Vergleichbar mit diesem Einsatz sind ζητήσωμεν in 11,1a und ἴδωμεν in 13,1. Hier wie dort schließt sich der Vf. mit seinen Lesern zusammen. Weil erst in Barn 21,2 durch die direkte Anrede von ‚Wohlhabenden' die Valenz dieses kommunikativen Pl. endet, sind Vf. und Leser gleichermaßen Adressaten der nachfolgenden ‚anderen Erkenntnis und Lehre'. Die Konjunktion δέ, die auf ταῦτα μὲν οὕτως in Barn 17,2 zurückgreift, deutet eine sachliche Verbindung beider Hauptteile an, die bereits im ersten Hauptteil des Schriftstücks wiederholt in Einzelauslegungen zum Tragen gekommen ist: die Zusammengehörigkeit von Glaube und Handeln. Im folgenden wird dieser Konnex nun unter Akzentuierung des Handlungsaspektes entfaltet. Das Attribut ἑτέραν stellt die folgende ‚Gnosis und Lehre' in Funktion und Anspruch jener gleich, die in Barn 2,4–16,10 mitgeteilt wurde. Zugleich signalisiert die Zuschreibung ἑτέραν, daß diese ‚andere Gnosis und Lehre', die in Barn 5,4; 10,4 und 16,9 bereits angeklungen war, nicht aus den δικαιώματα der Schrift geschöpft ist, sondern, worauf auch das καί-finale[2] hinweist, „aus einer neuen Sammlung göttlicher Weisungen"[3]. Aufgrund der Gleichstellung gilt, daß die Christen, die kraft ihrer Geistbegnadung befähigt sind, die ihnen von Gott durch die Propheten gegebene Offenbarung zu verstehen, auch dazu disponiert sind, diese ‚andere Gnosis und Lehre' ebenso zu begreifen wie den in der Schrift geoffenbarten Willen Gottes.

1b–2 Die Aussage ὁδοὶ δύο εἰσίν bestimmt das Thema der in V 1a angekündigten Gnosis und Lehre.[4] Die beiden Gen. διδαχῆς καὶ ἐξουσίας geben den inhaltlichen Bezug an. Hierbei ist διδαχῆς von 18,1a und 9,9a her weithin gleichbedeutend mit γνῶσις. Die διδαχή ist daher jene Erkenntnis, die der Vf. als ihm überkommen ausgibt, die er seinen Lesern authentisch und vollständig zur Kenntnis bringt und mitunter homologisch zusammenfaßt (vgl. 7,1f.). Das Lexem ἐξουσία bezeichnet entweder den Einfluß bzw. die Einflußsphäre von Widergöttlichem (Barn 2,1; 4,2.13) oder es meint eine Befähigung, die (uns) erst im Eschaton zuteil werden wird (6,18), bzw. die Berufung und Beauftragung zur Verkündigung des Evangeliums (8,3). Die ἐξουσία weist also stets und signifikant auf den, der sie verleiht. Angesichts dieses Sprachgebrauchs von ἐξουσία im Barn schließen sich die zwei Wege strikt aus. Drei Gegensatzpaare (Vv 1b.d.2) erläutern diese Unvereinbarkeit.[5] Hierbei signalisiert der Nachsatz V 1c (διαφορὰ δὲ πολλὴ τῶν δύο

---

[1] Vgl. BLASS/DEBRUNNER, Grammatik § 364.

[2] Vgl. BLASS/DEBRUNNER, Grammatik § 442,3.

[3] WINDISCH, Barnabasbrief 396.

[4] Der gleichlautende Auftakt in Did 1,1a weist darauf hin, daß ὁδοὶ δύο εἰσίν die Überschrift „der ursprünglich jüdischen, aber bereits oberflächlich christianisierten Lehrschrift de duabus viis" (NIEDERWIMMER, Didache 83) ist.

[5] WENGST, Tradition 63, weist darauf hin, daß ἐξουσία der Bezeichnung מֶמְשָׁלָה (vgl. KBL 534 ‚Herrschaft, Macht'; BROWN, Lexicon 606, übersetzt ‚rule, dominion', und zwar von Menschen, Himmels-

ὁδῶν), der auf die erste Erläuterung mittels des Dualismus von Licht und Finsternis folgt[6] und der vermutlich aus der Sammlung (vgl. Did 1,1b) stammt, daß zwischen beiden Wegen nicht zu vermitteln ist. Vielmehr erzwingt die Kluft zwischen ihnen eine Entscheidung.[7] Das zweite mittels ἧς μὲν … ἧς δέ komponierte Gegensatzpaar in V 1d sowie die dritte, analog mittels ὁ μέν … ὁ δέ gestaltete Polarität in V 2 steigern den Antagonismus der zwei Wege, indem sie ihn anhand des unüberbietbaren Kontrasts zwischen göttlichem und widergöttlichem Einfluß (V 1d)[8] sowie zwischen Ewigem und Endlichem (V 2) theologisch profilieren. Infolgedessen beinhaltet die Wahl eines der Wege die Entscheidung für oder gegen Gott[9], womit, wie Barn 21,1b betont, zugleich das Urteil über die Teilhabe am eschatologischen

---

körpern, z.B. die Regentschaft der Sonne über den Tag [Gen 1,16], und von Gott) entspricht, die in 1 QS 3,20f.23 „für die Herrschaft des Lichtfürsten und des Finsternisengels gebraucht wird". DRAPER, Barnabas and the Riddle of the Didache revisited 89–113, zufolge bringt sich mit dieser (geprägten) Bildersprache von Barn 18,1d.2 jene innerchristliche Auseinandersetzung zu Gehör, die in 4,6 anvisiert ist. Korrespondierend mit der Okkupation der Schrift wie sie in Barn 2–16 betrieben wird, entreißt der Vf. die jüdische, ethische Tradition der Zwei-Wege-Lehre den Juden und den 4,6 zufolge ihnen gleichgestellten, als Sünder inkriminierten Christen mit dem Ziel, die ethischen Standards, die den ‚Weg des Lichts' ausmachen, als Signet der Christen, für die er sein Werk verfaßt, auszugeben. Weil Draper 1. die Zwei-Wege-Tradition von 1 QS 3,13–4,26 her als „catechetical material designed for converts to the community" (ib. 99; vgl. 102) auffaßt, 2. diesen Gebrauch auch in der Didache vorfindet und demgegenüber 3. in Barn 18–20 eine Transformation dieses Materials „into an advanced gnosis not required for all" erkennt, und die insofern mit der in 4,6 konstatierten innerchristlichen Gruppenbildung zusammengeht, folgert Draper, Barn stünde „in tension with the kind of community which utilized the Didache" (ib. 99; vgl. 105). Diese Transformation folge einer rhetorischen Strategie: der Ironie (ib. 99–111) bzw. Satire (ib. 101). Im Sinne dieser (unausgesprochenen) Verkehrung würde den Judenchristen die von ihnen zur Katechese von Heiden verwendete, christianisierte Zwei-Wege-Tradition à la Did 1–6 entrissen und ihnen stattdessen – im Kontext der polemischen Gruppenbildung – das Profil des ‚Weges des Scharzen' zugeschoben. Abgesehen von der Frage nach dem literarischen Verhältnis zwischen beiden Werken kann man zumindest Skepsis daran anmelden, ob die didachistischen Gemeinden judenchristlich genannt werden dürfen. Die Implikationen des präbaptismalen Fastens (vgl. PROSTMEIER, Unterscheidendes Handeln 55–75) deuten eher darauf hin, daß der Didachist programmatisch die Lösung der Gemeinden aus dem Judentum erstrebt. Die Verknüpfung der katechetischen Funktion der Zwei-Wege-Lehre mit der durch die Terminierung und personellen Präzisierung des Tauffastens implizierten demonstrativen Abgrenzung von jüdischen Propria in Did 7,1–8,1 weist zugleich den Lebensweg als exklusives Signet jener Christen aus, die mit dem Judentum nichts gemein haben (sollen). Daher stellt sich bezüglich der vermeintlichen Ironie bzw. Satire im Barn die Frage, ob diese raffinierte Rhetorik gerade in Front zur Did greifbar ist. Solange ein unmittelbares Verhältnisses zwischen den didachistischen Gemeinden und dem Vf. sowie den Lesern des Barn nicht zumindest mit geschichtlicher Plausibilität ausgestattet ist, scheint die von Draper vorschlagene Funktion von Barn 18–20 eher eine theoretische Möglichkeit zu sein.

[6] Zur Korrelation beider Begriffe mittels τὲ … καί vgl. MAYSER, Grammatik § 164 I.,2b; II.,2; BAUER/ALAND, Wörterbuch, Sp. 1610f.

[7] Vgl. NIEDERWIMMER, Didache 83.

[8] Vgl. Didym. comm. in Zech. 4,312. Eine „pagane Analogie" zu dieser Zuordnung von ἄγγελοι zu den beiden Wegen erblickt BERGER, Gattungen 1091, „in Silius Italicus, Pun. XV 20–21, wo es von virtus und voluptas heißt, sie seien per auras allapsae".

[9] Κύριος in V 2 meint Gott; vgl. WINDISCH, Barnabasbrief 397. Über die Funktion des Zwei-Wege-Motivs innerhalb der alttestamentlichen Literatur um die Notwendigkeit der Entscheidung für oder gegen Gott zu bekräftigen, und über seine Verwendung in der neutestamentlichen Literatur vgl. BERGMANN, Zwei-Wege-Motiv 38–49.

Heil vorgezeichnet ist (vgl. Barn 4,9b.12f.; 10,11; 21,1b). Daher sind die zwei Wege nicht gleichrangig. Mit Blick auf das Heil (ἐπὶ τὸν ὡρισμένον τόπον; vgl. 19,1a) ist einzig der von Gott bestimmte Weg möglich; Barn 19 charakterisiert ihn.

Der Weg des Lichts (19,1–12)

1 wohl im Anschluß an den Gegensatz von Licht und Finsternis in Barn 18,1b ist dieser Katalog gottgewollter Handlungen und Haltungen mit ‚Weg des Lichts' überschrieben. Von ihm gilt gemäß Barn 18,1d.2, daß er unter der alles überragenden Obhut Gottes ist. Unter ihr stehen somit alle, die sich auf diesen Weg begeben. Leben unter der fürsorglichen Gnade Gottes ist neben dem ‚Wissen' das, was den Vf. auszeichnet und woraus er seine Berechtigung und Verpflichtung bezieht, den Lesern vollkommene Gnosis mitzuteilen (vgl. Barn 1,5). Aufgrund dieser Verbindung mit der Parenthese in Barn 1,4 (ὅτι ἐμοι συνώδευσεν ἐν ὁδῷ δικαιοσύνης κύριος) steht außer Frage, daß unter der Rubrik ‚Weg des Lichts' kein Pflichtenkatalog folgt, der anstelle der תּוֹרָה treten will und jenem, der diesen Vorschriften nachkommt, Gerechtigkeit von Gott her verheißt. Leben auf dem ‚Weg des Lichts' führt nicht erst zum Heil, sondern ist bereits Gnade. Die in Barn 19 skizzierten Handlungen und Haltungen sind in Gegensatz zu einem Leben in der Ordnung der תּוֹרָה die für Christen selbstverständlichen, aber auch unabdingbaren Konsequenzen daraus, daß sie bereits in der Heilssphäre Gottes sind. Die Gebote auf diesen ‚Pfad des Gottesgehorsams' erfüllt man daher nicht ohne Gott und keinesfalls gegen ihn. Daher beinhaltet diese ‚andere Gnosis und Lehre' im wesentlichen das Wissen, daß alle Sittlichkeit ihren Grund in Gott hat.

Der Titel ἡ οὖν ὁδὸς τοῦ φωτός ἐστιν αὕτη bestätigt den dyadischen Aufriß, den die Themenangabe und die ihr angeschlossenen Erläuterungen bereits ahnen ließen. Die theologisch begründete Unvereinbarkeit zwischen den zwei Wegen wird durch die Protasis des Konditionalsatzes als Entscheidungsruf ausgewiesen, dem sich niemand entziehen kann und der dem einzelnen eine eindeutige und damit für ihn lebensprägende Entscheidung für oder gegen Gottes Heilsangebot abverlangt. Eine Entscheidung für den ‚Weg des Lichts' bedingt demgemäße Werke. Sie sind das Mittel, um ‚das festgesetzte Ziel' zu erlangen, und von ihm her bemessen sich die geforderten Werke. Insofern das Part. Perf. ὡρισμένον als passivum divinum aufzufassen ist, müssen sich alle diese Werke dadurch auszeichnen, daß sie dem Willen Gottes entsprechen. Exakt über diesen Willen Gottes besitzen V 1b zufolge Vf. und Leser (ἡμῖν) Gnosis. Wegen dieses ἡμῖν wird δοθεῖσα nicht als Traditionsterminus, sondern ebenfalls als passivum divinum zu interpretieren sein. Der Akzent liegt auf der Begnadung. Zu wissen, welche Werke zielführend sind, nämlich zur Teilhabe am eschatologischen Heil führen, ist Gnade. Fehlt diese Gnade, fehlen also Gnosis und Verstand für die Gebote des Herrn, ‚tappt man auf finsteren Wegen' (vgl. Ps 81[82],5a.b). Dieses Wissen und somit diese Gnade verbinden Vf. und Leser. Insofern ist der Num. kein pluralis majestatis bzw. modestiae. Aber auch wenn der Traditionsaspekt in den Vordergrund zu stellen wäre, würde dieser wiederum auf den Willen Gottes zurückführen. Mit τοιαύτη kündet

der Vf. eine Liste jener Werke an, die zum Heil führen. Dies ist insofern erstaun-
lich, als dem Aorist δοθεῖσα sowie dem ἡμῖν zufolge nicht nur der Vf., sondern
auch seine Leser über die entsprechende Gnosis bereits verfügen. Vermutlich ist
V 1b vom Vf. in die mit V 1a aufgenommene Wiedergabe der Sammlung eingetragen, auf die er mit V 2a wieder zurückgreifen wird. Dem Vf. ist also daran gelegen,
dieses Material de duabus viis, das ihm überkommen ist, seiner allgemeinen Absicht, den Lesern ,vollkommene Gnosis' mitzuteilen (Barn 1,5), einzuordnen. Folglich bestätigt der Vf. mittels seiner Zwei-Wege-Lehre nur, was die Leser bereits wissen und tun (sollen), er deutet es aber als jene Gnosis, die auf die gemeinsame
Geistbegnadung weist, und die mitzuteilen er sich als Tradent und Sachwalter der
authentischen Paradosis seinen Lesern gegenüber verpflichtet weiß.

2a Der Halbvers 2a bestimmt als Grundlage aller Werke, die zu dem ,festgesetz-
ten Ort' (V 1a) führen sollen, Gottesliebe, Gottesfurcht und Gotteslob. Die Mahnung zur Gottesliebe, mit der Did 1,2a ihren Katalog eröffnet, mag aus Dtn 6,5
(ἀγαπήσεις κύριον τὸν θεόν σου; vgl. Mk 12,30a par)[10] und Lev 19,18b (καὶ
ἀγαπήσεις τὸν πλησίον σου) frei kombiniert sein. Zumindest sie wird in der
Sammlung gestanden haben. Obwohl die Verbindung der ersten beiden Mahnungen
in Sir 7,30a.31a (ἐν ὅλῃ δυνάμει ἀγάπησον τὸν ποιήσαντά σε … φοβοῦ τὸν κύριον καὶ δόξασον ἱερέα) einen Anhalt hat, ist es wegen der baptismal konnotierten
Begründung[11] der dritten Mahnung (δοξάσεις) sowie der mehrfach beobachteten
Vorliebe des Vf. für triadische Kompositionen wahrscheinlich, daß sowohl die Mahnung zur Gottesfurcht als auch zum Gotteslob vom Vf. herrühren. In Verbindung
mit Barn 14,5-8 deutet der Bezug zur Taufe im dritten Glied zaghaft, wenn überhaupt, die Glaubensüberzeugung von der Göttlichkeit Jesu an (vgl. V 7b; Lk 24,21;
Tit 2,13f.)[12].

Die Vokabel λυτρόω begegnet in Barn 14,5b.6.7b.8 und hier in 19,2a. In den Belegen vor
Barn ist λυτρόομαι nur einmal in Verbindung mit ἐκ θανάτου verwendet, nämlich innerhalb der Drohrede Hos 13,14a, also in geradezu gegenläufigen Sinn zu Barn 19,2a. Sonst ist
ἐκ θανάτου mit ῥύομαι, selten auch mit σώζειν verbunden, λυτρόω hingegen in der Regel mit ἐξ ἀπολείας. Die Bestimmung ἐξ ἀπολείας ist nicht mit ἐκ θανάτου gleichzusetzen. Gottes Erlösen aus Verderbnis eröffnet eine konkrete heilsgeschichtliche Zukunft – für
den einzelnen oder für das Volk –, also innerhalb der Geschichte. Entscheidend ist: Ein Erlösen ἐξ ἀπολείας beinhaltet, daß der Betreffende noch am Leben ist bzw. daß es die Be-

---

[10] Im Vergleich mit den verwandten synoptischen Passagen (Mk 12,30a par) sowie Did 1,2, die das Gebot zur Gottesliebe mit jenem zur Nächstenliebe verknüpfen, scheint in Barn 19,2a eine noch vorsynop-
tische Version der Mahnung bewahrt zu sein. Die Zwei-Wege-Lehre führt daher nicht nur auf eine sehr
frühe Phase der christlichen Adaption des jüdischen Traktats de duabus viis zurück, sondern in ihren Ein-
zelteilen gibt sie den Blick frei auf die selbstverständliche Präsenz und Prägekraft jüdischer Moral für das
Christentum in seinen Anfängen. Dieses frühe Rezeptionsstadium war offenkundig im schulischen Ambiente, dem der Vf. verbunden ist, konserviert worden.

[11] Das Diktum in Barn 14,7 γινώσκομεν οὖν πόθεν ἐλυτρώθημεν sowie λυτρωσάμενος in Barn
14,5.8 und λυτρωσάμενον in Barn 14,6 weisen die Form hier in Barn 18,2, zumal in der Verbindung mit
ἐκ θανάτου, als spezifisch christlichen Gnadenterminus aus.

[12] Vgl. Brox, Pastoralbriefe 300f.; Hübner, Εἷς θεὸς Ἰησοῦς Χριστός 335f.

treffenden noch sind. Nur unter dieser Voraussetzung ist die entsprechend gefaßte Aussage im proleptischen Dank am Schluß von Klagepsalmen sinnvoll. Dieser Dank für Erlösung aus Verderbnis gilt selbstverständlich Gott. Die Verbindung von ἐκ θανάτου mit ῥύομαι bzw. σώζειν ist dazu eine Parallele. Mit der Erlösung ἐκ θανάτου ist nicht selten der drohende Tod gemeint, der mit dem Sieg anderer Völker über Israel einhergehen würde. Es scheint, daß Barn 19,2a strikt theozentrisch ausgerichtet ist und dabei mittel ἐκ θανάτου in Verbindung mit dem Part. Aorist Pass. λυτρωσάμενον auf ein Heilsgeschehen *zurückblickt*, das Gott gewirkt hat.

Die Frage ist, ob aufgrund dieser Ähnlichkeit zwischen den Aussagen in Barn 14 und 19 auf eine bestimmte christologische Konzeption des Barn geschlossen werden kann. Konkret: *Ist* der ‚Herr Jesus‘ (Barn 14), der ‚uns‘ erlöste, Gott, weil Gott der Erlöser ist (Barn 19)? Besteht daher die Differenz zwischen Gott, dem Erlöser, und Jesus einzig darin, daß Jesus der im Fleisch erschiene Erlöser ist? Folgt die Christologie im Barn also dem Modell des ‚modalistischen Monarchianismus‘? Die terminologische Verbindung zwischen Barn 14 und 19 ist hierfür sicher ein Indiz, wenngleich zum einen Barn 19 nur von ὁ θεός und von κύριος spricht – Ἰησούς sowie Χριστός werden in den Kapitel 18–21 nicht genannt – und zum anderen Barn 14,5b.6.7b.8 das Erlösen dem ‚Herrn Jesus‘ zugeschrieben wird, allerdings geschah es nicht ἐξ ἀπωλείας oder ἐκ θανάτου, sondern ἐκ τοῦ σκότους. ‚Finternis‘ meint freilich metonym den gottwidrigen Bereich des Todes. Ein anderer Hinweise, und zugleich ein Beleg dafür, daß die Übertragung von Gottesattributen tatsächlich Methode hat im Barn, wäre über das Stichwort δόξα zu gewinnen. Der כְּבוֹד יְהוָה bezeichnet die Offenbarungsgestalt Gottes, sofern in derselben sein Wesen, seine Macht und Wucht, zum Ausdruck kommt. Wenn Barn 12,7c von der δόξα Ἰησοῦ, noch dazu in Kombination mit einer Allformel, spricht, ist kaum zu zweifeln, daß eine Gegenwart der Göttlichkeit in Jesus ausgesagt werden will.

Diesen deutlichen Bekundungen des Glaubens ‚Jesus ist Gott‘ stehen Aussagen gegenüber, denen eine Stufung inhärent ist. *Erstens:* Barn 14,6 konstatiert, daß der κύριος bereitet wurde: ὃς εἰς τοῦτο ἡτοιμάσθη. Kann die Form anders, denn als passivum divinum aufgefaßt werden? Daß Gott nicht sich selbst bereitet hat, geht aus dem Kontext hervor. Der Relativsatz bezieht sich auf den zuvor genannten Herr Jesus. Wozu er bereitet wurde, wird anschließend präzisiert und unter Rekurs auf seine diesbezügliche Beauftragung durch den Vater begründet. *Zweitens:* In Barn 3,6a begegnen singuläre Bezeichnungen für Gott und Jesus, nämlich ὁ μακρόθυμος für Gott und bezogen auf ihn ὁ ἠγαπημένος αὐτοῦ für Jesus. Neben dem Bezug ist auffällig, daß Jesus geradezu als Gottes Medium zur Berufung des Volkes erscheint. *Drittens:* In Barn 7,3c heißt es: „der Herr hat es geboten, da er nämlich selbst für unser Sünden das Gefäß des Geistes als Opfer darbringen mußte.“ Der Darbringende ist Jesus. Wenn aber Jesus modalistischer Lesart gemäß Gott ist, würde dann nicht entweder Gott sich selbst darbringen oder es würde nicht der durch die Kultterminologie an sich geforderte Adressat der Darbringung, Gott nämlich, fehlen?

Für die Beurteilung dieser Widersprüchlichkeiten der christologischen Rede scheint ein Zweifaches beachtenswert: *Erstens:* Der Vf. verarbeitet Traditionen; Barn 14 und 19 gehören jedoch zwei Überlieferungskreisen an, die der Vf. im Unterschied zu anderen Abschnitten, in denen er mit bestimmten Zielsetzungen Traditionen verbindet, fortschreibt und interpretiert, ausdrücklich als eigenständige, wenn auch gleichrangige Größen (ἑτέραν γνῶσιν καὶ διδαχήν) ausweist (Barn 17,1–18,1a). Insofern der Vf. auch Barn 19,2a komponiert hat, ist es um so auffälliger, daß er diese vorzügliche Gelegenheit, über seine Christologie – etwa durch den Rückgriff auf Barn 14 – Klarheit zu schaffen, im Grunde insuffizient genutzt hat. Grundsätzlich ist zu fragen, ob von einer Schrift wie dem Barn erhofft werden darf, daß sie Aussagen bereithält, die der reflektierten Begrifflichkeit christologischer Fragestellung standhält, ob nicht vielmehr damit zu rechnen ist, daß im Barn christologische Aussagen vorliegen, die konkurrierenden christologischen Modellen einzuordnen sind. *Zweitens:* Es ist zu bedenken, daß das theologische Thema des Barn nicht die Christologie, sondern die Soteriologie ist. Die Christologie besitzt in dieser Schrift (nur) funktionalen Rang; sie gewinnt ihr Profil vor allem in der argumentativen Sicherung der Soteriologie. Daher ist die Offenheit und Unbestimmtheit christologischer Rede, und somit ihre Auslegungsbedürftigkeit, für den Barn nicht nur typisch, sondern programmatisch.

Entscheidend ist, daß alle Werke, die zu dem von Gott festgesetzen Ziel führen, das Bekenntnis voraussetzen, daß die Existenz des Menschen von Anfang an sowie mit Blick auf ihr eschatologisches Ziel auf Gott und seinem Heilswillen gründet. Auf diese beiden Pfeiler – Schöpfungsglaube und die im Christusereignis verankerte Hoffnung – gründet der Vf. des Barn die Sittlichkeit.[4] Der christliche Glaube, der im ersten Teil des Schriftstücks profiliert wurde, ist die Grundlage christlichen Handelns.

2b–f Während in Did 1,2a die Grundforderung zur Gottesliebe sogleich mit der Mahnung zur Nächstenliebe zu einem prägnanten Doppelgebot[5] verbunden ist, folgen in Barn 19,2b–f fünf Einzelmahnungen. Sie kommen darin überein, daß sie eine lautere Gesinnung sowie die unbedingte Ausrichtung auf den Willen Gottes zur Maxime jedweden Handelns bestimmen. In der Sache und der Absicht gleichen diese allgemeinen und stets gültigen, auf den Nächsten gerichteten Grundforderungen dem Gebot der Nächstenliebe in Did 1,2a und bilden insofern zusammen das Pendant zur dreifachen Grundforderung des Gottesgehorsams in Barn 19,2a. Für die einzelnen Motive lassen sich nicht nur zahlreiche Parallelen und Anklänge in der jüdischen und christlichen Gräzität benennen[6], sondern sie sind auch vielfach mit den vorausgehenden Kapiteln im Barn verknüpft. Der Ausdruck πλούσιος τῷ πνεύματι in V 2b greift insbesondere auf Barn 1,2.3.7 zurück. Das Adj. dient in Barn 1 zur Auszeichnung der christlichen Begnadung (Barn 1,2.3) sowie neben dem Komparativ ὑψηλότερον zur Qualifizierung der für die Befolgung der Gebote Gottes unerläßlichen Erforschung seiner δικαιώματα, von der die Schrift kündet. Mit dem Ausdruck πλούσιος τῷ πνεύματι ist also dazu aufgerufen, entsprechend dem im Christusereignis begründeten Heilsstand zu leben. Das mit οἱ πτωχοὶ τῷ πνεύματι in Mt 5,3a verwandte[7] ἁπλοῦς τῇ καρδίᾳ akzentuiert hierbei die unbedingte und exklusive Lebensorientierung am Willen Gottes. Gestützt durch den Sprachgebrauch von καρδία im Barn[8] mahnt der Ausdruck zur Demut als eine bewußt gewählte Hal-

---

[4] Vgl. SCHEFFCZYK, Schöpfung und Vorsehung 33f.

[5] Vgl. NIEDERWIMMER, Didache 89f.

[6] Neben T.Lev. 13,1; T.Iss. 4,1; 5,1 für das summarische Motiv „in Lauterkeit wandeln" vgl. die Notierungen bei WINDISCH, Barnabasbrief 398; PRIGENT/KRAFT, Épître de Barnabé 198 Anm. 1-4.

[7] Vgl. WINDISCH, Barnabasbrief 398. Zu den Schwierigkeiten der Auslegung von Mt 5,3a par Lk 6,20 vgl. LUZ, Matthäus 1,204-208; BOVON, Lukas 1,298-301.

[8] Καρδία ist im Barn – wie vielfach auch ψυχή – eine theologisch-ethisch bestimmte Vokabel, die das Innerste des Menschen bezeichnet, insbesondere seine Gottebenbildlichkeit und damit das, woran die Taufe ihre Wirkung zeitigt.

tung. Die Warnung οὐ κολληθήσῃ[9] in V 2c ruft selbstverständlich die Warnungen in Barn 10,3–5 in Erinnerung, und die Bezeichnung ‚Weg des Todes‘ (vgl. Barn 20,1a) bestimmt sogleich, daß keine der in Barn 20,1b.2 aufgelisteten Taten zu dem von Gott ‚festgesetzen Ort‘ führen. Nichts von dem, wovor in Barn 10 gewarnt ist und was in Barn 20 genannt wird, hat neben Gottesliebe, Gottesfurcht und Gotteslob Platz. Die beiden mit dem Fut. μισήσεις eingeleiteten Warnungen in den Vv 2d.e greifen auf Barn 4,1.10 zurück (vgl. Did 4,12.13a). Von Barn 4,10 (μισήσωμεν τελείως τὰ ἔργα τῆς πονηρᾶς ὁδοῦ) her ist die Negation des Hapaxlegomenon ἀρεστόν gleichbedeutend mit ‚widergöttlich‘, so daß die Mahnung V 2d insgesamt eine Parallele zu V 2c ist. Mit Blick auf die zeitliche Fixierung in Barn 4,1 (μισήσωμεν τὴν πλάνην τοῦ νῦν καιροῦ) und die Konkretisierung dieses Irrtums, insofern das Credo anderer Christen in Barn 4,6b als sündhaft eingestuft wird, mag mit πᾶσαν ὑπόκρισιν auf Glaube und Handeln dieser inkriminierten Christen angespielt sein. Demzufolge wäre jede Glaubenspraxis, die als Bekenntnis zu einer dem Christusereignis vorausgehenden Heilssetzung aufzufassen ist, ein unüberbrückbares Hindernis für das Zusammenleben. Wider den Augenschein zeugen Opfern und Begehen der Feste sowie Fasten (Barn 2,4–3,6), Beschneidung (Barn 9), Meiden bestimmter Speisen (Barn 10), Halten des Sabbats (Barn 15) und Hoffen auf den Tempel (Barn 16,1–5) nicht von Gottesgehorsam und preisen mitnichten Gott.[10] Die Mahnung in V 2f ist die negative Fassung der Direktive des gesamten Schriftstücks in Barn 1,7b. Niemals (οὐ μή) die Gebote des κύριος zu verlassen[11], ist die Basisnorm für die Kirche und zugleich höchster Anspruch an sie.

Angesichts dieser Verflechtungen erscheinen die Teilverse 2b–f als Präambel jener ‚Werke‘, die Vv 3–12 an Beispielen konkretisieren. Um sie muß sich jeder bemühen, der das (eschatologische) Heil erlangen will (V 1b). Im Vergleich mit der Komposition des Materials in Did 2–4 geschieht diese Konkretisierung in Barn 19,3–12 in einer lockeren, unsortierten Abfolge. Wenngleich in diesem Abschnitt kompositorische Eingriffe des Vf. nicht offenkundig sind, bedeutet dies nicht, daß er das vorgefundene Material nicht ergänzt oder akzentuiert hat.

Die Vv 3–7a sind den Themen *Demut, Aufrichtigkeit, Gerechtigkeit, Vergeben, Ehrfurcht, Warnung vor Unzucht, Schutz von Ehe, Leben und Eigentum* gewidmet. **3** Ähnlich wie in Did 3,9 stehen im Halbvers 3a „Mahnungen beisammen, die vom Ideal der ταπεινοφροσύνη geprägt sind"[12]. Mit οὐχ ὑψώσεις σεαυτόν warnt das

---

[9] „Verneinte Forderungen treten häufig in Reihen auf" (BERGER, Gattungen 1070), insbesondere als Prohibitive, hier wie auch in Did durch οὐ + Fut. bzw. οὐ μή + Fut. eingeführt. Gegen die Vermutung, es handle sich hierbei und spezifisch religiösen Stil zeigt sich, daß diese Redeweise vielmehr betont autoritär „und daher von der unbefragt geltenden religiösen Autorität verwendbar ist" (ib.).

[10] Vgl. dazu den Hinweis von PRIGENT/KRAFT, Épître de Barnabé 198 Anm. 4, auf die Charakterisierung des Toren (ὁ μωρός) in Jes 32,6 mittels συντελεῖν ἄνομα, wofür die α´ σ´ ϑ´ ποιῆσαι ὑπόκρισιν verwenden.

[11] Vgl. Lev 18,30; 22,31; Dtn 4,2; Ps 118(119),87.

[12] NIEDERWIMMER, Didache 132.

erste Glied[13] in V 3a (vgl. Did 3,9a) „vor Überheblichkeit und Dünkel"[14]. In Spr 29,23b ist das Adj. ταπεινόφρων derart mit δόξα verknüpft, daß demütig und bescheiden zu sein als Voraussetzungen für jene δόξα gelten, die nur durch den κύριος erlangt wird und daher jeder Selbsterhöhung (ὕβρις) überlegen ist. In 1 Petr 3,8 besagt dieses Adj. konkret, daß sich soziale Unterschiede „durch die »Bescheidenheit« aller überbrücken lassen zur Einheit"[15]. Herm *mand.* XI 8 zeigt, daß diese Eigenschaft üblicherweise erstens neben πραΰς und ἡσύχιος steht (vgl. Barn 19,4d) und zweitens jene auszeichnet, die sich dem Heilswillen Gottes verpflichtet wissen. Die Zusammenstellung von ‚demütig' mit den Eigenschaften ‚sanftmütig' und ‚ruhig'[16] sowie die Verbindung von ταπεινόφρων mit der Mahnung zur Aufrichtigkeit (V 3b) bzw. Vergebung (V 4e) zeigen, daß diese empfohlenen Eigenschaften Sozialpflichten sind, die im Verhalten gegenüber dem Nächsten konkret Gestalt gewinnen sollen. Ταπεινόφρων ebenso wie πραΰς und ἡσύχιος beschreiben die für Christen typische, von einem verinnerlichten Gottesgehorsam getragene Nächstenliebe. Dem Nächsten nichts Böses zu wollen (V 3b) bzw. ihm nichts nachzutragen (V 4e), erscheinen somit als in die Verneinungsform gewendete Fassungen christlicher Demut. Der biblische Hintergrund kann die Beteuerung des Frommen im Klagepsalm 27(28),3 sein, nichts mit der abgründigen Falschheit der Übertreter (des Gesetzes) und Frevler, die dem Nächsten Böses im Herzen nachtragen, gemein zu haben. Οὐ δώσεις τῇ ψυχῇ σου θράσος meint einfach ‚gestatte dir keine Anmaßung' oder ‚sei nicht dreist', denn τῇ ψυχῇ σου wird man wie auch sonst im Barn als verstärkten Personalbezug aufzufassen haben.[17] Die Schriftgrundlage kann Sir 4,29a (μὴ γίνου θρασὺς ἐν γλώσσῃ σου) sein. Aufschlußreich ist die Zuordnung von θράσος zu αὐθάδεια (vgl. Barn 20,1; Did 5,1) und τόλμα in 1 Clem 30,8a als Erkennungszeichen der von Gott Verfluchten.[18] Θράσος ist zumal im Verbund mit αὐθάδεια ein pejoratives Etikett für eine Lebensorientierung, die gottwidrig ist, weil sie bar jeder Rücksicht auf den Nächsten selbstgerecht nur auf die eigene Person achtet. Insofern ist θράσος eine Form von ‚böser Absicht wider den Nächsten'.

4 Die dreigliedrige Verbotsreihe (οὐ πορνεύσεις, οὐ μοιχεύσεις, οὐ παιδοφθορήσεις) in V 4a stammt aus der Sammlung; sie ist vor Did 2,2 und Barn 19,4 nicht

---

[13] In ℵ und G rahmen die Aufrufe zur Demut die Mahnung zur Aufrichtigkeit wider den Nächsten. H hat die Mahnung in V 3b, dem Nächsten nichts Böses zu wollen, als Störung dieser Zusammenstellung empfunden und durch die Transponierung von οὐ δώσεις τῇ ψυχῇ σου θράσος vor οὐκ ἀρεῖς κτλ. zu beseitigen versucht, wodurch ihm ein an den reflexiven Personalpronomen σεαυτόν orientierter, chiliastischer parallelismus membrorum gelungen ist.

οὐχ ὑψώσεις *σεαυτόν*,   ἔσῃ δὲ ταπεινόφρων κατὰ πάντα
οὐ δώσεις τῇ ψυχῇ σου θράσος   οὐκ ἀρεῖς ἐπὶ σεαυτὸν δόξαν.

[14] NIEDERWIMMER, Didache 132, vergleicht T.Jos. 17,8; Mt 23,12; Lk 14,11; 18,14; Herm *mand.* XI 12; *sim.* IX 22,3. Das erste (οὐχ ὑψώσεις σεαυτόν) und dritte Glied (οὐκ ἀρεῖς κτλ.) ist mit einem Vers des Mischnatraktats Aboth 6,5a (WINDISCH, Barnabasbrief 398, weist wohl versehentlich auf Aboth 5,6) vergleichbar: „Strebe nicht nach Würde und gelüste nicht nach Ehre."

[15] BROX, Petrusbrief 153; vgl. die vl φιλόφρονες z.St.

[16] Vgl. auch die Rahmung der Demut in 1 Clem 30,8b: ἐπιείκεια καὶ ταπεινοφροσύνη καὶ πραΰτης.

[17] Vgl. S. 195 die Auslegung zu Barn 4,2.

[18] Vgl. LONA, Clemensbrief 335–337.

belegt.[19] Οὐ πορνεύσεις ist selbstverständlich Zitat des sechsten Gebotes[20]. Neben παιδοφθορεῖν[21] und μοιχεύσειν[22] (vgl. μοιχεία in 20,1) kann πορνεύειν[23] „nur auf alle Arten widernatürlicher Unzucht"[24] bezogen sein. Gegen den Augenschein hat der Teilvers 4b keinen unmittelbaren Situationsbezug. Schließlich ist es schwer vorstellbar, daß das ‚Herauskommen des Wortes Gottes'[25], womit laut Barn 11,8 und 16,10 die missionarische Rede als eine Grundkonstituente der Kirche gemeint ist, hier untersagt wird. Scopus des Verbotes ist vielmehr, den Umgang mit jenen zu meiden, die nicht auf dem ‚Weg des Lichts' wandeln. Daß es um diese prinzipielle Scheidung geht, signalisiert das Lexem ἀκαθαρσία. Dieser kultische Ausdruck signiert die Glaubens- und Lebenssituation jenes Personenkreises (τινῶν) als einen in Heilsunfähigkeit (ἐν ἀκαθαρσίᾳ) befangenen Zustand (vgl. Barn 10,8). Weil sich jene nicht für den von Gott bestimmten Heilsweg entschieden haben, sind sie auch nicht dafür disponiert, daß die Leser mit ihnen zum gemeinsamen Nutzen (vgl. 4,10b) das Wort Gottes besprechen.[26]

V 4c mahnt gewiß vor Amtsmißbrauch[27] beim Richten. Durch die Maßgabe οὐ λήμψῃ πρόσωπον, die im Grunde das meint, was Barn 4,12 ἀπροσωπολήμπτως (vgl. 1 Petr 1,17) nennt[28], steht diese Mahnung darüber hinaus im Horizont der Gerechtigkeit Gottes. Sie ist in zweifacher Hinsicht die unbedingte Richtschnur des ἐλέγξαι. Daher fordert der Ausdruck in V 4c zum einen dazu auf, über Vergehen anderer unter der Rücksicht zu urteilen, daß jener, den die Kirche zum Herrn hat und auf den der gesamte Lebenswandel ausgerichet sein soll, auch Richter ist. Zum anderen mahnt οὐ λήμψῃ πρόσωπον, daß diese von der Gottesfurcht geprägte unparteiische Zurechtweisung auch unbeschadet des sozialen Status geschieht, also ohne Rücksicht auf das gesellschaftliche Ansehen des Betreffenden sowie ohne Ressentiments.

Die Teilverse 4d.e sind sachliche Parallelen zu V 3. Grundlage von V 4d ist die Heilszusage in Jes 66,2b (vgl. 1 Clem 13,4)[29]. Die Ehrfurcht bezieht sich daher auf das Wort Gottes (vgl. Barn 16,10a).[30] Der Anschluß dieser Mahnung an das Gebot, ohne Ansehen der Person zu urteilen, hat zum einen sein Fundament in der prophetischen

---

[19] Die Verbindung begegnet in der Reihefolge von Barn 19,4a sonst nur noch in Clem. *paed.* II 10,89,1, der sie als Wort des Mose zitiert. Von der Reihung abgesehen sind neben Did 2,2 die zeitlich nächsten Belege für diese Trias Or. *Jo.* XX 20,178; *comm. in Eph.* 24,1; Ath. *gent.* 26,14; Ps.-Ath. *syntag.* (Cod. Vossianus gr. fol. 46) 1,5; Chrys. *hom. 13 in Eph.* (PG 62,92.94). Zum traditionsgeschichtlichen Verhältnis vgl. NIEDERWIMMER, Didache 117.

[20] Vgl. Ex 20,13; Dtn 5,17; Mt 5,27; Mt 19,18b par Mk 10,19b; Lk 18,20b; Jak 2,11.

[21] Παιδοφθορεῖν ist Derivat des Neologismus παιδοφθόρος in Barn 10,6; zur Sache vgl. dort.

[22] Vgl. Ex 20,14; Dtn 5,18; ferner DELLING, Ehebruch. RAC 4 (1959) Sp. 667–677.

[23] Die Vokabel im Barn nur hier.

[24] NIEDERWIMMER, Didache 118.

[25] Vgl. Lk 7,6; Or. *sel. in Ex. 12,46* (PG 12,322).

[26] Nur unter dieser Rücksicht gilt der Verweis von WINDISCH, Barnabasbrief 398, auf Mt 7,6.

[27] Vgl. NIEDERWIMMER, Didache 137, mit Bezug auf die Parallele in Did 4,3b: „Der zukünftige Gelehrte soll – als Richter angerufen – sein Amt nicht mißbrauchen."

[28] Vgl. S. 223–225 die Auslegung zu Barn 4,12; ferner Dtn 1,17; 16,19a.b.

[29] Vgl. LONA, Clemensbrief 216f.

[30] Vgl. auch AUDET, Didachè 324.

Kritik an der Überheblichkeit der Mächtigen sowie in der Selbstinterpretation der Gedemütigen, die in Sanftmut auf Gott hoffen und sich zugleich als Träger der Verheißung sehen (vgl. Ps 37[38],11). Zum anderen gründet dieses Gebot darauf, daß in exilisch-nachexilischer Zeit die Mahnung, sanftmütig zu sein, mit der (eschatologischen) Hoffnung verbunden wurde, Gott werde richten und dem Frommen, der geduldig auf Gottes heilvolles Eingreifen harrt, die Verheißungen an die Väter erfüllen.[31] Die Fortführung von V 4c durch V 4d legte sich also aus biblischer Tradition nahe. In diesem Zusammenhang ist das Kennzeichen des Frommen, das sich in dessen gesamten Lebenswandel durchträgt, seine sanftmütige Bereitwilligkeit, sich in Demut vom Wort Gottes weisen zu lassen, und sie bekundet sich u.a. in der Wertschätzung vor jenem, der das Wort Gottes lehrt (vgl. Jak 1,21; 3,13.17; 1 Petr 3,4). Vielleicht unter motivlichem Bezug auf Ps 27(28),3 intensiviert V 4e die Mahnung zur Aufrichtigkeit aus V 3b mittels des Aufrufs, nichts Böses nachzutragen, und präzisiert ihn durch die personelle Eingrenzung auf die stete Bereitschaft, dem Bruder zu vergeben. V 4e fordert also Vergebung anstelle von Vergeltung. Im Vergeben wird Sanftmut und Besonnenheit konkret und der Gehorsam gegenüber dem geoffenbarten Willen Gottes wirksam. Insofern diese Zielvorgabe (οὐ μνησικακήσεις) insbesondere gegenüber dem Bruder, also unter Christen[32], gilt (vgl. Barn 2,8a; Sach 7,10b), ist die gegenseitige Vergebung Signet und Lebensäußerung der Kirche.

5 Aufgrund des andersartigen Kontextes stellt sich die „berühmte crux interpretum"[33] von Did 4,4 für den gleichlautenden Teilvers Barn 19,5a anders dar. Eine Lösung ist, wie Niederwimmer herausstellt, aus traditionsgeschichtlichen und kompositorischen Rücksichten nicht zu finden, indem man versucht, den Inhalt, an dem kein Zweifel statthaft ist, zu bestimmen. Vielmehr ist davon auszugehen, daß in Did 4,4 und Barn 19,5a aus dem Zwei-Wege-Traktat eine in weisheitlicher Tradition beheimatete „allgemeine Warnung vor Zweifelsucht und Skrupulantentum" aufgenommen ist. Dann aber steht diese Aufforderung der Schlußmahnung in der vierten Antithese (Mt 5,37) nahe. Das Logion gebietet durch das intensivierende ναί ναί, οὐ οὔ eine Haltung, derzufolge etwas zweifelsfrei „gilt und Bestand hat"[34]. Angesichts des von Gott bestimmten Ziels des ‚Weges des Lichts' mag der weisheitliche Rat als allgemeine Mahnung aufgefaßt worden sein, in jeder Hinsicht und ohne Abstriche alle Werke, Tugenden und Pflichten zu beherzigen, die den ‚Weg des Lichts' ausmachen. Mit Blick auf Barn 19,4e besagt V 5a, daß ein Vergeben, das unter Vorbehalt geschieht, doch ‚Böses nachträgt', und daß Nächstenliebe, von der nicht ὑπὲρ τὴν ψυχήν σου gilt (V 5c), im Grunde Selbstsucht ist. So gesehen radikalisiert V 5a die Werke, die zum Heil führen, indem er ihre Vorbehaltlosigkeit und Eindeutigkeit fordert. V 5b wiederholt frei das zweite Dekaloggebot (Ex 20,7a; Dtn 5,11).

---

[31] Zur Sanftmut vgl. Hauck/Schulz, πραΰς, πραΰτης. ThWNT 6 (1959) 645-651; Spanneut, Geduld. RAC 9 (1976) Sp. 253-263. Vgl. auch Barn 2,2, wo die ὑπομονή zusammen mit der Furcht eine Helferin des Glaubens genannt ist.

[32] Vgl. Schmuttermayr, ΑΔΕΛΦΟΙ – ΑΓΑΠΗΤΟΙ 13-43.

[33] Niederwimmer, Didache 137.

[34] Luz, Matthäus 1,286.

Das Gebot zur Nächstenliebe V 5c überbietet mittels ἀγαπήσεις die Verbote in
Vv 3b.4e. Verglichen mit dem von den Synoptikern (Mt 22,39 par Mk 12,31a par
Lk 10,27c)[35] als Logion überlieferten Zitat von Lev 19,18b (τὸν πλησίον σου ὡς σεαυτόν), das auch Did 1,2 wiedergibt[36], unterstreicht das ὑπὲρ τὴν ψυχήν σου die
Vorbehaltlosigkeit des ἀγαπήσεις. Diese Verschärfung des Gebotes mittels ὑπὲρ
τὴν ψυχήν σου („mehr als dich selbst‘) begegnet auch in Did 2,7b.[37] Während in
Did 2,7b diese Verstärkung die besondere Verbindlichkeit des Liebesgebotes innerhalb der eigenen Gemeinschaft von der allgemeinen Nächstenliebe abhebt, scheint
gemäß Barn 19,5, der der Vorlage insgesamt noch näher steht, das Liebesgebot allen
zu gelten, die mit ihren Werken dem ‚Weg des Lichts‘ folgen. Dieser Kreis ist freilich
die Leserschaft. Weil der Vf. aber neben seiner eigenen Bezugsgruppe keinen weiteren Kreis kennt, dem, wenn auch abgestuft, ‚Liebe‘ zu erweisen wäre, ist Barn 19,5
weit radikaler als die Forderung des Didachisten. Das Liebesgebot gilt nämlich nur
unter Christen seiner Couleur. Mit Blick auf diesen Kreis ist Nächstenliebe unbedingt geboten. Sie gilt als christliche Erfüllung der Gebote des κύριος und ist daher
auch Ausdruck der Grundforderung von V 2a: des Gottesgehorsams.[38]

Die Teilverse 5d.e nennen „Elternpflichten"[39]. Φθορά meint Abtreibung; Did
2,2 und Barn 19,5d sind die beiden ältesten christlichen Belege für ihr Verbot.[40] Mit
ihm ist regelmäßig das Interdikt verbunden, Neugeborene zu töten, und damit implizit auch das Verbot der Kindsaussetzung.[41] V 5e nennt zwei weitere Elternpflich-

---

[35] Es ist „unmöglich, eine Abhängigkeit des Barn oder seiner Vorlage von Mk. 12,31 zu erweisen. Barn.
bringt nichts, was mit irgendeiner Besonderheit der synoptischen Fassung dieses Gebotes zusammen-
stimmte" (KÖSTER, Überlieferung 134).

[36] Vgl. „Tafel V" bei NIEDERWIMMER, Didache 90; ferner Röm 13,9b; Gal 5,14b; Jak 2,8b; Just. dial. 93,2;
ähnlich auch EvThom 25a „Liebe deinen Bruder wie deine Seele"; vgl. dazu die Auslegung von Barn 19,9b.

[37] Vgl. NIEDERWIMMER, Didache 137 Anm. 55. Der Gleichklang bezüglich der Verschärfungswendung
zwischen Barn 19,5c und Did 2,7b einerseits gegen die von Lev 19,18b bestimmte synoptische Tradition
und Did 1,2 andererseits legt nahe, daß die Wendung ὑπὲρ τὴν ψυχήν σου in der Zwei-Wege-Vorlage für
Barn 18–20 stand. Insofern dieser Ausdruck, der nochmals in 19,8c auftritt, auch im ersten Hauptteil und
im Eröffnungskapitel begegnet, und zwar stets in Konnex mit der Verfasserprätention (vgl. Barn 1,4; 4,6;
5,5), ist erstens davon auszugehen, daß dieser duale Katalog in jenem Traditions- und Gestaltungsraum
präsent war, dem der Vf. verbunden ist, und zweitens, daß der Vf. von diesem ethischen Kontrastkatalog
bereits geraume Zeit Kenntnis besaß, denn er war für ihn offenkundig sprachprägend.

[38] Diesen Konnex erkannte R. Aqiba als ein Axiom der Tora. Er soll SLv 19,18 (Bill. 1,907) zufolge gesagt haben: „Du sollst deinen Nächsten lieben wie dich selbst … das ist ein großer, allgemeiner Grundsatz in der Tora."

[39] WINDISCH, Barnabasbrief 399. Did hat die Erziehungspflicht der Eltern (V 5e) von den beiden Tö-
tungsverboten (V 5d; vgl. 20,2; Did 5,2) abgetrennt und mit den Pflichten gegenüber Sklaven (Did 4,9f.)
verbunden. Aufgrund dieser Verbindung hinterläßt Did 4,9f. den Eindruck einer (fragmentarischen)
Haustafel; vgl. ib.; NIEDERWIMMER, Didache 141f.; zur Frage der (neutestamentlichen) Haustafeln vgl.
insbesondere GIELEN, Haustafelethik 24–67; DASSMANN/SCHÖLLGEN, Haus, 2. (Hausgemeinschaft).
RAC 13 (1986) 801–880; FIEDLER, Haustafel. RAC 13 (1986) Sp. 1066–1073.

[40] Vgl. NIEDERWIMMER, Didache 119; dort und bei WASZINK, Abtreibung. RAC 1 (1950) Sp. 55–60,
weitere Hinweise auf die jüdischen und paganen Belege für die Ablehnung der Abtreibung.

[41] Vgl. die Hinweise bei VOGT, Die Sklaverei im antiken Rom 37–44, bes. 42, wonach es im antiken
Heidentum Sitte gewesen sei, unerwünschte Neugeborene auszusetzen, die von anderen aufgezogen
und als Sklaven gebraucht werden konnten. Für die späte Kaiserzeit belegt Tac. hist. 5,5 in seiner antijü-

ten: Die erste mahnt allgemein, sich nicht von der Verantwortung für die Kinder zu dispensieren, die zweite konkretisiert diese Fürsorgepflicht hinsichtlich der religiösen Erziehung. Das Adversativum ἀλλά bestimmt religiöse Erziehung als Teil elterlicher Obhut. Die Aufgabe, die Kinder Gottesfurcht bzw. hier φόβος κυρίου[42] zu lehren (διδάσκειν), begegnet auch im Rahmen haustafelartiger Mahnungen.[43] Wie dort ist auch hier diese spezifische Unterweisung nicht einem Elternteil anheimgestellt, was allein daran liegt, daß in der zugrundeliegenden oikonomischen Tradition und Schematisierung beide Eltern den Kindern gegenüberstehen. Mitunter wird die Kindererziehung im religiösen Sinn besonders der Mutter empfohlen (vgl. 2 Polyc 4,2)[44] oder ihr en passant, nämlich als Folge der eigenen christlichen Lebenspraxis, zuerkannt (vgl. 1 Tim 2,15)[45]. Angesichts der Herkunft von V 5e aus der jüdischen Zwei-Wege-Tradition ist indes eine patriarchale Akzentuierung dieser Erziehungsaufgabe[46] ebensowenig auszuschließen. Die Rabbinen fanden für die Aufgabe in Mose Vorbild und Maßgabe, der Aarons Söhne „belehrt" hat (Num 3,1ff.), und die deshalb in der jüdischen Traditionsliteratur auch ‚Söhne des Mose' heißen.[47]

6 Mit οὐ μὴ γένῃ folgen auf der Basis des zehnten Gebotes des Dekalogs zwei Mahnungen, die bereits in der Vorlage verbunden waren[48]. Das erste Glied (ἐπιθυμῶν τὰ τοῦ πλησίον σου) zitiert Ex 20,17b(17a 𝔐[49]). Für das zweite Glied (οὐ μὴ γένῃ πλεονέκτης) könnte eine von Dtn 5,21b (οὐκ ἐπιθυμήσεις τὴν οἰκίαν τοῦ πλησίον σου) abweichende, sinngemäße Wiedergabe Pate gestanden haben, die mittels πλεονέκτης die Aspekte der Gier und des Verlangens wahren wollte, die im Grundtext von Dtn 5,21b durch die Radikale אוה hervortreten[50]. Insofern ist das zweite Glied keine Dublette, sondern betont, daß nicht eine bloß äußerliche, faktische Wahrung des Eigentums anderer gefordert ist, sondern auch eine dem gemäße Haltung.[51] Es geht dabei zwar auch um eine Art Rechtsempfinden hinsichtlich des Schutzes und Respekts vor der Lebenssphäre anderer. Scopus der Warnung ist aber wohl jene Haltung, die durch ihre materielle Ausrichtung per se

---

dischen Polemik en passant, daß Kindsaussetzung bei Juden nicht üblich war. Freilich wird daraus nicht zu folgern sein, daß die Mahnung οὐδὲ πάλιν γεννηθὲν ἀνελεῖς im hellenistischen Judentum ihren Weg in den Katalog gefunden hat, um eine hellenistisch-römische Sitte abzuwehren.

[42] Vor Barn 19,5e ist eine Verbindung von Formen von διδάσκειν mit solchen von φόβος und der Bestimmung κυρίου nur durch Ps 33(34),12a, zitiert in 1 Clem 22,1, belegt. Weil in Did 4,9 θεοῦ anstelle von κυρίου steht, kann erwogen werden, daß φόβον κυρίου vom Vf. stammt. Vgl. S. 531f. die Textkritik z.St.

[43] Vgl. Eph 5,21; 6,4b; 1 Clem 21,6.

[44] Vgl. BAUER, Polykarpbriefe 51.

[45] Vgl. BROX, Pastoralbriefe 124f.136–139; ROLOFF, Der erste Brief an Timotheus 140–142.147.

[46] Vgl. Dtn 4,9f.; 11,19; Ps 33(34),12. In weisheitlicher Tradition geht die erzieherische Vermittlung von Weisheit und Bildung geradezu in eins mit der Erziehung zur Gottesfurcht (vgl. Sir 1,27; 723; 30,2.13; Spr 15,33; 19,18; 29,17).

[47] Näheres dazu vgl. RENGSTORF, διδάσκω κτλ. ThWNT 2 (1935) 140f.; BÜCHSEL, γεννάω κτλ. ThWNT 1 (1933) 664.

[48] In der Did ist diese Doppelmahnung auf Did 2,2 und 2,6a verteilt; NIEDERWIMMER, Didache 119.

[49] Ex 20,17a: לֹא תַחְמֹד בֵּית רֵעֶךָ; Dtn 5,21b: וְלֹא תִתְאַוֶּה בֵּית רֵעֶךָ; vgl. Ps.-Phoc. 35.

[50] Vgl. KBL 18; FRANK, Habsucht (Geiz). RAC 13 (1986) Sp. 226–239.

[51] In den Barn fügte sich diese Erklärung insofern gut ein, als das Nomen ἐπιθυμία nur in Barn 10,9 pejorativ verwendet ist, während es in 17,1 und 21,7 ebenso wie das Verb in 16,10 eindeutig positiv besetzt ist.

Solidarität mit oder durch andere untergräbt und damit das Zusammenleben torpediert. Im Teilvers 6b folgt eine zu V 3 analoge Mahnung zur Demut. In dieser Doppelmahnung liegt der Akzent nun aber darauf, daß der Demütige auch einen ihm entsprechenden Umgang pflegen muß – nämlich ausschließlich mit seinesgleichen. Die Physiognomie dieses Personenkreises mittels δικαίων καὶ ταπεινῶν[52] bringt sogleich die Auslegung des mosaischen Speisegebotes in Barn 10,11b in Erinnerung. Hier wie dort will gesagt sein, daß in diesem Lebensraum Wort und Tat erstens kongruent und konsistent sein sowie zweitens vom Heilshandeln des κύριος zeugen sollen. Im Kreis Gerechter und Demütiger erfüllt sich also die Bitte aus Ps 81(82),3b. Die allgemeine Empfehlung in V 6c an den Demütigen, der im Kreis Gleichgesinnter in Gottesfurcht lebt, hat eine ebenso reiche Traditions- wie Wirkungsgeschichte.[53] Der ὅτι-Satz motiviert und begründet die demütige Haltung wider allen Fährnissen mit der Geschichtsmächtigkeit Gottes. Dieses Theologumenon setzt das Part. εἰδώς als eine allgemeine und anerkannte Ansicht voraus, wobei zu vermuten ist, daß die Leser zuerst an sachverwandte biblische und christliche Parallelen[54] erinnert werden sollten. Das von V 6c propagierte Ethos gründet „in der unbeirrbaren Gewißheit, daß das Schicksal von Gott gefügt ist und darum dem Frommen nur zum Heil gereichen kann"[55]. **7a** Die von Gottesfurcht getragene Integrität hat sich auch in der verläßlichen und aufrichtigen Rede zu beweisen. Wiederum ist die Übereinstimmung zwischen Absicht und Tun, hier nun in Form der lauteren Rede, gefordert. Im Kreis ,Gerechter und Demütiger' sind insgeheime Vorbehalte, Intrigen usw. fehl am Platz.[56] Wie in V 6c folgt auch hier eine begründende Motivation. Die Metapher ,Schlinge des Todes' stammt aus weisheitlicher Tradition.[57] Sie deutet (γὰρ ... ἐστίν) falsche, doppelzüngige Rede (δίγλωσσος) als eine für das Heil fatale Eigenschaft. Den Grund wird man nicht nur darin sehen müssen, daß Rede, der nicht zu trauen ist, der Gemeinschaft die Lebensgrundlage entzieht, sondern daß dadurch auch das Wort Gott, aus dem diese Gemeinschaft lebt, unglaubwürdig erscheint.

7b.c gleichen im Stil der oikonomischen Tradition *Sklaven- und Herrenpflichten* miteinander ab. Dem Gehorsam des Sklaven und der Sklavin[58] gegenüber dem

---

[52] Zur Verbindung beider Vokabeln vgl. etwa Zef 2,3a.b; 1 Clem 30,3; 58,2b.

[53] Vgl. die Hinweise bei WINDISCH, Barnabasbrief 399f.; PRIGENT/KRAFT, Épître de Barnabé 203 Anm. 8; WENGST, SUC 2,94 Anm. 23; NIEDERWIMMER, Didache 133.

[54] Vgl. Sir 2,1–18; spez. 2,4; Am 3,3–6; Mt 10,29b par Lk 12,6b; Röm 8,28; und mit Bezug auf Jesus Christus bzw. den κύριος Phil 3,20f.; Kol 1,18; Eph 1,22.

[55] NIEDERWIMMER, Didache 133.

[56] Vgl. Spr 24,28; Ps.-Phoc. 20.48–50.

[57] Vgl. Spr 6,2; 12,13; 13,14; 14,27; 21,6; Sir 51,2c; ferner 1 QH 10,21; CD 14,2–6 (= 4 Q268 *fr.* 2); Tob 14,10; Ps 17(18),6; Jak 3,2.6–10. Zum Motiv vgl. auch den Spruch in Barn 5,4a und seine Erläuterung durch das folgende Zitat. Παγὶς θανάτου ist ein Ausdruck der Zwei-Wege-Überlieferung; als einziger Beleg außerhalb dieser Tradition findet sich im 4. Jh. bei dem Grammatiker Horap. 2,26, der Spruch: Παγὶς ἔρωτα ὡς θήραν θανάτου, πτερὸν ἀέρα σημαίνει, ᾠὸν υἱόν.

[58] Als komplementärer Rollen- und Funktionsträger des Hausherrn ist auffälligerweise nicht wie in den neutestamentlichen Haustafeln nur der (Haus-)Sklave (δοῦλος, οἰκέτης) stellvertretend für Bedienstete beiderlei Geschlechts genannt, sondern ausdrücklich auch die Sklavin (παιδίσκη). Diese gesonderte Nennung begegnet in Lev 25,44; Dtn 15,17; 2 Esdr 6,5a par Neh 7,67; Ps 115,7(116,16); 122(123),2; Weish

Hausherrn (V 7b; vgl. Did 4,11) korrespondiert die komplementäre, auf Bestand und Funktionalität des οἶκος gerichtete Empfehlung an den Hausherrn, (christlichen) Sklaven ‚nicht im Zorn zu gebieten' (V 7c; vgl. Did 4,10). Die prinzipielle Strukturierung des Verhältnisses zwischen Herren und Sklaven ist traditionell. In der paganen oikonomischen Literatur ist die Voranstellung der Sklavenpflichten üblich und diesem paganen Schema gemäß in den neutestamentlichen Haustafeln beibehalten (vgl. Kol 3,22; Eph 6,5–8; 1 Petr 2,18–25)[59]. Daher ist davon auszugehen, daß die Doppelmahnung Barn 19,7b.c, wo gegenüber der Voranstellung der Herrenpflichten in Did 4,10 die herkömmliche oikonomische Reihenfolge bewahrt ist, der Vorlage insgesamt nähersteht. Die Präzisierung der Verhaltensvorschriften sowie ihre Begründung und Motivation indes lassen die jüdische und christliche Überformung dieses Traditionsmaterials erkennen. Während die Bestimmung des Gehorsams mittels ἐν αἰσχύνῃ aus paganer Tradition beibehalten sein kann, ist die Motivierung ὡς τύπῳ θεοῦ[60] sowie die zweite Verhaltensbestimmung (καὶ φόβῳ) jüdisch-hellenistischer Eintrag[61]. Gemäß der Erläuterung τοῖς ἐπὶ τὸν αὐτὸν θεὸν ἐλπίζουσιν sind die

---

9,5a, ohne daß mit den verwendeten Lemmata Besonderes gesagt wäre (vgl. auch Lk 12,45; 1 Clem 6,14 [vl]; 60,2). Geradezu synonym sind δούλη und παιδίσκη in Jdt 11,5a und Koh 2,7a (vgl. JosAs 17,10; 23,3; 24,2), wogegen in Rut 2,13; 1 Sam 25,41b; 2 Sam 6,20 die παιδίσκη (sozial, rechtlich und ethisch) höher geschätzt ist (vgl. JosAs 6,8; 13,15). Die Bezeichnung παιδίσκη ist dort von der δούλη unterschieden und meint die ‚freie Jungfrau' (vgl. X. *An.* IV 3,11; Plb. *Fr.* XIV 1,4; Plu. *Cic.* 41; JosAs 20,4, dort gleichbedeutend mit παρθένος und in JosAs 19,5 mit νύμφη), die ‚junge Sklavin', das ‚Sklavenmädchen'. Der Nebensinn ‚Freudenmädchen' (vgl. Pape, Wörterbuch 2,440, unter Verweis auf die Unterscheidung zwischen παιδίσκαι ‚freie junge Mädchen' und dem Diminutivum παιδισκάρια ‚Sklavenmädchen/Freudenmädchen' bei Phryn. *PS* 239, die wiederum Clem. *paed.* I 5,14,1 zitiert) trifft in diesen Fällen nicht zu. Zur Unterscheidung von der Ehefrau vgl. T.Hiob 21,2; T.Neph. 1,11; die Bedeutung ‚Amme' belegt T.Ben. 1,3. Was ἡ παιδίσκη bzw. τὸ παιδισκάριον (Philo, *congr.* 154), von jener Frau unterscheidet, die als ἡ παῖς, δούλη, δουλίς, οἰκέτις bezeichnet wird, hat Philo, *prob.* 38f. präzise festgestellt: ἔγωγ᾽ οὖν ἐθεασάμην πολλάκις εὔμορφα παιδισκάρια καὶ φύσει στωμύλα δυοῖν ὁρμητηρίοις, ὄψεως κάλλει καὶ τῇ περὶ λόγους χάριτι, πορθοῦντα τοὺς κεκτημένους· ἑλεπόλεις γὰρ ταῦτα ψυχῶν ἀνιδρύτων καὶ ἀνερματίστων, μηχανημάτων ἁπάντων ὅσα ἐπ᾽ ἀνατροπῇ τειχῶν κατασκευάζεται σθεναρώτερα. Wegen der beiden nicht unterscheidenden Instruktionen, nämlich die gemeinsame Mahnung ὑποταγήσῃ an den Sklaven und die Sklavin sowie οὐ μὴ ἐπιτάξῃς … ἐν πικρίᾳ an den Hausherrn, wird die Bezeichnung παιδίσκη hier in Did 4,10a.11 im Sinne von δούλη bzw. οἰκέτις, also analog zu δοῦλος, aufzufassen sein. Im Vergleich zu Philo, der die Komplexität der Beziehung zwischen beiden Ständen innerhalb des οἶκος illustriert, wird deutlich, daß diese haustafelartigen Mahnungen, die aus der Zwei-Wege-Tradition rezipiert sind, denkbar allgemein und kaum die tatsächlichen Lebensverhältnisse im Sozial- und Wirtschaftsgebilde οἶκος treffend, rudimentär christianisierte Topoi des oikonomischen Ethos wiedergeben. Der Akzent ist wohl eher darauf gelegt, alle oder zumindest die vordringlichen Lebensbereiche zu erfassen.

[59] In 1 Petr 2,18–25 fehlt die Mahnung an die Herren, weil aufgrund des Christusmusters die Sklavenparänese allen Christen gilt; vgl. Brox, Petrusbrief 139f.

[60] Der Ausdruck stammt aus der Zwei-Weg-Tradition. Er ruft Gen 1,26a.27b in Erinnerung. Dort lautet der Vergleich allerdings κατ᾽ εἰκόνα ἡμετέραν (Gen 1,26a) bzw. κατ᾽ εἰκόνα θεοῦ (Gen 1,27b). An der auffälligen sprachlichen Differenz zu Barn 19,7c ändert auch die vl ὡς εἰκόνα ἡμετέραν (Gen 1,26a ϑ´) nichts. Das Lexem τύπος ist in den griechischen Bibelübersetzungen überhaupt nur in Ex 25,39(40); 3 Makk 3,30; 4 Makk 6,19 und Am 5,26 belegt, wobei es in diesem Prophetenbuch die Bedeutung ‚Inhalt' hat. Ohne Sachbezug ist die Bezeugung des Lexems durch die Ald. in Gen 47,26 und Ex 12,43. Inhaltlich und funktional ist diese Motivierung eine Parallele zu Kol 3,23a und Eph 6,7.

[61] Vgl. aber auch Kol 3,22; Eph 6,5; 1 Petr 2,18.

Sklaven Glaubensgenossen ihres Besitzers. Beachtlich ist, daß besonnener und gerechter Umgang mit dem eigenen (δούλῳ σου) Sklaven[62] nicht wie in den paganen Parallelen mit der Funktionalität und Bestandssicherung des Hauswesens begründet oder als Realisierung stoischer Gleichheitsideale verstanden ist, sondern sozial Deklassierte wie die Sklaven in ihrem Glauben und ihrer Hoffnung stärken soll. Christliche Zutat ist die Erklärung (ὅτι) von τὸν ἐπ᾽ ἀμφοτέροις θεόν[63]. Die von Niederwimmer für die Parallele Did 4,10 ausgeführte Schwierigkeit, Syntax und Sinn des Satzes zu bestimmen,[64] ist in Barn 19,7c wegen des ἦλθεν geringer, und weil Barn 1,2f.5 zufolge die Leser bereits πνεῦμα haben und auch für das Eschaton eine Vervollkommnung dieser Geistbegnadung nicht erwartet wird. Τὸ πνεῦμα ist daher als Objekt anzusehen. Die Berufenen sind also die Getauften. Wird nun θεός als Subjekt des ἦλθεν sowie des καλέσαι eingesetzt, hat dies Folgen für die Christologie, denn im Rekurs auf Barn 3,6 und 5,11 (vgl. 15,5b) scheint hierdurch nicht nur der Sohn Gottes, sondern Jesus als Gott bezeichnet.[65] Allerdings steht dieser weitreichenden Aussage entgegen, daß V 7c aus der Vorlage stammt. Aber auch mit dieser Einschränkung bringt sich in diesem motivierenden Zusatz die Glaubensüberzeugung zu Gehör, daß jener, der gekommen ist (ἦλθεν), Gott ist.[66] Im Blick auf die Mahnungen an Sklaven und Herren sowie überhaupt auf den Duktus des ‚Lichtweges‘ hebt diese Erklärung über ‚den Gott beider‘ zweierlei hervor: Erstens verlieren soziale Unterschiede in Relation zur Begnadung und Berufung zum eschatologischen Heil an Bedeutung, zweitens muß jedoch dieser gemeinsame Heilsstand und diese verbindende Hoffnung in den alltäglichen Umgangsformen auch Wirkung zeigen. Deshalb werden die Sklaven auf das Abbild Gottes verwiesen und ihre Herren auf gerechten und besonnenen Umgang mit ihnen verpflichtet. Der ‚Weg des Lichts‘ bedeutet daher christgemäßes ‚Handeln im Alltag der Welt‘.

Die Vv 8a–9a listen weitere Beispiele für *Gerechtigkeit* und *Besonnenheit* auf. **8a.b** Diese beiden Teilverse fordern uneingeschränkte Wohltätigkeit und Solidarität nach dem Vorbild von Apg 4,32. Insbesondere scheint καὶ οὐκ ἐρεῖς ἴδια εἶναι eine freie Wiedergabe von καὶ οὐδὲ εἷς … ἔλεγεν ἴδιον εἶναι (Apg 4,32b) zu sein.[67] Die Gemeinschaft im Eschaton, die als ganz sicher gilt (ἐστέ), begründet[68] und motiviert jetzt Wohltätigkeit und Solidarität. Die Begründung selbst ist zwar *der Form nach* ein Qal-Wachomer-Schluß, wie Niederwimmer für die Sachparallele

---

[62] Vgl. Kol 4,1a; Eph 6,9b.

[63] Vgl. Kol 4,1b; Eph 6,9c.d.

[64] Vgl. NIEDERWIMMER, Didache 143.

[65] Weil τὸ πνεῦμα Objekt ist, kann mit Verweis auf Barn 3,6 (ὁ μακρόθυμος προβλέψας … ὁ λαός, ὃν ἡτοίμασεν ἐν τῷ ἠγαπημένῳ αὐτοῦ) aus 19,7c keine theologische Aussage über das Pneuma erhoben werden, außer jener bekannten, daß τὸ πνεῦμα Gnadengabe ist.

[66] Leider geht HÜBNER, Εἷς θεὸς Ἰησοῦς Χριστός 334–336, auf diese Stelle nicht ein.

[67] Zum Ideal tätiger Solidarität vgl. neben Barn 19,9a.11a und Did 4,8a.b noch Barn 2,10a; 3,3–5; Röm 15,27b; 2 Kor 8,13f.

[68] Der Einsatz εἰ γάρ (vgl. Barn 5,10) gibt diese Anfügung als *subnexio* zu erkennen. Zur rhetorischen Figur vgl. LAUSBERG, Rhetorik § 861.

Did 4,8c erklärt[69], seinem Inhalt nach ist er allerdings dessen Umkehrung. קל וחמר, diese erste hermeneutische Regel der sieben מדות von R. Hillel, meint den Schluß vom Geringeren auf das Größere.[70] Mit ἐν τῷ ἀφθάρτῳ – und analog mit ἐν τῷ ἀθανάτῳ – ist aber inhaltlich kaum das „Geringere" als Grundlage des jeweiligen Schlusses bestimmt. Diese nachgetragene Begründung in V 8b ist eher entsprechend der (paulinischen) Relation zwischen dem Indikativ des Heils (ἐστέ) und dem darin begründeten Imperativ zu demgemäßem Handeln, hier also πόσῳ μᾶλλον, gestaltet. Auffällig ist an dieser Stelle die überbietende Gegenüberstellung (εἰ γὰρ ... πόσῳ μᾶλλον) von Eschaton und Gegenwart. Sie unterstreicht Ernst und Verbindlichkeit der Forderung und deutet tätige, vorbehaltlose Solidarität als Prolepse der eschatologischen Gemeinschaft. Mahnung und Begründung von V 8c sind Dubletten zu V 7a.[71] Hier wie dort erklärt sich das Motiv ‚Schlinge des Todes' vor allem aus psalmistischer und weisheitlicher Tradition. In eine Schlinge des Todes, in eine tödliche Falle gerät, wer das Gebotene mißachtet (Tob 14,10c; Sir 21,6), wer ohne Gottesfurcht ist (Sir 14,27). Dem Lobpreis von Ps 17(18),6 zufolge gleicht die Errettung aus dieser Todesschlinge jener aus Feindeshand.[72] Barn 19,7a.8c am nächsten kommt wohl Sir 14,27, wonach die ‚Gottesfurcht' der ‚Lebensquell' ist, um der Schlinge des Todes zu entgehen. Das Bildwort ist demzufolge bereits in weisheitlicher Tradition mit einer eschatologisch akzentuierten Ethik verbunden, die in V 8d anklingt. Ebenso beachtlich ist, daß in Tob 14,10b.c der Ausdruck παγὶς θανάτου mit dem Lexem σκότος, das für den Fall in eine heillose, tödliche Ferne steht, verbunden ist. Dem ersten Eindruck nach scheint V 8d im Blick auf die eigene Rettung (ὑπὲρ τῆς ψυχῆς σου) Askese anzuraten.[73] Das empfohlene ‚sich rein halten' (ἁγνεύειν)[74] steht freilich in Konnex mit ἁγνίζειν (5,1; 8,1), ἁγνισμός

---

[69] Vgl. Niederwimmer, Didache 141.

[70] Vgl. bTBerakh. 33a; pTSchab. 12,1; bTSota 6,3; bTBaba Meçiea 88,2; bTSanh. 6,5; Abot 1,5; 6,3; ferner Hebr 9,13f.; DidascSyr 110 (TU 10/2,133,4–9). Zum Ganzen vgl. Maass, Schriftauslegung 129–161, spez. 139–141.

[71] Zum Bild ‚Fallstrick des Todes' vgl. S. 240f. die Auslegung des verwandten, aus Spr 1,17 übernommenen Motivs eines Verderben bringenden Netzes (δίκτυον – Urbán, Concordantia 154, notiert versehentlich δίκτιον, doch siehe ib. 57) in Barn 5,4; ferner Piesik, Bildersprache 71f.

[72] In Anschluß an Hatch/Redpath, Concordance 1044, die die Zählung der ‚Sixtina von 1587' (Näheres vgl. Ziegler, Einleitung 84f.) gemäß der Oxforder Auflage von 1875 zugrundelegten, notiert Urbán, Concordantia 154, „Ps 17:5"; vgl. auch Brenton, Septuagint 706. Rahlfs' kritische Göttinger Edition indes notiert die fragliche Stelle in Übereinstimmung mit der BHS unter Ps 17(18),6. Dort und Sir 14,27 ist mit παγὶς das von den Wurzeln יקשׁ (‚in der Falle fangen') abgeleitete Substantive מוֹקֵשׁ (vgl. KBL 505) wiedergeben; Tob 14,10c und Sir 21,6 sind nicht geklärt. Die hebräische Vokabel geben die griechischen Bibelübersetzung bisweilen auch mit σκάνδαλον wieder (vgl. S. 198–202 die Auslegung zu Barn 4,3). Gemeinsamer Kern beider kontextbezogenen Übersetzungen ist in ihrer übertragenen Bedeutung als *Ursache des Verderbens* zu sehen (vgl. Stählin, σκάνδαλον, σκανδαλίζω. ThWNT 7 [1964] 338–342). Dieser Aspekt und Bezug, nämlich Verweigerung gegenüber den Willen Gottes, verbindet Barn 19,7a.8c mit Barn 4,3 und 5,4.

[73] Vgl. Windisch, Barnabasbrief 401.

[74] Vgl. Pape, Wörterbuch 1,17; Bauer/Aland, Wörterbuch, Sp. 19. Das Verb ist in der jüdischen Gräzität zuerst durch Philo, *mut.* 44, und Josephus, *AJ* 14,285; *BJ* 5,227, belegt; christlicherseits ist Barn 19,8d ältestes Zeugnis.

(8,3) und ἀγνῶς (2,3) und damit in baptismalem Horizont.[75] V 8d mahnt von daher, dem in der Taufe erlangten Heilsstand gemäß zu leben, d.h. nicht zu sündigen[76]. **9a** ist eine Sachparallele zu V 8a; Grundlage ist wohl Sir 4,31.

9b mahnt zur *Liebe* (ἀγαπήσεις) *zu allen Verkündern* (πάντα τὸν λαλοῦντα) *des Wortes des Herrn.*[77] Der Vergleich ὡς κόρην ὀφθαλμοῦ begegnet wörtlich im Moselied (Dtn 32,10d) sowie im Klagelied Ps 16(17),8a. Sowohl die Bitte des Klagepsalms (φύλαξόν με ὡς κόραν ὀφθαλμοῦ) als auch Moses Dank für die Erwählung Jakobs zeugen von der Hoffnung auf behutsame und aufmerksame Beachtung im Schutzbereich Jahwes. Dank wie auch Bitte gründen auf dem innigen Verhältnis zwischen Jahwe und seinem erwählten Volk bzw. zwischen ihm und

---

[75] Vgl. Hipp. *haer.* IX 15 (GCS 3,253,16; BKV[2.1] 40,253; NTApo[5] 2,621), der das Verb ἀγνεύειν in seiner Wiedergabe des Taufformulars eines (Häretikers) namens Elchasaï verwendet, demgemäß ein Reinigungsakt den dreiteiligen Taufakt abschließen soll; er „zitiert": βαπτισάσθω ... καθαρισάτω καὶ ἀγνευσάτω. Vgl. ferner Clem. *q.d.s* 40; ActPhil 3 (AAAp II/2. 2,33).

[76] Gewiß kann die Mahnung „auch im speziellen Sinn sexueller Askese; vgl. IgnPol 5,2" (WENGST, SUC 2,201 Anm. 286, mit Hinweis auf VON CAMPENHAUSEN, Askese 133–153) verstanden werden. Für diese engere Semantik bietet Barn 19,9a von sich aus indes keinen Anhalt, und auch sonst ist Sexualethik kein Thema dieser Schrift. Barn 19,4a und 20,1b wiederholen vielmehr Topoi, deren aktueller Bezug auf die Abfassungs- oder Lesersituation erst zu erweisen wäre. Der Vf. läßt also auch an dieser Stelle wieder (vgl. etwa Barn 7,8b.c) Raum für den Interpretationswillen der Leser.

[77] Der Sache nach ist diese Mahnung auch in Did 4,1 enthalten, eine direkte Parallele zu Barn 19,9b fehlt allerdings. V 9b stammt nicht vom Vf. Hierauf weist die Parallele in CEA 12,1 (τέκνον, τὸν λαλοῦντά σοι τὸν λόγον τοῦ θεοῦ καὶ ... ἀγαπήσεις ὡς κόρην ὀφθαλμοῦ σου, μνησθήσῃ δὲ αὐτοῦ νύκτα καὶ ἡμέραν, τιμήσεις αὐτὸν ὡς τὸν κύριον; vgl. Ep 9), die den Anschein einer Kombination aus Did 4,1 und Barn 19,9b.10a erweckt (vgl. HARNACK, Die Lehre der zwölf Apostel 230; NIEDERWIMMER, Didache 59f.; 136 Anm. 12), und die offenkundig von Barn 19,9b.10a unbeeinflußten Parallele in CA VII 9 (τὸν λαλοῦντά σοι τὸν λόγον τοῦ θεοῦ δοξάσεις, μνησθήσῃ δὲ αὐτοῦ ἡμέρας καὶ νυκτός, τιμήσεις δὲ αὐτόν). Wegen des von Did 4,1 nicht belegten δοξάσεις in CA VII 9 besteht ebenfalls keine Sicherheit, daß Barn 19,9b vom Vf. in Anlehnung an die beiden Grundforderungen in Barn 19,2a.5c für seine Zwecke verändert ist; ἀγαπήσεις kann bereits in seiner Vorlage gestanden haben. In Absetzung von ὡς τὸν κύριον in Did 4,1 will WENGST, Tradition 65, zufolge Barn 19,9b mittels ὡς κόραν ὀφθαλμοῦ σου die „nirgendwo sonst ... in den Schriften des Urchristentums" zu findende, „derart starke Aussage für die Achtung gegenüber dem, ‚der das Wort sagt'", mildern. Diese These möchte Wengst mit einer möglichen Variantenbildung in einem Archetyp des Barn, also noch in der Majuskelzeit, bekräftigen, wonach KPN nicht mit κύριον, sondern mit κόρην aufgelöst „und verdeutlichend τοῦ ὀφθαλμοῦ σου" (ib. 65 Anm. 131) hinzugesetzt wurde. Dieser Erklärung steht zum einen entgegen, daß zumindest in ℵ κύριον stets mit dem Sigel K̄N̄ geschrieben ist (Barn 2,3; 6,10; 10,3; 10.11; 12,11; vgl. fol. 135[rd]13, 137[ra]23, 138[rc]38, 138[vb]11.37, 139[va]48), also nicht mit KPN und daß nicht erklärt ist, was aus dem Artikel T̄O̅N̅ vor dem vermeintlich ursprünglichen Sigel geworden ist. Zum anderen steht seinem theologiegeschichtlichen Argument entgegen, daß der Anspruch, der in der Schrift mit dem poetischen Vergleich ὡς κόραν ὀφθαλμοῦ σου erhoben ist, wohl nicht geringer ist als der didachistische Verweis auf den κύριος. Im übrigen kann Did 4,1 ebenso gut von Mt 10,40 inspiriert sein wie Did 11,2b. Auch deshalb wird mit NIEDERWIMMER (Didache 136 Anm. 12) und gegen DREWS (Untersuchungen 262), WENGST (Tradition 65) sowie GIET (L'énigme de la Didachè 77f.) eher davon auszugehen sein, daß der Didachist die Mahnung in 4,1 in der Absicht verstärkt hat, daß mit der Übertragung hergebrachter Aufgaben und Kompetenzen der Propheten und Lehrer (vgl. Did 11,1.2b.3.7; 13,1–3) auf die Funktionsträger der (erwünschten) episkopalen Verfassung (15,1) diesen auch die bislang den Propheten und Lehrer gezollte Wertschätzung zuteil wird. Sofern ὡς κόραν ὀφθαλμοῦ σου dennoch vom Vf. stammen sollte, fügte sich diese Bekräftigung ob ihrer biblischen Bezüge bestens in das Gesamt des Barn ein.

dem Frommen. Diese intensivierte, verinnerlichte Gottesbeziehung drückt das poetische Motiv κόρη ὀφθαλμοῦ (עַיִן בַּת ‚Augenstern/Augapfel')[78] aus.[79] In Spr 7,2 begegnet exakt dieses Moment der Verinnerlichung, und zwar wiederum mit dem Motiv des κόρη ὀφθαλμοῦ, nun aber in bezug auf die überkommenen Gebote und die Lehre. Sie gilt es so achtsam, wie man den eigenen Augapfel schützt, zu beherzigen. Nur jenem, der aus innere Überzeugung die Gebote hält und die Lehre bewahrt, gilt auch die Verheißung, daß er leben wird (καὶ βιώσεις). In Barn 19,9b sind nun nicht Gebote und Lehre die Objekte dieses innigen Bezugs, sondern jene, die das Wort des Herrn (τὸν λόγον κυρίου) verkünden. Die Mahnung selbst, nämlich ἀγαπήσεις mit folgendem Akkusativobjekt begegnet innerhalb des Lichtweges noch zweimal: als Eröffnung der dreigliedrigen Grundforderung zum Gottesgehorsam, nämlich zur Liebe zum Schöpfer (V 2a), sowie als Grundforderung zur Nächstenliebe (V 5c). Während in V 2a das Gebot der Gottesliebe keine Präzisierung erfährt, bestimmt ὑπὲρ τὴν ψυχήν σου in V 5c, daß Nächstenliebe stets nur vorbehaltlos und selbstlos sein kann.[80] In eben diesem Sinn steht in V 9b ὡς κόρην ὀφθαλμοῦ σου. Das Logion in EvThom 25 (Jesus sprach: „Liebe deinen Bruder wie deine Seele; bewahre ihn wie deinen Augapfel") zeigt, daß die Präzisierungen von V 5c und V 9b austauschbar sind, vor allem aber, daß dieses biblische, poetische Motiv mit dem Nächstenliebegebot konnotiert war, und zwar mit der Autorität eines Herrnwortes.[81] In diesem Horizont, mag er traditionsgeschichtlich auch nicht exakter auszumessen sein, erscheint V 9b als Anwendung des im Hauptgebot grundgelegten Gebotes zur Nächstenliebe. Ἀγαπήσεις ὡς κόρην ὀφθαλμοῦ σου ist daher keine poetisch überspitzte Mahnung, die üblichen Umgangsformen auch gegenüber jenen obwalten zu lassen, die das Wort des Herrn verkünden. Das Richtmaß ist vielmehr der verinnerlichte Gottesgehorsam. Überraschend ist schließlich das πάντα – jedem Verkünder des Wortes des Herrn gebührt diese besondere Wertschätzung. Der Ton dieser apodiktisch klingenden Weisung liegt hierbei nicht auf dem πάντα, sondern auf dem Inhalt dieser Verkündigung, dem Wort des Herrn. Unter dieser Rücksicht ist die angemahnte besondere Wertschätzung (selbstverständliches) Akzidens der in Barn 6,10b empfohlenen Haltung gegenüber der Offenbarung. Worin dieses Wort besteht, so wird zu

---

[78] Vgl. KBL 700 (hier: Ps 17,8a), ferner die synonymen Bildworte בְּבָה הָעַיִן ‚Augapfel' (KBL 106) aus Sach 2,12c sowie Dtn 32,10d und Spr 7,2 עַיִן אִישׁוֹן (אִישׁוֹן ‚Pupille'; KBL 41).

[79] Vgl. Sir 17,22b; Sach 2,8c(12c); JosAs 25,5c; 26,2c; ferner Philo, op. 66, der den vom Schöpfer dem Menschen gegebenen νοῦς im Verhältnis zur ψυχή mit der ‚Pupille im Auge' vergleicht (καθάπερ κόρην ἐν ὀφθαλμῷ) und ‚Auge im Auge' nennt.

[80] V 2a   Ἀγαπήσεις   τόν σε ποιήσαντα,
          φοβηθήσῃ   τόν σε πλάσαντα,
          δοξάσεις   τόν σε λυτρωσάμενον ἐκ θανάτου.
   V 5c   Ἀγαπήσεις   τὸν πλησίον σου   ὑπὲρ τὴν ψυχήν σου.
   V 9b   Ἀγαπήσεις   ὡς κόρην ὀφθαλμοῦ σου
          πάντα τὸν λαλοῦντά σοι τὸν λόγον κυρίου.

[81] Daher ist ὡς κόρην ὀφθαλμοῦ σου *nicht* „weniger als ὑπὲρ τ. ψ. σου" (WINDISCH, Barnabasbrief 401).

folgern sein, ist im ersten Hauptteil des Barn nachzulesen. Wer anderes verkündet, als im Barn mit dem Siegel der authentischen Überlieferung festgehalten ist, gehört nicht zum Personenkreis, der mit πάντα ins Visier genommen ist. Geliebt zu werden gebührt im Grunde nur Personen wie dem Vf. des Barn.

10 nennt die zu dieser innigen Verbindung komplementären *Pflichten* dessen, ‚der das Wort des Herrn sagt‘, also der πάντα. Nur aufgrund des Anschlusses an V 9b kann erwogen werden, daß die Mahnungen μνησθήσῃ und ἐκζητήσεις, inklusive der alternativen Modi ihrer Erfüllung, einem Personenkreis innerhalb der Gemeinde gelten, der die Verkündigungsaufgabe ausschließlich und regelmäßig wahrnimmt. Dem steht jedoch entgegen, daß das Pflichtenprofil in V 10 von all jenen erfüllbar ist, die neben ihrem Glauben auch vollkommene Gnosis haben – und diese ist den Lesern durch den Barn zuteil geworden. Μνησθήσῃ und ἐκζητήσεις gilt daher allen, die das glauben und so handeln wie der Vf. es bestimmt und empfiehlt. Weil der Barn generativ und thematisch bedingt über die soziale Binnenstruktur seiner Leserschaft schweigt, kann aus der prinzipiellen Erfüllbarkeit der Mahnung allerdings nicht geschlossen werden, daß die Verkündigung usuelle Aufgabe aller war oder als solche propagiert ist. Gemeindeordnende Absichten liegen dem Vf. fern. V 10 nimmt mittels ἐκζητήσεις jedenfalls ein Hauptanliegen des Schriftstücks auf, das Erforschen der δικαιώματα κυρίου (Barn 2,5), insofern diese Erforschung über ‚unsere‘ Rettung (Barn 4,1), die Gebote der Herrn (Barn 21,6.8) und die rechte Weise, sie zu erfüllen, Aufschluß gibt.[82] Daher geht die Sache alle an. Die soteriologische Relevanz solcher ‚Auskunft‘ begründet zugleich die Mahnung, die Verkünder des Wortes des Herrn zu lieben. Gegenstand des Nachsinnens ist wie in V 9b das Wort. Dies weist auf die Zusammengehörigkeit von V 9b und V 10 hin. Über das Wort (des Herrn) nachzuforschen ist ausdrücklich nicht Selbstzweck, sondern eine gemeindebezogene und missionarische Aufgabe[83] und ihre Erfüllung ist ebenso verdienstvoll (εἰς λύτρον ἁμαρτιῶν σου)[84] wie ‚Werke der Hände‘.[85] Die disjunktive Verbindung der Satzteile mittels ἢ διὰ … ἢ διά[86] signalisiert, daß die Modi zwar gleichwertige Alternativen sind, doch einander ausschließen.[87] Durch den Gegenstand des μι-

---

[82] Zum pejorativen Sinn der Vokabel ἐκζητεῖν (sonst noch Barn 2,1.5; 4,1a; 21,6.8) vgl. S. 390f. die Auslegung von Barn 10,4.

[83] Zu λόγου κοπιῶν vgl. den Ausdruck οἱ κοπιῶντες ἐν λόγῳ καὶ διδασκαλίᾳ in 1 Tim 5,17b als Bezeichnung jener Presbyter, denen die höchste Ehre gebührt. Für die „Wirkung des Wortes" vgl. Barn 11,8 (πᾶν ῥῆμα … ἔσται εἰς ἐπιστροφὴν καὶ ἐλπίδα πολλοῖς) und insbesondere Jak 5,20.

[84] Das Motiv der „Sünden tilgenden Kraft der Liebesarbeit" (WINDISCH, Barnabasbrief 401) begegnet, wenn auch sprachlich verschieden ausgeführt, in der ‚biblischen und frühchristlichen Literatur nicht selten‘ (vgl. BROX, Petrusbrief 205). Vgl. z.B. Tob 4,10; 12,9; 14,10f.; Ps 32(33),1; 85(86),3; Spr 16,6; Sir 3,30; Dan 4,24; Mt 5,7; Lk 7,47; Jak 5,20; 1 Petr 4,8; 1 Clem 49,5; 50,5; 2 Clem 15,1; 16,4; 2 Polyc 10,2; Herm *sim.* IX 24,2; Clem. *paed.* III 12,91,3; CA VII 12,2. Weitere Hinweise vgl. DIBELIUS, Jakobus 307–310; BROX, Petrusbrief 204–206. Zu den rabbinischen Parallelen vgl. Bill. 2,561f.; 4,554f.

[85] Zur Gleichrangigkeit und -wertigkeit von Verkündigung und tätiger Nächstenliebe für das kirchliche Zusammenleben vgl. 1 Petr 4,11a.b; näheres dazu bei BROX, Petrusbrief 207f.

[86] Vgl. BLASS/DEBRUNNER, Grammatik § 446,2.

[87] V 10b empfiehlt also nicht, ‚Verkünden des Wortes des Herrn‘ und ‚Werke der Hände‘ im Sinne von „teils … teils" (*vel … vel*) zu verbinden, auf daß ein Erlaß der Sünden erlangt wird.

μνήσκειν, nämlich die ἡμέρα κρίσεως, ist dieses tägliche (καθ᾽ ἑκάστην ἡμέραν) Nachsinnen auf das Eschaton ausgerichtet. Weil dieses Nachsinnen soteriologische Folge des Christusereignisses ist, sind μνησθήσῃ und ἐκζητήσεις Mahnungen für die Zeit der Kirche. Konstitutionell durch den Heilsstand und perspektivisch durch das Eschaton bedingt, sind daher die drei Lehren des Herrn aus Barn 1,6 als Hauptinhalt der Verkündigung in den Blick gerückt.

11a *Almosen* sollen großherzig und bereitwillig gegeben werden. Beide Motive[88] sind der Sache nach, wenngleich mit je eigener Akzentuierung, aus Phil 2,14 und 1 Petr 4,9 bekannt.[89] Der motivierende Hinweis auf die Vergeltung solchen Gebens durch Gott erinnert an 2 Kor 9,6f. Dieser Beweggrund signalisiert, daß zögerliches und nur widerwilliges Geben nicht nur ein für das Zusammenleben wenig förderliches Verhalten ist, sondern überdies theologische Relevanz besitzt. Mißtrauische Bedenken über den möglichen Mißbrauch von Almosen oder Verdrossenheit darüber zeugen ebenso wie Geiz oder prinzipielle Reserven gegenüber sozialer Verantwortung von einer Haltung, die unvereinbar ist mit der Hoffnung, das von Gott ‚festgesetzte Ziel‘ (vgl. 19,1a) zu erlangen. In diesem Horizont ist διστάζειν[90] ebenso wie γογγύζειν ein theologischer Begriff. Das Fut. γογγύσεις ist in Konnex mit γογγυσμός in Barn 3,5 zu sehen. Von daher bezeichnet Murren die Haltung des Menschen, der sich von Gott entfernt hat (vgl. Jes 58,9b) und bar jeder Hoffnung auf Heil lebt, sei es ihm bewußt oder nicht. Das Gegenstück dazu ist das bereitwillige Hören auf die Stimme Gottes (vgl. Barn 8,7b–9,3; 10,12). Diese Gott zugewandte Haltung fordert die Mahnung, den ‚guten Vergelter[91] zu erkennen‘, ein. Sie ist Grundlage und Maßgabe für eine tätige Nächstenliebe, die sich nicht hinter die Grenzen von Kleinherzigkeit und Enttäuschungen zurückzieht.

11b Der Teilvers 11b mahnt allgemein[92] zur *Bewahrung der Paradosis*. Als Grundlage kommen vor allem die strikten Anweisungen Dtn 4,2; 13,1 in Frage. In der Moserede ist diese übereinstimmende Mahnung auf die gerade eben gegebenen

---

[88] Barn 19,11a stimmt wörtlich mit Did 4,7 überein. Barn gibt „seine Vorlage unverändert wieder …, die ihrerseits nicht auf Mt. 6,4 zurückgehen wird; denn es erscheint bei geringer wörtlicher Verwandtschaft der gleiche Gedanke; vgl. Sir. 12,2. Auch Mt. 6,4 wird von jüdischer Paränese abhängig sein" (Köster, Überlieferung 135).

[89] Vgl. Gnilka, Philipperbrief 151f.; Brox, Petrusbrief 206.

[90] Die Vokabel im Barn nur hier. Niederwimmer, Didache 139 Anm. 52, verweist u.a. auf Spr 3,28; Ps.-Phoc. 22; Herm *sim.* V 4,3; IX 24,2.

[91] Did 4,7 und Barn 19,11a sind die ältesten Belege für ἀνταποδότης überhaupt. Das Nomen ist wohl in der Zwei-Wege-Tradition aus ἀνταποδιδόναι ‚wiedergeben‘ bzw. ἀνταπόδομα ‚Vergeltung‘ (vgl Lk 14,12; Röm 11,9) abgeleitet worden. Außerhalb dieses Überlieferungsbereichs ist Symmachus' Übersetzung von Jer 28,56 das zeitlich nächstliegende Zeugnis. Zu den wenigen späteren Belegen, nämlich Chrys. *hom.* 22,2 in *Hebr.* (PG 63,156); Thal. *cent.* 1,63 (PG 91,1433b), die *Lampe*, Lexicon 150, notiert, sind zu ergänzen: Chrys. *ador.* (PG 62,753) [εὐποιούντων ἀνταποδότα]; CCP (536) *act.* (ACO 3,53,20.27).

[92] Der Didachist hat diese unspezifische Vorschrift (Did 4,13b) präzisiert, indem er ihr die in Barn 19,1b überlieferte Mahnung οὐ μὴ ἐγκαταλίπῃς ἐντολὰς κυρίου unmittelbar voranstellt. Dazu sowie zu den Rezeptionen in Ep 11, in CEA 14,3b (φυλάξεις ἅπερ ἔλαβες μήτε προσθεὶς μήτε ὑφαιρῶν) und der (nachgetragenen) Version in CEA 30 vgl. Niederwimmer, Didache 145.

Vorschriften bezogen. Den weiteren Aspekt in Barn 19,11b, daß Überliefertes unverändert bewahrt werden soll, betonen z. B. Spr 7,1f.; 1 Kor 11,23; Offb 22,18f.; Arist. 311.[93] Der Vf. hat Barn 17,1 zufolge diese Mahnung nach besten Wissen und Gewissen selbst erfüllt (vgl. Barn 1,5; 4,9; 8,3; 9,3.5.7; 10,11b; 21,9a); er ist das Modell des Tradenten und Sachwalters authentischer Überlieferung.

11c ist eine Kurzfassung der beiden Mahnungen in den Teilversen 19,2d.e, vergleichbar mit Ps 96(97),10a (ὁ ἀγαπῶντες τὸν κύριον, μισεῖτε πονηρόν) und Spr 8,13a (φόβος κυρίου μισεῖ ἀδικίαν, ὕβριν τε καὶ ὑπερηφανίαν καὶ ὁδοὺς πονηρῶν). Εἰς τέλος duldet keine Ausnahme (vgl. Barn 4,7; 10,5). Was τὸ πονηρόν bedeutet, ist aufgrund des Kontexts klar: Alle Werke, die den ‚Weg des Schwarzen' markieren. Sie sind nicht nur, was selbstverständlich ist, ausnahmslos verboten, für sie ist vielmehr gefordert, sie zu verabscheuen (vgl. Barn 4,10a). Der Akzent liegt also auch hier wieder darauf, daß nicht nur die Werke als solche vermieden werden. Entscheidend dabei ist, daß solchem Nichttun eine Haltung korrespondiert, die alles, was das Etikett τὸ πονηρόν tragen kann, per se ausschließt, weil alles Sinnen auf den κύριος und seine Gebote gerichtet ist. Der vierte Teilvers (vgl. Did 4,3b) greift mit der Anweisung κρινεῖς δικαίως stichwortartig ein Grundanliegen deuteronomistischer Theologie auf: Gerechtigkeit als Voraussetzung und zugleich Ausdruck eines in der Heilssphäre Gottes (בְּרִית) und gemäß seiner Gebote (תּוֹרָה) geführten Lebenswandels (vgl. Dtn 1,16f.; 16,18–20)[94]. Gerecht zu richten ergibt sich daher als unmittelbare Aufgabe aus dem Christsein.[95] Im gerechten Richten gibt sich Kirche zu erkennen, nämlich ihre Grundlage und ihr Ziel.

12 „Drei Sprüche für das Gemeinwesen"[96] beschließen den Katalog der Werke, die den ‚Weg des Lichts' kennzeichnen. V 12a trifft sich der Sache nach mit Barn 4,10. Die beiden Glieder von V 12a stehen auch in Did 4,3a;[97] dort folgt in V 3b der Grundsatz von Barn 19,4b. Die Mahnung zum Sündenbekenntnis V 12b ist denkbar allgemein.[98] Was seinen Ort und Zeitpunkt, seine Gelegenheit und Häufigkeit

---

[93] Zur Geschichte und den Varianten dieser formelhaften Instruktion sowie ihren semantischen Nuancen vgl. VAN UNNIK, Règle 1–36.

[94] Vgl. Spr 31,9 (κρῖνε δικαίως) sowie die Bitte um Gottes gerechtes Urteil in 1 Kön 8,32; 2 Chr 6,23. Vgl. ferner CAZELLES, Pentateuch 362f.; BRAULIK, Deuteronomium 86–88.

[95] Was dieser Grundsatz u. a. bedeutet, illustriert Barn 19,4c. Vgl. ferner Thphl.Ant. Autol. 1,11, der gerechtes Richten (τὸ δικαίως κρίνειν) als die (vorzügliche) Aufgabe des Kaisers feststellt. Or. comm. in Mt. 12,14 verwendet diesen Grundsatz in seiner Erklärung zu Mt 16,18b: τοῦ μὲν οὖν ἀδίκως κρίνοντος καὶ μὴ κατὰ λόγον θεοῦ δεσμεύοντος ἐπὶ γῆς μηδὲ κατὰ βούλησιν αὐτοῦ λύοντος ἐπὶ γῆς, πύλαι ᾅδου κατισχύουσιν. οὗ δὲ πύλαι ᾅδου οὐ κατισχύουσιν, οὗτος δικαίως κρίνει.

[96] WINDISCH, Barnabasbrief 402.

[97] NIEDERWIMMER, Didache 137, zufolge ist eine Mahnung, die „ursprünglich vielleicht vom rechten Verhalten im Lehrhaus" handelt (vgl. auch Bill. 1,287), zu einer Regel erweitert, die ›ἐν ἐκκλησίᾳ‹ gilt. KÖSTER, Überlieferung 135, sieht in Barn 19,12c eine aus dem Judentum adaptierte, frei überlieferte Gemeinderegel.

[98] Das Part. συναγαγών in V 12aβ kann (zur Not) auch mit V 12b verbunden werden, so daß zu übersetzen wäre: „Du sollst keine Spaltungen verursachen, vielmehr sollst du Streitende befrieden; versammelnd (bzw. ‚in der Versammlung') sollst du dich zu deinen Sünden bekennen." Diese Interpunktionsvariante, die durch das Bruchstück bei Didym. Ps. 40–44.4 (Cod. 300,12f.): τοῦτο οὖν ἐν τῷ Βαρναβᾷ [κε]ῖται, ἐν τῇ κατ' αὐτ[ὸν ἐπιστ]ολῇ· „συν[αγαγὼν] ἐξομολόγησαι ἐπὶ ἁμαρτίαις σου" bezeugt ist

angeht, gelangt man im Unterschied zu Did 4,14 über Vermutungen nicht hinaus. Die Zusammenkunft und Unterredung, die Barn 4,10b empfiehlt, läßt weder durch die Abgrenzung gegenüber jenen vorgeblich Gerechtfertigen noch durch das συνζητεῖτε erkennen, daß der gemeinsame Nutzen von der Besprechung öffentlicher Sündenbekenntnisse erwartet wurde. Ebensowenig ist aus der wöchentlichen Zusammenkunft am Herrentag, welche aus Barn 15,9 folgt, die Form dieses Sündenbekennens abzuleiten. Nimmt man den Teilvers 19,12c hinzu, ist allerdings davon auszugehen, daß ein Bekennen der Sünden – in welcher Form auch immer – dem gemeinsamen Gebet vorausging.[99] Dann ist weiter zu folgern, daß zwischen dem Sündenbekenntnis und dem Bitt- und Lobgebet eine Lossprechung ihren Platz hatte (vgl. Mt 5,23f.; Mk 11,25; Joh 9,31).

Der Weg des Schwarzen (20,1.2)

1 Der Thema- und Gliederungssatz entspricht dem Anfang des Lichtweges. Seine prinzipielle Charakterisierung mittels ὁ μέλανος ruft Barn 4,10 in Erinnerung. Weil die Werke, die den ‚Weg des Lichts' ausmachen, von Gott bestimmt sind und zum Heil führen, gilt mit Rekurs auf Barn 4,10 vom ‚Weg des Schwarzen', daß er in die unheilvolle Gottferne führt, denn alle Werke, die diesen Weg kennzeichnen, kommen in einer schuldhaften Verweigerung gegenüber dem Willen Gottes überein und sind deshalb von Gott verworfen. Für diesen Kontrastweg findet der Vf. zunächst die Bezeichnung σκολιός. Das allgemeinste Merkmal des ‚Weges des Schwarzen' ist, daß alles auf ihm ‚unredlich, falsch, hinterlistig'[1] ist. Dieses Etikett

---

(vgl. S. 48), bestimmt die Gelegenheit des Sündenbekenntnisses und den Gemeinschaftscharakter, besagt aber nicht, daß es öffentlich erfolgen muß.

[99] Vor dem Hintergrund, daß das Lexem προσευχή – im Barn nur hier – „die ursprüngliche, von Ägypten ausgehende Bezeichnung des Synagogengebäudes im griechischsprechenden Diasporajudentum und συναγωγή als Übersetzung von בית הכנסת die typisch palästinische Bezeichnung" (HENGEL, Proseuche und Synagoge 190) war, könnte Tradition explizit auf die moralische Integrität als Voraussetzung für den Eintritt in das Gebäude, in dem die Gemeinde Gottesdienst feiert, ausgerichtet gewesen sein. Was Barn 19,12c als συνείδησις πονηρά bezeichnet, hätte also im Horizont der jüdischen Vorlage nicht nur von der Liturgie ausgeschlossen, sondern – weitreichender als es nun in Barn 19,12c gemeint ist – von der Gegenwart der Gemeinde als der gottesdienstlichen Versammlung.

[1] Weil ὁδός ja doch als Bild für eine Lebensorientierung und Lebensweise zu verstehen ist, mag beim Adj. σκολιός (im Barn nur hier belegt, bei den Apostolischen Vätern nur noch durch das Zitat aus Ijob 4,18b in 1 Clem 39,4) ebenfalls nicht seine erste Bedeutung ‚krumm, verdreht' akzentuiert sein, sondern seine übertragene ‚unredlich, falsch, hinterlistig' (vgl. PAPE, Wörterbuch 2,902; BAUER/ALAND, Wörterbuch, Sp. 1511). Diesen übertragenen Sinn bestätigen die Synonyma, die die Weisheitsliteratur für das Motiv des ‚krummen Weges' bzw. ‚krummen Pfades' gefunden hat (vgl. Spr 2,11.15; 14,2; 22,5; 28,18). Für die übertragene Bedeutung von σκολιός in Barn 20,1a spricht zum einen, daß der ‚Weg des Lichts' nicht, wie zu erwarten wäre, komplementär εὐθύς, ὀρθὴν ὁδόν (freilich auch nicht ἁπλοῦς, εὐθύπορος, ἄκακος, ἄδολος κτλ.) bezeichnet oder als εὐθεῖα (vgl. Jes 40,4b; Lk 3,5c) bzw. ὁδὸς εὐθεῖα (vgl. Spr 2,13.16) umschrieben ist – daß der ‚Weg des Lichts' wie der ‚Weg des Lebens' eine ὁδὸς εὐλογίας μεστή ist, steht nicht da – und zweitens, daß in Did 5,1a mittels πονηρά anstelle des doppeldeutigen σκολιός das Augenmerk unzweifelhaft auf das gebots- und damit gottwidrige Profil des Todesweges gelenkt ist.

einer verfehlten Moral wird sogleich mit einer theologischen Deutung versehen:
Alles auf diesem Weg ist bis zur Gänze fluchbeladen (κατάρας μεστή)[2]. Hierdurch
ist gleich zu Beginn außer Frage gestellt, daß jedwedes Werk vor Gott verantwortet
werden muß und daß jeder, der dem amoralischen ‚Weg des Schwarzen' folgt, sich
selbst jene Verwerfung durch Gott auflädt, die diesen Werken innewohnt[3]. Wiederum in Korrespondenz mit der Eröffnung des ‚Weges des Lichts' wird das Ziel
des von Gott abirrenden ‚Weges des Schwarzen' skizziert, und zwar dreifach. Weil
der ‚Weg des Schwarzen' gottwidrig ist, bringt er die Seele ins Verderben. Die Metapher θανάτου αἰωνίου setzt parallel zu Barn 19,1a Sittlichkeit in Relation zum
eschatologischen Heil, indem das Adj. αἰώνιος dem Handeln des einzelnen eine
über die absehbaren Folgen hinausreichende, eschatologische Relevanz unterlegt.
Alle Werke, die den ‚Weg des Schwarzen' kennzeichnen, laufen darauf hinaus, daß
jene, die sie begehen, im Gericht keinen Anteil am eschatologischen Heil erhalten
werden. Daher ist dieser Weg tatsächlich (ἐστιν) ein ‚Weg ewigen Todes'[4]. Zwei-

---

Eine Wegführung, die eine ὁδὸς σκολιός ist, führt sowohl ins gesellschaftliche Abseits als auch weg vom
Heil. NIEDERWIMMER, Didache 146 Anm. 1 und 2, nimmt an, daß Did 5,1a „nur mechanisch" an Did 1,2
angeglichen wurde, und daß Barn 20,1a „(traditionsgeschichtlich) ursprünglicher als der Text in Did" ist.
Zur Verbindung von ὁδός mit πονηρᾷ vgl. die Auslegung zu Barn 4,10a.

[2] Der Ausdruck begegnet auch in Did 5,1a; er stammt wohl aus der Vorlage. Die Hinweise von WIN-
DISCH, Barnabasbrief 403, und NIEDERWIMMER, Didache 147 Anm. 4, auf Hebr 6,7f. sowie auf die Etikettierung der Irrlehrer in 2 Petr 2,14 als κατάρας τέκνα (vgl. PAULSEN, Petrusbrief 142) treffen insofern, als beide Stellen ebenso wie Barn 20,1a in der Tradition der prophetischen Drohrede wider die
Frevler sowie der Gerichtsandrohung gegen sie stehen (vgl. Jes 57,8c: οὐχ ὑμεῖς ἐστε τέκνα ἀπωλείας,
σπέρμα ἄνομον;), deren Schicksal aus der Perspektive von Gottes Heilswillen eklatant dem Heil für die
Gerechten entgegensteht (vgl. Jes 57,12f.).

[3] Hintergrund ist die altorientalische und biblische Vorstellung, daß der Fluch, ist er ausgesprochen,
unbeirrt wirksam ist (Num 22,6; Ps 109[110],18; Sir 3,9; Sach 5,2f.) und nur Gottes Segen diesen Fluch
entkräften kann. Damit ist die Bestimmung verbunden, daß ein Fluchbeladener kultisch unrein ist (Dtn
21,23), weshalb er mit seiner Familie und seiner Habe (vgl. Dtn 28,16–18) das Land verlassen muß (Gen
4,11–14; Ps 15[16],4). Entscheidend dabei ist erstens, daß Gottes Fluch den Bösen trifft, wie sein Segen
dem Gerechten zuteil wird (Sir 3,33), und zweitens, daß Gott um der Demut willen einen Fluch abwenden kann. Exakt diese Demut fehlt in allen Werken, die den ‚Weg des Schwarzen' kennzeichnen. Vgl.
auch SPEYER, Fluch. RAC 7 (1969) 1160–1288.

[4] Die Bezeichnung θάνατος αἰώνιος ist vor Barn 20,1 nicht belegt. Am nächsten kommt der Parallelismus 4 Makk 10,15 (μὰ τὸν μακάριον τῶν ἀδελφῶν μου θάνατον καὶ τὸν αἰώνιον τοῦ τυράν-
νου ὄλεθρον). Das Adj. ist in der neutestamentlichen Literatur, wenn im Kontext vom Tod die Rede
ist (Joh 5,24; Röm 5,21; 6,23), mit ζῶ, ζωή κτλ. bzw. κληρονομία, verbunden. Sachlich entsprechen
dem die Kombinationen mit χάρις, ἔλεος κτλ. bei den Apostolischen Vätern. Grundlage der vorliegenden Verbindung ist die Kennzeichnung des widergöttlichen Wegs, wie sie in Did 5,1a erkennbar ist,
als Weg, der zum Tod führt (ἡ δὲ τοῦ θανάτου ὁδὸς ἐστιν αὕτη). Lag diese Charakterisierung bereits
in der Sammlung vor, dann verstärkt das Prädikat αἰώνιος den Aspekt der Widergöttlichkeit von allem,
was diesen Weg ausmacht. Darüber hinaus signalisiert θάνατος αἰώνιος die eschatologische Tragweite
gottwidriger Werke. Wer diesem Weg folgt, verspielt sein Heil für immer. Θάνατος αἰώνιος kann die
Gottferne meinen, die sich Menschen in ihrer Verweigerung gegen Gott schuldhaft aufladen, wobei sie
diese Gottferne selbst nicht mehr zu revidieren vermögen. Insofern ist θάνατος αἰώνιος ein Reflex
der Grundcharakteristik des von Gott abirrenden Weges: Der Weg ist ein einziger Fluch. Weil diese
Verderbnis durch die Abkehr des Menschen von jenem Heilsweg, den Gott bestimmt hat (vgl. 19,1),

felsohne ist diese soteriologische Folge aus der Sicht der Tradenten des Zwei-Wege-Stoffes sowie des Vf. das Entscheidende, aber sie ist nicht der einzige Grund, weshalb sich dieser Weg verbietet. Auch was mit σκολιός ganz unabhängig von Glaube, Hoffnung und dem darin begründeten Anspruch als moralisch verwerflich bezeichnet ist, folgert aus sich heraus Strafe[5]. Wer dem ‚Weg des Schwarzen‘ folgt, handelt eklatant unsittlich, wendet sich demonstrativ gegen Lebensgrundlagen der Gemeinschaft und verspielt überdies sein Heil.

Was nun im einzelnen strafwürdig ist und Heil vereitelt, listet zunächst V 1a in 17 Lastern auf. Dieser Katalog sowie die Liste in Barn 20,2 heben sich stilistisch signifikant von den Instruktionen des ‚Lichtwegs‘ ab. Im schroffen Gegensatz zum Anredecharakter der Mahnungen, Warnungen und Verbote in Barn 19,2–12, signalisiert diese deskriptive Aufzählung von Merkmalstypen, daß die Distanzierung von ihnen allen schlicht unumgänglich ist. Mit Ausnahme des an zehnter Stelle notierten Lasters, die παράβασις (vgl. 12,5), sind alle[6] in Barn 20,1b katalogisierten Fehlhaltungen, Delikte und Vergehen auch in Did 5,1b aufgenommen.[7] Im Unterschied zur Liste dort ist in Barn 20,1b keine Sortierung erkennbar.[8] Allenfalls könnten εἰδωλολατρεία an erster und ἀφοβία θεοῦ an letzter Stelle als Rahmung verstanden werden, die alle Laster als Verstöße wider das Hauptgebot aus Barn 19,1a, also den verinnerlichten Gottesgehorsam[9], klassifiziert und damit subsumiert.[10]

kommt, ist einzig er es, der durch seinen Segen die verderbliche Ferne von seiner Heilssphäre entkräften kann.

[5] Das Lexem im Barn nur hier. Bei den Apostolischen Väter begegnet es sonst nur im Hirten, und zwar in dem Bildwort ὁ ἄγγελος τῆς τιμωρίας (Herm sim. VI 3; VII) und überhaupt im Sinne von Strafe bzw. Pein. Innerhalb der neutestamentlichen Literatur ist Hebr 10,29 einziger Beleg.

[6] Zur Konjektur οὐ φοβούμενοι τὸν θεόν in Did 5,1b, das als 23. Laster der ἀφοβία θεοῦ in Barn 20,1b korrespondiert vgl. WENGST, SUC 2,75 Anm. 50; RORDORF/TUILIER, Didachè 166.

[7] Zu den Ergänzungen, zur Anlage und thematischen Inventar dieser Laster in der Did 5,1b (22 bzw. 23 Laster; vgl. S. 557 Anm. 6) und Doctr. sowie zu den Parallelen in der biblischen wie außerbiblischen jüdischen und christlichen Gräzität vgl. WINDISCH, Barnabasbrief 403–406; NIEDERWIMMER, Didache 147–149.

[8] Das Fehlen eines Aufbauplanes ist ein Merkmal neutestamentlicher Moralkataloge; vgl. WIBBING, Tugend- und Lasterkataloge 87.

[9] „Wie φόβος θεοῦ der Inbegriff des rechten Weges ist, so ἀφοβία (θεοῦ) der Inbegriff des Weges, der zum Tod führt" (NIEDERWIMMER, Didache 149).

[10] Die εἰδωλολατρεία ist Barn 16,7 zufolge typisch für den Stand vor der Bekehrung zum Glauben an Gott, weshalb mit ihr der Ungehorsam gegenüber den Geboten Gottes verbunden ist. Daher lassen sich an die εἰδωλολατρεία alle Formen mangelnder moralischer Integrität als ihre typischen Begleiterscheinungen angliedern. Übereinstimmend mit Barn 20,1b verbinden Kol 3,5 πλεονεξία (Geiz), Kol 3,8 κακία (Bosheit) und Gal 5,20 φαρμακεία (Zauberei) mit εἰδωλολατρεία. Vgl. ferner die Aufstellung bei WIBBING, Tugend- und Lasterkataloge 87f.92–94, derzufolge immerhin neun der 17 Laster, die in Barn 20,1b notiert sind, auch in neutestamentlichen Katalogen begegnen; vgl. ferner BROX, Magie und Aberglaube 157–180. Abgesehen von εἰδωλολατρεία in Barn 16,7 sind im Barn sonst genannt: ὑπόκρισις ‚Heuchelei‘ 19,2; 21,4; μοιχεία ‚Ehebruch‘ 10,7; 19,4; zu φόνος ‚Tötung‘ vgl. φονεύειν 19,5; φονεύς 20,2; ἁρπαγή ‚Raub‘ 10,10; vgl. ἁρπάζειν 10,4; παράβασις 12,5; κακία ‚Bosheit‘ 2,8; πλεονεξία ‚Geiz‘ 10,4; vgl. πλεονεκτεῖν 10,6; πλεονέκτης 19,6; zu ἀφοβία θεοῦ vgl. 20,2 und die Widerparte μελετῶμεν τὸν φοβον τοῦ θεοῦ 4,11; ἡ ψυχὴ ὑμῶν μελετήσει φόβον κυρίου 11,5. Zu den Fundorten bei den Apostolischen Vätern vgl. WINDISCH, Barnabasbrief 403.

2 Die Einleitung in Barn 20,1a sowie εἰδωλολατρεία und ἀφοβία θεοῦ in Barn 20,1b haben außer Frage gestellt, daß alle verwerflichen Werke zugleich immer Heilshindernisse sind. Dieser Konnex von Handeln und Glauben, dessen Indikator das Handeln ist, tritt in Barn 20,2 verstärkt hervor. Der Katalog aus 22 Arten bzw. Attributen von Übeltätern und solchen, die Gutes unterlassen, „stimmt bis auf zwei Zusätze in der Reihenfolge und meist auch im Wortlaut … mit Did. überein"[11]. Es handelt sich um folgende Stellen, an denen Did 5,2 von Barn 20,2 abweicht: Anstelle von οὐ κρίσαι δικαίᾳ (V 2c) liest Did 5,2 οὐδὲ κρίσαι δικαίᾳ, in Did 5,2 fehlt χήρᾳ καὶ ὀρφανῷ οὐ προσέχοντες (V 2d), in Did 5,2 fehlt καὶ πόρρω (V 2e), statt ἀγαπῶντες μάταια (V 2f) liest Did 5,2 μάταια ἀγαπῶντες, und in Did 5,2 fehlt εὐχερεῖς ἐν καταλαλιᾷ (V 2h). Der ‚Todesweg' in Did 5,2 hat also nur 20 gegenüber 22 Gliedern in Barn 20,2. Eine Disposition ist ebensowenig auszumachen wie in Barn 19.

Die Eröffnungswendung διῶκται τῶν ἀγαθῶν prägt diesem Katalog von Indikatoren für die ἀφοβία θεοῦ das Siegel auf. V 2b ist der erste von vier Teilversen (Vv 2g.j.k), die gemäß dem poetischen Prinzip des parallelismus membrorum komponiert sind. Obwohl sich Vv 2b.k antonymer Substantive (ἀλήθειαν versus ψεῦδος sowie παράκλητοι versus ἄνομοι κριταί) und Verben (μισοῦντες versus ἀγαπῶντες) bedienen, wird inhaltlich in den vier Teilversen, die dieser poetischen Figur gehorchen, die Synonymie der Glieder erstrebt. Zum ersten Glied in V 2b vgl. Spr 26,28a (γλῶσσα ψευδὴς μισεῖ ἀλήθειαν, zu ἀγαπῶντες ψεύδη), ferner Ps 4,3b (ἵνα τί ἀγαπᾶτε ματαιότητα καὶ ζητεῖτε ψεῦδος) und Offb 22,15 (καὶ πᾶς φιλῶν καὶ ποιῶν ψεῦδος).[12] Das Negativprofil οὐ γινώσκοντες μισθὸν δικαιοσύνης in V 2c (vgl. Barn 10,3; 19,2) ist mit ὁ μισθὸς τῆς πονηρίας (Barn 4,12) sowie mit μισθὸς (τῆς) ἀδικίας in Apg 1,18; 2 Petr 2,15c zu vergleichen. Weil erstens οὐ γινώσκοντες aufgrund der allgemeinen Themenangabe als ein Werk auf dem ‚Weg des Schwarzen' aufzufassen ist, und weil zweitens über die Vergabe des ‚Lohnes der Gerechtigkeit' im Gericht entschieden werden wird, kommt in diesem Teilvers wiederum die Verschränkung zwischen Glaube und Handeln zum Tragen. Durch das Handeln wird offenkundig, daß die Betreffenden entweder nichts vom soteriologischen Belang und der eschatologischen Tragweite ihrer Tuns wissen wollen oder dessen Bedeutung noch nicht kennen. Wie auch immer: Keiner dieser Gruppen soll man sich anschließen, denn für beide gilt, daß sie weder Gutem noch gerechtem Gericht anhängen (οὐ κολλώμενοι ἀγαθῷ[13], οὐ κρίσει δικαίᾳ[14]). Beides sowie die folgende Merkmalsbestimmung in V 2d (χήρᾳ καὶ ὀρφανῷ οὐ προσέχοντες)[15]

---

[11] WINDISCH, Barnabasbrief 403.

[12] Vielleicht liegt beiden Teilen die Umkehrung des achten Gebotes (vgl. Ex 20,16; Dtn 5,20) voraus.

[13] Vgl. Röm 12,9c; T.Aser 3,1.

[14] Vgl. Barn 19,11d. Das Motiv begegnet in bezug auf gerechtes Richten allgemein (vgl. Jes 1,17; Spr 17,15; Joh 9,24), in Konnex mit dem Gericht Gottes (vgl. 2 Thess 1,5; Offb 16,7) und dem Gericht im Eschaton (vgl. Joh 5,30).

[15] Witwen und Waisen bilden auch in der paganen Literatur ein Begriffspaar. Innerhalb der biblischen Literatur steht außer Frage, daß besonders ihnen Fürsorge gebührt (vgl. z.B. Ex 22,21; Dtn 10,18a; 24,27.19; 26,12f; 27,19; Jes 1,17; Jak 1,27b; vgl. ferner slavHen 51,1.3). Bisweilen ist diese Dyas um weitere

sind Grundkonstanten der jüdisch-hellenistischen Moralpredigt und von daher dem frühen Christentum vertraut. Jedes Kennzeichen ist für sich schon charakteristisch für Gottlose. In V 2e ist das Objekt φόβον θεοῦ gegenüber τὸ ἀγαθόν in Did 5,2 wohl ursprünglich. Weil die Gottesfurcht für alle Basisnorm ist, wird im Unterschied zur Zielrichtung von Did 5,2 diese Unart (ἀγρυπνοῦντες οὐκ κτλ.) nicht speziell Mächtigen vor Augen gehalten sein[16], sondern jedem. Der Relativsatz erläutert, was es heißen kann, ‚auf das Böse aus zu sein‘ und woran dieses Streben erkennbar ist. Wie in V 2d die Gleichgültigkeit gegenüber Bedürftigen als eklatantes Beispiel von Ungerechtigkeit sowie von Taubheit gegenüber den Geboten Gottes erscheint, so illustriert diese in V 2e der Mangel grundlegender Tugenden (ἀγρυπνοῦντες κτλ.). Die pleonastische Verbindung[17] der beiden Adv. μακράν und πόρρω[18] will sagen, daß nicht einmal ein Hauch solcher Tugenden vorhanden ist. Sie selbst, nämlich Sanftmut wie Geduld[19], bedingen einander; die Verbindung ist ein Hendiadyoin[20]. Sanftmut wie Geduld sind für den ‚Weg des Schwarzen‘ ebenso untypisch, wie sie demgegenüber den Frommen[21] kennzeichnen (vgl. Barn 19,4d). Kern und Beweggrund beider Tugenden ist die בְּרִית und deshalb ist Gott bzw. sein heilvolles Eingreifen Gegenstand der Hoffnung und des Vertrauens, von denen Sanftmut und Geduld zeugen. Jes 1,23b (ἀγαπῶντες δῶρα, διώκοντες ἀνταπόδομα) in Verbindung mit Ps 4,3b (ἵνα τί ἀγαπᾶτε ματαιότητα καὶ ζητεῖτε ψεῦδος) kann ἀγαπῶντες μάταια (H und G überliefern ματαίτητα) διώκοντες ἀνταπόδομα in V 2f vorausliegen. Das Objekt des ersten Gliedes, die Eitelkeit, ist durch Barn 4,10b als pejoratives Gruppenmerkmal (anderer Christen) ausgewiesen. Die prophetische Anklage wie die Klage des Davidpsalms richten sich gegen die Mächtigen und die sozial Bevorzugten, die korrupt sind und sich von uneigennütziger Sorge um den Nächsten dispensieren. Eitel und auf ihren eigenen Vorteil bedacht ist all ihr Handeln und Streben. In diesem Lebenskonzept hat Gott keinen Platz. Im Gegenüber zu diesem Kreis sind

---

Typen Hilfsbedürftiger und Schutzwürdiger ergänzt, z.B. um die ‚Fremden‘ (z.B. Dtn 26,12) oder um die ‚Armen‘ (vgl. Spr 19,14; 22,9; Barn 20,2g; 2 Polyc 6,1). Barn 20,2d am nächsten kommt Jes 1,23b (vgl. Just. *dial.* 27,2): ὀρφανοῖς οὐ κρίνοντες καὶ κρίσιν χηρῶν οὐ προσέχοντες.

[16] Vgl. NIEDERWIMMER, Didache 150.

[17] Schwer zu entscheiden ist, ob καὶ πόρρω in Barn 20,2e ein Nachtrag ist oder ob es in Did 5,1 zur stilistischen Verbesserung getilgt worden ist. Für eine Tilgung spricht, daß πόρρω bereits im klassischen Griechisch als Substitut des volkstümlichen μακράν nachgewiesen ist (vgl. BLASS/DEBRUNNER, Grammatik § 34,8). Synonym stehen beide in Herm *vis.* III 6,1 (μακρὰν ῥιπτομένους … πόρρω ἀπερίφησαν) und Clem. *str.* II 2,5,4 (ὁ δὲ αὐτὸς μακρὰν ὢν ἐγγυτάτω βέβηκεν, θαῦμα ἄρρητον· … πόρρω μὲν κατ' οὐσίαν, ἐγγυτάτω δὲ δυνάμει). Die prägnante, unmittelbare Verbindung beider Adv. in Barn 20,2e ist sonst nur durch Philo, *quaest. Gen.* II frag. 64b, belegt (τὸ δὲ βέλος ἀφιέμενον διὰ τοῦ τόξου μέρους καθικνεῖται τοῦ πόρρω καὶ μακράν, ἀπαθοῦς τοῦ πλησίον καὶ ἐγγὺς διαμένοντος).

[18] Die beiden Adv. sind V 2e als (uneigentliche) Präpositionen verwendet (vgl. BAUER/ALAND, Wörterbuch, Sp. 989.1390).

[19] Die Verbindung von πραΰτης und ὑπομονή stammt aus der Zwei-Wege-Tradition; sie ist vor Did 5,1 und Barn 20,2e nicht belegt.

[20] Vgl. BLASS/DEBRUNNER, Grammatik § 442,9b.

[21] Zur ‚Sanftmut‘ vgl. HAUCK/SCHULZ, πραΰς, πραΰτης. ThWNT 6 (1959) 645–651; zur ‚Geduld‘ bzw. zum ‚Ausharren‘ vgl. HAUCK, ὑπομένω, ὑπομονή. ThWNT 4 (1942) 585–593; ferner NIEDERWIMMER, Didache 150.

πτοχός und καταπονούμενος in V 2g synonyme Bezeichnungen. Daher und weil die beiden Part. ἐλεοῦντες und πονοῦντες ebenfalls Gleiches wollen, kann für diesen Teilvers das Bauprinzip des parallelismus membrorum maßgebend gewesen sein.[22] Zusammen mit dem Hang zur Verleumdung und Verdächtigung[23] sind fehlende Sanftmut und Geduld (V 2e), Eitelkeit und Sorge um den eigenen Vorteil, die mit der Sorglosigkeit um den Nächsten einhergeht (V 2f.), alarmierende Anzeichen, daß die Betreffenden außerhalb der Heilssphäre Gottes sind. Die Diagnose οὐ γινώσκοντες τὸν ποιήσαντα αὐτούς[24] rekurriert auf V 2c. Im Blick ist jedoch das triadische Grundgebot des Gottesgehorsams (Barn 19,2a), das in all diesen Werken mißachtet wird.[25] V 2i entspricht der Sache nach dem ersten Glied von Barn 19,5d. Πλάσμα θεοῦ ist nicht einfach poetische Umschreibung für ἄνθρωπος. Angesichts der in Barn 6,12 zwischen dem Zitat aus Gen 1,26 und jenem über die Segnung der Menschen im Mehrungsauftrag (Gen 1,28) eingefügten Deutung (καὶ εἶπεν κύριος ἰδὼν τὸ καλὸν πλάσμα ἡμῶν) ist wie φονεύς alles, was der Ordnung Gottes entgegensteht, φθορεύς[26]. Mit V 2j folgt der dritte parallelismus membrorum;[27] in der Sache handelt sich um eine Dublette zu V 2g. Dieser Satzfigur gehorchen auch die Syntagmen πλουσίων παράκλητοι, πενήτων ἄνομοι κριταί in V 2k, nur daß die Aussage mittels Antonyme komponiert ist. Daher wird sich die Ironie, die die erste Wortgruppe andeutet, auch auf das zweite Glied dieser Figur erstrecken, so daß die aus Vv 2d.g hinreichend bekannte Mißachtung des Fürsorgegebotes überdies als widersinnig ausgewiesen ist. Bei genauerem Zusehen verbieten sich alle Werke auf dem ‚Weg des Schwarzen‘ aus sich selbst; sie sind in jeder Hinsicht sinn- und wertlos.

Das abschließende Merkmal πανταμάρτητος[28] bringt alle Fehlhaltungen, Delikte und Vergehen auf den Begriff und gibt sie in ihrer soteriologischen Relevanz zu erkennen. Wie die von der εἰδωλολατρεία und ἀφοβία θεοῦ gerahmten Laster der Grundforderung eines Gott gehorsamen Lebens in seinem Heilsbereich wider-

---

[22] Zu οὐκ ἐλεοῦντες πτωχόν vgl. Spr 14,21.31; 19,17; 22,9; 28,8; zu καταπονουμένῳ vgl. Apg 7,24; 2 Makk 8,2; 3 Makk 2,2.13. Im Anschluß an BAUER/ALAND, Wörterbuch, Sp. 847, weist NIEDERWIMMER, Didache 150, auf das Wortspiel πονεῖν – καταπονούμενος hin, „das ein griechisches Original schon für den Tractatus voraussetzt“.

[23] Die Erläuterung εὐχερεῖς ἐν καταλαλιᾷ fehlt in Did 5,1. Für ihre Zugehörigkeit zur Vorlage spricht nicht nur, daß sie einzig in Barn 20,2h belegt ist, sondern daß auch die καταλαλιά, die bisweilen mit weiteren Lastern in paränetischer oder polemischer Absicht zusammensteht (z.B. 2 Kor 12,20; 1 Petr 2,1; 1 Clem 30,1.3; 35,5; 2 Polyc 2,2; 4,3), in keinem Fall sonst durch Synonyma von εὐχερής (z.B. ἐλαφρός, κοῦφος, ῥάθυμος, ῥαθυμεῖν, ῥᾳδιουργός, ῥᾳδιουργεῖν, ἀκόλαστος) näher bestimmt ist. Freilich wird manches andere über die καταλαλιά festgestellt, z.B. Herm mand. II 2 (27,1): πονηρὰ ἡ καταλαλιά.

[24] Zu οὐ γινώσκοντες τὸν ποιήσαντα αὐτούς vgl. Weish 15,11; Jes 1,3; Hos 5,4.

[25] Der Sache nach ist der Zusammenhang zwischen Verleumden und schuldhafter Verweigerung gegen Gottes Gebot hinreichend vertraut, nämlich als Folge des Glaubensabfalls (Röm 1,28–32), als erlittene Verleumdungen (1 Petr 2,12; 3,16) oder in Form der Mahnung, daß Verleumdung in der Gemeinde keinen Platz haben darf (Jak 4,11f.).

[26] Die Klangfigur φονεῖς – φθορεῖς ist NIEDERWIMMER, Didache 151, zufolge ein weiterer Hinweis, daß bereits der zugrundeliegende Traktat in Griechisch abgefaßt war.

[27] Zu ἀποστρεφόμενοι vgl. Mt 5,42.

[28] Zur Schreibung πανταμάρτητος bzw. πανθαμάρτητος vgl. die Textkritik.

sprechen, so stehen alle Übeltaten, die Barn 20,2 aufzählt, ob ihrer Sündhaftigkeit einem Zusammenleben entgegen, das auf dem Grundgebot der Nächstenliebe basieren soll. Πανταμάρτητος macht nicht nur deutlich, daß derartiges Handeln, wozu ausdrücklich das Unterlassen tätiger Sorge um Unterprivilegierte zählt, sozial dysfunktional und unsittlich ist. Dieser Neologismus[29] signalisiert vielmehr, daß die Mißachtung der Gebote Gottes keine exklusive Störung nur des Verhältnisses zu Gott nach sich zieht, sondern daß Sünde stets die Gemeinschaft tangiert. Das Verdikt πανταμάρτητος bedeutet somit, daß Werke, die jenen gleichen, die den ‚Weg des Schwarzen' kennzeichnen, gesellschaftszerstörend wirken. Ähnlich den neutestamentlichen Lasterkatalogen liegt das Gewicht also nicht auf den verbotenen Lastern im einzelnen, sondern auf der rhetorischen Strategie der Liste als Ganzes. Sie hält für den Binnenbereich mahnend und nach außen hin werbend, mithin verteidigend fest, daß es die lebenskonstitutive Moral der eigenen Gruppe ist, alles, was an Lastern exemplarisch aufgelistet ist, demonstrativ zu vermeiden. Die Aufzählung ist also repräsentativ, nicht situativ. Erstes Ziel dieser Abgrenzung gegen alles Unmoralische ist die Schärfung und Stärkung des Selbstverständnisses. Damit geht freilich eine stillschweigende Abgrenzung einher, insofern die Meidung all dieser Laster Folge und Ausdruck des gewonnenen Heilsstandes ist, und damit der Hoffnung auf die Teilhabe am eschatologischen Heil. Die zweite Absicht ist daher die Mission. Diese umfaßt zum einen wohl die Abwerbung jener Christen, die Barn 4,6 als Sünder disqualifiziert sind, und zum anderen die Bekehrung aller, die noch nicht zum Glauben an Gott gekommen sind (vgl. 16,7).

Schluß (21,1–9)

Es ist also gut, die Rechtsforderungen des Herrn, so weit sie geschrieben sind, zu lernen und in diesen zu wandeln. 1ᵇ Denn wer diese befolgt, wird im Reich Gottes verherrlicht werden. Wer jene sich erwählt, wird mit seinen Werken zugrunde gehen; 1ᶜ deshalb Auferstehung, deshalb Vergeltung.

2 Ich bitte die Wohlhabenden, sofern ihr von mir einen wohlgemeinten Rat annehmen wollt: Ihr habt unter euch solche, an denen ihr Gutes erweisen könnt; laßt darin nicht nach! 3 Nahe ist der Tag, an dem alles zusammen mit dem Bösen zugrunde gehen wird; nahe ist der Herr und sein Lohn.

4 Wieder und wieder bitte ich euch: Werdet euer eigener guter Gesetzgeber, bleibt euer eigener zuverlässiger Ratgeber; entfernt aus euch jede Heuchelei.

5 Gott aber, der (der Herr) des ganzen Kosmos ist, gebe euch Weisheit, Scharfsinn, Wissen, Erkenntnis seiner Rechtsforderungen, Geduld. 6ᵃ Werdet von Gott Gelehrte, indem ihr erforscht, was der Herr von euch fordert, und tut es, 6ᵇ damit ihr am Tag des Gerichts ausfindig gemacht werdet.

---

[29] Das Lexem ist bislang nur in Did 5,2 und Barn 20,2 nachgewiesen.

7 Wenn es irgendein Gedenken des Guten gibt, gedenkt meiner, indem (ihr euch in) diese einübt, damit auch das Verlangen und die Sorge zu etwas Gutem gelange; ich bitte euch (darum) als um eine Gunst. 8 Solange noch das schöne Gefäß bei euch ist, laßt nichts von ihnen außer acht, sondern erforscht diese unablässig und erfüllt jedes Gebot; es ist es nämlich wert.

9ᵃ Deshalb habe ich mich besonders bemüht zu schreiben, wovon ich es vermochte. 9ᵇ Bleibt gesund, Kinder der Liebe und des Friedens. 9ᶜ Der Herr der Herrlichkeit und aller Gnade (sei) mit eurem Geist.

Textkritik

6 א liest εὑϱεθῆτε (HG K GH FB W SB), H εὕϱητε (HG² PK), G deutet den Sachverhalt sogleich mit σώθητε (vgl. 21,9b). Für H scheint das Zitat bei Clem. str. II 18,84,3, der εὕϱηται überliefert, zu sprechen. Die Form signalisiert, daß Clem. der Sache nach ein Pass. gefordert sah. Daher wird die schwierigere Lesart in H als sehr alte Korruptele anzusehen sein, die durch den Wegfall von ΕΘ in ΕΥΡΕΘΗΤΕ entstanden war. א ist wegen Clem. zu vertrauen. 9 Wenn εἰς τὸ εὐφϱᾶναι ὑμᾶς in א² und G (HG² GH K FB SB) gegen א* und H (W PK) ursprünglich sein sollte, ist es eine Klammerung zu Barn 1,8. In H fehlt σώζεσθε ἀγάπης τέκνα καὶ εἰϱήνης. An πνεύματος ὑμῶν fügt G ἀμήν (MÉ VS MR)[1]. • SUBSCRIPTIO: א schließt mit ΕΠΙCΤΟΛΗΗΒΑΡΝΑΒΑ (GH FB K SB)[2], G₁ (v) mit Ἐπιστολὴ Βαϱνάβα τοῦ ἀποστόλου συνεκδήμου Παύλου τοῦ ἁγίου ἀποστόλου. vs erweitert aus G₁ (v): ΤΕΛΟΣ ΕΠΙΣΤΟΛΗΣ κτλ. In G₁ (v) folgt der subscriptio das armenische Memorandum: ḥu ʼuhⁱꝑ‍uⁱн թⱳꝑⱷⱮⱳʼⱂⱔⱷⱶ ⱶⱳⱃʼʃⱶ q ⱳⱭⱳⱔ ⱶ ⱬⱳⱭ ⱶⱳⱭⱭⱳⱂ ⱶ ⱺⱳꝗⱳⱭⱂⱳⱭⱳʼⱶ ꝑⱳⱶⱳⱂⱼ ⱶ ⱷⱳⱶⱶⱷ ⲂⱶⱷⱳⱭⱼ Ɱⱂⱷꝑⱷⱼ ⱳꝑ ⱶⱭ ⱳⱂꝑⱼⱑⱭⱳⱂⱥ ⱼⱼⱶⱶⱺⱶⱷⱼ ⱶⱳⱶʼⱶⱶ. ⱳⱮⱶⱶʼⱶ:[3] Eine subscriptio fehlt in H, G₁ (o) G₂.₃; zu Recht folgen ihnen HG² WI PK W.

Aufbau und Gliederung

---

[1] Die vl ἀμήν erlaubt nicht, auf einen liturgischen Gebrauch des Barn zu schließen. Diese vl ahmt die Eintragungen am Schluß z.B. von Paulusbriefen nach, die für einige diese Schriften durch 𝔓⁴⁶ bereits um 200 belegt ist. Gegen die liturgische Verwendung des Barn spricht auch, daß der spätere Korrektor von א, der im Corpus Paulinum akurrat ἀμήν ergänzte (א²), wo א* es nicht notiert hatte, ebenso wie א* und א¹ darauf verzichtet hat, den Barn entsprechend auszuzeichnen. Die vl ἀμήν in G zeigt allenfalls einen frühen (regional begrenzten) Überlieferungszusammenhang des Barn an.

[2] SCORZA BARCELLONA, Epistola di Barnaba 124, lin. 23, notieren in ihrer Edition zwar die subscriptio des א (Ἐπιστολὴ Βαϱνάβα), übersetzen diese jedoch nicht (ib. 125).

[3] Vgl. PROSTMEIER, Überlieferung 61 Anm. 22; ferner oben S. 23-26.

2–8	Schlussparänese mit Selbstempfehlung	
2	*1. Bitte:*	Mahnung zur Fürsorge
3		Begründung werktätiger Liebe durch die eschatologische Vergeltung und ihre Nähe
4	*2. Bitte:*	Aufgabe aus der pneumatischen Begnadung
5	*3. Bitte:*	Segenswunsch für das Verstehen der Rechtsforderungen
6a		Mahnung, den Willen Gottes zu verstehen und Gott gehorsam zu handeln
6b		Begründung durch die eschatologische Vergeltung
7	*4. Bitte:*	Gedenken und Selbstempfehlung
8		Schlußmahnung
9	Eschatokoll	
9a	Zweck des Schreibens	
9b	Schlußgruß	
9c	Segenswunsch	

Analyse und Auslegung

Abschluß (21,1)

1 Καλὸν … ἐστιν ist das Resümee, das auf jeden Fall aus dem eben Dargestellten folgt (οὖν). Sein zentraler Inhalt sind die Rechtsforderungen des κύριος, und zwar, wie das bestimmte Relativpronomen ὅσα feststellt, alle[4], die geschrieben stehen. Unabhängig davon, ob ὅσα γέγραπται Relativsatz ist oder, zumal wegen des Pl. ὅσα, als Bedingungssatz gelten kann[5], bestärkt das Syntagma darin, τὰ δικαιώματα κυρίου[6] nicht nur als beachtliche Deutung der Zwei-Wege-Tradition aufzufassen und das Resümee nicht allein auf die beiden vorausgegangenen Kapitel zu beziehen. Καλὸν … ἐστιν gilt vielmehr für das gesamte Schriftstück. Die Verbin-

---

[4] „Auch ohne πάντες hat ὅσοι die Bed. *alle, welche*" (Bauer/Aland, Wörterbuch, Sp. 1187,2). Die Pl. ὅσοι, ὅσαι, ὅσα haben einen umfassenden, einschließenden Sinn; vgl. Mayser, Grammatik II/1. 345: ὅσαι νύκτες, ὅσαι ἡμέραι ‚alle Nächte, alle Tage'. Zu ὅσα κτλ. innerhalb der christlichen Literatur vgl. Apg 9,39; ProtevJak 20,4.

[5] Vgl. Mayser, Grammatik II/1. 77 Anm. 1. Einer Interpretation von ὅσα γέγραπται als einen frei konstruierten Konditionalsatz inhäriert, daß es neben den Rechtsforderungen, die nach Meinung des Vf. einzig in Betracht kommen, weitere gibt, solche nämlich, die nicht geschrieben stehen. Als Bedingung würde ὅσα γέγραπται daher die strikte Abgrenzung gegenüber mündlicher Überlieferung signalisieren. Angesichts der stilisierten antijüdischen Front läge darin eine polemische Note wider die rabbinische Lehrtradition. Sofern diese Reserven gegenüber mündlicher Überlieferung grundsätzlicher Art waren, müßte folglich eine beachtliche Präsenz christlicher Literatur im nächsten Umfeld der Abfassung des Schriftstücks angenommen werden. Dem steht indes entgegen, daß eine Abhängigkeit des Barn von christliche Schriften literarkritisch nicht erwiesen ist. Allein schon diese Unwägbarkeiten raten dazu, ὅσα γέγραπται herkömmlich als Relativsatz aufzufassen, der mittels ὅσα Schrift und Zwei-Wege-Tradition als normative Vorgaben der Darlegungen bestimmt.

[6] Vgl. S. 152f. die Auslegung zu Barn 1,2.

dung der Schrift mit dem (Zwei-)Wege-Motiv unter dem Titel τὰ δικαιώματα κυρίου[7] begegnet ebenfalls in der testamentarischen Anordnung und Zusage Davids in 1 Kön 2,3f. Den Wegen des κύριος zu folgen, ist daher synonym mit dem Gehorsam gegenüber seinen δικαιώματα und bürgt dafür, daß der Herr seine Heilszusicherung – hier speziell an das Geschlecht Davids – erfüllt. Leben in der Ordnung der תּוֹרָה führt zur Erfüllung der בְּרִית. Ebenso bedeutsam wie diese erste Deutung des Moralkatalogs ist jene mittels γέγραπται. Die Zwei-Wege-Lehre besitzt dieselbe Autorität und argumentative Kraft wie die Offenbarung, die der κύριος um der Christen willen durch die Propheten gegeben hat, nämlich die Schrift. Diese Qualifizierung war durch Barn 18, durch die Einleitung zum ‚Weg des Lichts‘ (vgl. 19,1) sowie durch die Grundforderungen in 19,2a und die Mahnung, nie die Gebote des Herrn zu verlassen (19,2b), vorbereitet. Die Herkunft der Rechtsforderungen und ihre Heilsrelevanz, die Barn 21,1b prägnant abermals heraushebt, bestimmen die beiden einzig möglichen Haltungen ihnen gegenüber. Μαθόντα nennt das grundlegende Verhalten. Das Part., das primär in Entsprechung zu dem ἐν τούτοις περιπατεῖν als Aufforderung verstanden werden will, konstituiert zuallererst, wenn auch nur en passant, daß τὰ δικαιώματα κυρίου lernbar sind. Anhand der Schrift und der Zwei-Wege-Tradition kann also erkannt werden, was der Wille Gottes ist. Dazu sind alle befähigt, die mit πνεῦμα begnadet sind, nämlich die Christen. Insofern es für die Teilhabe am eschatologischen Heil entscheidend ist, Gottes Willen zu gehorchen, bekundet sich durch das Part., daß das Heil allen offensteht, die zum Glauben an Gott gelangt sind (vgl. Barn 16,7). Der zweite Gesichtspunkt ergibt sich zum einen aus der Verschränkung zwischen dieser Befähigung des einzelnen sowie der Konstitution der Rechtsforderungen und zum anderen aus ihrer Herkunft vom κύριος sowie ihrer soteriologischen Relevanz. Weil die Rechtsforderungen vom Herrn stammen, erheben sie per se einen Anspruch, dem sich niemand entziehen kann. Vor allem aber inhäriert ihnen kraft ihrer heilsentscheidenden Bedeutung der Anspruch, sie zu lernen. Weil die Vokabel sonst die Aufmerksamkeit der Leser darauf lenkt (vgl. 5,6; 6,9; 9,7.8.9; 14,4; 16,2.7.8), was sie dem jeweiligen Sachverhalt entnehmen und als Gnosis bewahren sollen, wird mit μαθόντα „festes Einprägen, wie es im Judentum üblich war"[8] gemeint sein. Der Aufforderungscharakter evoziert also eine Haltung, die im lebensprägenden Gehorsam gegenüber dem Willen Gottes ihr Ziel erblickt. Hierauf hebt ἐν τούτοις περιπατεῖν ab[9]. Nachsinnen über die Rechtsforderungen des Herrn und dementsprechendes Handeln, nämlich in der Hoffnung auf den ‚gerechten Äon‘, sind laut Barn 10,11 ebenso Kennzeichen des Gerechten, wie Barn 19,1b gemäß aus der uns geschenkten Gnosis folgt, nach Maßgabe der Werke, die den ‚Weg des Lichts‘ auszeichnen, zu handeln. Damit schreibt V 1a den Zusammenhang zwischen Glaube und Handeln als Resümee des gesamten Schriftstückes fest.

---

[7] Vgl. MÜLLER, Erklärung 374f.; ferner S. 162 die Auslegung von Barn 2,1.

[8] WINDISCH, Barnabasbrief 406.

[9] Zur Formulierung vgl. ἐν … περιπατοῦντες (Barn 10,4) und ἐν τούτῳ τῷ κόσμῳ περιπατεῖ (Barn 10,11).

Diese programmatische Feststellung steht unter dem Siegel καλὸν οὖν ἐστίν. Der Teilvers 1b erläutert sie. Zuerst wird die Verbindung zwischen Lebenswandel und Heil nach Art des Tun-Ergehen-Zusammenhangs verdeutlicht. Bezugspunkte sind die beiden Wege: Das Demonstrativum ταῦτα weist auf Barn 19 und ἐκαῖνα greift auf das nächstliegende Kapitel 20 zurück. Divergent wie die beiden Wege (vgl. 18,1c) sind die soteriologischen Folgen.[10] Die beiden parallelen Wendungen ὁ ... ταῦτα ποιῶν (vgl. 11,6) und ὁ ἐκεῖνα ἐκλεγόμενος betonen, daß jeder einzelne die Verantwortung für sein Heil trägt. Näherhin lenken die beiden Part. das Augenmerk darauf, daß diese Entscheidung jedem Handeln innewohnt, und die vorangestellten Demonstrativpronomina legen klar, daß die Art und Weise jeden Tuns zugleich immer Ausdruck der Grundorientierung ist und insofern eine Entscheidung über sie und die mit ihr verbundenen eschatologischen Folgen beinhaltet. Das Gewicht der Entscheidung rührt von ihrem eschatologischen Belang her. Gegenwärtiges Handeln steht in einem unmittelbaren Bezug zum eschatologischen Geschick des einzelnen. Jedem, der gemäß dem ‚Weg des Lichts' handelt, also in Gottesfurcht, ist die Verherrlichung im Reich Gottes verheißen. Der Ausdruck ἡ βασιλεία τοῦ θεοῦ ist in der griechischen Bibel überaus selten: Weish 10,10; PsSal 17,3(4)[11] und Dan 6,27 ϑ´ kommen darin überein, daß das Reich Gottes kommen wird, ewig ist und den Heiden im Gericht kundgemacht wird. Von letzterem Aspekt abgesehen, ist dieser Sprachgebrauch auch für Barn 21,1a anzusetzen. Unter dieser Rücksicht ist der Ausdruck eine Parallele zu ἡ βασιλεία Ἰησοῦ (vgl. Barn 8,5f.). In Konnex mit ἡ βασιλεία τοῦ θεοῦ kennzeichnet das Fut. δοξασϑήσεται[12] die Gabe der δόξα nicht nur als zukünftig. Vielmehr besagt die Form, daß Leben gemäß dem Maßstab Gottes im Gericht Anerkennung erfährt, nämlich die Eingliederung in die Heilssphäre Gottes; und dies geschieht durch Gott.[13] Während die δόξα, die als eschatologisches Heilsgut noch aussteht, von Gott gegeben wird, unterliegen jene, die handeln, wie es den ‚Weg des Schwarzen' kennzeichnet, kraft ihrer Taten bereits der Hinfälligkeit, die diesen hoffnungslosen, gottwidrigen Weg (vgl. 11,7) überhaupt auszeichnet. Auf diesen inneren Zusammenhang zwischen gegenwärtigem, gottwidrigem Tun und dem eschatologischen Belang der Verwerfung dieses Tuns, die ihm aufgrund der Verweigerung gegen Gott inhärent ist, macht das Präfix der Vokabel συναπολλύναι[14] aufmerksam; der Num. der Form συναπολεῖται betont, daß diese Verwerfung den einzelnen trifft.

---

[10] BAMMEL, Schema 260, zufolge ist in Barn 21,1bα.3 „der eigentliche Schluß" der Vorlage zur Zwei-Wege-Lehre verarbeitet, „der den ethischen Faden wieder aufnimmt". In Did 16 hingegen ist er durch „die Schilderung der eschatologischen Ereignisse" (ib. 259f.) verdrängt.

[11] Vgl. PsSal 17,3(4): καὶ ἡ βασιλεία τοῦ θεοῦ ἡμῶν εἰς τὸν αἰῶνα ἐπὶ τὰ ἔϑνη ἐν κρίσει.

[12] Zur Form vgl. Jes 52,13; Röm 8,17; T.Sim. 6,5; zur Verbindung von Reich Gottes und der Gabe der δόξα vgl. 1 Thess 2,12. Zur Sache vgl. auch 5 Esra 2,34b.36b.37c.

[13] Die Form δοξασϑήσεται ist als passivum divinum aufzufassen, also in Analogie zum pass. δοξασϑήσομαι in Barn 6,16, der Sache nach aber auch zum akt. δοξάζει in Barn 11,9b, wo beide Male der κύριος Subjekt ist.

[14] Die Vorstellung, daß sich der einzelne durch seine bösen Taten nicht nur ins Unrecht setzt, sondern sich selbst in eine derart umfassende Gottferne begibt, daß sie mit todsein – nämlich vor Gott – zu umschreiben ist, begegnet in zwei Varianten, die beide mit Formen von συναπόλλυμι formuliert sind. Im

Aus allem, was durch die Teilverse 1a.b als Resümee der gesamten Darstellung festgehalten wurde, erklären sich Auferstehung[15] und Vergeltung[16]. Gemäß dem Sprachgebrauch von διὰ τοῦτο in Barn 8,7b; 10,12b; 11,7b (vgl. Ps 1,5a) sowie der syntaktischen Anlage von V 1c durch die beiden reinen Nominalsätze endigt dieser erste Vers des Schlußkapitels mit zwei Kern- und Merksätzen, die die Gnosis bezüglich des Zusammenhangs von Heil und gottgehorsamem Handeln, von Auferstehung und Vergeltung festhalten. Werden beide Sentenzen[17] nicht nur als Folgerung begriffen, die zum empfohlenen Handeln motivieren, sondern als Antworten auf eine tatsächliche bzw. unterstellte Frage[18], dann bekunden beide Syntagmen, daß Auferstehung und eschatologische Vergeltung aus den Rechtsforderungen des Herrn zu erweisen sind. Von daher, also im Horizont des Christusereignisses und dessen soteriologischen Belangs sowie des Rufs zum Glauben an Gott und zu le-

---

Pentateuch liegt der Akzent darauf, daß Gott bzw. der Herr die Sünder hinwegraffen (ספה; vgl. KBL 664) wird (vgl. Gen 18,23; 19,15; Num 16,26; Dtn 29,19). Hingegen folgt in psalmistischer (Ps 25[26],9; 27[28],3f.; vgl. OrMan 2.22,13[14]) und noch deutlicher in weisheitlicher Tradition die Todesverfallenheit aus den Werken selbst, weil Gott diese längst schon verworfen hat; vgl. Weish 10,3 und insbesondere den Rat in Sir 8,15. Das Kompositum συναπόλλυμι (vgl. 20,3) bezeichnet daher ebenso wie das Simplex ἀπόλλυμι den Zustand der Gottferne, der aus dem Bruch der בְּרִית (Barn 4,7f.), der Gottlosigkeit (Barn 11,7; vgl. Ps 1,6) und der Verweigerung gegen Gottes Heilswillen (20,1) folgt. Mit Blick auf Hebr 11,31 – dem ersten christlichen Beleg der Vokabel, die bei den Apostolischen Vätern sonst fehlt, vor Barn 21,1 –, wo an Rahabs lebensrettenden (οὐ συναπώλετο) Glauben erinnert ist, wird zu folgern sein, daß Todesverfallenheit und Verdammung (vgl. OrMan 2.22,13[14]) letztlich aus dem Unglauben erwächst. In Barn 21,3 betont das Präfix des starken Fut. συναπολεῖται, daß die Vernichtung von allem, was Gottes Heil entgegensteht, mit dem Ende des Alls (vgl. τὰ σύμπαντα 15,4; τὰ πάντα 15,8) einhergeht. Weil dies am ‚Tag des Herrn' geschieht, trifft erstens das Weltende und aller Heilsantagonismen mit der zweiten Parusie zusammen, und zweitens ist wegen der Erläuterung καὶ ὁ μισθὸς αὐτοῦ mit Blick zurück auf Barn 15 eine chiliastische Hoffnung ausgeschlossen. Ohne terminologischen Bezug, aber in der Sache gleich, sprechen Dtn 32,35; Ps 33(34),22; Obd 15b.

[15] Barn 5,6f. zeigen, daß von ἀνάστασις als Sachaussage nur in Abhängigkeit von Jesu Auferstehung gehandelt werden kann (vgl. Barn 5,7). Dieser grundlegende Bezug tritt auch bei der Verwendung des Verbs zu Tage. Die Aoriste ἀναστῇ in 12,1 und ἀνέστη in 15,9 sind auf Jesu Auferstehung bezogen (näheres dazu vgl. S. 432.499f.), wogegen der Fut. ἀναστήσονται die Hinfälligkeit der Gottlosen ankündigt (vgl. Ps 1,5).

[16] Das Lexem ἀνταπόδομα (Barn 20,2; Did 5,2; vgl. Jes 1,23; Ps 68[69],23; Lk 14,12; Röm 11,9) sowie die verwandten Komposita ἀνταποδότης und ἀνταπόδοσις (vgl. BÜCHSEL, ἀνταποδίδωμι κτλ. ThWNT 2 [1935] 171) kennt der Vf. aus der Zwei-Wege-Tradition. Das Nomen ἀνταποδότης ist christlicherseits vor Barn 19,11 und Did 4,7 nicht belegt; die zeitlich nächsten Zeugnisse sind Jer 51(28),56 σ'; Chrys. hom. 22,2 in Heb.; CCP (536) ACO 3,53; Thal. cent. 1,63. Das Hapaxlegomenon ἀνταπόδοσις in Barn 14,9 fehlt sonst bei den Apostolischen Vätern; ältester christlicher Beleg ist Kol 3,24 (ἀπολήμψεσθε τὴν ἀνταπόδοσιν τῆς κληρονομίας). Für den Sprachgebrauch maßgeblich ist viererlei: Erstens: Gott bzw. der κύριος ist alleiniger Vergelter. Zweitens: diese Vergeltung geschieht im Endgericht. Drittens: die Vergeltung im Eschaton richtet sich nach den Taten des einzelnen. Viertens: die Vergeltung Gott gehorsamen Lebens besteht im Erhalt des Erbes, das für den Frommen und Gerechten schon bereitliegt. Von daher steht außer Frage, daß jene, die selbstmächtig nach Vergeltung streben (vgl. Barn 20,2f), Gott lästern. Im Kern fehlt dieser Haltung die Liebe zu Gott.

[17] Vgl. BLASS/DEBRUNNER, Grammatik § 127,1.

[18] Vgl. BAUER/ALAND, Wörterbuch, Sp. 362.

bensprägender Gottesfurcht, erscheint das Kerygma von der Auferstehung[19] und der eschatologischen Vergeltung plausibel.

Antworten beide Sentenzen auf eine supponierte Frage, dann scheint, daß V 1 im Stil von 1 Kor 7,1.8.26 komponiert ist.[20] V 1a würde somit eine vierfache didaktische Absicht verfolgen. Erstens, Einvernehmen mit den Lesern zu signalisieren. Zweitens, die Abfassung des gesamten Schriftstücks durch das fingierte Aufklärungsbedürfnis der Leser zu begründen. Drittens, an die in dieser Anfrage enthaltene Anerkennung der Autorität und Kompetenz des Vf. zu erinnern. Viertens, den Lesern zu versichern, daß alle Mitteilungen mit der vorgeblichen Grundthese der Leser, es sei gut die Rechtsforderungen der Herrn zu erforschen und danach zu handeln, übereinstimmen. Demzufolge würde sich der Vf. bereits durch V 1a mit jenem Anspruch zu Wort melden, den er in Kapitel 1 grundgelegt und in Kapitel 17 sowie in eingeflochtenen Bemerkungen bekräftigt und bestätigt hat: Er ist der Tradent apostolischer Paradosis sowie ihr berufener und bewährter authentischer Sachwalter. Daher signalisierte καλὸν οὖν ἐστιν nicht nur den Konsens mit den Lesern bezüglich der Verbindlichkeit der Schrift sowie der Gnosis vom soteriologisch-eschatologischen Zusammenhang zwischen Glaube und Handeln. Vielmehr bedeutete καλὸν οὖν ἐστίν die Zustimmung des Vf. hierzu kraft seiner Funktion, Autorität und Kompetenz, die gemeinsam von der Sache zeugen, nämlich der Paradosis, zu deren Vermittlung in der Gnosis der Vf. sich gerufen sieht.

Schlußparänese mit Selbstempfehlung (21,2–8)

2 Sofern der Vf. mit καλὸν οὖν ἐστιν die exemplarische Durchführung seines in Barn 1,1–2,3 entworfenes Projekts resümiert, ist es überaus folgerichtig, daß er mittels ἐρωτῶ zu einer Schlußparänese[21] ansetzt. Mit dieser persönlichen Anrede meldet sich der Vf. also dezidiert in seiner Funktion als Tradent sowie berufener und bewährter Sachwalter apostolischer Paradosis zu Wort. Mittels der Form ἐρωτῶ (vgl. Vv 4.8) appelliert er an die für einen ‚Apostelbrief‘ signifikante kommunikative Struktur wechselseitiger Anerkennung. Bei dem was nun folgt, handelt es sich daher nicht um unverbindliche Ermahnung. Vielmehr ist alles mit der Autorität authenischer, apostolischer Überlieferung ausgestattet. Diese erste der vier Bitten

---

[19] Barn 21,1c geht von einer allgemeinen Auferstehung zum Gericht aus (vgl. WINDISCH, Barnabasbrief 407); wie auch in Barn 5,6f. wird diese „Gnosis und Lehre (vgl. 18,1a)" (vom Vf.) nicht weiter problematisiert.

[20] Die stilistische Nähe zum Reskript in 1 Kor 7 (vgl. CONZELMANN, Korinther 139) beruht u.a. auf folgender triadischer Struktur: 1. (fiktive oder tatsächliche) Frage (vgl. Barn 21,1a), 2. (zustimmende, resümierende) Antwort mit καλόν [ἐστιν] (vgl. Barn 21,1a), 3. (kasuistischer) Diskurs über das Erfragte (vgl. Barn 21,1b.c). Vgl. hierzu insbesondere SCHRAGE, Korinther 2,54, und seine Hinweise in Anm. 13 auf die Strukturparallele bei Musonius 81–88. Zu καλόν (ἐστιν) als Einleitung eines Resümees oder einer (sentenzartigen) Regel vgl. Röm 14,21; 1 Kor 9,15; Hebr 13,9; ferner Philo, gig. 43; somn. 2,268; quaest. Ex isf. frag. 9 (καλόν ἐστιν, ἀρξαμένους καθ' ἑκάστην ἡμέραν ἀπὸ τῶν θείων καὶ ἁγίων ἔργων, ἐπὶ τὰς κατηναγκασμένας ὑπηρεσίας τοῦ βίου χωρεῖν); IgnEph 15,1 (καλὸν τὸ διδάσκειν, ἐὰν ὁ λέγων ποιῇ); Ps.-Just. qu. et resp. 434C4 (καλός ἐστιν ὁ ὀφθαλμὸς καὶ τιμιώτερος τῶν ποδῶν).

[21] Vgl. SCHNIDER/STENGER, Briefformular 78.91f.

ist an einen Personenkreis innerhalb (ἔχετε μεθ᾿ ἑαυτῶν) der Leserschaft gerichtet.[22] Er ist dadurch ausgezeichnet, daß er zugunsten anderer in der Gemeinde ‚Gutes wirken kann‘ und dies bereits tut. Liegt dieser Situationsskizze[23] und Mahnung, mit diesen Wohltaten nicht nachzulassen (μὴ ἐλείπητε), das Logion Mk 14,7 zugrunde, wofür nicht nur das ἔχετε μεθ᾿ ἑαυτῶν, sondern auch das Motiv der Wohltätigkeit (δύνασθε αὐτοῖς εὖ ποιῆσαι) innerhalb der Gemeinde spricht, dann sind mit τοὺς ὑπερέχοντας Wohlhabende[24] gemeint. Während jedoch Mk 14,7 von εὖ ποιῆσαι spricht und damit Almosen meint[25], kann die Mahnung ἐργάσησθε τὸ καλόν[26] auf Barn 21,1a und die Differenzierung der beiden Wege anspielen. Τὸ καλόν wäre somit eine Sammelbezeichnung für Werke, die den ‚Weg des Lichts‘ kennzeichnen. Dies kann konkret die Befolgung von Barn 19,8a.b.9a bedeuten, zumal die Linderung sozialer Unterschiede die bleibende Herausforderung ist, spürbar werden zu lassen, daß die Königsherrschaft Jesu (vgl. Barn 8,5f.) angebrochen ist. Doch signalisiert die Bezeichnung τὸ καλόν vielleicht auch, daß die Instruktion als Prüfstein dieses Hereinbrechens eschatologischen Heils das stete Streben einfordert (μὴ ἐλείπητε; vgl. V 8), durch Nachsinnen über die Rechtsforderungen des κύριος herauszufinden, worin in der jeweiligen Lage τὸ καλόν besteht und es zu tun.[27] Hierdurch können Wohlhabende zu Vorbildern werden. Von

---

[22] Diese Bitte hat eine auffällige Parallele in CEA 14,1 (ἐρωτῶμεν ὑμᾶς, ἀδελφοί, ὡς ἔτι καιρός ἐστι καὶ ἔχετε εἰς οὓς ἐργάζεσθε μεθ᾿ ἑαυτῶν, μὴ ἐκλίπητε …).

[23] Diese sozioökonomische Differenzierung kann freilich ein Topos sein, der auf der Grundlage von Dtn 15,11 von der immerwährenden Präsenz der Armen ausgeht und die Fürsorge ihnen gegenüber als fromme Pflicht in Erinnerung ruft. Vor diesem Hintergrund ist es sehr unwahrscheinlich, daß ἔχετε imperativisch verstanden werden will. Es ist kein Ideal, Arme und Hilfebedürftige in der Gemeinde zu haben, es ist vielmehr Realität.

[24] So das Urteil bei MÜLLER, Erklärung 376; WINDISCH, Barnabasbrief 407. Zum Sprachgebrauch vgl. Herm *vis.* III 9,5 (17,5): οἱ ὑπερέχοντες οὖν ἐκζητεῖτε τοὺς πεινῶντας ἕως οὔπω ὁ πύργος ἐτελέσθη· μετὰ γὰρ τὸ τελεσθῆναι τὸν πύργον θελήσετε ἀγαθοποιεῖν. Weil das Schiftstück keine Hinweise auf die soziale Binnenstruktur der Leserschaft enthält, werden τοὺς ὑπερέχοντας nicht in Analogie zur Bezeichnung staatlicher Machthaber in Weish 6,5b (WINDISCH, Barnabasbrief 407, will dort „Vermögende" erkennen); Röm 13,1a; 1 Petr 2,13b als Funktionsträger zu interpretieren sein, die der Vf. an eine ihrer dienstlichen Obliegenheiten, die Armenfürsorge, erinnert. Aus dem Bedingungssatz εἴ τινά μου κτλ. ist nicht zu entnehmen, daß sich der Vf. mit einer Art Hirtenspiegel an Kollegen vor Ort wendet und sie zu vorbildlicher Lebensführung anhält. Diese Parenthese ist vielmehr eine Demutsgeste, die der Vf. zwar in anderer Ausführung (z.B. περίψημα ὑμῶν in 4,9; 6,5), aber stets in derselben rhetorischen Absicht bereits wiederholt eingesetzt hat.

[25] Vgl. GNILKA, Markus 2,224. Die Doppelüberlieferung Mk 14,7 und Mt 26,11, wobei die mt Version zudem in Joh 12,8 begegnet, weist auf eine mündliche Tradition, die in mehreren Fassungen verfügbar war, wovon eine durch die Sachparallele in Barn 21,2b bewahrt ist; vgl. KÖSTER, Überlieferung 137.

[26] Die Formulierung erinnert an Röm 7,18b (τὸ γὰρ θέλειν παράκειταί μοι, τὸ δὲ κατεργάζεσθαι τὸ καλὸν οὔ) und Gal 6,10 (ἐργαζώμεθα τὸ ἀγαθὸν πρὸ πάντας, μάλιστα δὲ πρὸς τοὺς οἰκείους τῆς πίστεως). Allein deshalb ist nicht sicher, ob der Vf. die Vokabel ἐργάζεσθαι nur aus der Zwei-Wege-Tradition (vgl. Barn 19,10; Did 4,2) kennt. Zur Gegenüberstellung τὸ καλόν versus τὸ κακόν vgl. Röm 7,21 und 2 Kor 13,7.

[27] Auf den Zusammenhang mit dem Weg-Motiv und den Rechtsforderungen des κύριος weist, daß die griechischen Bibelübersetzungen mit ἐργάζεσθαι bis auf wenige Ausnahmen entweder עָבַר qal ‚dahingehen, seines Weges ziehen etc.‘ (KBL 675f.) übersetzen, oder פָּעַל ‚vollbringen, begehen, machen, tun‘, das speziell in der Bedeutung ‚Gottes Rechtsforderungen ausführen‘ (KBL 770) begegnet.

daher und im Rekurs auf das durch ἐρωτῶ festgelegte kommunikative Gefälle bedeutet die Parenthese (εἴ τινά μου κτλ.) keineswegs, daß diese Mahnung zur Diskussion steht. Angesichts des im gesamten Schreiben erhobenen Anspruchs zeugt
dieser „gutgemeinte Rat" mitnichten von Unsicherheit[28], vielmehr ist er eine zwar
höfliche, aber unzweifelhafte Direktive, die sozialen Verpflichtungen ungebrochen
wahrzunehmen. **3** Für diese Forderung, die mit der Autorität des Tradenten und
Sachwalters apostolischer Überlieferung ausgestattet ist, gibt es eine eschatologische und soteriologische Begründung sowie Motivation (vgl. Gal 6,10). Die beiden
Sentenzen ἐγγὺς ἡ ἡμέρα sowie ἐγγὺς ὁ κύριος (vgl. Phil 4,5b)[29] erklären sich
wechselseitig[30]. Die Nähe bezieht sich auf die zweite Parusie des κύριος (vgl. Barn
7,9; 15,5.7f.). Weil somit die Ergänzung der fehlenden Kopula diese Nähe des eschatologischen Heils konstatiert, ermutigen beide Sentenzen ob dieser Zusage ‚Gutes
zu wirken'. Angesichts der Begnadung, die im Christusereignis begründet ist, erinnert die Ankündigung der Wiederkunft des Herrn die Leser an ihre Befähigung,
dem Willen Gottes zu gehorchen. Sowohl der an die erste Sentenz angeschlossene
Relativsatz[31], der V 1b aufnimmt und an Barn 15,5 erinnert[32], als auch die Erweiterung der zweiten Sentenz mittels καὶ ὁ μισθὸς αὐτοῦ bekräftigen, daß jedes Werk
vor Gottes Gericht gelangt.[33] Weil jenen, die in Gottesfurcht leben, im Gericht der
Lohn[34] des Herrn verheißen ist, sollen die Leser angesichts der Nähe der zweiten Parusie den Antrieb zu konsequentem, gottgehorsamem Handeln gewinnen.
4 Die Figur[35] ἔτι καὶ ἔτι bekräftigt diese zweite Bitte aufs Nachdrücklichste. Die
Verwendung dieser üblicherweise für die Wiedergabe von direkter Rede reservierten emphatischen Figur erklärt sich aus der rhetorischen Strategie des Schriftstücks, die insbesondere in Barn 1 und nun im Schlußkapitel zum Tragen kommt.

---

[28] Anders WINDISCH, Barnabasbrief 407.

[29] Vgl. GNILKA, Philipperbrief 169.

[30] Das Motiv, daß der Tag des Herrn nahe ist, stammt aus prophetischer Tradition (vgl. Jes 13,6a; Jer
30,3a; Joël 1,15; 2,1b; Obd 15a; Zef 1,7b.14a). Gut möglich ist eine Zitatverschmelzung aus Jes 13,6a (ὀλο-
λύζετε, ἐγγὺς γὰρ ἡ ἡμέρα κυρίου, καὶ συντριβὴ παρὰ τοῦ θεοῦ ἥξει) mit Jes 40,10 (ἰδοὺ κύριος
μετὰ ἰσχύος ἔρχεται καὶ ὁ βραχίων μετὰ κυριείας, ἰδοὺ ὁ μισθὸς αὐτοῦ μετ' αὐτοῦ καὶ τὸ ἔργον
ἐναντίον αὐτοῦ).

[31] Zur Vokabel συναπόλλυμι sowie zur Bedeutung von πάντα vgl. S. 565 Anm. 14. Der Versteil kehrt
im übrigen (fast) wörtlich in CEA 14,2 als Teil der Rede des Bartholomäus wieder.

[32] Der Hinweis von WINDISCH, Barnabasbrief 407, auf Offb 20,11 trägt nur unter der Voraussetzung,
daß ὁ πονηρός gleichbedeutend ist mit ὁ διάβολος ὁ πλανῶν.

[33] Freilich nicht unter eschatologischen Vorzeichen kündigt das Moselied die Nähe des Tages der Strafe
und Vergeltung und des Verderbens an (vgl. Dtn 32,35 [= Od 2,35]). Ausdrücklich als eschatologische Ereignisse verbindet 5 Esra 2,34b–35a die Nähe des Herrn und den Lohn („In nächster Nähe ist er schon,
der zu dem Weltenende kommt. So seid bereit für königlichen Lohn.").

[34] Vgl. S. 223f. die Auslegung zu Barn 4,12.

[35] Zur Verdopplung, der Epanadiplosis, vgl. BLASS/DEBRUNNER, Grammatik § 493,1. Die Wendung
selbst ist vor Barn nicht belegt und auch sonst selten. Zeitlich nächster Beleg ist Herm *sim.* II 6b (51,6b),
wo in *vis.* IV 1,5 mit μείζων καὶ μείζων eine parallele Figur bezeugt ist. Im 4. Jh. folgt Iamb. *Theol.arith.*
39 (προσδραμεῖται δὲ καὶ προσπελάσει ἔτι καὶ ἔτι ἀεὶ τὰ κατ' ὀξεῖαν) und im 9. Jh. Phot. *fr. in Rom.*
495 (ὅτι ἔτι καὶ ἔτι προνοήσεται καὶ ὑπερασπιεῖ καὶ ῥύσεται ἐκ πάσης ὀργῆς) und ib. 630 (ἵνα ἔτι
καὶ ἔτι χορηγῆτε καὶ ταῖς χρείαις μου ὑπουργῆτε).

Der Vf. spricht in diesen beiden Rahmenkapiteln seine Leser in einer Weise an, die seinem Werk den Anspruch apostolischer Paradosis beilegt. Von daher hat ἔτι καὶ ἔτι die Funktion, jene Unmittelbarkeit zu fingieren, die z. B. in Paulusbriefen, die die Parusie des Apostel vertreten, begegnet. Weil davon auszugehen ist, daß diese Ausdrucksfigur vom Vf. stammt, zielen die Emphase und damit Lebendigkeit der Anrede einzig auf die Autorisierung der Mitteilungen. Dieses Signal direkter Rede ist ein rhetorischer Kniff der Verfasserprätention. Hierauf weist auch, daß der Bittende sich nun wieder an alle Leser wendet.[36] An sie alle richtet er drei Direktiven. Die ersten beiden sind parallel konstruiert.[37] Die Voranstellung der Reflexivpronomen ἑαυτῶν lenkt die Aufmerksamkeit sofort auf sie. Dennoch läßt dieser betonte Personalbezug offen, ob zur Autonomie jedes einzelnen geraten ist[38] oder die selbstbestimmte und eigenverantwortliche, aber gemeinsame Gesetz- und Ratgeberschaft des Leserkreises in Abgrenzung von anderen (Christen oder Juden) akzentuiert ist. Ἑαυτῶν kann allerdings auch das Pronomen reciprocum ἀλλήλων vertreten.[39] In dem Fall liegt der Akzent auf der Wechselseitigkeit. Für diese Auf-

---

[36] Anders LAMPE, Lexicon 919, der νομοθέται „of leaders of Church" gesagt sieht. Dem steht erstens entgegen, daß dann V 4 in eine erklärungsbedürftige Spannung zur Parenthese in V 2 gerät (vgl. auch die Kritik S. 570 Anm. 38 an Haeusers Auslegung), und zweitens, daß die ὑπερέχοντας nicht gemeindliche Funktionsträger, sondern Wohlhabende sind. Weshalb ausgerechnet sie – und nur sie – ermahnt werden sollten, ihre eigenen guten und verläßlichen Gesetz- und Ratgeber zu sein, ist nicht ersichtlich. Eher paßt dann schon die dritte Mahnung.

[37] Beide Empfehlungen begegnen leicht variiert in CEA 14,3: ἑαυτῶν γίνεσθε νομοθέται, ἑαυτῶν γίνεσθε σύμβουλοι ἀγαθοί.

[38] Dieser Auffassung ist MÜLLER, Erklärung 387; er schreibt: „Der Nachdruck liegt auf ἑαυτῶν, auf der freien Selbstbestimmung nach dem Gesetze der Freiheit als θεοδίδακτοι ..., nach dem paulinischen Gegensatz gegen die Werke des alten Gesetzes. IV,8, und das Joch der Notwendigkeit. II,6." Hoch erfreut notiert ein halbes Jahrhundert später WINDISCH, Barnabasbrief 407: „Ein prachtvoller Rat, der in der Geltendmachung der christlichen Freiheit noch über 2,6 hinausgeht und neben der sonst stark betonten Theonomie (vgl. noch 6) die Autonomie zur Geltung bringt." Kurz zuvor urteilte HAEUSER, Barnabasbrief 104 Anm. 1, die Leser würden mit Rücksicht auf den Relativsatz in Barn 21,2 sowie gemäß der Beteuerung des Vf. in Barn 1,8, nicht als Lehrer schreiben zu wollen, zur Autonomie ermahnt. Dieser Deutung steht freilich entgegen, was Haeuser entgangen ist, daß nämlich Barn 1,8 wie auch Barn 4,9 Gesten sind, die der Vf. gemäß rhetorischer Konventionen gezielt einsetzt, um sich von irgendwelchen Lehrern und sein Werk von beliebigen Meinungen abzugrenzen. Der Vf. vermittelt, was kein Lehrer kann: die authentische apostolische Überlieferung über den Sinn der Rechtsforderungen des Herrn, d.h. die Gnosis. Deshalb besteht zwischen dem Anspruch, den die Parenthese in Barn 21,2 erhebt, und der Instruktion in Barn 21,4 keine Spannung. Der gutgemeinte Rat (συμβουλία) des Vf. ist vielmehr Modell, wie alle füreinander verläßliche Ratgeber (σύμβουλοι πιστοί) bleiben sollen. Aus wirkungsgeschichtlicher Perspektive bringt sich in den Kommentaren von Müller, Windisch und Haeuser, und zwar legitimerweise, weil unvermeidlich, die in evangelischer Kirchlichkeit entwickelte und von ihr wiederum geprägte Paulusexegese zu Gehör. Dies bestätigt u. a. der Verweis von Windisch auf das Diktum von Martin Luther: *habito Christo facile condemus leges et omnia recte iudicabimus. Imo novos decalogos faciemus, sicut Paulus facit per omnes epistolas et Petrus, maxime Christus in evangelio* (Quinque disp. I 52f. [Erlanger Ausg. 1535, 4,381]). Unter diesen Vorzeichen, wird mit geschärftem Blick aber auch bereitwillig die feste Glaubensüberzeugung aufgefunden, daß Begnadung sich in christlicher Freiheit sowie in der Befähigung aller, das Wort Gottes zu verstehen, zu verkünden und demgemäß zu handeln, bekundet.

[39] Vgl. MAYSER, Grammatik II.1 § 16,2; BLASS/DEBRUNNER, Grammatik § 283.287; BAUER/ALAND, Wörterbuch, Sp. 428.

fassung der beiden Pronomina sprechen erstens die summarische Anrede ἐρωτῶ ὑμᾶς, zweitens der terminologische Konnex zur Parenthese in V 2, demzufolge der Ratschlag des Vf. (συμβουλία)[40] Modell dafür ist, wie die Leser einander Ratgeber bleiben sollen (σύμβουλοι πιστοί) und drittens der Gleichklang mit den Anweisungen und Warnungen in Barn 4,10f., nämlich zusammenzukommen und sich über die Rechtsforderungen und Gebote des κύριος zu besprechen. Somit würden die ersten beiden Glieder sowohl dazu ermutigen, ob der Geistbegnadung und der nun erlangten Gnosis über die Rechtsforderungen des Herrn nachzuforschen und dem Willen Gottes gemäß zu leben, als auch dazu ermahnen, diese Befähigung als Berufung in und für die Gemeinschaft aufzufassen und zur Wirkung kommen zu lassen. Alles was gemeinsames Nachsinnen erbringt, muß nach seiner ekklesiologischen Bedeutsamkeit befragt werden. Der Sinn wäre demzufolge: ‚Werdet füreinander gute Gesetzgeber, bleibt füreinander zuverlässige Ratgeber‘.[41] Folgt man dieser Akzentgebung, greift das Ideal des selbstbestimmten Weisen, das z.B. Philo und Epiktet zeichnen und Irenäus bezeugt[42], als Erläuterung für Barn 21,4 nur noch bedingt. Die in den beiden ersten Gliedern bereits signalisierte Restriktion der Autonomie des Geistbegnadeten auf die Gemeinschaft derer, die alle kraft ihres Christseins mit Pneuma begnadet sind und ebenso Gnosis haben, bekräftigt diese dritte Mahnung und erweitert sie unter Bezug auf Barn 19,2e und 20,1b. Sie erinnert daran, daß Glaube und Handeln konsistent sein müssen (vgl. ἀγαθοί; πιστοί), denn eine Glaubenspraxis, die von einem anderen Glauben zeugt, wie auch Handeln, das nicht mit dem bekundeten Glauben übereinstimmt, macht den Glauben selbst unglaubwürdig. Kirche gibt sich also dadurch zu erkennen, daß in ihr stets (γίνεσθε, μένετε) und offen sowie kommunitär und mit Blick auf die Gemeinschaft (ἑαυτῶν; ἄρατε … πᾶσαν ὑπόκρισιν) die pneumatische Befähigung aller (γίνεσθε νομοθέται ἀγαθοί; μένετε σύμβουλοι πιστοί) zur Geltung gebracht wird. **5** Der fürbittende Segenswunsch[43] ist ein fester Bestandteil epistularer Schlußparänesen; oftmals schließt er diese ab.[44] Das Adversativum δέ ist hier keine Übergangsfloskel. Es stellt der eindringlichen (ἔτι καὶ ἔτι ἐρωτῶ), dreigliedrigen Bitte an die Leser in V 4 nun die Bitte an Gott für die Leser gegenüber (ὁ δὲ θεὸς … δῴη ὑμῖν). Das Grundgerüst dieser dritten Bitte der Schlußparänese erinnert an Eph 1,17, wo zudem die σοφία als erste Gabe erbeten wird.[45] Der erklä-

---

[40] Die Vokabel fehlt in der neutestamentlichen Literatur, bei den Apostolischen Vätern begegnet sie nur hier. Maßgabe ist Ps 118(119),24.

[41] Man ist versucht, hierin das Kriterium der οἰκοδομή und des οἰκοδομεῖν zu sehen, das Paulus der korinthischen Gemeinde als Maßstab für die Beurteilung von Zungenrede und Prophetie vor Augen stellt (vgl. 1 Kor 14,3–5.12; ferner Kol 3,16b).

[42] WINDISCH, Barnabasbrief 407, verweist auf Philo, *op.* 148; *prob.* 91; *Abr.* 4–6; *Mos.* 1,162; *spec.* 4,150.193; Epict. *Fr.* 97; Iren. *Epid.* 96.

[43] Die Vv 5.6 zitiert wörtlich Clem. *str.* II 18,84,3, und meint, sie seien μυστικῶς gesprochen.

[44] Vgl. SCHNIDER/STENGER, Briefformular 87–92.

[45] Für die Bitte allein (δῴη ὑμῖν) wäre noch 2 Thess 3,16 zum Vergleich heranzuziehen. Dem tut kein Abbruch, daß 2 Thess 3,16 δῴη ὑμῖν liest, also den Frieden als zwar zukünfig bestimmt, aber als sichere Gabe zusagt. Die Textzeugen von Barn 21,5 sind an dieser Stelle aus zwei Gründen wenig verläßlich: G1 (v) schreibt das iota subscriptum fast nie und so auch hier nicht; G1 (o) trägt das Zeichen akkurat nach,

rende Relativsatz (ὁ τοῦ παντὸς κόσμου κυριεύων)[46] bekennt wie dessen sachliche Parallele in Barn 5,5, Gott als den Herrn der ganzen Welt.[47] Diese Qualifizierung des Gebers ist hinsichtlich seiner von ihm erbetenen Gaben zu lesen. Total überlegen wie Gott[48] ist auch die Gnosis seiner Rechtsforderungen, weil diese auf ihn zurückgeht. Gegenstand der Bitte sind zuerst die Güter aus Barn 2,3 und dann die Geduld, die Barn 2,2 zufolge einer der Helfer ‚unseres' Glaubens, und insofern Voraussetzung der Gnosis ist. Beide Rekurse sind nicht zufällig, sondern sie bewirken gezielt eine Klammerung mit dem Einleitungskapitel. Indem als Gegenstand der Gnosis die Rechtsforderungen Gottes[49] bestimmt werden, sind beide Hauptteile des Schriftstücks in den Blick genommen.[50] Weil die drei anderen „intellektuellen"[51] Tugenden der Gnosis zustreben und ebenso auf deren Gegenstand ausgerichtet sind, zielt die Bitte an Gott darauf, daß sich alles Trachten und Sinnen auf seine Rechtsforderungen richten möge. Die Rechtsforderungen Gottes zu verstehen, ist daher Gnade, wobei Barn 6,10b zufolge diese Begnadung nur in der gläubigen Haltung gegenüber dem κύριος ihr Ziel findet. Nur in dieser steten Orientierung an Gott, die selbst wiederum als Gnadengabe erbeten ist, nämlich als Geduld (ὑπομονή), vermag sich die Gnosis im konkreten Gehorsam gegenüber dem Willen Gottes zu bewähren.

6 Mit dem θεοδίδακτοι bringt der Vf. auf den Begriff, was seine Leser erreichen sollen (γίνεσθε).[52] Das Kompositum ist erstmals in 1 Thess 4,9b belegt.[53] Es

---

doch nicht an dieser Stelle. Auch H zeigt den Modus hier wie auch sonst oft beim ω nicht an. א schließlich macht darauf aufmerksam, daß in der Majuskelzeit ohnedies keine Festlegung geschehen war. Für den Konjunktiv statt des Optativs wird man sich aber deshalb entscheiden, weil er besser zur Bitte paßt und weil in der längeren Parallelsequenz, also in Eph 1,17, ebenfalls δῴη steht.

[46] Die Vokabel κυριεύειν, die sonst im Barn (6,18; 7,11) auf die Leser verwandt wird, ist vom Kompositum κατακυριεύειν her zu erklären. Grundlage ist das Zitat aus Gen 1,28 in Barn 6,13, das Gottes königliche Souveränität zum Vorbild für den Herrschafts- und Kulturauftrag an die Menschen nimmt (vgl. 6,17). Deshalb wird das Part. κυριεύων, zumal in Verbindung mit der Allformel ὁ τοῦ παντὸς κόσμου, Gott als den Schöpfer und den Souverän seiner Schöpfung in Erinnerung bringen.

[47] Vgl. S. 241 die Auslegung der Parenthese in Barn 5,5 sowie S. 337f. im Exkurs „Christologie und Soteriologie im Barnabasbrief".

[48] Vgl. Herm *sim.* IX 23,4 (100,4).

[49] Der Vf. macht keinen Unterschied zwischen ‚Rechtsforderungen Gottes' (vgl. 1,2;4,11; 16,9; 21,5) und ‚Rechtsforderungen des Herrn' (2,1; 10,2.11; 21,1). Der Sprachgebrauch ist kontextbedingt; vgl. S. 152f. die Auslegung zu Barn 1,2 und S. 162 zu Barn 2,1.

[50] Eine komplexere, aber wenig überzeugende Erklärung für die Viererreihe in 21,5 aus rabbinischer Tradition (Tetra- bzw. Dodekagrammaton) referiert HAEUSER, Barnabasbrief 104f. Anm. 3. Unzutreffend daran ist vor allem, daß Gott anstelle von ‚Barnabas' als „Lehrer … auf die Leser einwirken" (ib. 105) soll. V 5 ist eine Bitte um Gottes Segen, nicht um eine didaktische Maßnahme. Dem steht auch V 6 nicht entgegen, denn θεοδίδακτοί bezeichnet jene, denen dieser Segen zuteil geworden ist und die daher fähig sind, aus den Rechtsforderungen ihre Lehre zu ziehen und danach zu handeln.

[51] WENGST, Tradition 13.

[52] Die Bezeichnung θεοδίδακτοι hat bereits den Kompilator der CEA beeindruckt (vgl. CEA 14,2). Sie gilt ihm gewissermaßen als Summe und Siegel jener Mahnungen, die auffällig Barn 21,2–4 gleichen. Sofern die Bartholomäussätze zur Wirkungsgeschichte des Barn gehören, zeigt sie, daß V 6 schon früh, ohne V 5 zu beachten, auf V 4 bezogen wurde.

[53] Abgesehen vom Zitat von Barn 21,5 in Clem. *str.* II 18,84,3 sowie CEA 14,2, wo θεοδίδακτοι ebenfalls von γίνεσθε regiert ist, weisen alle frühen patristischen Belege auf 1 Thess 4,9b (αὐτοὶ γὰρ ὑμεῖς

kann eine Wortschöpfung des Paulus sein. In ihr mag sich älteste Gemeindetradition niedergeschlagen haben, die in der Kirche die Heilsverheißung des Deuterojesaja, daß alle Söhne des neuen Jerusalems von Gott Unterrichtete sein werden (vgl. Jes 54,13)[54], verwirklicht sah.[55] Dies ist der entscheidende Unterschied zu Barn 21,6: θεοδίδακτοι zu sein, ist hier das Ziel, nicht ein Zustand. Der Aufruf γίνεσθε δὲ[56] θεοδίδακτοι trifft den Sachverhalt sehr genau, denn Gott ist in zweifacher Hinsicht der Urheber der Belehrung. Zum einen durch den Inhalt, seine Rechtsforderungen (vgl. Barn 1,7a; 2,1; 5,3; 7,1), und zum anderen durch die Geistbegnadung (vgl. Barn 1,2; 8,7; 10,12), die dazu befähigt, seine Rechtsforderungen zu erforschen und ihnen gemäß zu handeln (vgl. Barn 4,1). Dieser zweite Aspekt relativiert daher den passivischen Sinn des Verbaladj., das ihm das vorangestellte Nomen unterlegt.[57] Θεοδίδακτοι zu sein, ist kein Heilsstand, den Gott wirkt, sondern ein Kennzeichen der Lebens- und Glaubenssituation, das allen, denen Gott die Gnade geschenkt hat, durch zwei untrennbare Vollzüge zukommt: zum einen durch die Erforschung dessen, was der Herr fordert[58], zum anderen mittels der Befolgung dieser Forderungen. In diesem Sinne werden die Leser von Gott Gelehrte wie es auch der Vf. seiner Selbstvorstellung in Barn 1,4 gemäß ist. Indem sie sich als von Gott Gelehrte erweisen, wissen sie sich als jene, denen die Heilszusicherung, daß sie Gnosis (der Rechtsforderungen) des κύριος besitzen werden (vgl. Jer 31,34b–4; 2 Kor 3), gegolten hat. Wie die Mahnung (γίνεσθε δὲ θεοδίδακτοι ἐκζητοῦντες κτλ.) auf Barn 21,1a rekurriert, so der Finalsatz auf Barn 21,1b. Nachsinnen über die Rechtsforderungen des Herrn und Gottesgehorsam sind stets auf das Eschaton bezogen, weil beides die Zeit der Kirche kennzeichnet und diese vom eschatolgischen Heilswillen Gottes umschlossen ist. Hierauf weist das absolut gebrauchte εὑρεθῆτε; es ist als passivum divinum aufzufassen. Die eschatologischen Ausrichtung bringt also die Theozentrik von zwei Seiten zu Gehör: Von seiten der pneumatischen Begnadung und von seiten des Gerichts. Liegt hierauf der Akzent, dann ist es zu verschmerzen, daß weder Modus (als Gerechte) noch Ort (am rechten Platz)[59] genannt sind. Aufgrund der diversen Festlegungen (4,1.9b.12.14; 5,4; 7,11;

θεοδίδακτοί ἐστε); für sie ist das ἐστε maßgeblich (vgl. Tat. *orat.* 29; Clem. *paed.* I 6,27,3; 6,37,2; *str.* I 20,98,4; II 11,48,3; VI 18,166,4; *q.d.s.* 20,2; Thphl.Ant. *Autol.* 2,9; Or. *comm. in Rom.* 31,55.58).

[54] Jes 54,13: καὶ πάντας τοὺς υἱούς σου διδακτοὺς θεοῦ καὶ ἐν πολλῇ εἰρήνῃ τὰ τέκνα σου.

[55] Vgl. HOLTZ, Thessalonicher 174, der u. a. auf das freie Zitat von Jes 54,13 in Joh 6,45 (διδακτοὶ θεοῦ; vgl. dazu OBERMANN, Schrift im Johannesevangelium 151 Anm. 3) sowie auf 1 QH 7,10 und PsSal 17,32 hinweist. Zur Sache vgl. ferner CD 20,4b; 1 QH 2,39; 7,14; 8,36.

[56] Im Unterschied zu Barn 21,5 (ὁ δὲ θεός) ist die Konjunktion δέ hier und in V 7 (εἰ δὲ τίς ἐστιν) bloße Übergangspartikel; vgl. BLASS/DEBRUNNER, Grammatik § 447,1f.

[57] Vgl. BLASS/DEBRUNNER, Grammatik § 117,2.

[58] Auf das Wortspiel ἐκζητοῦντες – ζητεῖ wies WINDISCH, Barnabasbrief 408, bereits hin. Ebenso wie bei der anderen Annominatio οὐ πονοῦντες ἐπὶ καταπονουμένῳ in Barn 20,2g ist nicht erkennbar, daß der Vf. mit diesen Klangfiguren eine weitergehende rhetorische Absicht verbunden hat.

[59] Vgl. WINDISCH, Barnabasbrief 408, der eine solche Ergänzung durch den ἵνα-Satz gefordert sieht. Beispiele dafür nennt MÜLLER, Erklärung 379: „Sonst steht dabei πιστὸς, εἰς ἔπαινον, ἐν τῇ βίβλῳ (Apoc. XX,15), οὐχ εὑρεθήσονται ἐν ἡμέρᾳ ἐλέου δικαίων" PsSal 16,6; vgl. ferner Lk 15,25; Offb 12,8; 18,21; 20,11.

8,6; 10,11; 11,7; 16,9f.) ist klar, wer einzig von Gott ‚gefunden werden wird' (εὑ-ρεϑῆτε). Θεοδίδακτοι ist also eine Kurzformel dafür, daß die Theonomie der Ursprung und die Grundlage[60] sowie das Ziel der auf die Gemeinschaft verpflichteten Autonomie[61] ist.

7 folgt die vierte Bitte, die in Anlehnung an die in Schlußparänesen häufige Bitte um das fürbittende Gebet der Gemeinde[62] um die Gunst der Leser nachsucht (ἐρω-τῶ ὑμᾶς χάριν αἰτούμενος). Unter kompositorischer Rücksicht ist sie das Pendant zur Fürbitte für die Leser in V 5. Die in V 5 von Gott erbetenen Güter, die die Grundlagen für die Mahnung in V 6 sind, bilden den Bezugspunkt für das Demonstrativum ταῦτα. Folglich sollen sich die Leser der Erforschung der Rechtsforderungen des Herrn, der Gnosis also, sowie der Befolgung seines Willens, also eines vom Glauben getragenen, gottgehorsamen Handelns, befleißigen (μελετῶντες). Sich um die Gnosis zu sorgen und Handeln gemäß dieser Gnosis sind die Mittel, um der Bitte des Vf. nachzukommen. Hierzu wird dieses Mühen für die Sache dreifach interpretiert. Es ist erstens ein Gedenken des Guten (ἀγαθοῦ μνεία). Wegen des Sachbezugs ist ausgeschlossen, daß mit dem konditionalen Einsatz εἰ δέ τίς ἐστιν vorgeschrieben ist, dieses ἀγαθοῦ μνεία solle nur oder insbesondere innerhalb liturgischer Vollzüge geschehen. Gedenken des Guten ist vielmehr eine grundlegende Tugend, um die es stets sich zu mühen gilt.[63] Daher ist auch Nachsinnen über die Rechtsforderungen und demgemäßes Handeln eine ständige Aufgabe. Sich ihr zu unterziehen bedeutet zugleich, sich dessen zu erinnern, der die Gnosis vermittelt hat. Die Aufforderung[64] μνημονεύετέ μου ist im Horizont des Verfasseranspruchs zu lesen. Sie will nicht das Gedenken des Guten personell vereinnahmen, sondern lenkt das Augenmerk darauf, was der Vf. den Lesern als Richtschur vermittelt hat: die Gnosis der Rechtsforderungen des Herrn und die Gnosis der zum eschatologischen Heils führenden Werke. Μνημονεύετέ μου fordert also, die apostolische Paradosis, die der Vf. mitgeteilt hat, als Maßstab allen Nachsinnens und Handelns zu bewahren. Daß der Imper. darauf zielt, bestätigt der folgende Finalsatz. Er wirkt eigenartig distanziert. Läge der Akzent auf dem Personalpronomen der Mahnung, dann wäre hier ein expliziter Bezug auf den Vf. zu erwarten, der das Verlangen und die Sorge deutlicher auf die Absichtserklärung in Barn 1,4f. zurückführen würde. Von Bedeutung ist einzig die Funktion, die der Vf. zugunsten der Leser wahrgenommen hat. Sie skizziert der Finalsatz. Es ist also sein Dienst als Tradent und authentischer Sachwalter der apostolischen Überlieferung, unter deren Rücksicht das μνημονεύετέ μου gilt. Indem die Leser beherzigen, was Barn 21,1a

---

[60] Vgl. WINDISCH, Barnabasbrief 408.

[61] Deshalb ist es verkürzt, wenn MÜLLER, Erklärung 387, für die „Sache" auf Barn 16,9b (αὐτὸ ἐν ἡμῖν προφητεύων κτλ.) verweist. ‚Gottunterwiesener' zu sein bedeutet auch, Barn 4,10b.11 und Barn 21,4 gemäß zu handeln. Daher besteht kein Widerspruch zu Barn 2,6; 4,8c; 14,4.

[62] Vgl. SCHNIDER/STENGER, Briefformular 78–80.

[63] Vgl. Phil 4,8b: εἴ τις ἀρετὴ καὶ εἴ τις ἔπαινος, ταῦτα λογίζεσθε. Näheres dazu vgl. GNILKA, Philipperbrief 219–222.

[64] Wegen des folgenden ἵνα-Satzes und der abschließenden Bitte ist sichergestellt, daß μνημονεύετε als Imper. aufzufassen ist.

als καλόν ἐστιν resümiert hat, und dabei immer auf der Grundlage, die der Vf. mit seiner Schrift gelegt hat, bleiben, gedenken sie des Guten und gedenken sie seiner.[65] Sofern die Bitte zu V 7 genommen wird[66], interpretiert sie die gute Aufnahme des Schriftstücks bei den Lesern als Gunsterweis für den Vf. Erst wenn die Leser seine Mitteilung der Gnosis beherzigen, gelangt sein Dienst zur Durchführung, zu welchem sich der Vf. aufgrund der Geistbegnadung, aber auch der defizitären Gnosis der Leser verpflichtet sah (1,4). Μελετῶντες ταῦτα bestimmt somit die Voraussetzung dafür, daß ihm sein Tradentendienst entlohnt wird (1,5).

8 Τὸ καλὸν σκεῦος ist wie auch sonst (vgl. Barn 7,3; 11,9) Ausdruck für σάρξ[67], wobei hier speziell auf die Leiblichkeit als Kondition des ‚in-der-Welt-seins' (μεθ' ὑμῶν) abgehoben ist. Ἕως ἔτι lenkt also das Augenmerk auf die Lebenszeit des einzelnen.[68] Sie ist die Perspektive, aufgrund der ihn die Mahnung in seiner Lebensgegenwart unmittelbar angeht. Weil ferner die Gegenwart die eschatologisch letzte Etappe vor dem Gericht ist, steht zudem alles, was jetzt geschieht, unter dem Vorzeichen seiner heilsentscheidenden Bedeutung (vgl. Barn 4,9b). Im Kontext des gesamten Schriftstücks gesehen, bestimmt also der erste Teilvers, weshalb und mit welchem Belang die folgende Mahnung jedem gilt. Mittels μηδενί, συνεχῶς und πᾶσαν ist auf diese Instruktion aller Nachdruck gelegt. Die Trias will Ernst und Tragweite der Mahnung einschärfen und motivieren, diesem Aufruf Folge zu leisten.[69] Vor allem wegen des Imper. ἐκζητεῖτε werden mit ταῦτα die Rechtsforderungen des Herrn anvisiert sein.[70] Von ihnen gilt ebenso wie von den Geboten (des

---

[65] Diese Interpretation der Bitte um Gedenken gilt auch angesichts der vom Vf. mit Stolz präsentierten Auslegung der griechischen Numerale ΙΗ Τ für 318 in Barn 9,7–9. Das „Tradentenethos" aus Barn 21,7 besitzt insbesondere in der rabbinischen Literatur Parallelen; in Aboth 6,3 heißt es: „Wer von seinem Nächsten nur einen Abschnitt, einen Lehrsatz, einen Schriftvers oder auch nur einen Buchstaben [vgl. Barn 9,7–9] lernt, muß ihm Ehrung erweisen." Für die Väter der Mischna bezieht sich dieses ‚Lehren und Lernen' freilich auf die Tora; daher dekretiert Aboth 6,3 zum Schluß: „Ehrung gebührt nur der Tora." Exakt dies ist die Parallele: Indem die Leser Schrift, Paradosis und die vom Vf. modellhaft bekundete Gnosis beherzigen gedenken sie seiner.

[66] PRIGENT/KRAFT, Épître de Barnabé 217, ziehen diese Bitte zu V 8, so daß er ihr Inhalt ist.

[67] Vgl. den schöpfungstheologisch konnotierten, verwandten Ausdruck τὸ καλὸν πλάσμα ἡμῶν in Barn 6,12.

[68] Vgl. Sir 33,21a (ἕως ἔτι ζῆς καὶ πνοὴ ἐν σοί, μὴ ἀλλάξῃς σεαυτὸν ἐν πάσῃ σαρκί); 2 Clem 16,1 (Ὥστε, ἀδελφοί, ... καιρὸν ἔχοντες ἐπιστρέψωμεν ἐπὶ τὸν καλέσαντα ἡμᾶς θεόν, ἕως ἔτι ἔχομεν τὸν παραδεχόμενον ἡμᾶς); ähnlich auch IgnSm 9,1a (Εὔλογόν ἐστι λοιπὸν ἀνανῆψαι ἡμᾶς, ὡς ἔτι καιρὸν ἔχομεν εἰς θεὸν μετανοεῖν).

[69] WINDISCH, Barnabasbrief 408, erwägt, daß μὴ ἐλλείπητε μηδενὶ αὐτῶν „auch Fürsorge für alle Glieder der Gemeinde meinen" kann. Für diese Deutung spricht die gleichlautende Mahnung an die Wohlhabenden in V 2. Der Teilvers hätte also den Sinn ‚übersieht keinen' bzw. ‚übergeht niemanden'. Dieser Deutung steht entgegen, daß erstens ab V 4 alle Leser angesprochen sind und zweitens das Pronomen einfacher sowohl auf die Rechtsforderungen des Herrn zu beziehen ist, die in V 7 mittels ταῦτα präsent sind, als auch auf die vom Vf. mitgeteilte Gnosis, die der Finalsatz in V 7 summarisch in den Blick nimmt.

[70] Gegen die Annahme, der Vf. wolle mittels V 8 sicherstellen, „daß seine Schrift auch wert gehalten, fleißig gelesen und befolgt werde" (WINDISCH, Barnabasbrief 408) spricht die Vokabel ἐκζητεῖν, die als Aufforderung an die Leser gerichtet bzw. als Mahnung, die Vf. und Leser gemeinsam angeht, sonst im Barn immer die Rechtsforderungen Gottes bzw. des Herrn zum Gegenstand hat (vgl. 4,1; 19,10; 20,6).

Herrn), daß nichts davon außer acht gelassen werden darf. Mit Blick auf die Teilhabe am eschatologischen Heil kann sich niemand davon dispensieren, beständig über den Willen Gottes nachzusinnen und ihm ganz gehorsam zu sein, ohne sein Heil aufs Spiel zu setzen. Die Rechtsforderungen des Herrn und seine Gebote treffen den einzelnen im Alltag der Welt. Für diesen stets gegenwärtigen Anspruch gibt es einen schlichten Grund: Die Sache ist es wert.

Eschatokoll (21,9)

9 Daher war es eine innere Notwendigkeit (διὸ μᾶλλον κτλ.)[71] über das zu schreiben, was diese Sache betrifft (vgl. 1,4). Ihre einzigartige Bedeutung begründet auch die besondere Anstrengung (μᾶλλον ἐσπούδασα), die der Vf. auf sein Schreiben verwendet hat (vgl. 1,5b). Deshalb verdient es Beachtung. Der Relativsatz reiht sich in die Gesten der Verfasserprätention ein (vgl. 4,9a; 17,1), wodurch dem Schreiben selbst der Anspruch apostolischer Paradosis beigelegt ist. Diese mitzuteilen, und zwar hinsichtlich der Rechtsforderungen und Gebote des Herrn, soweit sie geschrieben stehen, ist der Zweck des Schreibens.[72] Verglichen mit dem hohen Anspruch, den die Schlußparänese eingeschärft hat, wirkt der Schlußgruß des Teilverses 9b im ersten Moment etwas blaß. Doch signalisiert der Zuruf σῴζεσθε, der hier tatsächlich nur als Gruß gedacht ist[73], durch Person und Num. sogleich, daß der Vf. sich der Aufgabe und dem Anspruch gemäß an seine Leser wendet, die sich beide aus jener Autorität herleiten, die in der Sache liegt; jener Sache nämlich, die auch sein Schreiben begründet und die es zum Inhalt hat. Der Vf. wünscht seinen Lesern Wohlergehen kraft seiner Funktion als Tradent und authentischer Sachwalter der apostolischen Überlieferung. Dieses kommunikative Gefälle, das in Barn 1 grundgelegt wurde, bestätigt die Grußanrede τέκνα. Für den Vf. sind die Leser ‚Kinder‘, insofern sie Christen sind. Die (rahmende) Bestimmung der Leseranrede τέκνα mittels der beiden Gen. (ἀγάπης … καὶ εἰρήνης) steckt soteriologisch, ekklesiologisch und eschatologisch den christlichen Lebenshorizont ab.[74] Heilsstand und Hoffnung, deren Ursprung im Christusereignis durch diese terminologische und inhaltliche Klammerung mit Barn 1,1 in Erinnerung gebracht ist, bestimmt der Schlußgruß als Konstituenten der Kirche.

Gemäß epistularer Konvention schließt das Schreiben mit einem Segenswunsch (V 9c).[75] Der Vf. wünscht seinen Lesern die Zuwendung des κύριος. In diesem Zuspruch tritt die gewollte Unschärfe des κύριος-Begriffes nochmals prägnant

---

[71] Vgl. BAUER/ALAND, Wörterbuch, Sp. 399.992; PAPE, Wörterbuch 2,86f. Zur Verbindung von διό mit dem Komp. μᾶλλον am Satzanfang vgl. Or. *sel. in Ps.* 18 (PG 12,1245) und 2 Petr 1,10, wo zudem das Lexem σπουδάζειν verwendet ist.

[72] Den nur von ℵ* und H angemerkten Zweck des Schreibens, nämlich die Leser zu erfreuen, nimmt Barn 1,8 auf und steht aufgrund der Absicht, den Lesern vollkommene Gnosis mitzuteilen (vgl. 1,8) und sie zum Nachsinnen über die Rechtsforderungen des Herrn anzuleiten und zu ermahnen, in Verbindung mit 4,11 und 10,11. Nachsinnen über die Rechtsforderungen bewirkt Freude bzw. ist ihr Werk.

[73] Vgl. WINDISCH, Barnabasbrief 408.

[74] Clem. *str.* II 18,84,3 sah darin die Titulation des ‚wahren Gnostikers‘.

[75] Vgl. SCHNIDER/STENGER, Briefformular 131–135.

hervor. Zum einen ist die Bezeichnung ὁ κύριος τῆς δόξης[76] durch die Genitivbestimmung zweifelsohne Gottestitel, denn die δόξα ist Gottesattribut[77]. Der Ausdruck ist daher Substitut für ὁ θεὸς τῆς δόξης[78]. Auf Gott bezogen, und damit als Übersetzung von כָּבוֹד (vgl. KBL 421f.), benennt δόξα die Herrlichkeit Gottes in ihrer Wucht und Macht. Weil hierdurch eine Deutung von Gottes Handeln geschieht, schlägt das Wort die Brücke zu zentralen Aussagen der Schrift über Gottes Leben und Wirken. Zum anderen konstatiert Barn 12,7 die δόξα Jesu. Weil der κύριος als Subjekt der Zuwendung einzusetzen ist, bekennt dieser Segenswunsch, daß Heilsgegenwart und Heilszukunft der Christen am κύριος hängen und bringt hierbei Jesus als den heilsgeschichtlich-personalen Träger des gesamten Heilsgeschehens in Erinnerung. Heil kam und kommt immer vom κύριος. Insofern versteht es sich von selbst, daß alle Gnade auf den κύριος zurückgeht.[79] Deshalb wird als Inhalt der Zuwendung auch nicht χάρις oder εἰρήνη zugesprochen; die Zuwendung ist vielmehr die Heilsgegenwart überhaupt. Diese beinhaltet und verheißt freilich alle Heilsgüter. Die Widmung des Segens stammt aus paulinischer Tradition (Gal 6,18; Phil 4,23; Phlm 25; vgl. 2 Thess 4,22) und ist wohl mit Bedacht gewählt. Sie greift auf die in Barn 1 den Lesern zugesprochene Geistbegnadung sowie deren Grundlegung im Christusereignis zurück und beansprucht zugleich in Korrespondenz mit der Leseranrede in Barn 1,1 für das Schreiben die Authentizität und Relevanz apostolischer Überlieferung. Die Grundlagen sowie die tragende Hoffnung der Kirche bestimmen somit den Ausgang des Schreibens.

---

[76] Zwar fehlt auch der Ausdruck der Form nach vor Barn, doch ergibt sich vielfach aus dem Kontext, daß dem κύριος die δόξα zugehört; vgl. Num 24,11; Ex 40,34f.; 2 Chr 5,13; Tob 12,12.15; vgl. Ps 23(24),8.10; zitiert bei Or. *exc. in Ps.* 23,10 (PG 17,116); *sel. in Ps.* (PG 12,1268f.); *fr. in Ps.* 23,10; ferner Ps 28(29),3; 101(102),17; Jes 4,2; 6,3b (= 1 Clem 34,6b) passim; Jer 23,9; Ez 1,28; PsSal 5,19; 11,8; 17,31; ApcMos 37,2; grHen 22,14; 27,3; T.Lev. 8,11; Philo, *quaest. Ex.* 2 fr. 47. Christlicherseits erscheint die Bezeichnung in 1 Kor 2,8; 2 Kor 3,18; 2 Thess 2,14. In Jak 2,1 ist τῆς δόξης wohl Gen. qual. und meint „in seiner Herrlichkeit" (vgl. DIBELIUS, Jakobus 160). Nach Barn 21,9c findet sich die Bezeichnung innerhalb der christlichen Literatur zuerst bei Ps.-Just. *ep. Zen. et Ser.* 515C und Clem. *exc. Thdot.* III 43,4, der Phil 2,11 (vgl. Röm 14,11; Jes 45,23b) zitiert und zwischen κύριος und Ἰησοῦς Χριστός die Bestimmung τῆς δόξης einfügt. Beide patristischen Zeugnisse verstehen die Bezeichnung wohl bereits titular.

[77] Vgl. Ps 78(79),9; Jes 4,2; Bar 5,9; Phil 4,19; Eph 1,17; Barn 3,4; Just. *dial.* 34,6; 64,6.

[78] Vgl. Ps 28(29),3; ApcMos 21,6; 43,4; grHen 9,4; 25,7; PsSal 11,6; Arist. 269,5; grBar 4,16; Apg 7,2. In griechisch erhaltenen, alttestamentlichen Pseudepigraphen schließlich sind die Titel geradezu synonym verwendet; vgl. insbesondere grHen 22,14; 27,5 (τότε ηὐλόγησα τὸν κύριον τῆς δόξης); 25,7 (τότε ηὐλόγησα τὸν θεὸν τῆς δόξης).

[79] Vgl. S. 153 die Auslegung zu Barn 1,2f.

Literaturverzeichnis

Die benutzten Abkürzungen entsprechen denen von S. M. Schwertner, Internationales Abkürzungsverzeichnis für Theologie und Grenzgebiete (IATG²), Berlin, New York ²1992; die aufgeführten Titel werden mit Verfasser- bzw. Herausgebernamen, Kurztitel und Seitenzahl zitiert.

1. Editionen, Übersetzungen und Kommentare

BACKHOUSE, J. H., The Editio Princeps of the Epistle of Barnabas by Archbishop Ussher as printed at Oxford, A.D. 1642, and preserved in an imperfect form in the Bodleian Library. Oxford 1883.

BAUMSTARK, A., Der Barnabasbrief bei den Syrern. OrChr.NS 2 (1912) 235–240.

ΒΡΥΕΝΝΙΟΣ, Φ. (Hg.), Διδαχὴ τῶν δώδεκα ἀποστόλων, ἐκ τοῦ ἱεροσολυμιτικοῦ χειρογράφου νῦν πρῶτον ἐκδιδομένη μετὰ προλεγομένων καὶ σημειώσεων, ἐν οἷς καὶ τῆς Συνόψεως τῆς Π. Δ., τῆς ὑπὸ Ἰωάνν. τοῦ Χρυσοστόμου, σύγκρισις καὶ μέρος ἀνέκδοτον ἀπὸ τοῦ αὐτοῦ χειρογράφου. Ἐν Κωνσταντινουπόλει 1883.

COTELIER, J. B. (Hg.), Patres Apostolici. SS. Patrum, qui temporibus apostolicis floruerunt, Barnabae, Clementis, Hermae, Ignatii, Polycarpi Opera. Paris 1672 (Amsterdam ⁵1724; vgl. PG 2,652–660).

CUNNINGHAM, W. (Hg.), Epistle of Barnabas. A dissertation on the Epistle of S. Barnabas, including a discussion of its date and authorship. Together with the Greek text, the Latin version, and a new English translation and commentary. London 1877.

DRESSEL, A. R. M. (Hg.), Patrum apostolicorum opera. Textum ad fidem codicum et graecorum et latinorum, ineditorum copia insignium, adhibitis praestantissimis editionibus, recensuit atque emendavit, notis illustravit, versione latina, passim correcta, prolegomenis, indicibus. Lipsiae 1857 (²1863).

FUNK, F. X. (Hg.), Opera patrum apostolorum. Bd 81: Epistulae Barnabae, Clementis Romani, Ignatii, Polycarpi, Anonymi ad Diognetum, Ignatii et Polycarpi martyria, Pastor Hermae. Tübingen 1881.

FUNK, F. X./BIHLMEYER, K. (Hg.), Die Apostolischen Väter. Neubearbeitung der Funkschen Ausgabe, unveränderter Nachdruck der mit einem Nachtrag von W. Schneemelcher versehenen 2. Aufl., Bd. 1: Didache, Barnabas, Klemens I und II, Ignatius, Polycarp, Quadratus, Diognetbrief. Tübingen ³1970.

GALLAND, A. (Hg.), Bibliotheca veterum Patrum antiquorumque scriptorum ecclesiasticorum graecolatina. Bd. 1. Venetia 1765 (vgl. PG 2,648f.685–706).

GEBHARDT, O. VON/HARNACK A. (Hg.), Barnabae Epistula graece et latine. – Papiae que supersunt – Presbyterorum reliquias ab Irenaeo servatas – vetus Ecclesiae Romanae Symbolum – Epistulam ad Diognetum. In: Patrum apostolicorum opera. Textum ad fidem codicum et graecorum et latinorum adhibitis praestantissimis editionibus. Fasc. 1,2. Hg. v. Oscar de Gebhardt, Adolf Harnack, Theodor Zahn. Lipsiae ²1878,

GEBHARDT, O. VON u.a. (Hg.), Patrum apostolicorum opera. Textum ad fidem codicum et graecorum et latinorum adhibitis praestantissimis editionibus. Editio sexta minor. Lipsiae ⁶1920.

HAEUSER, P., Der Barnabasbrief, neu untersucht und neu erklärt. FChLDG 11. Paderborn 1912.

HEER, J. M. (Hg.), Die versio latina des Barnabasbriefes und ihr Verhältnis zur altlateinischen Bibel. Freiburg i. Br. 1908.

HEFELE, C. J., Das Sendschreiben des Apostels Barnabas. Aufs Neue untersucht, übersetzt und erklärt. Tübingen 1840.

HEFELE, C. J. (Hg.), Patrum apostolicorum opera: Textum ex editionibus praestantissimis repetitum recognovit, annotationibus illustravit, versionem Latinam emendatiorem, prolegomena et indices. Bd 1. Barnabae, Clementis, Ignatii, Anonymi, Polycarpi et Hermae. Tübingen 1842 (vgl. PG 2,719–782), ³1847.

HEYDECKE, C., Dissertatio, qua Barnabae epistola interpolata demonstretur. Brunsvigae 1875.

HILGENFELD, A. (Hg.), Novum Testamentum extra canonem. Fasc. 2. Barnabae Epistula. Integram graece iterum edidit, veterem interpretationem latinam, commentarium criticum et adnotationes. Lipsiae ²1877.

HOLMES, M. W. (Hg.), Apostolic Fathers (Early Christian collection). Translatet by J. B. Lightfoot and J. R. Harmer. Grand Rapids, Mich. ²1990.

KLAUSER, T. (Hg.), Doctrina Duodecim Apostolorum. Barnabae Epistula. FlorPatr 1. Bonn 1940.

KRAFT, R. A., The Apostolic Fathers. Bd. 3: Barnabas and the Didache. New Translation and Commentary. New York, Toronto 1965.

LeNOURRY, D. N. (Hg.), Bibliotheca maxima veterum patrum et antiquorum scriptorum ecclesiasticorum. Parisii 1703 (vgl. PG 2,673–686).

LINDEMANN, A./PAULSEN, H. (Hg.), Die Apostolischen Väter. Griechisch-deutsche Parallelausgabe auf der Grundlage der Ausgaben von Franz Xaver Funk/Karl Bihlmeyer und Molly Whittaker, mit Übersetzung von M. Dibelius und D.-A. Koch. Tübingen 1992.

LUMPER, G. (Hg.), Historia Theologico-Critica De Vita, Scriptis, Atque Doctrina Sanctorum Patrum. Aliorumque scriptorum ecclesiasticorum trium primorum saeculorum ex virorum doctissimorum literariis monumentis collecta. Bd 1. Patres Apostolicos. Augustae Vindelicorum 1783 (vgl. PG 2,705–720).

MÉNARD, H. (Hg.), Η ΦΕΡΟΜΕΝΗ ΤΟΥ ΑΓΙΟΥ ΒΑΡΝΑΒΑ ΑΠΟΣΤΟΛΟΥ ΕΠΙΣΤΟΛΗ ΚΑΘΟΛΙΚΗ. Sancti Barnabæ Apostoli (vt fertvr) Epistola Catholica. Ab antiquis olim Ecclesiæ Patribus, sub eiusdem nomine laudata et vsurpata. Hanc primum et tenebris eruit, Notisque et Observationibus illustravit Rp domnus Hugo Menardus monachus Congregationis sancti Mauri in Gallia. Opvs posthvmvm, Parisiis M. DC. XLV. Paris 1645.

MIGNE, J.-P. (Hg.), Patrologiae cursus completus. Series graeca. Bd. 2. Parisiis 1886, 648–782.

MOESL, V. (Hg.), Die aechten Werke Apostolischer Maenner. Die Briefe des Clemens, Ignatius, Polycarpus und Barnabas sammt den Nachrichten von dem Marterthume des Ignatius und Polycarpus, und dem Hirten des Hermas. Augsburg 1774.

MÜLLER, J. G. (Hg.), Erklärung des Barnabasbriefes. Ein Anhang zu De Wette's exegetischem Handbuch zum Neuen Testament. Leipzig 1869.

MURALTO, E. DE (Hg.), Codex Novi Testamenti deuterocanonicus sive Patres Apostolici. Bd. 1: Barnabae et Clementis Romani Epistolae. Turici 1847 [Barn = S. 5–52].

ΠΛΗΖΙΩΤΗΣ, Κ., Ἐπιστολὴ ἁγίου Πολυκάρπου πρὸς Φιλιππησίους. DHEHH 1 (1883) 209–226.

PRIGENT, P./KRAFT, R. A. (Hg.), Épître de Barnabé. Introduction, traduction et notes par Pierre Prigent, texte grec établi et présenté par Robert A. Kraft. SC 172. Paris 1971.

REITMAYR, F. X., Das Sendschreiben des Apostel Barnabas. In: Die Schriften der apostolischen Väter. BKV 1. Hg. v. ders. Kempten 1869, 67–115.

RIGGENBACH, C. J., Der sogenannte Brief des Barnabas. I. Uebersetzung. II. Bemerkungen. Ein Beitrag zum Verständiss des Briefes. Basel 1873.

SCORZA BARCELLONA, F. (Hg.), Epistola di Barnaba. Introduzione, testo critico, traduzione, commento, glossario e indici. CorPat 1. Torino 1975.

TISCHENDORF, L. F. K. VON (Hg.), Bibliorum codex Sinaiticus Petropolitanus. Auspiciis augustissimis imperatoris Alexandri II. ex tenebris protraxit in Europam transtulit ad iuvandas atque illustrandas sacras litteras ed. Constantinus Tischendorf. 4. Novum Testamentum cum Barnaba et Pastore. Petropoli 1862 (Neudr. Hildesheim 1969).

–, Novum Testamentum Sinaiticum sive Novum Testamentum cum Epistula Barnabae et Fragmentis Pastoris. Lipsiae 1863.

USSHER, J. (Hg.), Barnabæ Epistola Catholica, græce, vna cvm vetere latina versione. Oxoniæ 1642 (vgl. J. H. Backhouse, The editio princeps of the epistle of Barnabas by archbishop Ussher, Oxford 1883).

VEIL, H., Barnabasbrief. HNTA. Tübingen 1904, 206–238.

–, Barnabasbrief. NTApo. Tübingen 1904, 148–166.

VAN VELDHUIZEN, A., De brief van Barnabas. Groningen 1901.

VOLKMAR, G., Monvumentvm vetvstatis christianae ineditvm [Barn 1–5]. In: Index Lectionvm in Literarvm Vniversitate Tvricensi MDCCCLXIV. Tvrici 1864, 3–21.

VOSSIUS, I. (Hg.), S. Ignatii Martyris. Epistolæ genuinæ ex Bibliothecâ Florentiâ. Adduntur S. Ignatii Epistolæ. Quales vulgo circumferuntur. Adhaec S. Barnabæ Epistola. Accessit universis Translatio vetur. Amstelod 1646 (Prolegomena vgl. PG 2,664–666), Londini ²1680 [Barn = S. 207–254.307–318] (Prolegomena vgl. PG 2,666–674).

WENGST, K. (Hg.), Didache (Apostellehre), Barnabasbrief, Zweiter Klemensbrief, Schrift an Diognet. SUC 2. Darmstadt 1984.

WIESELER, K., Der Brief des Barnabas. JDTh 16 (1870) 603–614.

WINDISCH, H., Die Apostolischen Väter. III: Der Barnabasbrief. In: HNT Erg.-bd. Hg. v. Hans Lietzmann. Tübingen 1920, 299–413.

ZELLER, F., Die Apostolischen Väter. BKV²·¹ 35. Kempten, München 1918.

2. Literatur zur Textgeschichte und Interpretation

ACHELIS, H./FLEMMING, J., Die ältesten Quellen des orientalischen Kirchenrechts. II. Die syrische Didaskalia. TU 25. Leipzig 1904.

ALAND, B./ALAND, K. (Hg.), Novum Testamentum Graece. Stuttgart ²⁷1993.

ALAND, K., Das Problem der Anonymität und Pseudonymität in der christlichen Literatur der ersten beiden Jahrhunderte. In: Studien zur Überlieferung des Neuen Testaments und seines Textes. ANTT 2. Hg. v. ders. Berlin 1967, 24–34.

–, Das Problem des neutestamentlichen Kanons. In: Studien zur Überlieferung des Neuen Testaments und seines Textes. ANTT 2. Hg. v. ders. Berlin 1967, 1–23.

– (Hg.), Repertorium der griechischen christlichen Papyri. 1. Biblische Papyri, Altes Testament, Neues Testament, Varia, Apokryphen. PTS 18. Berlin, New York 1976.

ALAND, K./ALAND, B., Der Text des Neuen Testaments. Einführung in die wissenschaftlichen Ausgaben sowie in Theorie und Praxis der modernen Textkritik. Stuttgart 1982.

ALAND, K./ROSENBAUM, H.-U. (Hg.), Repertorium der griechischen christlichen Papyri. 2: Kirchenväter-Papyri. PTS 42. Berlin, New York 1995.

ALON, G., Ha-halacha be-iggeret Bar Nab. Tarb. 11 (1940) 37ff.

ALTANER, B./STUIBER, A., Patrologie. Leben, Schriften und Lehre der Kirchenväter. Freiburg i. Br. ⁹1980.

AMIR, J., Gesetz, 2. Judentum. TRE 13 (1984) 52–58.

ANASJAN, H. S., Անասյան Հ. Ս., Կան Մատենագիտություն, Ե–ԺԳ ԴԴ Հատոր Բ, Երևան, [Ֆ: Մ: Ֆրֆ̀ձզր, Ֆ̀կզյ̀Ֆրֆ̀դ Հ̀ր̀lրձ̀̀mpq, Ֆ̀ml̀ֆj. [Armjanskaja bibliografija 5.–13. Jh., 2. Bd.]. Eriwan 1976.

ANDRESEN, C. u.a. (Hg.), Die Lehrentwicklung im Rahmen der Katholizität. HDG 1. Göttingen 1982.

ANDRY, C. F., Barnabae Epist. ver. DCCL. JBL 70 (1951) 233–238.

–, Introduction to the epistle of Barnabas. Cambridge, Mass. 1980.

ANGERSTORFER, I., Melito und das Judentum. Regensburg 1985.

ANTIN, P. (Hg.), S. Hieronymi Presbyteri Opera. Bd. 1: Opera Exegetica. CChr.SL 72,I,1. Turnhout, Leuven 1959.

AONO, T., Die Entwicklung des paulinischen Gerichtsgedankens bei den Apostolischen Vätern. EHS.T. 137. Frankfurt a. Main 1979.

ARBESMANN, R., Fasten, Fastenspeise, Fasttage. RAC 7 (1969) 447–552.

ARMSTRONG, G. T., Die Genesis in der Alten Kirche. Die drei Kirchenväter. BGBH 4. Tübingen 1962.

ASSEMANI, J. S., Bibliotheca Orientalis Clementino-Vaticana. I. De Scriptoribus Syris Orthodoxis. Avec une postface par Joseph-Marie Sauget. Hildesheim, New York 1975.

ASSFALG, J. (Hg.), Kleines Wörterbuch des christlichen Orients. Wiesbaden 1975.

ASSFALG, J./MOLITOR, J., Armenische Handschriften. Wiesbaden 1962.

ATŠRAHAN, H., Հ. Աճառյան, Հայոց Անձնանունների Բառարան [Haĥots Andznanoinneri Pararan]. Հատոր Դ, Պեյրութ Beirut 1972.

AUCTORITATE ACADEMIAE SCIENTIARUM GOTTINGENSIS (Hg.), Septuaginta. Vetus Testamentum Graecum. Göttingen 1931ff.

AUDET, J.-P., La Didachè. Instructions des apôtres. Paris 1958.

–, Rez.: L'hypothèse des Testimonia. Remarques autour d'un livre récent. RB 70 (1963) 381–405.

BACHER, W., Die exegetische Terminologie der jüdischen Traditionsliteratur. 2 Bde. Darmstadt ²1965.

BAENTSCH, B., Numeri. HK 1.2.2. Göttingen 1903.

BAIER, W., Tempel. BL² (1968) 1720–1729.

BAILEY, D. S., Homosexuality and the western Christian tradition. Londen 1955.

BALTZER, K., Das Bundesformular. WMANT 4. Neukirchen-Vluyn ²1964.

BAMMEL, E., Schema und Vorlage von *Didache* 16. TU 79 (1961) 253–262.

BANCALARI, F., Index codicum graecorum Bibliothecae Casanatensis. Firenze, Roma 1894.

BANDINI, A. M., Catalogus codicum manuscriptorum Bibliothecae Mediceae Laurentianae. 1. Lipsiae 1961.

BARDENHEWER, O., Geschichte der altkirchlichen Litteratur. Bd. 1. Vom Ausgange des apostolischen Zeitalters bis zum Ende des zweiten Jahrhunderts. Bd. 1. Freiburg i. Br. ²1913.

–, Patrologie. Freiburg i. Br. ³1910.

Bardy, G., La question des langues dans l'église ancienne. ETH 1. Paris 1948.

Barnard, L. W., A Note on *Barnabas* 6,8–17. StPatr 4 (1961) 263–267.

–, St. Stephan and Early Alexandrian Christianity. In: Studies in the Apostolic Fathers and their Background. Hg. v. ders. Oxford 1966, 57–72.

–, The Date of the Epistle of Barnabas – a Document of Early Egyptian Christianity. JEH 44 (1958) 101–117.

–, The Dead Sea Scrolls, Barnabas, the *Didache* and the later History of the ‚Two Ways'. In: Studies in the Apostolic Fathers an their Background. Hg. v. ders. Oxford 1966, 87–106.

–, The ‚Epistle of Barnabas' and its Contemporary Setting. ANRW II.27,1. Berlin, New York 1993, 159–207.

–, The New Testament and the Origins of Christianity in Egypt. StEv 4 (1968) 277–280.

–, The Problem of St. Polycarp's Epistle to the Philippians. CQR 163 (1962) 421–430.

–, The Use of Testimonies in the Early Church and in the Epistle of Barnabas. In: Studies in the Apostolic Fathers and their Background. Hg. v. ders. Oxford 1966, 109–135.

Barthel, G./Stock, K. (Hg.), Lexikon arabische Welt. Kultur, Lebensweise, Wirtschaft, Politik und Natur im Nahen Osten und Nordafrika. Darmstadt 1994.

Bartlet, J. V., Barnabas. EBrit 3 (1910) 407–409.

–, The Apostolic Age. Its life, doctrine, worship and polity. Edinburgh 1900.

Bauckham, R. J., Sabbath and Sunday in the Post-Apostolic church. In: From Sabbath to Lord's Day. Hg. v. D. Carson. Grand Rapids, Mich. 1982, 251–298.

Bauer, J. B., Die Polykarpbriefe. KAV 5. Göttingen 1995.

–, Vom Sabbat zum Sonntag. BiLi 23 (1956) 106–110.

Bauer, J. B./Felber, A., A reverse index of patristic Greek. GrTS 8. Graz 1983.

Bauer, W., Die Briefe des Ignatius von Antiochia und der Polykarpbrief. In: HNT Erg.-bd. Hg. v. Hans Lietzmann. Tübingen 1920, 185–298.

Bauer, W. u.a. (Hg.), Griechisch-deutsches Wörterbuch zu den Schriften des Neuen Testaments und der frühchristlichen Literatur. Berlin, New York ⁶1988.

Baumert, N., Antifeminismus bei Paulus? Einzelstudien. fzb 68. Würzburg 1992.

Baumstark, A., Die christlichen Literaturen des Orients. 2 Bde. SG 527, 528. Leipzig 1911.

–, Rez.: A. Jacoby, Ein bisher unbeachteter apokrypher Bericht über die Taufe Jesu nebst Beiträgen zur Geschichte der Didaskalie der Zwölf Apostel und Erläuterungen zu den Darstellungen der Taufe Jesu. (Mit acht Abbildungen). Strassburg 1902. – VI, 107 S. In: OrChr.NS 2 (1902) 458–467.

Beatrice, P. F., Une citation de l'Évangile de Matthieu dans l'Épître de Barnabé. In: The New Testament in Early Christianity. La réception des écrits néotestamentaires dans le christianisme primitiv. Hg. v. Jean-Marie Sevrin. Leuven 1989, 231–245.

Beer, G. u.a. (Hg.), Die Mischna. Text, Übersetzung und ausführliche Erklärung mit eingehenden, geschichtlichen und sprachlichen Einleitungen und textkritischen Anhängen. (bisher 6 Bde.) Gießen, Berlin 1912–1991.

Beck, H.-G., Überlieferungsgeschichte der byzantinischen Literatur. In: Die Textüberlieferung der antiken Literatur und der Bibel. Hg. von ders. u.a. München 1975, 423–510.

Becker, J., Das Evangelium nach Johannes. Kapitel 11–21. ÖTK 4. Gütersloh ²1984.

– (Hg.), Testamente der zwölf Patriarchen. JSHRZ 3/1. Gütersloh 1974, 1–163.

Behm, J., διαθήκη. ThWNT 2 (1935) 106–137.

–, θύω κτλ. ThWNT 3 (1938) 180–191.

–, κοιλία. ThWNT 3 (1938) 786–789.

–, νῆστις κτλ. ThWNT 4 (1942) 925–935.

BENSLY, R. L., The fourth book of Ezra. The Latin version (Ed. from the mss. by Robert L. Bensly). Hg. von James, Montague R. Texts and studies 3. Nendeln/Liechtenstein 1967 (Nachdr. der Ausg. Cambridge 1895).

BERGER, K., Apostelbrief und apostolische Rede. Zum Formular frühchristlicher Briefe. ZNW 65 (1974) 190–231.

–, Exegese des Neuen Testaments. UTB 658. Heidelberg 1977.

–, Formgeschichte des Neuen Testaments. Heidelberg 1984.

–, Hellenistische Gattungen im Neuen Testament. ANRW II.25,2. Berlin, New York 1984, 1031–1432.1831–1885.

–, Neues Material zur »Gerechtigkeit Gottes«. ZNW 68 (1977) 266–275.

–, Unfehlbare Offenbarung. Petrus in der gnostischen und apokalyptischen Offenbarungsliteratur. In: Kontinuität und Einheit (FS für Franz Mußner). Hg. v. P.-G. Müller, W. Stenger. Freiburg i. Br. 1981, 261–326.

– (Hg.), Das Buch der Jubiläen. JSHRZ 2/3. Gütersloh 1983, 275–575.

BERGER, K. u.a., Synopse des Vierten Buches Esra und der syrischen Baruch-Apokalypse. TANZ 8. Tübingen 1992.

BERGMANN, J., Zum Zwei-Wege-Motiv. Religionsgeschichtliche und exegetische Bemerkungen. SEÅ 41/42 (1976) 27–56.

BERNHARDT, K.-H., בָּרָא III./IV. ThWAT 1 (1973) 774–777.

BERKOWITZ, L./SQUITIER, K. A., Thesaurus linguae Graecae. Canon of Greek authors and works. New York u.a. ²1986.

BERTHOLET, A., Leviticus. KK 3. Tübingen 1901.

BETZ, J., Die Eucharistie als Gottes Milch in frühchristlicher Sicht. ZKTh 106 (1984) 1–26.167–185.

–, στίγμα. ThWNT 7 (1964) 657–665.

BETZ, O., Beschneidung. 2. Altes Testament, Frühjudentum und Neues Testament. TRE 2 (1978) 716–722.

BEYSE, K.-M., חֶלֶד. ThWAT 2 (1977) 958–960.

BICKELL, J. W., Geschichte des Kirchenrechts. Gießen 1843.

BINTZ, H., Das Skandalon als Grundlagenproblem der Dogmatik. Eine Auseinandersetzung mit Karl Barth. TBT 17. Berlin 1969.

BLANK, J., Das Evangelium nach Johannes. GSL.NT 4. Düsseldorf 1977.

–, Meliton von Sardes. Vom Passa. Die älteste christliche Osterpredigt. Sophia 3. Freiburg i. Br. 1963.

BLASS, F./DEBRUNNER, A., Grammatik des neutestamentlichen Griechisch. Bearbeitet v. F. Rehkopf. Göttingen [16]1984.

BLOCH, R., Die Gestalt des Moses in der rabbinischen Tradition. In: Moses in Schrift und Überlieferung. Hg. v. Henri Cazelles u.a. Düsseldorf 1963, 95–171.

BÖNIG, M., Wir haben die Welt erobert. Die Mitarbeiter des Apostels Paulus. Witten 1980.

BORNEMANN, E./RISCH, E., Griechische Grammatik. Frankfurt a. Main ²1978.

BOUSSET, W., Jüdisch-christlicher Schulbetrieb in Alexandria und Rom. Literarische Untersuchung zu Philo und Clemens von Alexandria, Justin und Irenäus. FRLANT 23. Göttingen 1915.

–, Kyrios Christos. Geschichte des Christusglaubens von den Anfängen des Christentums bis Irenäus. FRLANT 21. Göttingen ⁴1935.

BOUWMANN, G., Chiliasmus. BL² (1968) 290–290.

BOVON, F., Das Evangelium nach Lukas (Lk 1,1–9,50). EKK 3/1. Zürich, Braunschweig, Neukirchen-Vluyn 1989.

-, Das Evangelium nach Lukas (Lk 9,51–14,35). EKK 3/2. Zürich, Düsseldorf, Neukirchen-Vluyn 1996.

BOWMAN, J., Samaritanische Probleme. Studien zum Verhältnis von Samaritanertum, Judentum und Urchristentum. München 1967.

BRAULIK, G., Das Buch Deuteronomium. In: Einleitung in das Alte Testament. KStTh 1,1. Hg. v. Erich Zenger u. a. Stuttgart 1995, 76–88.

BRAUN, F. M., La ‚Lettre de Barnabé‘ et l'évangile de Saint Jean (Simples réflexions). NTS 4 (1957) 119–124.

BRAUN, H., πλάσσω κτλ. ThWNT 6 (1959) 257–263.

BRENTON, L. C. L., The Septuagint Version. Greek and English. London 1970.

BRINK, K. O. (Hg.), Thesavrvs lingvae latinae. Index librorvm scriptorvm inscriptionvm ex qvibvs exempla affervntvr. Lipsiae ⁵1990.

BROCK, S., Βαρναβᾶς· υἱὸς παρακλήσεως. JThS 25 (1974) 93–98.

BROCKELMANN, C., Lexikon Syriacum. Halis Saxonum ²1928.

BROSSET, M., Histoire chronologique par Mkhithar d'Aïrivank, XIIIᵉ S., traduite de l'Arménien, sur le manuscrit du Musée Asiatique. In: Mémoires de l'Académie impériale des sciences de St.-Pétersbourg 13 (1869) 1–133.

BROWN, F. u. a. (Hg.), A Hebrew and English Lexicon of the Old Testament with an appendix containing the Biblical Aramaic. Oxford 1966.

BROX, N., „Doketismus" – eine Problemanzeige. Otto Kuss zum 80. Geburtstag am 5.1.1985. ZKG 95 (1984) 301–314.

-, Der erste Petrusbrief. EKK 21. Zürich, Einsiedeln, Köln, Neukirchen-Vluyn ⁴1993.

-, Der Hirt des Hermas. Übersetzt und erklärt. KAV 7. Göttingen 1991.

-, Die kleinen Gleichnisse im Pastor Hermae. MThZ 40 (1989) 263–278.

-, Die Pastoralbriefe übersetzt und erklärt. RNT 7. Regensburg ⁵1989.

-, Die reichen und die armen Christen. Eine Parabel aus der altrömischen Kirche. In: Biotope der Hoffnung. Zu Christentum und Kirche heute (FS L. Kaufmann). Hg. v. N. Klein, H. R. Schlette, K. Weber. Olten, Freiburg i. Br. 1988, 224–229.

-, Häresie. RAC 13 (1986) 248–297.

-, Irenäus von Lyon. Epideixis. Adversus Haeresis 1. FC 8/1. Freiburg i. Br. u. a. 1993.

-, Irenäus von Lyon. Adversus Haeresis 2. FC 8/2. Freiburg i. Br. u. a. 1993.

-, Irenäus von Lyon. Adversus Haeresis 3. FC 8/3. Freiburg i. Br. u. a. 1995.

-, Irenäus von Lyon. Adversus Haeresis 4. FC 8/4. Freiburg i. Br. u. a. 1997.

-, Magie und Aberglaube an den Anfängen des Christentums. TThZ 83 (1974) 157–180.

-, Zeremonialgesetz. LThK² 10 (1965) Sp. 1353f.

BRUINS, E. M., Codex Constantinopolitanus. Palatii Veteris N 1. 3 Bde. JANUS. Leiden 1964.

ΒΡΥΕΝΝΙΟΣ, Φ. (Hg.), Διδαχὴ τῶν δώδεκα ἀποστόλων, ἐκ τοῦ ἱεροσολυμιτικοῦ χειρογράφου νῦν πρῶτον ἐκδιδομένη μετὰ προλεγομένων καὶ σημειώσεων, ἐν οἷς καὶ τῆς Συνόψεως τῆς Π. Δ., τῆς ὑπὸ Ἰωάνν. τοῦ Χρυσοστόμου, σύγκρισις καὶ μέρος ἀνέκδοτον ἀπὸ τοῦ αὐτοῦ χειρογράφου. Ἐν Κωνσταντινουπόλει 1883

-, Τοῦ ἐν ἁγίοις πατρὸς ἡμῶν Κλήμεντος ἐπισκόπου Ῥώμης αἱ δύο πρὸς Κορινθίους ἐπιστολαί. Ἐκ χειρογράφου τῆς ἐν Φαναρίῳ Κων/πόλεως Βιβλιοθήκης τοῦ Παναγίου Τάφου νῦν πρῶτον ἐκδιδόμεναι πλήρεις μετὰ προλεγομένων καὶ σημειώσεων. Ἐν Κωνσταντινουπόλει 1875.

BRUNS, P., Aphrahat. Demonstrationes 1. FC 5/1. Freiburg i. Br. u. a. 1991.

-, Aphrahat. Demonstrationes 2. FC 5/2. Freiburg i. Br. u. a. 1991.

BÜCHLER, A., HAFTRAH. JE 6 (1925) 135–136.

BÜCHSEL, F., ἀνταποδίδωμι κτλ. ThWNT 2 (1935) 171–171.

-, γεννάω κτλ. ThWNT 1 (1933) 663–674.

-, ἱλασμός. ThWNT 3 (1938) 317–318.

BUDD, P. J., Numbers. World Biblical Commentary 5. Waco, Tex. 1984.

BULTMANN, R., Der zweite Brief an die Korinther. KEK 6 (Sonderband). Göttingen 1970 (Neudruck d. Aufl. ⁹1924).

-, Die drei Johannesbriefe. KEK 14. Göttingen ⁷1967.

-, Theologie des Neuen Testaments. Tübingen ⁹1984.

-, ἀγαλλιάομαι, ἀγαλλίασις. ThWNT 1 (1933) 18–20.

-, ἀφίημι κτλ. ThWNT 1 (1933) 506–509.

-, γινώσκω κτλ. ThWNT 1 (1933) 688–719.

-, δηλόω. ThWNT 2 (1935) 60–61.

-, εὐφραίνω, εὐφροσύνη. ThWNT 2 (1935) 770–774.

BURCHARD, C., Untersuchungen zu Joseph und Aseneth. Überlieferung – Ortsbestimmung. WUNT 8. Tübingen 1965.

-, Unterweisung in erzählender Form. Joseph und Aseneth. JSHRZ 2/4. Gütersloh 1983, 577–735.

BURESCH, K. (Hg.), Klaros. Untersuchungen zum Orakelwesen des späteren Altertums nebst einem Anhange, das Anedoton ΧΡΗΣΜΟΙ ΤΩΝ ΕΛΛΗΝΙΚΩΝ ΘΕΩΝ enthaltend. Leipzig 1889.

BUSCHMANN, G., Das Martyrium des Polykarp. KAV 6. Göttingen 1998.

BUSINK, TH. A., Der Tempel von Jerusalem von Salomo bis Herodes: Eine archäologisch-historische Studie unter Berücksichtigung des westsemitischen Tempelbaus. 2 Bde. Leiden 1970/80.

BUTLER, B. C., The Literary Relation of Didache, Ch. XVI. JThS 11 (1960) 265–283.

CAMELOT, T. (Hg.), Ignace d'Antioche. Polycarpe de Smyrne. Lettres. Martyre de Polycarpe. Texte grec. Introduction, traduction et notes. SC 10. Paris ⁴1969.

CAMPENHAUSEN, H. F. VON, Die Askese im Urchristentum. In: Tradition und Leben. Kräfte der Kirchengeschichte. Aufsätze und Vorträge. Hg. v. ders. Tübingen 1960, 133–153.

CANART, P., Codices Vaticani graeci. Codices 1745–1962. t. I, Codicum enarrationes 9. Città del Vaticano 1970.

-, Les Vaticani graeci 1487–1962. Notes et documents pour l'histoire d'un fondes de manuscrits de la Bibliothèque Vaticane. StT 284. Città del Vaticano 1979.

CANART, P./PERI, V., Sussidi bibliografici per i manoscritti greci della Biblioteca Vaticana. StT 261. Città del Vaticano 1970.

CARLETON PAGET, J., Anti-Judaism and Early Christianity Identity. ZAC 1 (1997) 195–225.

-, The Epistle of Barnabas. Outlook and Background. WUNT 2,64. Tübingen 1994.

CAZELLES, H., Die Thora oder der Pentateuch. In: Einleitung in die Heilige Schrift. Bd. 1: Allgemeine Einleitungsfragen und Altes Testament. Hg. v. A. Robert/A. Feuillet. Wien u.a. 1963, 275–376.

CHANDLER, K. K., The Rite of the red Heifer in the Epistle of Barnabas VIII and Mishnah parah. In: Approaches to Ancient Judaism. Bd. 5. Hg. v. William Scott Green. Chico, CA. 1985, 99–114.

CLERICUS, J. (Hg.), Historia ecclesiastica duorum priorum saec. Amsterdam 1716.

COHN, L., Philo von Alexandria. NJKA 1 (1898) 514–540.

COHN, L./WENDLAND, P. (Hg.), Philo Alexandrinus [Philo Judaeus]. Opera quæ supersunt (inklusive: Indices ad Philonis Alexandrini Opera composuit Iohannes Leisegang). Berlin ²1930.

COHN, L. u.a. (Hg.), Philo von Alexandria. Die Werke in deutscher Übersetzung, 7 Bde. Berlin ²1962.

COLPE, C., Das Siegel der Propheten. Historische Beziehungen zwischen Judentum, Judenchristentum, Heidentum und frühem Islam. ANTZ 3. Berlin 1990.

CONNOLLY, R. H., Barnabas and the Didache. JThS 38 (1937) 165–167.

– (Hg.), Didascalia apostolorum. The Syriac version translated and accompanied by the Verona Latin fragments. With an introduction and notes. Repr. Oxford 1969.

CONZELMANN, H., Der erste Brief an die Korinther. KEK 5. Göttingen ¹¹1969.

–, συνίημι κτλ. ThWNT 7 (1964) 886–895.

CREED, J. M., The Didache. JThS 39 (1938) 370–387.

CRÜSEMANN, F., »Ihnen gehören … die Bundesschlüsse« (Röm 9,4). Die alttestamentliche Bundestheologie und der christlich-jüdische Dialog. KuI 9 (1994) 21–52.

DAHL, N. A., La terre où coulent le lait et le miel selon Barnabé VI,8–19. In: Aux sources de la tradition chrétienne (FS M. Maurice Goguel). o. Hg. Neuchâtel, Paris 1950, 62–70.

DANIÉLOU, J., Études d'exégèse judéo-chrétienne. Les Testimonia. ThH 5. Paris 1966.

–, Théologie du Judéo-christianisme. Tournai 1958.

–, Un Testimonium sur la Vigne dans Barnabé XII,1. RSR 50 (1962) 389–400.

DASSMANN, E./SCHÖLLGEN, G., Haus 2, (Hausgemeinschaft). RAC 13 (1996) 801–905.

DAUBE, D., Der New Testament and Rabbinic Judaism. JLCR 2. London 1956.

DE RICCI, S., Liste sommaire des manuscripts grecs de la Bibliotheca Barberina. In: Revue des Bibliothèques 17 (1907) 81–125.

DEKKERS, E./GAAR, AE. (Hg.), Clavis patrum latinorum. Qua in novum Corpus Christianorum edendum optimas quasque scriptorum recensiones a Tertulliano ad Bedam commode recludit. Turnhout ³1995.

DELHAYE, P., Dimanche et Sabbat. MSR 23 (1966) 3–14.

DELLING, G., Ehebruch. RAC 4 (1996) 666–667.

–, ὀσμή. ThWNT 5 (1954) 492–495.

–, συντελέω. ThWNT 8 (1969) 63–65.

–, τρεῖς κτλ. ThWNT 8 (1969) 215–225.

DENIS, A.-M., Concordance grecque des pseudépigraphes d'Ancien Testament. Concordance, corpus des textes, indices. Louvain 1987.

–, Introduction aux pseudépigraphes grecs d'Ancien Testament. SVTP 1. Leiden 1970.

DER NERSESSIAN, S., The Armenians. APP 68. Norwich 1969.

DEVREESSE, R., Codices Vaticani graeci. Bd. 3: Codices 604–866. Città del Vaticano 1950.

DEXINGER, F., Beschneidung, 3. Nachtalmudisches Judentum. TRE 2 (1995) 722–724.

DIBELIUS, M., Der Brief des Jakobus. Hg. und ergänzt von Heinrich Greeven. KEK 15. Göttingen ¹¹1964.

–, Die alttestamentlichen Motive in der Leidensgeschichte des Petrus- und des Johannes-Evangeliums. In: Botschaft und Geschichte. Gesammelte Aufsätze von Martin Diebelius †. Bd. 1. Hg. v. Günther Bornkamm. Tübingen 1953, 221–247.

–, Geschichte der urchristlichen Literatur. Hg. von Ferdinand Hahn. TB 58. München 1975.

DIEBNER, B. J., Klippschliefer. NBL 2 (1994) 503.

–, Klippschliefers Einschleichen in den Bibeltext. Eine zoologische Wiederbelebung. DBAT 26 (1992) 246–258.

DIELS, H., Die Fragmente der Vorsokratiker. Hg. von W. Kranz. 3 Bde. Berlin ⁶1951/52.

DIETZFELBINGER, CH. (Hg.), Antiquitates Biblicae. JSHRZ 2/2. Gütersloh 1975, 91–271.

DINKLER, E., Taufe, II. Im Urchristentum. RGG³ 6 (1962) Sp. 627–637.

–, Versiegelung. RGG³ 6 (1962) Sp. 1366–1367.

DIOBOUNIOTIS, C./BEÏS, N., Hippolyts Schrift über die Segnungen Jakobs. TU 38 (1911) 1–43.

DOBSEVAGE, G. I., HAFTRAH. JE 6 (1925) 136–137.

DRAPER, J. A., Barnabas and the Riddle of the Didache revisited. JSNT 58 (1995) 89–113.

DREWS, P., Apostellehre (Didache). HNTA. Tübingen 1904, 206–238.

–, Untersuchungen zur Didache. ZNW 5 (1904) 53–79.

DUBNOW, S., Die Geschichte des jüdischen Volkes im Orient. Bd. 3: Vom Untergang Judäas bis zum Verfall der autonomen Zentren im Morgenlande. Berlin 1926.

DUCHESNE, L. M. O., De codicibus mss. graecis Pii II. in Bibliotheca Alexandrino-Vaticana. Lutetiae Parisiorum 1880.

DUHM, B., Das Buch Jesaia. HKAT 3. Göttingen ³1914.

DUHM, H., Die bösen Geister im Alten Testament. Tübingen 1904.

DÜNZL, F., Spuren theologischer ‚Aufklärung‘ bei Irenäus von Lyon. In: ΦΙΛΟΦΡΟΝΗϹΙϹ. GrTS 19. Hg. v. Johannes B. Bauer. Graz 1995, 77–117.

EHRHARD, A., Der alte Bestand der griechischen Patriarchalbibliothek von Jerusalem. ZfB 9 (1892) 441–459.

–, Die altchristliche Literatur und ihrer Erforschung seit 1880. Allgemeine Übersicht und erster Literaturbericht (1880–1884). StrThS 1. Freiburg i. Br. 1894.

–, Die altchristliche Litteratur und ihre Erforschung von 1884–1900, 1. Die vornicänische Litteratur. StrThS.S 1. Freiburg i. Br. 1900.

–, Die griechische Patriarchal-Bibliothek von Jerusalem. Ein Beitrag zur griechischen Palaeographie. RQ 6 (1892) 339–365.

EISENBEIS, W., Die Wurzel שלם im Alten Testament. BZAW 113. Berlin 1969.

ELBOGEN, I., Der jüdische Gottesdienst in seiner geschichtlichen Entwicklung. Frankfurt a. Main ³1931.

–, Studien zur Geschichte des jüdischen Gottesdienstes. Schriften der Lehranstalt für die Wissenschaft des Judentums 1/1.2. Berlin 1907.

ELLIGER, K., Deuterojesaja. Jesaja 40,1–45,7. BK 11/1. Neukirchen-Vluyn 1978.

–, Leviticus. HAT 4. Tübingen 1966.

ELLIGER, K. u.a. (Hg.), Biblia Hebraica Stuttgartensia. Stuttgart 1977.

ESTIENNE, H., Thesaurus Graecae Linguae. 8 Bde. Londini 1816–1826.

ÉTAIX, R., La Collection de Sermons du Codex 152 de la Faculté de Médecine de Montpellier. RBen 106 (1996) 134–150.

EWALD, G. H. A., Geschichte des Volkes Israel. Bd. 7. Geschichte der Ausgänge des Volkes Israel und des apostolischen Zeitalters. Göttingen ²1859.

FABRY, H.-J., לב. ThWAT 4 (1984) 413–451.

FAHED, P., Kitāb al-hudā ou Livre de la Direction. Code Maronite du Haut Moyen Age. Traduction du Syriaque en Arabe par l'Evêque Maronite DAVID l'an 1059. Publiée pour la première fois du ms. Vat Syr. 133 avec indication des variantes des autres manuscrits. Alep 1935.

FASCHER, E., Isaak und Christus. Zur Frage einer Typologie in Wort und Bild. In: Bild und Verkündigung (FS für Hanna Jursch zum 60. Geburtstag). Berlin 1962, 38–53.

FAULMANN, C., Das Buch der Schrift enthaltend die Schriftzeichen und Alphabete aller Zeiten und aller Völker des Erdkreises. (Nachdr. von Wien 1880) Frankfurt a. Main 1990.

FELDMANN, F., Das Buch Isaias. Zweiter Teil (Kap. 40–66). EHAT 14. Münster in West-falen 1926.

FENZ, A. K., Auf Jahwes Stimme hören. Eine biblische Begriffsuntersuchung. WBTh 6. Wien 1964.

FERGUSON, E., Was Barnabas a Chiliast? An Exemple of Hellenistic Number Symbolism in Barnabas and Clement of Alexandria. In: Greeks, Romans, and Christians (FS für Abraham J. Malherbe). Hg. v. David L. Balch u.a. Minneapolis, Minn. 1990, 157–167.

FERON, E./BATTAGLINI, F., Codices Manuscripti graeci Ottoboniani Bibliotecae Vatica-nae. Romae 1893.

FIEDLER, P., Haustafel. RAC 13 (1996) 1063–1073.

FISCHER, B., Das Taufmotiv an der Schwelle des Psalters. Die frühchristliche Deutung von Ps 1,3a und ihr Schicksal bei den lateinischen Kirchenvätern. LuM 33 (1963) 26–35.

FISCHER, J. A., Die ältesten Ausgaben der Patres Apostolici. Ein Beitrag zu Begriff und Begrenzung der Apostolischen Väter. 1. Teil. HJ 94 (1974) 157–190.

– (Hg.), Die Apostolischen Väter. SUC 1. Darmstadt ⁹1986.

FITSCHEN, K., Serapion von Thmuis. Echte und unechte Schriften sowie die Zeugnisse des Athanasius und anderer. PTS 37. Berlin, New York 1992.

FITZER, G., σφραγίς κτλ. ThWNT 7 (1964) 939–954.

FOERSTER, W., ἄξιος κτλ. ThWNT 1 (1933) 378–380.

–, βδελύσσομαι κτλ. ThWNT 1 (1933) 598–600.

–, εἰρήνη c.–f. ThWNT 2 (1935) 405–418.

–, ἐξουσία. ThWNT 2 (1935) 559–571.

–, κλῆρος. ThWNT 3 (1938) 757–765.

FOERSTER, W./HERRMANN, J., κληρονόμος. ThWNT 3 (1938) 766–786.

FOHRER, G., Die symbolischen Handlungen der Propheten. AThANT 54. Zürich, Stutt-gart ²1968.

DE FRAINE, J., Adam und seine Nachkommen. Der Begriff der „Korporativen Persönlich-keit" in der Hl. Schrift. Köln 1962.

FRANK, K. S., Habsucht (Geiz). RAC 13 (1996) 226–247.

FREEDMANN, H./SIMON, M. (Hg.), The Midrash Rabbah. Translated into English with notes, glossary and indices. 5 Bde. London 1977.

FRISK, H., Griechisch etymologisches Wörterbuch. 3 Bde. Indogermanische Bibliothek. 2. Reihe: Wörterbücher. Heidelberg ²1973.

FROIDEVAUX, L. M., Irénée de Lyon. Démonstration de la prédication apostolique. Nou-velle traduction de le'arménien avec introduction et notes. SC 62. Paris 1959.

FROUNDJIAN, D., Armnisch-deutsches Wörterbuch. München 1952.

FUNK, F. X., Der Barnabasbrief und die Didache. ThQ 79 (1897) 615–636.

–, Der Codex Vaticanus gr. 859 und seine Descendenten. ThQ 62 (1880) 629–637.

– (Hg.), Didascalia et Constitutiones Apostolorum. 2. Bd. Paderborn 1905.

–, Kirchengeschichtliche Abhandlungen und Untersuchungen, Bd. 1. Paderborn 1897.

–, Zu Barn. 4,6; 5,8. ThQ 71 (1889) 126–133.

GAFFRON, H.-G., Studien zum koptischen Philippusevangelium unter besonderer Be-rücksichtigung der Sakramente. Diss. Bonn 1969.

GALL, A. F. VON, Der Hebräische Pentateuch der Samaritaner. Gießen 1918.

GAMPER, A., Abraham, Isaak und Jakob. Israels Erinnerung aus der Väterzeit. In: Wort und Botschaft. Eine theologische und kritische Einführung in die Probleme des Alten Te-staments. Hg. v. Josef Schreiner. Würzburg 1967, 65–73.

GARDTHAUSEN, V., Griechische Palaeographie. Bd. 1: Das Buchwesen im Altertum und im byzantinischen Mittelalter. Leipzig ²1911.

–, Griechische Palaeographie. Bd. 2: Die Schrift, Unterschriften und Chronologie im Altertum und im byzantinischen Mittelalter. Leipzig ²1913.

GEBHARDT, O., The editio princeps of the epistle of Barnabas by archbishop Ussher, as printed at Oxford, A. D. 1642, and preserved in an imperfect form in the Bodleian library; with a dissertation on the literary history of that edition, by the Rev. J. H. Backhause, M. A. Oxford, at the Clarendon Press, 1883. (XXV, 36 S. 4.). ThLZ 26 (1883) 604–606.

GEERARD, M. (Hg.), Corpus christianorum. Clavis patrum Graecorum. Qua optimae quaeque scriptorum patrum Graecorum recensiones a primaevis saeculis usque ad octavum commode recluduntur. 5 Bde. Turnhout 1983–1987.

GEORGES, K. E., Ausführliches lateinisch-deutsches Handwörterbuch. Aus den Quellen zusammengetragen und mit besonderer Bezugnahme auf Synonymik und Antiquitäten, unter Berücksichtigung der besten Hilfsmittel. 2 Bde. Hannover 1993.

GESENIUS, W., Hebräisches und Chaldäisches Handwörterbuch über das Alte Testament. Leipzig ⁸1878.

GIANNELLI, C., Codices Vaticani graeci. Codices 1485–1683. Bd. 7. Bibliotheca Vaticana/ Città del Vaticano 1950.

GIBB, H. A. R./KRAMERS, J. H. (Hg.), Shorter Encyclopaedia of Islam. Leiden, Londen 1961.

GIELEN, M., Tradition und Theologie neutestamentlicher Haustafelethik. Ein Beitrag zur Frage einer christlichen Auseinandersetzung mit gesellschaftlichen Normen. BBB 75. Frankfurt a. Main 1990.

GIESEN, G., חרם. ThWAT 3 (1982) 213–217.

GIET, S., L'énigme de la «Didachè». Paris 1970.

GNILKA, J., Das Evangelium nach Markus (Mk 1–8,26). EKK 2/1. Zürich, Einsiedeln, Köln, Neukirchen-Vluyn 1978.

–, Das Evangelium nach Markus (Mk 8,27–16,20). EKK 2/2. Zürich, Einsiedeln, Köln, Neukirchen-Vluyn 1979.

–, Der Philipperbrief. HThK 10/3. Freiburg i. Br. u.a. 1968.

–, Der Epheserbrief. HThK 10/2. Freiburg i. Br. u.a. ²1977.

GOLDFAHN, A. H., Justinus Martyr und die Agada. MGWJ 22 (1873) 49–60.104–115. 145–153.193–202.257–269.

GOLDSCHMIDT, L., Der Babylonische Talmud. 12 Bde. Berlin ²1967 (Nachdr. Darmstadt 1996).

–, Subject Conordance to the Babylonian Talmud (hg. von Rafael Edelmann). Copenhagen 1959.

GOODSPEED, E. J., The Didache, Barnabas and the Doctrina. AThR 27 (1945) 228–247.

– (Hg.), Die ältesten Apologeten. Texte mit kurzen Einleitungen. Göttingen 1915.

–, Index Apologeticus sive Clavis Iustini Martyris operum aliorumque apologetarum pristinorum. Leipzig 1912.

GOPPELT, L., Christentum und Judentum im ersten und zweiten Jahrhundert. Ein Aufriß der Urgeschichte der Kirche. BFChTh.M 55. Gütersloh 1954.

–, Der Erste Petrusbrief. Hg. von Ferdinand Hahn. KEK 12. Göttingen ⁸1978.

–, τύπος κτλ. ThWNT 8 (1969) 246–260.

GÖRG, M., Amalek. NBL 1 (1991) 83.

–, Efod. NBL 1 (1995) 472–473.

–, Von der „Bergmaus" zum „Klippdachs". BN 65 (1992) 9–12.

GÖRGEMANNS, H./KARPP, H. (Hg.), De principiis. Origenes vier Bücher von den Prinzipien. Darmstadt 1976.

GOUDERS, K., Die prophetischen Berufungsberichte. Auslegung, Form- und Gattungsgeschichte zu einer Theologie der Berufung. Bonn 1971.

GRABBE, L. L., The Scapegoat Tradition. A Study in Early Jewish Interpretation. JSJ 18 (1987) 152–167.

GRAETZ, H., Geschichte der Juden von den ältesten Zeiten bis auf die Gegenwart. Bd. 4. Geschichte der Juden vom Untergang des jüdischen Staates bis zum Abschluß des Talmud. Leipzig 1865.

GRAF, G., Der maronitische Nomokanon „Buch der rechten Leitung". OrChr.NS 33 (1936) 212–232.

–, Geschichte der christlichen arabischen Literatur. Bd. 1: Die Übersetzungen. SeT 118. Città de Vaticano 1944.

–, Geschichte der christlichen arabischen Literatur. Bd. II: Die Schriftsteller bis zur Mitte des 15. Jahrhunderts. SeT 133. Città de Vaticano 1947.

GRÄSSER, E., An die Hebräer (Hebr 1–6). EKK 17/1. Zürich, Braunschweig, Neukirchen-Vluyn 1990.

–, An die Hebräer (Hebr 7,1–10,18). EKK 17/2. Zürich, Braunschweig, Neukirchen-Vluyn 1993.

–, An die Hebräer (Hebr 10,19–13,25). EKK 17/3. Zürich, Neukirchen-Vluyn 1997.

GREEVEN, H., περιστερά, τρυγών. ThWNT 6 (1959) 63–72.

GRESSMANN, H., Mose und seine Zeit. Ein Kommentar zu den Mose-Sagen. FRLANT 18. Göttingen 1913.

GRILLMEIER, A., Jesus der Christus im Glauben der Kirche. Bd. 1. Von der Apostolischen Zeit bis zum Konzil von Chalcedon (451). Freiburg i. Br. u.a. 1979.

GRUENWALD. I. u.a. (Hg.), Messiah and Christos. Studies in the Jewish Origins of Christianity (FS David Flusser). TSAJ 32. Tübingen 1992.

GRUNDMANN, W., ἀγαθός κτλ. ThWNT 1 (1933) 10–18.

GÜDEMANN, M., Religionsgeschichtliche Studien. Leipzig 1876.

GUNTHER, J. J., The Association of Mark and Barnabas with Egyptian christianity (Part 2). EvQ 55 (1983) 21–29.

–, The Epistle of Barnabas an the Final Rebuilding of the Temple. JSJ 7 (1976) 143–151.

HAAG, E., Daniel. NEB.AT 34. Würzburg 1993.

HAENCHEN, E., Die Apostelgeschichte. KEK 3. Göttingen [10]1956.

–, Barnabas. RGG[3] 1 (1957) 879–880.

HAGE, W. (Hg.), Griechische Baruch-Apokalypse. JSHRZ 5/1. Gütersloh 1974, 15–44.

HAGEDORN, D. (Hg.), Der Hiobkommentar des Arianers Julian. PTS 14. Berlin 1973.

HAGEMEYER, O., Baum. RAC 2 (1954) 1–34.

HAHN, F., Christologische Hoheitstitel. Ihre Geschichte im frühen Christentum. FRLANT 83. Göttingen [4]1974.

HAMP, V., Bund, I. Altes Testament. LThK[2] 2 (1958) 770–774.

–, Das Buch der Sprüche. EB 8. Würzburg 1949.

–, Der neue Bund mit Israel (Jer 31,31). In: Weisheit und Gottesfurcht. Aufsätze zur alttestamentlichen Einleitung, Exegese und Theologie. Hg. v. Georg Schmuttermayr. St. Ottilien 1990, 233–250.

HANSON, A. T., Philo's Etymologies. JThS 18 (1967) 128–139.

HARDER, G., φθείρω κτλ. ThWNT 9 (1973) 94–107.

HARL, M., Origène et les interprétations patristiques grecques de l'«obscurité» biblique. VigChr 36 (1982) 334–371.

HARNACK, A. (VON), Barnabas. RE³ 2 (1897) 410–413.

–, Die Apostellehre und die jüdischen beiden Wege. Leipzig ²1896.

–, Die Bezeichnung Jesu als „Knecht Gottes" und ihre Geschichte in der alten Kirche. SPAW.PH. Berlin 1926, 212–238.

–, Die Lehre der zwölf Apostel nebst Untersuchungen zur ältesten Geschichte der Kirchenverfassung und des Kirchenrechts. TU 2,1.2. Leipzig 1884.

–, Die Quellen der sogenannten Apostolischen Kirchenordnung nebst einer Untersuchung über den Ursprung des Lectorats und der anderen Niederen Weihen. TU 2,5. Leipzig 1886.

–, Die Mission und Ausbreitung des Christentums in den ersten drei Jahrhunderten. Wiesbaden ⁴1924.

–, Geschichte der altchristlichen Litteratur, 2 Bde. Leipzig 1893.

–, Marcion. Das Evangelium vom fremden Gott. Eine Monographie zur Geschichte der Grundlegung der Katholischen Kirche. Neue Studien zu Marcion. TU 45. (Nachdr. von Leipzig ²1924) Darmstadt 1960.

HARRIS, J. R., On the Locality of Pseudo-Barnabas. JBL 11 (1891) 60–70.

–, Three pages of the Bryennios Mss reproduced by photography for the John Hopkins University. Baltimore 1885.

–, The teaching of the Apostles (Διδαχὴ τῶν ἀποστόλων). Newly edited, with facsimile text and a commentary, from the Ms of the Holy Sepulcre, for the John Hopkins University. London, Baltimore 1887.

HARRIS, J. R./BURCH, V., Testimonies. 2 Bde. Cambridge 1916. 1920.

HARTLEY, J. E., Leviticus. World Biblical Commentary 4. Dallas, Tex. 1992.

HATCH, E., Essays in biblical Greek. Studies on the value and use of the Septuagint, on the meanings of words and psychological terms in biblical Greek, on quotations from the Septuaginta, on Origen's revision of Job and on the text of Ecclesiasticus. With an index of biblical passages. Amsterdam 1970.

HATCH, E./REDPATH, H. A., A Condordance to the Septuagint and the other greek versions of the Old Testament (including the Apocryphal Books). 3 Bde. Grand Rapids, Mi. 1987.

HAUCK, F., παραβολή. ThWNT 8 (1969) 741–759.

–, ὑπομένω, ὑπομονή. ThWNT 4 (1942) 585–593.

HAUCK, F./SCHULZ, S., πραΰς, πραΰτης. ThWNT 6 (1969) 645–651.

HEER, J. M., Der lateinische Barnabasbrief und die Bibel. RQ 23 (1909) 215–245.

HEID, S., Chiliasmus und Antichrist-Mythos. Eine frühchristliche Kontroverse um das Heilige Land. HEREDITAS (Studien zur Alten Kirchengeschichte) 6. Bonn 1993.

HEIDE, A., Die Berufung Abrahams, wie sie von Juden und Christen gedeutet wird. Conc(D) 27 (1991) 17–24.

HELM, L., Studien zur typologischen Schriftauslegung im zweiten Jahrhundert. Barnabas und Justin. Heidelberg 1971.

HENDERSON, B. W., The life and principate of the emperor Hadrian. A.D. 76–138. StHis 56. Roma 1968 (Nachdr. d. Ausg. London 1923).

HENGEL, M., Die Bar Kokhbamünzen als politisch-religiöse Zeugnisse. In: ders. (Hg.) Kleine Schriften. Bd. 1: Judaica et hellenistica. WUNT 2,90. Tübingen 1996, 344–350.

–, Hadrians Politik gegenüber Juden und Christen. In: ders. (Hg.) Kleine Schriften. Bd. 1: Judaica et hellenistica. WUNT 2,90. Tübingen 1996, 358–391.

–, Messianische Hoffnung und politischer „Radikalismus" in der „jüdisch-hellenistischen Diaspora". Zur Frage der Voraussetzungen des jüdischen Aufstandes unter Trajan 115-117 n. Chr. In: ders. (Hg.) Kleine Schriften. Bd. 1: Judaica et hellenistica. WUNT 2,90. Tübingen 1996, 314-343.

–, Proseuche und Synagoge. Jüdische Gemeinde, Gotteshaus und Gottesdienst in der Diaspora und in Palästina. In: ders. (Hg.) Kleine Schriften. Bd. 1: Judaica et hellenistica. WUNT 2,90. Tübingen 1996, 171-195.

HENNECKE, E., Die Grundschrift der Didache und ihre Recensionen. ZNW 2 (1901) 58-72.

D'HERBIGNY, M., La date de «l'Épître de Barnabé». RSR 1 (1910) 417-443.

HERMANS, A., Le Pseudo-Barnabé est-il millénariste? EThL 35 (1959) 849-876.

HERRMANN, J., ἱλάσκομαι, ἱλασμός. ThWNT 3 (1938) 301-318.

HERTZ, J. H., Pentateuch und Haftaroth. 5 Bde. Berlin 1937-1938.

HEUSCHEN, J., Azazel. BL² (1968) 1838-1839.

HILBERG, I., Sancti Eusebii Hieronymi Epistulæ. Opera 1. Epistularum Pars 1. Epistulæ I-LXX. CSEL 54. Wien 1910.

–, Sancti Eusebii Hieronymi Epistulæ. Opera 1. Epistularum Pars 3. Epistulæ CXXI-CLIV. CSEL 56. Wien 1918.

HILGENFELD, A., Anzeigen: Barnabae epistula, ed. A. Hilgenfeld. ZWTh 21 (1878) 150-150.

–, Die apostolischen Väter. Untersuchungen über Inhalt und Ursprung der unter ihrem Namen erhaltenen Schriften. Halle 1853.

–, Volkmar's chronologische Entdeckungen über die Apokalypse des Esra und das Buch Judith, die Briefe des römischen Clemens und des Barnabas. ZWTh 1 (1858) 247-288.

HODGES, Z. C./FARSTAD, A. L., The Greek New Testament. According to the Majority Text. Nashville, Camden, New York 1982.

HOFFMANN, P., Die Toten in Christus. Eine religionsgeschichtliche und exegetische Untersuchung zur paulinischen Eschatologie. NTA 2. Münster 1966.

HOLTZ, T., Der erste Brief an die Thessalonicher. EKK 13. Zürich, Einsiedeln, Köln, Neukirchen-Vluyn 1986.

HOLTZMANN, H., Barnabas und Johannes. ZWTh 14 (1871) 336-351.

–, Die Didache und ihre Nebenformen. JPTh 11 (1885) 154-166.

HONDIUS, J. E. (Hg.), Supplementum Epigraphicum Graecum. Vol. 1. SEG 1. Leiden 1923.

HOROWITZ, C., Der Jerusalemer Talmud in deutscher Übersetzung. Bd. 1: Berakot. Tübingen 1975.

HORST, F., Hiob. 1. Teilband (Hiob 1-19). BK 16/1. Neukirchen-Vluyn ⁵1992.

HOSSFELD, F.-L., Bund, II. Im Alten Testament. LThK³ 2 (1994) 781-785.

–, Gesetz, III. Altes Testament. LThK³ 4 (1995) 580-583.

HRUBY, K., Geschichtlicher Überblick auf die Anfänge der synagogalen Liturgie und ihre Entwicklung. Jud. 18 (1963) 1-24; Jud. 19 (1964) 1-25.

–, Le Sabbat et sa célébration d'après les sources juives anciennes. OrSyr 7 (1962) 435-462; OrSyr 8 (1963) 55-86.

–, Le Yom ha-Kippurim ou Jour de l'Expiation. OrSyr 10 (1965) 41-74.161-192.

HÜBNER, R. M., Εἷς θεὸς Ἰησοῦς Χριστός. Zum christlichen Gottesglauben im 2. Jahrhundert – ein Versuch. MThZ 47 (1996) 325-344.

HUNGER, H. (Hg.), Griechische Paläographie (Minuskel). In: Griechische Kodikologie und Textüberlieferung. Hg. v. D. Harlfinger. Darmstadt 1980, 60-75.

HUNGER, H., Antikes und mittelalterliches Buch- und Schriftwesen. In: Die Textüberlieferung der antiken Literatur und der Bibel. Hg. von ders. u. a. München 1975, 25-147.

HUNZINGER, C.-H., ῥαντίζω, ῥαντισμός. ThWNT 6 (1959) 976–984.

HVALVIK, R., Barnabas 9:7–9 and the Author's Supposed Use of *Gemantria*. NTS 33 (1987) 276–282.

–, The Struggle for Scripture and Covenant. The Purpose of the Epistle of Barnabas and Jewish-Christian Competition in the Second Century. (Diss. Masch.) Oslo 1994 (jetzt: WUNT 2,82. Tübingen 1996).

INGLISIAN, V., Die armenische Literatur. In: Armenisch und kaukasische Sprachen. HO 1,7. Hg. v. B. Spuler. Leiden, Köln 1963, 157–250.

JAMES, M. R., Notes on Apocrypha. JThS 16 (1915) 409–410.

JAMES, M. R./BARNES, W. E. (Hg.), The testament of Abraham. The Greek text now first ed. with an introd. and notes. Beigef. 1: Testamentum Isaaci. Beigef. 2: The testaments of Abraham, Isaac and Jacob. TaS 2. Cambridge 1892.

JAUBERT, A., Écho du livre de la Sagesse en Barnabé 7,9. In: Judéo-Christianisme. Recherches historiques et théologiques (FS Jean Daniélou). Hg. v. B. Gerhardson u. a. Paris 1972, 193–198.

JENSEN, H., Altarmenische Grammatik. Heidelberg 1959.

–, Die Schrift in Vergangenheit und Gegenwart. Berlin ³1969.

–, Karschūnī. BE¹⁹ 9 (1970) 791–791.

JEREMIAS, J., Μωυσῆς. ThWNT 4 (1942) 852–879.

JUNKER, H., Genesis. EB 9. Würzburg 1949.

JUNOD, É., Origène. Philocalie 21–27. Sur le libre arbitre. Introduction, texte, traduction et notes. SC 226. Paris 1976.

KAHN, J.-G., Did Philo know Hebrew? The testimony of the „Etymologies". Tarb. 34 (1964) 337–345.

KAIMAKIS, D. (Hg.), Der Physiologus nach der ersten Redaktion. BKP 63. Meisenheim am Glan 1974.

KAISER, O., Der Prophet Jesaja. Kapitel 1–12. ATD 17. Göttingen ²1963.

–, Der Prophet Jesaja. Kapitel 13–39. ATD 18. Göttingen 1973.

VAN DE KAMP, G. C., Pneuma-christologie. Een oud antwoord op een actuele vraag? Een dogma-historisch onderzoek naar de preniceense pneuma-christologie als mogelijke uitweg in de christologische problematiek bij Harnack, Seeberg en Loofs en in de meer recente literatuur. Amsterdam 1983.

KÄSEMANN, E., An die Römer. HNT 8a. Tübingen ³1974.

–, Das wandernde Gottesvolk. Eine Untersuchung zum Hebräerbrief. Göttingen 1957.

KASHER, M. M. (Hg.), Encyclopedia of Biblical Interpretation. תּוֹרָה שְׁלֵמָה a millennial anthology. 8 Bde. New York 1953–1970.

KASOWSKI, CH. J., Thesaurus Talmudis. Concordantiae verbum quae in Talmude Babylonico reperiuntur. 42 Bde. Hg. Biniamin Kasowski. Hierosolymis 1971.

KAUTZSCH, E. (Hg.), Die Apokryphen und Pseudepigraphen des Alten Testaments. 2 Bde. Tübingen 1900.

KAWERAU, P., Ostkirchengeschichte. Bd. 2: Das Christentum im oströmisch-byzantinischen Reich bis zur osmanisch-türkischen Eroberung Konstantinopels. CSCO.Sub 64. Turnhout 1982.

–, Ostkirchengeschichte. Bd. 3: Das Christentum in Europa und Asien im Zeitalter der Kreuzzüge. CSCO.Sub 65. Turnhout 1982.

KENYON, F. G., Der Text der griechischen Bibel. Göttingen 1952.

–, Nomina Sacra in the Chester Beatty Biblical Papyri. Aeg. 13 (1933) 5–10.

– (Hg.), The Chester Beatty Biblical Papyri. Descriptions and Texts of Twelve Manuscripts on Papyrus of the Greek Bible. Fasc. II,2. The Gospels and Acts (Plates). London 1934.

KERSTEN. O. (Hg.), Der Schreiber und Handschriftenhändler Andreas Darmarios. Eine biographische Skizze. In: Griechische Kodikologie und Textüberlieferung. Hg. v. D. Harlfinger. Darmstadt 1980, 406–419.

KESSLER, W., Gott geht es um das Ganze. Jesaja 56–66 und Jesaja 24–27. BAT 19. Stuttgart 1960.

KETTLER, F. H., Taufe, III. Dogmengeschichtlich. RGG³ 6 (1962) Sp. 637–646.

KHOURY, A. TH., Der Koran. Arabisch-Deutsch. Übersetzung und wissenschaftlicher Kommentar. Bd. 1 (Sure 1,1–2,74). Gütersloh 1990.

KIENAST, D., Römische Kaisertabelle. Grundzüge einer römischen Kaiserchronologie. Darmstadt ²1996.

KISTER, M., Barnabas 12:1; 4:3 and 4Q Second Ezekiel. RB 97 (1990) 63–67.

KITTEL, G., Der Jakobusbrief und die Apostolischen Väter. ZNW 43 (1950) 54–112.

KLAUCK, H.-J., Der erste Johannesbrief. EKK 23/1. Neukirchen-Vluyn 1991.

–, Der zweite und dritte Johannesbrief. EKK 23/2. Neukirchen-Vluyn 1992.

– (Hg.), Das 4. Makkabäerbuch. JSHRZ 3/6. Gütersloh 1989, 646–763.

KLAUSER, T., Beteuerungsformeln. RAC 2 (1954) 220–224.

KLEIN, G., Die zwölf Apostel. Ursprung und Gehalt einer Idee. FRLANT 77. Göttingen 1961.

–, Gesetz, 3. Neues Testament. TRE 13 (1984) 58–75.

KLIJN, A. F. J., The Acts of Thomas. Introduction – Text – Commentary. NT.S 5. Leiden 1962, 1–17.

– (Hg.), Syrische Baruch-Apokalypse. JSHRZ 5/2. Gütersloh 1976, 103–191.

KNOCH, O., Die Stellung der Apostolischen Väter zu Israel und zum Judentum. Eine Übersicht. In: Begegnung mit dem Wort (FS für Heinrich Zimmermann). BBB 53. Hg. v. Josef Zmijewski, Ernst Nellessen. Bonn 1980, 347–378.

KNOPF, R., Die Lehre der zwölf Apostel. Die zwei Clemensbriefe. HNT Erg.Bd., Die Apostolischen Väter I. 1. Tübingen 1920, 1–184.

KOCH, K., Die Profeten 1. Assyrische Zeit. UB 280. Stuttgart u.a. ³1995.

–, Gesetz, 1. Altes Testament. TRE 13 (1984) 40–52.

KOETSCHAU, P., Die Textüberlieferung der Bücher des Origenes gegen Celsus in den Handschriften dieses Werkes und der Philokalia. Prolegomena zu einer kritischen Ausgabe. TU 6. Leipzig 1889.

– (Hg.), Origenes Werke. Bd. 1. GCS 2. Leipzig 1899.

– (Hg.), Origenes Werke. Bd. 5. GCS 22. Leipzig 1913.

KÖHLER, L./BAUMGARTNER, W. (Hg.), Lexicon in Veteris Testamenti libros. Leiden 1958.

– (Hg.), Supplementum ad Lexicon in Veteris Testamenti libros. Leiden 1958.

KORNFELD, W., Monate. LThK² 7 (1962) 537–537.

–, Reine und unreine Tiere im Alten Testament. Kairos 7 (1965) 134–147.

–, Versöhnungstag. LThK² 10 (1965) 736–737.

KÖSTER, H., Einführung in das Neue Testament. Im Rahmen der Religionsgeschichte und Kulturgeschichte der hellenistischen und römischen Zeit. Berlin, New York 1980.

–, Synoptische Überlieferung bei den apostolischen Vätern. TU 65. Berlin 1957.

KRAFT, H., Clavis Patrum Apostolicorum. Darmstadt 1963.

KRAFT, R. A., An Unnoticed Papyrus Fragment of Barnabas. VigChr 21 (1967) 150–163.

–, Barnabas' Isaiah Text and Melito's *Paschal Homily.* JBL 80 (1961) 371–373.

–, Barnabas' Isaiah Text and the „Testimony Book" Hypothesis. JBL 79 (1960) 336–350.

–, Some Notes on Sabbath Observance in Early Christianity. AUSS 3 (1965) 18–33.

–, The Epistle of Barnabas. Its Quotations and their Sources. Cambridge, Mass. 1961.

KRÄMER, H. J., Der Ursprung der Geistmetaphysik. Untersuchungen zur Geschichte des Platonismus zwischen Platon und Plotin. Amsterdam ²1967.

KRAUS, H.-J., Das Evangelium der unbekannten Propheten. Jesaja 40–66. Neukirchen-Vluyn 1990.

–, Psalmen. 2 Bde. BK 15. Neukirchen-Vluyn ²1961.

KRETSCHMAR, G., Die Geschichte des Taufgottesdienstes in der alten Kirche. Leit. 5. Kassel 1970.

KROMMINGA, D. H., The Millenium in the Church. Michigan 1945.

KRUMME, P., Barnabas. Sohn des Trostes. Dillenburg 1992.

KUHN, K. G., προσήλυτος. ThWNT 6 (1959) 727–745.

KÜMMEL, W. G., Einleitung in das Neue Testament. Heidelberg ²¹1983.

– (Hg.), Jüdische Schriften aus hellenistisch-römischer Zeit. Gütersloh 1973ff.

KUNZE, H./RÜCKL, G., Lexikon des Bibliothekswesens, 2 Bde. Leiden 1974.

KURFESS, A., (Hg.), Sibyllinische Weissagungen. Urtext und Übersetzung. o.O. 1951.

KUTSCH, E., Bund. TRE 7 (1981) 397–410.

–, Sabbat. RGG³ 5 (1961) 1259–1260.

LADEUZE, P., L'épitre de Barnabé. La date de sa composition et son caractère générale. RHE 1 (1900) 31–40.212–225.

LAKE, K./LAKE, H. (Hg.), Codex Sinaiticvs Petropolitanvs. The New Testament, the Epistle of Barnabas and the Shepherd of Hermas. New reproduced in Facsimile from Photographs. Oxford 1911.

–, Codex Sinaiticvs Petropolitanvs et Friederico-Avgvstanvs Lipsiensis. The Old Testament preserved in the Public Library of Petrograd, in the Library of the Society of Ancient Literature in Petrograd, and in the Library of the University of Leipzig. Oxford 1922.

LAMPE, G. W. H., A Patristic Geek Lexicon. Oxford 1961.

LAMPROS, S., Φιλολογικὸς Σύλλογος Παρνασσός 2. o.O. 1898.

LATTKE, M., Oden Salomos. Übersetzt und eingeleiet. FC 19. Freiburg i. Br. u.a. 1995.

LAUCHERT, F., Die Geschichte des Physiologus. Straßburg 1889.

LAUSBERG, H., Handbuch der literarischen Rhetorik. Eine Grundlegung der Literaturwissenschaft, 2 Bde. München 1960.

LAUTERBACH, J. Z., Mekilta de Rabbi Ishmael. 3 Bde. Philadelphia 1933–1935.

LAWSON, J., A Theological and Historical Introduction to the Apostolic Fathers. New York 1961.

LEBRAM, J., Apokalyptik/Apokalypsen, II. Altes Testament. TRE 3 (1978) 192–202.

LECHNER-SCHMIDT, W., Wortindex der lateinisch erhaltenen Pseudepigraphen zum Alten Testament. TANZ 3. Tübingen 1990.

LEFORT, L.-T. (Hg.), S. Athanase. Lettres Festiales et Pastorales en Copte. CSCO.C 19. Louvain 1965.

LEROY, H., Ärgernis. NBL 1 (1991) 54–57.

–, ἀφίημι κτλ. EWNT 1 (1959) 436–441.

LEUTZSCH, M. (Hg.), Hirt des Hermas. SUC 3. Darmstadt 1998, 107–497.

LEVINE, B. A., Leviticus ויקרא. JPSTC. Philadelphia, Pa. u.a. 1989.

LEVY, J., Chaldäisches Wörterbuch über die Targumim und einen grossen Theil des rabbinischen Schrifttums. 2 Bde. (Neudr. der 3. Aufl.) Darmstadt 1966.

-, Wörterbuch über die Talmudim und Midraschim. 4 Bde. Darmstadt 1963.

LIDDELL, H. G./SCOTT, R., A Greek-English Lexicon. With Supplement 1968. Oxford ⁹1989.

LIDZBARSKI, M. (Hg.), Ginza – Der Schatz oder das grosse Buch der Mandäer. QRG 13,4. Göttingen 1925.

-, Mandäische Liturgien. AGWG.PH NF 17,1. Berlin 1920.

LIEDKE, G., Gestalt und Bezeichnung alttestamentlicher Rechtssätze. Eine formgeschichtlich-terminologische Studie. WMANT 39. Neukirchen-Vluyn 1971.

LIETZMANN, H., Geschichte der alten Kirche. Bd. 1: Die Anfänge. Berlin ⁵1975.

LIGHTFOOT, J. B., The Apostolic Fathers. A Revised Text with Introductions, Notes, Dissertation and Translations. (Nachdr. von London 1890) Hildesheim, New York 1973.

LINDEMANN, A., Antwort auf die „Thesen zur Echtheit und Datierung der sieben Briefe des Ignatius von Antiochien". ZAC 1 (1997) 185-194.

-, Der Apostel Paulus im 2. Jahrhundert. In: The New Testament in Early Christianity. La réception des écrits néotestamentaires dans le christianisme primitif. BEThL 86. Hg. v. Jean-Marie Sevrin. Leuven 1989, 39-67.

-, Paulus im ältesten Christentum. Das Bild des Apostels und die Rezeption der paulinischen Theologie in der frühchristlichen Literatur bis Marcion. Tübingen 1976.

LINGES, S. M., Das Barnabas-Evangelium. Wahres Evangelium Jesu, genannt Christus, eines neuen Propheten, von Gott der Welt gesandt gemäß dem Bericht des Barnabas, seines Apostels. Bonndorf im Schwarzwald 1994.

LIPSIUS, R. A., Barnabasbrief. In: Schenkels Bibellexikon 1 (1869) 363-373.

LÖFFLER, K., Einführung in die Handschriftenkunde. Leipzig 1929.

LOHFINK, N., Bund. BL² (1968) 267-273.

-, Die Landverheißung als Eid. Eine Studie zu Gn 15. SBS 28. Stuttgart 1967.

LOHMANN, T., Das Bild des Menschen bei den apostolischen Vätern. 1. Klemensbrief – Barnabasbrief – Ignatianen. WZ(J).GS 8 (1958) 71-79.

LOHMANN, H., Drohung und Verheißung. Exegetische Untersuchungen zur Eschatologie bei den Apostolischen Vätern. BZNW 55. Berlin, New York 1989.

LOHMEYER, E., Vom göttlichen Wohlgeruch. SHAW.PH 10 (1919) 1-52.

LOHSE, E., Die Briefe an die Kolosser und an Philemon. KEK 9. Göttingen ¹⁴1968.

- (Hg.), Die Texte aus Qumran. Hebräisch und Deutsch. Mit masoretischer Punktation, Übersetzung, Einführung und Anmerkungen. Darmstadt ⁴1986.

-, προσωπολημψία κτλ. ThWNT 6 (1959) 780-781.

-, σάββατον. ThWNT 7(1964) 1-35.

LOLOS, A. (Hg.), Die Apokalypse des Ps.-Methodius. BKP 83. Meisenheim am Glan 1976.

LOMAN, A. D., De Apocalypse van Barnabas. ThT 18 (1884) 182-226.

LONA, H. E., Abraham, II. Im Neuen Testament. LThK³ 1 (1993) 62-63.

-, Der erste Clemensbrief. KAV 2. Göttingen 1998.

-, Die Eschatologie im Kolosser- und Epheserbrief. fzb 48. Würzburg 1984.

-, »Treu bis zum Tod«. Zum Ethos des Martyriums in der Offenbarung des Johannes. In: Neues Testament und Ethik (FS zum 75. Geburtstag für Rudolf Schnackenburg). Hg. v. H. Merklein. Freiburg i. Br. 1989, 442-461.

-, Über die Auferstehung des Fleisches. Studien zur frühchristlichen Eschatologie. BZNW 66. Berlin, New York 1993.

–, Zur religionsgeschichtlichen Frage in 1 Clem 20. In: ΦΙΛΟΦΡΟΝΗΣΙΣ. GrTS 19. Hg. v. Johannes B. Bauer. Graz 1995, 21–54.

LORETZ, O., Leberschau, Sündenbock, Asasel in Ugarit und Israel. Leberschau und Jahwestatue in Psalm 27. Leberschau in Psalm 74. UBL 3. Altenberge 1985.

LUNDBERG, P. I., La typologie baptismale dans l'ancienne Église. ASNU 10. Leipzig, Uppsala 1982.

LUST, J. u.a. (Hg.), A Greek-English Lexicon of the Septuagint. Part 1: A–I. Stuttgart 1992.

–, A Greek-English Lexicon of the Septuagint. Part 2: K–Ω Stuttgart 1996.

LUZ, U., Das Evangelium nach Matthäus (Mt 1–7). EKK 1/1. Zürich, Einsiedeln, Köln, Neukirchen-Vluyn 1985.

–, Das Evangelium nach Matthäus (Mt 8–17). EKK 1/2. Zürich, Braunschweig, Neukirchen-Vluyn 1990.

–, Das Evangelium nach Matthäus (Mt 18,1–25,46). EKK 1/3. Zürich, Düsseldorf, Neukirchen-Vluyn 1997.

MAASS, F., Von den Ursprüngen der rabbinischen Schriftauslegung. ZThK 52 (1995) 129–161.

MacLENNAN, R. S., Four early Christian texts on Jews and Judaism in the second century C.E. Ann Arbor, Mi. 1989.

MAIBERGER, P./DOHMEN, C., סיני. ThWAT 5 (1986) 819–838.

MAIER, J., Bund, II. Im Judentum. LThK³ 2 (1994) 788–789.

–, Gesetz, IV. Judentum. LThK³ 4 (1995) 583–584.

–, Geschichte der jüdischen Religion. Von der Zeit Alexander des Grossen bis zur Aufklärung mit einem Ausblick auf das 19./20. Jahrhundert. Berlin, New York 1972.

–, Das Judentum. Von der Biblischen Zeit bis zur Moderne. Bindlach ³1988.

–, Die Qumran-Essener. Die Texte vom Toten Meer. 3 Bde. UTB 1862.1863.1916. München, Basel 1995/96.

–, Die Tempelrolle vom Toten Meer. UTB 829. München, Basel ²1992.

MANESCHG, H., Die Erzählung von der ehernen Schlange (Num 21,4–9) in der Auslegung der frühen jüdischen Literatur. Ein traditionsgeschichtliche Studie. EHS 23/157. Frankfurt am Main 1981.

MANTEL, H., Fasten, II. Judentum. TRE 11 (1983) 45–48.

–, Fastenrolle. TRE 11 (1983) 59–61.

MARTÍN, J. P., Il rapporto tra Pneuma ed Ecclesia nella Letteratura dei primi secoli cristiani. Aug. 20 (1980) 471–483.

–, L'interpretazione allegorica nella lettera di Barnaba e nel giudaismo alessandrino. SSRel 6 (1982) 173–183.

MÄRZ, C.-P., Bund, II. Im Neuen Testament. LThK³ 2 (1994) 785–788.

MASSAUX, É., L'influence littéraire de l'Évangile de Saint Matthieu sur la Didachè. EThL 25 (1949) 5–41.

MASSEBIEAU, L., L'enseignement des douze apôtres. RHR 10 (1884) 158ff.

MAURER, C., σκεῦος. ThWNT 7 (1964) 359–368.

MAURER, W., Kirche und Synagoge. Motive und Formen der Auseinandersetzung der Kirche mit dem Judentum im Laufe der Geschichte. FDV. Stuttgart 1953.

MAYER, G., Para (Die rote Kuh). „Gießener Mischna" 6,4. Berlin 1964.

MAYER, X., מול. ThWAT 4 (1984) 743–738.

MAYSER, E., Grammatik der griechischen Papyri aus der Ptolemäerzeit mit Einschluss der gleichzeitigen Ostraka und der in Ägypten verfaßten Inschriften. 6 Teilbde. Berlin 1923–1934.

McCurdy, J. F., Prophets and Prophecy. JE 10 (1925) 213–215.

McKelvey, R. J., Christ the Cornerstone. NTS 8 (1962) 352–359.

Méhat, A., Clemens von Alexandrien. TRE 8 (1981) 101–113.

Meinhold, J., Joma (Der Versöhnungstag). „Gießener Mischna" 2,4. Gießen 1913.

Meinhold, P., Geschichte und Exegese im Barnabasbrief. ZKG 59 (1940) 255–303.

Ménard, H., Epistola. In: Bibliotheca maxima veterum patrum et antiquorum scriptorum ecclesiasticorum. 1,2. Lugduni 1677, 16–22.

Menge, H./Güthling, O., Enzyklopädisches Wörterbuch der griechischen und deutschen Sprache. Bd. 1: Griechisch-Deutsch. Bd. 2: Deutsch-Griechisch (bearb. v. Otto Güthling). Berlin $^{20+4}$1967.

Merkel, H., Gesetz, 4. Alte Kirche. TRE 13 (1984) 75–82.

Metzger, M., Les Constitutions Apostoliques. Introduction, texte critique, traduction et notes. 3 Bde. SC 320.329.336. Paris 1985–1987.

Meyer, R., περιτέμνω κτλ. ThWNT 6 (1959) 72–83.

Michaelis, W., μέλι. ThWNT 4 (1942) 556–559.

–, πίπτω κτλ. ThWNT 6 (1959) 161–193.

Michel, O., Der Brief an die Hebräer. KEK 13. Göttingen ^{10}1957. ^{14}1984.

–, κόκκινος. ThWNT 3 (1938) 812–815.

–, ναός. ThWNT 4 (1942) 884–895.

–, οἶκος κτλ. ThWNT 5 (1954) 122–161.

–, ὁμολογέω κτλ. ThWNT 5 (1954) 199–220.

–, σφάζω, σφαγή. ThWNT 7 (1964) 925–939.

Milgrom, J., Numbers במדבר. Philadelphia, NY 1990.

–, The Paradox of the Red Cow (Num. XIX). VT 31 (1981) 62–72.

Milgrom, J./Wright, D. P., נִדָּה. ThWAT 5 (1986) 250–253.

Milne, H. J. M./Skeat, T. C., Scribes and Correctors of the Codex Sinaiticus. With plates and figures. London 1938.

Moll, H., Das Opfer Jesu Christi und seine Gegenwart in der Kirche bei den griechischen Apologeten des zweiten Jahrhunderts. In: Praesentia Christi (FS zu 70. Geburtstag für Johannes Betz). Hg. v. Lothar Lies. Düsseldorf 1984, 118–130.

Mommer, P., רָשָׁה. ThWAT 7 (1993) 690–692.

Moreschini, C. (Hg.), S. Hieronymi Presbyteri Opera. Bd. III: Opera Polemica 2. Dialogvs adversvs Pelagianos. CChr.SL 80. Turnhout, Leuven 1959.

de Morgan, J., Histoire du Peuple Arménien depuis les temps les plus reculés de ses annales jusqu'à nos jours. Nancy u.a. 1919.

Morin, D. G., S. Hieronymi Presbyteri Opera. Bd. 11: Opera Homiletica. CChr.SL 78. Turnhout, Leuven 1993.

Moulton, W. F. u.a. , A Concordance to the Greek Testament. Edinburgh ^{5}1993.

Muilenburg, J., Introduction to the Literary Relations of the Epistle of Barnabas and the Teaching of the Twelve Apostles. In: Hearing and Speaking the Word. Selections from the Works of James Muilenburg. Homages Series 7. Hg. v. Thomas F. Best. Chico, CA 1984, 419–427.

–, The Literary Relations of the Epistle of Branabas and the Teaching of the Twelve Apostles. Marburg 1929.

Müller, C. D. G., Ägypten, IV. Kirchengeschichtlich. TRE 1 (1977) 514–517.

–, Alexandrien, 1. TRE 2 (1978) 251–253.

Müller, G., Origenes und die Apokatastasis. ThZ 14 (1958) 176–190.

Müller, K., Apokalyptik/Apokalypsen, III. Die jüdische Apokalyptik. Anfänge und Merkmale. TRE 3 (1978) 202–251.

MÜLLER, P., „Verstehst du auch, was du liest?" Lesen und Verstehen im Neuen Testament. Darmstadt 1994.

MÜLLER, U. B. (Hg.), Die griechische Esra-Apokalypse. JSHRZ 5/2. Gütersloh 1976, 85–102.

MULZER, M., Eleazar. NBL 1 (1995) 510–511.

MUSSNER, F., Der Galaterbrief. HThK 9. Freiburg i. Br. ⁵1988.

–, Traktat über die Juden. München 1979.

NELIS, J., Monat. BL² (1968) 1164–1165.

NESTLE, E., Syrische Grammatik mit Litteratur, Chrestomathie und Glossar. PLO 5. Berlin ²1888.

NEUSNER, J., Das pharisäische und talmudische Judentum. Neue Wege zu seinem Verständnis. TSAJ 4. Tübingen 1984.

NEYMEYR, U., Die christlichen Lehrer im zweiten Jahrhundert. Ihre Lehrtätigkeit, ihr Selbstverständnis und ihre Geschichte. SVigChr 4. Leiden 1987.

NICKELSBURG, G. W. E., Aaron. RAC.Suppl. 1 (1985) 1–11.

NIEBUHR, K.-W., Gesetz und Paränese. Katechismusartige Weisungsreihen in der frühjüdischen Literatur. WUNT 2,38. Tübingen 1987.

NIEDERWIMMER, K., Die Didache. KAV 1. Göttingen 1989, ²1993.

NIELSEN, E., Deuteronomium. HAT 1. Tübingen 1995.

NIRSCHL, J., Lehrbuch der Patrologie und Patristik. Bd. 1. Mainz 1881.

NISSILÄ, K., Das Hohepriestermotiv im Hebräerbrief. Eine exegetische Untersuchung. SESJ 33. Helsinki 1979.

NOETHLICHS, K. L., Das Judentum und der römische Staat. Minderheitspolitik im antiken Rom. Darmstadt 1996.

NORDEN, E., Die antike Kunstprosa. Vom VI. Jh.v.Chr. bis in die Zeit der Renaissance. 2 Bde. Darmstadt ⁶1971.

NÖLDEKE, TH., Kurzgefaßte syrische Grammatik. Anhang: Die handschriftlichen Ergänzungen in dem Handexemplar Theodor Nöldekes und Register der Belegstellen; bearb. von Anton Schall. Darmstadt 1966 (Repro der Aufl. Leipzig ²1898).

NÖTSCHER, F., Die Psalmen. EB 1. Würzburg 1947.

NOWACK, W., Schabbat (Sabbat). „Gießener Mischna" 2,1. Gießen 1921.

NOWAK, B., Exodus – Leviticus – Numeri. HK 2. Göttingen 1903.

O'HAGAN, A. P., Material Re-Creation in the Apostolic Fathers. TU 100. München 1968.

OBERMANN, A., Die christologische Erfüllung der Schrift im Johannesevangelium. Eine Untersuchung zur johanneischen Hermeneutik an der Schriftzitate. WUNT 2,83. Tübingen 1996.

OEPKE, A., βάπτω κτλ. ThWNT 1 (1933) 527–544.

OFFERMANN, D. (Hg.), Der Physiologus nach den Handschriften G und M. Meisenheim am Glan 1966.

OMONT, H., Inventaire sommaire des Manuscrits grecs de la Bibliothèque nationale. Bd. 1. Paris 1886.

OPITZ, H.-G., Untersuchungen zur Überlieferung der Schriften des Athanasius. AKG 23. Berlin, Leipzig 1935.

ORELLI, C. VON, Versöhnungstag. RE³ 20 (1908) 576–582.

OTTO, J. K. T., Haben Barnabas, Justin und Irenäus den 2. Petrusbrief (3,8) benutzt? ZWTh 20 (1877) 525–529.

OTTOSSON, M./BERGMAN, J., אֶרֶץ. ThWAT 1 (1970) 418–436.

OUDENRIJIN, M. A., Genesis I 26 und Grundsätzliches zur trinitarischen Auslegung. DT(P) 51 (1937) 145–156.

OVERBECK, F. C., Die Tradition der alten Kirche über den Hebräerbrief. In: Werke und Nachlaß 2. Schriften bis 1880. Hg. v. Ekkehard W. Stegemann, Rudolf Brändle. Stuttgart, Weimar 1994, 393–461.

–, Titus Flavius Klemens von Alexandria. Die Teppiche (Stromateis). Basel 1936.

PAAP, A. H. R. E., Nomina Sacra in the Greek Papyri of the First Five Centuries A.D. Leiden 1959.

ΠΑΠΑΔΟΠΟΥΛΟΣ-ΚΕΡΑΜΕΟΣ, A. I., Ἱεροσολυμιτικὴ Βιβλιοθήκη κτλ., Ἐν Πετρουπόλει 1891.

PAPE, W., Deutsch-griechisches Handwörterbuch. Bearbeitet v. M. Sengebusch. Braunschweig ²1859.

–, Griechisch-deutsches Handwörterbuch. 2 Bde. Bearbeitet v. M. Sengebusch. Graz ³1954.

PASCHEN, W., Rein und Unrein. Untersuchung zur biblischen Wortgeschichte. StANT 24. München 1970.

PAULSEN, H., Apostolische Väter. EKL 1 (1986) 231–234.

–, Die Briefe des Ignatius von Antiochia und der Brief des Polykarp von Smyrna. 2. Aufl. der Auslegung von W. Bauer. HNT 18. Tübingen ²1985.

–, Der zweite Petrusbrief und der Judasbrief. KEK 12/2. Göttingen 1992.

PEARSON, B. A., Earliest Christianity in Egypt. Some Oberservations. In: The Roots of Egyptian Christianity. Hg. v. Birger A. Pearson, James E. Goehring. Philadelphia, Pa. 1986, 132–156.

PEETERS, P., Bibliotheca Hagiographica orientalis. Bruxelles 1910.

PERROT, CH., La lecture de la Bible dans la synagogue. Les anciennes lectures palestiniennes du Shabbat et des fêtes. CMas 1/1. Hildesheim 1973.

PESCH, R., Die Apostelgeschichte (Apg 1–12). EKK 5/1. Zürich, Einsiedeln, Köln, Neukirchen-Vluyn 1986.

–, Die Apostelgeschichte (Apg 13–28). EKK 5/2. Zürich, Einsiedeln, Köln, Neukirchen-Vluyn 1986.

PENDERGRAFT, M., „Thou shalt not eat the Hyena". A Note on „Barnabas" *Epistle* 10.7. VigChr 46 (1992) 75–79.

PERLER, O., Méliton de Sardes. Sur la Pâque et fragments. SC 123. Paris 1966.

PERLITT, L., Deuternonomium. BK 5. Neukirchen-Vluyn 1995.

PFLEIDERER, O., Das Urchristentum. Seine Schriften und Lehren in geschichtlichem Zusammenhang beschrieben. 2 Bde. Berlin ²1902.

PHILONENKO, M., Joseph et Aséneth. Introduction. Texte critique. Traduction et notes. StPB 13. Leiden 1968.

PIESIK, H., Bildersprache der Apostolischen Väter. Bonn 1961.

PITRA, J.-B. (Hg.), Analecta sacra Spicilegio Solesmensi parata. Bd. 4: Patres Antenicaeni. Parisiis 1883.

PODELLA, T., Sôm-Fasten. Kollektive Trauer um den verborgenen Gott im Alten Testament. AOAT 224. Neukirchen-Vluyn 1989.

PÖHLMANN, E., Einführung in die Überlieferungsgeschichte und die Textkritik der antiken Literatur. Bd. 1: Altertum. Darmstadt 1994.

POHLMANN, K.-F. (Hg.), Das 3. Esra-Buch. JSHRZ 1/5. Gütersloh 1980, 377–425.

PREISIGKE, F., Wörterbuch der griechischen Papyrusurkunden mit Einschluß der griechischen Inschriften, Aufschriften, Ostraka, Mumienschilder usw. aus Ägypten. 4 Bde. Hg. v. Emil Kießling. Berlin 1925.

PREUSCHEN, E., Analekta. Kürzere Texte zur Geschichte der Alten Kirche und des Kanon. 2. Teil: Zur Kanongeschichte. Sammlung ausgewählter kirchen- und dogmengeschichtlicher Quellschriften Tübingen ²1910.

PREUSS, H. D., Theologie des Alten Testaments, 2. Israels Weg mit JHWH. Stuttgart u.a. 1992.

PRIGENT, P., Les Testimonia dans le christianisme primitif. L'Épître de Barnabé I–XVI et ses sources. EtB. Paris 1961.

PROSTMEIER, F. R., Barnabas, III. Apokryphe: 1. Acta Barnabae. LThK³ 2 (1994) 17–18.

–, Barnabasbrief. LThK³ 2 (1994) 18–18.

–, Eulogie, 1. Biblisch. LThK³ 3 (1995) 987–987.

–, Ignatios, v. Antiochien. LThK³ 5 (1996) 407–409.

–, Manutius, Aldus d. Ä. LThK³ 6 (1997) 1288.

–, Unterscheidendes Handeln. Fasten und Taufen gemäß Did 7,4 und 8,1. In: ϕιλοϕρονηсιс. GrTS 19. Hg. v. Johannes B. Bauer. Graz 1995, 55–75.

–, Zur handschriftlichen Überlieferung des Polykarp- und des Barnabasbriefes. Zwei nicht beachtete Deszendenten des Cod. Vat. gr. 859. VigChr 48 (1994) 48–64.

QUASTEN, V. J., Initiation aux Pères de l'Église 3. Paris 1963.

–, Patrology I. The Beginnings of Patristic Literature. Brussels 1950.

QUISPEL, G., Ptolémée. Lettre a Flora. Analyse, texte critique, traduction, commentaire et index grec. SC 24bis. Paris ²1966.

RAD, G. VON, Das erste Buch Mose (Kap 1–12,9). ATD 2. Göttingen ⁹1972.

–, Das erste Buch Mose (Kap 12,10–25,18). ATD 3. Göttingen 1972.

–, Das erste Buch Mose (Kap 25,19–50,26). ATD 4. Göttingen 1972.

–, Theologie des Alten Testaments 1–2. Die Theologie der prophetischen Überlieferung Israels. EETh 1. München ⁶1969.

RADL, W., Das »Apostelkonzil« und seine Nachgeschichte, dargestellt am Weg des Barnabas. ThQ 162 (1982) 45–61.

RAHIM, M. A., The Gospel of Barnabas. Karachi 1973.

–, Jesus A Prophet of Islam. Karachi 1980.

RAHLFS, A., Septuaginta id est vetus testamentum graece iuxta LXX interpretes. 2 Bde. Stuttgart 1935.

– (Hg.), Psalmi cum Odis. Septuaginta vetus Testamentum Graecum 10. Göttingen ³1979.

RAHNER, H., Flumina de ventre Christi. Die Patristische Auslegung von Joh 7,37.38. In: Symbole der Kirche. Die Ekklesiologie der Väter. Hg. v. ders. Salzburg 1964, 177–235.

–, Symbole der Kirche. Die Ekklesiologie der Väter. Salzburg 1964.

RAMSAY, W. M., The church in the Roman empire before A.D. 170. London ³1894.

RANDA, A. (Hg.), Handbuch der Weltgeschichte. Bd. 1: Die alten Kulturkreise. Olten, Freiburg i. Br. ³1962.

REBELL, W., Neutestamentliche Apokryphen und apostolische Väter. München 1992.

REHKOPF, F., Septuaginta-Vokabular. Göttingen 1989.

RENGSTORF, K. H., διδάσκω κτλ. ThWNT 2 (1935) 138–168.

–, σημεῖον κτλ. ThWNT 7 (1964) 199–269.

–, τέρας. ThWNT 8 (1969) 113̄127.

RENGSTORF, K. H. (Hg.), A Complete Concordance to Flavius Josephus. 4 Bde. Leiden 1973–1983.

–, A Complete Concordance to Flavius Josephus. Suppl. 1. Namenswörterbuch zu Flavius Josephus (von Abraham Schalit). Leiden 1968.

–, Die Tosefta. Übersetzung und Erklärung. Stuttgart 1960ff. (bisher 6 Bde.).

RESCH, A. (Hg.), Agrapha. Aussercanonische Schriftfragemente. TU 5. Leipzig 1889 [TU 30. Leipzig ²1906].

RESCH, A./HARNACK, A. (Hg.), Agrapha. Aussercanonische Evangelienfragemente. Anhang: Das Evangelienfragment von Fajjum von Adolf Harnack. TU 5. Leipzig 1889.

RICHARDSON, C. C., The Teaching of the Twelve Apostles. Commonly Called the Didache. In: Early Christian Fathers. LCC 1. Philadelphia 1953, 161–179.

RICHARDSON, E., Hieronymus liber de viris inlustribus. TU 14 (1896) 1–56.

RIESENFELD, H., περί. ThWNT 6 (1959) 53–57.

RIESSLER, P., Altjüdisches Schrifttum außerhalb der Bibel. Augsburg 1928.

RINGGREN, H., עָשָׂה. ThWAT 6 (1989) 413–432.

ROBINSON, J. A., Barnabas, Hermas and the Didache. Being the Donnellan Lectures delivered before the University of Dublin in 1920. London 1920.

ROBINSON, J. A. T., Redating the New Testament. London 1976.

ROLOFF, J., Der erste Brief an Timotheus. EKK 15. Zürich, Neukirchen-Vluyn 1988.

–, Die Offenbarung des Johannes. ZBK.NT 18. Zürich ²1987.

RORDORF, W., Der Sonntag. Geschichte des Ruhe- und Gottesdiensttages im ältesten Christentum. ATANT 43. Zürich u. a. 1962.

– (Hg.), Sabbat und Sonntag in der alten Kriche. TC 2. Zürich 1972.

RORDORF, W./TUILIER, A. (Hg.), La doctrina des douze apôtres (Didachè). Introduction, texte, traduction, notes, appendice et index par Willy Rordorf et André Tuilier. SC 248. Paris 1978.

ROSLAN, W., Die Grundbegriffe der Gnade nach der Lehre der Apostolischen Väter. ThQ 119 (1938) 200–225.275–317.470–503

ROST, V. C. F., Deutsch-griechisches Wörterbuch. Göttingen ⁵1837.

ROST, L., Studien zum Opfer im Alten Israel. BWANT 113. Stuttgart u. a. 1981.

ROST, L./LISOWSKY, G., Konkordanz zum Hebräischen Alten Testament. Stuttgart ²1958.

ROUSSEAU, A., Irénée de Lyon. Démonstration de la prédication apostolique. Introduction, traduction et notes. SC 406. Paris 1995.

RÜDIGER, H., Die Wiederentdeckung der antiken Literatur im Zeitalter der Renaissance. In: Die Textüberlieferung der antiken Literatur und der Bibel. Hg. von ders. u. a. München 1975, 511–580.

RUNIA, D. T., Philo in Early Christian Literature. A Survey. CRI 3,3. Assen 1993.

RUPPERT, L., Abraham, 1. Im Alten Testament. LThK³ 1 (1993) 61–62.

RUSSELL, R., The Method and Message of Jewish Apocalyptik. 200 BC – AD 100. London ²1971.

RUWET, J., Les «Antilegomena» dans les œuvres d'Origène (I). Bib. 23 (1942) 18–42.

SABATIER, P., Bibliorum sacrorum latinae versiones antiquae, seu Vetus Italica, et caeterae quaecunque in codicibus, manuscriptis et antiquorum libris reperiri potuerunt. Quae cum vulgata latina, & cum textu graeco comparantur. Accedunt praefationes. 3 Bde. (Nachdr. Turnhout 1991) Remis 1743.

SABBADINI, R. (Hg.), Die Entdeckung der griechischen Kodizes (15. Jh.). In: Griechische Kodikologie und Textüberlieferung. Hg. v. D. Harlfinger. Darmstadt 1980, 353–388.

SABER, G., Le Baptême dans l'Épître de Barnabé. Melto 4 (1968) 194–215.

SAND, A., „Wie geschrieben steht …". Zur Auslegung der jüdischen Schriften in den urchristlichen Gemeinden. In: Schriftauslegung. Beiträge zur Hermeneutik des Neuen Testaments und im Neuen Testament. Hg. v. Josef Ernst. München 1972, 331-357.

SASSE, H., γῆ, ἐπίγειος. ThWNT 1 (1933) 676-680.

SAUER, G. (Hg.), Jesus Sirach. JSHRZ 3/5. Gütersloh 1981, 483-644.

SAUSER, E., Physiologus. LThK² 8 (1963) 489-489.

SAVI, P., La dottrina degli apostoli. Roma 1893.

SBORDONE, F. (Hg.), Physiologus. Mediolani u.a. ²1936.

SCHÄFER, K. T., Lapis Summus Angularis. In: Der Mensch und die Künste (FS für Heinrich Lützeler zum 60. Geburtstag). Hg. v. Günter Bandmann. Düsseldorf 1962, 9-23.

-, Zur Deutung von ἀγρογωνιαῖος Eph 2,20. In: Neutestamentliche Aufsätze (FS Josef Schmid). Hg. v. Josef Blinzler. Regensburg 1963, 218-224.

SCHÄFER, P., Der Bar Kokhba-Aufstand. Studien zum zweiten jüdischen Krieg gegen Rom. TSAJ 1. Tübingen 1981.

-, Geschichte der Juden in der Antike. Die Juden Palästinas von Alexander dem Großen bis zur arabischen Eroberung. Stuttgart, Neukirchen-Vluyn 1983.

SCHAFF, P., The Oldest Church Manual called the Teaching of the Twelve Apostles. New York ³1890.

SCHALL, U., Hadrian. Ein Kaiser für den Frieden. Das Leben eines ungewöhnlichen Mannes. Tübingen 1986.

SCHEDL, C., Rufer des Heils in heilloser Zeit. Paderborn 1973.

SCHEFFCZYK, L., Schöpfung und Vorsehung. HDG II/2a. Freiburg u.a. 1963.

SCHEFTELOWITZ, I., Das Opfer der roten Kuh (Num 19). ZAW 39 (1921) 113-123.

SCHELKLE, K. H., Akrogoniaios. RAC 1 (1950) 233-234.

SCHENKEL, D., Über den Brief des Barnabas. Ein kritischer Versuch. ThStKr 10 (1837) 652-686.

SCHERMANN, TH. (Hg.), Die allgemeine Kirchenordnung, frühchristliche Liturgien und kirchliche Überlieferung. Erster Teil: Die allgemeine Kirchenordnung des zweiten Jahrhunderts. (1914). Zweiter Teil: Frühchristliche Liturgien (1915). SGKA.E 3. Paderborn 1914/15.

-, Eine Elfapostelmoral oder die X-Rezension der „beiden Wege". VKHSM II. München 1903.

SCHILLE, G., Zur urchristlichen Tauflehre. Stilistische Beobachtungen am Barnabasbrief. ZNW 49 (1958) 31-52.

SCHILLING, O., Reichtum und Eigentum in der altkirchlichen Literatur. Freiburg 1908.

SCHLATTER, A., Die Tage Trajans und Hadrians. BFChTh 1. Gütersloh 1897.

SCHLIER, H., Der Brief an die Galater. KEK 7. Göttingen ¹²1962.

-, Der Epheserbrief. Ein Kommentar. Düsseldorf ⁷1971.

-, Die Zeit der Kiche. Exegetische Aufsätze und Verträge. Freiburg i. Br. ²1958.

-, γάλα. ThWNT 1 (1933) 644-646.

-, δείκνυμι κτλ. ThWNT 2 (1935) 26-33.

-, δίκη κτλ. ThWNT 2 (1935) 176-229.

-, κεφαλή, ἀνακεφαλαιόομαι. ThWNT 3 (1938) 672-682.

SCHMID, H., Die Gestalt des Mose. Probleme alttestamentlichen Forschung unter Berücksichtigung der Pentateuchkrise. EdF 237. Darmstadt 1986.

-, Frieden, II. AT. TRE 11 (1983) 605-610.

-, אֶרֶץ. ThWAT 1 (1973) 228-236.

SCHMID, J., Barnabas, IV. Barnabasbrief. RAC 1 (1950) 1212-1217.

-, Das Evangelium nach Lukas. RNT 3. Regensburg 1940.

SCHMIDT, K. L., ἀκροβυστία. ThWNT 1 (1933) 226–227.

SCHMIDT, W. H., Die Schöpfungsgeschichte der Priesterschrift. Zur Überlieferungsge-schichte von Gen 1,1–2,4a. WMANT 17. Neukirchen-Vluyn 1964.

SCHMUTTERMAYR, G., ἀδελφοι – ἀγαπητοι. Exegetische und kommunikationstheore-tische Beobachtungen zur apostolischen Anrede. In: Glaubensvermittlung im Umbruch (FS Bischof Manfred Müller). Hg. v. H. Petri, G. Schmuttermayr, K. Hausberger, W. Bei-nert, G. Hilger. Regensburg 1996, 13–46.

–, Psalm 18 und 2 Samuel 22. Studien zu einem Doppeltext. Problem der Textkritik und Übersetzung und das Psalterium Pianum. StANT 25. München 1971.

SCHNACKENBURG, R., Das Johannesbriefe. HThK 13. Freiburg i. Br. u.a. 1953.

–, Das Johannesevangelium. 1. Teil: Einleitung und Kommentar zu Kap. 1–4. HThK 4. Frei-burg i. Br. u.a. ⁷1992.

–, Das Johannesevangelium. 2. Teil: Kommentar zu Kap. 5–12. HThK 4. Freiburg i. Br. u.a. ⁴1985.

–, Das Johannesevangelium. 3. Teil: Kommentar zu Kap. 13–21. HThK 4. Freiburg i. Br. u.a. ⁶1992.

–, Das Johannesevangelium. Ergänzende Auslegungen und Exkurse. HThK 4. Freiburg i. Br. u.a. ³1984.

–, Der Brief an die Epheser. EKK 10. Zürich, Einsiedeln, Köln, Neukirchen-Vluyn 1982.

SCHNEEMELCHER, W., Neutestamentliche Apokryphen in deutscher Übersetzung. Bd. 1: Evangelien. Tübingen ⁶1990.

–, Neutestamentliche Apokryphen in deutscher Übersetzung. Bd. 2: Apostolisches, Apoka-lypsen und Verwandtes. Tübingen ⁵1989.

SCHNEIDER, D., Der Prophet Jeremia. WStB. Wuppertal u.a. ⁴1991.

SCHNEIDER, J., ἔρχομαι κτλ. ThWNT 2 (1935) 662–682.

–, ἥκω. ThWNT 2 (1935) 929–931.

–, ὀμνύω. ThWNT 5 (1954) 177–185.

–, ὅρκος κτλ. ThWNT 5 (1954) 458–468.

–, παραβαίνω κτλ. ThWNT 5 (1954) 733–741.

SCHNIDER, F., Der Jakobusbrief. RNT. Regensburg 1987.

SCHNIDER, F./STENGER, W., Studien zum neutestamentlichen Briefformular. NTTS 11. Leiden u.a. 1987.

SCHOEDEL, W. R., Die Briefe des Ignatius von Antiochien. Ein Kommentar. Hermeneia. München 1990.

SCHÖLLGEN, G., Didache. Zwölf-Apostel-Lehre. FC 1. Freiburg i. Br. 1991, 13–139.

SCHOPEN, L./BEKKER, I. (Hg.), Historia Romana. Nicephori Gregorae historiae Byzan-tinae. CSHB 3. Bonn 1855.

SCHRAGE, W., Der erste Brief an die Korinther (1 Kor 1,1–6,11). EKK 7/1. Zürich, Braun-schweig, Neukirchen-Vluyn 1991.

–, Der erste Brief an die Korinther (1 Kor 6,12–11,16). EKK 7/2. Solothurn, Düsseldorf, Neu-kirchen-Vluyn 1995.

–, Die Katholischen Briefe. NTD 10. Göttingen 1973.

SCHRECKENBERGER, H., Die christlichen Adversus-Judaeos-Texte und ihr literarisches und historisches Umfeld (1.–11. Jh.). EHS 23,172. Frankfurt a. Main u.a. ³1995.

SCHREINER, J. (Hg.), Das 4. Buch Esra. JSHRZ 5/4. Gütersloh 1981, 291–412.

SCHRENK, G., δίκη κτλ. ThWNT 2 (1935) 180–229.

–, ἱερεύς. ThWNT 3 (1938) 257–265.

SCHRÖER, H., Paradoxie. II. Theologisch. TRE 25 (1995) 731–737.

SCHRÖGER, F., Das hermeneutische Instrumentarium des Hebräerbriefverfassers. In: Schriftauslegung. Beiträge zur Hermeneutik des Neuen Testaments und im Neuen Testament. Hg. v. Josef Ernst. München u. a. 1972, 313–329.

–, Der Gottesdienst der Hebräerbriefgemeinde. MThZ 19 (1968) 161–181.

–, Der Verfasser des Hebräerbriefes als Schriftausleger. BU 4. Regensburg 1968.

SCHUBERT, K., Gottesvolk – Teufelsvolk – Gottesvolk. In: Die Macht der Bilder. Antisemitische Vorurteile und Mythen. Hg. v. Jüdisches Museum der Stadt Wien Ges. m. b. H. Wien 1995, 30–52.

SCHÜHLEIN, F. X., Aldus. LThK² 1 (1957) 301–301.

SCHULZ, A., Der Hase als Wiederkäuer. BZ 9 (1911) 12–17.

SCHUMPP, M. M., Das Buch Tobias. EHAT 11. Münster in Westf. 1933.

SCHUR, I., Versöhnungstag und Sündenbock (Jom-ha-Kippurim und Sair-la-'Azazel). Commentationes humanarum litterarum 6. Helsingfors 1933.

SCHÜRER, E., Geschichte des jüdischen Volkes im Zeitalter Jesu Christi. Bd. 1. Hildesheim u. a. ⁴1964.

SCHÜRER, E./VERMES, G./MILLAR, F., The History of the Jewish People in the Age of Jesus Christ (157 B.C. – A.D. 135). A New English Edition. 2 Bde. Edinbourgh 1973/79.

SCHÜTZ, R., Barnabasbrief. RGG³ 1 (1957) 880–881.

SCHWARTE, K.-H., Apokalyptik/Apokalypsen, V. Alte Kirche. TRE 3 (1978) 257–275.

SCHWARTZ, M. B., Torah Reading in the Ancient Synagoge. Ann Arbor, Mich. 1986.

SCHWEIZER, E., Der Brief an die Kolosser. EKK 12. Zürich, Einsiedeln, Köln, Neukirchen-Vluyn ²1980.

–, πνεῦμα, πνευατικός. ThWNT 6 (1938) 387–450.

SCORZA BARCELLONA, F., Le norme veterotestamentarie sulla purtià nell'Epistola die Barnaba. ASEs 13 (1996) 95–111.

SEEL, O., Der Physiologus. Zürich, Stuttgart ²1967.

SHEA, W. H., The Sabbat in the Epistle of Barnabas. AUSS 4 (1966) 149–175.

SHUKSTER, M. B./RICHARDSON, P., Temple and Bet Ha-midrash in the Epistle of Barnabas. In: Anti-Judaism in early Christianity. Bd. 2: Separation and Polemik. Hg. v. Stephen G. Wilson. Waterloo 1986, 17–31.

SIEGFRIED, C., Philo von Alexandria als Ausleger des Alten Testaments. Die griechische und jüdischen Bildungsgrundlagen und die allegorische Schriftauslegung Philos, das sprachliche Material und die Literatur an sich selbst und nach seinem geschichtlichen Einfluss betrachtet. Nebst Untersuchungen über Philos Gräcität. Mit einer Einleitung über die innere Entwicklung des Judentums und eines Registers. (Nachdr. von 1875) Jena 1970.

SIMONETTI, M., Note di cristolgia pneumatica. Aug. 12 (1972) 201–232.

SKARSAUNE, O., The Proof from Prophecy. A study in Justin Martyr's proof-text tradition. Texttype, provenance, theological profile. NT.S 56. Leiden 1987.

SKWORZOW, C., Patrologische Untersuchungen. Ueber Ursprung der problematischen Schriften der apostolischen Väter. Leipzig 1875.

SLOMP, J., Pseudo-Barnabas in the Context of Muslim-Christian Apologetics. Al-Mushir 16 (1974) 106–130.

–, Das Barnabasevangelium. CIBEDO.T 14 (1982) 1–16.

–, The Gospel in Dispute. Rome 1978.

SODEN, H. F. VON, ἀδελφός κτλ. ThWNT 1 (1933) 144–146.

SMALLWOOD, E. M., The Legislation of Hadrian and Antoninus Pius against Circumcision. Latomus 18 (1959) 334–347.

SMITH, P. R., Thesaurus Syriacus. 3 Bde. (Nachdr. d. Ausgabe Oxford 1879/1901/1927) Hildesheim 1981.

-, A compendium syriac dictionary founded upon the Thesaurus Syriacus. Oxford 1903.

SPANNEUT, M., Geduld. RAC 9 (1996) 243–294.

SPEIGL, J., Der römische Staat und die Christen. Staat und Kirche von Domitian bis Commodus. Amsterdam 1970.

SPEYER, W., Fluch. RAC 7 (1996) 1160–1288.

STAATS, R., Ogdoas als ein Symbol für die Auferstehung. VigChr 26 (1972) 29–52.

STAERK, A., Les Manuscrits Latins du Ve au XIIIe siècle conservés à la bibliothèque Impériale de Saint-Pétersbourg, 2 Bde. Hildesheim, New York 1976.

STÄHLIN, O., Des Clemens von Alexandreia ausgewählte Schriften. 5 Bde. (BKV[2.2] 7.8.10.17.19). München [2]1934–1938.

-, Die altchristliche griechische Litteratur. In: Geschichte der griechischen Literatur. Bd. 2/2. Hg. v. W. v. Christ. München [6]1924, 1105–1500.

-, προσκόπτω κτλ. ThWNT 6 (1959) 745–759.

-, σκάνδαλον, σκανδαλίζω. ThWNT 7 (1964) 338–358.

STÄHLIN, O./TREU, U. (Hg.), Clemens Alexandrinus. Bd. 1: Protrepticus und Paedagogus. GCS 12. Berlin [3]1972.

STÄHLIN, O./FRÜCHTEL, L. (Hg.), Clemens Alexandrinus. Bd. 2: Stromata. Buch I–VI. GCS 52. Berlin [3]1960.

STÄHLIN, O. u.a. (Hg.), Clemens Alexandrinus. Bd. 3: Stromata. Buch VII–VIII. Excerpta ex Theodoto – eclogae propheticae, quis dives salvetur – Fragmenta. GCS 17. Berlin [2]1970.

STÄHLIN, O. (Hg.), Clemens Alexandrinus. Bd. 4: Register. GCS 39. Leipzig 1936.

STEGEMANN, H., Rez.: Pierre Prigent, Les testimonia dans le christianisme primitif. L'épître de Barnabé I–XVI et ses sources, Paris 1961. 240 S. In: ZKG 73 (1962) 142–153.

STEGMÜLLER, O., Überlieferungsgeschichte der Bibel. In: Die Textüberlieferung der antiken Literatur und der Bibel. Hg. von ders. u.a. München 1975, 149–206.

STEIMER, B., Vertex Traditionis. Die Gattung der altchristlichen Kirchenordnung. BZNW 63. Berlin, New York 1992.

STEMBERGER, G., Geschichte der jüdischen Literatur. Eine Einführung. München 1977.

-, Das klassische Judentum. Kultur und Geschichte in rabbinischer Zeit (70 n.Chr. bis 1040 n.Chr.). München 1979.

-, Der Talmud. Einführung – Texte – Erläuterungen. München 1982.

STENDEBACH, F. J., שָׁלוֹם. ThWAT 8 (1995) 12–46.

STERN, M., Greek and Latin Authors on Jews and Judaism. 3 Bde. Jerusalem 1974–1984.

STEVENSON, H., Codices Manuscripti graeci Reginae Suecorum et Pii PP. II. Bibliothecae Vaticanae. Romae 1888.

STOEBE, H. J., Das zweite Buch Samuelis. KAT 8. Gütersloh 1994.

STRACK, H. L./BILLERBECK, P., Kommentar zum Neuen Testament. Aus Talmud und Midrasch. 6 Bde. München [5]1969.

STRACK, H. L./STEMBERGER, G., Einleitung in Talmud und Midrasch. München [7]1982.

STRATHMANN, H., μάρτυς κτλ. ThWNT 4 (1942) 477–514.

STROBEL, A., Apokalyptik/Apokalypsen IV. Neues Testament. TRE 3 (1978) 251–257.

STUMMER, F., Beschneidung. RAC 2 (1954) 159–169.

SUNDBERG, A. C., On Testimonies. NT 3/4 (1959) 268–281.

SUNG, C.-H., Vergebung der Sünden. Jesu Praxis der Sündenvergebung nach den Synoptikern und ihre Voraussetzungen im Alten Testament und frühen Judentum. WMANT 57. Tübingen 1995.

TAYLOR, C., The Teaching of the Twelve Apostles with Illustrations from the Talmud. Cambridge, London 1886.

THACKERAY, H., A Grammar of the Old Testament in Greek. Hildesheim 1978.

THE PACKARD HUMANITIES INSTITUTE (Hg.), PHI 5.3: Latin Texts, Bible Versions. Los Altos, CA 1991.

–, PHI 6: Inscriptions, Papyri, Coptic Texts. Los Altos, CA 1991.

–, Thesaurus Linguae Graecae D. Los Altos, CA 1992.

THE TRUSTEES OF THE BRITISH MUSEUM (Hg.), The British Museum Catalogue of Additions to the Manuscripts 1931–1935. London 1967.

–, The Mount Sinai Manuscript of the Bibel. London 1934.

THIEME, K., Kirche und Synagoge. Die ersten nachbiblischen Zeugnisse ihres Gegensatzes im Offenbarungsverständnis. Der Barnabasbrief und der Dialog Justin des Märtyrers. Olten 1945.

THOROSSIAN, H., Histoire de la Littérature Arménienne. Des origines jusqu'à nos jours. Paris 1951.

THYEN, H., Der Stil der Jüdisch-Hellenistischen Homilie. FRLANT 47. Göttingen 1955.

TISCHENDORF, L. F. K. VON, Aus dem heiligen Lande. Leipzig 1862.

–, (Hg.) Bibliorum codex Sinaiticus Petropolitanus. Auspiciis augustissimis imperatoris Alexandri II. ex tenebris protraxit in Europam transtulit ad iuvandas atque illustrandas sacras litteras ed. Constantinus Tischendorf. 4 Bde. Petropoli 1862 (Neudr. Hildesheim 1969).

–, Vorworte zur Sinaitischen Bibelhandschrift zu St. Petersburg unter den Auspicien seiner Kaiserlichen Maiestät Alexander II. Dem Dunkel entzogen, nach Europa überbracht zur Hebung und Verherrlichung christlicher Wissenschaft. Leipzig 1862.

TRAUBE, L., Nomina Sacra. Versuch einer Geschichte der christlichen Kürzungen. München 1907.

TRAUT, G., Lexikon über die Formen der griechischen Verba. Gießen 1867.

TRAUTMANN, M., Zeichenhafte Handlungen Jesu. Ein Beitrag zur Frage nach dem geschichtlichen Jesus. fzb 37. Würzburg 1979.

TRÉMEL, Y.-B., Du sabbat au jour du Seigneur. LV(L) 16 (1962) 29–49.

TREU, K. (Hg.), Überlieferungs- und Editionsprobleme der Patristik. In: Griechische Kodikologie und Textüberlieferung. Hg. v. D. Harlfinger. Darmstadt 1980, 613–628.

TREU, U., Das Wiesel im Physiologus. WZ(R).GS 12 (1963) 275–276.

–, »Otterngezücht«. Ein patristischer Beitrag zur Quellenkunde des Physiologus. ZNW 50 (1959) 113–122.

–, Physiologus. Naturkunde in frühchristlicher Deutung. Aus dem Griechischen übersetzt und herausgegeben. Hanau 1981.

–, Zur biblischen Überlieferung im Physiologus. TU 125 (1981) 549–552.

–, Zur Datierung des Physiologus. ZNW 57 (1966) 101–104.

TRILLING, W., Der zweite Brief an die Thessalonicher. EKK 14. Zürich, Einsiedeln, Köln, Neukirchen-Vluyn 1980.

TROUPEAU, G., Karshuni. EI(D) 4 (1978) 671–672.

TSCHERIKOVER, V. A./FUKS, A. (Hg.), Anosioi Judaioi. CPJ 2. Cambridge, Mass. 1960.

TUGWELL, S. (Hg.), The Apostolic Fathers. Outstanding Christian Thinkers London 1989.

TURNER, C.H., Is Hermas also among the Prophets? JThS 14 (1913) 404–407.

UHLIG, S. (Hg.), Äthiopisches Hennochbuch. JSHRZ 5/6. Gütersloh 1984, 463–780.

UNGERN-STERNBERG, A. F. VON, Der traditionelle alttestamentliche Schriftbeweis „De christo" und „De vangelo" in der alten Kirche bis zur Zeit Eusebs von Caesarea. Halle a. S. 1913.

URBÁN, A., Concordantia in Patres Apostolicos. Bd. 4: Barnabae epistulae Concordantia. In: Alpha – Omega. Reihe A: Lexica, Indizes, Konkordanzen zur Klassenischen Philologie 165. Hildesheim u.a. 1996.

VAIR, R. J., The Old Testament Promise of the Land as Reinterpreted in First and Second Century Christian Literature. Berkeley, Cal. 1979.

VAN DEN BORN, A., Azazel. BL² (1968) 155–156.

–, Dornbusch. BL² (1968) 343–343.

VAN IMSCHOOT, P., Bund. BL (1956) 267–276.

VAN IMSCHOOT, P./HAAG, H., Schlange. BL² (1968) 1539–1541.

VAN UNNIK, W. C., De la Règle Μήτε προσθεῖναι μήτε ἀφελεῖν dans l'histoire du Canon. VigChr 3 (1949) 1–36.

–, Zur Bedeutung von ΤΑΠΕΙΝΟΥΝ ΤΗΝ ΨΥΧΗΝ bei den Apostolischen Vätern. In: Sparsa Collecta. Collected Essays. Bd. 3: Patristica - Gnostica - Liturgica. NT.S 31. Hg. v. ders. Leiden 1983, 71–76.

VERMÈS, G., Die Gestalt des Moses an der Wende der beiden Testamente. In: Moses in Schrift und Überlieferung. Hg. v. Henri Cazelles u.a. Düsseldorf 1963, 61–93.

VIELHAUER, P., Geschichte der urchristlichen Literatur. Einleitung in das Neue Testament, die Apokryphen und die Apostolischen Väter. Berlin 1975.

–, Oikodome. Das Bild vom Bau in der christlichen Literatur vom Neuen Testament bis Clemens Alexandrinus. Heidelberg 1939.

VINZENT, M., Ertragen und Ausharren – die Lebenslehre des Barnabasbriefes. ZNW 86 (1995) 74–93.

VITELLI, G., Pubblicazioni della Società Italiana per la ricerca dei Papiri greci e latini in Egitto. Papiri greci e latini Vol. 7 (N 731–870). Torino 1960.

VOGT, J., Die Sklaverei im antiken Rom. AW 9 (1978) 37–44.

VÖGTLE, A., Der Judasbrief, der 2. Petrusbrief. EKK 22. Solothurn, Düsseldorf, Neukirchen-Vluyn 1994.

–, Die Tugend- und Lasterkataloge im Neuen Testament. Exegetisch, religions- und formgeschichtlich untersucht. NTA 16. Münster 1936.

VOKES, F. E., The Riddle of the Didache. Fact or Fiction, Heresy or Catholicism?. London 1938.

VOLKMAR, G., Ueber Clemens von Rom und die nächste Folgezeit, mit besonderer Berücksichtigung auf den Philipper- und Barnabas-Brief, sowie auf das B. Judit. ThJb(T) 15 (1856) 287–369.

VÖLTER, D., Die apostolischen Väter. Neu untersucht. I. Clemens, Hermas, Barnabas. Leiden 1904.

VÖÖBUS, A., Syrische Kanonessammlungen. Ein Beitrag zur Quellenkunde. Bd. 1,1,A: Westsyrische Originalurkunden. CSCO.Sub 35. Louvain 1970.

–, Syrische Kanonessammlungen. Ein Beitrag zur Quellenkunde. Bd. 1,1,B: Westsyrische Originalurkunden. CSCO.Sub 38. Louvain 1970.

–, The Didascalia Apostolorum in Syriac. 4 Bde. (2 syrisch, 2 englisch). CSCO.S 175–180. Louvain 1979.

VOUGA, F., Der Brief als Form der apostolischen Autorität. In: Studien und Texte zur Formgeschichte. TANZ 7. Hg. v. Klaus Berger u.a. Tübingen, Basel 1992, 7–58.

WASZINK, J. H., Abtreibung. RAC 1 (1996) 55–60.

WEBER, W., Untersuchungen zur Geschichte des Kaisers Hadrianus. Hildesheim 1973 (Nachdr. d. Ausg. Leipzig 1907).

WEFING, S., Beobachtungen zum Ritual mit der roten Kuh (Num 19,1–10a). ZAW 93 (1981) 341–364.

–, Untersuchungen zum Entsühnungsritual am großen Versöhnungstag (Lev. 16). Bonn 1979.

WEHOFER, T. M., Untersuchungen zur altchristlichen Epistolographie. SAW 143. Wien 1901.

WEHR, L., Arznei der Unsterblichkeit. Die Eucharistie bei Ignatius von Antiochien und im Johannesevangelium. Münster 1987.

WEIMAR, P., Abraham. NBL 1 (1991) 14–21.

WEINFELD, M., בְּרִית. ThWAT 2 (1973) 781–808.

WEISS, H.-F., Alexandrien. TRE 2 (1978) 248–264.

–, Der Brief an die Hebräer. KEK 13. Göttingen ¹⁵1991.

WEISS, J., Der Barnabasbrief kritisch untersucht. Berlin 1888.

WEISS, K., προσφέρω, προσφορά. ThWNT 9 (1973) 64–71.

VON WEIZSÄCKER, K. H., Zur Kritik des Barnabasbriefes aus dem Codex Sinaiticus. Einladung zur akademischen Feier des Geburtstages Seiner Majestät des Königs Wilhelm von Württemberg den 27. September 1863. Tübingen 1863, 28–30.

WENGST, K., Barnabasbrief. TRE 5 (1980) 238–241.

–, Christologische Formeln und Lieder des Urchristentums. StNT 7. Gütersloh 1972.

–, Tradition und Theologie des Barnabasbriefes. AKG 42. Berlin 1971.

WERNER, A., Die Apokalypse des Petrus. Die dritte Schrift aus Nag-Hammadi-Codex VII. ThLZ 99 (1974) 575–583.

WESTERMANN, C., Das Buch Jesaja. Kapitel 40–66. ATD 19. Göttingen ²1970.

–, Genesis 1–11. BKAT I/1. Neukirchen-Vluyn 1974.

–, Genesis 12–36. BKAT I/2. Neukirchen-Vluyn 1981.

–, Grundformen prophetischer Rede. BEvTh 31. München ²1964.

–, Jeremia. BSCV. Stuttgart 1967.

WIBBING, S., Die Tugend- und Lasterkataloge im Neuen Testament und ihre Traditionsgeschichte unter besonderer Berücksichtigung der Qumran-Texte. BZNW 25. Berlin 1959.

WIKENHAUSER, A., Die Offenbarung des Johannes. RNT 9. Regensburg ³1959.

WILCKENS, U., Der Brief an die Römer (Röm 1–5). EKK 6/1. Zürich, Einsiedeln, Köln, Neukirchen-Vluyn ²1987.

–, Der Brief an die Römer (Röm 6–11). EKK 6/2. Zürich, Einsiedeln, Köln, Neukirchen-Vluyn ²1987.

–, Der Brief an die Römer (Röm 12–16). EKK 6/3. Zürich, Einsiedeln, Köln, Neukirchen-Vluyn 1982.

–, ὕστερος κτλ. ThWNT 8 (1969) 558–571.

WILDBERGER, H., Jesaja (Bd. 1. Jesaja 1–12). BK 10/1. Neukirchen-Vluyn 1972.

–, Jesaja (Bd. 2. Jesaja 13–27). BK 10/2. Neukirchen-Vluyn 1978.

–, Jesaja (Bd. 3. Jesaja 28–39). BK 10/3. Neukirchen-Vluyn 1982.

WILLI-PLEIN, I., Opfer und Kult im alttestamentlichen Israel. Textbefragung und Zwischenergebnisse. SBS 153. Stuttgart 1993.

WILMS, F.-E., Freude vor Gott. Kult und Fest in Israel. Regensburg 1981.

WILSON, R. M., The Early History of the Exegesis of Gen 1.26. TU 63 (1957) 420–437.

WINDISCH, H., Der Hebräerbrief. HNT 14. Tübingen ²1931.

WIRTH, W., Die „Verwerfung" Israels als polemische Aussage. In: Auf den Trümmern des Tempels. Land und Bund Israels im Dialog zwischen Christen und Juden. Hg. v. Clemens Thoma. Freiburg i. Br. 1968, 33–52.

WOBBERMIN, G., Altchristliche liturgische Stücke aus der Kirche Aegyptens nebst einem dogmatischen Brief Bischofs Serapion von Thmuis. TU 17,4. Leipzig 1898.

WOHLMUTH, J. (Hg.), Conciliorum Oecumenicorum Decreta. Dekrete der ökumenischen Konzilien. Bd. 1: Konzilien des ersten Jahrtausends. Vom Konzil von Nizäa (325) bis zum Vierten Konzil von Konstantinopel (869/70). Paderborn [3]1998.

WOLFF, H. W., Psalm 1. EvTh 9 (1950) 385–394.

WORDSWORTH, J., Bishop Serapion's Prayer Book. An Egyptian Sacramentary dated probably about A.D. 350–356. (Nachdr. von London [2]1923) Hamden, Conn. 1964.

WREDE, W., Das literarische Rätsel des Hebräerbriefs. Mit einem Anhang über den literarischen Charakter des Barnabasbriefes. FRLANT 8. Göttingen 1906.

WRIGHT, W., A Catalogue of the syriac manuscripts preserved in the Library of the University of Cambridge. Bd. 2. Cambridge 1901.

WÜNSCHE, A., Bibliotheca Rabbinica. 5 Bde. Leipzig 1880–1885 (Nachdr. Hildesheim 1967).

WUTZ, F., Onomastica sacra. Untersuchungen zum liber interpretationis nominum hebraicorum des Hl. Hieronymus, 2 Bde. TU 41. Leipzig 1914.

ZAHN, TH., Forschungen zur Geschichte des neutestamentlichen Kanons und der altchristlichen Literatur. I. Theil: Tatians Diatessaron. Erlangen [1]1881.

–, Forschungen zur Geschichte des neutestamentlichen Kanons und der altchristlichen Literatur. II. Theil: Der Evangeliencommentar des Theophilus von Antiochien. Erlangen [1]1883.

–, Forschungen zur Geschichte des neutestamentlichen Kanons und der altchristlichen Literatur. III. Theil: Supplementum Clementinum. Erlangen [1]1884.

–, Geschichte des Neutestamentlichen Kanons. 2 Bde. Darmstadt 1975.

–, Grundriß der Geschichte des Neutestamentlichen Kanons. Mit einer Einführung von Uwe Swarat. Wuppertal [3]1985.

– (Hg.), Ignatii et Polycarpi epistulae martyria fragmenta. In: Patrum apostolicorum opera. Textum ad fidem codicum et graecorum et latinorum adhibitis praestantissimis editionibus. Fasc. 2. Hg. v. Oscar de Gebhardt, Adolf Harnack, Theodor Zahn. Lipsiae 1876.

ZENGER, E. (Hg.), Die Tora als Kanon für Juden und Christen. Herders biblische Studien 10. Freiburg i. Br. u. a. 1996.

ZEVIN, S. J./BERLIN, M. B.-I., ארץ ישראל ('Erez· Yisra'eyl). EncTal 3 (1978) 1–68.

ZIEGLER, J., Dulcedo Dei. Ein Beitrag zur Theologie der griechischen und lateinischen Bibel. ATA 13/2. Münster i. W. 1937.

–, Isaias. EB 5. Würzburg 1948.

–, Kurze Einleitung in die Heiligen Bücher des Alten Testaments. Graz u. a. [5]1936.

– (Hg.), Jeremias. Baruch. Threni. Epistula Jeremiae. Septuaginta vetus Testamentum Graecum 15. Göttingen [2]1976.

– (Hg.), Isaias. Septuaginta vetus Testamentum Graecum 14. Göttingen [3]1983.

ZIMMERLI, W., Das Gesetz und die Propheten. Zum Verständnis des Alten Testaments. Berlin 1963.

ZIMMERMANN, A. F., Die urchristlichen Lehrer. Studien zum Themenkreis der διδάσκαλοι im frühen Urchristentum. 1984.

Sigel und Abkürzungen

Die Schreibweise biblischer Eigennamen sowie die Abkürzungen der biblischen Bücher folgt dem Ökumenischen Verzeichnis der biblischen Eigennamen nach den Loccumer Richtlinien, Stuttgart 1971, ²1981. Die jüdische Literatur außerhalb der (hebräischen) Bibel ist in der Regel entsprechend den Sigeln bei Schwertner, S. M., Internationales Abkürzungsverzeichnis für Theologie und Grenzgebiete (IATG²), Berlin, New York ²1992, XXXIV–XLI, notiert. Insbesondere für Philo, Josephus und griechische jüdische Schriften aus hellenistisch-römischer Zeit wurde auf die Kürzel der jeweiligen Editionen Rücksicht genommen. Für die christliche Gräzität ist Lampe, G. W. H., A Patristic Greek Lexicon, Oxford 1961, XI–XLV, maßgeblich, falls erforderlich wurde die CPG zu Rate gezogen; wenn nicht anders angezeigt, sind die dort notierten Editionen verwendet. Die außerjüdische und außerchristliche Gräzität ist dem Autoren- und Werkverzeichnis bei Liddell, H. G./Scott, R., A Greek-English Lexicon. With Supplement Oxford ⁹1989, XVI–XLV (Suppl. VII–X) gemäß notiert. Für die christliche Latinität ist Brink, K. O., Thesavrvs lingvae latinae. Index librorvm scriptorvm inscriptionvm ex qvibvs exempla affervntvr, Lipsiae ⁵1990, maßgeblich, falls erforderlich wurde die CPL² zu Rate gezogen; wenn nicht anders angezeigt, sind die dort notierten Editionen verwendet. Griechische Inschriften und Papyri sind, soweit nicht anders gekennzeichnet, entsprechend dem Verzeichnis von Bauer, W. u.a. (Hg.), Griechisch-deutsches Wörterbuch zu den Schriften des Neuen Testaments und der frühchristlichen Literatur. Berlin, New York ⁶1988, XVIII–XX, notiert. Werkbezug haben folgende Sigel:

1. Sigel der im Kommentar angeführten Handschriften, Textzeugen und frühen Übersetzungen

ℵ	Codex Sinaiticus
ℵ¹	Codex Sinaiticus, Revisor (4. Jh.)
ℵ²	Codex Sinaiticus, Korrektor (7. Jh.)
ℵᶜ	Codex Sinaiticus, Revisor oder Korrektor
H	Codex Hierosolymitanus 54
G	Codex Vaticanus gr. 859 und seine Deszendenten.

Die Hss.-Familien G1.2.3 und die zugehörigen Hss.:

G1

v	Codex Vaticanus graecus 859
o	Codex Vaticanus Ottobonianus graecus 348

G2

f	Codex Florentinus Laurentianus plut. VII. Cod. XXI
p	Codex Parisinus Bibl. Nationale graecus 937

G3

n	Codex Neapolitanus Borbonicus Bibl. Nat. II. A. 17
t	Codex Vaticanus Reginensis Pii II. graecus 11
c	Codex Romanus Bibl. Casanatensis 334
a	Codex Andros Hagias 64

    d   Codex Vaticanus graecus 1655
    r   Codex Vaticanus graecus 1909

𝔓   Papyrus PSI 757
L   Codex Petropolitanus Q.v.I. 39
sy   Codex Cantabrigiensis Univ. Add. 2023

2. Weitere Zeichen und Abkürzungen

⌐	für dieses Wort	om.	bedeutet Auslassungen
	eine andere Lesart	Cod(d).	Codex (-dices)
( )	für diese Wörter	Hs(s).	Handschrift(en)
	eine andere Lesart	fin.	finis
*	bezeichnet die ursprüngli-	fort.	fortass
	che Lesart eines Textzeugen	lin.	linea
	oder der Hs.	pc	pauci
c	bezeichnet spätere	pm	permulti
	Korrekturen	trans.	transposuit (-erunt)
mg	bezeichnet Randlesarten	vl	varia lectio
add.	bedeutet Zusätze	z.St.	zur Stelle

3. Zeichen in Text und Übersetzung

[ ]	Überlieferte Lücke	( )	Sinngemäße Ergänzung des Übersetzers

4. Abkürzungen von Editionen des Barnabasbriefs

CU	Cunningham	ML	Müller
FB	Funk/Bihlmeyer	MR	Muralto
DR	Dressel	MS	Moesl
GL	Galland	PK	Prigent/Kraft
GH	Gebhardt/Harnack	SB	Scorza Barcellona
HF	Hefele	US	Ussher
HG	Hilgenfeld, Leipzig 1866	VE	Veil
HG²	Hilgenfeld, Leipzig ²1877	VS	Vossius
HR	Heer	W	Wengst
K	Klauser	WI	Windisch
MÉ	Ménard	WZ	von Weizsäcker

5. Werkbezogene Abkürzungen

Barn	Barnabasbrief	DidascSyr	Didascalia apostolorum
Did	Didache		(syrisch)
Herm	Hermas	DidascL	Didascalia apostolorum
	vis. Visiones		(lateinisch)
	mand. Mandata	CA	Constitutiones apostolorum
	sim. Similitudines	CEA	Constitutiones ecclesiasticae
Doctr.	Doctrina apostolorum		apostolorum
Didasc	Didascalia apostolorum	CEAG	Constitutiones ecclesiasticae
DidascG	Didascalia apostolorum		apostolorum (griechisch)
	(griechisch)	Ep	Epitome Constitutionum
			Apostolorum VIII

6. Griechische Bibelübersetzungen und Masoretischer Text

ʟxx	Septuaginta (Lesarten der älteren	ϑ´	Theodotion
	griechischen Bibel-	ε´	Quinta
	übersetzungen)	Ald.	Aldina
α´	Aquila	𝔐	Masoretischer Text (BHS)
σ´	Symmachus		

Lesarten in den Codices Vat. gr. 1655 und 1909

Polycarpus Smyrnensis[1]
epistula ad Philippenses 1,1–9,2

1,1	ἐν τῷ κυρίῳ L^2 G1.2 ¦ om. τῷ G3
1,1	ἐκλελεγμένων L G1.2 G3 (ntca) (-ων superlin. ergänzt) G3 (dᶜ) ¦ ἐκλελεγμένοις G3 (d) (-οις sublin. punktiert)
1,3	ἰδόντες L G1 (o) G3 (n) ¦ εἰδότες G1 (v) G2 G3 (tcad)
2,1	ὀσφύας ὑμῶν δουλεύσατε L G1.2 ¦ om. ὑμῶν G3
2,1	κενήν L G ¦ κείνην G3 (d) ¦ (-ι- sublin. punktiert) G3 (dᶜ)
2,2	πορευώμεθα L G1 G2 (f) ¦ πορευόμεθα G2 (p) G3
2,3	δὲ ὧν L G1.2 G3 (nt) ¦ δὲ ὃν G3 (ca) ¦ δὲ ὃ G3 (d)
2,3	ἀφίετε L G1.2 G3 (ntᶜca) ¦ ἀφίεται G3 (d) (-αι unterstrichen) G3 (t)
2,3	ἐλεᾶτε — ὑμῖν L G1.2 G3 (na) ¦ om. G3 (tᶜcd) ¦ ἐλεᾶτε, ἵνα ἐλεηθῆτε durch Streichung getilgt; om. ᾧ μέτρῳ — ὑμῖν G3 (t)
3,1	προεπεκαλέσασθε (provocastis) L ¦ πρὸ ἐπιλακίσασθε G1 (v) ¦ προεπελακί-σασθε G1 (o) ¦ προεπηλακίσασθε G2 G3 (ntca) ¦ προεπιλακίσασθε G3 (d) ¦ προεπελακτίσασθε emendavit Zahn[3]
4,1	διδάξωμεν L G1.2 ¦ διδαξώμεθα G3
4,3	μωμοσκοπεῖται L G1 (voᵐᵍ) G3 (a) ¦ μομοσκοπεῖται G2 (fᵐᵍp) ¦ μωμωσ-κοπεῖται G1 (o) G2 (f) G3 (ntcd)
4,3	λέληθεν L G1.2 G3 (ca) ¦ λέλυθεν G3 (ntd)
5,2	δίλογοι L G1.2 G3 (n) ¦ δίγλωσσοι G3 (tcad)
5,2	ἀποληψόμεθα L G1 (oᵐᵍ) G2 G3 (ntca) ¦ ἀπολειψόμεθα G1 (vo) ¦ ἀπολιψό-μεθα G3 (d)
5,3*	ἐν πᾶσιν, L G1 ¦ ἐν πᾶσι, G2.3
5,3	τῶν ἐν τῷ κόσμῳ G1 (v) ¦ om. τῶν G1 (o) G2.3 ¦ mundi L
6,2	ὑπὲρ αὐτοῦ L G1.2 ¦ ὑπὲρ ἑαυτοῦ G3
6,3	ἡμᾶς L G3 (ntcd) ¦ ὑμᾶς G1.2 G3 (a)
6,3	ἀπόστολοι G1 (vᶜo) G2.3 ¦ ἀπόστοι G1 (v)
6,3	ἀπεχόμενοι τῶν σκανδάλων L G1.2 ¦ om. τῶν G3
7,1	ἂν μεθοδεύῃ L G2 G3 (ntca) ¦ ἂν μεθοδεύει G1 ¦ ἐὰν μεθοδεύῃ G3 (d)
7,2	προσκαρτεροῦντες G1 (vᶜo) G2.3 ¦ πρὸς καρ|τες (-τες eine neue Zeile begin-nend) G1 (v)
8,1*	ἀρραβῶνι L G1 G2 (p) G3 (ca) ¦ ἀῤῥαβῶνι G2 (f) G3 (ntd)
8,1*	ὑπέμεινεν. L G1 ¦ ὑπέμεινε. G2.3
8,2	ὑπομονῆς αὐτοῦ L G3 (tca) G3 (d) ¦ αὐτοῦ unterstrichen G3 (tᶜ) ¦ om. αὐτοῦ G1.2 G3 (n) ¦ add. αὐτοῦ G3 (nᵐᵍ)

---

[1] Ein ‚*' nach Versangaben signalisiert ν-ἐφελκυστικόν oder Schreibvarianten.

[2] L = der lateinische Textzeuge für 1/2 Polyc. Näheres zu den Textzeugen der ‚vereinigten Polykarp-briefe' vgl. Bauer, Die Polykarpbriefe 13–18.

[3] Vgl. Bauer/Aland, Wörterbuch, Sp. 1412.

8,2   πάσχομεν G1 (v) *vgl. IgnMagn 5,2* ¦ πάσχωμεν G1 (o) G2.3[4]

8,2   δοξάζωμεν *L* G1 (o^{mg}) G2 (f) G3 ¦ δοξάζομεν G1 (vo) G2 (p)

9,1   ὑπομένειν πᾶσαν ὑπομονήν G1 (vo) ¦ ὑπομονῆς *L* ¦ ἀσκεῖν πᾶσαν ὑπομονήν G1 (o^{mg}: „ἀσκεῖν leg. Eus. in 3 eccles. hist.; ὑπομένειν *unterstrichen*) G2 G3 (ntcad) Eus. HG^2 und frühere Hg. ¦ *add.* ὡς εὐσέβιος ἐν ἐκκλήσια ἱστόρια G3 (n^{mg}t^{mg})

9,1   ἦν G1 (o) G2 G3 (ntca) G3 (d) ¦ ἦν G1 (v)

9,1   εἴδατε *emendavit* Lightfoot ¦ ἴδατε G1 (vo) ¦ εἴδετε G1 (o^{mg}) G2.3 Eus.

9,1   καὶ ἐν αὐτῷ *L* G1 (vo^{mg}) G2 ¦ καὶ ἐν τῷ (τῷ *unterstrichen*) G1 (o) ¦ *om.* ἐν G3

9,1   λοιποῖς *L* Eus. G1 (o^{mg}) G2.3 ¦ ἄλλοις G1 (vo)

9,2   καὶ δι᾽ ἡμᾶς ὑπό *hic excipit Polyc.* G1.2 G3 (tcad) ¦ *add.* Euseb. habet καὶ δι᾽ ἡμᾶς ὑπὸ τοῦ θεοῦ ἀναστάντα quae lectio convenit cum his, quas latinas, habemus G1 (o^{mg})¦ *add.* εὐσέβιος ὑπὸ τοῦ θεοῦ ἀναστάντα G3 (n^{mg}t^{mg}) ¦ quousque Latine quae sequntur non respondent Latinis [d.i. Polyc] neque ad illas pertinent, sed aliae plane sunt, et alio spectant, suntque ex epis. Barnabae qua Clem. Alex. et alii citant G3 (c^{mg}) ¦ resuscitatus *L*

Barnabae Epistula 5,7–21,9

5,7   τὸν λαὸν τόν *hic incipit Barn* G ¦ τόν *superlin. punktiert* G3 (nt) G3 (d)

5,7   καινόν H G2 (p) G3 (a) ¦ κενόν ℵ G1 G2 (f) G3 (ntcd) ¦ *om.* L

5,10   ὑπάρχοντα, ἐμβλέποντες ℵ H ¦ ὑπάρχοντα. βλέποντες G1 (v) G2 (p) G3 ¦ ὑπάρχοντας· βλέποντες G1 (o) G2 (f)

5,11   ἦλθεν ἐν σαρκὶ G ¦ 2–3–1 ℵ H^5

5,11   ἀνακεφαλαιώσῃ ℵ H ¦ κεφαλαιωσει G1 (v) ¦ κεφαλαιώσῃ G1 (o) G2.3 ¦ definiret *L*

6,1   οὖν ℵ H G1 G2 (f) G3 ¦ δέ G2 (p) ¦ autem *L*

6,2   ἰδού, ἐμβαλῶ ℵ H G1 G2 (f) ¦ ἰδοὺ ἐμβάλλω G2 (p) G3

6,4*   οὗτος ἐγενήθη ℵ H G1.2 G3 (ntca) ¦ οὗτος ἐγεννήθη G3 (d)

6,11   ἀνακαινίσας ℵ^c H G2 G3 (ntcd) ¦ ἀνακαινίσαι G1 (vo) ¦ ἴσως ἀνακαινίσας G1 (o^{mg}) ¦ ἀνεκαίνισεν G3 (a) ¦ ἐκαίνισεν ℵ*

6,11   δὴ ἀναπλάσσοντος αὐτοῦ ἡμᾶς ℵ ¦ 1–2–4–3 H ¦ δὲ ἀναπλασσομένους αὐτοὺς ἡμᾶς G1.2 ¦ καὶ ἀναπλασσομένους αὐτὸς ἡμᾶς G3 (tc) ¦ καὶ ἀναπλασσόμενος αὐτὸς ἡμᾶς G3 (a) ¦ καὶ ἀναπλασσομένους αὐτοὺς ἡμᾶς G3 (nd)

6,13   δευτέραν πλάσιν ℵ H G3 *L* ¦ *add.* πρὸς ἡμᾶς G1 ¦ *om.* G2

6,13   λέγει δὲ κύριος ℵ ¦ λέγει δὲ ὁ κύριος H ¦ *om.* δέ G^6 L

6,16   ψαλῶ σοι ἀναμέσον ℵ H G1.2 ¦ *om.* σοί G3

6,19   ἄρα [ℵ] H G1.2 G3 (a) ¦ ἄρα G3 (ntcd)

7,5   σάρκα μου μέλλετε H G1.2 G3 (nta) ¦ σάρκα μου. μέλλεται ℵ G3 (cd)

7,6   ὁλοκαύτωμα ὑπὲρ ἁμαρτιῶν H G1.2 ¦ *om.* ὑπὲρ ἁμαρτιῶν ℵ G3

7,8   οὕτως, ἄγει ὁ βαστάζων ℵ H G1.2 G3 (ntca) ¦ οὕτως εἰς ἔρημον βληθήτω ἄγει ὁ βαστάζων G3 (d) ¦ εἰς ἔρημον βληθήτω *sublin. punktiert* G3 (d^c)

---

[4] Vgl. FUNK/BIHLMEYER, Die Apostolischen Väter 117,4 (= S. 250): „πάσχωμεν verbessern unnötig Funk u. frühere Hrg."

[5] Diese Lesart ist von den Editoren bislang nicht verzeichnet.

[6] PK tilgen für G auch κύριος.

7,9   καὶ ὅτι τὸν ἐπικατάρατον ἐστεφανωμένον G1.2 ¦ om. καὶ ὅτι τὸν ἐπικατάρατον H G3 ¦ καὶ ὅτι τὸν ἐστεφανωμένον ἐπικατάρατον ℵ

7,10   καλούς, ἴσους ℵ G1.2 ¦ καλούς καὶ ἴσους G3 ¦ καὶ καλούς, ἴσους H, vgl. L (et
aequales)

7,11   ὃς ἐάν G1.2 ¦ ὃν ἐάν G3 ¦ ὅστις ἄν H ¦ ὡς ἐάν ℵ ¦ quia qui L

7,11   οὕτω ℵ G2.3 ¦ οὕτως H G1

8,1   σφάξαντας ℵ H G3 (a) ¦ σφάξαντες G1.2 G3 (ntcd)

8,1   ἐπὶ ξύλον ℵ²ᵐᵍ G1 G2 (p) G3 (t)⁷ ¦ ἐπὶ ξύλου H G2 (f) G3 (nad) vgl. 5,13; 12,7; L
(in ligno = ? ἐπὶ ξύλῳ vgl. 8,5) ¦ om. ℵ* ¦ ἐπὶ ξύλον – τὸ κόκκινον om. G3 (c)

8,1   ἀπὸ τῶν ἁμαρτιῶν ℵ H ¦ ὑπὸ τῶν ἁμαρτιῶν G⁸

8,2   νοεῖτε, πῶς ἐν ℵ H ¦ om. ἐν G⁹

8,2   προσενέγκαντες ℵ H G1.2 ¦ προσενεγκόντες G3

8,2   αὐτόν ℵ H G1.2 G3 (a) ¦ αὐτῶν G3 (ntcd)

8,4   Ἀβραάμ, Ἰσαάκ ℵ H G1.2 ¦ Ἀβραάμ καὶ Ἰσαάκ G3

8,5   Ἰησοῦ ℵ G1.2 ¦ τοῦ Ἰησοῦ H G3

8,7*   οὕτως ℵ H G1.2 ¦ οὕτω G3

8,7   γενόμενα ℵ H G1 (o) G2 G3 (ntca) ¦ γενόμεθα G1 (v)¹⁰ G3 (d)

9,1   ἡμῶν τὴν καρδίαν ℵ H ¦ ἡμῶν τὰς ἀκοὰς καὶ τὰς καρδίας coniecerunt PK;
vgl. 9,1.3; 10,12 ¦ ἡμῶν καὶ τὴν καρδίαν G1 (vo) G3 (tcad) ¦ ὑμῶν καὶ τὴν
καρδίαν G1 (oᵐᵍ) G2 G3 (n) ¦ aures praecordiae nostrae (= ? τὰς ἀκοὰς ἡμῶν
τῆς καρδίας) L

9,1   περιτμήθητε ℵ²⁽?⁾ᵐᵍ H L (circumcidite) ¦ περίτμητε ℵ* vgl. 9,5 ℵ ¦ περιτμηθήσεται G1 ¦ περιτμηθήσεσθε G2.3¹¹

9,4   ἀλλὰ καὶ ἡ περιτομή 𝔓 ℵ H ¦ εἰ γὰρ περιτομή G1 ¦ ἡ γὰρ περιτομή G2.3 ¦ cir-
cumcisionem autem L

9,4   γενηθῆναι ℵ H G1.2 G3 (nt) ¦ γεννηθῆναι G3 (cad)

9,5   ὧδε εὑρίσκω ℵ H G3 (a) ¦ ὅ δὲ εὑρίσκω G1.2 G3 (ntcd)¹²

9,5   ἐπ' ἀκάνθαις 𝔓 ℵ H [LXXᵖᵐ]¹³ ¦ ἐπὶ ἀκάνθα G1.2 [LXXᵖᶜ] ¦ ἐπὶ ἄκανθαν
G3 ¦ (in) spinis L

9,5   καὶ τί λέγει 𝔓 ℵ H G1.2 ¦ hoc est, audite dominum vestrum (= ? τοῦτο λέγει·
ἀκούσατε τὸν κύριον ὑμῶν) L ¦ om. G3

9,5   περιτμήθητε τήν σκληροκαρδίαν ὑμῶν H [LXX Dtn 10,16] ¦ καὶ περιτμήθητε τὴν πονηρίαν ἀπὸ τῆς καρδίας ὑμῶν vgl. L, et circumcidite nequitiam de
praecordiis vestris (vgl. Jes 1,16; Jer 4,4 apud Symmachum) emendaverunt PK ¦
καὶ περιτμήθητε τὸ σκληρὸν τῆς καρδίας ὑμῶν (καί = ? 𝔓) G1.2 ¦ περιτμήτε
τὴν σκληροκαρδίαν ὑμῶν ℵ vgl. 9,1¹⁴ ¦ om. G3

---

⁷ Prigent/Kraft konjezieren wegen ἐπὶ ξύλον ℵ²ᵐᵍ und wegen 8,5 als Lesart für G ἐπὶ ξύλων.

⁸ PRIGENT/KRAFT, Épître de Barnabé 138, haben diese Variante von G nicht registriert.

⁹ PRIGENT/KRAFT, Épître de Barnabé 138, haben diese Variante von G nicht registriert.

¹⁰ Diese Lesart ist von den Editoren bislang nicht verzeichnet. Die Schreibweise der Personalendung
-μεθα ist eine Kürzel, die unmittelbar zuvor in 8,6 schon bei dem Lexem σωθησόμεθα gebraucht ist
(Hs. v; fol. 201ᵛᵃ27) und dort von den Herausgebern auch erkannt wurde.

¹¹ Die von PRIGENT/KRAFT, Épître de Barnabé 142, für G notierte Lesart περιτμηθήσετε ist in den
Hss. nicht zu verifizieren.

¹² Diese Lesart ist von den Editoren bislang nicht verzeichnet.

¹³ FB notieren ἐπὶ ἀκάνθαις fälschlich für G.

¹⁴ FB notieren περιτμήται fälschlich für ℵ.

9,5   λάβε ℵᶜ H | λέγει δέ L | ἰδοὺ λάβε ℵ* | καί G₃ | om. 𝔓 G1.2

9,6   ἄρα H G₁ G₂ (f) G₃ (a) | ἆρα G₂ (p) G₃ (ntcd)

9,6   οἱ Αἰγύπτιοι ℵ H G1.2 | om. οἱ G₃

9,8   δεκαοκτὼ καὶ τριακοσίους ℵ H | δέκα καὶ ὀκτὼ τριακοσίους G₂ | δέκα καὶ ὀκτὼ καὶ τριακοσίους G₁ G₃ [LXXᴾᶜ] | X et VIII L [LXXᴾᵐ]

9,8   αὐτῷ ℵ H | τοῦτο G₁ | τούτῳ G2.3

9,8   τὸ δὲ δεκαοκτὼ ἰῶτα δέκα εἶτα ὀκτὼ G₁ (vo) | τὸ δέκα ὀκτώ, ἰῶτα ἦτα ὀκτὼ G₂ | τὸ δέκα ὀκτώ, ἰῶτα δέκα εἶτα ὀκτὼ G₃ | om. ἰῶτα δέκα εἶτα ὀκτὼ ℵ | τὸ δεκαοκτὼ ἰῶτα ἦτα ὀκτὼ H | X et VIII. habes in duabus litteris L; vgl. 9,8¹⁵

10,1   οὔτε πάντα H G₁ (oᵐᵍ) G₂ (fᵐᵍ p) G₃ (nᵐᵍtcad) Clem | οὐδέ πάντα L (nec omnem) | οὔτε ℵ | οὔτε πᾶν G₁ (vo) G₂ (f) G₃ (n)

10,1   ὃς οὐκ ℵ H G₁ (oᵐᵍ) G₃ (nᵐᵍtcad) Clem | ὃ οὐκ G₁ (vo) G₂ G₃ (n)

10,2   διαθήσομαι ℵ H G1.2 | διαθήσονται G₃

10,2*   ἐλάλησεν. ℵ H G1.2 | ἐλάλησε. G₃

10,3   φησίν, ἀνθρώποις τοιούτοις ℵ H G vgl. 10,4 | om. φησίν L | hic incipit Barn G₃ (r)

10,3   ἐπιλανθάνονται ℵ H G1.2 G₃ (ntcar) | ἐπιλανθάνωνται G₃ (d)

10,3   τρώγει ℵ G₁ | τρώγῃ H G2.3

10,4   ἀλλότρια ℵ H G1.2 G₃ (ntcadrᶜ) | ἀλλό G₃ (r)

10,5*   κεκριμένοι ℵ H G1.2 | κεκρυμένοι G₃ (n) | κεκρυμμένοι G₃ (a) | κεκριμμένοι G₃ (tcdr)

10,9   Μωσῆς τρία ℵ H G1.2 G₃ (ntca) | μωσῆς τρίας G₃ (dr)

10,9   προσεδέξαντο ℵ G1.2 | ἐδέξαντο H | κατεδέξαντο G₃

10,10   καθέδραν ℵ G₁ G₃ (t) | καθέδρᾳ H G₁ (oᵐᵍ) G₂ G₃ (ncad) | καθ' G₃ (r) | καθέραν G₃ (rᶜ)

10,11   κολλᾶσθε H | κολλᾶσθαι ℵ G¹⁶ G₃ (dr)

10,11   καὶ ἐν τούτῳ H G1.2 | om. καί ℵ G₃

10,12   ἠθέλησεν ὁ κύριος ℵ H | om. ὁ G1.2 G₃ (ntca) Clem | om. ὁ κύριος G₃ (dr)

11,1   ἐμέλησεν ℵ H | ἐμέλησε G₃ (a) | ἠμέλησε G1.2 G₃ (ntcdr)

11,1   προσδέξονται ℵ G1.2 G₃ (a) | προσδέξωνται H G₃ (ntcdr)

11,1*   οἰκοδομήσουσιν. ℵ H G1.2 | οἰκοδομήσουσι. G₃

11,3   νοσσοί ℵ G₁ | νεοσσοί H G2.3

11,3   ἀνιπτάμενοι H G1.2 | ἀνιστάμενοι G₃ | ἀνεπτάμενοι ℵ

11,4   συνκλάσω ℵ H G₁ | συνθλάσω G2.3

11,5ᶜ   βασιλέα ℵ H G1.2 G₃ (ntcᶜadrᶜ) | βασιλέ G₃ (cr)

11,5   ὑμῶν ℵ G₁ (v) G₃ L [LXXᴾᵐ] | ἡμῶν H G₁ (o) G₂ [LXXᴾᶜ]

11,6*   ἀπορυήσεται ℵ | ἀπορρυήσεται H G1.2 G₃ (ca) | ἀπορρυήσεται G₃ (ntdr)

11,6*   κατευοδωθήσεται ℵ H G₃ (a) | κατευοδοθήσεται G1.2 G₃ (ntcdr)

11,8*   ὥρισεν. ℵ H G₁ | ὥρισε; G2.3

11,8*   ἀπορυήσεται ℵ | ἀπορρυήσεται H G1.2 G₃ (ca) | ἀπορρυήσεται G₃ (ntdr)

11,8   ῥῆμα ℵ H G1.2 G₃ (ntcad) | ῥῆμας G₃ (r)

11,8   ἐπιστροφὴν καὶ ἐλπίδα ℵ H G1.2 | spem et resurrectionem L | ἐπιστροφὴν δὲ καὶ ἐλπίδα G₃ (nᶜtca) G₃ (dr) | ἐπιτρο πὴν φὴν δὲ καὶ ἐλπίδα (-τ- superlin. punktiert und πὴν unterstrichen G₃ (n)

---

¹⁵ ᴾᴷ setzen im Anschluß an ʜɢ, ɢʜ und ʜʀ für ἰῶτα ein I und für ἦτα ein H und können hierfür auf Τ̅Ι̅Η̅ G₁ (oᵐᵍ) und G₂ (pᵐᵍ) verweisen.

¹⁶ Diese Lesart ist von den Editoren bislang nicht verzeichnet.

11,10 εἶτα τί λέγει ℵ H G1.2 G3 (ntcar) | *om.* τί G3 (d)

11,11 τὸν Ἰησοῦν ℵ H G1 G3 (adr) | τὸν τὸν Ἰησοῦν G3 (ntc) | τόν 2° *superlin. punktiert* G3 (nᵗᶜ) | τὸν υἱόν G2 | θεόν (deum) L

11,11 καὶ ὅς ἂν ℵ H | ὅς ἂν G3 (d) *vgl. 11,8.10* | καὶ ὅς ἐάν G1.2 G3 (ntcar)

11,11 λαλουμένων ℵ H G1.2 | καλουμένων G3

12,2 λέγει δὲ πάλιν ℵ H G1.2 G3 (ntcar) | *om.* δέ G3 (d)

12,2 ὑψηλότερος ℵ H G1.2 G3 (ntc) | ὑψηλότερον G3 (adr)

12,2 οὕτως ℵ H G1.2 | οὕτω G3

12,2 καθεῖλεν, πάλιν H | καθεῖλεν ℵ *vgl.* L | πάλιν καθεῖλεν πάλιν G1.2 | πάλιν G3 (tcadr)

12,3* ἐλπίσωσιν. ℵ G1 | ἐλπίσωσι. H G2.3

12,4 καὶ πάλιν ℵ H | *om.* πάλιν G1.2 G3 (na) | *om.* καί G3 (tcdr)

12,6 κηρύγματι ℵ H G1.2 G3 (ntcad) | κηρύγματα G3 (r)

12,7 δηχθῇ τις ὑμῶν ℵ H G1.2 G3 (ntar) | δειχθῇ τις | τίς ὑμῶν G3 (d) | δειχθῇ τίς ὑμῶν G3 (c)

12,10 οὐχὶ υἱὸς ἀνθρώπου, ἀλλὰ υἱός ℵ | οὐχ ὁ υἱὸς ἀνθρώπου, ἀλλ' ὁ υἱός H G3 | οὐχ υἱὸς ἀνθρώπου, ἀλλ' υἱός G1.2 | non filius Naue, sed filius L

12,10 δὲ ἐν σαρκί ℵ H G1.2 | καὶ ἐν σαρκί G3

12,11 οὕτως Ἡσαΐας εἶπεν ℵ H G2 G3 *vgl. 12,10* εἶπεν | οὕτως Ἡσαΐας εἶπεν G1 (vo) | οὗτος Ἡσαΐας εἶπεν (οὗτος *unterstrichen*) G1 (oᵐᵍ) | Esaias sic dicit L *vgl.* LXX λέγει

12,11 Χριστῷ μου κυρίῳ L | χ͞ω μου κ͞ω G2 (p) | Χρισρῷ μου κύρῳ ℵ² G1 G2 (f) G3 (ntcad) [χριστῷ G3 (rᵐᵍ)] | χ͞ω μου Κύρῳ G3 (r) [LXX] | κυρίῳ μου ℵ* H (aus Barn 12,10?)

13,3 ὀφείλετε ℵ H G1 (v)[17] G2.3 | ὀφείλεσθε G1 (o)

13,5 Ἐφραὶμ καὶ Μανασσῆ, τὸν Μανασσῆ ℵ H | Ἐφραὶμ καὶ Μανασσῆ G1 (v) | καί *durch Punkte getilgt und überschrieben mit* τόν G3 G1 (vᶜ) | Ἐφραὶμ τὸν Μανασσῆ G1 (o) G2 G3 (tcadr)

13,5 λαοῦ τοῦ μεταξύ ℵ H G1.2 | *om.* τοῦ G3

13,7 ὅτε μόνος πιστεύσας ℵ H | ὅτε ἐπίστευσας G1 (vo) | ὅτι ἐπίστευσας G1 (oᵐᵍ) G2.3

14,2 λαβεῖν τὴν διαθήκην ℵ H G1.2 G3 (ncar) | *om.* τὴν G3 (t) G3 (d)

14,2 τεσσαράκοντα καὶ νύκτας τεσσαράκοντα ℵ H G1.2 | μ΄ καὶ νύκτας τεσσαράκοντα (τεσσαράκοντα *punktiert*) G3 (c) | μ΄ καὶ νύκτας μ΄ G3 (ntadr)

14,9 με ℵ G1.2 G3 (ntcar) | *om.* H G3 (d)

15,4 ἐν ἑξακισχιλίοις ἔτεσιν συντελέσει κύριος τὰ σύμπαντα ℵ H | συντελεῖ κύριος ἐν ἑξακισχιλίοις ἔτεσι τὰ πάντα G1 G2 (fᵐᵍp) *vgl. 15,4.8* | *om.* ἔτεσι G2 (f) | consummavit (= ? συνετέλεσεν) deus omnia in sex milia annorum L | συντελεῖ ὁ θεὸς κύριος ἐν ἑξακισχιλίοις ἔτεσιν τὰ πάντα G3

15,4 συντελεσθήσεται ℵ H G1 G2 (f) | συντεσθήσεται G2 (p) (-λε- *superlin. ergänzt*) G2 (pᶜ) | συντελεσθήσονται G3

15,5 καταργήσει ℵ G1 G2 (f) | καταργήσῃ H G2 (p) G3

15,6 αὐτὴν χερσίν ℵ H G1.2 | αὐτὴν ἐν χερσί G3

15,7 καταπαυόμενοι ἁγιάσομεν ℵ H | καταπαυόμενος ἁγιάζῃ G1 | καταπαυόμενος ἁγιάζει G2.3 | καταπαυόμενος ἁγίασει *coniecerunt* PK

---

[17] PK lesen in G1 (v: 206ʳᵇ8) ὀφείλεσθε.

15,7   ἁγιασθέντες πρῶτον ℵ H G1.2 G3 (ntcr)¦ ἁγιασθέντες πρότερον πρῶτον G3
      (d) [πρότερον *sublin. punktiert* G3 (dᶜ)] ¦ ἁγιασθέντες πρῶτοι G3 (a)

16,1   τὸν θεὸν αὐτῶν ℵ H G1.2 G3 (nt) ¦ τὸν θεὸν αὐτόν G3 (cadr)

16,2   ποῖον οἶκον ℵ G1 (o) G2.3 ¦ καὶ ποῖον οἶκον H ¦ ποῖον G1 (v) ¦ ποῖον οἶκον
      (οἶκον *sublin. ergänzt*) G3 G1 (vᶜ) ¦ ποῖον οἶκον — καταπαύσεώς μου; *om.* G3
      (a)

16,2   οἰκοδομήσετε H G1.2 ¦ οἰκοδομήσατε G3 (ntcdr) ¦ οἰκοδομήσεται ℵ

16,5   ἔμελλεν ℵ H G3 (a) ¦ ἤμελλεν G1.2 G3 (ntcdr)

16,5   καθ' ἃ ἐλάλησεν [ℵ] ¦ καθὰ ἐλάλησε H G[18]

16,6   καταρτίζειν ℵ H G1.2 G3 (ntcadᶜr) ¦ καταγίζει G3 (d)

16,6   ἐνδόξως ℵ H G1 ¦ ἔνδοξος G2.3 *vgl. 16,8*

16,7   πῶς οὖν ℵ H G1.2 G3 (tca) ¦ *om.* οὖν G3 (ndr)

16,7   οἰκοδομηθήσεται ℵ H G1.2 G3 (nd) ¦ οἰκοδομηθήσηται G3 (tcar)

16,8   ἐνδόξως ℵ H G1 ¦ ἔνδοξος G2.3 *vgl. 16,6*

16,8   τὸ ὄνομα ℵ* H Clem ¦ τῷ ὄνομα G1 (vo) ¦ τὸ ὄνομα κυρίου ℵ² ¦ τῷ ὀνόματι
      G1 (oᶜ) G2 ¦ τῷ ὀνόματι κυρίου G3, *vgl.* L (in nomine domini)

16,8   ἐγενόμεθα καινοί ℵ H G2.3 ¦ ἐγενώμεθα καινοί G1 ¦ γενώμεθα καινοί Clem

16,9   ἡμῖν τὴν θύραν ℵ ¦ ἡμῶν τὴν θύραν H, *vgl.* L (ostium templi nostri) ¦ ἡμῖν
      θύρας G1 (o) G2.3 ¦ ἡμῖν θύραν G1 (v)

16,10   κατοικοῦντα ℵ H G3 (a) ¦ ἐνοικοῦντα G1.2 G3 (ntr) ¦ ἐν οἰκοῦντα G3 (cd)

18,1   πολλή ℵ H G1.2 G3 (na) ¦ πολύ G3 (tcdr)

19,1   ὡρισμένον ℵ H G1.2 G3 (a) ¦ ὁρισμένον G3 (ntcdr)

19,2   ἐν ὁδῷ θανάτου, μισήσεις πᾶν, ὃ οὔ. *hic excipit* G3 (a)

19,3   λήμψῃ ℵ ¦ λήψῃ H G1 (o) G2 G3 (ntcdr) *vgl. 19,4* ¦ λήψει G1 (v)[19]

19,3   τοῦ πλησίον ℵ H[20] G1.2 G3 (n) ¦ τόν πλησίον G3 (tcdr)

19,4   λήμψῃ G1 (vo) ¦ λήμψῃ (-μ- *sublin. punktiert*) G1 (oᶜ) ¦ λήψῃ H G2 G3 (ntcdr)

19,5   οὐ μὴ διψυχήσῃς ℵ G1.2 ¦ οὐ διψυχήσεις H [Did] ¦ οὐ μὴ διψήσῃς G3
      (ntcdr)[21]

19,5   φονεύσεις ℵ H G1.2 G3 (ntc) ¦ φονεύσῃς G3 (dr)

19,5*   ἀλλὰ ἀπό ℵ ¦ ἀλλ' ἀπό H G1.2 G3 (ntcdr)

19,6   οὐ μή γένῃ πλεονέκτης ℵ H G3 (nt) ¦ οὐδὲ οὐ μή γένῃ πλεονέκτης G1 (v) ¦
      οὐδὲ μή γένῃ πλεονέκτης G1 (o) G2 G3 (cdr)

19,6   προσδέξῃ ℵ H ¦ πρόσδεξαι G1.2 G3 (nt) ¦ πρὸς δόξαι G3 (cdr)

19,8   πρόγλωσσος ℵ H G1.2 sy ¦ πρόγνωσος G3 (ntdr) ¦ πρόγνωσσος G3 (cdᶜ)

19,9   τὸ λαβεῖν ℵ H G1.2 G3 (n) ¦ τοῦ λαβεῖν G3 (tcdr)

19,9   σοι τὸν λόγον ℵ H G1 ¦ *om.* σοι G2 ¦ *om.* τόν G3 (ntcdr)

19,10   μνησθήσῃ ἡμέραν κρίσεως νυκτὸς καὶ ἡμέρας ℵ H ¦ μνησθήσῃ ἡμέρας κρί-
      σεως νυκτὸς καὶ ἡμέρας G1.2 G3 (t) ¦ μνησθήσῃ ἡμέρας κρίσεως νυκτὸς καὶ
      νυκτὸς ἡμέρας G3 (n) [νυκτός 2° *durch Streichung getilgt* G3 (nᶜ)] ¦ ἡμέρας
      κρίσεως νυκτὸς *durch Streichung getilgt* G3 (tᶜ) ¦ μνησθήσῃ αὐτὸν καὶ ἡμέρας

---

[18] Diese Lesart ist von den Editoren bislang nicht verzeichnet.

[19] λήμψῃ ℵ von λαμβάνω (fut. λήψομαι, ion. λάμψομαι, dor. λαψοῦμαι, λαψῇ, Mt 10,41: λήμψε-
ται) w: λήψῃ (ℵ). ΡΚ λήμψῃ (H und Mt); beide ebenso in 19,4c, d.h. sie orientieren sich an G1 (v) bzw.
Mt 10,41. ℵ H G2 G3?

[20] H *transp.* οὐκ ἀρεῖς — πλησίον σου *post* θράσος; bei Funk/Bihlmeyer nicht notiert.

[21] ΡΚ notieren für G οὐ μὴ διψυχήσεις; diese Lesart ist in den Hss. des Zeugen G nicht nachweisbar.

νυκτός (αὐτόν *am Rand lin. 28 und* νυκτός *sublin. ergänzt*) G3 (t^{mg}) ¦ μνησθήσῃ αὐτὸν ἡμέρας νυκτός G3 (cdr)

19,10	ἁμαρτιῶν ℵ H G1.2 ¦ τῶν ἁμαρτιῶν G3 (ntcdr)
20,2	δικαίᾳ ℵ H G1.2 G3 (ntcd^{c}r) ¦ δικαί G3 (d)
20,2	φόβον θεοῦ ℵ H G1.2 G3 (ntc) ¦ φόβον τοῦ θεοῦ G3 (dr)
20,2*	πόρρω ℵ H G1 G2 (p) G3 (c) ¦ πόρρῳ G2 (f) G3 (ntdr)
21,1	ποιῶν ℵ G1.2 G3 (ncr) ¦ ποιεῖν H G3 (td)
subscriptio	ΕΠΙϹΤΟΛΗΒΑΡΝΑΒΑ ℵ ¦ Ἐπιστόλη Βαρνάβα τοῦ ἀποστόλου συνεκ- δήμου Παύλου τοῦ ἁγίου ἀποστόλου G1 (v) ¦ *om.* H G1 (o) G2.3 L
memor.	եւ ՝ներսես թարգմանեցի ւզդա զայս ի Հայ բառրաս ի թագաւորական քաղաք ի փառս Քիայ ՝մերոյ որ եւ աւրհ՟նեալ ՝յաւիտ եանս. ամ՟էն G1 (v) ¦ *om.* ℵ H G1 (o) G2.3 L

STELLENREGISTER

(in Auswahl)

Biblische Schriften

Altes Testament (TM)

Altes Testament (LXX et al.)

Stellenregister

Neues Testament

9,19f.	324	1,17	225[148]. 542	**1 Joh**	
9,19	311[53]	1,22	480[28]	2,16	402
9,22	235[16]	2,18–25	547[59]	3,3	480[28]
9,24–28		2,18–20	271[41]	4,2	153[72]
9,26	242	2,2	271[42]. 278[68]	5,6	418[6]
10,4	296[58]	2,5	471[26]. 522[88]	5,20a.b	488[67]. 489[68]
10,16	470[22]	2,6	250[14]		
10,18	235[16]	2,8	197[19]	**Jud**	
10,29	557[5]	2,9a	471[2]_	7	356[20]
10,38a	373[82]	2,21	331[60]	7c	394[102]
11,8–22	463[38]	2,24	330[58]		
11,8–18	463	3,4	543	**Offb**	
11,9.17	293[40]	3,7	292[35]	1,7	306
11,19	269[31]	3,8	541	1,13	311. 445[55]
11,31	565[14]	3,21	430[70]	2,24	393[100]
13,4b	397[118]	4,5	283	11,8	356[20]
13,20f.	516	4,9	553	12,4	377[12]
13,21	442[42]. 516[59]	5,10	516[59]	13,8	242
				14,5	399[124]
Jak		**2 Petr**		15,1.3	255[18]
1,21	151[68]. 543	1,10	576[71]	17,3f.	311[53]
1,27	480[28]	1,11	316[65]	17,8	242
2,1	225[148]. 577[76]	1,16	361[40]	17,14c	226[154]
2,21	293[40]	2,6	356[20]	18,12.16c	311[53]
3,2.6–10	546[57]	2,9.10a	394[103]	18,12	310[45]
3,13.17	543	2,14	556[2]	19,17f.	391
5,20	399[124]. 552[83]	2,15c	225. 558	20,6a	425
		3,6f.	394[102]	21,1	275[54]
1 Petr		3,7	394[103]	21,6	421[19]
1,1	145[45]	3,8	486[55]	22,1f.	430
1,3	500[117]	3,8b	486[56]	22,15	558
1,4.23	521[85]	3,13	275[54]	22,18f.	554
1,13b	404[147]	3,18	442[42]		

Jüdische Literatur

ApcEl		**Arist.**		143f.169	381
21,13–22,2	188[26]. 402[138]	21,3	459[18]	144	402[138]. 407
		31,2	389	144,2	383. 397[117]. 399[122]
ApcMos		96,4	311[55]		
31,9f.	292[35]	128–131.169–171	407	145–148	383
32,9f.	292[35]	134–137	361[38]. 385[47]. 510	150,1f.	383
		139,2	379[17]	150,2–153,4	383
AscJes		139–143	342	153,4	405[150]
6,17a	179[33]	142–144.150,1f.	383	154f.	383
11,2	445[61]	142–169	383	154,1	405[151]
		142f.	393[100]. 409[164]	155	255[18]

632 Stellenregister

Rabbinische Literatur

Altchristliche Literatur

Griechisch-lateinische Profanliteratur

WORTREGISTER

(in Auswahl)

1. Griechische Begriffe

2. Hebräische- und aramäische Begriffe

3. Syrische Begriffe

SACHREGISTER